형법각론 강의

김신규

박영사

일근천하무난사(一勤天下無難事 : 한결같이 부지런하면 세상에 어려움이 없다)라는 경구(警句)는
중국 남송의 대유학자 주의(자)의 시에 나오는 한 구절로 독자격려를 위해 필자가 씀

▌머리말

　필자가 2018년 여름 박영사에서 형법총론강의 교재를 출간한 후 뒤이어 형법각론강의를 마무리하고자 하였으나, 이해 겨울부터 대학에서 교무처장이라는 보직을 맡다보니 원고작업이 차일피일 미루어져 수강생과 수험생뿐만 아니라 나 자신에게도 늘 마음의 큰 빚이 되었다. 이러던 차에 2019년 말부터 코로나19라는 감염병의 팬데믹 사태로 비대면 온라인강좌가 대학의 새로운 흐름이 되어 컴퓨터 작업시간이 늘게 되니 만시지탄이지만 이번 여름에 형법각론강의 교재를 출간하는 계기가 된 것이다.

　주지하다시피 형법각론과 형법총론은 수레의 양 바퀴와 같은 관계로 서로 유기적인 형제관계 속에서 상호발전하기 때문에 개별범죄의 성립요건과 효과를 다루는 형법각론을 학습할 때에는 형법총론의 일반적인 형법이론을 항시 염두에 두면서 이를 개별·구체적으로 적용·발전시켜나가야 한다.

　필자는 평소에 이 세상에 태어난 모든 생명체들은 저 세상으로 돌아갈 때까지 최소한 제 이름 값은 하고 떠나야 한다고 강조하면서, 필자의 이름인 '신규'(信圭), 스스로 이름에 의미를 부여한 것이지만 세상살이 인간관계에 있어서 가장 중요한 덕목으로 '그 사람 믿을 만하다', '신뢰의 터전'이 되어야 한다는 생각으로 살아 왔다. 특히 오늘날과 같이 인터넷이 거미줄처럼 엮어진 사회관계망 속에서 살아가도록 요구하는 초연결사회에서는 신뢰라는 토대가 무너지면 큰 혼돈과 재앙을 초래할 것이라는 예측은 이제 명약관화한 일이 되었다. 개인의 개성있는 행복한 삶과 인류공동체의 평화공존을 위해서는 개별적 자율성도 중요하지만 공동체 구성원과 어우러지는 '화이부동'(和而不同)의 마음가짐 또한 시대를 초월한 중요한 가치라 할 수 있다. 형법총론과 형법각론의 관계도 일정 부분은 이러한 화이부동의 관계 속에서 개별범죄의 특수성을 인정해야 한다는 점에서는 일맥상통한다고 할 수 있다. 형법총론이 범죄와 형벌 및 보안처분에 관한 일반이론서라면, 형법각론은 개별범죄의 성립요건과 효과에 관해 보다 개별적·구체적인 의미를 탐색한 책이다.

이 책의 편제는 형법전의 편찬순서에 따라 기술하지 않고, 개별범죄의 보호법익을 중심으로 하여, 개인적 법익에 대한 죄, 사회적 법익에 대한 죄, 그리고 국가적 법익에 대한 죄의 순으로 기술하면서, 이 책을 집필하는 데 있어서는 아래의 몇 가지 점을 특히 유념하였다.

첫째, 변호사시험, 행정고시, 검찰·법원공무원, 경찰간부시험, 경찰공무원 시험 등 각종 국가고시에 대비할 수 있도록 최근의 주요한 학설과 대법원 판례는 빠뜨림 없이 소개하도록 노력하였다. 필자가 오랫동안 각종 국가시험의 출세위원으로 참여한 경험에 비추어보면 객관식 출제문제의 정답오류 가능성을 적게 하기 위해서는, 학설대립이 많은 이론보다는 대법원 판례의 입장을 묻는 시험출제경향은 향후에도 배제하기 어렵기 때문이다. 이러한 출제방식에 대해서는 출제위원들도 고개를 갸우뚱하지만 객관식 문제출제의 한계 때문에 이러한 경향은 아마 앞으로도 크게 변하지 않으리라 전망된다.

둘째, 개별범죄의 성립요건에 관한 학설대립의 쟁점이 무엇인지를 명확히 기술하면서도 독자들이 쉽게 이해할 수 있도록 정리함으로써 이 책만으로서도 충분히 학설대립의 요지를 파악할 수 있도록 하였다.

셋째, 각종 공무원 시험에 대비할 수 있도록 학설과 판례 중 난삽(難澁)하지만 수험 공부에는 오히려 지장을 초래하는 편협적인 이론이나 내용들은 되도록 줄이고자 노력하였으며, 쟁점이 되는 부분은 빠지지 않도록 함으로써 거의 모든 관련시험에 대비할 수 있도록 하였다.

아무쪼록 이러한 필자의 의도대로 이 책이 수강생이나 각종 수험준비생을 비롯한 관련전공 독자들에게도 큰 도움이 되었으면 하는 바람이다. 미처 소개하지 못한 이론이나 판례는 향후 계속 보정해나가기로 하면서, 아울러 독자 여러분들의 따뜻한 비판과 질정을 기대한다.

2019년 말부터 전 세계적으로 유행하기 시작한 감염병인 코로나19로 인한 팬데믹 상황으로 우리 사회의 생활행태가 비대면 거리두기로 변모되면서, 새로운 형태의 사회질서나 거래플랫폼이 만들어질 것이라고 이구동성으로 예견하고 있다. 그러나 이러한 어려운 사회적 상황 속에서도 사람은 왜, 어떻게 살아가야 하는가라는 인간 본연의 삶에 대한 마음속의 경구는 오히려 꺼지지 않는 등불이 되어 각자의 마음자리에 더욱 착근하리라 필자는 생각한다. 특히 이 책을 읽는 독자 여러분들은 불확실하고 불안한 미래일수록 실로 흔들리지 않고 어느 한쪽으로 기울어지지 않은 중용(中庸)의 도(道)를 취하는 것, 즉 '**윤집궐중**'(允執厥中)의 마음자리와 **담박명지**(澹泊明志) **영정치원**(寧靜致遠)의 자세로, '**유기서독승간화**'(有寄書讀勝看花) '**득호우래여대월**(得好友來如對月)'한다면, 참을 찾아가는 인생 여정에 이 또한 품격있는 고매한 삶이 아니겠는가. 아무쪼록 독자 여러분들의 건강과 행운을 빈다.

끝으로 이 책의 출간을 위해 판례를 추가하고 원고정리를 도와준 필자의 제자인 김재한 박사의 노고에 대해 이 지면을 통해 고마운 마음을 전한다. 아울러 정보매체가 급속도로 디지털화 되어가는 저간의 어려운 출판사정에도 불구하고 본서의 출간을 허락해주신 박영사 안종만 회장님과 더운 여름철 원고편집과 교정 및 출판을 위해 애써주신 심성보 위원님, 편집부 김선민 이사님, 이영조 차장님, 그 외 임직원 여러분께도 깊은 감사의 마음을 전하면서, 우리 모두 참 찾아 떠나는 구도자가 되고, 영육이 맑고 밝은 행복한 사회가 되기를 소망하면서 …

국립목포대학교 도림(道林)캠퍼스 승달산(僧達山)기슭 마음밭갈이 서재에서

心田書齋

2020년 8월 중암(中巖) 김 신 규 씀

차 례

제 1 편 개인적 법익에 관한 죄

제 1 장 사람의 생명과 신체에 대한 죄

제 1 절 살인의 죄··3

Ⅰ. 서   설···3

  1. 의의 및 보호법익··3

  2. 모살과 고살···4

  3. 구성요건의 체계··5

Ⅱ. 보통살인죄··6

  1. 의의 및 성격···6

  2. 구성요건··6

  3. 위법성··15

  4. 책   임··18

  5. 죄 수 론··18

Ⅲ. 존속살해죄··19

  1. 서   설··19

  2. 구성요건··20

  3. 공범관계··23

  4. 위헌성의 문제··24

  5. 죄수 및 다른 범죄와의 관계···26

  6. 살인 예비·음모와 미수범의 처벌··26

Ⅳ. 영아살해죄 ··· 28
　　1. 서　　설 ··· 28
　　2. 구성요건 ··· 29
　　3. 처　　벌 ··· 31
　　4. 공범관계 ··· 32
Ⅴ. 촉탁·승낙에 의한 살인죄 ·· 33
　　1. 의의 및 성격 ··· 33
　　2. 구성요건 ··· 34
　　3. 공범관계 ··· 37
Ⅵ. 자살교사·방조죄 ··· 37
　　1. 의　　의 ··· 37
　　2. 구성요건 ··· 39
　　3. 실행의 착수시기와 미수범 ····································· 41
　　4. 합의동사(合意同死)의 문제 ···································· 42
Ⅶ. 위계·위력에 의한 살인죄 ··· 43
　　1. 의　　의 ··· 43
　　2. 구성요건 ··· 43
　　3. 죄　　수 ··· 44
　　4. 처　　벌 ··· 44
Ⅷ. 살인예비·음모죄 ··· 44
　　1. 의　　의 ··· 45
　　2. 주관적 구성요건 ·· 45
　　3. 살인예비·음모죄의 중지범의 성립여부 ················· 46
　　4. 살인예비·음모죄에 대한 교사범·종범의 성립이 가능한가? ·········· 46
　　5. 살인예비·음모와 미수 및 기수와의 관계 ·············· 46
제2절　상해와 폭행의 죄 ·· 47
　Ⅰ. 서　　설 ··· 47
　　1. 의　　의 ··· 47

　　　2. 상해죄와 폭행죄의 구별··48
　　　3. 구성요건의 체계···48
　　Ⅱ. 상해의 죄···49
　　　1. 객관적 구성요건···50
　　　2. 주관적 구성요건···53
　　　3. 위 법 성···53
　　　4. 죄　　수···57
　　Ⅲ. 존속상해죄···57
　　Ⅳ. 중상해죄·존속중상해죄···58
　　　1. 의의 및 성질···58
　　　2. 구성요건···59
　　　3. 적용범위···60
　　　4. 중상해가 미수에 그친 경우 ··61
　　　5. 존속중상해죄···61
　　Ⅴ. 특수상해···62
　　Ⅵ. 상해치사죄·존속상해치사죄···62
　　　1. 의　　의···63
　　　2. 구성요건···63
　　　3. 상해치사죄의 공범···64
　　Ⅶ. 상해죄의 동시범 특례···65
　　　1. 의　　의···65
　　　2. 법적 성질···66
　　　3. 동시범 특례의 적용요건 및 적용범위···67
　　　4. 특례의 효과···69
　　Ⅷ. 상습상해·상습폭행 등의 죄···69
　　　1. 의　　의···70
　　　2. 「폭력행위 등 처벌에 관한 법률」 제2조 및 제3조와의 관계····················70
　　　3. 누범과의 관계···70

4. 죄수 및 공범 ··· 71

Ⅸ. 폭행의 죄 ··· 71

    1. 서　　설 ·· 71

    2. 단순폭행죄 ·· 71

    3. 존속폭행죄 ·· 76

    4. 특수폭행죄 ·· 77

    5. 폭행치사상죄 ··· 84

    6. 상습상해(존속상해, 중상해, 존속중상해)·상습폭행(존속폭행, 특수폭행)죄 ······ 84

제 3 절　과실치사상의 죄 ·· 86

  Ⅰ. 개　　설 ·· 86

    1. 의의 및 보호법익 ·· 86

    2. 구성요건의 체계 ·· 87

    3. 과실범의 구조와 구성요건요소 ··· 87

  Ⅱ. 과실치상죄 ··· 87

    1. 의의 및 보호법익 ·· 88

    2. 구성요건 ·· 88

  Ⅲ. 과실치사죄 ··· 88

    1. 의의 및 보호법익 ·· 88

    2. 구성요건 ·· 88

    3. 과실범의 공범 ··· 89

    4. 죄　　수 ·· 90

  Ⅳ. 업무상과실·중과실치사상죄 ··· 90

    1. 업무상과실치사상죄 ·· 90

    2. 구성요건 ·· 91

    3. 죄수 및 다른 범죄와의 관계 ·· 96

제 4 절　낙태의 죄 ··· 100

  Ⅰ. 개　　설 ··· 100

    1. 의　　의 ·· 100

2. 보호법익 및 보호의 정도 ……………………………………………… 100

3. 구성요건의 체계 …………………………………………………………… 102

4. 위법성조각사유로서의 낙태문제 …………………………………… 103

Ⅱ. 자기낙태죄 …………………………………………………………………… 106

1. 의   의 …………………………………………………………………… 106

2. 객관적 구성요건 ………………………………………………………… 106

3. 주관적 구성요건 ………………………………………………………… 108

4. 공범관계 …………………………………………………………………… 109

Ⅲ. 동의낙태죄 …………………………………………………………………… 109

1. 의   의 …………………………………………………………………… 109

2. 행위주체 …………………………………………………………………… 109

3. 실행행위 …………………………………………………………………… 110

Ⅳ. 업무상 동의낙태죄 ………………………………………………………… 110

1. 의   의 …………………………………………………………………… 110

2. 행위주체 …………………………………………………………………… 110

3. 위 법 성 …………………………………………………………………… 111

Ⅴ. 부동의낙태죄 ………………………………………………………………… 111

1. 행위주체 …………………………………………………………………… 111

2. 실행행위 …………………………………………………………………… 111

3. 고   의 …………………………………………………………………… 112

4. 죄수 및 타죄와의 관계 ………………………………………………… 112

5. 기   타 …………………………………………………………………… 112

Ⅵ. 낙태치사상죄 ………………………………………………………………… 112

1. 의   의 …………………………………………………………………… 113

2. 낙태미수일 경우에 본죄의 성립여부 ……………………………… 113

3. 낙태치사상죄는 폭행죄와 비교하여 형의 불균형 문제발생 ……… 113

제 5 절 유기와 학대의 죄 …………………………………………………………… 114

Ⅰ. 개   설 ……………………………………………………………………… 114

　　1. 의　　의 …………………………………………………… 114

　　2. 보호법익 ………………………………………………… 115

　　3. 구성요건의 체계 ………………………………………… 115

Ⅱ. 유 기 죄 ……………………………………………………… 116

　　1. 단순유기죄 ……………………………………………… 116

　　2 존속유기죄 ……………………………………………… 121

　　3 중유기죄·존속중유기죄 ……………………………… 121

　　4 영아유기죄 ……………………………………………… 122

Ⅲ. 학대죄·존속학대죄 ………………………………………… 123

　　1. 의의 및 보호법익 ……………………………………… 123

　　2. 구성요건 ………………………………………………… 123

　　3. 존속학대죄 ……………………………………………… 125

　　4. 위 법 성 ………………………………………………… 125

Ⅳ. 아동혹사죄 …………………………………………………… 126

　　1. 의　　의 ………………………………………………… 126

　　2. 구성요건 ………………………………………………… 126

　　3. 위 법 성 ………………………………………………… 127

Ⅴ. 유기 등 치사상죄 …………………………………………… 127

제 2 장　자유에 대한 죄

제 1 절　협박의 죄 ……………………………………………… 129

Ⅰ. 개　　설 ……………………………………………………… 129

　　1. 의의와 본질 …………………………………………… 129

　　2. 구성요건의 체계 ……………………………………… 130

Ⅱ. 협 박 죄 ……………………………………………………… 130

　　1. 단순협박죄 ……………………………………………… 130

　　2. 존속협박죄 ……………………………………………… 138

3. 특수협박죄··· 138

4. 상습협박죄··· 138

제2절 강요의 죄··· 139

Ⅰ. 개   설·· 139

1. 의의 및 보호법익··· 139

2. 구성요건의 체계··· 140

Ⅱ. 강 요 죄·· 141

1. 의   의·· 141

2. 객관적 구성요건··· 142

3. 주관적 구성요건··· 146

4. 위 법 성·· 146

5. 죄수 및 다른 범죄와의 관계··· 147

Ⅲ. 중강요죄·· 148

Ⅳ. 인질강요죄·· 148

1. 의의 및 보호법익··· 149

2. 구성요건·· 150

3. 위법성조각사유··· 151

4. 형의 감경·· 152

5. 죄수 및 다른 범죄와의 관계··· 152

Ⅴ. 인질상해·치상죄··· 152

Ⅵ. 인질살해·치사죄··· 153

제3절 체포·감금의 죄··· 154

Ⅰ. 개   설·· 154

1. 의의 및 보호법익··· 154

2. 구성요건의 체계··· 154

Ⅱ. 단순체포·감금죄··· 155

1. 의   의·· 155

2. 객관적 구성요건 ···156

3. 위 법 성 ···160

4. 죄수 및 다른 범죄와의 관계 ······································161

Ⅲ. 존속체포·감금죄 ··163

Ⅳ. 중체포·감금죄, 존속중체포·감금죄 ·······························163

1. 의   의 ···163

2. 미수범의 처벌 ···164

Ⅴ. 특수체포·감금죄 ··164

Ⅵ. 상습체포·감금죄 ··165

Ⅶ. 체포·감금치사상죄, 존속체포·감금치사상죄 ·····················166

제4절 약취·유인 및 인신매매의 죄 ·····································167

Ⅰ. 개   설 ···167

1. 의   의 ···167

2. 보호법익 ···168

3. 구성요건의 체계 ···169

Ⅱ. 미성년자의 약취·유인죄 ··171

1. 객관적 구성요건 ···172

2. 주관적 구성요건 ···174

3. 위법성 ···175

4. 죄수 및 다른 범죄와의 관계 ··175

5. 형의 감경 ···176

Ⅲ. 추행·간음·결혼·영리·국외이송 등 목적 약취·유인죄 ···········176

1. 추행·간음·결혼·영리목적 약취·유인죄 ·························176

2. 노동력 착취·성매매와 성적 착취·장기적출목적 약취·유인죄 ·····179

3. 국외이송목적 약취·유인죄 및 피약취·유인자 국외이송죄 ·······180

Ⅳ. 인신매매죄 ···182

1. 인신매매죄 ···182

2. 추행·간음·결혼·영리목적 인신매매죄····································· 183

3. 노동력 착취, 성매매와 성적 착취, 장기적출목적 인신매매죄··················· 184

4. 국외이송목적 인신매매죄 및 국외이송죄·································· 184

Ⅴ. 약취, 유인, 매매, 이송 등 상해·치상·살인·치사죄························· 185

Ⅵ. 피약취·유인·매매·국외이송자 수수·은닉 등의 죄······················ 186

1. 의   의··· 186

2. 실행행위·· 187

제5절 강간과 추행의 죄··· 187

Ⅰ. 개   설·· 187

1. 의   의··· 187

2. 보호법익 및 보호정도··· 188

3. 구성요건의 체계··· 189

Ⅱ. 단순강간죄··· 191

1. 의의 및 보호법익··· 192

2. 객관적 구성요건··· 192

3. 주관적 구성요건··· 197

4. 죄수 및 다른 범죄와의 관계································ 197

5. 친고죄에서 비친고죄로 변경······························· 199

6. 특별형법··· 200

Ⅲ. 유사강간죄··· 201

1. 의   의··· 202

2. 객관적 구성요건··· 202

3. 주관적 구성요건··· 203

4. 「성폭력범죄의 처벌 등에 관한 특례법」에 의한 가중처벌········· 203

Ⅳ. 강제추행죄··· 204

1. 의의 및 보호법익··· 205

2. 객관적 구성요건··· 205

3. 주관적 구성요건··· 209

    4. 「성폭력범죄의 처벌 등에 관한 특례법」에 의한 가중처벌·······················209
Ⅴ. 준강간죄·준강제추행죄·· 209
    1. 의의 및 성질··· 210
    2. 객관적 구성요건··· 211
    3. 주관적 구성요건 : 고의·· 213
    4. 특별형법··214
Ⅵ. 강간 등 상해·치상죄·· 214
    1. 의의 및 보호법익··· 214
    2. 구성요건··215
    3. 강간상해죄나 강간치상죄의 미수범 성립여부····························· 217
    4. 공   범··218
    5. 죄수 및 다른 범죄와의 관계··218
    6. 특   칙·· 219
Ⅶ. 강간등 살인·치사죄·· 219
    1. 의의 및 보호법익··· 219
    2. 구성요건··220
    3. 미수범의 처벌··· 220
Ⅷ. 미성년자·심신미약자에 대한 위계·위력에 의한 간음·추행죄··············· 220
    1. 의의 및 보호법익··· 221
    2. 객관적 구성요건··· 221
    3. 주관적 구성요건··· 222
Ⅸ. 13세 미만의 미성년자에 대한 의제강간·강제추행죄························· 222
    1. 의의 및 보호법익··· 222
    2. 구성요건··223
    3. 미수범의 처벌··· 223
Ⅹ. 업무상 위력 등에 의한 간음죄··224
    1. 피보호·감독자 간음죄··224
    2. 피구금자 간음죄·· 226

XI. 상습강간·강제추행죄, 상습준강간·준강제추행 등의 죄······················ 228

제3장 명예와 신용에 대한 죄

제1절 명예에 관한 죄··· 229

  I. 개   설··· 229

    1. 명예에 관한 죄의 의의·· 229

    2. 보호법익과 보호의 정도·· 229

    3. 구성요건의 체계··· 233

  II. 명예훼손의 죄·· 234

    1. 명예훼손죄··· 234

    2. 사자의 명예훼손죄··· 242

    3. 출판물에 의한 명예훼손죄·· 243

    4. 사이버 명예훼손죄··· 246

  III. 모 욕 죄·· 247

    1. 의의 및 성격·· 247

    2. 객관적 구성요건··· 247

    3. 주관적 구성요건··· 248

    4. 위 법 성··· 248

    5. 소추조건··· 249

    6. 다른 범죄와의 관계··· 249

제2절 신용·업무와 경매에 관한 죄··· 249

  I. 개   설··· 249

    1. 의의 및 보호법익··· 249

    2. 신용·업무와 경매에 관한 죄의 본질 및 구성요건의 체계··················· 250

  II. 신용훼손죄··· 251

    1. 의의 및 성격·· 251

    2. 객관적 구성요건··· 251

　　3. 주관적 구성요건···252
　　4. 죄수 및 다른 범죄와의 관계···252
　Ⅲ. 업무방해죄··253
　　1. 업무방해죄···254
　　2. 컴퓨터업무방해죄···260
　Ⅳ. 경매·입찰방해죄···263
　　1. 의의 및 성격···263
　　2. 객관적 구성요건··263
　　3. 주관적 구성요건··265

제 4 장　사생활의 평온에 대한 죄

제 1 절　비밀침해의 죄···266
　Ⅰ. 개　　설···266
　　1. 의의 및 보호법익··266
　　2. 구성요건의 체계···268
　Ⅱ. 비밀침해죄··270
　　1. 의의 및 보호법익··270
　　2. 객관적 구성요건··271
　　3. 주관적 구성요건··273
　　4. 위 법 성···273
　　5. 죄수 및 다른 범죄와의 관계···274
　　6. 친 고 죄···274
　Ⅲ. 대화비밀침해죄, 통신비밀침해죄 및 대화·통신비밀누설죄··················275
　　1. 대화비밀침해죄···276
　　2. 통신비밀침해죄···276
　　3. 대화·통신비밀누설죄···276
　Ⅳ. 업무상 비밀누설죄··277

1. 의의 및 보호법익·· 277

2. 객관적 구성요건·· 277

3. 주관적 구성요건·· 280

4. 위 법 성··· 280

5. 죄   수··· 281

6. 친 고 죄··· 281

제 2 절 주거침입의 죄·· 282

Ⅰ. 개   설··· 282

1. 의   의··· 282

2. 보호법익·· 282

3. 구성요건의 체계·· 284

Ⅱ. 주거침입죄·· 285

1. 의의 및 성격·· 285

2. 객관적 구성요건·· 286

3. 주관적 구성요건·· 296

4. 위 법 성··· 296

5. 죄수 및 다른 범죄와의 관계·· 299

Ⅲ. 퇴거불응죄·· 300

1. 의의 및 보호법익··· 300

2. 구성요건··· 301

3. 기수시기와 미수범 처벌··· 301

Ⅳ. 특수주거침입·퇴거불응죄 ·· 302

1. 의   의··· 302

2. 구성요건··· 302

3. 미 수 범··· 303

Ⅴ. 신체·주거수색죄·· 303

1. 의의 및 보호법익··· 303

2. 구성요건··· 304

3. 다른 범죄와의 관계···304

제 5 장 재산에 대한 죄

제 1 절 재산범죄의 일반론···305

　Ⅰ. 재산범죄의 종류와 분류···305

　　1. 재산범죄의 종류···305

　　2. 재산범죄의 분류···305

　Ⅱ. 재물과 재산상의 이익의 개념······································307

　　1. 재물의 개념···307

　　2. 재물의 범위와 관련된 문제······································311

　　3. 부동산의 재물성 여부···313

　　4. 재물의 타인성···314

　Ⅲ. 형법상의 점유···317

　　1. 서　　설···317

　　2. 점유의 의의··318

　　3. 타인의 점유··323

　Ⅳ. 불법영득의사···326

　　1. 불법영득의사의 필요성 여부····································326

　　2. 불법영득의사의 내용···328

　　3. 불법영득의사의 객체···331

　　4. 불법영득의사의 법적 성격······································333

　　5. 불법영득의사에 있어서 불법의 의미····························334

제 2 절 절도의 죄···336

　Ⅰ. 개　　설···336

　　1. 의의 및 보호법익···336

　　2. 구성요건의 체계··338

　Ⅱ. 단순절도죄··338

    1. 의의 및 성격·· 339

    2. 객관적 구성요건·· 339

    3. 주관적 구성요건·· 342

    4. 위 법 성··· 343

    5. 죄수 및 다른 범죄와의 관계·· 344

  Ⅲ. 야간주거침입절도죄··· 345

    1. 의의 및 성격·· 345

    2. 객관적 구성요건·· 346

    3. 주관적 구성요건·· 348

  Ⅳ. 특수절도죄··· 348

    1. 의의 및 성격·· 348

    2. 구성요건 ·· 348

  Ⅴ. 상습절도죄··· 353

    1. 의　　의··· 353

    2. 상 습 성··· 353

    3. 공　　범··· 353

    4. 죄　　수··· 353

    5. 처　　벌··· 354

  Ⅵ. 자동차등 불법사용죄·· 354

    1. 의의 및 보호법익··· 355

    2. 객관적 구성요건·· 355

    3. 죄수와 친족상도례··· 358

  Ⅶ. 친족상도례··· 358

    1. 의　　의··· 358

    2. 법적 성격··· 359

    3. 친족의 범위·· 360

    4. 친족상도례와 공범문제··· 362

    5. 친족관계의 착오·· 362

6. 친족상도례의 적용범위 ·· 362

7. 특례규정의 적용효과 ··· 363

제3절 강도의 죄 ··· 363

Ⅰ. 개 설 ·· 363

1. 강도죄의 의의 ··· 363

2. 구성요건의 체계 ··· 364

Ⅱ. 강 도 죄 ·· 364

1. 객관적 구성요건 ··· 364

2. 주관적 구성요건 ··· 373

3. 위 법 성 ··· 374

4. 죄수와 공범론 ··· 374

Ⅲ. 특수강도죄 ·· 375

1. 의의 및 성격 ··· 376

2. 객관적 구성요건 ··· 376

Ⅳ. 준강도죄 ·· 377

1. 의의 및 성질 ··· 377

2. 객관적 구성요건 ··· 378

3. 주관적 구성요건 ··· 381

4. 공범과 처벌 ··· 382

Ⅴ. 인질강도죄 ·· 383

1. 의의 및 보호법익 ··· 383

2. 객관적 구성요건 ··· 384

3. 주관적 구성요건 ··· 385

4. 죄수 및 다른 범죄와의 관계 ··· 385

Ⅵ. 강도상해·치상죄 ·· 385

1. 개념 및 보호법익 ··· 385

2. 구성요건 ··· 386

3. 공범과 미수 ··· 387

Ⅶ. 강도살인·치사죄··388

　1. 의의 및 성격···388

　2. 객관적 구성요건···388

　3. 주관적 구성요건···389

　4. 공범관계 및 다른 범죄와의 관계······························390

Ⅷ. 강도강간죄···390

　1. 의의 및 성격···391

　2. 객관적 구성요건···391

　3. 주관적 구성요건···392

　4. 죄　　수··392

Ⅸ. 해상강도죄···393

　1. 의　　의··394

　2. 행위객체··394

　3. 실행행위··394

　4. 주관적 구성요건요소···394

Ⅹ. 해상강도상해·치상죄··395

Ⅺ. 해상강도살인·치사·강간죄···395

Ⅻ. 상습강도죄···396

ⅩⅢ. 강도 예비·음모죄··396

제4절 사기의 죄···397

Ⅰ. 개　　설···397

　1. 의　　의··397

　2. 보호법익 및 보호정도···398

　3. 구성요건의 체계···401

Ⅱ. 사 기 죄···402

　1. 객관적 구성요건···402

　2. 주관적 구성요건···429

3. 관련문제···431

Ⅲ. 컴퓨터사용사기죄··434
1. 의의 및 보호법익···434
2. 구성요건···434
3. 죄수 및 다른 범죄와의 관계··437

Ⅳ. 준사기죄···437
1. 의의 및 보호법익···437
2. 구성요건···438

Ⅴ. 편의시설부정이용죄··438
1. 의의 및 보호법익···439
2. 구성요건···439

Ⅵ. 부당이득죄···441
1. 의의 및 보호법익···441
2. 구성요건···442

Ⅶ. 상습사기죄···443

Ⅷ. 신용카드범죄···443
1. 신용카드의 의의와 성격··443
2. 신용카드 자체에 대한 범죄··444
3. 타인명의 신용카드의 부정사용··446
4. 자기명의 신용카드를 부정사용한 경우····································449

제 5 절 공갈의 죄···450

Ⅰ. 개   설···450
1. 의   의···450
2. 보호법익 및 보호의 정도··450
3. 구성요건의 체계···451

Ⅱ. 공 갈 죄···451
1. 의의 및 성격···451

　　　2. 보호법익··452

　　　3. 객관적 구성요건··452

　　　4. 주관적 구성요건··454

　　　5. 위 법 성··455

　　　6. 관련문제··456

　　Ⅲ. 특수공갈죄··457

　　Ⅳ. 상습공갈죄··458

제 6 절　횡령의 죄··458

　　Ⅰ. 서　　론··458

　　　1. 횡령죄의 의의와 본질··································458

　　　2. 횡령죄의 본질··459

　　　3. 구성요건의 체계··460

　　Ⅱ. 횡 령 죄··461

　　　1. 객관적 구성요건··461

　　　2. 주관적 구성요건··479

　　　3. 공　　범··480

　　　4. 죄수 및 다른 범죄와의 관계······················480

　　Ⅲ. 업무상 횡령죄··481

　　Ⅳ. 점유이탈물횡령죄··482

　　　1. 의의 및 성격··482

　　　2. 객관적 구성요건··482

　　　3. 주관적 구성요건··483

제 7 절　배임의 죄··484

　　Ⅰ. 개　　설··484

　　　1. 의　　의··484

　　　2. 배임죄의 본질··484

　　Ⅱ. 배 임 죄··486

1. 객관적 구성요건··· 486

2. 주관적 구성요건··· 495

3. 이중저당 및 이중매매자의 형사책임······························· 496

4. 다른 범죄와의 관계··· 502

Ⅲ. 업무상 배임죄·· 503

Ⅳ. 배임수증죄·· 504

1. 서   론··· 505

2. 배임수재죄·· 505

3. 배임증재죄·· 509

제8절 장물의 죄··· 510

Ⅰ. 개   설·· 510

1. 의   의··· 510

2. 보호법익·· 511

3. 장물죄의 본질··· 512

Ⅱ. 장물취득·양도·운반·보관·알선죄······························· 515

1. 객관적 구성요건·· 515

2. 주관적 구성요건·· 527

3. 죄수 및 다른 범죄와의 관계··· 528

4. 친족상도례의 적용··· 530

Ⅲ. 상습장물취득·양도·운반·보관·알선죄························· 531

Ⅳ. 업무상과실·중과실 장물취득·양도·운반·보관·알선죄····· 531

제9절 손괴의 죄··· 533

Ⅰ. 개   설·· 533

1. 의   의··· 533

2. 보호법익 및 보호의 정도··· 533

3. 구성요건의 체계·· 534

Ⅱ. 재물(문서)손괴죄··· 535

1. 의　　의··535

2. 객관적 구성요건···535

3. 주관적 구성요건···540

4. 위 법 성··540

5. 죄수 및 다른 범죄와의 관계··540

Ⅲ. 공익건조물파괴죄···542

1. 의의·성격··542

2. 객관적 구성요건···542

3. 주관적 구성요건···543

Ⅳ. 중손괴죄·손괴치사상죄···543

Ⅴ. 특수손괴죄··544

Ⅵ. 경계침범죄··545

1. 의의 및 성격··545

2. 객관적 구성요건···545

3. 주관적 구성요건···546

4. 죄수 및 다른 범죄와의 관계··547

제10절　권리행사를 방해하는 죄···547

Ⅰ. 개　　설···547

1. 의의 및 보호법익···547

2. 구성요건의 체계···548

Ⅱ. 권리행사방해죄···549

1. 의의 및 성격··549

2. 객관적 구성요건···550

3. 주관적 구성요건요소··552

4. 친족간의 범행과 특례규정··553

Ⅲ. 점유강취죄··553

1. 의의 및 성격··553

2. 객관적 구성요건···553

　　　3. 주관적 구성요건···554

　　　4. 죄　　수···554

　Ⅳ. 준점유강취죄···554

　　　1. 의의 및 성격···554

　　　2. 객관적 구성요건··555

　　　3. 주관적 구성요건··555

　　　4. 미수범 처벌··555

　Ⅴ. 중권리행사방해죄··555

　Ⅵ. 강제집행면탈죄···556

　　　1. 의의 및 성격···556

　　　2. 객관적 구성요건··556

　　　3. 주관적 구성요건··560

　　　4. 공범관계··560

　　　5. 죄수 및 다른 범죄와의 관계···560

제 2 편　사회적 법익에 관한 죄

제 1 장　공공의 안전과 평온에 관한 죄

제 1 절　공안을 해하는 죄··565

　Ⅰ. 개　　설···565

　　　1. 의의와 보호법익··565

　　　2. 구성요건의 체계··566

　Ⅱ. 범죄단체조직죄···566

　　　1. 의의 및 성격···566

　　　2. 객관적 구성요건··567

　　　3. 주관적 구성요건··569

Ⅲ. 소요죄 및 다중불해산죄··569

   1. 소 요 죄··569

   2. 다중불해산죄··572

Ⅳ. 전시공수계약불이행죄···573

   1. 의의 및 성격··574

   2. 객관적 구성요건··574

   3. 주관적 구성요건··574

Ⅴ. 공무원자격사칭죄···575

   1. 의의 및 성격··575

   2. 객관적 구성요건··575

   3. 주관적 구성요건··576

   4. 다른 범죄와의 관계··576

제 2 절 폭발물에 관한 죄···576

Ⅰ. 개 설···576

   1. 의의 및 보호법익··576

   2. 구성요건의 체계··577

Ⅱ. 폭발물사용죄··577

   1. 의의 및 성격··577

   2. 객관적 구성요건··577

   3. 주관적 구성요건··578

   4. 위 법 성··579

   5. 다른 범죄와의 관계··579

Ⅲ. 전시폭발물사용죄···579

Ⅳ. 폭발물사용 예비·음모·선동죄···580

   1. 의의 및 성격··580

   2. 객관적 구성요건··580

   3. 주관적 구성요건··580

Ⅴ. 전시폭발물 제조·수입·수출·수수·소지죄·······················581

   1. 의의 및 성격···························581

   2. 객관적 구성요건·······················581

   3. 주관적 구성요건·······················581

   4. 죄 수··························582

제3절 방화와 실화의 죄·····················582

  Ⅰ. 개 설·····················582

   1. 방화죄와 실화죄의 의의 및 성질·················582

   2. 보호법익 및 보호정도····················583

   3. 구성요건의 체계·······················584

  Ⅱ. 현주건조물등 방화죄······················585

   1. 의의 및 성격··························585

   2. 객관적 구성요건·······················585

   3. 주관적 구성요건·······················590

   4. 현주건조물등 방화치사상죄··················590

  Ⅲ. 공용건조물등 방화죄······················593

   1. 의의 및 성격··························593

   2. 객관적 구성요건·······················593

   3. 주관적 구성요건·······················594

  Ⅳ. 일반건조물등 방화죄······················594

   1. 의의 및 성격··························594

   2. 객관적 구성요건·······················595

   3. 주관적 구성요건·······················595

  Ⅴ. 일반물건방화죄························596

   1. 의의 및 성격··························596

   2. 객관적 구성요건·······················596

   3. 주관적 구성요건·······················597

  Ⅵ. 연 소 죄·····················597

1. 의의 및 성격···597

2. 객관적 구성요건···597

3. 주관적 구성요건···598

Ⅶ. 방화예비·음모죄··599

Ⅷ. 준방화죄···599

1. 진화방해죄···599

2. 폭발성물건파열죄···601

3. 가스·전기등 방류죄·······································603

4. 가스·전기등 공급방해죄·······························604

Ⅸ. 실 화 죄···606

1. 단순실화죄의 의의 및 성격···························606

2. 업무상 실화·중실화죄···································607

3. 과실폭발성물건파열등의 죄···························607

제 4 절 일수(溢水)와 수리(水利)에 관한 죄·······································608

Ⅰ. 개   설···608

1. 의의 및 보호법익···608

2. 구성요건의 체계···609

Ⅱ. 일 수 죄···609

1. 현주건조물 등 일수죄·····································609

2. 공용건조물 등 일수죄·····································611

3. 일반건조물 등 일수죄·····································611

4. 방수방해죄···612

5. 과실일수죄···613

6. 일수예비·음모죄···613

Ⅲ. 수리방해죄···613

1. 의의 및 보호법익···613

2. 구성요건···614

제 5 절 교통방해의 죄···615

Ⅰ. 개   설··· 615

　　1. 의의 및 본질·· 615

　　2. 구성요건의 체계 및 입법론적 검토················· 616

Ⅱ. 교통방해죄··· 617

　　1. 일반교통방해죄·· 617

　　2. 기차·선박등 교통방해죄································· 619

　　3. 기차등 전복죄·· 620

　　4. 교통방해치사상죄··· 622

Ⅲ. 과실에 의한 교통방해죄·· 623

　　1. 과실교통방해죄·· 623

　　2. 업무상과실·중과실교통방해죄························ 623

제 2 장 공공의 신용에 대한 죄

제 1 절 통화에 관한 죄··· 625

Ⅰ. 개   설··· 625

　　1. 통화에 관한 죄의 의의 및 성격······················ 625

　　2. 구성요건의 체계·· 626

Ⅱ. 통화위조·변조죄와 위조·변조통화행사죄·············· 627

　　1. 내국통화위조·변조죄······································ 627

　　2. 내국유통 외국통화위조·변조죄······················· 630

　　3. 외국통용 외국통화위조·변조죄······················· 631

　　4. 위조·변조통화 행사등 죄······························ 632

Ⅲ. 통화위조·변조죄의 수정적 구성요건······················ 634

　　1. 위조·변조통화 취득죄···································· 634

　　2. 위조통화취득후의 지정행사죄························· 636

　　3. 통화유사물 제조등의 죄·································· 637

　　4. 통화위조·변조 예비·음모죄···························· 637

제 2 절 유가증권·우표와 인지에 관한 죄································ 639

  Ⅰ. 개 설··· 639

    1. 의의 및 보호법익······································· 639

    2. 유가증권의 의의·· 639

    3. 구성요건의 체계·· 643

  Ⅱ. 유가증권 위조·변조죄································· 644

    1. 유가증권 위조·변조죄······························ 644

    2. 유가증권 기재의 위조·변조죄···················· 649

    3. 자격모용에 의한 유가증권작성죄················· 651

  Ⅲ. 허위유가증권 작성죄································· 653

    1. 의의 및 성격·· 654

    2. 객관적 구성요건·· 654

    3. 주관적 구성요건·· 656

    4. 다른 범죄와의 관계···································· 657

  Ⅳ. 위조등 유가증권행사·수입·수출죄··············· 657

    1. 의의 및 성격·· 657

    2. 객관적 구성요건·· 657

    3. 주관적 구성요건·· 658

    4. 죄수 및 다른 범죄와의 관계······················ 658

  Ⅴ. 인지·우표에 관한 죄·································· 659

    1. 인지·우표등의 위조·변조죄······················· 659

    2. 위조·변조인지·우표등의 행사·수입·수출죄······· 660

    3. 위조인지·우표등의 취득죄·························· 660

    4. 인지·우표등의 소인말소죄·························· 661

    5. 인지·우표 유사물 제조·수입·수출죄·············· 661

  Ⅵ. 예비·음모죄·· 662

제 3 절 문서에 관한 죄·· 663

Ⅰ. 개   설···663
　　1. 의의 및 본질···663
　　2. 문서의 개념···666
　　3. 도   화··673
　　4. 문서의 종류··673

Ⅱ. 문서위조·변조죄··676
　　1. 사문서위조·변조죄···676
　　2. 자격모용에 의한 사문서작성죄·······················695
　　3. 공문서 위조·변조죄··698
　　4. 자격모용에 의한 공문서작성죄·······················700

Ⅲ. 허위공문서작성죄···700
　　1. 허위진단서등 작성죄·······································700
　　2. 허위공문서작성죄···703
　　3. 공정증서원본 등의 부실기재죄·······················712

Ⅳ. 위조등 문서행사죄··718
　　1. 위조·변조·작성 사문서행사죄·························718
　　2. 위조·변조·작성 공문서행사죄·······················720

Ⅴ. 문서 부정행사죄···721
　　1. 사문서 부정행사죄···721
　　2. 공문서등 부정행사죄·······································722

Ⅵ. 전자기록 위작·변작등죄·····································725
　　1. 의   의··725
　　2. 사전자기록 위작·변작·행사죄·······················726
　　3. 공전자기록 위작·변작·행사죄·······················728

제 4 절 인장에 관한 죄···730

Ⅰ. 개   설···730
　　1. 의의 및 보호법익··730
　　2. 구성요건의 체계 및 성격··································731

3. 인장·서명·기명·기호의 개념·· 731

Ⅱ. 사인등 위조·행사죄·· 734

1. 사인위조·부정사용죄··· 734

2. 위조사인등 행사죄··· 735

Ⅲ. 공인위조·행사죄·· 735

1. 공인등 위조·부정사용죄·· 736

2. 위조공인등 행사죄··· 736

제 3 장   공중의 건강에 대한 죄

제 1 절 음용수에 관한 죄··· 738

Ⅰ. 개   설··· 738

1. 의의 및 보호법익·· 738

2. 구성요건의 체계·· 738

3. 식품범죄·환경범죄에 대한 입법론적 검토··································· 739

Ⅱ. 음용수 사용방해죄·· 739

1. 의   의··· 739

2. 객관적 구성요건·· 740

3. 주관적 구성요건·· 741

Ⅲ. 가중적 구성요건·· 741

1. 음용수 유해물혼입죄·· 741

2. 수도음용수 사용방해죄·· 742

3. 수도음용수 유해물혼입죄··· 743

4. 음용수 혼독치사상죄··· 743

5. 수도불통죄·· 744

제 2 절 아편에 관한 죄··· 745

Ⅰ. 개   설··· 745

1. 의의 및 보호법익·· 745

2. 구성요건의 체계 ·························746

3. 입법론적인 문제 ·························746

Ⅱ. 아편흡식등죄·아편흡식 등 장소제공죄·························747

1. 아편흡식등죄 ·························747

2. 아편흡식 등 장소제공죄 ·························748

Ⅲ. 가중적 구성요건 ·························748

1. 아편등 제조·수입·판매·판매목적소지죄 ·························748

2. 아편흡식기 제조·수입·판매·판매목적 소지죄 ·························750

3. 세관공무원의 아편 등 수입·수입허용죄 ·························751

4. 상습아편흡식, 아편등 제조·수입·판매등죄 ·························753

Ⅳ. 아편등 소지죄 ·························753

제 4 장 사회도덕에 대한 죄

제 1 절 성풍속에 관한 죄 ·························755

Ⅰ. 개   설 ·························755

1. 의의와 본질 및 보호법익 ·························755

2. 입법론인 문제 ·························756

Ⅱ. 간 통 죄 ·························757

Ⅲ. 음행매개죄 ·························757

Ⅳ. 음화 등 반포·판매·임대·공연전시죄 ·························759

1. 의의 및 성격 ·························759

2. 객관적 구성요건 ·························760

3. 주관적 구성요건 ·························763

Ⅴ. 음화 등 제조·소지·수입·수출죄 ·························763

1. 의의·성격 ·························763

2. 객관적 구성요건 ·························763

3. 주관적 구성요건 ·························763

Ⅵ. 공연음란죄··· 764

1. 의의 및 성격··· 764

2. 객관적 구성요건··· 764

3. 주관적 구성요건··· 765

4. 죄수 및 다른 범죄와의 관계··· 765

제 2 절 도박과 복표에 관한 죄··· 765

Ⅰ. 개   설··· 765

1. 의의 및 보호법익··· 765

2. 구성요건의 체계··· 766

Ⅱ. 도 박 죄··· 766

1. 의의 및 성격··· 766

2. 객관적 구성요건··· 766

3. 주관적 구성요건··· 768

4. 위 법 성··· 768

Ⅲ. 상습도박죄··· 769

1. 의   의··· 769

2. 상습성의 판단기준 및 죄수··· 769

3. 공   범··· 769

Ⅳ. 도박개장죄··· 770

1. 의의 및 성격··· 770

2. 객관적 구성요건··· 770

3. 주관적 구성요건··· 771

4. 죄수 및 타죄와의 관계··· 771

Ⅴ. 복표발매·중개·취득죄··· 771

1. 의의 및 성격··· 772

2. 객관적 구성요건··· 772

3. 주관적 구성요건··· 773

제3절 신앙에 관한 죄··· 773

Ⅰ. 개 설·· 773
1. 의의 및 보호법익··· 773
2. 구성요건의 체계··· 774

Ⅱ. 장례식 등 방해죄··· 774
1. 의의 및 성격··· 774
2. 객관적 구성요건··· 775
3. 주관적 구성요건··· 776

Ⅲ. 사체 등 오욕죄··· 776
1. 의의 및 성격··· 776
2. 객관적 구성요건··· 776
3. 주관적 구성요건··· 777

Ⅳ. 분묘발굴죄·· 777
1. 의의 및 성격··· 777
2. 객관적 구성요건··· 778
3. 위 법 성·· 778

Ⅴ. 사체 등 손괴·유기·은닉·영득죄······································· 779
1. 의의 및 성격··· 779
2. 객관적 구성요건··· 779
3. 주관적 구성요건··· 781

Ⅵ. 변사체검시방해죄··· 781
1. 의의 및 성격··· 782
2. 객관적 구성요건··· 782
3. 주관적 구성요건··· 783
4. 다른 범죄와의 관계··· 783

제3편 국가적 법익에 관한 죄

제1장 국가의 존립과 권위에 관한 죄

제1절 내란의 죄···787

  I. 개 설··787

    1. 의의 및 보호법익··787

    2. 구성요건의 체계··788

    3. 내란죄의 본질··788

  II. 내 란 죄··789

    1. 의의 및 성격··790

    2. 객관적 구성요건··790

    3. 주관적 구성요건··791

    4. 공범규정의 적용여부··792

    5. 죄수 및 다른 범죄와의 관계··792

  III. 내란목적살인죄··793

    1. 의의 및 성격··793

    2. 객관적 구성요건··794

    3. 주관적 구성요건··795

    4. 죄수 및 다른 범죄와의 관계··795

  IV. 내란예비·음모·선동·선전죄··795

제2절 외환의 죄···796

  I. 개 설··796

    1. 의의 및 보호법익··796

    2. 구성요건의 체계··797

  II. 외환유치죄··797

    1. 의의 및 성격··798

    2. 객관적 구성요건··798

3. 주관적 구성요건··· 799

Ⅲ. 여 적 죄··· 799

Ⅳ. 모병이적죄··· 800

Ⅴ. 시설제공이적죄··· 800

Ⅵ. 시설파괴이적죄··· 801

Ⅶ. 물건제공이적죄··· 801

Ⅷ. 일반이적죄··· 802

Ⅸ. 간 첩 죄··· 802

　　1. 의의 및 성격··· 803

　　2. 객관적 구성요건··· 803

　　3. 주관적 구성요건··· 806

Ⅹ. 전시군수계약불이행죄··· 807

Ⅺ. 외환예비·음모·선동·선전죄··· 807

제3절 국기에 관한 죄·· 808

Ⅰ. 개　　설·· 808

　　1. 의의 및 보호법익··· 808

　　2. 구성요건의 체계··· 808

Ⅱ. 국기·국장모독죄··· 808

　　1. 의의 및 성격··· 809

　　2. 객관적 구성요건··· 809

　　3. 주관적 구성요건··· 810

Ⅲ. 국기·국장비방죄··· 810

제4절 국교에 관한 죄·· 811

Ⅰ. 개　　설·· 811

　　1. 의의 및 보호법익··· 811

　　2. 구성요건의 체계··· 812

Ⅱ. 외국원수에 대한 폭행 등 죄·· 812

1. 의의 및 성격··· 812

2. 객관적 구성요건··· 812

Ⅲ. 외국사절에 대한 폭행 등 죄·· 813

Ⅳ. 외국국기·국장모독죄·· 814

Ⅴ. 외국에 대한 사전죄··· 814

Ⅵ. 중립명령위반죄··· 815

Ⅶ. 외교상기밀누설죄··· 816

1. 의의 및 성격··· 816

2. 객관적 구성요건··· 816

3. 주관적 구성요건··· 817

제 2 장 국가의 기능에 대한 죄

제 1 절 공무원의 직무에 관한 죄··· 818

Ⅰ. 개   설·· 818

1. 의의 및 보호법익··· 818

2. 공무원의 의의·· 819

3. 직무범죄의 종류··· 820

4. 구성요건의 체계··· 820

Ⅱ. 직무유기죄··· 821

1. 의의 및 성격··· 821

2. 객관적 구성요건··· 821

3. 주관적 구성요건··· 824

4. 죄수 및 다른 범죄와의 관계·· 824

Ⅲ. 피의사실공표죄··· 825

1. 의의 및 성격··· 825

2. 객관적 구성요건······················825

3. 주관적 구성요건······················826

4. 위 법 성······························826

Ⅳ. 공무상 비밀누설죄······················826

1. 의의 및 성격·························827

2. 객관적 구성요건······················827

3. 주관적 구성요건······················829

4. 다른 범죄와의 관계····················829

Ⅴ. 직권남용죄····························829

1. 의의 및 성격·························830

2. 객관적 구성요건······················830

3. 주관적 구성요건······················834

4. 다른 범죄와의 관계····················834

Ⅵ. 불법체포·감금죄·······················835

1. 의의 및 성격·························835

2. 객관적 구성요건······················835

3. 주관적 구성요건······················837

4. 위 법 성······························837

Ⅶ. 폭행 및 가혹행위죄·····················837

1. 의의 및 성격·························837

2. 객관적 구성요건······················837

3. 주관적 구성요건······················838

4. 다른 범죄와의 관계····················839

Ⅷ. 선거방해죄····························839

Ⅸ. 뇌물죄의 일반이론······················840

1. 서   설·····························840

2. 뇌   물·····························844

3. 뇌물죄에 대한 특별형법················852

X. 수 뢰 죄··· 854
    1. 의의 및 성격··· 854
    2. 객관적 구성요건··· 854
    3. 주관적 구성요건··· 856
    4. 죄수 및 다른 범죄와의 관계·· 857
XI. 사전수뢰죄·· 858
    1. 의의 및 성격··· 859
    2. 객관적 구성요건··· 859
    3. 주관적 구성요건··· 860
    4. 객관적 처벌조건··· 860
XII. 제3자 뇌물공여죄·· 861
    1. 의의 및 성격··· 861
    2. 구성요건··· 862
XIII. 수뢰후부정처사죄··· 863
XIV. 부정처사후수뢰죄··· 864
XV. 사후수뢰죄·· 864
XVI. 알선수뢰죄··· 865
    1. 의의 및 성격··· 865
    2. 객관적 구성요건··· 866
    3. 주관적 구성요건··· 867
    4. 특정범죄 가중처벌 등에 관한 법률상의 알선수재죄···················· 867
XVII. 증뢰죄(뇌물공여죄)·증뇌물전달죄·· 867
    1. 의의 및 성격··· 868
    2. 객관적 구성요건··· 868
    3. 주관적 구성요건··· 870
    4. 죄   수··· 870
제 2 절 공무방해에 관한 죄··· 871

Ⅰ. 개   설··· 871

　　1. 의의 및 보호법익··· 871

　　2. 구성요건의 체계·· 871

Ⅱ. 공무집행방해죄·· 872

　　1. 의의 및 성격·· 872

　　2. 객관적 구성요건·· 872

　　3. 주관적 구성요건·· 878

　　4. 죄수 및 다른 범죄와의 관계···························· 879

Ⅲ. 직무·사직강요죄·· 880

　　1. 의의 및 성격·· 880

　　2. 객관적 구성요건·· 881

　　3. 주관적 구성요건·· 881

Ⅳ. 위계에 의한 공무집행방해죄································ 883

　　1. 의의 및 성격·· 883

　　2. 객관적 구성요건·· 883

　　3. 주관적 구성요건·· 886

　　4. 다른 범죄와의 관계·· 886

Ⅴ. 법정·국회회의장모욕죄······································ 887

　　1. 의의 및 성격·· 887

　　2. 객관적 구성요건·· 888

　　3. 주관적 구성요건·· 888

　　4. 다른 범죄와의 관계·· 889

Ⅵ. 인권옹호직무방해죄·· 890

　　1. 의의 및 성격·· 890

　　2. 객관적 구성요건·· 890

　　3. 주관적 구성요건·· 891

Ⅶ. 공무상 봉인 등 표시무효죄·································· 892

　　1. 의의 및 성격·· 892

2. 객관적 구성요건···892

3. 주관적 구성요건···895

4. 다른 범죄와의 관계···895

Ⅷ. 공무상 비밀침해죄···896

Ⅸ. 부동산강제집행효용침해죄···896

1. 의의 및 성격··897

2. 객관적 구성요건···897

3. 주관적 구성요건···898

4. 다른 범죄와의 관계···898

Ⅹ. 공용서류등 무효죄···898

1. 의의 및 성격··898

2. 객관적 구성요건···899

3. 주관적 구성요건···900

4. 다른 범죄와의 관계···900

Ⅺ. 공용물파괴죄···900

1. 의의 및 성격··901

2. 객관적 구성요건···901

3. 주관적 구성요건···901

Ⅻ. 공무상보관물무효죄···901

1. 의의 및 성격··902

2. 객관적 구성요건···902

3. 주관적 구성요건···903

ⅩⅢ. 특수공무방해죄·특수공무방해치사상죄···903

1. 특수공무방해죄···903

2. 특수공무방해치사상죄··903

제 3 절 도주와 범인은닉의 죄···904

Ⅰ. 개   설···904

1. 의의 및 보호법익··904

　　 2. 구성요건의 체계 및 입법론··· 905

Ⅱ. 도 주 죄·· 905
　　 1. 의의 및 성격··· 906
　　 2. 객관적 구성요건·· 906
　　 3. 주관적 구성요건·· 907

Ⅲ. 집합명령위반죄··· 907
　　 1. 의의 및 성격··· 907
　　 2. 객관적 구성요건·· 908
　　 3. 주관적 구성요건·· 909

Ⅳ. 특수도주죄·· 909
　　 1. 의의 및 성격··· 909
　　 2. 객관적 구성요건·· 910
　　 3. 주관적 구성요건·· 910

Ⅴ. 도주원조죄·· 911
　　 1. 의의 및 성격··· 911
　　 2. 구성요건··· 911
　　 3. 예비·음모죄와 미수의 처벌·· 912

Ⅵ. 간수자도주원조죄··· 912
　　 1. 의의 및 성격··· 912
　　 2. 객관적 구성요건·· 913
　　 3. 주관적 구성요건·· 913
　　 4. 예비·음모죄와 미수의 처벌·· 913

Ⅶ. 범인은닉죄·· 914
　　 1. 의의 및 성격··· 914
　　 2. 객관적 구성요건·· 914
　　 3. 주관적 구성요건·· 919
　　 4. 죄　　 수··· 919
　　 5. 친족간의 특례··· 919

제4절 위증과 증거인멸의 죄·· 921

　Ⅰ. 개　　설··· 921

　　1. 의의 및 보호법익··· 921

　　2. 구성요건의 체계··· 922

　　3. 입법론적인 문제··· 923

　Ⅱ. 위 증 죄··· 923

　　1. 의의 및 성격··· 923

　　2. 객관적 구성요건··· 923

　　3. 주관적 구성요건··· 929

　　4. 공범관계··· 929

　　5. 죄수 및 다른 범죄와의 관계··· 930

　　6. 자백·자수의 특례··· 931

　Ⅲ. 모해위증죄··· 932

　Ⅳ. 허위감정·통역·번역죄··· 933

　　1. 의의 및 성격··· 933

　　2. 구성요건··· 933

　　3. 처　　벌··· 933

　Ⅴ. 증거인멸죄··· 933

　　1. 의의 및 성격··· 934

　　2. 객관적 구성요건··· 934

　　3. 주관적 구성요건··· 936

　　4. 죄수 및 다른 범죄와의 관계··· 936

　　5. 친족간의 특례··· 937

　Ⅵ. 증인은닉·도피죄··· 937

　　1. 의의 및 성격··· 937

　　2. 객관적 구성요건··· 937

　　3. 주관적 구성요건··· 938

　　4. 친족간의 특례··· 938

Ⅶ. 모해증거인멸죄·· 938

제 5 절 무고의 죄·· 939

Ⅰ. 개 설·· 939

1. 의 의··· 939

2. 보호법익·· 939

Ⅱ. 무 고 죄·· 940

1. 의의 및 성격·· 940

2. 객관적 구성요건·· 941

3. 주관적 구성요건·· 944

4. 죄수 및 다른 범죄와의 관계·· 947

5. 자수·자백에 대한 특칙·· 948

찾아보기·· 949

참고문헌

[국내문헌]

권구건,	형법강의 각론 I,	박영사	1983
김성돈,	형법각론(제5판),		
성균관대학교출판부(2018)			
김성천/김형준,	형법각론(제2판),	동현출판사	2006
김일수,	형법각론(제3판),	박영사	1999
김일수/서보학,	형법각론(제8판),	박영사	2015
김종원,	형법각론(상),	법문사	1971
김종원 외6,	신고 형법각론,	사법행정	1986
박상기,	형법각론(제7판),	박영사	2008
배종대,	형법각론(제10전정판),	홍문사	2018
백형구,	형법각론,	청림출판	1999
손동권/김재윤,	형법각론,	율곡출판사	2013
신동운,	형법각론(제2판),	법문사	2018
오영근,	형법각론(제3판),	박영사	2014
원형식,	판례중심 형법각론,	동방문화사	2016
유기천,	형법학(각론강의 상),	일조각	1982
유기천,	형법학(각론강의 하),	일조각	1982
이영란,	형법학(각론강의),	형설출판사	2014
이재상/장영민/강동범,	형법각론(제11판),	박영사	2019
이정원,	형법각론,	법지사	2000
이형국,	형법각론,	법문사	2007
임웅,	형법각론(제9정판),	법문사	2018
정성근,	형법각론(전정판),	법지사	1996
정성근/박광민,	형법각론(제3판),	삼지원	2008
정영일,	형법강의[각론](제3판),	학림	2017

조준현,	형법각론,	법원사	2002
진계호,	신고 형법각론,	대왕사	1985
최병천,	판례중심 형법각론,	피엔씨미디어	2016
하태훈,	형법사례연습(제4판),	박영사	2014

[독일문헌]

1. Lehrbuch

Arzt/Weber, Strafrecht, Besonderer Teil, LH 2 (1983)

Paul Bockelmann, Strafrecht, Besonderer Teil 1, 2.Aufl. (1982)

Paul Bockelmann, Strafrecht, Besonderer Teil 2, 1.Aufl. (1977)

Paul Bockelmann, Strafrecht, Besonderer Teil 3. (1980)

Fritjof Haft. Strafrecht, Besonderer Teil, 5.Aufl. (1995)

Hohmann/Sander, Strafrecht, Besonderer Teil 1, 2.Aufl. (2000)

Hohmann/Sander, Strafrecht, Besonderer Teil 2. (2000)

Volter Krey, Strafrecht, Besonderer Teil, Bd.1, 12.Aufl. (2002)

Krey/Hellmann, Strafrecht, Besonderer Teil, Bd.2, 13.Aufl. (2002)

Maurach/Schroeder/Maiwald, Strafrecht, Besonderer Teil, Bd.1, 9.Aufl. (2003)

Maurach/Schroeder/Maiwald, Strafrecht, Besonderer Teil, Bd.1, 7.Aufl. (1991)

Rudolf Rengier, Strafrecht, Besonderer Teil 1, 5.Aufl. (2002)

Rudolf Rengier, Strafrecht, Besonderer Teil 2, 4.Aufl. (2002)

Johannes Wessels/Michael Hettinger, Strafrecht, Besonderer Teil 1, 25.Aufl. (2001)

Johannes Wessels/Thomas Hillenkamp, Strafrecht, Besonderer Teil 2, 24.Aufl. (2001)

2. Kommentar

Heintschel—Heinegg/Hefendehl/Joecks/Miebach, Münchener Kommentar zum Strafgesetzbuch
        (2003)

Wolfgang Joecks, Studienkommentar StGB, 3.Aufl. (2001)

Kindhäuser/Neumann/Paeffgen, Nomos Kommentar Strafgesetzbuch, 2.Aufl. (2005)

Karl Lackner/Krisrian Kühl, Strafgesetzbuch, 27.Aufl. (2011)

Rudolphi/Horn/Günther, Systematischer Komentar zum Strafgesetzbuch, 5.6, bzw.7.Aufl.
　　　(2003)

Schöndle/schröder/Lenckner－Cramer－Eser－stree, StGB, 28.Aufl. (2010)

Tröndle/Fischer, Strafgesetzbuch, 53.Aufl. (2006)

Fischer, Strafgesetzbuch, 59.Aufl. (2012)

[일본문헌]

船山泰範,	新刑法各論,	北樹出版	2008
川端 博,	集中講義 刑法各論,	成文堂	2000
林 幹人,	刑法各論(第2版),	東京大學出版會	2007
山中敬一,	刑法各論(第2版),	成文堂	2009
前田雅英,	刑法各論講義(第3版),	東京大學出版會	1999

제1편

개인적 법익에 관한 죄

제1장 사람의 생명과 신체에 대한 죄
제2장 자유에 대한 죄
제3장 명예와 신용에 대한 죄
제4장 사생활의 평온에 대한 죄
제5장 재산에 대한 죄

제1장 사람의 생명과 신체에 대한 죄

제1절 살인의 죄

I. 서 설

1. 의의 및 보호법익

(1) 의 의

살인죄(Tötungsdelikt, homicide)란 사람을 살해함으로써 그 생명을 침해하는 것을 내용으로 하는 범죄이다. 살인이란 타인의 생명을 자연적인 죽음에 이르는 시간에 시간적으로 앞서서 고의로 생명을 단절시키는 행위를 말한다.

(2) 보호법익 및 보호정도

살인죄의 보호법익은 사람의 생명이며, 법익보호의 정도는 생명의 단절이라는 사망이라는 결과가 발생해야 살인기수가 성립되기 때문에 침해범이다. 헌법은 인간의 존엄과 가치를 국가의 최고근본규범으로 보장하고 있다. 여기서 인간의 존엄과 가치란 인간의 인격과 그 평가를 의미하는데, 이러한 인간의 인격의 토대가 되는 것이 바로 사람의 생명이다. 따라서 사람의 생명은 인간으로서의 존엄과 가치를 인정하는 자유사회에서는 가장 중요한 법익이라 할 수 있다.

(3) 절대적 생명보호의 원칙

사람의 생명은 우리 헌법의 가치체계 내에서 최고의 지위를 차지하는 법익이기 때문에 사람의 생명을 보호하는 것은 절대적이어야 한다는 것이다. 즉 사람의 생명은 절대적으로 불가침적(不可侵的)이며 다른 생명을 위한 수단이 될 수 없고 포기할 수도 없으며, 절대적으로 보호해야 한다는 원칙을 '절대적 생명보호의 원칙'이라 한다. 이 원칙에 의하면 사람의 생존가치나 생존능력 등과 관계없이 살아있는 모든 생명은 절대적으로 보호되어야 하므로 기형아, 무뇌아, 조산아, 사형

수, 자살을 시도 중인 자, 사망이 임박한 환자 등의 생명도 당연히 절대적으로 포기할 수 없는 보호의 대상이 된다.[1]

이와 달리 정당방위에 의한 살인, 사형제도, 적군의 살해 등이 현실적·법적으로 허용되고 있고, 과학적 담론에서도 절대적이라는 용어는 피해야 할 것이라는 점을 고려하여, '절대적 생명보호의 원칙'이라는 표현은 적절치 않고, '최대한 생명보호의 원칙' 또는 '포괄적 생명보호의 원칙'으로 표현하는 것이 타당하다는 견해도 있다.[2]

한편 「장기 등 이식에 관한 법률」에 의하면, '뇌사자'란 살아있는 자도 아니고 사망한 자도 아닌 중간 단계의 상태에 있는 자를 의미한다. 이 법률에 의하면 뇌사상태에 있는 자, 즉 뇌의 모든 기능이 불가역적(不可逆的)으로 소실(消失)된 전뇌사자(全腦死者)의 경우에는 장기이식이 가능하도록 규정하고 있다.

2. 모살과 고살

(1) 살인죄는 살인고의의 내용에 따라 대부분 국가의 입법례에서는 **모살**(謀殺: Mord, murder)과 **고살**(故殺: Totschlag, manslaughter)로 구별하여,[3] 전자의 경우에는 후자보다 중하게 처벌하고 있다. 그 구별기준으로는 윤리적 요소나 심리적 요소 또는 양자를 모두 고려하는 입법태도를 보이고 있다. 입법례에 따라 양자의 구별 기준은 다르지만, 대체적으로 '모살'이란 행위자의 **심리적 요소**인 사전의 계획이나 숙려(熟慮)에 의한 살인의 경우 또는 **윤리적 요소**인 행위자의 심정인 살해의 동기나 목적이 비열하거나 간악하거나 탐욕스럽든지, 범행수단이나 방법이 잔학하여

---

1) 이재상/장영민/강동범, 10면.

2) 임웅, 10면.

3) 영미법에서는 예모(豫謀: 계획적인 범의, malice aforethought)의 유무에 의해 murder와 manslaughter를 구별하고, 다시 주에 따라서는 murder를 유괴·강도 또는 강간 중에 범한 1급살인(first degree murder)과 2급살인(second degree murder)으로 나누고, manslaughter 는 자발적 살인(voluntary manslaughter)과 비자발적 살인(involuntary manslaughter)으로 구분하기도 한다.
독일 형법도 제211조 제1항에서 "모살자는 종신자유형에 처한다."고 규정하고 있으며, 동조 제2항에서는 "모살자란 살해욕, 성욕의 만족, 탐욕 기타 비열한 동기에 의하거나, 간악하거나 잔인하거나 공공에 위험한 수단으로 또는 다른 범죄를 실행하거나 은폐할 목적으로 사람을 살해한 자를 말한다."고 규정하고 있다.

윤리적으로 비난가능성이 큰 경우를 말한다.

(2) 한편 우리 형법은 일본 형법과 마찬가지로 모살과 고살을 구별하지 않고, 가령 형법 제250조 제1항 단순살인죄에 해당할 경우에는 사형, 무기 또는 5년 이상의 징역에 처하도록 규정함으로써 법관의 작량감경에 의해 집행유예의 선고까지 가능하도록 하고 있다. 따라서 이러한 살인죄의 죄형법규에 대하여 법관에게 지나치게 재량을 주는 입법이므로 죄형법정주의 정신을 무시한 입법태도라고 비판하는 견해[4]도 있다.

그러나 ① 범죄자의 범행의 목적, 동기, 수단 등을 양형의 조건에서 충분히 고려할 수 있으므로 양자를 구별하지 않는 것이 오히려 구체적으로 타당한 형량을 결정할 수 있게 하며, ② 죄형법정주의에서 파생하는 형벌의 명확성의 원칙이란 죄형의 균형의 범위 내에서 형벌의 종류와 범위를 명확히 정하는 것을 말하며 구체적인 양형을 의미하지는 않으므로 죄형법정주의의 명확성의 원칙에 반한다고 할 수 없고, ③ 우리 형법이 이른바 중살인죄에 해당하는 강간살인죄(제301조의2), 강도살인죄(제338조), 내란목적살인죄(제88조) 등에 대하여 별도의 특별구성요건을 두어 가중처벌하고 있는 점을 고려해보면, 단순살인죄를 모살(謀殺)과 고살(故殺)로 구별하여 입법에 의한 양형에 차등을 두고 있지 않더라도 합리적인 양형이 가능하기 때문에 현행 형법의 입법태도는 타당하다고 생각되며, 이는 지배적인 학설[5]의 입장이다.

3. 구성요건의 체계

살인의 죄는 제250조 제1항의 단순살인죄가 기본적 구성요건이고, 존속살해죄는 '책임이 가중되는 가중적 구성요건'이며, 영아살해죄(제251조)는 '책임이 감경되는 감경적 구성요건'이고, 촉탁·승낙에 의한 살인죄(제252조 1항)와 자살교사·방조죄(제252조 2항)는 '불법이 감경되는 감경적 구성요건'이다.

그러나 위계·위력에 의한 촉탁·승낙살인죄와 자살관여죄(제253조)는 별개의 '독자적인 구성요건'으로 입법적으로 단순살인죄와 존속살해죄의 규정에 따르도록

---

4) 서일교, 21면; 오영근, 13면; 유기천, 24면; 임웅, 12면.

5) 강구진, 25면; 김종원, 28면; 박상기, 17면; 배종대, 9/28; 이영란, 21면; 이재상/장영민/강동범, 11면.

규정하고 있다.

　　그리고 이 죄의 미수범은 처벌되고, 제250조와 제253조의 죄는 예비·음모를 처벌하고 있다. 또한 특별형법인 「특정범죄 가중처벌 등에 관한 법률」 제5조의9 제1항의 '보복목적 살인죄'에 해당하는 경우에는 사형·무기 또는 10년 이상의 징역에 처하도록 규정하여 가중처벌하고 있다.

Ⅱ. 보통살인죄

제250조(살인) ① 사람을 살해한 자는 사형, 무기 또는 5년 이상의 징역에 처한다.
제254조(미수범) 본죄의 미수범은 처벌한다.
제256조(자격정지의 병과) 본죄의 경우에 유기징역에 처할 때에는 10년 이하의 자격정지를 병과할 수 있다.

1. 의의 및 성격

살인죄는 고의로 사람을 살해함으로써 성립하는 범죄이다.
본죄는 살인의 죄의 기본적 구성요건이다.

2. 구성요건

(1) 객관적 구성요건
1) 행위주체

피해자 이외의 자연인이면 족하고 행위주체에 특별한 제한이 없으나, 법인은 제외된다.

2) 행위객체

행위자 이외의 생존해 있는 **자연인**이 대상이 된다. 따라서 기형아, 흉악범, 무뇌아,[6] 사형집행직전의 사형수, 자살을 실행 중인 자 등도 행위객체에 포함된다. 또한 사람의 생존능력 유무는 문제되지 않으므로 빈사(瀕死)상태의 환자, 생존가

---

6) 무뇌아(無腦兒)란 대뇌가 없거나 뇌간의 일부분이 없이 태어난 선천성 기형아를 말하며, 무뇌아도 소뇌와 뇌간의 일부를 가지고 태어나기 때문에 사람으로 볼 것인가에 대한 논의가 있을 수 있다.

망이 없는 영아(嬰兒)도 당연히 포함되게 된다. 그러나 사람으로 태어나기 전의 태아일 경우에는 낙태죄의 객체가 되고, 자연인이 사망한 경우에는 사체가 되므로 사체손괴죄의 객체가 될 뿐이다.

여기서 **자연인**이란 생존해있는 모든 사람, 즉 사람이 출생한 이후부터 사망하기 전까지의 사람을 말하므로 사람이 어느 때부터 출생하고 어느 때에 사망한 것으로 볼 것인가, 즉 사람의 시기(始期)와 종기(終期)문제가 법적으로 중요하고, 이에 대하여 견해의 대립이 있다.

가. 사람의 시기　　　사람이 시작되는 시점인 시기(始期)에 관해서는, ① 임산부가 태아를 분만하기 위해 분만의 진통이 있을 때, 즉 규칙적인 진통을 수반하면서 태아가 태반으로부터 이탈하기 시작한 때라고 보는 **진통설 내지 분만개시설**[7]이 우리나라에서는 통설[8]과 판례[9]의 입장이다. ② 태아의 신체일부가 노출된 때라는 **일부노출설**(특히 두부가 먼저 노출되므로 두부노출설이라고도 한다),[10] ③ 태아가 모체로부터 완전히 분리된 때라는 **전부노출설**[11] 및 ④ 태아가 태반에 의한 호흡이 아니라 모체와는 별개로 독립하여 호흡을 하기 시작한 때라는 **독립호흡설**이 대립하고 있다. 이 견해는 태아가 사산인가 유무를 독립호흡 유무에 의하여 쉽게 판단할 수 있다는 것을 근거로 한다.

생각건대 형법상 사람의 시기문제는 **사람의 생명을 어느 단계에서부터 보호할 것인가**라는 보호의 필요성과 형법의 규정을 기준으로 하여 판단해야 한다. 그런데 ① 형법규정은 태아에 대하여는 고의로 낙태할 경우에만 낙태죄로 처벌(고의기수범)하고 과실이나 미수에 대해서는 처벌하는 규정이 없을 뿐만 아니라 태아에 대한

---

7) 진통설을 취하는 경우에도, 사람이 되는 시기는 조금씩 차이가 나게 된다. 즉, 출산을 위한 진통단계는 가진통(Vorwehen) → 개방진통(Eröffnungswehen) → 압박진통(Presswehen)의 순으로 진행되므로, 분만개시의 시점을 ① 개방진통이 있는 때라는 견해, ② 압박진통이 있는 때 비로소 분만이 개시되었다고 보아야 한다는 견해의 대립이 있으나, 분만이 가까워진 자궁개방을 위한 규칙적인 진통이 시작되었을 때인 개방진통설이 타당하다고 생각된다.

8) 강구진, 20면; 김일수/서보학, 14면; 박상기, 23면; 배종대, 9/10; 손동권/김재윤, 8면; 신동운, 535면; 오영근, 15면; 이영란, 23면; 이재상/장영민/강동범, 13면; 이정원, 34면; 임웅, 15면; 정성근/박광민, 19면 등.

9) 대법원 1982. 10. 12. 선고 81도2621 판결.

10) 일본의 통설과 판례의 입장이다(宮野 彬, 人の始期と終期, 刑法の爭點, 182면).

11) 영미에서는 통설의 입장이고, 민법에서도 통설의 입장이다.

상해에 대해서도 처벌하는 규정이 없다. 그러나 태아가 모체 밖으로 노출되기 전이라 하더라도 분만 중의 영아의 생명이 침해될 가능성이 크므로 이를 보호해야 할 필요성이 크고, 태아가 모체로부터 노출되기 바로 전인 '분만 중의 영아'의 생명은 태아가 아니라 이미 사람과 동등한 가치를 지닌 생명으로 보는 것이 생명보호의 원칙에 충실한 해석이라고 하겠다. 또한 ② 우리 형법도 제251조에 영아살해죄의 객체로 '분만 중의 영아'를 규정하고 있으므로 이를 전부노출설이나 독립호흡설 등에 의해서는 설명하기가 어렵게 된다. 따라서 사람의 시기에 대하여는 통설인 **진통설 내지 분만개시설**이 타당하다고 하겠다. 대법원 판례도 분만개시설의 입장에서 조산원이 분만 중의 태아를 질식사에 이르게 한 경우에 업무상 과실치사죄가 성립한다고 판시하고 있다.[12]

한편 분만개시설을 취하는 경우에도 가령 진통을 수반하지 않는 제왕절개수술(인공임신중절수술)의 경우에 분만개시의 시점이 문제되는데, 이에 관해서는 ① 수술개시시라는 견해도 있으나, ② 자궁절개시에 비로소 분만이 개시된다고 할 수 있으므로 **자궁절개시설**이 타당하다고 생각된다.[13]

또한 가령 태아를 분만하기 전에 임산부의 잘못된 약의 제조·처방행위로 인해 태아가 출생한 후에 사망, 기형 또는 불구가 된 경우에는 행위시나 결과발생시가 아니라 **행위가 객체에 작용하는 시기**에 사람이었느냐를 기준으로 판단해야 한다. 따라서 태아를 살해하고자 시도하였으나 살아서 출생한 경우에는 살인죄나 상해죄는 성립하지 않는다.

나. 사람의 종기   사람의 종기(終期)란 사람의 생명이 종료되는 때, 즉 **사망한 때**를 말한다. 사람의 생명이 종료한 때에는 사람이 사체(死體)가 되어 법률상 특수한 물건으로 취급되고 일정한 법적 보호의 대상이 되기 때문에 이를 확정할 필요가 있다.

사람의 종기에 대해서는 ① 호흡이 영구적으로 그쳤을 때 사망한 것으로 보

---

12) 대법원 1982. 10. 12. 선고 81도2621 판결.

13) 대법원 2007. 6. 29. 선고 2005도3832 판결, 자궁절개수술과 관련하여 "형법의 해석으로는 규칙적인 진통을 동반하면서 분만이 개시된 때(소위 진통설 또는 분만개시설)가 사람의 시기라고 봄이 타당하다."고 판시하였으나, 이러한 판시내용에 대하여 자궁절개수술의 경우에는 진통설을 적용하는 것이 타당하지 않다는 비판이 있다(이재상/장영민/강동범, 15면 참조).

는 **호흡종지**(呼吸終止)설, ② 심장의 고동이 영구적으로 정지한 때 사망한 것으로 보는 **맥박종지설**(심장사설이라고도 하며, 종래의 통설이다),[14] ③ 호흡, 맥박의 영구적 정지 및 동공의 확대, 고정이라는 3가지 징후가 있는 때에 사망한 것으로 보는 **종합판단설**(三徵候說이라고도 하며, 일본에서는 유력설이다), ④ 뇌의 기능이 불가역적으로 소실된 때에 사망한 것으로 보는 **뇌사설**(Hirntod),[15] ⑤ 인격체로서의 생활능력이나 생활현상이 사실상 종료되었을 때에 사망한 것으로 보는 **생활현상**(능력)종지설이 있다.

그런데 맥박종지설과 호흡종지설은 사람의 사망시기를 생물학적, 의학적 기준에 의하여 판단하는 견해라고 할 수 있는데, 이와 달리 뇌사설이 등장하게 된 것은 심장, 신장 등 장기이식의 문제와 관련하여 1967년 12월 남아프리카공화국의 월 버나드(Bernard) 박사에 의해 세계 최초로 심장이식수술을 성공하게 되었고, 그 이듬해인 1968년 호주의 Sydney에서 열린 제22차 세계의사학회에서 사람의 사망시점 판단과 관련하여 종래의 호흡종지설이나 맥박종지설을 비판하면서 채택된 뇌사설의 필요성을 강하게 주장하면서부터이다.[16]

그러나 뇌사설에 대하여는 현대 의학수준에 의하더라도 뇌사를 명백히 확정할 방법과 기준이 마련되었다고 볼 수 없고, 장기이식과 관련하여 뇌사판정이 오·남용될 위험이 있으며, 일반 국민의 정서 내지 감정과 조화할 수 없다는 점 등을 이유로 비판을 하고 있다.

생각건대 사람의 종기를 판단할 때에는 **생물학적·의학적 기준**에 의해서만 판단할 것이 아니라, **형법이 생명을 보호하는 근본목적**에 따라 합리적으로 판단해야 할 것이다. ① 인격의 기초로서 사람의 생명의 핵심은 뇌기능의 활동에 있는데 이러한 뇌기능이 불가역적으로 소멸된 뇌사상태에 의해 사실상 종료되며, 뇌기능소멸

---

14) 김일수/서보학, 15면; 김종원, 30면; 백형구, 18면; 오영근, 20면; 정영석, 217면; 정영일, 10면; 조준현, 28면; 진계호, 34면; 황산덕, 159면.

15) 박상기, 23면; 이정원, 35면; 이재상/장영민/강동범, 17면; 이형국, 14면; 임웅, 17면; 정성근/박광민, 21면.

16) 미국 Kansas주 형법에 의하면, 사람의 사망은 「맥박과 호흡의 종지 또는 뇌사」(either the heartbeat and respiration or brain death)를 의미한다고 규정하고 있다. 우리나라에서는 대한의학협회가 1993년 3월 4일 사망에 관하여, "심폐기능의 불가역적 정지 또는 뇌간을 포함한 전뇌기능의 불가역적 소실"로 판단한다고 선언함으로써, 의학계에서는 뇌사가 사망의 정의로 공식적으로 인정되었다고 할 수 있다.

로 인해 인간의 인격적인 존재가치가 소멸된다고 볼 수 있고, ② 뇌기능은 호흡
이나 심장박동과는 달리 치료, 회복이라는 재생이 불가능하기 때문에 사람의 인
격적 생명은 뇌사에 의해 사실상 종료된다고 보는 뇌사설의 입장이 타당하다고 생
각한다.

또한 뇌사설 중에서 ① 대뇌사설(大腦死說)은 무뇌아(無腦兒)나 식물인간을 뇌
사자로 보는 점에서 불합리하고, ② 뇌간사설(腦幹死說)은 뇌간이 훼멸되었지만
인격의 기초가 되는 대뇌기능은 살아 있기 때문에 이를 뇌사라고 볼 수는 없다.
따라서 ③ 뇌간과 대뇌 및 소뇌[17]로 이루어진 전뇌의 기능이 회복불가능하게 소실
되었을 때에 비로소 뇌사자로 이해하는 전뇌사설의 입장이 타당하다고 생각한다.

한편 우리나라에서는 1999년 2월 8일에 「장기 등 이식에 관한 법률」을 제정하
여 2000년 2월 9일부터 시행해오면서 그동안 여러 차례 법률 개정을 하였는데,
이 법률에는 뇌사판정의 절차와 기준에 관하여 규정하고 있지만, 뇌사를 사망으
로 명백하게 규정하고 있지는 않다. 즉 이 법률에는 '살아 있는 자'와 '뇌사자' 및
'사망한 자'를 구별하면서, 뇌사설의 입장에서 뇌사자란 뇌 전체의 기능, 즉 전뇌
(全腦)의 기능이 불가역적으로 소실된 상태인 전뇌사자를 의미한다고 규정하고 있
다.[18]

그러므로 뇌사자의 장기를 적출하는 행위는 현행법상 살인죄 내지 동의살인
죄의 구성요건에는 해당하지만 '장기 등 이식에 관한 법률'에 의해 위법성이 조각
된다고 해석된다.[19] 따라서 입법론적으로는 형법이 뇌사설을 정면으로 받아들이

---

17) 뇌간(腦幹)은 호흡, 순환, 대사, 체온조절과 같은 생명유지에 필수적인 기능을 관장하고,
대뇌(大腦)는 정신작용을, 소뇌(小腦)는 몸의 운동기능을 관장한다.

18) 이 법률에서 『"살아있는 사람"이란 사람 중에서 뇌사자를 제외한 사람을 말하고, "뇌사자"
란 이 법에 따른 뇌사판정기준 및 뇌사판정절차에 따라 뇌 전체의 기능이 되살아날 수 없
는 상태로 정지되었다고 판정된 사람을 말한다.』고 규정하고 있으며, 그 밖에도 장기 등의
적출과 이식 및 뇌사판정 등에 관해 필요한 사항을 규정함으로써 장기 등의 적출과 이식
의 오·남용을 규제하고 있다.
한편 이와 달리 이 법률을 사망시기에 관하여 뇌사설의 입장을 채택했다고 평가하는 견해
도 있다(김성천/김형준, 17면; 김재봉, "치료중단과 소극적 안락사", 형사법연구, 제12호,
1999. 11, 169면; 박상기, 26면; 배종대, 55면).

19) 이 법률은 헌법상 인간생명의 존엄을 구현하고자 형법상 동의살인죄를 처벌하고 있는데,
이에 반하는 위헌법률이 아닌가라는 비판이 있다(임상규, "장기이식법상의 뇌사관련규정
의 문제점", 형사법연구, 제13호, 2000. 6, 149면 이하).

면서, 뇌사판정절차나 장기이식요건은 더욱 엄격하게 규제하는 방향이 바람직하다고 생각된다.

3) 실행행위

본죄의 살해행위는 '사람의 생명을 자연적인 사기(死期)에 앞서서 고의로 단절시키는 것'을 말한다.

가. 살해의 수단이나 방법　　살해행위의 유형에는 특별히 제한이 없다. 살해행위는 작위에 의해서 행해지는 것이 일반적이지만, 보증인적 지위에 있는 자의 부작위에 의해서도 가능하다.[20] 예컨대 선장이 승객 등 선박공동체가 위험에 직면할 경우 자신의 지위를 포괄적이고 적절히 행사하여 선박공동체 전원의 안전이 종국적으로 확보될 때까지 적극적·지속적으로 구조조치를 취할 법적 의무가 있으므로 항해 중이던 선박이 기울어져 멈춘 후 침몰하고 있는 상황에서 승객 등이 안내방송 등을 믿고 대피하지 않은 채 선내에 대기하고 있음에도 아무런 구조조치를 취하지 않고 퇴선함으로써 선박에 남아 있던 승객 등을 익사케 한 것은 부작위에 의한 살인죄에 해당한다. 그러나 항해사 등은 선장을 보좌하여 승객 등을 구조하여야 할 지위에 있기는 하나 다른 선원들과 마찬가지로 선박침몰과 같은 비상상황 발생 시 각자 비상임무를 수행할 현장에 투입되어 선장의 퇴선명령이나 대피명령에 대비하다가 선장의 지휘에 따라 승객들의 이동과 탈출을 도와주는 임무를 수행하는 사람들이므로, 선박침몰 시에 선장과 함께 조타실에 있으면서 별다른 조치를 취하지 아니한 채 사태를 방관하여 결과적으로 선내에 대기 중이던 승객들이 탈출에 실패하여 사망에 이르게 한 잘못이 있다고 하더라도, 이를 작위에 의한 살인과 동등하게 평가하기 어렵고 나아가 살인의 미필적 고의로 선

---

20) 산모가 유아에게 젖을 주지 않아 죽게 한 경우, 피해자를 감금한 자가 피해자가 탈진상태에 빠져 있는데 이를 구조하지 아니하여 사망한 경우(대법원 1982. 11. 23. 선고 82도2024 판결), 어린 조카를 저수지로 데리고 가서 미끄러지기 쉬운 제방 쪽으로 유인하여 함께 걷다가 미끄러져 저수지에 빠진 조카를 방치하여 익사케 한 경우(대법원 1992. 2. 11. 선고 91도2951 판결)에는 부작위에 의한 살인죄가 성립한다.

그러나 보호자가 병원치료를 요하는 생명이 위태로운 환자를 치료중단 후 퇴원조치를 요구하여 환자를 사망에 이르게 한 경우에 보호자는 살인죄가 성립하지만, 환자를 담당한 주치의와 전문의가 치료중단 및 퇴원을 허용하는 조치를 취한 경우에 담당 전문의와 주치의는 작위에 의한 살인방조죄가 성립한다(대법원 2004. 6. 24. 선고 2002도995 판결).

장의 부작위에 의한 살인에 가담하였다고 보기 어렵다.[21] 또한 살해행위는 타살이나 독살, 사살, 교살 등 유형적인 방법에 의해서 행해지는 것이 일반적이지만, 정신적 고통이나 충격을 주어 살해하는 무형적 방법으로도 가능하다.

특히 무형적인 방법의 하나로 저주나 기도 등의 주술적인 방법으로 살해행위를 할 수 있는가에 관하여, 피해자가 그 사실을 알고 정신적으로 충격을 받아 사망한 때에는 살인죄의 성립을 인정할 수 있다는 소수설도 있다.[22] 그러나 이른바 미신범(迷信犯)의 경우에는 실행행위에 보호법익에 대한 객관적인 위험성도 없을 뿐만 아니라 인과관계도 존재하지 않으며, 또한 살인의사는 인정되지만 미신적 방법인 기도행위나 저주행위만으로는 살인죄의 구성요건적 정형성이 결여되어 있으므로 살인예비·음모죄도 성립되지 않는다는 통설[23]의 입장이 타당하다고 생각된다.

또한 살해행위는 직접적·간접적인 방법을 불문한다. 간접적인 방법으로는 독약을 우송하여 살해하거나 정신병자를 이용하여 살해하는 경우 등을 들 수 있다.

간접정범에 의한 살인과 관련해서는 특히, ① 피해자 자신을 도구로 이용하는 경우와 ② 국가기관을 이용하는 경우가 문제된다. 전자는 피해자가 강요, 기망 등에 의해 자살하게 되는 경우로, 피해자가 자살의 의미를 이해할 수 있는 자라면 위계·위력에 의한 살인죄(제253조)가 문제된다. 후자의 예로는 무고나 위증을 함으로써 국가의 형사재판을 이용하여 사람을 살해하도록 하는 경우, 즉 사형집행을 하는 경우이다.

후자에 대하여는 국가기관을 이용하여 간접적으로 살해하는 것이 가능하다는 긍정설[24]도 있지만, 실체적 진실발견의무가 있는 수사기관이나 법원이 고발인의 고발이나 증인의 증언에 의해 재판이 지배된 것이 아니라 국가기관의 독자적인 판단에 의한 재판결과라고 보아야 한다. 따라서 고발인의 고발이나 증인의 증언이 국가기관의 결정인 재판결과에 대하여 우월적 의사지배가 이루어졌다고 볼 수 없기 때문에 간접정범이 성립될 수 없다는 부정설의 입장이 타당하며, 이는 지

---

21) 대법원 2015. 11. 12. 선고 2015도6809 전원합의체 판결(이른바 세월호 침몰사건).
22) 황산덕, 159면.
23) 강구진, 28면; 김일수/서보학, 16면; 배종대, 10/5; 오영근, 18면; 이재상/장영민/강동범, 18면; 이형국, 16면; 임웅, 19면; 정성근/박광민, 23면.
24) 김성천/김형준, 27면; 이정원, 37면; 임웅, 20면; 유기천, 26면.

배적인 학설의 입장이기도 하다.

나. 실행의 착수 및 기수시기　　살인의사를 가지고 타인의 생명을 위태롭게 하는 행위를 직접 개시한 때에 실행의 착수가 있고, 그로 인해 사망이라는 결과가 발생해야 기수가 된다. 살인죄는 생명의 단절이라는 결과가 발생해야 기수가 되는 침해범이고, 실행행위와 결과 사이에 인과관계와 객관적 귀속이 인정되어야 한다. 행위자의 행위가 피해자의 사망에 유일한 원인이 아니고 다른 원인과 경합하여 결과가 발생한 경우에도 인과관계는 인정된다.[25]

실행에 착수했지만 살인의 수단이나 대상의 착오로 결과발생이 불가능한 경우, 예컨대 객관적으로 치사량에 미달하는 독약을 사용한 경우에는 사망이라는 결과는 발생하지 않지만 실행행위의 위험성으로 인해 살인죄의 **불능미수**가 성립하게 된다. 그러나 피해자에게는 치사량에 미달하는 경우라 하더라도 일반적으로는 살해할 수 있을 정도의 치사량에 해당할 경우에는 본죄의 **장애미수**가 성립된다.

(2) 주관적 구성요건

1) 살인의 고의

살인죄가 성립하기 위해서는 주관적 구성요건으로 살해의 고의, 즉 사람을 살해한다는 사실에 대한 인식과 의사가 필요하다. 따라서 살인의 고의 없이 사망한 경우에는 과실이 있으면 과실치사, 과실조차 없으면 범죄는 성립하지 않게 된다. 한편 살인고의 이외의 다른 고의를 가지고 사망의 결과가 발생했을 때에는 고의의 내용에 따라 상해 · 폭행치사죄, 강간치사죄, 강도치사죄, 체포 · 감금치사죄, 유기치사죄 등이 성립하게 된다.

살인의 고의에는 **확정적 고의** 또는 행위자가 행위시에 사망이라는 결과발생의 가능성을 인식 · 예견하면서 그 결과를 묵인(감내)하거나 인용하는 **미필적 고의**가 필요하다. 또한 인과관계에 대한 인식도 고의의 내용이므로 **인과관계에 대한 인식**이 필요하다. 그리고 인과관계의 착오는 그것이 본질적인 내용의 착오가 아니면 고의의 성립에는 영향이 없다.

살인죄의 고의의 존부와 관련하여 특히 문제되는 것은 고의로 에이즈(AIDS)를 감염시킨 경우이다. 이 경우에 에이즈를 감염시킨 자에게 살인의 고의를 인정할 수

---

25) 피해자의 과실이 경합한 경우(대법원 1994. 3. 22. 선고 93도3612 판결), 다른 과실이 경합하여 결과가 발생한 경우(대법원 1984. 6. 26. 선고 84도831 판결)에도 인과관계는 인정된다.

있다는 견해[26]도 있으나, ① 에이즈감염에 대하여 살인고의를 인정한다면 형법이 불치 또는 난치의 질병을 중상해의 하나로 규정하고 있는 현행법상 중상해죄의 입법취지에도 어긋나고, ② 에이즈 감염자가 예방조치 없이 성행위를 한 결과 비록 타인으로 하여금 에이즈에 감염되도록 했다고 하더라도, 예방조치 없이 1회의 성교행위만으로 상대방이 에이즈에 감염될 확률은 약 1~2%에 불과할 정도로 희박하고, 또한 에이즈감염자가 곧 사망하는 것이 아니라 에이즈감염행위로부터 발병과정을 거쳐 피해자가 사망하기까지는 평균 10여 년 이상이 소요되기 때문에 살인고의가 있다고 볼 수 없다. 따라서 에이즈를 고의로 감염시킨 행위에 대하여는 **중상해의 고의**를 인정하여 현행법상 **중상해죄**(제258조) 또는 **상해치사죄**(제259조)가 성립한다고 보는 다수설[27]의 입장이 타당하다고 생각한다.

「후천성면역결핍증 예방법(1987년 제정)」 제25조 제2호(에이즈전파매개행위)에는 에이즈감염자가 혈액 또는 체액을 통해 다른 사람에게 전파매개행위를 한 경우에는 3년 이하의 징역에 처하도록 규정하고 있다. 따라서 예컨대 후천성면역결핍증환자가 상대방에게 이러한 사실을 알리지 아니하고 성행위를 한 경우에는 후천성면역결핍증 예방법 제25조 제2호에 의해 처벌되고, 이로 인해 상대방이 에이즈에 감염되었을 때는 형법 제258조의 중상해죄가 성립하게 된다.

2) 구성요건적 착오

고의는 구성요건적 사실에 대한 인식과 의사이므로 구성요건을 구성하는 사실인 행위객체나 실행방법에 착오가 있는 경우, 즉 사실의 착오가 발생할 경우 고의범의 성립범위를 어떻게 이해할 것인가에 관해서는 학설의 대립이 있다.

① **구체적 사실의 착오**인 경우에 객체의 착오는 고의성립에 영향이 없다는 점에 대하여는 견해의 대립이 없고, 타격(방법)의 착오에 있어서도 통설과 판례[28]의 입장인 법정적 부합설에 의하면 고의범성립에 영향이 없다. 그러나 ② **추상적 사실의 착오**의 경우에는 행위자가 인식한 사실에 대하여는 미수가 되고, 발생된 결과에 대하여는 과실범이 성립되어, 양죄의 상상적 경합범이 성립한다.

---

26) 김성천/김형준, 90면; 임웅, 22면; 전지연, "성행위를 통한 AIDS전염의 형법적 취급에 대한 고찰", 성시탁교수화갑기념논문집, 1993, 695면.

27) 김일수/서보학, 69면; 박상기, 59면; 배종대, 100면; 정성근/박광민, 52면.

28) 대법원 1975. 4. 22. 선고 75도727 판결; 대법원 1984. 1. 24. 선고 83도2813 판결.

3. 위법성

(1) 일반적 위법성조각사유

생명은 절대적으로 보호되기 때문에 살인죄의 구성요건에 해당하는 행위는 다른 범죄와는 달리 일반적인 위법성조각사유가 제한을 받는다고 할 수 있다. 즉 긴급피난의 경우에는 우월적 이익의 원칙에 의해 위법성이 조각되는 경우인데 생명은 다른 법익보다 우월하므로 살인죄에는 이 원칙이 적용될 여지가 없으며, 또한 피해자의 승낙의 경우에도 생명이라는 법익은 절대적으로 처분할 수 없는 법익이므로 피해자의 승낙의 법리가 적용될 수 없다. 피해자의 승낙에 의한 살인행위의 경우에는 촉탁·승낙에 의한 살인죄가 성립한다.

그러나 정당행위로서 살인행위를 한 경우에는 살인죄의 위법성이 조각될 수 있다. 예컨대 전투행위시 적군을 사살하는 행위는 국제법상 전쟁법의 일반원리에 의해 허용되기 때문이다. 반면에 전쟁 중이라 하더라도 민간인이나 전쟁포로를 살해하는 행위는 국제법에 위반하기 때문에 위법성이 조각되지 않는다.

또한 정당방위로서 살인행위를 한 경우에는 살인죄의 위법성이 조각될 수 있다. 즉 정당방위의 요건을 충족할 때에는 살인행위를 한 경우에도 위법성이 조각된다.

「경찰관직무집행법」 제10조의4에는 경찰관의 무기사용에 대하여, 경찰관이 범인의 체포·도주의 방지, 자기 또는 타인의 생명·신체에 대한 방호, 공무집행에 대한 항거의 억제를 위하여 필요하다고 인정되는 상당한 이유가 있을 때에는 그 사태를 합리적으로 판단하여 필요한 한도 내에서 무기를 사용할 수 있다. 다만, 정당방위와 긴급피난 및 그 밖에도 이 법에서 규정하고 있는 범인의 행위를 방지하거나 그 행위자를 체포하기 위하여 다른 수단이 없다고 인정되는 상당한 이유가 있을 때를 제외하고는 사람에게 위해를 끼쳐서는 아니된다고 규정하고 있다. 이 규정에 근거하여 경찰관의 무기사용은 일정한 요건하에서 허용되지만 그로 인한 살해행위까지 허용하고 있지는 않다. 따라서 경찰관이 경찰관직무집행법에 의한 무기사용으로 인해 살해행위를 한 경우에는 정당방위의 성립요건이 충족될 때에만 위법성이 조각된다고 할 수 있다.

그 밖에도 살인죄의 구성요건을 실현했지만, 긴급피난의 특수한 경우라고 할 수 있는 의무의 충돌의 경우에도 위법성조각사유에 해당할 수 있다.

(2) 안락사와 존엄사

1) 안락사의 개념

안락사(安樂死: Euthanasie, Sterbehilfe)의 개념과 관련하여, ① 진정안락사는 환자의 생명을 단축시키지 않고 고통을 제거하거나 감경하도록 하면서 죽음을 맞이하도록 조치를 취하는 것이기 때문에 살인죄의 구성요건해당성이 없으므로 형법상 문제가 되지 않는다. 문제는 생명을 단축하는 부진정안락사에 있으며, 안락사가 문제되는 경우는 촉탁·승낙에 의한 살인죄의 구성요건해당성이 충족되는 것을 전제로 한다.

② 부진정안락사에는 적극적으로 생명을 단축시키는 조치를 취하는 적극적 안락사와 생명을 적극적으로 단축시키는 조치는 행하지 않았으나 생명연장장치를 제거함으로써 자연적 죽음을 맞이하도록 하는 행위인 소극적 안락사가 있다. 후자는 이른바 '존엄사', 또는 '부작위에 의한 안락사'라고 한다. 환자의 명시적 의사 또는 추정적 승낙에 의하여 행해진 소극적 안락사에 대해서는, ㉠ 환자의 자기결정권을 존중해야 하고, ㉡ 존엄사할 권리를 인정해야 하며, ㉢ 의사의 치료의무가 소멸한다는 논거를 들어 살인죄가 성립되지 않는다는 것이 우리나라에서는 지배적인 견해이다.[29]

이 입장에서는 소극적 안락사에 대하여, ㉠ 촉탁·승낙살인죄 또는 보통살인죄의 구성요건에는 해당하지만 '사회상규에 위배되지 아니하는 행위'로서 위법성이 조각된다는 견해[30]와, ㉡ 환자가 뇌사상태 등으로 인해 더 이상의 치료가 불필요한 경우에 생명유지장치의 제거행위는 의사에게 부과된 생명유지의무라는 '보증인의무가 소멸'하므로 의사의 치료중단행위는 부작위에 의한 살인죄를 구성하지 않는다는 견해[31]가 있다.

③ 적극적 안락사에는 고통제거를 위해 적극적으로 생명을 단축시키는 경우인 직접적 안락사와 고통제거의 부수결과로 환자의 생명단축이 발생하는 경우인 간접적 안락사가 있다.

---

29) 박상기, 29~30면; 배종대, 66면; ; 이형국, 21면; 정성근/박광민, 25면; 진계호, 339면.
30) 배종대, 66면.
31) 김일수/서보학, 26면; 이정원, 44면.

종래의 통설은 ① 환자가 불치의 질병으로 사기가 임박해 있고, ② 환자의 육체적 고통이 극심하며, ③ 환자의 고통을 제거 또는 완화하기 위한 것이고, ④ 환자의 진지한 촉탁 또는 승낙이 있고, ⑤ 원칙적으로 의사에 의하여 시행되고 그 방법이 윤리적으로 정당하다고 인정되는 등의 조건이 충족될 때의 안락사는 본인의 명시적인 의사에 기한 경우에 **사회상규에 반하지 않은 정당행위로서** 촉탁·승낙살인죄의 위법성이 조각되고, 본인이 의사를 표명할 수 없는 경우에는 추정적 승낙의 법리에 의하여 위법성이 조각된다고 해석하였다.[32] 그러나 부진정안락사라 하더라도 고통을 제거하기 위해 사람을 직접적으로 살해하는 **적극적·직접적 안락사**는 허용되지 않는다고 해야 한다.[33] 왜냐하면 이를 허용하게 되면 안락사를 남용할 위험이 있고, 절대적 생명보호원칙에 위배되며, 더구나 환자의 육체적 고통은 대부분 진통제에 의하여 진정할 수 있기 때문이다.[34]

또한 **간접적 안락사**(indirekte Euthanasie)는, ① 형법 제20조의 사회상규에 위배되지 않는 행위라는 견해,[35] ② 긴급피난에 해당한다는 견해,[36] ③ 업무로 인한 행위라는 견해[37] 및 허용된 위험에 해당한다는 견해[38] 등이 있으나, 긴급피난이나 업무로 인한 행위라고 할 수 없으므로 우리 형법 제20조의 **사회상규에 위배되지 않은 행위라고 보는 견해가 타당**하다고 생각한다.

2) 존엄사 또는 자비사

생명유지장치에 의하여 인공적으로 생명을 유지하여 연명하는 소생의 가망이 없는 혼수상태나 뇌사상태의 환자를 **자연적인 죽음**에 이르도록 생명유지장치를 제거하거나 치료를 중지하여 생명을 단축시키는 행위를 '**존엄사**'(尊嚴死, death with

---

32) 오영근, 29면; 임웅, 24면; 정성근/박광민, 25면; 조준현, 30면.
33) 김일수/서보학, 18면; 박상기, 26면; 배종대, 10/15; 신동운, 544면; 이재상/장영민/강동범, 22면; 이형국, 20면.
34) 이재상/장영민/강동범, 22면.
35) 김일수/서보학, 25면; 이재상, 안락사의 형태와 허용한계, 김종원화갑기념논문집, 1991, 581면.
36) 전지연, 현행 형법에 따른 안락사의 허용여부에 대한 검토, 명형식교수화갑기념논문집, 1988, 163면; **면책적 긴급피난으로 보는 견해로는** 허일태, 안락사에 관한 연구, 형법연구1, 439면 참조.
37) 정성근/박광민, 289면.
38) 이정원, 48면; 이형국, 18면; 최우찬, 안락사와 존엄사, 고시계, 1989. 2, 42면.

dignity)라고 하며, 이를 '소극적 안락사' 또는 '부작위에 의한 안락사'라고도 하는 것이 일반적인 견해이다.

그러나 환자의 생명유지장치를 제거하거나 치료를 중지하여 자연적인 죽음에 이르도록 하는 행위, 이른바 '부작위에 의한 안락사'는 '자비사'(mercy killing)이고, 이와 달리 '존엄사'란 에이즈나 말기암환자와 같이 임박한 죽음의 고통에 시달리는 불치 또는 난치의 환자가 생명연장을 위한 노력을 포기하고 차라리 품위 있게 죽기를 원할 경우에 치명적인 의약품을 제공하여 환자 스스로 고통없이 사망에 이르도록 하는 자살원조행위를 말한다.

그러므로 촉탁·승낙 또는 타살에 의한 안락사와 자살방조행위인 존엄사 및 환자의 고통이 문제되지 않고 환자의 자기결정권이 행사되지 않은 자비사와는 엄밀한 의미에서 구별되나, 일반적으로는 이를 혼용하여 사용하고 있다.

생각건대 존엄사에 대해서는, ① 사람의 생명에 대한 권리는 자연적인 죽음과 인간다운 죽음에 대한 권리를 포함하며, ② 환자의 동의 또는 추정적 승낙 없이 치료를 할 수 없을 뿐만 아니라 환자의 의사에 반하여 질병으로 인한 고통스런 생명의 연장을 강요할 수는 없다. ③ 또한 의사의 환자생명을 유지해야 할 의무도 사기가 임박한 환자가 소생가능성이 없는 경우에는 이를 인정할 수 없게 되므로 촉탁·승낙에 의한 살인죄의 구성요건에는 해당하지만 사회상규에 해당하여 위법성이 조각된다고 해야 한다.[39]

4. 책 임

단순살인죄의 책임가중유형으로 존속살해죄가 있고, 책임감경유형으로 영아살해죄가 있다.

5. 죄 수 론

생명은 일신전속적 법익이므로 살인죄는 피해자의 수에 따라 죄수가 결정된다. 따라서,

① 1개의 행위로 수인(數人)을 살해한 경우에는 수개의 살인죄가 성립하고 수죄는 상상적 경합관계가 성립한다.

---

39) 이재상/장영민/강동범, 23면.

② 동일한 장소에서 근접한 시간에 동일한 방법으로 수인을 살해한 경우에는 수개의 살인죄가 성립하고 **실체적 경합범**이 된다.[40]

③ 동일인에 대하여 살인예비, 살인미수 및 살인기수에 이른 경우와 상해를 거쳐 살인에 이른 경우에는 **법조경합의 보충관계**에 해당하여 1개의 **살인(기수)죄**만 성립한다.[41] 즉 **경과범죄 또는 불가벌적 사전행위**의 경우 및 교사범과 종범은 정범에 대하여 보충관계가 인정된다.

④ 살인행위에 수반되는 의복의 손괴행위는 **전형적 또는 불가벌적**(不可罰的) 수반행위로서 손괴죄는 살인죄에 흡수된다.

⑤ 그러나 사람을 살해한 후 사체를 은폐하기 위해 시체를 다른 장소로 옮긴 경우에는 살인죄와 사체유기죄의 **실체적 경합범**이 성립된다.[42]

Ⅲ. 존속살해죄

> **제250조(존속살해)** ② 자기 또는 배우자의 직계존속을 살해한 자는 사형, 무기 또는 7년 이상의 징역에 처한다.
> **제254조(미수범)** 본죄의 미수범은 처벌한다.
> **제256조(자격정지의 병과)** 본죄의 경우에 유기징역에 처할 때에는 10년 이하의 자격정지를 병과할 수 있다.

1. 서   설

(1) 의   의

자기 또는 배우자의 직계존속을 살해함으로써 성립하는 범죄이다. 이 죄는 살인죄에 비하여 형이 가중되는 **부진정신분범**이다. 존속살해죄가 보통살인죄보다도 형이 가중되는 근거에 대하여는, ① 효를 중심으로 하는 가족질서적인 인륜관계도 부차적인 보호법익이고, 직계존비속이라는 가족관계도 객관적인 사회질서로서 불법의 객관적인 구성부분이므로 직계존속이라는 신분으로 인해 살인죄보다도 불법이 가중되는 **불법가중적 구성요건**이라는 견해[43]도 있으나, ② 행위자의 패륜적인

심정반가치 때문에 책임이 가중되는 **책임가중적 구성요건**이라는 견해가 통설이다.

(2) 보호법익

본죄의 보호법익은 '자기 또는 배우자의 직계존속의 생명'이라는 견해가 통설이지만,[44] 소수설은 '자기 또는 배우자의 직계존속의 생명'이라는 **주된 보호법익** 외에도 '가족질서내의 효를 중심으로 하는 인륜관계'를 부차적인 **보호법익**으로 이해하고 있다.[45] 보호법익에 대한 보호의 정도는 침해범이다.

2. 구성요건

(1) 객관적 구성요건요소

1) 행위주체

본죄의 행위주체는 행위객체에 대하여 직계비속의 신분을 가진 사람 또는 그 배우자이다.

2) 행위객체

본죄의 행위객체는 자기 또는 배우자의 직계존속(부모, 조부모, 증조부모, 외조부모 등을 말한다)이다.

가. 자기의 직계존속　　여기서 자기의 직계존속이란 **법률상의 직계존속**, 즉 민법상의 직계존속을 의미한다. 따라서 사실상 부자관계(생부)라 하더라도 법적으로 인지절차를 완료하지 않는 한 법률상 직계존속이라 할 수 없다. 그러나 모자관계(생모)일 경우에는 생모의 인지나 출생신고를 기다리지 않고 자의 출생으로 당연히 법률상 친족관계가 발생하게 된다. 또한 타인 사이라 하더라도 합법적인 절차에 의한 입양관계가 성립하면 직계존속이 된다.

말하자면 존속살해죄에서 말하는 직계존속이란 **자연혈족**이든 **법정혈족**(입양으로 인한 양부모)이든 **자기 또는 배우자의 직계존속인 직계혈족**에 한하고, 인척은 포함되지 않는다. 따라서 계부모자관계나 적모서자관계는 배우자의 혈족으로서 인척에 불과하고, 직계존비속관계가 성립하지는 않는다.[46]

---

43) 김일수/서보학, 23면.

44) 김종원, 37면; 유기천, 31면; 임웅, 29면; 정성근/박광민, 25면; 정영일, 335면; 진계호, 45면; 황산덕, 165면.

45) 김일수/서보학, 26면.

46) 민법 제769조(인척의 계원) 혈족의 배우자, 배우자의 혈족, 배우자의 혈족의 배우자를 인

또한 양자가 양부모를 살해한 경우에는 법률상 직계존속이므로 존속살해죄가 성립된다는 점에 관해서는 다툼이 없다. 그러나 양자가 실부모를 살해한 경우에 관해서는, ① 단순살인죄에 불과하다는 견해와, ② 실부모와의 친자관계는 그대로 존속한다고 보아야 하므로 존속살해죄에 해당하는 견해가 대립한다. 생각건대 양자는 법정혈족관계와 자연혈족관계 모두에 대하여 직계존비속관계에 해당하기 때문에 양부모는 물론 실부모를 살해하더라도 존속살해죄가 성립하게 된다고보는 견해가 타당하다.

　　나. 배우자의 직계존속　　　배우자도 **법률상의 배우자**를 의미하며, 사실혼관계(동거관계)에 있는 자는 포함되지 않는다. 배우자의 직계존속은 인척관계이지만 존속살해죄의 규정에 의하여 자기의 직계존속과 동일하게 행위객체가 된다.

　　또한 배우자가 사망한 경우에는 실질적인 혼인관계가 소멸되었다고 볼 수 있으므로, 과거에 배우자였던 자의 직계존속을 살해한 경우에는 **보통살인죄**에 해당한다. 즉 본죄의 '배우자의 직계존속'이라는 규정은 '생존하는 배우자의 직계존속'을 의미한다.[47)]

　　그러나 배우자를 살해하고 동일한 기회에 배우자의 직계존속을 살해한 경우에는 직계비속의 신분은 실행의 착수시기에 존재하면 족하므로 존속살해죄가 성립한다.[48)]

　　한편 직계존비속관계는 가족관계등록부상의 기재내용이 절대적인 기준이 되는 것은 아니다. 예컨대 버려진 아이를 가족등록부에 입양절차 없이 친자로 등재한 경우에는 양친자관계를 창설하려는 명백한 의사가 없는 한 직계존비속관계가 있다고 할 수 없으므로, 가족관계등록부상의 양부모를 살해한 경우 또는 혼인외의 출생자가 그 생부를 살해한 경우에는 존속살해죄가 아니라 **보통살인죄가 성립**한다고 보아야 한다.[49)]

　　척으로 한다; 민법 제777조(친족의 범위) 8촌 이내의 혈족, 4촌 이내의 인척, 배우자; 민법 제779조(가족의 범위) 배우자, 직계혈족 및 형제자매, 생계를 같이 하는 직계혈족의 배우자와 배우자의 직계혈족 및 배우자의 형제자매에 한한다.

47) 이재상/장영민/강동범, 27면.

48) 강구진, 31면; 김일수/서보학, 22면; 박상기, 29면; 배종대, 11/21; 신동운, 552면; 이재상/장영민/강동범, 28면.

49) 대법원 1981. 10. 13. 선고 81도2466 판결. 그러나 피고인을 입양할 의사로 친생자로 출생

3) 행위의 태양 및 인과관계

살인죄의 실행행위는 살해행위로서의 정형성을 갖추어야 한다. 살해행위방법으로는 직접적·간접적, 유형적·무형적, 작위·부작위의 어떤 형태로도 가능하다. 살해행위와 사망이라는 결과 사이에는 당연히 인과관계가 필요하다.

(2) 주관적 구성요건요소 및 착오

1) 고　의

본죄가 성립하기 위해서는 자기 또는 배우자의 직계존속을 살해한다는 고의가 있어야 한다. 즉 행위자는 행위시에 자기 또는 배우자의 직계존속을 살해한다는 사실에 대한 인식과 의사인 살인의 고의가 필요하며, 살인의 고의는 확정적 고의가 아닌 미필적 고의로도 충분하다.

2) 착　오

행위자가 보통살인의 고의로 존속을 살해한 경우에 객체의 착오일 때에는, 형법 제15조 제1항을 직접 적용하여 경한 사실인 **보통살인죄의 고의기수**를 인정할 수 있다. 그러나 **방법의 착오**일 경우에는 ① 보통살인죄의 미수와 과실치사의 상상적 경합이 된다는 견해(구체적 부합설)와 ② **보통살인죄만 성립한다는 견해**(법정적 부합설)가 대립한다. 생각건대 방법의 착오도 구체적 사실의 착오이고 제15조 제1항에 의해 중한 죄로 처벌할 수 없으므로, 보통살인죄의 고의기수가 성립한다는 후자의 견해가 타당하며 통설의 입장이기도 하다.

다음으로 행위자가 존속살해의 고의로 보통살인의 결과를 발생케 한 경우에 **객체의 착오**일 때에는, ① **존속살해죄의 불능(장애)미수와 보통살인기수의 상상적 경합**이 된다는 견해(구체적 부합설의 입장)[50]와, ② **보통살인죄의 기수만 성립한다는 견해**(법정적 부합설 내지 법익부합설의 입장)[51] 및 ③ **존속살해미수와 과실치사의 상상적**

신고를 한 것은 입양신고로서 효력이 있으므로 피고인은 피해자의 양자라고 할 것이고, 피고인이 피해자를 살해한 경우 존속살해죄가 성립한다(대법원 2007. 11. 29. 선고 2007도8333 판결).

50) 김일수/서보학, 30면; 김종원, 41면; 박상기, 29면; 이정원, 54면; 이형국, 28면. 법정적 부합설의 입장에서도 존속살해의 고의로 단순히 미수에 그친 경우에도 존속살해 불능(장애)미수가 되는 것과 형의 균형을 고려하여, 이때에는 보통살인기수와 존속살해 불능(장애)미수의 상상적 경합을 인정하는 견해도 있다(김종원, 41면; 임웅, 32면).

51) 강구진, 35면; 김성천/김형준, 31면; 오영근, 37면; 정성근/박광민, 31면; 정영일, 372면; 황산덕, 163면.

경합이 된다는 견해(구체적 부합설의 입장)[52]의 대립이 있으나, 법정적 부합설의 입장에서 **보통살인죄의 기수만** 성립한다는 견해가 타당하다.

그러나 행위자가 존속살해의 고의를 가졌으나 **방법의 착오로** 인해 일반인이 살해된 경우에는 형법 제15조 제1항의 적용대상이 아니므로, 이때에는 사실의 착오에 관한 학설에 따라 해결해야 한다. 이 경우에 ① **구체적부합설에 의해 존속살해의 장애미수와 과실치사의 상상적 경합이** 된다는 견해[53]와, ② **법익부합설에 의해 보통살인죄가** 성립된다는 견해[54]의 대립이 있으나, 마찬가지로 법익부합설의 입장에서 **보통살인죄의 기수가** 성립한다는 후자의 견해가 타당하다.

3. 공범관계

존속살해죄는 살인죄에 대하여 신분관계로 인하여 형을 가중하는 부진정신분범이므로, 신분없는 정범 및 공범에 대하여는 **형법 제33조의 단서가 적용된다는** 것이 다수설의 입장이다. 이에 관한 학설의 대립을 살펴보면 다음과 같다.

(1) **甲과 乙이 공동하여 甲의 부(父) 丙을 살해한 경우**

① 甲은 존속살해죄, 乙은 보통살인죄의 공동정범이 성립하고, 甲과 乙은 각자의 죄책범위 내에서 책임을 진다는 것이 **다수설의** 입장이다.

② 甲은 존속살해죄, 乙은 형법 제33조 본문에 의하여 존속살해죄의 공동정범이 성립되지만, 제33조 단서에 의하여 보통살인죄로 처벌된다는 것이 소수설 및 판례의 입장이다.

(2) **乙이 甲을 교사·방조하여 甲의 부(父)인 丙을 살해한 경우**

① 甲은 존속살해죄의 정범, 乙은 보통살인죄의 교사·방조범이 성립한다는 것이 **다수설의** 입장이다.

② 甲은 존속살해죄의 정범, 乙은 존속살해죄의 교사·방조범이 성립하지만, 제33조의 단서에 의해 보통살인죄의 교사·방조범으로 처벌된다는 것이 소수설 및 판례의 입장이다.

---

52) 백형구, 26면.

53) 김일수/서보학, 22면; 박상기, 29면; 임웅, 36면.

54) 강구진, 35면; 이재상/장영민/강동범, 28면; 정성근/박광민, 31면; 정영일, 8면.

(3) 甲이 乙을 교사·방조하여 甲의 부(父) 丙을 살해한 경우

① 甲은 존속살해죄의 교사·방조범이고, 乙은 보통살인죄의 정범이 된다(공범독립성설의 입장)는 것이 다수설의 입장이다.

② 신분자가 비신분범에 가공한 경우에는 제33조 단서가 적용될 수 없고 공범의 일반원칙에 따라 공범은 정범의 범위 내에서만 책임을 지므로, 甲은 보통살인죄의 교사·방조범이 되고, 乙은 보통살인죄의 정범이 된다(공범종속성설의 입장)는 것이 소수설 및 판례의 입장이다.[55]

(4) 교사의 미수의 경우

존속살해죄에 있어서 교사의 미수란 존속살해를 교사하였으나 피교사자가 범죄의 실행을 승낙하고 실행의 착수에 이르지 않는 경우(효과없는 교사)와 피교사자가 범죄의 실행을 승낙하지 않는 경우(실패한 교사)가 있다.

이 경우에 공범종속성설의 입장에서는 피교사자의 실행행위가 없기 때문에 교사자에게 책임이 없게 된다. 그러나 공범독립성설의 입장에 의하면 교사자는 존속살해죄의 미수가 성립하게 된다.

현행 형법은 절충설의 입장에서 교사의 미수에 관하여 **실패한 교사**의 경우에는 교사자만 존속살해죄의 예비·음모로(제31조 제3항) 처벌하고, **효과없는 교사**의 경우에는 교사자·피교사자 모두를 예비·음모로 처벌하고 있다(제31조 제2항).

4. 위헌성의 문제

「헌법」제11조 제1항에 의하면 "모든 국민은 법 앞에 평등하다. 누구든지 성별, 종교, 사회적 신분에 의하여 정치적, 경제적, 사회적, 문화적 생활의 모든 영역에 있어서 차별을 받지 아니한다."고 규정하고 있다. 이때 존속살해죄를 보통살인죄에 비해 가중처벌하는 규정은 직계비속이라는 사회적 신분에 의한 차별이므로 「헌법」제11조 제1항의 평등원칙에 반하는 것은 아닌가라는 문제가 제기되고 있으며, 이에 관하여는 합헌설과 위헌설의 대립이 있다.

(1) 합 헌 설

본죄를 합헌이라고 하는 견해는, ① 헌법상의 평등이란 절대적 평등이 아닌 **상대적 평등**을 의미하므로 **합리적인 차별**을 금지하고 있는 것은 아니며, ② 존속에

---

55) 오영근, 39면.

대한 범죄를 무겁게 처벌하는 것은 직계비속의 존속에 대한 **도덕적 의무**로서 이것
은 동서고금의 보편적인 도덕적 원리이고, ③ **비속의 패륜성**에 대한 강한 비난이
본죄의 본질이며, 이로 인해 존속이 강하게 보호받는 것은 반사적 이익에 불과하
다는 점 등을 근거로 본죄는 위헌이 아니라는 입장을 취하고 있다.[56]

(2) 위 헌 설

본죄를 위헌이라고 해석하는 견해는, ① 존속살해에 대하여 가중규정을 둔
것은 봉건적 가족제도의 유산이며, ② 비속은 그 출생의 자유를 가지지 못하므로
이를 기초로 형법상의 책임을 무겁게 하는 것은 사회적 신분에 의한 차별에 해당
하고, ③ 친자관계를 지배하는 도덕은 보편적 도덕원리라 하더라도 법과 도덕 사
이에는 일정한 한계가 있고, 또한 효도라는 도덕적 가치는 형벌가중에 의해 강제
할 수 있는 성질의 가치로 볼 수 없으며, ④ 직계존속이 직계비속을 살해한 경우
에는 보통살인죄가 적용되는데 비해 존속살해만을 가중처벌하는 것은 합리적인
차별근거가 될 수 없다는 점 등을 그 논거로 들고 있다.[57]

(3) 절 충 설

절충적인 견해로 위헌이라고 할 수는 없지만 입법론적으로 존치할 이유가
없기 때문에 폐지하는 것이 바람직하다는 견해[58]와 효라는 도덕적 가치는 형법
에 의해 강제될 성질의 것이 아니므로 폐지되어야 한다는 견해[59]가 있다.

생각건대, ① 법과 도덕이 구별된다고 할지라도 사회도덕의 유지를 위한 형
법의 역할을 무시할 수 없고, ② 헌법 제11조의 평등원칙은 합리적인 근거에 의
한 차별을 금지하는 것은 아니며, ③ 법과 도덕이 구별된다고 하여 책임판단에

---

56) 김일수/서보학, 23면; 박상기, 27면; 손동권/김재윤, 17면; 오영근, 41면; 이재상/장영민/강
동범, 24면; 이형국, 26면; 다만, 김종원, 김봉태, 서일교, 정성근 교수는 본죄가 위헌은 아
니지만 입법론상으로는 부당하다는 비판을 가하고 있다.

57) 강구진, 34면; 유기천, 32면; 이정원, 52면; 임웅, 34면.

58) 김종원, 38면; 서일교, 23면; 이형국, 28면; 정성근/박광민, 28면; 정영석, 221면; 진계호,
47면.

59) 일본 최고재판소는 존속을 살해하는 반윤리성은 특히 비난할 가치가 있다고 하더라도 집
행유예를 할 수 없기 때문에 윤리의 존중이라는 것만으로는 법정형이 지나치게 무거운 것
은 합리적인 차별이 아니라고 판시한 바 있으며(일본최고재판소판결 1973. 4. 4. 형집
27-3, 265), 그 후 일본 형법은 1995년 6월 1일에 존속살해죄를 비롯하여 모든 범죄의 존
속에 대한 가중규정을 모두 폐지하였다.

있어서 윤리적인 요소를 완전히 배제할 수 없으므로 비속의 패륜성에 근거하여
책임가중을 하는 것은 합리적인 근거가 있으므로 본죄를 위헌이라고는 할 수 없
다.[60]

5. 죄수 및 다른 범죄와의 관계

(1) 죄   수

본죄의 보호법익은 자기 또는 배우자의 직계존속의 생명이라는 전속적 법익
이므로 죄수는 피해자의 수에 따라 결정된다.

(2) 강도살인죄와 존속살해죄의 관계

강도가 자기 또는 배우자의 직계존속을 상대로 강도를 하다가 살해한 때에
는 강도살인죄와 존속살해죄의 상상적 경합이 되어 강도살인죄로 처단된다.[61]

(3) 현주건조물방화치사죄와 존속살해죄와의 관계

현주건조물방화치사죄와 존속살해죄는 상상적 경합이 되지만,[62] 현주건조물
방화치사죄가 성립할 경우에 보통살인죄는 별도로 성립하지 않게 된다.[63]

6. 살인 예비·음모와 미수범의 처벌

(1) 본죄의 미수범과 예비·음모행위도 처벌한다.

(2) 살인예비·음모의 중지시에 중지미수규정의 준용여부

살인의 예비·음모행위를 하였으나 실행의 착수 전에 중지한 경우에는 중지
미수에 관한 형법 제26조의 규정을 예비·음모죄에도 준용할 것인가가 문제된다.

---

60) 헌법재판소는 존속상해치사죄의 합헌성에 관하여, 우리 사회윤리의 가치질서 속에서 비속
    에 대하여 가중 처벌하는 것은 합리적인 근거가 있으며, 가족의 보편적 윤리를 형법상 보
    호함으로써 오히려 개인의 존엄과 가치를 더욱 보장하고 이를 통해 올바른 사회윤리가 형
    성될 수 있다고 보아야 하므로, 이 조항은 혼인제도와 가족제도에 관한 헌법 제36조 제1
    항에 위배되거나 인간으로서의 존엄과 가치 또는 행복추구권을 침해하지 아니한다고 결정한
    바 있다(같은 취지, 헌법재판소 2002. 3. 28. 선고 2000헌바53 결정).
61) 강도살인죄는 법정형이 사형 또는 무기징역이고(제338조), 존속살해죄는 법정형이 사형,
    무기 또는 7년 이상의 징역이다(제250조 제2항).
62) 현주건조물방화치사죄(제164조 제2항)와 존속살해죄(제250조 제2항)는 각각 법정형이 사
    형, 무기 또는 7년 이상의 징역에 처하도록 동일하게 규정하고 있고 보호법익이 다르므로
    양죄는 상상적 경합관계가 성립한다.
63) 대법원 1996. 4. 26. 선고 96도485 판결.

즉 예비죄의 중지미수가 가능한가의 문제이다.

이에 대하여 실행의 착수 이전의 예비행위의 중지에 대하여는 실행의 착수 이후의 개념인 중지미수에 관한 규정을 준용할 여지가 없다고 부정하는 **부정설**이 소수설과 판례의 태도이다.

그러나 실행의 착수 이후에 중지미수에 해당하면 형을 필요적으로 감면하도록 규정하고 있으므로, 실행의 착수 이전인 예비·음모단계에서 이를 중지하면 실행에 착수한 이후에 범행을 중지한 중지미수보다 가벌성이 더 가볍다고 보아야 한다. 따라서 예비·음모행위를 중지한 때에도 중지미수의 규정을 준용하는 것이 죄형의 균형상 필요하므로 중지미수의 규정을 준용하는 **긍정설의 입장**이 타당하다고 하겠다.

또한 긍정설을 취하는 경우에도 중지미수의 규정을 어느 범위까지 준용할 것인가에 대하여는, ① 중지미수의 규정을 예비죄에도 전면적으로 준용하여 적용해야 한다는 **전면적 준용설**(적용설)과 ② 예비죄의 형에 비하여 중지미수의 형이 가벼운 때에 한하여 중지미수의 규정을 제한적으로 적용해야 한다는 **제한적 준용설**(적용설)이 대립한다.

제한적 준용설에 따르면 중지미수의 형이 면제되는 경우에는 예비·음모의 중지시에 항상 적용하게 되지만, 형이 감경되는 경우에는 예비·음모의 형과 중지미수의 형을 비교하여 중지미수의 형이 가벼운 때에 한하여 중지미수에 관한 규정을 준용하게 된다.

이와 달리 전면적 준용설은 전면적으로 중지미수에 관한 규정을 준용해야 한다는 견해이다. 또한 전면적 준용설 중에는 감면대상이 되는 형도 기수형이 아니라 예비의 형이어야 한다는 견해[64]가 있는데, 이는 예비의 중지는 예비행위를 중지하는 것이므로, 예비·음모의 형과 중지미수의 형을 비교할 성질이 아니라는 것을 이유로 한다.

생각건대 논리적으로 예비의 중지란 있을 수 없으나, 처벌의 불균형을 시정하기 위하여 예비의 형에 비해 중지미수의 형이 가벼운 때에 한하여 처벌의 불균형을 시정할 수밖에 없다. 따라서 예외적으로 예비의 형에 비하여 중지미수의 형이 가벼운 때에 한하여 중지미수의 규정을 제한적으로 준용해야 한다는 **제한적**

---

64) 오영근, 578면; 임웅, 349면.

준용설의 입장이 타당하다.[65]

(3) 살인예비죄의 공범

살인예비행위를 공동으로 한 경우에 살인예비죄의 공동정범은 인정된다. 그러나 살인예비죄의 교사범이나 방조범이 성립하는가에 대하여 예비행위의 실행행위성을 부정하는 입장에서는 예비죄의 공범도 부정하게 된다. 판례도 부정설의 입장을 취하고 있다.

살인예비의 교사의 경우에는 제31조 제2항에 의하여 교사자와 피교사자가 예비·음모죄로 처벌된다.

살인예비의 방조란 예컨대 살인예비로 권총을 구입하는 자금을 제공하는 경우이다. 기도(企圖)된 교사와 달리 기도된 방조는 행위의 정형성이 결여되어 있으므로 불가벌설이 타당하다고 생각하며, 판례도 불가벌설의 입장이다.

Ⅳ. 영아살해죄

> 제251조(영아살해) 직계존속이 치욕을 은폐하기 위하거나 양육할 수 없음을 예상하거나 특히 참작할 만한 동기로 인하여 분만중 또는 분만직후의 영아를 살해한 때에는 10년 이하의 징역에 처한다.
> 제254조(미수범) 본죄의 미수범은 처벌한다.

1. 서   설

(1) 의의 및 법적 성격

영아살해죄(Kindertötung, infanticide)란 직계존속이 치욕을 은폐하거나, 양육할 수 없음을 예상하거나 특히 참작할 만한 동기로 인하여 분만 중 또는 분만 직후의 영아를 살해하는 것을 내용으로 하는 범죄이다.

행위주체의 주관적 동기로 인하여 살인죄에 비하여 책임이 감경되는 책임감경적 구성요건이다. 본죄의 책임감경의 근거에 대해서는 ① 친족의 명예구제 때문이라는 견해[66]도 있으나, ② 살인죄에 비하여 영아살해죄를 가볍게 처벌하는 것

---

65) 김신규, 형법총론, 441면; 이재상/장영민/강동범, 형법총론, 385면.
66) 정영석, 221면.

은 영아의 생명을 가볍게 취급하는 것이 아니라 출산으로 인한 **행위자의 비정상적인 심리상태** 때문이라고 보아야 한다.[67]

본죄는 행위주체가 분만 중 또는 분만 직후의 영아의 직계존속이라는 신분을 가져야 하고, 보통살인죄에 비해 형이 감경되므로 **부진정신분범**이다. 또한 신분자가 처벌되지 않는 타인을 이용하여 본죄를 실행하는 간접정범의 성립도 가능하므로 본죄는 자수범이 아니다.

(2) 입법론적인 문제

존속살해죄는 가중처벌하면서 영아살해죄를 감경처벌하는 것은 타당하지 않다. 또한 영아살해죄의 범행동기로 '**치욕은폐**'를 들고 있으나 영아의 생명은 직계존속의 명예보다 우월하며, 나아가 '**양육할 수 없음을 예상**'한 경우란 경제적인 사유로 살해하는 경우를 의미하는데, 경제적 사유가 있을 때에는 출산 이전에 낙태를 통한 해결이 오히려 바람직하므로 영아살해의 동기로도 부적절하다는 비판을 면하기 어렵다. 따라서 입법론적으로는 낙태죄의 위법성조각사유에 '**경제적 적응**'을 추가하고, 영아살해죄의 살해동기는 보통살인죄의 법정형의 범위 내에서 작량감경사유(제53조) 또는 양형의 조건(제51조)으로 고려함으로써 그 취지를 충분히 달성할 수 있으므로 영아살해죄를 폐지하는 것이 바람직하다고 생각한다.[68]

2. 구성요건

(1) 행위주체

분만 중 또는 분만 직후의 영아의 직계존속이 행위주체이다. 직계존속의 범위에 대해서는 견해의 대립이 있다. **법률상의 직계존속**뿐만 아니라 **사실상의 직계존속**도 포함된다는 것이 통설[69]의 입장이나, 종래의 판례는 **법률상의 직계존속**에 한한다는 입장을 나타내고 있고,[70] 소수설도 본죄의 감경입법취지를 산모의 출산으로 인한

---

67) 강구진, 36면; 김일수/서보학, 23면; 박상기, 30면; 배종대, 12/2; 손동권/김재윤, 21면; 유기천, 38면; 이재상/장영민/강동범, 29면; 이영란, 34면; 이형국, 30면; 임웅, 37면; 정성근/박광민, 32면; 황산덕, 163면.

68) 임웅, 35면.

69) 김일수/서보학, 24면; 김종원, 44면; 백형구, 28면; 손동권/김재윤, 21면; 신동운, 555면; 이형국, 30면; 임웅, 37면; 정성근/박광민, 33면; 정영석, 221면; 황산덕, 164면.

70) 대법원 1970. 3. 10. 선고 69도2285 판결(사실상의 동거관계에 있는 남녀 사이에 영아가 분만되어 그 남자가 영아를 살해한 경우에는 영아살해죄가 아니라 보통살인죄에 해당한

흥분상태 때문에 책임이 감경된다고 보는 입장이므로 법문상의 '직계존속'의 범위를 산모에 제한된다고 축소해석하는 것이 타당하다는 입장을 취하고 있다.[71)]

생각건대, ① 존속살해죄와 달리 본죄는 감경적 구성요건이므로 행위주체의 범위를 확장해석하는 것은 오히려 가벌성을 축소하기 때문에 허용될 수 있고, ② 영아살해죄는 대부분 사실상의 직계존속에 의하여 범해지는 것이 현실이며, 또한 ③ 직계존속의 범위를 법문보다 목적론적으로 축소해석하여 산모에 국한하는 것은 유추해석금지에 위반하고 가벌성의 확장을 초래한다. 따라서 본죄의 행위주체를 법률상 또는 사실상의 직계존속으로 이해하는 통설의 입장이 타당하다.

(2) 행위객체와 실행행위

본죄의 행위객체는 분만 중 또는 분만 직후의 영아이다. 여기서 '분만 중'이란 '분만을 개시한 때(개방진통)부터 분만을 완료할 때까지'를 의미하고, '분만 직후'란 '분만으로 인한 흥분상태가 계속되는 동안'을 의미한다.

본죄의 실행행위는 이러한 영아를 살해하는 행위이며, 실행행위의 수단과 방법은 직접적·간접적, 유형적·무형적, 작위·부작위로도 가능하다.

(3) 주관적 구성요건

본죄의 주관적 구성요건으로는 행위자에게 분만 중 또는 분만 직후의 영아를 살해한다는 데에 대한 일반적 고의 이외에 특별한 책임표지인 주관적 동기가 있어야 한다. 즉 행위자의 주관적 동기로, '치욕을 은폐하기 위하거나 양육할 수 없음을 예상하거나 특히 참작할 만한 동기'에 의하여 영아를 살해했을 것이 요구된다. 따라서 이러한 주관적 동기없이 분만 직후의 영아를 살해한 경우에는 영아살해죄가 아니라 보통살인죄가 성립한다.

여기서 ① '치욕(恥辱)을 은폐(隱蔽)하기 위한 경우'란 개인이나 가문의 명예를 지키기 위해 영아출산사실을 숨기기 위한 경우로서 강간으로 인한 임신, 과부나 미혼모의 사생아 출산 등이 여기에 해당한다. ② '양육할 수 없음을 예상하는 경우'란 경제적으로 궁핍한 사정으로 인해 출산 후 영아를 양육할 수 있는 능력이 없

다고 판시한 바 있다).

71) 박상기, 30면; 배종대, 12/4; 유기천, 39면; 이재상/장영민/강동범, 30면; 이영란, 35면; 이정원, 56면. 종래 독일형법이나 오스트리아와 스위스형법은 명문으로 영아살해죄의 주체를 어머니로 한정하여 규정하고 있기 때문에 행위주체의 범위에 대하여 이러한 논란이 발생하지 않는다.

는 경우를 말한다. ③ '기타 특히 참작할 만한 동기로 인한 경우'란 위의 두 가지 경우 외에도, 특히 책임감경을 인정할 수 있는 경우를 말한다. 예컨대 질병, 조산, 불구, 기형 등으로 정상적으로 양육할 수 없는 경우가 여기에 해당한다. 형법이 주관적 동기의 한 유형으로서 '기타 특히 참작할 만한 동기로 인한 경우'라는 일반 조항을 규정해둠으로써 영아살해죄의 성립범위를 넓게 인정하고 있다고 할 수 있다.

3. 처   벌

(1) 제53조 작량감경사유의 적용여부

영아살해죄가 성립하기 위해서는 상술한 바와 같이 주관적인 동기가 충족되어야 하는데, 이러한 주관적 동기는 형법 제53조의 작량감경사유에 해당한다. 그렇다면 본죄가 성립하는 경우에 양형단계에서 행위자의 이러한 주관적 동기를 다시 작량감경사유로서 평가할 수 있는가에 대하여는 견해가 대립한다.

먼저 ① 적용배제설(부정설)은 본죄의 동기는 제53조에 대한 특별규정이므로 본죄가 성립하는 때에는 형법 제53조의 작량감경규정의 적용은 배제되어야 한다는 견해[72]로서, 양형에서의 이중평가금지의 원칙을 그 근거로 든다. ② 또한 제한적 적용가능설은 행위자의 주관적 동기 중, 하나의 주관적 동기로는 작량감경사유를 인정하는 것은 허용되지 않지만 주관적인 동기가 복합적인 경우에는 그 적용이 가능하다는 견해[73]이다.

③ 그러나 제53조의 작량감경사유와 본죄의 주관적 동기는 그 성질과 내용이 반드시 일치하는 것이 아니므로 본죄에 해당하는 경우에도 형법 제53조의 작량감경규정을 적용할 수 있 있다는 적용가능설(긍정설)이 타당하며, 다수설[74]의 입장이기도 하다.

(2) 동기의 착오

영아살해죄의 동기는 불법구성요건요소가 아니라 특별한 책임표지이므로 동기의 착오는 사실의 착오가 아니다. 따라서 동기의 착오가 있는 경우에는 행위자의

---

72) 김일수/서보학, 34면; 박상기, 33면; 유기천, 38면; 이형국, 39면.
73) 손동권/김재윤, 22면; 오영근, 46면; 임웅, 39면.
74) 강구진, 38면; 김성천/김형준, 37면; 배종대, 12/8; 백형구, 30면; 이재상/장영민/강동범, 31면; 이정원, 59면; 정성근/박광민, 34면.

주관적 표상에 따라 처리하면 된다.[75]

그러므로 ① 책임감경사유가 없는데도 불구하고 이러한 사유가 존재하는 것으로 오인한 경우, 예컨대 분만한 영아를 사생아로 오인하여 치욕은폐의 동기로 살해한 경우에는 **영아살해죄가** 성립하고, ② 반대로 책임감경사유가 있음에도 불구하고 이러한 동기가 없이 영아를 살해한 경우에는 행위자의 인식에 따라 **보통살인죄가** 성립한다.[76]

4. 공범관계

본죄는 살인죄에 대하여 행위주체가 분만 중 또는 분만 직후의 직계존속이라는 책임이 감경되는 신분을 필요로 하는 '부진정신분범'이므로, 영아살해죄에 가담한 직계존속이 아닌 비신분자에게는 통설의 입장에 의하면 제33조 단서가 적용되어 보통살인죄가 성립하게 된다. 신분자와 비신분자의 본죄에의 참가형태에 따른 범죄성립 관계를 살펴보면 다음과 같다.

(1) 비신분자가 신분자의 행위에 가담한 경우

예컨대 甲이 산모 乙을 교사·방조하여 영아를 살해한 경우를 들 수 있는데, 이때에는 신분자인 乙이 **영아살해죄의 정범**이고, 甲에 대하여는 제33조 단서에 의하여 영아살해죄의 교사·방조범으로 처벌해야 한다는 소수설[77]도 있으나, **보통살인죄의 교사범 또는 종범**이 성립한다는 것이 다수설의 입장이다. 생각건대 책임개별화의 원칙을 고려해보면 신분범에 있어서 비신분자에게는 가중이나 감경사유가 영향을 미치지 않는다고 보는 다수설의 입장이 타당하다.

(2) 신분자가 비신분자의 행위에 가담한 경우

산모 乙이 甲을 교사·방조하여 영아를 살해한 경우에는 비신분자인 **甲은 보통살인죄의 정범**이고, 산모 乙은 영아살해죄의 교사범 또는 종범이 된다.

(3) 신분자와 비신분자가 공동으로 영아를 살해한 경우

비신분자인 甲과 산모 乙이 공동하여 영아를 살해한 경우에 **甲은 보통살인죄의 공동정범**이 되고, 乙은 영아살해죄의 공동정범이 된다.

---

75) 김성천/김형준, 37면; 김일수/서보학, 34~35면; 박상기, 35면; 이형국, 38면.
76) 임웅, 37면.
77) 오영근, 44면.

(4) 간접정범의 성립여부

신분자인 직계존속은 타인을 이용하여 영아살해죄를 실행할 수 있으므로 영아살해죄의 간접정범이 성립할 수 있지만, 직계존속이 아닌 제3자는 보통살인죄의 간접정범이 성립될 뿐이다.[78]

V. 촉탁·승낙에 의한 살인죄

제252조(촉탁, 승낙에 의한 살인 등) ① 사람의 촉탁 또는 승낙을 받아 그를 살해한 자는 1
년 이상 10년 이하의 징역에 처한다.
제254조(미수범) 본죄의 미수범은 처벌한다.
제256조(자격정지의 병과) 본죄의 경우에 유기징역에 처할 때에는 10년 이하의 자격정지를
병과할 수 있다.

1. 의의 및 성격

촉탁·승낙에 의한 살인죄란 피해자의 촉탁(囑託) 또는 승낙(承諾)을 받아 그를 살해함으로써 성립하는 범죄이다. 피해자의 촉탁 또는 승낙, 즉 피해자의 동의하에 살해하기 때문에 이를 '동의살인죄'라고도 한다. 따라서 본죄는 보통살인죄에 비하여 불법이 감경되어 형이 감경되는 **불법감경적 구성요건**이다.[79]

그런데 본죄의 형이 감경되는 근거에 대하여, ① 생명이라는 법익은 절대적 생명보호의 원칙에 비추어 개인이 처분할 수 없는 법익이기 때문에 불법이 감경된다고는 할 수 없고, 피해자의 촉탁·승낙에 의한 생명침해이므로 행위자에 대한 비난가능성, 즉 **책임이 감경**된다고 보는 견해[80]와 ② 피해자의 진지한 촉탁·승낙이 있을 때에는 피해자에 대한 동정 내지 구조라는 동기가 있기 때문에 **책임뿐만 아니라 불법도 감경**된다고 보는 견해[81]도 있다. 그러나 피해자의 의사에 반하는 일반

---

78) 이재상/장영민/강동범, 31면.
79) 영미 형법 및 프랑스 형법은 촉탁·승낙에 의한 살인죄를 보통살인죄와 동일하게 취급하고 있고, 독일·오스트리아·스위스·그리스 형법은 촉탁에 의한 살인죄만을 감경적 구성요건으로 규정하고 있다. 그러나 일본 형법은 우리 형법과 마찬가지로 살인죄의 감경적 구성요건으로 촉탁·승낙에 의한 살인죄를 규정하고 있다.
80) 김종원, 45면; 배종대, 76면; 정영석, 222면.
81) 김성천/김형준, 38~39면; 박상기, 37면; 이형국, 42면.

적인 살해행위와 피해자의 촉탁·승낙에 의한 일종의 자살대행행위를 불법이 동일하다고 평가할 수 없으므로, 불법이 감경된 경우라고 이해하는 다수설[82]의 입장이 타당하다고 생각된다.

2. 구성요건

본죄가 성립하기 위해서는 일반적인 살인죄의 구성요건을 충족하고, 나아가 본인의 진지한 촉탁 또는 승낙이 있어야 한다. 또한 본죄의 행위객체는 죽음의 의미를 이해할 능력이 있고, 촉탁·승낙의 효과를 판단할 수 있는 사람이어야 한다.

(1) 촉탁·승낙

1) 촉탁·승낙의 의의

촉탁(囑託)이란 이미 죽음을 결의한 피해자가 타인에게 자신을 살해하도록 진지하고 직접적·명시적으로 의사표시를 하는 것을 말한다. 피해자의 촉탁은 행위자의 의사에 적극적으로 영향을 미쳐야 한다는 점에서 피해자에 의한 피해자 자신에 대한 살해교사라 할 수 있다. 따라서 피해자의 촉탁 이전에 행위자가 이미 피해자에 대한 살해결의를 가지고 있었다면 피해자에 의한 촉탁이라 할 수 없다.

한편 승낙(承諾)이란 촉탁과 달리 이미 살해결의를 하고 있는 행위자에게 피해자가 자신에 대한 살해에 관하여 동의하는 의사표시를 하는 것을 말한다. 승낙은 명시적인 승낙은 물론 묵시적인 승낙도 가능하다.

2) 촉탁·승낙의 요건

가. 촉탁·승낙능력이 있는 피해자의 진지한 자유의사에 의한 촉탁·승낙   ① 촉탁·승낙은 생명의 가치와 반가치를 판단할 수 있는 능력이 있는 피해자 자신에 의해 행해져야 한다. 따라서 의사결정능력이나 판단능력이 없는 자(예: 유아, 정신병자, 명정자, 중독상태나 우울상태 또는 일시적인 흥분상태에 빠진 자 등)의 촉탁·승낙을 받아 그를 살해한 때에는 본죄에 해당하지 않으며 보통살인죄에 해당한다.

② 또한 촉탁·승낙은 피해자의 진지한 자유의사에 의한 하자(瑕疵)없는 촉탁·승낙

---

82) 강구진, 39면; 김일수/서보학, 36면; 오영근, 45면; 이재상/장영민/강동범, 32면; 이정원, 57면; 정성근/박광민, 34면; 조준현, 46면.

이어야 한다. 따라서 위계 또는 위력에 의한 촉탁 또는 승낙이 있는 때에는 본죄가 아니라 위력에 의한 살인죄(제253조)에 해당하며, 일시적인 기분에 의한 경우도 진의에 의한 촉탁이나 승낙이라 할 수 없다.[83]

나. 촉탁·승낙의 방법　(가) 촉탁은 직접적·명시적이어야 한다.[84] 명시적인 방법이라면 언어가 아닌 거동에 의한 촉탁도 가능하다. (나) 그러나 승낙이 명시적이어야 하는가에 대해서는 견해가 대립한다. 즉, ① 승낙도 촉탁과 마찬가지로 **명시적**이어야 한다는 소수설의 견해[85]와 ② 승낙은 가해자가 살해의사를 표명한 후 피해자의 동의를 얻는 형태이므로 승낙은 **명시적 또는 묵시적**으로도 가능하다고 해석하는 **다수설**[86]의 입장이 그것이다. 생각건대 묵시적인 승낙을 허용할 경우에는 승낙 여부에 대한 입증의 어려움으로 인해 살인죄가 촉탁·승낙에 의한 살인죄로 오판될 위험성이 있으므로 승낙도 명시적이어야 한다는 견해가 타당하다고 생각된다. (다) 조건의 충족여부를 분명히 파악할 수 있는 경우라면 **조건부 촉탁 또는 승낙도 가능**하다.[87] 예컨대 피해자가 자살을 시도하면서 자살이 실패하면 살해해줄 것을 부탁한 경우에, 자살에 실패하여 의식불명상태인 피해자를 살해한 경우가 여기에 해당한다.

3) 촉탁·승낙의 상대방

촉탁 또는 승낙의 상대방은 특정되어 있을 필요는 없으며, 수인 또는 일반인에 대한 촉탁·승낙도 가능하다. 다만 그 상대방이 특정되어 있을 때에는 제3자에 대하여는 본죄가 성립하지 않는다.

4) 촉탁·승낙의 시기

촉탁 또는 승낙은 **살해행위 이전**에 있을 것을 요하며, 이는 언제든지 취소할 수 있고, **사후승낙**은 인정되지 않는다.

---

83) 이재상/장영민/강동범, 32면.
84) 강구진, 40면; 김일수/서보학, 27면; 김종원, 46면; 박상기, 34면; 배종대, 12/13; 손동권/김재윤, 24면; 이재상/장영민/강동범, 32면; 정성근/박광민, 37면.
85) 정영석, 223면.
86) 강구진, 40면; 김일수/서보학, 27면; 김종원, 46면; 박상기, 34면; 배종대, 12/13; 손동권/김재윤, 24면; 이재상/장영민/강동범, 32면; 정성근/박광민, 37면.
87) 박상기, 37면.

(2) 실행의 착수시기와 기수시기

생명침해에 대한 직접적인 위험은 살해행위를 개시한 때에 발생하므로 실행의 착수시기는 살해행위를 개시한 때이다. 따라서 촉탁·승낙 받은 것만으로는 아직 살해행위의 실행의 착수 이전단계이므로 불가벌적인 예비단계(촉탁·승낙살인죄의 예비·음모죄는 불가벌)에 불과하다. 그리고 본죄의 기수시기는 피해자가 사망한 때이다.

(3) 주관적 구성요건

본죄가 성립하기 위해서는 행위자가 피해자의 진의에 의한 촉탁 또는 승낙이 있음을 인식하고, 또한 그를 살해한다는 인식과 의사, 즉 살해고의가 있어야 한다.

1) 행위자가 피해자의 촉탁·승낙이 없음에도 불구하고 촉탁·승낙이 있는 것으로 오인하여 보통살인을 범한 경우에는 제15조 제1항에 의하여 촉탁·승낙에 의한 살인죄가 성립한다는 것이 통설의 입장이다.[88]

그러나 법정적 부합설에 따르면 객체의 착오와 방법의 착오의 경우 양자 모두 촉탁·승낙살인기수가 성립하지만, 구체적 부합설에 의하면 객체의 착오와는 달리 방법의 착오의 경우에는 촉탁·승낙살인미수와 과실치사의 상상적 경합이 되어 촉탁·승낙살인죄의 미수범으로 처벌해야 한다는 견해도 있다.

2) 반대로 피해자의 촉탁·승낙이 있음에도 불구하고 없는 것으로 오인하고 보통살인을 범한 경우에 관하여는, ① 객관적으로 감경사유가 존재하므로 촉탁·승낙살인죄의 기수가 된다는 견해,[89] ② 촉탁 또는 승낙에 대한 인식이 결여되었으므로 보통살인죄의 기수라는 견해,[90] ③ 보통살인의 결과불법은 없으나 행위불법이 있으므로 보통살인죄의 불능미수라는 견해,[91] ④ 구체적 부합설에 의해 보통살인죄의 미수와 과실치사죄의 상상적 경합이라는 견해, ⑤ 객체의 착오의 경우에는 보통살인죄의 미수와 촉탁·승낙살인죄의 기수의 상상적 경합이 성립하고, 방법의 착오의 경우에는 보통살인죄의 미수와 과실치사죄의 상상적 경합이 성립한다는 견해 등이 있다.

---

88) 김일수/서보학, 28면; 박상기, 37면; 이재상/장영민/강동범, 33면; 이형국, 46면; 정영일, 21면.

89) 강구진, 41면; 백형구, 32면; 유기천, 40면.

90) 김성천/김형준, 41면; 박상기; 37면; 이영란, 39면; 이재상/장영민/강동범, 33면; 임웅, 42면; 정성근/박광민, 38면.

91) 김일수/서보학, 28면; 오영근, 38면; 이정원, 65면; 이형국, 41면.

생각건대 형의 가중·감경요소에 관한 착오는 구체적 사실의 착오와 추상적 사실의 착오가 결합된 경우로 보든지 혹은 이 경우를 추상적 사실의 착오로 이해하여 죄질이 중복되는 범위 내에서 구체적 사실의 착오의 효과를 인정하는 **죄질부합설**의 입장에서는 보통살인미수와 촉탁·승낙살인죄의 기수의 **상상적 경합**이 성립하게 되므로, 결국 보통살인죄의 미수로 처벌해야 한다는 견해가 타당하다고 생각된다.

3. 공범관계

촉탁·승낙살인죄는 신분범이 아니므로 본죄에 가담한 공범에게는 제33조가 적용되지 않고, 가담자의 고의의 내용에 따라 책임을 지게 된다. 따라서 예컨대 甲은 촉탁·승낙사실을 인식하였으나 乙은 인식하지 못하고 공동으로 피해자 丙을 살해한 경우에 甲은 촉탁·승낙살인죄, 乙은 보통살인의 미수범(촉탁·승낙살인죄의 기수와 상상적 경합)의 공동정범이 된다는 것이 죄질부합설의 입장이다. 그러나 다수설에 따르면 피해자의 촉탁·승낙이 있는데도 불구하고 이를 인식하지 못하고 단순 살해한 경우와 마찬가지로 乙은 보통살인죄의 기수가 된다고 하게 된다.

VI. 자살교사·방조죄

> 제252조(촉탁, 승낙에 의한 살인 등) ② 사람을 교사 또는 방조하여 자살하게 한 자도 1년 이상 10년 이하의 징역에 처한다.
> 제254조(미수범) 본죄의 미수범은 처벌한다.
> 제256조(자격정지의 병과) 본죄의 경우에 유기징역에 처할 때에는 10년 이하의 자격정지를 병과할 수 있다.

1. 의   의

본죄는 사람을 교사 또는 방조하여 자살하게 함으로써 성립하는 범죄이다. 타인의 자살에 관여하기 때문에 **"자살관여죄"**라고도 한다. 살인죄의 구성요건은 타인을 살해하는 것을 내용으로 하는 범죄이므로, 자신을 스스로 살해하는 자살은 이러한 살인죄의 구성요건에 해당하지 않기 때문에 처벌되지 않게 된다.[92] 그러나 자

---

92) 자살은 원래 사회적 의무를 침해하는 범죄로 보아 왔다. 고대 로마법에서는 병사와 노예

살이 처벌되지 않는다고 하여 타인의 자살에 관여하는 행위, 즉 자살교사·방조행위를 불가벌로 해야 하는 것은 아니다. 이는 자살관여죄가 타인의 생명침해에 관여하는 행위이고, 또한 생명은 생명주체의 의사와 관계없이 절대적으로 보호해야 하기 때문이다.

자살을 교사·방조하는 행위에 대하여 본인의 의사에 의한 생명침해라는 점에서 촉탁·승낙에 의한 살인죄와 가벌성이 동등하다고 보아 같은 형으로 처벌하도록 규정하고 있는데, 이러한 입법태도를 취한 나라로는 우리나라를 비롯하여 스위스, 오스트리아, 일본 등이 해당한다.[93]

한편 **공범독립성설**에 의하면 자살에 관여하는 행위, 그 자체가 반사회성을 나타내므로 독자적으로 범죄를 구성한다는 입장을 취하게 된다. 이 견해에 의하면 본죄의 규정을 공범의 독립성에 기초한 **당연규정**으로 이해하게 되고, 형법 제31조(교사범)와 제32조(방조범)의 규정도 본죄에 그대로 적용된다고 하게 된다.

그러나 통설인 **공범종속성설**에 의하면 자살에 대한 공범은 처벌할 수 없기 때문에, 자살에 관여하는 행위를 처벌하기 위해서는 특별규정이 필요하고, 따라서 본죄는 형법총칙상의 교사범, 종범 규정의 특칙규정으로서 본죄가 적용되는 경우에는 형법총칙 제31조와 제32조의 적용은 배제되며, 이러한 통설의 입장이 타당하다.

의 자살만을 처벌하였고, 게르만법에서는 재산몰수를 모면하기 위한 미결수의 자살만을 처벌하였다. 중세에 와서는 서양에서는 기독교의 영향으로 자살도 살인죄로 취급하였다. 그러나 개인의 주체성과 신의 권위로부터 인간의 해방이 시작된 19세기 이후부터는 자살을 벌하지 않고 있다. **자살의 불가벌성의 근거**에 대하여는, ① **구성요건해당성이 없다는 견해(통설)**와, ② 구성요건해당성은 있지만 위법성이 없다는 견해(정영석, 158면), 그리고 ③ 구성요건해당성과 위법성이 있지만 행위자가 사망함으로써 책임성이 없게 된다는 견해 등이 있지만, 통설과 같이 살인죄에 있어서 사람이란 타인을 의미하므로 자살은 이를 처벌하는 구성요건해당성이 없기 때문에 처벌할 수 없지만, 형법이 처벌규정을 두지 않은 이유로는 자살자의 사망으로 인해 처벌대상과 처벌이익이 없어지기 때문이기도 하다(김일수/서보학, 29면; 박상기, 38면; 배종대, 12/18; 백형구, 33면; 이영란, 40면; 이재상/장영민/강동범, 34면; 이형국, 45면; 정성근/박광민, 38면 참조).

93) 스위스 형법 제115조, 오스트리아 형법 제78조, 일본 형법 제202조 참조.

2. 구성요건

(1) 행위주체

행위주체는 자연인이라면 제한이 없다. 다만 자살자는 필요적 공범(내부참가자)으로서 항상 처벌받지 않는다. 자살이란 자살자의 자유로운 의사결정에 의해 생명을 절단하는 행위를 말한다.

(2) 행위객체

본죄의 행위객체는 사람이고, 사람 중에서도 자살의 의미를 이해할 수 있는 행위자 이외의 자연인을 의미한다. 따라서 자살의 의미를 이해할 수 있는 능력이 없는 사람(예; 유아, 정신병자 등)을 교사 또는 방조한 경우에는 자살관여죄가 아니라 살인죄의 간접정범이 성립하며, 자살의 의미를 이해할 수 있는 능력이 있는 자라 하더라도 위계 또는 위력에 의하여 그를 자살하게 한 때에는 자살관여죄가 아니라 위계·위력에 의한 살인죄가 성립한다.

본죄는 직계존속을 교사·방조하여 자살하게 하더라도 특별히 가중 처벌하는 규정이 없다.

(3) 실행행위

본죄의 실행행위는 사람을 교사 또는 방조하여 자살하게 하는 것을 말한다.

1) 교사 또는 방조

교사 또는 방조의 의미를 ① 타인의 자살에 관여하는 일체의 행위라는 의미로 이해하는 견해[94]도 있으나, ② 총론상의 교사 또는 방조와 특별히 구별해야 할 이유가 없으므로 동일하다고 보는 통설의 입장이 타당하다고 생각된다.[95]

따라서 자살의 교사란 자살할 의사가 없는 자에게 자살을 결의하게 하는 것을 말하며, 교사의 수단이나 방법에는 특별한 제한이 없으므로 명시적·묵시적이든 가능하다. 다만 그 방법이 위계 또는 위력에 의한 경우에는 제253조의 위계·위력에 의한 살인죄가 성립하게 된다.

자살의 방조란 이미 자살을 결의하고 있는 자를 도와주어 자살을 용이하게 하는 것을 말하며, 그 방법에는 특별한 제한이 없다. 따라서 방조의 방법으로는 적극적·

---

94) 유기천, 43면.
95) 이재상/장영민/강동범, 36면.

소극적 방조, 물질적·정신적인 방조, 유형적·무형적 방조를 불문한다.

대법원은 유서를 대필한 것은 자살하려는 사람에게 적극적·정신적인 방법으로 자살의 동인과 명분을 주어 자살을 용이하게 실행하도록 방조한 자살방조죄에 해당한다고 판시하였으나,[96] 단지 판매대금편취의 목적으로 인터넷 자살관련 사이트에 청산염 등 자살용 유독물 판매광고의 글을 게시한 것만으로는 자살방조죄에 해당하지 않는다고 판시한 바 있다.[97]

2) 자살행위

본죄는 교사 또는 방조하여 피해자가 자살을 함으로써 기수가 된다. 자살이란 스스로 자유로운 의사결정에 의하여 생명을 단절하는 것을 말한다. 이때 자살관여죄와 촉탁·승낙에 의한 살인죄와의 구별에 대해서는 견해가 대립한다. ① 자살수행행위에 대하여 누가 주도적 역할을 하였는가에 따라 자살자가 주도적 역할을 한 경우에는 자살방조이고, 행위자가 주도한 경우에는 촉탁·승낙에 의한 살인죄에 해당한다는 견해(주도적 행위기준설)[98]와, ② 자살이라는 요소에 중점을 두어 자살자의 자유로운 의사결정이 기초가 된 경우에는 자살관여죄가 성립되지만, 그렇지 않은 경우에는 촉탁에 의한 살인죄가 성립한다는 견해, 그리고 ③ 정범과 공범의 구별기준이 되는 행위지배의 유무에 따라 행위자의 **행위지배**가 있으면 촉탁·승낙에 의한 살인죄이고, 행위지배가 없으면 자살방조죄가 성립한다는 견해(행위지배기준설)[99]가 대립한다.

---

96) 대법원 1992. 7. 24. 선고 92도1148 판결(이른바 강기훈 유서대필 의혹사건은 노태우 정권의 실정에 항의하는 분신이 잇따르는 가운데 1991년 5월 8일 당시 김기설 전국민족민주연합 사회부장의 분신자살 사건에 대해 검찰이 김기설의 친구였던 강기훈이 김기설의 유서를 대필하고 자살을 방조했다는 혐의로 기소해 처벌한 인권침해 사건이다. 형법상 자살 관여죄에 대한 대법원 판결 가운데 실제로 죄로 인정된 유일한 판례였으며, 강기훈은 법원으로부터 목격자 등 직접적인 증거도 없이 국과수의 필적 감정결과와 정황에 따라 **자살방조 및 국가보안법 위반**으로 징역 3년에 자격정지 1년 6월을 선고받고 1994년 8월 17일 만기 출소했으나 사건 발생 16년 만인 2007년 11월 13일 대한민국 진실화해를 위한 과거사정리위원회는 제58차 전원위원회 회의에서 '강기훈 유서대필 의혹사건'에 대한 진실규명 결정을 내리고 국가의 사과와 재심 등의 조치를 취할 것을 권고했다. 이에 따라 2012년 대법원의 재심이 개시되었으며, 2014년 2월 13일 재심 판결에서 대법원은 당시 검찰이 제시한 필적 감정이 신빙성이 없으며, 유서 대필 및 **자살 방조에 대해 무혐의·무죄로 재판결**하였다).

97) 대법원 2005. 6. 10. 선고 2005도1373 판결.

98) 강구진, 49면; 김일수/서보학, 30면; 정성근/박광민, 40면; 정영일, 12면.

99) 이재상/장영민/강동범, 36면; 이정원, 64면.

생각건대 주도적 행위기준설에 의할 경우에 자살행위의 '주도적 역할'이라는 개념이 모호하다. 따라서 양자의 구별은 주관적으로 생명단절의 결의와 객관적으로 그 실현행위를 누가 실질적으로 지배했느냐에 따라 구별해야 할 필요가 있다. 자살관여죄는 타인의 자살에 공범의 형식으로 가담하는 경우이고, 촉탁·승낙에 의한 살인죄는 살인죄의 정범에 해당한다. 결국 양죄의 구별기준에 관해서는 정범과 공범의 구별기준이 되는 **행위지배**(Tatherrschaft)**의 유무에 의해서 구별하는 행위지배기준설**이 보다 합리적이라고 생각한다. 따라서 타인을 교사하여 자살을 결의하게 하고, 나아가 그의 촉탁을 받아 살해한 경우에는, ① 자살교사죄와 촉탁살인죄의 실체적 경합범이 성립된다는 견해[100]도 있으나, ② 양죄는 보충관계에 의한 법조경합에 해당하여 **촉탁살인죄만 성립**한다는 견해가 타당하다.[101]

3. 실행의 착수시기와 미수범

본죄의 미수범을 처벌한다. 따라서 자살을 교사 또는 방조하여 피교사·방조자가 자살을 시도하였으나 자살에 실패한 경우, 또는 자살교사·방조행위와 자살 사이에 인과관계가 없을 때에 본죄의 미수범이 성립한다는 점에 대하여는 이견이 없다. 그러나 자살을 교사·방조하였으나 피교사·방조자가 자살행위를 하지 않은 경우에도 본죄의 미수가 될 수 있느냐가 문제된다.

이에 대하여는 **자살교사·방조죄의 실행의 착수시기**에 관한 견해의 대립에 따라 입장을 달리한다. 즉 ① 자살교사·방조죄의 실행의 착수시기에 관하여 촉탁·승낙에 의한 살인죄의 실행의 착수시기가 살해행위에 착수할 때를 기준으로 하는 것과 통일을 기하고, 또한 살인죄에 있어서 기도된 교사는 예비 또는 음모에 준하여 처벌하고, 기도된 방조는 불가벌인데 비하여, 원래 처벌되지 않는 자살을 교사 또는 방조한 때에는 이보다 무겁게 처벌하는 것은 균형에 맞지 아니한다는 이유로 본죄의 예비·음모를 벌하지 않는 이상, 이른바 기도된 방조를 자살방조 미수로 처벌하게 되면 미수범의 성립범위가 지나치게 확대되므로 본죄의 미수를 부정하게 된다. 따라서 이 견해에 의하면 자살의 피교사·방조자가 자살행위에

---

100) 강구진, 51면; 김일수/서보학, 31면; 정영일, 26면.
101) 백형구, 36면; 이영란, 42면; 이재상/장영민/강동범, 37면; 이형국, 50면; 임웅, 47면; 정성근/박광민, 40면.

착수한 때에 비로소 자살교사·방조죄의 실행의 착수가 있다고 보는 **자살행위시설**[102]을 취하게 된다. ② 그러나 본죄는 총칙상의 공범규정이 적용되는 것이 아니라 독립된 공범처벌규정이므로 자살의 교사·방조행위 그 자체를 실행행위로 보아야 한다. 따라서 **자살의 교사·방조행위시**에 실행의 착수가 있다고 보는 입장이 타당하다고 생각되며, **통설**[103]의 입장이기도 하다. 자살을 교사·방조하였으나 피교사·방조자가 자살을 거부하거나 자살행위를 하지 않는 경우에, 자살행위시설을 취하게 되면 본죄의 예비·음모를 벌하지 않는 이상 이 경우도 처벌할 수 없게 되지만, 통설인 교사·방조행위시설에 의하면 본죄의 미수에 해당하게 된다.

4. 합의동사(合意同死)의 문제

합의동사(Doppelselbstmord, Suicide pact)의 문제란 **합의에 의한 공동자살**을 기도했으나 그중 1인 또는 모두가 생존한 경우를 말하는데, 이 경우에 생존자를 처벌할 수 있는가가 문제된다.

(1) 자살의 공동정범이므로 처벌할 수 없다는 견해도 있으나, 경우에 따라 달리 판단해야 한다. 즉 생존자에 대하여는 자살을 교사한 경우에는 **자살교사죄**가 성립되고, 공동자살에 동의하여 사망한 자의 자살을 방조한 경우에는 **자살방조죄**가 성립한다.

(2) 생존자가 자기는 죽을 의사없이 동반자살을 가장하여 상대방을 기망하여 자살하게 한 경우에는 **위계·위력에 의한 살인죄**(제253조)가 성립한다.

(3) 이에 반하여 생존자도 진정하게 동반자살을 할 의사였으나 생존한 경우에는 타인의 자살을 방조하였다면 **자살방조죄**가 성립하지만, 방조한 행위도 없을 경우에는 자살방조죄도 성립되지 않는다.[104]

(4) 타인의 촉탁·승낙하에 타인을 먼저 살해하고 공동자살자가 자살을 시도했으나 생존한 경우에 생존자는 타인에 대하여 **촉탁·승낙에 의한 살인죄**가 성립한다.

---

102) 이정원, 68면; 이형국, 49면; 황산덕, 170면.

103) 강구진 51면; 박상기, 30면; 이영란, 42면; 이재상/장영민/강동범, 37면; 정성근/박광민, 40면; 정영일, 13면.

104) 강구진, 50면; 김성천/김형준, 55면; 박상기, 41면; 배종대, 12/24; 백형구, 35면; 오영근, 52면; 유기천, 42면; 이영란, 43면; 이형국, 49면; 임웅, 47면; 정성근/박광민, 41면; 정영일, 25면.

(5) 동반자살자가 의사결정무능력자인 경우에는 생존자의 우월적 의사에 의해 의사결정무능력자의 행위를 지배한 경우, 즉 생존자에 의한 자살자에 대한 의사지배이므로 생존자는 **보통살인죄의 간접정범**이 성립한다.

Ⅶ. 위계·위력에 의한 살인죄

> **제253조(위계 등에 의한 촉탁살인 등)** 전조의 경우에 위계 또는 위력으로써 촉탁 또는 승낙하게 하거나 자살을 결의하게 한 때에는 제250조의 예에 의한다.
> **제254조(미수범)** 본죄의 미수범은 처벌한다.
> **제256조(자격정지의 병과)** 본죄의 경우에 유기징역에 처할 때에는 10년 이하의 자격정지를 병과할 수 있다.

1. 의   의

위계 또는 위력에 의하여 사람의 촉탁 또는 승낙을 받아 그를 살해하거나, 또는 위계 또는 위력으로써 자살을 결의하게 하여 자살하도록 함으로써 성립하는 범죄이다.

2. 구성요건

위계·위력에 의한 살인죄의 구성요건은 (1) 위계 또는 위력에 의하여 피해자의 촉탁 또는 승낙을 받아 살해한 경우와, (2) 위계 또는 위력에 의해 자살하도록 하는 경우의 어느 하나에 해당하면 족하다. 그 내용을 구체적으로 살펴보면 다음과 같다.

(1) 위계 또는 위력에 의하여 촉탁 또는 승낙을 받아 살해하는 행위

피해자의 동의하에 살해한 점에서는 촉탁·승낙에 의한 살인죄와 동일하지만, 동의 또는 승낙이 위계나 위력이라는 수단에 의하여 행해졌으므로 피해자의 진정한 의사에 부합되지 않는 하자있는 동의라고 할 수 있다. 위계 또는 위력에 의한 동의살인죄라 할 수 있다.

여기서 위계(僞計)란 목적이나 수단을 상대방에게 알리지 않고 그의 부지나 착오를 이용하여 그 목적을 달성하는 것을 말하며, 기망이나 유혹도 포함된다. 예컨대 공동자살할 의사가 없으면서 이를 가장함으로써 상대방을 자살하게 한 경우이다.

위력(威力)이란 사람의 의사를 제압하는 유형적·무형적인 일체의 힘을 말한다. 따라서 폭행·협박을 행사하거나 행위자의 사회적·경제적 지위를 이용하는 경우도 여기에 포함된다. 그러나 자살의 의미를 전혀 이해할 수 없는 사람, 예컨대 유아·정신병자 등을 위계·위력에 의하여 자살하도록 한 경우에는 본죄가 아니라 보통살인죄가 성립하게 된다.[105]

(2) 위계 또는 위력에 의하여 자살하도록 한 경우

위계 또는 위력에 의하여 피해가 스스로 자살하게 하는 경우이다. 따라서 위계·위력에 의한 살인죄는 위계·위력으로 상대방의 동의를 받고 살해하는 경우와 위계·위력에 의하여 상대방으로 하여금 자살을 결의하여 실행하도록 하는 경우를 모두 포함한다.

3. 죄   수

위계나 위력이 동시 또는 연속적으로 행사된 경우에는 포괄하여 일죄를 구성한다.

4. 처   벌

본죄는 제250조의 예에 의해 처벌하도록 규정하고 있다. 그 의미에 대하여는 ① 행위객체의 구별없이 모두 보통살인죄로 처벌된다는 의미로 이해하는 견해도 있으나, ② 제250조의 예에 따라 처벌하도록 한 규정의 의미를 축소해석하여 제250조 제1항만을 적용하고 특별히 동조 제2항을 배제할 이유가 없다. 따라서 행위객체에 따라 보통살인죄와 존속살해죄로 처벌된다고 이해하는 견해가 타당하다.

Ⅷ. 살인예비·음모죄

> 제255조(예비, 음모) 제250조와 제253조의 죄를 범할 목적으로 예비 또는 음모한 자는 10년 이하의 징역에 처한다.

---

105) 대법원 1987. 1. 20. 선고 86도2395 판결(자살의 의미를 전혀 이해할 능력이 없는 7세 정도의 어린 자식을 함께 죽자고 권유하여 물속에 따라 들어오게 하여 익사한 경우에는 살인죄가 성립한다).

1. 의   의

본죄는 살인죄, 존속살해죄 및 위계·위력에 의한 살인죄를 범할 목적으로 예비 또는 음모함으로써 성립하는 범죄이다.

여기서 예비란 범죄실행을 위한 물적 준비행위로서 실행의 착수에 이르지 아니한 단계를 말한다. 즉 예비행위가 성립하기 위해서는 주관적으로 범죄실행의사를 지니면서 객관적으로는 실행행위를 가능하게 하거나 용이하게 하는 준비행위가 있어야 한다. 판례에 의하면 권총을 교부하면서 사람을 살해하도록 하거나 행동자금을 교부한 경우[106] 또는 살해목적으로 사람을 고용하여 대가지급을 약속한 경우[107]에 살인예비죄의 성립을 인정하고 있다. 그러나 사람을 살해하려고 낫을 들고 피해자에게 다가가려 하였으나 제3자가 제지하여 살인의 목적을 이루지 못한 경우에는 살인행위에 이미 착수했으므로 살인예비가 아니라 살인미수죄가 성립한다.[108] 음모란 2인 이상이 범죄실행을 공모하는 심리적 준비행위를 말한다.

2. 주관적 구성요건

본죄가 성립하기 위해서는 주관적 구성요건으로 살인예비·음모행위에 대한 인식과 의사가 필요하며, 나아가 살인죄, 존속살해죄 및 위계·위력에 의한 살인죄를 범할 목적이 있어야 하므로, 단순한 미필적 인식만으로는 충분하지 않다. 따라서 본죄가 성립하기 위해서는 살해의 대상자가 어느 정도 구체적으로 특정되어야 하며, 조건부 살해의사를 가진 경우에도 본죄의 성립에는 영향이 없다.[109] 대법원은 남파된 간첩이 간첩활동을 저지할 자를 살해할 의사로 무기를 소지하고 있는 것만으로는 살인대상자를 구체적으로 정하지 않았기 때문에 살인예비죄가 성립하지 않는다고 판시한 바 있다.[110]

---

106) 대법원 1950. 4. 18. 선고 4283형상10 판결.
107) 대법원 2009. 10. 29. 선고 2009도7150 판결.
108) 대법원 1986. 2. 25. 선고 85도2773 판결.
109) 이재상/장영민/강동범, 40면.
110) 대법원 1959. 9. 1. 선고 4292형상387 판결.

3. 살인예비·음모죄의 중지범의 성립여부

살인을 예비·음모한 자가 실행의 착수 이전에 중지한 경우에 살인예비·음모죄에 중지미수에 관한 규정을 준용할 것인가에 관해서는 견해가 대립한다. ① 판례와 소수설은 중지범은 실행의 착수 이후의 관념이므로 실행의 착수 이전인 예비단계에서의 중지란 관념은 있을 수 없다고 하여 부정설의 입장을 취한다. ② 이에 반해 다수설은 형의 균형과 중지범이 입법취지에 비추어 긍정설의 태도를 취하고 있다.

생각건대 예비의 중지의 경우에 중지미수에 관한 규정을 준용하지 않을 경우에 현실적으로 형벌의 불균형이 발생한다. 따라서 입법론적으로는 예비행위를 중지한 경우에 형을 필요적으로 감면하는 규정의 신설이 필요하고, 현행법 해석론상으로는 예비의 형이 중지미수의 형보다 무거울 때, 형의 균형을 위해 중지미수에 관한 규정을 준용하는 다수설의 입장이 타당하다고 생각된다.

4. 살인예비·음모죄에 대한 교사범·종범의 성립이 가능한가?

살인예비·음모죄의 종범 성립이 가능한가에 관하여 긍정설도 있으나, 정범이 실행에 착수하지 아니한 때에는 구성요건적 불법이 실현되었다고 할 수 없으므로 이를 부정하는 판례의 입장[111]이 타당하다고 생각된다.[112]

5. 살인예비·음모와 미수 및 기수와의 관계

살인예비·음모와 살인미수 및 살인기수는 법조경합의 보충관계에 있으므로, 살인예비·음모가 살인미수 또는 살인기수로 발전하게 되면 본죄는 살인미수 또는 살인기수에 흡수되어 별도로 범죄가 성립하지 않는다.

─────────── 《사 례》 ───────────

<문1> 처 乙이 자살하려는 것을 보고도 방치한 남편 甲의 죄책은?
<문2> 甲은 乙녀와 정사를 가장하여 乙녀를 살해할 생각으로 乙녀의 주스에만 청산

---

111) 대법원 1976. 5. 25. 선고 75도1549 판결.
112) 이재상/장영민/강동범, 40면.

가리를 타서 건네주었으나, 乙녀는 이 사실을 알고 甲남이 자리를 비운 사이
에 甲남의 주스잔과 바꿔치기를 함으로써 甲남이 청산가리가 든 주스를 마시
고 사망한 경우에 乙녀의 죄책은?

[해결]
<문1> 처가 자살하려는 것을 남편이 방치한 경우에 남편에게는 부부관계에 의한 구
조의무가 있으므로 구조의무 불이행이라는 부작위에 의한 자살방조죄가 성립
한다.
<문2> 甲은 위계의 의한 살인죄의 미수범이 성립하나 甲은 사망하였으므로 형사처
벌이 되지 않는다. 설령 검사가 기소를 하더라도 법원은 형사소송법 제328조
제1항 제2호에 의해 공소기각의 결정을 하게 된다. 乙은 살인죄가 성립한다.

제 2 절 상해와 폭행의 죄

I. 서   설

1. 의   의

사람의 생명을 침해하는 것을 내용으로 하는 범죄인 살인의 죄와는 달리, 상
해와 폭행의 죄는 사람의 신체에 대한 침해를 내용으로 하는 범죄이다. 사람의 신체
의 완전성을 보호법익으로 하며, 사람의 신체 또는 그 완전성은 개인적 법익 중
에서 생명 다음으로 중요한 법익이고, 또한 생명의 기초가 된다고 할 수 있다.

그런데 대부분의 입법례가 폭행과 상해를 구별하지 않고 양자를 포함하여
같이 처벌하고 있으나, 우리 형법은 폭행치상죄를 폭행죄의 결과적 가중범으로
규정하고 있고, 상해죄의 미수를 처벌하고 있다. 이와 같이 우리 형법이 상해죄
와 폭행죄를 분리하여 규정하고 있는 것은 일본 형법(제204조, 제208조)과 스위스
형법(제123조, 제126조)의 영향을 받은 것으로 생각된다.[113] 따라서 폭행죄와 상해
죄는 사람의 신체를 대상으로 하는 범죄라는 점에서는 동일하지만, 그 내용은 엄격

---

113) 이재상/장영민/강동범, 41면 참조.

히 구별하고 있는 것이 우리 형법의 태도라고 할 수 있다.

2. 상해죄와 폭행죄의 구별

상해죄와 폭행죄의 관계를 어떻게 이해할 것인가에 대하여는, ① 양자를 신체의 완전성을 보호법익으로 하는 점에서는 동일하나, 상해죄는 침해범이고 폭행죄는 신체에 대하여 유형력을 행사하는 행위 자체를 처벌하는 거동범(형식범)이라는 점에서 구별된다는 견해[114]와, ② 상해죄는 신체의 건강을, 폭행죄는 신체의 건재를 보호법익으로 하므로 양죄는 보호법익에서 구별된다는 견해[115]가 있다.

그러나 양죄는 보호법익뿐만 아니라 보호의 정도에 있어서도 구별된다고 보는 견해가 타당하다. 왜냐하면 우리 형법은 상해죄의 미수와 폭행치상죄를 별도로 처벌하는 규정을 두어 상해죄와 폭행죄를 엄격히 구별하여 규정하고 있기 때문이다. 따라서 상해죄는 '신체의 건강'에 대한 침해, 즉 생리적 기능을 훼손하는 것을 내용으로 하는 침해범인 반면에, 폭행죄는 '신체의 건재'를 위협하는 유형력의 행사(거동)만으로 성립되는 거동범이라고 해석하는 견해가 타당하다고 생각된다.

상해행위의 수행방법은 대부분 유형력 행사인 폭행에 의하여 이루어지지만, 때로는 무형적인 방법인 협박에 의해서도 이루어지며(예컨대 사람을 공포·경악케 하여 정신장애를 일으키는 경우), 부작위(예컨대 보호의무자가 물에 빠진 사람을 구조하지 않거나 영양공급이 부족한 사람에게 영양을 공급하지 않아 상해가 발생한 경우)에 의해서도 발생하고, 나아가 폭행이나 협박이 아닌 방법(예컨대 상한 음식을 먹여 복통을 일으키게 하거나 성병을 감염시키는 경우)으로도 가능하며, 행위자가 직접 자신의 동작에 의하여 행하거나 자연력이나 동물을 이용할 수도 있고, 나아가 타인을 생명있는 도구로 이용하는 간접정범에 의하더라도 상관없다.

3. 구성요건의 체계

상해의 죄의 기본적 구성요건은 상해죄(제257조 제1항)이며, 이에 대한 가중적 구성요건으로 존속상해죄(제257조 제2항), 상습상해죄(제264조)가 있고, 그 결과적

---

114) 박상기, 44면; 배종대, 15/14; 유기천, 47면.
115) 강구진, 74면; 김일수/서보학, 45면; 김종원, 54면; 손동권/김재윤, 33면; 이재상/장영민/강동범, 42면; 이형국, 62면; 정성근/박광민, 45면; 황산덕, 172면.

가중범으로서 중상해죄·존속중상해죄(제258조) 및 상해치사죄(제259조)를 두고 있다.

한편 폭행의 죄의 기본적 구성요건은 **폭행죄**(제260조 제1항)이며, 그 가중적 구성요건으로서 존속폭행죄(제260조 제2항), 특수폭행죄(제261조), 상습폭행죄(제264조)를 두고 있으며, 그 결과적 가중범으로 폭행치사상죄(제262조)를 규정하고 있다. 또한 특별법인「폭력행위 등 처벌에 관한 법률」과「가정폭력범죄의 처벌 등에 관한 특례법」에 상해와 폭행의 죄에 관한 특별규정을 두고 있고,「특정범죄가중처벌 등에 관한 법률」에는 보복범죄의 경우에 가중처벌하고 있다. 또한 아동학대범죄에 대하여는「아동학대범죄의 처벌 등에 관한 특례법」이 제정되어 2014년 9월 28일부터 시행됨으로써, 아동을 상해 또는 폭행하는 경우 등 아동에 대한 각종 학대행위에 대하여 가중처벌하고 있다.

II. 상해의 죄

제257조(상해) ① 사람의 신체를 상해한 자는 7년 이하의 징역, 10년 이하의 자격정지 또는 1천만원 이하의 벌금에 처한다.
③ 본죄의 미수범은 처벌한다.
[폭처법]
제2조 ② 2인 이상이 공동하여 본죄를 범한 때에는 형의 2분의 1까지 가중한다.
[특가법]
제5조의9(보복범죄의 가중처벌 등) ① 자기 또는 타인의 형사사건의 수사 또는 재판과 관련하여 고소·고발 등 수사단서의 제공, 진술, 증언 또는 자료제출에 대한 보복의 목적으로「형법」제250조 제1항의 죄를 범한 사람은 사형, 무기 또는 10년 이상의 징역에 처한다. 고소·고발 등 수사단서의 제공, 진술, 증언 또는 자료제출을 하지 못하게 하거나 고소·고발을 취소하게 하거나 거짓으로 진술·증언·자료제출을 하게 할 목적인 경우에도 또한 같다.
② 제1항과 같은 목적으로「형법」제257조 제1항·제260조 제1항·제276조 제1항 또는 제283조 제1항의 죄를 범한 사람은 1년 이상의 유기징역에 처한다.
③ 제2항의 죄 중「형법」제257조 제1항·제260조 제1항 또는 제276조 제1항의 죄를 범하여 사람을 사망에 이르게 한 경우에는 무기 또는 3년 이상의 징역에 처한다.
④ 자기 또는 타인의 형사사건의 수사 또는 재판과 관련하여 필요한 사실을 알고 있는 사람 또는 그 친족에게 정당한 사유 없이 면담을 강요하거나 위력(威力)을 행사한 사람은 3년 이하의 징역 또는 300만원 이하의 벌금에 처한다.

1. 객관적 구성요건

상해란 사람의 신체를 상해함으로써 성립하는 범죄이다.

(1) 행위객체

자기 이외에 생존하는 자연인으로서 타인의 신체가 상해행위의 대상이다.

1) 자상행위

자기의 신체를 상해하는 자상행위(自傷行爲)는 특별법에 의해 처벌되는 경우
(병역법 제86조, 군형법 제41조 제1항 등)를 제외하고는 형법상 상해죄의 구성요건
에 해당하지 않는다. 그러나 강요나 기망에 의하여 자상행위를 한 경우에 강요자나
기망자는 상해죄의 간접정범이 성립될 수 있다.[116]

2) 태아에 대한 상해

본죄의 객체는 사람의 신체이므로 임신 중의 태아가 약물, 병균, 방사선 등의
영향으로 인해 기형아, 불구아로 출생케 된 경우에 이른바 태아에 대한 상해가
성립될 수 있는가가 문제된다.

이에 대하여는, ① 태아에 대한 상해를 인정하는 긍정설[117]도 있으나, ② 태
아는 사람이 아니므로 상해죄의 객체가 될 수 없으며 이를 인정하는 것은 유추해
석을 하여 가벌성의 확장을 가져오며, 이를 상해로 본다면 태아를 살해한 경우인
낙태죄보다 태아를 상해한 상해죄가 더 무거우므로 처벌의 불균형이 초래된다는
점에서 태아에 대한 상해를 인정하지 않는 부정설이 통설이며 타당하다. 독일에
서도 Contergan사건(1970.12.18)을 계기로 논의되었으나 태아에 대한 상해죄에 대
하여는 부정설이 다수설이다.

생각건대 태아에 대한 상해의 고의로 임부에게 약물을 투여해 기형아 등을
출산하도록 한 경우에 모체에 대한 상해로 볼 수는 없으며, 태아를 사망에 이르
게 한 경우에도 임부에 대한 상해가 된다고 할 수는 없다.[118] 그러나 태아에 대

---

116) 피해자가 협박에 의하여 면도칼로 자신의 콧등을 절단함으로써 안면부 불구가 된 경우에
중상해죄의 간접정범을 인정하고 있다(대법원 1970. 9. 22. 선고 70도1638 판결). 기망 또
는 강요에 의한 자상행위의 경우에 상해죄의 간접정범이 성립한다는 것이 통설의 입장이
다. 강요죄에 불과하다는 반대 견해도 있다.

117) 독일 아헨(Aachen)지방법원의 판례.

118) 대법원 2007. 6. 29. 선고 2005도3832 판결.

한 상해의 고의와 산모에 대한 건강훼손에 대한 미필적 고의가 있고, 모체에 대한 상해가 발생한 경우에는 **모체에 대한 상해죄가 성립하는 것은 가능하다.**

(2) 실행행위

사람의 신체에 대하여 '상해행위를 하는 것'을 말한다

1) 상해의 개념

상해죄에 있어서 상해의 개념에 대해서는, 신체적 완전성설과 생리적 기능훼손설 및 절충설의 대립이 있다

가. 신체적 완전성설　　상해를 신체의 완전성에 대한 침해로 보는 견해이다. 이 견해에 따르면 신체의 생리적 기능이 훼손되는 경우뿐만 아니라 신체의 외관을 변경시키는 경우에도 상해에 해당하게 된다. 따라서 손톱, 모발, 수염의 일부 절단이나 일시적인 인사불성도 상해에 해당하게 된다. 판례 중에는 이러한 태도를 취하고 있는 경우도 있다.[119]

나. 생리적 기능훼손설　　신체의 생리적 기능에 대한 **훼손**(毀損)으로 보는 견해이다. 다수설의 입장이다. 생리적 기능훼손이란 정신적 또는 육체적인 건강상태를 불량하게 하는 것을 말한다. 따라서 외상이라 볼 수 없는 모발·수염·손톱 등을 절단하거나 임신을 시키는 것은 상해에 해당하지 않는다. 그러나 손톱이나 모발 등을 뽑아버리는 행위는 생리적 기능에 장애를 가져오므로 상해에 해당한다고 보아야 한다. 판례는 폭행에 의한 **보행불능이나 수면장애, 식욕감퇴,**[120] **실신한 경우,**[121] **강간으로 인한 성병감염과 처녀막 파열**[122] 등 기능장애를 일으킨 때에는 상해에 해당한다고 판시하여 대체로 생리적 기능훼손설에 입각하고 있다.[123] 이에 반하여 모발을 절단하거나 부녀에 대한 임신도 생리적 기능훼손이라 할 수 없으므로 상해가

---

119) 대법원 1982. 12. 28. 선고 82도2588 판결.
120) 대법원 1969. 3. 11. 선고 69도161 판결.
121) 대법원 1996. 12. 10. 선고 96도2529 판결. 오랜 시간 동안의 폭행과 협박을 이기지 못하고 실신하여 범인들이 불러온 구급차 안에서야 정신을 차리게 된 경우에는 외부적으로 어떤 상처가 발생하지 않았다고 하더라도 생리적 기능에 훼손을 입어 신체에 대한 상해가 있었다고 봄이 상당하다(대법원 1996. 12. 23. 선고 96도2673 판결); 피해자의 건강상태가 불량하게 변경되고 생활기능에 장애를 초래한 경우에는 상해에 해당한다(대법원 2002. 1. 11. 선고 2001도5925 판결).
122) 대법원 1995. 7. 25. 선고 94도1351 판결.
123) 대법원 1969. 3. 11. 선고 69도161 판결.

아니며, 태아를 사망에 이르게 한 행위도 임부에 대한 상해가 된다고 할 수 없다.[124]

다. 절 충 설   생리적인 기능훼손과 생리적 기능훼손은 없더라도 신체의 외관에 대한 중대한 변화를 가져오는 것은 상해라는 견해이다.[125] 이 견해에 따르면 신체의 외관에 현저한 변화를 초래하는 모발이나 수염절단이 있으면 상해에 해당하게 된다.

생각건대 형법이 상해와 폭행을 임격히 구별하고 있으므로, **정신적 육체적 건강**을 불량하게 하여 생리적 기능이 훼손된 경우를 상해라고 보는 생리적 기능훼손설이 타당하다. 이 견해에 의하더라도 일상적으로 흔히 발생할 수 있는 극히 경미한 상처로서 굳이 치료할 필요 없이 자연적으로 치유될 수 있는 경우라면 상해에도 해당하지 않는다고 보아야 한다.[126]

그 밖에도 판례는 상해와 관련하여, 「특정범죄 가중처벌 등에 관한 법률」 제5조의3 제1항의 **도주운전죄**가 성립하려면 피해자에게 사상의 결과가 발생하여야 하고, 생명·신체에 대한 단순한 위험에 그치거나 형법 제257조 제1항에 규정된 상해로 평가될 수 없을 정도로 극히 하찮은 상처로서 굳이 치료할 필요가 없는 것이어서 그로 인하여 건강상태를 침해했다고 보기 어려운 경우에는 위 죄가 성립하지 않는다고 판시하고 있다.[127]

또한 강간하려다가 미수에 그치고 그 과정에서 피해자에게 경부 및 전흉부 피하출혈, 통증으로 약 7일간의 가료를 요하는 상처가 발생하였으나 그 상처가 굳이 치료를 받지 않더라도 일상생활을 하는 데 아무런 지장이 없고 시일이 경과함에 따라 자연적으로 치유될 수 있는 정도라면, 그로 인하여 신체의 완전성이 손상되고 **생활기능에 장애**가 왔다거나 **건강상태가 불량**하게 변경되었다고 보기는 어려워 강간치상죄의 상해에 해당하지 않는다고 판시한 바 있다.[128]

---

124) 대법원 2007. 6. 29. 선고 2005도3832 판결.
125) 김종원, 56면; 배종대, 15/8; 황산덕, 172면.
126) 약 1주일가량의 치료를 요하는 동전 크기의 멍이 든 경우는 극히 경미한 상처이므로 상해에 해당하지 않는다(대법원 1996. 12. 23. 선고 96도2673 판결).
127) 대법원 2000. 2. 25. 선고 99도3910 판결.
128) 대법원 1994. 11. 4. 선고 94도131 판결.

2) 상해행위의 수단·방법

상해의 수단이나 방법에는 특별히 제한이 없다. 상해행위는 폭행과 같은 유형적인 방법은 물론이고 성병을 감염시키든가, 상한 음식을 주어 식중독을 일으키거나, 협박 등의 공포심을 주어 정신건강을 해하도록 하는 무형적인 방법으로도 가능하다.

또한 상해는 행위자가 직접적으로 상해할 수도 있지만, 자연력이나 기계 또는 동물을 이용할 수도 있고, 피해자가 자신의 행위를 이용하는 것도 가능하며,129) 나아가 타인을 이용하든가 피해자의 부지나 착오를 이용하는 간접적인 방법으로도 가능하며, 보호의무자가 물에 빠진 아이를 방임하여 상해를 입게 하거나 친권자가 영아를 방치하여 영양실조로 질병에 걸리게 한 경우와 같이 부작위에 의한 상해도 가능하다.

그 밖에도 본죄의 특별법인「폭력행위 등 처벌에 관한 법률」에 해당하는 상해행위의 경우에는 야간 또는 2인 이상이 공동으로 상해죄를 범한 때에 2분의 1까지 가중한다(동법 제2조 제2항).

2. 주관적 구성요건

상해의 고의가 있어야 한다. 말하자면 사람의 생리적 기능을 훼손한다는 데 대한 인식과 의사가 필요하며, 의사의 정도는 미필적 고의로도 족하다. 따라서 폭행의 고의로 상해의 결과가 발생한 때에는 폭행치상죄가 성립하고, 상해의 고의로 폭행에 그친 경우에는 상해미수가 성립된다. 그러므로 대법원 판례 중 '상해죄는 결과범이므로 폭행의 인식이 있으면 족하고 상해의 의사가 있을 필요는 없다.'고 판시한 일부 판례의 태도는 잘못이라고 생각된다.130)

3. 위 법 성

본죄는 위법성조각사유가 존재하면 위법성이 조각된다. 따라서 정당방위나 긴급피난의 요건이 충족된 경우에는 상해죄의 구성요건해당성이 있더라도 위법성이

---

129) 대법원 1970. 9. 22. 선고 70도1638 판결(피고인이 피해자를 협박하여 그로 하여금 자상케 한 경우에는 상해죄에 해당한다).

130) 대법원 2000. 7. 4. 선고 99도4341 판결; 대법원 1983. 3. 22. 선고 83도231 판결.

조각된다. 그러나 부당한 침해에 대한 정당한 방어행위가 아닌 싸움의 경우에는 공격자와 방어자 모두 정당방위가 아니다.[131] 본죄의 위법성조각사유와 관련해서 특히 문제되는 경우는 피해자의 승낙과 의사의 치료행위 및 징계행위를 들 수 있다.

(1) 피해자의 승낙

신체도 법익 주체가 처분할 수 있는 법익이므로 원칙적으로 피해자의 승낙이 있으면 위법성이 조각된다. 피해자의 승낙이 있다고 하기 위해서는 물론 승낙의 의미를 이해할 수 있는 피해자의 자유로운 의사에 의한 승낙이 있을 것을 요한다. 따라서 예컨대 복싱이나 레슬링, 격투기 등 신체의 상해를 예견할 수 있는 운동경기에 수반하여 발생한 상해는 피해자의 승낙에 의하여 위법성이 조각된다.[132] 그러나 경기규칙을 위반하여 고의 또는 과실로 운동경기 중에 발생한 상해의 경우에는 위법성이 조각되지 않는다.

그러나 신체에 대한 상해는 피해자의 승낙이 있더라도 공서양속 또는 사회상규에 의한 윤리적 제한[133]이 따른다는 것이 지배적인 견해이다.[134] 따라서 싸움에 따른 상해, 병역을 피하기 위한 상해, 베니스의 상인에서 사이록의 행위[135] 등은 사회상규에 반하기 때문에 위법성이 조각되지 않는다.

그러므로 술취한 운전자가 운전하는 것에 대한 위험을 인식하고 동승하여 교통사고로 상해를 입은 경우에는 피해자의 승낙에 의한 상해로써 위법성이 조각된다.

---

131) 대법원 2004. 6. 25. 선고 2003도4934 판결; 대법원 2000. 3. 28. 선고 2000도228 판결.

132) 이에 대하여는, ① 허용된 위험행위로서 구성요건해당성이 없다는 견해, ② 피해자의 승낙에 의하여 위법성이 조각된다는 견해, ③ 직업선수라면 업무로 인한 행위이고, 아마추어이면 피해자의 승낙으로 위법성이 조각된다는 견해, ④ 사회상규에 위배되지 않는 행위로서 위법성이 조각된다는 견해의 대립이 있다.

133) 독일 형법은 제228조에 "피해자의 승낙에 의한 상해는 사회상규에 반할 때는 위법하다."고 규정하고 있으며, 여기서 사회상규란 선량한 사회인의 윤리감정을 의미한다고 해석하고 있다.

134) 박상기, 49면; 배종대 15/13; 손동권/김재윤, 40면; 이영란, 52면; 이재상/장영민/강동범, 48면; 이형국, 74면; 임웅, 62면.

135) 공서양속에 반하는 계약으로는, 이른바 '신체포기각서'나 셰익스피어의 '베니스의 상인'에 나오는 샤일록이 사람 살 1파운드(450g)를 담보로 3,000디카트를 빌려주는 계약을 한 경우 등이 해당한다.

(2) 의사의 치료행위

의사의 **치료행위**(Heileingriff)란 치료의 목적으로 의술의 법칙에 따라 행해지는 신체에 대한 **침해행위**를 말한다. 의사의 치료행위의 법적 성격에 관해서는 견해가 대립한다.

가. 정당행위설   신체에 대한 침해행위가 있으므로 일단 상해죄의 구성요건에 해당하지만, 의사의 **업무로 인한 정당행위**(정당행위설)로서 의료행위의 성공여부나 환자 본인의 의사에 반하는 경우에도 위법성이 조각된다고 보는 것이 종래의 통설[136]과 판례[137]의 태도였다.

나. 피해자승낙설   치료행위가 상해죄의 구성요건에 해당할 때에는 피해자의 승낙 또는 추정적 승낙에 의해 위법성이 조각된다는 견해로서 오늘날 다수설의 태도이다.[138] 대법원 판례도 근래에는 피해자의 승낙에 의해서만 위법성이 조각된다고 판시한 바 있다.[139]

다. 구성요건해당성조각설   치료행위는 개별적으로 행위를 분리해서 검토할 것이 아니라 전제적·통일적으로 판단해야 한다는 입장에서, 성공한 치료행위는 건강을 회복·개선시켰으므로 상해죄의 객관적 구성요건에도 해당하지 않으며, 실패한 치료행위라 하더라도 의료준칙에 따른 시술인 이상 상해의 고의를 인정할 수 없으므로, 결국 의사의 의료준칙에 따른 치료행위는 상해죄의 구성요건에 해당하지 않는다는 견해[140]도 있다.

(3) 치료유사행위

의사의 신체상해행위 중에는 치료목적을 위한 치료행위라 할 수 없는 **치료유사행위**가 있다. 예컨대, ① 의사의 질병예방을 위한 조치나 진단을 위한 검사 또는 성형수술 등은 건강을 개선하거나 회복하기 위한 치료행위라 할 수 없으며,

---

136) 강구진, 62면; 배종대, 15/15.
137) 대법원 1976. 6. 8. 선고 76도144 판결; 대법원 1978. 11. 14. 선고 78도2388 판결; 따라서 기도원 운영자가 정신분열증 환자에게 치료목적으로 안수기도를 하면서 과도한 유형력을 행사하여 상해를 한 때에는 '사회상규상 용인되는 정당행위에 해당하지 않는다'(대법원 2008. 8. 21. 선고 2008도2695 판결).
138) 박상기, 50면; 오영근, 49면; 이재상/장영민/강동범, 49면; 임웅, 51면; 정성근/박광민, 51면; 정영일, 17면.
139) 대법원 1993. 7. 27. 선고 92도2345 판결; 대법원 1998. 2. 13. 선고 96도7854 판결.
140) 김일수/서보학, 51면; 김종원, 59면; 이재상/장영민/강동범, 50면; 이정원, 74면.

또한 ② 수혈이나 이식수술의 경우에는 수혈을 받거나 장기를 제공받는 자는 치료행위가 되지만, 이를 제공하는 자와의 관계에서는 치료행위라고 할 수 없다. 그 밖에도 ③ 불임수술(Sterilisation)이나 거세수술(kastration)도 치료행위가 아니므로 피해자의 승낙에 의해서만 위법성이 조각된다고 할 수 있다.

따라서 이러한 수혈·불임수술·성전환수술·성형수술 등과 같은 **치료유사행위** 는 피해자의 승낙에 의해서만 위법성이 조각될 수 있으므로, 피해자의 승낙이 유효하기 위해서는 치료유사행위를 하기 전에 의사의 설명의무(Aufklärungspflicht)가 그 전제로서 요구되어진다고 하겠다. 이때 설명의무의 범위는 ① 치료를 행한다는 사실, ② 조치의 수단과 방법, ③ 그 결과, ④ 진단에 대한 설명이 필요하다. 다만, 진단에 대한 설명을 함에 있어서 그것이 환자에게 정신적 충격을 주어 환자의 위험성을 증가시키게 된다고 인정될 때에는 환자보호원리에 의하여 예외적으로 설명의무가 면제될 수 있다.

(4) 징계행위

징계행위로서 행한 상해행위는 주관적으로 교육의 목적달성을 위해서 행하고, 객관적으로 징계의 목적달성을 위해 불가피한 경우에도 상해행위는 허용되지 않는다. 신체에 대한 상해는 징계권(Züchtigungsrecht)의 범위를 일탈했기 때문에 원칙적으로 정당행위가 될 수 없으므로 위법성이 조각되지 않는다.[141] 징계권은「민법」제915조, 「초·중등교육법」제18조, 「고등교육법」제13조, 「소년원법」제13조 등에 규정되어 있지만 체벌은 허용되지 않고 있다. 다수설과 판례는 일정한 범위 안에서 **학교장과 교사의 체벌권** 행사를 정당행위로 인정하고 있지만, 상해의 결과를 발생시킨 경우에는 징계권의 범위를 일탈했다고 보고 있다.[142]

---

141) 대법원 1991. 5. 14. 선고 91도513 판결(학생주임인 교사가 몽둥이와 당구큐대로 학생의 둔부를 때려 3주간의 치료를 요하는 상처를 입힌 경우).

142) 대법원 2004. 6. 10. 선고 2001도5380 판결(초·중등교육법령에 따르면 교사는 학교장의 위임을 받아 교육상 필요하다고 인정할 때에는 징계를 할 수 있고 징계를 하지 않는 경우에는 그 밖의 방법으로 지도를 할 수 있는데 그 지도에 있어서는 교육상 불가피한 경우에만 신체적 고통을 가하는 방법인 이른바 체벌로 할 수 있고 그 외의 경우에는 훈육, 훈계의 방법만이 허용된다).

4. 죄   수

(1) 사람의 신체도 전속적 법익이므로 법익주체의 수에 따라 죄수가 결정된다. 따라서 1개의 행위로 수인을 상해하면 **수개의 상해죄의 상상적 경합**이 된다. 또한 상해행위가 동일한 일시, 장소에서 동일한 목적으로 이루어진 경우에도 피해자를 달리하는 경우에는 **상해죄의 경합범**이 성립된다.[143]

(2) 살해의 고의로 상해를 입힌 경우에는 **법조경합의 보충관계로 살인미수**만 성립한다. 또한 협박행위가 상해행위가 이루어진 시간과 장소에서 동일인에게 가해진 경우에도 특별한 사정이 없는 이상 상해의 단일한 범의 하에 이루어진 폭언에 불과하므로 상해죄에 포함되는 행위가 된다(전형적·불가벌적 수반행위).[144]

(3) 공무집행중인 공무원에게 상해를 입힌 경우에는, 사안에 따라 **공무집행방해죄**(제136조)와 **상해죄의 상상적 경합관계**이거나 **특수공무집행방해죄**(제144조)와 **상해죄의 상상적 경합관계**가 성립된다.

Ⅲ. 존속상해죄

> **제257조(존속상해)** ② 자기 또는 배우자의 직계존속에 대하여 제1항의 죄를 범한 때에는 10년 이하의 징역 또는 1천 500만 원 이하의 벌금에 처한다.
> ③ 본죄의 미수범은 처벌한다.
> **제265조(자격정지의 병과)** 10년 이하의 자격정지를 병과할 수 있다.
> **[폭처법]**
> **제2조** ② 2인 이상이 공동하여 본죄를 범한 때에는 형의 2분의 1까지 가중한다.

존속상해죄는 자기 또는 배우자의 직계존속의 신체를 상해함으로써 성립하는 범죄이다.

본죄는 행위객체가 직계존속이라는 신분관계로 인하여 책임이 가중되는 **책임가중적 구성요건**으로서 **부진정신분범**에 해당한다.

---

143) 대법원 1983. 4. 26. 선고 83도524 판결.
144) 대법원 1976. 12. 14. 선고 76도3375 판결.

Ⅳ. 중상해죄 · 존속중상해죄

> 제258조(중상해, 존속중상해) ① 사람의 신체를 상해하여 생명에 대한 위험을 발생하게 한
> 자는 1년 이상 10년 이하의 징역에 처한다.
> ② 신체의 상해로 인하여 불구 또는 불치나 난치의 질병에 이르게 한 자도 전항의 형과
> 같다.
> ③ 자기 또는 배우자의 직계존속에 대하여 전2항의 죄를 범한 때에는 2년 이상 15년 이
> 하의 징역에 처한다.
> 제265조(자격정지의 병과) 10년 이하의 자격정지를 병과할 수 있다.

1. 의의 및 성질

(1) 의   의

중상해죄(Schwere Körperverletzung)란 사람의 신체를 상해하여 ① 생명에 대한
위험을 발생하게 하거나, ② 불구에 이르게 하거나 ③ 불치 또는 난치의 질병에 이르
게 함으로써 성립하는 범죄이다. 본죄는 중상해의 고의가 있는 경우에도 성립하
므로, 부진정결과적 가중범으로 이해하는 것이 통설의 태도이다. 이는 중상해의 고
의범을 단순상해에 비해 무겁게 처벌하는 별도의 규정이 없기 때문에 이 경우도
포함하여 해석해야 하기 때문이다.

(2) 법적 성격

중상해죄는 단순상해죄에 비해 **결과불법의 가중**으로 인해 불법이 가중되는 가
중적 구성요건이다. 본죄의 법적 성격에 관해서는, ① 단순상해의 **결과적 가중범이**
라는 견해와 ② 중한 결과도 상해의 개념에 들어가므로 결과적 가중범이 아니라
고의범에 불과하다는 견해[145]도 있다. ③ 그러나 중상해죄를 고의범에 불과하다고
보는 견해에 의하면 본죄의 미수를 처벌해야 하나 본죄의 미수는 처벌하지 않고
있으며, 또한 본죄를 단순상해의 결과적 가중범으로만 보게 되면 단순상해의 고
의로 중상해의 결과가 발생한 경우를 처벌하면 결과책임이 되게 된다. 따라서 중
상해죄는 단순상해의 결과적 가중범일 뿐만 아니라 중상해의 고의가 있는 경우
에도 성립하므로 **단순상해죄의 부진정결과적 가중범**이라고 보는 통설[146]의 입장이

---

145) 백형구, 49면; 정성근/박광민, 53면; 황산덕, 171면.
146) 강구진, 66면; 박상기, 53면; 배종대, 15/28; 이재상/장영민/강동범, 52면; 이형국, 85면; 임

타당하다고 생각된다.

2. 구성요건

본죄는 부진정 결과적가중범이다. 따라서 중상해죄는 기본행위인 상해에 대한 고의행위가 있어야 하고, 중한 결과에 대하여는 고의가 있거나 과실이 있어야 한다. 특히 중한 결과에 과실이 있는 경우에는 상해행위와 중한 결과 사이에 인과관계와 객관적 귀속이 인정되고 중한 결과에 대한 행위자의 예견가능성이 인정되어야 한다.

(1) 상해의 고의행위가 있을 것

(2) 중한 결과의 발생

중상해죄의 중한 결과에는 ① 생명에 대한 위험발생, ② 불구(不具), ③ 불치(不治) 또는 난치(難治)의 질병야기 중 어느 하나에 최소한 해당되어야 한다. 그 의미를 살펴보면 다음과 같다.

1) 생명에 대한 위험발생

생명에 대한 구체적 위험발생이 발생한 때, 즉 치명상을 가한 경우를 말한다. 즉 생명을 유지하는 데 필수적인 뇌나 주요장기에 대한 중대한 손상이 발생한 경우이다. 생명에 대한 '구체적 위험'이 발생하면 기수가 되므로 이 경우는 '구체적 위험범'에 해당한다. 생명에 대한 위험발생에 대한 판단은 구체적으로 의학적 판단자료를 토대로 하지만 궁극적으로는 규범적으로 법관에 의한 법률적 판단을 하게 된다. 만약 이로 인해 피해자가 사망하게 되면 본죄에 해당하지 않고 상해치사죄가 성립하게 된다.

2) 불　　구

'불구'(不具)란 신체의 전조직에 있어서 고유한 기능을 가지는 중요부분의 상실을 의미한다. 사지절단이나 시각, 청각, 언어, 생식기능 등 중요한 신체기능의 영구적 상실을 의미한다. 여기서 신체의 중요부분의 기능상실의 범위를 어디까지로 보느냐에 대하여 견해가 나누어진다. ① 신체의 외형적 부분의 기능상실에 한정된다는 견해[147]와 ② 신체내부의 장기의 기능상실도 포함된다는 견해[148]가 대립되나, 신

웅, 60면; 정영일, 18면.

147) 이재상/장영민/강동범, 53면.
148) 김성돈, 62면; 김일수/서보학, 70면; 박상기, 54면; 임웅, 62면; 정영일, 31면.

체내부의 장기의 기능상실은 불치 또는 난치의 질병에 포함될 수 있으므로 신체의 외형적 부분의 기능상실에 한하는 견해가 타당하다.

그리고 신체조직의 중요부분인가 여부에 대한 판단은 피해자의 개인적 사정이 아니라 당해 신체가 전체신체조직에서 차지하는 비중에 따라 객관적으로 판단해야 한다. 따라서 판례는 시각기능,[149] 청각기능 또는 발음기능의 상실, 성기절단의 경우에는 불구에 해당하지만, 피아니스트의 새끼손까락이 절단된 경우, 1~2개월 입원할 정도로 다리가 부러진 상해 또는 9주간의 치료를 요하는 우측흉부자상, 치아가 빠진 경우[150] 등은 객관적으로 신체의 중요부분이 아니므로 중상해에 해당하지 않는다고 판시한 바 있다.

그러나 상실된 신체부분은 인공적인 장치에 의한 대체가 가능하더라도 불구에 해당한다.

3) 불치 또는 난치의 질병

불치(不治) 또는 난치(難治)의 질병이란 의학적으로 판단하여 치료가능성이 없거나 희박한 질병을 말한다. 에이즈감염, 신체의 일부신경마비, 치유하기 어려운 정신병유발, 기억상실증, 척추장애 등이 그 예이다. 그러나 여기서는 불구와는 달리 인공적인 장치에 의해 대체가능하면 불치라고 할 수 없다. 또한 상해의 결과로 남은 상처는 여기에 해당하지 않는다.

3. 적용범위

폭행의 의사로서 중상해의 결과가 발생한 경우에 본죄가 성립하는가에 대하여는 다툼이 있다. ① 동일한 원리를 적용하여 이를 긍정하는 견해[151]도 있으나, ② 본죄는 최소한 상해의 고의가 있어야 하므로, 폭행의 고의로 중상해의 결과가 발생한 경우에는 폭행치상죄만 성립할 뿐이라는 다수설[152]의 입장이 타당하다.

그러나 처벌에 있어서는 결국 중상해죄의 형이 적용되므로 차이가 없게 된다(제262조).

---

149) 대법원 1960. 4. 6. 선고 4292형상395 판결.
150) 대법원 1960. 2. 29. 선고 4292형상413 판결.
151) 유기천, 52면.
152) 김일수/서보학, 69면; 김종원, 62면; 박상기, 57면; 백형구, 50면; 오영근, 71면; 이재상/장영민/강동범, 54면; 임웅, 61면; 정성근/박광민, 52면; 진계호, 66면.

4. 중상해가 미수에 그친 경우

중상해의 고의를 가지고 상해행위를 하였으나, 단순상해의 결과만 발생한 경우에는 단순상해죄의 기수범으로 처벌된다. 중상해의 미수범처벌규정이 없기 때문이다. 따라서 중상해의 고의로 단순상해의 결과도 발생하지 않는 경우에는 단순상해미수가 되며, 사망의 결과가 발생한 경우에는 **상해치사죄**로 처벌된다.

이것은 중상해죄가 단순상해의 고의로 중상해의 결과가 야기된 경우와 중상해의 고의로 중상해의 결과를 야기한 경우 모두를 포함하는 부진정결과적 가중범이기 때문이다.

5. 존속중상해죄

본죄는 자기 또는 배우자의 직계존속에 대하여 중상해의 결과를 야기함으로써 성립하는 범죄이다. 본죄는 중상해죄에 비하여 직계존속이라는 신분관계로 인하여 책임이 가중되는 **책임가중적 구성요건으로서 부진정신분범**이다. 또한 본죄는 중상해의 고의를 가지고 중상해의 결과를 야기할 수도 있고, 상해의 고의로 중상해의 결과를 야기할 수도 있기 때문에 **부진정결과적 가중범**이다.

─────────── 《참고사항》 ───────────

※ 형법각칙상 '중', '준', '특수'의 의미
(1) 중유기죄(제271조 제3항, 제4항), 중권리행사방해죄·중강요죄(제326조)
                    → 사람의 생명에 대한 위험발생
 중상해죄(제258조 제1항, 제2항) → 생명에 대한 위험발생, 불구나 불치 또는 난치의 질병
 중손괴죄(제368조) → 사람의 생명, 신체에 대한 위험발생
 중체포·감금죄(제277조 제1항) → 가혹한 행위
(2) 준강간·강제추행죄(제299조) → 심신상실 또는 항거불능상태의 이용
 준사기죄(제348조) → 지려천박 또는 심신장애의 이용
 준강도죄(제335조), 준점유강취죄(제325조 제2항)
                    → 재물탈환거부, 체포면탈, 죄적인멸의 목적
(3) 특수공무방해죄(제144조), 특수폭행죄(제261조), 특수 체포·감금죄(제278조),
 특수협박죄(제284조), 특수주거침입죄(제320조), 특수손괴죄(제369조)

>   → 단체 또는 다중의 위력을 보이거나 위험한 물건을 휴대
> 특수도주죄(제146조) → 수용설비 또는 기구의 손괴, 폭행 또는 협박
> 특수절도(제331조 제1항, 제2항) → 야간에 건조물손괴 주거 등 침입, 흉기휴대
> 특수강도(제334조 제1항, 제2항) → 야간에 주거 등 침입, 흉기 휴대

V. 특수상해

> 제258조의2(특수상해) ① 단체 또는 다중의 위력을 보이거나 위험한 물건을 휴대하여 제257조 제1항 또는 제2항의 죄를 범한 때에는 1년 이상 10년 이하의 징역에 처한다.
> ② 단체 또는 다중의 위력을 보이거나 위험한 물건을 휴대하여 제258조의 죄를 범한 때에는 2년 이상 20년 이하의 징역에 처한다.
> ③ 제1항의 미수범은 처벌한다(본조신설 2016. 1. 6.).
> 제265조(자격정지의 병과) 10년 이하의 자격정지를 병과할 수 있다.

본죄는 단체 또는 다중의 위력을 보이거나 위험한 물건[153]을 휴대하여 상해와 존속상해의 죄를 범한 경우와 단체 또는 다중의 위력을 보이거나 위험한 물건을 휴대하여 중상해, 존속중상해를 범한 경우이다.

특수상해죄는 2016년 1월 6일 형법개정으로 신설된 조항이다. 본죄는 행위수행 방법의 위험성으로 인해 상해죄와 존속상해죄의 불법이 가중되는 **불법가중적 구성요건**이다.

VI. 상해치사죄 · 존속상해치사죄

> 제259조(상해치사) ① 사람의 신체를 상해하여 사망에 이르게 한 자는 3년 이상의 유기징역에 처한다.

---

153) 피고인이 길이 140cm, 지름 4cm인 대나무를 휴대하여 피해자 甲, 乙에게 상해를 입혔다는 내용으로 기소된 사안에서, 피고인이 위 대나무로 甲의 머리를 여러 차례 때려 대나무가 부러졌고, 甲은 두피에 표재성 손상을 입어 사건 당일 병원에서 봉합술을 받은 점 등에 비추어 피고인이 사용한 위 대나무는 '위험한 물건'에 해당한다(대법원 2017. 12. 28. 선고 2015도5854 판결).

② 자기 또는 배우자의 직계존속에 대하여 전항의 죄를 범한 때에는 무기 또는 5년 이상의 징역에 처한다.

1. 의   의

사람의 신체를 상해하여 사망에 이르게 함으로써 성립하는 범죄이다, 상해죄나 존속상해죄의 결과적 가중범이다. 존속상해치사죄는 부진정신분범이다.

2. 구성요건

(1) 인과관계

상해와 사망이라는 결과 사이에 합법칙적으로 연관성이 있을 때 인과관계가 인정된다. 상해행위가 유일한 원인이 아니고 피해자의 지병이나 불충분한 치료가 결과발생에 기여했다고 하더라도 합법칙적인 연관성이 있을 때는 인과관계가 인정된다.

(2) 객관적 귀속

결과적 가중범에 있어서는 행위와 결과 사이에 직접성의 원칙이 적용된다. 즉 기본범죄인 상해행위와 중한 결과인 사망 사이에 직접적인 관련성이 없을 때에는 객관적으로 귀속시킬 수 없다. 예컨대 피해자가 불구 또는 불치의 질병에 걸리게 된 것을 비관하여 자살한 경우에는 객관적으로 귀속시킬 수 없다.

그러나 피해자가 상해를 피하다 실족하여 사망한 경우 또는 제3자의 중간개입행위로 인해 사망의 결과가 발생한 경우에는 피해자의 피신행위 또는 제3자의 개입행위를 예견할 수 있었는가에 따라 귀속여부가 결정된다고 보아야 한다.

(3) 예견가능성

사망이라는 결과에 대한 예견가능성이 필요하다. 즉 상해행위시에 피해자의 사망이라는 결과에 대한 과실이 있어야 한다는 것이 통설의 입장이다.

(4) 주관적 구성요건

상해에 대한 고의와 결과에 대한 예견가능성이 있어야 한다. 만약 사망이라는 결과에 대한 미필적 고의가 있으면 상해치사죄가 아니라 살인죄가 성립한다.

3. 상해치사죄의 공범

(1) 공동정범의 성립여부

결과적가중범인 상해치사죄의 공동정범을 인정할 수 있는가?

판례는, ① 행위공동설의 입장에서 상해치사죄의 공동정범의 성립을 인정하고 있다. 즉 다수인이 기본행위인 상해행위(또는 폭행행위)를 공동으로 할 의사가 있으면 상해치사(또는 폭행치사)라는 결과를 공동으로 할 의사는 필요치 않다고 하여 상해치사(또는 폭행치사)죄의 공동정범을 인정하고 있다.[154] 또한 판례는 다수인이 공동정범자가 아니거나 사망의 원인이 판명되지 않은 경우에도 동시범규정(제263조)을 적용하여 가담자 모두에게 상해치사죄(또는 폭행치사죄)의 책임을 묻고 있다.

② 그러나 상해의 공동정범 중 1인이 살인의 고의로 사람을 살해한 경우에 나머지 사람에게 상해치사죄는 성립할 수 있어도 살인죄는 성립하지 않는다.

결국 상해죄의 공동정범은 가능하나 상해치사죄는 공동정범의 성립이 불가능하다고 보는 견해가 타당하다. 사망이라는 결과에 대해서는 개별책임의 원칙에 따라 각자의 과실에 따라 개별적으로 상해치사죄의 책임을 물을 수 있지만, 상해치사죄의 공동정범이 성립하는 것은 아니다. 사망이라는 결과에 대한 과실이 없는 상해의 공동정범자는 상해죄로만 처벌될 수 있기 때문이다.

(2) 교사 또는 방조

상해를 교사 또는 방조한 자는 교사 또는 방조 당시에 중한 결과인 사망을 예견할 수 있었다면 상해치사죄의 교사 또는 방조범으로 처벌될 수 있다.

[상해죄와 폭행죄의 비교]	
의의	• 상해죄 → 타인의 신체를 상해하는 행위
	• 폭행죄 → 타인의 신체에 대하여 폭행을 가하는 행위
보호법익	• 상해죄 → 신체의 완전성(불가침성), 신체의 건강(생리적 기능, 다수설)
	• 폭행죄 → 신체의 건재
보호정도	• 상해죄 → 침해범
	• 폭행죄 → 위험범

154) 대법원 1978. 1. 17. 선고 77도2193 판결.

소추조건	• 상해죄 → 비친고죄
	• 폭행죄 → 반의사불벌죄
피해자의 승낙	• 상해죄 → 사회상규에 위배되지 않는 경우에 위법성 조각
	• 폭행죄 → 피해자의 승낙시 항상 위법성 조각
미수·과실	• 상해죄 → 처벌
	• 폭행죄 → 불처벌
동시범의 특례	• 상해죄 → 특례규정의 적용
	• 폭행죄 → 폭행치사상의 경우만 동시범 특례규정 적용
죄수	• 상해죄와 폭행죄는 법조경합의 흡수관계

Ⅶ. 상해죄의 동시범 특례

제263조(동시범) 독립행위가 경합하여 상해의 결과를 발생하게 한 경우에 있어서 원인된 행위가 판명되지 아니한 때에는 공동정범의 예에 의한다.

1. 의   의

'동시범'(同時犯)이란 2인 이상의 상호의사 연락 없는 독립행위가 동시(同時) 또는 이시(異時)에 동일한 행위객체에 대하여 구성요건적 결과를 실현한 경우를 말한다. 동시범은 각자가 단독정범으로서 개별행위책임의 원칙에 따라 자기행위의 결과에 대해서만 책임을 지게 된다. 따라서 각 행위자의 행위와 결과 사이의 인과관계 유무를 검토하여 그에 따라 기수와 미수로 처벌하게 된다.

이 경우에 인과관계의 존부가 밝혀지지 않는 경우에 각 행위자를 어떻게 처벌해야 할 것인가가 문제된다. 그런데 인과관계의 존재뿐만 아니라 범죄사실에 대한 입증책임은 원칙적으로 검사가 부담하므로, 이를 입증하지 못하면 "의심스러울 때에는 피고인의 이익으로"의 원칙에 의해 인과관계도 부정되어야 한다. 이러한 점을 고려하여 우리 형법은 제19조에 독립행위의 경합이라는 표제 하에 동시범에 관하여 규정하고 있다.

즉 "동시 또는 이시의 독립행위가 경합한 경우에 결과발생의 원인이 된 행위가 판명되지 아니한 때에는 각 행위를 미수범으로 처벌한다."고 규정하고 있다.

그런데 상해죄의 동시범을 규정하고 있는 제263조는 형법총칙 제19조가 미수범으로 처벌하고 있는 것과는 달리 각자를 공동정범으로 처벌하도록 규정하고 있다. 형법이 상해죄의 동시범에 관하여 피고인에게 불리한 예외규정을 둔 입법취지는 ① 집단적인 상해나 폭행을 예방하고자 하는 일반예방적 목적과 ② 집단적인 상해 행위시에 그 원인에 대한 입증책임의 곤란을 구제하기 위한 형사정책적인 고려에서이다. 이러한 예외규정은 무죄추정의 원칙에 반한 뿐만 아니라 책임주의원칙에도 위반되는 전근대적인 결과책임주의 사상의 표출이라는 비판을 면하기 어렵다. 따라서 입법론적으로는 상해죄의 동시범규정은 폐지하는 것이 바람직하며 폐지되기 전까지는 그 적용범위를 축소하는 방향으로 해석하는 것이 바람직하다고 생각된다.[155]

2. 법적 성질

상해죄의 동시범의 특례를 인정하고 있는 형법 제263조 규정의 법적 성질에 대하여는 다음과 같은 학설 대립이 있다.

(1) 거증책임전환설

검사의 입증곤란을 구제하려는 형사정책적 고려하에 행위와 결과 사이의 인과관계에 대한 거증책임을 검사로부터 피고인에게 전환한 것으로 이해하는 견해이다.[156]

(2) 법률상 책임추정설

입증의 곤란을 구제하기 위하여 공동정범으로서 법률상의 책임을 추정하는 규정이라고 이해하는 견해이다.[157]

(3) 이 원 설

소송법상으로는 거증책임의 전환에 관한 규정이고, 실체법상으로는 공동정

---

155) 배종대, 15/51; 백형구, 52면; 오영근, 61면; 이정원, 90면; 이형국, 67면. 이와 달리 특수한 범죄에 대한 법률의 규정에 의한 거증책임의 전환은 합리적인 이유가 인정되는 한 무죄추정의 원칙에 반한다고 할 수 없다는 반대 견해도 있다(이재상/장영민/강동범, 57면).

156) 김일수/서보학, 75면; 박상기, 59면; 오영근, 81면; 이재상/장영민/강동범, 58면; 임웅, 75면; 정영일, 43면.

157) 강구진, 70면.

범의 범위를 확장시키는 일종의 의제규정으로 보는 견해를 말한다.[158)

생각건대 법률상 책임추정설이나 이원설에 의하면 형사소송법상 요증사실을 증명하지 않고 추정하는 것이므로 형사소송법상의 기본원칙인 자유심증주의와 실체적 진실주의 및 무죄추정의 원칙에 반한다. 따라서 통상적인 형사절차에서는 거증책임을 검사가 부담하고 있는 데 반하여 상해죄의 동시범의 경우에는 검사의 입증책임의 곤란을 형사정책적으로 해소하기 위해 거증책임이 피고인에게로 전환되어 피고인이 자기의 행위로 인해 상해의 결과가 발생하지 않았음을 증명해야 하는 거증책임전환규정으로 이해하는 다수설의 태도가 타당하다고 생각한다.

3. 동시범 특례의 적용요건 및 적용범위

(1) 독립행위의 경합

1) 독립행위의 경합이란 2개 이상의 행위가 서로 의사연락 없이 동일한 객체에 대하여 행해지는 경우를 말한다. 독립행위의 경합이므로 처음부터 공동정범일 경우와 경합 자체가 의심스러운 때에는 동시범 특례규정이 적용되지 않는다.

2) 경합된 독립행위 사이의 시간적·장소적 관계는 어느 정도 밀접성이 있어야 하는가에 대하여는 다툼이 있다. 형법 제19조와는 달리 제263조에는 이에 관하여 아무런 규정을 두고 있지 않기 때문이다. 이에 대하여, ① 경합된 독립행위는 동일한 시간 내지 근접한 시간에 걸쳐서 행해진 경우에 한한다는 견해[159)와 ② 동시 또는 이시를 불문하고 독립행위가 경합한 경우에 적용된다는 견해[160) 및 ③ 동시의 독립행위가 경합한 경우에 한한다는 견해가 있다.

생각건대 제263조는 제19조의 특례규정이므로 이시(異時)의 독립행위가 경합한 경우를 제외해야 할 이유가 없고, 행위장소가 다른 경우라 하더라도 특례는 적용된다고 보는 견해가 타당하며, 판례도 같은 입장이다.[161)

3) 경합된 독립행위는 상해 또는 폭행의 고의있는 행위이어야 한다. 상해죄

---

158) 김종원, 64면; 이형국; 66면; 정성근/박광민, 59면; 정영석, 232면.
159) 강구진, 232면; 김종원, 63면; 박상기, 60면; 정성근/박광민, 61면; 정영석, 232면.
160) 김성천/김형준, 108면; 배종대, 15/52; 손동권/김재윤, 51면; 이재상/장영민/강동범, 58면; 이형국, 66면; 정영일, 24면.
161) 대법원 1981. 3. 10. 선고 80도3321 판결; 대법원 2000. 7. 28. 선고 2000도2466 판결.

의 동시범 특례규정은 '상해와 폭행의 죄'의 장에 규정되어 있으므로, 예컨대 강
간·강도, 체포·감금과 같이 다른 고의행위나 과실행위로 상해의 결과가 발생하
더라도 본 특례규정은 적용되지 않는다. 따라서 강간치상죄, 강도치상죄, 체포·
감금치사상 및 과실치사상 등의 죄에는 적용되지 않는다.

(2) 상해의 결과발생

상해 또는 폭행의 고의있는 독립행위가 경합하여 상해의 결과가 발생해야
한다. 따라서 상해죄나 폭행치상죄의 경우에는 본 규정이 적용됨은 의문의 여지
가 없다. 그러나 상해가 아닌 사망의 결과가 발생한 경우에도 본 특례가 적용될
수 있는가에 대하여는 견해가 대립한다.

이에 대하여는 ① 상해의 결과가 발생한 경우에 동시범 특례규정을 둔 것은
상해보다 중한 사망의 결과가 발생한 경우에는 당연히 그 적용을 전제하는 것이
므로 특례를 적용할 수 있다는 긍정설[162]과, ② 사망의 경우에 본 규정을 적용하
는 것은 유추적용금지의 원칙에 반하므로 적용할 수 없다는 부정설[163] 및 ③ 상
해치사죄의 경우에는 본조를 적용할 수 있지만, 폭행치사죄의 경우에는 상해의
결과가 발생한 것이 아니므로 본조를 적용할 수 없다는 한정적 긍정설[164]이 대립
하고 있다. 판례는 긍정설의 입장에서 폭행치사죄나 상해치사죄의 경우에도 본조의
적용을 긍정하고 있다.[165]

생각건대 상해의 결과라는 명문규정이 있는데도 불구하고 그 적용범위를 확
대해석하여 사망의 결과까지 포함하여 해석하는 것은 상해라는 문언의 의미를
벗어난 유추해석이고, 또한 특례규정 자체가 책임원칙에 어긋난다는 비판을 받고
있는 점을 고려해보면 그 적용범위를 축소해석하는 것이 바람직하다. 따라서 상
해치사죄나 폭행치사죄의 경우에는 본 특례규정이 적용될 수 없다고 보는 부정설
이 타당하다.

더군다나 기본범죄행위가 상해 또는 폭행이 아닌 다른 범죄의 고의행위의
결과로 상해가 발생한 경우에는 상해죄의 동시범 특례규정이 적용될 여지가 없

---

162) 권문택, 491면; 남홍우, 38면; 황산덕, 178면.
163) 김일수/서보학, 60면; 박상기, 61면; 배종대, 15/55; 손동권/김재윤, 54면; 오영근, 62면; 임
웅, 77면.
164) 이재상/장영민/강동범, 59면.
165) 대법원 1970. 6. 30. 선고 70도991 판결; 대법원 1985. 5. 14. 선고 84도2118 판결.

음은 물론이다. 판례도 강도치상죄[166]나 강간치상죄[167]의 경우에는 상해죄의 동시범 특례규정이 적용될 여지가 없다고 판시하여 학설과 같은 입장을 취하고 있다.

(3) 원인된 행위가 판명되지 않아야 한다

상해의 원인된 행위가 판명되지 않아야 한다. 이 때에 상해의 결과가 자기의 행위에 의하여 발생하지 않았다면 그 점에 대한 거증책임은 피고인이 부담하게 된다. 이와 달리 원인행위가 판명된 경우에는 그에 따라 각자 기수 또는 미수의 책임을 지게 된다.

4. 특례의 효과

이상과 같이 상해죄의 동시범 특례규정의 요건이 충족되면, 공동정범의 예에 의하여 처벌된다. 즉 독립행위의 경합자 모두의 행위와 상해의 결과 사이에 인과관계가 인정되면 개별적인 독립행위와 결과 사이에 인과관계가 판명되지 않더라도 독립행위자 모두를 공동정범은 아니지만 각자를 그 죄의 정범의 기수로 처벌한다는 의미이다. 그리고 제263조 상해죄의 동시범 특례규정은 **폭행치상죄와「폭력행위 등 처벌에 관한 법률」제2조와 제3조에는 적용되지만, 과실상해나 상해치사 및 폭행치사 등에는 적용되지 않는다**고 엄격히 해석하는 견해가 타당하다고 생각된다.

VIII. 상습상해·상습폭행 등의 죄

제264조(상습범) 상습으로 제257조(상해, 존속상해), 제258조(중상해, 존속중상해), 제258조의2(특수상해), 제260조(폭행, 존속폭행) 또는 제261조(특수폭행)의 죄를 범한 때에는 그 죄에 정한 형의 2분의 1까지 가중한다.

---

166) 대법원 1984. 4. 24. 선고 84도372 판결.
167) 서울고등법원 1990. 12. 6. 선고 90노3345 판결.

1. 의   의

상습(常習)이란 동일한 행위의 반복으로 얻어진 행위자의 습벽을 말하며 범죄 사회학적 개념이다. 동일한 범죄에 대한 행위자의 상습성은 행위자의 특수한 신분이므로, 상습상해죄는 이러한 신분으로 인해 책임이 가중되는 가중적 구성요건이고, 부진정신분범이다.

본죄는 행위자가 상습적으로 상해죄, 존속상해죄, 중상해죄, 존속중상해죄, 폭행죄, 존속폭행죄, 특수폭행죄를 범한 때에 성립한다.

2. 「폭력행위 등 처벌에 관한 법률」제2조 및 제3조와의 관계

특별형법인 「폭력행위 등 처벌에 관한 법률」은 「형법」 각 해당 조항 및 각 해당 조항의 상습범, 특수범, 상습특수범, 각 해당 조항의 상습범의 미수범, 특수범의 미수범, 상습특수범의 미수범을 포함하여 이 법을 위반하여 2회 이상 징역형을 받은 사람이 다시 제260조 제1항(폭행), 제283조 제1항(협박), 제319조(주거침입, 퇴거불응), 제366조(재물손괴 등)의 죄를 범하여 누범으로 처벌할 경우에는 7년 이하의 징역, 제260조 제2항(존속폭행), 제276조 제1항(체포, 감금), 제283조 제2항(존속협박), 제324조 제1항(강요)의 죄를 범하여 누범으로 처벌할 경우에는 1년 이상 12년 이하의 징역, 제257조 제1항(상해)·제2항(존속상해), 제276조 제2항(존속체포, 존속감금) 또는 제350조(공갈)의 죄를 범하여 누범(累犯)으로 처벌할 경우에는 2년 이상 20년 이하의 징역형으로 가중처벌한다.

그리고 「폭력행위 등 처벌에 관한 법률」제2조 제2항(상습특수폭행) 및 제3항(누범)에 해당하는 경우에는 폭행죄나 존속폭행죄와는 달리 반의사불벌죄도 아니다. 상습범은 집합범에 해당하므로 본죄에 해당하는 경우에는 포괄일죄로서 취급된다는 것이 통설과 판례의 입장이다.

3. 누범과의 관계

상습범과 누범이 중복된 경우에 ① 상습범에 관한 규정만 적용한다는 견해도 있으나, ② 상습범과 누범에 대한 형가중의 성격이 다르므로 누범과 상습범의 규정을 모두 적용해야 한다는 다수설의 입장이 타당하다고 생각된다.

4. 죄수 및 공범

상습범은 집합범이므로 상습성이 인정되면 수개의 폭행 또는 상해행위는 포괄하여 일죄가 된다는 **포괄일죄설**이 판례[168]와 통설[169]의 입장이다. 공범성립과 관련하여 상습자와 비상습자가 공동으로 상해한 경우에는 상습상해죄와 단순상해죄의 공동정범이 된다. 다만 형사책임은 책임개별화 원칙에 의해 제33조 단서가 적용되어 비신분자는 단순상해죄로 처벌된다. 다른 한편으로 상습범을 가중 처벌하는 규정에 대하여는 책임과 운명을 혼동한 것으로서 책임원칙에 반한다는 비판도 있지만,[170] 상습성이라는 행위자의 습성은 행위자 자신이 스스로 형성한 인격의 일부이지 주어진 운명이라 할 수 없으므로 책임원칙에 반한다는 주장은 타당하다고 할 수 없다.

IX. 폭행의 죄

1. 서   설

폭행죄(Gewalt, assault)는 사람의 신체에 대해서 폭행을 함으로써 성립하는 범죄이다. 추상적으로 신체의 완전성을 보호법익으로 하는 점에서는 상해죄와 같으나, 보다 구체적으로는 신체의 건재 내지 불가침성을 보호법익으로 한다. 폭행죄는 사람의 신체에 대한 유형력 행사를 통해 피해자의 신체의 건재 내지 완전성에 대한 위험이 발생하면 성립하므로 '**위험범**'이고 '**형식범(거동범)**'이다.

2. 단순폭행죄

> **제260조(폭행)** ① 사람의 신체에 대하여 폭행을 가한 자는 2년 이하의 징역, 500만원 이하의 벌금, 구류 또는 과료에 처한다.

---

168) 대법원 2008. 8. 21. 선고 2008도3657 판결.
169) 강구진, 73면; 김일수/서보학, 72면; 김종원, 65면; 손동권/김재윤, 70면. 이와 달리 상습성만을 이유로 수죄를 일죄로 할 수는 없고, 상습범에게 이러한 특혜를 주어야 할 이유도 없다는 점에 비추어 보아, 이를 경합범 관계에 있다고 해석하는 것이 타당하다는 반대 견해도 있다(이재상/장영민/강동범, 70면).
170) 이재상/장영민/강동범, 70면.

③ 본죄는 피해자의 명시한 의사에 반하여 공소를 제기할 수 없다.

(1) 구성요건

폭행죄는 사람의 신체에 대하여 폭행을 가함으로써 성립되는 범죄이다.

1) 행위객체

사람의 신체(타인)에 대하여 폭행을 가함으로써 성립되는 범죄이다. 그러나 폭행행위의 객체가 외국원수일 경우에는 외국원수에 대한 폭행죄(제107조 제1항)가 성립하고, 외교사절일 때는 **외교사절에 대한 폭행죄**(제108조 제1항)에 해당하며, 특히 근로기준법 제7조(강제근로금지) 또는 제8조(폭행금지)에 위반하는 사용자에 의한 근로자에 대한 폭행의 경우에는 동법 제107조에 의해 처벌된다.

2) 실행행위

사람의 신체에 대한 직접적인 유형력 행사인 폭행이 있어야 한다.

가. 형법상 폭행의 개념　　형법상 폭행은 그 대상과 정도에 따라, 최광의·광의·협의·최협의의 폭행의 4가지의 의미로 사용된다.

　　(가) 최광의의 폭행　　사람이나 물건에 대한 일체의 유형력 행사를 말한다. 이 경우에도 이러한 폭행의 정도는 한 지방의 평온을 해할 정도에 이르러야 한다. 내란죄(제87조), 소요죄(제115조), 다중불해산죄(제116조)의 폭행이 여기에 해당한다.

　　(나) 광의의 폭행　　사람에 대한 직접·간접의 유형력 행사를 말한다. 직접적 폭행은 사람의 신체에 직접적으로 유형력을 행사하는 경우이고, 간접적인 폭행은 물건에 대한 유형력 행사가 사람의 신체에 간접적으로 작용하는 것을 말한다. 폭행의 정도는 사무실에 인분을 던지는 경우[171)와 같이 사람의 의사결정에 영향을 미치는 정도이면 족하고 상대방의 반항을 불가능하게 하거나 현저히 곤란하게 할 정도임을 요하지 않는다. **공무집행방해죄**(제136조),[172) **특수도주죄**(제146조), **강요**

---

171) 대법원 1981. 3. 24. 선고 81도326 판결(경찰관이 공무를 집행하고 있는 파출소 사무실의 바닥에 인분이 들어있는 물통을 집어던지고 책상위에 있던 재떨이에 인분을 퍼 담아 사무실 바닥에 던지는 행위는 동 경찰관에 대한 폭행이다).

172) 대법원 2009. 10. 29. 선고 2007도3584 판결(집회·시위 과정에서 일시적으로 상당한 소음이 발생하였다는 사정만으로는 이를 공무집행방해죄에서의 음향으로 인한 폭행이 있었다고 할 수는 없다. 그러나 의사전달수단으로서 합리적 범위를 넘어서 상대방에게 고통을

죄(제324조)의 폭행이 여기에 해당한다.

(다) 협의의 폭행　　사람의 신체에 대한 직접적인 유형력 행사를 의미하고 간접적인 유형력 행사는 포함되지 않는다. 사람의 신체에 대한 직접적인 폭행만을 의미하는데, 여기에서 직접적인 폭행이란 상대방에게 가하는 육체적·심리적 고통뿐만 아니라 고통을 주는 일체의 행위를 포함한다. 폭행죄(제260조), 특수공무원폭행죄(제125조), 외국원수폭행죄(제107조)의 폭행이 여기에 해당한다. 따라서 마당에 인분을 던지는 행위만으로는 폭행죄의 폭행에는 해당하지 않는다.[173]

(라) 최협의의 폭행　　상대방의 반항을 불가능하게 하거나 현저히 곤란하게 할 정도의 가장 강력한 유형력 행사를 말한다. 여기에서는 직접폭행 이외에 간접폭행도 포함한다. 폭행의 정도는 강도죄에 있어서는 상대방의 반항을 불가능하게 할 정도임을 요하나, 강간죄의 경우에는 상대방의 반항을 현저하게 곤란하게 할 정도이면 족하다고 해야 한다. 강간죄(제297조), 강도죄(제333조)의 폭행이 여기에 해당한다.

나. 폭행의 방법　　'사람의 신체에 대한 직접적인 유형력 행사', 즉 광의의 물리력을 행사하는 것을 말한다.

(가) 유형력 행사의 의의와 방법　　'유형력의 행사'란 사람의 오관에 직접·간접으로 작용하여 육체적·정신적으로 고통을 가하는 일체의 힘을 행사하는 것을 말한다. 유형력의 행사에 있어서 유형력의 범위를 넓게 해석하여 신체에 대한 물리력뿐만 아니라 신체에 대한 역학적·화학적 또는 생리적 에너지도 포함된다고 보는 입장[174]이 타당하다. 따라서 피해자의 신체에 공간적으로 접근하여 물건을 던지거나 주먹을 휘두르는 경우(역학적 작용), 피해자에게 혐오감이나 불쾌감을 주는 행위인 폭언을 수차례 반복하는 경우,[175] 소음을 심하게 내는 경우, 고성을 지르거나 거짓소식을 전하여 놀라게 하는 경우, 최면술·마취약으로 의식을 몽롱하게 하는 경우(화학적·생리적 작용),

---

　　줄 의도로 음향을 이용하였다면 이를 폭행으로 인정할 수 있을 것인바, 구체적인 상황에서 공무집행방해죄에서의 음향으로 인한 폭행에 해당하는지 여부는 음량의 크기나 음의 높이, 음향의 지속시간, 종류, 음향발생 행위자의 의도, 음향발생원과 직무를 집행 중인 공무원과의 거리, 음향발생 당시의 주변 상황을 종합적으로 고려하여 판단하여야 한다).

173) 대법원 1977. 2. 8. 선고 75도2673 판결.

174) 강구진, 77면; 손동권/김재윤, 59면; 이재상/장영민/강동범, 62면; 정성근/박광민, 65면.

175) 대법원 1956. 12. 12. 선고 4289형상297 판결.

빛·열·심한 악취 또는 전기 등을 통한 가해행위(에너지 작용)도 폭행에 해당한다. 폭행죄는 무형력 행사인 협박과 구별되지만, 물리력을 이용하여 정신적인 고통을 주는 심리적인 폭행도 본죄의 폭행의 개념에 포함시킬 수 있다. 그러나 유형력 행사의 수단이나 방법에는 특별한 제한이 없다. 직접·간접·작위·부작위를 불문한다.

(나) 유형력 행사의 대상 유형력의 행사는 신체에 대하여 행해지면 족하며, 반드시 신체적 접촉을 요하지는 않는다.[176] 따라서 사람의 신체에 대하여 돌을 던졌으나 명중하지 않은 경우에도 폭행에 해당한다. 그러나 판례는 단순히 욕설이나 폭언을 하는 경우,[177] 전화를 걸면서 고성을 내거나 전화대화를 녹음하여 듣게 하는 경우[178]에는 신체에 대한 직접적인 유형력 행사라고는 할 수 없으므로 본죄의 폭행에는 해당하지 않으며, 또한 시비를 만류하면서 조용히 이야기하자며 팔을 2~3회 끌어당긴 경우,[179] 뺨을 꼬집고 주먹으로 쥐어박는 상대방을 부둥켜 안은 경우[180]에도 신체에 대한 불법한 공격이라 볼 수 없으므로 폭행에 해당하지 않는다고 판시하고 있다.

그 밖에도 정당한 이유 없이 길을 막거나 시비를 걸거나 주위에 모여들거나 뒤따르거나 몹시 거칠게 겁을 주는 말이나 행동으로 다른 사람을 불안하게 하거나 귀찮고 불쾌하게 하는 행위, 물건던지기 등 위험한 행위, 장난전화 등의 행위는 본죄에서 의미하는 폭행에는 해당하지 않지만, 「경범죄처벌법」에 의해 처벌된다(경범죄처벌법 제3조 제1항 제19호, 제23호, 제40호).

(다) 기수시기 본죄는 형식범이므로 유형력의 행사만 있으면 기수범이 되고, 구체적인 결과야기는 요구되지 않는다. 본죄는 고의범이므로 폭행에 대한 행위자의 고의가 있어야 하고, 폭행의 고의로 상해의 결과가 야기된 경우에는 폭행치상죄가 성립하지만, 상해의 고의로 폭행의 결과가 발생한 경우에는 상해미수

---

176) 대법원 2016. 10. 27. 선고 2016도9302 판결(자신의 차를 가로막는 피해자를 부딪친 것은 아니라고 하더라도, 피해자를 부딪칠 듯이 차를 조금씩 전진시키는 것을 반복하는 행위 역시 피해자에 대해 위법한 유형력을 행사한 것이라고 보아야 한다).

177) 대법원 2001. 3. 9. 선고 2001도277 판결; 대법원 1991. 1. 29. 선고 90도2153 판결; 대법원 1990. 2. 13. 선고 89도1406 판결.

178) 대법원 2003. 1. 10. 선고 2000도5716 판결.

179) 대법원 1986. 10. 14. 선고 86도1796 판결.

180) 대법원 1977. 2. 8. 선고 76도3758 판결.

죄가 성립한다.

(2) 주관적 구성요건

폭행에 대한 고의가 있어야 한다. 즉 행위자에게 타인의 신체에 대하여 직접적·간접적으로 유형력을 행사한다는 사실에 대한 인식과 의사가 필요하다.

(3) 위 법 성

본죄는 일반적 위법성조각사유에 의해 위법성이 조각될 수 있다. 따라서 정당방위, 자구행위 및 피해자의 승낙에 의한 폭행도 사회상규에 반하지 않을 때에는 위법성이 조각된다.

종래의 통설과 판례는 친권자 또는 교사의 징계권에 기초한 징계행위에 수반된 폭행은 징계권자의 징계권 행사의 범위를 넘지 않은 경우에는 정당행위로서 위법성이 조각된다고 보았다. 그러나 교사의 체벌은 헌법정신과 교육목적에 비추어 볼 때 교육징계권의 범위를 벗어났으므로 정당행위가 될 수 없다고 하겠다.

그 밖에 징계권자가 아닌 제3자가 훈육목적으로 징계한 경우에도 그 정도나 방법이 사회상규에 위배되지 않는 범위 내에서는 정당화되어진다. 따라서 판례도 상대방의 부당한 공격을 벗어나기 위해 저항한 경우,[181] 불법적인 강제연행을 뿌리치기 위한 행위[182] 등은 사회상규에 반하지 않는다고 판시하고 있다.

(4) 반의사불벌죄

본죄는 피해자의 명시한 의사에 반하여 처벌할 수 없는 반의사불벌죄이다(제260조 제3항). 폭행죄는 피해자의 고소 없이도 처벌할 수 있지만 피해자가 처벌을 원치 않는 의사표시를 할 경우에 처벌할 수 없는 해제조건부범죄이다. 공소제기 후에 피해자의 불처벌의 의사표시가 있으면 법원은 공소기각의 판결을 하게 된다(형소법 제327조 제6호).

그러나 폭행죄와 상습폭행죄 및 특수폭행죄(단체나 다중의 위력을 보이거나 단체나 집단을 가장하여 위력을 보임으로써 또는 흉기 기타 위험한 물건을 휴대한 폭행)가 「폭력행위 등 처벌에 관한 법률」에 해당할 경우에는 반의사불벌죄가 되지 않는다(동법 제2조 제4항).

---

181) 대법원 1986. 10. 14. 선고 86도1796 판결; 대법원 1984. 4. 24. 선고 84도242 판결.
182) 대법원 1982. 2. 23. 선고 81도2958 판결.

(5) 죄수 및 다른 범죄와의 관계

1) 법조경합의 문제

폭행죄의 폭행에 해당하는 행위가 다른 특별 규정에 해당하거나 그 일부를 구성할 때에는 특별규정에 흡수되어 특별규정이 먼저 적용된다.

그러나 폭행행위가 체포·감금죄, 공무집행방해죄, 상해죄의 수단인 경우에는 법조경합관계로서, 폭행죄는 흡수되어 체포·감금죄, 공무집행방해죄, 상해죄만 성립하게 된다.

2) 협박죄와의 관계

폭행을 할 것을 상대방에게 고지한 이후에 폭행을 한 경우에는 법조경합관계로서 폭행죄만 성립하지만, 협박의 내용이 폭행과 다른 경우에는 양죄는 실체적 경합이 된다.

3. 존속폭행죄

제260조(존속폭행) ② 자기 또는 배우자의 직계존속에 대하여 제1항의 죄를 범한 때에는 5년 이하의 징역 또는 700만원 이하의 벌금에 처한다.
③ 본죄는 피해자의 명시한 의사에 반하여 공소를 제기할 수 없다.
제265조(자격정지의 병과) 10년 이하의 자격정지를 병과할 수 있다.
[폭처법]
제2조 ② 2명 이상이 공동하여 다음 각 호의 죄를 범한 사람은 「형법」 각 해당 조항에서 정한 형의 2분의 1까지 가중한다.
　1. 「형법」 제260조 제1항(폭행), 제283조 제1항(협박), 제319조(주거침입, 퇴거불응) 또는 제366조(재물손괴 등)의 죄
　2. 「형법」 제260조 제2항(존속폭행), 제276조 제1항(체포, 감금), 제283조 제2항(존속협박) 또는 제324조 제1항(강요)의 죄
　3. 「형법」 제257조 제1항(상해)·제2항(존속상해), 제276조 제2항(존속체포, 존속감금) 또는 제350조(공갈)의 죄

폭행죄에 비하여 존속·비속이라는 신분관계로 인하여 책임이 가중되는 **책임가중적 구성요건**이다. 부진정신분범이고 반의사불벌죄이다. 그러나 상습존속폭행죄에 해당하는 경우에는 특별형법인 「폭력행위 등 처벌에 관한 법률」이 적용되므로 반의사불벌죄가 아니다.

4. 특수폭행죄

> **제261조(특수폭행)** 단체 또는 다중의 위력을 보이거나 위험한 물건을 휴대하여 제260조
> 제1항 또는 제2항의 죄를 범한 때에는 5년 이하의 징역 또는 1천만원 이하의 벌금에
> 처한다.
> **제265조(자격정지의 병과)** 10년 이하의 자격정지를 병과할 수 있다.

(1) 의   의

단체 또는 다중의 위력을 보이거나 위험한 물건을 휴대하여 사람의 신체에 대하여 폭행을 함으로써 성립하는 범죄이다. 본죄는 단순폭행죄에 비하여 행위방법의 위험성 때문에 행위불법이 가중되는 **불법가중적 구성요건**이다.

특수폭행죄에 해당하는 경우에도 단체나 다중의 위력으로써 또는 단체나 집단을 가장하여 위력을 보임으로써 폭행죄 또는 존속폭행죄를 범하거나 흉기 기타 위험한 물건을 휴대하여 범한 때에는 특별형법인 「**폭력행위 등 처벌에 관한 법률**」이 적용되므로 실제로 본조가 적용될 여지가 없다.

(2) 객관적 구성요건

본죄는 단체 또는 다중의 위력을 보이거나 위험한 물건을 휴대하고 사람의 신체에 대하여 폭행함으로써 성립한다. 그 의미를 구체적으로 살펴보면 다음과 같다.

1) 단체 또는 다중의 위력

가. 단   체   공동목적을 가진 다수인의 계속적·조직적 결합체를 말한다. 공동목적은 합법·불법 여부를 묻지 않는다. 그러나 일시적으로 시위를 할 목적으로 조직된 결합체는 '다중'에 해당하고 여기서 말하는 단체는 어느 정도 계속성을 가질 것을 요하므로 여기에 해당하지 않는다는 것이 다수설[183]이고 타당하다. 단체의 위력을 보일 정도의 다수여야 하고 반드시 동일한 장소에 현재 집결해 있을 필요는 없고 연락에 의해 언제든지 집결할 수 있는 가능성만 있으면 족하다.

나. 다   중   단체를 이루지 못한 다수인의 집합을 말한다. 계속적인 조직체가 아닌 일시적인 다수인의 결합체이므로 다중이라 한다. 집합자 사이에 공동목적

---

183) 강구진, 80면; 김일수/서보학, 67면; 백형구, 62면; 이재상/장영민/강동범, 65면; 임웅, 87면; 정성근/박광민, 68면.

을 가질 필요가 없으며, 그 인원도 특별히 제한이 없고 집단적인 위력을 보일 정도이면 족하고,[184) 소요죄에서 의미하는 다중(多衆)인 그 지방의 평온을 해할 정도의 다수인일 필요도 없다.

다. 위력을 보일 것   '위력'(威力)이란 사람의 의사를 제압하기에 충분한 일체의 세력 내지 힘을 말한다. 유형력은 물론 무형력도 포함된다고 해석하는 다수설[185)이 타당이다. 왜냐하면 무형력을 사용하여 사람의 의사를 제압하는 경우에는 특수협박죄가 성립한다는 견해도 있으나, 특수협박죄는 단체 또는 다중의 위력을 이용하여 사람을 협박해야 성립하고 본죄는 단체 또는 다중의 위력을 보이고 '폭행'함으로써 성립하는 범죄이기 때문이다.

위력을 '보인다'는 것은 사람의 의사를 제압하는 일체의 세력을 상대방에게 인식시키는 것으로 충분하지만 최소한 위력을 인식시키는 행위는 있어야 하며, 이로 인해 상대방의 의사가 현실적으로 제압되어야 하는 것은 아니다. 위력을 상대방에게 인식시키는 방법에는 특별히 제한이 없다. 그러나 단순히 위력을 이용하거나 위력하에 있을 것을 요하는 것은 아니다. 따라서 이미 단체 또는 다중에 위압되어 있는 사람에게 행위자가 폭행한 때에는 본죄에 해당하지 않는다.

라. 단체 또는 다중의 범행현장에의 실존유무   단체 또는 다중의 '위력을 보인다'는 의미에 대하여, ① 단체 또는 다중이 범행현장에 있을 것을 요한다는 견해[186)도 있으나, ② 범행현장에서의 긴밀한 협동관계를 요하는 합동범과는 달리 범행현장에는 현존하지 않더라도 실재하는 단체 또는 다중의 위력을 피해자에게 인식시키면서 폭행하면 충분하다고 해석하는 다수설[187)의 입장이 타당하다.

마. 단체 또는 다중의 실존   본죄에서의 단체 또는 다중은 실제로 존재해야 한다. 따라서 실제로 존재하지 않는 단체나 다중을 가장하여 폭행한 경우에는 형법상의 특수폭행죄에는 해당하지 않게 된다.

2) 위험한 물건의 휴대

가. 위험한 물건의 범위   ① '위험한 물건'이란 물건의 객관적 성질과 사용방

---

184) 대법원 1961. 1. 18. 선고 4293형상896 판결.
185) 김일수/서보학, 68면; 이영란, 73면; 이재상/장영민/강동범, 65면; 정성근/박광민, 69면.
186) 백형구, 63면; 유기천, 59면.
187) 김일수/서보학, 68면; 배종대, 16/23; 오영근, 68면; 이재상/장영민/강동범, 66면; 임웅, 87면; 정성근/박광민, 70면.

법에 따라서는 사람을 충분히 살상할 수 있는 물건을 말한다. 따라서 위험한 물건이란 사람을 살상하기 위하여 제조된 물건을 의미하는 것이 아니라 **물건의 객관적 성질과 사용방법을 종합하여** 구체적인 경우에 **사회통념에 따라 판단한다는 것이 판례**[188]와 통설의 입장이다.[189] 따라서 장난감 권총을 가지고 폭행한 경우에는 물건의 객관적 성질이 사람을 살상할 위험이 없고, 가위나 면도칼로 수염을 면도한 경우에는 그 사용방법에 살상의 위험을 느낄 수 없으므로 특수폭행으로 볼 수 없다. ② 또한 위험한 물건은 물리적·기계적으로 작용하는 물건에 한정되지 않고 **화학적, 생물학적 물질이나 동물도 포함된다**.[190] ③ 그 밖에 위험한 물건은 휴대 가능한 동산에 한정되며 부동산은 포함되지 않는다는 것이 통설의 입장이고 타당하다. 따라서 건물이나 암벽에 머리를 부딪치게 하는 것은 여기에 해당하지 않지만, 이와 달리 동산인 자동차를 운전하여 충격을 가하는 것은 여기에 해당한다. ④ 위험한 물건은 물건이어야 하므로 신체의 일부인 주먹이나 발은 위험한 물건이 될 수 없다.

판례는 위험한 물건의 예로, 무기나 폭발물, 면도칼, 안전면도용 칼날, 파리약 유리병, 마요네즈병, 드라이버, 쪽가위, 시멘트벽돌, 곡괭이자루, 깨진 맥주병, 항아리조각, 부러진 걸레자루, 21cm가량의 야전삽, 당구큐대, 실탄을 장전하지 않은 공기총,[191] **자동차**[192] 등을 들고 있다.

---

188) 대법원 2010. 4. 19. 선고 2010도930 판결; 대법원 2008. 1. 17. 선고 2007도9624 판결; 대법원 2002. 1. 24. 선고 2002도5783 판결.

189) 칼과 같이 성질상 위험성이 있는 물건일지라도 단순히 칼의 용법에 따라 사용하는 것일 뿐 상대방이나 제3자에게 살상의 위험을 느끼도록 사용하거나 재물에 대한 위험하고도 난폭한 파괴행위의 일환으로 사용되는 것이 아닌 한 위험한 물건에 해당하지 않는다(대법원 1999. 6. 11. 선고 99도1496 판결); 식칼로 자신을 찌르려는 자로부터 그 식칼을 뺏은 다음 훈계하면서 그 칼자루 부분으로 그 자의 머리를 가볍게 친 것은 특수폭행에 해당하지 않는다(대법원 1989. 12. 22. 선고 89도1570 판결).

190) '위험한 물건'이라 함은 흉기는 아니라고 하더라도 널리 사람의 생명, 신체에 해를 가하는 데 사용할 수 있는 일체의 물건을 포함하므로, 본래 살상용, 파괴용으로 만들어진 것뿐만 아니라 다른 목적으로 만들어진 칼, 가위, 유리병, 각종 공구, 자동차 등은 물론 화학약품 또는 사주된 동물 등도 사람의 생명, 신체에 대한 해를 가하는 데 사용되었다면 여기에 해당한다(같은 취지로 대법원 2002. 9. 6. 선고 2002도2812 판결 참조).

191) 대법원 2002. 11. 26. 선고 2002도4586 판결.

192) 대법원 1997. 5. 30. 선고 97도597 판결(견인료납부를 요구하는 교통관리직원을 승용차 앞 범퍼로 들이받아 폭행한 경우에는 위험한 물건에 해당한다); 자동차를 이용하여 다른 자

나. 흉기와의 관계　　　형법은 특수폭행죄에서의 '위험한 물건'이라는 용어와는 달리 특수절도(제331조), 특수강도(제334조)죄에서는 '흉기'(凶器)라는 용어를 사용하고 있으므로 양자의 관계가 문제된다. 이에 관하여, ① 위험한 물건은 단체 또는 다중의 위력과 함께 규정되어 있고, 흉기는 2인 이상의 합동범과 병행하여 규정되어 있으므로 단체 또는 다중이 2인 이상보다 위험성이 더 높으므로 위험한 물건도 흉기보다 위험성이 더 중해야 한다는 견해,[193] ② 문언의 의미상으로도 구별되어 흉기는 그 성질상 본래 인면살상용으로 제작된 특수화된 개념이고, 위험한 물건이란 이러한 흉기를 포함한 상위개념이므로, 흉기란 위험한 물건의 예시에 불과하다는 견해,[194] ③ 본래 위험한 물건이란 흉기보다 넓은 상위개념으로서 흉기를 포함하는 개념이지만, 흉기와 위험한 물건은 모두 사람의 생명, 신체에 위험을 준다는 점에서는 같은 것이므로 형법의 해석상으로는 양자는 동의어에 불과하다는 견해[195]가 대립한다.

생각건대 문언상으로도 양자는 구별되어지므로, 우리 형법상 **흉기와 위험한 물건은 내용적으로 구별**된다고 보는 견해[196]가 타당하다. 또한 특별형법인「특정강력범죄의 처벌에 관한 특례법」제2조 제1항 제3호와「성폭력범죄의 처벌 등에 관한 특례법」제4조(특수강간 등)에서도 '흉기나 그 밖의 위험한 물건'이라고 규정함으로써, 전자가 후자의 예시가 된다는 점을 분명히 하고 있다.

2) 휴　　대

가. 휴대의 개념　　　이에 대하여는, ① 소지, 즉 몸에 지니거나 언제든지 이용할 수 있게 몸 가까이 두는 것을 의미한다는 견해(협의설, 다수설), ② 소지뿐만 아니라 널리 '이용' 또는 '사용'한다는 뜻도 포함된다는 견해(광의설, 판례), ③ 소지는 물론 행위자가 손 등으로 물건을 지배할 수 있다면 휴대에 포함된다는 견해(중간설)가 있다.

동차에 충격을 가한 사안에서 '위험한 물건'에 해당한다는 판결(대법원 2010. 11. 11. 선고 2010도10256 판결)과, 충격당시의 차량의 크기, 속도, 손괴정도 등 제반사정에 비추어 '위험한 물건'에 해당하지 않는다는 판결(대법원 2009. 3. 26. 선고 2007도3520 판결)이 대립하고 있다.

193) 유기천, 59면.
194) 강구진, 83면; 김일수/서보학, 88면; 김종원, 71면; 배종대, 112면.
195) 이재상/장영민/강동범, 67면; 이정원, 92면; 진계호, 80~81면.
196) 강구진, 83면; 김일수/서보학, 88면; 김종원, 71면; 배종대, 112면.

생각건대 '휴대'라는 개념에 '이용'의 개념까지 포함시키는 것은 문언의 일상적인 의미를 벗어나 가벌성의 확장을 가져오는 유추해석이므로 죄형법정주의에 위반된다는 비판을 면할 수 없다.[197] 따라서 항공기나 선박을 운항하는 것은 이용이나 사용에는 해당하나 휴대에는 포함되지 않는다고 보는 것이 옳다. 「다수설의 태도가 타당하다

나. 휴대의 범위　　휴대란 범행에 사용할 의도로 몸에 지니는 것을 말하며, 전혀 무관하게 우연히 소지하게 된 경우에는 휴대로 볼 수 없다.[198] 그러나 범행시에 범죄현장에서 사용할 의도로 몸에 지닌 경우에는 휴대에 포함된다.

판례는 '휴대'의 의미를 널리 '이용' 또는 '사용'하는 의미로 해석함으로써, 예컨대 자동차 창문을 잡고 정차를 요구하는 피해자를 자동차에 매단 채 도망가다가 넘어뜨린 경우(특수폭행),[199] 승용차 앞을 가로막는 피해자를 승용차 앞범퍼로 들이받은 경우(특수폭행),[200] 자동차를 이용하여 다른 사람의 자동차를 손괴한 경우(특수손괴),[201] 공기총에 실탄을 장전하지 않은 채로 총을 발사하듯이 겨눈 경우(특수협박),[202] 폭력행위 당시 범죄현장에서 호주머니 속에 과도를 지니고 있었던 경우(특수폭행),[203] 피해자의 칼과 운동화 끈을 들고 방으로 들어가 끈으로 피해자를 묶고 강간을 하였고 칼은 굳이 사용하지 않은 경우(특수강간)[204]에도 위험한 물건을 휴대한

---

197) 승용차를 운전한 것은 자동차를 휴대하였다고 볼 수 없다는 비판적 견해가 있다. [강용현, "자동차를 이용한 폭행과 위험한 물건의 휴대"(형사판례연구, 7), 238면 이하 참조].

198) 대법원 1990. 4. 24. 선고 90도401 판결.

199) 대법원 1998. 5. 29. 선고 98도1086 판결(특수폭행). 도주하는 운전자를 저지하기 위해 자동차의 본네트에 올라타고 있는 경찰관을 뿌리치기 위해 급히 핸들을 꺾어 경찰관을 떨어뜨려 상해를 입힌 경우에는 상해죄와 특수공무방해치상죄의 상상적 경합이 된다(대법원 1984. 10. 23. 선고 84도2001 판결).

200) 대법원 1997. 5. 30. 선고 97도597 판결(견인료납부를 요구하는 교통관리직원을 승용차 앞범퍼 부분으로 들이받아 폭행한 경우에 위험한 물건에 해당하여 특수폭행죄가 성립한다).

201) 대법원 2003. 1. 24. 선고 2002도5783 판결(특수손괴); 대법원 2009. 3. 26. 선고 2007도3520 판결(위험한 물건에 해당하지 않음); 반대로 위와 같은 경우에 위험한 물건이라는 판결이 있다(대법원 2010. 11. 11. 선고 2010도10256 판결).

202) 대법원 2002. 11. 26. 선고 2002도4586 판결(특수협박).

203) 대법원 1984. 4. 10. 선고 84도353 판결.

204) 대법원 2004. 6. 11. 선고 2004도2018 판결(범행 현장에서 범행에 사용하려는 의도 아래 흉기나 그 밖의 위험한 물건을 지닌 채 범행을 하는 것을 말하며, 그 사실을 피해자가 인식하거나 실제로 범행에 사용하였을 것을 요구하는 것은 아니다. 성폭력범죄의 처벌 등에

경우에 해당한다고 판시하고 있다.

그러나 산에 버섯을 채취하러 칼을 가지고 가다가 이를 사용하지 않고 타인의 주거에 침입한 경우와 같이 범행과는 무관하게 우연히 위험한 물건을 소지한 경우에는 여기에 포함되지 않으며,[205] 야간에 5인이 낫 3자루와 도끼 2개를 구입하여 차 뒷자리에 실은 다음 공범자 중 2인은 차안에서 망을 보고, 3인은 흉기를 휴대하지 않은 채 피해자의 사무실에 침입한 경우에는 위험한 물건의 휴대에 해당하지 않는다고 판시하고 있다.[206]

다. 위험한 물건의 휴대에 대한 피해자의 인식의 필요성 여부   위험한 물건의 소지를 상대방에게 인식시킬 필요가 있다는 견해[207]도 있다. 그러나 피해자는 가해자가 위험한 물건을 소지하고 있다는 사실에 대하여 인식할 필요가 없으며, 행위자가 실제로 범행시에 위험한 물건을 소지하고 있다는 사실에 대한 인식을 하고 있으면 충분하다고 보는 다수설[208]과 판례[209]의 태도가 타당하다.

3) 폭   행

가. 협의의 폭행   본죄의 폭행은 폭행죄의 폭행과 같이 협의의 폭행을 의미한다. 따라서 사람의 신체에 대한 유형력의 행사가 있어야 한다. 판례는 **자동차의 운전**을 '위험한 물건의 휴대'로 보아, 사고운전자가 피해운전자의 차에 대하여 진로를 방해함으로써 충돌하게 한 경우는 위험한 물건을 이용하여 폭행한 경우에 해당하므로 **특수폭행죄**가 성립한다고 판시한 바 있다.[210] 그러나 판례가 자동차를 운전하는 것을 '위험한 물건의 휴대', 즉 '위험한 물건을 이용하는 것을 의미하는

관한 특례법 제4조 제1항의 특수강간 등 참조).
205) 대법원 1990. 4. 24. 선고 90도401 판결.
206) 대법원 1994. 10. 11. 선고 94도1991 판결(폭력행위 등 처벌에 관한 법률 제3조 제1항, 제2조 제1항, 형법 제319조 제1항 소정의 특수주거침입죄는 흉기 기타 위험한 물건을 휴대하여 타인의 주거나 건조물 등에 침입함으로써 성립하는 범죄이므로, 수인이 흉기를 휴대하여 타인의 건조물에 침입하기로 공모한 후 그중 일부는 밖에서 망을 보고 나머지 일부만이 건조물 안으로 들어갔을 경우에 있어서 특수주거침입죄의 구성요건이 충족되었다고 볼 수 있는지의 여부는 직접 건조물에 들어간 범인을 기준으로 하여 그 범인이 흉기를 휴대하였다고 볼 수 있느냐의 여부에 따라 결정되어야 한다).
207) 이형국, 92면; 정성근/박광민, 73면.
208) 이재상/장영민/강동범, 68면.
209) 대법원 2007. 3. 30. 선고 2007도914 판결.
210) 대법원 2001. 2. 23. 선고 2001도271 판결.

것으로 본다면, 자동차를 이용하여 자동차를 탄 사람에게 위협을 가하는 행위에 관해서는 그 내용에 따라 달리 평가되어야 된다. 즉 자동차를 이용한 가해운전자가 피해자에게 공포심을 일으키게 할 목적으로 피해자동차의 진로를 방해한 경우에는 **특수협박죄**가 성립되지만, 피해자 자동차의 진로를 방해함으로써 피해자의 자동차가 손괴되거나 피해자가 상해를 입은 경우에는 개별사정에 따라 **특수손괴죄**나 **특수폭행죄** 또는 **특수상해죄**가 성립한다고 보는 입장이 타당하다고 생각된다.[211])

나. 부진정부작위범의 불성립   본죄는 '단체 또는 다중의 위력을 보이거나 위험한 물건을 휴대'라는 특수한 행위정형을 갖출 때에 성립한다. 따라서 보증인적 지위에 있는 보증인이 제3자가 단체 또는 다중의 위력을 보이거나 위험한 물건을 휴대하여 폭행하는 것을 방지하지 아니한 부작위에 의해 본죄의 불법이 실현되었다고 할 수 없다. 이 경우에 있어서 보증인의 부작위는 특수폭행죄에 있어서의 **불법행위정형과 동가치성**(동치성)을 가질 수 없으므로 특수폭행죄에서는 부진정부작위범이 성립할 수 없다고 해야 한다.

(3) 주관적 구성요건

행위자는 행위시에 단체 또는 다중의 위력을 보이거나 위험한 물건을 휴대하고서 폭행을 한다는 사실에 대한 고의가 있어야 한다. 따라서 행위자가 행위시에 비록 위험한 물건을 휴대하였다고 할지라도 그 사실을 인식하지 못할 때에는 본죄가 성립하지 않게 된다. 또한 행위자의 고의는 미필적 고의로도 족하다.

---

211) 대법원 2009. 3. 26. 선고 2007도3520 판결[어떤 물건이 폭력행위 등 처벌에 관한 법률 제3조 제1항에 정한 '위험한 물건'에 해당하는지 여부는 구체적인 사안에서 **사회통념**에 비추어 그 물건을 사용하면 상대방이나 제3자가 생명 또는 신체에 위험을 느낄 수 있는지 여부에 따라 판단하여야 하고(대법원 1981. 7. 28. 선고 81도1046 판결, 대법원 1995. 1. 24. 선고 94도1949 판결, 대법원 2003. 1. 24. 선고 2002도5783 판결 등 참조), 이러한 판단 기준은 자동차를 사용하여 사람의 생명 또는 신체에 위해를 가하거나 다른 사람의 재물을 손괴한 경우에도 마찬가지로 적용된다. 자동차를 이용하여 다른 자동차를 충격한 사안에서, 충격 당시 차량의 크기, 속도, 손괴 정도 등 제반 사정에 비추어 위 자동차가 폭력행위 등 처벌에 관한 법률 제3조 제1항에 정한 '위험한 물건'에 해당하지 않는다고 한 사례.

5. 폭행치사상죄

> 제262조(폭행치사상) 전2조의 죄를 범하여 사람을 사상에 이르게 한 때에는 제257조 내지
> 제259조의 예에 의한다.

(1) 의   의

폭행치사상죄는 폭행죄, 존속폭행죄, 특수폭행죄를 범하여 사람을 사상에 이르게 함으로써 성립하는 **진정결과적 가중범**이다. 본죄가 성립하기 위해서는, ① 폭행 또는 특수폭행 등에 대한 고의와 ② 폭행과 사상의 결과 사이에 인과관계의 존재, 그리고 ③ 사상의 결과에 대한 예견가능성, 즉 과실이 있어야 한다.

(2) 인과관계

본죄는 폭행행위와 사상의 결과 사이에 **인과관계**가 있어야 한다. 인과관계가 없는 경우에는 본죄는 성립하지 않는다. 폭행의 결과로 사상의 결과가 발생한 이상, 평소 피해자의 지병이 사상(死傷)의 결과에 영향을 주거나 의사의 수술지연이 공동원인으로 개입되었다 하더라도 인과관계는 인정된다. 따라서 폭행을 당하고 숨어 있던 피해자가 피고인들로부터 다시 폭행을 당하지 않으려고 창밖으로 숨으려다 실족사한 경우에도 폭행과 사망 사이에는 인과관계가 인정된다.[212]

(3) 과   실

폭행치사상죄는 폭행으로 인해 사람이 과실로 사망하거나 상해가 발생한 경우에 성립하는 결과적가중범이다. 즉 본죄는 사상의 결과에 대한 폭행행위자의 과실이 있어야 한다.

본죄에 대한 처벌은 상해의 죄를 적용하지만, 상해의 죄 중 상해죄의 미수(제257조 제3항)에는 적용되지 않는다. 이것은 폭행치사상죄는 결과적가중범으로서 결과적가중범의 미수는 성립하지 않기 때문이다.

6. 상습상해(존속상해, 중상해, 존속중상해)·상습폭행(존속폭행, 특수폭행)죄

> 제264조(상습범) 상습으로 제257조, 제258조, 제260조 또는 제261조의 죄를 범한 때에는
> 그 죄에 정한 형의 2분의 1까지 가중한다.

---

212) 대법원 1990. 10. 16. 선고 90도1786 판결.

제265조(자격정지의 병과) 제257조 제2항, 제258조, 제260조 제2항, 제261조 또는 전조의 경우에는 10년 이하의 자격정지를 병과할 수 있다.

[폭처법]

제2조 ② 2명 이상이 공동하여 다음 각 호의 죄를 범한 사람은 「형법」 각 해당 조항에서 정한 형의 2분의 1까지 가중한다.

  1. 「형법」 제260조 제1항(폭행), 제283조 제1항(협박), 제319조(주거침입, 퇴거불응) 또는 제366조(재물손괴 등)의 죄

  2. 「형법」 제260조 제2항(존속폭행), 제276조 제1항(체포, 감금), 제283조 제2항(존속협박) 또는 제324조 제1항(강요)의 죄

  3. 「형법」 제257조 제1항(상해) · 제2항(존속상해), 제276조 제2항(존속체포, 존속감금) 또는 제350조(공갈)의 죄

③ 이 법(「형법」 각 해당 조항 및 각 해당 조항의 상습범, 특수범, 상습특수범, 각 해당 조항의 상습범의 미수범, 특수범의 미수범, 상습특수범의 미수범을 포함한다)을 위반하여 2회 이상 징역형을 받은 사람이 다시 제2항 각 호에 규정된 죄를 범하여 누범(累犯)으로 처벌할 경우에는 다음 각 호의 구분에 따라 가중처벌한다.

  1. 제2항 제1호에 규정된 죄를 범한 사람: 7년 이하의 징역

  2. 제2항 제2호에 규정된 죄를 범한 사람: 1년 이상 12년 이하의 징역

  3. 제2항 제3호에 규정된 죄를 범한 사람: 2년 이상 20년 이하의 징역

---

(1) 의의 및 적용

본죄는 상습적으로 상해죄 · 존속상해죄 · 중상해죄 · 존속중상해죄 · 폭행죄 · 존속폭행죄 · 특수폭행죄를 범한 때에 적용된다. 다만 상습으로 상해죄 · 존속상해죄 또는 폭행죄 · 존속폭행죄를 범한 때에는 「폭력행위 등 처벌에 관한 법률」 제2조 제2항 및 제3항에 해당하므로 본조가 적용될 여지가 없으며, 반의사불벌죄가 아니다.[213]

여기서 상습상해죄 등에 있어서 **상습성**이란 반복된 행위에 의하여 형성된 행위자의 습벽으로 인해 죄를 범하는 경우를 말한다. 상습범 가중처벌규정에 대하여는 상습성이라는 행위자의 특성 내지 신분에 대하여 책임을 가중하는 규정이

---

213) 폭행죄의 상습성은 폭행 범행을 반복하여 저지르는 습벽을 말하는 것으로서, 동종 전과의 유무와 그 사건 범행의 횟수, 기간, 동기 및 수단과 방법 등을 종합적으로 고려하여 상습성 유무를 결정하여야 하고, 단순폭행, 존속폭행의 범행이 동일한 폭행 습벽의 발현에 의한 것으로 인정되는 경우, 그중 법정형이 더 중한 상습존속폭행죄에 나머지 행위를 포괄하여 하나의 죄만이 성립한다고 봄이 타당하다. 그리고 상습존속폭행죄로 처벌되는 경우에는 형법 제260조 제3항이 적용되지 않으므로, 피해자의 명시한 의사에 반하여도 공소를 제기할 수 있다(대법원 2018. 4. 24. 선고 2017도10956 판결).

므로 불법에 상응한 책임이라는 책임주의원칙과 일치하지 않는다는 비판이 강하게 제기되고 있다.[214]

(2) 누범과의 관계

누범과 상습범은 그 성격이 다르므로 누범(제35조)가중과 상습범가중을 모두 적용해야 한다.

(3) 죄수 및 공범

① 상습범은 집합범에 해당하므로 상습자가 수개의 상해의 폭행행위를 한 경우에는 포괄적으로 무거운 상습상해죄의 포괄일죄가 된다는 것이 통설[215]과 판례[216]의 태도이다. 이와 달리 상습성을 이유로 수죄를 포괄일죄로 처벌하는 것은 상습범에게 오히려 특혜를 주는 것이므로 이를 경합범으로 처리해야 한다는 견해[217]도 있다.

② 상습자와 비상습자가 공동으로 상해행위를 한 경우에는 제33조의 단서가 적용되어진다(책임의 개별화 원칙).

(4) 상습범의 가중처벌

상습범은 그 죄에 정한 형의 2분의 1을 가중한다.

제3절 과실치사상의 죄

Ⅰ. 개   설

1. 의의 및 보호법익

과실로 인하여 사람을 사망에 이르게 하거나 사람의 신체를 상해하는 것을 내용으로 하는 범죄이다. 살인죄와 상해죄와는 객관적 구성요건은 동일하고 주관적 구성요건이 고의가 아니라 과실인 점에서 차이가 난다. 보호법익은 **사람의 생**

---

214) 이재상/장영민/강동범, 70면.
215) 강구진, 73면; 김일수/서보학, 72면; 김종원, 65면; 손동권/김재윤, 70면.
216) 대법원 2008. 8. 21. 선고 2008도3657 판결; 대법원 2003. 2. 28. 선고 2002도7335 판결.
217) 이재상/장영민/강동범, 70면.

명 및 신체의 건강이다. 보호의 정도는 침해범이다.

2. 구성요건의 체계

과실치사상의 죄는 기본적 구성요건으로 과실치상죄와 과실치사죄가 있고, 가중적 구성요건으로 업무상 과실·중과실치사상죄가 있다. 특별히 교통사고로 인한 업무상 과실치사상의 경우에는 「교통사고처리특례법」이 우선 적용되고,[218] 교통사고 후 도주한 경우에는 「특정범죄 가중처벌 등에 관한 법률」에 의하여 가중처벌하고 있다.

3. 과실범의 구조와 구성요건요소

과실범에 있어서 '과실'이란 정상(正常)의 주의를 태만히 함으로써 죄의 성립요소인 사실을 인식하지 못한 경우, 즉 부주의(不注意) 내지 주의의무위반을 말한다. 이러한 구성요건적 결과에 대한 주의의무위반인 과실은 결과에 대한 객관적 예견가능성을 전제로 하는 객관적 주의의무위반인 객관적 과실과 주관적 예견가능성을 전제로 하는 주관적 주의의무위반인 주관적 과실로 이루어져 있다. 따라서 과실범의 객관적 구성요건요소로는 ① 주의의무위반(부주의)행위, 즉 과실행위가 있어야 하고, ② 구성요건적 결과가 발생해야 하며, ③ 주의의무위반(과실)행위와 결과 사이에 인과관계가 있을 것이 요구되어진다.

또한 과실범은 결과의 발생이 필요하므로 과실범의 미수는 성립하지 않는다는 통설의 입장이 타당하다.

II. 과실치상죄

제266조(과실치상) ① 과실로 인하여 사람의 신체를 상해에 이르게 한 자는 500만원 이하의 벌금, 구류 또는 과료에 처한다.
② 제1항의 죄는 피해자의 명시한 의사에 반하여 공소를 제기할 수 없다.

---

218) 대법원 2017. 5. 31. 선고 2016도21034 판결(교통사고처리 특례법 제2조 제2호는 '교통사고'란 차의 교통으로 인하여 사람을 사상하거나 물건을 손괴하는 것을 말한다고 규정하고 있는데, 여기서 '차의 교통'은 차량을 운전하는 행위 및 그와 동일하게 평가할 수 있을 정도로 밀접하게 관련된 행위를 모두 포함한다).

1. 의의 및 보호법익

과실로 인하여 사람의 신체를 상해함으로써 성립한다. 과실로 인해 상해의 결과가 발생했을 때 성립하며, 폭행의 결과로 상해의 결과가 발생했을 때는 폭행치상죄가 성립하며 본죄에 해당하지 않는다.

본죄는 피해자의 명시한 의사에 반하여 처벌할 수 없는 반의사불벌죄이다.

2. 구성요건

(1) 과실행위가 있을 것

즉 주의의무의 불이행이 필요하다. 주의의무의 위반은 일반평균인의 주의능력을 기준으로 하는 객관설이 통설과 판례의 입장이다.

(2) 상해의 결과발생과 인과관계 및 객관적 귀속

행위자의 행위가 결과에 대한 유일한 원인일 필요는 없다. 그러므로 제3자의 행위가 개입하거나 피해자의 기여과실이 있는 경우에도 본죄의 성립에 영향이 없고 양형에서만 고려될 뿐이다.

Ⅲ. 과실치사죄

> 제267조(과실치사) 과실로 인하여 사람을 사망에 이르게 한 자는 2년 이하의 금고 또는 700만원 이하의 벌금에 처한다.

1. 의의 및 보호법익

과실로 인하여 사람을 치사케 함으로써 성립하는 범죄이다. 상해치사죄는 결과적 가중범이 아니라 사람의 사망이라는 중한 결과가 과실로 발생한 과실범이다.

보호법익은 사람의 생명이다. 사망이라는 중한 결과가 발생했으므로 과실치상죄와는 달리 본죄는 반의사불벌죄가 아니다.

2. 구성요건

본죄의 객관적 구성요건은 사람의 사망이라는 결과발생이 필요하다는 점에서는 살인죄와 동일하나, 주관적 구성요건이 고의가 아니라 **주의의무위반**(과실)이라는 점에서 구별된다. 과실치사죄가 성립하기 위해서는 행위자의 주의의무위반행위(과실행위)와 사망이라는 결과 사이에 인과관계와 객관적 귀속이 인정되어야 하지만, 과실행위가 결과발생에 유일한 원인일 필요는 없으며 **제3자의 행위가 개입**되거나 **피해자의 기여과실**이 있는 때에도 **인과관계는 인정**된다. 피해자의 기여과실은 양형에서 고려될 뿐이다. 대법원은 과실이 결과발생의 직접적인 원인일 경우에만 인과관계를 인정하고 있다. 과실행위는 작위, 부작위를 불문한다.

예컨대 집을 임차한 임차인이 방의 문틈으로 스며든 연탄가스에 중독되어 사망한 경우에 집주인인 임대인에게 반드시 과실이 있다고 할 수는 없다.[219]

3. 과실범의 공범

과실범에 대하여 교사범·종범은 성립할 수 없으나, **과실범의 공동정범의 성립**은 가능한가?

이에 관해서는 **부정설**이 **통설**이나, **판례와 소수설**은 행위공동설의 입장에서 공동의 주의의무위반행위로 인한 과실범의 공동정범이 가능하다는 긍정설의 입장이다.

─────────── 《 사 례 》 ───────────

차량에 동승하여 운전자의 차량운전행위를 살펴보고 잘못된 점이 있으면 이를 교정해 주려 했던 동승자는 전문적인 운전교습자가 피교습자에 대하여 차량운행에 관해 모든 지시를 하는 경우와 같이 주도적인 지위에 있지 않았다면 운전자의 운행 중에 야기된 사고에 대하여 과실범의 공동정범의 책임을 물을 수 없다.[220]
삼풍백화점 붕괴사고에 있어서 각 단계별 관리자인 설계감리자, 현장소장, 삼풍건설공사담당직원, 삼풍건설대표를 업무상 과실치사상죄의 공동정범이 된다.[221] 성수대교 붕괴사건에서 교량건설회사의 트러스 제작책임자, 교량공사 현장감독, 발주관청의 공사감독공무원, 교량의 유지·관리책임을 맡고 있는 서울시 도로국 공무원, 동부건설사업소 소속 공무원 모두에게 업무상 과실치사상죄, 업무상 과실교통방해죄, 업무상 과실자동차추락죄의 공동정범을 인정하였다.[222] 태풍경보가 내려져 파도가 치는 바닷가의 미끄러운 바

─────────────────────────────

219) 대법원 1993. 9. 10. 선고 93도196 판결; 대법원 1989. 9. 26. 선고 89도703 판결; 대법원 1986. 7. 8. 선고 86도383 판결.

> 위 위에서 전역할 병사를 헹가래쳐 바다에 빠뜨리려다 미끄러져 익사한 경우에 과실치
> 사죄의 공동정범을 인정하고 있다.[223]

4. 죄   수

(1) 한 개의 과실행위로 수인을 치사케 한 경우에 단순일죄에 불과하다는 견
해도 있으나, 생명은 전속적 법익이므로 수개의 과실치사죄의 상상적 경합이 된다는
견해가 타당하다.

(2) 실화로 인하여 사람을 치사케 한 경우에는 **실화죄**(제170조 또는 제171조)와
과실치사죄의 상상적 경합이 된다.[224]

Ⅳ. 업무상 과실·중과실치사상죄

> 제268조(업무상 과실·중과실치사상) 업무상 과실 또는 중대한 과실로 인하여 사람을 사상
> 에 이르게 한 자는 5년 이하의 금고 또는 2천만원 이하의 벌금에 처한다.

1. 업무상 과실치사상죄

(1) 의의

업무상 과실·중과실치사상죄는 과실 또는 중대한 과실로 사람을 사망 또는
상해에 이르게 함으로써 성립하는 범죄이다. 업무상 과실은 단순과실에 비하여
업무자라는 신분관계로 인하여 형이 가중되는 가중적 구성요건으로서 **부진정신분
범**이고, 중과실은 주의의무위반의 정도가 무겁다는 것을 근거로 하는 **불법가중적
구성요건**이다. 중과실 여부는 구체적 상황하에서 '**사회통념**'을 고려하여 판단한다
는 것이 통설과 판례의 입장이다.

---

220) 대법원 1984. 3. 13. 선고 82도3136 판결.
221) 대법원 1996. 8. 23. 선고 96도1231 판결.
222) 대법원 1997. 11. 28. 선고 97도1740 판결.
223) 대법원 1990. 11. 13. 선고 90도2106 판결.
224) 임웅, 98면.

업무상 과실치사상죄의 보호법익은 '사람의 생명과 신체의 건강'이다.

(2) 가중처벌의 근거

중과실의 경우에는 주의의무의 위반정도가 무거운 경우(현저한 주의의무위반)이므로 중과실을 가중 처벌하는 근거는 **불법이 가중**되기 때문이다. 그런데 업무상 과실치사상죄를 가중처벌하는 근거에 대하여는 견해가 대립된다.

① 업무자에게는 일반인보다 높은 예견가능성을 인정할 수 있고 이에 따라 법이 일반인보다 높은 주의의무를 요구하고 있기 때문에 고도의 주의의무를 태만히 했으므로 **불법이 가중**된다는 견해,[225] ② 주의의무는 일반인과 동일하지만, 업무자에게는 지식, 경험, 기술 등에 바탕을 둔 고도의 주의능력이 있으므로 결과에 대한 예견가능성이 크기 때문에 동일한 주의의무위반이 있더라도 그 비난가능성은 일반인이 중과실을 범한 경우와 같으므로 **책임이 가중**된다는 견해,[226] ③ 주의의무는 일반인과 동일하지만 업무자에게는 고도의 주의능력이 있으므로 **위법성이 크다**는 점에서 무겁게 처벌하는 이유가 있다는 견해,[227] ④ 일반인에 비하여 업무자라는 신분관계로 인하여 더 높은 주의의무가 요구되고 결과에 대한 예견가능성도 크기 때문에 **불법과 책임이 가중**된다는 견해[228]로 나누어진다.

생각건대 생명·신체에 대한 침해를 야기할 위험이 있는 업무에 종사하는 자는 일반인보다 각별한 주의의무가 요구되므로, 법은 이러한 전문가인 업무자에게는 일반인보다 높은 주의의무를 요구하고 있고, 이러한 고도의 주의의무위반으로 인해 불법이 가중되고, 또한 업무자는 결과에 대한 예견가능성도 크므로 책임도 가중된다고 할 수 있다. 따라서 업무자를 가중처벌하는 근거로는 **불법과 책임가중설**이 타당하다고 생각된다.

2. 구성요건

본죄는 업무상 과실로 인해 사상의 결과가 발생해야 한다. '업무상 과실'이란 업무상 요구되는 주의의무위반으로 인하여 사상(死傷)의 결과가 발생한 경우를 말한다. 여기서 과실의 개념은 형법총칙의 이론이 그대로 적용되지만, 업무상 과실치사상

---

225) 김일수/서보학, 80면; 김종원, 78면; 임웅, 99면; 황산덕, 186면.
226) 유기천, 68면; 이영란, 84면; 이정원, 105면; 정성근/박광민, 80면; 정영석, 239면.
227) 강구진, 92면; 배종대, 19/1.
228) 박상기, 76면; 이형국, 103면; 정영일, 31면.

죄에 있어서 업무란 어떤 업무를 의미하느냐가 문제된다. 형법상 업무라는 개념은 업무상 과실치사상죄 외에도 다양하게 사용되고 있는데 먼저 그 개념 및 범위에 대하여 살펴보기로 한다.

(1) 형법상의 업무

1) 업무의 개념

'형법상 업무'란 일정한 사회생활상의 지위에 기하여 계속적으로 종사하는 사무를 말한다. 이를 분설해보면 다음과 같다.

가. 사회생활상의 지위   사회생활상의 지위에 기한 사무, 즉 사회생활을 유지하기 위해 종사하는 사무를 말한다. 따라서 누구에게나 공통된 생활현상인 식사, 수면, 가사, 육아 등은 사회생활상의 지위에 기한 사무가 아니므로 제외된다. 그러나 이러한 일상적인 일도 사회생활상의 지위에서 일정한 직업으로 행할 때에는 업무가 된다. 예컨대 식당주방장이 부패한 재료를 사용함으로써 손님에게 복통을 일으키게 한 경우, 유아원보모가 유아를 그네 태우다 떨어지게 하여 상해를 입게 한 경우에는 업무상 과실치상죄가 성립하게 된다.

나. 계 속 성   객관적으로 상당한 횟수를 반복하여 행하였거나 또는 반복·계속할 의사로 행해진 경우라면 특별한 경험없이 단 1회를 행했다 하더라도 업무에 해당할 수 있다. 따라서 초보운전자가 행인을 다치게 하거나 초보개업의사가 수술을 잘못하여 환자의 상처를 덧나게 한 경우에도 업무상 과실치상죄가 성립한다.

다. 사   무   종사하는 '사무'란 생명·신체에 위해를 줄 수 있는 위험성 있는 사무 여부를 따지지 않으며, 본무(本務)와 겸무(兼務), 주된 사무와 부수적 사무, 공무(公務)와 사무(私務), 영리·오락·취미의 목적, 적법과 부적법, 재산상의 사무와 비재산적 사무 등을 모두 포함한다. 따라서 무면허운전자의 운전행위나 무면허의사의 의료행위 등도 형법상의 업무에 포함된다. 그러나 불법적인 사무 자체가 사회생활상 용인되지 않는 경우인 소매치기·밀수행위 등을 형법에서 말하는 업무라고 할 수는 없다.[229]

이와 같이 형법상 업무의 개념은 기본적으로 동일하나, 개별범죄의 입법취지나 목적에 따라 그 범위에 다소의 차이가 있다. 업무상 과실치사상죄는 업무상의

---

229) 임웅, 99면.

과실로 인하여 사상의 결과가 발생한 경우에 처벌하는 범죄이므로, 본죄에서 의미하는 업무란 생명·신체에 대한 위해를 초래할 수 있는 위험한 업무에 한정된다고 보아야 한다. 판례는 사람의 생명·신체에 대하여 위험을 초래하는 업무뿐만 아니라 위험을 방지하는 것을 의무내용으로 하는 업무도 포함된다고 하여 이를 보다 넓게 해석하고 있다.[230)

2) 형법각칙상 업무의 기능

형법상 업무의 개념은 형법총칙과 형법각칙에서 다양하게 사용되고 있다. 형법총칙상으로는 제20조에 정당행위의 내용이 되는 업무를 규정하고 있는데, 여기서 말하는 업무란 위법성이 조각되는 근거로서의 업무를 의미하므로, 법령상 인정되는 업무 이외에도 사회상규에 위배되지 않는 업무이면 족하므로 업무가 정당하거나 적법할 것을 반드시 요하지 않는다고 할 수 있다. 따라서 무면허의사의 의료행위도 의료법위반의 문제는 별론으로 하고 업무행위로서 위법성이 조각될 수 있다.

한편 형법각칙에서도 업무라는 용어를 각종의 구성요건에서 사용하고 있다. 형법각칙상의 업무개념은 개별구성요건의 보호법익과 입법취지를 고려하여 해석하는데, 형법각칙상의 업무의 성격은 다음과 같이 5가지 유형으로 나눌 수 있다.

가. 과실범에 있어서의 업무　　사람의 생명·신체에 대하여 직접·간접으로 위험을 초래할 수 있는 위험한 업무에 한정된다. 이러한 업무에 종사하는 업무자는 일반인과 달리 보다 높은 주의의무가 요구되므로, 이에 위반한 때에는 불법이 가중되어 가중처벌된다. 업무상 실화죄(제171조), 업무상 과실교통방해죄(제189조), 업무상 과실치사상죄(제268조) 등이 여기에 해당한다.

나. 진정신분범의 요소로서의 업무　　일정한 업무에 종사하는 업무자의 신분을

---

230) [업무에 포함된다는 판례] 업무상 실화죄에 있어서의 업무란 화기로부터 안전을 배려해야 할 사회생활상의 지위를 말하고, 업무상 과실치사상죄에 있어서 업무란 사람의 생명, 신체에 대한 위험을 방지하는 것을 의무내용으로 하는 업무도 포함한다(대법원 1988. 10. 11. 선고 88도1273 판결). 공휴일 또는 야간에 구치소 소장을 대리하는 당직간부에게 수용자들의 생명·신체에 대한 위험을 방지할 의무가 있으므로, 교도관들의 업무가 업무상 과실치사죄에서 말하는 업무에 해당한다(대법원 2007. 5. 31. 선고 2006도3493 판결). [업무에 포함되지 않는다는 판례] 단지 건물의 소유자로서 건물을 비정기적으로 수리하거나 건물의 일부분을 임대하였다는 사정만으로는 업무상 과실치상죄에 있어서의 '업무'로 보기 어렵다(대법원 2009. 5. 28. 선고 2009도1040 판결).

가진 자만이 행위주체가 되어 구성요건에 해당하는 경우이다. 업무상 비밀누설죄 (제317조), 허위진단서 등 작성죄(제233조), 업무상 과실장물취득죄(제364조) 등이 여기에 해당한다.

다. 부진정신분범의 요소로서의 업무   일반인의 행위도 처벌되지만 업무자라 는 신분으로 인하여 형이 가중되는 경우이다. 업무상 실화죄(제171조), 업무상 과실교 통방해죄(제189조 제2항), 업무상 과실치사상죄(제268조), 업무상 동의낙태죄(제270 조 제1항), 업무상 횡령·배임죄(제356조) 등이 여기에 해당한다.

라. 보호법익으로서의 업무   경제생활과 직·간접으로 연관되는 업무만을 직 접적인 보호법익 내지 보호대상으로 하는 업무를 말한다. 업무방해죄(제314조)가 이 에 해당한다. 여기서의 업무란 사회생활상 용인되는 업무로서 항상 보호할 가치가 있 는 업무이어야 하지만 생명·신체에 대한 위험한 업무일 필요는 없다. 또한 공무는 공무집행방해죄라는 별도의 처벌규정이 있으므로 여기에서 제외된다고 보는 것 이 옳다.

마. 행위태양으로서의 업무   업무가 구성요건적 행위태양으로 규정되어 있 는 경우이다. 업무가 행위태양의 한 요소를 이루면서 **생명·신체에 대한 위험한 업무** 에 한정되는 경우를 말하며, 아동혹사죄(제274조)가 여기에 해당한다. 아동혹사죄(兒 童酷使罪)는 자기의 보호 또는 감독을 받는 16세 미만의 자를 생명 또는 신체에 위 험한 업무에 사용할 영업자에게 인도하거나 인도받음으로써 성립하는 범죄이다.

(2) 업무상 과실의 내용

업무상의 과실이란 업무상 요구되는 조의의무를 위반하는 것을 말한다. 업무 상 요구되는 주의의무의 내용과 범위는 구체적인 사정을 고려하여 업무의 종류 와 성질에 따라 결정된다. 특히 자동차사고와 의료사고의 경우가 문제된다.

1) 자동차운전자의 업무상의 주의의무

가. 사고방지의무   자동차운전자는 정상의 주의를 다함으로써 사상의 결과 를 미리 예견하고 이를 회피함으로써 교통사고를 방지해야 할 의무가 있다. 그런 데 운전자가 이러한 업무상 요구되는 **결과예견의무** 내지 **결과회피의무**를 위반한 부 주의(과실)로 인해 사상의 결과를 발생시킨 경우에는 업무상 과실치사상죄의 죄 책을 지게 된다.

나. 신뢰의 원칙   교통사고의 예방이나 도로교통의 원활한 소통을 위해서

는 운전자 일방만의 교통법규준수만을 요구할 수 없으며, 다른 교통관여자에게도 교통법규준수가 요구되어진다. 이와 같이 신뢰의 원칙이란 스스로 교통규칙을 준수한 운전자는 다른 교통관계자가 교통규칙을 준수할 것을 신뢰하면 족하고, 다른 교통관여자가 교통규칙을 위반할 것까지 예견하면서 이에 대한 방어조치까지 취할 의무는 없다는 원칙이다. 이 원칙은 과실범에 있어서 주의의무의 범위(과실)를 제한하는 역할을 수행한다. 따라서 통행인이 고속도로를 횡단하거나 육교 밑을 횡단하다가 교통사고가 야기된 경우에 운전자는 통행인이 교통법규를 지킬 것을 신뢰했지만 통행인의 법규위반으로 인해 교통사고가 야기되었으므로 신뢰의 원칙에 따라 운전자에게는 업무상 과실책임을 물을 수 없게 된다.

2) 의사의 업무상의 주의의무

의료사고의 경우에도 의사가 결과발생을 예견하고 회피할 수 있었음에도 불구하고 그 결과발생을 회피하지 못한 과실이 있어야 한다. 의료과실의 유무는 의료에 종사하는 평균인의 주의의무를 표준으로 판단하며, 사고당시의 일반적인 의학수준과 의료환경과 조건, 의료행위의 특수성 등이 고려되어야 한다.[231] 따라서 의료행위 당시의 의술의 일반원칙(의료준칙)에 따라 행해지고 설명의무를 다한 경우에는 의사에게 과실이 있다고 할 수 없다. 그러나 의사가 의료준칙에 따르지 않거나 오진을 한 경우에는 원칙적으로 과실이 인정된다.[232] 또한 의료준칙에 따라 의사가 취할 수 있는 몇 가지 조치 중의 선택은 의사의 전문지식과 경험에 따라 판단할 수밖에 없으므로, 어느 한 조치를 취했다면 다른 조치를 취하지 않았다고 하여 의사에게 과실을 물을 수는 없다.[233]

의사가 간호사에게 수혈, 주사 등을 지시하고 당해 의료행위를 일임한 경우에 간호사의 과실로 환자에게 위해가 발생하였다면 의사는 과실책임을 면할 수 없다.[234] 그러나 간호사의 의료보조행위에 대한 의사의 지도, 감독의무의 범위는 구체적인 경우에 따라 의료행위의 특성상 위험이 수반되거나 부작용, 후유증 여부, 환자의 상태, 간호사의 자질과 숙련도 등 여러 사정을 참작하여 현장입회 등을 개별적으로 결정하여야 한다.[235] 구체적인 사례로 혈액봉지가 바뀔 위험이 있

---

231) 대법원 2003. 1. 10. 선고 2001도3292 판결.
232) 대법원 1993. 7. 27. 선고 92도2345 판결.
233) 대법원 1984. 6. 12. 선고 82도3199 판결.
234) 대법원 1998. 2. 27. 선고 97도2812 판결.

는 상황에서 의사가 간호사에게 혈액봉지교체를 일임하여 간호사가 다른 환자의 혈액을 수혈하여 환자가 사망한 경우에 의사의 **감독과실**을 인정하고 있다.[236]

3. 죄수 및 다른 범죄와의 관계

(1) 죄 수

1) 하나의 업무상 과실·중과실로 2인 이상을 동시에 사상한 경우에는 생명·신체는 전속적 법익이므로 수개의 업무상 과실·중과실 치사상죄의 상상적 경합이 된다.

2) 그러나 업무자가 중대한 과실로 사람을 사상에 이르게 한 경우에는 업무상 과실치사상죄의 일죄만 성립한다. 이때의 일죄는 포괄일죄라고 보는 견해도 있으나, 업무상 과실에 단순과실이나 중과실이 포함된다고 볼 수 있으므로 **법조경합**으로 보는 견해가 타당하다.

(2) 업무상 과실치사상죄와 행정단속법규위반죄와의 관계

행정단속법규위반행위, 예컨대 음주운전(도로교통법 제44조 제4항, 혈중알코올농도 0.03% 이상인 경우),[237] 과로·질병·약물복용상태에서의 운전(동법 제45조), 무면허운

---

235) 대법원 2003. 8. 19. 선고 2001도3667 판결.

236) 대법원 1998. 2. 27. 선고 97도2812 판결.

237) **도로교통법 제44조(술에 취한 상태에서의 운전 금지)** ① 누구든지 술에 취한 상태에서 자동차등(「건설기계관리법」 제26조 제1항 단서에 따른 건설기계 외의 건설기계를 포함한다. 이하 이 조, 제45조, 제47조, 제93조 제1항 제1호부터 제4호까지 및 제148조의2에서 같다), 노면전차 또는 자전거를 운전하여서는 아니 된다.

② 경찰공무원은 교통의 안전과 위험방지를 위하여 필요하다고 인정하거나 제1항을 위반하여 술에 취한 상태에서 자동차등, 노면전차 또는 자전거를 운전하였다고 인정할 만한 상당한 이유가 있는 경우에는 운전자가 술에 취하였는지를 호흡조사로 측정할 수 있다. 이 경우 운전자는 경찰공무원의 측정에 응하여야 한다.

③ 제2항에 따른 측정 결과에 불복하는 운전자에 대하여는 그 운전자의 동의를 받아 혈액 채취 등의 방법으로 다시 측정할 수 있다.

④ 제1항에 따라 운전이 금지되는 술에 취한 상태의 기준은 운전자의 혈중알코올농도가 0.03퍼센트 이상인 경우로 한다.

제148조의2(벌칙) ① 제44조 제1항 또는 제2항을 2회 이상 위반한 사람(자동차등 또는 노면전차를 운전한 사람으로 한정한다)은 2년 이상 5년 이하의 징역이나 1천만원 이상 2천만원 이하의 벌금에 처한다.

② 술에 취한 상태에 있다고 인정할 만한 상당한 이유가 있는 사람으로서 제44조 제2항에

전 등(동법 제43조)의 행위로 사상의 결과가 발생함으로써 업무상의 과실의 내용이 되는 경우에는 **행정법규위반의 죄와 업무상 과실치사상죄는 상상적 경합관계에 있고**, 행정단속법규위반행위가 업무상 과실의 내용이 아닌 경우에는 양죄는 **실체적 경합**이 된다고 보아야 한다.

그러나 판례는 이러한 구별을 하지 않고 무면허운전에 대한 **도로교통법위반죄와 업무상 과실치사상죄의 실체적 경합**으로 보고 있다.[238] 자동차 운전자가 타인의 차량을 들이받아 그 차량을 손괴하고 동시에 차량에 타고 있던 승객에게 상해를 입힌 경우에 동일한 업무상 과실로 발생한 수개의 결과이므로 **형법 제40조의 상상적 경합관계가 성립한다.**[239]

(3) 특정범죄가중처벌법 제5조의3 위반죄와의 관계

자동차운전자가 교통사고로 업무상 과실치사상의 죄를 범한 후 피해자를 구호하지 않고 그대로 도주하거나 장소를 옮겨 유기하고 도주하면, 「특정범죄 가중처벌 등에 관한 법률」상의 교통사고후 도주죄(제5조의3 도주차량운전자의 가중처벌)가 적용된다.

따른 경찰공무원의 측정에 응하지 아니하는 사람(자동차등 또는 노면전차를 운전하는 사람으로 한정한다)은 1년 이상 5년 이하의 징역이나 500만원 이상 2천만원 이하의 벌금에 처한다.

③ 제44조 제1항을 위반하여 술에 취한 상태에서 자동차등 또는 노면전차를 운전한 사람은 다음 각 호의 구분에 따라 처벌한다.

1. 혈중알코올농도가 0.2퍼센트 이상인 사람은 2년 이상 5년 이하의 징역이나 1천만원 이상 2천만원 이하의 벌금

2. 혈중알코올농도가 0.08퍼센트 이상 0.2퍼센트 미만인 사람은 1년 이상 2년 이하의 징역이나 500만원 이상 1천만원 이하의 벌금

3. 혈중알코올농도가 0.03퍼센트 이상 0.08퍼센트 미만인 사람은 1년 이하의 징역이나 500만원 이하의 벌금

238) 대법원 2018. 1. 25. 선고 2017도15519 판결[음주로 인한 특정범죄 가중처벌 등에 관한 법률 위반(위험운전치사상)죄는 도로교통법 위반(음주운전)죄의 경우와는 달리 형식적으로 혈중알코올농도의 법정 최저기준치를 초과하였는지 여부와는 상관없이 운전자가 '음주의 영향으로 실제 정상적인 운전이 곤란한 상태'에 있어야만 하고, 그러한 상태에서 자동차를 운전하다가 사람을 상해 또는 사망에 이르게 한 행위를 처벌대상으로 하고 있는바, 이는 음주로 인한 특정범죄 가중처벌 등에 관한 법률 위반(위험운전치사상)죄는 업무상 과실치사상죄의 일종으로 구성요건적 행위와 그 결과 발생 사이에 인과관계가 요구되기 때문이다]; 대법원 1972. 10. 30. 선고 72도2001 판결.

239) 대법원 1986. 2. 11. 선고 85도2658 판결.

특가법 제5조의3 제1항에 '피해자를 구호하는 등 도로교통법 제54조 제1항의 규정에 의한 조치를 취하지 아니하고 도주한 때'라 함은 사고운전자가 사고로 인하여 피해자가 사상을 당한 사실을 인식하였음에도 불구하고 도로교통법 제54조 제1항의 규정에 의한 조치를 취하지 아니하고 사고 장소를 이탈하여 사고를 낸 사람이 누구인지 확정할 수 없는 상태를 초래하는 경우를 말하고, 이때의 조치는 피해자나 경찰관 등 교통사고와 관계있는 사람에게 사고운전자의 신원을 밝히는 것을 말한다.

판례가 교통사고 후 도주한 때에 해당하는 것으로 판단한 경우로는, ① 사고 후 사고현장을 이탈한 것이 다시 음주를 함으로써 음주운전 사실을 은폐하기 위한 것인 경우,[240] ② 사고운전자가 자신의 신원을 확인할 수 있는 자료는 제공하여 주었지만 아무런 조치 없이 사고현장을 떠난 경우,[241] ③ 교통사고 야기자가 피해자를 병원에 데려다 준 다음 피해자나 병원측에 아무런 인적사항을 알리지 않고 병원을 떠났다가 경찰이 피해자가 적어 놓은 차량번호를 조회하여 신원을 확인하고 연락을 취하자 2시간쯤 후에 파출소에 출석한 경우,[242] ④ 아파트 내의 통행로에서 교통사고를 당한 3세 남짓의 어린이가 땅에 넘어져 울고 있으며 무릎에 난 상처를 보았음에도 아무런 보호조치 없이 현장을 이탈한 경우,[243] ⑤ 피해자를 병원에 후송하기는 하였으나 조사경찰관에게 사고사실을 부인하고 자신을 목격자라고 하면서 참고인조사를 받고 귀가한 경우,[244] ⑥ 사고운전자가 피해자에 대한 구호조치의 필요성을 인식하고 부근의 택시 기사에게 피해자를 병원으로 이송하여 줄 것을 요청하였으나 경찰관이 온 후 병원으로 가겠다는 피해자의 거부로 피해자가 병원으로 이송되지 아니한 사이에 피해자의 신고를 받은 경찰관이 사고현장에 도착하였고, 피해자의 병원이송 및 경찰관의 사고현장 도착이전에 사고운전자가 사고현장을 이탈한 경우[245] 등이 이에 해당한다.

---

240) 대법원 2001. 1. 5. 선고 2000도2563 판결.
241) 대법원 2002. 1. 11. 선고 2001도5369 판결.
242) 대법원 1999. 12. 7. 선고 99도2869 판결.
243) 대법원 2002. 9. 24. 선고 2002도3190 판결.
244) 대법원 2003. 3. 25. 선고 2002도5748 판결.
245) 대법원 2004. 3. 12. 선고 2004도250 판결.

(4) 교통사고처리 특례법과의 관계

교통사고란 차의 교통으로 인하여 사람을 사상하거나 물건을 손상하는 모든 경우를 말하며, 도로교통법이 정하는 도로에서의 교통사고에 제한된다.[246] 그리고 차의 교통으로 업무상 과실치상죄 또는 중과실치상죄와 도로교통법 제151조의 죄(과실재물손괴)를 범한 운전자에 대하여는 피해자의 명시한 의사에 반하여 공소를 제기할 수 없다. 또한 교통사고를 일으킨 차가 보험이나 공제에 가입된 경우에도 차의 운전자에 대하여 공소를 제기할 수 없다(동법 제4조 제1항).

다만 차의 운전자가 교통사고 중 업무상 과실치상죄 또는 중과실치상죄를 범하고도 피해자를 구호하는 등 도로교통법 제54조의 제1항에 따른 조치를 취하지 아니하고 도주하거나 피해자를 사고 장소로부터 옮겨 유기하고 도주한 경우, 같은 죄를 범하고 도로교통법 제44조 제2항을 위반하여 음주측정 요구에 따르지 아니한 경우(운전자가 채혈 측정을 요청하거나 동의한 경우는 제외한다)와 그 밖에 중대한 법규위반행위로 인하여 죄를 범한 경우"에는 그러하지 아니하다(동법 제3조 제2항).[247]

또한 교통사고로 인해 피해자가 신체의 상해로 인하여 생명에 대한 위험이 발생하거나 불구(不具)가 되거나 불치(不治) 또는 난치(難治)의 질병이 생긴 경우, 즉 중상해가 발생한 경우에는 가해자가 보험에 가입한 경우에도 공소를 제기할 수 있도록 '교통사고처리 특례법'을 개정하였다(동법 제4조 제1항 2호). 이것은 종전의 교통사고처리특례법이 교통사고로 중상해의 결과가 발생한 경우에도 면책규정을 두고 있었는데, 이 규정은 위헌이라는 헌재의 결정을 반영한 결과이다.[248]

---

246) 교통사고처리 특례법 제2조 제2호는 '교통사고'란 차의 교통으로 인하여 사람을 사상하거나 물건을 손괴하는 것을 말한다고 규정하고 있는데, 여기서 '차의 교통'은 차량을 운전하는 행위 및 그와 동일하게 평가할 수 있을 정도로 밀접하게 관련된 행위를 모두 포함한다(대법원 2017. 5. 31. 선고 2016도21034 판결).

247) 교통사고처리특례법 제3조 제2항에서 규정하고 있는 12가지 예외사유에 해당하는 경우에는 형사면책되지 않는다(동법 제4조 제1항 참조).

248) 헌법재판소 2009. 2. 26. 선고 2005헌마764, 2008헌마118 병합 결정.

제4절 낙태의 죄

I. 개 설

1. 의 의

낙태죄는 태아를 자연적 분만기에 앞서서 인위적으로 모체 밖으로 배출하거나 모체 내에서 살해하는 것을 내용으로 하는 범죄로 이해하는 것이 통설의 입장이다. 소수설은 낙태의 개념을 태아를 모체 밖으로 배출하는 것만으로는 부족하고 이로 인하여 태아를 살해할 것을 요한다는 소수설도 있다.[249] 이와 달리 「모자보건법」에서는 '인공임신중절수술'이란 "태아가 모체 밖에서 생명을 유지할 수 없는 시기에 태아와 그 부속물을 인공적으로 모체 밖으로 배출시키는 수술"을 말한다고 규정하고 있다(모자보건법 제2조 제8호). 따라서 임신중절수술이란 태아를 모체 밖으로 배출하여 살해하는 것을 내용으로 하는 범죄이므로, 형법상 낙태는 모자보건법상의 임신중절수술보다는 넓은 개념이다. 원래 고대 로마법에서는 태아를 모체의 일부로 보아 낙태를 처벌하지 않았으나, 이를 처벌하게 된 것은 중세 기독교사상을 배경으로 수태된 후 10주 이내에 인간의 영혼이 태아에게 들어간다는 영혼입주설이 등장하면서 1532년 카롤리나 형법은 생명있는 태아를 낙태하는 것을 살인죄로 처벌하였으며, 그 후 태아의 생명 자체를 보호법익으로 파악하여 처벌하기 시작하게 된 것은 19세기 이후에 바이에른 형법과 프로이센 형법을 시작으로 하여 각국의 입법에 반영되기에 이르렀다.

2. 보호법익 및 보호의 정도

(1) 보호법익

낙태죄의 보호법익에 대하여는, ① 태아의 생명이 보호법익이고 모체의 안전은 독립된 보호법익이라기보다는 반사적 이익에 불과하므로 태아의 생명만이 보호법익이라고 보는 **태아보호설**의 입장도 있으나,[250] ③ 태아의 생명이 주된 보호

---

249) 김성천/김형준, 58면; 이재상/장영민/강동범, 90면.

250) 김성천/김형준, 57면; 박상기, 86면; 이정원, 102면.

법익이지만 부차적으로는 산모의 생명, 신체도 보호법익이라고 보는 **태아·모체보호설**로 보는 통설이 타당하다.[251]

그 밖에도 ① 자녀출생에 대한 부모의 기대권, ② 국가의 인구정책상의 이익, ③ 성도덕의 유지에 있다는 견해 등도 있으나 오늘날 거의 지지를 얻지 못하고 있다.

(2) 보호의 정도

1) 침해범설

낙태의 개념을 태아를 모체 밖으로 배출하는 것만으로는 성립되지 않고 태아의 생명에 대한 침해가 발생해야 낙태기수가 된다는 입장이다.[252] 따라서 태아를 임신중절수술에 의해 배출한 후에 살아있는 태아를 고의로 살해하는 경우에는 **낙태미수**와 살인죄의 **상상적 경합**이 되지만, 낙태미수죄는 처벌되지 않으므로 살인죄만 성립하게 된다.

2) 위험범설

그러나 위의 경우에 통설에 의하면 **낙태죄**와 **살인죄**(또는 영아살해죄)의 **실체적 경합범**이 성립된다. 위험범설은 다시 추상적 위험범설과 구체적 위험범설로 나누어진다.

가. 추상적 위험범설   모체 밖으로 배출하면 이미 태아의 생명에 대한 추상적인 위험이 발생했으므로 낙태죄가 성립한다는 견해이다.

나. 구체적 위험범설   추상적 위험범설과는 달리 태아를 모체 밖으로 배출했다고 하더라도 태아의 생명에 대한 구체적인 위험이 발생해야 기수가 된다는 견해이다.[253]

생각건대 ① 낙태의 개념에는 언어관용상 태아의 사망이 반드시 포함된다고 볼 수 없으며, ② 현행법이 낙태미수를 처벌하지 않는 점을 고려하여 태아의 생명을 보다 더 보호하기 위해서는 태아의 생명에 대한 위험을 초래하는 행위를 낙태로 봄이 목적론적으로도 타당하고, ③ 부동의낙태죄에 있어서도 태아의 사망을 요건으로 하지 않은 것으로 해석하여야 할 것이다. 따라서 **추상적 위험범설**로 보

---

251) 강구진, 98면; 김일수/서보학, 35면; 배종대, 22/2; 이재상/장영민/강동범, 90면; 이형국, 148면; 정성근/박광민, 88면.

252) 김성천/김형준, 58면; 이재상/장영민/강동범, 90면.

253) 강구진, 93면; 배종대, 22/1.

는 통설[254]과 판례[255]의 입장이 타당하다.

3. 구성요건의 체계

본죄의 구성요건체계에 관해서는, ① 자기낙태죄(제269조 제1항)를 기본적 구성 요건으로 하고, 일반동의낙태죄(제269조 제2항)를 파생적 구성요건으로 하여 자기 낙태죄와 동일한 형으로 처벌하며, 업무상 동의낙태죄(제270조 제1항)는 신분관계 로 인하여 책임이 가중되는 가중적 구성요건이며, 부동의낙태죄(제270조 제2항)는 동 의낙태죄에 대해 불법이 가중된 가중적 구성요건으로 이해하는 견해와 ② 타낙태 또 는 부동의낙태죄(제270조 제2항)를 기본적 구성요건으로 보며, 자기낙태죄를 감경적 구성요건으로 이해하는 견해가 대립한다.[256]

생각건대 우리 형법의 규정형식으로 보면 자기낙태죄를 기본적 구성요건으로 보는 전자의 견해가 타당하다. 그리고 낙태치사상죄는 동의낙태죄, 업무상 동의 낙태죄, 부동의낙태죄의 결과적 가중범이며, 낙태죄의 미수는 처벌하지 아니한다.

한편 일본판례는 임부가 타인과 공모하여 낙태를 한 경우에 공동정범의 성 립을 인정하여, 임부는 자기낙태죄, 타인은 동의낙태죄가 성립한다고 보고 있다. 이는 자기낙태죄와 동의낙태죄의 공동정범의 성립을 인정하고 있으므로 실질적 으로 행위공동설을 채택하고 있다고 할 수 있다. 행위공동설에 의하면 임부가 의 사와 공동으로 낙태를 한 경우에 의사는 동의낙태죄의 공동정범이며, 임부는 자 기낙태죄의 공동정범이 성립한다. 그러나 부분적 범죄공동설에 의하면 의사는 동 의낙태죄의 교사범이고, 임부는 동의낙태죄의 공동정범이 된다.

---

254) 김일수/서보학, 36면; 박상기, 87면; 백형구, 78면; 이형국, 149면; 임웅, 113면; 정성근/박 광민, 89면.

255) 대법원 2005. 4. 15. 선고 2003도2780 판결.

256) 자기낙태죄 조항(제269조 제1항)은 태아의 생명을 보호하기 위한 것으로서, 정당한 입법목 적을 달성하기 위한 적합한 수단이지만 입법목적의 달성을 위하여 필요한 최소한의 정도 를 넘어 임신한 여성의 자기결정권을 제한하고 있어 침해의 최소성을 갖추지 못하였고, 태아의 생명보호라는 공익에 대하여만 일방적이고 절대적인 우위를 부여함으로써 법익균 형성의 원칙도 위반하였으므로 과잉금지원칙을 위반하여 임신한 여성의 자기결정권을 침해 한다. 자기낙태죄 조항과 동일한 목표를 실현하기 위하여 임신한 여성의 촉탁 또는 승낙 을 받아 낙태하게 한 의사를 처벌하는 의사낙태죄 조항(제270조 제1항)도 같은 이유에서 위 헌이라고 보아야 한다(헌법재판소 2019. 4. 11. 선고 2017헌바127 헌법불합치 결정).

4. 위법성조각사유로서의 낙태문제

모자보건법 제14조에 의하면 **의학적, 우생학적, 윤리적 적응성**이 있는 경우에 의사는 본인과 배우자의 동의를 얻어 인공임신중절수술(낙태)을 할 수 있도록 규정하고 있다. 배우자의 사망·실종·행방불명 기타 부득이한 사유로 동의를 얻을 수 없는 경우에는 본인의 동의만으로 수술을 할 수 있다. 본인 또는 배우자가 심신장애로 의사표시를 할 수 없는 때에는 친권자 또는 후견인의 동의로, 친권자나 후견인이 없을 때에는 부양의무자의 동의에 갈음할 수 있다.

모자보건법에 의한 낙태가 허용되기 위해서는, 일반적 요건과 개별적 적응요건을 구비해야 한다.

(1) 일반적 요건

① 의사에 의해 수술이 행해져야 한다. 의사가 아닌 경우에는 적법한 낙태가 될 수 없다. 또한 산부인과 전문의에 의한 시술을 요하는 것은 아니다.

② 본인과 배우자의 동의가 있어야 한다. 유효한 동의가 되기 위해서는 중절수술의 의미를 이해할 수 있는 판단능력을 가진 자의 자유로운 의사에 따른 동의가 필요하다. 사실혼 관계일 때에는 사실상의 혼인관계에 있는 배우자의 동의가 필요하며, 배우자가 사망·실종·행방불명 그 밖의 부득이한 사유로 인하여 동의할 수 없는 때에는 본인의 동의로 족하다(동법 제14조 제2항). 본인 또는 배우자가 심신장애로 의사표시를 할 수 없는 때에는 친권자·후견인 또는 부양의무자의 동의로 갈음할 수 있다.

③ 인공임신중절수술은 **임신한 날로부터 24주 이내에 하여야 한다**(모자보건법시행령 제15조).

(2) 개별적 적응요건

인공인신중절이 모자보건법에 의해 적법하게 이루어지기 위해서는 이러한 일반적인 요건 이외에 다음에 적시하고 있는 어느 하나의 사유에 해당하여야 한다. 그 사유를 분류해보면 의학적·우생학적·윤리적인 적응으로 나눌 수 있다.

가. 의학적 적응 임신의 지속이 보건의학적 이유로 모체의 육체적·정신적 건강상태를 심히 해하거나 해할 우려가 있는 경우이다. 이때에는 현재의 건강상태 뿐만 아니라 미래의 건강상태도 함께 고려해야 한다. 오늘날에 와서는 의학적 적

응개념을 임부의 미래의 생활관계까지도 고려하는 것으로 이해함으로써 사회적 적응도 여기에 포함하는 개념으로 확대해석하는 경향이 있다.

　　나. 우생학적 적응　　우생학적 적응은 태아가 출산 후에 본인이나 배우자의 유전적 소질이나 임신 중의 충격으로 인하여 그 건강이 심히 침해되었을 때에는 임부에게 출산을 요구할 수 없다는 데에 근거를 두고 있다. 즉 출생할 아이에게 본인 또는 배우자가 대통령령이 정하는 우생학적 또는 유전적 정신장애나 신체질환이 있는 경우이나. 동법에서는 ① 본인 또는 배우자가 우생학적 또는 유전학적 정신장애나 신체질환이 있는 경우, ② 본인 또는 배우자가 전염성 질환이 있는 경우에만 중절수술을 허용하고 있다. 임신 중에 발생한 충격으로 인한 손상은 여기에 포함하고 있지 않다.

　　다. 윤리적 적응　　부녀가 강간 등 범죄행위로 인하여 임신이 된 경우에도 임신을 유지하도록 강제하는 것은 오히려 임부의 자기결정권과 행복추구권을 침해하는 것이므로 이 경우에는 임부의 의사를 존중하여 낙태를 허용하고 있다. 동법에서는 ① 강간·준강간에 의하여 임신된 경우, ② 법률상 혼인할 수 없는 혈족·인척 간에 임신된 경우만을 허용하고 있다.

　　따라서 입법론적으로는 낙태의 허용범위를 강제추행죄, 미성년자 간음죄, 업무상 위력에 의한 간음죄의 경우에도 포함시켜서, 임부의 자유로운 의사에 따른 임신이 아닌 경우에는 임부의 자기결정권을 확대하는 방향으로 개정할 필요가 있다.

(3) 모자보건법에 대한 비판

　　모자보건법에서 규정하고 있는 낙태의 허용범위인 의학적·우생학적·윤리적 적응범위가 너무 좁게 규정되어 있다는 점이다. 특히 임신의 지속이 임부나 그 가족의 사회적·경제적 상태를 현저하게 위태롭게 할 우려가 있을 경우, 즉 사회적 적응을 낙태허용사유에 포함하는 문제, 윤리적 적응의 경우에도 그 범위를 확대해야 할 필요성이 제기되고 있다.

　　또한 모자보건법에는 낙태허용요건의 판단기준과 절차에 관하여 아무런 규정을 두고 있지 않고 사실상 의사가 독단적으로 판단하여 중절수술을 할 수 있도록 규정하고 있음으로써 낙태자유화를 가져온 측면도 있다는 것이다. 그 밖에도 임신 22주만 되어도 보조기구의 도움으로 태아의 독자 생존가능성이 있으므로,

낙태허용기간을 24주 이내로 규정한 것을 태아의 생명보호를 위해 낙태허용기간을 단축해야 한다는 비판을 받고 있다.

(4) 낙태의 자유화와 입법론

1) **미국의 경우**에는 1973년에 Roe v. Wade사건에서 모체의 생명을 보호하기 위한 경우 이외의 낙태를 금지하고 있던 텍사스주법을 연방대법원이 위헌으로 판결하였다. 그 후 1976년 Planned parenthood of Gen, Mo. v. Danforth사건에서 임신 12주 이내에 낙태시 배우자의 동의를 요구하는 것은 위헌이라고 판시하였으며, 1979년에는 Bellotti V. Baird사건에서는 미성년자도 단독으로 낙태할 권리를 가지며, 이것은 임부의 헌법상의 프라이버시에 관한 권리라고 판결한 이래로, 미국은 임신 3개월까지는 임부가 의사와 상의하여 낙태를 결정하는 것은 주법이 금지할 수 없다는 입장을 취해, 임신 3개월 이내에는 여성의 프라이버시에 대한 권리로서 자유로운 낙태를 허용하고 있다.

2) **독일의 경우**에는 연방헌법재판소가 1974년 제5차 형법개정법률에 의하여 기한방식을 도입하여 낙태의 절대적 자유화를 도입하였다. 그리하여 임신 12주 이내에는 자유로운 낙태가 허용되었다. 그러나 1975년 연방헌법재판소애 의해 위헌판결을 받게 되어, 1976년 제15차 형법개정법률에 의해 다시 낙태는 제한적으로 허용할 수 있도록 개정되었다. 그 후 1990년 독일통일 후에 동·서독의 서로 다른 낙태규정을 통일하기 위해 오랜 논의 끝에 1992년 7월 27일 독일 연방의회는 임신초기의 상담의무와 결합한 기한방식을 채택하여 '임부 및 가정 보호에 관한 법률'을 통과시켰다. 그러나 이 법률에 대하여도 연방헌법재판소가 위헌판결을 선고함으로써, 1995년 8월 21일 다시 개정하였다.

독일의 낙태허용방식은 기한방식과 적응방식을 결합한 방식이다. 즉 임신 후 12주 이내에는 낙태를 위해서는 상담을 거칠 것과 의사가 행할 것 등의 요건을 갖춘 경우에 허용하고, 임신 12주 이후에는 의학적 적응이 있으면 허용하고 있으며, 임신 22주 이내에는 임부의 동의와 상담을 거친 의사에 의한 낙태를 형면제 사유로 규정하고 있다. 오스트리아의 경우에도 임신 3개월 이내에는 의사와 상담을 거친 후에 허용하고, 3개월 이후에는 의학적·우생학적 적응을 허용사유로 규정하고 있으며, 임신 마지막 10주는 낙태를 금지하고 있다.

3) **우리나라의 경우**에는 낙태죄의 존폐문제와 관련하여, 낙태를 기본적으로 허

용해서는 안된다는 견해와 폐지해야 한다는 견해, 그리고 허용범위를 넓혀야 한다는 견해 등이 있다.

낙태를 허용하는 입법예로는, ① 임신한 날로부터 일정한 기한(12주 이내) 내에는 전면적으로 허용하는 기한방식, ② 일정한 적응이 있을 경우에 낙태를 허용하는 적응방식, ③ 기한방식과 적응방식을 병행하는 결합방식 등이 있고, 우리나라의 모자보건법은 적응방식에 따른 입법이라 할 수 있다.

생각건대 낙태죄의 주된 보호법익은 태아의 생명이고, 태아의 생명을 보호하는 낙태죄를 전면폐지하자는 주장에는 동의할 수 없다. 그렇다고 하여 태아의 생명을 사람의 생명과 동등하게 절대적으로 보호해야 할 법익이라고는 할 수 없다. 따라서 낙태죄에 있어서는 임부의 생명이나 자기결정권이라는 법익과 태아의 생명이라는 법익을 형량하여 그 한계를 결정함이 타당하므로, 임신 초기인 12주까지는 임부의 자유로운 의사에 따른 의사에 의한 낙태는 허용하고, 그 이후에는 여러 가지 적응규정에 따른 낙태를 허용하되 상담절차를 거치도록 해야 하며, 임신 최후 10주 동안은 낙태를 금지하는 것이 타당하다고 생각된다.

II. 자기낙태죄

> 제269조(낙태) ① 부녀가 약물 기타 방법으로 낙태한 때에는 1년 이하의 징역 또는 200만원 이하의 벌금에 처한다.

1. 의   의

본죄는 부녀가 약물 기타의 방법으로 낙태함으로써 성립하는 범죄이다. 본죄의 행위주체가 임부이므로 이를 자기낙태죄라고 한다. 한편 임부가 스스로 행하는 낙태를 '자낙태'라 하고, 임부 이외의 자가 행하는 낙태를 '타낙태'라고도 한다.

2. 객관적 구성요건

(1) 행위주체

본죄의 행위주체는 임신한 부녀, 즉 임신부를 말한다. 따라서 본죄는 임신부만이 행위주체가 되므로 신분범이지만 자수범은 아니다. 왜냐하면 임신부가 타인을 이용하여 자기낙태죄를 실행할 수 있으므로 간접정범의 성립도 가능하기 때문이다. 그러나 임신부가 아닌 자는 간접정범으로도 본죄를 범할 수 없다. 따라서 임신부가 아닌 자가 임신부를 협박하거나 기망하여 낙태케 한 경우에는 자기낙태죄의 간접정범이 성립하는 것이 아니라 **부동의낙태죄의 간접정범**이 성립하게 된다.

1) 임신부 甲의 촉탁이나 승낙에 의해 乙과 공동으로 낙태행위를 한 경우에 **임신부 甲은 자기낙태죄, 乙은 (업무상)동의낙태죄의 공동정범**이 된다.

2) 그러나 乙이 임신부 甲을 교사하여 낙태케 한 경우에는 **임신부 甲은 자기낙태죄, 乙은** 제33조 본문에 의해 **자기낙태죄의 교사범**이 되고, 의사 丙으로 하여금 낙태케 한 경우에는 **부동의낙태죄의 교사범**이 성립한다.

3) 乙이 임신부 甲의 낙태를 방조한 경우에는 **임신부 甲은 자기낙태죄, 乙은 동의낙태죄의 방조범**이 된다.

4) 임신부 甲이 자신이 실행한 낙태실패로 인해 자신의 생명에 대한 위험이 발생하여 의사 丙에게 낙태케 한 경우에 의사 **丙은 정당행위로 위법성이 조각되나,** 임신부 **甲은 자기낙태죄의 간접정범**이 성립된다.

자기낙태죄를 감경적 구성요건으로 보는 소수설에 의하면 자기낙태죄는 행위주체가 임신부라는 신분으로 인해 형벌이 감경되는 **부진정신분범**이 되지만, 자기낙태죄를 기본적 구성요건으로 보는 다수설에 의하면 자기낙태죄는 **진정신분범**이 된다.

(2) 행위객체

본죄의 행위객체는 '**살아있는 태아**'이다. 태아란 "**모체 안에서 수태**(자궁착상)**되면서 분만이 개시되기 전까지**(사람이 되기 전까지)**의 생명체**"를 말한다. 통상적으로 수정란(배아, embryo)이 자궁에 착상되는 것은 9~13일 이내, 수정 후 2주 또는 최종월경일로부터 4주가 지난 후에 태아가 된다.

수정란이 자궁에 착상되기 전까지는 태아가 아니므로, 태아가 되기 이전의 인간배아복제의 실험 등이 문제된다. 따라서 인간과 인체유래물 등을 연구하거나, 배아나 유전자 등을 취급할 때 인간의 존엄과 가치를 침해하거나 인체에 위해(危害)를 끼치는 것을 방지함으로써 생명윤리 및 안전을 확보하고 국민의 건강과 삶의 질 향상에 이바지함을 목적으로 제정된 법률이 "**생명윤리 및 안전에 관한 법률**"이다. 이 법률에 의하면, 인간복제행위(동법 제20조)와 이종 간의 착상 등의 금지(제21조), 임신 외의 목적으로 배아를 생성하는 행위를 금지하여 처벌하고 있다. 그러나 불임치료법 및 피임기술의 개발을 위한 연구와 희귀·난치병의 치료를 위한 연구 등의 목적으로 체외에서 잔여배아를 이용할 수 있도록 하고 있다(동법 제29조). 그 밖에 희귀·난치병의 치료를 위한 연구 목적 외에는 체세포핵이식행위 또는 단성생식행위를 금지하고 있다(동법 제31조).

(3) 실행행위

1) 낙태의 수단이나 방법

본죄의 실행행위는 낙태행위이다. 낙태(落胎)란 자연적 분만기에 앞서 태아를 모체 밖으로 배출하거나 모체 안에서 살해하는 것을 말한다. 낙태행위의 수단과 방법에 대하여 형법은 '약물 기타의 방법'이라고 규정하여 특별한 제한을 두고 있지 않으므로, 유형적·무형적 방법을 불문한다. 또한 낙태는 임신한 부녀, 즉 임부라는 신분을 가진 자만이 행위주체가 될 수 있는 신분범이지만 자수범은 아니므로 간접정범의 형태로 실현하는 것도 가능하다. 예컨대 임부가 스스로 낙태를 시도하다가 자신의 생명에 위험이 발생하여, 이러한 긴급상태하에서 자신의 생명을 건지기 위해 의사를 불러 낙태수술을 하는 경우이다. 이 경우 임부는 자기낙태죄, 의사는 업무상 동의낙태죄의 구성요건에는 해당하지만 긴급피난에 해당되어 위법성이 조각된다.

2) 기수시기

본죄를 추상적 위험범으로 보는 통설에 따르면, 태아를 자연적 분만기 이전에 모체 밖으로 배출하거나 모체 내에서 살해한 때에 기수가 된다. 따라서 모체 밖으로 태아를 배출한 후에 생존한 자를 살해한 때에는 낙태죄와 살인죄의 실체적 경합범이 된다.

그러나 침해범설에 따르면 이 경우에 낙태미수와 살인죄의 상상적 경합범이 되어, 낙태미수는 불가벌이므로 살인죄(또는 영아살해죄)만 성립하게 된다.

3. 주관적 구성요건

낙태의 고의가 있어야 한다. 미필적 고의로도 족하다. 태아가 아직 수태되지 않았다고 오인한 경우에는 구성요건적 사실의 착오로서 낙태의 고의가 조각되고, 반대로 상상임신으로 낙태한 경우에는 불능범이므로 불가벌이 된다. 그러나 낙태가 국가시책에 부응한다고 믿고서 낙태한 경우에는 법률의 착오에 해당하여 착오에 정당한 이유가 있는 때에만 낙태죄의 책임이 조각된다.

4. 공범관계

(1) 타인이 임부(姙婦)를 교사 또는 방조하여 낙태하게 한 경우

임신부는 자기낙태죄에 해당하고, 타인은 제33조 본문에 의하여 자기낙태죄의 교사범 또는 방조범이 된다.

(2) 타인이 임신부와 의사를 교사하여 낙태하게 한 경우

임신부는 자기낙태죄에 해당하고, 의사는 업무상 동의낙태죄에 해당한다. 업무자가 아닌 타인에 대하여는, ① 자기낙태죄의 교사와 동의낙태죄의 교사의 실체적 경합에 해당한다는 견해[257]도 있으나, ② 자기낙태죄의 교사범(제33조 본문)과 동의낙태죄의 교사범(제33조 단서)에 해당하나, 이들 교사행위는 2인을 교사하여 결국 1개의 낙태행위를 실행한데 불과하므로 포괄하여 동의낙태죄의 교사범으로 처벌해야 한다는 견해가 타당하다.[258]

III. 동의낙태죄

> 제269조(낙태) ② 부녀의 촉탁 또는 승낙을 받아 낙태하게 한 자도 제1항(자기낙태죄)의 형과 같다.

1. 의   의

본죄는 부녀의 촉탁 또는 승낙을 받아 낙태하게 함으로써 성립하는 범죄이다.

2. 행위주체

부녀의 촉탁 또는 승낙을 받아 낙태하게 한 자로서 업무상 동의낙태죄의 규정에 열거된 자 이외의 자가 본죄의 주체가 된다. 본죄는 자기낙태죄와 필요적 공범관계에 있다.

---

257) 김일수/서보학, 54면.
258) 진계호, 152면.

3. 실행행위

본죄의 실행행위는 임부의 촉탁 또는 승낙을 받아 낙태행위를 하는 것을 말한다.

(1) 낙태의 의미를 이해할 수 있는 능력이 있는 자의 자유로운 의사에 의한 것이어야 한다. 따라서 기망, 착오, 강요 등에 의한 촉탁, 승낙의 경우에는 **부동의낙태죄가 성립한다.**

(2) 낙태의 수단, 방법에 대하여는 특별한 제한이 없다. 의사의 긴급피난을 이용하는 간접정범이나 부작위에 의한 낙태도 가능하다.

(3) '낙태하게 한'이란 임부의 촉탁 또는 승낙을 받은 자가 스스로 낙태행위를 하는 것을 말한다. 따라서 임부에게 낙태를 교사 또는 방조한 것만으로는 자기낙태죄의 교사 또는 방조범이 될 뿐이다.

Ⅳ. 업무상 동의낙태죄

> 제270조(의사 등의 낙태) ① 의사, 한의사, 조산사, 약제사 또는 약종상이 부녀의 촉탁 또는 승낙을 받아 낙태하게 한 때에는 2년 이하의 징역에 처한다.
> ④ 7년 이하의 자격정지를 병과한다.

1. 의   의

의사, 한의사, 약제사 또는 약종상이 부녀의 촉탁 또는 승낙을 받아 낙태하게 한 때 성립하는 범죄이다. 본죄는 업무종사자라는 신분으로 인해 동의낙태죄보다 책임이 가중되는 **책임가중적 구성요건**이며, **부진정신분범**이다.

2. 행위주체

본죄의 행위주체는 의사, 한의사, 조산원, 약제사, 약종상에 한하며, 모두 면허를 가진 자에 한한다. 따라서 무면허의사, 치과의사, 수의사는 포함되지 않는다. 입법론적으로 업무종사자에게 책임을 가중하고 있는 것은 오히려 부당하다는 견해도 있다.

3. 위 법 성

태아의 생명은 독립된 법익이므로 정당방위, 임부의 승낙, 자구행위에 의해서는 위법성이 조각될 수 없으나, **정당행위나 긴급피난**에 의해서는 위법성이 조각될 수 있다.

(1) **모자보건법상 일정한 요건을 구비한 경우에는 법령에 의한 행위**로 위법성이 조각된다.

(2) 임신 중 약물중독, X선 촬영 등으로 태아손상이 우려될 경우, 강간 또는 준강간을 제외한 그 밖의 성범죄(미성년자간음, 업무상 위력에 의한 간음, 피구금부녀간음, 혼인빙자간음, 강제추행)로 인해 임신한 경우에는 '**기타 사회상규에 위배되지 않는 경우**' 에 해당하여 위법성이 조각된다.

임신한 날로부터 28주 이후에도 임부의 생명에 대한 현저한 위험이 발생한 경우에는 긴급피난에 의하여 위법성이 조각될 수 있다.

V. 부동의낙태죄

> 제270조(부동의낙태) ② 부녀의 촉탁 또는 승낙없이 낙태하게 한 자는 3년 이하의 징역에 처한다.
> ④ 7년 이하의 자격정지를 병과한다.

본죄는 부녀의 동의나 승낙 없이 낙태함으로써 성립하는 범죄이다.

1. 행위주체

행위주체에 특별한 제한이 없다. 임부 이외의 자는 행위 주체가 될 수 있으므로 업무상 동의낙태죄의 행위주체인 의사 등도 당연히 주체가 될 수 있다.

2. 실행행위

부녀의 촉탁 또는 승낙 없이 낙태행위를 하는 것을 말한다. 임부의 촉탁·승낙에 하자가 있는 경우에도 본죄에 해당한다. 설령 임부의 의사에 반하지는 않는 낙태라 하더라도 일단 촉탁 또는 승낙이 없는 낙태에 해당하면 부동의낙태죄가 성립한다.

3. 고 의

행위자는 부녀의 촉탁 또는 승낙 없이 낙태하게 한다는 인식이 있어야 한다. 따라서 촉탁 또는 승낙이 없는데도 불구하고 이를 오인하여 낙태한 경우에는 제15조 제1항에 의해 (업무상) 동의낙태죄가 성립한다.

4. 죄수 및 타죄와의 관계

(1) 낙태에 당연히 수반된 신체상해는 불가벌적 수반행위로서 낙태죄에 흡수된다. 그러나 그 범위를 초과하는 신체상해의 경우에는 고의유무에 따라 부동의낙태죄와 상해죄의 상상적 경합 또는 낙태치상죄가 성립한다.

(2) 낙태를 위해 임부를 살해하거나 임부인줄 알면서 살해한 경우에는 부동의낙태죄와 살인죄의 상상적 경합이 된다.

(3) 임부에게 낙태를 강요한 경우에는 부동의낙태죄와 강요죄의 상상적 경합이 된다.

5. 기 타

본죄는 미수범처벌규정이 없다. 부동의낙태죄의 경우에 부녀의 촉탁 또는 승낙 없이 낙태를 시도했으나 낙태에 이르지 못한 경우에는 가벌성이 있으나, 미수범처벌규정이 없는 것은 입법의 불비(不備)라고 할 수 있다.

VI. 낙태치사상죄

제269조(낙태) ③ 제2항의 죄(동의낙태죄)를 범하여 부녀를 상해에 이르게 한 때에는 3년 이하의 징역에 처한다. 사망에 이르게 한 때에는 7년 이하의 징역에 처한다.
제270조(의사 등의 낙태, 부동의낙태) ③ 제1항(업무상 동의낙태죄) 또는 제2항의 죄(부동의낙태죄)를 범하여 부녀를 상해에 이르게 한 때에는 5년 이하의 징역에 처한다. 사망에 이르게 한 때에는 10년 이하의 징역에 처한다.
④ 7년 이하의 자격정지를 병과한다.

1. 의   의

본죄는 동의낙태죄, 업무상 동의낙태죄, 부동의낙태죄의 **결과적 가중범**이다. 따라서 결과적 가중범의 일반원리에 따라 기본범죄행위인 낙태행위에 대한 고의와 임신부의 사상(死傷)결과에 대한 과실, 그리고 양자간의 인과관계 및 객관적 귀속이 있어야 한다.

그러므로 낙태행위의 결과로 임산부에게 사상의 결과가 발생하는 경우에는 낙태치사상죄가 성립하게 된다.

2. 낙태미수일 경우에 본죄의 성립여부

본죄가 성립하기 위하여 낙태죄가 기수에 이를 것을 요하느냐에 관해서는, ① 기본범죄가 원인이 되어 중한 결과가 발생했다면 기본범죄의 미수·기수에 관계없이 결과적 가중범이 성립하므로 낙태치사상죄가 성립한다는 견해[259]도 있으나, ② 낙태죄의 미수는 처벌하지 않으므로 **낙태죄가 기수에 이르러야 낙태치사상죄가 성립**한다고 해석하는 다수설의 견해[260]가 타당하다.

따라서 낙태를 시도하여 임신부가 상해를 입거나 사망하고 낙태가 성공한 경우에는 낙태치사상죄가 성립하고, 낙태가 미수에 그치고 임신부에게 상해를 입힌 경우에는 (업무상) 과실치상죄가 성립한다.

3. 낙태치사상죄는 폭행죄와 비교하여 형의 불균형 문제발생

부동의낙태죄의 법정형은 3년 이하의 징역으로 폭행죄의 2년 이하의 징역형보다 무겁다. 그런데 부동의낙태죄의 결과적 가중범인 낙태치사상죄의 경우에 부동의낙태치상죄는 5년, 부동의낙태치사죄는 10년 이하의 징역에 처하도록 규정하고 있다. 이에 반해 폭행죄의 결과적 가중범인 폭행치사상죄의 경우에 **폭행치상죄**(상해죄)는 7년 이하의 징역, **폭행치사죄**(상해치사죄)는 3년 이상의 징역에 처하도록 규정하고 있어서, 낙태치사상죄를 폭행치사상죄에 비하여 지나치게 가볍게 처벌하고 있

259) 김일수/서보학, 43면; 배종대, 24/10; 백형구, 89면; 이형국, 133면; 황산덕, 192면.
260) 김성천/김형준, 96면; 김종원, 84면; 박상기, 87면; 오영근, 84면; 유기천, 81면; 이영란, 105면; 이재상/장영민/강동범, 102면; 이정원, 122면; 임웅, 123면; 정성근/박광민, 99면; 정영일, 39면; 조준현, 84면.

다. 죄형의 불균형을 초래하므로 낙태치사상죄의 형을 상향조정하는 입법적 개선이 필요하다.

《사 례》

乙녀와 동거 중인 甲남은 乙의 임신사실을 알고 乙에게 낙태를 종용하여 이를 설득시킨 후, 의사 丙에게 낙태수술을 시행하도록 부탁하여 낙태수술을 하였다. 甲, 乙, 丙의 형사책임은? 甲은 동의낙태죄의 교사범(자기낙태죄의 교사와 동의낙태죄의 교사의 실체적 경합 또는 자기낙태죄의 교사와 동의낙태죄의 교사를 포괄하여 동의낙태죄의 교사범), 乙은 자기낙태죄, 의사 丙은 업무상 동의낙태죄의 죄책을 진다.[261]

제5절 유기와 학대의 죄

I. 개 설

1. 의 의

유기죄(遺棄罪)는 노유(老幼), 질병, 기타 사정으로 인하여 부조를 요하는 자를 보호해야 할 법률상 또는 계약상 의무가 있는 자가 유기함으로써 성립하는 범죄이다. 로마법이나 게르만법에서는 유기죄를 처벌하는 규정이 없었으나, 중세 교회법의 영향으로 범죄로 규정하게 되었다.

우리 형법은 보호의무 있는 자의 유기만을 처벌하고 있기 때문에 지나치게 개인주의적 경향을 띤다는 비판을 받고 있다. 이와 달리 독일[262]이나 프랑스에서는 생명에 대한 급박한 위험에 처한 자에 대하여 자신의 위험이 발생하지 않는데도 불구하고 방임한 자에 대하여는 유기죄와 별도로 긴급구조의무불이행죄라는

---

261) 대법원 1985. 6. 11. 선고 84도19589 판결(임신부의 부탁을 받고 산부인과 의사가 낙태수술을 하여 살아 있는 태아를 배출하여 버린 사건으로서 대법원이 업무상 동의낙태죄로 처벌한 판례).

262) 독일 형법 제323조의c는 "재난, 공동의 위험 또는 곤궁시에 자신이 위험에 빠지거나 보다 중요한 의무를 침해하지 않고 구조할 수 있었음에도 필요한 구조를 하지 아니한 자는 1년 이하의 자유형 또는 벌금에 처한다"라고 규정하고 있다. 이를 '착한 사마리아인의 규정'이라 부르기도 한다.

규정을 둠으로써 사회공동체의 구성원으로서 긴급구조의무를 법제화하여 처벌하고 있고, 일본 형법도 보호의무 없는 자의 유기에 대하여는 1년 이하의 징역으로 벌하고, 보호책임자의 유기에 대하여는 3월 이상 5년 이하의 징역으로 무겁게 벌하고 있다.

2. 보호법익

본죄의 보호법익은 요부조자(要扶助者:부조를 필요로 하는 사람)의 생명·신체의 안전이고, 보호의 정도는 추상적 위험범이라는 것이 통설[263]의 입장이다. 이와 달리 유기죄를 독일의 통설과 같이 구체적 위험범으로 보는 견해[264]도 있다.

생각건대 ① 유기죄는 요부조자를 보호없는 상태에 둠으로써 요부조자의 생명·신체에 위험을 초래하는데 그 본질이 있고, ② 단순유기죄를 범하여 요부조자의 생명에 대한 위험을 발생하게 한 경우에는 중유기죄로 가중처벌하는 규정을 우리 형법이 두고 있음에 비추어보면 단순유기죄를 추상적 위험범으로 보는 통설이 타당하다고 생각된다. 유기죄는 요부조자의 생명·신체의 안전을 보호하기 위한 위험범인 동시에 보호의무자의 **보호의무위반죄로서의 성격**을 가진다고 할 수 있다. 따라서 요부조자를 유기한 후 숨어서 누가 구조해가는 것을 확인한 후에 돌아온 경우에도 유기행위시에 요부조자의 생명·신체의 안전에 대한 추상적 위험이 이미 발생했기 때문에 유기죄는 성립하므로, 예컨대 부조를 요하는 영아나 노부모를 경찰서나 고아원 또는 양로원 앞에 버려둔 때에는 타인에 의한 구조 여부와 관계없이 유기죄 또는 존속유기죄가 성립하게 된다.

3. 구성요건의 체계

유기의 죄는 단순유기죄를 기본적 구성요건으로 하여, 신분관계로 인하여 책임이 가중되는 **책임가중적 구성요건**으로 존속유기죄를, 책임이 감경되는 **감경적 구성요건**으로 영아유기죄를 두고 있다. 또한 단순유기죄·존속유기죄의 **부진정결과적 가중범**으로서 중유기죄를, 단순유기·존속유기죄·영아유기죄의 **진정결과적 가중범**으로서 유기치사상죄가 있다.

---

263) 이재상/장영민/강동범, 104면.
264) 유기천, 85면.

그 밖에 학대의 죄를 유기의 죄와 같은 장에 규정하고 있다. 학대의 죄는 단순학대죄를 기본적 구성요건으로 하여, 신분관계로 인하여 책임이 가중되는 책임가중적 구성요건으로 존속학대죄를 두고 있으며, 그 결과적 가중범으로 학대치사상죄를 구정하고 있다. 또한 학대죄와는 독립하여 아동의 복지권을 보호하기 위해 독립된 구성요건으로 아동혹사죄를 두고 있다.

유기와 학대의 죄에 대한 특별법으로는 유기·학대가 가정 구성원 사이에서 발생한 경우에 있어서 형사처벌절차에 관한 특례 및 보호처분 등을 규정하고 있는 「가정폭력범죄의 처벌 등에 관한 특례법」이 있고, 아동학대범죄자를 처벌하기 위한 특례법으로서 「아동학대범죄의 처벌 등에 관한 특례법」[265]이 있다.

II. 유 기 죄

1. 단순유기죄

> 제271조(유기, 존속유기) ① 노유, 질병 기타 사정으로 인하여 부조를 요하는 자를 보호할 법률상 또는 계약상의무 있는 자가 유기한 때에는 3년 이하의 징역 또는 500만원 이하의 벌금에 처한다.

유기죄란 노유, 질병 기타 사정으로 부조를 요하는 자를 보호할 법률상 또는 계약상 의무있는 자가 유기한 때에 성립하는 범죄이다.

(1) 객관적 구성요건

1) 행위주체

본죄의 주체는 부조(扶助)를 요하는 자를 보호할 법률상 또는 계약상 의무있는 자, 즉 보호의무자에 한정되므로, 본죄는 진정신분범이다.

가. 보호의무의 내용　　보호의무는 요부조자의 생명·신체에 대한 위험을 방지해야 할 의무를 말한다. 따라서 경제적 곤궁을 이유로 하는 민법상의 부양의무와 다르다. 사실상 요부조자를 부양하고 있는 보호자는 민법상의 부양의무의 순서에 관계없이 요부조자의 생명·신체에 대한 위험을 방지하기 위한 보호의무가 발생한다.[266] 따라서 부양의무자가 부양의무를 이행하지 않았다 하더라도 요부조

---

265) 2014년 9월 29일부터 시행.

자의 생명·신체에 대한 추상적 위험조차도 발생할 수 없는 경우에는 보호의무의 불이행으로 볼 수 없다.

나. 보호의무의 근거 또는 범위　　보호의무의 근거에 대하여 형법은 법률상 또는 계약상 의무있는 자라고 규정하고 있다. 이에 대하여 보호의무의 범위를 법률 또는 계약 이외에 사무관리·관습·조리로까지 보호의무의 발생근거를 확대하여 인정할 수 있느냐가 문제된다.

이에 대해서는, ① 형법이 법률상 또는 계약상 의무있는 자라고 규정한 것은 예시적인 것으로서, 본죄의 보호의무는 부진정부작위범의 보증인의무와 동일하게 널리 **사무관리·관습·조리에 의해서도 보호의무**가 발생한다고 보는 견해[267]와 ② 형법이 보호의무의 근거를 법률과 계약에 한정하여 규정하고 있음에도 불구하고 이를 확대해석하는 것은 죄형법정주의에 반하므로, 보호의무의 발생근거는 **법률상·계약상의 의무에 제한**된다고 보는 다수설[268]이 대립된다. 판례도 조리 등에 의한 보호의무의 발생에 대하여는 부정적인 태도를 취하여 다수설과 같은 태도를 취하고 있다.[269]

생각건대 독일 형법 제221조나 일본 형법 제218조에서는 보호의무의 근거를 제한하지 않고 단순히 보호할 의무가 있는 자라고만 규정하고 있으므로 보호의무자의 범위를 부진정부작위범에 있어서의 보증인적 지위와 마찬가지로 해석하는 것도 가능하다고 생각된다. 그러나 우리 형법은 법률상 또는 계약상 의무있는 자라고 명시하고 있는데, 이 규정의 의미를 무리하게 확대해석하여 사무관리, 관습, 조리 등까지 포함하는 것은 언어의 가능한 범위를 벗어난 유추해석으로 죄형법정주의에 반한다. 또한 사무관리로부터 생명·신체에 대한 위험방지를 내용으

---

266) 대법원 2018. 5. 11. 선고 2018도4018 판결(형법 제271조 제1항이 말하는 법률상 보호의무에는 민법 제826조 제1항에 근거한 부부간의 부양의무도 포함된다).

267) 김종원, 90면; 유기천, 86면; 이정원, 129면; 이형국, 141면; 임웅, 128면; 정영일, 82면; 황산덕, 194면.

268) 박상기, 93면; 배종대, 26/6; 오영근, 91면; 이영란, 109면; 이재상/장영민/강동범, 107면; 정성근/박광민, 104면.

269) 대법원 1977. 1. 11. 선고 76도3419 판결(…설혹 동행자가 구조를 요하게 되었다 하여도 일정한 거리를 동행한 사실만으로서는 피고인에게 법률상·계약상의 보호의무가 있다고 할 수 없으니 유기죄의 주체가 될 수 없다); 같은 취지의 판례로는 대법원 2008. 2. 14. 선고 2007도3952 판결이 있다.

로 하는 보호의무가 발생한다고 하기도 어려우며, 관습·조리에 의한 보호의무는
실제로 묵시적 계약이나 법률상 보호의무에 속하는 경우가 많으므로 보호의무의
발생근거는 법률상 또는 계약상의 의무에 한정하여 해석하는 다수설과 판례의
태도가 타당하다고 생각된다.

다. 보호의무의 구체적인 내용

(가) 법률상의 보호의무   법률에 의한 보호의무는 공법이든 사법이든 불
문하고 법령에 근거가 있는 경우를 말한다. 예컨대 경찰관직무집행법 제4조에 의
한 경찰관의 보호조치의무,[270] 도로교통법 제54조에 의한 사고운전자의 피해자구
호의무,[271] 민법 제826조 제1항, 제974조에 의한 친족관계에 의한 부양의무, 민법
제913조에 의한 친권자의 자녀에 대한 보호의무 등이 이에 해당한다. 민법상의
부양의무와 유기죄의 보호의무는 반드시 일치하지 않는다. 민법상의 부양의무는
생활을 유지할 수 없는 경제적인 곤궁(제975조)을 이유로 함에 반하여 형법상의
보호의무는 요부조자의 생명·신체에 대한 위험발생을 이유로 하고 있으며, 또한
민법상 선순위부양의무자라 하더라도 후순위부양의무자가 사실상 보호하고 있거
나 선순위부양의무자가 실제로 부양할 수 없는 때에는 후순위부양의무자가 형법
상 보호의무자가 되기 때문이다.

그러나 「경범죄처벌법」 제3조 제1항 제6호[272]에서 말하는 신고의무는 법적인
의무이지만 유기죄에서 말하는 보호의무는 아니므로 신고의무의 불이행에 대하
여 유기죄의 책임을 지지는 않는다. 또한 부진정부작위범에서 말하는 보증인의 보증
의무도 유기죄의 보호의무와 다르다.

(나) 계약상의 보호의무   계약상의 보호의무는 유기자와 요부조자 사이에
체결되지 않고 제3자와 체결하더라도 무방하다. 명시적인 계약이든 묵시적인 계약
이든 불문한다. 따라서 간호사의 환자보호의무, 유아원 보모의 유아보호의무는

---

270) 대법원 1972. 6. 27. 선고 72도863 판결.

271) 광주고등법원 1992. 10. 23. 선고 92노561 판결. 교통사고를 낸 후 피해자를 다른 장소에
내려놓고 도주한 경우에 같이 동승한 자도 공모하였다면 교통사고운전자는 특정범죄가중
처벌법 제5조의3 제2항 제2호 위반죄가 성립하지만, 동승자는 유기죄의 공동정범이 된다.

272) 경범죄처벌법 제3조 제1항 제6호(도움이 필요한 사람 등의 신고불이행) 자기가 관리하고 있
는 곳에 도움을 받아야 할 노인, 어린이, 장애인, 다친 사람 또는 병든 사람이 있거나 시체
또는 사산아가 있는 것을 알면서 이를 관계 공무원에게 지체 없이 신고하지 아니한 사람
에 대하여는 10만원 이하의 벌금, 구류 또는 과료(科料)의 형으로 처벌한다.

사무의 성질상 당연히 환자가족이나 유아의 부모와 계약이 체결되었다고 할 수 있지만, 동거하는 피용자가 질병에 걸린 경우에는 명시적인 계약이 없더라도 사용자와의 묵시적 계약에 의해 사용자는 피용자를 치료해야 할 보호의무를 진다. 따라서 자신이 운영하는 주점에 손님으로 와서 수일간 계속 술을 마시고 만취한 피해자를 주점 내에 방치하여 저체온증으로 사망한 경우에는 주점주인에게 계약상의 보호의무가 인정된다.[273]

2) 행위객체

노유(老幼), 질병 기타 사정으로 인하여 생명, 신체에 대한 위험을 스스로 극복할 수 없는 사람, 즉 요부조자가 행위객체이다. '부조를 요하는 자', 즉 요부조자란 타인의 도움 없이는 스스로 일상생활에 필요한 동작을 일시적·계속적으로 할 수 없기 때문에 자기의 생명·신체에 대한 위험을 스스로 극복할 수 없는 자를 말한다.

이러한 부조를 요하는 원인에는 노유, 질병 그리고 기타 사정이 있다. 여기서 ① '노유'란 늙었거나 어린 경우로서 연령에 따른 개념이지만, 연령에 따라 획일적으로 정해지는 것은 아니고, 구체적 사정에 따라 정해진다고 하겠다. 또한 ② '질병'이란 육체적·정신적 질환을 의미하며, 질병의 원인이나 치료기간 등은 불문한다. 따라서 병자, 정신병자, 부상자, 명정으로 의식을 잃은 자도 포함된다. 그 외에 ③ '기타 사정'에 해당하는 경우로는 분만중인 부녀, 불구자, 백치, 최면술에 걸린 자 등이 포함된다. 그리고 부조원인을 요부조자가 유책하게 야기했는가 여부도 문제되지 않는다.

3) 실행행위

본죄의 실행행위는 유기(遺棄)이다. 유기란 요부조자를 보호없는 상태에 둠으로써 생명·신체에 대한 위험을 증가시키거나 발생시키는 행위를 말한다. 유기는 요부조자의 장소이전유무에 따라 협의의 유기와 광의의 유기로 나누어진다. 협의의 유기(Aussetzen)란 요부조자를 현재의 보호받고 있는 상태에서 적극적으로 장소적인 이동을 함으로써 보호받지 못하는 상태로 두는 것(이치: 移置)을 말하며, 광의의 유기(Verlassen)란 요부조자를 소극적으로 종래의 장소에 그대로 둔 채 요부조자를 방치하거나 부조의무자가 떠남으로써 보호받지 못하는 상태에 두는 것(치거: 置去)을 말한다.

---

273) 대법원 2011. 11. 24. 선고 2011도12302 판결.

그리고 광의의 유기와 협의의 유기를 불문하고 유기는 작위뿐만 아니라 부작위에 의해서도 가능하다. 작위에 의한 협의의 유기는 요부조자를 안전한 장소로부터 생명·신체에 위험이 있는 곳으로 옮겨두는 것을 말하며, 부작위에 의한 협의의 유기는 요부조자가 위험한 곳으로 가는 것을 방치하는 것을 말한다. 또한 작위에 의한 광의의 유기는 요부조자를 두고 떠나가는 것을 말하며, 부작위에 의한 광의의 유기는 보호의무자가 요부조자가 있는 곳으로 돌아가지 않거나 함께 있으면서 요부조자의 생존에 필요한 부조를 하지 않는 것[274]을 말한다.

본죄는 추상적위험범이므로 유기행위로 인하여 요부조자의 생명·신체에 대한 추상적 위험만 발생하더라도 기수가 된다. 따라서 타인의 구조가 가능하거나 또는 타인의 구조가 없을 경우 부조의무자 스스로 구제할 의사로 숨어 있었다고 하더라도 유기죄는 성립한다.

유기의 방법으로는 **유형적·무형적 방법** 모두 가능하다. 따라서 폭행, 협박, 위계, 방치 등 어떤 방법이든 불문하고 요부자의 생명·신체에 대한 위험을 발생시킬 있는 방법이면 족하다.

(2) 주관적 구성요건과 착오

본죄가 성립하기 위해서는 주관적 구성요건으로 보호의무자는 자신이 보호의무자이고 요부조자를 유기한다(보호의무를 해태한다)는 데에 대한 인식과 의사가 필요하다.[275] 본죄의 고의는 **미필적 고의**로도 충분하다. 또한 보호의무를 발생케 한 상황에 대한 인식은 고의의 인식대상이지만, 보호의무의 범위와 내용은 고의의 인식대상이 아니다. 따라서 **보호의무자의 지위에 대한 착오는 구성요건적 착오**이나, 보호의무의 범위와 내용에 대한 착오는 법률의 착오로서 포섭의 착오에 해당한다.

(3) 다른 범죄와의 관계

1) 살인죄·상해죄와의 관계

유기죄는 살인죄나 상해죄에 대하여 법조경합 중 보충관계에 있으므로, 살인

---

274) 대법원 1980. 9. 24. 선고 79도1387 판결(피고인이 믿는 종교인 여호와의 증인의 교리에 어긋난다는 이유로 최선의 치료방법인 수술을 거부함으로써 딸을 사망케 하였다면 유기치사죄를 구성한다).

275) 대법원 1988. 8. 9. 선고 86도225 판결(유기죄에 있어서는 행위자가 요부조자에 대한 보호책임의 발행원인이 된 사실이 존재한다는 것을 인식하고 이에 기한 부조의무를 해태한다는 의식이 있음을 요한다); 대법원 2008. 2. 14. 선고 2007도3952 판결.

이나 상해의 고의로 유기하면 살인 또는 상해의 수단이 되어 **살인죄나 상해죄만** 성립한다.

2) 강간치상 등의 죄와의 관계

일정한 고의범죄(강간 또는 강도)의 실행 중에 유기죄에 의하여 발생할 정도의 위험이 발생한 때에는 그 고의범죄로만 처벌될 뿐이며 유기죄는 성립하지 않는다. 이 경우에는 법률상·계약상 의무가 발생하지 않기 때문이다. 따라서 강간치상을 저지른 자가 실신상태에 있는 피해자를 구호하지 아니하고 방치하였더라도 그 행위는 포괄적으로 단일의 **강간치상죄만** 성립한다.[276)]

2. 존속유기죄

> **제271조(존속유기)** ② 자기 또는 배우자의 직계존속에 대하여 제1항의 죄를 범한 때에는 10년 이하의 징역 또는 1천 500만원 이하의 벌금에 처한다.

자기 또는 배우자의 직계존속을 유기함으로써 성립하는 범죄이다. 본죄는 유기죄에 대하여 존속이라는 신분관계로 인하여 책임이 가중되는 **책임가중적 구성요건**이며, 부진정신분범이다. 여기서 직계존속이라는 개념은 **법률상의 직계존속**만을 의미하며 사실상의 직계존속은 포함되지 않는다. 존속살해죄에 있어서의 직계존속과 같은 의미이다.

3. 중유기죄·존속중유기죄

> **제271조(유기, 존속유기)** ③ 제1항의 죄를 범하여 사람의 생명에 대한 위험을 발생하게 한 때에는 7년 이하의 징역에 처한다.
> ④ 제2항의 죄를 범하여 사람의 생명에 대하여 위험을 발생한 때에는 2년 이상의 유기징역에 처한다.

본죄는 단순유기죄와 존속유기죄의 결과적가중범이며, 유기를 함으로써 '요부조자의 생명에 대한 **구체적 위험을 발생**'케 함으로써 성립하는 **결과적가중범**이다. 따라서 (존속)중유기죄는 **구체적 위험범**이다. 또한 (존속)중유기죄에 있어서

---

276) 대법원 1980. 6. 24. 선고 80도726 판결.

중한 결과는 고의가 있는 경우에도 성립하므로 (존속)중유기죄는 부진정결과적가 중범이다.

4. 영아유기죄

> 제272조(영아유기) 직계존속이 치욕을 은폐하기 위하거나 양육할 수 없음을 예상하거나
> 특히 참작할 만한 동기로 인하여 영아를 유기한 때에는 2년 이하의 징역 또는 300만
> 원 이하의 벌금에 처한다.

영아유기죄는 직계존속이 치욕을 은폐하거나 양육할 수 없음을 예상하거나 특히 참작할 만한 동기로 인하여 영아를 유기한 때에 성립하는 범죄이다.

(1) 행위주체

본죄의 행위주체는 직계존속이다. 영아유기죄는 단순유기죄에 비하여 직계존속이라는 신분관계와 범행동기의 특수성으로 인하여 책임이 감경되는 **책임감경적 구성요건**으로서 부진정신분범의 일종이다. 본죄의 직계존속에는 **법률상의 직계존속**은 물론 **사실상의 직계존속**도 포함된다고 보는 통설의 입장이 타당하다. 따라서 산모뿐만 아니라 사실상의 부도 포함된다.

(2) 행위객체

본죄의 행위객체는 영아이다. 영아살해죄에 있어서는 '분만 중 또는 분만 직후의 영아'라고 하여 그 범위가 제한적인데 반해, 본죄에 있어서의 '영아'란 분만 중 또는 분만 직후의 영아를 포함하여 일반적 의미의 유아, 즉 젖먹이 아이까지가 행위객체가 된다. 따라서 젖먹이 어린 아이가 아닌 유아(幼兒)를 유기한 때에는 단순유기죄가 성립한다.

(3) 실행행위

본죄의 실행행위는 '유기'이다. 그 의미는 유기죄에 있어서 유기와 동일하다.

(4) 고의 이외의 주관적 동기

본죄는 직계존속이 ① 치욕을 은폐하기 위하거나, ② 양육할 수 없음을 예상하거나, ③ 특히 참작할 만한 동기를 가지고 영아를 유기함으로써 성립하는 범죄이다.

영아살해죄와 마찬가지로 본죄는 행위자의 주관적인 범죄동기로 인해 행위

자에 대한 비난가능성이 감경되는 **책임감경적 구성요건**이다. 입법론적으로 영아유기
죄는 유기죄의 전형적인 경우이므로 영아살해죄와는 달리 이를 감경해야 할 이유
가 없으므로 이를 폐지하는 것이 바람직하다. 나아가 본죄에 대하여 형법의 작량
감경규정(제53조)이 적용되지 않는다는 견해도 있으나, 영아살해죄와 마찬가지로
이를 특별히 배제해야 할 이유가 없다[277]고 생각된다.

Ⅲ. 학대죄·존속학대죄

> **제273조(학대, 존속학대)** ① 자기의 보호 또는 감독을 받는 사람을 학대한 자는 2년 이하
> 의 징역 또는 500만원 이하의 벌금에 처한다.
> ② 자기 또는 배우자의 직계존속에 대하여 전항의 죄를 범한 때에는 5년 이하의 징역 또
> 는 700만원 이하의 벌금에 처한다.

1. 의의 및 보호법익

학대죄(虐待罪)는 자기의 보호 또는 감독을 받는 자를 학대함으로써 성립하는 범죄
이다. 보호자 또는 감독자라는 신분관계로 인해 범죄가 성립되는 진정신분범이다.
또한 **존속학대죄**는 자기 또는 배우자의 직계존속을 학대함으로써 책임이 가중되
는 부진정신분범이다. 학대죄는 경향범의 일종이며, 상태범(즉시범)[278]에 속한다.

학대죄의 보호법익은 사람의 생명·신체의 안전을 포함한 사람의 인격권이고, 보
호의 정도는 추상적 위험범이다.

2. 구성요건

(1) 행위주체

본죄의 행위주체는 타인을 보호 또는 감독하는 자이다. 본죄의 보호 또는 감독
자의 범위에 관하여 법률 또는 계약에 의한 보호·감독자에 한정되어야 한다는
견해[279]도 있으나, 유기죄와는 달리 보호 또는 감독의 근거에 대하여 특별히 제

---

277) 이재상/장영민/강동범, 111면.
278) 대법원 1986. 7. 8. 선고 84도2922 판결.
279) 강구진, 126면.

한이 없으므로, 법률상·계약상의 보호·감독자뿐만 아니라 사무관리·관습·조리에 의한 보호·감독자도 포함된다는 통설[280]의 입장이 타당하다.

(2) 행위객체

본죄의 행위객체는 타인의 보호 또는 감독을 받는 자이다. 다만 18세 미만의 아동의 경우에는 '아동복지법'의 적용이 있다. 이 법에서는 아동학대금지조항에 위반된 행위를 한 자에 대하여는 5년 이하의 징역 또는 3천만원 이하의 벌금에 처하노록 규정하고 있어 법정형이 형법상 학대죄보다 높다.

(3) 실행행위

본죄의 실행행위는 학대행위를 하는 것을 말한다.

1) 학대의 개념

학대의 개념에 대하여는, ① 생명·신체의 안전을 위태롭게 할 육체적 고통을 가하는 처우를 의미한다고 견해[281]도 있으나, ② 육체적 또는 정신적 고통을 가하는 가혹한 대우를 의미한다고 해석하는 통설[282]이 타당하다. 따라서 음식을 주지 않거나, 휴식이나 수면을 허용하지 않거나, 폭행을 행사하는 경우[283] 등이 여기에 해당한다. 판례[284]도 통설과 같은 입장이다. 다만 학대의 죄를 유기의 죄와 같은 장에 규정한 것을 고려해 볼 때, 학대의 정도는 유기에 준할 정도로 적어도 생명·신체에 대한 위험을 줄 수 있는 정도에 이르러야 하며, 판례도 같은 입장이다.

2) 학대의 판단기준과 및 학대의 범위

학대인가에 대한 판단은 보호·감독자와 피보호·감독자의 지위, 환경 등 구체적 사정을 검토하여 판단해야 한다. 따라서 일상생활에 필요한 의식주를 제대로 주지

---

280) 김일수/서보학, 92면; 박상기, 98면; 배종대, 29/1; 이재상/장영민/강동범, 112면; 이형국, 147면; 임웅, 134면.

281) 김종원, 94면; 이재상/장영민/강동범, 112면.

282) 김일수/서보학, 93면; 이영란, 116면; 이재상/장영민/강동범, 112면; 임웅, 135면; 정성근/박광민, 111면; 정영일, 45면.

283) 대법원 1969. 2. 4. 선고 68도1793 판결(4세인 아들이 대소변을 가리지 못한다고 닭장에 가두어두고 전신을 구타한 행위는 친권자의 징계권행사에 해당되지 않고 학대죄에 해당한다).

284) 대법원 2000. 4. 25. 선고 2000도223 판결('학대'라 함은 육체적으로 고통을 주거나 정신적으로 차별대우를 하는 행위를 가리키고, 이러한 학대행위는 형법의 규정체제상 학대와 유기의 죄가 같은 장에 위치하고 있는 점 등에 비추어 단순히 상대방의 인격에 대한 반인륜적 침해만으로는 부족하고 적어도 유기에 준할 정도에 이르러야 한다).

않거나 신체조건에 맞지 않는 가혹한 훈련을 시키는 행위는 학대에 해당하지만, **협박·성추행·음란행위**를 한 경우에는 협박·성추행 등의 죄가 별도로 성립하므로 학대죄는 성립하지 않는다고 보는 다수설의 입장이 타당하다. 그러나 **폭행**을 가하는 경우에 학대에 해당하는가에 대하여는 다툼이 있다. **폭행도 학대에 포함된다는 견해**[285]와 제외된다는 견해[286]가 대립하며, 판례는 전자의 입장이다.

생각건대 폭행죄와 학대죄의 **법정형**이 양죄 모두 2년 이하의 징역이고, 생명·신체의 안전을 보호하는 **거동범**이라는 점에서 동일하지만, 학대죄는 **신분범**이고 반의사불벌죄가 아니라는 점에서는 폭행죄와 차이가 있다. 그러므로 피보호감독자의 법익을 보다 두텁게 보호하기 위하여 **폭행도 학대에 포함**된다고 보는 견해가 타당하다고 생각된다.

(4) 고의와 내심적 경향

본죄는 고의범이므로 행위자 자신이 보호·감독자의 지위에 있고, 피보호·감독자를 학대한다는 사실에 대한 인식과 의사가 필요하다. **추상적 위험범**이므로 피해자의 생명·신체에 대한 위험발생에 대한 인식과 의사는 불필요하다.

또한 본죄는 **경향범**이므로 고의 이외에 **초과주관적 불법요소**로서 학대라는 주관적 경향이 있어야 한다.[287]

3. 존속학대죄

자기 또는 배우자의 직계존속을 학대함으로써 성립하는 범죄이다. 본죄는 학대죄에 대하여 신분으로 인하여 책임이 가중되는 **책임가중적 구성요건**으로 부진정신분범이다.

4. 위 법 성

학대행위가 피해자의 승낙에 의해 행해진 경우, 예컨대 마조히즘[288]에 의한

---

285) 이재상/장영민/강동범, 112면.
286) 김일수/서보학, 115면.
287) 김일수/서보학, 116면.
288) **사디즘(sadism)**이란 가학증 또는 학대음란증이라고도 하며, 성적 대상에게 고통을 줌으로써 성적 쾌감을 얻는 변태적 성행위를 말한다. 이에 반대되는 개념인 **마조히즘(masochism)**이란 피학대성욕도착증 또는 피학대음란증이라고도 하며, 이성으로부터 정신적·육체적으로 학

경우에는 구성요건해당성이 배제되는 것이 아니라 위법성이 조각될 수 있다.[289]

형법상 아동학대죄에 해당할 경우에는 실무적으로는 형법이 적용될 여지가 거의 없으며, 가중처벌규정이 있는 특별법인 「아동학대범죄의 처벌 등에 관한 특례법」이나 「가족폭력범죄의 처벌 등에 관한 특례법」이 적용되게 된다.

Ⅳ. 아동혹사죄

> 제274조(아동혹사) 자기의 보호 또는 감독을 받는 16세 미만의 자를 그 생명 또는 신체에 위험한 업무에 사용할 영업자 또는 그 종업자에게 인도한 자는 5년 이하의 징역에 처한다. 그 인도를 받은 자도 같다.

1. 의   의

아동혹사죄(兒童酷使罪)란 자기의 보호 또는 감독을 받는 16세 미만의 자를 그 생명·신체에 위험한 업무에 사용할 영업자 또는 그 종업자에게 인도하거나 인도받음으로써 성립하는 범죄이다. 본죄의 보호법익은 아동의 복지권이며, 행위 그 자체를 처벌하는 형식범이고 추상적 위험범이다. 또한 본죄는 진정신분범이고 필요적 공범 중에 대향범이다.

2. 구성요건

(1) 행위주체 및 객체

본죄의 행위주체는 16세 미만의 자를 보호·감독하는 자이고, 그 대향자는 생명 또는 신체에 위험한 업무에 사용할 영업자 또는 그 종업자이다. 본죄는 인도자와 인수자의 대향관계로 구성되는 **대향범**이고 **필요적 공범**이다.

본죄의 객체는 16세 미만의 자로서 기혼, 미혼, 성별, 발육정도를 묻지 않는다.

(2) 실행행위

본죄의 실행행위는 **생명 또는 신체에 위험한 업무에 사용할 영업자 또는 그 종업자에게 인도하거나 인도받는** 행위를 말한다.

대받는 데서 성적 쾌감을 느끼는 변태성행위를 말한다.

289) 임웅, 120면.

1) 여기서 '인도'란 현실적인 인도가 있어야 하고 인도계약만으로는 부족하다. 현실적인 인도가 있으면 인도계약의 무효나 취소 또는 현실적으로 위험한 업무에 종사하였는가 여부는 본죄의 성립에 영향이 없다. 인도행위 그 자체를 처벌하는 거동범이다.

2) '생명 또는 신체에 위험한 업무'의 범위와 관련하여, 근로기준법 제65조가 여자와 18세 미만자에게 도덕상 또는 보건상 유해·위험한 사업에 사용하지 못하도록 규정하고 있는데, 아동혹사죄의 업무는 이러한 근로기준법상의 금지직종보다 제한되는가 아니면 확대되는가에 대하여 견해가 대립한다. ① 근로기준법 제65조는 여자와 18세 미만자를 대상으로 하나, 본죄는 16세 미만자를 대상으로 하므로 본죄의 업무의 범위는 근로기준법 제65조보다 확대되어야 한다는 견해[290]도 있으나, ② 본죄의 업무는 생명·신체에 위험한 업무이고, 또한 본죄의 형(5년 이하의 징역)이 근로기준법위반의 경우(3년 이하의 징역)보다 중하므로, 본죄의 업무의 범위는 근로기준법상의 업무보다 제한적으로 해석하는 통설이 타당하다.[291]

3. 위 법 성

본죄는 피해자인 아동의 승낙이 있어도 위법성이 조각되지 않는다. 왜냐하면 본죄의 보호법익은 피해자의 처분할 수 있는 법익이 아니라 아동의 복지권이기 때문에, 피해자의 승낙유무를 불문하고 위법하기 때문이다.[292]

V. 유기 등 치사상죄

> 제275조(유기 등 치사상) ① 제271조 내지 제273조의 죄를 범하여 사람을 상해에 이르게 한 때에는 7년 이하의 징역에 처한다. 사망에 이르게 한 때에는 3년 이상의 유기징역에 처한다.
> ② 자기 또는 배우자의 직계존속에 대하여 제271조 또는 제273조의 죄를 범하여 상해에 이르게 한 때에는 3년 이상의 유기징역에 처한다. 사망에 이르게 한 때에는 무기 또는 5년 이상의 징역에 처한다.

---

290) 황산덕, 196면.
291) 강구진, 127면; 이재상/장영민/강동범, 113면.
292) 임웅, 115면.

유기치사상죄는 유기죄·존속유기죄·영아유기죄·학대죄·존속학대죄를 범하여 과실로 사상의 결과에 이르게 한 경우에 성립하는 **진정결과적 가중범**이다. 사상(死傷)의 결과에 대한 고의를 가지고 유기했다면 법조경합의 보충관계로서 살인죄 또는 상해죄만 성립한다.

존속유기치사상죄는 유기치사상죄에 대하여 신분관계로 인하여 책임이 가중되는 **책임가중적 구성요건**이다.[293)]

---

293) 서울고등법원 1992. 5. 29. 선고 92도1085 판결(추운 겨울날 새벽에 주점에서 판 술을 마시고 인사불성이 된 손님을 길거리에 방기하여 동사케 한 술집 경영자와 종업원에 대하여 **유기치사죄가 성립한다고 판시).**

제2장 자유에 대한 죄

자유권은 헌법상 기본권의 하나이다. 형법이 규정하고 있는 대부분의 범죄는 자유에 대한 죄로서의 성질을 갖고 있으나. 이 장에서 의미하는 자유에 대한 죄는 자유 그 자체를 보호하기 위한 범죄를 말하고, 다른 법익을 보호하기 위한 수단으로 자유를 침해하는 범죄인 강도죄나 공갈죄 등은 여기에 포함되지 않는다. 형법에서 규정하고 있는 자유에 대한 죄에는 협박의 죄(제30장), 강요의 죄(제324조 내지 제324조의6, 제326조), 체포와 감금의 죄(제29장), 약취와 유인의 죄(제31장) 및 강간과 추행의 죄(제32장)가 있다.

협박의 죄(제30장)는 의사결정의 자유를 보호하기 위한 범죄이고, 강요의 죄(제324조 내지 324조의6, 제326조)는 의사결정의 자유와 의사활동의 자유를 보호하기 위한 범죄이며, 체포와 감금의 죄(제29장) 및 약취와 유인의 죄는 사람의 신체활동의 자유 내지 장소선택의 자유를 보호하기 위한 범죄이고, 강간과 추행의 죄는 애정의 자유 내지 성적 자기결정의 자유를 보호하기 위한 범죄이다.

제 1 절 협박의 죄

Ⅰ. 개 설

1. 의의와 본질

협박죄란 사람을 협박함으로써 성립하는 범죄로서, 개인의 정신적 의사의 자유인 의사결정의 자유를 보호하기 위한 범죄이다. 이와 달리 강요죄는 개인의 정신적 의사의 자유 중에서 의사결정의 자유뿐만 아니라 의사활동의 자유까지도 보호법익으로 하는 점에서 양죄는 구별된다.

보호법익에 대한 보호정도에 대하여 **강요죄가 침해범**이라는 데에는 다툼이 없으나, **협박죄**에 대하여는 **위험범**이라는 견해[1]도 있고 독일에서는 추상적 위험범이라는 견해가 지배적인 견해이다.[2] 그러나 우리 형법은 독일 형법과 달리 협박죄의 미수범을 처벌하고 있고, 협박죄의 미수를 기수로 처벌해야 할 형사정책적 필요성도 없기 때문에 협박죄도 강요죄와 마찬가지로 의사의 자유가 침해되었을 때 비로소 기수가 되는 **침해범**으로 해석하는 통설[3]이 타당하다고 생각된다.

2. 구성요건의 체계

협박의 죄는 **협박죄**(제283조 제1항)를 기본적 구성요건으로 하여, 신분관계나 상습성으로 인해 책임이 가중되는 책임가중적 구성요건인 존속협박죄와 상습협박죄, 그리고 행위실행의 방법 때문에 불법이 가중되는 불법가중적 구성요건으로 특수협박죄 등이 있고, 협박죄의 미수범은 처벌한다(제268조). 그 밖에 외국원수나 외교사절에 대한 협박에 대하여는 형법 제107조와 제108조에서 국가적 법익에 대한 범죄로 취급하여 별도로 독립된 구성요건을 두고 있다.

또한 본죄에 대하여 특별형법인 「폭력행위 등 처벌에 관한 법률」 제2조에는 '상습적이거나 2인 이상이 공동하여 본죄를 범한 경우'에 가중처벌하도록 규정하고 있다.

또한 「특정범죄 가중처벌 등에 관한 법률」 제5조의9 제2항에는 형사사건의 수사·재판과 관련하여 보복 등의 목적으로 협박죄를 범한 자를 가중처벌하고 있다.

II. 협 박 죄

1. 단순협박죄

제283조(협박) ① 사람을 협박한 자는 3년 이하의 징역, 500만원 이하의 벌금, 구류 또는 과료에 처한다.

---

1) 정영석, 260면.
2) 독일 형법 제241조에서는 **"중죄를 범할 것을 협박한 경우"**에만 협박죄가 성립하도록 규정하고 있으므로, 협박죄의 보호법익을 개인의 법적 평온에 대한 신뢰라고 보는 점에서는 의견 대립이 없다.
3) 박상기, 103면; 손동권/김재윤, 112면; 이재상/장영민/강동범, 115면; 이정원, 134면; 이형국, 156면; 임웅, 148면.

③ 제1항의 죄는 피해자의 명시한 의사에 반하여 공소를 제기할 수 없다.

(1) 의의 및 보호법익

협박죄란 일정한 해악을 상대방에게 고지하여 공포심을 일으키게 함으로써 성립하는 범죄이다. 본죄는 개인의 자유로운 활동의 전제가 되는 정신적 의사의 자유, 즉 의사결정의 자유를 보호법익으로 하고, 보호법익에 대한 보호의 정도는 협박죄의 미수를 처벌하고 있으므로 침해범으로 해석하는 것이 통설의 입장이다. 이에 반해 판례[4]는 협박죄를 위험범으로 해석하고 있다.

(2) 행위객체

본죄의 행위객체는 사람이다. 여기서 사람이란 자연인인 타인을 의미하므로 자연인이 아닌 법인은 본죄의 객체가 될 수 없다. 외국원수나 외교사절에 대하여는 별죄를 구성하기 때문에 본죄의 행위객체가 될 수 없다(제107조, 제108조).

또한 본죄의 행위객체인 사람은 해악고지에 의하여 공포심을 일으킬 만한 정신능력 내지 의사능력이 있는 사람이어야 한다. 따라서 유아·정신병자·명정자(酩酊者)·수면자(睡眠者)는 본죄의 객체가 되지 않는다.

(3) 실행행위

본죄의 실행행위로서 협박행위가 있어야 한다.

1) 협박의 개념

협박죄에 있어서 협박이란 상대방으로 하여금 현실적으로 공포심을 일으키게 하여 일정한 행위를 강제할 수 있을 정도의 구체적인 해악(害惡)을 고지(告知)하는 것을 말한다. 즉 협의의 협박을 의미한다. 형법상 협박은 그 내용과 정도에 따라 다음과 같이 3가지로 분류하는 것이 일반적인 견해이다.

---

4) 대법원 2007. 9. 28. 선고 2007도606 전원합의체 판결(협박죄가 성립하려면 고지된 해악의 내용이 일반인으로 하여금 공포심을 일으키게 하기에 충분한 것이어야 하지만, 상대방이 그에 의하여 현실적으로 공포심을 일으킬 것까지 요구하는 것은 아니며, 그와 같은 정도의 해악을 고지함으로써 상대방이 그 의미를 인식한 이상, 상대방이 현실적으로 공포심을 일으켰는지 여부와 관계없이 그로써 구성요건은 충족되어 협박죄는 기수에 이르는 것으로 해석하여야 한다. 결국 협박죄는 사람의 의사결정의 자유를 보호법익으로 하는 위험범이라 봄이 상당하고, 협박죄의 미수범 처벌조항은 해악의 고지가 현실적으로 상대방에게 도달하지 아니한 경우나, 도달은 하였으나 상대방이 이를 지각하지 못하였거나 고지된 해악의 의미를 인식하지 못한 경우 등에 적용될 뿐이다).

① 광의의 협박이란 상대방으로 하여금 공포심을 일으키게 할 목적으로 해악을 고지하는 것을 말하며, 상대방이 실제로 공포심을 느꼈는가는 불문한다. 그러나 공무집행을 방해할 정도이거나 한 지방의 평온을 해할 정도의 해악고지는 있어야 한다. 내란죄(제87조), 소요죄(제115조), 다중불해산죄(제116조), 공무집행방해죄(제136조), 특수도주죄(제146조)의 협박이 여기에 해당한다. ② 협의의 협박이란 상대방이 현실적으로 공포심을 일으켜 상대방의 일정한 행위를 강제할 수 있을 정도의 해악을 고지하는 것을 말한다. 협박죄(제283조), 강요죄(제324조), 공갈죄(제350조), 약취죄의 협박이 여기에 해당한다. 그러나 판례는 협박죄에서의 협박을 일반적으로 보아 사람으로 하여금 공포심을 일으키게 할 정도의 해악을 고지하는 것을 말한다고 보아 광의의 협박으로 해석하고 있다.[5] ③ 최협의의 협박이란 상대방의 반항을 불가능 또는 억압하거나 현저히 곤란하게 할 정도의 해악을 고지하는 것을 말한다. 강도죄, 준강도죄, 강간죄 등의 협박이 여기에 해당한다. 그러나 최협의의 협박이라고 하여 협박의 정도가 반드시 동일한 것이 아니다. 예컨대 강도죄의 협박은 상대방의 반항을 불가능하게 할 정도임을 요하지만, 강간죄에서의 협박은 상대방의 반항을 곤란하게 할 정도이면 족하기 때문이다.

2) 단순한 욕설, 폭언과 구별

단순한 욕설과 폭언은 구체적인 해악고지라 할 수 없으므로 폭행이나 모욕은 될지라도 협박에는 해당하지 않는다.[6] 단순한 욕설이나 폭언이 협박에 해당하는가 여부는 행위의 유형, 경위, 피해자와의 관계 등을 종합하여 판단해야 한다. 외관상 해악이 고지된 경우에도 해악을 실현할 의사가 객관적으로 명백히 없거

---

5) 대법원 2010. 7. 15. 선고 2010도1017 판결(협박죄에 있어서 협박이란 일반적으로 보아 사람으로 하여금 공포심을 일으킬 정도의 해악을 고지하는 것을 의미하며, … 피해자 본인이나 그 친족뿐만 아니라 그 밖의 제3자에 대한 법익 침해를 내용으로 하는 해악을 고지하는 것이라고 하더라도 피해자 본인과 제3자가 밀접한 관계에 있어 그 해악의 내용이 피해자 본인에게 공포심을 일으킬 정도의 것이라면 협박죄가 성립한다. 이 때의 제3자는 자연인뿐만 아니라 법인도 포함된다 할 것이다); 대법원 2005. 3. 25. 선고 2004도8949 판결(… 객관적으로 상대방으로 하여금 공포심을 느끼게 하기에 족하면 되고, 상대방이 현실적으로 공포심을 일으킬 것까지 요구되는 것은 아니며, 다만 고지하는 해악의 내용이 경미하여 상대방이 전혀 개의치 않을 정도인 경우에는 협박에 해당하지 않는다).

6) 대법원 1986. 7. 22. 선고 86도1140 판결(피해자에게 "입을 찢어 버릴라"라고 한 것은 단순한 욕설에 지나지 않는다).

제 2 장 자유에 대한 죄 133

나 구체적인 해악고지로 볼 수 없는 경우에는 폭언에 불과하다고 하겠다.

3) 경고와 협박의 구별

경고와 협박은 구별된다. 경고(警告)는 행위자의 의사와는 관계없이 자연발생적인 천재지변이나 길흉화복의 도래를 상대방에게 알리는 것에 불과하여 불가벌이지만,[7] 협박은 고지된 해악의 실현이 행위자에 의해 직접·간접적으로 좌우되기 때문에 처벌된다. 그러나 고지된 해악이라고 하여 반드시 현실적으로 발생할 가능성이 있거나, 행위자가 이를 실현할 의사가 있어야 하는 것은 아니다. 객관적으로 보아 행위자가 해악을 실현할 의사가 있다고 보여 지거나 상대방이 사실상 이러한 해악이 발생할 가능성이 있다고 인식하면 족하다.

4) 해악의 정도와 내용

협박의 수단으로 고지된 해악(害惡)의 내용에는 특별히 제한이 없다.

① 따라서 해악의 내용에는 생명·신체·자유·명예·재산에 한정되지 않고, 성적 자기결정권·신용·업무·비밀에 대한 것도 포함된다. 해악의 대상은 상대방 본인만이 아니라 본인과 밀접한 관계가 있는 제3자에 대한 해악이라도 무방하며, 자연인뿐만 아니라 법인도 포함된다.[8] 해악의 정도는 상대방에게 공포심을 줄 수 있는 정도의 해악을 말하므로, 해악의 내용은 적어도 발생가능성이 있다고 생각될 정도의 구체적인 해악의 고지가 있어야 한다. 판례도 "앞으로 물건이 없어지면 네 책임이다."[9] 또는 "피해자를 찾아서 해결하라."[10]고 한 것만으로는 구체적인 해악의 고지가 없기 때문에 협박에 해당하지 않는다고 판시한 바 있다.[11]

---

7) 대법원 2002. 2. 8. 선고 2000도3245 판결(조상천도제를 지내지 아니하면 좋지 않은 일이 생긴다는 취지의 해악고지는 길흉화복이나 천재지변의 예고로서 행위자에 의하여 직접·간접적으로 좌우될 수 없는 것이고 가해자가 현실적으로 특정되어 있지도 않으며 해악의 발생가능성이 합리적으로 예견될 수 있는 것이 아니므로 협박으로 평가될 수 없다).

8) 대법원 2010. 7. 15. 선고 2010도1017 판결.

9) 대법원 1995. 9. 29. 선고 94도2187 판결("앞으로 수박이 없어지면 네 책임으로 하겠다."고 말하였다고 하더라도 그것만으로는 구체적으로 어떠한 법익에 어떠한 해악을 가하겠다는 것인지를 알 수가 없어 이를 해악의 고지라고 보기 어렵고, …가사 피고인이 위와 같이 말한 것으로 인하여 피해자가 어떤 공포심을 느꼈다고 하더라도 피고인이 위와 같은 말을 하게 된 경위, 피고인과 피해자의 나이, 신분관계 등에 비추어 볼 때 이는 정당한 훈계의 범위를 벗어나는 것이 아니어서 사회상규에 위배되지 아니하므로 위법성이 없다고 봄이 상당하다).

10) 대법원 1998. 3. 10. 선고 98도70 판결.

11) 대법원 2006. 8. 25. 선고 2006도546 판결(피고인이 자신의 동거남과 성관계를 가진 바 있

② 해악의 내용이 범죄를 구성하거나 불법을 구성해야 하는 것도 아니다. 따라서 미신적인 방법에 의한 해악고지도 상대방이 믿고 공포심을 가질 수 있는 상황이라면 협박이 되며, 언론에의 공개나 해고의 통지, 형사고소와 같은 정당한 권리행사라 하더라도 협박이 될 수 있다.

③ 해악의 내용은 작위는 물론 부작위에 의해서도 가능하다. 따라서 집단절교 선언, 부정한 행위를 요구하면서 상대방의 징계, 고발 등 비리를 발설하지 않겠다고 말한 경우도 상요죄의 협박이 된다.

④ 장래의 해악, 조건부 해악도 가능하며, 제3자에 의한 해악고지도 가능하다. 행위자에 의해 제3자에게 영향력을 행사할 수 있음을 인식시키면 충분하며, 실제로 그러한 지위에 있었을 것을 요하지는 않는다. 예컨대 어떤 자리에 취임하면 살해한다거나 재산상의 손해를 입히겠다고 통지하는 경우도 협박에 해당한다.

5) 해악의 고지방법

해악고지의 방법에도 특별한 제한이 없다. 구두, 문서, 거동, 직접적·간접적, 명시적·묵시적이든 묻지 않는다. 예컨대 말없이 가위로 목을 겨누는 행위는 거동에 의한 묵시적 협박이다. 문서에 의한 협박의 경우에는 허무인(虛無人)의 명의로 하거나 익명(匿名)이라도 상관없다. 또한 행위자의 요구에 응하지 않으면 자해행위를 하겠다고 한 경우12)에도 협박에 해당한다고 볼 수 있다. 그리고 2인 이상이 공동하여 본죄를 범한 때에는 「폭력행위 등 처벌에 관한 법률」 제2조 제2항이 적용된다.

6) 기수시기

본죄의 미수범은 처벌한다. 본죄를 위험범으로 보는 견해와 판례에 의하면 상대방에게 고지된 해악을 상대방이 지각할 수 있는 상태가 되면 본죄의 기수가 성립한다고 해석한다. 그러나 본죄는 의사결정의 자유를 침해하는 침해범이므로, 해악고지로 인해 현실적으로 상대방에게 공포심이 발생했을 때에 비로소 기수가 된다고 보는

던 피해자에게 "사람을 사서 쥐도 새도 모르게 파묻어버리겠다. 너까지 것 쉽게 죽일 수 있다." 라고 한 말은… 언성을 높이면서 말다툼으로 흥분한 나머지 단순히 감정적인 욕설 내지 일시적 분노의 표시를 한 것에 불과하고 해악을 고지한다는 인식을 갖고 한 것이라고는 보기 어렵다).

12) 대법원 2011. 1. 27. 선고 2010도14316 판결(횟집 주방에 있던 회칼 2자루를 들고 나와 죽어버리겠다며 자해하려고 한 피고인의 행위는 단순한 자해행위 시늉에 불과한 것이 아니라 피고인의 요구에 응하지 않으면 피해자에게 어떠한 해악을 가할 듯한 위세를 보인 행위로서 협박에 해당한다).

통설13)의 입장이 타당하다. 그리고 고지된 해악이 공포심을 일으키게 할 정도인가 여부는 상대방의 개인적 사정을 고려하여 중대한 가치를 침해하거나 상실할 수 있는가를 객관적으로 판단하여야 한다. 따라서 해악고지가 상대방에게 도달하지 않았거나 해악을 고지하였으나 상대방이 전혀 공포심을 느끼지 않은 경우에는 본죄의 미수에 해당한다.14)

(4) 주관적 구성요건

본죄의 주관적 구성요건으로 고의가 필요하다. 따라서 본죄의 고의로서 상대방에게 해악을 고지하여 공포심을 일으키게 할 인식과 의사가 행위자에게 필요하고, 나아가 고지된 해악이 상대방에게 도달하여 상대방이 그 해악이 실현될 가능성이 있다고 믿을 것을 인식하는 것도 고의의 내용이 된다. 그러나 고지된 해악을 행위자가 실제로 실현할 의사까지는 요하지 않는다.15)

(5) 위 법 성

위법성조각사유가 있을 경우에 본죄는 성립하지 않는다. 본죄와 관련하여 특히 문제되는 것은 권리행사를 위한 수단으로 협박을 한 경우와 형사고소할 것을 고지하여 협박한 경우가 문제된다.

1) 권리행사를 위한 수단으로 협박한 경우

목적과 수단의 관계에 비추어 해악의 고지가 정당한 권리행사를 위해 사회상규상 용인될 만한 수단인 때에는 위법성이 조각된다. 즉 정당한 목적을 달성하기 위하여 사회적으로 용인될 정도의 상당한 수단일 경우에는 위법성이 조각된다. 그러나 정당한 권리행사라 하더라도 그 수단이 권리남용이 되어 사회상규에 반할

---

13) 박상기, 107면; 유기천, 100면; 이영란, 135면; 이재상/장영민/강동범, 119면; 이형국, 160면; 정성근/박광민, 132면.

14) 대법원 2002. 12. 10. 선고 2002도4940 판결(개정 전 「폭력행위 등 처벌에 관한 법률」에 의한 야간협박죄의 경우에 해악의 고지가 피해자에게 도달하여 협박이 기수에 이른 시기가 야간이어야 하므로 실행의 착수는 야간이라 하더라도 기수에 이른 시기가 주간인 때에는 폭력행위 등 처벌에 관한 법률이 적용되지 않는다고 판시한 바 있다). 그러나 현재는 동법률이 개정되어 야간협박죄를 특별히 가중처벌하지 않고 있다.

15) 이재상/장영민/강동범, 119면; 대법원 1972. 8. 29. 선고 72도1565 판결(지서에 연행된 피고인이 경찰관으로부터 반공법위반 혐의사실을 추궁당하고 뺨까지 얻어맞게 되자 술김에 흥분하여 항의조로 "내가 너희들의 목을 자른다. 내 동생을 시켜서라도 자른다."라고 말하였다고 하여 피고인에게 협박죄를 구성할 만한 해악을 고지할 의사가 있었다고 볼 수 없다).

때에는 위법성이 조각되지 않는다. 따라서 채권자가 채권변제를 독촉하면서 상대
방의 생명, 신체에 대한 위해를 고지하면 협박죄가 성립한다. 또한 친권자가 자
(子)에게 야구방망이로 때릴 듯한 태도를 취하면서 '죽여 버린다'고 말한 경우에
도 협박죄는 성립한다.[16]

　　그러나 노동쟁의행위로 인해 파업·태업·직장폐쇄 등 노동자의 정당한 권리행
사로 행해진 경우에는, 이로 인해 상대방에게 공포심을 일으키게 한 경우라도 위
법성이 조각되어 본죄가 성립하지 않게 된다.

　2) 형사고소를 고지하여 협박한 경우

　　① 고소권자의 고소의사여부를 기준으로 진실로 고소할 의사가 있는 경우에는
협박죄가 성립하지 않지만 진실로 고소할 의사가 없이 상대방에게 공포심을 일
으킬 목적으로 고소권행사를 고지한 경우에는 협박죄가 성립한다고 하여 고소권
자가 진실로 고소할 의사가 있었는지 여부에 따라 협박죄의 성립유무를 판단해야
한다는 것이 종래의 통설[17]의 입장이다. ② 그러나 고소권자의 주관적인 고소의
사여부에 따라 협박죄의 성립여부를 좌우하는 것은 그 판단기준이 주관적이므로
명확하지 않고 자의적이기 때문에, 객관적으로 고소권행사의 남용여부에 따라 위법
성을 판단해야 한다는 다수설[18]의 견해가 타당하다.

　　따라서 고소권의 남용여부에 따라 판단되어야 하므로 형사고소라는 수단과 협
박의 목적 사이에 내적 연관이 있는 경우에는 위법성이 조각되지만, 내적 관련이 없으
면 협박죄가 성립하게 된다. 그러므로 회사돈을 횡령한 여직원에게 성교를 요구
하면서 고소하겠다고 협박하는 경우에는 내적 연관이 없으므로 본죄가 성립하지
만, 피해를 변상하지 않으면 고소하겠다고 협박하는 경우에는 목적과 수단 사이
에 내적 연관이 있으므로 본죄가 성립하지 않는다.

---

16) 대법원 2002. 2. 8. 선고 2001도6468 판결(친권자는 자를 보호하고 교양할 권리의무가 있
　　고, 그 자를 보호 또는 교양하기 위하여 필요한 징계를 할 수 있기는 하지만 인격의 건전
　　한 육성을 위하여 필요한 범위 안에서 상당한 방법으로 행사되어야 할 것인데, 스스로 감
　　정을 이기지 못하고 야구방망이로 때릴 듯이 피해자에게 "죽여 버린다"고 말하여 협박하는
　　것은 그 자체로 피해자의 인격 성장에 장해를 가져올 우려가 커서 이를 교양권의 행사라고
　　보기는 어렵다).
17) 강구진, 137면; 김종원, 101면; 유기천, 101면; 정영석, 263면.
18) 배종대, 32/18; 이영란, 136면; 이재상/장영민/강동범, 120면; 정성근/박광민, 133면.

(6) 반의사불벌죄-소추조건

본죄는 피해자의 명시한 의사에 반하여 공소를 제기할 수 없는 반의사불벌죄이다. 본죄는 개인의 의사의 자유를 보호법익으로 하는 범죄이므로 본인의 의사에 반해서까지 처벌할 이유가 없다는 것을 그 이유로 한다.

그러나 「폭력행위 등 처벌에 관한 법률」에 해당하는 집단적 또는 상습적으로 협박죄를 범한 경우와 「특정범죄 가중처벌 등에 관한 법률」 제5조의9 제2항에 해당하는 형사사건의 수사·재판과 관련하여 보복목적으로 협박죄를 범한 경우에도 반의사불벌죄가 아니다.

(7) 죄수 및 다른 범죄와의 관계

1) 죄 수

동시에 수인을 협박한 경우에는 수개의 협박죄의 상상적 경합이 된다.

2) 다른 범죄와의 관계

① 폭행을 한 후 협박하거나, 협박을 한 후 폭행한 경우에 양자가 별도의 내용으로 이루어진 경우에는 협박죄와 폭행죄는 경합범이 된다.[19] 그러나 폭행을 가하겠다고 협박을 한 후, 협박의 내용에 따라 폭행한 경우에는 협박은 폭행에 흡수되어 폭행죄만 성립한다(흡수관계).

② 폭행을 하겠다고 고지한 후 폭행한 때에는 협박은 폭행에 흡수되어 폭행죄만 성립하지만, 고지된 폭행내용과 다른 시간과 장소에서의 폭행이 있은 때에는 협박죄와 폭행죄는 경합범이 된다.

③ 감금상태를 유지하기 위한 수단으로 협박한 때에는 협박행위는 감금죄에 흡수된다.

④ 협박을 한 후 다시 영업을 방해한 경우에는 협박죄와 업무방해죄의 경합범이 된다.[20]

⑤ 협박행위시에 상해를 가하거나, 상해 직후에 다시 별개의 해악을 고지한 경우에는 협박죄와 상해죄는 경합범이 된다.[21]

---

19) 대법원 1982. 6. 8. 선고 82도486 판결.
20) 대법원 1991. 1. 29. 선고 90도2445 판결(피고인이 슈퍼마켓 사무실에서 식칼을 들고 피해자를 협박한 행위와 식칼을 들고 매장을 돌아다니며 손님을 내쫓아 그의 영업을 방해한 행위는 별개의 행위이다).
21) 대법원 1982. 6. 8. 선고 82도486 판결.

2. 존속협박죄

> 제283조(존속협박) ② 자기 또는 배우자의 직계존속에 대하여 제1항의 죄(협박죄)를 범한
>   때에는 5년 이하의 징역 또는 700만원 이하의 벌금에 처한다.
>   ③ 제2항의 죄는 피해자의 명시한 의사에 반하여 공소를 제기할 수 없다.
>   제286조(미수범) 미수범은 처벌한다.
>   [폭처법]
>   제2조 ② 2인 이상이 공동하여 본죄를 범한 때에는 형의 2분의 1까지 가중한다.

본죄는 자기 또는 배우자의 직계존속을 협박함으로써 성립하는 범죄이다. 존
속협박죄는 신분관계로 인하여 책임이 가중되는 **책임가중적 구성요건**이고, 부진정
신분범이다.

존속에 대하여는 존속살해죄, 협박에 대하여는 협박죄에 대한 이론이 본죄에
그대로 적용된다. 본죄도 반의사불벌죄이다. 2인 이상이 공동하여 존속협박죄를
범한 경우에는 「폭력행위 등 처벌에 관한 법률」에 의하여 가중처벌된다.

3. 특수협박죄

> 제284조(특수협박) 단체 또는 다중의 위력을 보이거나 위험한 물건을 휴대하여 전조 제1
>   항, 제2항의 죄를 범한 때에는 7년 이하의 징역 또는 1천만원 이하의 벌금에 처한다.
>   제286조(미수범) 미수범은 처벌한다.

본죄는 단체 또는 다중의 위력을 보이거나 위험한 물건을 휴대하고서 협박죄 또는
존속협박죄를 범함으로써 성립하는 범죄이다.

협박죄와 존속협박죄에 대하여 **행위수행방법의 위험성**으로 인해 불법이 가중
되는 불법가중적 구성요건이다. '단체 또는 다중의 위력을 보이거나 위험한 물건을 휴대
한다'는 의미는 특수폭행죄에서와 마찬가지이다.

4. 상습협박죄

> 제285조(상습범) 상습으로 제283조 제1항, 제2항 또는 전조의 죄를 범한 때에는 그 죄에
>   정한 형의 2분의 1까지 가중한다.
>   제286조(미수범) 미수범은 처벌한다.

> **[폭처법]**
> **제2조(폭행 등)** ② 2명 이상이 공동하여 다음 각 호의 죄를 범한 사람은 「형법」 각 해당 조항에서 정한 형의 2분의 1까지 가중한다.
>   1. 「형법」 제260조 제1항(폭행), 제283조 제1항(협박), 제319조(주거침입, 퇴거불응) 또는 제366조(재물손괴 등)의 죄
>   2. 「형법」 제260조 제2항(존속폭행), 제276조 제1항(체포, 감금), 제283조 제2항(존속 협박) 또는 제324조 제1항(강요)의 죄
>   3. 「형법」 제257조 제1항(상해)·제2항(존속상해), 제276조 제2항(존속체포, 존속감금) 또는 제350조(공갈)의 죄
> ③ 이 법(「형법」 각 해당 조항 및 각 해당 조항의 상습범, 특수범, 상습특수범, 각 해당 조항의 상습범의 미수범, 특수범의 미수범, 상습특수범의 미수범을 포함한다)을 위반 하여 2회 이상 징역형을 받은 사람이 다시 제2항 각 호에 규정된 죄를 범하여 누범 (累犯)으로 처벌할 경우에는 다음 각 호의 구분에 따라 가중처벌한다.
>   1. 제2항 제1호에 규정된 죄를 범한 사람: 7년 이하의 징역
>   2. 제2항 제2호에 규정된 죄를 범한 사람: 1년 이상 12년 이하의 징역
>   3. 제2항 제3호에 규정된 죄를 범한 사람: 2년 이상 20년 이하의 징역

본죄는 상습적으로 협박죄, 존속협박죄 또는 특수협박죄를 범함으로써 성립하는 범죄이다. 행위자의 상습성 때문에 책임이 가중되는 가중적 구성요건이다.

또한 본죄에 대하여 특별형법인 「폭력행위 등 처벌에 관한 법률」 제2조에는 '상습적이거나 2인 이상이 공동하여 본죄를 범한 경우'에 가중처벌하도록 규정하고 있다.

또한 2인 이상이 공동하여 상습적으로 협박죄를 범한 경우에는 각 형법 본조에 정한 형을 2분의 1까지 가중하고 반의사불벌죄가 아니다.

제 2 절 강요의 죄

I. 개 설

1. 의의 및 보호법익

강요의 죄는 폭행 또는 협박으로 사람의 권리행사를 방해하거나 의무없는

일을 하게 하는 것을 내용으로 하는 범죄이다. 본죄의 보호법익은 의사결정의 자유와 의사활동의 자유이며, 보호의 정도는 침해범으로서의 보호이다.

2. 구성요건의 체계

단순강요죄(제324조)를 기본적 구성요건으로 하여, 가중적 구성요건으로 인질강요죄(제324조의2), 인질상해·치상죄(제324조의3), 인질살해·치사죄(제324조의4), 중강요죄(제326조)가 있다.

인질강요죄는 강요죄와 체포감금죄 또는 약취유인죄의 결합범으로 인해 불법이 가중되는 가중적 구성요건이며, 인질상해·치상죄와 인질살해·치사죄[22)는 인질강요죄와 상해죄 또는 살인죄의 결합범이거나 인질강요죄와 과실치상죄 또는 과실치사죄의 결과적 가중범으로써 인질강요죄에 대하여 불법이 가중되는 가중적 구성요건이다.[23)

본죄의 미수범은 처벌하며, 중강요죄는 강요죄에 대한 부진정결과적가중범이다.

한편 형법이 강요죄를 제37장 권리행사를 방해하는 죄의 장에 규정하고 있는 것은 입법론적으로 부당하다. 왜냐하면 강요죄는 인격적 법익을 보호법익으로 하는 범죄인데 반해 형법 제37장은 재산상의 권리를 의미하기 때문이다. 따라서 강요죄는 협박죄와 마찬가지로 의사의 자유를 보호법익으로 한다는 점에서 협박죄와 같은 장에서 규정하고 있는 것이 일반적인 입장이다.[24) 그러나 형법이 강요죄의 가중적 구성요건으로 인질강요죄, 인질살인·치사, 인질상해·치상 등을 규정하고 있기 때문에 자유에 대한 죄의 하나로 별도의 장에 규정하는 것이 바람직

---

22) 인질치사상죄의 미수범이 처벌되는가에 대하여는 긍정설과 부정설이 대립한다. 긍정설은 인질상해의 결과가 발생하였음에도 불구하고 인질강요를 기준으로 기수·미수를 결정하므로 불합리하며, 또한 결과적 가중범의 미수는 인정할 수 없으므로 부정설이 타당하다.

23) 이와 달리 직권남용죄(제123조)는 공무원이 직권을 남용하여 사람으로 하여금 의무없는 일을 하게 하거나 사람의 권리행사를 방해한 경우이며, 공무집행방해죄(제136조)는 직무를 집행하는 공무원에 대하여 폭행 또는 협박행위를 한 경우이다. 따라서 전자는 공무원에 의한 강요죄이며, 후자는 공무원에 대한 강요죄라 할 수 있다. 그러나 권리행사를 방해하는 죄의 장에 규정되어 있는 강요죄는 개인의 의사결정의 자유와 의사활동의 자유를 보호법익으로 한다는 점에서 그 성격을 달리한다.

24) 독일형법은 자유에 대한 죄의 장에서 강요죄와 협박죄를, 스위스 형법은 자유에 대한 장에서 협박죄와 강요죄를, 일본형법은 협박의 죄의 장에 협박죄와 강요죄를 규정하고 있다.

하다고 생각된다.

본죄에 대한 특별형법으로 「폭력행위 등 처벌에 관한 법률」이 있는데, 동 법률은 상습강요죄, 2인 이상의 공동강요죄를 범한 경우에는 가중처벌하고 있다(폭처법 제2조 참조).

II. 강 요 죄

제324조(강요) 폭행 또는 협박으로 사람의 권리행사를 방해하거나 의무 없는 일을 하게한 자는 5년 이하의 징역에 처한다.
제325조의5(미수범) 본죄의 미수범은 처벌된다.
[폭처법]
제2조(폭행 등) ② 2명 이상이 공동하여 다음 각 호의 죄를 범한 사람은 「형법」 각 해당조항에서 정한 형의 2분의 1까지 가중한다.
　1. 「형법」 제260조 제1항(폭행), 제283조 제1항(협박), 제319조(주거침입, 퇴거불응) 또는 제366조(재물손괴 등)의 죄
　2. 「형법」 제260조 제2항(존속폭행), 제276조 제1항(체포, 감금), 제283조 제2항(존속협박) 또는 제324조 제1항(강요)의 죄
　3. 「형법」 제257조 제1항(상해)·제2항(존속상해), 제276조 제2항(존속체포, 존속감금) 또는 제350조(공갈)의 죄
③ 이 법(「형법」 각 해당 조항 및 각 해당 조항의 상습범, 특수범, 상습특수범, 각 해당조항의 상습범의 미수범, 특수범의 미수범, 상습특수범의 미수범을 포함한다)을 위반하여 2회 이상 징역형을 받은 사람이 다시 제2항 각 호에 규정된 죄를 범하여 누범(累犯)으로 처벌할 경우에는 다음 각 호의 구분에 따라 가중처벌한다.
　1. 제2항 제1호에 규정된 죄를 범한 사람: 7년 이하의 징역
　2. 제2항 제2호에 규정된 죄를 범한 사람: 1년 이상 12년 이하의 징역
　3. 제2항 제3호에 규정된 죄를 범한 사람: 2년 이상 20년 이하의 징역

1. 의　　의

강요죄(强要罪)란 폭행 또는 협박으로 사람의 권리행사를 방해하거나 의무없는 일을하게 함으로써 성립하는 범죄이다. 종전에는 '폭력에 의한 권리행사방해죄'로 규정하였던 죄명을 강요죄로 개정하였다. 본죄는 사람의 일반적인 정신적 의사의 자유, 즉 의사활동의 자유와 의사결정의 자유를 보호하는 범죄라는 점에서는 협박죄와

그 본질을 같이한다. 그러나 협박죄가 의사결정의 자유를 보호법익으로 하는 범죄임에 대하여, 강요죄는 의사결정의 자유뿐만 아니라 의사활동의 자유도 보호법익으로 한다는 점에서 차이가 있다.

본죄의 보호법익에 대한 보호의 정도는 **침해범**이다.

2. 객관적 구성요건

(1) 행위주체

본죄의 행위주체는 피해자 이외의 자연인이며, 법인은 본죄의 행위주체가 될 수 없다.

(2) 행위객체

본죄의 행위객체인 사람은 자연인인 타인으로서 의사결정과 의사활동의 자유를 가진 자에 제한된다. 따라서 유아, 정신병자, 명정자, 수면자 등은 행위객체에서 제외된다. 협박죄의 행위객체와 마찬가지로 의사결정의 자유와 의사활동의 자유를 가진 자에 한정된다.

폭행·협박의 상대방과 피강요자가 다른 경우에도 양자 사이에 밀접한 관계가 있을 경우에는 피강요자에 대한 강요죄가 성립한다.

(3) 실행행위

본조의 실행행위는 폭행 또는 협박으로 사람의 권리행사를 방해하거나 의무 없는 일을 하게 하는 것이다.

1) 강요의 수단

강요의 수단은 '폭행' 또는 '협박'이다.

가. 폭   행   여기서 폭행이란 사람의 의사결정이나 의사활동에 영향을 미쳐 강제효과를 발생시킬 수 있는 직접적·간접적인 유형력 행사(광의의 폭행)를 말한다. 따라서 사람이 아닌 물건에 대한 간접적인 유형력 행사도 포함된다. 예컨대, 맹인 안내자에 대한 폭행, 자동차타이어를 펑크 내어 운행하지 못하게 하는 행위, 가옥 명도를 위한 단전·단수조치, 마취제나 수면제의 사용 등이 폭행에 해당한다. 또한 본죄의 폭행은 사람의 의사결정과 실현에 영향을 미쳐 강제효과를 발생시킬 수 있는 일체의 유형력 행사를 의미하므로, 의사형성 자체를 불가능하게 하는 절대적 폭력이나 의사형성에 심리적 영향을 미치는 강압적 폭력 내지 심리적 폭력을

포함한다. 폭행의 방법으로는 대부분 작위에 의하여 발생하나 보증인적 지위에 있는 자의 경우에는 부작위에 의한 폭행도 가능하다.

나. 협 박　　　협박이란 해악을 고지하여 상대방에게 공포심을 일으키게 하는 것으로 협박죄의 협박과 같은 의미이다. 해악의 내용에는 특별한 제한이 없다. 여기에서 협박은 객관적으로 사람의 의사결정의 자유를 제한하거나 의사실행의 자유를 방해할 정도로 겁을 먹게 할 만한 해악을 고지하는 것을 말하므로, 이와 같은 협박이 인정되기 위해서는 발생 가능한 것으로 생각할 수 있는 정도의 구체적인 해악의 고지가 있어야 한다. 행위자가 직업이나 지위에 기초하여 상대방에게 어떠한 요구를 하였을 때 그 요구 행위가 강요죄의 수단으로서 해악의 고지에 해당하는지 여부는 행위자의 지위뿐만 아니라 그 언동의 내용과 경위, 요구 당시의 상황, 행위자와 상대방의 성행·경력·상호관계 등에 비추어 볼 때 상대방으로 하여금 그 요구에 불응하면 어떠한 해악에 이를 것이라는 인식을 갖게 하였다고 볼 수 있는지, 행위자와 상대방이 행위자의 지위에서 상대방에게 줄 수 있는 해악을 인식하거나 합리적으로 예상할 수 있었는지 등을 종합하여 판단해야 한다.

다. 폭행·협박의 정도　　　폭행·협박의 정도는 상대방의 의사결정과 의사활동의 자유에 영향을 미칠 정도에 이르면 충분하고, 상대방의 반항을 곤란하게 하거나 불가능하게 할 정도일 것을 요하지는 않는다.[25]

또한 폭행·협박의 상대방과 피강요자가 일치할 것을 요하지 않지만, 제3자에 대한 폭행·협박이 있는 경우에도 피강요자에게 고통을 주거나 그 의사결정에 영향을 미칠 것을 요한다고 하겠다. 판례는 ① 골프시설 운영자가 회원에게 불리하게 변경된 회칙에 동의하지 않으면 회원으로 대우하지 않겠다고 통지하는 경우,[26] ② 환경단체소속 회원들이 축산농가들의 폐수배출 단속활동을 벌이면서 폐수배출현장 사진촬영을 하거나 지적하는 한편 폐수 배출사실을 확인하는 내용의

---

25) 대법원 2019. 8. 29. 선고 2018도13792 전원합의체 판결; 대법원 2017. 10. 26. 선고 2015도16696 판결(강요죄의 수단으로서 협박은 사람의 의사결정의 자유를 제한하거나 의사실행의 자유를 방해할 정도로 겁을 먹게 할 만한 해악을 고지하는 것을 말하고, 해악의 고지는 반드시 명시적인 방법이 아니더라도 말이나 행동을 통해서 상대방으로 하여금 어떠한 해악에 이르게 할 것이라는 인식을 갖게 하는 것이면 족하다. 이러한 해악의 고지가 비록 정당한 권리의 실현 수단으로 사용된 경우라고 하여도 권리실현의 수단 방법이 사회통념상 허용되는 정도나 범위를 넘는다면 강요죄가 성립한다).

26) 대법원 2003. 9. 26. 선고 2003도763 판결.

사실확인서를 징구하는 과정에서 서명하지 아니할 경우 법에 저촉된다고 겁을 주는 등 행한 일련의 행위는 협박에 의한 강요행위에 해당한다고 판시하였다.[27]

강요죄는 폭행 또는 협박으로 사람의 권리행사를 방해하거나 의무 없는 일을 하게 하는 범죄이다. 여기에서 협박은 객관적으로 사람의 의사결정의 자유를 제한하거나 의사실행의 자유를 방해할 정도로 겁을 먹게 할 만한 해악을 고지하는 것을 말한다. 이와 같은 협박이 인정되기 위해서는 발생 가능한 것으로 생각할 수 있는 정도의 구체적인 해악의 고지가 있어야 한다. 행위자가 직업이나 지위에 기초하여 상대방에게 어떠한 요구를 하였을 때 그 요구 행위가 강요죄의 수단으로서 해악의 고지에 해당하는지 여부는 행위자의 지위뿐만 아니라 그 언동의 내용과 경위, 요구 당시의 상황, 행위자와 상대방의 성행·경력·상호관계 등에 비추어 볼 때 상대방으로 하여금 그 요구에 불응하면 어떠한 해악에 이를 것이라는 인식을 갖게 하였다고 볼 수 있는지, 행위자와 상대방이 행위자의 지위에서 상대방에게 줄 수 있는 해악을 인식하거나 합리적으로 예상할 수 있었는지 등을 종합하여 판단해야 한다.[28]

그러나 직장에서 상사가 범죄행위를 저지른 부하직원에게 징계절차에 앞서 자진하여 사직할 것을 권유한 경우에는 강요죄에서의 협박에 해당한다고 볼 수 없다고 판시하였다.[29]

2) 강요의 내용

본죄는 폭행 또는 협박으로 사람의 권리행사를 방해하거나 의무 없는 일을 하게 함으로써 성립한다.

가. 권리행사의 방해　　'권리행사를 방해한다'는 것은 행사할 수 있는 권리를 행사할 수 없게 하는 경우를 말한다. 여기서 권리란 권리자의 자유에 속하는 권리를 말하며, 반드시 법령에 근거가 있을 것을 요하지도 않고, 재산적·비재산적 권리를 포함한다. 따라서 피해자의 해외도피를 방지하기 위하여 피해자를 협박하고 이에 피해자가 겁을 먹고 있는 상태를 이용하여 피해자 소유의 여권을 교부하게 하여 피해자가 그의 여권을 강제 회수당한 경우에는 피해자의 해외여행을 할 권리

---

27) 대법원 2010. 4. 29. 선고 2007도7064 판결(폭력행위 등 처벌에 관한 법률에 위반되는 공동 강요죄에 해당한다).

28) 대법원 2020. 1. 30. 선고 2018도2236 전원합의체 판결.

29) 대법원 2008. 11. 27. 선고 2008도7018 판결.

가 사실상 침해되었으므로 강요죄가 성립한다.[30]

그러나 정당한 권리행사라고 볼 수 없는 행위를 하는 자에 대하여 폭행·협박으로 이를 방해한 경우에는 본죄가 성립하지 않는다. 예컨대 자살하려는 자를 폭력으로 중지시킨 경우를 들 수 있다. 그러나 이 경우에 폭행·협박죄는 성립할 수 있지만 위의 경우에는 위법성이 조각된다.

판례는 타인이 조성한 묘판을 파헤치는 논의 점유자에게 폭행을 가하였더라도 묘판을 파헤치는 행위가 정당한 권리행사라고 할 수 없으므로 단순폭행죄에 해당할 뿐이고 강요죄는 성립하지 않는다고 판시한 바 있다.[31]

나. 의무없는 일의 강요   '의무 없는 일을 하게 한다'는 것은 행위자에게도 아무런 권리가 없고 상대방에게도 의무가 없는 일임에도 불구하고 일정한 작위·부작위·수인(受忍)을 강요하는 것을 말한다. 여기서 의무란 **법률상의 의무**를 말하며, 공법상·사법상 의무를 불문한다. 폭행·협박으로 법률상 의무 있는 일을 하게 한 경우에는 폭행죄 또는 협박죄는 성립할지라도 강요죄는 성립하지 않게 된다.[32] 또한 여기서 의무 없는 일이란 **법률행위** 또는 **사실행위**를 불문한다.

예컨대 폭행 또는 협박에 의하여 계약포기와 소청취하서에 날인케 한 경우,[33] 법률상 의무 없는 사죄장이나 진술서를 작성하도록 한 경우,[34] 여권을 교부하여 이를 강제 회수하는 경우,[35] 또한 강요당한 행위의 일부분이 피강요자의 의무에 속하더라도 의무에 속하지 않는 부분이 있으면 그 부분에 대하여 **강요죄**가 성립하게 된다.[36]

3) 기수시기 및 미수범의 처벌

본죄는 **침해범**이므로 폭행 또는 협박에 의해 현실적으로 권리행사가 방해되

---

30) 대법원 1993. 7. 27. 선고 93도901 판결.
31) 대법원 1961. 11. 9. 선고 4294형상357 판결.
32) 대법원 2008. 5. 15. 선고 2008도1097 판결.
33) 대법원 1962. 1. 25. 선고 4293형상233 판결.
34) 대법원 1974. 5. 14. 선고 73도2578 판결.
35) 대법원 1993. 7. 27. 선고 93도901 판결.
36) 대법원 2006. 4. 27. 선고 2003도4151 판결(상사 계급의 피고인이 그의 잦은 폭력으로 신체의 위해를 느끼고 겁을 먹은 상태에 있던 부대원들에게 청소 불량 등을 이유로 40분 내지 50분간 머리박아(속칭 "원산폭격")를 시키거나 양손을 깍지 낀 상태에서 약 2시간 동안 팔굽혀펴기를 50~60회 정도 하게 한 행위는 형법 제324조에서 정한 강요죄에 해당한다).

거나 의무 없는 일을 하게 하는 결과가 발생해야 기수가 된다. 본죄는 **결과범**이므로 폭행·협박행위와 권리행사를 방해하거나 의무 없는 일을 하게 하는 것과의 사이에 인과관계가 필요하다. 따라서 권리행사를 방해했다 하더라도 폭행·협박행위와 인과관계가 없는 경우에는 본죄의 미수가 된다.

본죄의 미수범은 처벌한다. 따라서 폭행·협박은 하였으나 권리행사를 방해하지 못한 경우나 강요를 위해 폭행·협박 행위에 착수하였으나 폭행·협박 그 자체가 미수에 그친 경우에는 본죄의 미수범이 된다.

3. 주관적 구성요건

본죄의 주관적 구성요건으로는 **폭행 또는 협박의 고의**와 권리행사를 방해하거나 의무 없는 일을 하게 한다는 고의가 필요하며, 이는 미필적 고의로도 족하다.[37]

한편 행위자가 폭행 또는 협박을 통하여 일정한 행위를 요구할 수 있는 권리를 가지고 있다고 오신한 경우에는 위법성조각사유에 관한 착오이고, 행위자가 현재의 부당한 침해가 있다고 오인하고 정당방위로서 강요한 경우에는 **위법성조각사유의 객관적 전제사실에 관한 착오**에 해당한다.

4. 위 법 성

본죄의 구성요건해당성이 인정되더라도 정당행위, 정당방위, 긴급피난, 자구행위와 같은 일반적인 위법성조각사유에 의하여 위법성이 조각될 수 있지만, 피해자의 승낙이 있는 경우에는 양해에 해당하여 강요죄의 **구성요건해당성이 부정**된다.

다음으로 강요죄의 위법성을 판단함에 있어서는 **목적과 수단의 상관관계**를 고려하여 신중히 판단해야 한다. 수단이 목적을 정당화할 수 없듯이 목적이 수단을 정당화할 수 없기 때문이다. 따라서 첫째, **목적의 비난가능성**을 고려해야 한다. 예컨대, 범죄를 강요하는 폭행·협박은 위법하지만 반대로 음주운전이나 자살을 방지하기 위한 폭행·협박은 위법성이 조각된다.

---

37) 대법원 2008. 5. 15. 선고 2008도1097 판결(폭력조직 전력이 있는 피고인이 특정 연예인에게 팬미팅 공연을 하도록 강요하면서 만날 것을 요구하고, 팬미팅 공연이 이행되지 않으면 안 좋은 일을 당할 것이라고 협박한 사안에서, 위 연예인에게 공연을 할 의무가 없다는 점에 대한 미필적 인식 즉, 강요죄의 고의가 피고인에게 있었다고 단정하기 어렵다).

둘째, 수단의 비난가능성도 고려해야 한다. 따라서 생명·신체에 대한 위험을 초래할 정도의 폭행이나 방화를 하는 경우에는 아무리 정당한 목적을 위해서라 하더라도 수단 자체가 고도의 불법성을 지니므로 허용되지 않는다고 하겠다.

셋째, 목적과 수단의 연관성이 있어야 한다. 즉 폭행·협박이 외관상 권리를 행사하는 것처럼 보이는 경우에도 목적과 수단 사이에 내적 연관이 없으면 위법하며, 또한 내적 연관이 인정되는 경우에도 목적달성을 위한 상당한 수단이라 볼 수 없는 경우에도 위법하게 된다.[38]

그 밖에도 사회상규에 위배되지 않는 행위나 노동쟁의행위로 행해진 강요행위는 정당행위로서 위법성이 조각될 수 있다.

5. 죄수 및 다른 범죄와의 관계

(1) 죄 수

본죄는 개인의 자유를 보호하는 일반적인 범죄이다. 따라서 1개의 폭행·협박으로 수인을 강요한 경우에는 수개의 강요죄의 상상적 경합이 된다.

(2) 다른 범죄와의 관계

1) 타인에게 범죄를 강요한 경우에는 강요한 범죄의 교사범 또는 간접정범과 강요죄의 상상적 경합이 될 수 있다.

2) 체포·감금죄, 약취·유인죄, 강간·강제추행죄가 성립하는 경우에는 법조경합관계로 인하여 강요죄는 성립하지 않는다(특별관계).

3) 협박죄는 강요죄에 대해 보충관계(특별관계)이므로 강요죄만 성립한다.

4) 재물갈취의 고의로 폭력을 행사하여 권리행사를 방해하거나 의무 없는 일을 하게 한 후 이를 근거로 갈취한 때에는 포괄하여 공갈죄 일죄만 성립한다.[39] 그러나 강요죄를 범한 후 나중에 갈취의 고의가 생겨 갈취했다면 강요죄와 공갈죄의 경합범이 된다.

---

38) 이재상/장영민/강동범, 153~154면 참조.

39) 대법원 1985. 6. 25. 선고 84도2083 판결(피고인이 투자금의 회수를 위해 피해자를 강요하여 물품대금을 횡령하였다는 자인서를 받아낸 뒤 이를 근거로 돈을 갈취한 경우, 피고인의 주된 범의가 피해자로부터 돈을 갈취하는데 있었던 것이라면 피고인은 단일한 공갈의 범의 하에 갈취의 방법으로 자인서를 작성케 한 후 이를 근거로 계속하여 갈취행위를 한 것으로 보아야 할 것이므로 위 행위는 포괄하여 공갈죄 일죄만을 구성한다고 보아야 한다).

Ⅲ. 중강요죄

> **제326조(중권리행사방해)** 제324조의 죄를 범하여 사람의 생명에 대한 위험을 발생하게 한 자는 10년 이하의 징역에 처한다.

중강요죄(重强要罪)는 강요죄를 실행하여 인하여 사람의 생명에 대한 위험을 발생시킨 경우에 성립하는 범죄이다. 중강요죄는 단순강요죄의 고의를 가지고 강요행위를 실행했으나 과실로 사람의 생명에 대한 위험이 발생한 경우와 행위자가 처음부터 사람의 생명에 대한 위험발생의 고의, 즉 중강요죄의 고의를 가지고 구성요건을 실현하는 것도 가능하기 때문에 부진정결과적 가중범이다. 여기서 생명에 대한 위험의 발생이란 생명에 대한 구체적인 위험발생을 의미하고, 이로 인해 기수범이 되므로, 본죄는 구체적 위험범이다.

강요죄가 폭행죄보다도 무거운 범죄인데도 불구하고, 폭행으로 인한 중상해의 경우에는 1년 이상 10년 이하의 징역에 처해지도록 하는데 비해(제258조, 제262조), 중강요죄를 10년 이하의 징역에 처하도록 규정한 것은 입법론상 의문이다.[40]

Ⅳ. 인질강요죄

> **제324조의2(인질강요)** 사람을 체포·감금·약취 또는 유인하여 이를 인질로 삼아 제3자에 대하여 권리행사를 방해하거나 의무없는 일을 하게 한 자는 3년 이상의 유기징역에 처한다.
> **제324조의5(미수범)** 본죄의 미수범은 처벌한다.
> **제324조의6(형의 감경)** 본죄를 범한 자 및 본죄의 미수범이 인질을 안전한 장소에 풀어준 때에는 그 형을 감경할 수 있다.

---

40) 이재상/장영민/강동범, 155면; 이형국, 170면 참조.

1. 의의 및 보호법익

(1) 의 의

인질강요죄(人質强要罪)는 사람을 체포·감금·약취·유인하여 이를 인질로 삼아 제3자에 대하여 권리행사를 방해하거나 의무없는 일을 하게 함으로써 성립하는 범죄이다. 인질강요죄는 인질강도죄와 더불어 민생치안과 직결되는 범죄이다. 우리 형법은 이러한 국제적인 테러활동과 관련된 중범죄인 인질범죄에 대처하기 위해 사람을 인질로 삼아 그 석방의 대가로 재산상의 이익을 도모하거나 정치적인 요구나 범죄인의 석방을 요구하는 반인륜적인 범죄에 대처하기 위해 1995년 신설된 규정이다.

인질강요죄와 인질강도죄는 전자가 체포·감금·약취·유인죄와 강요죄의 결합범의 형태이고, 후자는 체포·감금죄 또는 약취·유인죄와 공갈죄의 결합범이라는 점에서 차이는 있지만, 양자 모두 인질의 자유와 제3자의 의사결정과 의사활동의 자유를 보호하기 위한 범죄라는 점에서는 매우 연관성이 깊다.

우리 형법이 인질강도죄에 대하여 재산죄의 성질을 가진 점을 고려하여 강도죄와 함께 규정하면서 종전의 약취강도죄라는 명칭을 인질강도죄(人質强盜罪)로 개정하고, 그 구성요건의 내용도 "사람을 체포·감금·약취 또는 유인하여 이를 인질로 삼아 재물 또는 재산상의 이득을 취득하거나 제3자로 하여금 이를 취득케 한 자"로 규정하여 인질강요죄의 내용과 일치하게 하도록 개정하였다.

그리고 인질강요죄에 대하여는 자유에 대한 죄로서 강요죄 다음에 규정하면서, 인질강요죄의 결합범과 결과적 가중범 및 미수범으로서 인질상해·치상죄, 인질살해·치사죄 및 그 미수범을 처벌하고, 나아가 인질범죄에 대한 해방감경규정을 두고 있다.

(2) 보호법익과 보호의 정도

본죄의 보호법익은 피강요자의 의사결정의 자유과 의사활동의 자유 및 인질의 생명·신체의 안전과 신체활동의 자유이다. 또한 본죄는 체포·감금·약취·유인죄와 강요죄의 결합범으로 강요죄보다 행위반가치가 크므로 불법이 가중되는 가중적 구성요건이다.

보호법익에 대한 보호의 정도는 **침해범**이다.

2. 구성요건

(1) 객관적 구성요건

1) 행위주체

인질강요죄의 주체에는 특별한 제한이 없다.

2) 행위객체

인질강요죄의 행위객체는 '사람'이다. 인질행위의 대상이 되는 사람은 자연인인 타인이면 족하지만, 강요행위의 대상이 되는 사람은 의사의 자유를 가진 사람에 국한된다고 하겠다.

3) 실행행위

인질강요죄의 실행행위는 "체포·감금·약취·유인하여 이를 인질로 삼아 제3자에 대한 권리행사를 방해하거나 의무 없는 일을 하게 하는 행위"이다. 따라서 체포·감금·약취·유인행위를 하지 않고 강요행위만을 한 경우에는 강요죄만 성립한다. 체포·감금·약취·유인의 개념은 체포·감금죄와 약취·유인죄의 그것과 동일하다. 따라서 인질강요죄는 체포·감금·약취·유인행위와 강요행위의 결합범이고, 의사의 자유에 대한 인격범죄이다. 이에 대하여 인질강도죄는 체포·감금·약취·유인행위와 공갈행위의 결합범으로서 우리 형법상 재산범죄에 속하므로 이러한 점에서 양자는 구별된다.

여기서 '강요'란 피체포·감금·약취·유인자를 인질로 삼아 제3자에 대하여 권리행사를 방해하거나 의무없는 일을 하게 하는 것을 말한다. 따라서 강요의 상대방은 인질에 대한 강요가 아니라 제3자에 대한 강요를 의미하고,[41] 제3자에는 자연인·법인·법인격 없는 단체·국가기관도 포함된다.

'인질로 삼는다'는 것은 체포·감금·약취·유인된 자의 생명·신체의 안전에 대한 제3자의 우려를 이용하여 석방이나 생명·신체에 대한 안전을 보장하는 대상으로 제3자를 강요하기 위해 피체포·감금·약취·유인된 자의 자유를 구속하는 것을 말한다.[42] 장소적 이전을 필요로 하지 않는다.

---

41) 독일 형법의 해석상으로는 인질에 대한 강요도 포함된다고 해석하는 것이 다수설이지만, 우리 형법은 '제3자'에 대한 강요를 명문화하고 있기 때문에 인질에 대한 강요는 포함되지 않는다.

42) 이재상/장영민/강동범, 156면.

4) 실행의 착수시기 및 기수시기

본죄의 미수범은 처벌하므로 실행의 착수시기와 기수시기가 문제된다.

본죄의 실행의 착수시기에 대하여는 ① 체포·감금·약취·유인행위를 개시한 때라는 견해와[43] ② 강요행위를 개시한 때라는 견해[44] 및 ③ 처음부터 인질강요의 목적으로 사람을 체포·감금·약취·유인을 한 경우에는 체포·감금·약취·유인 시에 실행의 착수가 인정되지만, 체포·감금·약취·유인 후에 인질강요의 고의가 생긴 경우에는 강요행위를 개시한 때 비로소 실행의 착수가 된다는 견해[45]가 대립한다.

생각건대 실행의 착수시기도 결합범의 일반원칙에 따라 체포·감금·약취·유인의 행위를 개시한 때라고 보는 견해가 타당하다.

본죄의 기수시기에 대하여는 ① 강요행위로 인하여 현실적으로 권리행사를 방해받았거나 의무없는 일을 행하였을 때라는 견해와[46] ② 인질범이 제3자에 대하여 일정한 행위를 하거나 하지 못하도록 시도한 시점이라는 견해[47]의 대립이 있다.

생각건대 본죄가 침해범이고 미수범 처벌규정이 있는 점을 고려하면, 권리행사를 방해받았거나 의무없는 일을 하였을 때에 비로소 기수가 성립된다고 보는 전자의 견해가 타당하다.

(2) 주관적 구성요건

본죄는 고의범이고 결합범이므로 체포·감금·약취·유인에 대한 고의와 인질강요에 대한 고의가 필요하다.

3. 위법성조각사유

본죄에 대하여는 정당한 권리행사의 방법으로 이루어진 인질강요의 경우에도 위법성이 조각될 수 없다. 예컨대 채무변제를 위해 가족을 인질로 삼는 경우에는 목적의 정당성이 있더라도 수단의 상당성이 결여되어 있기 때문에 위법성이 조각되지 않는다.

---

43) 김일수/서보학, 131면; 박상기, 119면; 손동권/김재윤, 155면; 임웅, 146면.
44) 이재상/장영민/강동범, 156면.
45) 오영근, 193면; 이정원, 165면.
46) 김일수/서보학, 131면; 이재상/장영민/강동범, 156면; 이형국, 215면; 임웅, 146면.
47) 박상기, 119면; 이정원, 153면.

4. 형의 감경

본죄를 범한 자 및 그 미수범이 인질을 안전한 장소로 풀어준 때에는 그 형을 감경할 수 있다(제324조의6). 본죄의 인질(人質) 석방감경규정은 일반 중지범과는 달리 이미 기수에 달한 범죄자에게도 임의적인 형의 감경이 가능하도록 하여 인질석방의 기회를 줌으로써 인질을 보호하고자 하는 형사정책적인 규정이다. 이 규정은 중지미수적 성격을 지닌 특별한 규정이지만, 중지범 규정과는 달리 ① 필요적 감면규정이 아니라 임의적 감경규정이고, ② 인질을 안전한 장소에 풀어주면 충분하고 행위자에게 자의성을 요구하지 않으며, ③ 인질강요죄의 기수가 된 이후에 중지한 경우에도 석방감경규정이 적용된다는 특징을 지니고 있다. 또한 인질의 석방과 관련해서는 인질의 탈출을 묵인하는 소극적 부작위에 의해서도 가능하다고 보아야 한다.[48]

5. 죄수 및 다른 범죄와의 관계

(1) 죄   수

본죄의 수는 인질의 수가 아니라 피강요자의 수를 기준으로 결정한다. 따라서 1개의 강요행위로 수인의 권리행사를 방해한 경우에는 수개의 인질강요죄의 상상적 경합이 된다. 그러나 수인을 인질로 삼고 1개의 강요행위를 한 경우에는 1개의 인질강요죄가 성립한다.

(2) 다른 범죄와의 관계

동일인에게 체포·감금행위 또는 약취·유인행위를 한 후 인질강요행위를 한 경우에는 체포·감금죄와 약취·유인죄와 법조경합의 보충관계에 있으므로 인질강요죄만 성립한다.

V. 인질상해·치상죄

제324조의3(인질상해·치상) 제324조의2의 죄를 범한 자가 인질을 상해하거나 상해에 이르게 한 때에는 무기 또는 5년 이상의 징역에 처한다.

---

48) 이재상/장영민/강동범, 155면.

제324조의5(미수범) 본죄의 미수범은 처벌한다.

인질상해·치상죄는 인질강요죄를 범한 자가 인질을 상해하거나 상해에 이르게 함으로써 성립하는 범죄이다. 인질상해죄는 인질강요죄와 상해죄의 결합범이며, 인질치상죄는 인질강요죄의 결과적 가중범이다.

본죄의 미수범은 처벌한다. 그리고 인질상해죄의 미수는 인질강요죄의 기수·미수를 불문하고 상해행위가 미수에 그친 때에 성립한다.

그러나 인질치상죄의 미수에 대하여는 **긍정설과 부정설**이 대립한다. 즉 ① 과실로 상해의 결과가 발생했으나 **강요행위가 미수에 그친 때에 성립한다**는 견해[49]와 ② 결과적 가중범인 인질치상죄에는 **미수범 처벌규정이 적용되지 않는다**는 견해[50]의 대립이 그것이다.

생각건대 과실범의 미수는 인정되지 않으므로 결과적 가중범의 미수를 부정하는 것이 타당하고, 또한 긍정설이 인질상해죄의 미수에 대하여는 상해를 기준으로 기수와 미수를 결정하면서, 인질치상죄의 경우에는 상해의 결과가 발생했음에도 불구하고 인질강요를 기준으로 기수와 미수를 결정하는 것은 일관성이 결여되어 있다. 따라서 인질치상죄의 미수는 성립하지 않는다는 부정설이 타당하다. 그리고 본죄를 범한 자가 인질을 안전한 장소로 풀어준 때에는 형을 감경할 수 있다.

VI. 인질살해·치사죄

제324조의4(인질살해·치사) 제324조의2의 죄를 범한 자가 인질을 살해한 때에는 사형 또는 무기징역에 처한다. 사망에 이르게 한 때에는 무기 또는 10년 이상의 징역에 처한다.
제324조의5(미수범) 본죄의 미수범은 처벌한다.

인질살해죄는 **인질강요죄**를 범한 자가 인질을 살해함으로써 성립하는 **결합범**이며, 인질치사죄는 인질강요죄를 범한 자가 과실로 인질을 사망에 이르게 함으로써 성립하는 **결과적 가중범**이다.

인질살해·치사죄의 미수범은 처벌한다. 인질살해죄의 미수란 강요행위의 기

---

49) 임웅, 147면.
50) 오영근, 194면; 이형국, 171면.

수·미수를 불문하고 살해행위가 미수에 그친 때를 말하며, 결과적 가중범인 인질치사죄의 미수는 과실로 사망의 결과는 발생했으나 강요행위가 미수에 그친 때를 의미한다는 긍정설과, 결과적 가중범인 인질치사죄에는 미수범 처벌규정이 적용되지 않는다는 부정설의 대립이 있다. 결과적 가중범의 미수범 성립을 부정하는 입장에서는 인질치상죄의 미수와 마찬가지의 이유로 인질치사죄의 미수도 성립하지 않는다는 부정설이 타당하다.

인질살해죄는 사형 또는 무기징역으로, 인질치사죄는 무기 또는 10년 이상의 징역으로 처벌한다. 본죄는 강도살인죄 및 강도치사죄와 법정형이 같다.

제 3 절 체포·감금의 죄

Ⅰ. 개   설

1. 의의 및 보호법익

체포·감금의 죄는 불법하게 사람을 체포·감금하여 신체활동의 자유를 침해하는 것을 내용으로 하는 범죄이다. 본죄의 보호법익은 사람의 신체활동의 자유, 특히 장소선택의 자유를 말한다. 이때의 자유란 사람의 잠재적 이전의 자유를 말하므로, 현실적으로 피해자가 장소를 이전하려고 했는가를 묻지 않고 이전의 가능성을 기준으로 판단하게 된다.

보호법익에 대한 보호의 정도는 사람의 장소이전의 잠재적 자유, 즉 장소선택의 자유를 침해했을 때에 기수가 되는 침해범이다.

2. 구성요건의 체계

체포·감금의 죄는 단순체포·감금죄를 기본적 구성요건으로 하여, 신분관계로 인하여 책임이 가중되는 책임가중적 구성요건으로 존속체포·감금죄가 있고, 불법이 가중되는 불법가중적 구성요건으로 중체포·감금죄와 특수체포·감금죄가 있다. 중체포·감금죄는 감금죄와 가혹행위의 결합으로 인한 불법가중적 구성요건이며, 특수체포·감금죄는 행위방법의 위험성으로 인해 불법이 가중되는 불법가중적 구성 요건이다. 또한 행위자의 상습성으로 인해 책임이 가중되는 책임가중적 구성요건 으로 **상습체포·감금죄**를 두고 있다.

이들 범죄의 미수범은 처벌하며, 이러한 체포·감금행위로 인하여 사상의 결 과가 발생한 경우에는 결과적 가중범으로서 **체포·감금치사상죄**를 두고 있다.

본죄에 대하여 특별형법인 「폭력행위 등 처벌에 관한 법률」에는 가중처벌 규정 이 있다. 즉 체포·감금죄를 상습적으로 범하거나, 2인 이상이 공동하여 본죄를 범한 경우에는 이 법률이 우선 적용되어 가중처벌된다.

또 다른 특별형법인 「특정범죄 가중처벌 등에 관한 법률」에는 형사사건의 수 사·재판과 관련하여 보복 등의 목적으로 체포·감금죄를 범한 자에 대하여 가 중처벌하고 있다

그 밖에도 공무원의 직무에 관한 죄로서 "재판, 검찰, 경찰 기타 인신구속에 관한 직무를 행하는 자 또는 이를 보조하는 자가 그 직권을 남용하여 사람을 체 포 또는 감금한 때"에는 **불법체포·감금죄**(제124조)가 성립되어 형이 가중된다.

II. 단순체포·감금죄

> 제276조(체포, 감금) ① 사람을 체포 또는 감금한 자는 5년 이하의 징역 또는 700만원 이 하의 벌금에 처한다.
> 제280조(미수범) 본죄의 미수범은 처벌한다.
> 제282조(자격정지의 병과) 10년 이하의 자격정지를 병과할 수 있다.
> [폭처법]
> 제2조 ② 2인 이상이 공동하여 본죄를 범한 때에는 형의 2분의 1까지 가중한다.

1. 의   의

본죄는 사람을 체포 또는 감금함으로써 성립하는 범죄이다. 본죄는 기수가 성립하기 위해 체포·감금의 실행행위에 착수한 후 어느 정도 시간적 계속성이 필요한 **계속범**이다. 또한 2인 이상이 공동하여 본죄를 범한 때에는 「폭력행위 등 처벌에 관한 법률」 제2조 제2항에 해당하여 가중 처벌된다.

2. 객관적 구성요건

(1) 행위주체

본죄의 행위주체는 "피해자 이외의 모든 자연인"이다. 그러나 재판·검찰·경찰 기타 인신구속에 관한 직무를 행하는 자 및 그 보조자는 본죄가 아니라 불법체포·감금죄(제124조)의 행위주체가 된다.

(2) 행위객체

본죄의 행위객체는 "행위자 이외의 자연인"을 말하며, 현실적으로는 신체활동의 자유가 없을지라도 잠재적 신체활동의 자유를 가진 자는 모두 본죄의 객체가 된다.

본죄의 객체인 사람의 범위에 대해서는 견해가 대립하는데, ① 최광의설은 모든 자연인이 본죄의 행위객체가 된다는 견해이다. 신체활동의 가능성이나 의사유무와 관계없이 모든 자연인이 해당하기 때문에 명정자·수면자·정신병자·불구자·생후 얼마 되지 않은 영아도 행위객체에 포함하게 된다. 그러나 본죄의 보호법익이 신체활동의 자유인 점을 고려해보면 이러한 자유를 가질 수 없는 사람은 제외시키는 것이 타당하다. 한편 ② 협의설[51]은 현실적으로 신체활동의 의사가 있는 자만이 본죄의 행위객체가 된다는 견해이다. 이에 의하면 영아·명정자·수면자·정신병자·불구자는 모두 본죄의 객체가 될 수 없게 된다. 그러나 이 견해는 본죄의 보호법익이 잠재적 이전의 자유라는 점을 간과하고 있다는 비판을 면하기 어렵다. 다음으로 ③ 광의설은 잠재적 신체활동의 자유를 가진 자, 즉 자연적·잠재적 의미에서 신체활동의 의사를 가질 수 있는 자연인만이 본죄의 객체가 된다고 보는 견해로서 통설[52]의 입장이다. 이에 의하면 정신병자·명정자·수면자·불구자는 본죄의 행위객체에 포함되지만,[53] 잠재적 신체활동의 자유조차도 없는 영아는 제외된다.

생각건대 체포·감금죄의 보호법익은 사람의 장소이전의 가능성을 전제로 한 잠재적·가능적 신체활동의 자유이므로 통설인 광의설이 타당하다. 따라서 정신병자·명정자·수면자·불구자도 본죄의 객체가 되지만, 유아는 이전의 자유를 가지지 못하므로 본죄의 객체가 될 수 없다고 하겠다.[54]

---

51) 이정원, 161~162면.
52) 박상기, 125면; 배종대, 37/4; 백형구, 285면; 손동권/김재윤, 121면; 이재상/장영민/강동범, 123면; 이형국, 178면; 임웅, 141면.
53) 대법원 2002. 10. 11. 선고 2002도4315 판결.

(3) 실행행위

본죄의 실행행위는 타인을 체포 또는 감금하는 행위이다.

가. 체   포   체포(Festnahme, arrest)란 사람의 신체에 대하여 직접적·현실적 구속을 가하여 행동의 자유를 제한하는 일체의 행위를 말한다.[55] 부분적으로 신체활동의 자유가 있더라도 전체적으로 보아 자유가 없다고 인정되는 경우, 예컨대 긴 밧줄로 사람을 묶어서 한쪽 끝을 잡고 있는 경우에도 체포가 성립된다. 체포의 수단이나 방법에는 특별한 제한이 없다.[56] 손발을 포박하는 **유형적인 방법**인 속박이나 **무형적인 방법**인 경찰관을 사칭하여 연행하거나 협박에 의해 피해자를 자승자박하게 하는 경우도 가능하다. **부작위**나 **간접정범**의 형태로 행해질 수도 있다. 부작위에 의한 체포의 예로는 정당하게 체포·구속된 자를 석방해야 할 의무있는 수사기관이 그대로 방치한 경우이고, 간접정범에 의한 체포의 예로는 현행범이 아닌 자를 범죄자로 허위로 신고함으로써 수사기관에 의해 체포·구속되는 경우를 들 수 있다. 여기서 행동의 자유를 박탈했는가 여부는 부분적으로 행동의 자유가 있다고 하더라도 전체적으로 판단하여 자유가 없다고 인정되는 때에는 체포에 해당한다고 하겠다. 따라서 긴 밧줄로 사람을 묶어 놓고 밧줄 끝을 잡고 있는 경우에도 체포에 해당한다.[57] 그 밖에도 피해자의 손을 등 뒤로 묶어 놓은 채 방치해 둔 경우에 체포죄의 성립여부에 대하여 긍정설과 부정설이 대립하지만, 이미 피해자의 신체활동의 자유를 침해했다는 점을 고려해보면 **긍정설**이 타당하다.

그러나 일정한 장소에 출석하지 않으면 구속하겠다고 협박하여 피해자를 출석하게 하는 경우에는 피해자의 신체활동의 자유를 침해했지만, 체포에 해당하는 신체에 대한 현실적 구속이 없으므로 체포가 될 수 없다. 따라서 이 경우에는 제324조의 **강요죄**(폭행 또는 협박으로 사람의 권리행사를 방해하거나 의무없는 일을 하게 하는 경우)에 해당한다.[58]

---

54) 이재상/장영민/강동범, 124면.

55) 이재상/장영민/강동범, 124면.

56) 형법 제276조 제1항의 체포죄에서 말하는 '체포'는 사람의 신체에 대하여 직접적이고 현실적인 구속을 가하여 신체활동의 자유를 박탈하는 행위를 의미하는 것으로서 수단과 방법을 불문한다(대법원 2018. 2. 28. 선고 2017도21249 판결).

57) 유기천, 95면.

58) 이재상/장영민/강동범, 124면.

나. 감   금   '감금'이란 사람을 일정한 장소 밖으로 벗어나지 못하게 하여 신체활동의 자유를 장소적으로 제한하는 행위를 말한다. 신체에 대한 직접적 속박인 체포와는 달리 감금은 장소적 제한을 가한다는 점에서 구별된다.

감금의 수단·방법에는 특별한 제한이 없다. 일반적으로는 문을 잠그거나 감시인으로 하여금 출입구를 지키게 하여 출입을 봉쇄하는 경우, 또는 폭력을 사용하거나 사람을 줄로 묶거나 마취제를 사용하는 경우와 같이 **유형적·물리적 방법**에 의해 이루어진다. 그러나 이외 달리 사람의 수치심이나 공포심·협박·기망 등의 **무형적 방법**(예컨대 지하 우물 속에 들어간 자의 사다리를 제거하는 행위, 목욕하는 사람의 옷을 감춰버리는 행위, 차를 질주함으로써 차에서 내리지 못하게 하는 행위, 베란다 창문은 열려 있지만 고층아파트의 출입문을 잠근 행위 등),[59] **부작위**(불법하게 구속된 자를 석방해야 할 의무자가 방치한 경우, 피해자가 방안에 있는 줄 모르고 문을 잠근 후에 이를 알고도 방치한 경우 등),[60] **간접정범**(수사기관에 허위사실을 신고하여 구속되게 하는 경우)[61]의 형태로도 가능하다. 감금이란 일정한 장소를 벗어나는 것을 불가능하게 하거나 매우 곤란하게 하여 장소선택의 자유를 제한하게 하는 일체의 행위를 말하므로, 감금된 구역 내에서는 비록 일정한 자유가 허용되더라도 감금죄의 성립에는 영향이 없다.[62]

한편 사람에게 권총을 겨누어 특정한 장소를 벗어나지 못하게 하는 경우에는, ① **체포·감금죄에 해당한다는 견해**와 ② **체포죄에 해당한다는 견해** 및 ③ **감금죄에 해당한다는 견해**로 나누어지지만, 신체에 대한 직접적인 속박이 아니라 일정한 장소를 벗어나지 못하기 때문에 **감금죄에 해당한다는 다수설**의 입장이 타당

---

59) 대법원 1984. 8. 21. 선고 84도1550 판결; 대법원 1983. 4. 26. 선고 83도323 판결(피고인이 피해자가 자동차에서 내릴 수 없는 상태임을 이용하여 강간하려고 결의하고, 주행 중인 자동차에서 탈출불가능하게 하여 외포케 하고 50킬로미터를 운행하여 여관 앞까지 강제 연행한 후 강간하려다 미수에 그친 경우 위 **협박**은 감금죄의 실행의 착수임과 동시에 **강간 미수죄의 실행의 착수**라고 할 것이다).

60) 정신의료기관의 장이 자의로 입원 등을 한 환자로부터 퇴원 요구가 있는데도 구 정신보건법에 정해진 절차를 밟지 않은 채 방치한 경우에는 위법한 감금행위가 있다고 보아야 한다(대법원 2017. 8. 18. 선고 2017도7134 판결).

61) 형사소송에 있어서는 실체적 진실발견의무가 있는 법원이 고소인 또는 고발인의 도구가 될 수 없다는 이유로, 이러한 경우에 간접정범의 성립을 부정하는 견해도 있다.

62) 대법원 1998. 5. 26. 선고 98도1036 판결.

하다.

(4) 기수시기

본죄는 미수범을 처벌한다. 어느 때에 기수가 성립하는가에 관해서는 견해가 대립한다.

1) 기수시기

본죄의 기수시기에 관해서는, ① 피해자의 행동의 자유가 침해된 때, 즉 피해자가 체포·감금의 사실을 인식했을 때에 비로소 기수가 된다는 견해[63]도 있으나, ② 본죄의 보호법익은 피해자의 잠재적 신체활동의 자유이므로 피해자의 자유박탈에 대한 인식여부와 관계없이 체포·감금행위가 완성되었을 때에 기수가 된다는 견해[64]가 타당하다. 예컨대 연구실 문을 잠가두었다가 일정한 시간이 경과한 후에 피해자가 인식하기 전에 문을 열어 둔 경우에도 본죄의 기수가 성립한다. 따라서 본죄의 미수범은 체포·감금행위 자체가 완성되지 아니한 때에 성립하게 된다.

2) 시간적 계속성

본죄의 체포·감금행위는 어느 정도 **시간적 계속성**이 있어야 완성되는 **계속범**이라는 것이 **통설**의 입장이다. 따라서 체포·감금행위로 인해 신체활동의 자유가 제한되는 구체적 사실이 일정시간 계속되어야 비로소 기수가 되며, 잠시 사람을 잡고 있는 것만으로는 체포라고 할 수 없다.

따라서 일시적인 자유박탈의 경우에는 ① 체포·감금죄의 미수라는 견해[65]와 ② 폭행죄에 불과하다는 견해도 있지만, ③ 행위자의 고의의 내용에 따라 체포·감금미수죄의 미수 또는 폭행죄가 성립한다는 다수설[66]의 입장이 타당하다.[67]

---

63) 강구진, 151면; 김일수/서보학, 112면; 유기천, 94면.

64) 박상기, 126면; 손동권/김재윤, 123면; 오영근, 145면; 이재상/장영민/강동범, 126면; 이형국, 182면; 정성근/박광민, 118면; 정영일, 51면.

65) 강구진, 150면; 김종원, 110면; 박상기, 126면.

66) 김일수/서보학, 138면; 이재상/장영민/강동범, 127면; 정성근/박광민, 120면.

67) 체포죄는 계속범으로서 체포의 행위에 확실히 사람의 신체의 자유를 구속한다고 인정할 수 있을 정도의 시간적 계속이 있어야 하나, 체포의 고의로써 타인의 신체적 활동의 자유를 현실적으로 침해하는 행위를 개시한 때 체포죄의 실행에 착수하였다고 볼 것이다(대법원 2018. 2. 28. 선고 2017도21249 판결).

3. 위 법 성

체포·감금은 불법하게 이루어져야 한다. 일본이나 독일 형법은 명문으로 '불법하게'라고 규정하고 있지만, 우리 형법상으로도 물론해석으로서 당연히 불법한 체포·감금행위를 의미한다.

따라서 사법경찰관 또는 검사의 구속영장에 의한 구속, 현행범인의 체포 등 체포·감금이 적법한 경우에는 형법 제20조의 정당행위로서 위법성이 조각된다. 본죄의 위법성조각사유와 관련해서는 정당행위와 피해자의 동의 내지 승낙이 문제된다.

(1) 정당행위

영장에 의한 체포·구속(형사소송법 제200조의2, 제201조), 긴급체포(동법 제200조의3), 현행범인의 체포(동법 제212조), 친권자의 징계행위로서 자녀에 대한 감금(민법 제219조), 경찰관의 경찰관직무집행법에 의한 주취자 보호조치(제4조), 치료를 위한 정신병자의 감금행위[68] 등은 형법 제20조의 법령에 의한 정당행위로서 위법성이 조각된다. 그 밖에도 부랑인 수용시설의 야간도주방지를 위한 감금행위는 사회적으로 상당성이 인정되는 행위이므로 위법성이 조각된다.[69]

(2) 피해자의 동의

피해자의 동의나 승낙에 의한 체포·감금의 경우에 위법성이 조각된다는 견해[70]도 있으나, 체포·감금죄는 피해자의 의사에 반하는 것을 요건으로 한다. 따라서 피해자의 동의는 체포·감금죄의 구성요건해당성을 조각하는 양해에 해당한다고 보는 다수설[71]의 태도가 타당하다.

---

68) 대법원 1980. 2. 12. 선고 79도1349 판결.
69) 대법원 1988. 11. 8. 선고 88도1580 판결(수용시설에 수용중인 부랑인들의 야간도주를 방지하기 위하여 그 취침시간 중 출입문을 안에서 시정조치한 행위는 형법 제20조의 정당행위에 해당되어 위법성이 조각된다).
70) 강구진, 151면; 김종원, 110면; 백형구, 288면; 유기천, 94면.
71) 이재상/장영민/강동범, 127면.

4. 죄수 및 다른 범죄와의 관계

(1) 죄   수

본죄는 계속범이므로 감금된 자의 신체활동의 자유가 회복되어야 범행은 종료한다.

사람을 체포한 후 감금한 경우에는 포괄하여 1개의 감금죄만 성립한다. 이것은 체포와 감금이 같은 성질의 범죄로서 그 방법만을 달리하기 때문이다.

1개의 감금행위로 수인을 감금한 경우에는 피해자의 수만큼의 수개의 감금죄가 성립하고 상상적 경합이 된다.

(2) 다른 범죄와의 관계

1) 폭행·협박죄와의 관계

체포·감금의 수단으로 폭행·협박한 경우에는 불가벌적 수반행위로서 폭행죄 또는 협박죄는 감금죄에 흡수되어 감금죄만 성립하게 된다.[72]

그러나 감금 중에 감금상태를 유지하기 위해서가 아니라 별개의 동기로 폭행·협박을 한 경우에는 중체포·감금죄가 성립한다는 견해[73]도 있지만, 중체포·감금죄는 행위자가 가혹한 행위를 할 의사를 가지고 폭행·협박한 경우에 성립하므로, 체포·감금한 후 별개의 동기로 폭행·협박을 한 경우에는 감금죄와 폭행죄 또는 협박죄의 경합범이 된다고 보는 견해[74]가 타당하다고 생각된다.

2) 강도죄·강간죄·상해죄·살인죄와의 관계

① 감금행위가 강도·강간죄의 수단이 된 경우에는 감금죄 이외에 강도죄 또는 강간죄가 성립하지만, 양죄는 1개의 행위로 실현된 경우이므로 상상적 경합관계가 된다는 것이 지배적인 견해이다. 판례[75]도 같은 입장을 취하고 있다.

---

72) 대법원 1982. 6. 22. 선고 82도705 판결(감금을 하기 위한 수단으로서 행사된 단순한 협박행위는 감금죄에 흡수되어 따로 협박죄를 구성하지 않는다).

73) 백형구, 288면; 이정원, 165면.

74) 이재상/장영민/강동범, 127면.

75) 대법원 1983. 4. 26. 선고 83도323 판결(피고인이 피해자가 자동차에서 내릴 수 없는 상태에 있음을 이용하여 강간하려고 결의하고, 주행 중인 자동차에서 탈출 불가능하게 하여 외포케 하고 50킬로미터를 운행하여 여관 앞까지 강제연행한 후 강간하려다가 미수에 그친 경우, … 그 때에는 감금죄와 강간미수죄는 일개의 행위에 의하여 실현된 경우로서 형법 제40조의 상상적 경합관계에 있다).

② 감금 중에 새로운 범의로 강간·강도·상해·살인을 행한 경우에는 감금죄와 각 죄는 별도로 성립하고 양죄는 실체적 경합범이 된다.

③ 감금행위가 강도상해의 수단이 되는데 그치지 않고 강도상해가 끝난 후에도 계속된 경우에는 1개의 행위가 감금죄와 강도상해죄에 해당하는 경우라고 볼 수 없기 때문에, 감금죄와 강도상해죄는 실체적 경합범이 성립된다.[76]

예컨대 피해자를 감금한 후 강간미수에 그친 경우에는 감금죄와 강간미수죄는 상상적 경합관계이므로, 피해자가 강간미수에 대하여 고소를 취소했다고 하더라도 다른 범죄인 감금죄의 성립에는 아무런 영향을 미치지 않는다는 것이 대법원 판례의 입장이다.[77]

3) 미성년자 약취·유인죄와의 관계

미성년자를 약취·유인한 자가 계속하여 미성년자를 불법하게 감금하였을 때에는 미성년자 약취·유인죄 외에 감금죄가 별도로 성립한다.[78]

4) 인질강요죄 및 인질강도죄와의 관계

사람을 체포·감금·약취 또는 유인하여 이를 인질로 삼아 제3자에 대하여 권리행사를 방해하거나 의무없는 일을 하게 하는 인질강요죄나 사람을 체포·감금·약취 또는 유인하여 이를 인질로 삼아 재물 또는 재산상의 이익을 취득하거나 제3자로 하여금 이를 취득하게 하는 인질강도죄가 성립하면 체포·감금죄는 별도로 성립하지 않는다. 법조경합의 특별관계가 성립하기 때문이다.

《사 례》

① 만 10세 된 미성년자를 약취·유인하여 간음하면서 상처를 입히고 계속하여 불법으로 감금한 때에는 미성년자약취·유인죄와 미성년자의제강간치상죄 및 감금죄의 3죄가 성립하고 실체적 경합범이 된다.[79]

---

76) 대법원 2003. 1. 10. 선고 2002도4380 판결.
77) 대법원 1983. 4. 26. 선고 83도323 판결. 이 판례에 대한 비판적 견해로서 최우찬, 「감금죄와 강간죄의 관계」(형사판례연구 2), 134~150면. 감금이 강간의 수단인 폭행·협박에 포함되는 것으로 보아 강간죄의 고소취소가 있으면 감금죄는 별도로 성립하지 않는다는 입장을 취하고 있다.
78) 대법원 1998. 5. 26. 선고 98도1036 판결.

② 2인 이상이 피해자를 감금한 후 신용카드를 강취한 후 이를 가지고 가맹점에서 주류를 제공받은 경우에는 감금죄, 특수강도, 신용카드부정사용죄, 사기죄가 성립한다. 감금행위가 강도행위의 수단에 그친 경우에는 양죄는 상상적 경합관계이나, 강도행위가 끝난 후에도 감금행위가 계속된 경우에는 감금죄와 강도죄는 실체적 경합범이 된다.

Ⅲ. 존속체포·감금죄

제276조(존속체포, 존속감금) ② 자기 또는 배우자의 직계존속에 대하여 제1항의 죄를 범한 때에는 10년 이하의 징역 또는 1천 500만원 이하의 벌금에 처한다.
제280조(미수범) 본죄의 미수범은 처벌한다.
제282조(자격정지의 병과) 10년 이하의 자격정지를 병과할 수 있다.

존속체포·감금죄는 자기 또는 배우자의 직계존속에 대하여 체포·감금행위를 한 경우에 성립하는 부진정 신분범이고, 직계존속·비속이라는 신분관계로 인하여 책임이 가중되는 책임가중적 구성요건이다. 본죄의 미수범은 처벌되며, 개정형법에서는 벌금형을 추가하였다.

Ⅳ. 중체포·감금죄, 존속중체포·감금죄

제277조(중체포, 중감금, 존속중체포, 존속중감금) ① 사람을 체포 또는 감금하여 가혹한 행위를 가한 자는 7년 이하의 징역에 처한다.
② 자기 또는 배우자의 직계존속에 대하여 전항의 죄를 범한 때에는 2년 이상의 유기징역에 처한다.
제280조(미수범) 본죄의 미수범은 처벌한다.
제282조(자격정지의 병과) 10년 이하의 자격정지를 병과할 수 있다.

1. 의   의

중체포·감금죄란 사람을 체포·감금하여 가혹한 행위를 함으로써 성립하는 범죄이

---

79) 대법원 1998. 5. 26. 선고 98도1036 판결.

다. 여기서 '가혹(苛酷)한 행위'란 사람에게 육체적·정신적 고통을 주는 일체의 행위를 말한다. 예컨대 폭행·협박을 하는 경우, 의식주를 제공하지 않은 경우, 잠을 재우지 않은 경우, 나체로 있게 하여 성적 수치심이나 모멸감을 일으키게 하는 경우 등이 여기에 해당한다.

'가혹한 행위'는 학대죄의 '학대'보다 그 범위가 넓은 개념으로 보아야 한다. 왜냐하면 학대(虐待)는 타인의 생명·신체의 안전 또는 안전성을 위태롭게 할 정도의 정신적·육체적 고통을 가하는 행위이지만, 가혹한 행위는 생명·신체의 안전에 위험을 줄 정도에 이르지 않는 타인에게 육체적·정신적으로 고통을 주는 일체의 행위도 포함되기 때문이다.

본죄는 체포·감금행위와 가혹행위가 결합된 결합범이며, 결과적 가중범이나 구체적 위험범은 아니다. 체포·감금의 수단으로 행해진 폭행·협박은 가혹행위라고 할 수는 없지만,[80) 체포·감금행위를 한 후에 정신적·육체적 고통을 가하는 일체의 행위는 가혹행위에 해당한다. 또한 본죄는 처음부터 체포·감금하여 가혹한 행위를 할 의사를 가지고 실행한 경우뿐만 아니라 체포·감금행위를 한 후에 가혹행위를 할 의사를 가지고 실행한 경우도 포함된다.

2. 미수범의 처벌

본죄의 미수범은 처벌한다. 즉 ① 체포·감금을 하여 가혹한 행위를 하려 하였으나 체포·감금에 실패한 경우, ② 체포·감금을 하였으나 가혹행위를 하지 못한 경우, ③ 가혹한 행위에 착수했으나 가혹행위가 미수에 그친 경우에는 모두 본죄의 미수가 된다.

V. 특수체포·감금죄

제278조(특수체포, 특수감금) 단체 또는 다중의 위력을 보이거나 위험한 물건을 휴대하여 전 2조의 죄를 범한 때에는 그 죄에 정한 형의 2분의 1까지 가중한다.
제280조(미수범) 본죄의 미수범은 처벌한다.
제282조(자격정지의 병과) 10년 이하의 자격정지를 병과할 수 있다.

---

80) 이재상/장영민/강동범, 128면.

본죄는 단체 또는 다중의 위력을 보이거나 위험한 물건을 휴대하고서 체포·감금 행위를 한 경우, 존속체포·감금죄, 중체포·감금죄, 존속중체포·감금죄를 범함으로써 성립하는 범죄이다.

VI. 상습체포·감금죄

제279조(상습범) 상습으로 제276조 또는 제277조의 죄를 범한 때에는 전조의 예에 의한다.
제280조(미수범) 본죄의 미수범은 처벌한다.
제282조(자격정지의 병과) 10년 이하의 자격정지를 병과할 수 있다.
[폭처법]
제2조(폭행 등) ② 2명 이상이 공동하여 다음 각 호의 죄를 범한 사람은 「형법」 각 해당 조항에서 정한 형의 2분의 1까지 가중한다.
　1.「형법」 제260조 제1항(폭행), 제283조 제1항(협박), 제319조(주거침입, 퇴거불응) 또는 제366조(재물손괴 등)의 죄
　2.「형법」 제260조 제2항(존속폭행), 제276조 제1항(체포, 감금), 제283조 제2항(존속협박) 또는 제324조 제1항(강요)의 죄
　3.「형법」 제257조 제1항(상해)·제2항(존속상해), 제276조 제2항(존속체포, 존속감금) 또는 제350조(공갈)의 죄
③ 이 법(「형법」 각 해당 조항 및 각 해당 조항의 상습범, 특수범, 상습특수범, 각 해당 조항의 상습범의 미수범, 특수범의 미수범, 상습특수범의 미수범을 포함한다)을 위반하여 2회 이상 징역형을 받은 사람이 다시 제2항 각 호에 규정된 죄를 범하여 누범(累犯)으로 처벌할 경우에는 다음 각 호의 구분에 따라 가중처벌한다.
　1. 제2항 제1호에 규정된 죄를 범한 사람: 7년 이하의 징역
　2. 제2항 제2호에 규정된 죄를 범한 사람: 1년 이상 12년 이하의 징역
　3. 제2항 제3호에 규정된 죄를 범한 사람: 2년 이상 20년 이하의 징역

본죄는 상습으로 체포·감금죄, 존속체포·감금죄, 중체포·감금죄, 존속중체포·감금죄를 범한 경우에 성립하는 범죄이다. 그러나 상습적으로 체포·감금죄를 범한 경우에는 특별형법인 「폭력행위 등 처벌에 관한 법률」 제2조가 적용되어 2년 이상의 유기징역에 처해진다.

Ⅶ. 체포·감금치사상죄, 존속체포·감금치사상죄

제281조(체포·감금등의 치사상) ① 제276조 내지 제280조의 죄를 범하여 사람을 상해에 이르게 한 때에는 1년 이상의 유기징역에 처한다. 사망에 이르게 한 때에는 3년 이상의 유기징역에 처한다.

제282조(자격정지의 병과) 10년 이하의 자격정지를 병과할 수 있다.

체포·감금의 죄를 범하여 사람을 상해에 이르게 한 때에는 1년 이상의 유기징역에 처하고, 사망에 이르게 한 때에는 3년 이상의 유기징역에 처해진다.

자기 또는 배우자의 직계존속에 대하여 상해에 이르게 한 때에는 2년 이상의 유기징역에 처하고, 사망에 이르게 한 때에는 무기 또는 5년 이상의 징역에 처해진다.

체포·감금치사죄는 진정결과적 가중범이고 체포·감금치상죄는 부진정결과적 가중범이다.

존속체포·감금치사상죄는 신분관계로 인하여 책임이 가중되는 가중적 구성요건이다.

(1) 중체포·감금죄와 존속중체포·감금죄의 경우에 가혹한 행위로 인해 사상의 결과가 발생한 경우에는 체포·감금죄와 상해치사죄의 경합범이 된다는 견해[81]도 있으나, 본죄는 중체포·감금치사상도 포함하고 있으므로 본죄가 성립한다고 해석하는 것이 타당하다.[82]

예컨대 달리는 차량에 감금된 후 이를 벗어나기 위해 애쓰다가 차량에서 떨어져 사망한 경우,[83] 좁은 차량 속에 움직이지 못하도록 묶여 있어 혈액순환 장애로 인하여 사망에 이르게 된 경우[84]에는 감금치사죄가 성립한다. 또한 감금을 당한 후 가혹한 행위를 피하려다 사망한 경우, 예컨대 아파트 안방에 감금된 피해자가 가혹행위를 피하려고 창문을 통하여 아파트 아래 잔디밭에 뛰어내리다가 사망한 경우에는 중감금행위와 피해자의 사망 사이에 인과관계가 있어 중감금치

---

81) 황산덕, 201면.
82) 이재상/장영민/강동범, 129면.
83) 대법원 2000. 2. 11. 선고 99도5286 판결.
84) 대법원 2002. 10. 11. 선고 2002도4315 판결.

사죄가 성립된다.[85]

　(2) 체포·감금죄의 기수·미수를 불문하고 체포·감금행위로 인해 사상의 결과가 발생한 경우에는 본죄가 성립한다.[86] 체포·감금상태에서 피감금자가 탈진상태에 빠져 그대로 방치하면 사상에 이를 수 있다는 것을 인식, 인용하였음에도 불구하고 방치하여 사상에 이르렀다면 감금죄와 부작위에 의한 살인죄 또는 상해죄의 실체적 경합범이 성립한다.[87]

　피고인이 미성년자를 유인하여 포박 감금한 후 단지 그 상태를 유지하였을 뿐인데도 피감금자가 사망에 이르게 된 것이라면 피고인의 죄책은 감금치사죄에 해당한다 하겠으나, 나아가서 그 감금상태가 계속된 어느 시점에서 피고인에게 살해의 범의가 생겨 피감금자에 대한 위험발생을 방지함이 없이 포박감금상태에 있던 피감금자를 그대로 방치함으로써 사망케 하였다면 피고인의 부작위는 살인죄의 구성요건적 행위를 충족하는 것이라고 평가하기에 충분하므로 부작위에 의한 살인죄를 구성한다.

　(3) 체포·감금이 살인의 수단이 된 경우에는 살인죄만 성립한다는 견해[88]도 있으나, 체포·감금행위는 살인행위에 수반되는 행위가 아니므로 체포·감금죄와 살인죄의 경합범이 된다.[89] 감금행위 도중에 살인의 고의가 생긴 경우도 마찬가지로 양죄의 경합범이 된다.

제 4 절 약취·유인 및 인신매매의 죄

Ⅰ. 개　　설

1. 의　　의

　약취·유인 및 인신매매의 죄는 사람을 약취·유인 또는 매매하여 자기 또는 제3

---

85) 대법원 1991. 10. 25. 선고 91도2085 판결.
86) 대법원 2000. 2. 11. 선고 99도5286 판결.
87) 대법원 1982. 11. 23. 선고 82도2024 판결.
88) 황산덕, 201면.
89) 이재상/장영민/강동범, 130면.

자의 실력적 지배하에 둠으로써 개인의 자유를 침해하는 것을 내용으로 하는 범죄이다. 약취·유인 및 인신매매의 죄는 사람의 자유 중에서 신체활동의 자유, 특히 장소 선택의 자유를 보호하는 범죄라는 점에서 체포·감금죄와 같은 성질을 지니고 있 지만, 체포·감금죄에 있어서 장소선택의 자유의 범위는 일정한 장소에 한정되어 있음에 반하여, 약취·유인 및 인신매매의 죄에 있어서는 이러한 장소적인 제한 이 요구되지 않는다는 점에서는 차이가 있다.[90] 또한 연혁적으로도 체포·감금죄 와는 달리 약취·유인 및 인신매매의 죄는 사람을 약취 유인하거나 부모로부터 유아약취, 노예매매, 결혼이나 간음을 위하여 부녀를 약취하거나 매매하는 것을 처벌하던 것에서 유래한다.

한편 근대에 들어와서는 인도주의의 영향으로 노예와 부녀에 대한 인신매매 를 금지하는 국제협정[91]이 체결되기에 이르렀다. 우리나라도 유엔의 인신매매, 특히 부녀매매와 아동매매의 방지와 처벌을 위한 "인신매매방지 의정서"에 서명함 에 따라, 이를 이행하기 위한 국내 이행입법으로서 종래의 약취와 유인의 죄의 장을 약취·유인 및 인신매매의 죄의 장으로 2014년 4월 5일 개정함으로써, 인신 매매라는 반인륜적인 범죄에 적극적으로 대처할 수 있도록 형법을 개정하였다.

2. 보호법익

본장의 죄의 보호법익이 개인의 자유라는 점에 대하여는 다툼이 없다. 그러나 이 중에 미성년자에 대한 약취·유인죄의 보호법익이 무엇인가에 대하여는 견해 가 대립한다. 즉 ① 피인취자인 미성년자의 자유권이 보호법익이라는 견해[92]와 ② 보호자의 감독권이 보호법익이라는 견해, 그리고 ③ 주된 보호법익은 미성년자의 자 유권이고 보호자의 감독권은 부차적 보호법익이 된다고 해석하는 통설[93]과 판례[94]의

---

90) 이재상/장영민/강동범, 130면.
91) 이러한 국제협정의 예로는 노예매매의 금지에 관한 베를린국제회의의 결의(1885년), 브뤼 셀국제회의의 결의(1890년), 파리의 소녀매매금지국제협정(1910년), 부녀와 소녀매매금지 에 관한 제네바국제협정(1921년), 성년부녀매매금지를 위한 국제협약(1933년), 유엔의 인 신매매와 매춘으로부터의 착취금지에 관한 조약(1949년) 등을 들 수 있다.
92) 정영석, 264면.
93) 김일수/서보학, 117면; 박상기, 131면; 배종대, 41/2; 손동권/김재윤, 133면; 오영근, 114면; 이재상/장영민/강동범, 132면; 이정원, 185면; 이형국, 191면; 임웅, 167면; 정성근/박광민, 147면; 정영일, 64면.
94) 대법원 1982. 4. 27. 선고 82도186 판결.

입장이 그것이다.

생각건대 미성년자에 대한 보호자의 감독권을 보호할 필요가 있고, 또한 법정대리인이 아닌 보호자에게도 고소권을 인정할 필요가 있는 점을 고려해보면, 미성년자의 자유권이 주된 보호법익이고 보호자의 감독권을 부차적인 보호법익으로 해석하는 통설이 타당하다고 생각된다. 따라서 유인에 의하여 스스로 가출한 미성년자의 경우에 미성년자의 동의가 있었다고 하더라도 그 동의에 하자가 있거나 또는 진의에 의한 미성년자의 동의가 있었더라도 보호자의 동의가 없는 경우에는 본죄가 성립하게 된다.[95]

본죄의 보호법익에 대한 보호의 정도는 침해범이고, 피인취자를 자기 또는 제3자의 실력적 지배하에 두었을 때에 기수가 된다.

3. 구성요건의 체계

형법 제31장은 종전의 '약취·유인의 죄'라는 명칭을, '약취·유인 및 인신매매의 죄'라는 명칭으로 변경하고 그 내용도 전면적으로 개정하였다. 즉 추행·간음·영리목적 약취유인죄에 종전에는 독자적으로 규정하고 있던 결혼목적 약취·유인죄를 포섭하여 하나의 구성요건하에 함께 규정하였으며, 목적범의 범위를 넓혀 노동력 착취·성매매와 성적 착취·장기적출목적 약취·유인죄를 신설하였고, 종래의 부녀매매죄를 확대하여 남녀노소를 불문하고 처벌하는 인신매매죄를 신설하여 단순인신매매죄뿐만 아니라 추행·간음·결혼·영리·노동력 착취·성매매와 성적 착취·장기적출목적 인신매매죄를 신설하고 법정형도 높였으며, 결과적 가중범과 결합범의 형태로 약취·유인·매매·이송 등 상해·치상죄와 약취·유인·매매·이송 등 살인·치사죄를 신설하여 가중처벌하고 있다.

또한 약취·유인 및 인신매매의 죄에서는 예비·음모죄의 처벌 범위를 확대하였으며, 상습범 가중처벌규정은 폐지하였다.

그 밖에도 추행·간음목적 약취·유인·수수·은닉죄와 결혼목적 약취·유인죄와 그 미수범에 대하여 종전의 친고죄 규정을 전면적으로 폐지하였고, 또한 세계주의를 채택하여 외국인이 대한민국 영역 밖에서 본장의 죄를 범한 경우에도 우리 형법의 적용이 가능하도록 하였다.

---

95) 대법원 2003. 2. 11. 선고 2002도7115 판결.

(1) 기본적 구성요건

본장의 죄는 3개의 기본적 구성요건으로 구성되어 있다. 즉 미성년자 약취·유인죄(제287조)와 추행·간음·영리·노동력 착취·성매매와 성적 착취·장기적출 및 국외이송 목적 약취·유인죄(제288조) 및 인신매매죄(제289조)가 그것이다.

약취·유인죄의 기본적 구성요건은 미성년자 약취·유인죄(제287조)이다. 이 조항은 미성년자만이 미성년자 약취·유인죄의 행위객체가 된다는 점에서 기본적 구성요건으로서의 의미를 지닌다.

그리고 추행·간음·결혼 또는 영리목적으로 사람을 약취·유인한 경우에 성립하는 추행·간음·결혼 또는 영리목적 약취·유인죄는 목적범으로서 행위자의 목적으로 인해 불법이 가중되는 불법가중적 구성요건이다.

나아가 노동력 착취, 성매매와 성적 착취, 장기적출을 목적으로 사람을 약취 또는 유인한 경우에 성립하는 노동력 착취·성매매와 성적 착취·장기적출목적 약취·유인죄는 목적범인 동시에 행위의 불법성이 추행·간음 등의 목적보다 큰 경우로서 더욱 불법이 가중되는 가중적 구성요건이다. 또한 국외이송목적 약취·유인죄와 피약취·유인자 국외이송죄에서 전자는 목적범으로 인해 불법이 가중되는 가중적 구성요건이며, 후자는 국외이송으로 인해 불법이 가중되는 가중적 구성요건이다.

인신매매죄의 기본적 구성요건은 사람을 물건처럼 거래의 대상으로 하여 매매하는 인신매매죄(제289조)를 기본적 구성요건으로 하며, 추행·간음·결혼·영리목적 인신매매죄와 노동력 착취·성매매와 성적 착취·장기적출목적 인신매매죄 및 국외이송목적 인신매매죄는 행위자의 목적으로 인하여 불법이 가중되어 형이 가중되는 가중적 구성요건이다. 피약취·유인·매매·이송자 수수·은닉죄(제292조 제2항)는 방조범에 해당하는 행위를 특별히 규정한 구성요건이다. 또한 매매자 국외이송죄는 국외이송 행위로 인하여 불법이 가중되는 가중적 구성요건이다.

다음으로 약취, 유인, 매매, 이송 등 상해·치상죄와 약취·유인·매매·이송 등 살인·치사죄는 약취·유인의 죄와 인신매매의 죄를 범하여 사람을 살인·상해하거나 사망이나 상해에 이르게 함으로써 성립하는 범죄이다. 피인취자나 매매자를 살인하거나 상해한 경우는 결합범으로 인해 불법이 가중되는 형태이고, 사망이나 상해에 이르게 한 경우는 결과적 가중범으로 인해 불법이 가중되는 형태이다. 또한 본장의 죄는 미수범을 처벌하며(제294조) 예비·음모죄도 처벌한다(제296

조). 나아가 종래에는 본장의 죄 중 일부범죄를 친고죄로 규정하고 있었으나, 이를 모두 폐지함으로써 본장의 죄는 모두 비친고죄이다.

(2) 독립적 구성요건

약취·유인·매매·이송자 수수·은닉죄(제292조 제1항)는 총론상 본범의 방조행위에 해당하여 종범에 불과하지만, 약취·유인·매매·이송된 자에 대한 수수·은닉행위를 처벌하는 별도의 구성요건을 두고 있기 때문에 총론상의 공범규정이 적용되지 않고 본죄가 성립하므로 약취·유인·매매·이송자 수수·은닉죄는 변형된 독립적 구성요건이다.

또한 약취·유인죄 및 인신매매죄를 범할 목적으로 사람을 모집, 운송, 전달한 행위에 대하여도 형법은 처벌규정을 두고 있는데(제292조 제2항), 이러한 행위도 본범의 예비행위 내지 방조행위에 불과하지만 별도의 처벌규정을 두고 있으므로 본죄의 변형된 독립적 구성요건이다.

그 밖에 본장의 죄에 대한 특별형법으로 「특정범죄가중처벌 등에 관한 법률」이 있다. 동법률 제5조의2에 의하면, 재물 또는 재산상의 이익을 취득하거나 살해의 목적으로 미성년자를 약취·유인한 경우 또는 미성년자 약취·유인죄를 범한 자가 이를 이용하여 재물 또는 재산상의 이익을 취득하거나 요구하거나 또는 미성년자를 살해·폭행·상해·감금·유기·가혹한 행위 등의 행위를 한 경우에 가중처벌하고 있다.

Ⅱ. 미성년자의 약취·유인죄

제287조(미성년자의 약취, 유인) 미성년자를 약취 또는 유인한 사람은 10년 이하의 징역에 처한다.

제294조(미수범) 본죄의 미수범은 처벌한다.

제295조의2(형의 감경) 제287조부터 제290조까지, 제292조와 제294조의 죄를 범한 사람이 약취, 유인, 매매 또는 이송된 사람을 안전한 장소로 풀어준 때에는 그 형을 감경할 수 있다.

제296조(예비, 음모) 제287조부터 제289조까지, 제290조 제1항, 제291조 제1항과 제292조 제1항의 죄를 범할 목적으로 예비 또는 음모한 사람은 3년 이하의 징역에 처한다.

제296조의2(세계주의) 제287조부터 제292조까지 및 제294조는 대한민국 영역 밖에서 죄를 범한 외국인에게도 적용한다.

1. 객관적 구성요건

본죄는 정신적·육체적으로 미성숙하고 사회적 경험이 부족한 미성년자의 자유와 안전을 보호하기 위한 범죄이다.

(1) 행위주체

본죄의 행위주체에는 특별한 제한이 없다. 미성년자 본인을 제외한 자연인이면 충분히고, 심부모도 타가에 입양한 미성년자인 자녀를 약취·유인할 수 있으므로 본죄의 행위주체가 될 수 있다.[96] 미성년자 본인은 본죄의 행위객체이므로 본죄의 정범은 물론 공범도 될 수 없다.

(2) 행위객체

본죄의 행위객체는 미성년자이다. 여기서의 미성년자란 민법상의 미성년자, 즉 19세 미만자를 말하므로 유아도 당연히 본죄의 객체가 된다. 그러나 혼인한 미성년자의 경우에 민법상 성년으로 의제되는데, 이를 미성년자로 보는 것은 죄형법정주의에 반하므로 본죄의 객체가 될 수 없다고 해석하는 견해[97]도 있다. 그러나 민법상의 성년의제제도는 혼인생활의 독립성을 보장하기 위한 제도로서 형법의 취지와는 다르므로, 혼인한 미성년자도 여기에 포함된다고 해석하는 다수설[98]의 입장이 타당하다.

(3) 실행행위

1) 약취와 유인

본죄의 실행행위는 약취·유인행위, 즉 인취(引取)행위가 있어야 한다. 여기서 약취·유인이란 사람을 보호받고 있는 생활관계로부터 이탈시켜 자기 또는 제3자의 사실적 실력적 지배하에 옮기는 것을 말한다. 약취(略取)란 폭행·협박을 수단으로 하며, 유인(誘引)은 기망이나 유혹[99]을 수단으로 하는 점에서 차이가 있다.

---

96) 외조부가 맡아서 양육해 오던 미성년인 자(子)를 자의 의사에 반하여 사실상 자신의 지배하에 옮긴 친권자에 대하여 미성년자 약취·유인죄를 인정하였다(대법원 2008. 1. 31. 선고 2007도8011 판결).

97) 이재상/장영민/강동범, 134면.

98) 박상기, 133면; 배종대, 41/2; 오영근, 116면; 임웅, 170면; 정성근/박광민, 145면.

99) 대법원 1982. 4. 27. 선고 82도186 판결(피해자가 스스로 가출하였다고 하나 그것이 피고인의 독자적인 교리설교에 의하여 하자있는 의사로서 이루어진 것이고, 피해자를 보호감독자의 보호관계로부터 이탈시켜 피고인의 지배하에 옮긴 이상 미성년자유인죄에 해당한다).

여기에서 말하는 폭행 또는 협박의 정도는 미성년자를 자기 또는 제3자의 실력적 지배하에 둘 수 있는 정도면 족하며 상대방의 반항을 억압할 정도일 것을 요하지 않는다.[100] 따라서 마취제나 수면제를 사용하거나 이미 심신상실이나 항거불능상태에 빠진 것을 이용한 경우, 의사능력이 없는 유아를 몰래 데려가는 경우에도 본죄의 폭행에 해당한다.[101] 그리고 기망(欺罔)이란 허위의 사실로써 상대방을 착오에 빠트리는 것을 말하며, 유혹(誘惑)이란 기망의 정도에는 이르지 않지만 감언이설(甘言利說)로써 상대방을 현혹시켜 적정한 판단을 그르치게 하는 것을 말하며, 유혹의 내용이 허위일 것을 요하지는 않는다.[102]

약취·유인의 수단인 폭행·협박·기망·유혹의 대상은 반드시 피인취자에게 행해질 것을 요하지 않으며, 보호자 등 제3자에게 행해져도 무방하다.

2) 사실적 지배

약취와 유인행위를 완성하기 위해서는 폭행·협박·기망·유혹을 하는 것만으로는 족하지 않고 피인취자를 자기 또는 제3자의 사실적 지배하에 두어야 한다. 단순히 장소를 벗어나 도망가게 하는 것만으로는 본죄가 성립하지 않는다. 피인취자의 장소적 이전이 필요한가에 대하여는 보호자의 감독권 행사를 방해하는 데 본죄의 본질이 있으므로 장소적 이전을 본질적 요소로 한다는 견해[103]도 있지만, 피인취자의 장소적 이전 없이도 보호자의 실력적 지배를 배제하고 자기 또는 제3자의 사실상의 지배하에 둘 수 있으므로 장소적 이전을 반드시 요하지는 않는다고 해석하는 견해[104]가 타당하며, 판례[105]도 같은 입장이다. 따라서 본죄는 사실상의 지배관계를 벗어난 피인취자를 그대로 두고 방치하는 부작위에 의해서도 성립할 수 있다.

3) 계속범 여부

본죄가 성립하기 위해서는 미성년자를 사실적 지배하에 두면서 어느 정도의

---

100) 대법원 1991. 8. 13. 선고 91도1184 판결.
101) 강구진, 157면; 이재상/장영민/강동범, 135면; 이형국, 193면; 정성근/박광민, 150면; 황산덕, 207면.
102) 대법원 1996. 2. 27. 선고 95도2980 판결.
103) 황산덕, 207면.
104) 김일수/서보학, 121면; 박상기, 133면; 손동권/김재윤, 136면; 이재상/장영민/강동범, 136면; 임웅, 171면; 정성근/박광민, 152면.
105) 대법원 2008. 1. 17. 선고 2007도8485 판결.

시간적 계속성을 필요로 한다. 필요한 시간적 계속성의 정도는 피인취자의 상태와 보호의 필요성을 고려하여 구체적으로 결정되어야 한다.

이에 반하여 본죄의 성질을 **상태범**이라고 해석하는 견해[106]에 의하면, 자기 또는 제3자의 사실적 지배하에 두면 이미 기수가 되고 그 후에는 위법상태가 계속되는데 불과하다고 보게 된다. 그러나 본죄가 완성되기 위해서는 어느 정도 시간적 계속성이 필요하고 기수가 된 이후에도 약취·유인행위가 계속되는 한 실행행위는 계속되는 계속범이며, 피인취자의 자유가 회복되었을 때 비로소 범죄가 실질적으로 종료한다고 보는 다수설[107]의 입장이 타당하다. 따라서 본죄는 피인취자의 자유가 회복되었을 때 비로소 범행이 종료하며, 이때부터 공소시효가 진행되고 범행종료전까지는 공범성립이 가능하다.

그러나 미성년자를 약취·유인한 자가 피인취자를 계속 감금하고 있는 경우에는 미성년자 약취·유인죄 외에 별도로 **감금죄**가 성립하지만,[108] 이 경우에는 이러한 범행을 결합범으로 규정하여 처벌하고 있는 「특정범죄 가중처벌 등에 관한 법률」 제5조의2 제2항 제3호을 적용하게 된다.

2. 주관적 구성요건

본죄는 주관적 구성요건으로 객관적 구성요건에 대한 인식과 의사, 즉 **행위자인 피인취자가 미성년자**이고 이를 폭행·협박·기망·유혹에 의하여 자기 또는 제3자의 실력적 지배하에 둔다는 사실에 대한 인식과 의사인 고의가 필요하다. 그러나 미성년자 약취·유인죄에 있어서는 약취·유인의 동기나 목적은 문제가 되지 않는다. 따라서 보호·양육을 위해 약취·유인하더라도 범죄성립에는 지장이 없다. 다만 미성

---

106) 김종원, 116면. 그 밖에도 미성년자 약취·유인죄의 보호법익을 어떻게 이해하느냐에 따라 보호자의 감독권으로 볼 때에는 상태범이고, 미성년자의 자유권으로 볼 때에는 계속범이 된다는 견해도 있다. 그러나 보호법익과 관련해서는 침해범과 위험범을 구별하는 기준일 뿐이고 계속범과 상태범 및 즉시범의 구별은 범죄구성요건의 실현에 시간적 계속성이 필요한가의 문제이다. 따라서 미성년자 약취·유인죄의 기수가 성립하기 위해서는 미성년자의 자유권에 대한 침해가 어느 정도 시간적 계속성이 필요하므로 계속범으로 이해하는 입장이 타당하다고 생각한다.

107) 배종대, 41/6; 백형구, 298면; 유기천, 211면; 이영란, 152면; 이재상/장영민/강동범, 137면; 이형국, 194면.

108) 대법원 1998. 5. 26. 선고 98도1036 판결.

년자를 추행·간음·영리·결혼·국외이송 등의 목적으로 인취한 경우에는 제288조의 범죄가 성립한다. 인취자의 목적 여하에 따라서는 「특정범죄 가중처벌 등에 관한 법률」 제5조의2의 적용을 받아 가중처벌된다.

3. 위법성

본죄는 정당방위, 긴급피난, 정당행위에 의하여 위법성이 조각될 수 있다.

그러나 피해자의 승낙이 미성년자 약취·유인행위의 위법성을 조각하느냐가 문제된다. 미성년자 약취·유인죄의 보호법익은 **미성년자의 자유권과 보호자의 감독권**이므로 **미성년자와 보호자 양자의 동의가 필요**하고 미성년자의 동의나 승낙만으로는 위법성이 조각되지 않는다. 또한 미성년자의 승낙은 동의능력이 있는 미성년자의 유효한 동의가 전제되어야 한다. 그리고 미성년자와 보호자의 동의가 있을 때에 본죄의 위법성이 조각된다는 견해[109]도 있으나, 양해의 개념을 인정하는 경우에는 **구성요건해당성이 배제**된다고 보아야 한다.

4. 죄수 및 다른 범죄와의 관계

(1) 감금죄와의 관계

미성년자를 약취·유인한 자가 피인취자를 계속하여 감금한 경우에는 본죄와 감금죄는 실체적 경합범이 된다.

(2) 유기죄와의 관계

약취·유인한 자가 미성년자를 유기한 경우에는 경합범이 된다는 견해도 있으나, 법률상·계약상 보증의무가 발생하지 않기 때문에 유기죄는 성립하지 않는다고 보아야 한다.[110]

(3) 특정범죄 가중처벌 등에 관한 법률에 의한 가중처벌

동법 제5조의2는 미성년자약취·유인죄를 범행목적에 따라 가중처벌하고 있다. 이른바 유괴범에 대하여는 중형으로 처벌하고 있다.

(4) 인질강요죄 및 인질강도죄

인취행위가 인질강요죄나 인질강도죄의 수단으로 행해지면 법조경합으로 본

---

109) 강구진, 160면; 배종대, 41/8; 임웅, 173면.
110) 이 경우에는 「특정범죄 가중처벌 등에 관한 법률」에 의해 가중처벌된다.

죄는 인질강요죄나 인질강도죄에 흡수된다. 인취행위의 수단으로 체포·감금행위가 행해지면 체포·감금죄와 본죄는 상상적 경합관계가 된다.

5. 형의 감경

본죄를 범한 자가 피약취·유인·매매 또는 이송된 사람을 안전한 장소로 풀어준 때에는 그 형을 감경할 수 있도록 규정하고 있다(제295조의2). 이 규정은 인질강요죄의 석방감경규정을 본상의 죄에도 적용하도록 하였다. 이 규정은 중지범적 성격을 지니고 있지만 중지범과는 다른 성격을 지니고 있다. 즉 중지범과는 달리 ① 행위자에게 '자의성'을 요하지 않고, ② 기수가 된 후에도 중지하면 적용되며, ③ 임의적 감경을 내용으로 한다는 점에서 차이가 있다.

특히 이 석방감경규정은 이미 약취·유인·매매 등의 죄가 기수에 달한 기수범에게도 이 규정의 적용을 가능하게 함으로써 형사정책적으로 피인취자의 생명·신체를 보호하기 위해 마련된 제도적 장치이다.

Ⅲ. 추행·간음·결혼·영리·국외이송 등 목적 약취·유인죄

1. 추행·간음·결혼·영리목적 약취·유인죄

제288조(추행 등 목적 약취, 유인 등) ① 추행, 간음, 결혼 또는 영리의 목적으로 사람을 약취 또는 유인한 사람은 1년 이상 10년 이하의 징역에 처한다.
② 노동력 착취, 성매매와 성적 착취, 장기적출을 목적으로 사람을 약취 또는 유인한 사람은 2년 이상 15년 이하의 징역에 처한다.
③ 국외에 이송할 목적으로 사람을 약취 또는 유인하거나 약취 또는 유인된 사람을 국외에 이송한 사람도 제2항과 동일한 형으로 처벌한다.
제294조(미수범) 본죄의 미수범은 처벌한다.
제295조(벌금의 병과) 본죄와 그 미수범에 대하여는 5천만원 이하의 벌금을 병과할 수 있다.
제295조의2(형의 감경) 본죄를 범한 사람이 약취, 유인, 매매 또는 이송된 사람을 안전한 장소로 풀어준 때에는 그 형을 감경할 수 있다.
제296조(예비, 음모) 본죄를 범할 목적으로 예비 또는 음모한 사람은 3년 이하의 징역에 처한다.
제296조의2(세계주의) 본죄는 대한민국 영역 밖에서 죄를 범한 외국인에게도 적용한다.

(1) 의   의

본죄는 추행·간음·결혼 또는 영리목적으로 사람을 약취 또는 유인함으로써 성립하는 범죄이다.

(2) 구성요건

1) 행위객체

본죄의 객체는 사람이다. 성년·미성년·남녀노소를 불문한다. 따라서 미성년자를 추행·간음·결혼·영리목적으로 약취 또는 유인한 때에는 미성년자 약취·유인죄가 성립하는 것이 아니라 본죄가 성립한다.

2) 주관적 구성요건

본죄는 추행·간음·결혼·영리의 목적으로 사람을 약취 또는 유인함으로써 성립하므로 목적범이다. 그러므로 본죄가 성립하기 위해서는 고의 이외에도 이러한 목적이 있어야 한다.

여기서 '추행(醜行)의 목적'이란 자기 또는 제3자의 성적 욕구를 충족시켜줄 목적을 말한다. 즉 피인취자를 추행의 객체 또는 주체로 할 목적이 있어야 한다. 추행이란 객관적으로 일반인에게 성적 수치심과 혐오감의 감정을 일으키게 하는 일체의 행위를 말한다.

'간음의 목적'이란 결혼이 아닌 성교의 목적을 말하며, 추행이나 간음은 인취자 자신이 반드시 당사자가 될 것을 요하지 아니하므로 제3자를 위한 경우도 포함된다. 따라서 단순한 성상대로 약취·유인한 때에는 간음목적약취·유인죄가 성립하게 된다.

'결혼의 목적'이란 행위자가 피인취자를 자기 또는 제3자와 결혼하게 할 목적이 있는 경우를 말한다. 여기서 결혼의 의미에 대하여는, ① 법률혼이라는 견해[111]와 ② 사실혼이라는 견해[112]도 있으나, ③ **법률혼뿐만 아니라 사실혼 모두 포함된다는 다수설**[113]의 태도가 타당하다. 왜냐하면 피인취자의 자유권을 보호한다는 측면을 고려해볼 때 인취자의 인취목적이 법률혼이든 사실혼이든 불문하고 널리 보호해야 할 필요가 있을 뿐만 아니라 특별히 사실혼이나 법률혼을 배제해야 할 합리적

---

111) 정영석, 270면; 황산덕, 212면.
112) 유기천, 116면; 이재상/장영민/강동범, 139면.
113) 강구진, 168면; 배종대, 235면; 손동권/김재윤, 139면; 오영근, 120면; 임웅, 174면; 정성근/박광민, 162면.

인 이유가 존재하지 않기 때문이다.

또한 결혼의 목적으로 미성년자를 약취·유인한 때에는 결혼목적약취·유인죄가 성립되고, 미성년자 약취·유인죄는 법조경합관계로 그 적용이 배제된다.[114]

'영리의 목적'이란 자기 또는 제3자로 하여금 재산상의 이익을 취득할 목적을 가진 경우를 말한다. 여기서 재산상의 이익이란 반드시 계속적·반복적인 이익일 것을 요하지 아니하며, 불법한 이익이든 합법적인 이익이든 불문한다. 따라서 피인취자를 합법적인 일에 종사시켜서 이익을 취득할 목적인 경우도 당연히 여기에 포함된다. 또한 재산상의 이익은 피인취자의 손해로 인해 발생할 것을 요한다는 소수설[115]도 있으나, 피인취자에게 손해가 발생하지 않은 경우인 인취자가 인취행위에 대한 대가로 제3자로부터 재산상의 이익을 취득하는 경우도 포함되기 때문에 여기에 한정되지 아니한다는 다수설의 견해가 타당하다.[116]

한편 석방의 대가로 재물 또는 재산상의 이익을 취득할 목적으로 사람을 약취·유인한 때에도 영리목적에 해당하느냐가 문제된다. 이에 대하여는 인질강도죄에 해당할 뿐이라는 견해[117]도 있다. 그러나 재물 또는 재산상의 이익을 취득할 목적으로 사람을 약취·유인하는 것만으로는 인질강도죄에 착수하였다고 보기 어려우며, 또한 피인취자가 미성년인 때에는 특정범죄가중처벌 등에 관한 법률 제5조의2에 해당하지만 특가법은 미성년자만을 객체로 하기 때문에 여기에 해당하지 않은 경우에는 본죄의 영리의 목적에 해당된다고 보아야 한다는 다수설의 입장[118]이 타당하다. 그러나 피인취자를 인질로 삼아 석방의 대가로 재물 또는 재산상의 이익을 취득할 목적으로 인취한 경우에는 인질강도죄가 성립한다고 해야 한다.

3) 실행행위와 기수시기

본죄의 실행행위는 약취·유인행위이고, 본죄의 기수시기는 추행·간음·결혼

---

114) 형법개정 전에는 결혼목적 약취·유인죄를 미성년자 약취·유인죄의 불법감경적 구성요건으로서 독자적인 구성요건을 두면서 친고죄로 규정하고 있었으나, 이를 통합하면서 친고죄 규정을 폐지하였다.

115) 서일교, 74면.

116) 강구진, 162면; 김일수/서보학, 123면; 이재상/장영민/강동범, 140면; 이형국, 197면; 황산덕, 209면.

117) 강구진, 162면; 김종원, 118면; 임웅, 154면.

118) 김일수/서보학, 123면; 박상기, 137면; 배종대, 42/2; 손동권/김재윤, 140면; 이재상/장영민/강동범, 140면; 이형국, 198면.

또는 영리목적으로 사람을 약취·유인하면 이미 기수가 되고, 행위자의 목적달성의 여부는 기수·미수와는 무관하다.[119]

2. 노동력 착취·성매매와 성적 착취·장기적출목적 약취·유인죄

제288조(추행 등 목적 약취, 유인 등) ② 노동력 착취, 성매매와 성적 착취, 장기적출을 목적으로 사람을 약취 또는 유인한 사람은 2년 이상 15년 이하의 징역에 처한다.
제294조(미수범) 본죄의 미수범은 처벌한다.
제295조(벌금의 병과) 본죄와 그 미수범에 대하여는 5천만원 이하의 벌금을 병과할 수 있다.
제295조의2(형의 감경) 본죄를 범한 사람이 약취, 유인, 매매 또는 이송된 사람을 안전한 장소로 풀어준 때에는 그 형을 감경할 수 있다.
제296조(예비, 음모) 본죄를 범할 목적으로 예비 또는 음모한 사람은 3년 이하의 징역에 처한다.
제296조의2(세계주의) 본죄는 대한민국 영역 밖에서 죄를 범한 외국인에게도 적용한다.

(1) 의   의

본죄는 노동력 착취, 성매매와 성적 착취, 장기적출을 목적으로 사람을 약취·유인함으로써 성립하는 범죄이다.

(2) 구성요건

1) 행위객체 및 실행행위

본죄의 행위객체는 사람이며, 남녀노소를 불문한다. 본죄의 실행행위는 사람을 약취·유인하는 행위이다.

2) 주관적 구성요건

본죄는 노동력 착취, 성매매와 성적 착취, 장기적출을 목적으로 약취·유인한 경우에 성립하는 목적범이다. 따라서 본죄가 성립하기 위해서는 행위자에게 행위 시에 주관적 구성요건으로 사람을 약취·유인한다는 사실에 대한 인식과 의사인 고의 이외에 노동력 착취·성매매와 성적 착취·장기적출의 목적이 있어야 한다.

여기서 '노동력 착취'란 피인취자의 의사에 반하여 강제노동을 시키거나 정당

---

119) 11세에 불과한 어린 나이의 피해자를 유혹하여 위 모텔 앞길에서부터 위 모텔 301호실까지 데리고 간 경우 간음목적유인죄의 기수에 이른 것이다(대법원 2007. 5. 11. 선고 2007도2318 판결).

한 노동의 대가를 지급하지 않고 일을 하게 하는 일체의 행위를 말한다.

　'성매매'란 성을 상품화하여 성매매의 상대방이 되도록 하는 일체의 행위를 말한다. '성적 착취'란 성매매를 강요하거나 원하지 않은 성관계를 강요하여 피인취자의 성적 자기결정권을 침해하는 일체의 행위를 말한다.

　'장기적출'이란 사람의 신체의 일부를 이루는 신장, 심장 등의 장기를 신체로부터 분리하여 적출하는 행위를 말한다.

　　(3) 저　　멸

　본죄의 예비·음모죄와 미수범을 처벌하며, 형법의 적용범위와 관련하여 외국인이 외국에서 본죄를 범한 경우에도 형법의 적용을 받아 처벌할 수 있도록 세계주의를 취하고 있다.

3. 국외이송목적 약취·유인죄 및 피약취·유인자 국외이송죄

> 제288조(추행 등 목적 약취, 유인 등) ③ 국외에 이송할 목적으로 사람을 약취 또는 유인하거나 약취 또는 유인된 사람을 국외에 이송한 사람도 제2항과 동일한 형으로 처벌한다.
> 제294조(미수범) 본죄의 미수범은 처벌한다.
> 제295조(벌금의 병과) 본죄와 그 미수범에 대하여는 5천만원 이하의 벌금을 병과할 수 있다.
> 제295조의2(형의 감경) 본죄를 범한 사람이 약취, 유인, 매매 또는 이송된 사람을 안전한 장소로 풀어준 때에는 그 형을 감경할 수 있다.
> 제296조(예비, 음모) 본죄를 범할 목적으로 예비 또는 음모한 사람은 3년 이하의 징역에 처한다.
> 제296조의2(세계주의) 본죄는 대한민국 영역 밖에서 죄를 범한 외국인에게도 적용한다.

　　(1) 의의 및 구성요건

　본죄는 국외에 이송할 목적으로 사람을 약취·유인하거나 약취·유인된 사람을 국외에 이송함으로써 성립하는 범죄이다. 이중 국외이송목적 약취·유인죄는 목적범이다.

　　(2) 구성요건

　　1) 행위객체

　본죄의 행위객체는 사람이며, 기혼·미혼·남녀노소를 불문한다.

2) 주관적 구성요건

국외이송목적 약취·유인죄는 국외로 이송할 목적이 있어야 성립하는 **목적범**이다. 따라서 본죄가 성립하기 위해서는 사람을 약취·유인한다는 사실에 대한 인식과 의사인 고의 이외에 피인취자를 국외로 이송할 목적이 필요하다. 그러나 피인취자 국외이송죄는 피인취자를 국외로 이송한다는 사실에 대한 고의만으로 족하다.

'국외의 의미'에 관하여 피해자의 거주국 외라는 견해도 있으나, 대한민국의 영역 외를 의미한다는 것이 통설[120]의 입장이며 타당하다. 따라서 본죄에 있어 국외이송이란 대한민국의 영역 외로 피인취자를 보내는 것을 말하므로 대한민국의 영역 밖으로 피인취자를 내보내면 기수가 성립하며, 타국의 영역 안으로 피인취자가 들어가야 기수가 되는 것은 아니다.

또한 본죄는 약취·유인에 가담하지 않은 자가 피인취자를 국외로 이송할 때 성립하는 범죄이다. 따라서 국외이송목적으로 피인취자를 약취·유인한 후 그 피인취자를 국외로 이송한 경우에는 어떤 범죄가 성립하느냐가 문제된다.

이에 관하여는 ① 실체법적으로는 국외이송목적 약취·유인죄와 피약취·유인자 국외이송죄가 성립하지만 과형상 일죄로 취급하여 양죄의 **상상적 경합**이 된다는 견해[121]와 ② 국외이송목적으로 처음부터 인취한 경우에는 국외이송목적 약취·유인죄에는 문의할 필요가 없고 포괄하여 **피약취·유인자 국외이송죄만** 성립한다는 견해[122]도 있지만, ③ 국외이송목적 약취·유인행위와 피약취·유인자 국외이송행위는 별개의 구성요건을 각각 실현하는 행위이므로 **국외이송목적 약취·유인죄와 피약취·유인자 국외이송죄는 실체적 경합**이 된다고 보는 견해[123]가 타당하다고 생각된다.

(3) 미수범 및 예비·음모죄

본죄의 미수범과 예비·음모죄는 처벌된다(제294조, 제296조).

---

120) 박상기, 141면; 배종대, 42/5; 손동권/김재윤, 141면; 이재상/장영민/강동범, 142면; 이형국, 201면; 임웅, 178면.
121) 배종대, 42/6; 이영란, 157면; 이재상/장영민/강동범, 143면; 이형국, 203면; 황산덕, 212면.
122) 강구진, 116면; 유기천, 117면.
123) 김종원, 123면; 박상기, 142면; 백형구, 306면; 임웅, 178면; 정성근/박광민, 161면; 정영석, 269면.

Ⅳ. 인신매매죄

1. 인신매매죄

> 제289조(인신매매) ① 사람을 매매한 사람은 7년 이하의 징역에 처한다.
> 제294조(미수범) 본죄의 미수범은 처벌한다.
> 제295조(벌금의 병과) 본죄와 그 미수범에 대하여는 5천만원 이하의 벌금을 병과할 수 있다.
> 제295조의2(형의 감경) 본죄를 범한 사람이 약취, 유인, 매매 또는 이송된 사람을 안전한 장소로 풀어준 때에는 그 형을 감경할 수 있다.
> 제296조(예비, 음모) 본죄를 범할 목적으로 예비 또는 음모한 사람은 3년 이하의 징역에 처한다.
> 제296조의2(세계주의) 본죄는 대한민국 영역 밖에서 죄를 범한 외국인에게도 적용한다.

(1) 의 의

인신매매죄란 사람의 신체를 물건과 같이 유상으로 상대방에게 교부하고, 이를 인수한 상대방은 사람의 신체에 대하여 사실상의 지배권을 취득하는 것을 말한다. 종래에는 추업에 사용할 목적으로 부녀를 매매하는 '추업목적 부녀매매죄'에 대해서만 처벌하는 규정을 두고 있었지만, 2013년 형법개정을 통해 남녀노소를 불문하고 모든 사람을 대상으로 한 인신매매행위를 처벌할 수 있도록 규정을 개정하였다.

본죄의 **보호법익**은 사람의 자유권과 인격권이다. 본죄의 미수범은 처벌되고, 석방감경규정이 적용된다. 인신매매죄를 기본적 구성요건으로 하고, 추행·간음·결혼·영리목적 인신매매죄와 노동력 착취·성매매와 성적 착취·장기적출 목적 인신매매죄는 목적으로 인하여 불법이 가중되는 가중적 구성요건이다. 그리고 국외이송목적 인신매매죄는 목적으로 인해 불법이 가중되는 가중적 구성요건이고, 인신매매자 국외이송죄는 국외이송으로 인하여 **불법이 가중되는 구성요건**이다.

(2) 구성요건

1) 행위주체

행위주체에는 제한이 없다. 따라서 보호자라 하더라도 본죄의 주체가 될 수 있으며, 인신매매죄이므로 매도인과 매수인이 필요적 공범으로서 본죄의 주체가 된다.

2) 행위객체

본죄의 행위객체는 사람이다. 따라서 사람이면 족하고 성년·미성년, 기혼·

미혼, 남녀를 불문한다.

3) 실행행위

본죄의 실행행위는 사람을 물건과 같이 취급하여 매매하는 행위이다. 즉 사람의 신체를 물건처럼 유상으로 상대방에게 인도하고 상대방은 이를 인수하여 사실상의 지배를 획득하는 것을 말한다. 그리고 여기서 말하는 매매란 사람의 의사에 반하는 강제적인 매매뿐만 아니라 교환도 포함된다고 보아야 하며, 반드시 민법상의 매매와 같은 의미는 아니다. 따라서 매매계약을 체결하였지만 매도인이 매수인에게 사람의 신체를 인도하지 않은 경우에는 아직 미수에 불과하다고 보아야 하며, 매매대금의 지급을 완료했느냐 유무도 본죄의 완성에 영향을 미치지 않는다고 보아야 한다. 따라서 사실상 사람의 신체를 거래대상으로 삼아 인도인과 인수인 사이에 인도행위가 완성되면 본죄의 기수가 성립하며, 그 이전에는 본죄의 미수가 된다.

4) 처   벌

본죄의 미수범과 예비·음모행위도 처벌한다. 대법원은 개정 전 부녀매매죄와 관련하여, 보통의 부녀자라면 법질서에 보호를 호소하기를 단념할 정도의 상태에서 신체에 대한 인수관계가 이루어졌다면 18세에 달한 부녀자에 대한 매매도 가능하다고 판시한 바 있다.[124] 본죄는 매도인과 매수인이 필요하므로 필요적 공범이다.

2. 추행·간음·결혼·영리목적 인신매매죄

제289조(인신매매) ② 추행, 간음, 결혼 또는 영리의 목적으로 사람을 매매한 사람은 1년 이상 10년 이하의 징역에 처한다.
제294조(미수범) 본죄의 미수범은 처벌한다.
제295조(벌금의 병과) 본죄와 그 미수범에 대하여는 5천만원 이하의 벌금을 병과할 수 있다.

---

124) 대법원 1992. 1. 21. 선고 91도1402 전원합의체 판결(본죄의 성립 여부는 그 주체 및 객체에 중점을 두고 볼 것이 아니라 매매의 일방이 어떤 경위로 취득한 부녀자에 대한 실력적 지배를 대가를 받고 그 상대방에게 넘긴다고 하는 행위에 중점을 두고 판단하여야 하므로 매도인이 매매 당시 부녀자를 실력으로 지배하고 있었는가 여부, 즉 계속된 협박이나 명시적 혹은 묵시적인 폭행의 위협 등의 험악한 분위기로 인하여 **보통의 부녀자라면 법질서에 보호를 호소하기를 단념할 정도의 상태에서** 그 신체에 대한 인계인수가 이루어졌는가의 여부에 달려 있다고 하여야 할 것이다).

> 제295조의2(형의 감경) 본죄를 범한 사람이 약취, 유인, 매매 또는 이송된 사람을 안전한
>   장소로 풀어준 때에는 그 형을 감경할 수 있다.
> 제296조(예비, 음모) 본죄를 범할 목적으로 예비 또는 음모한 사람은 3년 이하의 징역에
>   처한다.
> 제296조의2(세계주의) 본죄는 대한민국 영역 밖에서 죄를 범한 외국인에게도 적용한다.

본죄는 추행·간음·결혼·영리목적으로 사람을 매매함으로써 성립하는 범죄
이다. 추행·간음·결혼·영리목적의 의미는 추행·간음·결혼·영리목적 약취·유인
죄와 동일하다.

또한 본죄는 목적범이므로 일반 인신매매죄보다 불법이 가중되는 가중적 구
성요건이다.

3. 노동력 착취, 성매매와 성적 착취, 장기적출목적 인신매매죄

> 제289조(인신매매) ③ 노동력 착취, 성매매와 성적 착취, 장기적출을 목적으로 사람을 매
>   매한 사람은 2년 이상 15년 이하의 징역에 처한다.
> 제294조(미수범) 본죄의 미수범은 처벌한다.
> 제295조(벌금의 병과) 본죄와 그 미수범에 대하여는 5천만원 이하의 벌금을 병과할 수
>   있다.
> 제295조의2(형의 감경) 본죄를 범한 사람이 약취, 유인, 매매 또는 이송된 사람을 안전한
>   장소로 풀어준 때에는 그 형을 감경할 수 있다.
> 제296조(예비, 음모) 본죄를 범할 목적으로 예비 또는 음모한 사람은 3년 이하의 징역에
>   처한다.
> 제296조의2(세계주의) 본죄는 대한민국 영역 밖에서 죄를 범한 외국인에게도 적용한다.

본죄는 노동력 착취, 성매매와 성적 착취, 장기 적출을 목적으로 사람을 매매
함으로써 성립하는 범죄이다. 본죄는 이러한 행위자의 목적으로 인해 불법이 가
중되는 불법가중적 구성요건이다.

4. 국외이송목적 인신매매죄 및 국외이송죄

> 제289조(인신매매) ④ 국외에 이송할 목적으로 사람을 매매하거나 매매된 사람을 국외로
>   이송한 사람도 제3항과 동일한 형으로 처벌한다.[전문개정 2013. 4. 5]
> 제294조(미수범) 본죄의 미수범은 처벌한다.

제295조(벌금의 병과) 본죄와 그 미수범에 대하여는 5천만원 이하의 벌금을 병과할 수 있다.

제295조의2(형의 감경) 본죄를 범한 사람이 약취, 유인, 매매 또는 이송된 사람을 안전한 장소로 풀어준 때에는 그 형을 감경할 수 있다.

제296조(예비, 음모) 본죄를 범할 목적으로 예비 또는 음모한 사람은 3년 이하의 징역에 처한다.

제296조의2(세계주의) 본죄는 대한민국 영역 밖에서 죄를 범한 외국인에게도 적용한다.

본죄는 국외에 이송할 목적으로 사람을 매매하는 경우와 매매된 사람을 국외로 이송함으로써 성립하는 범죄이다.

V. 약취, 유인, 매매, 이송 등 상해·치상·살인·치사죄

제290조(약취, 유인, 매매, 이송 등 상해·치상) ① 제287조부터 제289조까지의 죄를 범하여 약취, 유인, 매매 또는 이송된 사람을 상해한 때에는 3년 이상 25년 이하의 징역에 처한다.

② 제287조부터 제289조까지의 죄를 범하여 약취, 유인, 매매 또는 이송된 사람을 상해에 이르게 한 때에는 2년 이상 20년 이하의 징역에 처한다.

제291조(약취, 유인, 매매, 이송 등 살인·치사) ① 제287조부터 제289조까지의 죄를 범하여 약취, 유인, 매매 또는 이송된 사람을 살해한 때에는 사형, 무기 또는 7년 이상의 징역에 처한다.

② 제287조부터 제289조까지의 죄를 범하여 약취, 유인, 매매 또는 이송된 사람을 사망에 이르게 한 때에는 무기 또는 5년 이상의 징역에 처한다.

제294조(미수범) 제290조 제1항, 제291조 제1항과 제292조 제1항의 미수범은 처벌한다.

제295조(벌금의 병과) 본죄와 그 미수범에 대하여는 5천만원 이하의 벌금을 병과할 수 있다.

제295조의2(형의 감경) 제290조의 죄를 범한 사람이 약취, 유인, 매매 또는 이송된 사람을 안전한 장소로 풀어준 때에는 그 형을 감경할 수 있다.

제296조(예비, 음모) 제290조 제1항, 제291조 제1항의 죄를 범할 목적으로 예비 또는 음모한 사람은 3년 이하의 징역에 처한다.

제296조의2(세계주의) 본죄는 대한민국 영역 밖에서 죄를 범한 외국인에게도 적용한다.

약취·유인·매매·이송자 살인죄·상해죄는 제287조부터 제289조까지의 죄를 범하여 약취·유인·매매·이송된 사람을 살해하거나 상해함으로써 성립하는 범죄이다. 본죄는 제287조부터 제289조까지의 죄에 해당하는 약취·유인·매매·이송 죄와 살인죄의 **결합범**이다. 따라서 본죄는 불법이 가중되어 중하게 처벌되는 가 중적 구성요건이다.

그리고 약취·유인·매매·이송 등 치사상죄는 제287조부터 제298조까지의 죄를 범하면서 과실로 인해 사람을 사망이나 상해에 이르게 함으로써 성립되는 범죄이다. 본죄는 **결과적 가중범**으로서 불법이 가중되는 가중적 구성요건이다.

Ⅵ. 피약취·유인·매매·국외이송자 수수·은닉 등의 죄

> **제292조(약취, 유인, 매매, 이송된 사람의 수수·은닉 등)** ① 제287조부터 제289조까지의 죄로 약취, 유인, 매매 또는 이송된 사람을 수수(授受) 또는 은닉한 사람은 7년 이하의 징역에 처한다.
> ② 제287조부터 제289조까지의 죄를 범할 목적으로 사람을 모집, 운송, 전달한 사람도 제1항과 동일한 형으로 처벌한다.[전문개정 2013. 4. 5]
> **제294조(미수범)** 본죄의 미수범은 처벌한다.
> **제295조(벌금의 병과)** 제292조 제1항의 죄와 그 미수범에 대하여는 5천만원 이하의 벌금을 병과할 수 있다.
> **제295조의2(형의 감경)** 제292조와 제294조의 죄를 범한 사람이 약취, 유인, 매매 또는 이송된 사람을 안전한 장소로 풀어준 때에는 그 형을 감경할 수 있다.
> **제296조(예비, 음모)** 본죄를 범할 목적으로 예비 또는 음모한 사람은 3년 이하의 징역에 처한다.
> **제296조의2(세계주의)** 제292조 및 제294조는 대한민국 영역 밖에서 죄를 범한 외국인에게도 적용한다.

1. 의   의

본죄는 미성년자 약취·유인죄(제287조), 추행 등 목적 약취·유인죄(제288조), 인신매매죄(제289조)로 인하여 약취·유인·매매·이송된 사람을 수수 또는 은닉하거나, 또는 이러한 죄를 범할 목적으로 사람을 모집·운송·전달함으로써 성립하는 범죄이다.

2. 실행행위

실행행위는 수수 또는 은닉행위이다. '수수'란 유상·무상을 불문하고 피인취자를 자기의 실력적 지배하에 두는 행위를 말하고, '은닉'이란 피인취자의 발견을 곤란하게 하는 일체의 행위를 말한다.

수수·은닉행위는 약취·유인죄의 방조에 해당하지만 각칙상 특별규정을 두어 처벌하고 있으므로 총칙의 종범규정은 적용이 배제된다.

또한 본죄는 미성년자 약취·유인죄, 추행 등 약취·유인죄, 인신매매죄를 범할 목적으로 사람을 모집·운송·전달함으로써 성립한다. 여기서 '모집'이란 사람을 모으는 일체의 행위를 말하며, '운송'이란 사람을 장소적으로 이동시키는 것을 말하고, 나아가 '전달'이란 사람을 다른 사람에게 넘겨주는 것을 말한다.

제 5 절   강간과 추행의 죄

I. 개   설

1. 의   의

강간과 추행의 죄란 개인의 성적 자기결정의 자유를 침해하는 것을 내용으로 하는 범죄이다. 성적 자기결정의 자유는 인간의 인격적 자유에 속하지만 인격적 자유보다는 넓은 개념이다.

강간과 추행의 죄는 적극적으로 성행위를 할 자유를 보호하는 것이 아니라 원하지 않는 성행위를 하지 않을 수 있는 소극적 자유를 보장하는 데 있다.

형법은 제32장에 강간과 추행의 죄를 개인의 자유를 보호하는 범죄의 한 유형으로 규정하고 있으나, 독일 형법은 종래 풍속에 대한 죄로 본죄를 규정하여 사회적 법익에 대한 죄로 규정하였으나 1973년 형법개정에 의하여 성적 자기결정의 자유에 대한 죄로 개정하였다. 그러나 일본 형법은 여전히 외설·간음 및 중혼의 죄의 장에서 사회적 법익에 대한 죄로 규정하고 있다. 우리 형법이 본죄를 자유에 대한 죄로 규정한 것은 본죄의 보호법익을 개인의 성적 자기결정의 자유로 이해하고 있다는 점에서 매우 바람직한 입법태도라고 생각된다.[125]

2. 보호법익 및 보호정도

보호법익은 개인의 성적 자기결정의 자유이다. 보호의 정도는 **침해범**이다. 이와 같이 개인의 성적 자기결정권을 보호하기 위한 범죄인 강간과 추행의 죄와는 달리 사회적 법익인 성풍속에 관한 죄의 유형으로 우리 형법은 간통죄, 음란물죄, 공연음란죄 등을 규정하고 있다. 따라서 개인의 성적 자기결정권을 침해하는 **성범죄와 성윤리 일탈행위와는 구별**되어야 하므로, 예컨대 우리 사회의 성윤리를 일탈한 행위로 여겨지는 수간(獸姦) 등은 성윤리를 일탈한 행위이지만 성범죄라고는 할 수 없다[126]

한편 특별형법에는 각종 성폭력범죄와 아동·청소년 및 장애인 등에 대한 성범죄에 대하여 특별히 가중처벌하거나 처벌에 관한 특례를 규정하여 성폭력범죄에 강력히 대처하고 피해자를 보호하는 규정을 두고 있다. 즉「성폭력범죄의 처벌 등에 관한 특례법」에는 특수강도강간(제3조), 특수강간(제4조), 친족관계에 의한 강간(제5조), 장애인에 대한 강간·강제추행(제6조), 13세 미만의 미성년자에 대한 강간·강제추행(제7조)에 대하여는 가중처벌하고, 업무상 위력 등에 의한 추행행위(제10조), 공중 밀집 장소에서의 추행행위(제11조), 성적 목적을 위한 공공장소 침입행위(제12조), 통신매체를 이용한 음란행위(제13조),[127] 카메라 등을 이용한 촬영행위(제14조)[128] 등에 관하여도 처벌하는 규정을 두고 있다.

---

125) 이재상/장영민/강동범, 158면.
126) 구 군형법 제92조에는 계간(鷄姦)이라는 용어를 사용하여 동성간의 성행위를 처벌하는 규정을 두고 있었으나, 개정 군형법에서는 이를 폐지하고 **유사강간행위**를 처벌하고 있다(군형법 제92조의2).
127)「성폭력범죄의 처벌 등에 관한 특례법」 제13조는 "자기 또는 다른 사람의 성적 욕망을 유발하거나 만족시킬 목적으로 전화, 우편, 컴퓨터, 그 밖의 통신매체를 통하여 '성적 수치심이나 혐오감을 일으키는 말, 음향, 글, 그림, 영상 또는 물건'을 상대방에게 도달하게 한 사람"을 처벌하고 있다 …… 여기서 말하는 '성적 욕망'에는 성행위나 성관계를 직접적인 목적이나 전제로 하는 욕망뿐만 아니라, 상대방을 성적으로 비하하거나 조롱하는 등 상대방에게 성적 수치심을 줌으로써 자신의 심리적 만족을 얻고자 하는 욕망도 포함되며, 이러한 '성적 욕망'이 상대방에 대한 분노감과 결합되어 있더라도 달리 볼 것은 아니다(대법원 2018. 9. 13. 선고 2018도9775 판결).

또한 「아동·청소년의 성보호에 관한 법률」에는 19세 미만자에 대한 강간·강제추행(제7조), 장애인인 아동·청소년에 대한 간음(제8조), 아동·청소년이용음란물의 제작·배포(제11조),[129] 아동·청소년 매매행위(제12조), 아동·청소년의 성을 사는 행위(제13조)·강요행위(제14조)·영업알선행위(제15조)[130] 등에 관한 처벌과 절차에 관한 특례를 규정하고 있고, 나아가 아동·청소년대상 성범죄에 대한 공소시효에 관한 특례규정(제20조)과 아동·청소년대상 성범죄자의 신상정보공개와 취업제한규정을 두고 있다. 그 밖에도 「특정강력범죄의 처벌에 관한 특례법」에는 특수강간죄와 강간치사상죄를 '특정강력범죄'로 규정하여 가중처벌하고 있다.

3. 구성요건의 체계

강간죄와 강제추행죄의 관계에 대하여 ① 양죄를 서로 독립적인 범죄라고 이해하는 견해가 있으나, ② 성적 자기결정의 자유를 침해하는 범죄 중에 강제추행죄가 기본적 구성요건이고 강간죄와 유사강간죄는 행위태양의 불법성이 강제추행죄보다 강하므로 불법이 가중되는 가중적 구성요건이라고 해석하는 견해[131]가 타당하다. 그리고 준강간·강제추행죄(제299조)와 의제강간·강제추행죄(제305조)는 강간이나 강제추행은 아니지만 형법이 이에 준하여 취급하는 독자적인 변형된 구성요건이며, 강간 등 상해·살인죄는 결합범으로서 불법이 가중되는 가중적 구성요건이고, 강

---

128) 촬영물을 반포·판매·임대 또는 공연히 전시·상영한 자는 반드시 촬영물을 촬영한 자와 동일인이어야 하는 것은 아니고, 행위의 대상이 되는 촬영물은 누가 촬영한 것인지를 묻지 아니한다(대법원 2016. 10. 13. 선고 2016도6172 판결).

129) 아동·청소년의 동의가 있다거나 개인적인 소지·보관을 1차적 목적으로 제작하더라도 청소년성보호법 제11조 제1항의 '아동·청소년이용음란물의 제작'에 해당하며, 직접 아동·청소년의 면전에서 촬영행위를 하지 않았더라도 아동·청소년이용음란물을 만드는 것을 기획하고 타인으로 하여금 촬영행위를 하게 하거나 만드는 과정에서 구체적인 지시를 한 경우에도 '아동·청소년이용음란물의 제작'에 해당한다(대법원 2018. 9. 13. 선고 2018도9340 판결).

130) 아동·청소년의 성을 사는 행위를 알선하는 행위를 업으로 하여 청소년성보호법 제15조 제1항 제2호의 위반죄가 성립하기 위해서는 알선행위를 업으로 하는 사람이 아동·청소년을 알선의 대상으로 삼아 그 성을 사는 행위를 알선한다는 것을 인식하여야 하지만, 이에 더하여 알선행위로 아동·청소년의 성을 사는 행위를 한 사람이 행위의 상대방이 아동·청소년임을 인식하여야 한다고 볼 수는 없다(대법원 2016. 2. 18. 선고 2015도15664 판결).

131) 김성천/김형준, 217면; 오영근, 168면; 유기천, 212면; 이재상/장영민/강동범, 159면.

간 등 치사상죄는 결과적 가중범으로서 불법이 가중되는 가중적 구성요건이다.

또한 미성년자간음죄(제302조)와 업무상 위력 등에 의한 간음죄(제303조)는 성적 자기결정의 자유를 보호법익으로 하지만 부수적인 별도의 보호법익을 가지고 있을 뿐만 아니라 보호의 객체와 침해의 방법이 다르므로 독립된 구성요건이다.

그 밖에 형법은 강간죄·강제추행죄·유사강간 및 준강간·준강제추행죄에 대하여는 미수범을 처벌하고 있다. 혼인빙자간음죄에 대하여는 여성의 성적 자기결정권을 오히려 침해하는 규정으로서 여성의 존엄과 가치에 역행하므로 헌법재판소의 위헌결정으로 폐지되었으며, 강간죄 등에 관한 친고죄 조항도 폐지하였고, 나아가 강간죄의 행위객체를 종래의 '부녀'에서 '사람'으로 개정함으로써 남성도 강간죄의 객체가 될 수 있도록 하였다.

강간과 강제추행의 죄에 관한 특별법으로는 「성폭력범죄의 처벌 등에 관한 특례법」과 「아동·청소년의 성보호에 관한 법률」이 있다. 전자는 특수강도강간죄(동법 제3조), 특수강간죄(동법 제4조), 친족관계에 의한 강간 등의 죄(제5조),[132] 13세 미만의 미성년자에 대한 강간·강제추행 등의 죄(제7조) 및 이들 죄에 대한 강간 등 상해·치상죄(제8조), 강간 등 살인·치사죄(제9조)를 가중처벌하고, 업무상 위력 등에 의한 추행죄(제10조)와 공중 밀집 장소에서의 추행죄(제11조), 통신매체를 이용한 음란행위 등의 죄(제12조)를 처벌하는 규정을 두고 있으며, 후자에는 아동·청소년에 대한 강간·강제추행 등의 죄(동법 제7조) 및 장애인인 아동·청소년에 대한 간음·추행죄(제11조의2)에 관한 특별규정을 두고 있다. 그 밖에도 「특정강력범죄처벌에 관한 특례법」에는 이들 범죄에 대한 누범가중규정을 두고 있다.[133]

그런데 「아동·청소년의 성보호에 관한 법률」[134]이 아동·청소년에 대한 강간·강제추행 등의 죄를, 「성폭력범죄의 처벌 등에 관한 특례법」이 장애인에 대한 강간·강제추행죄와 13세 미만의 미성년자에 대한 강간·강제추행 등의 죄 및 이들 죄에 대한 강간 등 상해·치상죄, 강간 등 살인·치사죄를 다시 가중처벌하고 있는 것은 특별형법을 통해 무분별하게 과잉형벌화하는 입법태도로서 바람직하지 않다

---

132) 이 법에서 말하는 친족의 범위는 4촌 이내의 혈족·인척과 동거하는 가족으로 하며, 사실상의 관계에 의한 친족을 포함한다(성폭력범죄의 처벌 등에 관한 특례법 제5조 제4, 5항).
133) 「특정강력범죄의 처벌에 관한 특례법」 제2조 제1항 제3호, 제3조 참조.
134) 이 법에서 말하는 아동·청소년은 19세 미만의 자를 말한다. 다만, 19세에 도달하는 연도의 1월 1일을 맞이한 자는 제외한다(아동·청소년의 성보호에 관한 법률 제2조 제1호).

고 하겠다.[135]

II. 단순강간죄

제297조(강간) 폭행 또는 협박으로 사람을 강간한 자는 3년 이상의 유기징역에 처한다.
(개정 2012. 12. 18.)
제300조(미수범) 본죄의 미수범은 처벌한다.
[성폭력범죄의 처벌 등에 관한 특례법]
제5조(친족관계에 의한 강간 등) ① 친족관계인 사람이 폭행 또는 협박으로 사람을 강간한
경우에는 7년 이상의 유기징역에 처한다.
제6조(장애인에 대한 강간·강제추행 등) ① 신체적인 또는 정신적인 장애가 있는 사람에 대
하여「형법」제297조(강간)의 죄를 범한 사람은 무기징역 또는 7년 이상의 징역에 처
한다.
② 신체적인 또는 정신적인 장애가 있는 사람에 대하여 폭행이나 협박으로 다음 각 호의
어느 하나에 해당하는 행위를 한 사람은 5년 이상의 유기징역에 처한다.
 1. 구강·항문 등 신체(성기는 제외한다)의 내부에 성기를 넣는 행위
 2. 성기·항문에 손가락 등 신체(성기는 제외한다)의 일부나 도구를 넣는 행위
⑦ 장애인의 보호, 교육 등을 목적으로 하는 시설의 장 또는 종사자가 보호, 감독의 대상
인 장애인에 대하여 제1항부터 제6항까지의 죄를 범한 경우에는 그 죄에 정한 형의
2분의 1까지 가중한다.
제7조(13세 미만의 미성년자에 대한 강간, 강제추행 등) ① 13세 미만의 사람에 대하여「형법」
제297조(강간)의 죄를 범한 사람은 무기징역 또는 10년 이상의 징역에 처한다.
② 13세 미만의 사람에 대하여 폭행이나 협박으로 다음 각 호의 어느 하나에 해당하는
행위를 한 사람은 7년 이상의 유기징역에 처한다.
 1. 구강·항문 등 신체(성기는 제외한다)의 내부에 성기를 넣는 행위
 2. 성기·항문에 손가락 등 신체(성기는 제외한다)의 일부나 도구를 넣는 행위
제15조(미수범) 본죄의 미수범은 처벌한다.
[아동·청소년의 성보호에 관한 법률]
제7조(아동·청소년에 대한 강간·강제추행 등) ① 폭행 또는 협박으로 아동·청소년을 강간한
사람은 무기징역 또는 5년 이상의 유기징역에 처한다.
② 아동·청소년에 대하여 폭행이나 협박으로 다음 각 호의 어느 하나에 해당하는 행위
를 한 자는 5년 이상의 유기징역에 처한다.
 1. 구강·항문 등 신체(성기는 제외한다)의 내부에 성기를 넣는 행위
 2. 성기·항문에 손가락 등 신체(성기는 제외한다)의 일부나 도구를 넣는 행위

135) 이재상/장영민/강동범, 160면 참조.

⑥ 제1항부터 제5항까지의 미수범은 처벌한다.

제8조(장애인인 아동·청소년에 대한 간음 등) ① 19세 이상의 사람이 장애 아동·청소년(「장애인복지법」 제2조 제1항에 따른 장애인으로서 신체적인 또는 정신적인 장애로 사물을 변별하거나 의사를 결정할 능력이 미약한 13세 이상의 아동·청소년을 말한다. 이하 같다)을 간음하거나 장애 아동·청소년으로 하여금 다른 사람을 간음하게 하는 경우에는 3년 이상의 유기징역에 처한다. <개정 2020. 5. 19.>

② 19세 이상의 사람이 장애 아동·청소년을 추행한 경우 또는 장애 아동·청소년으로 하여금 다른 사람을 추행하게 하는 경우에는 10년 이하의 징역 또는 1천500만원 이하의 벌금에 처한다.

[시행일 : 2020. 11. 20.]

1. 의의 및 보호법익

강간죄는 폭행 또는 협박으로 사람을 강간함으로써 성립하는 범죄이다. 종래에는 그 대상이 여자에 한정되어 있었으나 형법개정에 의해 남녀 모두 강간죄의 주체와 객체가 가능하게 되었다. 본죄는 행위가 강간이고 강간으로 인해 원하지 않은 임신도 가능하기 때문에 강제추행죄에 비해 성적 자기결정권이 현저히 침해된다는 점에서 불법이 가중되는 가중적 구성요건이다.

본죄의 보호법익은 헌법상 인간의 존엄과 행복추구권으로부터 발생하는 사람의 성적 자기결정의 자유이고, 보호의 정도는 침해범이다.

2. 객관적 구성요건

(1) 행위주체

본죄의 행위주체를 종래에는 성적 능력있는 남자에 한한다고 좁게 이해하는 견해[136]도 있었으나, 특별히 행위주체를 제한해야 할 이유가 없으므로 남자·여자모두 행위 주체가 될 수 있다고 보아야 한다. 또한 형법개정으로 행위객체가 '부녀'에서 '사람'으로 그 범위를 확대하였기 때문에 행위주체에는 당연히 여자도 포함이 되며, 설령 행위객체가 여자라 하더라도 본죄의 행위주체는 여자가 남자와 공동정범이나 남자를 이용한 간접정범의 형태로도 실현할 수 있기 때문에 본죄는

---

136) 황산덕, 214면.

신분범도 자수범도 아니라고 보는 다수설의 입장이 타당하다.

(2) 행위객체

본죄의 행위객체는 '사람'이면 충분하다. 따라서 남녀노소, 기혼·미혼을 불문하며, 나아가 음행의 상습·성교능력유무도 문제되지 않는다.[137] 다만 간음행위주체가 남자일 경우에는 행위객체는 여자이어야 하고, 행위주체가 여자일 경우에는 행위객체는 남자여야 한다는 점은 간음행위의 성격상 남녀의 성기삽입이 필요하기 때문이다.

본죄의 행위객체에는 13세 미만의 사람도 당연히 포함된다. 다만 13세 미만의 사람에 대하여는 폭행·협박에 의한 강간이 아닌 합의에 의한 성관계라 하더라도 미성년자 의제강간죄(제305조)가 성립되지만, 특별형법인 「성폭력범죄의 처벌 등에 관한 특례법」에 의하여 무기 또는 10년 이상의 유기징역의 형으로 가중처벌하게 된다.[138]

종래 판례는 성전환수술을 한 여자를 강간죄의 행위객체에서 배제하였지만,[139] 그 후 대법원은 판례를 변경하여 성전환 여성도 본죄의 행위객체에 해당한다고 판시한 바 있다.[140] 생각건대 외관상 여성의 성기를 가지고 여성으로서 사회적 활동을 하고 있고 또한 강간죄의 간음행위는 성기의 삽입을 의미하기 때문에 성전환 수술을 하여 여성의 성기를 가진 여자는 본죄의 행위객체가 된다고 보는 입장이 타당하다.

한편 법률상의 처가 본죄의 객체가 될 수 있느냐에 대하여는 견해의 대립이 있다. 이에 관하여 부부 사이에는 강간죄가 성립하지 않기 때문에 법률상의 처는 본죄의 객체가 되지 않는다는 것이 종래의 판례[141]와 통설[142]의 태도였으나, 부

---

137) 종래에는 본죄의 객체를 부녀라고 규정하여 여자에 제한하고 있었기 때문에 남녀평등에 반한 불합리한 특권이 아니냐는 논란이 있었으나 대법원은 남녀의 생리적·육체적 차이에 의하여 남성에 의해 감행되는 것이 보통인 실정에 비추어 불합리한 특권이 아니라고 하여 이를 부정한 바 있다(대법원 1967. 2. 28. 선고 67도1 판결). 그러나 특별법인 「아동·청소년의 성보호에 관한 법률」에서는 강간죄의 행위객체를 사람으로 규정하여, 남자도 강간죄의 객체가 될 수 있도록 하였다.

138) 「성폭력범죄의 처벌 등에 관한 특례법」 제7조 제1항 참조. 아동·청소년을 강간한 사람은 5년 이상의 유기징역에 처한다.

139) 대법원 1996. 6. 11. 선고 96도791 판결.

140) 대법원 2009. 9. 10. 선고 2009도3580 전원합의체 판결.

산지법 판결[143]과 서울고법 판결[144]에서는 부부 사이에도 **강간죄의 성립을 인정한** 바 있다. 그 후 대법원은 2013년 5월 16일 전원합의체 판결을 통하여 "실질적인 혼인관계가 유지되고 있다고 해도 폭행이나 협박으로 배우자를 간음한 경우에는 강간죄가 성립한다"고 판시하였다.[145] 또한 독일 형법규정도 법률상의 배우자뿐만 아니라 남자도 본죄의 행위객체에 포함시키고 있다.[146]

생각건대 개정 형법이 강간죄의 행위객체를 부녀에서 사람으로 개정하였으므로 여자뿐만 아니라 남자도 당연히 본죄의 행위객체에 포함된다고 보아야 하며, 나아가 본죄의 행위주체도 남녀를 불문한다. 따라서 **법률상의 배우자도** 당연히 본죄의 행위주체와 행위객체에 포함된다고 해석하는 입장이 타당하다.[147] 요컨대 법률상의 배우자를 본죄의 객체인 사람에 해당하지 않는다고 해석해야 할 합리적인 이유가 없을 뿐만 아니라 법률상의 배우자 사이에 발생하는 폭행·협박에 의한 강간행위도 배우자의 성적 자기결정권을 명백히 침해하는 행위로서 이를 처벌해야 할 현실적인 필요성도 크기 때문에 법률상의 배우자인 처도 본죄의 객체가 될 수 있다고 보는 입장[148]이 본죄의 법문에 따른 실천적·합리적인 해석이다.

(3) 실행행위

본죄의 실행행위는 폭행 또는 협박으로 부녀를 강간하는 행위를 말한다.

1) 폭행·협박

사람의 신체에 대한 유형력 행사인 폭행은 **최협의의 폭행**을 말한다. 폭행의 대상으로 ① 피해자 본인에 대한 폭행에 한정된다는 견해[149]와 ② 제3자에 대한 것

---

141) 대법원 1970. 3. 10. 선고 70도29 판결; 다만, 혼인관계가 파탄되어 실질적인 부부관계가 인정될 수 없는 상태에 이른 때에는 **법률상의 배우자인 처도 강간죄의 객체**가 된다고 판시한 바 있다(대법원 2009. 2. 12. 선고 2008도8601 판결).

142) 김일수/서보학, 131면; 손동권/김재윤, 151면; 이재상/장영민/강동범, 163면; 이형국, 213면; 임웅, 199면; 정성근/박광민, 170면.

143) 부산지방법원 2009. 1. 16. 선고 2008고합808 판결.

144) 서울고등법원 2011. 9. 22. 선고 2011도2052 판결.

145) 대법원 2013. 5. 16. 선고 2012도14788 전원합의체 판결.

146) 독일은 1998년 개정형법 제177조에 의하여, "타인에게 폭행·협박 또는 피해자가 행위자의 영향에 보호 없이 맡겨진 상태를 이용하여 성교하거나 유사성교행위를 한 자"라고 개정하여 법률상의 배우자뿐만 아니라 남자도 포함시키고 있다.

147) 배종대, 44/5.

148) 박상기, 149면; 오영근, 139면; 유기천, 124면.

이어도 족하다는 견해[150]가 대립하지만, **제3자에 대한 폭행은 협박에 불과하기** 때문에 전자의 견해가 타당하다.

협박이란 일정한 해악을 통지하는 행위로서 여기서의 협박은 **최협의의 협박을** 의미한다. 협박의 대상은 폭행과는 달리 **피해자 본인 또는 제3자에 대해 협박도** 가능하며, 협박의 내용에는 특별한 제한이 없다.[151]

2) 폭행·협박의 구체적인 정도

폭행·협박의 구체적인 정도에 대하여는 견해가 대립한다. 즉 ① 상대방의 반항을 불가능하게 하거나 현저히 곤란하게 하는 정도이면 충분하다는 통설[152]의 입장과, ② 상대방의 반항의사를 억압할 정도로서 강도죄의 폭행·협박정도를 의미한다는 입장[153]의 대립이 있다.

생각건대 본죄는 개인의 성적 자기결정의 자유를 보호하기 위한 범죄이므로 재산범죄인 강도죄에서의 폭행·협박과 동일한 정도라고 해석하는 견해는 해석의 일관성이라는 측면과 반항이 현저히 곤란하지 않은 상황에서도 성적 자기결정권을 포기한다는 것을 전제로 한다는 것은 오히려 사람의 인격을 폄하하는 것이라고 할 수 있다.[154] 따라서 본죄에서의 폭행·협박의 정도는 피해자에게 **심리적·육체적으로 영향을 미쳐 반항을 불가능하게 하거나 곤란하게 할 정도이면 족하다고** 해석하는 통설의 입장이 타당하다고 생각되며, **대법원 판례**[155]도 같은 입장이다.

---

149) 이재상/장영민/강동범, 163면.

150) 오영근, 170면.

151) 판례는 유부녀인 피해자에 대하여 혼인외 성관계 사실을 폭로하겠다고 협박하여 간음한 행위는 강간죄에 해당한다고 판시한 바 있다(대법원 2007. 1. 25. 선고 2006도5979 판결).

152) 강구진, 176면; 김일수/서보학, 132면; 김종원, 128면; 배종대, 44/5; 이정원, 198면; 이형국, 214면; 임웅, 200면; 정성근/박광민, 171면.

153) 박상기, 153면; 유기천, 122면. **피해자의 진지한 거부의사와 가해자의 협의의 폭행·협박만** 있으면 강간죄가 성립한다는 견해로서 일종의 **협의의 폭행·협박**의 개념이라 할 수 있다. 그 외에도 합리적·진지한 저항을 곤란하게 하는 폭행·협박으로도 족하다는 견해로서 최협의의 폭행과 협의의 폭행·협박의 중간 개념으로 이해하는 견해(조국, 형사법의 성편향, 2004, 48면 참조)도 있다.

154) 신동운, 510면 참조.

155) 대법원 2007. 1. 25. 선고 2006도5979 판결(강간죄가 성립하려면 가해자의 폭행·협박은 피해자의 항거를 불가능하게 하거나 현저히 곤란하게 할 정도의 것이어야 하고, … 여부는 그 폭행·협박의 내용과 정도는 물론, 유형력을 행사하게 된 경위, 피해자와의 관계, 성교 당시와 그 후의 정황 등 모든 사정을 종합하여 판단하여야 한다…); 대법원 2005. 7. 28.

따라서 본죄의 폭행에는 상대방의 의사결정이나 의사실현을 완전히 배제하는 경우인 **절대적 폭력**(예컨대 수갑을 채우거나 마취제·수면제를 사용하는 경우)과 물건을 부수는 등 상대방의 의사형성에 영향을 미치는 **강압적 폭력**에 의하여 반항을 포기하게 하는 경우도 **포함**된다.

3) 폭행·협박행위와 강간행위 및 인과관계

행위자에 의한 폭행·협박이 이루어져야 하고, 이러한 폭행·협박행위와 강간행위 사이에는 인과관계가 있어야 한다.[156] 강간행위자가 제3자에 의한 폭행·협박행위를 이용하여 간음한 때에는 준강간죄가 성립할 수 있어도 본죄는 성립하지 않는다.

또한 강간행위는 가해자의 폭행·협박에 의하여 피해자의 의사에 반하여 행해져야 한다. 만약 피해자가 본죄의 실행의 착수 이전에 성행위에 동의한 경우에는 피해자의 승낙에 의한 **양해**에 해당되어 강간죄의 **구성요건해당성**이 조각되지만, 행위자가 본죄의 실행에 착수한 이후에 피해자가 동의한 경우에는 본죄의 미수가 된다.[157] 여기서 강간행위란 폭행 또는 협박으로 상대방의 의사에 반하여 남자의 성기를 여자의 성기에 삽입하는 행위를 말한다.[158]

4) 실행의 착수와 기수시기

본죄의 실행의 착수시기는 **폭행·협박을 개시한** 때이다. 따라서 강간의 목적으로 침입했다고 하더라도 단순히 엉덩이를 만지거나 애무하는 정도에 그쳤다면 강간죄의 폭행이나 협박에 착수하였다고 할 수 없다.[159] 그러나 강간의 목적으로 아파트 출입문으로 침입하는 것이 불가능하게 되자 이에 위험을 느낀 피해자가

선고 2005도3071 판결; 대법원 2018. 2. 28. 선고 2017도21249 판결).

156) 강간죄에서의 폭행·협박과 간음 사이에는 인과관계가 있어야 하나, 폭행·협박이 반드시 간음행위보다 선행되어야 하는 것은 아니다(대법원 2017. 10. 12. 선고 2016도16948, 2016 전도156 판결).

157) 김일수/서보학, 162면.

158) 「성매매알선 등 행위의 처벌에 관한 법률」 제2조 제1항에는 성매매의 대상이 되는 행위로 '성교행위'와 '유사성교행위'를 규정하고 있다. 여기서 '**성교행위**'란 남녀성기 간의 삽입행위를 말하고, '**유사성교행위**'란 성교와 유사한 행위로 구강·항문 등 산체의 일부에 성기 또는 신체의 일부를 삽입하거나 도구를 넣는 행위를 말한다(대법원 2006. 10. 26. 선고 2005도8130 판결 참조).

159) 대법원 1990. 5. 25. 선고 90도607 판결.

창문으로 뛰어내리겠다고 하는데도 불구하고 가해자가 아파트 베란다로 침입하고자 시도한 행위는 강간죄의 폭행에 착수하였다고 할 수 있다.[160]

본죄의 기수시기는 상대방의 반항불능 또는 현저한 반항곤란을 이용하여 강간행위를 완성했을 때이다. 종래에는 간음행위라고 하여 혼인 이외의 성교행위를 완성했을 때라고 해석하였다. 그러나 개정형법은 강간죄의 주체와 객체를 모두 사람으로 규정하고 배우자 간에도 강간죄의 성립을 인정하고 있으므로 강간행위, 즉 성적 자기결정권을 침해하는 남녀 성기간의 삽입행위라고 해석해야 할 것이다.[161] 따라서 여기서 강간행위의 완성시기, 즉 기수시기에 대하여는 종래 **접촉설**, **사정설, 삽입설, 만족설** 등의 학설이 대립하였으나, 현재는 남성성기가 여성성기에 삽입하기 시작했을 때 이미 기수가 된다는 **삽입설**이 **통설**이며 이견이 없다고 할 수 있다.

3. 주관적 구성요건

본죄의 주관적 구성요건으로는 폭행 또는 협박으로 사람을 강간한다는 사실에 대한 인식과 인용인 고의가 필요하며, 미필적 고의로도 족하다.

따라서 행위자가 피해자가 성행위에 동의한 것으로 오인하고 간음하였다면 위법성조각사유의 객관적 전제사실에 대한 착오로서 책임고의가 탈락될 수 있다. 그러나 피해자의 동의를 양해에 해당한다고 보는 견해에 의하면 이 경우에는 구성요건적 착오에 해당하여 구성요건적 고의가 부정된다. 예컨대 다른 사람을 자기의 부인으로 오인하고 성관계를 가진 경우를 들 수 있다.

4. 죄수 및 다른 범죄와의 관계

(1) 죄 수

동일한 폭행·협박을 이용하여 동일인에게 동일한 장소에서 수회 간음한 경우에는 **접속범**으로서 **포괄일죄**가 된다.[162] 또한 근접한 시간에 장소를 옮겨 동일

---

160) 대법원 1991. 4. 9. 선고 91도288 판결.
161) 프랑스 형법 제222-23조에는 "폭행, 강제, 협박, 또는 기망에 의하여 사람에게 성적 삽입행위를 하는 것은 종류를 불문하고 강간죄에 해당한다."고 하여, 우리 형법상 질, 항문, 구강 등에 대한 강제삽입인 유사강간도 모두 강간죄에 해당한다.
162) 판례는 단순일죄로 판시하고 있다(대법원 1970. 9. 29. 선고 70도1516 판결).

한 피해자를 다시 강간한 경우에도 **연속범**으로서 포괄일죄에 해당한다고 보는 것이 옳다.[163]

이와 달리 시간과 장소의 접속성이나 연속성이 결여된 경우에는 **실체적 경합범**이 된다고 보아야 한다. 그러나 판례는 접속범 내지 연속범의 사례를 실체적 경합범으로 처벌하고 있다.[164]

(2) 다른 범죄와의 관계

1) 폭행·협박죄와의 관계

강간의 수단으로 폭행·협박을 한 경우에는 불가벌적 수반행위로서 **법조경합 중 흡수관계**로 폭행·협박죄는 성립하지 않고 **강간죄만 성립**된다.[165] 동일한 폭행·협박으로 동일인을 수회 간음한 경우에는 강간죄의 **단순일죄**만 성립한다.[166] 그러나 강간을 한 후 장소를 옮겨 동일인에게 재차 폭행·협박을 하여 간음한 경우에는 강간죄의 **실체적 경합범**이 된다.[167]

2) 감금죄와의 관계

강간을 하기 위해 감금한 경우에는 감금죄와 강간죄의 **실체적 경합범**이 된다는 견해[168]와 양죄의 **상상적 경합**이 된다는 견해[169] 및 법조경합으로 강간죄의 일죄만 성립한다는 견해[170]의 대립이 있다. 판례는 **상상적 경합**이라는 입장이다.[171]

생각건대 감금과 폭행·협박의 실행착수가 시간적·장소적으로 중복되고 감금행위 자체가 강간의 수단인 협박의 내용이 되기 때문에 강간을 하기 위해 감금한 경우에는 감금죄와 강간죄는 **상상적 경합**이 된다는 견해가 타당하다.

이와 달리 감금 도중에 강간의 고의가 생겨 강간한 경우에는 감금죄와 강간죄의 **실체적 경합**이 된다.

---

163) 오영근, 173면. 임웅 교수는 연속범으로 보고 있으나, 접속범으로 보는 것이 타당하다.
164) 대법원 1987. 5. 12. 선고 87도694 판결.
165) 대법원 2002. 5. 16. 선고 2002도51 전원합의체 판결.
166) 대법원 1970. 9. 29. 선고 70도1516 판결.
167) 대법원 1987. 5. 12. 선고 87도694 판결.
168) 이재상/장영민/강동범, 166면; 이형국, 267면; 대법원 1984. 8. 21. 선고 84도1550 판결.
169) 김일수/서보학, 161면; 박상기, 156면; 신동운, 515면; 임웅, 166면.
170) 최우찬, 감금죄와 강간죄(형사판례연구 2), 148면.
171) 대법원 1983. 4. 26. 선고 83도323 판결.

3) 주거침입죄와의 관계

타인의 주거에 침입하여 강간을 하면 **주거침입죄와 강간죄의 실체적 경합범이** 된다.[172] 만일 행위자가 흉기를 휴대하였다면 특별법인 폭처법상의 주거침입죄 (제3조 제1항)와 강간죄의 실체적 경합이 된다.

4) 강제추행죄와의 관계

강간시에 강제추행을 한 경우에는 강제추행은 **불가벌적 수반행위**가 되어, 법조 경합 중 **흡수관계**가 되어 **강간죄만 성립**된다.

5) 강도죄와의 관계

강간을 한 후 강도행위를 한 경우에는 **강간죄와 강도죄의 실체적 경합범**이 되 고, 강도행위를 후에 강간을 한 경우에는 결합범으로서 **강도강간죄**(제339조)**만** 성 립된다.

5. 친고죄에서 비친고죄로 변경

(1) 본죄는 종래 피해자 등 고소권자의 고소가 있어야 검사가 공소를 제기할 수 있는 친고죄로 규정되어 있었으나, 형법개정에 의하여 모두 **비친고죄로 변경**되 었다. 종전에는 강간과 추행의 죄를 원칙적으로 친고죄로 규정하면서 「성폭력범 죄의 처벌 등에 관한 특례법」 등 특별법에서만 예외적으로 일부 성범죄에 대해 서만 비친고죄로 규정하는 입법형식을 취해왔다. 그러나 성폭력범죄는 중대범죄 로서 당사자의 합의나 피해자의 고소에 따라 처벌의 결정해야 할 경미범죄라 볼 수 없을 뿐만 아니라 친고죄로 규정함으로써 합의종용에 따른 성범죄 피해자의 2 차 피해가 발생하는 등 피해자의 이익보다는 그 부작용이 더 크게 발생하였다. 따라서 성폭력범죄에 관한 친고죄 규정인 형법 제306조를 폐지한 것은 시대상황 을 반영한 지극히 적절한 입법적 조치이다.

(2) 고소가 취소된 경우에 강간죄의 일부 범죄사실인 폭행 또는 협박행위에 대하여 폭행죄 또는 협박죄만으로 처벌할 수 있느냐가 종래에는 문제가 되었다. 이에 대하여 강간죄에는 고소의 **객관적 불가분의 원칙**이 적용되어 처벌할 수 없을 뿐만 아니라 이를 처벌하는 것은 강간죄를 친고죄로 규정한 입법취지에도 반하 므로 처벌할 수 없다는 **부정설**이 통설과 판례[173]의 태도였다.

---

172) 대법원 1988. 12. 13. 선고 88도1807 판결.

그러나 개정 형법은 강간죄의 친고죄 규정을 폐지함으로써 이 문제는 발생하지 않게 되었다.

6. 특별형법

강간죄에 대한 특별형법으로는 「성폭력범죄의 처벌 등에 관한 특례법」과 「아동·청소년의 성보호에 관한 법률」 및 「특정강력범죄의 처벌에 관한 특례법」이 있다.

「성폭력범죄의 처벌 등에 관한 특례법」은 강간죄의 가중적 구성요건으로 특수강간죄를 규정하고 있는데, 동법 제4조 제1항에는 '흉기나 그 밖의 위험한 물건을 지닌 채 또는 2명 이상이 합동하여 「형법」 제297조(강간)의 죄를 범한 사람은 무기징역 또는 7년 이상의 징역에 처한다.'고 하여 가중처벌하고 있다. 범죄 수행방법의 위험성으로 인해 불법이 가중된 가중적 구성요건이다.[174) 그 밖에도 동법에는 특수강도강간(제3조), 친족관계에 의한 강간(제5조), 장애인에 대한 강간·강제추행(제6조), 13세 미만 미성년자에 대한 강간·강제추행(제7조) 등의 범죄에 대하여 가중처벌하고 있다.

「아동·청소년의 성보호에 관한 법률」에는 19세 미만의 아동·청소년에 대한 강간·강제추행·유사강간·강제추행죄(제7조), 장애인인 아동·청소년에 대한 간음·추행죄(제8조)에 대하여는 가중처벌하고 있다.

또한 「특정강력범죄의 처벌에 관한 특례법」 제3조에서는 성폭력범죄 등 특정강력범죄자가 형을 선고 받고 그 집행이 끝나거나 면제된 후 3년 이내에 다시 특정강력범죄를 범한 경우에는 그 죄에 대하여 정하여진 형의 장기(長期) 및 단기(短期)의 2배까지 가중 처벌하도록 누범 가중규정을 두고 있다.[175)

---

173) 대법원 2002. 5. 16. 선고 2002도51 전원합의체판결. 대법원은 부정설의 입장에서 고소가 취소된 강간죄에 대하여 일죄의 일부인 폭행·협박만으로 고소제기한 데 대하여 무죄판결을 선고하였던 종전의 판례(대법원 1976. 4. 27. 선고 75도3365 판결)를 변경하여 공소기각의 판결을 선고하였다.

174) 대법원 2001. 6. 15. 선고 2001도1017 판결.

175) 「특정강력범죄의 처벌에 관한 특례법」 제4조에서는 소년범죄자에 대해서는, ① 특정강력범죄를 범한 당시 18세 미만인 소년을 사형 또는 무기형에 처하여야 할 때에는 「소년법」 제59조에도 불구하고 그 형을 20년의 유기징역으로 한다.
② 특정강력범죄를 범한 소년에 대하여 부정기형(不定期刑)을 선고할 때에는 「소년법」 제60조 제1항 단서에도 불구하고 장기는 15년, 단기는 7년을 초과하지 못한다.

III. 유사강간죄

제297조의2(유사강간) 폭행 또는 협박으로 사람에 대하여 구강, 항문 등 신체(성기는 제외한다)의 내부에 성기를 넣거나 성기, 항문에 손가락 등 신체(성기는 제외한다)의 일부 또는 도구를 넣는 행위를 한 사람은 2년 이상의 유기징역에 처한다.(개정 2012. 12. 18.)
제300조(미수범) 본죄의 미수범은 처벌한다.
[성폭력범죄의 처벌 등에 관한 특례법]
제5조(친족관계에 의한 강간 등) ② 친족관계인 사람이 폭행 또는 협박으로 사람을 강제추행한 경우에는 5년 이상의 유기징역에 처한다.
제6조(장애인에 대한 강간·강제추행 등) ② 신체적인 또는 정신적인 장애가 있는 사람에 대하여 폭행이나 협박으로 다음 각 호의 어느 하나에 해당하는 행위를 한 사람은 5년 이상의 유기징역에 처한다.
　　1. 구강·항문 등 신체(성기는 제외한다)의 내부에 성기를 넣는 행위
　　2. 성기·항문에 손가락 등 신체(성기는 제외한다)의 일부나 도구를 넣는 행위
③ 신체적인 또는 정신적인 장애가 있는 사람에 대하여 「형법」 제298조(강제추행)의 죄를 범한 사람은 3년 이상의 유기징역 또는 3천만원 이상 5천만원 이하의 벌금에 처한다.   <개정 2020. 5. 19.>
⑦ 장애인의 보호, 교육 등을 목적으로 하는 시설의 장 또는 종사자가 보호, 감독의 대상인 장애인에 대하여 제1항부터 제6항까지의 죄를 범한 경우에는 그 죄에 정한 형의 2분의 1까지 가중한다.
제7조(13세 미만의 미성년자에 대한 강간, 강제추행 등) ② 13세 미만의 사람에 대하여 폭행이나 협박으로 다음 각 호의 어느 하나에 해당하는 행위를 한 사람은 7년 이상의 유기징역에 처한다.
　　1. 구강·항문 등 신체(성기는 제외한다)의 내부에 성기를 넣는 행위
　　2. 성기·항문에 손가락 등 신체(성기는 제외한다)의 일부나 도구를 넣는 행위
③ 13세 미만의 사람에 대하여 「형법」 제298조(강제추행)의 죄를 범한 사람은 5년 이상의 유기징역에 처한다.   <개정 2020. 5. 19.>
제15조(미수범) 본죄의 미수범은 처벌한다.
[아동·청소년의 성보호에 관한 법률]
제7조(아동·청소년에 대한 강간·강제추행 등) ② 아동·청소년에 대하여 폭행이나 협박으로 다음 각 호의 어느 하나에 해당하는 행위를 한 자는 5년 이상의 유기징역에 처한다.
　　1. 구강·항문 등 신체(성기는 제외한다)의 내부에 성기를 넣는 행위
　　2. 성기·항문에 손가락 등 신체(성기는 제외한다)의 일부나 도구를 넣는 행위
③ 아동·청소년에 대하여 「형법」 제298조의 죄를 범한 자는 2년 이상의 유기징역 또는 1천만원 이상 3천만원 이하의 벌금에 처한다.
⑥ 제1항부터 제5항까지의 미수범은 처벌한다.

1. 의   의

'유사강간죄'란 폭행 또는 협박으로 사람에 대하여 구강, 항문 등 신체(성기는 제외한다)의 내부에 성기를 넣거나 성기, 항문에 손가락 등 신체(성기는 제외한다)의 일부 또는 도구를 넣는 행위를 말한다. 강간죄가 폭행 또는 협박에 의한 남녀 성기간의 성기삽입행위임에 반하여, 본죄는 그 이외의 **유사성교행위**[176]를 말한다. 본죄는 특별형법에서는 이미 처벌하고 있던 범죄유형을 개정형법에 수용하여 신설한 범죄유형이다.

특별형법인 「성폭력범죄의 처벌 등에 관한 특례법」 제6조 제2항에서는 신체적인 또는 정신적인 장애인을 대상으로 폭행 또는 협박으로 유사강간행위를 하면 5년 이상의 유기징역에 처하도록 규정하고 있으며, 동법 제7조 제2항에서는 13세 미만의 사람에 대하여 폭행 또는 협박으로 유사강간행위를 하면 7년 이상의 유기 징역에 처하도록 규정하고 있고, 「아동·청소년 성보호에 관한 법률」 제7조 제2항에서는 19세 미만의 아동·청소년에 대하여 폭행 또는 협박으로 유사강간죄를 범한 자는 5년 이상의 유기징역에 처하도록 규정하고 있다.

본죄의 보호법익도 사람의 **성적 자기결정권**이며, 보호의 정도는 **침해범**이다.

2. 객관적 구성요건

(1) 행위주체와 행위객체

본죄의 행위주체와 행위객체는 남녀노소를 불문하고 특별한 신분상의 제약

---

176) 「성매매알선 등 행위의 처벌에 관한 법률」 제2조 제1항에서, "**성매매**"란 불특정인을 상대로 금품이나 그 밖의 재산상의 이익을 수수(收受)하거나 수수하기로 약속하고 **성교행위**를 하거나 구강·항문 등 신체의 일부 또는 도구를 이용한 **유사성교행위** 중 어느 하나에 해당하는 행위를 하거나 그 상대방이 되는 것을 말한다고 하여 유사성교행위에 대한 개념을 정의하고 있다.
    이에 대하여 대법원은 '**유사성교행위**'란 구강·항문 등 신체 내부로의 삽입행위 내지 적어도 성교와 유사한 것으로 볼 수 있는 정도의 성적 만족을 얻기 위한 신체접촉행위를 말하고, 어떤 행위가 성교와 유사한 것으로 볼 수 있는 정도의 성적 만족을 얻기 위한 신체접촉행위에 해당하는지 여부는 당해 행위가 이루어진 장소, 행위자들의 차림새, 신체 접촉 부위와 정도 및 행위의 구체적인 내용, 그로 인한 성적 만족감의 정도 등을 종합적으로 평가하여 규범적으로 판단하여야 한다고 판시한 바 있다(대법원 2006. 10. 26. 선고 2005도8130 판결).

도 없다. 다만 19세 미만의 아동·청소년이 본죄의 행위객체일 때에는 특별형법
인「아동·청소년의 성보호에 관한 법률」제7조 제2항이 적용되어 5년 이상의 유기징
역에 처해지고, 13세 미만의 사람이 본죄의 행위객체인 경우에는「성폭력범죄의
처벌 등에 관한 특례법」제7조 제2항이 적용되어 7년 이상의 유기징역에 처해진다.

(2) 실행행위

1) 폭행·협박행위

폭행·협박행위는 강간죄의 폭행·협박과 그 의미가 동일하다.

2) 유사성교행위

본죄의 실행행위란 '유사성교행위를 하는 것'을 말한다. 즉 폭행 또는 협박으로
사람에 대하여 구강·항문 등 성기를 제외한 신체의 내부에 성기를 넣거나 성기·항문에
손가락 등 성기의 제외한 신체의 일부 또는 도구를 넣는 행위를 하는 것을 말한다.

본죄의 실행의 착수시기는 사람에 대하여 폭행 또는 협박행위를 개시한 때이며,
본죄의 기수시기는 행위자가 피해자의 성기를 제외한 신체의 내부에 자기의 성
기를 삽입하거나 또는 피해자의 성기·항문에 자기의 성기를 제외한 신체의 일부
또는 도구를 삽입하는 행위를 개시했을 때에는 완전히 삽입되지 않았더라도 이
미 기수가 된다.

3. 주관적 구성요건

폭행 또는 협박으로 사람에 대하여 유사성교행위를 한다는 사실에 대한 인
식과 의사인 고의가 필요하다.

4.「성폭력범죄의 처벌 등에 관한 특례법」에 의한 가중처벌

주거침입죄의 기수범, 야간주거침입절도·특수절도죄의 기수범과 미수범이
본죄를 범한 때에는 무기징역 또는 7년 이상의 징역에 처해지고, 특수강도의 기
수범·미수범이 본죄를 범한 때에는 사형·무기징역 또는 10년 이상의 징역에 처
해진다(동법 제3조 특수강도강간 등).

또한 신체적인 또는 정신적인 장애가 있는 사람에 대하여 폭행이나 협박으
로 유사성교행위를 한사람은 5년 이상의 유기징역에 처하고(동법 제6조), 13세 미
만의 사람에 대하여 폭행이나 협박으로 유사성교행위를 한 사람은 7년 이상의

유기징역에 처하도록 규정하여 가중 처벌하고 있다(동법 제7조).

Ⅳ. 강제추행죄

제298조(강제추행) 폭행 또는 협박으로 사람에 대하여 추행을 한 자는 10년 이하의 징역 또는 1천500만원 이하의 벌금에 처한다.

제300조(미수범) 본죄의 미수범은 처벌한다.

[성폭력범죄의 처벌 등에 관한 특례법]

제5조(친족관계에 의한 강간 등) ② 친족관계인 사람이 폭행 또는 협박으로 사람을 강제추행한 경우에는 5년 이상의 유기징역에 처한다.

제6조(장애인에 대한 강간·강제추행 등) ② 신체적인 또는 정신적인 장애가 있는 사람에 대하여 폭행이나 협박으로 다음 각 호의 어느 하나에 해당하는 행위를 한 사람은 5년 이상의 유기징역에 처한다.
1. 구강·항문 등 신체(성기는 제외한다)의 내부에 성기를 넣는 행위
2. 성기·항문에 손가락 등 신체(성기는 제외한다)의 일부나 도구를 넣는 행위

③ 신체적인 또는 정신적인 장애가 있는 사람에 대하여 「형법」 제298조(강제추행)의 죄를 범한 사람은 3년 이상의 유기징역 또는 3천만원 이상 5천만원 이하의 벌금에 처한다. <개정 2020. 5. 19.>

⑦ 장애인의 보호, 교육 등을 목적으로 하는 시설의 장 또는 종사자가 보호, 감독의 대상인 장애인에 대하여 제1항부터 제6항까지의 죄를 범한 경우에는 그 죄에 정한 형의 2분의 1까지 가중한다.

제7조(13세 미만의 미성년자에 대한 강간, 강제추행 등) ② 13세 미만의 사람에 대하여 폭행이나 협박으로 다음 각 호의 어느 하나에 해당하는 행위를 한 사람은 7년 이상의 유기징역에 처한다.
1. 구강·항문 등 신체(성기는 제외한다)의 내부에 성기를 넣는 행위
2. 성기·항문에 손가락 등 신체(성기는 제외한다)의 일부나 도구를 넣는 행위

③ 13세 미만의 사람에 대하여 「형법」 제298조(강제추행)의 죄를 범한 사람은 5년 이상의 유기징역에 처한다. <개정 2020. 5. 19.>

제15조(미수범) 본죄의 미수범은 처벌한다.

[아동·청소년의 성보호에 관한 법률]

제7조(아동·청소년에 대한 강간·강제추행 등) ② 아동·청소년에 대하여 폭행이나 협박으로 다음 각 호의 어느 하나에 해당하는 행위를 한 자는 5년 이상의 유기징역에 처한다.
1. 구강·항문 등 신체(성기는 제외한다)의 내부에 성기를 넣는 행위
2. 성기·항문에 손가락 등 신체(성기는 제외한다)의 일부나 도구를 넣는 행위

③ 아동·청소년에 대하여 「형법」 제298조의 죄를 범한 자는 2년 이상의 유기징역 또는 1천만원 이상 3천만원 이하의 벌금에 처한다.

⑥ 제1항부터 제5항까지의 미수범은 처벌한다.

제8조(장애인인 아동·청소년에 대한 간음 등) ② 19세 이상의 사람이 장애 아동·청소년을 추행한 경우 또는 장애 아동·청소년으로 하여금 다른 사람을 추행하게 하는 경우에는 10년 이하의 징역 또는 1천500만원 이하의 벌금에 처한다.

1. 의의 및 보호법익

강제추행죄는 폭행 또는 협박으로 사람을 추행(醜行)함으로써 성립되는 범죄이다. 보호법익은 사람의 성적 자기결정의 자유이다. 보호의 정도는 침해범이다.

2. 객관적 구성요건

(1) 행위주체

행위주체에는 남녀의 제한이 없다. 그러나 성폭력특별법에서는 주거침입죄의 기수범, 야간주거침입절도죄 및 특수절도죄의 기수범 및 미수범, 특수강도죄의 기수범 및 미수범이 본죄를 범한 경우에는 가중처벌하고 있다.

(2) 행위객체

본죄의 행위객체는 남녀노소, 기혼·미혼을 불문한다. 다만 종래에는 법률상의 배우자 사이에는 본죄의 객체가 될 수 없고 강요죄가 성립할 뿐이라는 견해가 지배적인 견해였지만, 개정 형법으로 인해 부부 사이에도 강간죄가 성립되므로 본죄의 객체에는 당연히 배우자도 포함된다고 보는 입장이 타당하다.

또한 만 13세 미만자인 사람의 경우에는 「성폭력특별법」이, 19세 미만의 청소년에 대하여는 「청소년성보호법」이 적용되어 가중처벌되며, 비친고죄로 되어 있다.

(3) 실행행위

폭행 또는 협박에 의해 추행을 하는 것을 말한다.

1) 폭행 또는 협박

강제추행죄에 있어서 폭행 또는 협박의 개념은 강간의 경우와 동일하지만, 그 정도에 대하여는 견해가 대립한다.

가. 폭행·협박의 정도　　① 본죄의 법정형으로 벌금형까지 규정하고 있는 점을 고려해보면 폭행·협박죄와 강간죄의 중간 정도, 즉 일반인으로 하여금 반

항을 곤란하게 할 정도이거나 상대방의 의사에 반하는 폭행·협박이면 족하다는 견해[177]와, ② 강간죄에 있어서의 폭행·협박의 정도와 동일한 정도로 상대방의 반항을 불가능하게 하거나 현저히 곤란하게 할 정도임을 요한다는 견해[178]가 대립되고 있다. ③ 판례는 강간죄의 폭행·협박은 피해자의 항거를 불가능하게 하거나 항거를 현저히 곤란하게 할 정도의 것이어야 하지만, 강제추행죄에 있어서는 전자의 입장에서 상대방의 항거를 곤란하게 할 정도일 것을 요하지만,[179] 상대방의 의사를 억압할 정도일 필요는 없고 의사에 반하는 유형력의 행사가 있으면 그 힘의 대소강약은 불문한다고 판시하고 있다.[180]

생각건대 본죄의 법정형이 강간죄보다 낮고 벌금형이 선택형으로 규정되어 있는 것은 강간죄의 폭행·협박보다 그 정도가 가볍기 때문이 아니라 강간행위의 불법성이 추행행위의 불법성보다 더 중하고 추행의 개념이 강간보다 더 넓기 때문이다. 강제추행죄의 폭행·협박의 개념을 넓게 이해하게 되면 단순추행과 강제추행의 한계가 모호해지고 강제추행의 성립범위가 확대될 우려가 있다는 비판도 있다. 그러나 성폭력특별법상 공중밀집장소에서의 '추행'에 대하여는 폭행·협박을 요건으로 하지 않고 있는 점을 고려해보면, 상대방의 의사에 반하고 객관적으로 일반인의 선량한 성도덕관념을 해치는 추행행위만이 본죄에 해당하기 때문에 강제추행죄에 있어서 폭행·협박의 정도는 상대방의 반항을 곤란하게 할 정도이거나 상대방의 의사에 반하는 폭행·협박이면 족하다는 전자의 견해가 타당하다고 생각된다.

나. 폭행·협박의 시기   상대방에 대하여 폭행·협박행위를 한 후에 추행행위를 별도로 행하는 경우뿐만 아니라 폭행·협박과 동시에 추행행위가 행해지는 경우,[181] 기습적인 추행행위와 같이 폭행행위 자체가 추행행위에 해당할 수도 있다.[182] 그러나 강간죄에 있어서는 폭행·협박은 강간행위가 이루어지기 전에 행

---

177) 김성천/김형준, 229면; 박상기, 161면; 손동권/김재윤, 158면; 임웅, 211면; 진계호, 174면; 정영석, 275면.
178) 이재상/장영민/강동범, 167면; 정성근/박광민, 165면.
179) 대법원 2007. 1. 25. 선고 2006도5979 판결.
180) 대법원 2019. 7. 11. 선고 2018도2614 판결; 대법원 2002. 4. 26. 선고 2001도2417 판결.
181) 대법원 1983. 6. 28. 선고 83도399 판결(피해자를 팔로 힘껏 껴안으며 강제로 두 차례 입을 맞춘 경우에 대법원은 폭행과 추행의 동시성을 인정하고 있다).
182) 대법원 2019. 7. 11. 선고 2018도2614 판결; 대법원 1992. 2. 28. 선고 91도3182 판결.

해질 것이 요구된다.

2) 추 행

여기서 추행의 개념에 대하여는 다음과 같이 견해의 대립이 있다.

가. 학설과 판례

(가) 주 관 설   추행(醜行)이란 주관적으로는 성욕을 흥분, 자극 또는 만족시킬 목적으로 행해지고, 객관적으로는 건전한 일반인에게 성적 수치심 또는 성적 혐오감을 느끼게 함으로써 건전한 성도덕관념에 반하는 행위라는 견해이다.[183] 주관설에 따르면 강제추행죄는 행위자의 추행에 대한 주관적·내심적 경향이 표출되어 성립되는 범죄이므로 경향범이나 행위자의 주관적인 성욕을 자극·만족시킬 목적을 지닌 목적범으로 이해하게 된다.

(나) 객 관 설   객관설은 행위자의 주관적인 목적이나 경향과는 무관하게 상대방의 성적 자유를 침해하는 음란한 행위로서 객관적으로 일반인에게 성적 수치심·혐오감을 느끼게 하는 일체의 행위를 추행으로 이해하는 입장이다.[184] 판례[185]의 입장이기도 하다.

생각건대 주관설에 의하면 성적 만족이 아닌 복수심이나 혐오감 또는 호기심과 같은 동기로 하는 음란행위는 추행에 해당하지 않게 되고, 행위자의 주관적인 경향을 구성요건요소로 이해하는 것은 구성요건의 명확성을 해치게 된다. 이와 달리 객관설은 치료목적이나 강제수색 등에 의해 행해지는 성적 수치심을 야기하는 일체의 행위도 추행에 해당하게 된다는 비판을 받고 있다. 그러나 이러한 경우에는 추행에 해당하지만 위법성이 조각되는 경우라 할 수 있다.

그러므로 본죄에 있어서 '추행'이란 객관적으로 일반인에게 성적 수치심 또는 성적 혐오감을 일으키게 하고 선량한 성적 도덕관념에 반하는 일체의 행위로서 간음과 유사성행위를 제외한 피해자의 성적 자유를 침해하는 현저히 음란한 행위라고 할 수 있으며, 주관적인 동기나 목적은 문제되지 않는다고 보아야 한다.[186] 판례도 객관설의 입장을 취하면서, "본죄의'추행'에 해당하는가 여부는 피

---

183) 김일수/서보학, 137면; 박상기, 161면; 임웅, 171면; 유기천, 124면; 정영석, 275면; 김종원, 133면.

184) 박상기, 164면; 백형구, 335면; 오영근, 178면; 이재상/장영민/강동범, 169면; 이형국, 271면; 정성근/박광민, 165면.

185) 대법원 2013. 9. 26. 선고 2013도5856 판결.

해자의 의사·성별·연령, 행위자와 피해자의 관계, 그 행위에 이르게 된 경위, 구체적 행위태양, 주위의 객관적 상황 등을 종합적으로 고려하여 정하여진다."고 판시하고 있다.[187]

나. 추행의 정도   추행의 정도는 객관적으로 성적 수치심 또는 성적 혐오감을 일으키고 선량한 성도덕 관념을 현저히 해치는 중요한 행위에 제한된다고 보아야 한다. 즉 성적 수치심 내지 성적 혐오감을 현저하게 침해하는 행위여야 한다. 그러므로 상대방의 성기나 젖가슴을 만지는 경우, 옷을 벗기는 경우 등이 여기에 해당한다. 그러나 단순한 치근거림, 피해자의 손이나 다리를 만지는 행위, 통상적인 키스나 포옹행위 등은 본죄의 추행에는 해당한다고 할 수 없다. 그리고 성적 수치심을 현저하게 침해하는 행위인가 여부는 피해자가 주관적으로 현저하게 성적 혐오감을 느꼈는가를 기준으로 판단하는 것이 아니라 객관적으로 성적 혐오감을 현저하게 일으켰는가를 기준으로 판단해야 한다. 따라서 피해자는 현저하게 성적 수치심을 느끼지 않았다 하더라도 **객관적으로 현저하게 성적 수치심을 느끼게 할 정도의 행위**이면 추행에 해당한다고 보는 입장이 타당하다.[188]

판례는 신분상의 불이익을 줄 것처럼 협박하는 방법으로, 이른바 러브샷을 강요하는 행위도 강제추행죄에 해당한다고 판시하였다.[189]

---

186) 이재상/장영민/강동범, 169면; 대법원 2013. 9. 26. 선고 2013도5856 판결(피고인이 알고 지내던 여성인 피해자 甲이 자신의 머리채를 잡아 폭행을 가하자 보복의 의미에서 甲의 입술, 귀 등을 입으로 깨무는 등의 행위를 한 사안에서, 피고인의 행위가 강제추행죄의 '추행'에 해당한다고 한 사례).

187) 대법원 2012. 7. 26. 선고 2011도8805 판결('추행'이란 일반인에게 성적 수치심이나 혐오감을 일으키고 선량한 성적 도덕관념에 반하는 행위인 것만으로는 부족하고 그 행위의 상대방인 피해자의 성적 자기결정의 자유를 침해하는 것이어야 한다. 따라서 건전한 성풍속이라는 일반적인 사회적 법익을 보호하려는 목적을 가진 형법 제245조의 공연음란죄에서 정하는 '음란한 행위' 또는 이른바 과다노출에 관한 경범죄처벌법 제1조 제41호에서 정하는 행위가 특정한 사람을 상대로 행하여졌다고 해서 반드시 그 사람에 대하여 '추행'이 된다고 말할 수 없고, 무엇보다도 문제의 행위가 피해자의 성적 자유를 침해하는 것으로 평가될 수 있어야 한다).

188) 오영근, 178면.

189) 대법원 2008. 3. 13. 선고 2007도10050 판결.

3. 주관적 구성요건

본죄가 성립하기 위해서는 행위자에게 폭행 또는 협박에 의하여 사람을 추행한다는 사실에 대한 고의가 필요하다. 그러나 행위자이 성욕을 자극 또는 만족시키려고 하는 주관적인 경향이나 목적은 불필요하다.

4. 「성폭력범죄의 처벌 등에 관한 특례법」에 의한 가중처벌

강제추행죄는 10년 이하의 징역 또는 1,500만원의 벌금에 처하도록 규정하고 있다. 그런데 특별형법인 성폭력특별법에서는 주거침입·야간주거침입절도·특수절도가 강제추행하면 무기 또는 7년 이상의 징역에 처하고(동법 제3조 제1항), 특수강도가 강제추행하면 사명·무기징역 또는 10년 이상의 징역에 처하도록 규정하고 있다(같은 조 제2항).

또한 흉기 기타 위험한 물건을 휴대하거나 2인 이상이 합동하여 강제추행죄를 범했을 때에는 특수강제추행죄에 해당하여 5년 이상의 유기징역에 처한다(동법 제4조 제2항).

그 밖에 대중교통수단, 공연·집회장소 기타 공중이 밀집하는 장소에서 사람을 추행하면 3년 이하의 징역 또는 3천만원 이하의 벌금에 처하도록 하고 있는데(동법 제11조), 여기서 '공중이 밀집하는 장소'란 현실적으로 사람들이 빽빽이 들어서 있어 서로 신체 접촉이 이루어지는 곳뿐만 아니라 찜질방 등과 같이 공중의 이용에 항상 제공·개방된 상태에 있는 곳을 포함한다.[190]

V. 준강간죄·준강제추행죄

제299조(준강간, 준강제추행) 사람의 심신상실 또는 항거불능의 상태를 이용하여 간음 또는 추행을 한 자는 제297조, 제297조의2 및 제298조의 예에 의한다.
제300조(미수범) 미수범은 처벌한다.
[성폭력범죄처벌 등에 관한 특례법]
제5조 ③ 친족관계인 사람이 사람에 대하여 「형법」 제299조(준강간, 준강제추행)의 죄를 범한 경우에는 제1항 또는 제2항의 예에 따라 처벌한다.

---

190) 대법원 2009. 10. 29. 선고 2009도5704 판결.

제6조 ④ 신체적인 또는 정신적인 장애로 항거불능 또는 항거곤란 상태에 있음을 이용하여 사람을 간음하거나 추행한 사람은 제1항부터 제3항까지의 예에 따라 처벌한다.
⑤ 위계(僞計) 또는 위력(威力)으로써 신체적인 또는 정신적인 장애가 있는 사람을 간음한 사람은 5년 이상의 유기징역에 처한다.
⑥ 위계 또는 위력으로써 신체적인 또는 정신적인 장애가 있는 사람을 추행한 사람은 1년 이상의 유기징역 또는 1천만원 이상 3천만원 이하의 벌금에 처한다.
제7조 ④ 13세 미만의 사람에 대하여 「형법」 제299조(준강간, 준강제추행)의 죄를 범한 사람은 제1항부터 제3항까지의 예에 따라 처벌한다.
제15조 미수범은 처벌한다.
[아동·청소년의 성보호에 관한 법률]
제7조 ④ 아동·청소년에 대하여 형법 제299조의 죄를 범한 자는 제1항부터 제3항까지의 예에 따른다.

1. 의의 및 성질

(1) 의 의

본죄는 사람의 심신상실 또는 항거불능상태를 이용하여 간음·추행함으로써 성립하는 범죄이다. 본죄는 행위자의 폭행·협박에 의해 피해자를 간음·추행한 것은 아니지만 다른 원인에 의하여 이미 자기의 성적 자기결정의 자유를 실제로 행사할 수 없는 상태, 즉 심신상실 또는 항거불능상태에 있는 사람을 간음·추행한 경우에는 이를 강간 또는 강제추행죄와 동일하게 불법을 평가하여 처벌하고자 하는 것이다. 즉 본죄는 성적 자기결정권을 행사할 수 없는 심신상실 또는 항거불능상태에 있는 사람의 성적 자기결정권을 보호하고자 한다.

본죄의 보호법익은 심실상실 또는 항거불능상태에 있는 사람의 성적 자기결정의 자유이고, 보호의 정도는 침해범이다.

(2) 자수범 여부

본죄의 성격에 대해서는, ① 사람의 심신상실 또는 항거불능상태를 이용하여 스스로 간음행위·성교유사행위·추행행위를 하는 자만이 본죄의 정범이 될 수 있고, 간접정범이나 공동정범의 형태로는 실현할 수 없기 때문에 자수범이라고 해석하는 긍정설[191]과 ② 본죄의 보호법익은 성풍속을 보호하는 것이 아니라 개인의 성

---

191) 이재상/장영민/강동범, 171면.

적 자기결정의 자유를 보호하는 데 있을 뿐만 아니라 본죄는 공동정범 또는 간접 정범의 형태로도 실행할 수 있기 때문에 자수범이 아니라는 **부정설**[192]이 대립한다.

생각건대 본죄의 구성요건실현에 특별히 행위자만의 행위수행을 요구하거나 제3자에 의한 행위수행을 부정하고 있지 않으므로, 예컨대 정신병자를 이용한 간 접정범으로서 항거불능상태에 있는 피해자에 대한 성교행위·성교유사행위·추행 행위를 하도록 하는 것이 가능할 뿐만 아니라 본죄를 타인과 공모한 후에 발각되 지 않도록 망을 보아주는 행위에 의한 공동정범의 성립도 가능하기 때문에 자수 범이 아니라는 견해가 타당하다고 생각된다.

2. 객관적 구성요건

(1) 행위주체

본죄의 행위주체에는 특별한 제한이 없다, 남녀불문이고 단독정범 또는 공동 정범도 가능하다.

(2) 행위객체

본죄의 행위객체는 심신상실 또는 항거불능의 상태에 있는 사람으로서 남녀를 불 문한다. 준강간죄나 준강제추행죄 모두 남녀노소를 불문하고 사람이면 충분하다.

(3) 실행행위

심실상실 또는 항거불능상태를 이용한 간음·추행하는 행위가 있어야 한다.

1) 심신상실

심신상실이란 정신기능장애로 인하여 정상적인 판단능력이 결여된 상태를 말한다. 형법 제10조에서의 심신상실자는 심신장애로 인하여 사물을 변별하거나 의사를 결정할 능력이 없는 자에 한정되지만, 본죄에 있어서 심신상실이란 심신 장애라는 생물학적으로 사물을 변별하거나 의사를 결정할 능력이 결여된 자에 한정되지 않고, 일시적으로 주취로 인해 인사불성이 된 경우, 수면 중의 사람, 그 밖의 사정으로 일시적으로 의식장애에 빠진 사람도 포함된다. 따라서 본죄의 심 신상실자는 형법 제10조에서 의미하는 심신장애자보다 그 범위가 넓다고 하겠다. 그러나 심신장애 중 심신미약상태를 이용한 간음·추행의 경우에는 형법이 별도 의 심신미약자에 대한 처벌규정(제302조)을 두고 있기 때문에 심신미약자는 여기

---

192) 김일수/서보학, 164면; 박상기, 161면; 임웅, 173면; 이형국, 276면; 진계호, 185면.

에 포함되지 않는다는 것이 다수설의 입장이다.

　　이와 반대로 위와 같은 심신상실의 경우뿐만 아니라 피해자가 간음 또는 추행시 그 의미를 정확히 이해하지 못하여 동의하였는지 반항하였는지 명백히 알수 없는 상태도 여기에 포함된다고 보아야 하므로 심신미약의 경우도 본죄의 심신상실에 포함된다고 해석해야 한다는 소수설[193]도 있다.

　　생각건대 형법 제299조의 심신상실과 제302조의 심신미약은 구별되는 별도의 규정을 두고 있을 뿐만 아니라 심신미약을 심신상실에 포함시켜 해석하는 것은 무리한 확장해석을 통한 가벌성의 확대를 초래하므로, 본죄의 심신상실에는 심신미약이 포함되지 않는다고 해석하는 다수설의 입장이 타당하다. 판례도 피해자가 자신의 애인으로 착각하여 잠결에 성관계를 가진 경우에는 심신상실상태에 있다고 할 수 없다고 판시하고 있다.[194]

2) 항거불능

　　항거불능이란 심신상실 이외의 사유로 심리적 또는 육체적으로 반항이 불가능한 경우를 말한다. 예컨대 의사가 위계에 의하여 환자로 하여금 자기의 치료행위를 신뢰하게 하도록 하면서 간음한 경우, 포박된 부녀를 간음한 경우 등이 이에 해당한다.[195]

　　그러나 환자기망에 의한 간음의 경우에 대하여는 항거불능이 아니라는 견해도 있다. 행위객체의 성격에 따라 미성년자 또는 심신미약자인 경우에는 미성년자등간음죄(제302조), 보호 또는 감독을 받는 여자인 경우에는 업무상 위력 등에 의한 간음(제303조), 13세 미만의 미성년자인 때에는 성폭력특별법에 의해 가중처벌되며, 그 외에는 범죄가 성립하지 않는다.[196]

3) 심신상실 또는 항거불능상태를 이용한 간음·추행행위

　　심신상실 또는 항거불능의 상태를 이용하여 간음 또는 추행하는 것이다.[197]

---

193) 유기천, 126면; 이재상/장영민/강동범, 172면; 정영석, 273면; 황산덕, 216면.

194) 대법원 2000. 2. 25. 선고 98도4355 판결.

195) 대법원 2009. 4. 23. 선고 2009도2001 판결(교회 여신도들이 종교적 믿음에 대한 충격 등 정신적 혼란으로 인한 항거불능의 상태에 있었다고 보아 교회 노회장에게 준강간·강제추행죄 등을 인정한 사례).

196) 임웅, 174면.

197) 준강간죄에서 실행의 착수 시기는 피해자의 심신상실 또는 항거불능의 상태를 이용하여 간음을 할 의도를 가지고 간음의 수단이라고 할 수 있는 행동을 시작한 때로 보아야 한다(대

여기서 **간음**이란 **혼인 이외의 성교행위**를 말하며, **추행**이란 객관적으로 일반인에게 성적 혐오감·수치심을 일으키게 하고 건전한 성도덕 관념을 현저하게 해치는 **간음을 제외한 일체의 행위**를 말하며, 피해자가 심신상실 또는 항거불능의 상태에 이르게 된 원인에 대하여는 따지지 않는다.

또한 행위자가 행위자의 행위가 아닌 다른 사정으로 인한 피해자의 심신상실 또는 항거불능의 상태를 이용했어야 한다. 여기서 행위자가 "심신상실 또는 항거불능의 상태를 이용한다"는 것은 행위자가 이러한 상태를 인식하고서 그 상태로 인해 간음·추행이 가능하거나 용이했다는 것을 의미한다. 만약 피해자가 이러한 상태에 이르기 전에 성교행위·성교유사행위·추행에 동의한 경우에는 본죄는 성립하지 않게 된다. 또한 행위자가 간음·추행을 위해 피해자를 심신상실 또는 항거불능의 상태로 만든 경우, 예컨대 피해자에게 수면제나 마취제를 먹인 경우에는 본죄가 성립하는 것이 아니라 강간죄 또는 강제추행죄가 성립하게 된다.

한편 판례는 피해자가 심신상실 또는 항거불능의 상태에 있다고 인식하고 그러한 상태를 이용하여 간음할 의사로 피해자를 간음하였으나, 피해자가 실제로는 심신상실 또는 항거불능의 상태에 있지 않은 경우에는 준강간죄의 불능미수가 성립한다고 판시하였다.[198]

3. 주관적 구성요건 : 고의

준강간의 고의는 피해자가 심신상실 또는 항거불능의 상태에 있다는 것과 그러한 상태를 이용하여 간음한다는 구성요건적 결과 발생의 가능성을 인식하고 그러한 위험을 용인하는 내심의 의사를 말한다.[199]

법원 2019. 2. 14. 선고 2018도19295 판결); 대법원 2000. 1. 14. 선고 99도5187 판결 참조.
198) 실행의 수단 또는 대상의 착오로 인하여 준강간죄에서 규정하고 있는 구성요건적 결과의 발생이 처음부터 불가능하였고 실제로 그러한 결과가 발생하였다고 할 수 없다. 피고인이 준강간의 실행에 착수하였으나 범죄가 기수에 이르지 못하였으므로 준강간죄의 미수범이 성립한다. 피고인이 행위 당시에 인식한 사정을 놓고 일반인이 객관적으로 판단하여 보았을 때 준강간의 결과가 발생할 위험성이 있었으므로 준강간죄의 불능미수가 성립한다(대법원 2019. 3. 28. 선고 2018도16002 전원합의체 판결).
199) 대법원 2019. 3. 28. 선고 2018도16002 전원합의체 판결.

4. 특별형법

「성폭력범죄의 처벌 등에 관한 특례법」의 특수강도강간 등(동법 제3조), 특수강간 등(제4조), 친족관계에 의한 강간 등(제5조), 장애인에 대한 강간·강제추행등(제6조), 13세 미만의 미성년자에 대한 강간·강제추행 등(제7조)의 조항에서는 준강간·준강제추행죄에 대한 가중 처벌하는 규정을 두고 있다.

VI. 강간 등 상해·치상죄

제301조(강간 등 상해·치상) 제297조, 제297조의2 및 제298조부터 제300조까지의 죄를 범한 자가 사람을 상해하거나 상해에 이르게 한 때에는 무기 또는 5년 이상의 징역에 처한다.
[성폭력범죄처벌 등에 관한 특례법]
제8조 ① 제3조 제1항, 제4조, 제6조, 제7조 또는 제15조(제3조 제1항, 제4조, 제6조 또는 제7조의 미수범으로 한정한다)의 죄를 범한 사람이 다른 사람을 상해하거나 상해에 이르게 한 때에는 무기징역 또는 10년 이상의 징역에 처한다.
② 제5조 또는 제15조(제5조의 미수범으로 한정한다)의 죄를 범한 사람이 다른 사람을 상해하거나 상해에 이르게 한 때에는 무기징역 또는 7년 이상의 징역에 처한다.
제15조(미수범) 본죄의 미수범은 처벌한다.

1. 의의 및 보호법익

강간죄, 강제추행죄, 준강간죄강제추행죄, 13세 미만자에 의제강간강제추행죄 및 그 미수범을 범한 자가 사람을 상해하거나 상해에 이르게 함으로써 성립하는 범죄를 말한다.

본죄의 보호법익은 **성적 자기결정의 자유와 신체의 생리적 기능**이고, 보호의 정도는 **침해범**이다.

강간상해죄는 강간 등의 죄와 상해죄의 **결합범**이며, 강간치상죄는 강간죄에 대한 진정결과적 가중범이다.

2. 구성요건

(1) 행위주체

본죄의 주체는 강간죄·강제추행죄·준강간죄·준강제추행죄·13세 미만의 미성년자 의제강간죄·의제강제추행죄를 범한 자이다. 강간 등의 죄가 기수·미수[200]임을 불문한다. 성폭력범죄 처벌 특례법에는 가중처벌하는 규정을 두고 있다.

강간을 말리는 옆의 남자에게 상처를 입힌 경우에는 강간죄와 과실치상 또는 상해죄의 실체적 또는 상상적 경합이 된다.

(2) 실행행위

본죄의 실행행위는 사람을 상해하거나 상해에 이르게 하는 행위이다.

1) 상해의 개념 및 정도

상해의 정도는 상해죄의 상해와 동일하게 해석하는 견해와 상당한 정도의 상해에 달해야 한다고 보는 견해로 나누어진다.

간음행위에 통상적으로 수반되는 경미한 부상이나 일상생활을 하는 데 지장이 없고 시일이 경과함에 따라 자연적으로 치유될 수 있는 정도의 부상은 상해에 해당하지 않는다.

2) 상해의 결과발생

강간이나 강제추행이 미수에 그친 경우에도 상해의 결과발생시에는 본죄에 해당한다. 강간행위와 상해결과 사이에 인과관계가 있고, 결과에 대한 예견가능성이 있어야 객관적으로 귀속된다. 상해의 결과는 반드시 강간 등의 행위 자체에서 일어나거나 그 수단인 폭행에 의하여 발생할 것을 요하지 않고, 널리 강간의 기회에 발생한 것이면 족하다. 간음·추행행위 자체나 폭행·협박행위에 의하여 발생한 경우도 포함된다. 따라서 피해자가 강간의 수단인 폭행을 피하려다 상해의 결과가 발생한 때에도 본죄가 성립한다.[201] 예컨대 피해자가 손가락을 깨물며 반항하자 손가락을 잡아 뽑다가 피해자에게 치아결손의 상해를 입힌 경우에도 강간에 수반하여 발생한 상해이다.[202]

---

200) 대법원 1988. 8. 23. 선고 88도1212 판결.
201) 대법원 1995. 5. 12. 선고 95도425 판결.

본죄에 있어서 상해의 개념은 상해죄에 있어서의 상해개념과 반드시 동일하다고는 할 수 없다. 본죄에 해당하는 상해의 결과가 발생한 경우에는 무기징역 또는 5년 이상의 징역에 해당하는 무거운 처벌을 하는 것에 비추어보면, 본죄의 상해는 단순상해죄의 상해와는 달리 건강상태를 불량하게 하고 일상생활을 하는 데 있어서 기능적 장애를 초래할 정도에 이를 것을 요한다고 해야 하기 때문이다. 판례는 강간을 하여 임신한 경우에 임신을 상해라 할 수 있는가에 대하여 치료를 요할 정도로 신체의 완전성을 훼손하거나 생리적 기능에 장애를 초래한 경우가 아니므로 상해에 해당하지 않는다고 판시한 바 있다.[203]

따라서 판례는 극히 경미한 상처로서 치료할 필요가 없고, 그로 인해 신체의 완전성이나 건강상태가 불량하게 변형되고 생활기능에 장애가 초래되었다고 볼 수 없는 때에는 상해에 해당하지 않는다는 전제하에서, ① 경부와 전흉부 피하출혈과 통증으로 약 7일간의 가료를 요하는 상처를 입힌 경우,[204] ② 강간 도중에 피해자의 어깨와 목을 입으로 빨아서 생긴 반상출혈상,[205] ③ 3, 4일간의 가료를 요하는 정도의 외음부충혈,[206] ④ 강간하려다 미수에 그친 과정에서 피해자의 손바닥에 3센티미터 정도의 가볍게 긁힌 상처를 입은 경우[207]에는 여기에 해당하는 상해가 아니라고 판시한 바 있다.

그러나 ① 손으로 목을 눌러 피해자에게 경추부좌상 및 우측주관절부염좌상을 입힌 경우,[208] ② 피해자의 왼쪽 젖가슴에 약 10일간의 치료를 요하는 좌상을 입고 병원에서 주사를 맞고 3일간 투약한 경우,[209] 수면제와 같은 약물을 투약하여 피해자를 일시적으로 수면 또는 의식불명 상태에 이르게 한 경우[210] 등에는 건강상태

---

202) 대법원 1995. 1. 12. 선고 94도2781 판결.
203) 대법원2019. 5. 10. 선고 2019도834 판결; 대법원 2019. 4. 17. 선고 2018도17410 판결. 미국에서는 의료적 개입이 필요한 강간으로 인한 임신의 경우에 상해에 해당한다고 판단하거나, 임신을 형벌가중사유로 규정하고 있는 주(위스콘신, 미시간, 네브라스카, 플로리다 등)도 있다(권창국, "강간에 따른 임신 상해로 볼 수 있는가?", 법률신문 2020. 7. 6. 참조).
204) 대법원 1994. 11. 4. 선고 94도1311 판결.
205) 대법원 1991. 11. 8. 선고 91도2188 판결.
206) 대법원 1989. 1. 31. 선고 88도831 판결.
207) 대법원 1987. 10. 26. 선고 87도1880 판결.
208) 대법원 1997. 9. 5. 선고 97도1725 판결.
209) 대법원 2000. 2. 11. 선고 99도4794 판결.
210) 대법원 2017. 6. 29. 선고 2017도3196 판결.

가 불량하게 변경되었다는 이유로 본죄의 상해에 해당한다고 판시하였다.

한편 대법원 미성년자의제강제추행치상죄의 경우에는 상해의 범위를 넓게 인정하고 있다. 즉 피해자의 외음부에 약간의 발적과 경도의 염증이 수반된 정도의 외음부염증이 발생한 경우,[211] 질 내에 손가락을 넣어 생긴 전치 2일의 피하일혈반만으로도 본죄의 상해에 해당한다고 판시하였다.[212] 그러나 강간당한 피해자가 수치심으로 자살한 경우, 피해자가 급박한 위급상태를 벗어나 있어 창문을 통하여 뛰어내릴 것을 예상할 수 없는 경우에는 본죄는 성립하지 않는다.[213]

3. 강간상해죄나 강간치상죄의 미수범 성립여부

본죄는 미수범처벌규정이 없다. 강간치상죄에 대하여 미수범처벌규정이 없는 것은 별 문제가 되지 않으나, 강간상해죄의 미수범처벌규정이 없는 것은 입법의 불비이다.

그러나 강간죄 등은 기수·미수를 불문하고 치상의 결과가 발생한 때에는 강간치상죄의 기수범이 성립한다. 따라서 강간 등의 기회에 고의로 상해하려고 하였으나 미수에 그친 경우에 강간상해죄의 미수가 아니라 강간죄 또는 강간미수죄와 상해미수죄의 실체적 또는 상상적 경합이 된다. 강간행위가 종료된 후에 상해의 고의가 생겨 상해한 경우에는 강간죄와 상해죄의 경합범이 된다.

「성폭력범죄의 처벌 등에 관한 특례법」에서는 특수강간죄의 결과적 가중범인 특수강간상해·치상죄(제8조)와 특수강간살인·치사죄(제9조)에 대하여 미수범 처벌규정(제15조)을 두고 있다.

이에 대하여는 ① 특수강간상해의 미수뿐만 아니라 특수강간치상죄의 미수도 처벌하는 규정이라는 견해와 ② 특수강간상해죄의 미수만을 처벌하는 규정이라는 견해의 대립이 있다. 전자의 견해에 의하면 특수강간죄의 미수범이 과실로 상해를 입힌 경

---

211) 대법원 1996. 11. 12. 선고 96도1395 판결.
212) 대법원 1990. 4. 13. 선고 90도154 판결(피고인이 7세 1월 남짓밖에 안되는 피해자의 질내에 손가락을 넣어 만지는 등 추행을 하여 피해자의 음순 좌우 양측에 생긴 남적색 피하일혈반이 타박이나 마찰로 말미암아 음순내부에 피멍이 든 것으로서 그 상처부위에 소변의 독소가 들어가면 염증이 생길 수도 있는 것이라면, 그 상처를 치료하는 데 필요한 기간이 2일에 불과하더라도, 형법 제301조 소정의 상해의 개념에 해당하는 것으로 보아야 한다).
213) 대법원 1993. 4. 27. 선고 92도3229 판결.

우에는 특수강간치상죄의 미수라고 보게 된다. 그러나 이 경우는 특수강간치상죄의 미수가 아니라 특수강간치상죄의 기수가 된다. 후자의 입장이 타당하고 이에 따르면 특수강간치상죄의 미수는 성립하지 않게 된다.

4. 공 범

강간죄의 공동정범 중 1인의 고의나 과실로 상해의 결과를 발생시킨 경우에 다른 공동정범은 상간등 상해죄가 아니라 강간등 치상죄의 공동정범이 책임을 진다는 것이 판례[214]의 입장이다. 그러나 다른 공범자는 강간등 치상죄에 대하여 과실 여부에 따라 단독으로 책임을 진다고 보는 것이 타당하다.

강간을 교사·방조하였으나 피교사·방조자가 고의·과실로 상해를 입혔을 때는 강간교사죄와 과실치상죄의 상상적 경합이 된다는 견해도 있으나, 교사자는 강간치상죄의 교사범이 성립된다고 보는 통설과 판례의 입장이 타당하다.

또한 본죄에는 상해죄의 동시범에 관한 규정이 적용되지 않는다.

5. 죄수 및 다른 범죄와의 관계

(1) 죄 수

1) 강간으로 인한 피해자에게 상해를 입힌 후에 그로 인해 사망한 경우에는 상해는 사망에 흡수되어 강간치사죄만 성립한다.

2) 그러나 강간의사로 폭행을 가하여 치사케 한 후에 간음한 경우는 포괄하여 강간치사죄가 성립한다는 견해와 강간치사죄와 사체오욕죄의 경합범이 된다는 견해가 대립한다.

(2) 다른 범죄와의 관계

1) 강간시에 살인의 고의가 있는 경우에는 강간살인죄가 성립하나, 강간 후에 새로운 고의에 의하여 피해자를 살해한 경우에는 강간죄와 살인죄의 경합범이 성립한다.

2) 강간치상죄를 범한 자가 피해자를 구호하지 않고 방치한 경우에는 포괄하여 강간치상죄만 성립한다.[215]

---

214) 대법원 1984. 2. 14. 선고 83도3120 판결.
215) 대법원 1980. 6. 24. 선고 80도7260 판결.

6. 특   칙

「성폭력범죄의 처벌 등에 관한 특례법」에서는 특수강도강간, 특수강간 , 친족관
계에 의한 강간, 장애인에 대한 강간, 13세 미만인 자에 대한 강간 등에 대히여는
특별히 가중처벌하고 있다.

강간치사상죄는 '특정강력범죄'에 해당하여 「특정강력범죄의 처벌에 관한 특례법」
의 적용을 받는다.

VII. 강간등 살인·치사죄

> 제301조의2(강간등 살인·치사) 제297조, 제297조의2 및 제298조부터 제300조까지의 죄를
> 범한 자가 사람을 살해한 때에는 사형 또는 무기징역에 처한다. 사망에 이르게 한 때
> 에는 무기 또는 10년 이상의 징역에 처한다.
>
> [성폭력범죄처벌 등에 관한 특례법]
> 제9조(강간 등 살인·치사) ① 제3조부터 제7조까지, 제15조(제3조부터 제7조까지의 미수범
> 으로 한정한다)의 죄 또는 「형법」 제297조(강간), 제297조의2(유사강간) 및 제298조
> (강제추행)부터 제300조(미수범)까지의 죄를 범한 사람이 다른 사람을 살해한 때에는
> 사형 또는 무기징역에 처한다.
> ② 제4조, 제5조 또는 제15조(제4조 또는 제5조의 미수범으로 한정한다)의 죄를 범한 사람
> 이 다른 사람을 사망에 이르게 한 때에는 무기징역 또는 10년 이상의 징역에 처한다.
> ③ 제6조, 제7조 또는 제15조(제6조 또는 제7조의 미수범으로 한정한다)의 죄를 범한 사
> 람이 다른 사람을 사망에 이르게 한 때에는 사형, 무기징역 또는 10년 이상의 징역에
> 처한다.
> 제15조(미수범) 미수범은 처벌한다.

1. 의의 및 보호법익

본죄는 강감죄·강제추행죄·준강간·준강제추행죄 및 미성년자 의제강간·강
제추행죄를 범한 사람이 사람을 살해하거나 사망에 이르게 함으로써 성립하는
범죄이다.

보호법익은 성적 자기결정의 자유와 사람의 생명이다. 보호의 정도는 침해범이다.

강간살해죄는 강간죄와 살인죄의 **결합범**이며, 강간 등 치사죄는 강간죄에 대

한 진정결과적 가중범이다.

2. 구성요건

강간 등의 행위와 사망의 결과발생, 그리고 양자 사이에는 인과관계가 있어야 한다. 사망의 결과는 적어도 강간행위 등에 수반하여 발생했을 것을 요하므로, 강간의 피해자가 수치심으로 자살하거나 강간으로 인한 임신으로 분만 중 사망한 경우에는 본죄가 성립할 수 없다.

3. 미수범의 처벌

강간치사죄나 강간살인죄의 미수범을 처벌하는 규정이 형법에는 없다. 그러나 강간 등 살인죄의 미수범은 「성폭력범죄의 처벌 등에 관한 특례법」 제15조에 의하여 처벌된다.

또한 강간치사죄의 기수범은 강간 등의 기수·미수를 불문하고 치사의 결과가 발생한 경우에는 성립한다.

Ⅷ. 미성년자·심신미약자에 대한 위계·위력에 의한 간음·추행죄

제302조(미성년자 등에 대한 간음) 미성년자 또는 심신미약자에 대하여 위계 또는 위력으로써 간음 또는 추행을 한 자는 5년 이하의 징역에 처한다.
[아동·청소년의 성보호에 관한 법률]
제7조(아동·청소년에 대한 강간·강제추행 등) ⑤ 위계(僞計) 또는 위력으로써 아동·청소년을 간음하거나 아동·청소년을 추행한 자는 제1항부터 제3항까지의 예에 따른다.
⑥ 제1항부터 제5항까지의 미수범은 처벌한다.
제8조(장애인인 아동·청소년에 대한 간음 등) ① 19세 이상의 사람이 장애 아동·청소년(「장애인복지법」 제2조 제1항에 따른 장애인으로서 신체적인 또는 정신적인 장애로 사물을 변별하거나 의사를 결정할 능력이 미약한 13세 이상의 아동·청소년을 말한다. 이하 같다)을 간음하거나 장애 아동·청소년으로 하여금 다른 사람을 간음하게 하는 경우에는 3년 이상의 유기징역에 처한다. <개정 2020. 5. 19.>
② 19세 이상의 사람이 장애 아동·청소년을 추행한 경우 또는 장애 아동·청소년으로 하여금 다른 사람을 추행하게 하는 경우에는 10년 이하의 징역 또는 1천500만원 이하의 벌금에 처한다.
[시행일 : 2020. 11. 20.]

1. 의의 및 보호법익

본죄는 미성년자 또는 심신미약자에 대하여 위계 또는 위력으로써 간음 또는 추행함으로써 성립하는 범죄이다.

본죄의 보호법익은 미성년자 또는 심신미약자의 성적 자기결정의 자유이다.

2. 객관적 구성요건

(1) 행위주체

본죄의 주체는 특별히 제한이 없으며, 강간죄와 강제추행죄의 주체와 동일하다.

(2) 행위객체

본죄의 객체는 '미성년자 또는 심신미약자'이다. 여기서 '미성년자'란 13세 이상 19세 미만자를 말한다. 13세 미만인 자에 대하여는 형법 제305조의 의제강간·강제추행죄가 적용되므로 제외된다. 또한 18세 이상의 혼인한 미성년자에 대하여는 민법상의 성년의제규정(제826조의2)에 의해 성인으로 의제되므로 본죄의 객체가 될 수 없다는 견해도 있으나,[216] 민법은 혼인생활의 독립성을 유지하기 위한 제도이므로 형법상으로는 본죄의 객체가 된다는 다수설의 입장이 타당하다.

'심신미약자'란 정신기능의 장애로 인하여 정상적인 판단능력이 부족한 자, 즉 사물의 변별능력과 의사결정능력이 부족한 자를 말하며, 그 연령은 따지지 않는다. 형법 제10조에서 말하는 심신미약과 반드시 같은 의미는 아니라는 다수설의 태도가 타당하다.

(3) 실행행위

본죄의 실행행위는 위계 또는 위력으로 간음 또는 추행하는 것을 말한다.

1) 위계·위력

위계(僞計)란 기망이나 유혹에 의한 상대방의 부지나 착오를 이용하여 상대방으로 하여금 정상적인 판단을 하지 못하도록 하는 일체의 행위를 말한다. 여기서 피해자의 오인·착각·부지는 간음행위 자체에 대해서나 또는 이와 불가분적으로 연관된 것에 대한 위계를 의미한다. 예컨대 치료행위를 빙자하거나 종교의식을

---

216) 이재상/장영민/강동범, 177면.

빙자하여 피해자가 간음이라는 점을 인식하지 못하는 경우가 여기에 해당한다. 따라서 남자를 소개시켜주겠다고 여관으로 유인하여 성교한 경우,[217] 성교의 대가를 주겠다고 거짓말을 하여 성교한 경우에는 간음행위 자체와 불가분적으로 연계된 위계가 아니므로 본죄의 위계에 해당하지 않는다. 위력(威力)이란 사람의 의사를 제압할 수 있는 세력을 말한다. 폭행·협박·사회적 지위나 권세를 이용하는 행위 등 상대방의 의사를 제압할 수 있는 일체의 행위를 포함한다.

2) 간음·추행

간음·추행행위는 강간죄와 강제추행죄에서와 그 의미가 같으며, 본죄에는 미수범 처벌규정이 없다.

3. 주관적 구성요건

본죄는 고의범이므로 행위자는 행위시에 미성년자 또는 심신미약자를 간음·추행한다는 사실에 대한 인식과 의사인 고의를 지니고 있어야 한다. 미필적 인식으로도 족하다.

IX. 13세 미만의 미성년자에 대한 의제강간·강제추행죄

> 제305조(미성년자에 대한 간음, 추행) 13세 미만의 사람에 대하여 간음 또는 추행을 한 자는 제297조, 제297조의2, 제298조, 제301조 또는 제301조의2의 예에 의한다.
> [성폭력범죄처벌 특례법]
> 제7조(13세 미만의 미성년자에 대한 강간, 강제추행 등) ⑤ 위계 또는 위력으로써 13세 미만의 사람을 간음하거나 추행한 사람은 제1항부터 제3항까지의 예에 따라 처벌한다.

1. 의의 및 보호법익

의제강간·강제추행죄(擬制强姦·强制醜行罪)는 13세 미만의 사람을 간음하거나

---

217) 대법원 2002. 7. 12. 선고 2002도2029 판결; 16세인 甲女가 미성년자임을 모르고 만나 모텔방에서 甲의 동의를 얻어 甲의 팔에 필로폰 주사를 놓았고, 이로 인해 사물을 변별하거나 의사를 결정할 능력이 미약한 상태에 빠지자 甲에게 자신의 성기를 입으로 빨게 하고, 甲의 항문에 손가락을 넣고 샤워기 호스의 헤드를 분리하여 그 호스를 甲의 항문에 꽂아 넣은 후 물을 주입한 경우 위력에 의한 심신미약자추행죄가 성립한다(대법원 2019. 6. 13. 선고 2019도3341 판결).

13세 미만의 사람에게 추행을 함으로써 성립하는 범죄이다.

본죄의 보호법익은 13세 미만자의 건전한 성적 발육에 있다. 13세 미만자의 경우에는 간음 또는 추행에 대한 본인의 동의능력이 인정되지 않으므로 본인의 동의가 있더라도 처벌된다.

보호의 정도는 추상적 위험범이다.

2. 구성요건

(1) 객관적 구성요건

본죄의 행위주체는 강간죄와 강제추행죄에 있어서의 행위주체가 마찬가지이다. 본죄의 행위객체는 '13세 미만의 사람'이고, 실행행위는 '간음·추행하는 것'이다.

그리고 행위자가 13세 미만의 사람이라는 정을 알고 간음·추행행위만 있으면 성립하고, 별도의 폭행·협박 등의 수단은 요구되지 않는다. 만약 행위자가 폭행·협박을 수단으로 하여 13세 미만인 자를 간음·추행한 경우에는 본죄가 아니라 강간죄 또는 강제추행죄가 성립되고, 이는 「성폭력범죄의 처벌 등에 관한 특례법」제7조에 의하여 가중처벌하게 된다.

(2) 주관적 구성요건

본죄가 성립하기 위해서는 주관적 구성요건으로 13세 미만의 사람을 간음·추행한다는 사실에 대한 고의가 있어야 하며, 이때의 고의는 미필적 고의로도 족하다. 따라서 행위자가 행위시에 피해자가 13세 미만이라는 사실에 대한 인식이 있어야 한다. 만약 피해자를 13세 이상으로 오인하고 동의를 얻어 간음·추행한 경우에는 구성요건적 착오로서 본죄의 고의가 조각된다. 그러나 반대로 13세 이상자를 13세 미만자로 오인하고 동의를 얻어 간음·추행한 경우에는 불능범에 해당하므로[218] 본죄는 성립하지 않게 된다.

4. 미수범의 처벌

본죄에 관해서는 미수범 처벌규정이 없으나, 본죄의 미수범도 처벌된다는 점에 대하여는 학설[219]과 판례[220]의 견해가 일치한다. 강간죄와 강제추행죄의 미수

---

218) 강구진, 179면; 오영근, 231면; 이재상/장영민/강동범, 173면; 정성근/박광민, 181면.

범이 처벌되고 있으므로 본죄의 미수범도 그 예에 따라 처벌된다고 보아야 하기 때문이다.

X. 업무상 위력 등에 의한 간음죄

제303조(업무상 위력 등에 의한 간음) ① 업무, 고용 기타 관계로 인하여 자기의 보호 또는 감독을 받는 사람에 대하여 위계 또는 위력으로써 간음한 자는 7년 이하의 징역 또는 3천만원 이하의 벌금에 처한다.
② 법률에 의하여 구금된 사람을 감호하는 자가 그 사람을 간음한 때에는 10년 이하의 징역에 처한다.
[성폭력범죄처벌특례법]
제10조(업무상 위력 등에 의한 추행) ① 업무, 고용이나 그 밖의 관계로 인하여 자기의 보호, 감독을 받는 사람에 대하여 위계 또는 위력으로 추행한 사람은 3년 이하의 징역 또는 1천500만원 이하의 벌금에 처한다.
② 법률에 따라 구금된 사람을 감호하는 사람이 그 사람을 추행한 때에는 5년 이하의 징역 또는 2천만원 이하의 벌금에 처한다.

업무상 위력 등에 의한 간음죄는 업무·고용 기타관계로 인하여 자기의 보호 또는 감독을 받는 사람에 대하여 위계 또는 위력으로써 간음한 경우로서, 이 죄는 피보호·감독자 간음죄와 법률에 의하여 구금된 사람을 감호하는 사람이 피구금자를 간음한 경우인 피구금자간음죄로 나누어진다.

1. 피보호·감독자 간음죄

(1) 의   의

제303조 제1항의 죄는 업무·고용 기타 관계로 자기의 보호 또는 감독을 받는 사람에 대하여 위계 또는 위력에 의해 간음함으로써 성립하는 범죄이다.

본죄의 보호법익은 피보호·감독자의 성적 의사결정의 자유이며, 보호의 정도는 침해범이다.

---

219) 강구진, 179면; 김일수/서보학, 143면; 김종원, 132면; 백형구, 321면; 오영근, 233면; 유기천, 128면; 이재상/장영민/강동범, 173면; 이정원, 212면; 이형국, 278면; 임웅, 227면; 정성근/박광민, 169면.
220) 대법원 2007. 3. 15. 선고 2006도9453 판결.

(2) 구성요건

1) 행위주체

본죄의 행위주체는 "업무·고용 기타 관계로 사람을 보호·감독하는 지위에 있는 자"이다. 피보호·감독자의 보호·감독자만이 본죄의 행위주체가 되므로, 본죄는 진정신분범이다.

2) 행위객체

본죄의 행위객체는 업무·고용 기타 관계로 자기의 보호 또는 감독을 받는 사람에 한한다. 여기서 '업무'란 공적 업무와 사적 업무를 불문한다. 또한 여기서 '고용관계'란 공법상·사법상의 고용관계를 불문하며, 그 밖에 '기타 관계'란 업무관계나 고용관계는 아니지만 사실상의 보호·감독을 받는 관계를 말한다. 판례도 처의 미용실에 고용되어 있는 미용사를 그 남편이 위력에 의하여 간음한 경우에는 미용사는 사실상의 보호·감독관계에 있는 자로서 본죄의 객체에 해당한다고 판시하였다.[221]

3) 실행행위

본죄의 실행행위는 위계 또는 위력으로써 간음하는 것이다. 13세 미만의 피보호·감독자를 위계 또는 위력에 의하여 간음하는 때에는 의제강간·강제추행죄가 성립하고, 미성년자 또는 심신미약자를 간음·추행하는 때에는 미성년자·심신미약자 간음·추행죄가 성립한다.

(3) 다른 범죄와의 관계

① 13세 미만자를 간음한 경우에는 의제강간죄만 성립하고 친고죄이며, 13세 이상인 미성년자를 위계·위력으로써 간음한 경우에는 본죄가 성립한다. 13세 이상의 미성년자 또는 심신미약자인 피보호·감독자를 위계·위력으로써 간음한 경우에는 법조경합의 특별관계로서 미성년자·심신미약자 간음죄가 성립한다.

② 성폭력범죄 처벌 특례법 제10조 제1항에서는 위계 또는 위력으로써 피보호·감호자에 대하여 간음이 아닌 추행을 한 경우에도 3년 이하의 징역 또는 1천5백만원 이하의 벌금에 처하도록 규정함으로써 보호·감독자의 성범죄에 대하여 확대하여 처벌하고 있다.

③ 직장내 성희롱의 경우에는 「남녀고용평등과 일·가정 양립지원에 관한 법

---

221) 대법원 1976. 2. 10. 선고 74도1519 판결.

률」에 처벌조항이 있다.[222]

2. 피구금자 간음죄

(1) 의의 및 자수범 성립여부

1) 의의 및 보호법익

피구금자간음죄는 법률(형사소송법)에 의해 구금된 사람을 감호하는 사람이 피구금된 사람을 간음함으로써 성립하는 범죄이다. 종래 본죄의 행위객체를 '부녀'에 한정하였으나 이를 '사람'으로 개정함으로써 본죄의 행위객체는 남녀를 불문한다.

본죄는 피구금자의 성적 자기결정의 자유를 주된 보호법익으로 하지만, 부차적으로는 피구금자에 대한 인격적 처우와 인신구속업무를 수행하는 감호자의 청렴성에 대한 일반인의 신뢰이다.

2) 자수범의 성립여부

본죄의 성격에 대하여는 법률에 의해 구금된 사람을 감호하는 자만이 본죄의 행위주체가 될 수 있다고 보아, 본죄를 진정신분범이고 자수범이라고 해석하는 견해[223]가 다수설이다. 그러나 피구금 된 사람을 감호하는 자는 직접정범이 아닌 공동정범이나 간접정범의 형태로도 본죄의 행위실현이 가능하기 때문에 본죄를 자수범이 아니라고 보는 견해가 타당하다고 생각된다.

(2) 객관적 구성요건

1) 행위주체

본죄의 행위주체는 검찰, 경찰, 교정직 공무원 등과 같이 법률에 의해 구금된 부녀를 감호하는 지위에 있는 자이다. 따라서 본죄는 이러한 신분적 지위에 있는 자만이 행위주체가 될 수 있기 때문에 진정신분범이다. 또한 본죄는 감호자가 자기

---

222) 남녀고용평등과 일·가정 양립 지원에 관한 법률(남녀고용평등법) 제12조에 "사업주, 상급자 또는 근로자는 직장 내 성희롱을 하여서는 안된다."고 규정하고 있으며, 사업주가 직장 내 성희롱 발생사실을 신고한 근로자 및 피해근로자등에게 불리한 처우를 한 경우에 3년 이하의 징역 또는 3천만원 이하의 벌금에 처하도록 규정하고 있다(제37조 제2항 2호). 그밖에도 사업주가 직장 내 성희롱을 한 경우에는 1천만원 이하의 과태료를 부과한다(제39조 제1항).

223) 이재상/장영민/강동범, 179면.

의 보호·감독을 받는 피구금자를 간음함으로써 성립하고 다른 특별한 행위수단을 요건으로 하지 않는다. 이것은 피구금자의 구금으로 인한 심리적인 열악한 상태로 인해 감호자가 폭행·협박이나 위계나 위력 등의 방법을 사용하지 않더라도 피구금자의 성적 자유가 침해될 위험성이 있기 때문에 이를 고려하여 법률이 특별히 규정하고 있는 것이다. 따라서 설령 감호자가 피구금자와 합의 또는 동의하에 성관계를 가졌더라도 인신구속업무를 담당하는 감호자의 감호업무의 청렴성에 대한 일반인의 신뢰를 훼손하게 되므로 본죄는 성립하게 된다.

2) 행위객체

본죄의 행위객체는 **법률에 의해 구금된 사람**이다. 즉 형사소송법에 의해 체포·구속된 피의자나 피고인 또는 형확정판결에 의해 형의 집행을 받고 있는 수형자, 노역장에 유치된 자를 말한다.

따라서 구금되어 보안처분집행 중인 자, 경찰서 유치장에 있는 자 등은 본죄의 행위객체에 포함되지만, 현재 구금되지 않고 선고유예나 집행유예 중에 있는 자, 불구속된 피의자·피고인이나 보호관찰을 받고 있는 자 등은 여기에 해당하지 않는다.

3) 실행행위

본죄의 실행행위는 감호하는 자와 피구금자가 간음행위를 하는 것을 말한다. 따라서 본죄는 감호자와 피구금자와 성관계를 가짐으로써 완성된다. 본죄는 감호자에게 특별한 행위수단을 요하지 않기 때문에 만약 감호자가 피해자를 폭행·협박하여 간음행위를 한 경우에는 본죄에 해당하는 것이 아니라 강간죄가 성립하게 된다.

또한 본죄는 감호자의 피구금자에 대한 '간음'에 대해서만 처벌하고 있지만, 특별형법인 「성폭력범죄의 처벌 등에 관한 특례법」 제10조 제2항에는 구금된 사람에 대한 '추행'에 대해서도 5년 이하의 징역 또는 2천만원 이하의 벌금에 처하며, 「성폭력범죄의 처벌 등에 관한 특례법」 위반에 대하여는 미수범도 처벌하고 있다.

(3) 주관적 구성요건

감호하는 자는 피구금자와의 간음행위시에 법률에 의하여 구금된 자와 간음행위를 한다는 사실에 대한 인식과 의사를 내용으로 하는 고의가 필요하다.

(4) 다른 범죄와의 관계

① 13세 미만의 피구금자를 간음한 경우에는 미성년자의제강간죄가 성립한다.

② 13세 이상의 미성년자 또는 심신미약자인 피구금자를 간음한 경우에는 본죄와 제302조의 상상적 경합이 된다는 견해도 있으나, 본죄가 특별규정에 해당하므로 피구금자간음죄만 성립한다는 견해가 타당하다.

③ 성범죄와 관련해서는 「성폭력범죄의 처벌 등에 관한 특례법」, 「성폭력방지 및 피해자보호 등에 관한 법률」, 「아동·청소년의 성보호에 관한 법률」, 「가정폭력범죄의 처벌 등에 관한 특례법」, 「가정폭력방지 및 피해자보호 등에 관한 법률」, 「아동학대범죄의 처벌 등에 관한 특례법」, 「청소년보호법」등의 특별법이 있다.

④ 「성폭력범죄자의 성충동 약물치료에 관한 법률」에 의해 모든 성폭력범죄자에 대하여 '화학적 거세'가 가능하게 되었으며, 「특정 범죄자에 대한 보호관찰 및 전자장치 부착 등에 관한 법률」에 의하여 재범의 위험성이 있는 성범죄자에 대하여는 재범방지를 위해 위치추적 전자장치인 전자발찌를 부착할 수 있도록 하였다.

XI. 상습강간·강제추행죄, 상습준강간·준강제추행 등의 죄

제305조의2(상습범) 상습으로 제297조, 제297조의2, 제298조부터 제300조까지, 제302조, 제303조 또는 제305조의 죄를 범한 자는 그 죄에 정한 형의 2분의 1까지 가중한다.

본죄는 상습으로 강간죄·강제추행죄·준강간·준강제추행죄 및 그 미수범, 미성년자·심신미약자에 대한 간음·추행죄, 업무상 위력 등에 의한 간음죄, 미성년자의제강간·강제추행죄를 범한 경우에 성립하는 범죄이다.

상습(常習)이란 동종의 범죄를 계속적·반복적으로 행하는 행위자의 습벽을 말하므로, 최소한 2회 이상은 동종의 범죄를 행해야 상습성이 인정된다.

상습적인 미성년자의제강간·강제추행죄를 비롯한 상습강간죄를 가중처벌하기 위해서 2012년 12월 형법을 일부 개정하였다.

제 3 장   명예와 신용에 대한 죄

　　명예와 신용에 대한 죄는 사람의 사회적 가치를 보호하기 위한 범죄이다. 여기에는 명예에 관한 죄(제33장)와 신용·업무 및 경매에 관한 죄(제34장)가 있다. 명예에 관한 죄는 사람이 사회생활을 하면서 가지게 되는 **인격적 가치**를 보호하기 위한 범죄이고, 신용·업무 및 경매에 관한 죄는 사람의 **경제생활과 관련된 가치**를 보호하기 위한 범죄이다. 사람의 경제적 생활과 관련된 가치도 넓은 의미에서는 사람의 사회적 가치에 속하므로 같은 장에서 규정하고 있다.

제 1 절   명예에 관한 죄

I. 개　　설

1. 명예에 관한 죄의 의의

　　본죄는 공연히 사실을 적시하여 사람의 명예를 훼손하거나 모욕하는 것을 내용으로 하는 범죄이다. 사람의 인격적 가치에 대한 사회적 평가인 명예를 보호하기 위한 범죄이다. 사람은 사회적 존재로서 다른 사회구성원으로부터 일정한 사회적 평가를 받는 인격체로서 살아가게 된다. 따라서 이러한 사회적 존재로서의 가치를 보호하고자 하는 것이 본죄의 입법취지이다.

2. 보호법익과 보호의 정도

　　본죄의 보호법익이 "명예"라는 점에 대하여는 다툼이 없다. 보호의 정도는 추상적 위험범이다. 따라서 명예훼손죄나 모욕죄는 공연히 사실을 적시하거나 사람을 모욕하게 되면 피해자의 명예가 구체적으로 침해되지 않더라도 본죄의 기수

가 된다. 그런데 여기에서 말하는 명예의 내용을 어떻게 이해할 것인가에 대하여
는 견해가 대립한다.

(1) 명예의 의의

1) 명예의 개념

본죄에 있어서의 명예의 의미를 파악하기 위해서는 일반적인 명예의 개념을
살펴볼 필요가 있다. 명예의 개념에는 **내적 명예**와 **외적 명예** 및 **명예감정**이라는 3
가지의 의미가 있다.

가. 내적 명예　'내적 명예'란 사람이 지니고 있는 인격의 내부적 가치를 말한
다. 사람이 출생하면서부터 가지게 되는 인격적 가치를 말한다. "적이 많으면 명
예도 많다"는 격언에서 의미하는 명예가 바로 이러한 내적 명예를 의미한다. 따
라서 내적 명예는 타인에 의해 훼손될 수 있는 성질의 것이 아니기 때문에 형법
의 보호법익이 될 수 없다.

나. 외적 명예　'외적 명예'란 사람의 인격적 가치에 대한 사회적 평가를 말한다.
명예훼손죄의 보호법익이 외적 명예라는 점에 대해서는 이견이 없으나, 모욕죄의
보호법익이 무엇인가에 대하여는 외적 명예라는 견해와 명예감정이라는 견해가
대립한다.

다. 명예감정　'명예감정'이란 자기의 인격적 가치에 대한 자기 자신의 주관적인
평가 내지 감정을 말한다. 명예감정은 주관적인 감정이므로 사람에 따라 지극히
과대 내지 과소평가되기가 쉬워 형법의 보호대상으로 하기에는 적합하지 않다.
따라서 명예감정이 명예훼손죄의 보호법익이 될 수는 없지만, 모욕죄의 보호법익
이 되는가에 대하여는 견해가 대립한다.

(2) 본장의 죄의 보호법익

명예에 관한 죄의 보호법익에 대하여는, ① 명예훼손죄와 모욕죄 모두 **외적
명예**를 보호법익으로 한다는 견해와 ② 명예훼손죄의 보호법익은 외적 명예이
지만, 모욕죄의 보호법익은 명예감정이라는 견해가 대립한다. 전자의 견해가 **통설과
판례**[1]의 입장이다. 소수설[2]인 후자의 견해는, (ㄱ) 사실의 적시 없이는 외적 명예

---

1) 명예훼손죄와 모욕죄의 보호법익은 다같이 사람의 가치에 대한 사회적 평가인 이른바 외
　부적 명예인 점에서는 차이가 없으나 다만 명예훼손은 사람의 사회적 평가를 저하시킬 만
　한 구체적 사실의 적시를 하여 명예를 침해함을 요하는 것으로서 구체적 사실이 아닌 단
　순한 추상적 판단이나 경멸적 감정의 표현으로서 사회적 평가를 저하시키는 모욕죄와 다

의 침해가 있을 수 없기 때문에 사실적시를 요하지 않는 모욕죄의 보호법익은 주관적·감정적 요소인 명예감정이라고 보아야 하고, (ㄴ) 모욕죄가 공연성을 요건으로 하는 것은 다중 앞에서 개인의 명예감정을 침해하는 것을 요건으로 하는 것이지, 이것을 반드시 외적 명예를 보호하기 위한 규정으로 이해해야 하는 것은 아니며, (ㄷ) 모욕죄의 보호법익을 명예감정이라고 해석하면 유아나 정신병자 또는 법인 등은 모욕죄의 보호객체가 될 수 없게 되지만, 모욕죄는 추상적 위험범이기 때문에 이러한 자들에게도 모욕죄가 성립하므로 문제될 것이 없다는 입장이다.

생각건대, (ㄱ) 모욕죄의 보호법익이 명예감정이라면 공연성을 요건으로 할 이유가 없으며, (ㄴ) 공연성을 지닌 명예감정에 대한 침해가 모욕죄에 해당한다면 공연성을 띠지 않은 모욕도 범죄로 규정해야 하고, (ㄷ) 모욕죄가 비록 위험범이라 하더라도 명예감정이 없는 유아나 정신병자의 경우에는 모욕죄가 성립하지 않게 된다는 비판을 면할 수 없다. 또한 형법은 명예감정이 없는 국가에 대한 모욕죄(제105조, 제106조, 제109조)를 인정하고 있으므로, 사회적 활동을 하는 법인에 대한 모욕죄의 성립도 당연히 인정해야 할 것이다.

그러므로 명예훼손죄나 모욕죄의 보호법익은 명예주체의 주관적인 명예감정이 아니라 **명예주체의 사회적·인격적 가치에 대한 사회적 평가인 외적 명예**라고 이해하는 **통설과 판례의 입장**이 타당하다고 생각된다.

명예란 내적 가치와 외적 가치를 불문하고, 사람의 사회생활상 인정되는 인격적 가치에 대한 사회적 평가이다. 특히 사람의 경제적 능력, 즉 지불능력과 지불의사에 대한 사회적 평가는 이를 신용이라 하고, 신용훼손죄(제313조)에 대하여는 형법이 따로 규정하고 있으므로 명예에 관한 죄에서는 제외된다. 또한 명예는 사람의 진가를 말하는 것은 아니므로 가정적인 명예도 본죄의 명예에 포함되며, 소극적, 부정적 가치는 명예가 될 수 없고, 반드시 현재의 가치에 한정되는 것이 아니므로 장래의 가치도 명예에 포함된다.

명예에 관한 죄의 보호법익에 대한 보호의 정도는 **추상적 위험범**이다. 따라서 명예훼손죄나 모욕죄의 기수는 공연히 사실을 적시하거나 사람에게 모욕행위를 함으로써 범죄는 완성되며, 피해자의 명예침해라는 결과발생을 요하지 않는다.

르다(대법원 1987. 5. 12. 선고 87도739 판결).

2) 유기천, 138면; 이영란, 190면.

(3) 명예의 주체

1) 자 연 인

명예의 주체는 모든 자연인이다. 따라서 유아나 정신병자도 명예의 주체가
될 수 있다. 그러나 사자(死者)가 명예의 주체가 될 수 있는가에 대하여는 견해가
대립한다. ① 사자는 사람이 아니므로 명예의 주체가 될 수 없다는 견해, ② 사자
는 사회적 존재가 아니므로 보호할 가치가 없으므로 사자의 명예훼손죄의 보호
법익은 유족의 생애 또는 유주의 시지에 대하여 가지는 존경의 감정이라고 이해
하는 견해,[3] 그리고 ② 사자가 생전에 가졌던 역사적 존재로서의 사자에 대한 사
회적 평가인 사자의 명예 자체가 보호법익이라고 해석하는 견해[4]가 대립한다.

생각건대 ① 유족의 명예가 보호법익이라고 할 경우에는 유족이 없는 자의
경우에는 본죄가 성립하지 않게 되고, ② 형법 제308조에 '사자의 명예를 훼손한
자'라고 규정하고 있으며, ③ 사람은 사망하더라도 그의 인격적 가치는 남는 것
이기 때문에 역사적 존재로서의 사자의 명예 자체를 보호하는 것이라고 해석하는 통
설의 입장이 타당하다.

2) 법인 기타 단체

자연인이나 법인도 명예의 주체가 된다는 점에 대하여는 학설이나 판례[5]상
다툼이 없다. 법인은 설립 후 청산종료시까지 명예의 주체가 된다. 공법상·사법
상의 단체를 불문하며, 법인격 없는 단체라 하더라도 법에 의하여 인정된 사회적
기능을 하고 통일된 의사를 형성할 수 있는 이상 명예의 주체가 된다. 따라서 정
당, 회사, 노동조합, 종교단체, 병원, 향우회 등도 명예의 주체가 된다.

그러나 개인적인 취미생활을 위해 결합된 사교단체는 통일된 의사를 가지고
대외적인 활동을 하는 단체가 아니기 때문에 명예의 주체가 될 수 없다. 예컨대
등산, 수영, 테니스, 골프 마라톤 동호회는 명예의 주체가 될 수 없다. 그러나 이
경우에도 구성원 각자에 대해서는 집합명칭에 의한 명예훼손은 가능하다.

3) 집합명칭에 의한 명예훼손

독자적으로는 명예의 주체가 될 수 없지만 그 집단의 구성원이 집단명칭에

---

3) 박상기, 178면; 배종대, 47/9; 이정원, 225면.
4) 강구진, 223면; 손동권/김재윤, 204면; 오영근, 271면; 이재상/장영민/강동범, 185면; 이형
   국, 255면; 정성근/박광민, 207면.
5) 대법원 1959. 12. 23. 선고 4291형상539 판결.

의하여 명예가 훼손되는 경우를 말한다. 집합명칭에 의한 명예훼손에는 2가지 유
형이 있다.

① 집합명칭에 의하여 집단구성원 모두의 명예가 침해되는 경우이다. 여기에
해당하기 위해서는, (ㄱ) 집단구성원이 일반인과 구별될 수 있을 정도로 **집합명칭이**
특정되어 있어야 하며, (ㄴ) 명예를 훼손하는 표현도 **집단구성원 모두를 지적하는 내**
용이어야 한다. 따라서 막연히 학자, 경찰관, 상인, 여자, 서울시민 등의 표현만으
로는 명예의 주체가 특정되었다고 할 수 없다.[6] 예컨대 "상인은 매국노이다", "경
찰관들은 인권옹호자가 아니다"라는 표현이 여기에 해당한다.

② 집단의 구성원 일부를 지적하였지만 명예훼손의 대상이 누구인지가 명백
하지 않아 구성원 모두가 혐의를 받고 있는 경우이다. 다만 이 경우에는 구성원
의 규모가 작고 구성원을 쉽게 특정할 수 있는 경우에는 명예훼손이 성립한다.
예컨대 "모 정당 국회의원 2명은 간첩이다"[7], 또는 "장관 중 2인이 뇌물을 받았
다"고 표현했다면, 국회회원이나 장관은 그 수가 제한적이므로 대상이 특정되었
다고 할 수 있기 때문이다.

판례는 "대전지역 검사들"이라고 표시한 방송보도의 경우,[8] "특정학교의
3.19동지회 소속교사"라고 보도자료를 낸 경우[9]에는 명예훼손에 해당한다고 판
시한 바 있다.

3. 구성요건의 체계

명예에 관한 죄의 기본적 구성요건은 명예훼손죄(제307조 제1항)이고, 불법이
가중되는 가중적 구성요건으로 허위사실적시 명예훼손죄(제307조 제2항)와 출판물
에 의한 명예훼손죄(제309조)가 있으며, **독립적 구성요건으로** 사자의 명예훼손죄(제
308조)와 모욕죄(제311조)를 두고 있다. 그 밖에 명예에 관한 죄는 형법 외에도 특
별법인 「정보통신망 이용촉진 및 정보보호에 등에 관한 법률」에는 사이버 명예훼손죄
(동법 제70조)를, 「공직선거법」에는 허위사실공표죄(동법 제250조)와 후보자비방죄
(제251조)에 관한 규정을 두고 있다.

---

6) 대법원 2000. 10. 10. 선고 99도5407 판결.
7) BGHSt. 19. 235.
8) 대법원 2003. 9. 2. 선고 2002다63558 판결.
9) 대법원 2000. 10. 10. 선고 99도5407 판결.

II. 명예훼손의 죄

1. 명예훼손죄

> **제307조(명예훼손)** ① 공연히 사실을 적시하여 사람의 명예를 훼손한 자는 2년 이하의 징역이나 금고 또는 500만원 이하의 벌금에 처한다.
> ② 공연히 허위의 사실을 적시하여 사람의 명예를 훼손한 자는 5년 이하의 징역, 10년 이하의 자격정지 또는 1천만원 이하의 벌금에 처한다.
> **제312조(피해자의 의사)** ② 본죄는 피해자의 명시한 의사에 반하여 공소를 세기할 수 없다.
> **[정보통신망 이용촉진 및 정보보호 등에 관한 법률]**
> **제70조(벌칙)** ① 사람을 비방할 목적으로 정보통신망을 통하여 공공연하게 사실을 드러내어 다른 사람의 명예를 훼손한 자는 3년 이하의 징역 또는 3천만원 이하의 벌금에 처한다.
> ② 사람을 비방할 목적으로 정보통신망을 통하여 공공연하게 거짓의 사실을 드러내어 다른 사람의 명예를 훼손한 자는 7년 이하의 징역, 10년 이하의 자격정지 또는 5천만원 이하의 벌금에 처한다.
> ③ 제1항과 제2항의 죄는 피해자가 구체적으로 밝힌 의사에 반하여 공소를 제기할 수 없다.

(1) 의의 및 성격

명예훼손죄는 공연히 사실을 적시하여 사람의 명예를 훼손함으로써 성립하는 범죄이다.

제307조 제1항의 죄는 명예에 관한 죄의 기본적 구성요건이고, 제307조 제2항의 죄는 허위사실의 적시로 인하여 불법이 가중된 가중적 구성요건이다. 본죄는 보호법익은 사람의 **외적 名譽**이고, 보호의 정도는 **추상적 위험범**이다.

(2) 객관적 구성요건

1) 행위객체

본죄의 행위객체는 "**사람의 명예**"이다. 명예의 개념과 명예의 주체나 내용에 대하여는 앞에서 살펴본 바와 같다.

2) 실행행위

실행행위는 "**공연히 사실 또는 허위사실을 적시하여 명예를 훼손**"하는 것이다.

가. 공 연 성　　　공연성의 의미에 대해서는, 종래 불특정한 다수인이 인식할 수 있는 상태 또는 특정·불특정을 불문하고 다수인이 인식할 수 있는 상태라는

견해도 있었으나, 현재는 '공연성'이란 불특정 또는 다수인이 인식할 수 있는 상태를 의미한다는데 의견이 일치한다.[10] 따라서 불특정인이면 다수·소수인을 불문하고, 다수인이면 특정·불특정을 불문한다.

이와 같이 명예훼손죄가 공연성을 요건으로 하는 것은 사람의 인격적 가치에 대한 사회적 평가인 명예를 훼손하는 행위 중에서 이를 직접 사회에 유포시키는 행위만을 처벌함으로써 개인의 표현의 자유가 지나치게 제한되는 것을 방지하기 위해서이다.

여기서 ① '불특정인'이란 행위자와 상대방이 특수한 관계에 의하여 한정된 범위에 속하는 사람이 아닌 경우이다. 예컨대 길거리의 통행인, 공개광장의 청중이 여기에 해당한다.

② '다수인'이란 단순히 복수의 사람을 말하는 것이 아니라, 개인의 명예가 사회적으로 훼손되었다고 평가될 수 있을 정도의 상당한 다수임을 요한다.

③ '인식할 수 있는 상태'의 의미에 대하여, (ㄱ) 판례는 사실을 적시한 상대방이 특정한 한 사람인 경우라 하더라도 그 말은 들은 사람이 불특정 또는 다수인에게 전파할 가능성이 있으면 공연성을 인정하는 전파가능성이론의 입장을 일관되게 취하고 있고,[11] (ㄴ) 학설은 불특정 또는 다수인이 현실적으로 인식할 필요는 없지만 적어도 불특정 또는 다수인이 직접 인식할 수 있는 상태에 이르면 공연성을 인정할 수 있다는 직접인식가능성설[12]을 취하여 서로 대립되어 있다.

생각건대, 전파성이론은 사적·개인적인 정보의 교환도 전파가능성이 있다고 하게 되어 표현의 자유를 지나치게 제한하고, 명예훼손죄의 성부가 상대방의 전파의사에 따라 좌우되어 불합리하므로 직접인식가능성설인 학설의 입장이 타당하다고 생각된다.

---

10) 강구진, 213면; 배종대, 48/3; 손동권/김재윤, 189면; 이재상/장영민/강동범, 187면; 정성근/박광민, 198면; 정영일, 88면.

11) 대법원 1968. 12. 24. 선고 68도1569 판결; 대법원 1979. 8. 14. 선고 79도1517 판결(명예훼손죄에 있어서 편지의 수신인이 편지내용을 타인에게 유포할 가능성이 있으면 공연성이 인정된다); 대법원 2006. 5. 25. 선고 2005도2049 판결; 대법원 2006. 9. 22. 선고 2006도4407 판결; 대법원 2008. 2. 14. 선고 2007도8155 판결; 대법원 2008. 10. 23. 선고 2008도6515 판결; 대법원 2010. 10. 28. 선고 2010도2877 판결.

12) 김일수/서보학, 158면; 배종대, 48/3; 오영근, 163면; 이재상/장영민/강동범, 189면; 이형국, 249면; 임웅, 234면; 정성근/박광민, 200면; 정영일, 89면; 조준현, 151면.

나. 사실의 적시　　　사실의 적시가 있어야 한다.

① 여기서 '사실'이란 현실적으로 발생하고 증명할 수 있는 과거와 현재의 상태를 의미한다.[13] 사실은 내적 사실인가 외적 사실인가를 불문하며, 사람의 사회적 평가를 저하시킬 만한 것이면 그 내용은 불문한다. 따라서 반드시 악사(惡事)·추행에 제한되지 않으며, 널리 사람의 사회적 평가를 저하시킬 수 있는 사실이면 족하고, **공지의 사실**도 포함된다.[14] 장래의 사실적시는 의견진술이므로 원칙적으로 사실적시에 포함되지 아니하나, 이러한 장래이 사실적시가 현재나 과거의 사실에 대한 주장을 포함할 경우에는 본죄의 사실에 포함될 수 있다.[15] 직접 경험한 사실 이외에 추측·소문에 의한 사실도 포함된다.

또한 사실은 피해자에 관한 사실이어야 한다. 따라서 처의 간통사실을 적시해도 남편에 대한 명예훼손은 성립하지 않는다. 사실이 아닌 허위의 사실인 경우에는 형이 가중된다(제307조 제2항).[16]

② **사실의 '적시'**(摘示)란 사람의 사회적 가치 내지 평가를 저하시키는 데 충분한 사실을 지적·표시하는 것을 말하며, 이러한 사실의 적시는 특정인의 명예가 침해될 수 있을 정도로 **구체적**이어야 한다. 따라서 추상적 사실이나 가치판단의 표시는 모욕죄에 해당할 수 있다. 반드시 피해자의 성명을 명시할 것은 요하지 않으나, 표현의 내용과 주위사정을 종합적으로 판단하여 누구에 대한 것인지를 알 수 있어야 한다.

사실적시의 방법에는 특별한 제한이 없다. 즉 언어·문서 또는 도화에 의하거나, 신문·잡지·라디오 기타 출판물에 의하든 불문한다. 다만, 신문·잡지·라디오 기타 출판물에 의하여 구체적인 사실을 적시한 경우에는 비방의 목적이 있으면, '출판물에 의한 명예훼손죄(제309조)'가 성립하여 형이 가중된다. 만화나 연극 등에 의한 경우나 우회적인 표현이나 암시·추측·의혹 또는 질문에 의해서도 가능

---

13) 대법원 2017. 5. 11. 선고 2016도19255 판결.

14) 대법원 2008. 7. 10. 선고 2008도2422 판결; 대법원 1994. 4. 12. 선고 93도3535 판결.

15) 대법원 2003. 5. 13. 선고 2002도7402 판결.

16) 적시된 사실이 허위의 사실인지 여부를 판단하는 경우, 적시된 사실의 내용 전체의 취지를 살펴볼 때 중요한 부분이 객관적 사실과 합치되면 세부에 있어서 진실과 약간 차이가 나거나 다소 과장된 표현이 있다 하더라도 이를 허위의 사실이라고 볼 수 없다(대법원 2008. 10. 9. 선고 2007도1220 판결); 대법원 2014. 3. 13. 선고 2013도12430 판결.

하다. 다만 행위자가 질문에 대한 단순한 확인대답의 경우에는 사실의 적시가 있다고 볼 수 없다.[17)

판례는 자신의 카카오톡 계정 프로필 상태메시지에 "학교폭력범은 접촉금지ⅲ"라는 글과 주먹모양의 그림말 세 개를 게시한 경우에 정보통신망법 제70조 제1항의 명예훼손에 해당하지 않는다고 판시한 바 있다.[18)

다. 명예훼손죄의 기수시기   본죄는 추상적 위험범이다. 따라서 불특정 또는 다수인이 직접 인식할 수 있는 상태에 이르면 기수가 되고, 현실적으로 상대방이 적시된 사실을 인식할 것은 요하지 않는다. 즉 사회의 사회적 평가를 저하시킬 위험만 발생하여도 기수가 된다. 예컨대, 甲이 재래시장에서 "어제 방화한 사람은 乙이다."라고 말하였으나, 주변을 지나가는 사람들은 자동차 경적소리로 인해 이 말의 내용을 명확하게 듣지 못한 경우에도 명예훼손죄는 성립한다.

(3) 주관적 구성요건

1) 고   의

명예훼손죄는 고의범이므로 타인의 명예를 훼손하는데 적합한 사실 또는 허위사실을 공연히 적시한다는 점에 대한 인식과 의사를 내용으로 하는 고의가 있어야 한다. 미필적 고의로도 족하다.[19) 상대방의 명예를 훼손할 목적이나 동기를 요하지 않는다. 불미스러운 소문의 진위를 확인하고자 질문을 하는 과정에서 타인의 명예를 훼손하는 발언을 하였다면 이러한 경우에는 그 동기에 비추어 명예훼손의 고의를 인정하기 어렵다.[20)

2) 착   오

행위자가 인식한 구체적인 사실적시가 진실한 사실인가 허위인 사실인가에 대한 인식도 고의의 내용이 되는데, 이때 행위자가 인식한 사실과 현실적으로 발생한 사실이 불일치하는 착오가 발생한 경우에는 착오론의 일반이론에 의하여 해결하면 된다.

---

17) 대법원 2010. 10. 28, 2010도2877 판결; 대법원 2008. 10. 23, 2008도6515 판결; 대법원 1983. 8. 23, 83도1017 판결.

18) 대법원 2020. 5. 28. 선고 2019도12750 판결.

19) 허위사실 적시에 의한 명예훼손죄 역시 미필적 고의에 의하여도 성립한다(대법원 2014. 3. 13. 선고 2013도12430 판결).

20) 대법원 2018. 6. 15. 선고 2018도4200 판결.

즉 행위자가 ① 허위사실을 진실한 사실로 오인하고 적시한 경우에는 행위자가 제1항의 고의를 가졌으므로 제15조 제1항이 적용되어 제307조 제1항의 명예훼손죄가 성립하며,[21] ② 진실한 사실을 허위사실로 오인하고 적시한 경우에는, 동조 제2항의 고의를 가졌지만 제1항의 결과가 발생했으므로 큰 고의는 작은 고의를 포함하므로, 제307조 제1항의 명예훼손죄의 죄책을 지게 된다.

(4) 위 법 성

본죄가 성립하기 위해서는 구성요건에 해당하고 위법해야 한다. 따라서 일반적인 위법성조각사유가 있거나, 본죄의 경우에 특별히 규정하고 있는 특수한 위법성조각사유가 발생하는 경우에는 위법성이 조각된다.

1) 일반적 위법성조각사유

정당방위나 긴급피난에 의하여도 본죄의 위법성은 조각될 수 있다. 특히 본죄의 경우에는 피해자의 승낙과 정당행위가 문제된다.

가. 피해자의 승낙　　명예는 처분할 수 있는 개인적 법익이므로 명예주체가 법익침해를 동의한 경우에 본죄의 구성요건해당성이 조각되는지 위법성이 조각되는지 문제된다. 명예는 비록 개인적 법익이지만 인격권에 기초하고 본죄의 구성요건은 피해자의 의사에 반하는 것을 구성요건요소로 하는 것이 아니므로 피해자의 승낙은 위법성을 조각한다는 견해가 타당하다.[22]

나. 정당행위　　정당한 업무의 범위 내에서 타인의 명예를 훼손한 경우에는 위법성이 조각된다. 즉 ① 법령에 의한 행위, 예컨대 형사재판에서 검사의 기소요지의 진술, 증인의 증언, 피고인·변호인의 변호권 행사 등이 여기에 해당한다. 또한 ② 업무로 인한 행위로서, 예컨대 신문·라디오 등 보도기관의 보도, 학술·예술작품에 대한 공정한 논평은 정당행위로서 위법성이 조각된다.

그러나 정당행위라 하더라도 권리의 남용이 있는 경우에는 위법성이 조각되지 않는다. 예컨대 재판에서의 허위진술이나 신문·방송 등 보도기관의 허위보도는 정당행위가 될 수 없다. 국회의원의 경우에는 국회에서 직무상 행한 발언에

---

21) 적시된 사실이 허위의 사실이라고 하더라도 행위자에게 허위성에 대한 인식이 없는 경우에는 제307조 제2항의 명예훼손죄가 아니라 제307조 제1항의 명예훼손죄가 성립될 수 있다(대법원 2017. 4. 26. 선고 2016도18024 판결).

22) 강구진, 218면; 배종대, 48/22; 백형구, 354면; 오영근, 254면; 이재상/장영민/강동범, 193면; 이형국, 257면; 임웅, 247면; 정성근/박광민, 202면.

대하여는 국회 외에서 책임을 지지 아니한다.[23)

2) 형법 제310조에 의한 위법성조각

가. 제310조의 의의　　형법 제310조는 "위법성조각"이라는 표제하에 "제307조 제1항의 행위가 진실한 사실로서 오로지 공공의 이익에 관한 때에는 처벌하지 아니한다."라고 규정하고 있다. 이는 개인의 명예보호와 언론의 표현의 자유와의 충돌을 조화·조정하기 위한 규정이다. 즉 본 규정은 명예훼손죄는 사람의 명예를 보호하기 위한 범죄이지만, 다른 한편으로는 공공의 이익을 위하여 진실한 사실을 적시한 때에는 이를 처벌하지 않도록 할 필요가 있기 때문에 만들어진 규정이다.

나. 위법성조각의 요건　　형법 제310조가 적용되기 위해서는 다음의 3가지 요건이 구비되어야 한다.

　　(가) 적시된 사실의 진실성　　적시된 사실이 진실한 사실이어야 한다. 따라서 제310조는 제307조 제1항의 죄에 대해서만 적용되고, 형법 제307조 제2항에 해당하는 행위나 제308조의 사자의 명예훼손죄, 제309조 제2항의 출판물에 등에 의한 명예훼손죄에 대하여는 제310조는 적용될 여지가 없다. 그러나 적시사실의 중요부분이 진실과 합치되면 충분하며, 세부내용에 있어서는 조금 다르거나 다소 과장된 표현이 있더라도 무방하다.

　　(나) 공공의 이익이라는 공익성　　사실의 적시가 오로지 공공의 이익에 관한 것이어야 한다. '공공의 이익'이란 널리 국가·사회 또는 다수인의 이익에 관한 것일 뿐만 아니라 특정한 사회집단이나 그 구성원의 관심과 이익에 관한 것도 포함된다. 그 내용은 공적 생활에 관한 것이든 사적 생활에 관한 것이든 불문한다. 사적 생활에 관한 것이라 하더라도 그 사람의 사회적 활동에 관한 평가자료가 될 수 있기 때문이다.[24)

　　(다) 행위자의 주관적 정당화요소　　진실한 구체적인 사실에 대한 적시에는 '공공의 이익'을 위한다는 행위자의 주관적 동기·목적이 있어야 한다. 공공의 이익에 관한 것인지 여부는 적시된 사실의 구체적 내용과 성질 및 그 표현방법 등을 고려하여 객관적으로 판단해야 한다.[25)

---

23) 헌법 제45조 참조.
24) 대법원 1996. 4. 12. 선고 94도3309 판결.

따라서 비방의 목적이 있어야 성립하는 제309조 제1항의 출판물 등에 의한 명예훼손죄의 구성요건에 해당하는 경우에는 본 규정의 적용은 배제된다. 다만 출판물에 의한 명예훼손이 비방의 목적이 없어 제307조 제1항에 해당할 경우에는 본조가 적용될 수 있다.[26) 그리고 공공의 이익에 관한 것이 증명된 때에는 특별한 사정이 없는 한 비방의 목적은 부정된다.[27)

3) 법적 효과

형법 제307조 제1항에 해당하는 명예훼손행위가 위에서 기술한 요건이 구비된 경우에는 제310조에 의해 처벌되지 아니한다. 여기서 제310조의 '처벌되지 아니한다.'는 규정의 의미에 대하여는 견해가 대립한다. 그 효과는 크게 실체법적 효과와 소송법적 효과로 나누어 살펴볼 수 있다.

가. 실체법적 효과   먼저, 실체법적 효과에 관해서는 처벌조각사유설, 구성요건해당성조각설, 위법성조각설이 대립한다. 생각건대 ① **처벌조각설**에 의하면 사실이 진실하고 공공의 이익에 관한 것인 경우에도 범죄의 성립을 긍정하는 것은 개인의 명예를 명예보호에 너무 치중하는 입장이고, ② **구성요건해당성조각설**은 언론의 자유보장에 치중하는 입장이다. 그러므로 언론의 자유와 개인의 명예보호를 적절하게 함께 고려하고, 또한 형법규정이 위법성의 조각이라고 표제어를 사용하고 있는 점을 고려해보면 통설인 **위법성조각설**이 타당하다.

본조를 위법성조각사유로 이해할 경우에 사실의 진실성과 공익성에 대한 행위자의 인식은 주관적 정당화요소가 된다. 따라서 행위자가 허위라고 오신하고 진실한 사실을 적시한 때에는 본조에는 해당하지 않고 제307조 제1항에 해당하게 된다. 이와 달리 허위인 사실을 진실한 사실이라 오신하고 공익을 위하여 적시한 경우가 문제인데, 처벌조각설에 의하면 본죄의 성립에 아무런 영향을 미치지 아니한다. 그러나 위법성조각설에 의하면, 이 경우는 위법성조각사유의 전제사실의 착오로서 엄격책임설에 의면 법률의 착오에 해당하여 착오에 정당한 이유가 있거나 과실이 없는 때에 책임이 조각된다고 하게 된다.[28)

---

25) 대법원 2008. 11. 13. 선고 2008도6342 판결; 대법원 2004. 5. 28. 선고 2004도1497 판결; 대법원 1996. 10. 25. 선고 95도1473 판결.

26) 대법원 1998. 10. 9. 선고 97도158 판결.

27) 대법원 2004. 5. 14. 선고 2003도5370 판결; 대법원 2008. 11. 13. 선고 2006도7915 판결; 대법원 2005. 4. 29. 선고 2003도2137 판결.

생각건대 본조에 있어서 진실성과 공익성에 대한 행위자의 인식의 착오는 위법성조각사유의 전제사실에 대한 착오로서 사실의 착오는 아니지만 사실의 착오와 같이 취급해야 한다는 **다수설**의 입장이 타당하다. 즉 이 경우에 법효과제한적 책임설에 의하면 고의책임이 조각되고 착오에 과실이 있는 경우에는 과실범이 되지만, 명예훼손죄는 과실범 처벌규정이 없으므로 결국 처벌되지 않게 된다.

판례는 "형법 제310조의 규정은 인격권으로서의 개인의 명예의 보호와 헌법 제21조에 의한 정당한 표현의 자유의 보장이라는 상충되는 두 법익의 조화를 꾀한 것이라고 보아야 할 것이므로, 두 법익 간의 조화와 균형을 고려한다면 적시된 사실이 진실한 것이라는 증명이 없더라도 행위자가 진실한 것으로 믿었고 또 그렇게 믿을 만한 상당한 이유가 있는 경우에는 위법성이 없다고 보아야 할 것이다."라고 판시한 바 있다.[29]

나. 소송법적 효과   제310조의 위법성조각사유인 적시사실의 진실성과 공익성에 대한 입증책임을 소송법상 누가 부담하는가, 즉 거증책임은 누가 지는가에 대하여, ① 피고인에게 거증책임이 전환되어 피고인이 거증책임을 진다는 **거증책임전환설**이 종래의 통설과 판례의 입장이고, ② 이에 반하여 형사소송법상 입증책임의 문제에 있어서도 "의심스러운 때에는 피고인의 이익으로"라는 원칙이 적용되어야 하므로, 본조의 경우에도 적시사실에 진실성·공익성이 없다는 점에 대하여 **검사가 거증책임**을 부담하는 것은 당연하며, 이러한 거증책임을 전환하기 위해서는 명문의 특별한 규정이 필요하다고 해석하는 견해가 대립한다.

생각건대, 형법이 특별히 명문규정을 두고 있지 않는 한 형벌권의 존부·범위에 대한 거증책임은 원칙적으로 검사에게 있으므로, 제310조는 위법성조각의 요건만을 규정하고 있을 뿐이고, 증명문제에 관해서는 아무런 언급이 없으므로 거증책임은 검사가 부담한다는 견해가 타당하다.

(5) 소추조건

명예훼손죄는 **반의사불벌죄**이므로 피해자의 명시한 의사에 반하여 공소를 제기할 수 없다(제312조 제2항). 따라서 본죄는 피해자가 처벌을 희망하는 의사표시를 하지 않아도 소추할 수 있지만, 피해자가 처벌을 희망하는 의사표시를 철회하

---

28) 정성근/박광민, 205면; 진계호, 198면.

29) 대법원 2007. 12. 14. 선고 2006도2074 판결.

거나 처벌을 희망하지 않는 의사표시를 한 때에는 공소기각의 판결을 선고한다(형사소송법 제327조 제6호). 이러한 범죄를 '해제조건부 범죄'라고 한다. 이때에 피해자의 처벌을 희망하는 의사표시의 철회는 제1심 판결 선고전까지 하여야 한다.

(6) 죄수 및 다른 범죄와의 관계

1) 죄   수

본죄의 보호법익은 일신전속적 법익이므로 피해자의 수를 기준으로 죄수를 결정한다. 따라서 1개의 문서로써 2인 이상의 명예를 훼손한 경우에는 수개의 명예훼손죄의 상상적 경합이 되고, 수회 연속해서 동일인의 명예를 훼손한 경우에는 포괄일죄가 된다.

2) 다른 범죄와의 관계

① 명예훼손행위 중 모욕적 언사를 사용한 경우에는 명예훼손죄만 성립한다. 이 경우에 명예훼손죄와 모욕죄는 법조경합 중 흡수관계라는 견해와 특별관계라는 견해가 대립되지만, 모욕행위가 명예훼손행위에 포함된다고 할 수 없으므로 특별관계라고 보는 견해가 타당하다. ② 공연히 허위사실을 적시하여 명예와 신용을 동시에 훼손한 경우에는 신용은 명예의 특별한 경우이므로 특별관계로서 신용훼손죄만 성립한다. 한편 공연히 진실한 사실을 적시하여 신용을 훼손한 경우에는 제307조 제1항의 명예훼손죄가 성립한다. ③ 명예훼손행위가 동시에 업무를 방해하는 때에는 명예훼손죄와 업무방해죄의 상상적 경합이 된다.

2. 사자의 명예훼손죄

> 제308조(사자의 명예훼손) 공연히 허위의 사실을 적시하여 사자의 명예를 훼손한 자는 2년 이하의 징역이나 금고 또는 500만원 이하의 벌금에 처한다.
> 제312조(고소) ① 본죄는 고소가 있어야 공소를 제기할 수 있다.

(1) 의의 및 성격

사자의 명예훼손죄는 공연히 허위의 사실을 적시하여 사자의 명예를 훼손함으로써 성립하는 범죄이다. 명예훼손죄로부터 독립된 독자적 범죄구성요건이다.

본죄의 보호법익은 역사적 존재로서의 인격적 가치를 가진 사자의 명예이다.

(2) 객관적 구성요건

1) 행위객체

본죄의 행위객체는 '사자의 명예'이다. 사자는 자연인에 대한 개념이므로 해산된 법인이나 소멸된 법인격 없는 단체는 본죄의 사자에 해당하지 않는다.

2) 실행행위

본죄의 실행행위는 '공연히 허위사실을 적시하여 사자의 명예를 훼손'하는 것이다. 따라서 진실한 사실을 적시한 경우에는 본죄에 해당하지 않는다.

(3) 주관적 구성요건

1) 고   의

본죄는 고의범이므로 행위자에게 공연히 허위사실을 적시하여 사자의 명예를 훼손한다는 점에 대한 인식과 의사를 내용으로 하는 고의가 있어야 한다.

2) 착   오

① 사자로 오인하고 허위사실을 적시하였으나 생존자였던 경우는 구성요건적 착오로서 제15조 제1항에 의하여 사자명예훼손죄가 성립한다.

② 사자로 오인하고 진실한 사실을 적시하였으나 생존자였던 경우는 고의가 없으므로 과실의 문제가 되나 과실범 처벌규정이 없으므로 무죄이다.

③ 생존자로 오인하고 진실한 사실을 적시하였으나 사자였던 경우는 제307조 제1항의 죄의 불능미수가 문제되지만, 미수범 처벌규정이 없으므로 처벌되지 않는다.

④ 생존자로 오인하고 허위사실을 적시하였으나 사자였던 경우에는 사자명예훼손죄가 성립한다.

(4) 소추조건

사자명예훼손죄는 친고죄이므로 고소가 있어야 공소를 제기할 수 있다. 이 때의 고소권자는 사자의 친족 또는 자손이다(형사소송법 제227조, 제228조). 고소권자가 없는 때에는 이해관계인의 신청에 의하여 검사가 10일 이내에 고소권자를 지정하여야 한다(동법 제228조).

3. 출판물에 의한 명예훼손죄

제309조(출판물 등에 의한 명예훼손) ① 사람을 비방할 목적으로 신문, 잡지 또는 라디오 기

타 출판물에 의하여 제307조 제1항의 죄(사실적시 명예훼손죄)를 범한 자는 3년 이하
의 징역이나 금고 또는 700만원 이하의 벌금에 처한다.
② 제1항의 방법으로 제307조 제2항의 죄(허위사실적시 명예훼손죄)를 범한 자는 7년 이
하의 징역, 10년 이하의 자격정지 또는 1천500만원 이하의 벌금에 처한다.
제312조(피해자의 의사) ② 본죄는 피해자의 명시한 의사에 반하여 공소를 제기할 수
없다.

(1) 의의 및 성격

출판물에 의한 명예훼손죄는 사람을 비방할 목적으로 신문, 잡지 또는 라디
오 기타 출판물에 의하여 사실 또는 허위사실을 적시하여 사람의 명예를 훼손함
으로써 성립하는 범죄이다.

본죄는 제307호 명예훼손죄에 비하여 '비방의 목적'과 행위방법이 일반적인
공연성보다 전파성이 강한 신문·잡지 또는 라디오 기타 출판물이라는 매체에 의
한다는 점에서 **행위불법이 가중된** 불법가중적 구성요건이다.

(2) 객관적 구성요건

1) 신문·잡지·라디오·기타 출판물

가. 신문·잡지·라디오   여기서 신문·잡지·라디오의 개념에 대하여는 의문
의 여지가 없고, 이러한 매체들은 기타 출판물의 예시적인 것이므로, 대중적 전
파가 가능한 TV·비디오·영화 등의 영상매체도 본조에서 말하는 출판물의 개념에
포함된다는 것이 다수설의 입장이다.

그러나 단순히 개인적으로 제작한 비디오나 녹음테이프는 신문·잡지 등과
동일할 정도로 일반 대중에게 무차별적으로 배포가 가능하지 아니하므로 본죄의
출판물의 개념에 해당하지 않는다.

나. 출 판 물   등록·출판된 제본인쇄물 정도의 효용과 기능을 가진 인쇄
물이어야 한다. 따라서 낱장의 인쇄물이나 단순히 프린트하거나 손으로 쓴 것은
여기에 해당하지 않는다.

2) 사실 또는 허위사실의 적시

본죄는 신문·잡지·라디오·기타 출판물에 의하여 구체적인 사실을 적시 또
는 허위사실의 적시가 있어야 한다. 사실적시를 하여 명예를 훼손한 경우에는 제
309조 제1항에 해당하고, 허위사실을 적시한 경우에는 제309조 제2항이 적용되어

형이 가중된다.

또한 본죄는 간접정범에 의해서도 가능하다. 예컨대 정을 모르는 언론사 기자에게 허위기사를 제공함으로써 신문에 보도케 한 경우에는 본죄의 간접정범이 성립한다.[30]

본죄는 제307조의 명예훼손죄와는 달리 공연성을 요하지 않는다. 이것은 신문·잡지·라디오·기타 출판물이 공연성보다 더 높은 전파성을 가지고 있기 때문이다.

본죄는 추상적 위험범이므로, 본죄의 기수시기는 출판물에 의하여 사실적시 또는 허위사실을 적시함으로써 불특정 또는 다수인이 인식할 수 있는 상태에 이르면 기수가 되며, 현실적 인식 여부는 불문한다.

(3) 주관적 구성요건

1) 본죄는 고의범이므로 행위자에게 출판물 등에 의하여 사실 또는 허위사실을 적시한다는 점에 대한 인식과 의사를 내용으로 하는 고의가 있어야 한다.

2) 또한 본죄는 목적범으로서 행위자에게 고의 이외에 명예주체에 대한 '비방의 목적'이 있어야 한다. 여기서 비방의 목적이란 사람의 인격적 가치에 대한 사회적 평가를 저하시키려는 의도를 말한다.

(4) 위 법 성

비방의 목적이 있는 출판물에 의한 명예훼손죄에 대해서는 제310조가 적용되지 않는다는 것이 통설과 판례의 입장이다.

(5) 소추조건

본죄는 피해자의 명시한 의사에 반하여 공소를 제기할 수 없는 반의사불벌죄이다.

(6) 다른 범죄와의 관계

외국의 원수 또는 외교사절에 대하여 명예를 훼손한 경우에는 공연성을 요건으로 하지 않고 형법 제107조 제2항이 우선 적용되며, 이때에도 그 외국정부의 명시한 의사에 반하여 공소를 제기할 수 없다.

---

30) 대법원 2009. 11. 12. 선고 2009도8949 판결.

4. 사이버 명예훼손죄

정보통신망 이용촉진 및 정보보호 등에 관한 법률 제70조 제1, 2항에서는 사람을 비방할 목적으로 정보통신망을 통하여 공공연하게 사실 또는 허위의 사실을 드러내어 사람의 명예를 훼손한 자에 대하여 형법상의 명예훼손죄보다 가중 처벌하는 이른바 사이버명예훼손죄를 규정하고 있다.[31]

여기서 정보통신망 이용촉진 및 정보보호 등에 관한 법률 제70조 제1항에서의 '사람을 비방할 목적'이란 가해의 의사나 목적을 필요로 하는 것으로서, 사람을 비방할 목적이 있는지는 적시된 사실의 내용과 성질, 사실의 공표가 이루어진 상대방의 범위, 표현의 방법 등 표현 자체에 관한 여러 사정을 감안함과 동시에 그 표현으로 훼손되거나 훼손될 수 있는 명예의 침해 정도 등을 비교·형량하여 판단하여야 한다. '비방할 목적'은 공공의 이익을 위한 것과는 행위자의 주관적 의도라는 방향에서 상반되므로, 적시한 사실이 공공의 이익에 관한 것인 경우에는 특별한 사정이 없는 한 비방할 목적은 부정된다. 여기에서 '적시한 사실이 공공의 이익에 관한 것인 경우'란 적시한 사실이 객관적으로 볼 때 공공의 이익에 관한 것으로서 행위자도 주관적으로 공공의 이익을 위하여 그 사실을 적시한 것이어야 한다. 공공의 이익에 관한 것에는 널리 국가·사회 그 밖에 일반 다수인의 이익에 관한 것뿐만 아니라 특정한 사회집단이나 그 구성원 전체의 관심과 이익에 관한 것도 포함한다. 그 사실이 공공의 이익에 관한 것인지는 명예훼손의 피해자가 공무원 등 공인인지 아니면 사인에 불과한지, 그 표현이 객관적으로 공공성·사회성을 갖춘 공적 관심 사안에 관한 것으로서 사회의 여론형성이나 공개토론에 기여하는 것인지 아니면 순수한 사적인 영역에 속하는 것인지, 피해자가 명예훼손적 표현의 위험을 자초한 것인지 여부, 그리고 표현으로 훼손되는 명예의 성격과 침해의 정도, 표현의 방법과 동기 등 여러 사정을 고려하여 판단하여야 한다. 행위자의 주요한 동기와 목적이 공공의 이익을 위한 것이라면 부수적으로 다른 사익적 목적이나 동기가 포함되어 있더라도 비방할 목적이 있다고 보기는 어렵다.[32]

---

31) 김신규, "사이버명예훼손·모욕행위에 대한 형사규제의 개선방안", 비교형사법연구 제19권 제4호, 2018, 583−632면 참조.

32) 대법원 2020. 3. 2. 선고 2018도15868 판결(사이버대학교 법학과 학생인 피고인이, 법학과 학생들만 회원으로 가입한 네이버밴드에 갑이 총학생회장 출마자격에 관하여 조언을 구

III. 모 욕 죄

> 제311조(모욕) 공연히 사람을 모욕한 자는 1년 이하의 징역이나 금고 또는 200만원 이하
>   의 벌금에 처한다.
> 제312조(고소) ① 본죄는 고소가 있어야 공소를 제기할 수 있다.

1. 의의 및 성격

모욕죄는 공연히 사람을 모욕함으로써 성립하는 범죄이다. 본죄는 외적 명예
가 보호법익이라는 점에서는 명예훼손죄와 동일하나, 사실의 적시가 없다는 점에
서 명예훼손죄와 구별되는 구성요건이다.

2. 객관적 구성요건

본죄는 '공연히 사람을 모욕할 것'을 요한다.

(1) 행위객체

모욕죄의 행위객체는 '사람'이다. 여기의 사람에는 자연인 이외에 법인, 법인
격 없는 단체도 포함된다. 또한 자연인인 이상 유아 · 정신병자도 포함되지만, 사
자는 사람이 아니므로 제외된다. 사자에 대하여는 사자에 대한 명예훼손죄만 성
립한다.

(2) 실행행위

본죄의 실행행위는 사람을 "공연히 모욕"하는 것이다.

여기서 공연성이란 명예훼손죄에서와 마찬가지로 불특정 또는 다수인이 인
식할 수 있는 상태를 말한다. 여기서 '모욕'(侮辱)이란 명예훼손죄와 달리 구체적
사실을 적시하지 아니하고 사람의 인격을 경멸하는 추상적 가치판단을 표시하는 것을

한다는 글을 게시하자 이에 대한 댓글 형식으로 직전 연도 총학생회장 선거에 입후보하였
다가 중도 사퇴한 을의 실명을 거론하며 'ㅇㅇㅇ이라는 학우가 학생회비도 내지 않고 총
학생회장 선거에 출마하려 했다가 상대방 후보를 비방하고 이래저래 학과를 분열시키고
개인적인 감정을 표한 사례가 있다.'고 언급한 다음 '그러한 부분은 지양했으면 한다.'는
의견을 덧붙임으로써 을의 명예를 훼손하였다고 하여 정보통신망 이용촉진 및 정보보호
등에 관한 법률 위반(명예훼손)으로 기소된 사안에서, 피고인의 주요한 동기와 목적은 공
공의 이익을 위한 것으로서 피고인에게 을을 비방할 목적이 있다고 보기 어렵다).

말한다. 예컨대 '나쁜 놈', '빨갱이 무당년' 등 심한 욕설을 한 경우를 들 수 있다.[33] 모욕의 수단·방법에는 특별한 제한이 없다. 따라서 언어·서면·거동을 불문하지만, 사람을 경멸하는 내용의 설명가치를 가져야 한다. 이러한 가치의 존부는 구체적 상황을 고려하여 객관적 의미내용에 따라 해석하고 판단해야 한다. 모욕은 부작위에 의해서도 가능한데, 예컨대 경의표시를 해야 할 의무가 있는 자가 이를 표시하지 않은 경우가 여기에 해당한다. 그러나 단순한 농담·무례한 행동·불친절 정도는 모욕에 해당하지 않는다. 침을 뱉거나 뺨을 때리는 행위도 거동에 의한 모욕이 될 수 있다.[34]

모욕죄는 추상적 위험범이므로 피해자의 외적 명예를 저하시킬 만한 추상적인 판단을 표시한 때에는 본죄의 기수가 된다.

3. 주관적 구성요건

본죄는 고의범이므로 행위자에게는 공연히 모욕한다는 사실에 대한 인식과 의사를 내용으로 하는 고의가 있어야 한다. 이때의 고의는 미필적 고의로 족하고, 가해의 의사 내지 목적은 필요 없다.

4. 위 법 성

본죄에 있어서도 일반적인 위법성조각사유가 적용되고, 문제는 형법 제310조의 적용여부이다.

(1) 위법성조각사유

일반적 위법성조각사유에 의하여 모욕죄의 위법성이 조각될 수 있다. 정당행위로서 위법성이 조각되는 경우가 많다.

(2) 형법 제310조의 적용여부

제310조는 법문상 모욕죄에는 적용되지 않는다는 것이 다수설과 판례[35]의 입장이다. 이에 반해 정치·학문·예술분야의 비판·논평의 경우는 비록 경멸적인 표현이 있다고 하더라도 공익성을 가지는 경우에는 위법성이 조각될 수 있다고 해

---

33) 대법원 2016. 10. 13. 선고 2016도9674 판결; 대법원 1990. 9. 25. 선고 90도873 판결; 대법원 1985. 10. 22. 선고 85도1629 판결; 대법원 1981. 11. 24. 선고 81도2280 판결.

34) 이재상/장영민/강동범, 202면.

35) 대법원 1959. 12. 23. 선고 4291형상539 판결.

석하는 것이 타당하다고 해석하는 견해[36]도 있다. 판례는 이 경우에 사회상규에 반하지 않는 행위라는 이유로 정당행위로서 위법성이 조각된다고 판시하였다.[37]

5. 소추조건

모욕죄는 고소가 있어야 공소를 제기할 수 있는 친고죄이다.

6. 다른 범죄와의 관계

① 외국원수 또는 외국사절을 모욕한 경우에는 외국원수·외국사절에 대한 모욕죄(제107조 제2항, 제108조 제2항)가 성립한다. 법조경합 중 특별관계에 해당하며, 이때에는 공연성을 요건으로 하지 않는다.

② 하나의 행위에 의하여 사실을 적시하여 모욕을 하고 명예훼손을 한 경우에 양죄의 보호법익을 외적 명예로 이해하는 통설에 의하면 법조경합으로 인해 명예훼손죄만 성립한다. 이에 반해 모욕죄의 보호법익을 명예감정이라 보는 견해에 따르면 양죄는 상상적 경합이 된다.

③ 사람에게 폭행을 가하여 경멸의 의사를 표시한 경우에는 폭행죄와 모욕죄의 상상적 경합이 된다.

제 2 절   신용·업무와 경매에 관한 죄

Ⅰ. 개   설

1. 의의 및 보호법익

신용·업무와 경매에 관한 죄란 사람의 신용을 훼손하거나, 업무를 방해하거나, 경매·입찰의 공정성을 침해하는 것을 내용으로 하는 범죄이다. 형법은 제34장에 신용·업무와 경매에 관한 죄라고 하여, 신용훼손죄(제313조), 업무방해죄(제

---

36) 이재상/장영민/강동범, 202면; 이형국, 321면.
37) 대법원 2008. 7. 10. 선고 2008도1433 판결; 대법원 2003. 11. 28. 선고 2003도3972 판결.

314조), 경매·입찰방해죄를 규정하고 있다. 본장의 죄는 모두 경제생활에 있어서의 자유를 보호하는 범죄라는 점에서는 공통점이 있지만, 각각 구체적인 보호법익은 다른 독립적인 구성요건이다. 즉 신용훼손죄는 신용을, 업무방해죄는 업무를, 그리고 경매·입찰방해죄는 경매·입찰의 공정성을 보호법익으로 한다.

본장의 죄의 법익보호의 정도는 모두 추상적 위험범이다.

2. 신용·업무와 경매에 관한 죄의 본질 및 구성요건의 체계

본장의 죄의 본질을 어떻게 이해할 것인가에 대하여는 크게 3가지 견해로 나누어진다. 즉 ① 재산죄라고 해석하는 견해와 ② 자유에 대한 죄라고 보는 견해 및 ③ 재산죄인 동시에 자유에 대한 죄라고 보는 견해가 그것이다.

재산죄라고 보는 견해는 본죄는 재산 그 자체가 아니라 재산과 관련된 법익을 보호하기 위한 범죄이므로 넓게 보아서 궁극적으로 재산적 법익을 보호하기 위한 범죄로 이해해야 한다는 견해이다.[38] 따라서 형법이 본장의 죄를 인격적 법익인 명예훼손죄와 관련시켜 규정하고 있는 것은 입법론적으로 부당하다는 입장이다.

그러나 (ㄱ) 신용훼손죄에 있어서 신용이 훼손되었다고 하여 반드시 재산권이 침해되는 것도 아니며, (ㄴ) 사람의 신용도 넓은 의미에서는 명예라 할 수 있고, 업무방해죄의 업무도 반드시 경제적인 업무에 한정되는 것이 아니며, (ㄷ) 경매·입찰방해죄는 재산죄로서의 성질도 지니지만 동시에 자유시장경제하에서의 경매와 입찰의 공정성을 보호한다는 점에서는 경제활동의 자유에 대한 죄로서의 성질을 지니고 있다.

따라서 신용훼손죄는 사람의 경제활동의 자유에 대한 인격적 법익에 대한 범죄이고, 업무방해죄와 경매·입찰방해죄는 재산죄로서의 성격이 강하다는 점을 고려해보면, 본장의 죄는 자유에 대한 죄와 재산에 대한 죄로서의 성질을 모두 지니고 있다고 해석하는 견해가 타당하다.[39]

---

38) 백형구, 362면; 유기천, 168면; 이영란, 212면.
39) 강구진, 226면; 배종대, 50/3; 오영근, 178면; 이재상/장영민/강동범, 205면; 이형국, 264면; 정성근/박광민, 215면.

II. 신용훼손죄

> 제313조(신용훼손) 허위의 사실을 유포하거나 기타 위계로써 사람의 신용을 훼손한 자는
> 5년 이하의 징역 또는 1천500만원 이하의 벌금에 처한다.

1. 의의 및 성격

신용훼손죄란 허위의 사실을 유포하거나 기타 위계로써 사람의 신용을 훼손함으로써 성립하는 범죄이다. 본죄는 인격권으로서의 사람의 명예에 관한 죄의 성격을 기본적으로 지니면서, 동시에 재산죄의 성격도 가진 독립된 범죄이다.

본죄의 보호법익은 사람의 신용이다. 여기서 '신용'이란 사람의 경제적 활동에 대한 사회적인 평가, 즉 사람의 경제적인 지불능력이나 지불의사에 대한 사회적 평가를 말한다. 따라서 사람의 경제적인 능력에 대한 사회적인 평가를 저하한다고 볼 수 없을 경우에는 신용훼손죄가 성립하지 않는다.[40] 예컨대 퀵서비스운영자가 지연배달로 고객의 불만이 예상되는 경우에 다른 퀵서비스업체명의로 영수증을 작성·교부하는 경우에는 신용훼손죄는 성립하지 않는다.[41]

2. 객관적 구성요건

(1) 행위객체

신용훼손죄의 행위객체는 "사람의 신용"이다. 여기에서 신용의 주체인 사람에는 자연인 이외에 법인·법인격 없는 단체도 경제적인 단위로서 사회적인 활동을 하고 있으면 신용의 주체가 된다.

(2) 실행행위

신용훼손죄의 실행행위는 "허위사실을 유포하거나 기타 위계로써 신용을 훼손"하는 것이다.

1) 신용훼손의 방법

가. 허위사실의 유포　　'허위사실의 유포'(流布)란 객관적 진실에 부합되지 않

---

40) 대법원 1969. 1. 21. 선고 68도1660 판결.
41) 대법원 2011. 5. 13. 선고 2009도5549 판결.

는 사실을 불특정 또는 다수인에게 전파하는 것을 말한다. 여기서 ① '허위사실'이란 객관적 진실과 다른 내용의 사실을 말하고, 전부 또는 일부가 허위이거나, 스스로 허위사실을 조작한 것이든 타인으로부터 전문한 것이든 불문한다. 허위사실에는 과거·현재의 사실뿐만 아니라 입증이 가능한 미래의 사실도 포함된다. 그러나 진실한 사실이거나 단순한 의견 또는 가치판단을 유포한 경우에는 본죄에 해당하지 않는다.[42]

② '유포'란 불특정 또는 다수인에게 전파시키는 것을 말하며, 그 방법에는 제한이 없다. 언어·문서·도화를 불문한다. 또한 본죄는 특별히 공연성을 요건으로 하지는 않는다. 따라서 행위자가 직접 불특정인 또는 다수인에게 유포하는 경우뿐만 아니라 순차로 불특정인 또는 다수인에게 전파될 것을 예상하면서 특정인 또는 소수인에게 고지한 경우에도 본죄의 유포에 해당한다.

나. 위 계 위계(僞計)란 상대방의 부지·착오를 이용하거나, 기망·유혹의 방법으로 상대방의 판단을 그르치게 하는 일체의 행위를 말한다. 위계의 행사는 비밀리에 하든 공공연히 하든 불문한다.

2) 신용의 훼손

'신용을 훼손한다'는 것은 사람의 지불능력과 지불의사에 대한 사회적 신뢰를 저하시킬 우려가 있는 상태를 발생케 하는 것을 말한다. 본죄는 추상적 위험범이므로 행위자가 신용을 훼손할 만한 허위사실을 유포하거나 기타 위계의 행사가 있으면 신용훼손이라는 현실적인 결과가 발생하지 않더라도 기수가 된다.

3. 주관적 구성요건

신용훼손죄는 고의범이므로 행위자에게 허위사실을 유포하거나 기타 위계로써 특정인의 신용을 훼손한다는 사실에 대한 인식과 의사를 내용으로 하는 고의가 필요하다. 허위사실을 진실한 사실로 오인한 경우에는 구성요건적 착오로서 고의가 조각되나, 과실범 처벌규정이 없으므로 불가벌이 된다.

---

42) 대법원 2006. 12. 7. 선고 2006도3400 판결; 대법원 1983. 2. 8. 선고 82도2486 판결.

4. 죄수 및 다른 범죄와의 관계

(1) 죄   수

허위사실을 유포하고 또 위계를 사용하여 사람의 신용을 훼손한 경우에는 신용훼손죄의 포괄일죄가 성립한다.

(2) 명예훼손죄 및 업무방해죄와의 관계

1) 허위사실을 적시하여 명예와 신용을 훼손한 경우에는 신용훼손죄와 명예훼손죄의 상상적 경합이 된다는 견해[43]가 있으나, 이는 명예훼손죄는 인격적 법익에 관한 죄이고 신용훼손죄는 재산죄라고 이해하는 견해에서는 타당하다. 그러나 신용훼손죄의 보호법익을 경제적 활동과 관련된 인격적 가치라고 이해할 경우에는, 즉 신용은 경제활동과 관련된 특별한 명예라는 점을 고려해보면 명예훼손죄와 신용훼손죄는 법조경합 중 특별관계로서 **신용훼손죄만 성립한다는 견해**[44]가 타당하다. 다만, 이러한 행위가 출판물에 의한 명예훼손죄에 해당할 경우에는 행위자에게 비방의 목적과 출판물 등의 매체를 이용하는 특수한 행위불법성으로 인해 양죄는 상상적 경합이 될 수 있다.[45]

2) 이와 반대로 **진실한 사실을 적시하여 명예와 신용을 훼손한 경우**에 신용훼손죄는 허위사실을 유포하거나 위계를 수단으로 하기 때문에 진실한 사실을 유포한 경우에는 명예훼손죄만 성립한다.

3) 1개의 행위로 신용을 훼손하고 업무도 방해한 경우, 양죄는 독립된 범죄이므로 신용훼손죄와 업무방해죄의 상상적 경합이 된다.

Ⅲ. 업무방해죄

업무방해죄는 허위의 사실을 유표하거나 위계 또는 위력으로써 사람의 업무를 방해하거나, 컴퓨터 등 정보처리장치 또는 전자기록등 특수매체기록을 손괴하거나 허위의 정보 또는 부정한 명령을 입력하거나 기타 방법으로 정보처리에 장애를 발생하게 하여 사람의 업무를 방해함으로써 성립하는 범죄이다.

---

43) 박상기, 203면; 백형구, 364면; 유기천, 171면; 정성근/박광민, 218면; 진계호, 208면.
44) 강구진, 229면; 김성천/김형준, 345면; 배종대, 52/5; 오영근, 180면; 이재상/장영민/강동범, 208면; 임웅, 260면.
45) 이재상/장영민/강동범, 208면.

업무방해죄에는 업무방해죄와 컴퓨터등 업무방해죄가 있는데, 후자는 1995
년 형법개정시에 신종범죄유형으로서 추가되었다.

1. 업무방해죄

> 제314조(업무방해) ① 제313조의 방법 또는 위력으로써 사람의 업무를 방해한 자는 5년
> 이하의 징역 또는 1천500만원 이하의 벌금에 처한다.

(1) 의의 및 성격

업무방해죄란 허위의 사실을 유포하거나 위계 또는 위력으로써 사람의 업무
를 방해함으로써 성립하는 범죄이다.

본죄의 법적 성격에 대해서는, ① 재산죄의 일종이라는 견해와 ② 사람의 사
회적 활동의 자유에 대한 죄라는 견해, 그리고 ③ 재산죄적 성격과 동시에 사회적
활동의 자유에 대한 죄의 성격을 가지고 있다고 보는 결합설의 견해가 대립한다.

본죄를 처벌하는 것은 사람의 경제활동에 있어서의 자유뿐만 아니라 경제생
활에서의 업무를 보호하기 위해서이다. 본죄에 있어서의 업무는 경제적인 업무에
제한되지 않을 뿐만 아니라 신용훼손죄와 함께 규정된 점을 보면 순수한 자유에
대한 죄로 이해하는 것도 부당하다. 따라서 본죄는 재산죄로서의 성격과 사회적
활동의 자유에 대한 죄로서의 성격을 함께 가지고 있다는 결합설이 타당하다. 본
죄의 보호법익은 사람의 ‘업무’이다.

(2) 객관적 구성요건

1) 행위객체

업무방해죄의 행위객체는 “사람의 업무”이다. 여기서 사람이란 타인으로서, 자
연인 이외에 법인·법인격 없는 단체도 포함된다.[46]

본죄에 있어서 업무의 의의 및 내용은 다음과 같다.

가. 업 무 본죄에 있어서 ‘업무’란 사람이 일정한 사회생활상의 지위에 기
하여 계속적으로 종사하는 사무·사업을 말한다.[47] 반드시 경제적인 사무에 국한되지

---

46) 대법원 2007. 12. 27. 선고 2005도6404 판결.
47) 다만, 대법원은 초등학생들이 학교에 등교하여 교실에서 수업을 듣는 것은……학생들 본
   인의 권리를 행사하는 것이거나 국가 내지 부모들의 의무를 이행하는 것에 불과할 뿐 그
   것이 ‘직업 기타 사회생활상의 지위에 기하여 계속적으로 종사하는 사무 또는 사업’에 해

않으며, 영리·비영리, 보수의 유무도 불문한다. 주된 업무·부수적인 업무, 육체적인 업무·정신적인 업무48)를 불문한다. 행위 자체가 업무의 일환이면 1회성 또는 일시적인 일이라 하더라도 본죄의 업무에 해당한다.49) 그러나 업무 자체가 계속성을 갖지 않고 1회적이면 본죄의 업무라 할 수 없다.50)

나. 형법상 보호할 가치있는 업무　　본죄의 업무는 형법상 보호할 가치가 있는 업무이면 족하고, 그 업무의 기초가 된 계약·행정행위 등이 반드시 적법하거나 유효하여야 하는 것은 아니다.51) 형법상 보호할 가치가 있는 업무인가의 여부는 그 사무가 실제로 평온한 상태에서 일정기간 동안 계속적으로 운영됨으로써 사회적 생활의 기반을 형성하고 있느냐에 따라 결정된다. 그러나 어떤 사무나 활동 자체가 위법의 정도가 중하여 사회생활상 도저히 용인될 수 없는 정도로 반사회성을 띠는 경우에는 업무방해죄의 보호대상이 되는 업무에 해당한다고 볼 수 없다.

판례에 의하면, ① 의료인이나 의료법인이 아닌 자가 의료기관을 개설하여 운영하는 행위,52) ② 법원의 직무집행정지 가처분결정에 의하여 직무집행이 정지된 자가 법원결정에 반하여 행하는 업무는 본죄의 업무에 해당하지 않는다.53)

다. 업무상 과실치사상죄의 업무와의 구별　　본죄의 업무는 보호법익으로서의 업무인 점에서 업무상 과실치사상죄에 있어서의 업무와는 구별되어진다. 즉 업무상 과실치사상죄의 업무는, ① 생명·신체에 위험을 초래할 수 있는 업무에 한정되지만, 본죄의 업무에서는 이러한 제한이 없다. ② 업무상 과실치사상죄의 업무에는 업무 그 자체뿐만 아니라 그 업무에 수반된 행위도 포함되며, 나아가 일시적인 오락을 위한 업무도 포함되지만, 본죄의 업무에는 해당하지 않는다. ③ 업무상 과실치사상죄의 업무는 형법상 보호할 가치 있는 업무가 아닌 경우도 포함되지만, 본죄의 업무에는 형법상 보호할 가치있는 업무에 제한된다. 따라서 정당

당하지 않는다고 판시하였다(대법원 2013. 6. 14. 선고 2013도3829 판결).

48) 대법원 1991. 11. 12. 선고 91도2211 판결.
49) 대법원 2005. 4. 15. 선고 2004도8701 판결; 대법원 1995. 10. 12. 선고 95도1589 판결; 대법원 1971. 5. 24. 선고 71도399 판결.
50) 대법원 1993. 2. 9. 선고 92도2929 판결.
51) 대법원 2010. 6. 10. 선고 2010도935 판결; 대법원 2008. 3. 14. 선고 2007도11181 판결; 대법원 1991. 6. 28. 선고 91도944 판결.
52) 대법원 2001. 11. 30. 선고 2001도2015 판결.
53) 대법원 2002. 8. 23. 선고 2001도5592 판결.

한 업무수행이라고 볼 수 없는 경우에는 본죄에 해당하지 않는다.[54]

라. 공무의 포함여부　　　업무상 과실치사장죄의 업무에는 공무·사무를 불문한다. 그러나 업무방해죄의 업무에 공무가 포함되는가에 대해서는 견해가 대립한다. 즉 ① 업무방해죄는 사람의 사회적 활동의 자유를 보호하는 죄이므로 공무도 포함된다는 적극설과, ② 형법상 공무집행방해죄가 별도로 규정되어 있기 때문에 본죄의 업무에는 **공무가 포함되지 않는다는 소극설**, 그리고 ③ 비공무원에 의한 공무수행이나 미원려적인 공무수행 또는 위력으로써 공무집행을 방해한 경우에는 공무집행방해죄의 규율 대상이 되지 않으므로 이 경우에는 공무일지라도 본죄의 업무에 포함시켜야 한다는 **절충설**이 대립하고 있다.

생각건대, ① 형법은 업무방해죄와 별도로 공무집행방해죄를 규정하고 있으며, ② 공무집행방해죄의 행위태양이 업무방해죄에 비하여 제한적인 것은 그 이외의 행위태양에 대하여는 처벌하지 않겠다는 것이 입법취지이고, ③ 본죄는 개인의 경제활동의 자유를 보호하기 위한 범죄이므로 공무를 제외시켜 해석하는 것이 타당하며, ④ 적극설과 절충설은 법률이 규정한 이상으로 가벌성을 확대시키는 문제점이 있으므로 소극설이 타당하다고 생각된다. 판례도 전원합의체 판결을 통해 소극설의 입장을 취하였다.[55]

2) 실행행위

본죄의 실행행위는 "허위사실의 유포 기타 위계·위력으로써 업무를 방해"하는 것이다.

업무방해의 방법은 허위사실을 유포하거나 위계 또는 위력이다.

가. 허위사실의 유포 또는 위계　　　허위사실의 유포와 위계의 의미는 신용훼손죄와 동일하다. 허위사실의 유포도 위계의 예시에 해당한다. 예컨대, 동종·유사한 상호·상표를 사용하여 고객을 빼앗거나, 종업원의 기술이 졸렬하니 해고하라는 편지를 주인에게 발송한 경우가 여기에 해당한다. 그러나 진실한 사실을 유포한 경우에는 본죄의 위계에 해당하지 않는다.[56]

---

54) 대법원 1983. 10. 11. 선고 82도2584 판결; 대법원 1977. 10. 11. 선고 77도2502 판결; 대법원 1977. 5. 24. 선고 76도3460 판결.

55) 대법원 2009. 11. 19. 선고 2009도4166 전원합의체 판결; 대법원 2010. 2. 25. 선고 2008도9049 판결.

56) 대법원 2007. 6. 29. 선고 2006도3839 판결.

판례상 위계에 의한 업무방해죄의 해당하는 경우로는, ① 일반전화를 다수 개통한 후 특정 후보 지지자들의 명단을 이용하여 휴대전화에 착신전환하는 방법으로 ACS 여론조사에 응답하도록 하여 여론조사 결과가 특정 후보에게 유리하게 나오도록 조작한 경우,[57] ② 한국자산관리공사에서 매각업무의 주간사 선정위원회의 구성원들이 특정업체에게 유리하게 평가표를 작성한 경우,[58] ③ 가명으로 개설된 어음보관계좌를 실명계좌에 보관하는 것으로 조작한 경우,[59] ④ 다른 사람 이름의 이력서와 생활기록부 등을 제출하여 위장취업한 경우,[60] ⑤ 대학교수가 시험문제를 미리 알려준 경우,[61] ⑥ 대리 작성한 석사학위논문을 제출한 경우,[62] ⑦ 대한주택공사가 시행하는 택지개발사업의 공동택지용지 수의공급업무와 관련하여 신청자격이 없는 자가 매매계약일자를 허위기재한 소유토지조서 등 신청자격이 있는 것처럼 보이는 자료를 첨부하여 수의공급신청을 한 경우[63] 등이다.

나. 위 력　　‘위력’이란 사람의 의사의 자유를 제압·혼란케 할 만한 일체의 세력을 말한다.[64] 현실적으로 피해자의 자유의사가 제압될 것을 요하는 것은 아니다. 유형적 방법·무형적 방법을 불문한다. 따라서 폭행·협박, 정치적·경제적·사회적 지위·권세의 이용, 가옥을 명도받기 위하여 다방 출입문을 폐쇄한 경우, 음식점에서 고함을 지르고 난동을 부린 경우도 여기에 해당한다. 그러나 단순히 욕설을 하는 것만으로는 상대방의 의사를 제압할 정도의 본죄의 위력의 행사라고 할 수 없다.[65]

---

57) 대법원 2013. 11. 28. 선고 2013도5814 판결.

58) 대법원 2008. 1. 7. 선고 2006도1721 판결(위계에 의한 업무방해죄에 있어서의 ‘위계’라 함은 행위자의 행위목적을 달성하기 위하여 상대방에게 오인·착각 또는 부지를 일으키게 하여 이를 이용하는 것을 말하므로, 인터넷 자유게시판 등에 실제의 객관적인 사실을 게시하는 행위는, 설령 그로 인하여 피해자의 업무가 방해된다고 하더라도, 위 법조항 소정의 ‘위계’에 해당하지 않는다).

59) 대법원 1995. 11. 14. 선고 95도1729 판결.

60) 대법원 1992. 6. 9. 선고 91도2221 판결.

61) 대법원 1991. 11. 12. 선고 91도2211 판결; 대법원 1994. 3. 11. 선고 93도2305 판결.

62) 대법원 1996. 7. 30. 선고 94도2708 판결.

63) 대법원 2007. 12. 27. 선고 2007도5030 판결.

64) 대법원 2013. 5. 23. 선고 2011도12440 판결.

65) 대법원 1983. 10. 11. 선고 82도2584 판결.

위력은 피해자에게 행사되어야 하는 것이 원칙이지만, 제3자에 대한 위력의 행사로도 피해자의 자유의사가 제압될 가능성이 있으면 여기에 해당한다.[66]

판례상 위력에 의한 업무방해죄에 해당하는 경우로는, ① 수십 명이 공동하여 회의가 진행되는 단상 앞으로 진출을 시도하면서 이를 제지하는 질서유지인 등을 몸으로 밀치거나 그 단상을 점거하는 등의 행위를 하여 그 회의를 중단시키고 회의가 속개되지 못하도록 막아 결국 무기한 정회가 선포되도록 한 경우,[67] ② 다방이나 음식점에서 고함을 지르고 난동을 부리는 경우,[68] ③ 가옥을 명도받기 위하여 다방의 출입문을 폐쇄한 경우,[69] ④ 영업을 못하도록 단전조치를 취한 경우,[70] ⑤ 대출금 회수를 위해 채무자에게 수백 회에 이르는 전화공세를 하는 경우,[71] ⑥ 공장정문을 봉쇄하거나 출입구에 바리케이트를 치고 모든 출입자를 통제하는 행위[72] 등이다.

다. 업무방해　　업무의 집행 자체를 방해하는 것은 물론이고 널리 업무의 경영을 저해하는 것도 포함한다. 본죄는 업무를 방해할 우려가 있는 상태가 발생한 때 기수가 된다. 본죄는 방해결과의 현실적 발생은 요하지 않는 **추상적 위험범**이다.

(3) 주관적 구성요건

업무방해죄는 고의범이므로 행위자에게 허위사실유포·위계·위력으로 타인의 업무를 방해한다는 사실에 대한 인식·의사를 내용으로 하는 고의가 있어야 한다.

(4) 위 법 성

1) 일반적 위법성조각사유

업무방해행위는 정당방위, 긴급피난, 자구행위, 피해자의 승낙, 정당행위에 의하여 위법성이 조각된다.

---

66) 대법원 2013. 2. 28. 선고 2011도16718 판결; 대법원 2013. 3. 14. 선고 2010도410 판결.
67) 대법원 2013. 11. 28. 선고 2013도4430 판결.
68) 대법원 1961. 2. 24. 선고 4293형상864 판결.
69) 대법원 1962. 4. 12. 선고 62도17 판결.
70) 대법원 1983. 11. 8. 선고 83도1798 판결.
71) 대법원 2005. 5. 27. 선고 2004도8447 판결.
72) 대법원 1992. 2. 11. 선고 91도1834 판결.

2) 쟁의행위

정당한 쟁의행위는 위법성을 조각한다. 그러나 쟁의행위 중에 파업의 경우에 도 단순히 근로계약에 따른 노무제공을 거부하는 부작위에 그치지 않고 이를 넘어서 사용자에게 압력을 가하여 근로자의 주장을 관철하고자 노무제공을 중단하는 실력행사를 하는 경우에 이를 업무방해죄에서 말하는 위력에 해당하는가가 문제된다. 판례는 근로자들이 집단적으로 노무제공을 거부함으로써 사용자의 정상적인 업무운영을 저해하고 손해를 발생하게 한 행위는 위력에 의한 업무방해죄에 해당한다고 판시한 바 있다.[73] 그 후 대법원은 전원합의체판결을 통해 종래 판례를 변경하여, "근로자는 원칙적으로 헌법상 보장된 기본권으로서 근로조건 향상을 위한 자주적인 단결권·단체교섭권 및 단체행동권을 가지므로(헌법 제33조 제1항), 쟁의행위로서 파업이 언제나 업무방해죄에 해당하는 것으로 볼 것은 아니고, 전후 사정과 경위 등에 비추어 사용자가 예측할 수 없는 시기에 전격적으로 이루어져 사용자의 사업운영에 심대한 혼란 내지 막대한 손해를 초래하는 등으로 사용자의 사업계속에 관한 자유의사가 제압·혼란될 수 있다고 평가할 수 있는 경우에 비로소 집단적 노무제공의 거부가 위력에 해당하여 업무방해죄가 성립한다고 보는 것이 타당하다."라고 판시하였다.[74]

(5) 죄수 및 다른 범죄와의 관계

1) 죄   수

수회 반복하여 수인에게 허위사실을 유포하거나 위계와 위력을 함께 사용한 경우에는 업무방해죄의 단순일죄가 된다.

2) 다른 범죄와의 관계

① 1개의 행위로 신용을 훼손함과 동시에 업무도 방해한 경우에는 업무방해죄와 신용훼손죄의 상상적 경합이 된다. ② 업무방해행위가 동시에 배임행위가 되는 경우에는 업무방해죄와 배임죄의 상상적 경합이 된다.

---

73) 대법원 2006. 5. 25. 선고 2002도5577 판결; 대법원 1991. 11. 8. 선고 91도326 판결; 대법원 1991. 4. 23. 선고 90도2771 판결.

74) 대법원 2011. 3. 17. 선고 2007도482 판결; 대법원 2011. 10. 27. 선고 2010도7733 판결.

2. 컴퓨터업무방해죄

> 제314조(업무방해) ② 컴퓨터 등 정보처리장치 또는 전자기록 등 특수매체기록을 손괴하
> 거나 정보처리장치에 허위의 정보 또는 부정한 명령을 입력하거나 기타 방법으로 정
> 보처리에 장애를 발생하게 하여 사람의 업무를 방해한 자도 제1항의 형과 같다.

(1) 의의 및 성격

컴퓨터업무방해죄는 컴퓨터 등 정보처리장치 또는 전자기록 등 특수매체기록을 손괴하거나 정보처리장치에 허위의 정보 또는 부정한 명령을 입력하거나 기타 방법으로 정보처리에 장애를 발생하게 하여 사람의 업무를 방해함으로써 성립하는 범죄이다.

컴퓨터업무방해죄는 정보화시대에 따른 컴퓨터를 이용한 일상적인 생활이 일반화됨으로써 컴퓨터 등 정보처리장치 또는 전자기록 등 특수매체기록과 관련된 범죄가 빈번하게 발생할 수밖에 없고, 이러한 컴퓨터관련범죄는 그 대량성·신속성을 특징으로 하기 때문에 이에 대한 형사법적 대응이 긴요하다는 점에서 신설된 규정이다.

본죄는 컴퓨터의 사용방해나 데이터의 부정조작이 업무방해죄를 구성하는가에 대한 문제점을 입법적으로 해결한 규정이다.

본죄의 보호법익은 업무방해죄와 같이 '업무'이다.

(2) 객관적 구성요건

1) 행위객체

컴퓨터업무방해죄의 행위객체는 "컴퓨터 등 정보처리장치와 전자기록 등 특수매체기록"이다.

가. 컴퓨터 등 정보처리장치   여기서 '정보처리장치'란 자동적으로 계산이나 데이터처리를 할 수 있는 전자장치, 즉 컴퓨터시스템을 말한다.

① 타인의 업무에 사용되는 것이면 족하고, 기업체나 관청에서 사용되는 것임을 요하지 않는다. 따라서 본죄의 업무에는 공무도 포함된다.

② 본죄의 객체는 그 자체가 독립적으로 정보의 보존·검색·제어·판단 등 정보처리능력을 가져야 한다. 따라서 자동판매기 등의 부품인 마이크로프로세서

나 휴대용계산기·전자수첩 등은 본죄의 객체가 아니다. 하드웨어 이외에 소프트웨어도 포함되며, 컴퓨터 등의 소유관계는 불문한다.

나. 전자기록 등 특수매체기록　'특수매체기록'이란 사람의 지각으로 인식할 수 없는 방식에 의하여 만들어진 기록으로서 정보처리장치에 의해 정보처리에 사용되는 것을 말한다.

① 특수매체기록에는 전자기록과 광학기록이 포함된다. '**전자기록**'이란 전자적 방식(예: 반도체기억집적회로, ROM, RAM)과 자기적 방식(예: 자기디스크, 자기드럼)에 의하여 만들어진 기록을 말하고, '**광학기록**'이란 광기술이나 레이저기술을 이용한 기록을 말한다.

② '**기록**'이란 일정한 기록매체 위에 정보 내지 데이터가 보존되어 있는 상태를 말한다. 따라서 정보·데이터 그 자체나 기억매체물 그 자체를 의미하는 것은 아니다.

③ 녹음테이프·녹화필름·마이크로필름은 컴퓨터 등 정보처리장치에 사용하는 기록이 아니므로 본죄의 객체가 아니다. 이 점에서는 비밀침해죄(제316조 제2항)의 객체인 전자기록 등 특수매체기록에는 널리 녹음테이프·녹화필름·마이크로필름 등이 포함되는 것과 다르다.

④ 기록은 어느 정도 영속성이 있어야 하므로 통신 중 또는 중앙처리장치(CPU)에 의하여 처리중인 데이터는 본죄의 객체가 아니다.

2) 실행행위

컴퓨터업무방해죄의 실행행위는 "컴퓨터 등 정보처리장치 또는 전자기록 등 특수매체기록을 손괴하거나, 정보처리장치에 허위의 정보 또는 부정한 명령을 입력하거나, 기타 방법으로 정보처리에 장애를 발생"하게 하는 것이다.

가. 손　괴　여기서 '손괴'란 정보처리장치나 특수매체기록에 대하여 물리적 훼손을 가하는 것 이외에 자기디스크 등에 기록된 내용을 소거하는 것도 포함된다.

나. 허위정보·부정한 명령의 입력　'허위정보 또는 부정한 명령'이란 진실에 반하는 정보나 사무처리상 주어서는 안 될 정보를 입력하는 것이다. 예컨대 권한 없는 자가 관리자의 비밀번호를 무단으로 변경하거나,[75] 허위의 통계자료를 입력

---

75) 대법원 2012. 5. 24. 선고 2011도7943 판결; 대법원 2006. 3. 10. 선고 2005도382 판결.

하거나 하는 등 해킹, 바이러스의 침투 등이 여기에 해당한다.[76]

다. 기타 방법　　　손괴, 허위정보·부정한 명령의 입력 이외의 가해수단으로 컴퓨터의 작동에 직접 영향을 미치는 일체의 행위를 말한다. 예컨대 전원·통신 회선의 절단, 온도·습도 등 작동환경의 파괴, 입출력장치의 손괴, 처리 불능의 대량정보의 입력 등이 여기에 해당한다.

3) 정보처리에 장애의 발생과 업무방해

가해행위의 결과로 정보처리장치에 장애를 발생케 하여야 하고, 그로 인해 업무방해의 위험이 발생해야 한다.

가. 정보처리에 장애의 발생　　　'정보처리장치의 장애'란 컴퓨터의 정상적인 기능을 저해하는 것으로서 사용목적에 따른 작동을 제대로 못하게 하는 것이다. 사용목적과 다른 동작을 하게 하는 경우도 포함된다. 정보처리의 장애는 현실적 으로 발생하여야 한다.

나. 업무방해　　　'업무방해'는 일반적으로 업무를 방해할 우려가 있는 상태가 발생한 때에 기수가 되며,[77] 업무방해의 현실적 결과는 요하지 않는다.

(3) 주관적 구성요건

컴퓨터업무방해죄는 고의범이므로, 행위자에게는 본죄의 객관적 구성요건에 해당하는 사실에 대한 인식과 의사를 내용으로 하는 고의가 있어야 한다. 즉 컴퓨 터 등 정보처리장치나 특수매체기록에 대한 가해행위로 정보처리장치에 장애가 발생한다는 점에 대한 인식이 필요하다. 그러나 업무방해의 결과에 대한 인식은 본죄의 내용이 되지 않는다.

(4) 죄수 및 다른 범죄와의 관계

1개의 정보처리장치에 수회 허위정보를 입력한 경우에는 단순일죄가 된다. 본죄는 업무방해죄의 특별유형이므로 본죄가 성립하는 경우에는 업무방해죄는 성립하지 않는다. 또한 컴퓨터를 손괴하여 업무를 방해한 때에는 손괴죄와 컴퓨 터업무방해죄의 상상적 경합이 된다.

---

76) 컴퓨터 등 장애 업무방해사건(이른바 킹크랩사건, 대법원 2020. 2. 13. 선고 2019도12194 판결; 포털사이트뉴스 댓글에 공감/비공감을 킹크랩 프로그램을 이용하여 클릭을 하게 함 으로써 허위의 정보 또는 부정한 명령을 입력하여 정보처리장치의 통계시스템에 장애를 발생시켜 피해회사의 댓글순위 산정업무를 방해하였다).

77) 대법원 2013. 3. 28. 선고 2010도14607 판결; 대법원 2009. 4. 9. 선고 2008도11978 판결.

Ⅳ. 경매·입찰방해죄

> 제315조(경매·입찰의 방해) 위계 또는 위력 기타 방법으로 경매 또는 입찰의 공정을 해한
> 자는 2년 이하의 징역 또는 700만원 이하의 벌금에 처한다.

1. 의의 및 성격

(1) 의   의

경매·입찰방해죄는 위계 또는 위력 기타 방법으로 경매 또는 입찰의 공정을
해함으로써 성립하는 범죄이다. 본죄는 자유에 대한 죄 이외에 재산죄로서의 성
격을 가진 범죄이다.

위계 또는 위력 기타 방법으로 경매 또는 입찰의 공정을 해하는 행위를 말한다. 여
기서 '공정한 경쟁을 해한다'는 의미는 적정한 가격을 형성하기 위한 공정한 자유
시장경쟁을 방해할 우려가 있는 상태를 야기시키는 것을 말한다.

(2) 보호법익

본죄의 보호법익은 '경매와 입찰의 공정'이다. 보호의 정도는 추상적 위험범이
므로, 경매 또는 입찰의 공정을 해하는 행위가 있으면 본죄는 완성되며, 불공정
한 결과가 발생하는 것을 요건으로 하지 않는다.

2. 객관적 구성요건

(1) 행위객체

경매·입찰방해죄의 행위객체는 **"경매와 입찰"**이다.

여기서 '**경매**'(競賣)란 매도인이 다수의 매수인으로부터 구두로 청약을 받고,
그중에 최고가격의 청약자에게 승낙을 함으로써 성립하는 매매이다. '**입찰**'(入札)
이란 경쟁계약에 있어서 다수인으로 하여금 문서로 계약내용을 표시하게 하고,
그중 가장 유리한 청약자와 계약을 체결하는 것을 말한다. 경매·입찰의 종류는
불문하며, 국가·공공단체가 행하는 것 이외에 사인이 행하는 것도 포함된다. 입
찰시행자가 입찰을 실시할 법적 의무에 기하여 시행한 입찰이라야만 입찰방해죄

의 객체가 되는 것은 아니다.[78]

(2) 실행행위

경매·입찰방해죄의 실행행위는 "위계·위력 기타 방법으로 경매·입찰의 공정을 해하는 것"이다.

1) 위계·위력 기타 방법

① 위계·위력의 의미는 신용훼손죄·업무방해죄와 동일하다. 위력의 사용은 폭행·협박의 정도에 이르러야만 되는 것은 아니다. ② 기타 방법이란 경매·입찰의 공정성을 해할 수 있는 유형·무형의 일체의 방법을 말한다. 예컨대 경쟁자 간의 금품수수나 담합에 의한 가격결정 등이 여기에 해당한다.

2) 경매·입찰의 공정을 해하는 것

'공정을 해한다'는 것은 적정한 가격을 형성하는 공정한 자유경쟁이 방해될 우려가 있는 상태를 발생시키는 것을 말한다. 이러한 '공정을 해하는 행위'에는 경매·입찰의 가격결정뿐만 아니라 **공정한 경쟁방법**을 해하는 행위도 포함된다. 여기서 적정한 가격이란 객관적인 공정가격이 아니라 경매·입찰의 구체적 진행과정에서 얻어지는 가격, 즉 **경쟁가격**을 의미한다.

3) 기수시기

본죄는 추상적 위험범이므로 경매·입찰의 공정을 해하는 행위가 있는 때에는 이미 기수가 된다. 본죄의 기수는 경매·입찰의 공정에 대한 현실적 침해결과를 요하지 않는다.

(3) 담합행위

담합(談合)이란 경매·입찰의 참가자 상호간의 통모에 의하여 특정인을 경락자·낙찰자로 하기 위하여 그 이외의 자는 일정한 가격 이상 또는 그 이하로 호가·입찰하지 않을 것을 협정하는 것을 말한다. 이 경우에 담합행위가 이루어진 때에는 이미 본죄의 기수가 된다.[79] 가장입찰, 특정인의 입찰을 위한 입찰포기 등은 경매·입찰의 공정을 해하는 담합행위에 해당한다.[80] 담합은 경매·입찰 참

---

78) 대법원 2007. 5. 31. 선고 2006도8070 판결.

79) 대법원 2110. 10. 24. 선고 2010도4940 판결; 대법원 2006. 6. 9. 선고 2005도8498 판결; 대법원 1994. 5. 24. 선고 94도600 판결.

80) 대법원 2003. 9. 26. 선고 2002도3924 판결; 대법원 1988. 3. 8. 선고 87도2646 판결; 대법원 1976. 7. 13. 선고 74도717 판결.

가자의 일부의 담합이 있어도 경매·입찰의 공정을 해하는 것으로 평가되는 이상 본죄가 성립한다. 그러나 참가 중 일부 참가자 사이에 담합이 있고 담합금이 수수되었다고 하더라도 입찰시행자의 이익을 해함이 없이 자유로운 경쟁과 같은 결과를 가져온 경우에는 본죄가 성립하지 않는다.[81] 또한 담합의 목적이 경쟁사 사이에 적정한 가격을 유지하고 무모한 출혈경쟁을 방지하고 낙찰가격도 공정한 가격의 범위 내에서 이루어진 경우에는 담합자 사이에 금품수수가 있었다고 하더라도 본죄는 성립하지 않는다.[82] 담합행위에 참가한 입찰참가자가 담합약속과 달리 저가입찰을 하여 낙찰받은 경우에도 적법하고 공정한 경쟁방법을 해하는 것이므로 입찰방해죄에 해당한다.[83]

한편 담합행위와 달리 각자가 일부씩 입찰에 참가하면서 1인을 대표자로 하여 단독으로 입찰케 하는 것을 의미하는 신탁입찰은 입찰방해죄에 해당하지 않는다.

본죄는 추상적 위험범이므로 담합이 이루어지면 완성되며, 경매신청·응찰·담합금의 수수를 요하는 것은 아니다.

3. 주관적 구성요건

경매·입찰방해죄는 고의범이므로, 행위자에게는 위계·위력 기타 방법으로 경매·입찰의 공정을 해한다는 사실에 대한 인식과 의사를 내용으로 하는 고의가 있어야 한다.

---

81) 대법원 1983. 1. 18. 선고 81도824 판결.
82) 대법원 1971. 4. 20. 선고 70도2241 판결.
83) 대법원 2010. 10. 14. 선고 2010도4940.

제 4 장   사생활의 평온에 대한 죄

사생활의 평온에 대한 죄에는 비밀침해의 죄와 주거침입의 죄가 있다. 비밀
침해의 죄는 개인의 사생활에 있어서의 비밀을 보호하기 위한 범죄이고, 주거침
입죄는 사생활에 있어서의 주거 등 일정한 장소의 평온을 보호하기 위한 범죄이
다. 개인의 사생활에 있어서의 평온을 보호하는 것은 개인의 인격적인 발전을 위
한 자유권의 본질적인 내용이기 때문에, 특히 정보화시대인 오늘날에는 개인의
사적 생활인 프라이버시에 대한 보호의 중요성이 날로 증대되고 있다.

제 1 절   비밀침해의 죄

I. 개   설

1. 의의 및 보호법익

개인의 사생활, 즉 프라이버시(privacy)를 침해하는 범죄에는 비밀침해죄와
주거침입죄가 있다. 비밀침해죄는 개인의 사생활에 있어서의 비밀을 침해하는 것을
내용으로 하는 범죄이고, 주거침입죄는 개인의 사생활에 있어서의 주거의 평온을 해
하는 것을 내용으로 하는 범죄이다.

개인의 사생활 영역은 인간이 개인적 존재로서 인간으로서의 존엄과 가치를
실현하기 위해 국가나 타인으로부터 부당하게 침해받아서는 안되는 영역이다. 개
인은 누구로부터도 침해받지 않는 사적인 생활영역을 토대로 자아형성과 자아실
현을 하게 되므로, 자유주의 · 개인주의를 이념으로 하는 사회에서는 진정한 인간
의 존엄과 가치를 실현하기 위해 사생활의 보호는 반드시 필요하기도 하다. 비밀
침해죄와 비밀누설죄는 로마법과 게르만법에서부터 처벌되어 오던 오랜 역사를

가진 범죄이다.

「헌법」은 제17조에 '모든 국민은 사생활의 비밀과 자유를 침해받지 아니 한다.' 라고 규정하고, 제18조에 '모든 국민은 통신의 비밀을 침해받지 아니 한다.'라고 규정함으로써, 사생활의 비밀과 통신의 비밀을 자유권적 기본권의 하나로 보호하고 있다.

이러한 헌법상의 요구를 형법에 구현하기 위한 규정이 제35장의 비밀침해의 죄이다.

본죄의 보호법익은 '개인의 비밀'이다. 비밀이란 개인의 사생활 영역에서의 편지 등이 공개되지 않음으로써 개인이 얻을 수 있는 정신적 평온을 보호하는 데 있다. 형법은 비밀침해죄와 비밀누설죄를 함께 규정하고 있다. 비밀을 침해하는 방법으로는 비밀을 탐지하거나 누설하는 방법이 있는데, 형법은 비밀침해죄의 경우에는 편지 등을 개봉 등의 방법에 의해 탐지하거나 그 내용을 알아내는 행위를 처벌함으로써 사생활의 비밀을 보호하는 데 반해, 업무상 비밀누설죄에 있어서는 비밀의 내용뿐만 아니라 업무처리 중 알게 된 타인의 비밀을 묵비하는 데 대한 일반의 이익도 보호법익이 된다고 할 수 있다.

본죄의 보호법익은 개인의 사생활의 비밀을 보호하는 데 있으므로 본죄에 있어서 비밀의 주체는 개인에 한정되고 국가나 공공단체는 제외된다. 그러나 **법인이나 법인격 없는 단체**가 비밀의 주체에 포함되는가에 대하여는 견해가 대립한다. **부정설**[1]은 프라이버시의 보호는 인간의 존엄성 존중과 인격적 가치를 보호하려는 것이므로 법인이나 법인격 없는 단체는 제외된다는 입장이지만, 자연인 외에 법인이나 법인격 없는 단체도 사회적 활동을 하는 범위에서는 법인격을 가지므로 이를 제외해야 할 이유가 없으므로 **긍정설**[2]이 타당하다고 생각된다.

한편 개인이 가진 비밀의 내용 중에 **국가나 공공단체의 비밀이 포함**될 수 있는가에 관해서는, 본죄가 친고죄로 규정되어 있으므로 국가의 비밀은 포함되지 않는다는 견해[3]도 있지만, 본죄는 개인 간의 서신교환뿐만 아니라 개인과 정부기관 사이의 서신교류도 보호되어야 하고, 또한 본죄의 제316조 제1항은 개봉함으로써

---

1) 박상기, 221면; 임웅, 228면; 오영근, 303면.
2) 배종대, 54/3; 손동권/김재윤, 203면; 이재상/장영민/강동범, 226면.
3) 배종대, 54/3; 임웅, 274면; 정성근/박광민, 236면.

처벌되고 비밀의 내용이 문제되지 않는 추상적 위험범이므로 국가 또는 공공단체의 비밀도 포함된다고 해석하는 다수설[4]의 태도가 타당하다. 다만 본죄의 객체가 공무원의 직무에 관한 비밀을 내용으로 하고 있을 때에는 **공무상 비밀침해죄**(제140조)가 성립한다.

형법은 비밀침해죄와 업무상 비밀누설죄를 함께 규정하고 있는데, 이는 양죄가 비록 역사적 형성과정은 다르더라도[5] 양죄 모두 사생활의 비밀을 보호하기 위한 범죄라는 점에서는 공통점을 가지고 있기 때문이다.

한편 개인의 사생활에 있어서의 비밀보호와 구별되는 범죄로는, 국가의 기밀을 보호하기 위한 **간첩죄**(제98조), 외교상의 비밀을 보호하기 위한 **외교상 비밀누설죄**(제113조), 그리고 공무상의 비밀을 보호하기 위한 **공무상 비밀누설죄**(제127조)가 있다.

본죄의 법익보호의 정도는 제316조 제1항의 비밀침해죄는 '**추상적 위험범**'이다. 그러나 제316조 제2항에 해당하는 비밀침해죄에 대하여는 추상적 위험범이라는 견해도 있으나, 그 내용을 지득하지 못한 경우에는 본죄는 성립하지 않고 알아낸 경우에 비로소 제316조 제2항의 비밀침해죄가 성립하므로 제316조 제2항의 비밀침해죄는 **침해범**이라는 견해가 타당하다.

한편 업무상 비밀누설죄의 주된 보호법익은 개인의 비밀이며, 부차적으로는 특정직업종사자의 비밀준수에 대한 일반인의 신뢰이다. 본죄의 보호의 정도는 구체적 위험범이라는 견해도 있으나, 비밀누설로 인해 상대방이 비밀을 현실적으로 인식할 것을 요하지 않으므로 **추상적 위험범**이라는 견해가 타당하다.

2. 구성요건의 체계

비밀침해의 죄는 비밀침해죄와 업무상 비밀누설죄를 독립된 구성요건으로 규정하고 있다. 1995년 형법개정에 의해 제316조 제2항을 신설하여 행위의 객체에 '전자기록 등 특수매체기록'을 추가하였고, 개봉(開封) 이외에 '기술적 수단'을 이용하여 그 내용을 알아낸 행위를 추가하였다. 비밀침해의 죄는 친고죄이며, 미수

---

4) 김일수/서보학, 190면; 박상기, 221면; 유기천, 151면; 이영란, 229면; 이재상/장영민/강동범, 226면; 정영일, 120면.
5) 비밀침해죄와 업무상 비밀누설죄는 역사적 생성과정이 다를 뿐만 아니라 이론적 연관성도 찾을 수 없다(강구진, 199면; 유기천, 150면).

범 처벌규정이 없다.

개인의 사생활의 비밀을 보호하기 위한 범죄로는 형법의 규정 외에도 많은 특별법에 존재한다. 특히 사적인 대화와 통신의 비밀을 보호하기 위해 「통신비밀보호법」 제16조에는 대화비밀침해죄·통신비밀침해죄 및 대화·통신비밀누설죄를 규정하여 처벌하고 있고,[6] 영업비밀에 대해서는 「부정경쟁방지 및 영업비밀보호에 관한 법률」 제18조에 의해 처벌하며, 전보·전화의 통신의 비밀을 침해하거나 누설한 때에는 「전기통신사업법」 제83조와 제94조 및 제95조에 의하여 처벌한다. 또한 정보통신망에 의하여 처리·보관·전송되는 타인의 정보를 훼손하거나 타인의 비밀을 침해·도용·누설한 때에는 「정보통신망 이용촉진 및 정보보호 등에 관한 법률」 제28조의2와 제49조 및 제71조에 의하여 처벌한다.

그리고 우편관서에서 취급 중인 우편물을 정당한 사유 없이 개봉. 훼손, 은닉 또는 방기하거나 고의로 수취인이 아닌 자에게 내준 행위를 한 경우에는 「우편법」 제48조에 의해 처벌한다.

한편 입법론적인 문제로서 형법이 업무상 비밀누설죄의 주체로 의사·한의사·치과의사·약제사·약종상·조산사·변호사·변리사·공인회계사·공증인·대서업자나 그 직무상 보조자 또는 이러한 직에 있던 자 및 종교의 직에 있는 자 또는 있던 자를 열거하고 있는데, 이 경우에 변호사 아닌 변호인, 세무사, 각종 카운슬러(counsellor), 흥신소에 종사하는 자 등과 같이 현대사회의 신종업종으로서 업무상 타인의 비밀을 알게 되는 직종에 종사하는 자를 제외하고 있는 것은 부당하므로 이를 개선해야 할 필요가 있다.[7]

---

6) 「통신비밀보호법」 제3조에는 "누구든지 이 법과 형사소송법 또는 군사법원법의 규정에 의하지 아니하고는 우편물의 검열·전기통신의 감청 또는 통신사실 확인자료의 제공을 하거나 공개되지 아니한 타인 간의 대화를 녹음 또는 청취하지 못한다."고 규정하고, 동법 제16조에는 "제3조의 규정에 위반하여 우편물의 검열·전기통신의 감청 또는 공개되지 아니한 타인 간의 대화를 녹음·청취하거나 지득한 통신 또는 대화의 내용을 공개하거나 누설한 자를 10년 이하의 징역과 5년 이하의 자격정지에 처한다."고 규정하고 있다.

7) 형법개정법률안에서는 본죄의 주체를 "의료업무, 법률업무, 회계업무 기타 의뢰자와의 신뢰관계에 의하여 사람의 비밀을 알게 되는 업무에 종사하는 자나 그 직무상의 보조자 또는 그러한 직에 있던 자"라고 규정하고 있다(제184조).

II. 비밀침해죄

> 제316조(비밀침해) ① 봉함 기타 비밀장치한 사람의 편지, 문서 또는 도화를 개봉한 자는
> 3년 이하의 징역이나 금고 또는 500만원 이하의 벌금에 처한다.
> ② 봉함 기타 비밀장치한 사람의 편지, 문서, 도화 또는 전자기록등 특수매체기록을 기
> 술적 수단을 이용하여 그 내용을 알아낸 자도 제1항의 형과 같다.
> 제318조(고소) 본죄는 고소가 있어야 공소를 제기할 수 있다.

1. 의의 및 보호법익

비밀침해죄는 봉함 기타 비밀장치한 사람의 편지, 문서, 도화를 개봉하거나
또는 전자기록 등 특수매체기록을 기술적 수단을 이용하여 그 내용을 알아냄으
로써 성립하는 범죄이다.

보호법익은 개인의 비밀이며, 비밀의 주체에 대하여는 자연인·법인 기타 법인
격 없는 단체도 포함한 개인의 비밀에 국한된다는 견해[8]와 개인 이외에 국가 또
는 공공단체의 비밀도 여기에 포함된다는 견해[9]가 대립하지만, 특히 본조 제1항
에 해당하는 비밀침해죄의 경우에는 추상적 위험범으로서 비밀의 내용은 문제되
지 않음을 알 수 있고, 또한 개인뿐만 아니라 기업이나 국가기관 사이의 편지 등
문서교류도 보호해야 한다는 점에 비추어보면 국가 또는 공공단체의 비밀도 포
함한다고 해석하는 입장이 타당하다.

법익보호의 정도에 대하여는 본조 제1항의 죄의 경우에는 '개봉하는 행위' 자
체를 처벌하므로 추상적 위험범이라는 점에 대하여 다툼이 없다. 그러나 제2항에
해당하는 비밀침해죄의 경우에는 '그 내용을 알아낸 자'라는 의미를 어떻게 이해하
느냐에 따라 침해범설과 추상적 위험범설의 대립이 있으나, 법문에 따라 비밀의 내
용을 알아낸 경우에 본죄가 성립된다고 해석하는 것이 죄형법정주의의 유추적용
금지원칙에 부합하므로 침해범설이 타당하다.

또한 본죄는 미수범 처벌규정이 없으며, 친고죄이다.

---

8) 배종대, 54/3; 임웅, 274면; 정성근/박광민, 236면.
9) 김일수/서보학, 190면; 박상기, 221면; 유기천, 151면; 이영란, 229면; 이재상/장영민/강동
   범, 226면; 정영일, 120면.

2. 객관적 구성요건

(1) 행위객체

본죄의 행위객체는 "봉함 기타 비밀장치한 타인의 편지·문서·도화·전자기록 등 특수매체기록"이다. 그 의미를 살펴보면 다음과 같다.

1) '편지'란 특정인이 다른 특정인에게 의사를 전달하는 문서를 말한다. 수신인이 편지를 열람한 이후에는 본죄의 객체가 되지 않는다. 발송전후를 묻지 않으며, 반드시 우편물일 필요도 없다.

2) '문서'란 편지 이외의 것으로서 문자 또는 발음부호에 의하여 특정인의 의사가 표현된 것을 말한다. 문서죄에 있어서의 문서는 증명적 기능을 요하는 데 비하여 여기서의 문서에는 이러한 기능이 필요치 않다. 예컨대 유언장, 일기장, 원고 등이 이에 속하며, 공문서·사문서를 불문한다.

3) '도화'란 사진, 그림, 도표 등 시각적 인식의 대상으로 제작된 물건으로서 사람의 의사가 표현된 것을 말한다. 그런데 도화는 반드시 사람의 의사가 표현되어 있을 필요는 없고 타인의 접근이나 인식을 배제할 이익을 가지고 있으면 본죄의 객체가 된다는 반대 견해도 있으나, 문서와의 균형을 위하여 도화도 사람의 의사가 표시된 것이 아니면 본죄의 객체가 아니라는 다수설의 입장이 타당하다. 따라서 의사가 표시되지 않은 도표나 사진은 여기에서 말하는 도화가 아니다.

4) '전자기록 등 특수매체기록'이란 전자적 기록이나 전기적 기록뿐만 아니라 광학기록 등으로서 사람의 감각기관에 의하여 직접 지각할 수 없는 방식에 의해 만들어진 기록을 말한다. 따라서 컴퓨터하드디스크 기록, 컴퓨터디스켓, CD ROM, 녹화필름, 녹화테이프, 마이크로 필름 등도 사람의 지각으로 인식할 수 없는 방식으로 만들어진 기록이므로 여기에 포함된다.

5) '봉함 기타 비밀장치'가 되어 있을 것

본죄의 객체는 봉함 기타 비밀장치가 되어 있는 편지·문서·도화 또는 전자기록 등 특수매체기록이어야 한다. 따라서 봉함이나 비밀장치가 없는 우편엽서나 무봉서장(無封書狀)은 본죄의 객체가 되지 않는다.

'봉함(封緘)'이란 봉투를 풀로 붙인 것과 같이 그 외표를 훼손하지 않고는 그 내용을 쉽게 알아볼 수 없도록 한 장치를 말한다.

'비밀장치'란 봉함 이외의 방법으로 외포를 만들거나 기타 특수한 방법으로 그 내용을 쉽게 알아보지 못하게 하는 일체의 장치를 말한다.[10] 예컨대 봉인을 하거나 끈으로 묶거나 컴퓨터의 패스워드나 비밀번호, 전자카드, 지문감식, 음성감식 체계와 같은 특수한 작동체계를 설치한 경우를 말한다. 따라서 잠금장치 있는 금고·장롱·서랍 속에 있는 편지 등도 여기에 속한다고 보아야 한다.[11]

(2) 실행행위

본죄의 실행행위는 '개봉'을 하거나, '기술적 수단을 이용하여 그 내용을 알아내는 것'이다.

1) '개봉'(開封)이란 봉함 또는 비밀장치를 해제하여 편지·문서·도화의 내용을 알아 볼 수 있는 상태에 두는 것을 말한다. 개봉의 방법은 묻지 않는다. 따라서 반드시 봉함 또는 비밀장치를 제거나 손괴할 것을 요하지 않는다.

본죄는 추상적 위험범이므로 편지 등의 내용을 알아야만 기수가 되는 것이 아니라 그 내용을 알아볼 수 있는 상태에 두면 기수가 성립된다. 편지 등을 절취 또는 횡령한 후에 개봉한 때에는 절도죄 또는 횡령죄와 본죄는 실체적 경합범이 된다.

2) '기술적 수단을 이용하여 그 내용을 알아내는 행위'란 투시용 판독기, 약물 등 기술적 수단을 사용하여 편지·문서·도화 또는 전자기록 등 특수매체기록의 내용을 알아내는 경우를 말한다. 따라서 단순히 불빛에 편지 등을 비추어보아 그 내용을 알아내는 경우에는 기술적 수단을 사용하지 않았기 때문에 여기에는 해당하지 않는다. 그러나 컴퓨터가 잠금장치가 설정되어 있는 경우에 개인의 비밀번호를 알아내어 그 내용을 알아내는 행위는 여기에 해당한다.

3) 기수시기

본죄의 기수시기에 대해서는, 본조 제1항의 경우에는 개봉하는 행위가 있으면 추상적 위험범이므로 내용을 알지 못한 경우에도 본죄는 성립한다.

---

10) 대법원 2008. 11. 27. 선고 2008도9071 판결(…'봉함 기타 비밀장치가 되어 있는 문서'란 … 반드시 문서 자체에 비밀장치가 되어 있는 것만을 의미하는 것이 아니고, 봉함 이외의 방 법으로 외부 포장을 만들어서 그 안의 내용을 알 수 없게 만드는 일체의 장치를 가리키는 것으로, 잠금장치 있는 용기나 서랍 등도 포함한다고 할 것이다. …).

11) 김성천/김형준, 351면; 김일수/서보학, 191면; 김종원, 147면; 박상기, 222면; 배종대, 55/4; 백형구, 397면; 오영근, 196면; 이영란, 230면; 이재상/장영민/강동범, 227면; 이정원, 266 면; 이형국, 286면; 정성근/박광민, 237면; 정영일, 120면.

그러나 본조 제2항에 해당하는 경우에는 견해가 대립한다. 즉 본죄를 본조 제1항과의 균형을 고려하여 **추상적 위험범**으로 이해하는 입장에서는 그 내용을 알지 못하더라도 알아내려고 하는 행위에 대하여도 본죄가 성립한다고 해석하게 된다. 그러나 본죄의 구성요건은 '그 내용을 알아낸 자'라고 규정되어 있으므로 **침해범**[12]이라고 보아야 한다. 따라서 편지 등의 내용을 알아야 성립하므로 그 내용을 알지 못한 때에는 본죄는 성립하지 않게 된다.

(4) 그 밖의 범죄행위로서 타인의 컴퓨터에 침입하여 **전자기록을 삭제하거나 교란하는 행위**를 하는 경우에는 본죄가 성립하는 것이 아니라 손괴죄 또는 컴퓨터업무방해죄가 문제된다.

3. 주관적 구성요건

본죄는 고의범이므로 구성요건적 사실에 대한 인식과 의사가 필요하다. 즉 행위자에게 봉함 기타 비밀장치한 타인의 편지·문서·도화 또는 전자기록 등 특수매체기록을 개봉하거나 기술적 수단을 이용하여 그 내용을 알아낸다는 고의가 필요하며, 이때에는 미필적 인식으로도 족하다.

그러나 타인에게 온 편지를 자기 편지로 오신하고 개봉한 경우에는 **사실의 착오**로서 고의가 부정된다. 타인에게 온 편지를 개봉할 권한이 있다고 오신하고 개봉한 경우에는 **위법성의 착오**(금지착오)로서 형법 제16조에 의하여 정당한 이유가 있는 때에는 책임이 조각된다. 예컨대 남편에게 온 편지를 처가 권한이 있다고 생각하고서 뜯어본 경우가 여기에 해당한다.

4. 위 법 성

본죄가 성립하기 위해서는 편지 등의 개봉이 위법해야 하는데, 위법성조각사유가 존재하면 위법성이 조각된다. 본죄의 비밀의 주체인 피해자가 비밀의 침해를 승낙한 경우, 즉 피해자의 동의가 있는 경우에는 종래의 통설은 이를 위법성조각사유로 이해하였지만,[13] 본죄의 구성요건의 성질상 구성요건해당성이 배제

---

12) 김성천/김형준, 321면; 배종대, 295면; 이재상/장영민/강동범, 216면; 임웅, 229면; 정성근/박광민, 216면.

13) 배종대, 55/10.

되는 양해에 해당한다고 해석하는 다수설[14)]의 입장이 타당하다고 생각된다.

본죄의 위법성조각사유로 특히 정당행위와 추정적 승낙이 문제된다.

정당행위로서 위법성이 조각되는 경우 중, 행위자에게 법령에 의하여 타인의 비밀을 지득할 권한이 있는 경우로는, 「형의 집행 및 수용자의 처우에 관한 법률」제43조 제3항 및 제4항, 「형사소송법」제107조 및 제120조, 「우편법」제28조 제2항 및 제35조 제2항, 「통신비밀보호법」제3조 단서 및 제5조에 해당하는 경우가 여기에 해당한다. 또한 친권자가 비성년자인 자녀에 대한 친권행사(민법 제913조)로서 자녀에게 온 편지를 개봉하더라도 위법성이 조각된다.

추정적 승낙은 부부 사이나 성년자인 자녀와의 사이에 적용될 수 있는 위법성조각사유이다. 이러한 친밀한 동거가족관계일 경우에는 편지를 개봉할 권한이 있는 것은 아니지만, 상대방의 추정적 의사에 일치할 때에는 추정적 승낙의 법리에 의하여 위법성이 조각될 수 있다.

5. 죄수 및 다른 범죄와의 관계

(1) 타인에게 온 편지를 뜯어서 읽어본 행위는 손괴죄와 비밀침해죄의 법조경합의 흡수관계가 되어 비밀침해죄만 성립한다.

(2) 편지를 뜯어 읽어본 후 찢어버리거나 은닉한 경우에는 비밀침해죄와 손괴죄의 실체적 경합범이 된다.

(3) 타인의 편지를 절취하여 개봉하여 읽어본 경우에는 절도죄와 비밀침해죄의 실체적 경합범이 된다.

6. 친 고 죄

본죄는 고소가 있어야 공소를 제기할 수 있는 친고죄이다. 따라서 본죄의 피해자가 누구인가에 따라 고소권자가 결정되는데, 이에 대하여는 학설이 대립한다.

① 발신자와 수신자 모두가 피해자로서 항상 고소권자라는 견해와 ② 발신자는 피해자로서 항상 고소권자이나 수신자는 편지가 발송된 이후에야 피해자로서 고소권자가 된다는 견해, 그리고 ③ 발신자는 항상 고소권자이고 수신자는 편

---

14) 김일수/서보학, 192면; 오영근, 198면; 이영란, 232면; 이재상/장영민/강동범, 228면; 이형국, 287면; 임웅, 276면.

지가 수신자에게 도달한 이후에야 비로소 고소권자가 된다는 견해가 있다.

생각건대 본죄에서의 개인의 비밀이란 발신자와 수신자 모두에게 관계되는 비밀이므로 방송이나 수신여부에 관계없이 발신자와 수신자 모두가 피해자로서 고소권자가 될 수 있다는 견해가 타당하다.

Ⅲ. 대화비밀침해죄, 통신비밀침해죄 및 대화·통신비밀누설죄

[통신비밀보호법]

제3조(통신 및 대화비밀의 보호) ① 누구든지 이 법과 형사소송법 또는 군사법원법의 규정에 의하지 아니하고는 우편물의 검열·전기통신의 감청 또는 통신사실확인자료의 제공을 하거나 공개되지 아니한 타인 간의 대화를 녹음 또는 청취하지 못한다. 다만, 다음 각호의 경우에는 당해 법률이 정하는 바에 의한다.

② 우편물의 검열 또는 전기통신의 감청(이하 "통신제한조치"라 한다)은 범죄수사 또는 국가안전보장을 위하여 보충적인 수단으로 이용되어야 하며, 국민의 통신비밀에 대한 침해가 최소한에 그치도록 노력하여야 한다.

제14조(타인의 대화비밀 침해금지) ① 누구든지 공개되지 아니한 타인간의 대화를 녹음하거나 전자장치 또는 기계적 수단을 이용하여 청취할 수 없다.

② 제4조 내지 제8조, 제9조 제1항 전단 및 제3항, 제9조의2, 제11조 제1항·제3항·제4항 및 제12조의 규정은 제1항의 규정에 의한 녹음 또는 청취에 관하여 이를 적용한다.

제16조(벌칙) ① 다음 각 호의 어느 하나에 해당하는 자는 1년 이상 10년 이하의 징역과 5년 이하의 자격정지에 처한다.

1. 제3조의 규정에 위반하여 우편물의 검열 또는 전기통신의 감청을 하거나 공개되지 아니한 타인 간의 대화를 녹음 또는 청취한 자
2. 제1호에 따라 알게 된 통신 또는 대화의 내용을 공개하거나 누설한 자

제18조(미수범) 제16조 및 제17조에 규정된 죄의 미수범은 처벌한다.

「통신비밀보호법」은 통신 및 대화의 비밀과 자유에 대한 제한은 그 대상을 한정하고 엄격한 법적 절차를 거치도록 함으로써 통신비밀을 보호하고 통신의 자유를 신장함을 목적으로 제정된 법이다. 이 법 제3조와 제14조 및 제16조에 통신 및 대화의 비밀을 침해하는 행위를 처벌하는 규정을 두고 있으며, 그 미수범에 대하여도 처벌하고 있다(제18조).

통신과 대화의 비밀을 보호하기 위해 제정된 「통신비밀보호법」에 의해 처벌되는 주요범죄 구성요건으로는 대화비밀침해죄와 통신비밀침해죄 및 대화·통신

비밀누설죄를 들 수 있다.

1. 대화비밀침해죄

본죄는 '공개되지 아니한 타인 간의 대화를 녹음하거나 전자장치 또는 기계적 수단을 이용하여 청취함으로써 성립하는 범죄'이다(동법 제14조).

본죄의 행위객체는 '공개되지 아니한 타인 간의 대화'이고, 실행행위 및 그 행위수행방법은 '녹음'하거나 '전자장치 또는 기계적 수단을 이용하여 청취'하는 행위를 말한다. 따라서 타인간의 대화라 하더라도 몰래 엿듣기만 하거나 이를 기록하는 행위 또는 대화자 중 1인이 상대방 몰래 녹음한 경우에는 대화비밀침해죄의 객체에 해당하지 않거나 행위수행방법에 해당하지 않아 처벌할 수 없다.

2. 통신비밀침해죄

본죄는 통신비밀보호법이나 형사소송법 또는 군사법원법의 규정에 의하지 아니하고, '우편물을 검열하거나 전기통신을 감청함으로써 성립하는 범죄'이다.

본죄의 행위객체는 '우편물 또는 전기통신'이다. 여기서 '우편물'에는 통상우편물과 소포우편물을 포함한다. 그리고 '전기통신'이라 함은 '전화·전자우편·회원제정보서비스·모사전송·무선호출 등과 같이 유선·무선·광선·부호 또는 영상을 송신하거나 수신하는 것'을 말한다.

우편물의 검열 또는 전기통신의 감청(통신제한조치)은 범죄수사 또는 국가안전보장을 위하여 보충적인 수단으로 이용되어야 하며, 국민의 통신비밀에 대한 침해가 최소한에 그치도록 하여야 한다(동법 제3조 제2항). 불법검열 또는 불법감청에 의해 취득한 내용은 재판 또는 징계절차에서 증거로 사용할 수 없다(동법 제4조).

3. 대화·통신비밀누설죄

본죄는 '대화비밀을 침해하거나 통신비밀을 침해하여 취득한 타인 간의 대화의 내용 또는 통신의 내용을 공개하거나 누설함으로써 성립하는 범죄'이다.

본죄의 객체는 '취득한 타인 간의 대화 또는 통신의 내용'을 말한다.

Ⅳ. 업무상 비밀누설죄

> 제317조(업무상 비밀누설) ① 의사, 한의사, 치과의사, 약제사, 약종상, 조산사, 변호사, 변리사, 공인회계사, 공증인, 대서업자나 그 직무상 보조자 또는 차등의 직에 있던 자가 그 직무처리중 지득한 타인의 비밀을 누설한 때에는 3년 이하의 징역이나 금고, 10년 이하의 자격정지 또는 700만원 이하의 벌금에 처한다.
> ② 종교의 직에 있는 자 또는 있던 자가 그 직무상 지득한 사람의 비밀을 누설한 때에도 전항의 형과 같다.
> 제318조(고소) 본죄는 고소가 있어야 공소를 제기할 수 있다.

1. 의의 및 보호법익

본죄는 의사, 한의사, 치과의사, 약제사, 약종상, 조산사, 변호사, 공인회계사, 공증인, 대서업자나 그 직무상 보조자 또는 차등의 직에 있던 자가 그 업무처리 중 지득한 타인의 비밀을 누설하거나, 종교의 직에 있는 자 또는 있던 자가 그 직무상 지득한 타인의 비밀을 누설함으로써 성립되는 범죄이다.

본죄의 주된 보호법익은 '개인의 비밀'이고, 부차적 보호법익은 '일정한 직업에 종사하는 자가 업무상 알게 된 타인의 비밀을 누설하지 않는다는 점에 대한 일반인의 신뢰'이다.

법익보호의 정도는 추상적 위험범이다.

2. 객관적 구성요건

(1) 행위주체

본죄의 행위주체는 의사·한의사·치과의사·약제사·약종상·조산사·변호사·변리사·공인회계사·공증인·대서업자나 그 직무상 보조자 또는 종교의 직에 있는 자와 과거에 있던 자에 국한된다. 간호사와 간호조무사, 변호사 사무실 직원 등은 직무상의 보조자로서 행위주체에 포함되지만 수의사는 제외된다.[15] 따라서 여기에 열거되지 않은 자는 본죄의 정범이 될 수 없으므로 본죄는 진정신분범이다.

---

15) 간호사와 간호조무사는 의사의 보조자가 아니라는 견해도 있다.

그런데 본죄가 진정신분범이지만 간접정범이 불가능한 자수범인가 여부에 대해서는 학설의 대립이 있다. 이에 관하여 본죄의 행위주체로 열거되지 않는 자는 직접정범은 물론 간접정범도 될 수 없으므로 본죄는 자수범이라는 견해[16]가 다수설의 입장이다. 그러나 비신분자가 본죄의 간접정범이 될 수 없는 이유는 본죄가 진정신분범이기 때문이며,[17] 신분자는 비신분자 또는 다른 신분자를 생명있는 도구로 이용하여 본죄를 범할 수 있으므로 본죄는 자수범이 아니라는 견해가 타당하다.[18]

한편 세무사는 「세무사법」 제11조, 제22조 제1항 제2호, 부동산중개업자는 「부동산중개업법」 제16조의2, 제38조 제2항 제5호에 의하여 처벌된다. 그러나 법무사는 「법무사법」 제27조에 비밀누설금지를 규정하고 있으나 처벌조항이 결여되어 있다.

공무원 또는 공무원이었던 자가 법령에 의한 직무상의 비밀을 누설한 때에는 공무상 비밀누설죄(제127조)로 처벌되며, 외교상의 비밀을 누설한 때에는 외교상 비밀누설죄(제113조)가 성립한다. 또한 기업의 임·직원 또는 임·직원이었던 자가 부정한 이익을 얻거나 기업에 손해를 가할 목적으로 그 기업에 유용한 영업비밀을 누설한 때에는 「부정경쟁방지 및 영업비밀보호에 관한 법률」 제18조에 의하여 처벌된다.

본죄의 주체는 대체적으로 「형사소송법」 제149조의 증언거부권자로 규정되어 있다.[19]

세무사와 간호사는 업무상 비밀누설죄의 행위주체로 명문화되어 있지는 않지만, 증언거부권자로는 명문화되어 있다. 간호사의 경우에는 업무상 비밀누설죄의 행위주체인 의사 등의 보조자로서 본죄의 행위주체가 되지만 세무사는 제외

---

16) 이재상/장영민/강동범, 230면.

17) 예컨대 비신분자가 그 정을 모르는 의사를 이용하여 비밀을 누설하여도 업무상 비밀누설죄의 간접정범이 되지 않는다.

18) 김일수/서보학, 237면; 손동권/김재윤, 243면; 오영근, 310면.

19) 형사소송법 제149조에 "변호사, 변리사, 공증인, 공인회계사, 세무사, 대서업자, 의사, 한의사, 치과의사, 약사, 약종상, 조산사, 간호사, 종교의 직에 있는 자 또는 이러한 직에 있던 자가 그 업무상 위탁을 받은 관계로 알게 된 사실로서 타인의 비밀에 관한 것은 증언을 거부할 수 있다. 다만, 본인의 승낙이 있거나 중대한 공익상 필요가 있는 때에는 예외로 한다."고 규정하고 있다.

된다.

(2) 행위객체

본죄의 행위객체는 '업무처리 중 또는 종교의 직무상 지득한 타인의 비밀'이다. 여기서 '비밀'이란 한정된 범위의 사람들에게만 알려진 사실로 타인에게 알려짐으로써 비밀의 주체에게 불리하게 되고 알려지지 않음으로써 본인에게 이익이 되는 사실을 말한다. 따라서 공지의 사실은 비밀이 아니며, 비밀은 진실한 사실이어야 한다. 허위의 사실이나 가치판단은 모욕이나 명예훼손은 될지라도 비밀누설의 대상은 아니다.

비밀의 판단기준과 관련해서는, ① 객관적으로 비밀로 보호해야 할 이익(비밀유지이익)이 있는 사실이 비밀이 된다는 견해(객관설), ② 본인이 비밀로 유지하기를 원하는 의사(비밀유지의사)가 있는 사실은 비밀이라는 견해(주관설), ③ 본인이 비밀로 유지하기를 원하는 의사가 있고 객관적으로는 비밀로서 보호해야 할 이익이 있는 사실이 비밀이 된다는 견해(절충설)가 있다.

생각건대 본죄의 구성요건을 무한정 확대할 수 없으므로, 비밀이란 주관적으로 비밀유지의사가 있고 객관적으로 비밀유지이익이 일치하는 경우만을 비밀로 이해하는 절충설이 통설[20]이며 타당하다.

본죄의 비밀은 '업무처리 중 또는 종교의 직무상 취득한 타인의 비밀'에 한정된다. 따라서 업무처리와 관계없이 알게 된 사실은 본죄의 비밀이 아니다.

(3) 실행행위

본죄의 실행행위는 비밀을 '누설'하는 것을 말한다.

여기서 '누설'(漏泄)이란 비밀의 내용을 모르는 자에게 알리는 행위를 하는 것, 즉 고지하는 행위이며, 누설행위의 상대방이 현실적으로 비밀의 내용을 인식했는가 여부와 관계없이 누설행위 자체만으로 처벌되므로 본죄는 추상적 위험범이다. 누설의 방법은 작위·부작위·서면·구두·거동 등 어느 방법으로도 가능하다. 공연성을 요건으로 하지 않기 때문에 특정인에게 누설하는 경우에도 본죄는 성립한다. 다만, 공연히 비밀을 누설하여 명예를 훼손한 때에는 업무상 비밀누설죄와 명예훼손죄의 상상적 경합이 된다.

---

20) 박상기, 228면; 배종대 56/6; 오영근, 201면; 임웅, 282면; 정성근/박광민, 223면; 정영일, 124면.

3. 주관적 구성요건

행위주체는 자기의 신분에 대한 인식과 업무처리상 또는 종교직무상 알게된 타인의 비밀을 누설한다는 것에 대한 인식과 의사, 즉 비밀누설에 대한 인식과 의사가 필요하다. 타인의 비밀인가 여부에 대한 착오는 구성요건적 착오가 되어 고의가 조각되지만, 비밀누설금지의무에 위반하지 않는다고 오신한 경우에는 비밀누설금지의무에 대한 착오로서 위법성의 착오가 되어 정당한 이유가 있으면 책임이 조각된다.

4. 위 법 성

(1) 피해자의 승낙

비밀누설죄는 본인의 의사에 반할 것을 요하므로 피해자의 동의는 본죄의 구성요건해당성이 조각되는 양해에 해당한다는 다수설의 태도가 타당하다.

(2) 정당행위

법령에 의한 정당행위로서 본죄의 위법성이 조각되는 경우로는, 예컨대 「감염병의 예방 및 관리에 관한 법률」 제11조에 의해 의사가 진료한 감염병환자를 보건소장에게 신고하는 행위를 들 수 있고, 업무로 인한 정당행위로는 이혼소송을 수임한 변호사가 정당한 변론활동의 범위 내에서 상대방의 비밀을 법정에서 공개하는 행위가 여기에 해당한다.

(3) 긴급피난

긴급피난으로 본죄의 위법성이 조각되는 경우로는, 예컨대 의사가 업무처리 중 알게 환자의 질병을 환자와 결혼하려는 자기 아들에게 알린 경우, 운전자의 간질병을 치료한 의사가 사고를 예방하기 위하여 관계관청에 알린 경우가 여기에 해당한다.

(4) 증언거부권자의 증언

「형사소송법」 제149조의 업무상 비밀에 대한 증언거부권자와 업무상 비밀누설죄의 행위주체가 동일하지는 않다. 증언거부권자로 간호사와 세무사가 명시되어 있으나, 업무상 비밀누설죄의 행위주체에 세무사는 포함되지 않으며, 간호사는 명시적이지는 않지만 업무보조자로서 포함된다.

「형사소송법」제149조의 증언거부권을 본죄의 행위주체가 업무상 지득한 타인의 비밀을 본인의 승낙이 있거나 중대한 공익상의 필요가 있는 때에는 동조 단서에 의해 증언을 하더라도 업무상 비밀누설죄의 구성요건해당성 내지 위법성이 조각된다. 그러나 이러한 사정이 없는데도 불구하고 증언거부권을 행사하지 아니 히고 업무상 알게 된 타인의 비밀을 증언한 경우에 업무상 비밀누설죄의 성립여부가 문제된다.

이에 관해서는, ① 증언거부권을 인정하여 묵비의무를 보장하고 있는 이상 그 요건이 충족되는데도 불구하고 자의로 증언한 경우에는 **업무상 비밀누설죄가 성립한다는 견해**[21]와, ② 증언거부권자는 증언거부권을 포기할 수 있으며, 실체적 진실발견이라는 소송법상의 공익목적을 위해 증언하는 행위는 업무상 비밀누설 행위에 해당하더라도 일종의 **의무의 충돌로서 위법성이 조각된다고 이해하는 통설**[22]의 입장이 대립한다.

생각건대 법질서가 국민에게 모순되는 의무를 동시에 부과할 수는 없고 본죄의 주체가 증언거부권을 행사하지 아니하면 당연히 증언의무가 발생하여 비밀준수의무로부터 벗어난다고 보아야 하며, 또한 실체적 진실발견이라는 공익목적을 위해 업무상의 비밀누설행위를 한 경우에는 일종의 의무의 충돌에 해당하여 위법성이 조각된다고 해석하는 통설의 입장이 타당하다.

5. 죄   수

업무상 지득한 타인의 비밀을 공연히 누설하여 타인의 명예를 훼손한 경우에는 **업무상 비밀누설죄와 명예훼손죄의 상상적 경합**이 된다.

6. 친 고 죄

본죄는 고소가 있어야 공소를 제기할 수 있는 친고죄이다.

---

21) 강구진, 204면; 김일수/서보학, 197면; 이형국, 291면. 독일에서는 통설의 입장이다.
22) 배종대, 56/11; 백형구, 404면; 손동권/김재윤, 248면; 오영근, 204면; 이영란, 237면; 임웅, 284면; 이재상/장영민/강동범, 233면.

제 2 절 주거침입의 죄

I. 개 설

1. 의 의

주거침입의 죄란 사람의 주거 또는 관리하는 장소의 평온과 안전을 침해하는 것을 내용으로 하는 범죄이다.

「헌법」제16조는 '모든 국민은 주거의 자유를 침해받지 아니한다. 주거에 대한 압수나 수색을 할 때는 검사의 신청에 의하여 법관이 발부한 영장을 제시하여야 한다.'라고 규정하고 있다.

영미법에서는 범죄를 범할 목적으로 침입하는 주거침입(burglary: 야간, housebreaking: 주간)한 경우만을 처벌한다. 독일에서는 주거침입죄를 공공질서에 대한 죄로, 일본에서는 사회적 법익에 대한 죄로 규정하고 있다. 이와 달리 우리나라는 개인적 법익에 대한 죄로 규정하여 '개인의 주거권' 또는 '주거의 평온'을 보호하고 있다.

주거침입의 죄로 규정된 제26장의 구성요건체계를 살펴보면, 주거침입죄와 퇴거불응죄를 기본적 구성요건으로, 불법가중적 구성요건으로 특수주거침입죄가 있으며, 독립된 구성요건으로 주거·신체수색죄가 있고, 이상의 각 죄에 대하여는 미수범을 처벌한다.

2. 보호법익

주거침입죄의 보호법익이 자유권적 성질을 가지는 인격적 법익이라는 점에 대하여는 이견이 없으나, 그 구체적인 내용에 관해서는 다음과 같이 크게 3가지 견해로 나누어진다.

(1) 학설의 대립

1) 주거권설

사실상의 주거생활자인 주거권자의 주거의 자유권이 보호법익이라는 견해이다. 이때 주거권이란 '사람의 주거의 평온을 확보하고, 권한없는 타인의 침입에 의해 이를 방해받지 않을 권리', '주거 안에서 권한 없는 사람의 존재에 의하여 방해받지 않을 이익'을 말한다. 주거권설은 인격적 자유권의 일종으로 파악함으로써 법익주체자인 주거권자의 의사에 반하여 주거권을 침해한 이상 사실상 주거하고 있는 자나 다른 공동주거권자의 승낙을 받고 주거에 들어간 경우에도 주거침입죄가 성립하게 된다. 독일, 스위스, 오스트리아의 통설이고, 우리나라에서는 소수설이다.[23]

2) 사실상의 평온설

보호법익은 권리로서의 주거권이 아니라 주거를 지배하고 있는 사실관계, 즉 주거에 대한 공동생활자 전원의 주거에 대한 '사실상의 평온'이라는 입장으로 다수설[24]과 판례[25]의 태도이다. 따라서 사실상의 주거자나 관리자의 승낙을 받고 타인의 주거에 들어간 경우에는 주거의 사실상의 평온을 해하는 것은 아니므로 주거침입죄가 성립하지 않게 된다.

3) 개별화설

이 견해는 주거권설을 비판하면서, 주거침입죄의 모든 객체에 타당하다고 주장하는 주거권은 매우 형식적인 개념으로서 주거침입죄의 구성요건요소의 해석에는 실제로 도움을 주지 못하므로 주거침입죄의 행위객체에 따라 개별적으로 주거침입죄의 보호법익을 파악해야 한다는 입장이다.[26] 이를 구별설 또는 실질설이라고도 한다.

이른바 구별설은 주거침입죄의 보호법익을 개별화하여 구별하는 태도로서, ① 개인의 사적 장소와 ② 일반인의 출입이 자유로운 장소로 구분하여, 전자의 보호법익은 주거의 사실상의 평온이고, 후자의 보호법익은 업무상의 평온과 비밀이라는

---

23) 박상기, 233면; 이재상/장영민/강동범, 235면; 사실상의 평온설에 대한 비판으로는, ① 주거의 평온을 보호법익이라 하게 되면 개인적 법익이기보다는 공공의 질서에 대한 죄, 즉 사회적 법익의 성격이 강하게 되며, ② 주거의 평온에 대한 결정의 자유라는 인격적 자유권으로 권리성이 인정되고, ③ 주거에서의 사실상의 평온은 법익주체의 의사와 관계없이 판단할 수 없다는 점을 들고 있다(이재상/장영민/강동범, 235면).

24) 김성천/김형준, 337면; 김일수/서보학, 200면; 김종원, 141면; 배종대, 57/6; 백형구, 386면; 이형국, 360면; 정성근/박광민, 246면.

25) 대법원 2001. 4. 24. 선고 2001도1092 판결; 대법원 1996. 5. 10. 선고 96도419 판결; 대법원 1984. 6. 26. 선고 83도685 판결.

26) 김일수, 516~517면; 임웅, 225면.

입장을 취하고 있다.

생각건대 먼저 개별화설은 사적인 비밀이나 영업상 또는 국가의 비밀까지 보호한다는 점에서 문제이고, 이러한 구별을 하지 않고서도 주거의 사실상의 평온을 보호할 수 있으므로 구별이 불필요하다. 또한 주거권설은 주거권의 법적 성격이 불명확하고, 보호법익을 주거권으로 보는 것은 범죄의 본질을 권리침해로 이해하는 낡은 사상의 입장이며, 나아가 형법상의 보호가치는 적법한 권리에 있는 것이 아니라 정당성에 있으므로 정당성은 사회적 활동의 기반 위에서 사실상 평온하게 이루어지는가에 좌우된다고 할 수 있다. 그 밖에도 주거권설에 의하면 주거권이 없는 사실상의 주거생활자를 보호할 수 없게 된다.

따라서 주거침입죄의 보호법익은 일정한 주거에 대한 지배권인 주거권이 아니라 주거에 대한 사실상의 지배관계, 즉 **주거생활자의 사실상의 평온을 보호하기** 위한 것이라고 보는 **다수설과 판례**[27]의 입장이 타당하다고 생각된다.

(2) 보호의 정도

추상적 위험범설[28]과 **침해범설**[29]이 대립한다. 보호법익을 주거권으로 이해하는 입장에서는 추상적 위험범설을 취하게 된다. 침해범설을 취하게 되면 비어 있는 집에 들어간 경우 주거침입죄를 인정하기 어려우므로 추상적 위험범설이 타당하다는 견해도 있으나, 주거자의 현실적인 주거의 평온만이 아니라 잠재적인 주거의 평온도 보호법익이고, 또한 본죄의 미수범도 처벌하고 있는 점을 고려할 때 **침해범설**이 타당하다.

판례는 '사실상의 평온을 해하였다면' 주거침입죄의 기수가 된다고 표현함으로써, 침해범으로 본 것인지 추상적 위험범으로 본 것인지 분명한 태도를 보이고 있지 않다고 평가된다.

3. 구성요건의 체계

주거침입죄의 기본적 범죄유형은 주거침입죄와 퇴거불응죄이다. 독립된 범죄유형으로 신체·주거수색죄가 있다. 본장의 죄의 미수범은 처벌한다.

---

27) 대법원 2008. 5. 8. 선고 2007도11322 판결; 대법원 2001. 4. 24. 선고 2001도1092 판결; 대법원 1995. 9. 15. 선고 94도2561 판결.
28) 박상기, 231면; 이재상/장영민/강동범, 236면.
29) 오영근, 278면; 임웅, 249면.

2명 이상이 공동하여 주거침입죄 또는 퇴거불응죄를 범한 사람에 대하여는 「폭력행위 등 처벌에 관한 법률」 제2조 제2항에 의하여 2분의 1까지 가중처벌할 수 있으며, 2회 이상 징역형을 받은 사람이 다시 주거침입죄와 퇴거불응죄를 범하여 누범으로 처벌할 경우에는 동조 제3항에 의해 7년 이하의 징역형으로 가중처벌 된다.

II. 주거침입죄

제319조 제1항(주거침입) 사람의 주거, 관리하는 건조물, 선박이나 항공기 또는 점유하는 방실에 침입한 자는 3년 이하의 징역 또는 600만원 이하의 벌금에 처한다.
제322조(미수범) 본죄의 미수범은 처벌한다.
[특정범죄 가중처벌 등에 관한 법률]
제5조의4(상습 강도·절도죄 등의 가중처벌) ⑥ 상습적으로 「형법」 제329조부터 제331조까지의 죄나 그 미수죄 또는 제2항의 죄로 두 번 이상 실형을 선고받고 그 집행이 끝나거나 면제된 후 3년 이내에 다시 상습적으로 「형법」 제329조부터 제331조까지의 죄나 그 미수죄 또는 제2항의 죄를 범한 경우에는 3년 이상 25년 이하의 징역에 처한다.
[폭력행위 등 처벌에 관한 법률]
제2조(폭행 등) ② 2명 이상이 공동하여 다음 각 호의 죄를 범한 사람은 「형법」 각 해당 조항에서 정한 형의 2분의 1까지 가중한다.
  1. 「형법」 제260조 제1항(폭행), 제283조 제1항(협박), 제319조(주거침입, 퇴거불응) 또는 제366조(재물손괴 등)의 죄

1. 의의 및 성격

주거침입죄는 사람의 주거·관리하는 건조물·선박이나 항공기 또는 점유하는 방실에 침입함으로써 성립하는 범죄이다. 본죄는 주거침입죄의 기본적 구성요건이다.

본죄의 보호법익에 대하여는, ① 주거 등의 사실상의 평온이라는 견해(사실상의 평온설), ② 주거에 대한 자유권이라는 견해(주거권설), ③ 개인의 사적 장소인 주택, 연구실 등의 보호법익은 주거의 사실상의 평온이고, 공중이 자유로이 출입할 수 있는 개방된 장소인 백화점, 은행, 관공서 등의 보호법익은 업무의 평온과 비밀이라는 견해(개별화설), 그리고 ④ 주거권 및 사실상의 평온이라는 견해(절충

설) 등의 대립이 있으나, 주거의 사실상의 평온설이 타당하며, 이는 판례와 다수설의 입장이기도 하다.

법익보호의 정도에 대하여는 **위험범**이라는 견해도 있으나, 주거에 대한 사실상의 평온이 침해되었을 때 기수가 되는 **침해범**으로 보는 입장이 타당하다.

2. 객관적 구성요건

(1) 행위객체

본죄의 행위객체는 '사람의 주거, 관리하는 건조물, 선박이나 항공기 또는 점유하는 방실'이다.

1) 사람의 주거

사람의 주거에 대하여는, ① '**사람이 기거하고 침식하는 장소**'라는 견해[30]와 ② 사람이 일상생활을 영위하기 위해 점거하고 있는 장소면 족하지 **침식에 사용되는 것**까지 요하지는 않는다는 견해[31]가 대립한다. 생각건대 '사람의 주거'를 단순히 일상생활만을 영위하는 곳이라고만 볼 수 없으며, 또한 점유하고 있는 방실을 별도로 본죄의 객체로 규정하고 있는 점을 고려해보면 주거란 사람이 잠을 자면서 음식도 만들어 먹는 일정한 공간을 의미한다고 해석하는 전자의 견해가 타당하다.

본조의 주거는 타인의 주거를 말하며, 본인이 공동생활의 일원으로 생활하는 주거는 여기에서 제외된다. 주거는 계속적으로 사용하지 않고 일시적으로 사용하는 주말별장도 포함된다. 또한 주거의 장소는 반드시 적법하게 점유하고 있을 것을 요건으로 하지는 않는다.

주거용 건물뿐만 아니라 그 부속물인 계단, 복도, 지하실, 정원 등도 포함되며,[32] 천막, 판자집, 토굴이나 주거용차량도 사람이 기거하고 침식하는 장소이면 주거가 될 수 있다. 사람이 현존할 것을 요하는 것도 아니므로 일시적으로 비워둔 집도 포함된다.[33] 반드시 주거가 육상에 있을 것을 요하지도 않으므로 해상가옥이나 인공위성에 의한 주거용 우주비행선도 여기에 포함시킬 수 있다.

---

30) 김일수/서보학, 201면; 박상기, 233면; 손동권/김재윤, 252면; 오영근, 207면; 임웅, 288면; 정성근/박광민, 247면.
31) 강구진, 190면; 배종대, 58/2; 이재상/장영민/강동범, 236면; 이정원, 280면.
32) 대법원 2001. 4. 24. 선고 2001도1092 판결.
33) 대법원 1967. 12. 26. 선고 67도1439 판결.

2) 관리하는 건조물, 선박이나 항공기

'관리하는 건조물'에서 '관리'란 물리적·현실적 관리를 의미하므로, 사실상 사람이 관리·지배하고 있는 건조물로서 타인의 침해를 방지하는 데 족한 인적·물적 설비를 갖출 것을 요한다. 예컨대 경비원을 두거나, 자물쇠로 잠근 경우 또는 못질을 해둔 경우에는 여기의 관리에 해당한다. 그러나 출입금지표지판의 설치에 대하여는 이를 관리라고 볼 수 없다는 견해[34]와 관리라고 볼 수 있다는 견해[35]의 대립이 있다. 단순한 출입금지표지판 하나만으로는 관리하는 건조물이라고 볼 수 없으므로 부정설이 타당하다.

'건조물'이란 주거를 제외한 일체의 건물을 말한다. 따라서 주거에 사용할 목적으로 건축된 가옥, 빈집이나 창고, 폐쇄된 별장, 공장, 교회, 사찰, 관공서의 청사 등이 여기에 속하며, 건물뿐만 아니라 정원과 부속건물도 포함한다. 건조물이므로 토지에 정착된 건물을 말하며 사람이 출입할 수 있어야 한다. 따라서 주거에 사용할 수 없거나 토지에 정착되어 있지 않은 천막이나 물탱크시설,[36] 개집 등은 건조물이라 할 수 없다.

'선박이나 항공기'라 함은 적어도 사람이 주거에 사용할 수 있을 정도의 규모와 공간을 지닌 선박이나 항공기여야 한다.[37] 주거가 불가능한 조그마한 보트는 여기에 해당하지 않는다.

3) 점유하는 방실

'점유하는 방실'이란 건물 내에서 사실상 지배·관리하는 일정한 구획을 말한다. 연구실, 빌딩 내의 사무실이나 점포, 호텔이나 여관의 투숙중인 방, 하숙방[38] 등이 이에 해당한다.

(2) 실행행위

주거침입죄의 실행행위는 주거 등의 행위객체에 대한 주거자의 의사에 반한 '신체적 침입행위'가 있어야 한다.

---

34) 이재상/장영민/강동범, 236면; 배종대, 58/2.
35) 오영근, 207면.
36) 대법원 2007. 12. 13. 선고 2007도7247 판결.
37) 박상기, 233면; 배종대, 58/5; 손동권/김재윤, 253면; 이재상/장영민/강동범, 237면; 정성근/박광민, 248면; 정영일, 128면.
38) 대법원 1965. 1. 26. 선고 64도587 판결.

1) 신체적 침입행위

가. 침입행위　　여기서 '침입행위'란 행위자의 신체가 주거권자의 의사 또는 추정적 의사에 반하여 주거에 들어가는 것을 말한다. 그러므로 주거자의 동의나 승낙 하에 주거에 들어가는 경우는 구성요건해당성이 조각되는 양해에 해당한다. 예 컨대 신체가 들어가지 않고 건물 안을 바깥에서 들여다보는 행위, 건물 안으로 돌을 던지는 행위, 전화걸기 등은 본죄의 침입행위에 해당하지 않는다. 침입은 공공연하게 행해졌는가, 은밀히게 행해졌는가, 폭력적으로 행해졌는가를 불문한다.

침입행위의 방법은 일반적으로 작위에 의해서 행해지지만 **부작위에 의해서도** 가능하다. 예컨대 주거에 대하여 보증의무 있는 자가 제3자의 침입을 방치하거나, 주거침입인 것을 인식하지 못하고 침입한 자가 그 사실을 알고도 계속 체류하든 가, 허가를 받고 주거에 들어온 자가 허용된 시간을 초과하여 머무르는 경우 등 을 들 수 있다. 퇴거불응죄와는 달리 주거권자의 퇴거요구를 받을 것을 요건으로 하지 않는 점에서 구별된다.

본죄의 침입행위에 해당하기 위해서는, ① 신체의 일부침입으로 족하다는 견 해[39]와 ② 신체의 대부분이 들어가야 한다는 견해, 그리고 ③ 신체의 전부가 들 어가야 한다는 견해[40]가 대립하며, 판례[41]는 신체의 **일부침입설**의 입장을 취하고 있 다. 주거침입죄의 미수범을 처벌하고 주거침입죄를 계속범으로 이해하는 **통설**에 의하면 **신체의 전부침입설**이 **타당**하다. 신체의 일부침입설에 의하면 주거의 사실상 의 평온에 대한 침해 여부에 따라 기수·미수를 결정해야 한다는 입장으로서, 이

---

39) 주거침입죄의 기수시기와 관련하여 독일에서는 신체의 일부침해설이 통설이다.

40) 강구진, 195면; 박상기, 234면; 배종대, 58/8; 손동권/김재윤, 258면; 이재상/장영민/강동범, 238면; 정성근/박광민, 252면.

41) 대법원 1995. 9. 15. 선고 94도2561 판결(① 주거침입죄는 사실상의 주거의 평온을 보호법 익으로 하는 것이므로, 반드시 행위자의 신체의 전부가 범행의 목적인 타인의 주거 안으 로 들어가야만 성립하는 것이 아니라 신체의 일부만 타인의 주거 안으로 들어갔다고 하더 라도 거주자가 누리는 사실상의 주거의 평온을 해할 수 있는 정도에 이르렀다면 범죄구성 요건을 충족하는 것이라고 보아야 하고, … 신체의 극히 일부분이 주거 안으로 들어갔지 만 사실상의 주거의 평온을 해하는 정도에 이르지 아니하였다면 주거침입죄의 미수에 그 친다. ② … 비록 신체의 일부가 집안으로 들어갔다고 하더라도 사실상의 주거의 평온을 해하였다면 주거침입죄는 기수에 이르렀다고 할 것이다).

는 판례의 입장이기도 하다.[42] 따라서 일반공중의 출입이 허용되는 개방된 장소에 공개된 시간 내에 허용된 출입방법으로 들어가는 경우에는 무단침입행위가 아니므로 여기의 침입에 해당하지 않는다.

나. 외부로부터의 침입　　침입행위는 주거 밖에서 주거 안으로 주기자의 동의 없이 들어가는 것이므로 이미 주거 안에 있는 자의 경우에는 침입행위를 한다고 할 수 없다. 따라서 교도소 안에 있는 수형자가 자기 감방에서 다른 수형자의 감방에 들어가는 행위를 하거나, 공무원이 상사의 집무실에 동의 없이 들어가는 경우에는 침입행위가 아니라는 견해도 있으나, '**점유하는 방실**'에 대한 외부로부터의 침입행위가 되므로 **주거침입죄가 성립**한다는 견해가 타당하다고 생각된다.[43]

2) 사실상의 주거자·관리자의 의사

본죄의 침입행위는 주거자·관리자·점유자의 동의 또는 추정적 의사에 반해서 주거에 들어가는 것을 말한다.

가. 주 거 자　　본죄에서 주거자란 주거 등에의 출입과 체류를 결정할 수 있는 권리가 있는 사람을 말한다. 반드시 주거 등에 대한 소유자가 아니더라도 사실상 거주·점유·관리하고 있는 자이면 족하고, 반드시 적법한 권원에 의한 거주일 것이 요구되지도 않는다.

　　(가) 차가(借家)의 경우　　가옥의 소유자 또는 제3자에 대한 관계에서 임차인인 동의권자이다. 적법하게 점유를 개시하여 사실상 거주하고 있는 이상 임대차기간이 종료되어도 임차인이 계속 거주하고 있으면 임차인이 주거자가 된다.

　　(나) 공동주거의 경우　　수인이 공동으로 주거하는 경우에는 각자가 주거자로서 주거에 대하여 출입, 체류를 결정할 수 있다.

　　① 주거 내에 공동주거자가 현존하고 있는 경우　　공동주거자의 명시적·묵시적 동의를 얻지 못하거나 또는 추정적 의사에 따른 동의가 예상되지 않는 경우라면 원칙적으로 단독으로 출입을 허용할 수는 없다. 다만 공동주거자의 공동생활규칙이나 일상생활 경험법칙상 사회상규의 범위 내에서 다른 공동생활자의 의사에 반해서 출입을 허용한 경우에는 주거침입죄의 구성요건해당성 내지 위법성이 조각된다고 보아야 한다.

---

42) 대법원 1995. 9. 15. 선고 95도2561 판결.
43) 오영근, 325면.

예컨대 공동주거자인 의붓아버지를 살해하기 위해 친구를 불러들이거나, 병석에 누워 있는 남편 몰래 처가 정부를 불러들인 경우에는 주거침입죄가 성립되지만,[44] 남편이 출장 중인 틈을 타서 정부를 주거에 불러들인 경우에는 주거자의 사실상의 평온을 침해했다고 볼 수 없으므로 주거침입죄가 성립하지 않는다고 보는 것이 타당하다.[45] 그러나 판례[46]와 소수설[47]은 주거침입죄가 성립하는 것으로 보고 있다

② 다른 공동주거자가 외출하여 주거에 현존하지 않은 경우   이 경우에는 다른 공동주거자의 명시적·묵시적 또는 추정적 동의를 기대할 수 없어서 거주자 1인의 동의하에 들어 간 경우에는 견해가 대립한다.

㈀ 주거권설에 의하면 다른 주거권자의 주거권도 보호되어야 하므로 주거침입죄가 성립한다고 보고 있다.[48] 이에 반하여 ㈁ 사실상의 평온설에 의하면 외출 중인 자는 주거에 대한 현실적 평온을 가질 수 없으므로 주거에 남아 있는 자의 동의를 얻고 들어간 경우에는 현실적 평온이 침해될 위험이 없으므로 본죄의 성립을 부정하고 있다.[49] 한편 ㈂ 사실상의 평온설을 취하면서도 주거의 사실상의 평온은 현실적 평온만이 아니라 외출중인 자의 잠재적 평온도 포함되므로 주거침입죄가 성립한다는 견해[50] 등이 있다.

판례는 외출 중인 자의 주거에 대한 지배관리관계가 존속한다고 보아 출입의 목적이 사회통념상 외출 중인 자의 의사에 반하는 경우에는 현실적 주거자의 동의가 있더라도 다른 공동주거자의 주거에 대한 사실상의 평온이 침해되므로 주거침입죄가 성립한다는 입장을 보이고 있다.[51]

생각건대 사실상의 평온설에 의하더라도 주거의 사실상의 평온이란 현실적 평온과 잠재적 평온이 모두 포함된다고 보아야 한다. 왜냐하면 공동주거자 모두가 외출한 경우에 주거에 침입한 경우에는 공동주거자의 현실적 평온이 아니라 잠재

---

44) 임웅, 245면.

45) 강구진, 193; 김성천/김형준, 380면; 김일수/서보학, 204면; 배종대, 58/10; 오영근, 211면.

46) 대법원 1984. 6. 26. 선고 83도685 판결.

47) 박상기, 239; 이재상/장영민/강동범, 240면.

48) 박상기, 237~238면; 이재상/장영민/강동범, 241면.

49) 강구진, 193면; 배종대, 306면; 백형구, 388면; 오영근, 271면; 이형국, 364면; 임웅, 245면.

50) 정성근/박광민, 231면.

51) 대법원 1984. 6. 26. 선고 83도685 판결.

적 평온을 침해했기 때문이다.

　그러나 외출 중인 자와 현존하는 자 사이에는 외출 중인 자가 주거에 남아 있는 자에게 주거자의 지위를 특정한 다른 약정이 없는 이상 사실상 위탁하였다고 볼 수 있기 때문에 현존 거주자의 동의하에 주거에 들어간 경우에는 주거의 사실상의 현실적인 평온뿐만 아니라 잠재적 평온을 침해한 것도 아니므로 **주거침입죄는 성립하지 않는다고 부정하는 견해가 타당하다고 생각된다.**

　　③ 동의권의 위탁　　주거자는 주거에 출입, 체류 여부를 결정할 수 있는 권한을 타인에게 위탁할 수 있다. 예컨대 외출을 하면서 가정관리사에게 집을 보게 한 경우이다. 이때에도 수탁자는 위탁된 범위 내에서만 주거자로서의 지위를 갖게 된다.

　나. 주거자의 의사　　주거자의 동의는 본죄의 **구성요건해당성을 조각하는 양해**에 해당한다. 그러므로 주거자의 명시적·묵시적 또는 추정적 의사에 반하여 들어갔느냐 여부가 문제된다.

　　(가) 주거자 또는 수탁자의 명시적인 의사에 반하는 경우　　당연히 주거침입죄가 성립한다. 그러나 주거자의 지위에 관하여 법률적 다툼이 있는 경우에는 주거자의 지위를 상실하기 전까지는 그 지위를 가지므로 주거침입죄가 성립하지 않는다. 따라서 법률적 쟁송으로 해고의 효력을 다투는 해고근로자가 회사 내의 노조사무실에 들어가더라도 확정판결이 있기 전까지는 주거자로서의 지위에 있으므로 건조물침입죄는 성립하지 않는다.[52] 또한 사용자가 직장폐쇄를 한 경우에는 근로자의 쟁의행위에 대한 방어수단으로서 상당성이 있어야만 사용자의 정당한 쟁의행위로 인정될 수 있고, 사용자의 정당하지 아니한 직장폐쇄에 대하여 근로자가 평소 출입이 허용되는 사업장 안에 들어가는 행위는 주거침입죄를 구성하지 않는다.[53]

　그러나 법률적 쟁송이 아닌 사용자와 개별적 또는 집단적 협의과정을 통하여 해고의 효력을 다투고 있는 자는 노동조합법이 금지하고 있는 제3자로서 주거자라고 볼 수 없으므로 **건물침입죄가 성립**한다.[54]

---

52) 대법원 1990. 11. 27. 선고 89도1579 전원합의체 판결; 대법원 1991. 11. 8. 선고 91도326 판결.
53) 대법원 2002. 9. 24. 선고 2002도2243 판결.
54) 대법원 1994. 2. 8. 선고 93도120 판결. 해고처분무효소송을 제기하여 그 효력을 다툼으로

(나) 폭행·협박·기망에 의한 동의　　주거자의 형식적인 동의가 있는 때에도 강압 또는 기망에 의하여 동의가 이루어진 경우에도 양해로서의 효력이 인정되는가가 문제된다.

① 폭행·협박과 같은 강제·강압으로 인한 동의　　강제·강압에 의한 피해자의 동의는 유효한 피해자의 승낙이나 양해가 아니므로 주거침입죄가 성립한다는 점에서는 다툼이 없다.[55]

② 기망으로 인한 동의　　기망에 의하여 동의를 얻고 주거에 들어간 경우, 예컨대 외판원이 여론조사를 빙자하여 아파트 문을 열게 하고 집안으로 들어간 때에 주거침입죄가 성립하는가에 관해서는 긍정설과 부정설이 대립한다. 긍정설은 기망의 경우에도 강박의 경우와 마찬가지로 양해로서의 효력이 없으므로 주거권자가 전후사정을 알았더라면 허락하지 않았을 것이고, 주거자의 진의에 반하여 주거에 들어간 것이므로 주거침입죄가 성립한다고 보는 견해이다.[56] 이에 반해 부정설은 기망으로 인해 주거출입의 동의에 주거자의 착오가 있었다고 하더라도 출입을 동의한 이상 주거의 사실상의 평온이 침해되었다고 볼 수 없고, 또한 주거자의 현실적의 의사에 반한다고 볼 수 없으므로 착오로 인한 동의도 유효하며, 주거자의 진의를 기준으로 동의유무를 판단할 때에는 주거침입죄는 강요죄와 유사한 구성요건으로 변질되어 남용될 위험이 있기 때문에, 주거침입죄에 있어서 피해자의 동의는 구성요건해당성을 배제하는 양해에 해당하여 주거침입죄가 성립하지 않는다고 보는 견해이다.[57]

판례는 도청장치를 설치하기 위해 음식점에 들어간 경우에 주거침입죄의 성립을 인정함으로써 긍정설의 입장을 취하고 있다.[58]

써 노동조합의 조합원의 지위를 그대로 갖고 있다고 하더라도 회사가 조합의 대의원이 아닌 피고인에게 회사 내의 조합대의원회에 참석하는 것을 허락하지 아니하였는데도 그 의사에 반하여 함부로 거기에 들어가고 출입통제업무를 방해한 것은 건조물침입죄와 업무방해죄에 해당한다(대법원 1991. 9. 10. 선고 91도1666 판결).

55) 이재상/장영민/강동범, 242면.

56) 김종원, 143면; 배종대, 58/13; 손동권/김재윤, 254면; 오영근, 211면; 이형국, 298면; 정영일, 129면.

57) 김성천/김형준, 376면; 김일수/서보학, 205면; 박상기, 235면; 이재상/장영민/강동범, 242면; 이정원, 285면; 임웅, 290면.

58) 대법원 1997. 3. 28. 선고 95도2674 판결.

생각건대 기망·착오로 인한 동의의 경우에는 **중대한 동기의 착오로 인한 동의**와 그렇지 않은 단순한 동기의 착오로 구분하여 주거침입죄의 성립여부를 판단하는 것이 합리적이라고 생각된다. 전자의 경우에는 동의 자체가 무효이므로 주거자의 의사에 반하므로 주거침입죄가 성립하게 된다. 예컨대 강도의 목적으로 가스검침원을 가장하여 침입한 경우를 들 수 있다.

이와 달리 단순한 동기의 착오에 불과한 경우인, 예컨대 방문판매원이 소포배달원을 사칭하여 주거에 들어온 경우에는 주거자의 현실적 의사에 반하지도 않고 주거의 사실상의 평온도 깨뜨리지 않았으므로 주거침입죄는 성립하지 않는다고 보는 입장이 타당하다고 생각된다. 이 경우에도 주거자가 기망에 의해 허락한 것을 알고 난 후에 명시적이든 묵시적이든 퇴거요구가 있으면 퇴거불응죄가 성립하게 된다.

③ 범죄목적이나 기타 부정한 목적을 숨기고 주거자의 동의하에 타인의 주거 등에 들어간 경우이다.

(ㄱ) 타인의 사적인 주거 등에 도청장치설치, 대리시험응시, 산업스파이활동, 강도, 방화 등 **범죄목적이나 부정한 행위**를 목적으로 하면서 이를 숨기고 주거자의 명시적·묵시적 동의하에 들어간 경우에는, ① 실제로 주거자의 추정적 의사에 반하므로 주거침입죄가 성립한다는 **긍정설**[59]과 ② 주거자의 동의하에 들어갔고 사실상의 평온도 침해하지 않았으므로 행위자의 주관적인 목적과 관계없이 주거침입죄가 성립하지 않는다는 **부정설**[60]이 대립한다. 판례는 주거자의 추정적 의사에 반하므로 주거침입죄가 성립한다는 긍정설의 입장을 취한다.[61]

생각건대 범죄목적을 숨기고 주거자의 명시적·묵시적 동의하에 타인의 주거에 들어간 행위는 **중대한 동기의 착오에 의해 무효인 동의**가 되고, 결국 사적인 주거를 주거자의 의사에 반하여 침입하는 행위가 되므로 **주거침입죄가 성립**한다고 해석하는 긍정설과 판례의 입장이 타당하다.

(ㄴ) 공중의 자유로운 출입이 허용된 개방된 장소인 백화점의 매장, 공공도서관, 호텔로비, 음식점, 극장, 관공서 등을 공개된 시간에 허용된 방법으로 범죄목적으로 들어

---

59) 손동권/김재윤, 249면; 오영근, 313면; 이영란, 244면; 이형국, 298면; 정영일, 233면; 임웅, 243~244면.
60) 박상기, 236~237면.
61) 대법원 1997. 3. 28. 선고 95도2674 판결.

간 경우에도 주거자나 관리자의 추정적 의사에 반하므로 **주거침입죄가 성립한다고** 해석하는 것이 판례[62]와 소수설[63]의 입장이다. 이에 반하여 **다수설**[64]은 범죄목적으로 들어간 경우에도 일반인의 자유로운 출입을 묵시적으로 허용한 경우이므로 관리자의 의사에 반하지 않으므로 주거침입죄가 성립하지 않는다는 부정설의 입장을 취한다.

또한 부정설 중에는 일반 공중이 자유로이 출입하는 장소는 불특정 다수인이 자유롭게 출입하는 것을 관리자가 포괄적, 묵시적으로 양해한 것으로 볼 수 있으므로 범죄목적으로 들어간 경우에도 관리자의 의사에 반하지 않을 뿐만 아니라 개방된 장소의 보호법익은 개인의 프라이버시가 아니라 다수인과 관계된 업무상의 평온과 비밀에 있으므로 주거침입죄는 성립하지 않는다고 하면서, 그러나 **목적한 범죄를 실현하는 행위가** 있으면 **업무상의 평온과 비밀을 침해하게** 되므로 **주거침입죄가 성립한다고** 보는 견해도 있다.[65]

생각건대 비록 범죄목적이라 하더라도 공중의 출입이 자유로운 장소에 공개된 시간에 들어가는 경우에는 주거자의 의사에 반한 침입행위가 있다고 할 수 없다. 일반인에게 개방된 장소의 관리자는 출입자가 어떤 목적을 가지고 출입하느냐를 묻지 않고 공개된 시간에 일반적으로 허용된 방법에 의하여 출입하고 체류하는 것을 묵시적으로 허용했다고 보는 것이 일상 경험법칙상 타당하기 때문에 주거침입죄가 성립하지 않는다고 해석하는 부정설이 타당하다.

그러나 허용되지 않는 시간이나 출입이 금지된 장소나 일반적으로 허용되지 않는 방법으로 공개된 장소에 들어가는 경우에는 주거침입죄가 성립한다.

한편 범죄의 목적으로 주거에 들어간 경우라 하더라도 언제나 주거자의 동의가 없다고 할 수 없다. 예컨대 뇌물공여의 목적으로 주거자의 동의하에 공무원

---

62) 이른바 부산 초원복집사건에서 일반인의 출입이 허용된 음식점이라 하더라도 영업주의 명시적 또는 묵시적 의사에 반하여 손님을 가장하여 다른 손님의 대화 내용을 도청하기 위하여 들어간 행위는 주거침입죄에 해당한다(대법원 1997. 3. 28. 선고 95도2674 판결); 대학교 구내집회를 허용하지 않았는데도 불구하고 관리자의 의사에 반하여 대학교의 건물에 들어간 것은 건조물침입죄가 성립한다(대법원 2003. 9. 23. 선고 2001도4328 판결).

63) 서일교, 95면; 정영석, 306면.

64) 김일수/서보학, 205면; 박상기, 236면; 배종대, 58/14; 백형구, 380면; 이재상/장영민/강동범, 243면.

65) 임웅, 244면.

의 주거에 들어간 경우에는 개인의 사생활과는 무관하므로 주거침입죄가 성립하지 않는다는 견해[66]도 있으나, 그 논거로는 주거자의 의사에 반하지 않고 동의하에 주거에 들어갔으므로 주거침입죄가 성립하지 않는다고 해석하는 입장이 타당하다.

(ㄷ) 개방된 장소에 통상의 허용된 범위를 넘어서는 방법이나 수단에 의하여 들어가는 경우

공중에게 개방된 장소라 하더라도 일반적으로 허용하는 범위를 넘어선 방법이나 수단으로 주거 등에 들어가는 경우에는 주거자 또는 관리자의 추정적 의사에 반하는 침입행위가 되어 **주거침입죄가** 성립한다. 본죄의 보호법익에 대하여 사실상의 평온설을 취하는 경우에는 행위반가치로서 행위자의 목적을 중시하기 때문에 처벌의 확대를 가져올 위험이 있다. 따라서 사실상의 평온이 침해되었는가 여부에 대한 판단은 객관적으로 판단되어야 함이 타당하다. 이때 불법판단의 대상이 되는 것은 객관적으로 나타난 주거에 대한 사실상의 평온침해라는 결과반가치와 범죄행위의 태양과 범죄목적을 고려하면서 주거자의 의사에 반하여 주거에 침입한다는 인식과 의사라는 행위반가치를 동시에 고려함이 타당하다.

그러므로 불법한 신체적 침입행위란 객관적으로는 주거의 사실상의 평온에 대한 침해 내지 위험을 야기하는 신체적 침입행위이고, 주관적으로는 주거자의 추정적 의사에 반하는 행위를 말한다. 객관적으로는 주거의 평온에 대한 침해를 야기하는 행위를 했다고 하더라도 주거자의 의사에 반하지 않으면 불법한 침입행위가 되지 않는다. 행위자의 주거침입의 목적이나 침입방법은 주거자의 추정적 의사에 반하는가 여부를 판단하는 자료가 된다고 하겠다.

(3) 실행의 착수기와 기수시기

1) 실행의 착수시기

본죄의 실행의 착수시기는 주거에 신체의 일부가 들어가기 시작한 때이다. 즉 주거나 관리하는 건조물 등에 들어가는 행위, 즉 구성요건의 일부를 실현하는 행위 이외에 범죄구성요건의 실현에 이르는 현실적 위험성을 포함하는 행위를 개시하면 본죄의 실행의 착수가 인정된다.[67]

---

66) 이재상/장영민/강동범, 243면; 임웅, 292면.
67) 대법원 2006. 9. 14. 선고 2006도2824 판결.

2) 기수시기

본죄의 기수시기에 대하여는, ① 보호법익을 중심으로 신체의 일부만 주거에 들어가도 족하다는 견해와 ② 신체의 일부가 아니라 신체의 전부가 들어가야 기수가 성립된다는 견해가 대립하며, 판례[68]는 전자의 입장을 취하고 있다.

생각건대 주거의 사실상의 평온을 보호법익으로 본다면, 신체의 일부 또는 전부가 주거에 들어가더라도 주거의 평온에 대한 침해의 결과가 발생하지 않으면 미수가 되고, 신체의 일부만 들어가더라도 주거의 평온에 대한 침해의 결과가 발생하면 기수가 된다고 보아야 한다.

(4) 계속범

본죄는 계속범이다. 본죄의 기수가 된 이후에도 신체적 침입행위가 실질적으로 종료되지 않은 경우에는 공범성립과 정당방위가 가능하며 공소시효도 진행되지 않는다. 그러므로 주거침입자가 오랜 기간 동안 주거를 점거하는 행위에 대하여 이를 지원하는 행위를 한 자는 주거침입죄의 방조범이 되고, 이러한 행위에 불법주거침입행위가 계속되는 경우에는 정당방위로서 강제축출을 할 수 있다.

3. 주관적 구성요건

(1) 본죄는 고의범이므로 행위자에게는 타인의 주거에 주거자의 의사에 반하여 침입한다는 인식과 의사가 필요하다. 미필적 고의로도 족하다.

(2) 주거침입자가 주거자의 의사에 반하여 침입한다는 사실을 인식하지 못하고 양해가 있는 것으로 오신한 경우에는 구성요건적 사실의 착오로서 고의가 조각되어 처벌되지 않는다.

(3) 주거자의 의사에 반하지 않은 양해가 있었음에도 불구하고 주거자의 의사에 반한다고 오신하고 침입한 경우에는 제27조(불능미수)의 적용여부가 문제된다.

(4) 주거에 들어갈 수 있는 정당한 권리가 있다고 오신하고 침입한 경우에는 법률의 착오가 문제된다.

4. 위 법 성

주거침입죄도 위법성조각사유가 존재하면 위법성이 조각되어 범죄가 성립하

---

68) 대법원 1995. 9. 15. 선고 94도2561 판결.

지 않는다.

(1) 정당행위

1) 법령에 의한 행위

형사소송법(제109조, 제216조 제1항, 제219조)에 의한 강제처분 또는 민사집행법(제5조 제1항)에 의한 강제집행으로서 타인의 주거에 침입하는 경우에는 **법령에 의한 행위**로서 위법성이 조각된다. 예컨대 친권자가 친권행사를 위해 자녀의 집에 들어가는 경우, 법원의 피고인 또는 피고인 아닌 자의 신체, 물건, 주거 기타 장소에 관한 압수, 수색영장에 의해 사법경찰관리 또는 법원서기관 또는 서기가 그 집행을 위해 들어가는 경우(제109조), 현행범을 체포하기 위해 사법경찰관리 등 수사기관이 타인의 주거에 들어가는 경우(제216조 제1항),[69] 집행관이 채무자의 주거·창고 그 밖의 장소를 수색하기 위해 들어가는 경우(제5조 제1항) 등이 이에 해당하며, 이 경우에는 주거자의 의사에 반하더라도 위법성이 조각된다.

그러나 사인이 현행범인을 체포하기 위하여 타인의 주거에 침입하는 경우에는 법령에 의해 허용되지 않으므로 **위법하다는 견해**가 판례[70]와 다수설[71]의 입장이다. 하지만 이 경우에도 구체적 사정에 따라서는 **사회상규 또는 긴급피난에 해당하여 위법성이 조각될 수 있다**고 보아야 한다.[72]

2) 사회상규에 반하지 않는 행위

사회상규에 반하지 않는 행위도 위법성이 조각된다. 판례가 술에 취하여 시비 중에 상대방의 주거에 따라 들어가서 때린 이유를 따진 경우[73]에는 위법하지 않다고 판시한 것은 사회상규에 반하지 않는 행위의 예에 해당한다고 할 수 있다.

그러나 피고인이 동네 부녀자에게 욕설을 한 것을 따지기 위해 동네 부녀자 10여 명과 작당하여 야간에 피해자의 집에 들어간 경우[74]에는 사회상규에 반하

---

69) 경찰관직무집행법 제7조 참조.

70) 현행범을 추적하여 그 부의 집에 들어가서 동인과 다툼 끝에 상해를 입힌 사례로 주거침입죄가 성립한다(대법원 1965. 12. 21. 선고 65도89 판결); 간통현장을 잡기 위해 상간자의 주거에 침입한 행위는 수단의 상당성, 긴급성, 불가피성을 인정할 수 없으므로 제20조의 정당행위로 볼 수 없다(대법원 2003. 9. 26. 선고 2003도3000 판결).

71) 임웅, 292면

72) 오영근, 275면.

73) 대법원 1969. 9. 26. 선고 67도1089 판결.

74) 대법원 1983. 10. 11. 선고 83도2230 판결.

므로 주거침입죄가 성립한다.

사회상규에 반하느냐 여부에 관하여 다툼이 있는 경우로는 채권자가 채권을 변제받기 위하여 채무자의 집에 들어가는 경우이다. 이에 대하여는 정당한 목적을 위한 상당한 수단이므로 위법성이 조각된다는 견해[75]와 정당한 목적이더라도 주거침입의 수단이 사회상규에 위배되므로 위법하다고 보는 부정설[76] 및 구체적 사정에 따라 다르다는 절충설의 견해[77]가 대립한다.

생각건대 성냥한 목직이다 하디리도 채무두촉이 방법이 주거의 평온을 해하는 것은 사회상규를 벗어나서 허용되지 않는다고 보는 것이 일반적이다. 그러나 구체적 사정에 따라서는 수단의 상당성, 긴급성, 불가피성에 의해 사회상규에 반하지 않는다고 보는 절충설이 타당하다. 왜냐하면 예컨대 채무자가 재산을 처분하고 곧 도주한다는 소식을 들은 채권자가 재산을 처분하려고 짐을 싣는 행위를 저지하거나, 채무자의 집을 찾아갔으나 만나주지 않는 경우에 채무변제를 독촉·설득하기 위해 침입하는 경우 등에서는 사회상규에 반하지 않는 정당행위라고 보아야 하기 때문이다.

(2) 긴급피난

타인의 주거에 불이 난 것을 보고 불을 끄기 위해서 들어가거나 또는 맹견의 추격을 받아 몸을 피하기 위해 타인의 주거에 들어가는 경우에는 긴급피난의 요건이 충족될 때 위법성이 조각된다.

(3) 피해자의 승낙 또는 추정적 승낙

피해자의 명시적 또는 묵시적 동의가 있는 경우에는 구성요건해당성이 조각되는 양해에 해당한다. 주인이 외출 중인 이웃집에 넘쳐흐르는 수돗물의 꼭지를 잠그기 위해 들어가는 행위는 주거침입에 해당하지만, '추정적 승낙'에 의한 위법성조각사유이거나 긴급피난에 의한 위법성조각사유로 보는 것이 타당하다.

---

75) 서일교, 95면; 정영석, 308면; 황산덕, 251면.

76) 이재상/장영민/강동범, 244면; 임웅, 292면.

77) 오영근, 335면.

5. 죄수 및 다른 범죄와의 관계

(1) 폭행죄 및 손괴죄와의 관계

주거침입을 위한 수단으로서 재물을 손괴하거나 폭행을 한 경우에는 **주거침입죄와 재물손괴죄·폭행죄는 상상적 경합**이 된다.[78]

다만 야간에 문호 또는 장벽 기타 건조물의 일부를 손괴하고 주거 등에 침입하여 절취하면 **결합범**으로서 **특수절도죄**(제331조 제1항)만 성립한다.

(2) 절도죄, 강도죄, 강간죄, 살인죄 등과의 관계

1) 절도·강도·강간·살인 등의 목적으로 주거에 침입하였으나 실행의 착수에 이르지 못한 경우에, 절도·강간의 목적으로 침입한 경우에는 절도·강간의 예비는 처벌하는 규정이 없으므로 **주거침입죄만 성립**한다.[79] 이와 달리 **강도·살인의 목적으로 침입**한 경우에는 강도·살인의 예비죄와 주거침입죄의 **상상적 경합**이 된다.

2) 절도·강도·강간·살인 등의 목적으로 주거에 침입하여 그 범행을 실현한 경우에는 **주거침입죄와 절도·강도·살인 등의 죄는 실체적 경합범**이 된다.[80]

3) 주거침입이 범죄구성요건의 일부를 이루는 결합범일 경우에는 포괄일죄[81]로서 별도로 주거침입죄는 성립하지 않는다. 그러므로 야간에 주거 등에 침입하여 타인의 재물을 절취한 경우에는 **야간주거침입절도죄**(제330조)만 성립하고, 야간에 주거 등에 침입하여 강도행위를 한 때에는 **특수강도죄**(제334조 제1항)만 성립한다.

4) 주거에 침입하여 상습절도죄를 범한 경우에는 「특정범죄 가중처벌 등에 관한 법률」 제5조의4 제6항에 해당하는 범죄만 성립하고 주거침입죄는 성립하지

---

78) 오영근, 335면; 이재상/장영민/강동범, 244면. 주거침입죄와 손괴죄의 실체적 경합범이라는 견해도 있다(임웅, 248면).

79) 야간에 주거 등에 절취의 목적으로 침입한 경우에는 야간주거침입절도죄의 실행의 착수가 있으므로 야간주거침입절도죄의 미수범이 성립된다.

80) 판례도 실체적 경합범으로 보고 있으나(대법원 1988. 12. 13. 선고 88도1807 판결; 1983. 4. 12. 선고 83도422 판결), 주거침입죄는 계속범이고 또한 절도 등의 범죄의 수단이므로 제한해석을 하여 상상적 경합이 된다는 견해도 있다(오영근, 277면).

81) 결합범을 포괄일죄로 보지 않고 단순일죄로 보는 견해에 의하면 주거침입죄와 결합범의 법조경합의 흡수관계로 결합범만 성립한다고 보게 된다(임웅, 248면 참조).

않는다.[82)]

또한 주거에 침입하여 **상습특수절도죄**를 범한 경우에도 마찬가지로 「특정범죄 가중처벌 등에 관한 법률」 제5조의4 제6항에 의해서만 처벌된다.

5) 상습적이거나, 또는 2명 이상이 공동하여 주거침입을 한 경우에는 「폭력행위 등 처벌에 관한 법률」 제2조에 의해 처벌된다.

Ⅲ. 퇴거불응죄

> 제319조(퇴거불응) ② 전항의 장소에서 퇴거요구를 받고 응하지 아니한 자도 전항의 형과 같다.
> 제322조(미수범) 본죄의 미수범은 처벌한다.

1. 의의 및 보호법익

주거 등의 장소에서 머물고 있는 자가 주거 등의 관리자의 퇴거요구를 받고 불응하여 그 장소를 벗어나지 않고 체류하는 부작위에 성립하는 범죄이다. '**진정부작위범**'이며 **계속범**이다. 이미 주거침입을 한 자가 퇴거의 요구에 불응하더라도 주거침입죄는 계속범이므로 주거침입죄만 성립하고 법조경합의 보충관계로 퇴거불응죄는 별도로 성립하지 않는다.[83)]

보호법익은 주거의 사실상의 평온이며, 보호의 정도는 **침해범**이다.

---

82) 특정범죄 가중처벌 등에 관한 법률 제5조의4 제6항에 규정된 상습절도 등 죄를 범한 범인이 그 범행의 수단으로 주거침입을 한 경우에 주거침입행위는 상습절도 등 죄에 흡수되어 위 조문에 규정된 상습절도 등 죄의 1죄만이 성립하고 별개로 주거침입죄를 구성하지 않으며, 또 위 상습절도 등 죄를 범한 범인이 그 범행 외에 상습적인 절도의 목적으로 주거침입을 하였다가 절도에 이르지 아니하고 주거침입에 그친 경우에도 그것이 절도상습성의 발현이라고 보이는 이상 주거침입행위는 다른 상습절도 등 죄에 흡수되어 위 조문에 규정된 상습절도 등 죄의 1죄만을 구성하고 상습절도 등 죄와 별개로 주거침입죄를 구성하지 않는다(대법원 2017. 7. 11. 선고 2017도4044 판결).

83) 임웅, 293면. 주거침입죄를 상태범으로 보는 입장에서는 이 경우를 법조경합의 흡수관계로 보게 된다.

2. 구성요건

(1) 주거자 또는 관리자의 퇴거요구

타인의 주거 등의 장소에서 명시적·묵시적 퇴거요구를 받음으로써 퇴거에 응해야 할 작위의무가 구체적으로 발생해야 한다.

퇴거의 요구는 주거자 또는 관리자에 의하여 문서·구두 또는 거동으로도 가능하며, 명시적·묵시적인 방법[84]을 불문하지만 상대방이 인식할 수 있는 정도에는 이르러야 한다.

또한 퇴거의 요구는 1회로도 족하며, 다중불해산죄와 같이 3회 이상이 요구되어지지 않는다. 임대차기간이 만료된 주거 임차인이라 하더라도 사실상 거주·관리하고 있으면 주거자이므로 임대인의 퇴거요구에 불응하더라도 퇴거불응죄는 성립하지 않는다.

(2) 퇴거의무(작위의무)의 이행가능성의 존재

퇴거의 요구를 받고 퇴거의무를 이행할 수 있는 가능성이 있어야 한다. 그러므로 달리는 차나 선박에서 내리라고 하거나 옷을 벗고 있는 사람을 나가라고 하는 경우에는 퇴거불응죄의 구성요건해당성 또는 위법성이 조각되어 퇴거불응죄는 성립하지 않게 된다.

(3) 퇴거의 요구에 불응하는 부작위(퇴거의무불이행)

퇴거요구를 받고 퇴거불응이라는 부작위만 있으면 본죄는 성립하고, 결과발생을 필요로 하지 않기 때문에 본죄는 거동범이다.

3. 기수시기와 미수범 처벌

퇴거불응죄의 기수시기에 대하여는 퇴거의 요구를 받고 이에 응하지 않는 것은 퇴거불응죄의 실행의 착수이고 일정한 시간이 경과함으로써 기수가 된다는 견해[85]와 본죄는 거동범이므로 퇴거요구를 받고 즉시 응하지 않으면 기수가 된다는 견해가 대립한다. 이러한 견해의 대립은 퇴거불응죄에 대한 미수범 처벌규

---

84) 김성천/김형준, 348면; 김일수/서보학, 210면; 오영근, 218면; 이재상/장영민/강동범, 246면. 이에 대하여 명시적임을 요한다는 견해로는 배종대, 59/4; 정성근/박광민, 255면.

85) 김성천/김형준, 349면; 김종원, 144면; 오영근, 335면; 임웅, 250면; 정영일, 240면.

정을 두고 있기 때문이다. 본죄의 미수범이 가능한가에 대하여는 견해의 대립이 있다.

부정설은 본죄는 거동범으로 퇴거불응 즉시 기수범이 되고 미수범이 성립할 여지가 없으므로 처벌규정은 입법적 과오라는 견해[86]이다. 이와 달리 긍정설은 퇴거에 불응했더라도 주거의 사실상의 평온이 침해되기 전에 퇴거당한 경우가 미수이므로 미수범성립이 가능하다는 견해[87]이다. 그러나 퇴거에 필요한 시간이 경과하기 전에 축출된 사인에 관해서는 미수범으로서의 가벌성을 인정할 수 없고 또한 이론적으로는 가능하나 실제적으로 구별하는 것도 어려우므로 부정설이 타당하다.[88]

Ⅳ. 특수주거침입·퇴거불응죄

> 제320조(특수주거침입) 단체 또는 다중의 위력을 보이거나 위험한 물건을 휴대하여 전조의 죄를 범한 때에는 5년 이하의 징역에 처한다.
>
> 제322조(미수범) 본죄의 미수범은 처벌한다.

1. 의 의

단체 또는 다중의 위력을 보이거나, 위험한 물건을 휴대하여 주거침입죄, 퇴거불응죄를 범함으로써 성립하는 범죄를 말한다. 단순주거침입죄에 비하여 실행행위의 수단이나 방법의 위험성이 크므로 **불법이 가중된 가중적 구성요건**이다.

2. 구성요건

(1) 단체 또는 다중의 위력을 보이는 경우에는 그중 1인만이 침입하거나 퇴거에 불응하더라도 범죄성립에는 충분하다.[89]

---

86) 김일수/서보학, 210면; 박상기, 239면; 배종대, 59/4; 백형구, 392면; 이재상/장영민/강동범, 246면; 정성근/박광민, 255면.

87) 김성천/김형준, 349면; 김종원, 144면; 김일수/서보학, 255면; 임웅, 293면.

88) 긍정설 중에는 퇴거불응죄의 미수범처벌규정을 의미있게 해석하고, 불능미수가 성립할 수 있으므로 긍정설이 타당하다는 견해도 있다(오영근, 335면).

(2) 주거침입죄는 **계속범**이므로 반드시 범죄행위에 착수할 때에 위험한 물건을 소지하거나 휴대해야 하는 것은 아니며, 범죄가 계속되는 동안 어느 때든지 위험한 물건을 휴대했으면 충분하고, 이를 피해자가 인식할 필요도 없다. 그러나 행위자는 행위시에 이를 휴대하고 있다는 인식을 요하며, 범행과는 무관하게 우연히 소지하게 된 경우까지를 포함하지는 않는다.[90]

3. 미 수 범

본죄의 미수범은 처벌한다.

V. 신체·주거수색죄

> **제321조(주거·신체 수색)** 사람의 신체, 주거, 관리하는 건조물, 자동차, 선박이나 항공기 또는 점유하는 방실을 수색한 자는 3년 이하의 징역에 처한다.
> **제322조(미수범)** 본죄의 미수범은 처벌한다.

1. 의의 및 보호법익

본죄는 사람의 신체, 주거, 관리하는 건조물, 선박이나 항공기 또는 점유하는 방실을 수색함으로써 성립하는 범죄이다.

여기서 '**수색**'이란 '물건이나 사람을 발견하기 위하여 주거 등 일정한 장소나 사람의 신체를 조사하는 일체의 활동'을 말한다.

보호법익은 사실상의 주거의 평온과 신체의 불가침성이다. 보호의 정도는 **침해범**이다.

---

89) 군의회에서 군수불신임결의안을 채택하려 하자 군수와 부군수 등이 청사 내에 있는 직원 150명을 집합시켜 이들로 하여금 의원들이 본회의장에 들어가는 것을 저지하고, 의원들이 소회의실에서 의사를 진행하려 하자 다시 소회의장에 난입하여 회의장을 점거하고 의사진행을 못하게 한 경우는 특수주거침입죄와 특수공무집행방해죄의 경합범이 성립한다(대법원 1998. 5. 12. 선고 98도662 판결).

90) 대법원 1990. 4. 24. 선고 90도401 판결.

2. 구성요건

(1) 행위객체

사람의 신체나 주거 등 일정한 장소, 선박이나 항공기 등이 수색의 대상이 된다.

(2) 실행행위

사람의 신체나 일정한 장소나 물체 등을 조사하는 행위를 말하며, 「형사소송법」 등에 의한 합법적인 수색의 경우에는 위법성이 조각되고, 피해자의 동의가 있는 경우에는 위법성조각사유라는 견해[91]도 있으나, 양해에 해당하여 구성요건해당성이 조각된다.[92] 그러나 사람이나 물건의 발견을 위한 수색이라 하더라도 법령에 위배되지 않는 이상 사회상규를 벗어나지 않은 경우에는 위법성이 조각된다.[93]

3. 다른 범죄와의 관계

(1) 타인의 주거에 침입하여 수색하는 경우에는 주거침입죄가 계속범이므로 주거수색죄와는 상상적 경합이라는 견해[94]도 있으나, 주거침입죄와 주거수색죄의 실체적 경합이라는 견해가 통설[95]의 입장이 타당하다.

(2) 절취·강취할 물건을 찾기 위하여 절도, 강도범이 주거를 수색한 경우에는 절도죄, 강도죄의 불가벌적 수반행위로 흡수관계에 해당되어 절도, 강도 등의 죄만 성립한다.

---

91) 임웅, 251면.

92) 백형구, 394면.

93) 회사측이 회사운영을 부실하게 하여 소수주주들에게 손해를 입게 하였다고 하더라도 위와 같은 사정만으로 주주총회에 참석한 주주가 강제로 사무실을 뒤져 회계장부를 찾아내는 것이 사회통념상 용인되는 정당행위로 되는 것은 아니다(대법원 2001. 9. 7. 선고 2001도2917 판결).

94) 오영근, 336면.

95) 이재상/장영민/강동범, 247면.

제 5 장   재산에 대한 죄

제 1 절   재산범죄의 일반론

I. 재산범죄의 종류와 분류

1. 재산범죄의 종류

형법전상 재산범죄는 제38장부터 42장까지와 제37장의 권리행사를 방해하는 죄의 일정부분의 범죄를 포함하여 5개장에 걸쳐서 규정되어 있다. 이 중 주요한 재산범죄로는 절도죄, 강도죄, 사기죄, 공갈죄, 횡령죄, 배임죄, 장물죄, 손괴죄, 권리행사방해죄 등 9가지를 들 수 있다.

그 외에 절도죄에 유사한 형태로 **자동차등 불법사용죄**(제332조의2), 사기죄와 유사한 성격의 범죄로서 **컴퓨터등 사용사기죄**(제347조의2), **편의시설부정이용죄**(제348조의2), **부당이득죄**(제349조) 등이 있고, 횡령죄와 유사한 형태로 점유이탈물횡령죄(제360조)가 있으며, 손괴죄와 관련하여 경계침범죄(제370조)가 있다.

권리행사방해죄와 유사하게 자기소유의 재물이나 재산에 대한 범죄로서 점유강취죄(제325조)와 강제집행면탈죄(제327조)가 있다.

방화죄, 일수죄, 신용훼손죄, 업무방해죄, 저작권법, 특허법, 광업법, 어업법 등에서의 재산적 법익을 침해하는 범죄 등은 재산적 법익을 침해하거나 위태롭게 하는 성격을 지니고 있으나, 이러한 범죄에 대해서는 특별법이나 국가적 법익 또는 개인의 인격적 법익에 관한 죄의 영역에서 별도로 다루어지고 있다.

2. 재산범죄의 분류

재산에 대한 범죄를 보호법익에 따라 분류하면, 1) 소유권을 보호법익으로 하는 범죄(절도죄, 횡령죄, 손괴죄, 장물죄), 2) 전체로서의 재산권을 보호법익으로 하는 범죄

(강도죄, 사기죄, 공갈죄, 배임죄), 3) 소유권 이외의 물권과 채권을 보호법익으로 하는 범죄(권리행사방해죄)로 나눌 수 있다. 또한 재산범죄는 그 객체, 영득의사의 유무, 침해방법에 따라 다음과 같이 분류할 수 있다.

(1) 재물죄와 이득죄

재산죄의 행위객체에 따른 분류로서 재물죄는 재물을 객체로 하는 범죄이고, 이득죄는 재산상의 이익을 객체로 하는 범죄이다. 재물을 객체로 하는 재물죄에는 절도죄, 횡령죄, 징물죄, 손괴죄, 권리행사방해죄, 자동차등 불법사용죄, 점유이탈물횡령죄, 점유강취죄가 해당하며, 권리행사방해죄와 손괴죄는 전자기록등 특수매체기록도 행위객체로 하는 점에 특색이 있다.

1) 재물죄(財物罪)

재물만을 객체로 하는 범죄이다. 절도죄, 횡령죄, 장물죄, 손괴죄가 여기에 해당한다.

2) 이득죄(利得罪)

재산상의 이익을 객체로 하는 범죄이다. 배임죄, 컴퓨터사용사기죄가 여기에 해당한다.

3) 재물죄 및 이득죄

재물 또는 재산상의 이익을 객체로 하는 범죄이다. 강도죄, 사기죄, 공갈죄가 여기에 해당한다.

(2) 불법영득의사의 유무에 의한 구분

재물죄는 타인의 재물을 불법으로 영득하고자 하는 범죄인 영득죄와 타인의 재물의 효용가치를 해하는 손괴죄로 구분할 수 있다.

1) 영득죄(領得罪)

고의 이외에 불법영득의사를 필요로 하는 범죄이다. 절도죄, 강도죄, 사기죄, 공갈죄, 횡령죄, 장물죄[1]가 여기에 해당한다.

2) 손괴죄(損壞罪)

불법영득의사가 필요치 않고, 타인의 재물의 효용가치를 훼손하는 것을 내용으로 하는 범죄이다. 손괴죄가 여기에 해당한다.

---

1) 장물죄가 영득죄인가에 대하여는 긍정설(다수설)과 부정설이 대립한다.

(3) 객체에 대한 침해방법에 의한 구분

타인의 재물에 대한 영득죄는 객체에 대한 침해방법에 따라 탈취죄와 편취죄로 구분된다.

1) 탈취죄(奪取罪)

타인의 의사에 반하여 재물을 취득하므로 탈취죄라 한다. 절도죄, 강도죄, 횡령죄, 장물죄가 여기에 해당한다.

2) 편취죄(騙取罪)

타인의 하자있는 의사에 의한 처분행위에 의하여 재산을 취득하는 범죄이다. 사취행위와 갈취행위가 있는 경우이므로 편취죄라 하며, 사기죄, 공갈죄가 여기에 해당한다.

II. 재물과 재산상의 이익의 개념

재산범죄의 보호법익은 넓게는 재산권이라 할 수 있다. 재산죄의 객체는 크게 개개의 재물과 전체로서의 재산상의 이익으로 나눌 수 있다.

1. 재물의 개념

(1) 학설의 대립

재물의 개념에 대해서는 유체성설과 관리가능설의 대립이 있다.

1) 유체성설

유체물, 즉 일정한 공간을 차지하고 있는 고체, 액체, 기체와 같은 물체를 재물로 보는 견해이다. 전기 기타 관리할 수 있는 에너지는 무체물로서 원칙적으로 재물에 해당하지 않지만 형법 제346조에 의하여 예외적으로 재물로 간주되므로, 제346조의 규정을 예외규정 내지 특별규정으로 이해하게 된다.[2]

2) 관리가능성설

관리가능한 것이면 유체물뿐만 아니라 무체물도 재물이 된다는 견해이다. 이견해에 의하면 형법 제346조의 '관리할 수 있는 동력은 재물로 간주한다'는 특별규정은 주의규정 내지 당연규정에 불과하다고 하게 된다. 특히 권리행사방해죄와

---

2) 강구진, 245면; 김일수/서보학, 223면; 박상기, 244면; 배종대, 61/6; 손동권/김재윤, 273면.

장물죄에서는 제346조의 규정을 준용하고 있지 않으므로, 권리행사방해죄에 있어서의 물건과 장물죄의 장물개념의 해석에 그 의미가 있다고 한다.[3]

생각건대 유체성설이 재물의 개념을 지나치게 확대 해석하는 것을 방지하여 형법의 보장적 기능을 강조하고자 한 점은 높이 평가할 수 있으나, 오늘날 과학기술의 발달로 인해 관리가능한 무체물에 대한 재산적 침해를 보호해야 할 시대적 필요성은 증대되었고, 유체물이라 하더라도 관리가 불가능한 경우에는 형법이 보호해야 할 재물이라 할 수 없다.

그러므로 형법상 '재물'이란 '유체물, 무체물을 불문하고 물리적으로 관리가능한 물질'이라고 이해하는 관리가능성설이 타당하다고 생각된다.

(2) 재물의 범위

재물에는 유체물 이외에 관리할 수 있는 동력이 포함된다. 문제는 관리할 수 있는 동력의 범위를 어떻게 이해할 것인가가 문제된다.

1) 관리할 수 있는 동력의 범위

가. 물리적 관리인가, 사무적 관리도 포함되는가?　　　관리할 수 있는 동력, 즉 에너지는 무체물이지만 재물이 될 수 있는데, 전기가 그 대표적인 예라는 것이다. 그런데 여기서 '관리할 수 있는 동력'의 범위에 사무적 관리를 포함할 경우에는, ① 재물과 재산상 이익을 구별할 수 없게 되고, ② 권리도 사무적 관리가 가능하여 재물이 되므로 권리에 대한 절도도 가능하다는 유추해석이 가능하게 되며, 이는 죄형법정주의에 위배된다는 것이다. 따라서 관리란 **물리적 관리를 의미한다는** 것이 **통설**[4]의 입장이다.

그러나 권리도 재물로서 권리에 대한 절도가 가능하다는 입장에 따르면, 예컨대 채권의 준점유자(일반거래관념상 채권을 행사할 정당한 권한을 가진 것으로 믿을 만한 외관을 가지는 사람)가 선의(善意)의 채무자로부터 변제(辨濟)를 받은 경우에 사기죄만이 성립하는 것이 아니라 **사기죄와 절도죄의 상상적 경합**이 되고, 등기공무원을 기망하여 부동산의 진정한 소유자가 모르는 사이에 이전하는 경우에는 공정증서원본 부실기재죄만 성립하는 것이 아니라 **공정증서원본 부실기재죄**(제228

---

3) 김성천/김형준, 397면; 이재상/장영민/강동범, 252면; 이형국, 318면; 임웅, 314면; 정성근/박광민, 263면.

4) 김일수/서보학, 224면; 배종대, 61/8; 손동권/김재윤, 275면; 이재상/장영민/강동범, 254면; 이형국, 318면; 임웅, 313면.

조)와 절도죄(제329조)의 상상적 경합이 된다고 하게 된다.

생각건대 권리 자체는 유체물이 아니므로 **물리적 관리**가 불가능하므로 재물이라 할 수 없으며, 다만 권리가 화체된 유가증권인 어음·수표·상품권 등은 물리적 관리가 가능하므로 재물이 된다는 견해가 타당하다. 판례는 물리적 관리가능성설의 입장에서 물리적인 관리가 불가능한 채권이나 그 밖의 권리 등은 물리적 또는 물질적 관리가능성이 없으므로 재물이 될 수 없으며,[5] 또한 자본의 구성단위 또는 주주권을 의미하는 주식은 재물이 아니며, 전파,[6] 전화의 송수신기능[7]도 재물이 아니라는 입장을 취하고 있다.

나. 관리할 수 있는 동력에는 인간의 노동력이나 우마의 견인력도 포함되는가? 이에 대하여는 긍정설과 부정설이 대립한다.

(가) 긍 정 설   형법 제346조는 관리할 수 있는 동력이라고만 규정하고 있으므로 관리할 수 있는 동력을 자연력에 제한해야 할 이유가 없다는 입장에서, 인간의 노동력·우마차의 견인력·수력·압력·인공냉기·인공난기 등도 재물에 포

---

5) 광업권은 재물인 광물을 취득할 수 있는 권리에 불과하지 재물은 아니므로 횡령죄의 객체가 될 수 없다(대법원 1994. 3. 8. 선고 93도2272 판결); 타인의 전화기를 무단으로 사용하여 전화통화를 하는 행위는… 전화기의 음향송수신기능을 부당하게 이용하는 것이므로, 이러한 내용의 역무는 무형적인 이익에 불과하고 물리적 관리의 대상이 될 수 없어 재물이 아니라 할 것이므로 절도죄의 객체가 되지 않는다(대법원 1998. 6. 23. 선고 98도700 판결).

6) **통설**은 전파는 물리적 관리가 불가능하거나 또는 관리는 가능하나 동력이 아니므로 재물이 될 수 없다고 보고 있으나, **유무선방송이나 전화**는 오늘날 자연과학의 발달과 더불어 **관리가능한 동력**에 포함시켜서 이해하는 것이 형법 346조의 목적론적 의미에 부합된다는 보는 소수설의 입장이 있다(오영근, 290면; 이정원, 299~300면 참조).

7) 대법원 1998. 6. 23. 선고 98도700 판결(타인의 전화기를 무단으로 사용하여 전화통화를 하는 행위는 전기통신사업자가 전기통신설비를 이용하고 전기의 성질을 과학적으로 응용한 기술을 사용하여 전화가입자에게 음향의 송수신이 가능하도록 하여 줌으로써 상대방과의 통신을 매개하여 주는 역무, 즉 전기통신사업자에 의하여 가능하게 된 전화기의 음향송수신기능을 부당하게 이용하는 것으로 이러한 내용의 역무는 무형적 이익에 불과하고 물리적 관리의 대상인 재물이 될 수 없다); 또한 판례는 "타인의 일반전화를 무단으로 사용하는 행위는… 역무를 부당하게 이용한 것에 불과하고 기망행위에 해당한다고 볼 수 없고, …통신사업자가 착오에 빠져 처분행위를 한 것으로 볼 수도 없다. 따라서 사기죄도 성립하지 않는다"고 판시하고 있다(대법원 1999. 6. 25. 선고 99도3891 판결).
그러나 **공중전화의 부정한 이용**에 대하여는, 형법 제348조의2에 '부정한 방법으로 대가를 지급하지 아니하고 공중전화를 이용하여 재산상의 이득을 취득하는 경우'에는 **편의시설부정이용죄(제348조의2)**로 처벌하는 규정을 1995년 개정형법에 신설하였다.

함된다고 보는 견해이다.[8]

(나) 부 정 설　　관리할 수 있는 동력의 범위를 유체물과 같은 수준에서 소유권보호의 대상이 되는 자연적 에너지로 제한하여 이해해야 한다는 견해[9]로서 다수설의 입장이다. 인간의 노동력이나 우마차의 견인력을 이용하는 행위는 재산상의 이익이 되므로 사기죄가 성립되거나 또는 민법상 불법행위는 될 수 있으나 형법상 재물죄의 객체는 될 수 없다는 부정설이 타당하다.

그러나 유체물이나 관리할 수 있는 동력도 아닌 경우인 정보 등의 기업의 영업비밀, 문서의 복사본을 가져간 경우, 컴퓨터에 저장된 정보를 출력하여 가져간 경우,[10] 기획, 사상, 전파와 전화통화 등은 재물이 아니다. 그러나 사원이 회사를 퇴사하면서 제조공정과 실험결과를 기재한 자료를 가져간 경우에는 절도에 해당한다고 판시하였다.[11]

결국 재물이란 물리적으로 관리가능한 유체물 및 자연적 에너지인 동력을 의미한다고 할 수 있다.

2) 유체물이지만 재물이 아닌 경우

유체물은 일정한 공간을 차지하고 있는 물체이어야 한다. 물체는 고체·액체·기체를 불문한다. 권리는 유체물이 아니므로 재물이 아니지만, 권리가 화체된 문서는 유체물이다.

그러나 다음의 경우는 유체물이지만 재물이 아니다.

① 사람은 권리의 주체이지 권리의 객체가 아니므로 인체의 일부나 인체에 부착된 치료보조장치는 재물이 아니다. 이것은 민법상의 소유권의 객체가 될 수 없는 유체물이기 때문이다. 그러나 생체로부터 분리된 모발, 치아, 혈액, 장기, 가발, 의족,

---

8) 손동권/김재윤, 274면; 이재상/장영민/강동범, 145면; 정영일, 258면.
9) 강구진, 244면; 김일수/서보학, 224면; 배종대, 61/8; 정성근/박광민, 264면.
10) '… 정보 그 자체는 유체물이라 볼 수도 없고 물질성을 가진 동력도 아니므로 재물이 될 수 없다 할 것이며…'(대법원 2002. 7. 12. 선고 2002도745 판결); '…원본을 제자리에 갖다 놓고 그 사본만을 가져간 경우, 그 회사 소유의 문서의 사본을 절취한 것으로 볼 수는 없다(대법원 1996. 8. 23. 선고 95도192 판결); 그러나 회사복사용지를 사용한 경우에는 복사용지에 대한 절도죄의 성립은 가능하다. 또한 사원이 회사를 퇴사하면서 제조공정과 실험결과를 기재한 자료를 가져간 경우에는 절도죄에 해당한다(대법원 2008. 2. 15. 선고 2005도6223 판결).
11) 대법원 2008. 2. 15. 선고 2005도6223 판결.

의수, 치아 및 치료보조장치는 재물이 될 수 있다.

수정되기 전의 정자와 난자는 재물에 속하나, 산모의 체내에 이식되지 않은 배아는 인간으로 발전할 잠재성이 있기 때문에 재물이 아니다.

② 사체·유골(遺骨)·유발(遺髮)은 처분의 대상이 아니므로 재물이 아니다. 사체는 사법상 매장이나 제사 등의 존경심의 대상이 되는 **특수한 소유권의 객체**이고, 사용·수익·처분의 대상이 아니므로 소유권의 객체가 된다고 할 수 없다. 그러나 매장·제사의 대상인 유해로서의 성질을 상실한 학술표본용·의학실험용 사체는 재물이 된다.

③ 해와 달과 별 등은 유체물이지만 사람에 의해 관리가 불가능하므로 재물이 아니다.

2. 재물의 범위와 관련된 문제

(1) 재물의 경제적 가치·금전적 교환가치의 필요성 유무

재물은 재산죄의 객체이므로 경제적·재산적 가치를 요하는가가 문제된다. 긍정설과 부정설이 대립한다.

1) 부정설은 재물은 반드시 객관적·금전적 교환가치, 즉 경제적 가치를 가질 필요가 없다는 견해로서 통설의 입장이다. 즉 재물에 대한 형식적·법적 지위를 보호하기 위한 소유권범죄와 전체로서의 경제적 재산을 보호하기 위한 이득죄는 구별되어야 하므로, 소유권범죄의 대상으로서의 재물은 경제적 교환가치가 있을 것을 요하지 않는다는 견해이다.[12]

재물은 객관적으로 경제적·금전적 교환가치는 없더라도 소유자 또는 점유자의 **주관적 가치**로서 족하고, 또한 타인에게 넘어가서 이용되면 악용될 우려가 있는 **소극적 가치**를 지닌 경우에도 재물이 된다. 따라서 재물은 금전적·경제적 교환가치는 요하지 않지만 형법적으로 보호받을 만한 **주관적·소극적 재산적 가치는 요**한다고 할 수 있다.[13]

판례는 긍정설의 입장에서 재물은 경제적 가치를 가질 것을 요한다는 전제

---

12) 강구진, 246면; 김일수/서보학, 225면; 박상기, 246면; 배종대, 61/9; 이재상/장영민/강동범, 256면; 정성근/박광민, 264면.

13) 임웅, 316면; 정영일, 256면.

하에서, 경제적 가치의 개념을 넓게 이해하여 주관적·소극적 가치만 있어도 경제적 가치가 인정되는 것으로 보아 재물이 된다는 입장을 취하고 있다.[14) 대법원은 부동산매매계약서 사본,[15) 주주명부를 복사해 둔 복사본,[16) 법원으로부터 송달된 신문기일소환장,[17) 신용카드,[18) 위조된 유가증권,[19) 주권포기각서,[20) 백지의 자동차출고의뢰서 용지,[21) 주민등록증,[22) 도시계획구조변경서,[23) 은행이 미회수한 태환권 등은 재산적 가치가 있으므로 절도죄의 객체인 재물이 된다고 판시한 바 있다.

생각건대 소유권범죄는 재물에 대한 형식적·법적 지배관계의 지위를 보호하는 범죄이므로, 이러한 지위상태는 경제적 기준이 아니라 권리의 존부에 따라 결정된다. 그러므로 재물은 경제적 가치 또는 교환가치가 있을 것을 요하지 않는다고 해석하는 부정설이 타당하다. 따라서 재물은 권리자의 주관적·소극적 가치로서 족하므로, 부모의 사진, 애인의 편지, 학생증, 일기장, 서류 등은 경제적 교환가치가 없더라도 재물이 된다.

(2) 경제적 가치가 경미하고 주관적 가치도 없는 물건의 경우

1) 부 정 설

경제적 가치가 경미하고 주관적 가치조차도 없는 때에는 처음부터 재물성을 상실하므로 구성요건해당성이 조각된다는 견해이다.[24)

2) 긍 정 설

경제적 가치가 경미하더라도 재물에 해당하지만 피해자의 승낙 또는 추정적 승낙에 의하여 구성요건해당성 또는 위법성이 조각된다고 보는 입장과,[25) 사회상

---

14) 대법원 2007. 8. 23. 선고 2007도2595 판결; 대법원 1981. 3. 24. 선고 80도2902 판결.
15) 대법원 2007. 8. 23. 선고 2007도2595 판결.
16) 대법원 2004. 10. 28. 선고 2004도5183 판결.
17) 대법원 2000. 2. 25. 선고 99도5775 판결.
18) 대법원 1999. 7. 9. 선고 99도857 판결.
19) 대법원 1998. 11. 24. 선고 98도2967 판결.
20) 대법원 1996. 9. 10. 선고 95도2747 판결.
21) 대법원 1996. 5. 10. 선고 95도3057 판결.
22) 대법원 1971. 10. 19. 선고 70도1399 판결.
23) 대법원 1981. 3. 24. 선고 80도2902 판결.
24) 강구진, 246면; 김일수/서보학, 배종대, 329면; 이형국, 319면; 황산덕, 267면.
25) 유기천, 186면; 이재상/장영민/강동범, 256면; 정영석, 323면.

규에 위배되지 아니하는 행위로 보는 입장[26]이 있다.

생각건대 경제적 가치가 없는 물건은 재산범죄에 있어서 보호의 대상이 되는 재물이라고 볼 수 없다. 그러나 경제적 가치가 경미하고 주관적 가치가 없더라도 재산권범죄는 형식적인 재산권을 보호하는 데 있으므로 재물에 해당한다고 보는 긍정설이 타당하고, 피해자의 승낙 또는 추정적 승낙에 의하여 구성요건해당성 또는 위법성이 조각된다고 해석하는 입장이 타당하다.

3. 부동산의 재물성 여부

부동산도 관리가능한 유체물이므로, 절도죄, 강도죄, 사기죄, 공갈죄, 횡령죄에 있어서 재물죄의 객체가 될 수 있는가가 문제된다. 이 가운데 사기죄, 공갈죄, 횡령죄에 있어서는 부동산도 당연히 재물에 포함된다는 점에 대하여는 이견이 없다. 또한 부동산이 분리되어 동산화(토사나 자갈채취 등)한 경우에는 절도죄의 객체가 된다는 점에 대하여도 다툼이 없다.

그러나 문제는 부동산이 절도죄·강도죄의 객체가 될 수 있는가이다. 독일 형법은 절도죄의 객체를 가동물건(可動物件)이라고 하여 동산에 한정하여 규정하고 있다. 이에 달리 우리 형법은 재물이라고 규정하고 있으므로 부동산의 포함여부가 문제되며, 학설은 이를 포함하는 것으로 해석하는 적극설과 이를 부정하는 소극설이 대립한다.

(1) 적 극 설

적극설은 ① 형법에 명문의 규정이 없으므로 부동산의 불법점유에 대한 구제를 위해서 부동산을 포함해서 해석해야 할 필요성이 있으며, ② 부동산을 재물에서 반드시 배제해야 할 합리적인 이유가 없고, ③ 절취는 재물에 대한 지배의 이전을 필요로 하지만 반드시 장소적 이전은 불필요하므로 부동산도 절도죄의 대상인 재물에 포함된다고 해석한다.[27]

(2) 소 극 설

소극설은 ① 부동산은 점유가 침해된 경우에도 소재 자체가 변경되는 것은 아니므로 피해자의 점유가 침해되었다고 보기 어려우며, ② 부동산에 대한 권리

---

26) 임웅, 318면.

27) 김종원, 181면; 오영근, 246면; 임웅, 318면; 정성근/박광민, 268면; 정영일, 144면.

는 물리적으로 관리할 수 있는 동력이 아니므로 재물이 될 수 없고, 경계를 침범하는 것에 대해서는 경계침범죄나 주거침입죄를 구성하며, ③ 절도죄에 있어서 절취의 관념에는 재물의 장소적 이전이 포함되므로 장소적 이전이 불가능한 부동산은 절도죄의 객체가 될 수 없다는 점을 근거로 한다.[28]

생각건대 부동산 절도의 경우에 부동산에 대한 권리는 관리할 수 있는 동력이 아니므로 재물이 될 수 없어 절도죄가 성립할 수 없으며, 부동산에 대한 침입에 대하여는 경계침입죄(제370조)나 주거침입죄(제319조 제1항)가 별도로 규정되어 있으므로 부동산은 절도죄의 객체게 될 수 없다는 소극설의 입장이 타당하다고 생각된다. 그러나 부동산도 그 구성부분이 분리된 경우에는 동산(건물의 일부, 토지의 흙 등)이 되므로 절도죄의 객체가 된다. 따라서 토지에 식재된 입목에 대한 절도는 입목을 절취하기 위해 캐낸 때에 절도죄의 기수가 성립한다.[29]

4. 재물의 타인성

절도죄의 객체는 타인의 재물이다. 재물이 누구에게 속하는가는 민법의 물권법이론에 의하여 결정되어지고, 재물의 타인성은 타인이 단독소유하거나, 또는 타인과 공동소유하는 재물[30]인 경우에 인정되어진다. 재물의 타인성이 인정되지 않는 경우로는, ① 행위자 자신의 소유물과, ② 무주물 및 ③ 금제품인 경우이다.

(1) 행위자의 소유물

행위자가 단독으로 소유하는 재물은 타인의 재물이 아니다. 행위자 자신의 소유물에 대하여는 절도죄가 성립할 수 없으며, 권리행사방해죄는 성립할 수 있다(제323조). 따라서 권원(權原)에 의하여 식재(植栽)한 대나무를 토지소유자가 벌채한 경우,[31] 권원없이 식재한 감나무에서 감을 수확한 경우[32]에는 타인의 재물이

---

28) 김일수/서보학, 226면; 박상기, 246면; 배종대, 61/16; 이영란, 266면; 이재상/장영민/강동범, 257면.

29) 대법원 2008. 10. 23. 선고 2008도6080 판결(입목을 절취하기 위하여 캐낸 때에 소유자의 입목에 대한 점유가 침해되어 범인의 사실적 지배하에 놓이게 되므로 범인이 그 점유를 취득하고 절도죄는 기수에 이른다. 이를 운반하거나 반출하는 등의 행위는 필요하지 않다).

30) 대법원 1994. 11. 25. 선고 94도2432 판결.

31) 대법원 1980. 9. 30. 선고 80도1874 판결(타인의 토지상에 권원없이 식재한 수목의 소유권은 토지소유자에게 귀속되고 권원에 의하여 식재한 경우에는 그 소유권이 식재한 자에게 있다).

인정되므로 절도죄가 성립한다.

할부판매의 경우와 같이 민법상으로는 유보된 소유권 내지 담보된 소유권의 경우에도 형법상으로는 완전한 소유권으로 취급되어진다. 또한 1인회사의 소유에 속하는 재물은 1인 주주에 대한 관계에서 타인의 재물이 된다. 무효인 계약에 의하여 인도한 재물을 절취한 경우, 예컨대 매음을 위해 교부한 금전을 절취한 경우에도 계약은 무효이나 이행행위까지 무효인 것은 아니므로 타인의 재물에 해당하여 절도죄가 성립한다.

(2) 무 주 물

무주물(無主物)은 어느 누구의 소유에도 속하지 않는 물건이므로 재산죄의 객체인 재물이 되지 않는다. 무주물은 다음과 같이 세 가지의 경우를 들 수 있다.

1) 소유권의 객체가 될 수 없는 재물

소유권은 물건을 배타적으로 사용·수익·처분할 수 있는 권리를 말한다. 따라서 어느 누구도 소유할 수 없는 물건, 즉 거래의 객체가 될 수 없는 물건은 타인의 재물이 될 수 없다. 특히 사체는 사용·수익·처분할 수 있는 대상이 아닌 제사와 유가족의 존경심의 객체가 될 뿐이므로 민법상으로도 특수한 소유권의 객체라고 한다.[33] 따라서 사체는 타인의 재물이라 할 수 없다.[34] 그러나 사체도 유해로서의 성질을 상실한 경우, 예컨대 학문연구의 대상이 된 의과대학 실험실의 해부용사체는 소유권의 객체가 될 수 있다.

2) 원래 소유자가 없는 재물

아직 소유권이 누구에게도 귀속되지 않은 재물은 타인의 재물이 아니다. 예컨대 포획되지 않은 야수나 어류는 무주물이다. 그러나 연못에 넣어둔 물고기나 동물원에 있는 야수는 타인의 재물이다. 그러나 수산업법에 의한 양식어업권 면허를 받은 경우라 하더라도 면허구역 안에서 자연적으로 번식하는 수산동식물에까지 소유권이 미치는 것은 아니다.[35]

---

32) 대법원 1998. 4. 24. 선고 97도3425 판결.
33) 특수한 소유권의 내용으로는 매장, 제사, 공양 등을 할 수 있는 권리와 의무를 가지는 데에 불과하다고 한다.
34) 김일수/서보학, 225면; 배종대, 61/11; 오영근, 350면; 이재상/장영민/강동범, 258면; 이형국, 319면; 임웅, 269면.
35) 대법원 2010. 4. 8. 선고 2009도11827 판결(수산업법에 의한 양식어업권은 행정관청의 면

3) 소유자가 소유권을 포기한 재물

재물의 소유자가 유효하게 소유권을 포기한 재물은 무주물이 된다. 예컨대 쓰레기 수거함이나 길거리에 버린 물건이 여기에 해당한다. 그러나 전장에 방치되어 있는 군수품이나 소유자가 잃어버린 물건이나 잘못 두고 온 재물은 소유자가 포기한 재물이 아니므로 무주물이 아니다.

(3) 금제품의 재산죄의 객체여부

금제품이란 법률에 의하여 일반적으로 소유 또는 소지(점유)가 금지되어 있는 물건을 말한다. 금제품에는 단순히 소지가 금지되어 있는 **상대적 금제품**(불법무기소지, 마약 등)과 소유 자체가 금지되어 소유권의 객체가 될 수 없는 물건인 **절대적 금제품**(위조통화, 아편흡식기 등)이 있다. 금제품이 재산죄의 객체인 재물에 해당하는가에 대하여는 견해가 대립한다.

1) 소 극 설

금제품은 소유권의 객체가 될 수 없으므로 재산죄의 객체가 되지 않는다는 견해이다.[36] 만약 형법이 금제품의 재물성을 인정하게 되면 타법이 금지하는 금제품의 소지를 형법이 보호하는 법체계상 모순을 초래하게 되므로 형법상으로도 재물이 될 수 없다는 입장이다.

2) 적 극 설

금제품의 소지를 금지하는 것과 그 소지를 침해하는 것은 전혀 별개의 문제이고, 금제품이라 하더라도 몰수되기까지는 그 소유 또는 소지를 **보호해야 하므로 재물성을 인정할 수 있다는 견해이다.**[37] 그러나 이 견해는 절도죄의 보호법익을 점유라고 보기 때문에 보호법익을 소유권으로만 이해하는 입장에서는 설명이 어렵게 된다. 이러한 비판에 대하여는 금제품에 대한 사인소유는 금지되지만 국가소유권

허를 받아 해상의 일정구역 내에서 패류·해조류 또는 정착성 수산동물을 포획·채취할 수 있는 권리를 가리키는 것으로서 이는 그 지역에서 천연으로 생육하는 수산동식물을 어업면허를 받은 종류에 한하여 배타적·선점적으로 채취할 수 있는 권리에 불과하고 그 지역 내의 수산동식물의 소유권을 취득하는 권리는 아니므로 어업권의 취득만으로 당연히 그 지역 내에서 자연 번식하는 수산동식물의 소유권이나 점유권까지 취득한다고는 볼 수 없다); 같은 취지로 대법원 1983. 2. 8. 선고 82도696 판결.

36) 서일교, 133면.
37) 정성근/박광민, 268면.

을 인정할 수 있으므로 절도죄의 객체가 된다는 견해도 있다.[38]

3) 절 충 설

절도죄의 보호법익을 점유가 아니라 소유권으로 보고, 또한 금제품의 성질에 따라 이를 절대적 금제품과 상대적 금제품으로 구분하여, 상대적 금제품인 단순히 점유가 금지되어 있는 물건(불법으로 소지한 무기, 마약)은 재산죄의 객체가 되나, 절대적인 금제품인 소유권의 객체가 될 수 없는 물건(아편흡식기, 위조통화)은 재산죄의 객체가 될 수 없다고 해석하는 견해이다.[39] 생각건대 절도죄의 보호법익은 소유권 및 점유이므로, 금제품도 사인에 대해서는 소유가 금지되지만 국가의 소유권을 인정할 수 있으므로 재산죄의 객체가 될 수 있다고 해석하는 적극설이 타당하다.

Ⅲ. 형법상의 점유

1. 서 설

'형법상의 점유'란 재물에 대한 사실상의 지배를 의미하므로, 규범적 개념인 민법상의 점유와는 구별된다. 즉 재물에 대한 물리적·현실적 작용에 의하여 인정되는 순수한 사실상의 지배관계를 말한다. 따라서 민법상으로 점유개정,[40] 간접점유,[41] 법인의 점유, 점유권의 상속[42] 등이 인정되나, 형법상으로 이러한 점유는 인

---

38) 김성돈, 282면; 김일수/서보학, 226면; 박상기, 246면; 오영근, 246면; 유기천, 187면; 임웅, 321면.

39) 김종원, 177면; 배종대, 61/12; 백형구, 128면; 이재상/장영민/강동범, 259면; 이영란, 267면; 이정원, 303면; 이형국, 319면; 정영석, 324면; 황산덕, 272면.

40) 민법 제189조는 점유개정이라는 표제하에, "동산에 관한 물권을 양도하는 경우에 당사자의 계약으로 양도인이 그 동산의 점유를 계속하는 때에는 양수인이 인도받은 것으로 본다." 라고 규정하고 있다.

41) 민법 제194조는 간접점유라는 표제하에 "지상권, 전세권, 질권, 사용대차, 임대차, 임치 기타의 관계로 타인으로 하여금 물건을 점유하게 한 자는 간접으로 점유권이 있다."라고 규정하고 있다.

42) 민법 제193조는 상속으로 인한 점유권의 이전이라는 표제하에, "점유권은 상속인에게 이전한다."고 규정하고 있다; 종전 점유자의 점유가 그의 사망으로 인한 상속에 의하여 당연히 그 상속인에게 이전된다는 민법 제193조는 절도죄의 요건으로서의 '타인의 점유'와 관련하여서는 적용의 여지가 없다. 피고인이 내연관계에 있는 甲과 아파트에서 동거하다가, 甲

정되지 않는다. 이에 반해 **점유보조자**는 형법상으로는 점유자이지만, 민법상으로는 점유자가 아니다.[43]

형법상의 점유개념은 개별적인 구성요건의 기능에 따라 그 의미내용에 차이가 있다. 즉 보호의 객체와 행위의 주체 및 행위의 대상으로서 기능한다.

(1) 보호의 객체로서의 점유

권리행사방해죄(제323조)에 있어서의 점유가 여기에 해당한다. 본죄에 있어서의 점유는 행위객체인 동시에 보호법익이다. 따라서 본죄에 있어서의 점유는 '적법한 권원에 의한 점유'일 것을 요한다.

(2) 행위주체로서의 점유

행위주체로서의 점유는 이를 신분요소로서의 점유라고도 한다. 대표적으로 횡령죄를 들 수 있는데, 횡령죄에 있어서 점유는 '타인의 재물을 보관하는 지위에 있는 자'라는 행위주체 내지 신분요소의 기능을 가진다.

따라서 횡령죄에 있어서 점유는, ① 피해자의 위탁관계에 기초한 점유여야 하고, ② 이러한 신분요소로서의 점유의 개념에는 사실상의 점유뿐만 아니라 법률상의 지배까지도 포함하는 넓은 개념이 된다.

(3) 행위객체(대상)로서의 점유

탈취죄에 있어서의 점유는 행위의 대상·객체로서의 점유이다. 절도죄나 강도죄에 있어서의 점유가 여기에 해당한다. 절도죄에 있어서 행위객체는 타인이 점유하는 타인의 재물이다.

2. 점유의 의의

점유의 의의에 대하여 절도죄를 중심으로 그 의의를 살펴보면 다음과 같다. '점유'란 "점유의사에 의해 지배되고 그 범위와 한계가 경험칙에 따라 결정되는

의 사망으로 甲의 상속인인 乙 및 丙 소유에 속하게 된 부동산 등기권리증 등 서류들이 들어 있는 가방을 위 아파트에서 가지고 간 경우 … 피고인이 가방을 들고 나온 시점에 乙 및 丙이 아파트에 있던 가방을 사실상 지배하여 점유하고 있었다고 볼 수 없어 피고인의 행위가 乙 등의 가방에 대한 점유를 침해하여 절도죄를 구성한다고 할 수 없다(대법원 2012. 4. 26. 선고 2010도6334 판결).

43) 민법 제195조는 **점유보조자**라는 표제하에, "가사상, 영업상 기타 유사한 관계에 의하여 타인의 지시를 받아 물건에 대한 사실상의 지배를 하는 때에는 그 타인만을 점유자로 한다."라고 규정하고 있다.

재물에 대한 사람의 지배관계"를 말한다. 즉 형법상의 점유는 ① 주관적·정신적 요소와 ② 객관적·물리적 요소 및 ③ 사회적·규범적 요소의 세 가지 요소로 이루어져 있다.

(1) 객관적·물리적 요소(점유사실)

재물에 대하여 사실상 지배하고 있는 상태를 말한다. 재물에 대한 물리적·현실적 지배의사의 실현으로 지배상태에 있는 것을 말한다. 점유사실이 인정되기 위해서는 ① 사람이 재물에 대하여 장소적·시간적으로 작용가능성이 있어야 하고, ② 재물에 대하여 사실적으로 처분가능성이 있으면 족하고 적법한 권원에 의한 점유가 아니어도 인정된다. 따라서 절도범의 장물에 대한 점유도 인정되므로, 절도범이 점유하고 있는 장물을 절취한 경우에도 절도죄가 성립한다.[44]

(2) 주관적·정신적 요소(점유의사)

재물을 자기의 의사에 따라 사실상 지배·관리하려는 의사, 즉 점유의사가 필요하다. 재물에 대한 사실상의 지배의사이므로, 재물에 대한 행위자의 법적 처분권, 민법상의 의사능력 또는 행위능력과는 무관하다.

1) 자연적 사실상의 처분의사 내지 지배의사가 있으면 족하다. 따라서 유아나 정신병자라 하더라도 점유의사가 있다. 그러나 법인은 정신적인 점유의사가 없으므로 법인은 점유의 주체가 될 수 없다.

2) 일반적·포괄적 지배의사(개괄적 의사)를 의미한다. 개개의 재물의 소재나 존재여부에 대한 인식이 없더라도 시간적·장소적으로 작용가능한 범위 내의 재물에 대하여는 일반적·추상적 지배의사가 인정된다. 따라서 우편함의 봉투, 자기 집안에서 잃어버린 물건, 여관에서 손님이 분실한 물건, 그물안의 고기, 집 앞에 배달해 둔 택배상품, 양식장에 투입해 둔 진조조개 등은 주인의 점유에 속한다.

3) 점유의사는 현실적 의사임을 요하지 않으며 **잠재적 지배의사**로도 충분하다. 따라서 도서관에 두고 온 서적에 대하여도 잠재적 지배의사를 인정할 수 있고, 의식을 잃은 자, 수면에 빠진 자에게도 점유의사가 인정된다. 그러나 사자는 잠재적 지배의사도 인정할 수 없으므로 점유가 부정된다.

탈취의 의사로 사람을 살해하고 재물을 영득한 경우에 강도살인죄가 성립한다는 점에 대해서는 의견이 일치한다. 다만 이 경우에 누구의 점유를 침해한 것인가에

---

44) 대법원 1966. 12. 20. 선고 66도1437 판결.

대하여는, ① 사자의 점유침해설과 ② 상속인의 점유침해설 및 ③ 피해자의 생전
점유침해설이 대립한다.

생각건대 형법상의 점유에는 점유의사가 필요한데, ①설이 사자의 점유를 인
정하는 것은 부당하며, 또한 형법상의 점유란 재물에 대한 사실상의 지배를 의미
하므로 상속에 의한 점유승계가 인정되지 않는데, ②설은 이러한 점을 간과하고
있다. 따라서 피해자가 생전에 가지고 있던 점유를 침해한 것으로 보는 피해자의
생전침유침해설이 타당하며, 통설의 입장이기도 하다.

이와 달리 사람을 살해한 후 비로소 재물탈취의 의사가 생겨 재물을 영득한 경우에
사자의 점유를 인정할 것인가에 관해서는 소극설과 적극설이 대립하고 있다. 소
극설은 사자는 점유의사를 가질 수 없어 사자의 점유를 인정할 수 없으므로 살인
죄와 점유이탈물횡령죄의 경합범이 된다는 견해이다.[45] 이에 반해 적극설은 사자
의 점유가 계속된다는 견해이다. 그런데 적극설은 다시, ① 피해자의 사망과 시
간적·장소적으로 근접한 경우에는 사자의 생전점유를 침해한 것으로 보아 살인
죄와 절도죄(피해자의 생전점유)의 경합범이 성립한다고 해석하는 견해[46]와 ② 피
해자의 사망 후에도 일정 시간 동안 사자의 점유가 계속되므로 살인죄와 절도죄
(사자의 점유)의 경합범이 성립된다고 해석하는 견해[47]로 나누어진다.

이에 관하여 판례는 피해자의 생전점유를 인정하여, 살인죄와 절도죄의 경합
범이 성립한다고 판시한 바 있다.[48]

생각건대 사자는 재물에 대한 점유의사를 가질 수 없으므로 사자의 점유를
인정할 수 없고, 사자의 생존시의 점유도 사망 후에 계속된다고 할 수 없다. 따라
서 피해자가 사망한 후에 재물영득의사를 일으킨 경우에는 절도죄는 성립할 수
없으므로, 살인죄와 점유이탈물횡령죄의 경합범이 성립된다고 해석하는 견해가 타당
하다고 생각된다.

45) 김일수/서보학, 228면; 백형구, 131면; 손동권/김재윤, 278면; 오영근, 234면; 이재상/장영
민/강동범, 262면; 이형국, 315면.
46) 김성천/김형준, 410면; 박상기, 255면; 이영란, 275면; 임웅, 325면; 정성근/박광민, 285면;
정영일, 141면.
47) 배종대, 61/38.
48) 대법원 1993. 9. 28. 선고 93도2143 판결.

(3) 사회적·규범적 요소

점유는 객관적 요소인 사실상의 재물지배와 주관적 요소인 재물지배의사의 내용은 사회적·규범적 요소인 **거래계의 경험칙**, 즉 **사회통념**에 의하여 확대되거나 축소되기도 한다.

1) 형법상 점유는 **사회규범적 요소에 의하여 확대**되기도 한다. 일단 개시된 점유는 시간적·장소적 지배관계의 일시적 정지나 분리에 의하여 없어지지 않고, 일종의 정신적 점유를 인정할 수 있게 된다. 따라서 축사에 돌아오는 습성이 있는 가축, 밭에 두고 온 농기구, 길가에 세워 둔 자동차, 화재나 이사하기 위해 임시로 길가에 내놓은 가구, 휴가시에 집에 있는 물건, 강간피해자가 도피하면서 길바닥에 놓아 둔 손가방 등에 대하여는 주인의 점유가 계속된다.[49]

그러나 **유류물**(遺留物: 잊고 오거나 잘못 두고 온 물건) 또는 **분실물**(紛失物: 잃어버린 물건)의 점유여부는 재물의 점유자가 그 소재를 알고 또한 그것을 찾을 수 있는가가 기준이 된다.[50] 따라서 분실자가 그 소재를 알지 못하는 경우, 예컨대 술에 취하여 자전거를 어디에 둔 지 알지 못하는 경우에는 자전거에 대한 점유는 상실되어 점유이탈물이 된다. 그러나 강간피해자가 도피하면서 현장에 두고 간 물건은 피해자의 점유에 속한다.[51]

그러나 유실물 및 준유실물[52]이라 하더라도 다른 사람의 새로운 점유가 개시된 경우에는 점유이탈물이 되지 않는다. 예컨대 열차에 두고 내린 물건은 철도공사의 점유에 속하고, 여관·극장·당구장[53]·목욕탕 등에 두고 온 시계는 권리자의 점유에 속하고, 그 곳에서 잃어버렸을 때에도 관리자의 점유에 속하므로 이를 가

---

49) 대법원 1984. 2. 28. 선고 84도38 판결(강간을 당한 피해자가 도피하면서 현장에 놓아두고 간 손가방은 점유이탈물이 아니라 사회통념상 피해자의 지배하에 있는 물건이라고 보아야 할 것이므로, 피고인이 그 손가방에 들어 있는 피해자소유의 돈을 꺼낸 행위는 **절도죄**에 해당한다).

50) 이재상/장영민/강동범, 263면.

51) 대법원 1984. 2. 28. 선고 84도38 판결(강간을 당한 피해자가 도피하면서 현장에 놓아두고 간 손가방은 점유이탈물이 아니라 사회통념상 피해자의 지배하에 있는 물건이라고 보아야 할 것이므로 피고인이 그 손가방 안에 들어 있는 피해자 소유의 돈을 꺼낸 소위는 **절도죄**에 해당한다).

52) 유실물법 제12조는 '착오로 인하여 점유한 물건, 타인이 놓고 간 물건이나 일실한 가축'을 준유실물이라고 규정하고 있다.

53) 대법원 2002. 1. 11. 선고 2001도6158 판결.

겨갔을 때에는 **절도죄가** 성립하게 된다.[54]

그러나 판례는 고속버스의 운전자가 승객이 잊어버리고 내린 물건에 대하여 운전자가 간수자로서 유실물을 교부받을 권능을 가질 뿐 승객의 물건을 점유한다고 할 수는 없으므로 타인이 이를 가져간 경우에는 **점유이탈물횡령죄에 해당하며,**[55] 지하철의 바닥이나 선반 위에 승객이 두고 내린 물건은 지하철 승무원의 점유에 속하지 않기 때문에 이를 가져가더라도 **점유이탈물횡령죄는** 별론으로 하더라도 **절도죄에는** 해당하지 않는다고 판시한 바 있다.[56]

법인의 점유에 대하여는 긍정설[57]과 **부정설**[58]의 대립이 있으나, 형법상의 점유에는 점유의사를 필요로 하지만 법인의 점유의사를 인정할 수 없기 때문에 다수설이기도 한 부정설이 타당하다.

2) 사회적·규범적 요소에 의하여 형법상 **점유의 개념이** 제한되는 경우도 있다. 예컨대 음식점에서 손님이 식기를 사용하는 경우, 가정부가 집의 재물을 사실상 관리하는 경우, 점원이 상점 내의 물품을 관리하는 경우, 여관의 손님에게 침구가 제공된 경우에도 여전히 **주인의 점유**에 속한다고 보아야 한다.

판례는 귀금속을 구입할 것처럼 가장하여 피해자로부터 순금목걸이 등을 건네받은 다음 화장실에 갔다 오겠다는 핑계를 대고 도망한 경우,[59] 서점에서 잠깐 보겠다고 하여 주인이 건네준 책을 가져간 경우,[60] 결혼예식장에서 결혼축의금을 접수인인 것처럼 가장하여 가로 챈 경우에는 **접수처의 점유가** 인정되어 **절도죄가** 성

---

54) 대법원 1988. 4. 25. 선고 88도409 판결.

55) 대법원 1993. 3. 16. 선고 92도3170 판결. 이 판례에 대하여는 시내버스나 지하철과는 달리 고속버스 내에서 승객이 분실한 재물은 분실자가 분실장소를 알고 이를 되찾을 수 있을 뿐만 아니라 고속버스는 고속버스운전기사의 배타적 지배영역이므로 고속버스기사의 점유를 인정할 수도 있으므로 **절도죄가** 성립한다는 비판적인 **견해가** 있다[하태훈, 형법상 점유의 개념(형사판례연구 3), 170면 이하 참조].

56) 대법원 1999. 11. 26. 선고 99도3963 판결.

57) 김일수/서보학, 281면; 임웅, 272면. 법인의 점유의사는 법인의 기관에게 존재한다고 보고 있다.

58) 오영근, 360면; 유기천, 205면; 이재상/장영민/강동범, 264면; 정성근/박광민, 285면.

59) 대법원 1994. 8. 12. 선고 94도1487 판결; 이와 달리 귀금속을 사겠다고 하여 주인이 포장하여 일단 범인에게 넘겨주고 계산대로 가는 도중에 범인이 도주한 경우에는 **사기죄가** 성립한다(대법원 1990. 8. 10. 선고 90도1211 판결).

60) 대법원 1983. 2. 22. 선고 82도3115 판결.

립한다고 판시하였다.[61]

그러나 자전거를 살 의사도 없이 시운전을 빙자하여 교부받은 자전거를 타고 도주한 행위는 피기망자의 처분효과의 직접성을 인정하여 **사기죄가 성립한다**고 판시한 바 있다.[62]

3. 타인의 점유

절도죄의 행위객체는 "타인이 점유하는 타인의 재물"이다. 자기가 점유하는 타인의 재물에 대하여는 횡령죄가 성립하고, 어느 누구의 점유에도 속하지 않는 재물의 경우에는 점유이탈물횡령죄가 성립한다. 타인의 점유란 재물이 행위자의 단독점유에 속하지 않는 경우로서, 타인의 단독점유이거나 행위자가 타인과 공동점유하는 경우를 말한다. 타인의 점유와 관련하여 특히 문제되는 경우는, 타인과 공동점유하고 있거나 행위자가 단독점유하고 있지만 봉함되거나 시정장치된 포장물의 경우에 그 내용물은 누구의 점유에 속하는가라는 점이다.

(1) 공동점유

다수인이 재물에 대하여 공동으로 사실상 지배하는 경우를 말한다. 이는 배분관계에 의한 공동점유와 상하관계에 의한 공동점유로 나누어볼 수 있다.

1) 배분관계(대등관계)에 의한 공동점유

부부간의 가정용품의 공동점유, 동업관계에 있는 조합원 간의 공동점유 등을 들 수 있다. 배분관계에 의한 공동점유는 공동점유자 상호간에 점유의 타인성이 인정되어 절도죄가 성립한다.[63] 판례도 별거 중인 아내가 공동보관 중인 남편의 인장을 취거한 행위는 절도죄에 해당한다고 판시하고 있다.[64]

2) 상하관계에 의한 공동점유

주인과 종업원 사이에 물품을 공동점유하는 경우이다. 이 경우에 주인과 종업원의 관계에 대하여는, ① 상하관계에 의한 **공동점유라는 견해**[65]에 의하면 하위점

61) 대법원 1996. 10. 15. 선고 96도2227 판결.
62) 대법원 1968. 5. 21. 선고 68도480 판결(이 판례에 대하여는 찬성하는 견해도 있으나, 교부행위가 아니라 도주행위라는 별개의 행위에 의하여 손해가 발생했으므로 절도죄에 해당한다고 해석하는 견해가 타당하다).
63) 대법원 1995. 10. 12. 선고 94도2076 판결.
64) 대법원 1984. 1. 31. 선고 83도3027 판결.
65) 오영근, 360면; 유기천, 192면; 임웅, 276면.

유자는 상위점유자에 대하여는 점유를 보호받지 못하므로 상위점유자의 점유를 침해하면 절도죄가 성립하나, 상위점유자가 하위점유자의 점유를 침해하더라도 절도죄는 성립하지 않게 되며, ② 주인의 단독점유라는 견해[66]에 의하면 종업원 또는 가정부는 점유보조자에 불과하므로 주인의 재물을 취득하면 절도죄가 성립하게 된다. ③ 그러나 주인과 종업원의 관계는 계획적인 위임관계나 고용관계의 구체적인 사정에 따라 공동점유 또는 주인의 단독점유라는 견해[67]가 타당하다고 생각힌다.

가. 주인의 단독점유 또는 공동점유가 인정되는 경우   상점 안의 물건에 대하여는 주인의 단독점유 또는 공동점유를 인정하는 것이 타당하다. 비록 종업원이 사실상 재물을 지배하고 있어도 주인과 가정부와의 관계와 같이 주인의 점유를 보조하는데 지나지 않기 때문이다. 주인이 일시 상점을 떠난 경우에도 주인의 점유가 인정되므로 주인 부재중에 점원이 재물을 영득한 행위는 절도죄에 해당한다.

그러나 종업원에게 특별한 처분권의 위임이 있는 경우에는 횡령죄가 성립한다. 따라서 피해자의 승낙을 받고 그의 심부름으로 오토바이를 타고 가서 수표를 현금으로 바꾼 뒤 마음이 변하여 그대로 달아난 경우에는 오토바이와 현금에 대한 횡령죄가 성립한다.[68]

나. 고용관계에 의한 행위자의 단독점유가 인정되는 경우   은행, 역, 백화점 등의 금전출납을 담당하는 경리직원이 타인의 도움 없이 독자적인 책임하에 현금 인출이 가능할 때에는 직원의 단독점유를 인정해야 할 것이다. 사업장의 지점을 운영하는 사용인은 그 지점의 물건을 단독점유하고 있으며, 주인이나 본점은 간접점유를 하고 있으나 형법상 점유는 하지 않는다고 보아야 한다. 따라서 경리직원 등이 현금을 영득한 경우에는 횡령죄가 성립한다.

다. 위탁자와 재물운반자와의 관계   재물의 운반을 위탁한 경우에 운반자와 위탁자 사이에 공동점유를 인정할 수 있느냐 또는 운반자의 단독점유에 속하는가에 대하여는 위탁자에 의한 현실적인 통제와 감독이 가능한가에 따라 결정하여야 한다. 현실적인 통제와 감독이 가능한 경우에는 위탁자와 운반자의 상하관계에

---

66) 강구진, 265면; 박상기, 256면; 배종대, 61/41; 이영란, 275면; 이형국, 316면; 정성근/박광민, 287면.
67) 이재상/장영민/강동범, 266면.
68) 대법원 1986. 8. 19. 선고 86도1093 판결.

의한 공동점유를 인정할 수 있지만, 통제와 감독이 불가능한 경우에는 운반자의 단독점유가 인정된다.

따라서 심부름하는 사환에게 은행입금을 맡기거나, 짐 운반을 위탁한 경우에는 운반자의 단독점유에 속하므로 이를 영득하면 **횡령죄가 성립**하고,[69] 화물자동차의 운전자가 화물을 영득한 경우에는 **업무상 횡령죄**가 성립한다. 그러나 철도화물은 운행시간과 코스가 정해져 있으므로 철도청과 운전자가 공동점유하므로, 철도승무원이 화물을 처분한 경우에는 **절도죄**에 해당하게 된다. 또한 위탁자와 운반자가 동행하여 은행에서 찾은 현금을 운반 중 일부를 꺼내어 영득한 경우에는 절도죄가 성립한다.[70]

(2) 봉함 또는 시정된 포장물의 점유

1) 수탁자가 봉함되어 보관하고 있는 포장물 안의 내용물을 영득한 경우에 내용물에 대한 점유자는 누구인가?

① 포장물 전체에 대하여는 **수탁자가 점유**를 가지지만, 그 내용물에 관해서는 위탁자에게 점유가 있으므로 그 내용물을 영득하면 **절도죄**가 된다. 판례도 보관 중인 정부미의 내용물을 영득하면 절도죄가 성립한다고 하여 내용물에 대한 위탁자의 점유를 인정하고 있다.[71]

② 내용물을 포함한 봉함물전부에 대하여 **위탁자의 점유**가 인정된다는 견해에 의하면 수탁자가 이를 취득하면 **절도죄**가 성립하게 된다.[72]

③ 포장물 전부가 **수탁자의 점유**에 속한다는 견해에 의하면 이 경우에 **횡령죄**가 성립하게 된다.[73]

④ 위탁의 취지와 내용에 따라 **형식적 위탁관계**일 때는 위탁자에게 점유가 있으므로 **절도죄**가 성립되고, **실질적 위탁관계**일 때는 수탁자에게 점유가 이전되므로 **횡령죄**가 성립한다는 견해이다.[74]

생각건대 봉함된 포장물은 원칙적으로 수탁자의 점유(또는 공동점유)에 속하지만,

---

69) 대법원 1982. 12. 23. 선고 82도2394 판결.
70) 대법원 1966. 1. 31. 선고 65도1178 판결.
71) 대법원 1956. 1. 27. 선고 4288형상375 판결.
72) 황산덕, 275면.
73) 백형구, 132면; 오영근, 305면; 임웅, 278면.
74) 김일수/서보학, 232면; 배종대, 61/41; 이형국, 317면; 정성근/박광민, 289면.

봉함된 용기가 고정되어 있거나 쉽게 움직일 수 없을 정도로 큰 경우이거나 또는 위탁자가 열쇠를 소지하고 있어 쉽게 포장물에 접근할 수 있는 경우에는 위탁자의 점유가 인정된다고 보는 것이 옳다.[75]

2) 잠금장치가 되어 위탁된 용기 안의 내용물에 대한 점유

① 잠금장치가 되어 있는 물건의 내용물에 대한 점유는 일반적으로 위탁자가 점유하고 있으므로 수탁자가 내용물을 취득한 경우에는 절도죄가 성립한다.

② 그러나 구체적으로는 위탁된 용기의 크기와 이에 대한 위탁자와 열쇠소지자의 접근가능성을 고려하여 판단해야 한다.

가. 시정 또는 봉함된 용기가 부동산에 부착되어 있거나 그 크기 때문에 움직일 수 없을 때에는 위탁자인 열쇠소지자의 단독점유로서 절도죄가 성립한다.

나. 봉함물을 독자적으로 움직일 수 있는 경우 수탁자의 단독점유에 속하므로 횡령죄가 성립한다.

다. 위탁자 내지 열쇠소지자의 접근이 자유로울 경우 위탁자의 단독점유 또는 수탁자와의 공동점유가 되어 절도죄가 성립한다.

Ⅳ. 불법영득의사

'불법영득의사'란 일시적이든 영구적이든 권리자를 배제하여 타인의 재물을 자기의 소유물과 같이 이용하거나 처분하려는 의사(소유자의사)를 말한다.

1. 불법영득의사의 필요성 여부

손괴죄, 권리행사방해죄를 제외한 재산죄에 있어서 주관적 구성요건요소로서 불법영득의사가 필요한가가 문제된다. 이에 대하여 명문의 규정이 있는 독일 형법과 달리 우리 형법은 명문규정이 없으므로 학설은 필요설과 불필요설이 대립하며, 판례[76]와 통설[77]은 필요설의 입장을 취하고 있다.

---

75) 이재상/장영민/강동범, 268면.

76) 대법원은 일관되게 불법영득의사가 필요하다는 입장에서, 내연관계를 회복시킬 목적으로 물건을 가져간 경우(대법원 1992. 5. 12. 선고 92도280 판결); 전화번호를 알아두기 위하여 전화요금영수증을 가져간 경우(대법원 1989. 11. 28. 선고 89도1679 판결)에 불법영득의사가 없으므로 절도죄가 성립되지 않는다고 판시하였다.

(1) 필 요 설

1) 절도죄의 보호법익은 소유권이므로 소유권침해의사인 불법영득의사는 필요하다.

2) 절도죄가 타인의 점유를 침해하고 새로운 점유를 취득하는 절취에 의하여 성립하지만, 타인의 재물에 대한 소유권을 침해하는 범죄이므로 불법영득의사가 필요하다. **자기의 재물**에 대하여는 **공무상보관물무효죄**(제142조)나 **권리행사방해죄**(제323조)라는 별도의 구성요건이 있다.

3) 점유를 침해하는 점에서는 손괴죄가 절도죄보다 중하지만, 형법이 절도죄를 손괴죄보다 형을 무겁게 한 것은 행위자가 불법영득의사로 점유를 침해했기 때문이다.

4) 소유권을 침해하지 않는 **사용절도**는 불법영득의사가 없으므로 원칙적으로 절도죄에 해당할 수 없다.

그러나 재물의 사용으로 인하여 그 가치가 현저히 감소하는 경우에는 불법영득의사의 의의와 내용에 따라 사용절도도 인정할 수 있으며, 그것을 인정한다고 하여 불법영득의사가 불필요하다는 논거가 되는 것은 아니다.

(2) 불필요설

절도죄의 주관적 구성요건으로 고의 이외에 **불법영득의사가 필요하지 않다**는 입장이다. 그 논거로는, ① 절도죄의 보호법익은 소지로서의 점유이고, 비록 소유권을 절도죄의 보호법익으로 보더라도 소유권을 침해한다는 의사는 범죄성립에 불필요하고, ② 불법영득의사를 인정하는 독일형법과 같은 명문규정이 없다. ③ 재물의 사용으로 피해자에게 중대한 가치의 감소를 초래하는 사용절도를 처벌하지 않는 것은 피해자의 보호에 충실하지 못하므로 절도죄가 성립한다고 보아야 하며, ④ 손괴의 의사로 타인의 점유를 침해한 경우나 손괴의 의사로 타인의 점유를 침해한 후에 경제적 용법에 따라 그 재물을 사용·처분한 경우에 그 수단인 절취행위를 평가하지 않는 것은 불합리하고, ⑤ 절도죄를 손괴죄보다 중하게 처벌하는 이유는 불법영득의사 때문이 아니라 재산적 질서를 혼란시키는 행위태양이라는 점 등을 이유로 불법영득의사는 불필요하고 절취행위에 대한 고의로서

---

77) 강구진, 271면; 김성돈, 291면; 박상기, 260면; 배종대, 61/59; 손동권/김재윤, 294면; 유기천, 198면; 이재상/장영민/강동범, 273면; 이형국, 324면; 임웅, 336면; 정영일, 147면.

충분하다는 것이다.[78]

생각건대 절도죄의 **보호법익을 소유권으로 보아야 하고, 불법영득의사를 요구하**는 것이 절도죄의 성립범위를 축소시켜 피고인이나 일반인에게 유리하며, 사용절도는 예외적으로 처벌하고 있고, 재물의 멸실로 그 회복이 불가능한 손괴죄보다 절도죄를 무겁게 처벌하는 현행법의 해석을 합리적으로 해석할 수 있다는 점에서 **필요설이 타당하다.**

또한 1995년 개정형법이 자동차 등 불법사용죄를 신설하여 그 형을 절도죄에 비하여 현저하게 낮게 규정한 것은 간접적이나마 절도죄의 성립에 불법영득의사가 필요하다는 점을 나타내주고 있다고 하겠다.

2. 불법영득의사의 내용

(1) 학 설

1) 경제적 용법설

불법영득의사를 '권리자를 배제하려는 의사(소극적 요소)와 소유자로서 이용하려는 의사(적극적 요소) 및 경제적 용법에 따라 이용·처분하려는 의사'로 파악하는 입장으로 소수설의 입장이다.[79] 이에 의하면 불법영득의사는 ① 권리자를 배제한다는 소극적 요소와 ② 소유자로서 이를 이용한다는 적극적 요소, 그리고 ③ 경제적 용도에 따라 이용하는 의사를 그 내용으로 한다. 판례는 "일시적이든 영구적이든 권리자를 배제하여 타인의 재물을 자기의 소유물과 같이 경제적 용법에 따라 이용·처분하려는 의사"를 불법영득의사의 내용으로 이해함으로써 **경제적 용법설의** 입장을 취하고 있다.[80]

2) 소유자의사설

불법영득의사를 일시적이든 영구적이든 권리자를 배제하여 타인의 재물을 자기의 소유물과 같이 이용하거나 처분하려는 의사(소유자의사)로 이해하는 입장으로 다수설의 태도이다.[81] 다만 비경제적 용법 중 손괴·은닉의 의사는 제외된다. 따라서 학생증을 훔쳐 증명서로 사용하려고 하는 경우, 자랑할 의사로 희귀우표를 절취한

---

78) 정성근/박광민, 303면; 정영석, 330면.

79) 김일수/서보학, 294면; 박상기, 260면; 백형구, 136면.

80) 대법원 1996. 5. 10. 선고 95도3057 판결; 대법원 1990. 5. 25. 선고 90도573 판결.

81) 김성천/김형준, 423면; 김종원, 187면; 이재상/장영민/강동범, 274면.

경우에도 절도죄가 성립된다. 또한 손괴의 의사도 소유자로서 손괴하겠다는 의사
이면 절도죄가 성립한다. 경제적인 가치가 없더라도 주관적 가치 또는 소극적 가치
만 있는 것도 재물에 해당하기 때문이다.

3) 향 익 설

불법영득의사를 재물을 경제적으로 지배하거나 또는 경제적 지배의 가능을
획득하려는 의사, 즉 이득의 의사로 이해하는 입장으로 경제적 이익설이라고도 한
다. 오스트리아 형법의 입장이다. 이 학설에 의하면 사용절도도 절도로 인정하게
되어 절도죄의 성립범위가 지나치게 넓게 확대된다는 문제점이 있다.

생각건대 영득죄에 있어서 불법영득의사란 일시적이든 영구적이든 권리자를
배제하고 타인의 재물을 자기의 소유물과 같이 이용·처분하려는 의사이지 이를
경제적 용도에 따라 이용할 이득의 의사가 아니다. 불법영득의사는 재물에 대하
여 외관상 소유자로서의 지위를 획득하려는 의사이므로, 재물을 경제적 용도에
따라 이용할 의사인 이득의 의사와는 구별되어야 한다. 또한 재물을 비경제적 용
법에 사용할 의사를 가진 경우에도 불법영득의사를 인정할 수 있으므로 소유자의
사설이 타당하다고 생각된다.

(2) 영득의사의 개념요소

불법영득의사란 ① 소유권에 유사한 처분권자의 지위를 취득하려는 의사(적극적
요소)와 ② 소유권자의 지위를 배제할 의사(소극적 요소)를 그 내용으로 한다.

1) 적극적 요소

불법영득의사에는 타인의 재물에 대하여 소유권자에 유사한 지위를 취득할 의사
가 필요하며 이는 일시적이더라도 족하다. 영득의 동기는 문제되지 않으므로 보
관·소비·판매·선물을 위해서도 가능하다. 그러나 재물에 대한 소유권행사의 성
격을 가질 때에는 영득의 의사가 인정된다. 예컨대 먹기 위한 식료품절취, 연료
사용을 위한 석유절취 등을 들 수 있다.

가. 손괴의 의사와는 구별하여야 한다. 손괴의사로 재물을 취득한 때에는 불법
영득의사가 결여되어 손괴죄만 성립한다.

나. 재물을 절취해도 소유권자로서 지배할 의사가 없으면 절도죄가 성립하지 않는다.
예컨대 ① 국가에 반납하기 위해 총기를 절취하거나,[82] ② 소유자에게 돌려주고

---

82) 대법원 1977. 6. 7. 선고 77도1038 판결.

현상금을 받기 위해 소유자가 분실한 물건을 절취한 경우, ③ 피해자를 혼내 주려고 피해자의 가방을 들고 나온 경우, ④ 내연관계를 회복시킬 목적으로 내연관계에 있던 여자의 물건을 가지고 와 보관한 경우, ⑤ 전화번호를 알기 위해 전화요금 영수증을 가져간 경우, ⑥ 사람을 살해한 후 증거를 인멸하기 위해 피살자의 지갑과 골프채 및 옷을 쓰레기소각장에서 태워버린 경우[83] 등은 **불법영득의사의 적극적 요소**가 결여되어 있으므로 절도죄가 성립하지 않는다.

그러나 현금이 들어 있는 피해자의 지갑을 가져갈 당시에 변제할 의사가 있었지만 피해자의 승낙을 받지 않은 경우에는 불법영득의사가 인정된다.[84]

2) 소극적 요소

소유자의 지위를 배제한다는 의사, 즉 권리자를 영구적으로 배제하겠다는 의사가 있어야 한다. 이는 **절도와 사용절도**를 한계지우는 기능을 한다. 따라서 일시적으로 소유자를 배제하고 타인의 재물을 사용하는 사용절도는 원칙적으로 절도죄가 성립되지 않는다. 사용절도는 **일시사용 후 반환의사**를 가지고 있으며, 권리자를 완전히 배제하려는 의사가 없으므로 불법영득의사가 부정된다.

사용절도가 불가벌적이 되기 위해서는, ㈀ 반환의사, ㈁ 현저한 가치감소를 수반하지 않을 것, ㈂ 장기간 사용하지 않을 것, ㈃ 권리자의 재물회복이 용이할 것이 요구되어진다.

판례는 일시사용의 목적으로 점유를 침해한 경우에도 반환의사 없이 장기간 점유하거나, 사용 후 다른 장소에 유기한 경우[85]에는 불법영득의사를 인정하고 있다.[86]

불법영득의사를 부정한 예로는, ① 일시 사용의 목적으로 자전거를 타고 간 경우, ② 군인이 총을 훔쳐 자신의 관물대에 둔 경우,[87] ③ 피해자를 혼내주려고 가

---

83) 대법원 2000. 10. 13. 선고 2000도3655 판결.

84) 대법원 1999. 4. 9. 선고 99도519 판결.

85) 대법원 2002. 9. 6. 선고 2002도3465 판결; 대법원 1992. 9. 22. 선고 92도1949 판결; 대법원 1988. 9. 13. 선고 88도917 판결; 대법원 1984. 12. 26. 선고 84감도392 판결.

86) 대법원 2014. 2. 21. 선고 2013도14139 판결; 리스한 승용차를 담보로 제공한 자가 최종적으로 매수한 자가 점유하는 동 승용차를 취거한 후 한 달 뒤에 소유자에게 반납한 경우에 어떠한 물건을 점유자의 의사에 반하여 취거하는 행위가 결과적으로 소유자의 이익으로 된다는 사정 또는 소유자의 추정적 승낙이 있다고 볼 만한 사정이 있더라도, 다른 특별한 사정이 없는 한 그러한 사유만으로 불법영득의사가 없다고 할 수는 없다.

방을 들고 나온 경우,[88] ④ 주민등록증을 증명서로 사용한 후 반환할 의사로 절취한 경우,[89] ⑤ 도장을 몰래 꺼내어 혼인신고서를 작성한 후 곧바로 도장을 제자리에 갖다 놓은 경우[90] 등이다.

타인의 자동차, 선박, 항공기 또는 원동기장치 자전거를 일시 사용한 경우를 처벌하기 위해 **자동차등 불법사용죄**(제331조의2)를 신설하였다.

3. 불법영득의사의 객체

불법영득의사의 객체에 대하여는, ① 재물 그 자체라는 **물체설**과 ② 재물에 화체되어 있는 경제적 가치라는 **가치설**, 그리고 ③ 물체와 가치 양자 모두라는 **절충설**이 대립한다.

(1) 물 체 설

소유자를 배제하고 소유자에 유사한 지위를 획득하는 의사의 객체는 재물의 물체 그 자체라는 견해이다. 벨쩰(Welzel)은 이를 **소유권설**이라 한다.

그러나 물체설은 ① 물건자체는 소유자에게 두고 그 가치만 취거하거나 일시 사용한 후에 물체를 반환한 때에는 영득의사를 인정할 수 없게 된다. 예컨대 예금통장 절취한 후 예금인출하고 통장을 반환한 경우가 이에 해당한다. ② '**수정된 물체설**'은 물체는 물체 그 자체를 의미하는 것이 아니라 '물체에 대한 소유권' 또는 '물체의 기능'을 의미한다고 하여 이 경우에도 영득의사를 인정하는 견해이다.

(2) 가 치 설

가치설은 영득의사의 객체는 물체 그 자체가 아니라 물체 속에 화체되어 있는 **경제적 가치**라고 한다. 따라서 예금통장을 절취하여 예금을 찾아 쓴 경우에 통장의 가치는 취득한 것이 되어 영득의사를 인정할 수 있게 된다.

그러나 가치설은 ① 경제적 가치가 없는 재물을 절취한 때 영득의 의사를 인정할 수 없다. 예컨대 주관적 가치만 있는 **사진을 절취**한 경우에는 절도죄의 성립을 부정하게 되는 불합리하게 된다. ② 절도죄가 소유권범죄인데 이득죄가 되고,

---

87) 대법원 1965. 2. 24. 선고 64도795 판결.
88) 대법원 2000. 3. 28. 선고 2000도493 판결; 대법원 1987. 12. 8. 선고 87도1959 판결.
89) 대법원 1971. 10. 19. 선고 70도1399 판결.
90) 대법원 2000. 3. 28. 선고 2000도493 판결.

불법영득의 의사는 이득의 의사와 같은 의미가 된다. 영득의사와 이득의사는 구별되어야 하므로 가치설도 타당하다고 할 수 없다.

(3) 절 충 설

영득의사의 객체는 물체 또는 물체가 가지고 있는 가치, 양자 모두라고 보는 견해로서 종합설이라고도 하며, 통설[91]과 판례[92]의 입장이다.

그러나 종합설을 취하는 경우에도 경제적 가치의 개념을 어떻게 제한할 것인가가 문제된다. 가치의 범위를 제한하지 않으면 이득이 의사와 영득의 의사를 구별할 수 없게 된다. 그러므로 재물의 가치는 단순한 사용가치가 아니라 재물의 종류와 기능에 따라 개념적으로 결합되어 있는 가치, 즉 재물의 특수한 가치 또는 특수한 기능가치만을 의미하고, 재물의 단순한 사용가치는 영득의사의 객체가 될 수 없다. 물체와 결합되어 있는 특수한 기능가치의 사용도 경제적 가치감소 또는 소멸을 가져오는 경우에 한정된다고 보는 것이 통설이다.[93]

영득의 객체가 금전인 경우에는 물체가 아니라 액면가치에 두는 것이 타당하다.[94] 그러므로 1만원권 1장을 절취하여 천원권 10장으로 교체한 경우에는 액면가치가 변하지 않았으므로 불법영득의사는 부정된다.

이를 구체적으로 살펴보면,

① 예금통장을 절취한 후 예금을 인출한 후 반환한 경우에는 예금통장이 지니는 고유한 기능가치를 침해했으므로 불법영득의사를 인정되어 절도죄가 성립한다.

② 타인의 재물을 그 소유자에게 판매하여 그 재물의 대금을 편취할 의사로 절취한 때에도 불법영득의사를 인정할 수 있으므로 절도죄가 성립한다.

③ 주민등록증 및 증명서를 사용한 후 반환할 의사로 절취한 때에는 불법영득의사를 인정할 수 없으므로 절도죄는 성립하지 않는다.[95]

④ 현금자동인출카드를 사용한 후 소유자에게 반환할 의사로 절취한 때에는 불법영

---

91) 박상기, 262면; 백형구, 137면; 손동권/김재윤, 300면; 이재상/장영민/강동범, 276면; 이정원, 329면; 이형국, 325면; 임웅, 341면.
92) 대법원 1981. 10. 13. 선고 81도2394 판결.
93) 김일수/서보학, 299면; 배종대, 361면; 이재상/장영민/강동범, 276면; 이정원, 329면; 이형국, 325면; 임웅, 290면.
94) 김일수/서보학, 299면; 임웅, 290면.
95) 대법원 1971. 10. 19. 선고 70도1399 판결.

득의사를 인정할 수 없다.[96] 따라서 이 경우는 **신용카드부정사용죄에 해당**하고 절도죄는 성립하지 않는다.

⑤ 현금인출 후 현금카드를 소지하거나 폐기한 경우에는 **카드절도죄 및 현금절도죄의 경합범**이 된다.

⑥ 현금카드를 절취한 후 현금을 인출한 경우에는 **신용카드절도죄, 신용카드부정사용죄**(여신전문금융업법 제70조 제1항), **현금에 대한 절도죄의 경합범**이 된다.[97]

⑦ 현금인출 후 반환한 경우에는 현금카드에 대한 불법영득의사를 인정할 수 없고, 타인의 신용카드로 현금서비스를 수령하고 반환한 경우에도 신용카드 자체에 대해서는 영득의사를 인정할 수 없다. 다만 **인출한 현금에 대해서는 절도죄가 성립**한다는 것이 판례의 입장이다.

판례는 절취한 신용카드로 현금자동지급기에서 현금을 인출하는 행위에 대하여 컴퓨터 등 사용사기죄로 처벌할 수 없고,[98] 또한 타인 명의를 모용하여 발급받은 신용카드로 현금자동지급기에서 현금을 인출하는 행위에 대하여도 컴퓨터 등 사용사기죄로 처벌할 수 없다[99]고 판시하고 있다. 컴퓨터 등 사용사기죄와 절도죄의 택일관계 및 신용카드부정사용죄는 실체적 경합관계이다.

4. 불법영득의사의 법적 성격

(1) 초과주관적 구성요건요소설

불법영득이 영득죄의 구성요건요소가 아니므로 **불법영득의사는 목적범에 있어서 목적과 같이 초과된 내적 경향**이라는 견해이다. 고의는 객관적 구성요건요소에 대한 인식과 의욕을 의미하므로 양자는 별개의 내용을 가지게 된다. 불법영득의사를 고의 이외의 **초과주관적 구성요건요소**로 이해하는 입장이다.[100] 불법영득의사는 절취의 고의 고의와는 다른 초과주관적인 요소이므로 이를 초과주관적

---

96) 김일수/서보학, 299면; 이재상/장영민/강동범, 276면; 대법원 1998. 11. 10. 선고 98도2642 판결.
97) 대법원 1995. 7. 28. 선고 95도997 판결.
98) 대법원 2003. 5. 13. 선고 2003도1178 판결.
99) 대법원 2002. 7. 12. 선고 2002도2134 판결.
100) 김성돈, 292면; 김일수/서보학, 238면; 이재상/장영민/강동범, 272면; 이형국, 323면; 임웅, 336면; 정영일, 147면.

구성요건요소로 이해하는 이 입장이 타당하다.

(2) 고 의 설

불법영득의사를 주관적 구성요건으로서의 고의에 포함시켜 고의의 내용에 불과하다고 보는 견해이다.[101] 이 견해에 의하면 불법영득의사는 기술되지 않는 구성요건요소이다.

5. 불법영득의사에 있어서 불법의 의미

불법영득의사는 절도죄의 주관적 구성요건요소이다. 영득은 객관적으로 불법하여야 한다. 영득이 위법하여야 한다는 점의 의미에 대하여는 학설의 대립이 있다.

예컨대 빌려준 카메라를 아무리 요구해도 돌려주지 않으므로 주거자의 동의 없이 집에 들어가 카메라를 들고 나온 경우에 불법영득에 해당하는가가 문제된다.

(1) 영득의 불법설

실질적으로 소유권질서에 부합되는 상태를 야기했느냐 여부에 따라 결정해야 한다는 견해는 독일의 통설이고, 우리나라 다수설의 입장이다.[102] 이 견해에 따르면 영득이 실질적인 소유권에 일치하여 적법한 경우에는 절취의 불법이 있더라도 불법영득의사를 인정할 수 없으므로 절도죄는 성립하지 않게 된다.

따라서 ① 재물에 대한 물권적 청구권이나 특정물 채권에 의한 청구권이 있는 경우에는 절취의 불법이 있더라도 상대방이 항변권이 없는 경우에는 실질적인 소유권질서와 일치하기 때문에 불법영득의사를 인정할 수 없고, ② 특정물채권의 경우에도 불법영득의사가 없으므로 특정상품을 구매자가 판매자의 동의없이 가져간 경우에는 절도죄가 성립하지 않지만, ③ 종류채권의 경우에는 절취의 불법이 있을 경우에 실질적 소유권질서와 부합하지 않으므로 불법영득의사가 인정되어 절도죄가 성립하게 된다.[103]

예컨대 음식값(금전채권)을 내지 않는 손님의 돈을 절취하여 변제에 충당한 경우에 강요죄는 별론으로 하더라도 절도죄나 강도죄는 성립하지 않는다. 금전채권도 종류채권의 일종이지만 일반적인 종류채권과는 달리 액면가치로 평가되는

---

101) 배종대, 61/55; 이영란, 258면; 정성근/박광민, 295면; 진계호, 267면.

102) 김일수/서보학, 294면; 이재상/장영민/강동범, 279면.

103) 이재상/장영민/강동범, 280면.

금전채권이므로 특정의 문제가 발생하지 않기 때문이라는 견해이다.[104] 이에 반해 금전채권도 종류채권이므로 불법영득의사가 인정된다는 견해도 있다.

(2) 절취의 불법설

이에 반해 불법영득의사를 영득의 불법이 아니라 절취의 불법을 의미한다고 이해하는 견해에 따르면 절취가 적법하지 않으면 불법영득의사를 인정해야 한다는 견해이다. 이에 의하면 절취에 대한 위법성조각사유가 없으면 영득도 불법하게 된다. 행위자에게 반환청구권이 있더라도 절취의 불법이 있으면 영득은 불법하게 되어 절도죄가 성립하게 된다. 대법원 판례의 입장이다.[105] 따라서 굴삭기 판매회사의 대금미지급에 따른 계약해제 후, 매도인이 매수인이 점유하고 있는 굴삭기를 취거하는 행위는 절취의 불법이 있으므로 절도죄에 해당한다고 판시하고 있다.[106]

생각건대 ① 영득과 절취를 구별해야 한다. 즉 영득이란 절취 이외에 소유권자의 영구적인 배제를 요건으로 하는데 반해, 절취란 기존의 점유를 배제하고 새로운 점유를 취득하는 데에 불과하다. 따라서 영득이 적법하면 그 수단이 불법하다고 하여 절도죄로 벌할 수는 없다고 하겠다. ② 절취의 불법설에 따르면 위법성조각사유가 없을 때 비로소 주관적 구성요건요소인 불법영득의사가 인정된다고 하게 되므로, 이는 위법성조각사유를 구성요건단계보다 먼저 심사하는 결과가 되기 때문에 통설의 범죄체계와 모순된다. ③ 또한 절도죄의 보호법익은 소유권이므로 수단인 절취가 불법하더라도 실질적인 소유권질서에 부합되어 영득이 불법하지 않으면 보호법익에 대한 침해가 없게 된다. 따라서 영득의 불법설이 타당하다.

---

104) 김일수/서보학, 293면.

105) 대법원 2001. 10. 26. 선고 2001도4546 판결(굴삭기 판매회사가 대금채무를 이행하지 않는 매수인 소유의 굴삭기를 채무자의 동의나 승낙없이 채무불이행시의 굴삭기 회수각서, 매매계약서 등에 의하여 임의로 가져간 행위는 절도죄에 해당하고 불법영득의사도 인정된다).

106) 대법원 2001. 10. 26. 선고 2001도4546 판결.

제 2 절 절도의 죄

Ⅰ. 개 설

1. 의의 및 보호법익

(1) 의 의

절도죄란 타인의 재물을 그 의사에 반하여 절취하는 것을 내용으로 하는 범죄이다. 재산죄 중에서 절도죄는 재물죄·영득죄·탈취죄의 성격을 지니고 있다. 절도죄는 고대사회로부터 존재하여 왔던 가장 전통적이며 소박한 범죄라 할 수 있다. 절도죄와 강도죄는 경제적인 궁핍을 해결하기 위해 발생하는 범죄라는 의미에서 이를 곤궁범(困窮犯)이라고 하여, 사기죄인 이욕범(利慾犯)과 구별하기도 한다.

(2) 보호법익

절도죄의 보호법익에 대하여는, ① 소유권이라는 견해와 ② 점유라는 견해, 그리고 ③ 소유권 및 점유라는 견해의 대립이 있다.

1) 소유권이라는 설

절도죄의 보호법익은 재물에 대한 실질적·경제적 가치를 보호하는 것이 아니라 재물에 대한 형식적인 소유권을 보호법익으로 한다는 견해이다.[107] 이 견해는 절도죄의 객체에 관하여 법문이 '타인이 점유하는 재물'이라 하지 않고 '타인의 재물'이라고 표현하고 있고, 형법이 점유를 보호하는 독립 구성요건으로서 권리행사방해죄를 별도로 규정하고 있으며, 또한 점유를 절도죄의 보호법익으로 해석하는 것은 보호법익과 행위객체를 혼돈하고 있고, 절도죄에 있어서 점유는 사실상의 재물지배를 의미하는 개념이며, 보호할 가치있는 점유임을 요하지 않는다는 것을 논거로 들고 있다.

---

107) 김성천/김형준, 394면; 김일수/서보학, 221면; 박상기, 250면; 배종대, 60/7; 유기천, 189면; 이재상/장영민/강동범, 249면; 이정원, 291면; 정영일, 137면; 조준현, 198면; 진계호, 257면; 황산덕, 272면.

2) 점유라는 설

탈취죄의 본질은 재물을 그 의사에 반하여 자기의 지배하에 옮김으로써 타인의 점유를 침해하는 점에 있으므로 탈취죄인 절도죄의 보호법익은 점유라는 견해이다.[108] 그러나 이 견해에 대하여는 형법 제323조에 권리행사방해죄를 별도로 규정하여 소유권 이외의 물권을 보호하기 위한 죄를 두고 있으므로 점유를 절도죄의 보호법익이라고 해석할 여지는 없게 되었다.

3) 소유권 및 점유라는 설

절도죄의 주된 보호법익은 소유권이고, 부차적인 보호법익은 평온한 점유라는 견해이다.[109] 이 견해는 외관상 권원에 기초한 점유라고 여겨지는 평온한 점유는 그 자체가 보호되어야 하며, 권리행사방해죄의 보호법익은 점유이고 횡령죄의 보호법익은 소유권인데, 절도죄가 이들보다 법정형이 높은 것은 절도죄의 보호법익이 소유권 및 점유이기 때문이라는 점 등을 논거로 한다.

생각건대 현실적으로 재물의 점유자가 절도죄의 피해자가 될 수 있고, 점유를 상실하면 소유권은 사실상 그 의미를 상실하므로 절도죄의 주된 보호법익은 소유권이고, 부차적인 보호법익은 평온한 점유가 된다는 절충설의 견해가 타당하다. 절도범의 경우에는 재물의 소유자뿐만 아니라 점유자와의 사이에도 친족관계가 성립해야만 친족상도례가 적용된다.

(3) 법익보호의 정도

절도죄의 보호법익에 대한 법익보호의 정도에 대해서는 다음과 세 가지 견해가 대립한다.

1) 침해범설

절도죄는 점유의 침탈에 의하여 소유권의 내용인 사용·수익·처분이 방해를 받게 되면 소유권도 사실상 침해되었다는 것을 그 이유로 하는 견해이다.[110]

2) 위험범설

절도죄에 있어서 절취행위자가 외관상 소유자의 지위를 취득하지만 피해자

---

108) 정창운, 132면.

109) 강구진, 260면; 김종원, 178면; 손동권/김재윤, 270면; 이영란, 312면; 이형국, 377면; 임웅, 310면; 정성근/박광민, 278면; 정영석, 331면.

110) 김일수/서보학, 222면; 손동권/김재윤, 271면; 이형국, 377면; 정성근/박광민, 259면; 조준현, 199면.

의 재물에 대한 소유권은 상실되지 않는다. 따라서 소유권에 대한 침해는 없으나 절취의 완성으로 절도죄의 기수범이 성립하므로 절도죄는 소유권에 대한 위험범 이라는 견해이다.[111]

3) 침해범 및 위험범설

보호법익을 소유권 및 점유라고 이해하는 입장에서는, 소유권에 대하여는 위 험범이고, 점유에 대하여는 침해범이라는 이원설의 태도를 취하게 된다.

생각건대 보호법익인 점유에 대한 침해가 발생하고 소유권에 대해서도 침해 가 발생하기 때문에 **침해범설이** 타당하다. 소유권에 대한 침해는 반드시 소유권의 상실을 의미하는 것은 아니기 때문이다.

2. 구성요건의 체계

절도의 죄의 기본적 구성요건은 단순절도죄(제329조)이다. 불법가중적 구성요 건으로는 야간주거침입절도죄(제330조)와 특수절도죄(제331조)가 있고, 책임가중 적 구성요건으로 상습절도죄(제332조)가 있다.

독립적 구성요건으로 자동차등 불법사용죄(제331조의2)가 있다. 절도죄의 미 수범은 처벌되며(제342조), 자격정지를 병과할 수 있고, 동력규정(제346조)과 친족 상도례(제344조)가 적용된다.

특별법으로 「특정범죄 가중처벌 등에 관한 법률」 제5조의4에 상습범 등에 대하여 가중처벌하고 있다.

II. 단순절도죄

> 제329조(절도) 타인의 재물을 절취한 자는 6년 이하의 징역 또는 1천만원 이하의 벌금에 처한다.
> 제342조(미수범) 본죄의 미수범은 처벌한다.
> 제345조(자격정지의 병과) 본죄를 범하여 유기징역에 처할 경우에는 10년 이하의 자격정지 를 병과할 수 있다.

---

111) 이재상/장영민/강동범, 250면.

1. 의의 및 성격

절도죄는 타인이 점유하는 타인의 재물을 절취하는 것을 내용으로 하는 범죄이다.

본죄는 절도죄의 기본적 구성요건이다. 절도죄는 즉시범이고 상태범이다.

2. 객관적 구성요건

(1) 행위객체

절도죄의 행위객체는 '타인이 점유하는 타인의 재물'이다.

1) 점유의 타인성

타인의 단독점유, 행위자와 타인의 공동점유의 경우에 점유의 타인성이 인정된다.[112] 타인소유이고 자기가 점유하는 재물에 대하여 횡령죄가 성립할 수 있으며, 타인이 점유하는 자기의 재물에 대하여는 권리행사방죄가 성립할 수 있다.

2) 소유의 타인성

타인의 단독소유, 행위자와 타인의 공동소유의 경우에는 소유의 타인성이 인정된다.[113] 자기소유이고 타인이 점유하는 재물에 대하여는 권리행사방해죄가 성립한다. 무주물이나 소유권을 포기한 재물은 타인의 재물이 아니므로 본죄의 객체가 될 수 없다.

3) 재　　물

재물은 유체물 및 관리할 수 있는 동력을 말한다. 재물의 개념에 대한 구체

---

112) 甲은 강제경매 절차에서 피고인 소유이던 토지 및 그 지상 건물을 매수한 후 법원으로부터 인도명령을 받아 인도집행을 하였는데, 피고인이 인도집행 전에 건물 외벽에 설치된 전기코드에 선을 연결하여 피고인이 점유하며 창고로 사용 중인 컨테이너로 전기를 공급받아 사용하였다고 하여 절도로 기소된 경우에 피고인은 인도명령의 집행이 이루어지기 전까지는 당초부터 피고인이 점유·관리하던 전기를 사용한 것에 불과할 뿐 타인이 점유·관리하던 전기를 사용한 것이라고 할 수 없다는 취지로 타인의 점유성을 부정한 사례이다(대법원 2016. 12. 15. 선고 2016도15492 판결).

113) 피고인이 자신의 명의로 등록된 자동차를 사실혼 관계에 있던 甲에게 증여하여 甲만이 이를 운행·관리하여 오다가 서로 별거하면서 재산분할 내지 위자료 명목으로 甲이 소유하기로 하였는데, 피고인이 이를 임의로 운전해 간 경우에 자동차 등록명의와 관계없이 피고인과 甲 사이에서는 甲을 소유자로 보아야 하기 때문에 절도죄가 성립한다(대법원 2013. 2. 28. 선고 2012도15303 판결).

적인 내용은 앞에서 살펴본 바와 같다.

(2) 실행행위

절도죄의 실행행위는 '절취'이다. 절취(竊取)란 타인이 점유하고 있는 재물을 점유자의 의사에 반하여 그 점유를 배제하고 자기 또는 제3자의 점유로 옮기는 것을 말한다.

그러므로 어느 누구의 지배하에도 두지 않고 재물의 가치를 소진시키는 행위는 손괴행위이다. 예컨대 새장의 새를 날아가게 하거나 양어장의 물고기를 새 나가도록 하는 행위는 절취행위가 아니라 손괴행위이다.

1) 점유의 배제

점유자의 재물에 대한 사실상의 지배를 제거하는 것을 말한다. 그 수단·방법은 묻지 않는다.

가. 점유자 또는 처분권자의 의사에 반하여 점유를 배제해야 한다. 점유자의 의사에 반하는 점유배제의사, 즉 탈취의사가 있으면 족하다. 그러나 점유자나 처분권자의 동의가 있는 경우에는 양해에 해당하여 절도죄의 구성요건해당성이 조각된다. 점유자는 조건부로 동의를 할 수도 있다. 자동판매기에 돈을 넣고 물품을 가져가는 경우가 여기에 해당된다.

그러나 위조된 동전을 사용하여 자동판매기에서 물품을 인출하는 경우에는 절취행위에 해당하지만, 현행법상으로는 절도죄가 아니라 **편의시설부정이용죄**(제348조의2)에 해당한다.

판례는 절취한 현금카드로 현금을 인출한 행위를 **절도죄**에 해당한다고 보고 있지만,[114] 현행법상으로는 **컴퓨터 등 사용사기죄**와 **신용카드부정사용죄**에 해당한다고 보는 것이 타당하다.

점유의 배제는 점유자의 의사에 반하여 이루어져야 한다. 점유자의 하자있는 의사에 의한 처분행위가 있을 경우에 사기죄 또는 공갈죄가 문제된다. 따라서 예금주를 협박하여 예금주의 신용카드를 갈취한 자가 그 카드로 현금을 인출한 행위는 현금관리자의 의사에 반한 절취행위라 할 수 없으므로,[115] 공갈죄에 해당한다.

---

114) 대법원 2002. 7. 12. 선고 2002도2134 판결; 대법원 1995. 7. 28. 선고 95도997 판결.
115) 대법원 1996. 9. 20. 선고 95도1728 판결.

책략절도는 피해자가 외관상으로는 재물을 교부하는 형태를 취하고 있으나, 실제로 피해자의 의사에 반하는 재물교부이므로 절도죄가 성립한다.[116)

나. 절도죄의 착수시기   타인의 점유를 배제하는 행위가 개시된 때에 절취행위의 실행의 착수가 있게 된다. 구체적 시기에 대하여는 통설인 주관적 객관설(개별적 객관설)에 따라 행위자의 범죄계획을 고려해서 판단해야 한다.

그러므로 절취행위의 착수시기는 재물에 대한 사실상의 지배를 침해하는데 밀접한 행위를 한 때이다. 주거침입만으로는 절도죄의 실행의 착수가 있다고 할 수 없으나, 재물에 접근하거나, 방안으로 들어가 재물을 물색하거나,[117) 호주머니를 더듬거나, 자동차의 손잡이를 당기거나, 담을 넘어 마당에 들어가 훔칠 물건을 찾기 위해 담에 붙어 걸어간 때는 절도죄의 실행의 착수가 인정된다. 그러나 전등기로 차안을 비춘 행위는 절도죄의 예비에 불과하다.

판례는 재물에 대한 사실상의 지배를 침해하는 데에 밀접한 행위를 개시하거나 목적물을 물색하기 시작한 때에 실행의 착수가 있다고 보고 있으므로 실질적 객관설을 취하고 있다고 할 수 있다.[118)

2) 점유의 취득

재물에 대한 새로운 사실상의 지배가 발생하는 때를 말한다. 행위자 자신 또는 제3자의 지배하에 두는 것을 말한다. 재물에 대한 장소적 이동은 반드시 필요하지 않으며, 현재의 장소에서도 기존의 점유자를 배제하고 자기 또는 제3자가 새로이 점유를 취득하면 족하다. 취득방법도 피해자가 모르게 절취하는 소매치기뿐만 아니라 피해자가 보는 중에 날치기하는 행위도 절취행위이다.

절도죄의 기수시기에 관해서는, ① 접촉설, ② 은닉설, ③ 이전설, ④ 취득설이 있으며, 취득설이 통설과 판례의 태도이다. 물건에 대한 현실적 지배가 시작된 때가 취득한 때이고, 이때가 기수시기가 된다. 구체적인 취득시기는 거래계의 구체적인 경험칙에 의해 결정되어진다.

가. 재물의 크기와 무게로 쉽게 운반할 수 없는 재물   피해자의 지배범위를 벗

---

116) 대법원 1983. 2. 22. 선고 82도3115 판결(책을 빌린다고 기망한 후 가져간 경우); 대법원 1994. 8. 12. 선고 94도1487 판결(금은방사례); 대법원 1996. 10. 15. 선고 96도2227 판결(예식장축의금 사례).

117) 대법원 2003. 6. 24. 선고 2003도1985 판결.

118) 대법원 1992. 9. 8. 선고 92도1650 판결.

어나야 기수가 된다고 할 수 있다. 따라서 자동차를 절취하기 위해 10m 정도 가다가 멈춘 경우는 절도의 기수가 아니다.[119]

나. 금전이나 옷 등의 일상용품은 호주머니 또는 가방에 넣은 때에 기수가 된다.

그러나 장바구니에 담거나 카트로 운반하여 계산대에서 계산하는 경우에는 계산대를 통과한 경우에 기수가 된다. 쉽게 운반할 수 없는 재물은 반출할 수 있는 상태가 되면 기수가 된다. 즉 기동차에 적재한 시점 또는 자동차의 엔진시동을 건 시점이 기수가 된다.

상대방의 착오에 의한 재물교부가 아닌 때에는 절도죄가 성립한다. 예컨대, 여관제공의 잠옷을 입고 도주한 경우이다. 그런데 판례는 **자전거 시운전**을 빙자하여 자전거를 타고 도주하는 행위는 피기망자의 처분효과의 직접성을 인정하여 **사기죄**에 해당하며, 오토바이를 시운전한다고 하면서 도주한 경우에도 **사기죄**가 성립한다고 판시한 바 있다. 그러나 자전거나 오토바이의 교부행위가 아니라 도주행위라는 별개의 행위에 의하여 손해가 발생한 경우이므로 **절도죄에 해당**한다고 보는 것이 타당하다고 생각된다.

3. 주관적 구성요건

(1) 고   의

객관적 구성요건에 대한 인식과 의사가 필요하다. 즉 행위자가 타인의 재물을 절취하는 점에 대한 고의가 필요하다. 여기서 '**재물의 타인성**'은 규범적 구성요건요소이므로 행위자는 의미의 인식도 필요하다. 또한 '절취의 고의'란 점유자의 의사에 반하여 타인의 점유를 배제하고 자기 또는 제3자의 점유하에 둔다는 점유취득에 대한 인식과 의사를 말한다.

(2) 불법영득의 의사

절도죄는 영득죄이므로 행위자에게 절취의 고의 이외에 초과주관적 구성요건요소로서 불법영득의 의사가 필요하다. 즉 권리자를 계속적·지속적으로 배제하고 타인의 재물에 대하여 소유권자와 유사한 지위와 지배를 행사하려는 의사가 필요하다. 제3자를 위한 영득의사도 포함된다.[120]

---

119) 대법원 1994. 9. 9. 선고 94도1522 판결.

따라서 절취의 의사가 있더라도 이러한 불법영득의 의사가 결여된 사용절도의 경우에는 원칙적으로 처벌되지 않는다. **사용절도**란 타인의 재물을 일시적으로 사용한 후에 소유자에게 반환할 의사로 자기의 점유하에 옮기는 행위를 말한다. 불법영득의 의사 중 소극적 요소가 영구적이지 않은 경우로서 불법영득의사가 없으므로 절도죄가 성립하지 않게 된다. 예컨대 읽어보거나 복사한 후 돌려주기 위하여 서류를 절취한 경우에는 사용절도로서 절도죄로 처벌되지 않는다. 그러나 이러한 사용절도 중에서도 **자동차 등 불법사용죄**의 요건을 구비한 경우에는 처벌된다.

여기서 절도와 사용절도의 한계가 반드시 명백한 것은 아니므로 이를 구별해야 할 필요가 있다.

① 재물의 일반적 사용가치는 영득의사의 객체가 되지 않는다. 그러나 재물의 사용으로 사용가치가 소멸되었거나 현저히 감소된 경우에는 사용절도의 범위를 넘어서 절도죄에 해당한다. 예컨대 자동차를 장기간 사용하여 타이어를 마모시키거나, 전지약을 다 소모한 경우에는 불법영득의 의사를 인정할 수 있기 때문이다.

② 사용절도는 반환의사를 본질로 한다. 사용자가 재물을 사용한 후 소유자의 지배범위 내에 돌려놓아 권리자가 확실히 취득할 수 있게 하여야 한다. 그러므로 재물을 사용한 후 반환하지 않고 방치한 경우에는 불법영득의사가 인정되어 절도죄가 성립한다.[121]

③ 일시사용의 의사로써 자동차 또는 원동기장치자전거 등을 절취한 경우에는 사용절도에 해당되지만, 이 경우에는 자동차등 불법사용죄(제331조의2)에 해당하여 처벌될 수 있다.

4. 위 법 성

절취행위는 상대방의 의사에 반하여 행해질 것을 요건으로 하기 때문에, 피해자의 승낙은 구성요건해당성이 조각되는 **양해**에 해당한다.

절도피해자의 피해품을 찾기 위한 폭행·협박행위는 절취행위가 종료하거나

---

120) 김일수/서보학, 238면; 박상기, 263면; 임웅, 336면.
121) 대법원 1988. 9. 13. 선고 88도917 판결; 대법원 1961. 6. 28. 선고 4294형상179 판결.

종료한 바로 직후까지의 사이에 행해진 경우에는 **정당방위**로서 위법성이 조각되며, 현행범 내지 준현행범이 아닌 경우에는 **자구행위**로서 위법성이 조각된다.

5. 죄수 및 다른 범죄와의 관계

재산죄는 전속적 법익이 아니므로 법익주체의 수에 따를 것이 아니라, 죄수는 구성요건적 행위인 절취횟수에 따라 결정된다.

(1) 1개의 행위로 수인의 소유에 속하는 재물을 절취한 경우에는 단순일죄이고, 수개의 절취행위가 있는 경우에는 실체적 경합범이 되며, 수개의 행위가 시간적·장소적으로 결합되어 있을 때에는 **접속범 또는 연속범**이 되어 포괄일죄가 된다.

(2) 절도죄를 포함하고 있는 결합범 또는 결과적 가중범과는 특별관계가 된다. 절도죄와 야간주거침입절도죄는 특별관계이므로 **야간주거침입절도죄만** 성립한다. 절도죄를 포함하는 특수절도죄, 강도죄, 강도상해·치상죄, 강도살인·치사죄, 강도강간죄에 해당하는 경우에는 법조경합관계로서 후자만 성립한다.

(3) 절도죄는 기수가 된 후에도 법익침해상태가 계속되는 **상태범**이므로, 절도 기수범이 장물을 손괴 또는 처분하는 행위는 **불가벌적 사후행위로서 흡수관계**가 성립한다.

불가벌적 사후행위의 요건으로는, ① 사후행위가 절도행위와 보호법익이 동일하고, ② 사후행위가 절취행위로 인한 법익침해의 양을 초과하지 않아야 한다. 따라서 절취한 승차권 또는 자기앞 수표를 현금으로 환금한 경우에는 불가벌적 사후행위에 해당하나, 다른 사람의 새로운 법익침해의 경우에는 별죄를 구성하게 된다. 그러므로 ① 절취한 예금통장으로 예금을 인출한 경우에는 **사기죄가** 성립하고, ② 절취한 전당표로 전당물을 편취한 경우에도 **사기죄가** 성립하며, ③ 절취한 장물을 제3자에게 담보제공하고 금전을 차용한 경우에도 **사기죄가** 성립하고, ④ 대마초를 절취한 후 소지한 행위는 절도죄 외에 **마약류소지죄에** 해당한다.[122)]

사후행위가 절도죄에 의하여 침해한 법익의 범위를 초과한 경우에는 별죄를 구성한다. 따라서 ① 문서를 절취하여 피해자의 재물을 편취하거나, ② 절취한

---

122) 대법원 1999. 4. 13. 선고 98도3619 판결.

재물을 피해자에게 매각하는 경우에는 사기죄가 성립한다.

절취한 타인의 신용카드로 ① 물품을 구입한 경우에는 사기죄, ② 현금서비스를 받은 경우에는 컴퓨터사용사기죄 또는 절도죄가 성립하며, 여신전문금융업법에 의하여 신용카드부정사용죄(제70조)가 성립한다.

(4) 절도를 교사한 후 그 장물을 취득한 경우

절도교사죄와 장물취득죄의 경합범이 되고, 장물을 취득하는 방법이 사취 또는 갈취라면 절도교사죄와 사기죄 또는 공갈죄의 경합범이 된다.

(5) 수사기관에서 압수한 물건을 절취한 경우

절도죄와 증거인멸죄의 상상적 경합이 된다.

(6) 공무상 비밀표시무효죄(제140조)와의 관계

압류·가압류된 물건을 절취하면서 봉인 등 압류표시를 손괴하거나 기타 압류를 실효시킨 경우에는 절도죄와 공무상 비밀표시무효죄의 실체적 경합이 되고, 압류물을 봉인된 채로 절취하는 경우에는 양죄의 상상적 경합이 된다.

Ⅲ. 야간주거침입절도죄

제330조(야간주거침입절도) 야간에 사람의 주거, 간수하는 저택, 건조물이나 선박 또는 점유하는 방실에 침입하여 타인의 재물을 절취한 자는 10년 이하의 징역에 처한다.
제342조(미수범) 본죄의 미수범은 처벌한다.
제345조(자격정지의 병과) 본죄를 범하여 유기징역에 처할 경우에는 10년 이하의 자격정지를 병과할 수 있다.

1. 의의 및 성격

야간주거침입절도죄란 야간에 사람의 주거, 간수하는 저택, 건조물이나 선박 또는 점유하는 방실에 침입하여 타인의 재물을 절취함으로써 성립하는 범죄이다. 본죄는 절도죄의 가중적 구성요건이다.

본죄의 법적 성격에 대하여는, ① 단순절도죄가 '야간'이라는 시간적 제한과 '주거'라는 장소적 제한으로 인하여 위법성이 가중되는 범죄라는 위법성가중설과,[123] ② '야간'이라는 시간적 제약을 받는 주거침입죄와 절도죄의 결합범으로 이해하는 견해,[124] 그리고 ③ 본죄는 소유권이라는 재산권과 야간의 주거의 평온을 보호법익으로 하는 독자적인 범죄라는 견해가 대립한다.

생각건대 본죄는 주거침입시에 실행의 착수가 인정되므로, 본죄의 본질은 야간이라는 시간적 제약을 받는 주거침입죄와 절도죄의 결합범이라고 이해하는 다수설[125]이 타당하다. 따라서 본죄는 주거침입이 '야간'에 이루어진 때에는 성립하지만, 주간에 주거에 침입하여 야간에 타인의 재물을 절취한 경우에는 야간주거침입절도죄로 처벌될 수 없다.[126]

본죄의 보호법익은 재물에 대한 소유권과 야간의 주거에 대한 평온이고, 본죄의 성격을 절도죄와 주거침입죄의 결합범으로 이해하는 다수설이 타당하다.

2. 객관적 구성요건

본죄는 야간에 주거 등에 침입하여 타인의 재물을 절취함으로써 성립한다. 여기에서 야간의 의미와 실행의 착수와 기수시가 문제된다.

(1) 행위상황

본죄의 행위상황은 '야간'이다.

가. 야간의 의미　　야간의 의미를 명문으로 규정하고 있는 입법례[127]도 있으나 우리 형법에는 이러한 규정이 없다. 이에 관해서는, 학설이 대립한다.

① 천문학적 해석설　　본죄의 야간의 의미를 천문학적으로 이해하여 행위지의 일몰후부터 일출전까지를 의미한다고 보는 견해로서 통설·판례의 입장이다.

② 심리학적 해석설　　일반인이 심리적으로 야간이라 볼 수 있는 상태, 즉 황혼이 지고 여명이 있기까지의 시간대를 말한다.[128]

법적 안정성의 관점에서 볼 때, 일몰후 일출전까지를 야간이라고 해석하는 통설과 판례의 입장인 천문학적 해석설이 타당하다.

---

123) 유기천, 213면; 이영란, 282면.

124) 박상기, 267면; 배종대, 62/1; 손동권/김재윤, 306면; 임웅, 352면; 정성근/박광민, 304면.

125) 김성돈, 300면; 배종대, 62/1; 손동권/김재윤, 306면; 이재상/장영민/강동범, 282면; 이형국, 336면; 임웅, 352면.

126) 대법원 2011. 4. 14. 선고 2011도300 판결.

127) 영국 Larceny Act 제46조에는 Greenwich mean time에 의하여 21:00부터 06:00까지를 야간이라고 규정하고 있다.

128) 유기천, 214면.

나. 야간의 적용범위   행위상황과 관련하여 '야간'의 의미에 대하여는, ① 주거침입행위 또는 절취행위 중 어느 하나만 야간에 해당하면 족하다는 견해,[129] ② 주거침입 및 절취행위 모두 야간에 행해져야 한다는 견해,[130] ③ 절취행위가 야간에 이루어져야 한다는 견해,[131] ④ 주거침입행위가 야간에 이루어져야 한다는 견해[132]가 있다.

생각건대 야간주거침입절도죄는 법문의 문리적 구조상으로 보면 주거침입과 절취행위 양자 모두 야간에 이루어져야 한다는 것을 알 수 있고, 또한 죄형법주의의 유추적용금지원칙에도 어긋나지 않도록 문리해석을 하는 것이 입법취지에도 부합되므로 주거침입 및 절취행위 양자 모두가 야간에 행해져야 한다는 견해가 타당하다고 생각된다. 따라서 주간에 주거침입하여 야간에 타인의 재물을 절취하는 경우에는 본죄가 성립하지 않는다. 판례도 주거침입 및 절취행위시설의 입장을 취하고 있다.[133] 따라서 주간에 주거에 침입하여 절취하는 경우에는 주거침입죄와 절도죄의 실체적 경합범이 된다.

(2) 실행행위

본죄의 실행행위는 '야간에 주거 등에 침입하여 타인의 재물을 절취하는 것'이다. 즉 본죄의 실행행위는 **주거침입행위와 절취행위**이다. 주거침입죄와 절도죄의 결합범이므로 구성요건의 일부만 실현해도 본죄의 미수가 성립하게 된다.

1) 본죄의 실행의 착수시기는 절도의 의사로 사람의 주거 등에 침입할 때이다. 주거에 침입한 이상 절취행위에 착수하지 못한 경우에도 본죄의 미수범이 성립한다.

2) 본죄의 기수시기는 재물절취행위가 완료한 때이다. 주거침입의 기수·미수는 불문한다. 따라서 야간에 골목길에서 창문 안으로 손을 뻗어 재물을 절취한 경우에는 본죄의 기수가 된다. 주거침입은 신체의 일부가 주거에 들어가 주거의 사실상의 평온을 침해한 때이기 때문이다.

---

129) 김종원, 191면; 이형국, 336면; 정성근/박광민, 304면.
130) 김일수/서보학, 306면; 손동권/김재윤, 297면; 정영일, 265면.
131) 박상기, 267면; 백형구, 140면; 유기천, 214면.
132) 이재상/장영민/강동범, 283면; 임웅, 313면.
133) 대법원 2011. 4. 14. 선고 2011도300 판결.

3. 주관적 구성요건

주거침입 및 절도에 대한 고의와 절취재물에 불법영득의 의사가 필요하다. 야간이라는 행위상황에 대한 인식은 불필요하다.

Ⅳ. 특수절도죄

제331조(특수절도) ① 야간에 문호 또는 장벽 기타 건조물의 일부를 손괴하고 전조의 장소에 침입하여 타인의 재물을 절취한 자는 1년 이상 10년 이하의 징역에 처한다.
② 흉기를 휴대하거나 2인 이상이 합동하여 타인의 재물을 절취한 자도 전항의 형과 같다.
제342조(미수범) 본죄의 미수범은 처벌한다.
제345조(자격정지의 병과) 본죄를 범하여 유기징역에 처할 경우에는 10년 이하의 자격정지를 병과할 수 있다.

1. 의의 및 성격

특수절도죄는 야간주거침입절도죄와 절도죄에 대하여 범행방법의 강폭성이나 위험성 또는 집단성으로 인해 불법이 가중된 가중적 구성요건이다.

본죄는 ① 야간에 문호 또는 장벽 기타 건조물의 일부를 손괴하고 주거 등의 장소에 침입하여 타인의 재물을 절취함으로써 성립하는 **손괴후야간주거침입절도죄**와, ② 흉기를 휴대하고 타인의 재물을 절취함으로써 성립하는 **흉기휴대절도죄**, 그리고 ③ 2인 이상이 합동하여 타인의 재물을 절취함으로써 성립하는 **합동절도죄**의 어느 하나에 해당하는 경우를 말한다.

2. 구성요건

(1) 제331조 제1항의 특수절도죄

1) 행위상황

본죄는 야간에 문호 또는 장벽 기타 건조물의 일부를 손괴하고 주거침입절도죄를 범한 경우에 성립한다. 즉 본죄는 야간에 문호 등을 손괴하고 주거에 침입하여 재물을 절취할 것을 요한다. 따라서 주간에 손괴할 경우에는 본죄는 성립

하지 않는다.[134]

2) 실행행위

본죄의 실행행위는 '문호 또는 장벽 기타 건조물의 일부를 손괴하고 타인의 주거 등에 침입하여 타인의 재물을 절취하는 것'이다.

① '문호·장벽 기타 건조물의 일부'란 권한 없는 사람의 침입을 방지하기 위하여 설치한 인공적 시설물을 말한다. 자연적인 장애물은 여기에 포함되지 않는다.

② '손괴'란 문호 또는 장벽 또는 건조물의 일부를 물질적으로 훼손하여 그 효용을 해하는 것을 말한다. 따라서 문을 열고 들어가는 경우에는 손괴에 해당하지 않으므로,[135] 야간에 문을 열쇠로 열고 들어간 경우에는 야간주거침입절도죄만 성립한다.

③ 실행행위로서 주거침입행위와 절취행위는 주거침입죄와 절도죄에서의 의미와 동일하다.

④ 본죄의 성격은 야간이라는 시간적 제약을 받는 손괴죄, 주거침입죄, 절도죄의 결합범이다.

3) 실행의 착수와 기수시기

본죄의 실행의 착수시기는 야간에 주거침입의 목적으로 문호·장벽 등 건조물의 일부를 손괴하기 시작한 때이고,[136] 본죄의 기수시기는 재물을 취득했을 때이다.

(2) 제331조 제2항의 특수절도죄

여기에는 1) 흉기휴대절도와 2) 합동절도를 규정하고 있다.

1) 흉기휴대절도

형법은 흉기를 휴대하고 타인의 재물을 절취한 자에 대하여 무겁게 처벌하고 있다. 행위수단의 위험성이 증대하기 때문이다.

---

134) 대법원 2009. 12. 24. 선고 2009도9667 판결.

135) 피고인이 야간에 피해자들이 운영하는 식당의 창문과 방충망을 분리하고 침입하여 현금을 절취한 경우에 피고인은 창문과 방충망을 창틀에서 분리하였을 뿐 물리적으로 훼손하여 효용을 상실하게 한 것은 아니기 때문에 무죄를 인정한 사례(대법원 2015. 10. 29. 선고 2015도7559 판결).

136) 피고인이 甲과 합동하여 야간에 절취 목적으로 공사 현장 컨테이너 박스 출입문 시정장치를 부수다가 체포되어 미수에 그친 경우, 위 공소사실에는 형법 제342조, 제331조 제2항의 특수절도미수죄 외에 야간주거침입손괴에 의한 형법 제342조, 제331조 제1항의 특수절도미수죄도 포함되어 있다(대법원 2011. 9. 29. 선고 2011도8015 판결).

가. 흉기의 의의　　여기서 '흉기'(凶器)란 사람의 살상이나 재물의 손괴를 목적으로 제작되고, 그 목적달성에 적합한 물건을 말한다. 흉기는 기구를 의미한다는 측면에서 청산가리·염산·황산·마취제 등은 제외된다는 견해[137]도 있으나, 사람의 생명·신체를 해할 위험이 있는 기체나 액체도 포함된다는 견해가 타당하다.

흉기를 '위험한 물건'과 같은 의미로 이해하는 견해[138]도 있으나, 위험성이 있더라도 사회통념상 일반인이 흉기 정도의 위험을 느낄 정도가 아니 물건, 예컨대 면도칼, 삭은 낫낄, 병 등은 흉기에 포하되지 않는다는 견해가 타당하다.[139] 따라서 본죄에 있어서 흉기는 특수폭행죄(제261조) 등에 있어서의 **위험한 물건**보다 좁은 개념이라 할 수 있다.

예컨대 장난감 권총을 휴대하고 타인의 재물을 절취한 때에는 객관적으로 위험하지 않은 물건을 휴대한 경우이기 때문에 흉기에 해당되지 않으므로 단순절도죄에 불과하게 된다. **흉기를 객관적으로 사람의 생명·신체에 위험을 초래할 수 있는 물건**으로 이해하는 것이 다수설과 판례의 입장이다.

나. 휴　　대　　'휴대'란 몸 가까이에 소지하는 것을 말한다. 휴대한다고 하기 위해서는 행위자가 흉기를 몸에 소지하거나 몸 가까이 두고 있으므로 쉽게 잡을 수 있는 위치에 있어야 하며, 흉기는 행위시에 휴대하여야 한다. 또한 행위자는 행위시에 흉기를 휴대하고 있음을 인식하고 있어야 하며, 다른 정범이나 공범이 흉기를 휴대하고 있다는 것을 인식하고 있는 경우에도 본죄가 성립한다. 그러나 이러한 흉기휴대의 사실을 상대방에게 인식시킬 필요는 없다.

다. 주관적 구성요건　　행위자는 행위 당시에 흉기를 휴대하고 있다는 사실을 인식하고 있어야 한다. 행위자 자신은 흉기를 휴대하지 않았지만, 다른 공동정범이나 공범자가 흉기를 휴대하고 있다는 점을 인식하고 있는 경우에도 본죄의 성립은 가능하다.

행위자에게 흉기휴대의 인식은 필요하나, 흉기를 사용할 의사까지 요구되는 것은 아니다.

---

137) 강구진, 281면.
138) 이재상/장영민/강동범, 285면.
139) 배종대, 62/19; 이형국, 339면; 정성근/박광민, 309면.

2) 합동절도

합동범은 2인 이상이 합동하여 죄를 범하는 경우에는 일반인에 대한 위험성이 증대되고, 집단범죄이므로 피해자에 대한 구체적 위험도 증가한다는 데에 있다. 형법상 합동범에는 특수절도를 비롯하여 "특수강도(제334조 제2항)"와 "특수도주죄(제146조)" 등 3가지 범죄에 규정되어 있다. 합동절도가 성립하기 위해서는 2인 이상이 공동실행의 의사와 실행행위의 분담, 그리고 가담자 전원의 현장에서의 합동이 필요하다. 합동범은 공동정범의 형태로 범한 경우보다 형벌이 더 가중되므로 공동정범과 어떤 관계에 있는가가 문제된다. '2인 이상이 공동하여'라는 의미와 '2인 이상이 합동하여'라는 의미를 비교하여 그 본질을 살펴볼 필요가 있다.

가. 합동범에 있어서 합동의 의의　　합동절도에 있어서 합동의 의미에 관해서는 다음과 같이 4가지 견해로 크게 나누어진다.

(가) 공모공동정범설　　합동범에 있어서 '합동'이라는 의미에는 공동정범과 공모공동정범의 이론이 함께 포함되어 있고, 공동정범의 본질과 관련하여 공동의 사주체설을 도입할 여지가 없으므로 공모공동정범을 인정할 수 없지만, 합동범의 경우에 한하여 예외적으로 공모공동정범을 인정할 수 있다는 견해이다. 이 견해는 **공모공동정범의 실정법적 근거를 합동범을 처벌하는 규정에서 찾으려는 견해이다**. 그러나 이 학설은 공모공동정범이론이 죄형법정주의에 위배된다는 비판으로부터 자유로울 수 없다. 집단범의 배후를 처벌하기 위하여 합동범에는 공동정범과 공모공동정범이 포함된다는 입장이다.

(나) 가중적 공동정범설(특별죄설)　　합동범은 공동정범과 그 본질은 같지만, 집단범죄에 대한 형사정책적 견지에서 가중 처벌하는 것이라는 견해이다.[140] 가중적 공동정범설은 합동범에 있어서 '2인 이상이 합동하여'라는 문언과, 공동정범에 있어서 '2인 이상이 공동하여'라는 법문을 동일한 의미로 해석하는 견해이다. 나아가 「폭력행위 등 처벌에 관한 법률」상의 '2인 이상이 공동하여'라는 법문도 같은 의미라고 해석하는 입장이다.

(다) 현 장 설　　합동범에 있어서 '합동'이란 공동정범의 공동보다 그 의미가 좁은 **시간적·장소적 협동**을 의미한다고 해석하는 견해이다. 우리나라의 통설[141]과 종래의 판례의 태도이다. 공모공동정범은 물론 현장에서 시간적·장소적

---

140) 김종원, 194면; 황산덕, 284면.

으로 상호 협력하지 않은 자는 합동범이 될 수 없고, 범죄 현장에서의 실행행위의 협동적 분담을 합동으로 이해하고, 이에 의해 구체적 위험성이 증가하므로 형벌을 가중한다고 이해하는 입장이다.

(라) 현장적 공동정범설   합동범을 현장에 의하여 제한된 공동정범으로 이해하는 견해이다.[142] 현장설과 기본적 태도를 같이 하나 현장에 있지 않은 자라도 **기능적 행위지배**에 의하여 합동범의 공동정범이 될 수 있다는 견해이다. 또한 현장에 있더라도 정범과 공범의 구별에 관한 일반원칙에 따라 단순참가의 경우에는 종범이 될 수 있다는 견해이다.

나. 합동범과 공범   합동범의 공동정범이 가능한가에 대하여는 견해가 대립한다.

합동범은 공동정범에 대한 특별범죄이므로, ① 시간적·장소적으로 협동한 자만이 합동범의 정범이 되고 공동정범에 대한 규정이 적용될 수 없다는 **부정설**과[143] ② 공동정범이 성립할 수 있다는 **긍정설**의 대립이 있다. 판례는 종래 합동범의 공동정범의 성립을 부정했으나, 공동정범의 일반이론에 의하여 범행현장에 있지 않더라도 기능적으로 역할을 분담하여 정범성의 표지를 갖춘 경우에는 합동범의 공동정범이 성립한다고 판시하여, 1998년 대법원 전원합의체 판결로 판례를 변경하여 긍정설을 취하고 있다.[144]

부정설의 입장에서는 이 경우에 기본범죄의 공동정범 또는 합동범의 방조범이 성립하게 된다. 그러나 합동범에 대한 교사범 또는 방조범이 성립한다는 점에 대하여는 다툼이 없다. 예컨대 甲·乙·丙이 절도를 공모하고 乙·丙만이 현장에서 절취한 경우에는, ⅰ) 乙·丙은 특수절도죄의 정범(합동범)이고, ⅱ) 甲은 단순절도죄의 공동정범과 특수절도죄의 교사 또는 방조범의 상상적 경합이 된다.

---

141) 강구진, 287면; 김성돈, 305면; 박상기, 269면; 배종대, 62/20; 백형구, 143면; 손동권/김재윤, 311면; 오영근, 261면; 유기천, 215면; 이재상/장영민/강동범, 287면.

142) 김일수/서보학, 250면.

143) 강구진, 289면; 김성천/김형준, 390면; 박상기, 270면; 배종대, 62/15; 오영근, 413면; 이재상/장영민/강동범, 289면; 이형국, 340면; 임웅, 358면; 정성근/박광민, 310면.

144) 대법원 1998. 5. 21. 선고 98도321 전원합의체 판결; 대법원 2011. 5. 13. 선고 2011도2021 판결.

V. 상습절도죄

제332조(상습범) 상습으로 제329조 내지 제331조의2의 죄를 범한 자는 그 죄에 정한 형의
  2분의 1까지 가중한다.
제342조(미수범) 본죄의 미수범은 처벌한다.
제345조(자격정지의 병과) 본죄를 범하여 유기징역에 처할 경우에는 10년 이하의 자격정지
  를 병과할 수 있다.
[특정범죄 가중처벌 등에 관한 법률]
제5조의4(상습 강도·절도죄 등의 가중처벌) ② 5명 이상이 공동하여 상습적으로 「형법」 제
  329조부터 제331조까지의 죄 또는 그 미수죄를 범한 사람은 2년 이상 20년 이하의
  징역에 처한다. <개정 2016. 1. 6.>

1. 의   의

상습절도죄란 상습으로 절도죄, 야간주거침입절도죄, 특수절도죄, 자동차 등
불법사용죄를 범함으로써 성립하는 범죄이다. 상습으로 인해 책임이 가중되는 책
임가중적 부진정신분범이다. 상습절도에 대하여는 특별형법인 「특정범죄 가중처벌
등에 관한 법률」 제5조의4가 우선 적용되므로, 이 법에 의해 가중처벌된다.

2. 상 습 성

상습성이란 일정한 행위를 반복하여 행하는 습성을 말하며, 상습범이란 반복된
행위 인하여 얻어진 행위자의 습성 내지 경향 때문에 죄를 범하는 경우를 말한
다. 상습으로 범한 수개의 절도행위는 포괄일죄가 된다는 것이 통설과 판례의 입
장이다.

3. 공   범

부진정신분범이므로 상습자와 비상습자가 공범관계일 때에는 형법 제33조
단서가 적용된다.

4. 죄   수

상습적으로 행해진 수개의 절도행위는 포괄일죄가 된다는 것이 통설과 판례

의 입장이다. 상습절도죄와 같이 포괄일죄의 관계에 있는 범죄의 일부에 대하여 확정판결이 있으면 그 확정판결 전에 범한 죄에 대하여도 기판력이 미치며,[145] 절도·야간주거침입절도·특수절도의 사실을 상습에 의해 반복한 경우에는 가장 중한 상습특수절도죄의 포괄일죄만 성립한다.[146] 그러나 상습범을 포괄일죄로 보는 것은 상습범에 대한 지나친 특혜이므로, 상습범은 경합범으로 보아야 한다는 반대 견해도 있다.[147] 생각건대 상습범은 행위자의 범죄적 습성으로 인해 동종의 범죄를 반복하는 범죄이므로 행위자의 수개의 범죄행위를 규범적으로 평가하여 일죄로 평가하면서, 상습범에 대하여는 형을 2분의 1까지 가중하도록 규정하고 있기 때문에 반드시 상습범에게 지나치게 유리하다고 할 수 없다. 오히려 상습범을 경합범으로 이해할 경우에 상습범에게는 지나치게 가혹한 처벌이 된다. 따라서 상습범을 포괄일죄로 이해하는 통설과 판례의 입장은 타당하다.

5. 처 벌

상습범은 그 죄에 정한 형의 2분의 1까지 가중한다. 상습절도죄는 「특정범죄 가중처벌 등에 관한 법률」 제5조의4에 의해 가중처벌된다.

상습절도가 누범에 해당하는 경우에는 상습범가중을 하는 외에 형법 제35조에 의한 누범가중도 가능하다.

VI. 자동차등 불법사용죄

> **제331조의2(자동차등 불법사용)** 권리자의 동의없이 타인의 자동차, 선박, 항공기 또는 원동기장치자전차를 일시 사용한 자는 3년 이하의 징역, 500만원 이하의 벌금, 구류 또는 과료에 처한다.
> **제332조(상습범)** 상습으로 본죄를 범한 자는 그 죄에 정한 형의 2분의 1까지 가중한다.
> **제342조(미수범)** 본죄의 미수범은 처벌한다.
> **제345조(자격정지의 병과)** 본죄를 범하여 유기징역에 처할 경우에는 10년 이하의 자격정지를 병과할 수 있다.

---

145) 대법원 1980. 5. 27. 선고 80도893 판결; 대법원 1979. 10. 30. 선고 79도2175 판결.
146) 대법원 1978. 2. 14. 선고 77도3564 전원합의체 판결.
147) 이재상/장영민/강동범, 291면.

1. 의의 및 보호법익

자동차 등 불법사용죄는 권리자의 동의없이 타인의 자동차, 선박, 항공기 또는 원동기장치자전거를 일시 사용하였을 때 성립하는 범죄이다.

본죄의 보호법익에 관하여는 소유권설[148]과 사용권설[149]의 대립이 있다. 자동차 등에 관한 사용권이 있는 자가 이를 남용한 경우에는 어느 학설에 의하더라도 본죄에 해당하지 않는다.

생각건대 사용권설에 의하면 자동차 등의 소유자라 하더라도 사용권자의 동의없이 무단으로 사용하면 사용권자에 대하여 본죄를 범할 수 있는 것이 되어 자동차 등 사용절도를 예외적으로 처벌하려는 본죄의 입법취지에 반할 뿐만 아니라 법문상으로도 '타인의 자동차 등을 일시 사용한 자'로 규정되어 있으므로 불법영득의사 없이 자동차 등을 불법적으로 일시 사용하여 소유권을 침해할 때에 본죄가 성립한다고 이해하는 소유권설이 타당하다. 따라서 자동차 등의 소유권자와 사용권자가 다른 경우에는 소유권자는 본죄의 주체가 될 수 없고, 권리행사방해죄의 성립은 가능하다.

본죄의 법익보호의 정도는 침해범이다.

2. 객관적 구성요건

본죄는 권리자의 동의없이 타인의 자동차, 선박, 항공기 또는 원동기장치자전거를 일시 사용함으로써 성립한다.

(1) 행위객체

본죄의 행위객체는 타인의 자동차, 선박, 항공기 또는 원동기장치자전거이다. 여기서 '자동차'란 원동기가 장치되어 동력에 의하여 움직이는 차를 말한다. 이때에 원동기의 종류는 불문한다. 따라서 원동기가 없는 자동차에 연결되어 있는 트레일러나 궤도를 따라 움직이는 모노레일은 본죄의 객체가 아니다.

'선박'은 수면을 운행하는 일반적인 모든 교통수단을 말하며, 선박의 종류나

---

148) 박상기, 271면; 이재상/장영민/강동범, 292면; 이정원, 344면; 진계호, 288면.
149) 김일수/서보학, 313면; 백형구, 146면; 오영근, 414면; 이형국, 342면; 임웅, 359면; 정성근/박광민, 312면.

크기는 불문한다. 그러나 잠수함과 비행정은 일반적인 교통수단으로 볼 수 없으므로 여기에 해당하지 않는다는 견해가 타당하다.

'항공기'는 공중을 운행하는 일반적인 교통수단을 말한다. 그러나 비행선, 우주선 등은 일반적인 교통수단이라고 볼 수 없으므로 여기에 포함되지 않는다는 견해가 타당하다.

'원동기장치자전거'는 자동차관리법 제3조의 규정에 의한 이륜자동차 가운데 배기량 125cc 이하의 이륜사동사와 배기량 50cc 미민의 원동기를 단 차를 말한다(도로교통법 제2조 제19호). 원동기장치자전거는 원동기장치된 2륜 자전거에 한정되는 것이 아니고 자동차에 속하지 않는 한 특수한 모양의 3륜차도 여기에 해당한다.[150]

(2) 실행행위

본죄의 실행행위는 '권리자의 동의없이 일시 사용하는 것'을 말한다.

1) 권리자의 동의없이 사용

자동차 등의 불법사용은 권리자의 동의가 없어야 하는데, 여기서 권리자가 누구인가가 문제된다. 이에 대하여는, ① 소유자를 의미한다는 견해[151]와, ② 사용권자를 의미한다는 견해, 그리고 ③ 소유자뿐만 아니라 소유자로부터 사용권을 위임받은 사용권자도 포함된다는 견해가 대립한다.

생각건대 소유권을 보호하기 위해서는 소유자 외에도 타인에게 위임된 사용권도 보호할 필요가 있다. 따라서 본죄에 있어서의 권리자란 소유자와 사용권자를 의미한다는 견해가 타당하다. 즉 자동차 등을 사용하기 위해서는 소유자 또는 사용권자의 동의가 필요하며, 권리자의 동의가 있으면 본죄의 구성요건해당성이 조각된다. 권리자의 동의방법으로는 명시적·묵시적 동의가 가능하지만, 동의는 사전에 이루어져야 한다. 객관적 사정을 감안한 추정적 동의도 가능하다.

2) 일시사용

'일시사용'이란 자동차 등을 교통수단으로 일시 이용하는 것을 말한다. 따라서 자동차 등을 통행수단이 아닌 다른 용도로 사용하는 경우에는 여기의 사용에 해당하지 않는다. 예컨대 자동차에서 잠을 잔 경우, 라디오를 듣는 경우, 장물을 차

---

150) 오영근, 414면; 이재상/장영민/강동범, 292면; 이형국, 342면; 임웅, 360면; 정성근/박광민, 312면.

151) 이재상/장영민/강동범, 293면.

에 숨긴 경우에는 교통수단으로 자동차를 이용하는 것이 아니기 때문에 본조에 해당하는 사용이라 할 수 없다.

'일시사용'이란 권리자를 배제하지 않을 정도의 시간 동안 사용하는 것을 의미하므로, 구체적인 교통수단에 따라 달라지며 그 시간을 일률적으로 정하기는 어렵다고 하겠다.

그리고 일시사용은 불법적이어야 한다. 이때 일시적인 불법사용의 의미에 관하여, 불법하게 사용을 개시한 경우로 한정할 것인가 또는 정당한 사용권자가 그 권한의 범위를 일탈하여 사용한 경우까지도 여기에 포함시킬 것인가가 문제된다. 이에 대하여는 불법하게 사용을 개시한 경우에만 여기에 해당하고, 정당하게 사용을 개시한 후 그 권한의 범위를 넘어서 사용하는 경우는 여기에 해당하지 않는다는 견해가 타당하다. 그렇지 않으면 일체의 계약위반에 따른 자동차 등의 사용이 본죄에 해당하게 되므로 이는 형법의 보충성의 원칙에 반하기 때문이다. 따라서 자동차를 정당하게 빌린 사람이 다른 사람으로 하여금 운전하게 하는 경우, 회사영업용 택시기사가 개인용도로 이를 사용하는 경우에는 본죄에 해당하지 않는다.

3) 실행의 착수 및 기수시기

본죄의 실행의 착수시기에 대하여는, ① 자동차 등을 사용할 의사로 승차할 때라는 견해도 있으나, ② 사용자의 불법사용의 의사표현이 명백히 나타나는 시기인 **자동차 등의 시동을 건 때**라고 보는 견해[152]가 타당하다.

본죄의 기수시기에 관하여는, ① 자동차 등의 시동을 걸고 출발한 때라는 견해[153]와 ② 자동차 등이 출발한 후 사회통념상 상당한 거리를 주행한 때라는 견해,[154] 그리고 ③ 자동차 등에 대한 기존의 사용관계에 장애가 발생했을 때라는 견해의 대립이 있다. 자동자 등이 출발한 후 **사회통념상 상당한 거리를 주행했을 때**에 일시 사용했다고 보는 견해가 타당하다. 본죄는 기수범이 성립한 이후에도 자동차의 무단사용이 종료될 때까지는 본죄의 실행행위가 계속되는 **계속범**이다.

---

152) 임웅, 360면.

153) 박상기, 272면; 백형구, 147면.

154) 이재상/장영민/강동범, 293면.

(3) 주관적 구성요건

본죄는 고의범이므로 행위자에게 권리자의 동의 없이 자동차 등을 일시 사용한다는 점에 대한 인식과 의사인 본죄의 고의가 필요하다. 본죄는 사용절도이기 때문에 불법영득의사가 있는 경우에는 절도죄가 성립하게 된다.[155]

권리자의 동의가 없는데도 불구하고 동의가 있다고 오인한 경우에는 구성요건적 착오로서 고의가 조각되어 행위자는 처벌되지 않는다. 그러나 반대로 동의가 있었음에도 불구하고 없다고 오인한 경우에는 객체의 불가능성으로 인하여 불능범 또는 불능미수가 된다.

3. 죄수와 친족상도례

절도죄와 본죄는 법조경합 중 보충관계이다. 따라서 절도죄가 성립하지 않는 경우에만 본죄가 성립할 수 있다. 자동차 불법사용과 관련하여 수반되는 유류사용은 자동차등 불법사용죄에 수반되는 행위이므로 법조경합 중 흡수관계로서 본죄에 흡수된다.

본죄에도 친족상도례에 관한 규정이 적용된다.

Ⅶ. 친족상도례

제344조(친족간의 범행) 제328조의 규정은 제329조 내지 제332조의 죄 또는 미수범에 준용한다.
제328조(친족간의 범행과 고소) ① 직계혈족, 배우자, 동거친족, 동거가족 또는 그 배우자간의 제323조의 죄는 그 형을 면제한다.
② 제1항 이외의 친족간에 제323조의 죄를 범한 때에는 고소가 있어야 공소를 제기할 수 있다.
③ 전 2항의 신분관계가 없는 공범에 대하여는 전 이항을 적용하지 아니한다.

1. 의   의

친족상도례(親族相盜例)란 일정한 친족간에 범해진 강도죄와 손괴죄를 제외한 재산죄에 대하여 친족관계라는 정의적인 특수사정을 고려하여 범죄는 성립하지만 형

---

155) 대법원 2002. 9. 6. 선고 2002도3465 판결.

을 면제하거나 고소가 있어야 공소를 제기할 수 있도록 하는 특례규정을 말한다. 이러한 특례규정을 둔 것은 친족간의 정의관계를 고려하여 가정 내에는 가능한 법이 개입하지 않고 친족간에 자율적으로 해결하도록 하는 것이 더 바람직하다는 입법정책에 기초한 것이다.

2. 법적 성격

제328조 제1항에 해당하는 친족간의 범죄에 대하여는 형을 면제하도록 규정하고 있다. 이 규정의 법적 성격에 대해서는, ① 친족간의 일정한 재산범죄는 형벌을 과해야 할 정도의 위법성이 없거나 기대가능성이 없으므로 범죄가 성립하지 않는다는 **범죄불성립설**과, ② 비록 친족간에 행해진 일정한 재산범죄행위라 하더라도 범죄는 성립하지만 친족관계라는 특수한 신분관계를 고려하여 형벌만이 면제된다고 해석하는 **인적 처벌조각사유설**이 대립한다.

생각건대, 범죄불성립설에 의하면 이 경우에 무죄판결을 해야 하지만 형법은 형면제판결을 하도록 규정하고 있으며, 형법이 위법성조각이나 책임조각을 인정할 때에는 '벌하지 아니한다'라고 규정하고 있는데 형법은 '형을 면제한다'라고 규정하고 있다. 또한 친족간의 범행은 그 배신성으로 인해 오히려 불법과 책임이 더 크다고 할 수 있으므로 위법성이나 책임이 조각된다고 하는 것은 불합리하며, 친족간의 정서와 가정의 평화에 대한 정책적 고려와 형법의 보충성의 원칙을 고려해볼 때, **통설**[156)의 입장인 **인적 처벌조각설**이 타당하다. 즉 범죄는 성립하나 범죄자와 피해자의 특수한 신분관계로 인하여 형벌권의 발생이 저지되는 경우에 해당하기 때문이다.

한편 제328조 제2항에 해당하는 친족상도례의 경우에는 고소가 있어야 공소를 제기할 수 있으므로 이때에는 소추조건이 된다.

---

156) 김성돈, 311면; 김일수/서보학, 218면; 김종원, 189면; 박상기, 279면; 배종대, 62/36; 오영근, 267면; 유기천, 223면; 이영란, 262면; 이재상/장영민/강동범, 294면; 이형국, 331면; 임웅, 348면; 정성근/박광민, 272면; 정영일, 158면. 조준현, 223면.

3. 친족의 범위

친족의 범위는 어떻게 결정되고, 이러한 친족관계는 누구 사이에 존재해야 하는가가 문제된다.

(1) 친족의 범위

친족 및 가족 등의 정의와 그 범위는 민법에 따라 정해진다.[157] 민법은 제777조에 8촌 이내의 혈족, 4촌 이내의 인척, 배우자를 친족의 범위로 규정하고 있다. 제328조 제1항은 직계혈족, 배우자, 동거친족, 동거가족 또는 그 배우자라는 친족관계가 존재할 경우이고, 동조 제2항은 동조 제1항에 해당하는 친족관계 이외의 친족관계가 존재할 경우이다. 여기서 말하는 직계혈족, 배우자, 동거친족, 동거가족의 범위를 살펴보면 다음과 같다.

1) 직계혈족

직계혈족이란 **직계존속과 직계비속**을 말하며, 동거의 유무는 불문한다. 입양으로 인한 양자의 경우에는 생가를 중심으로 하는 종전의 친족관계도 소멸되지 않는다. 다만, 친양자의 경우에는 입양전의 친족관계는 친양자의 입양이 확정된 때에 종료하게 된다(민법 제908조의3). 혼인 외의 자의 경우에는 생부가 인지하기 전까지는 친족상도례가 적용되지 않는다.

2) 배 우 자

혼인으로 결합한 남녀의 일방이 타방을 배우자라 한다. 이 때의 혼인은 법률혼을 말하며, 동거의 유무는 불문한다.[158] 여기서 배우자에 사실상의 배우자를 포함할 것인가에 대하여는 긍정설과 부정설, 그리고 사실혼은 포함된다는 절충설이 있다. 친족상도례의 범위에 사실혼관계에 있는 배우자까지 확대하여 해석하는 사실혼을 사실상 조장하는 결과를 가져오므로 부정설이 타당하다.

---

157) 대법원 1991. 8. 27. 선고 90도2857 판결.

158) 민법 제815조 제1호는 당사자 사이에 혼인의 합의가 없는 때에는 그 혼인을 무효로 한다고 규정하고 있으므로 비록 당사자 사이에 혼인의 신고가 있었더라도, 그것이 단지 다른 목적을 달성하기 위한 방편에 불과한 것으로서 그들 사이에 참다운 부부관계의 설정을 바라는 효과의사가 없을 때에는 그 혼인은 무효라고 할 것이다(대법원 2004. 9. 24. 선고 2004도4426 판결 등). 사기죄를 범하는 자가 금원을 편취하기 위한 수단으로 피해자와 혼인신고를 한 것이어서 그 혼인이 무효인 경우라면, 그러한 피해자에 대한 사기죄에서는 친족상도례를 적용할 수 없다(대법원 2015. 12. 10. 선고 2014도11533 판결).

3) 동거친족과 동거가족

① 동거친족이라 함은 동일한 주거에서 일상생활을 공동으로 하고 있는 친족을 말하며, 생계를 같이하지 않거나 일시 체류하는 친족은 여기에 해당하지 않는다. 동거가족은 가족 중에서 동일한 주거에서 일상생활을 공동으로 하는 가족을 말한다. 여기서 가족이란 민법 제779조에 배우자, 직계혈족, 형제자매, 생계를 같이하는 직계혈족의 배우자·배우자의 직계혈족·배우자의 형제자매를 말한다. 동거가족일 경우에는 형이 면제되지만, 그 이외의 가족일 경우에는 친고죄가 된다. 따라서 사돈지간에는 친족관계가 존재하지 않으므로 친족상도례가 적용되지 않는다.[159]

(2) 친족관계의 존재범위

친족상도례가 적용되기 위해서는 행위자와 누구와의 사이에 친족관계가 존재해야 하는가가 문제된다. 이에 대하여는, ① 재산범죄의 보호법익은 소유권이므로 행위자와 소유자 사이에 친족관계만 존재하면 친족상도례가 적용된다는 소유자관계설[160]과, ② 재산죄 중 특히 절도죄의 보호법익은 점유이므로 행위자와 점유자 사이에 친족관계가 존재하면 친족상도례가 적용된다는 점유자관계설, 그리고 ③ 재산죄의 보호법익은 소유권 및 점유이므로 행위자와 소유자뿐만 아니라 점유자 사이에 친족관계가 존재할 경우에 친족상도례가 적용된다는 소유자 및 점유자 관계설이 대립한다.

생각건대 소유권 이외에도 적법한 권원에 의한 점유도 보호할 필요가 있고, 친족상도례의 입법취지는 가정 내의 재산관계문제에 대하여는 친족간의 정의관계를 고려하여 법이 개입하지 않는다는 취지의 규정이므로 소유자 및 점유자와 행위자 사이에 친족관계가 존재할 것을 전제했다고 볼 수 있으므로 소유자 및 점유자관계설이 타당하다. 통설[161]과 판례[162]의 입장이기도 하다.

한편 친족관계는 범죄행위시에 존재하면 족하다. 따라서 범행 후에는 친족관계가 소멸되더라도 친족상도례는 적용된다. 예외적으로 혼인외의 출생자가 범행 후에 인지가 있는 경우에는 인지의 소급효(민법 제860조)에 의하여 친족상도례가 적용된다.[163]

---

159) 대법원 2011. 4. 28. 선고 2011도2170 판결.
160) 이재상/장영민/강동범, 295면.
161) 김성돈, 313면; 손동권/김재윤, 319면; 오영근, 268면; 임웅, 349면; 정성근/박광민, 274면.
162) 대법원 2014. 9. 25. 선고 2014도8984 판결; 대법원 1980. 11. 11. 선고 80도131 판결.

4. 친족상도례와 공범문제

친족상도례에 있어서 친족관계는 인적 처벌조각사유이므로, 친족관계가 없는 자가 친족의 범행에 가담한 공범인 경우에는 친족상도례가 적용되지 않으므로(제328조의 제3항, 제365조 제2항 단서) 공범으로서 처벌된다. 그러나 친족이 친족이 아닌 자의 범죄에 가담한 경우에도 친족에게는 친족상도례가 적용되어진다. 친속상노례는 싱범과 공범 사이 따는 수인의 공범 사이에서도 친족관계가 있는 자에게만 적용된다.

5. 친족관계의 착오

친족관계는 범죄성립요소가 아닌 인적 처벌조각사유이므로 행위자에게 친족관계에 대한 인식은 불필요하며, 친족관계는 객관적으로 존재하면 족하다. 친족관계는 범죄의 객관적 구성요건요소가 아니므로 행위자가 인식해야 할 고의의 대상이 아니다. 따라서 친족관계에 대한 착오는 고의의 성립에 영향이 없으므로 이에 대한 착오는 고의를 조각하지 않는다.[164]

6. 친족상도례의 적용범위

형법은 친족상도례를 권리행사방해죄에서 규정하고, 이를 절도죄, 사기죄, 공갈죄, 횡령죄, 배임죄 및 장물죄에 준용하고 있다. 그러나 재산죄 중 강도죄와 손괴죄에 대하여는 친족상도례는 적용되지 않는다. 강도죄의 경우에는 재산권에 대한 침해뿐만 아니라 범행수단이 폭행·협박이라는 수단을 사용함으로써 자유권에 대한 침해도 이루어져 가벌성이 크기 때문에 친족상도례를 적용하지 않는다고 할 수 있다. 그러나 손괴죄는 다른 재산죄보다 가벌성이 크다고 할 수 없다. 따라서 입법론적으로는 재검토되어야 한다.

특별형법상의 재산죄의 경우에도 제328조의 적용을 배제한다는 명시적인 규정이 없는 한 적용된다고 보아야 한다. 따라서 절도죄에 관한 친족상도례는 형법의 특수절도, 야간주거침입절도, 상습절도, 자동차등 불법사용죄와 그 미수범은 물론, 특

---

163) 대법원 1997. 1. 24. 선고 96도1731 판결.
164) 대법원 1966. 6. 28. 선고 66도104 판결.

별형법상의 절도죄인 산림절도에 대하여도 적용되어야 한다(산림자원의 조성 및 관리에 관한 법률 제73조).[165]

7. 특례규정의 적용효과

(1) 형면제 판결의 경우

직계혈족, 배우자, 동거친족, 동거가족 또는 그 배우자 사이에 제328조, 제329조 내지 제332조의 죄 또는 미수범은 그 형을 면제한다. 따라서 법원은 제328조 제1항에 해당할 경우에는 **형면제 판결**이라는 실체재판을 해야 한다. 입법론적으로는 실체재판이 아닌 형식재판인 공소기각의 결정 또는 면소판결을 하도록 개선해야 할 필요가 있다.

(2) 상대적 친고죄의 경우

제328조 제2항에 해당하는 경우, 즉 제328조 제1항에 이외의 친족간에 재산죄를 범한 때에는 고소가 있어야 공소를 제기할 수 있다. 따라서 피해자 등 고소권자의 고소가 없으면 법원은 공소기각의 **판결**(형소법 제327조 제5호)을 하게 된다. 입법론적으로는 피해자의 고소가 없으면 **형면제 판결**을 하도록 법개정이 필요하다. 형법이 제328조 제1항의 근친에 대하여는 형면제 판결을, 제328조 제2항의 원친에 대하여는 공소기각의 판결을 할 수 있도록 규정한 것은, 원친에게 더 유리한 불균형적 입법이라는 비판을 피하기 어렵다.

제3절 강도의 죄

I. 개 설

1. 강도죄의 의의

강도죄란 폭행 또는 협박으로 타인의 재물을 강취하거나 기타 재산상의 이득을 취득하거나 제3자로 하여금 이를 취득케 함으로써 성립하는 범죄이다.

---

165) 대법원 1959. 9. 18. 선고 4292형상290 판결.

강도죄의 보호법익은 재산권과 의사활동의 자유 또는 신체의 안전이며, 법익 보호의 정도는 **침해범**이다. 또한 강도죄는 재산죄와 폭행 또는 협박죄와의 결합 범이다.

강도의 죄는 절도죄의 가중적 구성요건이 아니라 독립한 범죄이다. 강도죄는 침해범이므로 폭행·협박행위와 재물 또는 재산상의 이익의 강취행위 사이에 인 과관계가 있어야 기수가 되며, 인과관계가 없으면 미수가 된다.

2. 구성요건의 체계

본죄의 기본적 구성요건은 단순강도죄이다(제333조). 본죄의 가중적 구성요건 으로는 행위방법이나 행위상황에 의하여 불법이 가중되는 특수강도와 해상강도 죄, 강도상해·치상죄, 강도살인·치사죄, 강도강간죄는 결합범의 형식에 의한 가 중적 구성요건이고, 상습강도죄는 책임가중적 구성요건이다.

준강도죄(제335조)와 인질강도죄(제336조)는 독립한 구성요건이고, 강도의 죄 는 미수와 예비·음모는 처벌한다.

II. 강 도 죄

> 제333조(강도) 폭행 또는 협박으로 타인의 재물을 강취하거나 기타 재산상의 이익을 취득 하거나 제삼자로 하여금 이를 취득하게 한 자는 3년 이상의 유기징역에 처한다.
> 제342조(미수범) 본죄의 미수범은 처벌한다.
> 제345조(자격정지의 병과) 본죄를 범하여 유기징역을 처할 경우에는 10년 이하의 자격정지 를 병과할 수 있다.

1. 객관적 구성요건

(1) 행위객체

강도죄의 행위객체는 '타인의 재물 또는 재산상의 이익'이다.

1) 타 인 성

본죄의 재물 또는 재산상의 이익은 타인소유 또는 타인점유여야 한다. 따라 서 자기소유이면서 타인점유의 재물을 강취한 경우에는 점유강취죄가 성립한다

(제325조).

2) 재　　물

재물의 의미는 절도죄에 있어서의 재물과 동일하다. 그런데 타인이 점유하는 '재물' 속에 부동산의 포함여부가 문제된다. 부동산을 강도죄이 재물의 개념 속에 포함시켜서 해석하는 긍정설[166]도 있다. 그러나 강도죄의 객체 속에는 재물 이외에 재산상의 이익도 포함하고 있으므로 구태여 부동산을 재물의 개념 속에 포함시킬 필요는 없다. 따라서 부동산은 강도죄의 재물에는 해당하지 않지만 재산상의 이익에는 포함되므로 강도죄의 객체가 된다고 해석하는 다수설[167]의 견해가 타당하다.

타인을 폭행·협박하며 주거에 침입하여 무단으로 집을 점유한 경우에는, 주거침입죄와 강도죄가 성립한다. 이 경우에 재물죄인가 이득죄인가에 대하여는 지금도 논란이 있다.

3) 재산상의 이익

재물 이외에 재산적 가치가 있는 일체의 이익을 말한다. 형법상 재산상의 이익개념에 대하여는 세 가지의 견해의 대립이 있다.

가. 법률적 재산설　　이 학설은 **법률상의 권리로 인정되는 경제적 이익**(재산적 이익), 즉 재산상의 권리와 의무의 총체(總體)를 재산상의 이익으로 보는 견해이다. 재산상의 이익의 범위가 지나치게 확대되거나 축소된다는 비판을 받고 있다. 즉, (ㄱ) 경제적으로 가치가 없는 법적 지위도 재산에 포함되어 재산상의 이익범위가 지나치게 확대되거나, (ㄴ) 경제적으로 가치가 있는 사실상의 이익이나 노동력·기대권 등은 권리가 되지 않으면 재산상의 이익이 될 수 없어 그 범위가 지나치게 축소되므로 현재 이 견해를 지지하는 학자는 거의 없다.

나. 경제적 재산설　　이 학설은 경제적 이익의 총체를 재산상의 이익으로 보는 견해이다.[168] 순수하게 **경제적으로 가치있는 이익만을 재산상의 이익으로 파악함**으로써 그 범위가 지나치게 확대되어 전체 법질서의 통일성을 해친다는 비판을 받

---

166) 김종원, 198면; 황산덕, 285면.
167) 김일수/서보학, 318면; 이재상/장영민/강동범, 299면; 이에 반하여 부동산은 재산상의 이익에도 포함되지 않으므로 강도죄의 객체가 되지 않는다는 견해도 있다(박상기, 282면).
168) 김성돈, 318면; 손동권/김재윤, 325면; 오영근, 336면; 이재상/장영민/강동범, 299면; 임웅, 369면; 정성근/박광민, 321면.

고 있다.

따라서 이 견해에 의하면 권리라 하더라도 경제생활에 있어서 가치가 있을 때에만 재산상의 이익이 되며, 사실상의 이익인 노동력·기대권·상인의 정보 등은 권리는 아닐지라도 재산상의 이익이 되고, 나아가 정당하지 않게 획득한 불법한 이익도 경제적인 관점에서 파악하면 이익이므로 재산상의 이익에 포함시킨다.

판례도 '재산상의 이익은 반드시 사법상의 유효한 재산상의 이득만을 의미하는 것이 아니고, 재산상의 이익을 얻을 것이라고 인정할 수 있는 사실관계만 있으면 된다'고 판시하여 **경제적 재산설의 입장을** 취하고 있다.[169)]

다. 법률적·경제적 재산설   이 학설은 경제적으로 가치가 있고, 법질서에 의해 보호받는 모든 재화와 지위를 재산상의 이익으로 보는 입장이다.[170)] 법률적·경제적 절충설은 경제적 이익설이 형법 독자적 입장에서 재산개념을 파악함으로써 민법상 불법인 재산까지도 보호하게 되는 문제점을 보완하여 법체계의 통일성을 기하고자 하는 견해로서, **독일의 통설이** 취하고 있는 입장이다.

이 견해에 의하면 물권·채권·기대권·법질서에 의해 보호되는 노동력·사실상의 수익가능성 등도 형법상의 재산개념에 포함되나, 매춘부에 의한 불법적인 성적 서비스에 대한 대가는 불법적인 경제적 이익이므로 사기죄의 성립을 부정하게 된다.

생각건대 구체적 현실적인 경제적 이익에 대한 재산상의 권리가 적법하게 인정된 경우는 아니라고 하더라도 그 침해행위는 형법상 가벌적인 행위이므로 형법 독자적인 입장에서 처벌할 필요가 있고, 재산적 권리는 아니더라도 **사실상 경제적 이익이 있으면** 그것에 대한 침해에 대하여는 **보호할 필요가** 있다.

그러므로 형법상 재산상의 이익은 경제적으로 가치있는 모든 권리나 사실상

---

169) 대법원 1997. 2. 25. 선고 96도3411 판결; 대법원 1987. 2. 10. 선고 86도2472 판결; 그 밖에도 재산상의 이익과 관련하여, "법률적 관점에서 배임행위가 무효라 하더라도 경제적 관점에서 파악하여 배임행위로 인하여 본인에게 현실적인 손해를 가하였거나 **재산상 손해발생의 위험을 초래한 경우에도** 재산상의 손해를 가한 때에 해당되어 **배임죄를 구성한다**(대법원 1999. 6. 22. 선고 99도1095 판결; 대법원 1995. 12. 22. 선고 94도3013 판결; 대법원 1992. 5. 26. 선고 91도2963 판결). 또한 부녀를 기망하여 성행위 대가의 지급을 면하는 경우에는 그 행위의 대가는 사기죄의 객체인 경제적 이익에 해당하므로 **사기죄가 성립한다**(대법원 2001. 10. 23. 선고 2001도2991 판결).

170) 김성천/김형준, 454면; 김일수/서보학, 257면; 박상기, 324면; 배종대, 64/7; 이형국, 351면.

의 이익을 의미한다고 보는 **경제적 재산설**의 입장이 타당하다. 이 견해에 의하면 소유권·점유권·기대권·청구권을 비롯하여 노동력·영업정보 등도 재산상의 이익에 포함되게 된다.

또한 재산상의 이익에는 적극적 이익·소극적 이익뿐만 아니라 일시적 이익도 포함된다. 그 예로는 노무제공, 채권취득, 부채감소, 채무면제, 채무변제유예, 소유권이전등기, 저당권말소등기 등을 들 수 있다.

결국 경제적 재산설의 입장은 재산범죄에 있어서 **민법에 대한 형법의 독자성**을 긍정하는 입장과 관점을 같이한다. 이 입장에서는 장물에 대한 절도죄·사기죄·공갈죄의 성립을 인정하고, 불법원인급여에 대하여도 사기죄·횡령죄 등의 범죄성립을 긍정하는 입장을 취하게 된다.

(2) 실행행위

강도죄의 실행행위는 '폭행·협박으로 타인의 재물을 강취하거나 기타 재산상의 이익을 취득하거나 제3자로 하여금 취득하게 하는 것'을 말한다.

1) 폭행·협박의 의의 및 상대방

본죄의 **폭행**은 사람에 대한 직접·간접의 유형력의 행사를 말한다. 따라서 단순히 물건에 대한 유형력 행사일 때는 본죄의 폭행이라 할 수 없다. 예컨대 강도의 의사로 창문을 부수고 재물을 절취한 경우에는 강도죄가 성립하는 것이 아니라 특수절도죄가 성립한다. 그러나 반드시 사람의 신체에 직접적으로 유형력을 행사하지 않더라도 물건에 대한 유형력 행사도 간접적으로 사람에 대한 것으로 볼 수 있으면 여기의 폭행에 해당한다. 문을 잠그거나 타고 가는 자동차를 전복시키는 경우도 여기에 해당한다. 판례는 날치기 수법으로 타인의 재물을 탈취한 경우에는 피해자의 반항을 억압할 목적으로 가해지는 경우[171]이거나, 강제력의 행사가 상대방의 반항을 억압하거나 항거불가능하게 할 정도에 이른 때에는 강도죄가 성립한다는 입장을 취하고 있다.[172]

협박은 해악을 고지하여 상대방에게 공포심을 일으키게 하는 행위를 말한다. 해악의 내용에는 제한이 없고, 현실적으로 해악을 가할 의사나 능력 또는 해악을 실현할 가능성 여부는 불문한다.

---

171) 대법원 2003. 7. 25. 선고 2003도2316 판결.
172) 대법원 2007. 12. 13. 선고 2007도7601 판결.

폭행·협박의 상대방은 보통 재물의 소유자 또는 점유자에게 행해지지만, 재산탈취에 방해가 되는 **제3자에 대한 폭행·협박**을 통해서도 가능하다.[173]

2) 폭행·협박의 정도

강도죄의 폭행·협박은 공갈죄의 그것과 질적인 차이가 있는 것이 아니라 정도의 차이에 불과하다. 공갈죄는 원칙적으로 피공갈자의 처분행위가 있어야 하지만, 강도죄는 피해자의 의사에 반하여 행위자가 스스로 강취하는 점에서 양자는 차이가 있다.

그러므로 강도죄의 폭행·협박의 정도는, ① 상대방의 의사를 억압하여 반항을 불가능하게 할 정도에 이르러야 한다. 즉 강도죄의 폭행·협박은 **최협의의 폭행·협박**을 의미한다. 주류 또는 마취제를 사용하여 의식을 잃게 하는 것도 폭행이다. 상대방의 현실적 또는 가상적 반항을 불가능하게 하는 육체적·심리적 강제효과를 가진 모든 수단을 폭행이라 할 수 있다. 그러므로 수면중에 있는 사람·술에 취한 사람·의식 없는 사람에 대하여도 강도가 가능하다. 다만 이 경우에는 폭행·협박과 재물강취 사이에 인과관계가 없으므로 강도미수에 해당한다고 보아야 한다.

② 반항을 불가능하게 할 정도의 폭행·협박이라 함은 피해자가 정신적 또는 육체적으로 자유를 상실할 정도에 이른 것을 말한다. 이의 판단은 피해자의 주관이 아니라 사회통념에 따른 행위 당시의 구체적 사정을 토대로 한 객관적 표준에 의하여 종합적으로 판단해야 한다. 폭행·협박이 객관적으로는 상대방의 의사를 억압하는데 적합한 수단이 아니라 하더라도 사실상 반항을 억압할 정도에 이르렀다면 족하다. 따라서 반항이 불가능할 정도의 **폭행·협박**에 해당하는가 여부는 일반평균인의 입장에서 객관적으로 판단해야 한다.

따라서 강도의 고의를 가졌다 하더라도 폭행·협박의 정도가 객관적으로 공갈에 불과할 때에는 공갈죄가 성립한다. 판례는 다소의 강제력을 행사하여 사기도박으로 잃은 돈을 억지로 되돌려 받은 경우에는 강도죄의 폭행·협박의 정도에 이르렀다고는 볼 수 없다고 판시한 바 있다.[174] 그러나 장난감 권총으로 협박한 경우에도 일반인이 진짜 권총으로 믿을 정도였다면 강도죄에 해당한다고 보아야

---

173) 대법원 2010. 12. 9. 선고 2010도9630 판결.
174) 대법원 1993. 3. 9. 선고 92도2884 판결.

한다. 결국 강도죄에 있어서 폭행·협박의 정도는 피해자의 연령·성별·시간·장소·행위태양 등을 고려하여 객관적 기준에 의해 종합적으로 판단해야 한다.

3) 실행의 착수시기

본죄의 실행의 착수시기는 행위자가 강도의 의사를 가지고 상대방의 의사를 억압할 정도의 폭행·협박을 개시한 때이다. 따라서 강도의 의사를 가지고 재물을 물색하다가 검거된 경우에는 강도죄의 실행의 착수 이전단계이므로 강도예비죄에 해당하는가를 검토하고, 여기에 해당하지 않은 경우에는 절도죄의 실행의 착수에 해당하므로 절도미수가 된다.

강도죄의 기수시기는 재물 또는 재산상의 이익을 취득한 때이다.

4) 재물의 강취

본죄의 실행행위 중 재물 또는 재산상의 이익의 '강취'란 폭행·협박에 의하여 피해자의 의사에 반하여 타인의 재물을 자기 또는 제3자의 점유하에 옮기는 것을 말한다. 반드시 탈취할 것을 요하지 않고 상대방이 의사에 반하여 교부한 경우도 여기의 강취에 해당한다.

가. 폭행·협박과 재물 또는 재산상의 이익강취와의 관계　　재물강취와 폭행·협박은 시간적·장소적 연관 하에서 목적과 수단의 관계가 있어야 한다. 폭행·협박과 재물강취 사이에는 인과관계가 있어야 한다. 인과관계가 없으면 강도죄의 미수가 된다. 또한 폭행·협박은 재물강취를 위한 수단이므로 재물 취거행위의 기수 이전에 폭행·협박이 먼저 있어야 한다. 예컨대 하루 전에 폭행을 하고 열쇠를 강취한 후 다음 날 열쇠를 가지고 보석을 절취한 경우에는 열쇠에 대한 강도죄는 성립되어도 보석절취에 대하여는 절도죄가 성립할 뿐이다. 재물취거행위 완료 후에 폭행·협박을 한 경우에는 준강도죄가 성립한다. 따라서 강도의사 없이 폭행·협박으로 상대방의 반항을 억압한 후에 재물영득의사가 생겨 재물을 취거한 경우에는 양자 사이에는 수단과 목적의 관계가 없으므로 강도죄가 아니라 절도죄가 성립한다고 보아야 한다.

그런데 판례는 강간범이 강간행위 후에 강도의 범의를 일으켜 부녀의 재물을 취득한 경우에도 강도죄의 성립을 인정하여 강간죄와 강도죄의 경합범이라는 입장을 취하고 있다.[175] 그러나 이 경우에는 폭행·협박이 재물강취의 수단이 되

---

175) 대법원 2013. 12. 12. 선고 2013도11899 판결; 대법원 2010. 12. 9. 선고 2010도9630 판결;

었다고 볼 수 없으므로 강도죄가 성립할 수 없고 강간죄와 절도죄의 경합범이 된
다고 보아야 한다.[176]

그 밖에도 판례는 폭행·협박을 한 후 상당한 시간이 경과한 후에 피해자로
부터 재물을 교부받은 경우에는 강도죄가 아니라 공갈죄가 성립하며,[177] 강간당
한 피해자가 놓고 간 손가방 안의 돈을 꺼내간 경우에는 절도죄가 성립한다고 판
시하고 있다.[178]

나. 폭행·협박과 재물강취의 인과관계

폭행·협박과 재물강취 사이에 인과
관계가 있어야 강도죄는 기수가 된다. 강도죄의 폭행·협박은 상대방의 반항을
억압할 정도여야 하고, 이로 인한 재물강취 사이에는 인과관계가 요구된다. 따라
서 폭행·협박의 정도와 인과관계에 따라 강도죄와 공갈죄 또는 미수에 해당하는
가 여부가 결정된다고 할 수 있다.

① 상대방의 반항을 억압할 정도의 폭행·협박을 했으나, 피해자가 단순히 연
민의 정으로 재물을 교부한 경우에는 강도미수죄가 성립한다.

② 상대방의 반항을 억압할 정도의 폭행·협박을 했으나 피해자가 단순한 공포
심으로 인해 재물을 교부한 경우에는, ㉠ 강도죄가 성립한다는 견해,[179] ㉡ 강도죄의
미수와 공갈죄의 상상적 경합이 된다는 견해,[180] ㉢ 강도죄의 미수라는 견해[181]가 대
립한다.

생각건대 강도미수는 공갈죄를 포함하고 강도죄의 인과관계를 인정할 수 없으
므로, 강도미수라고 보는 견해가 타당하다.

③ 강도의 고의를 가졌지만 폭행·협박의 정도가 공갈의 정도에 불과한 때에는 공
갈죄가 성립한다. 그리고 폭행·협박이 재물탈취과정에 피해자의 반항을 억압할

대법원 2002. 2. 8. 선고 2001도6425 판결; 대법원 1977. 9. 28. 선고 77도1350 판결.

176) 강구진, 298면; 김일수/서보학, 261면; 배종대, 64/16; 유기천, 205면; 이재상/장영민/강동
범, 305면; 정영일, 163면.
177) 대법원 1995. 3. 28. 선고 95도91 판결.
178) 대법원 1984. 2. 28. 선고 84도38 판결.
179) 정영석, 339면.
180) 백형구, 154면; 유기천, 206면.
181) 강구진, 297면; 김성천/김형준, 405면; 김일수/서보학, 260면; 김종원, 198면; 배종대,
64/17; 오영근, 275면; 이재상/장영민/강동범, 306면; 이형국, 353면; 임웅, 368면; 정성근/
박광민, 325면.

목적으로 행해진 경우가 아니라 우연히 발생한 경우(날치기 절도)에는 절도죄에
불과하고, 피해자의 하자있는 처분행위에 이를 정도의 폭행·협박인 공갈에 의해
재물이나 재산상의 이익을 취득한 경우에는 공갈죄가 성립할 뿐이다.

　5) 재산상 이익의 취득

　폭행·협박에 의해 상대방의 의사에 반하여 재산상의 이익을 취득하거나 제3
자로 하여금 취득하게 해야 한다. 폭행·협박과 재산상의 이익취득 사이에는 수단
과 목적의 관계가 있고, 양자 사이에는 **인과관계**가 있어야 한다. 재산상의 이익취득
은 피해자의 의사표시 내지 처분행위에 의하여 이루어지는 것이 일반적이고, 이
러한 피해자의 처분행위 또는 의사표시를 통하여 현실적·확정적으로 이익을 취
득하게 된다.

　가. 재산상 이익취득의 유형　　재산상의 이익취득의 경우로는 다음의 세 가
지 유형을 생각할 수 있다. ① 피해자에게 일정한 재산상의 처분을 하도록 하여
이익을 취득하는 경우로서 채무면제·채무이행연기의 승낙을 하도록 하는 경우이
다. ② 정당한 대가를 지급하지 않고 대가지불을 요하는 경제적인 노무를 제공하
게 하는 경우로, 예컨대 택시운전사를 협박하여 운행케 하는 경우이다. 그러나
자가용운전자를 협박하여 운행케 한 경우에는 본죄가 아니라 강요죄에 해당한다.
③ 피해자에게 일정한 의사표시를 강제하게 하여 이익을 취득한 경우로는 소유
권이전등기 또는 저당권설정등기의 말소의 의사표시를 하는 경우가 여기에 해당
한다.

　나. 피해자의 처분행위의 필요여부　　강도죄가 성립하기 위하여 재산상의 이
익취득에 피해자의 처분행위가 있어야 하는가에 대하여는 학설이 대립한다. ① **적
극설**은 경제적 이익을 위하여 살인을 하는 경우에 전부 강도살인죄를 인정하는
결과가 되어 부당하므로 피해자의 일정한 의사표시 내지 처분행위를 통해 재산
상의 이익을 취득해야 한다는 입장이다.[182] 이에 반해 ② **소극설**은 재산상의 이익
취득은 상대방의 의사를 억압한 상태에서 이루어지므로 재산상의 이익취득에는
피해자의 의사표시 내지 처분행위가 불필요하다는 견해로서, 통설과 판례의 입장이며 타
당하다고 생각된다.[183] 판례는 채무면제의 목적으로 채권자를 살해한 경우에 강

---

182) 유기천, 208면.

183) 김일수/서보학, 262면; 박상기, 284면; 배종대, 64/19; 백형구, 155면; 손동권/김재윤, 330

도살인죄가 성립한다고 판시하고 있다.[184]

    다. 재산상의 이익의 확정적 취득   재산상의 이익은 확정적으로 취득한 경우뿐만 아니라 '구체적으로 현실화할 수 있는 외견상의 가능성이 있는 상태' 또는 '권리의무관계의 외형적인 불법적인 변동'만 있으면 재산상의 이익을 취득한 것으로 보아야 한다.

    그러므로 단순한 내부적 동기 또는 기대감을 가지고 살인했다고 하여도 이익취득이 되지는 않는다. 따라서 보험금을 수령할 목적으로 피보험자를 살해한 경우, 재산상속을 목적으로 피상속인을 살해한 경우, 채무면탈을 목적으로 살해한 경우 등에도 현실적으로 이익을 취득하거나 취득할 개연성이 없는 경우에는 사실관계의 변동이 없으므로 단순살인죄에 불과하다. 관련 판례를 살펴보면 다음과 같다.

    ① 승객이 운임의 채무를 면탈하기 위하여 운전자를 살해하고 수입금을 가져간 경우에는 살해행위와 재물탈취행위는 시간적·장소적으로 접착되어 있으므로 포괄하여 **강도살인죄**에 해당한다.[185]

    ② 대금지급의사 없이 술집에서 술을 마시고 도주하다 이를 제지하는 주인을 살해하고 그 소지품을 가져간 행위는 피살자의 상속인이 술값에 대한 채권을 행사할 수 없으므로, 채무면탈의 목적으로 살해한 **강도살인죄**에 해당한다.[186]

    ③ 신용카드를 빼앗아 허위의 매출전표를 작성하게 하였으나 그 전표를 나중에 되찾은 경우라 하더라도, 외견상 재산상의 이익취득을 인정할 수 있는 사실관계가 존재하면 재산상의 이익을 취득했다고 볼 수 있다.[187]

    ④ 상해를 입히고 협박하면서 지불각서를 작성하게 한 경우에는 권리의무관계가 외형상 불법적인 변동이 있었으므로, 사법상의 효력유무와 관계없이 **강도상해죄**가 성립한다.[188]

면; 이영란, 296면; 이재상/장영민/강동범, 307면; 이형국, 424면; 임웅, 369면; 정성근/박광민, 327면; 정영일, 163면.

184) 대법원 1964. 9. 8. 선고 64도310 판결; 대법원 1971. 4. 6. 선고 71도287 판결; 대법원 1985. 10. 22. 선고 85도1527 판결.
185) 대법원 1985. 10. 22. 선고 85도1527 판결.
186) 대법원 1999. 3. 9. 선고 99도242 판결.
187) 대법원 1997. 2. 25. 선고 96도3411 판결.
188) 대법원 1994. 2. 22. 선고 93도428 판결.

⑤ 채무를 면탈할 목적으로 채권자를 살해한 경우라 하더라도 채무의 존재가 명백한 경우뿐만 아니라 채권자의 상속인이 존재하고 채권의 존재를 확인할 방법이 확보되어 있는 경우에는 강도살인죄는 성립되지 않는다.[189] 그러나 현실적으로 이익을 취득하거나 취득할 개연성이 있는 경우에는 강도살인죄가 성립한다.

⑥ 교통사고를 가장하여 보험금을 수령할 목적으로 살해한 후 범죄를 은폐하기 위해 승용차를 저수지에 추락시켜 사망하게 한 경우에는 **살인죄와 사기죄의 경합범**이 된다.[190]

6) 강도죄의 실행의 착수시기와 기수시기

강도죄의 실행의 착수는 폭행·협박을 개시한 때이다. 따라서 강도의 의사로 주거에 침입하여 재물을 물색하다가 도주한 때에는, 강도미수가 아니라 주거침입죄와 절도미수가 성립한다. 강도죄의 기수시기는 재물 또는 재산상의 이익을 취득한 때이다.

2. 주관적 구성요건

강도죄는 고의범이므로 행위자에게 객관적 구성요건요소인 폭행·협박으로 타인의 재물 또는 재산상의 이익을 취득한다는 점에 대한 인식과 의사인 고의가 필요하며, 또한 강도죄는 영득죄이므로 고의 이외에 초과주관적 구성요건요소로서 불법영득(또는 이득)의 의사가 필요하다. 본죄의 고의는 미필적 고의로도 족하다.

따라서 강간하는 과정에 피해자들이 도망가지 못하게 손가방을 빼앗은 것만으로는 불법영득의사가 없으므로 강도죄가 성립하지 않는다.[191] 그러나 외상물품대금채권의 회수를 의뢰받은 자가 그 **채권추심과정**에 **폭행** 또는 **협박**을 하여 재물 또는 재산상의 이익을 취득한 때에는 **강도죄가 성립**한다.[192]

피해자를 강간한 이후에 피해자에게 돈을 요구하였으나 바로 다시 돌려준 후 범행발각을 염려하여 피해자를 살해하려 했으나 실패한 경우에는, 재물에 대

---

189) 대법원 2004. 6. 24. 선고 2004도1098 판결.
190) 대법원 2001. 11. 27. 선고 2001도4392 판결.
191) 대법원 1985. 8. 13. 선고 85도170 판결.
192) 대법원 1995. 12. 12. 선고 95도2385 판결.

한 불법영득의사를 인정할 수 없으므로 강도살인미수죄가 성립하는 것은 아니다.[193]

3. 위 법 성

강도죄는 구성요건해당성이 충족되면 특별한 사정이 없는 한 위법성조각사유에 해당하는 경우가 거의 발생하지 않는다.

문제는 새물이나 재산상의 이익을 취득할 수 있는 권리자가 폭행·협박으로 재물을 강취한 경우에 강도죄가 성립하는가라는 점이다. 이에 대해서는, 권리의 실행이라 하더라도 자구행위, 정당방위 등 위법성조각사유에 해당하지 않는 한 강도죄가 성립한다는 긍정설과 정당한 권리행사에는 불법영득(이득)의 의사가 없으므로 강도죄는 성립하지 않고 폭행·협박죄만 성립한다는 부정설이 대립한다. 판례는 긍정설의 입장이다.[194]

생각건대 강도죄는 최협의의 폭행·협박에 의해 재물을 강취하는 경우에만 성립하는 범죄이기 때문에 자유권에 대한 침해가 매우 크다. 따라서 재물에 대한 정당한 권리자라 하더라도 일반적인 위법성조각사유에 해당하지 않는 한 강도죄가 성립한다는 긍정설이 타당하다. 재물의 소지가 위법하다고 하여 강취행위의 위법성이 조각되지는 않는다. 절도범이 절취한 재물을 강취하더라도 강도죄는 성립한다.

4. 죄수와 공범론

(1) 공 범

공동정범은 공동의 의사에 의한 실행행위의 역할분담이 필요하다. 절도를 결의하고 있는 자에게 강도를 교사한 때에는 강도죄의 교사범이 된다.

(2) 죄 수

1) 1인이 관리하는 수인의 소유재물을 강취한 때에는 강도죄의 단순일죄가 된다.[195]

---

193) 대법원 1986. 6. 24. 선고 86도776 판결.
194) 대법원 1995. 12. 12. 선고 95도2385 판결.
195) 대법원 1996. 7. 30. 선고 96도1285 판결.

2) 하나의 행위로 수인을 폭행·협박한 경우에 수개의 강도죄의 상상적 경합이 된다.

3) 수인에게 폭행·협박을 하고 수인으로부터 재물을 취득한 때에는 수개의 강도죄가 성립한다.

4) 수인이 동일가족이라면 단순일죄라는 것이 판례의 태도다. 강도죄가 성립하는 경우에는 폭행죄·협박죄·절도죄는 법조경합 중 특별관계로서 별도로 성립하지 않는다.

(3) 다른 범죄와의 관계

1) 강도범인이 체포를 면탈할 목적으로 경찰관에게 폭행을 가한 때에는 강도죄와 공무집행방해죄의 실체적 경합관계가 성립한다.[196) 강도죄는 상태범이므로 강취한 재물을 손괴하거나 처분하는 행위가 새로운 법익을 침해하지 않는 한 불가벌적 사후행위가 된다.

2) 처분행위가 새로운 법익을 침해하는 경우, 예컨대 강취한 은행통장으로 예금을 인출한 경우에는 강도죄 이외에 사문서위조죄·위조사문서행사죄 및 사기죄가 성립하게 된다.[197) 그러나 강취한 재물이 유가증권인 때에는 불가벌적 사후행위가 된다.

3) 감금행위 중에 별개의 고의로 강도행위를 한 경우에는 감금죄와 강도죄는 경합범이 되지만, 감금행위가 강간죄나 강도죄의 수단이 된 경우에는 양죄는 상상적 경합이 되고, 강도나 강간기수범이 된 이후에도 계속 감금한 경우에는 양죄는 실체적 경합범이 된다.[198)

4) 타인의 주거에 침입하여 강도한 경우에는 특수강도죄를 제외하고는 주거침입죄와 강도죄의 실체적 경합범이 성립한다.

Ⅲ. 특수강도죄

제334조(특수강도) ① 야간에 사람의 주거, 관리하는 건조물, 선박이나 항공기 또는 점유하

---

196) 대법원 1992. 7. 28. 선고 92도917 판결.

197) 대법원 1991. 9. 10. 선고 91도1722 판결; 대법원 1990. 7. 10, 79도2093 판결.

198) 대법원 2003. 1. 10. 선고 2002도4380 판결.

> 는 방실에 침입하여 제333조의 죄를 범한 자는 무기 또는 5년 이상의 징역에 처한다.
> ② 흉기를 휴대하거나 2인 이상이 합동하여 전조의 죄를 범한 자도 전항의 형과 같다.
> **제342조(미수범)** 본죄의 미수범은 처벌한다.
> **제345조(자격정지의 병과)** 본죄를 범하여 유기징역을 처할 경우에는 10년 이하의 자격정지
> 를 병과할 수 있다.

1. 의의 및 성격

특수강도죄란 야간에 사람의 주거, 관리하는 건조물, 선박이나 항공기 또는 점유하는 방실에 침입하여 강도죄를 범함으로써 성립하는 **야간주거침입강도**와 흉기를 휴대하고 강도를 범함으로써 성립하는 **흉기휴대강도**, 그리고 2인 이상이 합동하여 강도죄를 범함으로써 성립하는 **합동강도**를 말한다.

특수강도죄는 야간과 주거 등의 특수한 행위상황, 행위수단의 위험성과 집단성으로 인하여 강도죄에 비하여 불법이 가중되는 가중적 구성요건이다.

본죄는 야간주거침입죄와 강도죄의 **결합범**이다.

2. 객관적 구성요건

(1) 야간주거침입강도

1) 행위상황

야간주거침입강도의 행위상황은 야간이며, 야간의 의미는 야간주거침입절도죄에서의 의미와 동일하다.

2) 실행행위

야간주거침입강도행위는 '사람의 주거, 관리하는 건조물·선박·항공기 또는 점유하는 방실에 침입하여 강도죄를 범하는 것'이다. 주거침입과 강도의 의미는 주거침입죄와 강도죄에서와 동일하다.

본죄의 실행의 착수시기에 대하여는, ① 본죄는 야간주거침입죄과 강도죄의 결합범으로서 시간적으로 주거침입이 선행하므로 야간주거침입시에 실행의 착수가 있다고 해석하는 **주거침입시설**과, ② 강도죄의 구성요건이 폭행·협박이므로 폭행·협박을 개시한 때 실행의 착수를 인정해야 한다는 **폭행·협박시설**이 대립한다.

생각건대 주거침입시설을 취하게 되면 야간주거침입절도와 야간주거침입강

도를 구별하는 것이 행위자의 내심적 의사에 따르게 됨으로써 행위자의 주장여
하에 따라서는 야간주거침입강도가 대부분 야간주거침입절도로 변질되어버릴 우
려가 있다. 따라서 폭행·협박시설이 타당하다. 판례는 주거침입시설을 취한 경우
도 있고,[199] 폭행·협박시설을 취한 경우[200]도 있어 일관성이 결여되어 있다.

본죄의 기수시기는 재물 또는 재산상의 이익을 취득한 때이다.[201]

(2) 흉기휴대강도

흉기휴대의 의미는 특수절도죄에서와 동일하다.

(3) 합동강도

'2인 이상의 합동'의 의미는 합동절도에서의 의미와 동일하다. 강도의 의미는
강도죄에서의 의미와 같다.

Ⅳ. 준강도죄

제335조(준강도) 절도가 재물의 탈환을 항거하거나 체포를 면탈하거나 죄적을 인멸할 목
　적으로 폭행 또는 협박을 가한 때에는 전2조의 예에 의한다.
제342조(미수범) 본죄의 미수범은 처벌한다.
제345조(자격정지의 병과) 본죄를 범하여 유기징역을 처할 경우에는 10년 이하의 자격정지
　를 병과할 수 있다.

1. 의의 및 성질

준강도죄란 절도가 재물의 탈환(奪還)을 항거하거나, 체포를 면탈(免脫)하거나,
죄적(罪跡)을 인멸(湮滅)할 목적으로 폭행·협박을 가한 때에 성립하는 범죄이다.

준강도는 절도가 사후에 폭행·협박을 가하는 행위를 함으로써 성립하므로
사후강도라 할 수 있으나, 본죄는 절도죄나 강도죄의 가중적 구성요건이 아니라
독립된 범죄이다. 본죄는 목적범이다.

---

199) 대법원 1992. 7. 28. 선고 92도917 판결.
200) 대법원 1991. 11. 22. 선고 91도2296 판결.
201) 형법 제334조 제1항 특수강도죄가 성립할 경우 '주거침입죄'는 별도로 처벌할 수 없고, 형
　　법 제334조 제1항 특수강도에 의한 강도상해가 성립할 경우에도 별도로 '주거침입죄'를 처
　　벌할 수 없다고 보아야 할 것이다(대법원 2012. 12. 27. 선고 2012도12777 판결).

2. 객관적 구성요건

(1) 행위주체

① 준강도죄의 행위주체는 절도의 죄의 구성요건을 충족한 자를 말한다. 절도의 기수와 미수를 포함하나,[202] 예비·음모단계는 포함되지 않는다. 모든 절도가 포함되므로 단순절도·야간주거침입절도·특수절도·상습절도도 본죄의 주체가 된다. 여기서 본죄가 신분범인가에 대하여는 긍정설도 있지만, 절도는 행위관련적 표지일 뿐이고 행위자관련적 표지인 사회생활상의 지위라고 할 수 없기 때문에 신분범이 아니라는 부정설이 타당하다.

그러므로 절도의 의사로 주간에 주거에 침입해서 주인에게 발각되어 폭행을 한 경우에는 절도의 예비·음모단계이므로 **주거침입죄와 폭행죄만 성립된다.** 그러나 야간에 주거에 침입하여 폭행을 하였다면 야간주거침입절도죄의 실행의 착수가 있으므로 준강도죄가 성립한다.[203]

② 절도죄의 정범 이외에 교사범과 종범도 준강도죄의 주체가 될 수 있는가에 대하여, 절도의 종범은 포함된다는 견해(재물을 점유하는 경우만 포함된다는 견해도 있다)도 있으나, **절도죄의 정범**(공동정범, 간접정범)**에 한정된다고 해석하는 것이 타당하다.** 그러나 준강도의 공범은 될 수 있다.

그러므로 절도죄의 교사범이나 방조범이 체포면탈의 목적으로 폭행·협박을 한 경우에는 절도죄의 교사·방조범과 폭행·협박죄의 경합범이 되고, 정범의 폭행·협박에 가담한 경우에는 준강도의 공범이 된다.

또한 절도에 가담하지 않은 자는 승계적 공동정범에 의하여 본죄의 주체가 될 수는 없지만, 본죄에 대한 공범은 될 수 있다.

③ 강도도 본죄의 주체가 될 수 있는가에 대하여는 긍정설과 부정설이 대립한다.

---

202) 대법원 2003. 10. 24. 선고 2003도4417 판결; 피고인이 술집 운영자 甲으로부터 술값의 지급을 요구받자 甲을 유인·폭행하고 도주함으로써 술값의 지급을 면하여 재산상 이익을 취득하고 상해를 가한 경우원심이 인정한 범죄사실에는 그 자체로 절도의 실행에 착수하였다는 내용이 포함되어 있지 않음에도 준강도죄를 적용하여 유죄로 인정한 원심판결에 준강도죄의 주체에 관한 법리오해의 잘못이 있다고 한 사례(대법원 2014. 5. 16. 선고 2014도2521 판결).

203) 대법원 1968. 4. 23. 선고 67도334 판결.

긍정설에 의하면 강도가 처음에는 흉기를 휴대하지 않았으나 체포를 면탈할 목적으로 폭행·협박을 할 때에 흉기를 휴대한 경우에는 특수강도의 준강도가 성립하게 된다는 것이다. 즉, 긍정설은 강도죄의 구성요건은 절도죄를 포함하므로 재물에 대한 강도도 본죄의 주체가 될 수 있다는 견해이다.[204] 그러나 제355조는 본죄의 주체를 '절도'로 명시하고 있기 때문에 강도는 본죄의 주체가 될 수 없다고 해석하는 부정설[205]이 타당하다고 생각된다.

판례는 절도범인이 체포면탈의 목적으로 경찰관을 폭행한 경우에는 준강도죄와 공무집행방해죄의 상상적 경합을 인정하면서, 강도범인의 경우에는 강도죄와 공무집행방해죄의 실체적 경합이 된다고 판시하여 부정설의 태도를 취하고 있다.

(2) 실행행위

본죄의 실행행위는 절도가 상대방의 반항을 억압할 정도의 폭행 또는 협박을 하는 것을 말한다.

1) 폭행·협박의 정도 및 상대방

본죄의 폭행·협박의 정도는 강도죄에서의 폭행·협박과 동일하다. 따라서 절도가 단순히 체포를 면하려고 손을 뿌리치는 것만으로는 준강도의 폭행에 해당하지 않는다.[206] 폭행·협박의 정도는 객관적으로 상대방의 반항을 억압하는 수단으로 가능하다고 인정되면 족하고, 현실적으로 반항을 억압하였을 것을 요하지는 않는다.

폭행·협박의 상대방은 재물의 소유자·점유자 외의 제3자에게 가해질 수도 있다. 공무원에게 폭행한 때에는 준강도죄와 공무집행방해죄의 상상적 경합이 된다.

2) 절도의 기회에 행해질 것

본죄에 있어서 폭행·협박행위는 절도의 기회에 행해져야 한다. 폭행·협박과 절취는 강도죄에서와 같이 평가될 수 있을 정도로 시간적·장소적으로 근접성이 인정되어야 한다.

가. 시간적인 근접성   시간적 관점에서 폭행·협박행위의 시점에 대하여는, ① 절도의 실행에 착수한 이후부터 절도의 기수 직후까지 사이에 폭행 또는 협박

---

204) 이재상/장영민/강동범, 311면.
205) 손동권/김재윤, 332면; 임웅, 323면.
206) 대법원 1985. 5. 14. 선고 85도619 판결.

이 있어야 한다는 견해[207]와 ② 절도의 실행에 착수한 이후부터 종료 이전까지 사이에 행해져야 한다는 견해,[208] ③ 절도의 기수후 그 완료 전에 행해져야 한다는 견해,[209] ④ 절도의 실행의 착수 이후부터 종료 직후까지의 사이에 행해져야 한다는 견해[210]가 대립한다.

생각건대 본죄의 주체는 절도의 현행범을 말하므로 정도가 **실행에 착수한 이후부터 종료직후까지라고 보는 견해가 타당**하다고 생각된다. 따라서 절도범행이 완료된 후에 행해진 폭행은 준강도죄가 성립하지 않는다.[211]

나. 장소적 근접성　　장소적 관점에서 폭행·협박은 절도현장 또는 그 부근에서 행해져야 한다. 추적을 받는 경우에는 범죄현장으로부터 거리가 멀리 떨어진 경우에도 근접성은 인정될 수 있다.[212] 사회통념상 범죄행위가 완료되지 않았다고 인정될 수 있는 단계에 행해질 것이 요구되어진다.

폭행·협박이 상대방의 반항을 억압할 정도에 이르지 못한 경우에는 절도죄 또는 절도미수와 폭행죄·협박죄의 경합범이 된다.

(3) 준강도죄의 미수범

1995년 형법개정 전에는 미수범 처벌규정이 없었으나 이를 새로 추가하였다. 준강도는 절취행위가 먼저 행해지고 폭행·협박행위가 시간적으로 나중에 행해진다는 점에 특색이 있다. 그러므로 기수와 미수의 구별기준에 대하여는 학설의 대립이 있다.

---

207) 이재상/장영민/강동범, 312면; 대법원 1987. 10. 26. 선고 87도1662 판결.
208) 박상기, 291면.
209) 손동권/김재윤, 332면.
210) 배종대, 426면.
211) 대법원 1999. 2. 26. 선고 98도3321 판결(① 준강도는 절도범인이 절도의 기회에 재물탈환, 항거 등의 목적으로 폭행 또는 협박을 가함으로써 성립되는 것이므로, 그 폭행 또는 협박은 절도의 실행에 착수하여 그 실행중이거나 그 실행 직후 또는 실행의 범의를 포기한 직후로서 사회통념상 범죄행위가 완료되지 아니하였다고 인정될 만한 단계에서 행하여짐을 요한다. ② 피해자의 집에서 절도범행을 마친지 10분가량 지나 피해자의 집에서 200m가량 떨어진 버스정류장이 있는 곳에서 피고인을 절도범인이라고 의심하고 뒤쫓아온 피해자에게 붙잡혀 피해자의 집으로 돌아왔을 때 비로소 피해자를 폭행한 경우, 그 폭행은 사회통념상 절도범행이 이미 완료된 이후에 행하여졌다는 이유로 준강도죄가 성립하지 않는다고 한 사례).
212) 대법원 2009. 7. 23. 선고 2009도5022 판결; 1982. 7. 13. 선고 82도1352 판결.

① 폭행·협박의 기수·미수에 따라 결정한다는 견해인 폭행·협박행위기준설[213]과 ② 절도의 기수·미수에 따라 결정해야 한다는 견해인 절취행위기준설,[214] 그리고 ③ 절취행위의 기수·미수와 폭행·협박행위의 기수·미수의 양자를 모두 기준으로 삼아서 양자가 기수여야 본죄의 기수가 되며, 어느 하나라도 미수이면 본죄의 미수가 된다는 견해인 절충설[215]이 그것이다. 판례는 종래까지 폭행·협박행위기준설을 취했으나, 최근 전원합의체판결을 통해 절취행위기준설로 변경하였다.[216]

생각건대, ① 강도죄는 재산권과 자유권을 보호법익으로 하나 재산죄를 본질로 하고, ② 폭행·협박행위기준설에 의하면 재물을 탈취하지 못한 자도 강도죄의 미수와 준강도의 기수라는 불균형문제가 발생하게 된다. 그러므로 절도의 기수와 미수에 따라 준강도의 기수와 미수가 구별된다고 하는 절취행위기준설이 타당하다고 하겠다.

3. 주관적 구성요건

본죄는 고의범이므로 행위자에게는 객관적 구성요건에 대한 인식과 의사인 고의가 필요하다. 또한 본죄는 목적범이므로 고의 이외에 행위주체인 절도범의 일정한 목적이 필요하다. 즉 절도범에게는 ① 재물의 탈환을 항거하거나, ② 체포면탈 또는 ③ 죄적을 인멸할 목적 중 어느 하나이상의 목적을 가질 것이 요구된다. 따라서 준강도죄는 절도가 사후에 폭행·협박을 함으로써 성립하는 범죄이기 때문에, '사후강도죄'이고 목적범이다.

또한 ①의 경우에는 절도가 기수인 때이지만, ②와 ③의 경우에는 절도의 기수·미수를 불문한다. 본죄는 이러한 목적을 가지고 폭행·협박한 경우에만 성립하고, 그 외에 절도범이 발각되자 재물강취의 목적으로 폭행·협박한 경우에는 사후강도가 성립하는 것이 아니라 단순강도죄가 성립하게 된다. 예컨대 甲이 乙의 상점에서 재물을 절취하던 중 乙에게 발각되어 乙에게 폭행·협박을 가하여 재물을 취득한 경우에는 준강도가 아니라 강도죄가 성립한다.

---

213) 강구진, 308면; 박상기, 291면; 배종대, 68/15; 백형구, 160면; 유기천, 211면.
214) 김성돈, 300면; 김종원, 202면; 손동권/김재윤, 341면; 이재상/장영민/강동범, 312면; 이정원, 364면; 정성근/박광민, 336면.
215) 이영란, 305면; 이정원, 373면; 이형국, 359면; 임웅, 380면; 정영일, 169면.
216) 대법원 2004. 11. 18. 선고 2004도5074 판결.

4. 공범과 처벌

(1) 절도의 공범 중에 일부가 준강도를 한 경우에 다른 공범자에게도 준강도의 규정이 적용되는가?

공동정범의 성립은 공동실행의 의사와 실행행위의 분담이 필요하다. 그러나 판례는 특수절도의 범인들이 범행 후 도주하다가 그중 1인의 폭행하여 상해를 가한 때에도 다른 공범자에게 강도상해죄의 공동정범의 성립을 인정하고 있다.217) 그러나 이 경우에는 단독범으로 보아야 하며, 공범으로서 망을 보다가 도주한 후에 다른 공범자가 폭행·상해를 가한 때에는 도주한 공범자는 이를 예기할 수 없었기 때문에 강도상해죄의 죄책을 물을 수 없다.218)

(2) 준강도죄의 처벌은 강도죄 또는 특수강도죄로 처벌된다. 절도범인이 체포면탈의 목적으로 흉기를 휴대하고 폭행을 한 때에는 특수강도의 준강도가 된다.219)

특수강도의 예에 의한다는 기준에 대하여는, ① 절도에 관한 가중사유를 기준으로 한다는 견해, ② 절취행위 또는 폭행·협박행위 양자의 어느 하나에 가중사유가 있는 경우를 기준으로 한다는 견해, ③ 폭행·협박행위의 태양에 따라 결정해야 한다는 견해 등이 있다. 폭행·협박시에 흉기를 휴대한 경우에는 특수강도의 준강도가 성립한다.

강도상해·치상죄, 강도살인·치사죄, 강도강간죄의 규정은 준강도에 적용된다.

(3) 죄   수

1) 절도가 수인에게 폭행·협박한 경우에는 준강도죄의 포괄일죄가 되고, 여러 명에게 폭행했으나 1인에게만 상해를 입힌 경우에는 포괄하여 하나의 강도상해죄만 성립한다.220)

2) 강도 또는 특수강도가 체포면탈을 위해 폭행·협박의 준강도를 범한 경우에는 견해의 대립이 있다. ① 강도죄 또는 특수강도죄만 성립하지만, 흉기를 휴대하고 폭행·협박한 때에는 특수강도의 준강도가 된다는 견해와, ② 강도가 폭

---

217) 대법원 1984. 10. 10. 선고 84도1887 판결.
218) 대법원 1984. 2. 28. 선고 83도3321 판결.
219) 대법원 1973. 11. 13. 선고 73도1553 전원합의체 판결.
220) 대법원 2001. 8. 21. 선고 2001도3447 판결.

행·협박한 경우에는 폭행·협박의 태양에 따라 강도죄와 준강도죄 또는 특수강도의 준강도의 경합범, 특수강도가 폭행·협박한 경우에는 폭행·협박한 경우에는 폭행·협박의 태양에 따라 특수강도죄와 폭행협박죄 또는 특수폭행협박죄의 경합범이 된다는 견해, ③ 강도죄 또는 특수강도죄와 폭행협박죄 또는 특수폭행협박죄의 경합범이 된다는 견해가 있다.

3) 1개의 폭행으로 한 사람의 재물을 강취하고 다른 사람에 대하여 준강도를 범한 때에는 양 죄의 상상적 경합이 될 수 있다.

4) 절도범인이 체포를 면탈할 목적으로 체포하려는 여러 명의 피해자에게 폭행하여 그중 1인에게만 상해를 입힌 경우에는 포괄하여 1개의 강도상해죄만 성립한다.[221]

V. 인질강도죄

> 제336조(인질강도) 사람을 체포·감금·약취 또는 유인하여 이를 인질로 삼아 재물 또는 재산상의 이익을 취득하거나 제3자로 하여금 이를 취득하게 한 자는 3년 이상의 유기징역에 처한다.
> 제342조(미수범) 본죄의 미수범은 처벌한다.
> 제345조(자격정지의 병과) 본죄를 범하여 유기징역에 처할 경우에는 10년 이하의 자격정지를 병과할 수 있다.

1. 의의 및 보호법익

(1) 의 의

인질강도죄란 사람을 체포, 감금, 약취 또는 유인하여 이를 인질로 삼아 재물이나 재산상의 이익을 취득하거나 제3자로 하여금 이를 취득하게 하는 범죄이다. 구형법에서는 약취강도죄라 하여 범죄행태로서 약취만이 규정되어 있고 재물죄였으나, 개정형법에서는 체포, 감금, 유인의 범죄행태가 추가되었고 재산상의 이익취득도 포함함으로써, 현행 인질강도죄는 재물죄인 동시에 이득죄이다.

(2) 보호법익 및 법적 성격

본죄의 보호법익은 제1차적으로 인질의 자유 및 생명·신체의 안전이고 제2

---

221) 대법원 2001. 8. 21. 선고 2001도3447 판결.

차적으로는 재산이라는 견해[222]와 제1차적으로는 재산이고, 제2차적으로는 인질의 자유 및 생명·신체의 안전이라는 견해[223]가 있다. 강도죄의 한 유형이라는 점에서 후자의 견해가 타당하다.

본죄의 법적 성격에 대하여는 체포·감금죄 또는 약취·유인죄와 공갈죄의 결합범이라는 견해와 인질 자체가 불가항력적인 폭행·협박이므로 강도죄의 한 유형에 불과하다는 견해[224]가 있다. 본죄는 인질강요죄와는 달리 석방감경규정이 적용되지 않는다.

2. 객관적 구성요건

(1) 행위객체

본죄의 행위객체는 사람이며 남녀노소를 불문한다. 다만 미성년자를 약취·유인하여 재물이나 재산상의 이익을 취득하거나 요구한 때에는 특정범죄가중처벌법 제5조의2 제2항 1호에 의하여 가중처벌된다. 약취유인죄(제287조, 제288조)와는 법조경합관계이다.

(2) 실행행위

본죄의 실행행위는 체포, 감금, 약취, 유인행위이다. '약취'란 폭행 또는 협박으로 사람의 현재의 상태에서 자기 또는 제3자의 실력적 지배하에 옮기는 것을 말한다. 체포·감금·약취·유인 등의 행위는 인질강요죄에서의 의미와 동일하다.

본죄의 실행의 착수시기에 대하여는, ① 재물 또는 재산상의 이익을 취득할 목적으로 사람을 체포·감금·약취·유인을 시작하는 때라는 견해와 ② 인질석방의 대가로 재물 또는 재산상의 이익을 요구한 때라는 견해가 대립한다.

전자의 견해에 의하면 단순 체포·감금·약취·유인죄와 구별이 곤란하므로 후자의 견해가 타당하다.

본죄의 기수시기는 재물 또는 재산상의 이익을 취득한 때에 완성된다.

---

222) 임웅, 307면.
223) 오영근, 428면.
224) 오영근, 428면.

3. 주관적 구성요건

인질강도죄는 고의범이고 영득죄이므로, 행위자에게 사람을 체포, 감금, 약취 또는 유인하여 이를 인질로 삼아 재물이나 재산상의 이익을 취득하거나 제3자로 하여금 이를 취득하게 한다는 점에 대한 고의가 필요하며, 이러한 고의 이외에 초과주관적 구성요건요소로서 불법영득(이득)의 의사도 필요하다.

4. 죄수 및 다른 범죄와의 관계

본죄의 법정형은 강도죄와 같이 3년 이상의 유기징역으로 규정되어 있다. 인 질강도행위에 착수하였다가 자의로 중지하여 인질을 석방하는 경우를 예상하여, 인질강요죄와 같이 석방감경규정을 두는 것이 입법론적으로 필요하다.

(1) 인질강도죄와 그 수단인 체포·감금·약취·유인죄는 법조경합관계이므로 인질강도죄만 성립하게 된다.

(2) 인질강도범이 인질을 상해하거나 살해한 경우에는 강도상해죄 또는 강도 살인죄가 성립한다.

(3) 미성년자에 대하여는 「특정범죄 가중처벌 등에 관한 법률」 제5조의2가 적용 되어 가중처벌된다.

VI. 강도상해·치상죄

> 제337조(강도상해, 치상) 강도가 사람을 상해하거나 상해에 이르게 한 때에는 무기 또는 7 년 이상의 징역에 처한다.
> 제342조(미수범) 본죄의 미수범은 처벌한다.
> 제345조(자격정지의 병과) 본죄를 범하여 유기징역을 처할 경우에는 10년 이하의 자격정지 를 병과할 수 있다.

1. 개념 및 보호법익

강도상해·치상죄는 강도가 고의로 사람을 상해하거나 과실로 상해의 결과를 야기한 경우에 성립하는 범죄이다. 강도상해죄를 강도죄에 대한 독자적인 범죄로

보는 견해[225]도 있으나, 강도상해죄는 강도죄와 상해죄의 **결합범**이고 강도치상죄
는 강도죄의 결과적가중범의 형식에 의한 가중적 구성요건으로 이해하는 것이
다수의 견해이다.[226]

　　본죄의 보호법익은 재산과 신체의 건강, 즉 생리적 기능이고, 보호의 정도는
침해범이다.

2. 구성요건

(1) 행위주체

　　본죄의 행위주체는 강도이다. 단순강도뿐만 아니라 특수강도, 준강도, 인질
강도 등을 포함되며, 강도범은 기수·미수를 불문한다. 인질강도가 미성년자를
약취·유인하여 상해나 상해의 결과를 야기한 때에는 본죄와 「특정범죄 가중처벌
등에 관한 법률」 제5조의2 위반죄의 **상상적 경합**이 된다.

(2) 실행행위

　　본죄의 실행행위는 사람을 상해하거나 상해에 이르게 하는 것이다.[227] 강도
상해죄는 고의범이고, 강도치상죄는 결과적 가중범이다.

　　따라서 본죄는 강도의 기회[228]에 고의로 상해하거나 과실로 상해의 결과가
발생해야 한다. 폭행의 고의로 상해의 결과를 가져온 때에는 강도상해죄에는 해
당하지 않는다. 본죄의 상대방은 강도의 피해자 또는 제3자도 포함된다.

---

225) 김일수/서보학, 256면.
226) 김성돈, 337면; 김성천/김형준, 472면; 박상기, 293면; 배종대, 65/2; 백형구, 165면; 오영근,
　　285면; 이재상/장영민/강동범, 317면; 이형국, 348면; 임웅, 384면; 정성근/박광민, 340면.
227) 강도상해죄에 있어서의 상해는 피해자의 신체의 건강상태가 불량하게 변경되고 생활기능
　　에 장애가 초래되는 것을 말하는 것으로서, 피해자가 입은 상처가 극히 경미하여 굳이
　　치료할 필요가 없고 치료를 받지 않더라도 일상생활을 하는데 아무런 지장이 없으며 시
　　일이 경과함에 따라 자연적으로 치유될 수 있는 정도라면, 그로 인하여 피해자의 신체의
　　건강상태가 불량하게 변경되었다거나 생활기능에 장애가 초래된 것으로 보기 어려워 강
　　도상해죄에 있어서의 상해에 해당한다고 할 수 없다(대법원 2003. 7. 11. 선고 2003도
　　2313 판결).
228) 형법 제337조의 강도상해죄는 강도범인이 강도의 기회에 상해행위를 함으로써 성립하므
　　로 강도범행의 실행 중이거나 실행 직후 또는 실행의 범의를 포기한 직후로서 사회통념상
　　범죄행위가 완료되지 아니하였다고 볼 수 있는 단계에서 상해가 행하여짐을 요건으로 한
　　다(대법원 2014. 9. 26. 선고 2014도9567 판결).

여기서 '강도의 기회'란 강도행위에 착수하여 종료 직후까지의 기회를 말한다. 강도행위와 시간적, 장소적으로 근접한 때를 말한다.

그리고 상해나 치상의 결과는 반드시 폭행으로 발생하지 않더라도 강도의 기회에 발생한 것이면 족하다.[229] 강도상해죄는 강두에게 상해의 고의가 필요하나, 강도치사죄는 결과적 가중범이므로 강도와 상해의 결과 사이에는 인과관계가 필요하고, 나아가 행위자에게 결과발생에 대한 과실이 있어야 한다.

그러므로 강도가 흉기를 가지고 협박하는데 피해자가 항거하다가 상해를 입은 경우,[230] 피해자가 강취행위를 피하다가 상해를 입은 경우[231]에는 강도상해죄나 강도치상죄가 성립하지만, 피해자 스스로의 적극적인 행위에 의해 상해가 발생한 경우에는 강도상해죄가 성립하지 않는다.[232]

또한 상해행위 후에 재물절취의 고의가 생겨 재물을 절취한 경우에는 상해죄와 절도죄의 경합범이 되고, 강도상해죄가 성립하지는 않는다.

3. 공범과 미수

강도의 공동정범 중 1인이 강도의 기회에 상해 또는 치상의 결과를 야기한 경우에 다른 공범에게도 본죄가 성립할 것인가가 문제된다.

이에 관하여 공동정범은 공동의사의 범위 내에서만 성립하므로 상해에 대한 공동의사가 없는 공범자에게는 강도상해죄는 성립하지 아니하고, 그 결과를 예상할 수 있었던 경우에 한하여 강도치상죄가 성립한다는 입장이 통설의 태도이다.[233]

이에 반해 판례는 강도의 공동정범은 다른 공범자가 강도의 기회에 한 상해행위에 대한 책임을 면할 수 없고, 준강도죄의 공동정범은 이를 예기한 경우에는 강도상해죄가 성립하며,[234] 또한 등산용 칼을 이용하여 노상강도할 것을 공모한

---

229) 이에 반해 상해의 경우에는 강도의 기회에 발생하면 족하지만, 치상의 경우는 결과적 가중범이므로 강도의 수단인 폭행·협박시에 발생한 결과여야 한다는 견해도 있다.
230) 대법원 1984. 6. 26. 선고 84도970 판결; 대법원 1985. 1. 15. 선고 84도2397 판결.
231) 대법원 1996. 7. 12. 선고 96도1142 판결.
232) 대법원 1985. 7. 9. 선고 85도1109 판결; 대법원 1990. 4. 24. 선고 90도193 판결.
233) 이재상/장영민/강동범, 319면.
234) 대법원 1998. 4. 14. 선고 98도356 판결.

피고인의 1인이 강도살해행위를 한 경우에는 다른 공모자들에게는 강도치사죄가 성립한다는 입장을 취하고 있다.

생각건대 판례가 상해에 대한 고의가 없는 사람에게도 강도상해죄의 공동정범을 인정하는 것은 공동정범이 본질에 위배되는 문제가 있으므로, 통설의 입장이 타당하다.

VII. 강도살인 · 치사죄

제338조(강도살인 · 치사) 강도가 사람을 살해한 때에는 사형 또는 무기징역에 처한다. 사망에 이르게 한 때에는 무기 또는 10년 이상의 징역에 처한다.
제342조(미수범) 본죄의 미수범은 처벌한다.
제345조(자격정지의 병과) 본죄를 범하여 유기징역을 처할 경우에는 10년 이하의 자격정지를 병과할 수 있다.

1. 의의 및 성격

강도살인 · 치사죄는 강도가 사람을 살해하거나 사망에 이르게 함으로써 성립하는 범죄이다. 강도살인죄는 강도죄와 살인죄의 **결합범**이므로 살인죄보다도 불법이 가중되어 처벌되는 가중적 구성요건이다. 강도치사죄는 강도죄와 과실치사죄의 결합범으로서 강도죄의 **진정 결과적 가중범**이다.

2. 객관적 구성요건

(1) 행위주체

본죄의 행위주체는 강도범이다. 여기에서 말하는 강도에는 단순강도, 특수강도, 준강도, 인질강도를 포함한다. 다만, 인질강도가 특정범죄 가중처벌 등에 관한 법률에 해당하는 경우에는 본죄와 특가법위반의 상상적 경합이 된다. 강도의 미수 · 기수를 불문한다.

(2) 실행행위

강도살인은 강도가 살인의 고의를 가지고 있는 경우이고, 강도치사는 강도가 과실로 사람을 사망에 이르게 한 경우이다. 살해 또는 사망에 이르게 된 것은 반드시 강도의 수단인 폭행·협박에 의하여 발생할 것을 요하지는 않는다. 강도의 기회에 사망 또는 치사의 결과가 발생하면 족하다고 하겠다.[235] 따라서 피해자가 협박으로 인해 쇼크사한 경우, 강도범이 파출소 연행되던 중 체포를 면탈하기 위해 경찰관을 살해한 경우[236]에도 강도살인죄가 성립한다.

강도가 채무를 면탈할 목적으로 사람을 살해한 경우에는 강도살인죄가 성립하지 않는다는 견해[237]도 있다. 그러나 강도의 고의를 자가 사람을 살해하면 강도죄의 실행에 착수했다고 할 수 있고 강도의 기회에 사람을 살해했으므로 강도살인죄가 성립한다고 보아야 한다.[238]

따라서 강도가 피해자를 살해할 목적으로 현주건조물에 방화하여 사망에 이르게 한 때에는 강도살인죄와 현주건조물방화죄의 상상적 경합이 된다.[239]

(3) 미   수

강도살인죄의 미수범은 처벌한다. 본죄의 미수·기수는 강도의 기수·미수가 아니라 살인의 기수·미수에 따라 결정된다. 따라서 강도가 미수에 그친 경우에도 사람을 살해한 경우에는 본죄의 기수가 되며, 강도기수라 하더라도 살해행위가 미수에 그친 경우에는 강도살인죄의 미수가 된다. 강도치사죄는 결과적 가중범이므로, 미수를 생각할 수 없다.

3. 주관적 구성요건

강도살인죄는 결합범으로서 강도와 살인에 대한 고의가 필요하며, 또한 영득죄이기 때문에 초과주관적 구성요건요소로 불법영득(이득)의 의사가 필요하다.

강도치사죄의 경우에는 강도에 대한 고의와 불법영득의 의사, 그리고 사망결과에 대한 행위자의 주관적 주의의무위반인 주관적 과실이 필요하다.

---

235) 대법원 2004. 6. 24. 선고 2004도1098 판결.
236) 대법원 1996. 7. 12. 선고 96도1108 판결.
237) 유기천, 220면.
238) 이재상/장영민/강동범, 320면.
239) 대법원 1998. 12. 8. 선고 98도3416 판결.

4. 공범관계 및 다른 범죄와의 관계

(1) 공동정범

강도의 공동정범 중에 1인 강도의 기회에 사람을 살해한 경우에 다른 공범자의 책임이 문제된다. 이에 대하여 학설은 살인의 공동의사가 없는 다른 공범자에게는 그 결과를 예견할 수 있었던 경우, 즉 과실이 있는 경우에 한하여 강도치사죄가 성립한다는 입장이 지배적인 견해이다. 그러나 판례는 살인에 대해서는 고의의 공동, 즉 공동실행의 의사가 없으면 강도치사죄가 성립하지만,[240] 사망의 결과를 예기하지 못한 것으로 볼 수 없는 경우에는 강도살인죄가 성립한다는 입장을 취해 공동정범의 본질에 관해 행위공동설의 입장을 취하고 있다.[241]

(2) 다른 범죄와의 관계

강도의 고의 없이 사람을 살해하고 그의 재물을 영득한 경우에는 살인죄와 점유이탈물횡령죄의 경합이 되며, 강도의 고의로 사람을 살해하고 재물을 탈취한 때에는 강도살인죄가 성립한다는 점에 대하여는 이론이 없다. 그런데 이 때에 사망한 사람의 재물을 탈취하는 것은 누구의 점유를 침해했다고 할 수 있는가가 문제된다. 학설은 ① 사자의 생전점유를 인정하는 견해, ② 사자의 점유를 인정하는 견해, ③ 상속인의 점유를 인정하는 견해가 있다. 절도죄에서 살펴본 바와 같이 사자는 점유의사를 가질 수 없으므로 사자가 생전에 가지고 있던 점유를 침해했다고 해석하는 견해[242]가 타당하다고 생각된다.

Ⅷ. 강도강간죄

> 제339조(강도강간) 강도가 사람을 강간한 때에는 무기 또는 10년 이상의 징역에 처한다.
> 제342조(미수범) 본죄의 미수범은 처벌한다.
> 제345조(자격정지의 병과) 본죄를 범하여 유기징역을 처할 경우에는 10년 이하의 자격정지를 병과할 수 있다.
> [성폭력범죄 처벌 특례법]
> 제3조(특수강도강간 등) ① 「형법」 제319조 제1항(주거침입), 제330조(야간주거침입절도),

---

240) 대법원 1991. 11. 12. 선고 91도2156 판결.
241) 대법원 1990. 11. 27. 선고 90도2262 판결; 대법원 1984. 2. 28. 선고 83도3162 판결.
242) 이재상/장영민/강동범, 321면.

제331조(특수절도) 또는 제342조(미수범. 다만, 제330조 및 제331조의 미수범으로 한정한다)의 죄를 범한 사람이 같은 법 제297조(강간), 제297조의2(유사강간), 제298조(강제추행) 및 제299조(준강간, 준강제추행)의 죄를 범한 경우에는 무기징역 또는 7년 이상의 징역에 처한다. <개정 2020. 5. 19.>

② 「형법」 제334조(특수강도) 또는 제342조(미수범. 다만, 제334조의 미수범으로 한정한다)의 죄를 범한 사람이 같은 법 제297조(강간), 제297조의2(유사강간), 제298조(강제추행) 및 제299조(준강간, 준강제추행)의 죄를 범한 경우에는 사형, 무기징역 또는 10년 이상의 징역에 처한다.

1. 의의 및 성격

강도강간죄는 강도가 사람을 강간함으로써 성립하는 범죄이다.
본죄는 강도죄와 강간죄의 **결합범**이다.

2. 객관적 구성요건

(1) 행위주체

본죄의 행위주체는 '강도'이다. 또한 행위주체로서 강도는 실행에 착수한 이상 강도죄의 미수·기수를 불문한다. 본죄는 강도가 강간할 경우에 성립하는 범죄이므로, 강간범이 강도를 할 경우에는 본죄의 행위주체에 해당하지 않는다. 이 때에는 강간죄와 강도죄의 실체적 경합범이 성립된다. 다만 강간행위를 종료하기 전에 강도행위를 한 경우에는 본죄가 성립한다.[243] 이 때에는 강간행위의 종료전에 강도의 신분을 가지기 때문이다.

강간범이 강간범행 후에 강도의 범의를 일으켜 부녀의 재물을 강취한 경우에는 강간죄와 강도의 실체적 경합범이 성립한다.[244]

(2) 실행행위

본죄의 실행행위는 '사람을 강간하는 것'이다. 강간은 강도의 기회에 행해져야 한다. 강도의 기수·미수는 불문한다. 강도의 피해자와 강간의 피해자는 일치할 것을 요하지 않는다.[245] 재물강취의 수단으로 강간하고 강취한 경우에도 강도

---

243) 대법원 2010. 12. 9. 선고 2010도9630 판결; 대법원 1988. 9. 9. 선고 88도1240 판결.
244) 대법원 2002. 2. 8. 선고 2001도6425 판결.
245) 대법원 1991. 11. 12. 선고 91도2241 판결.

강간죄는 성립한다.

(3) 미수범 처벌 및 특별법에 의한 가중처벌

본죄의 미수범은 처벌한다. 본죄의 미수는 강도의 미수가 아니라 강간의 미수를 말한다.

특히 본죄에 해당하거나 그 미수범에 해당하고 누범일 경우에는 「특정범죄 가중처벌 등에 관한 법률」 제5조의5에 의하여 가중처벌되며, 특수강도강간 등의 죄에 대하여는 「성폭력범죄의 처벌 등에 관한 특례법」 제3조에 의하여 가중처벌된다.

3. 주관적 구성요건

본죄는 결합범이고 고의범이므로, 행위자에게는 강도와 강간에 대한 고의, 그리고 초과주관적 구성요건요소로서 불법영득(이득)의 의사가 필요하다.

4. 죄 수

(1) 특수강도가 강간을 한 경우에는 「성폭력범죄의 처벌 등에 관한 특례법」에 의하여 가중처벌된다.

(2) 강도가 강간을 한 경우에 강도강간죄가 성립하지만, 강간범이 강도행위를 한 경우에는 강간죄과 강도죄의 실체적 경합범이 된다.

(3) 강도가 부녀를 강간하여 치사상의 결과를 발생케 한 경우

이 경우에는, ① **강도강간죄와 강도치사상죄의 상상적 경합이라는 견해**[246]와 ② 치사상의 결과가 강간으로 야기된 경우에는 강도강간죄와 강간치사상죄의 상상적 경합범이 성립하고, 강도행위로 야기된 경우에는 강도강간죄와 강도치사상죄의 상상적 경합범이 성립한다고 해석하는 견해,[247] 그리고 ③ 강도강간죄와 강도치사상죄 및 강간치사상죄의 상상적 경합이라는 견해[248]의 대립이 있다.

판례는 ①설의 입장을 취하고 있다.[249] 그러나 치사상이라는 결과의 구체적인

---

246) 정영석, 329면; 진계호, 339면; 황산덕, 295면; 유기천 교수는 강도강간죄와 강간치사상죄의 상상적 경합이라는 입장이다(유기천, 209면).

247) 박상기, 299면; 배종대, 65/15; 백형구, 171면; 이재상/장영민/강동범, 322면; 이형국, 367면; 조준현, 267면.

248) 임웅, 392면.

249) 대법원 1988. 6. 28. 선고 88도820 판결(강도가 재물강취의 뜻을 재물의 부재로 이루지 못

발생원인에 따라 이를 구분하여 달리 판단해야 한다고 해석하는 ②설이 타당하며, 이는 다수설의 입장이기도 하다.

(4) 강도가 부녀를 강간한 후 부녀를 살해 또는 상해한 경우

이 경우에는, ① 강도강간죄와 강도살인죄 또는 강도상해죄의 상상적 경합이라는 견해,[250] ② 강도강간죄와 강도살인죄 또는 강도상해죄의 실체적 경합범이라는 견해,[251] ③ 강도강간죄와 강도살인·상해죄 및 강간살인·상해죄의 상상적 경합이라는 견해, ④ 강도가 강간을 하면서 부녀를 살해·상해한 경우에는 강도강간죄와 강도살인·상해죄의 상상적 경합이 되지만, 강도가 강간한 후에 살인·상해의 고의가 생겨서 살인·상해한 경우에는 양죄는 실체적 경합관계가 된다는 견해, ⑤ 살해·상해가 강도행위로 인한 때에는 강도강간죄와 강도살인·상해죄위 상상적 경합이 되고, 살해·상해가 강간행위로 인한 때에는 강도강간죄와 강간살인·강간상해죄의 상상적 경합이 성립한다는 견해[252]도 있다. 판례는 ①설의 입장을 취하고 있다. 생각건대 강도라는 행위의 부분적 단일성으로 인해 강도강간죄와 강도살인죄 또는 강도상해죄의 상상적 경합을 인정할 수 있으므로 ①설이 타당하다고 생각된다.

그러나 강도강간이 종료한 후에 비로소 살인·상해의 고의가 생겨 살인·상해한 경우에는 강도강간죄와 살인죄·상해죄의 실체적 경합이 성립한다.

IX. 해상강도죄

> 제340조(해상강도) ① 다중의 위력으로 해상에서 선박을 강취하거나 선박 내에 침입하여 타인의 재물을 강취한 자는 무기 또는 7년 이상의 징역에 처한다.
> ② 제1항의 죄를 범한 자가 사람을 상해하거나 상해에 이르게 한 때에는 무기 또는 10년 이상의 징역에 처한다.

한 채 미수에 그쳤으나 그 자리에서 항거불능의 상태에 빠진 피해자를 간음할 것을 결의하고 실행에 착수했으나 역시 미수에 그쳤더라도 반항을 억압하기 위한 폭행으로 피해자에게 상해를 입힌 경우에는 **강도강간미수죄와 강도치상죄**가 성립되고 이는 1개의 행위가 2개의 죄명에 해당되어 **상상적 경합관계**가 성립된다).

250) 이재상/장영민/강동범, 322면.
251) 김성천/김형준, 480면; 박상기, 299면; 백형구, 178면; 임웅, 392면; 정성근/박광민, 346면.
252) 김성천/김형준, 480면.

③ 제1항의 죄를 범한 자가 사람을 살해 또는 사망에 이르게 하거나 부녀를 강간한 때에는 사형 또는 무기징역에 처한다.
제342조(미수범) 본죄의 미수범은 처벌한다.
제345조(자격정지의 병과) 본죄를 범하여 유기징역에 처할 경우에는 10년 이하의 자격정지를 병과할 수 있다.

1. 의 의

해상강도죄는 다중의 위력으로 해상에서 선박을 강취하거나 선박 내에 침입하여 타인의 재물을 강취함으로써 성립하는 범죄이다. 이른바 **해적죄**로서 특수강도죄의 일종으로 해적행위가 육상의 강도행위보다 위험성이 크므로 위법성이 가중되어 무겁게 처벌하고 있다.

2. 행위객체

본죄의 행위객체는 '해상의 선박 또는 그 선박 내에 있는 타인의 재물'이다. '해상'이란 영해, 공해를 불문하나 지상의 경찰권이 미치지 않는 바다임을 요한다. '선박'은 성질상 해상을 항해할 수 있을 정도면 족하고 크기나 종류는 불문한다.

3. 실행행위

다중의 위력으로 선박을 강취하거나 선박 내에 침입하여 타인의 재물을 강취하는 행위를 말한다. 다중이란 사람에게 집단적 위력을 보일 수 있을 정도의 다수인의 집단을 말하고, 위력이란 사람의 의사를 제압할 수 있는 유형·무형의 세력을 말한다. 그런데 본죄는 해상에서 이루어지는 범죄이므로 다중의 위력은 범죄현장에 존재해야 한다는 점에서 특수폭행죄에 있어서의 '다중의 위력을 보인다'는 것과는 그 의미에 차이가 있다.

'재물강취'나 '선박 내 침입'의 의미는 강도죄와 주거침입죄에서와 동일하다.

4. 주관적 구성요건요소

본죄는 고의범이므로, 행위자에게는 해상에서 다중의 위력으로 선박을 강취하거나 선박 내에 침입하여 타인의 재물을 강취한다는 점에 고의와 불법영득의

의사가 필요하다.

X. 해상강도상해 · 치상죄

> 제340조(해상강도) ① 다중의 위력으로 해상에서 선박을 강취하거나 선박 내에 침입하여 타인의 재물을 강취한 자는 무기 또는 7년 이상의 징역에 처한다.
> ② 제1항의 죄를 범한 자가 사람을 상해하거나 상해에 이르게 한때에는 무기 또는 10년 이상의 징역에 처한다.
> 제342조(미수범) 본죄의 미수범은 처벌한다.
> 제345조(자격정지의 병과) 본죄를 범하여 유기징역을 처할 경우에는 10년 이하의 자격정지를 병과할 수 있다.

해상강도죄는 다중의 위력으로 해상에서 선박을 강취하거나 선박 내에 침입하여 타인의 재물을 강취함으로써 성립하는 범죄이고, 해상강도상해 · 치상죄는 해상강도죄를 범하면서 고의로 상해하거나 과실로 상해의 결과를 야기한 경우에 성립하는 범죄이며, 해상강도살인 · 치사죄는 해상강도가 사람을 살해하거나 과실로 상해의 결과를 야기한 경우에 성립하고, 해상강도살인 · 치사죄는 해상강도가 사람을 살해하거나 과실로 사람을 사망에 이르게 한 경우에 성립한다.

XI. 해상강도살인 · 치사 · 강간죄

> 제340조(해상강도) ③ 제1항의 죄를 범한 자가 사람을 살해 또는 사망에 이르게 하거나 강간한 때에는 사형 또는 무기징역에 처한다.
> 제342조(미수범) 본죄의 미수범은 처벌한다.
> 제345조(자격정지의 병과) 본죄를 범하여 유기징역을 처할 경우에는 10년 이하의 자격정지를 병과할 수 있다.

해상강도살인 · 치사 · 강간죄는 해상강도가 강도의 기회에 사람을 살해하거나 또는 사망에 이르게 하거나 부녀를 강간함으로써 성립하는 범죄이다.

해상강도살인에 관한 판례로는, 참치잡이 원양어선 페스카마호 사건을 들 수 있다. 남태평양에서 조업 중이던 피고인들(7인)이 불만을 품고 목적지까지 간 후 선박을 매도하거나 침몰시킬 의사로 1등항해사를 제외한 선장 등 7인을 살해한 후 그 사체를 바다에 투기하였고 선박을 그들의 지배하에 넣어 한국 부근으로 항해한 사안에서, 대법원은 '선장을 비롯한 일부선원들을 살해하는 등의 방법으로 선박의 지배권을 장악하여 목적지까지 항해한 후 선박을 매도하거나 침몰시키려고 한 경우에는 선박에 대한 불법영득의사가 있으므로 **해상강도살인죄**가 성립하고… 별도로 **사체유기죄**가 성립하여 **경합범**이 된다'고 판시하였다.[253]

XII. 상습강도죄

> 제341조(상습범) 상습으로 제333조, 제334조, 제336조 또는 전조 제1항의 죄를 범한 자는 무기 또는 10년 이상의 징역에 처한다.
> 제342조(미수범) 본죄의 미수범은 처벌한다.
> 제345조(자격정지의 병과) 본죄를 범하여 유기징역을 처할 경우에는 10년 이하의 자격정지를 병과할 수 있다.

행위자의 상습성으로 인해 책임이 가중되는 **가중적 구성요건**이다. 상습자라는 신분 때문에 책임이 가중되는 부진정신분범의 일종이다. (해상)강도상해·치상죄, (해상)강도살인·치사죄, (해상)강도강간죄는 상습범가중규정이 없다. 그러나 이들의 죄는 **상습강도죄**와는 실체적 경합관계에 있다.

XIII. 강도 예비·음모죄

> 제343조(예비, 음모) 강도할 목적으로 예비 또는 음모한 자는 7년 이하의 징역에 처한다.

강도예비·음모죄는 강도를 결의하고 준비한 자가 강도의 실행행위에는 착수하지 않은 경우에 성립하는 범죄이다. 즉 강도의 예비·음모란 강도의 실행행위를 준비하거나 2인 이상이 강도행위를 실행할 것을 함께 모의하는 것을 말한다. 예컨대 강도에 사용할 흉기를 구입하거나 범행 대상자를 기다리는 행위,[254] 강도할 목적으로 주거에 침입한 때에는 강도예비죄가 성립한다.

---

253) 대법원 2011. 12. 22. 선고 2011도12927 판결; 대법원 1997. 7. 25. 선고 97도1142 판결.
254) 대법원 1948. 8. 17. 선고 4281형상80 판결.

그러나 준강도할 목적이 있음에 그치는 경우에는 강도예비·음모죄로 처벌할 수 없다.

《사 례》

甲과 乙이 A의 물건을 훔쳐서 각각 다른 길로 도주하였는데, 연락을 받은 피해자 A가 도주하는 乙을 추적하여 구타하자 乙이 A의 몽둥이를 빼앗아 상해를 입히고 도주한 경우에, 甲은 乙의 상해행위를 전혀 예기치 못했으므로 **준강도상해의 죄책**을 물을 수 없다.[255]

제 4 절 사기의 죄

Ⅰ. 개   설

1. 의   의

사기죄(詐欺罪)란 사람을 기망(欺罔)하여 재물을 편취하거나 재산상의 이익을 취득하거나 제3자로 하여금 이를 얻게 하는 행위 또는 이에 준하는 행위를 함으로써 성립하는 범죄이다. 사기죄는 재물죄인 동시에 이득죄이지만, 컴퓨터사용사기죄는 재산상의 이득만을 행위객체로 규정하고 있으므로 이득죄이다.

역사적으로 사기죄는 문서죄 및 위증죄와 결합되어 있었으나, 19세기 프로이센 형법에 규정되면서 재산죄로서의 성격을 지니게 되었다. 우리 형법은 각칙 제39장에 공갈죄와 함께 규정하면서, 절도죄나 강도죄는 전통적인 범죄인데 반해 사기죄는 자본주의 시장경제와 함께 새롭게 등장한 범죄라 할 수 있다.

사기죄와 다른 범죄의 차이를 살펴보면, 먼저 사기죄는 타인이 점유하는 타인의 재물을 객체로 하는 점에서 절도죄·강도죄와 같지만, 자기가 보관하는 타인의 재물을 횡령하는 **횡령죄와는 구별**된다. 또한 절도죄와 횡령죄는 재물죄이지만 강도죄는 재물죄인 동시에 이득죄이다. 다음으로 사기죄는 절도죄·강도죄와

---

255) 대법원 1982. 7. 13. 선고 82도1352 판결.

는 재물취득방법에 있어서 구별된다. 즉 사기죄는 기망에 의한 상대방의 하자있는 의사에 따른 재물편취행위를 하는 **편취죄**이지만, 절도·강도죄는 상대방의 의사에 반하여 재물을 취득하는 **탈취죄**이다. 그 밖에도 사기죄와 공갈죄는 상대방의 하자있는 의사에 의하여 재물을 취득한다는 점에서는 동일하지만, 양 죄는 상대방의 하자 있는 의사를 야기하는 수단이 서로 다르다. 즉 사기죄는 **기망행위**를 수단으로 하지만, 공갈죄는 공갈(폭행·협박행위)을 수단으로 하자 있는 의사를 야기한다는 점에서 구별된다.[256]

2. 보호법익 및 보호정도

(1) 보호법익

절도죄나 횡령죄는 재물죄로서 **재물에 대한 소유권**을 보호법익으로 하지만, 사기죄는 재물죄이고 이득죄라는 점에서 **전체로서의 재산권**을 보호법익으로 한다는 점에서 구별된다. 그런데 사기죄의 보호법익에 대해서는, ① **전체로서의 재산권**이라는 견해[257]와 ② 전체로서의 재산권 외에 거래의 진실성 내지 거래의 신의칙(信義則)도 부차적인 보호법익이라고 이해하는 견해[258]가 대립한다.

생각건대 재산권 외에 거래의 신의칙도 보호법익에 포함시켜 이해하는 견해는, ① 행위태양과 보호법익은 구별되어야 하는데, 거래의 진실성 내지 신의성실은 보호법익이 아니라 재산침해의 한 태양에 불과하다는 점을 간과하고 있으며, ② 또한 사기죄에 있어서 거래의 진실성 내지 신의성실의 유지는 사기죄를 처벌함으로써 얻게 되는 반사적 이익일 뿐이지 이를 독자적인 보호법익이라 볼 수 없고, ③ 거래의 진실성 내지 신의성실의 유지를 사기죄의 보호법익에 포함시키면 사기죄는 사회적 법익에 대한 죄(특히 문서위조죄)로 변질되어 재산범죄로서의 성격을 희석시킬 위험성이 있으며, ④ 재산상의 손해발생을 요건으로 하지 않는 입장과 연결시켜 보면 사기죄는 재산범죄가 아니라 재산권자의 처분의 자유를 보호하는 범죄로 변질되어 사기죄의 성립범위가 지나치게 확대될 위험이 있다. 그 밖에도 자유시장경제 체제하에서 거래의 진실성은 형법적 보호의 대상이 될 수

---

256) 이재상/장영민/강동범, 326면.
257) 박상기, 302면; 이재상/장영민/강동범, 325면; 이정원, 354면; 이형국, 447면; 이정원, 354면; 조준현, 316면.
258) 김종원, 212면; 배종대, 67/4; 유기천, 231면; 임웅, 399면; 정영일, 176면.

없다는 점을 고려해볼 때, 전체로서의 재산권을 사기죄의 보호법익으로 이해하는 견해가 타당하다고 생각된다.

한편 대법원 판례는 전체로서의 재산권뿐만 아니라 거래의 진실성도 보호법익으로 이해하는 입장을 취함으로써, 전체재산의 감소가 없는 기망행위에 대하여도 사기죄의 성립을 인정하고 있다.[259]

그러나 재산권을 침해하지 않는 경우에는 사기죄가 성립하지 않는다고 보아야 한다. 예컨대 기망에 의해 공무원자격을 사칭하는 경우(제118조), 기망하여 부재자의 재산관리인으로 선임된 경우, 공무원을 기망하여 공문서·각종증명서 또는 여권 등을 발급받는 경우, 세무서직원을 기망하여 탈세하는 경우 등에 있어서는 개인의 재산권을 침해하는 것이 아니므로 사기죄는 성립하지 않게 된다.[260]

그러나 부녀의 정조가 금전화된 경우에는 학설의 대립이 있다. 기망행위나 폭행·협박행위에 의하여 대가를 지급하기로 하고 매춘부와 성행위를 한 후에 그 대가를 지급하지 않은 경우에 사기죄 또는 공갈죄는 성립하지 않는다는 부정설과[261] 사기죄 또는 공갈죄가 성립한다는 긍정설의 대립이 있다. 경제적 재산개념에 따르면 후자의 태도를 취하게 된다.

판례는 부녀를 기망하여 성행위의 대가지급을 약속하고 이를 면한 경우에는 사기죄가 성립한다고 판시하여 긍정설의 입장을 취하고 있다.[262] 매춘부가 매음료를 받고서 응하지 않은 경우에도 불법원인이 수익자에게만 있으므로 마찬가지로

---

259) 대법원 1995. 3. 24. 선고 95도203 판결(…기망으로 인한 재물교부가 있으면 그 자체로써 피해자의 재산침해가 되어 이로써 사기죄는 성립하는 것이고, 상당한 대가가 지급되었다거나 피해자의 전체 재산상에 손해가 없다 하여도 사기죄의 성립에는 영향이 없으므로 사기죄에 있어서 그 대가가 일부 지급된 경우에도 그 편취액은 피해자로부터 교부된 재물의 가치로부터 그 대가를 제공한 차액이 아니라 교부받은 재물 전부이다.); 대법원 1984. 12. 26. 선고 84도1936 판결(…사기죄에 있어서는 피기망자의 착오에 의한 재물의 교부 자체가 재산상의 손해에 해당하는 것으로서 이 밖에 피해자의 전체재산의 감소를 필요로 하지 않는다고 할 것이므로, 피해자가 피고인의 기망에 의하여 운송면허를 양수하고 그 대가를 지급한 이상 그 대가를 반환받을 수 있다고 하여도 재산상 손해는 이미 발생한 것이라고 할 것이다).

260) 이재상/장영민/강동범, 327면.

261) 이 경우에도 성행위의 대상이나 폭행·협박의 정도에 따라 미성년자간음죄, 강간죄, 강요죄 등의 성립이 가능하다.

262) 대법원 2001. 10. 23. 선고 2001도2991 판결.

사기죄가 성립한다는 견해가 타당하다.

후자의 경우는 불법원인급여와 사기죄의 성립여부에 관한 문제로서, 이에 대하여는 긍정설과 부정설이 대립한다. **부정설**은 재물의 급여 자체가 불법이므로 재산적 손해가 발생하지 않았을 뿐만 아니라 민법상 피해자는 재물에 대한 반환청구권이 없으므로 사기죄가 성립하지 않는다는 견해이다.

그러나 민법 제746조의 반환청구권유무와 형법상 사기죄의 재산상의 이익보호라는 법질서의 규범복석이 나트고, 또한 민법 제746조의 단서규정에 의하더라도 불법원인이 수익자에게만 있어 피해자에게 반환청구권이 있으므로 **사기죄가** 성립한다고 보는 입장이 타당하다.

(2) 보호정도는 침해범이다.

사기죄의 보호법익에 대한 보호의 정도는 재물 또는 재산상의 이익을 취득했을 때에 기수가 되므로 사기죄는 **침해범**이다. 즉 전체로서의 재산권에 대한 구체적인 침해가 발생했을 때이다.

(3) 재산상의 손해발생

사기죄의 성립에 피해자에게 재산상의 손해가 발생해야 하는가? 독일 형법은 제263조에 명문으로 재산상의 손해를 요한다고 규정하고 있으나, 우리 형법은 명문의 규정이 없다. 그러므로 **상당한 대가를 지급하고 재물을 교부받은 때에도** 본죄가 성립하는가에 대하여는 견해의 대립이 있다. 즉 ① 기망되지 않았다면 재물 또는 재산상의 이익을 제공하지 않았을 것을 기망에 의하여 재물 또는 재산상의 이익을 제공하였다면 **손해발생은 불필요**하고 사기죄가 성립한다는 견해[263]와 ② 사기취재죄(取財罪)의 경우에는 손해의 발생을 요하지 않지만, 사기이득죄(利得罪)의 경우에는 손해의 발생을 요한다는 견해,[264] 그리고 ③ 상대방의 손해와 행위자의 이익을 상관관계에 있으므로 사기죄의 성립에는 **손해의 발생을 요한다는 견해**[265] 가 있다.

대법원은 일관되게 사기죄의 성립에 피해자에게 현실적인 재산상의 손해를

---

263) 백형구, 180면; 정영일, 308면.

264) 김종원, 216면; 진계호, 361면; 황산덕, 303면.

265) 강구진, 326면; 김일수/서보학, 347면; 박상기, 326면; 배종대, 68/59; 손동권/김재윤, 385면; 유기천, 235면; 이영란, 337면; 이재상/장영민/강동범, 327면; 이형국, 383면; 임웅, 419면; 정성근/박광민, 370면.

요하지 않는다거나,[266] 상당한 대가가 지급되었거나 재산상의 손해가 발생하지 않았더라도 사기죄의 성립에는 영향이 없다고 판시하여 불필요설의 입장을 취하고 있다.[267]

그러나 ① 재산상의 손해가 없어도 사기죄가 성립한다면 사기죄는 재산죄가 아니라 자유권, 즉 **처분의 자유를 보호하는 죄**의 성격을 가지게 되며, ② 정당한 대가를 지급하고서 재물이나 재산상의 이득을 취득함으로써 재산상의 손해가 발생하지 않은 경우에도 사기죄가 성립한다고 하면 일반상식에도 부합하지 않게 된다.

따라서 사기죄가 성립하기 위해서는 재산상의 손해가 발생해야 하며, 이것은 기술되어 있지 않은 사기죄의 구성요건요소라 하겠다.

그리고 사기죄에 있어서 '재산상의 손해'는 현실적인 손해와 재산상의 위험도 포함하며, 이것은 개별적·객관적으로 판단해야 한다.

3. 구성요건의 체계

사기의 죄에 관하여 형법은 **사기죄**(제347조), **컴퓨터등 사용사기죄**(제347조의2), **준사기죄**(제348조), **편의시설부정이용죄**(제348조의2) 및 **부당이득죄**(제349조)를 규정하고 있다.

사기죄(제347조)를 기본적 구성요건으로 하여, 컴퓨터등 사용사기죄(제347조의2), 준사기죄(제348조), 편의시설부정이용죄(제348조의2)는 사기죄의 **수정적 구성요건**이고, 사기죄에 대한 **가중적 구성요건**으로 상습사기죄(제351조)가 있다.

한편 부당이득죄는 타인의 궁박한 상태를 이용하여 부당한 이득을 취득하는 것으로 사기죄가 기망행위를 통해 재물이나 재산상의 이익을 취득하는 것과는 구별되므로, 사기죄의 한 태양으로서 **독자적 구성요건**이다. 사기죄 준사기죄의 미수범은 처벌하며, 자격정지를 병과할 수 있다(제353조). 사기죄에도 친족상도례에 관한 규정이 적용된다(제354조).

그리고 사기죄에 의하여 취득한 이득액의 가액[268]이 5억 이상일 경우에는 특

---

266) 대법원 1992. 9. 14. 선고 91도2994 판결(백화점 변칙세일사건: …사술의 정도가 사회적으로 용인될 수 있는 상술의 정도를 넘는 것이어서 사기죄의 기망행위를 구성한다); 대법원 1994. 10. 21. 선고 94도2048 판결; 대법원1998. 11. 10. 선고 98도2526 판결; 대법원 2004. 4. 9. 선고 2003도7828 판결.
267) 대법원 2007. 1. 25. 선고 2006도7470 판결; 대법원 1995. 3. 24. 선고 95도203 판결.
268) 대법원 2007. 4. 19. 선고 2005도7288 전원합의체 판결(부동산을 편취한 경우에 그 부동산

별형법인 「특정경제범죄 가중처벌 등에 관한 법률」 제3조에 의하여 가중처벌된다. 즉 이득액이 50억원 이상일 때에는 무기 또는 5년 이상의 징역에 처해지고, 5억 이상 50억 미만일 때에는 3년 이상의 유기징역에 처해지며, 이득액 이하에 상당하는 벌금을 병과할 수 있다.

Ⅱ. 사 기 죄

> 제347조(사기) ① 사람을 기망하여 재물의 교부를 받거나 재산상의 이익을 취득한 자는 10년 이하의 징역 또는 2천만원 이하의 벌금에 처한다.
> ② 전항의 방법으로 제삼자로 하여금 재물의 교부를 받게 하거나 재산상의 이익을 취득하게 한 때에도 전항의 형과 같다.
> 제352조(미수범) 본죄의 미수범은 처벌한다.
> 제353조(자격정지의 병과) 본죄에는 10년 이하의 자격정지를 병과할 수 있다.

1. 객관적 구성요건

사기죄는 사람을 기망하여 재물을 교부받거나 재산상의 이익을 취득하거나 제3자로 하여금 취득하게 함으로써 성립하는 범죄이다. 따라서 사기죄의 객관적 구성요건으로는 ① 행위자의 기망행위가 있어야 하고, ② 재물의 교부받거나 또는 재산상의 이익을 취득해야 하며, ③ 피기망자의 착오가 발생해야 하고, ④ 착오에 따른 처분행위가 있으며, ⑤ 나아가 재산상의 손해가 발생하였을 것이 요구되어진다.

(1) 행위의 객체

본죄의 행위객체는 타인이 점유하는 타인의 재물 또는 재산상의 이익이다.

1) 재   물

사기죄의 재물은 절도죄의 재물과 동일한 개념이다. 절도죄에서는 부동산의

의 가액을 산정함에 있어서 대법원은 "그 부동산에 아무런 부담이 없는 때에는 그 부동산의 시가 상당액이 곧 그 가액이라 볼 것이지만, 그 부동산에 근저당설정등기가 경료되어 있거나 압류 또는 가압류 등이 이루어져 있는 때에는 … 그 부동산의 시가 상당액에서 근저당권의 채권최고액 범위 내에서의 피담보채권액, 압류에 걸린 집행채권액, 가압류에 걸린 청구금액 범위 내에서의 피보전채권액 등을 뺀 실제의 교환가치를 그 부동산의 가액으로 보아야 한다.").

포함여부에 대하여 견해가 대립하지만, 사기죄의 재물에 부동산이 포함된다는 점에 대해서는 이견이 없다. 금전·유가증권·백지위임장·보험증서·수출품수령증·주권포기각서뿐만 아니라 무효인 약속어음공정증서[269]도 외형상 권리의무를 증명함에 족한 형식을 구비한 경우에는 재물에 해당하며, 인감증명서,[270] 등기필증,[271] 소지만이 금지된 상대적 금제품 등도 본죄의 재물에 해당한다.

또한 사기죄에 있어서 부동산 편취의 기수시기에 대하여 견해가 대립한다. 생각건대 부동산은 부동산의 권리이전에 대한 의사표시만으로는 부족하며, 현실적인 점유의 이전이 있거나 소유권이전등기를 경료(經了)한 때에 기수가 된다고 해석하는 통설[272]과 판례[273]의 입장이 타당하다.

2) 재산상의 이익

재산상의 이익이란 재물 이외에 전체적으로 재산상태의 증가를 가져오는 일체의 이익을 말하며, 적극적 이익·소극적 이익, 영구적·일시적 이익을 불문한다. 그리고 재산상의 이익취득은 사법상 유효할 것을 요하지 않으며, 외관상 재산상의 이익을 취득했다고 볼 수 있는 사실관계만 있으면 충분하다.[274] 또한 본죄에서 말하는 '재산상의 이익'이란 기망행위에 의하여 취득한 재산상의 이익으로서 구체적인 이익이어야 한다.

재산상의 이익취득에 해당하는 경우로는, 기망에 의해 노무를 제공받은 경우, 연대보증이나 담보를 제공받은 경우,[275] 국유재산매각과 관련하여 연고권을 취득한 경우,[276] 채권추심의 승인을 받는 경우,[277] 채무면제 또는 채무변제기한의 유예를 받는 경우,[278] 지급의사와 지급능력도 없으면서 채무이행의 연기를 받기 위해

---

269) 대법원 1995. 12. 22. 선고 94도3013 판결.
270) 대법원 2011. 11. 10. 선고 2011도9919 판결.
271) 대법원 1989. 3. 14. 선고 88도975 판결.
272) 강구진, 318면; 배종대, 68/4; 손동권/김재윤, 364면; 이영란, 323면; 이재상/장영민/강동범, 331면; 유기천, 235면.
273) 대법원 1961. 7. 14. 선고 4294형상109 판결.
274) 대법원 1975. 5. 27. 선고 75도760 판결.
275) 대법원 2006. 11. 24. 선고 2005도5567 판결; 대법원 1995. 8. 25. 선고 94도2132 판결; 대법원 1982. 10. 26. 선고 82도2217 판결.
276) 대법원 1972. 1. 31. 선고 71도1193 판결.
277) 대법원 1983. 12. 5. 선고 83도1520 판결.
278) 대법원 1997. 2. 14. 선고 96도2904 판결; 대법원 1983. 11. 8. 선고 83도1723 판결.

어음이나 수표를 발행교부한 경우,[279] 신축중인 다세대주택에 관한 건축허가명의
를 변경할 수 있게 하는 경우,[280] 경제적 이익을 기대할 수 있는 자금운용의 권
한 내지 지위의 획득[281] 등을 들 수 있다.

　화대를 지급할 의사 없이 피해자를 기망하여 성행위를 한 경우에, 고등군사법
원에서는 법률상 보호받을 수 없는 경제적 이익이므로 피고인이 기망의 방법으로
그 지급을 면하였다 하더라도 사기죄는 성립하지 아니 한다고 판시하였다.[282] 그
러나 대법원에서는 **경제적 재산개념**에 따라 성행위의 내가는 재산성의 이익에 해당
하여 성행위의 대가지급을 면하는 경우에는 **사기죄가 성립**한다고 판시하고 있
다.[283]

　이와 달리 재산상의 이익취득에 해당하지 않는 경우로는, 채무변제를 피하기 위
하여 도주한 경우,[284] 채무자가 채무이행을 위해 채권자에게 허위의 채권을 양도
한 경우,[285] 은행을 기망하여 지급보증서만 취득하고 이를 채권자에게 제시하지
않은 경우,[286] 법원을 기망하여 부재자의 재산관리인으로 선임된 경우,[287] 도로
점용허가신청에 있어서 사용자가 누구인가를 기망한 경우,[288] 수사기관에 제출하
기 위해 보험회사를 기망하여 보험가입증명원을 허위로 발급받는 경우[289] 등이
해당한다.

　그 밖에 대가를 지급하기로 약속하고 주점 여종업원과 성관계를 가진 후에
절취한 신용카드로 결제한 경우에는 「여신전문금융업법」 제70조 제1항 제3호의
신용카드부정사용죄에 해당한다.

---

279) 대법원 1998. 12. 9. 선고 98도3282 판결; 대법원 1997. 7. 25. 선고 97도1095 판결.
280) 대법원 1997. 7. 11. 선고 95도1874 판결.
281) 대법원 2012. 9. 27. 선고 2011도282 판결.
282) 고등군사법원 2001. 5. 22. 선고 2001노76 판결.
283) 대법원 2001. 10. 23. 선고 2001도2991 판결.
284) 대법원 1970. 9. 22. 선고 70도1016 판결.
285) 대법원 1985. 3. 12. 선고 85도74 판결.
286) 대법원 1982. 4. 13. 선고 80도2667 판결.
287) 대법원 1973. 9. 25. 선고 73도1080 판결(부재자재산관리인인 법원으로부터 관리인이 제공
　　한 노력에 대하여 법원의 결정에 의하여 지급되는 것에 지나지 아니하고 이 사실로서는
　　그 관리인이 그 관리권에 의하여 이익을 얻는다고는 볼 수 없으며…).
288) 대법원 1974. 7. 23. 선고 74도669 판결.
289) 대법원 1997. 3. 8. 선고 96도2625 판결.

(2) 실행행위

본죄의 실행행위는 기망행위이고, 이러한 행위자의 기망행위로 인해 피기망자에게 착오가 발생해야 한다.

1) 기망행위

'기망행위'(欺罔行爲)란 일반적으로 거래관계에서 지켜야 할 신의칙에 반하는 행위로서 사람으로 하여금 착오(적극적 착오와 소극적 착오를 포함)를 일으키게 하는 일체의 행위를 말한다.[290] 사기죄에 있어서 착오란 기망자의 기망행위로 인하여 피기망자가 객관적 진실에 반하는 사실을 진실하다고 오신하는 것을 말한다.

가. 기망행위의 대상   기망행위의 대상에 관하여 사실에 한정되는지 가치판단을 포함하는지가 문제된다. 이에 관해서는 ① 기망행위의 대상은 사실에 제한되며, 다만 가치판단이 사실의 중요부분을 내포하고 있는 때에는 여기에 포함된다고 해석하는 소극설[291]과 ② 형법이 특별히 그 대상을 제한하고 있지 않으므로 '의견진술 또는 가치판단'도 당연히 기망행위의 대상에 포함된다고 해석하는 적극설[292]의 입장이 대립한다.

생각건대 적극설에 의하면 기망행위의 대상이 너무 넓어지게 되고, 순수한 의견진술이나 가치판단은 행위자의 주관의 세계를 나타내는 것이므로 객관적인 사실과의 일치 여부를 판단하는 것은 불가능하다. 따라서 다수설인 소극설의 입장이 타당하다고 생각된다.

(가) 사   실   사실이란 구체적으로 증명가능한 과거나 현재의 상태를 말하며 객관적으로 확정될 수 있는 현상을 말하지만, 가치판단은 경험칙에 의하여 확정될 수 없는 지극히 개인적·주관적인 해석이 가능해지기 때문에 순수한 가치판단이나 의견진술은 기망행위의 대상에서 제외하는 것이 타당하다. 그러나 사실에 관한 것일 경우에는 그것이 내적 사실(지불의사), 외적 사실(지불능력, 물건의 상태), 법률적 사실, 법률상 무효이거나 실현불가능한 사실도 모두 포함된다. 예컨대 지불의사나 지불능력 없이 무전취식한 경우, 지불의사 없이 금전을 차용한 경우에

---

290) 대법원 2007. 10. 25. 선고 2005도1991 판결.

291) 이재상/장영민/강동범, 332면.

292) 강구진, 319면; 김종원, 213면; 오영근, 478면; 유기천, 236면; 정성근/박광민, 358면. 그러나 독일 형법은 제263조 제1항에는 명문으로 사기죄에 있어서 기망행위의 대상을 사실에 한정하고 있다.

는 사기죄가 성립한다.[293]

    ① 장래의 사실의 포함여부   사기죄의 성립범위가 지나치게 넓어지므로 장래의 사실은 포함되지 않는다고 해석하는 소수설도 있으나, 장래의 사실도 단순히 미래를 예측하는 것이 아니라 과거나 현재의 사실과 관련된 미래의 사실인 경우에는 기망행위의 대상에 포함될 수 있다는 다수설의 입장이 타당하다.

    ② 동기 또는 용도를 기망한 경우   법률행위의 중요부분이 아니고 동기(動機)나 용도를 기망한 경우에도 상대방을 착오에 빠지게 하여 재산적 처분행위를 하는데 있어서, 이것이 판단의 기초가 되는 사실에 관한 것인 때에는 용도사기도 기망행위에 해당한다는 것이 통설의 입장이다.[294] 이에 반하여 소수설은 기망행위는 거래관계에 있어서 신의칙에 반하는 정도에 이를 것을 요하므로, 단순한 동기 또는 용도는 기망행위의 대상인 사실에 포함되지 않는다는 입장을[295] 취한다.

    생각건대 용도기망과 동시에 지불의사가 없었다면 당연히 사기죄의 기망행위는 인정되고, 특정한 용도를 기망한 결과 무상기부 혹은 무이자 금전차용을 했다면 기망행위가 될 수 있다. 그러나 기망행위로 상대방이 용도의 착오에 빠졌다 하더라도 기망한 사실이 '법률관계의 효력에 영향이 없고 상대방의 권리실현에 장애가 되지 않는 사유'인 때에는 사기죄의 기망행위가 있다고 할 수 없다. 따라서 지불의사와 지불능력이 있었다면 피기망자의 권리실현에 장애가 발생하지 않았고 또한 재산권침해의 가능성 내지 손해발생의 가능성도 없는 경우에는 기망행위라고 볼 수 없다. 결국 단순한 동기 또는 용도를 기망한 경우에는 사기죄의 기망행위라 할 수 없지만, 용도사기가 거래상의 신의칙에 반할 정도이고 그로 인해 피기망자가 재산적 처분행위를 하였다면 사기죄의 기망행위에 해당한다고 보는 입장이 타당하다고 생각된다.

    판례는 용도기망과 관련하여, 용도를 기망하여 자금을 차용하였다 하더라도

---

293) 대법원 2018. 8. 1. 선고 2017도20682 판결(민사상 금전대차관계에서 채무불이행 사실을 가지고 바로 차용금 편취의 고의를 인정할 수는 없으나 피고인이 확실한 변제의 의사가 없거나 또는 차용 시 약속한 변제기일 내에 변제할 능력이 없는데도 변제할 것처럼 가장하여 금원을 차용한 경우에는 편취의 고의를 인정할 수 있다).

294) 강구진, 318면; 유기천, 236면; 정영석, 349면; 황산덕, 297면.

295) 이재상/장영민/강동범, 339면.

변제의사와 변제능력이 있으면 사기죄가 성립되지 않는다고 판시한 바 있으나,[296] 그 후에는 일관되게 "용도를 속이고 돈을 빌린 경우에도 만일 진정한 용도를 고지 하였더라면 상대방이 빌려주지 않았으리라는 관계에 있는 때에는 기망이 있는 것 으로 보아야 한다."라고 판시하고 있다.[297] 그 밖에도 학원장이 대출금의 용도를 속이고 신용보증을 받은 경우,[298] 대출금의 용도를 속이고 중소기업융자금을 융 자받거나 농지구입자금을 대출을 받은 경우[299]에도 사기죄에 해당한다고 판시하 여 용도사기를 긍정하는 태도를 취하고 있다.

(나) 가치판단이나 의견진술　　가치판단은 경험칙에 의하여 확정된 결론이 아니라 개인적·주관적으로 해석할 수 있으므로 순수한 가치판단이나 의견진술은 개인적인 추론에 불과하므로 기망의 대상이 될 수 없다. 그러나 주관적으로 강조 된 가치판단이나 의견진술도 타인을 착오에 빠지게 하여 재산적 처분행위를 하 기에 충분할 정도로 사실주장과 결부된 경우에는 기망행위의 대상이 된다고 보아야 한다.

(다) 사실주장과 가치판단 구별 한계　　사실주장과 가치판단의 구별은 기망 행위의 내용이 구체적으로 증명할 수 있는 객관적 의미를 가지고 있느냐에 따라 개별적으로 판단되어진다고 하겠다. 사실주장과 가치판단의 한계와 관련하여 미 래에 대한 예측이나 과장광고 내지 허위광고 등이 문제된다.

나. 기망행위의 수단　　기망행위란 일반적으로 재산적 거래관계에서 지켜야 할 신의칙에 반하는 행위로서 상대방에게 착오를 일으키게 하는 일체의 행위를 말한 다. 이러한 기망행위의 수단 내지 방법에는 특별한 제한이 없으므로, 작위·부작 위, 명시적·묵시적, 직접적·간접적이든 어떤 형태로든 가능하다.

(가) 명시적 기망행위　　언어 또는 문서에 의하여 객관적 진실에 반하는 허위의 주장을 하는 경우를 말한다.

판례는 ① 허위매출전표를 작성하여 신용카드회사로부터 금원을 교부받은 경우,[300] ② 분식결산서를 허위로 작성 제출하여 금융기관으로부터 대출금을 받

---

296) 대법원 1984. 1. 17. 선고 83도2818 판결.
297) 대법원 1995. 9. 15. 선고 95도707 판결; 대법원 1996. 2. 27. 선고 95도2828 판결.
298) 대법원 2003. 12. 12. 선고 2003도4450 판결.
299) 대법원 2005. 5. 26. 선고 2002도5566 판결; 대법원 2002. 7. 26. 선고 2002도2690 판결.
300) 대법원 1999. 2. 12. 선고 98도3549 판결.

은 경우,[301] ③ 공동매수인 중 일부가 매도인과 공모하여 다른 공동매수인도 자기와 같은 가격으로 매수하는 것처럼 기망하여 이를 믿은 피해자로 하여금 비싼 가격에 매수하게 한 경우,[302] ④ 계약 현장에서 기망행위를 하지 않은 경우에도 허위의 선전광고에 기망되어 착오에 빠져 있는 경우,[303] ⑤ 문자메시지를 무작위로 보내어 마치 아는 사람으로부터 음악 및 음성메시지가 도착한 것으로 오인하여 통화버튼을 눌러 접속하게 한 후 정보이용료가 부과되게 한 경우,[304] ⑥ 전통적인 관습 또는 종교행위로서 허용될 수 있는 한계를 벗어나 불행을 고지하거나 길흉화복에 관한 어떠한 결과를 약속하고 기도비 등의 명목으로 대가를 교부받은 경우[305] 등은 사기죄의 기망행위에 해당한다.

그러나 ① 매도인이 매수인에게 토지매수를 권유하면서 언급한 내용이 객관적인 사실에 부합하거나, 확정된 것은 아닐지라도 연구용역보고서와 신문스크랩 등에 기초한 것인 경우,[306] ② 타인의 일반전화를 무단으로 이용하여 전화통화를 하는 행위,[307] ③ 의료인으로서 자격과 면허를 보유한 사람이 의료법에 따라 의료기관을 개설하여 건강보험의 가입자 또는 피부양자에게 국민건강보험법에서 정한 요양급여를 실시하고 국민건강보험공단으로부터 요양급여비용을 지급받았는데, 그 의료기관이 다른 의료인의 명의로 개설·운영되어 의료법 제4조 제2항을 위반한 경우,[308] ④ 피고인 등이 피해자 갑 등에게 자동차를 매도하겠다고 거짓말하고 자동차를 양도하면서 매매대금을 편취한 다음, 자동차에 미리 부착해 놓은 지피에스(GPS)로 위치를 추적하여 자동차를 절취한 경우[309]는 기망행위에 해당하지 않는다고 판시하였다.

(나) 묵시적 기망행위   허위의 주장을 언어나 문자를 통하지 않고 행동 내지 거동을 통해서 하는 경우이다. 작위적 기망행위인 거동에 의한 묵시적 기망행위

---

301) 대법원 2000. 9. 8. 선고 2000도1447 판결.
302) 대법원 1992. 3. 10. 선고 91도2746 판결.
303) 대법원 1982. 10. 26. 선고 81도2531 판결.
304) 대법원 2004. 10. 15. 선고 2004도4705 판결.
305) 대법원 2017. 11. 9. 선고 2016도12460 판결.
306) 대법원 2007. 1. 25. 선고 2004도45 판결.
307) 대법원 1999. 6. 25. 선고 98도3891 판결.
308) 대법원 2019. 5. 30. 선고 2019도1839 판결.
309) 대법원 2016. 3. 24. 선고 2015도17452 판결.

는 행위자의 전체행위가 구체적인 상황 하에서 **특정한 설명가치**를 가질 때에 인정 되며, 그 행위가 어떠한 설명가치를 가지는가는 사회통념에 따라 결정되어져야 한다. 묵시적 기망행위를 인정할 수 있는 경우는 다음과 같다.

① 무전취식·무전숙박·무임승차 등이 경우　　음식점에서의 식사주문행위나 호텔에서의 숙박행위 또는 열차승차행위를 하는 경우에는 그에 따른 대가의 지 불의사나 지불능력이 있다는 것을 묵시적으로 설명했다고 평가되므로, 무전취식 등을 행한 경우에는 **작위에 의한 묵시적 기망행위**에 해당한다는 것이 다수설의 입 장이다.

그러나 음식을 먹는 도중이나 호텔에 투숙한 후에 지불불능상태에 빠진 경 우에는 묵시적 기망행위라 할 수 없으며, 고지의무가 **부작위에 의한** 기망도 아니므 로 **무죄**라는 견해도 유력하다. 따라서 호텔에 숙박한 후 돈이 없는 것을 알고 몰 래 도망친 경우에는, 권리의 절도나 묵시적 기망도 아니므로 불가벌적이다. 그러 나 화장실에 갔다 오겠다고 속이고 도망친 경우에는 기망행위가 있으므로 피기망 자의 **처분행위**가 있으면 **사기죄가 성립**하게 된다.

② 부동산의 이중매매나 이중임대의 경우[310]　　절취한 장물을 담보로 제공 하고 돈을 빌린 경우,[311] 매매목적물에 하자가 있음에도 이를 숨기고 계약을 한 경우[312]에는 묵시적 기망행위이다. 다만 묵시적 기망행위인가 여부는 그 행위가 사회통념에 비추어 어떤 설명가치를 가지느냐에 따라 판단해야 하므로 목적물의 하자가 계약의 목적을 달성하는 데 아무런 의미를 가지지 않는 때에는 묵시적 기 망이라 할 수 없다.[313]

③ 저당권 또는 가등기된 부동산을 알리지 않고 처분하는 경우에는 그 부 동산에 저당권이나 가등기가 설정되어 있지 않다는 것을 묵시적으로 설명하였다 고 할 수 있으므로 **사기죄가 성립**한다.[314]

④ **절취한 예금통장으로 예금을 청구하거나**[315] 혹은 결제될 가망이 없는 어

---

310) 대법원 1984. 1. 31. 선고 83도1501 판결.
311) 대법원 1980. 11. 25. 선고 80도2310 판결.
312) 대법원 1971. 7. 27. 선고 71도977 판결.
313) 대법원 1983. 12. 27. 선고 82도2497 판결.
314) 대법원 1986. 9. 9. 선고 86도956 판결; 대법원 1981. 8. 20. 선고 81도1638 판결.
315) 대법원 1974. 11. 26. 선고 74도2817 판결.

음·수표를 담보로 제공한 경우에는 자기가 정당한 권리자인 것을 묵시적으로 설명했다고 보아야 하므로 **사기죄를 구성한다.**

⑤ 질병을 감춘 보험계약을 체결한 경우,[316] 아는 사람으로부터 음악 또는 음성메시지가 도착한 것으로 오인하게 하여 이를 확인하기 위해 접속하면 정보이용료를 부과되게 한 경우[317] 등이 **묵시적 기망행위에 해당하여 사기죄가 성립한다.**

(다) 부작위에 의한 기망행위   묵시적 기망행위가 성립되지 않는 경우에 부작위에 의한 기망행위가 문제된다. 상대방이 스스로 착오에 빠진 경우에 그 착오를 제거해야 할 보증인적 지위에 있는 자가 고의로 그 사실을 고지하지 아니하고 그 착오를 이용하는 경우이다. 상대방이 행위자와 관계없이 착오에 빠진 경우를 말한다. 종래의 통설은 저당권 또는 가등기 설정사실을 고지하지 아니하고 부동산을 처분한 경우, 피보험자가 질병을 감추고 보험계약을 체결한 경우, 무전취식이나 무전숙박의 경우를 부작위에 의한 기망행위라고 해석하였다.[318] 판례는 미술작품 제작에 제3자가 관여한 것을 구매자에게 고지하지 아니하고 판매한 행위는 작품 제작에 조수가 참여하였다는 사실을 반드시 구매자에게 고지해야 할 의무가 발생하지 않으므로 고지의무위반이라는 부작위에 의한 기망행위에는 해당하지 않는다고 판시하여 사기죄의 성립을 부정한 바 있다.[319]

부작위에 의한 기망행위가 사기죄가 성립되기 위해서는, ① **상대방이 스스로 착오에 빠져 있어야 하고,** ② **부작위자에게 상대방의 착오를 제거해야 할 보증인적 지위에 의한 고지의무가 있어야 하며,** ③ **부작위에 의한 기망이 작위에 의한 기망과 행위정형에 있어서 동가치한 것으로 평가될 것이 요구되어진다.** 보증인적 지위에 따른 보증의무는 법령, 계약, 선행행위, 신의성실의 원칙에서 발생할 수 있다는 것이 다수설의 입장이다.[320] 그리고 계약에 의한 고지의무가 발생하는 경우에는 계약내용에 고지의무가 있는 경우에 한정되지만, 신의성실의 원칙에 의한 고지의무가 발생하는 경우는 계약당사자 사이에 특별한 신뢰관계가 있을 것을 요한다. 따

---

316) 보험사기에 대하여는 「보험사기방지 특별법」 제8조 내지 제11조가 우선하여 적용된다.

317) 대법원 2004. 10. 14. 선고 2004도4705 판결.

318) 김종원, 214면; 유기천, 239면; 정영석, 350면; 진계호, 353면; 황산덕, 299면.

319) 대법원 2020. 6. 25. 선고 2018도13696 판결(이른바 조영남 미술품대작사건)

320) 이석배, "묵시적 기망행위와 부작위에 의한 기망행위", 비교형사법연구 제10원 제1호, 2008, 203면 이하 참조: 하태훈, "부동산거래관계에 있어서 고지의무와 부작위에 의한 기망", 형사판례연구 2, 191면 이하 참조.

라서 신의성실의 원칙만으로는 작위의무의 발생근거로는 부족하고,[321] 계약 당사자 사이의 **특별한 신뢰관계를 기초로 한 거래상의 신의칙**(信義則)에 근거한 고지의무가 발생해야 한다. 이러한 고지의무의 인정여부를 판단하기 위한 기준으로는, ① 일정한 사실을 상대방에게 고지하지 않음으로써 현저한 손해가 발생히였는가라는 **손해요소**, ② 고지내용이 상대방이 처분행위를 하는데 있어서 본질적으로 중요한 요소인가라는 **중요성요소**, ③ 상대방이 무경험 때문에 제공된 재물의 가치와 성질을 심사할 수 없었는가라는 **무경험요소**를 종합하여 판단해야 한다.[322]

따라서 이 이론에 의하면 상점에서 1천원을 주고 물건을 산 후 잘못 계산되어 거스름돈으로 8천원을 받은 고객이 침묵하는 경우에 사기죄의 기망행위에 해당하지 않지만,[323] 이에 반해 중고자동차판매상이 사고가 있었던 차라는 사실을 알리지 않은 채 고객에게 차를 팔면 부작위에 의한 기망행위가 되어 사기죄가 성립하게 된다.

판례는, 첫째 재산권에 관한 거래관계에 있어서 일방이 상대방에게 그 거래에 관련한 어떠한 사항에 대하여 고지하지 아니함으로써 장차 계약상의 목적물에 대한 권리를 확보하지 못할 위험이 생길 수 있음을 알고 있었고, 둘째 상대방은 그와 같은 사정에 관한 고지를 받았더라면 **당해 거래관계를 맺지 아니하였을 것임이 경험칙상 명백한 경우**에 그 재물의 수취인은 신의성실의 원칙상 상대방에게 그와 같은 사정에 대한 고지의무가 있다는 전제하에, ① 중고자동차매매에 있어서 매도인의 할부금융회사 또는 보증보험에 대한 할부금 채무는 매수인에게 당연히 승계되는 것이 아니므로 그 할부금 채무의 존재를 매수인에게 고지하지 아니한 것은 부작위에 의한 기망에 해당하지 않지만,[324] ② 물품의 국내독점계약을 체결함에 있어서 이미 다른 회사가 같은 용도와 성능을 가진 이름도 같은 제품을 판매하고 있는 사실을 고지하지 않은 때에는 고지의무위반으로서 사기죄가 성립한다고 판시하였다.[325]

---

321) 김일수/서보학, 425면; 박상기, 311면; 배종대, 452면.
322) 배종대, 452면 ; 이재상/장영민/강동범, 337면; 이것은 독일 연방법원이 일반적으로 인정하고 있는 작위의무의 발생근거이기도 하다(RGSt 70, 151; BGHSt 30, 388; BGH 39, 401).
323) 김일수/서보학, 426－427면; 배종대, 452면; 이정원, 363면; 이형국, 452면.
324) 대법원 1998. 4. 14. 선고 98도231 판결.
325) 대법원 1996. 7. 30. 선고 96도1081 판결.

또한 부작위에 의한 기망행위와 관련하여 고지의무 성립여부가 문제되는 경우로는, 상대방이 거스름돈을 잘못 내준 경우 또는 잘못 지급된 보상금·보험금을 이를 알면서 받은 경우이다. 즉 과다지급되거나 착오로 잘못 지급된 보상금 등에 대하여 이를 알면서 수령한 경우에 부작위에 의한 사기죄가 성립여부에 대하여는, ① 긍정설[326)과 ② 교부받을 때 알고 있은 경우에는 거래상의 신의칙상 고지의무가 있으므로 사기죄가 성립하고, 교부받은 후에 알고서 이를 영득한 경우에는 점유이탈물횡령죄가 성립한다는 견해,[327) 그리고 ③ 수령가는 초과분이나 잘못 지급된 보상금등에 대하여 상대방에게 고지해야 할 의무가 없으므로 부작위에 의한 기망행위에도 해당하지 않는다는 부정설[328)의 대립이 있다.

판례는 행위자가 행위당시에 인식하지 못하였다면 고지의무가 없으므로 부작위에 의한 사기죄가 성립하지 않지만, 나중에 이를 알고 영득한 경우에는 점유이탈물횡령죄가 성립한다고 판시하여 ②설의 입장을 취하고 있다.[329)

생각건대 과다지급된 거스름돈이나 잘못 지급된 보상금에 대해서는 수령인이 적절한가를 심사하여 상대방에게 고지할 법적 의무가 있다고 할 수 없으므로 부작위에 의한 기망행위가 있다고 할 수 없으므로 사기죄가 성립하지 않는다고 해석하는 부정설의 입장이 타당하다고 생각된다. 예컨대 물건을 구매하는 자가 판매인이 정찰가격보다 저렴하게 가격을 부르는 것을 묵인하고 물건을 구입한 경우에도 고지의무가 없으므로 부작위에 의한 기망이 될 수 없지만, 이와 달리 도난보험에 든 사람이 잃어버린 귀중품을 보험금이 지급되기 전에 되찾았음에도 불구하고 이를 고지하지 아니하고 보험금을 수령한 경우에는 부작위에 의한 기망행위가 되어 사기죄가 성립하게 된다.

그 밖에 부작위에 의한 기망행위에 해당하는 판례로는, ① 사채업자가 허위 대출신청서를 작성하여 할부금융회사로부터 대출금을 받은 경우,[330) ② 아들을 낳는 시술행위에 대하여 상대방이 착오에 빠져있는 것을 알면서도 신의칙상의

---

326) 백형구, 176면; 정영석, 334면; 정영일, 181면.
327) 손동권/김재윤, 368면; 오영근, 306면; 이영란, 328면; 임웅, 408면.
328) 김성돈, 357면; 김성천/김형준, 500면; 김일수/서보학, 341면; 이재상/장영민/강동범, 337면; 정성근/박광민, 363면.
329) 대법원 2004. 5. 27. 선고 2003도4531 판결.
330) 대법원 2004. 4. 9. 선고 2003도7828 판결.

고지의무의 이행하지 않은 경우,331) ③ **하자있는 목적물의 처분행위**를 한 경우 등이다.

하자있는 목적물의 처분행위에 해당하는 판례로는, ① 플라스틱공장을 매도하면서 공장의 정상가동 여부에 관련된 사정에 관해서는 고지의무가 있으므로 이를 매도인이 알리지 않고 매각한 경우,332) ② 목적물의 압류된 사실을 고지하지 않은 경우,333) ③ 매매계약이 체결되거나 채권담보 등으로 가옥의 소유권이 채권자에게 이전되었다는 사실을 고지 않은 경우,334) ④ 저당권이나 가등기가 설정되어 있다는 사실을 고지하지 않은 경우,335) ⑤ 임대목적물에 대해 근저당권에 기한 경매신청이 있을 것이라는 사실을 고지하지 않은 경우,336) ⑥ 근저당권이 설정되어 임대목적물이 경매절차가 진행중인 사실을 불고지한 경우,337) ⑦ 소유권귀속에 관한 분쟁에 있어서 재심소송이 계속중인 사실이나 제3자에게 경락허가결정된 사실을 불고지한 경우,338) ⑧ 토지에 대한 도시계획이 입안되어 장차 협의매수되거나 수용될 것이라는 사실을 불고지한 경우,339) ⑨ 매매목적물이 유언으로 재단법인에 출연된 사실을 불고지한 경우,340) ⑩ 기타 목적물에 대한 제3자의 명도소송이 계속 중이고 점유이전금지가처분이 있다는 사실을 불고지한 경우, ⑪ 매도담보로 제공된 사실, 채권압류 및 전부명령이 있다는 사실 등을 묵비하고 목적물을 담보제공 또는 임대한 경우, ⑫ 피고인이 갑 저축은행에 대출을 신청하여 심사를 받을 당시 동시에 다른 저축은행에 대출을 신청한 상태였는데도 갑 저축은행으로부터 다른 금융회사에 동시에 진행 중인 대출이 있는지에 대하여 질문을 받자 '없다'고 답변하였고, 갑 저축은행으로부터 대출을 받은 지 약 6개월 후에 신용회복위원회에 대출 이후 증가한 채무를 포함하여 프리워크아웃을 신청한

---

331) 대법원 2000. 1. 28. 선고 99도2884 판결.
332) 대법원 1991. 7. 23. 선고 91도458 판결.
333) 대법원 1980. 4. 8. 선고 79도2888 판결.
334) 대법원 1984. 1. 31. 선고 83도1501 판결.
335) 대법원 1981. 8. 20. 선고 81도1638 판결.
336) 대법원 2004. 10. 27. 선고 2004도4974 판결.
337) 대법원 1998. 12. 8. 선고 98도3263 판결.
338) 대법원 1986. 9. 9. 선고 86도956 판결.
339) 대법원 1993. 7. 13. 선고 93도14 판결.
340) 대법원 1992. 8. 14. 선고 91도2202 판결.

경우[341] 등에 대하여는 부작위에 의한 기망행위로서 사기죄가 성립한다는 것이 판례와 다수설의 입장이다. 피기망자의 과실이 있다고 하더라도 신의칙상 기망자에게는 고지의무가 있으므로 부작위에 의한 사기죄가 성립한다.[342]

그러나 허위약속어음을 발행한 경우로, 지급기일에 결제되지 않으리라는 점을 예견하였거나 지급기일에 지급될 수 있다는 확신이 없으면서도 그러한 내용을 수취인에게 고지하지 아니 하고 어음을 할인받은 경우,[343] 소정기일에 지급의사와 능력이 없음에도 불구하고 새로운세사기를 늦출 목적으로 어음을 발행하여 교부한 경우,[344] 변제의사와 변제능력도 없으면서 약속어음을 발행하여 강제경매신청을 취하하게 한 경우[345] 등은 묵시적 기망행위로 보는 것이 옳다.

그 밖에도 채무자가 강제집행을 승낙한 취지의 기재가 있는 약속어음 공정증서가 원인관계가 소멸하였음에도 불구하고, 약속어음 공정증서 정본을 소지하고 있음을 기화로 강제집행을 한 경우,[346] 민사판결의 주문에 표시된 채권을 변제받거나 상계하여 그 채권이 소멸되었음에도 불구하고 판결정본을 소지하고 있음을 기화로 그것을 근거로 강제집행을 한 경우[347]에도 사기죄가 성립한다.

한편 하자있는 목적물의 처분행위를 부작위에 의한 기망이 아니라 묵시적 기망에 해당한다고 보는 견해도 있다. 이 견해에 의하면 질병을 감추고 보험계약을 체결하는 경우에도 묵시적 기망행위에 해당한다고 보게 된다. 판례는 매도가격 및 처분기한을 특정하여 부동산처분권한을 위임받은 자가 매도위임가격보다 높은 고가로 매도하는 경우에 그 사실을 위임인에게 고지할 의무가 없으므로 부작위에 의한 기망행위에 해당하지 않아 사기죄가 성립하지 않는다고 판시한 바 있다.[348]

(라) '묵시적 기망'과 '부작위에 의한 기망'의 구별　　하나의 행태 속에 묵시적 기망과 부작위에 의한 기망의 요소가 동시에 포함되어 있는 경우에는 이를 어

---

341) 대법원 2018. 8. 1. 선고 2017도20682 판결.
342) 대법원 1998. 12. 8. 선고 98도3263 판결.
343) 대법원 1997. 2. 14. 선고 96도2904 판결.
344) 대법원 1997. 7. 25. 선고 97도1059 판결.
345) 대법원 1997. 7. 25. 선고 97도1095 판결.
346) 대법원 1999. 12. 10. 선고 99도2213 판결.
347) 대법원 2002. 12. 27. 선고 2002도5540 판결.
348) 대법원 1999. 5. 25. 선고 98도2792 판결.

떻게 처리해야 할 것인가가 문제된다. 예컨대 매도인이 목적물의 하자를 고지하
지 아니 하고 처분한 경우를 들 수 있다. 목적물의 하자에 대한 설명없이 묵비하
면서 목적물을 처분했다는 점에서는 묵시적 기망이고, 목적물의 하자에 대하여 매
도인이 고지의무를 묵비에 의해 부작위했다는 점에서는 부작위에 의한 기망으로
볼 수 있기 때문이다.

　　양자의 구별과 관련하여 고지의무의 유무에 의해 구별하자는 견해에 따르면, 고
지의무가 있으면 부작위에 의한 기망이고, 고지의무가 없으면 묵시적 기망에 해
당한다고 한다. 그 이유는 작위와 부작위의 구별기준에 대한 **법적 비난중요성기준**
설에 의하여, 일정한 하자를 묵비하고 매도하는 경우에 매도하는 작위보다 하자
를 묵비하는 부작위에 법적 비난의 중요성이 있는 것으로 생각된다.

　　그러나 **작위우선 부작위보충설**의 입장에서는, 먼저 작위에 의한 묵시적 기망에
해당하는가를 검토한 후에, 이에 해당하지 않을 경우에 부작위에 의한 기망행위
에 해당하는가를 살피게 될 것이다.

　　다. **기망행위의 정도**

　　　(가) 신의칙에 반하는 정도　　　기망행위의 정도는 거래관계에 있어서 **신의칙**
에 반하는 정도의 착오에 빠져야 한다. 따라서 비록 작위 또는 부작위로 인한 기망
행위로 상대방이 착오에 빠졌다 하더라도 기망사실이 '법률관계의 효력에 영향이
없고 상대방의 권리실현에 장애가 되지 않는 사유'인 때에는 기망행위가 있다고
할 수 없다. 기망행위가 없었더라면 상대방이 거래관계에 임하지 아니하였을 것
이라는 판단이 경험칙상 명백한 경우에는 사기죄의 성립을 인정할 수 있고, 상대
방의 거래목적달성에 지장이 없을 경우에는 기망행위가 있다고 할 수 없다. 기망
행위의 정도와 관련하여 예측이나 가격표시, 과장광고 내지 허위광고가 특히 문
제된다.

　　　(나) 예측이나 가격표시　　　개인의 의견에 불과한 것이므로 사실에 관한 기
망이 아니다. 그러나 예측이나 가격표시가 사실과 연결되어 있는 경우인, 예컨대
백화점이 첫 출하시에 종전가격과 세일가격을 비교표시한 경우에는 기망의 정도
도 **사회적으로 용인된 상술의 범위를 넘은 것이므로** 사기세일이 되어 **사기죄를 구성**
한다.[349)]

---

349) 대법원 1992. 9. 14. 선고 91도2994 판결.

(다) 과장광고, 허위광고   사실주장과 가치판단의 한계문제로서 과장광고
내지 허위광고의 경우이다. 예컨대 '상등품', '최고품', '불티나게 팔리는 제품', '전
국 최강의 강사진' 등의 표현은 추상적이고 일반적인 가치판단적인 표현이므로 기망
행위로 볼 수 없다.[350] 그러나 구체적으로 증명할 수 있는 사실을 들어 허위광고를 하
는 경우에는 기망행위에 해당한다.[351] 그러므로 원료나 원산지를 허위로 표시하
거나, 제조원을 속이거나, 공적기관의 감정·보증이나, 전문가의 감정을 거친 것
으로 허위표시하는 경우에는 사기죄의 기망행위에 해당한다.

판례도 상품의 선전에 있어서 다소의 과장, 허위의 표시가 수반되는 경우에
도 일반 상거래의 관행과 신의칙에 비추어 시인될 수 있는 한 기망성이 결여되었
다고 할 것이나, 거래에 있어서 중요한 사항에 관하여 구체적인 사실을 거래상의 신의
성실에 비추어 비난받을 정도의 방법으로 허위로 고지하는 경우에는 허위광고·과장광
고를 넘어 사기죄의 기망행위에 해당한다고 판시하였다.[352]

판례가 사기죄의 기망행위에 해당한다고 판시한 경우로는, ① TV 홈쇼핑에 출연
하여 산삼의 품질에 대하여 허위 내용의 광고를 한 것은 진실규명이 가능하고 구
매의 결정에 있어서 가장 중요한 요소로서 구체적 사실인 판매물품의 품질에 관
하여 기망한 것으로서 그 사술의 정도가 사회적으로 용인될 수 있는 상술의 정도
를 넘은 경우,[353] ② 오리, 하명, 누에, 동충하초, 녹용 등 여러 가지 재료를 혼합
하여 제조, 가공한 '녹동달오리골드'라는 제품이 당뇨병, 관절염, 신경통 등의 성
인병 치료에 특별한 효능이 있는 좋은 약이라는 허위의 강의식 선전, 광고행위를
하여 이에 속은 노인들로 하여금 위 제품을 고가에 구입하도록 한 것은 그 사술
의 정도가 사회적으로 용인될 수 있는 상술의 정도를 넘은 경우,[354] ③ 식품의
가공일자를 변경한 바코드라벨을 부착하는 행위[355]와 한우만을 취급한다는 광고
문구를 음식점내에 부착한 후 수입쇠고기를 판매한 경우,[356] ④ 채권을 회수하기

---

350) 대법원 2007. 1. 25. 선고 2004도45 판결.
351) 대법원 1982. 10. 26. 선고 81도2531 판결.
352) 대법원 2004. 1. 15. 선고 2001도1429 판결.
353) 대법원 2002. 2. 5. 선고 2001도5789 판결.
354) 대법원 2004. 1. 15. 선고 2001도1429 판결.
355) 대법원 1995. 7. 28. 선고 95도1157 판결.
356) 대법원 1997. 9. 9. 선고 97도1561 판결.

위해 제3자를 매수인으로 내세우고 위탁관리인 채무자와 공모하여 목적물에 대하여 정상적인 매매계약의 경우인 것처럼 가장하여 매매대금을 채권과 상계한 경우,[357] ⑤ 물품의 국내 독점판매계약을 체결하면서 그 물건이 이미 다른 사람에 의하여 판매되고 있음을 고지하지 않아 고지의무위반으로 인한 경우,[358] ⑥ 유통어음을 상대방에게 이른바 진성어음인 것처럼 적극적인 위장수단을 사용하여 할인받은 경우,[359] ⑦ 위조한 수표 또는 약속어음을 진정한 수표 또는 약속어음인 것처럼 피해자들에게 담보로 교부하는 등의 기망행위에 의하여 금원대여가 이루어진 경우,[360] ⑧ 계약금 명목으로 일부 금원을 지급하고 그 잔대금은 이전에 피해자에 대하여 가지고 있었지만 피해자가 그 채권의 존재 자체를 다투고 있는 채권으로 상계할 의사를 가지고 피해자로부터 냉동오징어를 구입한 경우[361] 등을 들 수 있다.

판례가 기망행위에 해당하지 않는다고 판시한 경우로는, ① 아파트를 분양하면서 분양대상아파트를 특정하고 분양을 쉽게 하기 위해 아파트 평형의 수치를 과장하여 광고한 경우,[362] ② 이중매매를 함에 있어서 매도인이 후매수인에게 매매사실을 숨긴 경우,[363] ③ 명의신탁약정에 의하여 부동산의 소유명의를 가진 자가 이를 묵비하고 제3자에게 처분한 경우에도 후매수인 또는 매수인이 유효하게 위 부동산의 소유권을 취득한 경우,[364] ④ 중고자동차매매에 있어서 매도인이 할부금융회사 또는 보증보험에 대한 할부금채무의 존재를 매수인에게 고지하지 아니하고 중고자동차를 매도한 경우,[365] ⑤ 임대인과 임대차계약을 체결한 임차인이 임차건물에 거주하기는 하였으나 그의 처만이 전입신고를 마친 후에 경매절차에

---

357) 대법원 1991. 9. 10. 선고 91도376 판결.
358) 대법원 1996. 7. 30. 선고 96도1081 판결.
359) 대법원 1997. 7. 25. 선고 97도1095 판결. 이 경우에 담보를 제공하여 어음할인을 받았다 하더라도 담보가액을 공제하지 아니한 편취금액 전부에 대하여 사기죄가 성립한다.
360) 대법원 1993. 7. 27. 선고 93도1408 판결.
361) 대법원 1997. 11. 11. 선고 97도2220 판결.
362) 대법원 1991. 6. 11. 선고 91도788 판결.
363) 대법원 1971. 12. 21. 선고 71도1480 판결.
364) 대법원 1990. 11. 13. 선고 90도1961 판결.
365) 대법원 1998. 4. 14. 선고 98도231 판결. 할부금채무의 존재를 매수인에게 고지하지 않더라도 '부작위에 의한 기망행위'가 성립되지 않는다.

서 배당을 받기 위해 임대차계약서상의 임차인 명의를 처로 변경하여 경매법원에 배당요구를 한 경우,[366] ⑥ 공사대금채권과 대여금채권을 합산하여 임대차보증금반환채권으로 전환하기로 합의하여 임대차계약을 체결하고 임차인이 임대차목적물에 주민등록전입신고를 하고 확정일자를 받은 후, 임차인이 이에 기하여 경매법원으로부터 배당을 받은 경우,[367] ⑦ 대지는 타인 명의로 이전되었지만 관습상의 법정지상권을 취득하게 되는 그 대지상의 건물을 전세로 빌려주고 그 보증금을 수령함에 있어서 단순히 내시에 판만 가등기, 그유권이전등기 등 사실을 고지 않은 경우[368] 등을 들 수 있다.

《사 례》

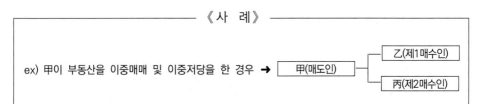

ex) 甲이 부동산을 이중매매 및 이중저당을 한 경우 → 甲(매도인) ── 乙(제1매수인) / 丙(제2매수인)

① 계약금만 수령한 후, 丙에게 부동산을 이중매매한 경우에는 乙에 대하여 민사상 손해배상책임만 발생한다.
② 중도금까지 지급받은 이후에는 甲에게 신의칙상의 계약이행 및 등기협조의무가 발생하게 되어, 이 부분에 대하여는 타인의 사무를 처리하는 자가 되므로 乙에 대한 배임죄가 성립할 수 있다.
③ 처음부터 甲이 이중매매나 이중저당의 의도를 가지고, 乙과 매매나 저당계약을 한 경우에는 乙에 대한 사기죄 또는 사기미수가 성립할 수 있다.
④ 乙에게 부동산을 매매나 저당하여 등기를 마친 후, 丙에게 이중매매나 이중저당한 경우에는 丙에 대한 사기죄가 성립된다.

---

2) 피기망자의 착오

사기죄는 기망행위로 인하여 피기망자를 착오에 빠지게 함으로써 성립한다.

가. 착오의 의의 및 내용

(가) 착오의 의의　　　'착오'란 관념과 현실의 불일치를 말하며, 적극적 착오와

---

366) 대법원 2002. 2. 8. 선고 2001도6669 판결. 재물의 편취라는 경과발생이 불가능하므로 사기죄는 성립되지 않는다.
367) 대법원 2004. 7. 22. 선고 2003도6412 판결.
368) 대법원 1978. 8. 22. 선고 78도1361 판결.

소극적 착오를 불문한다. 그러나 피기망자에게 사실 자체에 대한 일반적인 관념조차 없는 경우에는 착오라 할 수 없다. 피기망자가 적어도 기망행위의 내용을 진실이라고 믿거나 확신 내지 개연성이 있다고 생각하는 경우는 물론이고 단순히 의문을 가지면서도 가능성을 믿는 경우에도 착오는 존재한다.[369]

또한 피기망자가 기망행위의 내용을 허위라고 인식하거나 기망행위의 진실 여부에 개의치 않는 경우에는 착오가 있다고 할 수 없으며, 기계도 관념을 가지고 판단하는 정신적인 실체가 아니므로 기계에 대한 기망행위는 불가능하다고 하겠다. 따라서 기계에 대한 기망행위에 대하여는 **컴퓨터 사용사기죄나 편의시설 부정이용죄**가 성립할 뿐이며 사기죄는 성립할 수 없다.

(나) 착오의 내용　　착오의 내용은 법률행위의 중요부분에 관한 착오일 필요는 없으며 동기의 착오로도 충분하고, 사실에 대한 것이든 가치판단에 대한 착오이든 불문한다는 것이 종래의 통설[370]과 판례[371]의 입장이다. 그러나 단순한 동기 또는 용도에 대한 착오는 기망행위의 대상이 되지 않는다고 보는 것이 타당하다. 그러므로 단순한 동기의 착오만으로는 사기죄에 있어서의 착오에 해당한다고는 할 수 없으며, 착오의 대상도 가치판단이 아니라 사실에 한정되어져야 한다.

나. 기망행위와 피기망자의 착오간의 인과관계

기망행위와 피기망자의 착오 사이에는 **인과관계가 존재**하여야 한다. 인과관계가 없으면 본죄의 미수에 불과하다. 피기망자의 착오가 피기망자의 과실과 경합하는 경우에도 인과관계는 인정된다. 그러므로 고서화 또는 골동품을 진품이라고 말하는 것을 구매자가 제대로 확인하지도 않은 채 이를 쉽게 믿고서 구입한 경우에도 **사기죄는 성립**한다. 그러나 아래 판례와 같이 기망행위와 착오로 인한 처분행위 사이에 인과관계가 없는 경우에는 사기죄가 성립하지 않는다.

---

369) 이재상/장영민/강동범, 339면.

370) 강구진, 318면; 유기천, 236면; 정영석, 349면; 황산덕, 297면.

371) 대법원 1996. 2. 27. 선고 95도2828 판결; 대법원 1995. 9. 15. 선고 95도707 판결(사기죄의 실행행위로서의 기망은 반드시 법률행위의 중요부분에 관한 허위표시임을 요하지 아니하고 상대방을 착오에 빠지게 하여 행위자가 희망하는 재산적 처분행위를 하도록 하기 위한 판단의 기초가 되는 사실에 관한 것이면 충분하므로, 용도를 속이고 돈을 빌린 경우에 만일 진정한 용도를 고지하였더라면 상대방이 빌려주지 않았을 것이라는 관계에 있는 때에는 사기죄의 실행행위인 기망은 있는 것으로 보아야 한다).

《 판 례 》

B신용협동조합 전무 甲은 乙로부터 乙이 B신용협동조합의 이사가 될 수 있도록 도와달라는 부탁을 받고 사례비명목으로 금품을 교부받았으며, 한편 중기회사 대표 丙은 B신용협동조합으로부터 강제집행을 당할 우려가 있자 이를 면탈하기 위하여 A에게 허위의 채무를 부담하고 자기 소유의 중기를 허위로 양도하였다. 그 후 丙은 중기임대사업을 하지 않음에도 불구하고 허위내용의 사업계획서를 작성하여 B신용협동조합에 제출하자, 甲은 丙의 신청서가 허위이고 신용 상태가 불량하다는 것을 알면서 대출을 해주었고, 또한 기존대출금에 대한 연체이자에 충당하기 위해 신규대출을 받은 것으로 서류상 처리하였다.
이 경우에 (ㄱ) 甲은 금품을 교부받았으므로 포괄하여 배임수재죄가 성립하고, 乙은 배임증재죄가 성립한다. (ㄴ) 丙의 허위양도행위는 강제집행면탈죄에 해당하지만, 丙의 허위내용의 사업계획서로 대출을 받은 경우에는 기망행위와 대출행위 사이에 인과관계가 없으므로 사기죄는 성립하지 않는다. (ㄷ) 甲의 대출행위는 업무상 배임죄에 해당하지만, 연체이자를 위해 신규대출로 서류를 정리한 것은 어떤 새로운 재산상의 손해가 발생하는 것이 아니므로 업무상 배임죄에 해당하지 않는다.[372]

다. 피기망자와 피해자의 관계

(가) 피기망자   기망행위란 피기망자가 재산적 처분행위를 하도록 상대방을 착오에 빠뜨려야 하므로, 상대방은 재산적 처분행위를 할 수 있는 능력이 있어야 한다. 이러한 능력이 결여된 유아나 심신상실자는 피기망자가 될 수 없지만, 미성년자나 심신미약자는 피기망자가 될 수 있다. 피기망자는 특정될 필요가 없다.

(나) 피기망자와 피해자의 관계   피기망자와 처분행위자와는 일치해야 하지만, 피기망자와 피해자와는 반드시 일치할 필요가 없다. 피기망자와 피해자가 일치하지 않는 경우를 삼각사기라 하며, 그 예로는 소송사기와 신용카드를 부정사용한 경우를 들 수 있다.

① 소송사기(訴訟詐欺)의 경우   피기망자와 피해자가 일치하지 않는 경우로 소송사기란 법원에 허위의 증거를 제출하거나 허위의 사실을 주장함으로써 법원을 기망하여 승소판결을 받는 경우를 말한다. 소송사기는 원고 또는 피고가 그 주체가 될 수 있으며, 간접정범의 형태로도 가능하다.[373] 행위자에게는 허위의 주장과

---

372) 대법원 2000. 6. 27. 선고 2000도1155 판결.
373) 대법원 2007. 9. 6. 선고 2006도3591 판결(甲이 존재하지 않은 약정이자에 관한 내용을 부

입증으로 법원을 기망한다는 인식이 필요하지만, 반드시 허위의 증거를 이용하지 않더라도 당사자의 주장이 법원을 기망하기에 충분한 경우에는 사기죄는 성립한다.[374]

그러나 행위지가 사실을 잘못인식하거나 법률적 판단을 잘못하여 존재하지 않은 채권을 존재한다고 믿고 제소한 경우,[375] 단순히 상대방에게 유리한 증거를 제출하지 않거나 유리한 서실을 진술하지 않은 경우,[376] 사자(死者)를 상대로 한 제소의 경우,[377] 허무인(虛無人)에 대한 소송,[378] 타인과 공모하여 그를 상대로 의제자백을 받아 소유권이전등기를 경료한 경우[379]에는 사기죄를 구성하지 않는다.

소송사기의 실행의 착수시기는 부실한 청구를 목적으로 법원에 소장을 제출한 때 또는 허위서류를 증거로 제출하거나 그러한 주장인 담긴 **답변서나 준비서면을 제출한 때**[380]이고, 법원을 기망하여 **승소판결이 확정**되면 기수가 된다.[381]

이와 달리 허위의 채권으로 지급명령을 신청하거나 가압류·가처분 또는 재판상 화해신청을 하는 경우에도 사기죄가 성립되는가가 문제된다.

가압류·가처분신청은 강제집행의 보전절차에 불과하므로 청구의사의 표시로 볼 수 없고, **재판상 화해신청**은 새로운 법률관계가 창설되는 것이므로 실제적인 법률관계와 일치하지 않더라도 사기죄가 성립할 여지가 없다.

그러나 **허위의 채권으로 지급명령을 신청한 경우**에 본죄의 성립여부가 문제된다.

생각건대 허위의 채권에 의한 지급명령을 신청하는 것은 독촉절차에 불과하지만, 채무자가 이의신청을 하면 소를 제기한 것으로 간주되고, 이의신청이 없거나 각하된 경우에는 확정판결과 동일한 효력이 있고, 이로 인해 허위의 채무자는

기하여 위조한 乙 명의 차용증을 바탕으로 乙에 대한 차용금채권을 丙에게 양도하고, 이러한 사정을 모르는 丙으로 하여금 乙을 상대로 양수금 청구소송을 제기하게 한 경우에, 甲의 행위는 丙을 도구로 한 **간접정범 형태의 소송사기죄를 구성한다**).

374) 대법원 2018. 12. 28. 선고 2018도13305 판결; 대법원 2011. 9. 8. 선고 2011도7262 판결.
375) 대법원 2003. 5. 16. 선고 2003도373 판결; 대법원 1982. 9. 28. 선고 81도2526 판결.
376) 대법원 2002. 6. 28. 선고 2001도1610 판결.
377) 대법원 1997. 7. 8. 선고 97도632 판결; 대법원 1987. 12. 22. 선고 87도852 판결; 대법원 1986. 10. 28. 선고 84도2386 판결.
378) 대법원 1992. 12. 11. 선고 92도743 판결.
379) 대법원 1997. 12. 23. 선고 97도2430 판결.
380) 대법원 2003. 7. 22. 선고 2003도1951 판결.
381) 대법원 1998. 2. 27. 선고 93도2786 판결.

손해를 입게 되므로 사기죄가 성립된다고 보는 것이 타당하다.[382]

그 밖에 채권이 소멸된 판결정본에 의해 강제집행한 경우,[383] 가계수표 발행인이 허위사실로 제권판결을 받은 경우,[384] 자기앞수표를 교부받은 자가 이를 분실하였다고 허위로 제권판결을 받은 경우,[385] 주권을 교부받은 자각 이를 분실하였다고 허위로 공시최고신청을 하여 제권판결을 받은 경우,[386] 원인관계가 소멸된 약속어음 공정증서에 의하여 강제집행을 한 경우[387]에도 당연히 사기죄가 성립한다.

또한 판례는 자신이 토지의 진정한 소유자라고 허위의 주장을 하면서 소유권보존등기 명의자를 상대로 보존등기의 말소를 구하는 소송을 제기하여 승소확정판결을 받은 경우에도 "대상 토지의 소유권에 대한 방해를 제거하고 그 소유를 얻을 수 있는 지위"라는 재산상의 이익을 얻었으므로 사기죄의 기수에 이르렀다고 판시하였다.[388]

② 신용카드의 부정사용   신용카드를 부정사용한 경우란 신용카드소지자가 상품제공자를 기망하여 신용카드를 부정사용함으로써 신용카드회사 또는 카드명의인에게 손해를 입힌 경우를 말한다. 즉 도난 또는 분실된 신용카드를 진정한 카드소지자처럼 신용카드 본래의 용법에 따라 사용하는 경우를 말한다.[389]

카드대금의 결제의사나 결제능력 없이 자기명의의 신용카드를 이용하여 물품을 구입한 경우에 가맹점은 카드회사로부터 물품대금을 지급받게 되므로 기망행위가 없기 때문에 사기죄가 성립하지 않는다고 해석하는 부정설[390]도 있지만, 신용카드의 본질에 비추어 신용카드가맹점도 신용카드회원이 물품대금을 지급할 것이라 믿고서 카드결제를 한 것이므로 카드명의인이 변제할 의사와 변제할 자

---

382) 대법원 2004. 6. 24. 선고 2002도4151 판결.
383) 대법원 1992. 12. 22. 선고 92도2218 판결.
384) 대법원 1999. 4. 9. 선고 99도364 판결.
385) 대법원 2003. 12. 26. 선고 2003도4914 판결.
386) 대법원 2007. 5. 31. 선고 2006도8488 판결.
387) 대법원 1999. 12. 10. 선고 99도2213 판결.
388) 대법원 2011. 12. 13. 선고 2011도8873 판결; 대법원 2006. 4. 7. 선고 2005도9858 전원합의체 판결.
389) 대법원 1995. 7. 28. 선고 95도997 판결.
390) 배종대, 478면.

력이 없게 된 상황하에서 신용카드를 남용하여 물품을 구입한 것은 사기죄를 구성한다고 해석하는 긍정설[391]이 타당하다. 대법원도 자기명의의 카드를 이용하여 현금서비스를 받고 물품을 구입한 행위는 모두 사기죄의 포괄일죄가 성립한다고 판시한 바 있다.[392] 그러나 자기명의의 신용카드를 가지고 현금자동지급기에서 현금을 인출하는 행위는 사기죄의 구성요건에도 해당하지 않는다고 보아야 한다.[393]

결국 절취 또는 강취한 타인명의의 신용카드로 물품을 구입한 경우에는 사기죄가 성립하지만,[394] 타인의 신용카드를 편취 또는 갈취하여 본인으로부터 신용카드를 사용할 권한을 부여받은 경우에는 사기죄는 성립하지 않게 된다.

3) 피기망자의 재산상의 처분행위

사기죄는 피기망자의 의사에 따른 **처분행위**에 의하여 재물 또는 재산상의 이익을 취득하는 점에서 탈취죄인 절도죄나 강도죄와 구별된다. 피기망자의 처분행위는 사기죄에 있어서 **기술되지 않은 구성요건요소**이다.

가. 처분행위의 의의　　'**처분행위**'란 직접 재산상의 손해를 초래하는 작위·부작위 또는 수인을 말한다. 따라서 재물을 교부하거나 재물을 가져가는 것을 수인·묵인하거나(예: 창고에서 차를 빼내가는 것을 방치한 경우), 재산상의 이익을 취득하는 일체의 행위로 계약의 체결, 노무의 제공, 채무면제의 의사표시와 같은 작위는 물론 기망에 의한 착오 등으로 청구권 기타 권리를 행사하지 않는 부작위도 처분행위가 될 수 있다. 사기죄는 행위자의 기망행위로 인해 피기망자에게 착오가 발생하고 그로 인해 피기망자의 하자있는 의사에 의한 재산상의 처분행위에 의하여 기망자 또는 제3자가 재물을 교부받거나 재산상의 이익을 취득해야 성립한다.

그러므로 사기죄에 있어서 피기망자의 **재산상의 처분행위**는 '**기술되지 않는 구성요건요소**'로서 탈취죄와 구별되며, 피기망자의 재산상의 처분행위가 없으면 사기죄는 성립되지 않게 된다.

재산상의 처분행위에 해당하는 경우로는, ① 가압류채권자가 기망에 의하여 부동산가압류를 해제한 경우,[395] ② 소유권이전등기 청구권 보전의 가등기를 말

---

391) 이재상/장영민/강동범, 374면.

392) 대법원 1996. 4. 9. 선고 95도2466 판결.

393) 이재상/장영민/강동범, 342면.

394) 대법원 1997. 1. 21. 선고 96도2715 판결.

소하는 경우,[396] ③ 구속영장의 발부 또는 판결의 선고와 같은 국가권력의 행사도 처분행위라 할 수 있으며, ④ 배당이의소송의 제1심에서 패소하여 항소한 자가 항소를 취하하는 경우에도 상대방이 배당금을 수령할 수 있는 이익을 얻게 되는 경우[397] 등이다.

그러나 피고인이 피해자에게 부동산매도용인감증명 및 등기의무자 본인확인서면의 진실한 용도를 속이고 그 서류를 교부받아 피고인 등의 명의로 소유권이전등기를 경료한 경우에는 피해자의 부동산에 대한 처분행위가 있었다고 할 수 없으므로 사기죄는 성립하지 않는다.[398]

여기에서 피기망자의 처분행위란 순수한 사실상의 처분행위를 의미하므로 민법상의 **법률행위**뿐만 아니라 **사실행위**도 포함한다. 법률행위일 때에는 유효·무효나 취소의 가능여부를 따지지 않으며, 사실행위인 경우에는 행위능력이 없는 자도 할 수 있다. 다만 피기망자의 처분행위는 **재산적 처분행위**일 것을 요한다.

나. 처분행위의 요소

(가) 처분행위자(피기망자)에게 처분의사의 필요여부　　처분행위자에게 처분의사가 필요한가에 대하여는 **필요설**과 **불필요설** 및 **절충설**이 대립한다. 불필요설은 피기망자의 처분행위는 객관적으로 손해를 초래할 수 있는 행위이면 족하므로 처분의사가 불필요하다는 견해[399]이고, 절충설은 재물과 재산상의 이익을 구별하여 이익사기의 경우에는 처분의사가 불필요하지만, 재물사기의 경우에는 절도죄와의 구별을 위해 처분의사가 필요하다는 입장이다.

생각건대 피기망자의 재산상의 처분행위는 피기망자의 처분의사에 의한 것이어야 한다는 **필요설**의 입장이 타당하며, 판례도 처분행위자에게 처분의사가 필요하다는 필요설의 입장을 취하고 있다. 여기서 피기망자의 처분의사란 자신의 행위로 재물의 점유나 기타 재산상의 이익이 타인에게 이전되거나 채무부담이 자신에게로 옮겨온다는 점에 대하여 인식하는 것을 의미한다. 따라서 처분행위자는 사실상 재산적 처분행위를 할 수 있을 정도의 의사능력은 있어야 하므로, 유아나 심신상

---

395) 대법원 2007. 9. 20. 선고 2007도5507 판결.
396) 대법원 2008. 1. 24. 선고 2007도9417 판결.
397) 대법원 2002. 11. 22. 선고 2000도4419 판결.
398) 대법원 2001. 7. 13. 선고 2001도1289 판결.
399) 이재상/장영민/강동범, 344면.

실자는 처분행위자가 될 수 없지만 심신미약자나 미성년자는 처분행위자가 될 수 있다.

또한 피기망자가 처분행위의 의미나 내용을 인식하지 못하였으나 피기망자의 작위 또는 부작위가 재산상 손해를 초래하는 재산적 처분행위로 평가되고, 이러한 작위 또는 부작위가 직접 재산상 손해를 초래하는 재산적 처분행위로 평가되고, 이러한 작위 또는 부작위를 피기망자가 인식하고 한 경우에는 처분행위에 상응하는 처분의사가 인정된다. 말하자면 피기망자가 자신의 작위 또는 부작위에 따른 결과까지 인식하여야 처분의사를 인정할 수 있는 것은 아니다.

따라서 대법원은 "피고인 등이 토지소유자이자 매도인인 피해자 甲 등에게 토지거래허가 등에 필요한 서류라고 속여 근저당권설정계약서 등에 서명·날인하게 하고 인감증명서를 교부한 다음, 이를 이용하여 甲 등의 소유 토지에 피고인을 채무자로 한 근저당권을 乙 등에게 설정하여 주고 돈을 차용하는 방법으로 재산상의 이득을 취득하였다고 하여 특경법(사기) 및 사기로 기소된 사안에서, 甲 등의 행위는 사기죄에서 말하는 처분행위에 해당하고 甲 등의 처분의사가 인정됨에도, 甲 등에게 그 소유 토지들에 근저당권을 설정하여 줄 의사가 없었다는 이유만으로 甲 등의 처분행위가 없었다고 본 원심판결에 법리오해의 잘못이 있다."고 판시한 바 있다.[400)]

(나) 처분행위의 임의성   피기망자의 **처분행위는 자유로운** 의사에 의하여 이루어져야 한다. 피기망자의 자유의사에 의하여야 하고, 자유의사가 아닌 경우에는 절도죄가 문제된다. 예컨대 경찰관을 사칭하고 위조된 압수수색영장에 의하여 재물을 교부받아 간 경우에는 피기망자의 자유의사에 의한 처분이 아니므로 **절도죄**에 해당한다. 이른바 **책략절도**에 불과하다. 이 경우에도 **사기죄에 해당**한다는 견해도 있다.

(다) 처분행위자와 피해자의 관계   처분행위자와 피기망자는 일치하여야 하지만, 처분행위자와 재산상의 피해자는 반드시 동일인이어야 할 필요는 없다. 처분행위자와 피해자가 일치하지 않는 사기형태를 **삼각사기**라고 하며, 이 경우와 선의(善意)의 도구를 이용한 절도죄의 간접정범, 즉 책략절도를 어떻게 구별할 것인가가 문제된다. 사기죄가 성립하기 위해서는 피기망자인 처분행위자에게 타인

---

400) 대법원 2017. 2. 16. 선고 2016도13362 전원합의체 판결.

의 재물을 처분할 일정한 능력이 있어야 하는데, 처분행위자에게 타인의 재물을 처분할 법적 권한이 있어야 하는가, 아니면 사실상의 지위에 있으면 족한가에 관하여 학설의 대립이 있다.

① 법적 권한설　　처분행위자에게 법률·계약 또는 묵시적 위임에 의하여 **재산을 처분할 수 있는 법적 권한**이 있어야 한다는 견해이다. 이를 재산영역설이라고도 하며, 종래의 판례[401]의 입장이었다.

② 사실싱의 지위설　　처분행위자가 사실상 피해자의 재산을 처분할 수 있는 지위에 있으면 족하다는 견해로서 **창고설** 또는 **힘의 영역설**이라고도 하며, 현재 통설과 판례[402]의 입장이다.

생각건대 법적 권한설에 의하면 법률, 계약, 위임 등에 의하여 법적으로 재산을 처분할 수 있는 권한이 있는 자가 아니면 처분행위를 할 수 없게 된다. 그러나 법적 권한설은 경제적 재산개념 내지 처분행위의 개념과 조화하기 어려울 뿐만 아니라 처분행위자를 여기에 한정해야 할 이유가 없다. 따라서 피기망자가 피해자의 경제적 재산을 사실상 처분할 수 있는 지위에 있는 경우에 처분행위를 할 수 있다고 해석하는 **사실상의 지위설**의 입장이 타당하다.

그러므로 처분행위자가 피해자의 하위점유자인 경우, 사실상의 대리인인 경우, 가족관계가 있는 경우, 기타 이에 준하는 관계가 인정되는 경우에는 처분행위자가 될 수 있다. 따라서 이러한 **보호관계**에 의하여 피해자를 위한 지위에 있는 자가 객관적으로 피해자를 대신하고 주관적으로 피해자를 위하여 처분한 때에는 **삼각사기에 의한 사기죄**가 성립하고, 처분행위자에게 재산에 대한 이러한 보호관계가 없는 경우에는 **절도죄의 간접정범**이 된다.

따라서 등기공무원을 기망하여 부동산소유권이전등기를 한 경우에는 등기공무원이 재산을 처분할 법적 권한이나 사실상의 지위에 있지 않으므로 어느 견해에 따르더라도 사기죄는 성립하지 않고, 공정증서원본불실기재죄와 동행사죄가 성립한다.[403] 또한 리스회사의 지점장의 공리스에 의한 사기행위는 회사 경영위

401) 대법원 1982. 3. 9. 선고 81도1732 판결; 대법원 1982. 2. 9. 선고 81도944 판결; 대법원 1981. 7. 28. 선고 81도529 판결.
402) 대법원 1994. 10. 14. 선고 94도1575 판결; 대법원 1991. 1. 11. 선고 90도2180 판결; 대법원 1989. 7. 11. 선고 89도346 판결.
403) 대법원 1982. 3. 9. 선고 81도1732 판결.

원회의 위원이 피기망자인 동시에 처분행위자이고, 피해자는 리스회사이다.[404]
그 밖에도 절취한 타인의 예금통장으로 예금을 인출하거나 부정대출을 받는 행
위는 삼각사기에 해당한다.[405]

(라) 처분행위와 착오 및 손해와의 관계

① 처분행위와 착오의 관계　　처분행위는 착오로 인한 것이어야 하므로 기
망행위와 착오 사이에 인과관계가 필요하고, 또한 피기망자의 착오와 처분행위
사이에는 인과관계가 필요하다. 그러므로 기망행위를 했지만 피해자가 **연민의 정**
으로 재물을 교부한 경우에는 사기미수에 불과하다. 피기망자의 처분행위가 착오
이외에 피기망자의 과실이 함께 작용했다 하더라도 인과관계가 부정되지는 않는
다. 예컨대 타인의 예금통장으로 예금을 인출하는 예금통장사기의 경우에 은행원
이 정당한 권리자로 오인하는 데에 과실이 있었다고 하더라도 인과관계가 인정
된다.

② 처분행위와 재산상의 손해발생　　처분행위로 인하여 직접 재산상의 손해
가 발생해야 한다. 즉 처분행위와 재산상의 손해발생 사이에 다른 부수적인 행위
가 개입해서는 안된다는 것을 **처분효과의 직접성**이라 한다. 처분행위가 직접 재물
의 교부를 야기할 때는 사기가 되지만, 행위자의 별도의 행위에 의하여 재산상의
손해가 발생한 경우에는 책략절도가 된다.

(ㄱ) 재물에 대한 사기와 책략(策略)절도의 한계　　㉠ 가스검침원을 사칭하여 집
안에 들어온 후 물건을 훔쳐 달아난 경우, ㉡ 백화점에서 귀금속을 사겠다고 하
여 이를 받은 다음 화장실에 다녀오겠다면서 도주한 경우,[406] ㉢ 결혼식장에서의
축의금을 접수처에서 접수인인 것처럼 행사하여 이를 교부받아 가로챈 경우[407]
등은 **처분효과의 직접성**이 없으므로 **책략절도**에 해당한다. ㉣ 자전거를 살 의사도
없이 시운전을 빙자하여 교부받은 자전거를 타고 도주한 경우에는 처분효과의

---

404) 대법원 2001. 4. 27. 선고 99도484 판결.
405) 대법원 2002. 7. 26. 선고 2002도2620 판결(이 판례에서는 "… 피기망자는 재물 또는 재산
　　상의 이익에 대한 처분행위를 할 수 있는 권한이 있는 자를 말한다."라고 판시하여 권한설
　　의 태도를 보이는 듯한 점은 판례의 일관성이라는 점에서 문제된다).
406) 대법원 1990. 8. 10. 선고 90도1211 판결(만약 이 경우에 귀금속을 포장한 후 계산대로 가
　　는 사이에 달아나는 경우에는 **사기죄가 성립**한다).
407) 대법원 1996. 10. 15. 선고 96도2227 판결.

직접성을 인정하여 사기죄의 성립을 인정하는 견해와 처분효과의 직접성을 부정하여 절도로 보는 견해의 대립이 있다. 판례[408]는 전자의 태도를 취한다.

　　(ㄴ) 사람을 기망하여 재물을 포기하게 한 후 이를 습득하는 경우에는, ㉠ 사기죄, ㉡ 절도죄, ㉢ 점유유탈물횡령죄가 성립한다는 견해의 대립이 있다. 재물의 포기행위가 일종의 재산상의 처분행위이므로 사기죄가 성립한다.

5) 재산상의 손해발생

　　피기망자의 처분행위로 인하여 재물 또는 재산상의 이익을 취득하여야 한다. 이것으로 인하여 피해자에게 재산상이 손해가 발생해야 하는가에 대하여는 견해의 대립이 있다.

　　가. 손해발생의 필요성여부　　① 배임죄와는 달리 사기죄는 손해의 발생을 요건으로 하지 않는다는 **부정설**과 ② 재물편취의 경우에는 재물교부 자체가 재산상의 손해가 되므로 사기죄가 성립하지만, 이익편취의 경우에는 재산상의 손해가 발생해야 한다는 **이분설**, 그리고 ③ 사기죄는 재산권을 보호법익으로 하는 재산죄이므로, 피해자에게 재산상의 손해가 발생해야 한다는 **긍정설**의 대립이 있다. 판례는 일관되게 **부정설**의 태도를 취한다.[409]

　　생각건대 부정설의 입장에 따르면 재산상의 이익취득에 정당한 대가를 지급한 경우에도 사기죄가 성립하게 되므로, 사기죄는 재산죄라기보다는 처분의 자유를 보호하는 죄로 변질되어 사기죄의 성립범위를 지나치게 넓히게 된다. 따라서 긍정설이 타당하다.

　　나. 손해발생의 의의　　재산상의 손해란 **재산가치의 감소**를 의미하며, 경제적 재산개념에 따라 처분행위의 전후를 비교하여 **전체계산의 원칙**에 따라 결정 전체재산이 감소했다는 것을 의미한다. 처분행위로 인한 손해와 자료동일성이 인정되는 이익을 얻었다면 그 얻은 직접적 이익은 손해에서 차감되어야 한다. 이를 **차감계산의 원칙**이라 한다.

　　다. 손해판단의 기준　　재산상의 손해는 **개별적·객관적 방법**에 의한 평가하여 산정해야 한다. (i) 기망행위로 인하여 취득한 재산이 피해자에게 쓸모없는 경우, 예컨대 아동이 볼 수 없는 책이나, 주부에게 불필요한 잡지를 구매하게 하거

---

408) 대법원 1968. 5. 21. 선고 68도480 판결.
409) 대법원 1999. 7. 9. 선고 99도1040 판결.

나, 사용할 수 없는 기계를 판매한 경우, (ⅱ) 피기망자의 생계유지가 힘들 정도로 경제적 부담을 지게 하는 경우, (ⅲ) 처분행위의 사회적 목적이 없어진 경우, 예컨대 구걸사기, 기부금사기, 은행대출요건에 대한 기망,[410] 국유재산매각에 있어서 연고권에 대한 기망 등의 경우에도 사기죄에 해당한다.

라. 손해의 범위 재산상의 손해에는 **현실적인 재산의 감소인 손해뿐만 아니라 손해발생의 구체적 위험도** 포함된다. **재산상태가 악화되었다고 볼 수 있는 재산가치에 대한 구체적 위험만으로도 손해가 발생한다.** 그러므로 입장권 없이 출입, 승차권 없이 승차, 지불능력 없는 자와 금전대차계약 등이 해당된다.

마. 손해와 이익의 자료동일성 기망행위자는 피기망자의 처분행위로부터 재물 또는 재산상의 이익을 직접 취득해야 한다. 즉 피해자의 재산상의 손해와 동일한 자료로부터 재산상의 이익을 취득해야 한다. 이를 손해와 이익의 **자료동일성**이라 한다.

그러므로 행위자가 제3자로부터 현상금이나 보수를 받기 위해 상대방을 기망하여 재산상의 손해를 입히는 것은 손해와 이익의 자료동일성이 없기 때문에 사기죄가 성립하지 않는다.

2. 주관적 구성요건

(1) 고 의

행위자는 사기죄의 객관적 구성요건요소에 대한 고의가 있어야 한다. 즉 행위자는 기망행위, 피기망자의 착오와 처분행위, 손해발생과 그 사이에 인과관계 등에 대한 인식이 필요하다. 고의는 미필적 고의로도 족하다. 따라서 변제가능성이 없는데도 불구하고 금전을 차용하거나 물품을 납품받은 경우에는 본죄의 미필적 고의가 인정된다.[411]

그러나 행위자의 의도가 과학적으로 증명되지 않는다고 하여 사기의 고의가 인정되는 것은 아니므로 기도·굿·부적의 대가를 받는 행위만으로 사기죄는 성립하지 않으며, 또한 기망의 고의가 없는 단순한 채무불이행의 경우[412]나 사업의

---

410) 대법원 2007. 4. 27. 선고 2006도7634 판결.
411) 대법원 2007. 11. 29. 선고 2007도8549 판결; 대법원 1990. 11. 13. 선고 90도1218 판결; 대법원 1987. 8. 22. 선고 87도1605 판결.
412) 대법원 2008. 2. 14. 선고 2007도10770 판결.

수행과정에서 이루어진 거래에서 기업경영자가 파산에 의한 채무불이행의 가능성을 인식할 수 있었으나 그러한 사태를 피할 수 있는 가능성이 있다고 믿었고, 계약이행을 위해 노력할 의사가 있었을 경우[413]에도 사기죄를 구성하지 않는다.

(2) 불법이득(영득)의 의사

사기죄는 재물 또는 재산상의 이익을 취득하는 것을 내용으로 하는 범죄이다. 따라서 행위자에게는 사기죄의 객관적 구성요건요소에 대한 인식과 의사인 구성요건적 고의 이외에 불법영득의 의사 또는 불법이득의 의사가 필요하다. 여기서 재산상의 이익이란 피해자의 재산상의 손해에 대응하는 개념으로서 경제적인 관점에서의 재산가치의 증가를 의미한다고 할 수 있다. 그리고 재물 또는 재산상의 이익과 손해발생 사이에는 자료의 동일성 또는 직접적 관계가 인정되어야 한다.

또한 불법영득(이득)의 의사란 재물 또는 재산상의 이익의 취득이 객관적으로 위법할 것을 요하므로 행위자에게 재물을 교부받거나 재산상의 이익을 취득할 정당한 권리가 있는 경우에는 불법한 이익이 아니므로 사기죄는 성립하지 않는다.

그런데 문제는 정당한 권리자가 권리실현의 수단으로 상대방을 기망하여 재물을 교부받은 경우에 사기죄가 성립하는지 여부가 문제된다.

이에 대하여는, ① 정당한 권리자가 기망행위를 수단으로 재물 또는 재산상의 이익을 취득한 경우에는 정당한 권리의 실현이고 불법한 이득을 취한 것이 아니므로 사기죄의 구성요건해당성이 조각되어 성립하지 않는다는 부정설과 ② 정당한 권리행사이지만 기망행위가 사회통념상 권리행사의 수단으로 용인할 수 있는 한계를 벗어난 권리남용일 때에는 영득이 불법하므로 사기죄가 성립하지만, 정당행위 또는 자구행위의 요건을 충족할 때에만 위법성이 조각된다는 견해[414] 등으로 학설의 대립이 있다. 판례는 후자의 입장을 취하고 있다.[415]

그리고 전자의 입장에 따르더라도 불법이득액이 정당한 권리의 범위를 초과한 경우에는, (ㄱ) 전체에 대한 사기죄가 성립한다는 견해와, (ㄴ) 가분일 때는 초과부분에 대하여, 그리고 불가분일 때는 전체에 대하여 사기죄가 성립한다는 견해

---

413) 대법원 2017. 1. 25. 선고 2016도18432 판결.
414) 유기천, 247면; 정영석, 356면.
415) 대법원 2003. 6. 13. 선고 2002도6410 판결.

의 대립이 있다.

그 밖에도 특정물 채권일 때에는 구성요건해당성이 조각되나 불특정물일 때에는 위법하며, 재산상의 이익을 취득한 때에는 위법하다는 견해도 있다.

판례는 매도인이 후매수인과 이중계약을 체결하자 선매수인과 중개인이 기망적인 방법으로 등기에 필요한 매도인의 인감증명서를 교부받은 경우,[416] 허위내용의 목격자진술서를 작성하여 부정한 방법으로 요양신청을 하여 산업재해보상 보험급여를 지급받은 경우,[417] 자기앞수표를 갈취당한 자가 허위로 공시최고신청을 하여 수표에 대한 제권판결을 선고받은 경우[418] 등에 있어서 사기죄가 성립한다고 판시하고 있다.

3. 관련문제

(1) 실행의 착수와 기수시기

1) 실행의 착수시기

본죄의 실행의 착수시기는 편취의사로 **기망행위를 개시한 때**이다. 그 이전의 기망을 위한 준비행위는 예비단계에 불과하다. 따라서 보험사기의 경우에는 보험회사에 보험금 등의 금전지급을 청구한 때에 실행의 착수가 있고, 보험금을 받기 위해 교통사고를 내거나 방화를 한 때가 아니다. 보상금이나 보조금을 지급받기 위해 단순히 허위피해신고를 한 경우에는 아직 기망행위의 실행의 착수가 있다고 할 수 없다.[419]

소송사기의 경우에도 법원에 소장을 제출한 때에 실행의 착수가 있다.

2) 기수시기

본죄의 기수시기는 피해자에게 **재산상의 손해가 발생한 때**이며, 행위자가 불법한 재산상의 이익취득을 할 것을 요하지 않는다. 기수가 되기 위해서는 **기망행위 → 피기망자의 착오 → 피기망자의 처분행위 → 재산상의 손해발생** 상호간에 인과관계가 있어야 한다. 인과관계가 인정되지 않을 때에는 미수가 된다.

따라서 본죄의 기수시기는 동산은 인도받은 때이고, 부동산은 등기한 때이

---

416) 대법원 1992. 11. 24. 선고 92도391 판결.
417) 대법원 2003. 6. 13. 선고 2002도6410 판결.
418) 대법원 2003. 12. 26. 선고 2003도4914 판결.
419) 대법원 1999. 3. 12. 선고 98도3443 판결.

며, 보험사기는 보험금을 수령한 때에,[420] 소송사기는 승소판결이 확정된 때에 기수가 된다.

사취한 재물이나 재산상의 이익을 처분하는 것은 새로운 법익을 침해하지 않는 이상 불가벌적 사후행위가 된다. 예컨대 절취한 자기앞수표를 교부하고 현금을 받은 경우에는 불가벌적 사후행위가 된다.[421] 그러나 절취한 예금통장으로 은행원을 기망하여 예금을 인출한 때에는 절도죄와 사문서위조죄·위조사문서행사죄 및 사기죄가 성립한다.

(2) 불법원인급여와 사기죄

사람을 기망하여 반환청구권이 없는 불법한 급여를 하게 한 경우에 사기죄가 성립하는지 문제된다. 예컨대 성매매를 위해 지불한 돈, 통화위조자금, 뇌물 등과 같이 불법원인급여를 편취한 경우이다. 이에 대하여는 **부정설**은 민법상 피해자에게 반환청구권이 없다는 것을 근거(민법 제746조)로 법질서의 통일을 위해서 사기죄가 성립하지 않는다고 한다.[422] 그러나 사기죄의 성립여부는 민법상의 반환청구권의 유무와 관계없이 형법의 독자적 관점에서 판단해야 하고, 기망행위에 의하여 재산상의 손해를 입힌 것이 명백하므로 사기죄의 성립을 인정하는 **긍정설**의 입장이 타당하며, **통설**[423]과 **판례**[424]의 입장이기도 하다.

(3) 친족상도례

사기죄에도 친족상도례에 관한 규정이 준용된다. 본죄에 있어서 친족관계는 **행위자와 재산상의 피해자** 사이에 존재해야 한다.[425] 피기망자와 재산상의 피해자가 일치하지 않는 경우에는 피기망자는 사기죄의 피해자가 아니므로, 행위자와 피기망자 사이에는 친족관계가 있을 것을 요하지 않는다.[426]

---

420) 대법원 2019. 4. 3. 선고 2014도2754 판결.
421) 대법원 1987. 1. 20. 선고 86도1728 판결.
422) 김일수/서보학, 349면; 박상기, 385면.
423) 배종대, 68/67; 이재상/장영민/강동범, 354면.
424) 대법원 2004. 5. 14. 선고 2004도677 판결.
425) 대법원 2011. 4. 28. 선고 2011도2170 판결(사기죄의 피고인과 피해자가 사돈지간이라 하더라도 이를 민법상의 친족관계라 볼 수 없다).
426) 대법원 1976.4. 13. 선고 75도781 판결.

(4) 죄수 및 타죄와의 관계

1) 죄　　수

① 1개의 기망행위로 동일인으로부터 수차례에 걸쳐서 재물을 편취한 경우에는 포괄일죄가 된다.[427] 그러나 1개의 기망행위로 수인으로부터 편취한 경우에는 상상적 경합이 된다. ② 수개의 기망행위로 동일인으로부터 수차례 편취한 경우에는 범의와 범행방법에 따라 경합범 또는 포괄일죄가 된다. 또한 수개의 기망행위로 수인의 피해자에게 각각 재물을 편취한 경우에는 실체적 경합범이 된다.

2) 다른 범죄와의 관계

가. 수뢰죄 및 위조문서통화행사죄와의 관계　　공무원이 타인을 기망하여 재물을 교부받은 경우에는 사기죄와 수뢰죄의 상상적 경합이 되고, 기망이 아닌 경우에는 수뢰죄만 성립한다. 위조통화를 행사하여 타이의 재물을 편취한 때에는 위조문서통화행사죄와 사기죄의 경합범이 된다.[428]

나. 횡령죄 및 배임죄의 관계　　자기가 보관하는 타인의 재물을 기망행위에 의하여 영득한 경우에 횡령죄만 성립한다. 그러나 타인의 사무를 처리하는 자가 본인에 대하여 기망행위를 하여 재산상의 이익을 취득한 경우에는, ㉠ 사기죄는 배임죄에 흡수되어 배임죄만 성립한다는 견해, ㉡ 사기죄만 성립한다는 견해가 대립한다. 양죄는 구성요건의 성질을 달리 하므로 사기죄와 업무상 배임죄의 상상적 경합을 인정하는 다수설과 판례[429]의 입장이 타당하다.

다. 도박죄와의 관계　　사기도박의 경우에는 도박죄는 성립하지 않고 사기죄만 성립한다. 도박이란 2인 이상이 상호 재물을 걸고 우연의 승패에 의해 재물을 득실을 결정짓는 행위를 하는 것을 말한다.

---

427) 피고인이 수개의 선거비용 항목을 허위기재한 하나의 선거비용 보전청구서를 제출하여 대한민국으로부터 선거비용을 과다 보전받아 이를 편취하였다면 이는 일죄로 평가되어야 하고, 각 선거비용 항목에 따라 별개의 사기죄가 성립하는 것은 아니다(대법원 2017. 5. 30. 선고 2016도21713 판결).

428) 대법원 1979. 7. 10. 선고 78도840 판결; 그러나 상상적 경합으로 보고 견해로는 이재상/장영민/강동범, 353면.

429) 대법원 2002. 7. 18. 선고 2002도669 판결.

Ⅲ. 컴퓨터사용사기죄

제347조의2(컴퓨터등 사용사기) 컴퓨터 등 정보처리장치에 허위의 정보 도는 부정한 명령을 입력하거나 권한 없이 정보를 입력, 변경하여 정보처리를 하게 함으로써 재산상의 이익을 취득하거나 제3자로 하여금 취득하게 한 자는 10년 이하의 징역 또는 2천만원 이하의 벌금에 처한다.
제353조(자격정지의 병과) 본죄에는 10년 이하의 자격정지를 병과할 수 있다.

1. 의의 및 보호법익

본죄는 컴퓨터 등 정보처리장치에 허위의 정보 또는 부정한 명령을 입력하거나 권한 없이 정보를 입력 또는 변경하여 정보처리를 하게 함으로써 재산상의 이익을 취득하거나 제3자로 하여금 취득하게 함으로써 성립하는 범죄이다. 사기죄의 특별유형으로서 수정적 구성요건이다. 전자기록위작·변작죄와 함께 컴퓨터범죄의 핵심내용으로써 컴퓨터조작에 의한 불법한 이익을 처벌하기 위한 규정이다.

본죄의 보호법익은 개인의 재산권이며, 보호의 정도는 **침해범**이다.

2. 구성요건

(1) 행위주체 및 객체

1) 행위주체

본죄의 주체에는 제한이 없다. 기업내부인, 외부인을 불문하며, 컴퓨터전문가, 비전문가를 불문한다. 직접적, 간접적으로 가능하다.

2) 행위객체

본죄의 행위객체는 **재산상의 이익**이다. 재물은 본죄의 재산상의 이익에 포함되지 않는다는 **부정설**[430]과 이에 반해 재물은 특수한 재산상의 이익이기 때문에 본죄의 재산상의 이익에 포함된다는 **긍정설**이 대립한다. 판례[431]는 **부정설**의 입장

---

430) 김성돈, 381면; 박상기, 341면; 손동권/김재윤, 401면; 임웅, 442면.
431) 대법원 2003. 5. 13. 선고 2003도178 판결; 2002. 7. 12. 선고 2002도2134 판결(절취하거나 타인의 성명을 모용한 신용카드로 현금을 인출한 행위는 컴퓨터사용사기죄로 처벌할 수 없다).

이다. 따라서 타인의 신용카드를 이용하여 현금자동지급기에서 현금을 인출한 경우에 전설에 의하면 본죄가 성립하지 않게 되고 이 경우에는 절도죄가 성립한다는 입장을 취하게 된다. 이에 반해 후설에 의하면 본죄가 성립한다는 입장을 취하게 된다. 재물에 대한 사기죄가 성립하지 않은 경우에는 재물도 재산상의 이익의 특별규정이므로 재물을 취득한 경우에는 재산상의 이익을 취득한 것으로 볼 수 있다. 따라서 긍정설[432]이 타당하다.

(2) 실행행위

컴퓨터 등 정보처리장치에 허위의 정보 또는 부정한 명령을 입력하거나 권한 없이 정보를 입력, 변경하여 정보처리를 하게 하는 것이다.

1) 컴퓨터 등 정보처리장치

컴퓨터는 자동으로 계산이나 데이터의 처리를 할 수 있는 전자장치로, 재산적 이익의 득실·변경에 관련된 사무처리에 사용되는 것만을 의미한다. 은행의 전산망에 연결된 단말장치인 현금자동인출기, 현금입출금기도 포함되며, 후불식 공중전화카드 전용전화기도 이에 해당된다.

2) 허위의 정보입력

'정보'란 부호 또는 계속적 기능에 따라 컴퓨터 등을 통한 사무처리에 사용하기 위하여 만들어진 코드화된 모든 지식을 말한다. '허위의 정보를 입력한다'는 것은 사실관계와 일치하지 않은 정보를 입력하는 것을 말한다. 예컨대 은행의 온라인전산망에서 창구단말기를 통하여 허위의 입금 또는 출금데이터를 입력하거나, 예금원장 파일의 예금잔고를 증액 또는 감소시키는 것은 물론, 은행의 온라인전산망 밖에서 작출한 허위기록의 파일을 은행의 정규예금원장파일에 바꾸어 끼우는 행위가 여기에 속한다.

3) 부정한 명령의 입력

'부정한 명령의 입력'이란 당해 사무처리시스템이 예정하고 있는 사무처리목적에 비추어 주어서는 안되는 명령을 입력하는 것을 말한다. 즉 프로그램을 구성하는 개개의 명령을 부정하게 변경, 추가 삭제하거나 프로그램 전체를 변경하는 등 프로그램을 조작하는 것을 말한다. 예컨대 프로그램을 조작하여 예금을 인출해도 감소하지 않게 하거나 다른 사람의 예금을 자기계좌로 이체시키도록 조작하

---

432) 배종대, 68/102; 오영근, 330면; 이형국, 388면; 정영일, 186면.

는 행위 등이 이에 해당한다.

4) 권한없는 정보의 입력·변경

'권한없는 정보의 입력·변경'이란 정보를 권한없이 임의로 입력하거나 변경하는 것을 말한다. 타인의 신용카드나 현금카드를 절취하고 비밀번호를 알아내어 현금을 인출하거나, 절취한 신용카드로 인터넷금융결제를 하거나 텔레뱅킹 또는 인터넷뱅킹을 위해 타인의 ID 및 비밀번호를 사용하는 경우이다.[433] 후불식 공중전화카드를 도용하여 사용하는 경우도 여기에 해당한다.

5) 정보처리를 하게 하는 것

허위의 정보나 부정한 명령을 함으로써 컴퓨터 등 정보처리장치가 이에 따라 진실에 반하거나 정당하지 않게 사무처리를 하게 하는 것을 말한다. 즉 정보처리과정에 영향을 미쳐 재산권의 득실변경에 영향을 미치는 것을 말한다. 양자 사이에는 인과관계가 있어야 한다.

6) 재산상의 이익취득 및 손해의 발생

정보처리를 통하여 행위자 또는 제3자는 재산상의 이익을 취득해야 하고, 피해자는 재산상의 손해가 발생해야 한다. 이익과 손해 사이에는 자료동일성이 요구된다.

7) 실행의 착수 및 기수시기

정보처리장치에 허위정보나 부정한 명령을 입력하거나 권한없이 정보를 입력, 변경하기 시작한 때 실행의 착수가 있고, 피해자에게 재산상의 손해가 발생한 때 기수가 된다. 현실적으로 재산상의 이익취득과 본죄의 기수와는 무관하다. 허위의 정보나 부정한 명령의 입력, 권한없는 정보처리와 재산상의 손해발생 사이에는 인과관계가 있어야 하고, 부정될 때는 미수범이다.

---

433) 대법원 2003. 1. 10. 선고 2002도2363 판결(타인명의의 신용카드를 이용하여 비밀번호 등을 알아낸 후 이를 이용하여 재산상의 이익을 취득한 사례를 '부정한 명령을 입력하는 행위'에 포함시켜 해석하는 것은 죄형법정주의에 위배되는 유추적용에 해당하지 않는다고 판시하였다. 그러나 이 경우는 유추적용에 해당하므로 판례는 비판을 받아야 하며, 2001. 12. 29. 개정된 형법 제347조의2에 의하면, 이 경우에는 '권한없는 정보의 입력'에 해당하여 컴퓨터등 사용사기죄에 해당하게 된다).

3. 죄수 및 다른 범죄와의 관계

(1) 수개의 허위정보 입력하여 동일인에게 재산상의 손해가 발생한 경우에는 포괄일죄이다. 사기죄와 보충관계이므로 컴퓨터작동자(오퍼레이터)를 기망한 경우에는 사기죄만 성립한다. 또한 예금잔고를 이체·조작하는 행위는 컴퓨터 등 사용사기죄에 해당한다.[434)]

(2) 본죄의 수단인 행위가 **전자기록위작·변작죄**(제227조의2, 제232조의2) 또는 **동행사죄**(제229조, 제234조)에 해당할 경우에 양죄는 **상상적 경합**이 된다.

(3) 횡령죄와 배임죄는 상상적 경합범이 된다.

(4) 업무방해죄와도 상상적 경합범이 된다.

(5) 절도죄와는 택일관계이며, 특수절도죄와는 상상적 경합이 될 수 있다.

Ⅳ. 준사기죄

제348조(준사기) ① 미성년자의 지려천박 또는 사람의 심신장애를 이용하여 재물의 교부를 받거나 재산상의 이익을 취득한 자는 10년 이하의 징역 또는 2천만원 이하의 벌금에 처한다.
② 전항의 방법으로 제삼자로 하여금 재물의 교부를 받게 하거나 재산상의 이익을 취득하게 한 때에도 전항의 형과 같다.
제351조(상습범) 상습으로 제347조 내지 전조의 죄를 범한 자는 그 죄에 정한 형의 2분의 1까지 가중한다.
제352조(미수범) 제347조 내지 제348조의2, 제350조와 제351조의 미수범은 처벌한다.
제353조(자격정지의 병과) 본장의 죄에는 10년 이하의 자격정지를 병과할 수 있다.

1. 의의 및 보호법익

미성년자의 지려천박(知慮淺薄) 또는 사람의 심신장애를 이용하여 재물을 교부받거나, 재산상의 이익을 취득하거나 제3자로 하여금 교부·취득하게 함으로써 성립하는 범죄이다.

준사기죄는 사기죄의 보충적 구성요건이며, 독립적 구성요건이다.

---

434) 대법원 2008. 6. 12. 선고 2008도2440 판결.

본죄의 보호법익은 **재산권**이다. 보호의 정도는 **위험범**이라는 견해[435]도 있으나, 재산권에 대한 침해가 발생했을 때 기수가 되므로 본죄는 **침해범**이다.[436]

2. 구성요건

미성년자의 지려천박 또는 사람의 심신장애를 이용하여 재물을 교부받거나 재산상의 이익을 취득하는 것을 말한다.

(1) 미성년자의 지려천박

지려천박한 미성년자에 한한다. 독립하여 사리를 판단할 수 없을 정도로 지적 판단능력이 현저히 낮은 경우를 말한다.

(2) 사람의 심신장애

심신장애란 정신기능 장애를 말한다. 여기에서는 재산상의 거래에 관하여 정상적인 판단능력이 결여된 상태를 말한다. 이에 대하여, ① 심신상실 또는 심신미약의 경우를 의미한다는 견해도 있으나, ② 심신미약의 경우만을 의미하고, 심신상실의 경우에는 절도죄에 해당한다는 견해가 다수설[437]이고 타당하다.

(3) 이용행위

심신장애상태에 편승하는 것을 말하며, 기망행위에 해당하지 않을 정도여야 한다.

(4) 미수범 처벌

본죄의 미수범은 처벌한다.

V. 편의시설부정이용죄

제348조의 2(편의시설부정이용) 부정한 방법으로 대가를 지급하지 아니하고 자동판매기, 공중전화 기타 유료자동설비를 이용하여 재물 또는 재산상의 이익을 취득한 자는 3년 이하의 징역, 500만원 이하의 벌금, 구류 또는 과료에 처한다.
제352조(미수범) 제347조 내지 348조의2, 제350조와 제351조의 미수범은 처벌한다.
제353(자격정지의 병과) 본장의 죄에는 10년 이하의 자격정지를 병과할 수 있다.

---

435) 유기천, 252면; 이재상/장영민/강동범, 361면.
436) 김성돈, 388면; 김일수/서보학, 364면; 박상기, 347면; 배종대, 69/9; 손동권/김재윤, 403면.
437) 박상기, 346면; 배종대, 69/11; 임웅, 451면.

제354(친족간의 범행, 동력) 제328조와 제346조의 규정은 본장의 죄에 적용한다.

1. 의의 및 보호법익

편의시설부정이용죄는 부정한 방법으로 대가를 지급하지 아니하고 자동판매기·공중전화 기차 유료자동설비를 이용하여 재물 기타 재산상의 이익을 취득함으로써 성립하는 범죄이다.

본죄는 유료자동설비의 사회적 기능을 보호하기 위하여 신설한 절도죄, 사기죄의 흠결을 보충하는 특별규정이다. 보호법익은 **재산권**이고, 보호의 정도는 **침해범**이다.

2. 구성요건

본죄는 부정한 방법으로 대가를 지급하지 아니하고 자동판매기·공중전화 기타 유료자동설비를 이용하여 재물 또는 재산상의 이익을 취득하는 것이다.

(1) 객　체

본죄의 객체는 '재물 또는 재산상의 이익'이다.

(2) 실행행위

본죄의 실행행위는 '부정한 방법으로 대가를 지급하지 아니하고 자동판매기·공중전화 기차 유료자동설비를 이용하여 재물 기타 재산상의 이익을 취득하는 것'이다.

1) 자동판매기·공중전화 기타 유료자동설비

① '**자동판매기**'란 대가를 지불하면 기계·전자장치에 의하여 자동적으로 일전한 물건이 제공되는 일체의 기계설비를 말한다. 음료수·담배·승차권 자동자판기 등이 여기에 해당한다. 일반전화나 후불식 KT카드 전용공중전화는 여기에 포함되지 않는다. 후불식 공중전화카드를 도용한 경우에는 컴퓨터등 사용사기죄에 해당한다는 견해도 있다. 그러나 후불식 공중전화카드는 권리의무에 관한 타인의 사문서이므로 사문서부정행사죄에 해당한다는 견해와 반대로 사문서부정행사죄에는 전자기록이 포함되지 않으므로 이를 적용하는 것은 유추적용이므로 사문서부정행사죄가 성립되지 않는다는 견해의 대립이 있다.

판례는 일반전화의 무단사용은 전화서비스의 이용에 불과하므로 절도죄의 재물이 될 수 없으며,[438] 사람을 기망한 경우도 아니므로 사기죄에도 해당하지 않는다고 판시하였다.[439] 그러나 예컨대 타인의 KT전용공중전화카드를 무단으로 사용한 행위에 관하여는 대가를 지급하는 유료자동설비를 이용하는 경우가 아니므로 편의시설부정이용죄에는 해당하지 않지만,[440] 후불식공중전화카드는 사문서에 해당하고 이를 권한 없이 사용한 경우이므로 사문서부정행사죄에 해당한다고 판시하고 있다.[441]

② 기타 '유료자동설비'란 대가를 지불하는 경우에 물품 이외의 일체의 편익을 제공하는 자동기계설비를 말한다. 예컨대 놀이기구, 무인자동개찰구, 자동보관함, 뮤직박스, 자동화된 전보나 팩스도 포함된다. 다만 대가를 지불하지 않는 현금자동지급기는 본죄의 유료설비에 해당하지 않으며, 개인의 일반전화나 휴대전화도 여기에 해당하지 않는다.

2) 부정이용

대가를 지급하지 아니하고 **자동설비를 부정한 방법으로 조작하는 것**을 말한다. 그러므로 절취한 카드사용은 여기에 해당하지 않는다. 위조통화 등을 투입하여 물품을 나오게 하는 경우가 여기에 해당된다. 그러나 자동설비가 고장나 작동하지 않아 자판기를 열고 물품을 집어가거나 파손하고서 가져간 경우에는 절도죄 또는 손괴죄와 절도죄의 경합범이 성립한다.

3) 재물 또는 재산상의 이익취득 및 손해의 발생

자동설비를 이용하여 재물 또는 재산상의 이익을 취득할 것을 요하며, 이때에 본죄의 기수가 성립한다. 자동개찰구의 틈새로 들어가서 이용하거나 공중전화기가 고장이 나서 화폐주입 없이 이를 이용한 경우에는 본죄가 성립하지 않는다.

(3) 주관적 구성요건

본죄는 편의시설부정용에 대한 미필적 고의로 족하며, 불법영득 내지 이득의 의사가 있어야 한다.

---

438) 대법원 1998. 6. 23. 선고 98도700 판결.
439) 대법원 1999. 6. 25. 선고 99도3891 판결.
440) 대법원 2001. 9. 25. 선고 2001도3625 판결.
441) 대법원 2002. 6. 25. 선고 2002도461 판결.

(4) 다른 범죄와의 관계

선불카드 내지 정액승차권의 자기띠에 부정한 명령을 입력하여 사용금액을 초과하여 사용하는 경우에는 **컴퓨터등사용사기죄와 편의시설부정이용죄**의 구성요건을 모두 충족한다.

이 경우에 대하여, ① 편의시설부정이용죄를 컴퓨터등사용사기죄의 특별규정으로 보는 입장에서는 편의시설부정이용죄만 성립한다는 견해와, ② 본죄가 컴퓨터등사용사기죄의 보충규정이라는 입장에서는 컴퓨터등사용사기죄만 성립한다는 견해, 그리고 ③ 양죄의 상상적 경합이라는 견해 등이 있다.

생각건대 양죄는 보호법익이 다르므로 **편의시설부정이용죄**에 해당하고, 자기스트라이프를 조작한 행위에 대해서는 사전자기록변작죄(제232조의2)가 성립하고, 양죄는 실체적 경합관계가 된다는 견해가 타당하다.

Ⅵ. 부당이득죄

> **제349조(부당이득)** ① 사람의 궁박한 상태를 이용하여 현저하게 부당한 이익을 취득한 자는 3년 이하의 징역 또는 1천만원 이하의 벌금에 처한다.
> ② 전항의 방법으로 제삼자로 하여금 부당한 이익을 취득하게 한 때에도 전항의 형과 같다.

1. 의의 및 보호법익

본죄는 사람의 궁박한 상태를 이용하여 현저하게 부당한 이득을 취득하거나, 제3자로 하여금 취득하게 함으로써 성립하는 범죄이다.

본죄의 보호법익은 **재산권**이다. 보호의 정도에 대하여는 **위험범**이라는 견해와 **침해범**이라는 견해의 대립이 있다. 본죄가 사기의 죄에 속하는 이상 재산권에 대한 **침해범**으로 보는 견해가 타당하다. 따라서 현저하게 부당한 이익을 취득함으로써 상대방에게 현저한 손해를 발생하게 한 경우에 기수범이 된다. 본죄의 미수범은 처벌하지 않으며, 폭리행위를 사기죄의 한 유형으로 보고 입법화한 규정이다.

2. 구성요건

(1) 상대방의 궁박한 상태의 이용

'궁박(窮迫)한 상태'란 현저하게 경제적으로 곤궁한 상태뿐만 아니라 생명·건강·명예·신용 등에 대한 **정신적·육체적인 곤궁상태도 포함**된다. 생명·신체, 또는 명예에 대한 위난도 포함된다. 궁박상태에 이르게 된 원인은 묻지 아니한다. 무경험이나 판단능력을 실함, 의시박약도 관게없으며, 사회적 곤궁 또는 자연재해나 자초한 곤궁상태도 여기에 해당한다.

궁박한 상태를 '이용'한다는 것은 상대방의 궁박한 상태를 이익취득의 수단으로 이용하는 것을 말한다. 이용이란 준사기죄의 편승의 의미보다 강한 비동정성 또는 착취하는 것을 말한다. '궁박'이란 급박한 곤궁을 의미하는 것으로 부동산 매매와 관련해서는 피해자가 처한 제반상황을 종합적으로 고려하여 구체적으로 결정해야 한다.

(2) 현저하게 부당한 이익을 취득하여야 한다.

'이익'이란 전체로서의 재산상태의 증가하는 것을 말하며, '부당하다'는 것은 행위자의 급부와 반대급부인 이익 사이에 상당성이 없는 경우를 말한다. '현저하게' 부당한 이익을 취득했는가 여부는 일반적, 추상적인 판단이 아니라 행위 당시의 **구체적·개별적 사정**을 고려하여 객관적으로 판단해야 한다. 부당힌 이익은 법률행위가 유효한가 무효인가는 불문한다.

부동산 매매와 관련하여 현저하게 부당한 이익을 취득한 경우란 자유시장 경제질서와 계약자유의 원칙을 바탕으로 하여 종합적으로 검토하여 구체적으로 판단해야 한다.[442]

판례는 채권의 2배에 해당하는 대물변제를 받은 경우,[443] 매수인인 재건축조합이 재건축사업에 반드시 필요한 토지가 아닌데도 불구하고 매도인의 토지를 시세보다 비싼 가격으로 매입한 경우[444]에는 상대방의 궁박상태를 이용하였다고 할 수 없다.

---

442) 대법원 2005. 4. 15. 선고 2004도1246 판결.
443) 대법원 1972. 10. 31. 선고 72도1803 판결.
444) 대법원 2005. 4. 15. 선고 2004도1246 판결.

그러나 임대차의 경우에는 임대가격의 50%를 초과하는 경우에는 현저하게 부당한 이익을 취득하였다고 볼 수 있다.

(3) 주관적 구성요건요로로 고의가 필요하다.

본죄는 미필적 고의로 족하다. 따라서 행위자에게는 상대빙의 궁박한 상태를 이용하여 현저하게 부당한 이익을 취득한다는 점에 대한 인식과 의사가 필요하다. 문외한으로서의 소박한 평가로 충분하다.

VII. 상습사기죄

> 제351조(상습범) 상습으로 제347조 내지 전조의 죄를 범한 자는 그 죄에 정한 형의 2분의 1까지 가중한다.
> 제352조(미수범) 미수범은 처벌한다.
> 제353조(자격정지의 병과) 10년 이하의 자격정지를 병과할 수 있다.

상습사기죄는 상습으로 사기죄·컴퓨터등사기죄·준사기죄·편의시설부정이용죄·부당이득죄를 범함으로써 성립하는 범죄이다.

상습이란 동종의 범행을 반복하는 습벽을 말한다. 상습범은 포괄일죄로 보고 있는 것이 판례와 통설의 입장이다. 상습성의 판단은 판결선고시를 기준으로 판단한다. 또한 상습사기에 대한 공소제기의 효력이나 상습사기에 대한 확정판결의 기판력은 사실심리의 가능성이 있는 판결선고시를 기분으로 그때까지 행하여진 모든 사기행위에 대하여 그 효력이 미친다.[445] 상습사기죄를 범한 경우에 그 이득액이 5억원 이상일 때에는 특경법에 의하여 가중처벌된다.

VIII. 신용카드범죄

1. 신용카드의 의의와 성격

(1) 신용카드의 의의

신용카드는 3당사자간 신용카드와 2자간 신용카드(백화점시용카드 등)가 있다. 신용카드와 구별되는 개념으로 현금카드, 직불카드, 선불카드가 있다. 선불카드

---

445) 대법원 1983. 10. 11. 선고 82도402 판결.

로는 버스카드, 공중전화카드, 지하철카드, 고속도로통행카드 등이 있다. 직불카드는 신용카드에 준하는 법적 규제를 받는다. 그러나 현금카드는 신용기능이 없다는 점에서 「여신전문금융업법」상의 신용카드에 해당하지 않는다.

(2) 신용카드의 법적 성격

1) 신용카드의 문서성

신용카드는 그 자체로 구체적으로 특정한 권리가 화체되어 있는 것은 아니기 때문에 유가증권이 아니라 카드넝의인이 카드기맹겸과의 사이에서 신용거래에서 발생한 거래대금에 대하여 카드회사가 책임을 진다는 사실증명에 관한 사문서에 불과하다. 신용카드는 신용구매 또는 금융편의 등을 받을 수 있다는 점에서 경제적 가치는 있다고 하더라도 그 자체가 경제적 가치가 화체되어 있거나 특정한 재산권을 표창하는 유가증권으로 볼 수 없다.[446]

2) 신용카드의 재물성

재물죄의 객체인 재물은 주관적·소극적 가치만 있으면 충분하고 경제적 가치, 즉 객관적인 교환가치가 있을 것을 요건으로 하지 않을 뿐만 아니라 신용카드는 문서의 일종이므로 신용카드도 절도죄의 객체인 재물에 해당한다.

(3) 신용카드 범죄의 유형

신용카드범죄의 유형으로는, 1) 신용카드 자체에 대한 범죄와 2) 신용카드를 부정사용하는 범죄로 나눌 수 있으며, 전자는 다시 ① 신용카드에 대한 재산범죄, ② 신용카드를 부정 발급받는 행위, ③ 신용카드의 위조·변조행위를 들 수 있고, 후자는 ① 타인명의 신용카드의 부정사용과 ② 자기명의 신용카드의 부정사용으로 나눌 수 있다.

2. 신용카드 자체에 대한 범죄

신용카드 자체에 대한 범죄로는 절도죄,[447] 강도죄,[448] 사기죄, 공갈죄[449] 등 재산범죄의 대상이 된다. 신용카드에 대한 절도가 성립하기 위해서는 불법영득의 사가 있어야 하므로, 신용카드 내지 현금카드를 사용 후 반환할 의사를 가지고

---

446) 대법원 1999. 7. 9. 선고 99도857 판결.
447) 대법원 1996. 7. 12. 선고 96도1181 판결.
448) 대법원 1997. 1. 21. 선고 96도2715 판결.
449) 대법원 1996. 9. 20. 선고 95도1728 판결.

사용 후 반환한 경우에는 신용카드 자체에 대한 불법영득의사는 부정된다.[450)

신용카드를 부정하게 발급받거나 위조·변조한 경우에 어떤 범죄가 성립하는 지 문제된다.

(1) 신용카드에 대한 재산범죄

타인의 신용카드를 절취·강취한 경우에는 신용카드도 재물이므로 절도죄· 강도죄가 성립한다. 그러나 타인의 신용카드를 사용하여 물품을 구입하거나 현금 자동지급기에서 현금을 인출한 후에 이를 반환할 의사를 가지고 절취한 경우에 는 불법영득의 의사가 없으므로 절도죄는 성립하지 않게 된다.[451)

(2) 신용카드를 부정발급받는 경우

지불의사와 지불능력이 없으면서 자기명의로 신용카드를 발급받는 경우에 사기죄가 성립하는가에 관하여는 **긍정설**[452)과 **부정설**[453)이 대립한다. 부정설은 카 드회사가 카드발급신청자의 지불능력이나 지불의사 등을 고려하지 않고 카드를 발급하기 때문에 카드회사를 기망하는 행위가 있다고 할 수 없고, 신용카드 자체 는 가치라고 할 수 없을 정도로 경미하므로 사기죄의 성립을 부정해야 한다는 입 장이다. 이에 반해 긍정설은 카드를 발급받음으로써 앞으로 신용카드를 이용할 재산상의 위험이 발생하였으므로 사기죄가 성립한다는 한다는 입장이다. 판례는 신용카드를 부정발급받고 이를 사용하여 물품을 구입하거나 현금서비스를 받은 경우에는 **사기죄의 포괄일죄**가 된다고 판시하고 있다.[454)

---

450) 대법원 1999. 7. 9. 선고 99도857 판결; 대법원 1998. 11. 10. 선고 98도2642 판결.

451) 대법원 2006. 3. 9. 선고 2005도7819 판결; 대법원 1998. 11. 10. 선고 98도2642 판결; 대법 원 1999. 7. 9. 선고 99도857 판결(신용카드업자가 발행한 신용카드는 이를 소지함으로써 신용구매가 가능하고 금융의 편의를 받을 수 있다는 점에서 경제적 가치가 있다 하더라 도, 그 자체에 경제적 가치가 화체되어 있거나 특정의 재산권을 표창하는 유가증권이라고 볼 수 없고, 단지 신용카드회원이 그 제시를 통하여 신용카드회원이라는 사실을 증명하거 나 현금자동지급기 등에 주입하는 등의 방법으로 신용카드업자로부터 서비스를 받을 수 있는 증표로서의 가치를 갖는 것이어서, 이를 사용하여 현금자동지급기에서 현금을 인출 하였다 하더라도 신용카드 자체가 가지는 경제적 가치가 인출된 예금액만큼 소모되었다 고 할 수 없으므로, 이를 일시 사용하고 곧 반환한 경우에는 불법영득의 의사가 없다).

452) 박상기, 337면; 임웅, 438면; 김영환, 현금자동지급기의 부정사용에 관한 형법적인 문제점, 형사판례연구 6, 260면.

453) 배종대, 68/78; 정성근/박광민, 380면.

454) 대법원 1996. 4. 9. 선고 95도2466 판결.

그러나 신용카드를 부정발급받는 행위 자체만으로도 재물인 신용카드에 대한 사기죄가 성립한다.

따라서 타인명의의 신용카드를 임의로 카드회사에서 발급받는 경우에는 사문서위조죄 및 동행사죄가 성립하고, 신용카드를 발급받는 행위는 사기죄를 구성한다. 이에 대하여 판례는 타인 명의를 모용하여 발급받은 신용카드를 이용하여 현금자동지급기에서 현금을 대출받은 행위는 절도죄가 성립할 뿐이라고 판시하고 있다.[455]

(3) 신용카드 위조·변조죄

카드 등의 명의나 서명을 위조·변조하는 경우에는 「여신전문금융업법」 제70조 제1항의 신용카드 위조·변조죄에 해당한다. 전자기록을 변경한 경우에는 사전자기록 위작·변작죄에 해당할 수 있지만, 「여신전문금융업법」이 특별법이므로 우선하여 적용된다. 신용카드가 유가증권인가에 관하여는 긍정설과 부정설이 대립하나, 재산권이 화체되어 있다고 할 수 없으므로 부정설이 타당하다. 따라서 신용카드를 위조·변조한 경우에는 신용카드 위조·변조죄에 해당하고 유가증권 위조·변조죄에는 해당할 여지가 없게 된다.

3. 타인명의 신용카드의 부정사용

(1) 타인의 신용카드로 물품을 구입한 경우

1) 사기죄의 성부

행위자가 가맹점에 대하여 자신의 카드인 것처럼 속이고 물품을 구입하거나 용역을 제공받는 경우에는 묵시적 기망행위를 하였으므로 사기죄가 성립한다는 점에 대하여는 다툼이 없으며, 판례도 사기죄가 성립한다는 입장이다.[456]

이 경우에 피해자는 ① 가맹점이 피해자라는 견해, ② 귀책사유에 따라 가맹점 또는 카드회사가 피해자라는 견해, ③ 카드회사와 카드명의인이 피해자라는 견해 등이 있다.

---

455) 대법원 2006. 7. 27. 선고 2006도3126 판결.
456) 대법원 1997. 1. 21. 선고 96도2715 판결(강취한 신용카드를 가지고 자신이 그 신용카드의 정당한 소지인인 양 가맹점의 점주를 속이고 그에 속은 점주로부터 주류 등을 제공받아 이를 취득한 것이라면 신용카드부정사용죄와 별도로 사기죄가 성립한다); 대법원 1996. 7. 12. 선고 96도1181 판결.

2) 신용카드 부정사용죄의 성부

절취, 강취, 사취, 갈취, 습득한 타인의 신용카드를 부정하게 사용한 경우에는 「여신전문금융업법」 제70조 제1항의 신용카드부정사용죄가 성립한다. 사용과정에 매출전표작성 등에 대한 사문서위조 및 동행사죄는 불가벌적인 진형적인 수반행위로서 신용카드부정사용죄에 흡수되어 신용카드부정사용죄 1죄만 성립한다.

타인의 신용카드로 물품을 구매하기 위해 신용카드를 제시하는 행위는 신용카드부정사용죄의 실행의 착수에 불과하고 매출전표에 서명하여 교부한 때에 기수가 된다.[457]

신용카드부정사용행위가 시간적, 장소적으로 접속하여 수회에 걸쳐서 행해진 경우에는 포괄하여 일죄가 된다.[458]

결국 타인명의의 신용카드를 불법취득하여 물품을 구입한 경우에는, ① 카드 불법취득에 대한 재산범죄, ② 물품구매에 대한 사기죄, ③ 「여신전문금융업법」상 신용카드 부정사용죄가 성립하고 실체적 경합범이 된다.

(2) 타인의 신용카드로 현금자동지급기에서 현금서비스를 받은 경우

이 경우에는 사기죄, 편의시설 부정이용죄, 절도죄 및 컴퓨터사용사기죄와 신용카드 부정사용죄의 성립여부가 문제된다.

1) 사기죄 및 편의시설부정이용죄의 불성립

피기망자의 처분행위가 없으므로 사기죄는 성립하지 않는다. 유료자동설비가 아니므로 편의시설부정이용죄도 성립하지 않는다.

2) 절도죄 및 컴퓨터 사용사기죄

가. 절도죄의 성립여부　　절취 또는 강취한 타인의 신용카드를 이용하여 현금자동지급기에서 현금을 인출한 행위가 절도죄를 구성하는가에 관해서는 부정설과 긍정설이 대립한다. 부정설은 현금자동지급기는 신용카드와 비밀번호를 입력한 경우에는 돈을 지급하겠다는 것이 은행의 의사이므로 은행의 동의하에 금전을 취득한 경우이므로 절도죄의 구성요건해당성이 조각되는 양해에 해당하여 절도죄는 성립되지 않는다는 것이다. 이에 반하여 긍정설은 비밀번호와 카드를 불법취득한 사람에게 은행이 현금을 지급하겠다는 것이 아니라 정당한 카드소지

---

457) 대법원 1995. 7. 28. 선고 95도997 판결; 대법원 1993. 11. 23. 선고 93도604 판결.
458) 대법원 1996. 7. 12. 선고 96도1181 판결.

자인 권리자에게 지급하겠다는 것으로 보아야 하므로, 범죄로 취득한 타인의 신용카드로 현금서비스를 수령한 경우에는 현금에 대한 **절도죄가 성립**한다고 보아야 하며, 판례도 긍정설의 입장이다.[459]

그러나 신용카드를 절취나 강취가 아니라 편취·갈취하여 카드소지인로부터 예금인출을 승낙받고 현금카드를 이용하여 현금을 인출하는 경우에는 절도죄가 성립하지 않는다.

나. 컴퓨터 사용사기죄의 성부

컴퓨터사용사기죄는 컴퓨터 등 정보처리장치에 허위의 정보 또는 부정한 명령을 입력하거나 권한 없이 정보를 입력·변경하여 정보처리를 하게 함으로써 재산상의 이익을 취득하거나 제3자에게 취득하게 함으로서 성립하는 범죄이다. 따라서 타인명의의 신용카드와 비밀번호를 입력하는 것은 권한 없이 정보를 입력한 경우에 해당한다.

그러나 컴퓨터 등 사용사기죄의 객체는 재물이 아니라 재산상의 이익으로만 한정하고 있으므로, 현금을 인출한 경우에 컴퓨터 사용사기죄에 해당하는가가 문제된다.

이에 관하여 **부정설**은 컴퓨터 사용사기죄는 재산상의 이익에 제한되므로 현금을 인출한 행위는 절도죄가 성립한다는 것으로서 **판례**의 입장이기도 하다.[460] 이에 반하여 긍정설은 ① 본죄에서 무권한 사용을 처벌하는 것은 바로 현금자동지급기에서 현금을 인출하는 행위를 처벌하기 위해 신설된 규정이고, ② 재물과 재산상의 익은 대립개념이지만 동시에 재물은 재산상의 이익의 특별규정이므로 재물에 대한 사기죄가 성립되지 않는 경우에는 재산상의 이익에 대한 사기죄가 성립하는 것으로 해석할 수 있다는 것이다.

따라서 타인명의의 신용카드로 현금자동지급기에서 현금을 인출하는 행위는 **컴퓨터 사용사기죄에 해당**하고, 본죄와 절도죄는 택일관계에 있다.[461]

판례는 타인명의 신용카드를 사용하여 인터넷을 이용하여 신용대출을 받는 경우,[462] 현금카드의 소유자로부터 현금인출을 부탁받고 현금을 초과인출한 경우에는 **절도죄가 성립하지 않으면, 컴퓨터사용사기죄의 성립을 긍정**하고 있

---

459) 대법원 1995. 7. 28. 선고 95도997 판결.
460) 대법원 2003. 5. 13. 선고 2003도1178 판결.
461) 이재상/장영민/강동범, 374면.
462) 대법원 2006. 7. 27. 선고 2006도3126 판결.

다.[463)]

3) 신용카드 부정사용죄의 성부

분실 또는 도난된 타인의 신용카드로 현금자동지급기에서 현금을 인출한 경우에는 「여신금융전문업법」상 신용카드 부정사용죄 성립여부가 문제된다.

동법 제2조 제2호, 동법 제13조를 살펴보면 신용카드 부정사용죄에 해당한다.

따라서 컴퓨터 사용사기죄와 신용카드 부정사용죄가 성립하고, 양 죄는 실체적 경합관계이다.

4. 자기명의 신용카드를 부정사용한 경우

자기명의의 신용카드를 이용하여 물품대금지급능력이나 지급의사 없이 물품을 구입하거나 현금자동지급기에서 현금을 인출하는 행위는 어떤 범죄를 구성하는가에 관한 문제이다.

(1) 물품을 구입하는 경우

자기명의의 신용카드를 제시하여 물품을 구입하는 행위를 할 경우에 카드의 제시가 대금지급의사의 표시가 아니며, 가맹점은 카드소지인의 대금지급의사나 지급능력을 불문하고 카드회사로부터 대금을 지급받게 되기 때문에 기망행위가 있다고 할 수 없으므로 사기죄는 성립하지 않는다고 해석하는 **부정설**[464)]과 신용카드 가맹점은 신용카드회원이 대금을 지급할 의사와 능력이 있다고 믿었으므로 카드명의인 카드대금을 지급할 의사와 능력이 명백히 없는 경우에는 **사기죄의 성립을** 인정하는 **긍정설**[465)]이 대립한다. 대금지급의사와 대금지급능력이 없으면서 물품을 구입하는 행위는 가맹점을 기망하고 신용카드회사에 대해서는 재산상의 손해를 가할 의사가 있을 뿐만 아니라 형사정책적으로도 처벌해야 할 필요성도 있다. 따라서 사기죄를 긍정하는 **긍정설이** 타당하며, 판례도 이 입장을 취하고 있다.[466)]

(2) 현금자동지급기에서 현금을 인출하는 경우

자기명의의 신용카드를 가지고 현금자동지급기에서 현금을 인출하는 경우에

---

463) 대법원 2006. 3. 24. 선고 2005도3516 판결.
464) 배종대, 68/84.
465) 이재상/장영민/강동범, 376면.
466) 대법원 2005. 8. 19. 선고 2004도6859 판결.

는 사기죄나 편의시설부정이용죄도 성립하지 않으며, 절도죄, 컴퓨터사용사기죄도 성립하지 않는다. 또한 자기명의의 신용카드이기 때문에 「여신금융전문업법」상의 신용카드 부정사용죄에도 해당하지 않는다.

제5절 공갈의 죄

I. 개 설

1. 의 의

사람을 공갈하여 피공갈자의 하자있는 의사표시에 의하여 재물을 교부받거나 재산상의 불법한 이익을 취득하거나 제3자로 하여금 얻게 함으로써 성립하는 범죄이다. 재물죄인 동시에 이득죄이다. 상대방의 하자있는 의사에 따른 처분행위에 의하여 재물이나 재산상의 이익을 취득하므로 편취죄이다. 사기죄와 공갈죄는 피기망자나 피공갈자의 처분행위가 있다는 점에서는 동일하다. 그러나 행위수단이 전자는 기망행위이고, 후자는 폭행·협박이며, 보호법익이 전자는 재산권인데 반해 후자는 재산권과 자유권이며, 또한 전자는 범죄피해자가 재산의 소유자이지만, 후자는 피공갈자와 소유자라는 점이 다르다.

또한 공갈죄는 상대방의 의사에 반하여 재물 또는 재산상의 이익을 취득하는 탈취죄인 절도죄나 강도죄와 폭행·협박의 정도에 있어서 차이가 있다.

2. 보호법익 및 보호의 정도

공갈죄의 주된 보호법익은 재산권이고, 부차적으로 피공갈자의 의사결정과 의사활동의 자유권이다. 사기죄에 있어서는 피기망자와 재산상의 피해자가 일치할 필요가 없으며, 공갈죄에 있어서도 피공갈자와 재산상의 피해자가 일치하지 않을 수 있다. 그러나 피공갈자와 재산상의 피해자가 다른 삼각공갈죄에 있어서는 재산상의 피해자뿐만 아니라 폭행·협박을 당하는 피공갈자도 자유권을 침해당하므로 삼각공갈죄의 피해자는 피공갈자와 재산상의 피해자 모두가 피해자라는 점이 삼각사기죄와 다르다고 할 수 있다.

보호의 정도는 **침해범**이다.

3. 구성요건의 체계

공갈죄에 있어서 기본적 구성요건은 단순공갈죄이고, 책임가중적 구성요건으로 상습공갈죄가 있다. 공갈죄의 미수범은 처벌되며, 친족상도례에 관한 규정이 준용된다. 본죄에 관한 특별형법으로 「폭력행위 등 처벌에 관한 법률」과 「특정경제범죄 가중처벌 등에 관한 법률」이 있다.

II. 공 갈 죄

> **제350조(공갈)** ① 사람을 공갈하여 재물의 교부를 받거나 재산상의 이익을 취득한 자는 10년 이하의 징역 또는 2천만원 이하의 벌금에 처한다.
> ② 전항의 방법으로 제3자로 하여금 재물의 교부를 받게 하거나 재산상의 이익을 취득하게 한 때에 전항의 형과 같다.
> **제352조(미수범)** 제347조 내지 제348조의2, 제350조, 제350조의2와 제351조의 미수범은 처벌한다.
> **제353조(자격정지의 병과)** 본장의 죄에는 10년 이하의 자격정지를 병과할 수 있다.
> **제354조(친족간의 범행, 동력)** 제328조와 제346조의 규정은 본장의 죄에 준용한다.

1. 의의 및 성격

공갈죄란 사람을 공갈하여 재물을 교부받거나 재산상의 이익을 취득하거나 타인으로 하여금 이를 얻게 함으로써 성립하는 범죄이다. 본죄는 폭행·협박을 수단으로 하는 점에서는 강도죄와 유사한 구조를 지니고 있다. 그러나 강도죄는 재물 또는 재산상의 이익을 피해자의 의사에 반하여 강취함으로써 성립하는 범죄인데 반해서, 공갈죄는 상대방의 하자있는 의사에 의하여 피해자 스스로 재산상의 처분행위를 한다는 점에서 양죄는 엄격히 구별된다. 공갈죄는 피해자의 재산상의 처분행위가 있다는 점에서는 사기죄와 그 본질을 같이 하는 유발범죄라 할 수 있다.

2. 보호법익

사기죄는 재산죄이므로 **재산권을 제1차적 보호법익**으로 하면서, 제2차적으로는 **자유권을 보호법익**으로 한다. 따라서 사기죄에 있어서 피기망자는 피기망자는 피해자가 될 수 없으나, 공갈죄에 있어서는 재산상의 피해자와 피공갈자와 일치하지 않을 경우에는 피공갈자도 본죄의 피해자가 된다. 공갈죄의 보호법익에 대한 보호의 정도는 **침해범**이다.

3. 객관적 구성요건

공갈죄는 ① 사람을 공갈하여, ② 타인의 점유하는 재물 또는 재산상의 이득하고, ③ 피공갈자의 처분행위가 있어야 하며, ④ 피해자의 재산상의 손해가 필요하다.

(1) 행위의 객체

본죄의 객체는 타인의 점유하는 재물 또는 재산상의 이익이다. 그러나 부녀를 공갈하여 성관계를 한 경우는 재물이나 재산상의 이익이라 할 수 없기 때문에 여기에서 제외된다. 따라서 이 경우에는 강간죄, 강요죄가 성립할 수 있다.

(2) 실행행위

본죄의 실행행위는 공갈이다. 여기서의 '공갈'이란 재물 또는 재산상의 이익을 교부받거나 취득하기 위하여 폭행 또는 협박으로 공포심을 일으키게 하는 일체의 행위를 하는 것을 말한다.

1) 폭   행

'**폭행**'은 사람에 대한 유형력 행사를 말한다. 여기서의 폭행은 사람에게 직접 행해졌을 요하지 않은 **광의의 폭행**을 의미한다. 그러나 여기서의 폭행은 강제적·심리적 폭력에 한하고, 절대적·물리적 폭력은 제외된다. 왜냐하면 공갈죄는 피공갈자의 처분행위가 필요하기 때문이다.

2) 협   박

여기서의 '**협박**'이란 해악을 고지하여 상대방에게 외포심을 일으키게 하는 것을 말하며, **협의의 협박**을 말한다. 사람의 의사결정의 자유를 제한하거나 의사실행의 자유를 방해할 정도로 겁을 먹게 할 만한 해악을 고지하는 것을 말한다.

해악에 대해서는 행위자가 영향을 미칠 수 있어야 한다. 따라서 자연발생적인 해악을 고지하는 것은 경고에 불과하며, 협박이라고는 할 수 없다. 예컨대 자연재해나 길흉화복을 고지하는 것은 경고에 불과하다.

가. 해악의 내용 통고하는 해악의 내용에는 제한이 없나. 해악의 내용으로는 사람의 생명·신체·재산·자유·명예·신용 등 제한이 없다. 해악의 내용은 사실이든 허위사실이든, 실현가능·불가능하든, 적법·위법하든 불문한다.

나. 해악통고의 방법 해악을 통고하는 방법에도 제한이 없다. 해악통고의 방법은 명시적·묵시적임을 불문한다. 구두이든 문서이든 상관없다.

다. 해악고지의 상대방 공갈의 상대방은 재산에 대하여 처분할 수 있는 권한과 지위에 있는 자이어야 한다. 재산상의 피해자와 피공갈인은 반드시 동일인일 필요가 없다.

3) 폭행·협박의 정도

공갈의 수단으로서의 폭행·협박의 정도는 사람의 **의사결정 내지 행동의 자유**에 제한을 가하는 정도이면 족하다. 강도죄에서의 폭행·협박과는 질적 차이가 아니라 양적으로 차이가 난다.[467] 폭행·협박의 정도는 행위당시의 사정을 고려하여 판단한다.

4) 공포심의 야기

행위자의 공갈행위로 피공갈자에게 외포심이 생겨 의사결정 및 의사실행에 자유가 방해되어야 한다.

(3) 처분행위

공갈죄가 성립하기 위해서는 피공갈자가 공포심으로 인해 재물을 교부하거나 재산상의 이익을 공여하는 처분행위가 있어야 한다. 즉 피공갈자의 처분행위가 공갈죄의 본질적인 요소이다.

1) 처분행위가 직접 피해자의 손해를 초래해야 하느냐? 즉 처분효과의 직접성을 요건으로 하나, 처분행위는 작위·부작위·묵인으로도 가능하다. 따라서 외포심을 일으켜 상대방이 묵인하고 있는 동안에 공갈자가 직접 재물을 탈취한 때에도 공갈죄는 성립한다.

2) 처분행위와 공갈 사이에는 인과관계가 있어야 한다. 처분행위자와 피공갈

---

467) 김성돈, 398면; 김일수/서보학, 373면; 박상기, 357면; 이재상/장영민/강동범, 380면.

자는 동일인이어야 하지만, 재물의 피해자는 동일인임을 요치 않으나, 처분행위
자와는 동일인이어야 한다.

(4) 재산상의 손해

본죄의 성립과 관련하여, 재산상의 손해발생이 필요한가에 대하여, 본죄의
성립에는 손해발생이 불필요하므로 상당한 대가를 지급하여 손해가 없는 경우에
도 본죄는 성립한다는 견해[468]와 이와 달리 본죄는 재산죄이므로 재산상의 손해
발생이 반드시 필요하다는 견해[469]가 대립한다. 본죄의 보호법익은 전체로서의
재산이므로 재산가치의 감소가 없어도 본죄의 성립을 인정하는 것은 공갈죄의
본질에 반하므로 후설이 타당하다.

(5) 실행의 착수와 기수시기

본죄는 폭행·협박이 개시된 때, 즉 공갈을 개시한 때이고, 기수시기는 피공
갈자의 처분행위로 피해자에게 손해가 발생했을 때이다.

4. 주관적 구성요건

공갈의 고의와 불법영득·이득의사가 필요하다. 그러나 재산상의 이익을 취득
할 정당한 권리가 있는 때에는 불법한 이득이 아니므로 공갈죄가 성립하지 않는다.

(1) 권리행사와 공갈죄의 관계

1) 권리행사라 하더라도 권리남용으로 인정될 경우, 즉 사회통념상 허용되는
한계를 넘는 경우에는 공갈죄가 성립한다는 견해[470]가 있다. 판례[471]도 이 입장
에서, 부동산을 기망에 의하여 비싸게 산 자가 기망자를 협박하여 차액을 받아낸
경우,[472] 교통사고 피해자가 과다한 금원을 요구하며 응하지 않을 경우 고소하겠
다고 한 경우,[473] 채권회수를 위해 채무자에게 빚을 갚기 전까지는 영업을 할 수
없다고 폭행을 가한 경우에는 공갈죄가 성립한다고 판시하였다.

---

468) 김종원, 223면; 백형구, 195면; 유기천, 257면.
469) 김일수/서보학, 375면; 박상기, 360면; 배종대, 71/14; 이재상/장영민/강동범, 383면; 임웅,
   463면.
470) 백형구, 197면; 손동권/김재윤, 416면; 유기천, 260면.
471) 대법원 2007. 10. 11. 선고 2007도6406 판결.
472) 대법원 1992. 9. 24. 선고 91도1824 판결.
473) 대법원 1990. 3. 27. 선고 89도2036 판결.

그러나 공갈죄에 있어서 불법이득의 의사는 구성요건요소이며 불법이란 이득의 불법을 의미하므로, 정당한 권리행사일 경우에는 불법이득이 아니므로 본죄에는 해당하지 않고 폭행죄 또는 협박죄 또는 강요죄만 성립하며, 재물 또는 재산상의 이익의 일부에 대해서만 정당한 권리가 있는 경우에는 가분(可分)이면 권리없는 부분에 대하여, 불가분이면 전부에 대하여 공갈죄가 성립하게 된다고 보아야 한다.[474]

2) 정당한 권리가 있는 경우라도 공갈수단에 의하는 경우에는 강요죄, 폭행죄 또는 협박죄가 성립한다. 공갈죄에 있어서 불법이득의 의사는 구성요건요소이며 불법이란 이득의 불법을 의미하므로 이는 공갈죄의 구성요건해당성과 위법성을 혼동했다고 할 수 있다.

그러므로 재물 또는 재산상 이익의 일부에 대해서만 정당한 권리가 인정되는 경우에는 그것이 가분이면 권리없는 부분에 대하여, 불가분이면 전체에 대하여 공갈죄가 성립한다는 견해도 있다.

이득의 불법은 구성요건적 고의의 내용이 되므로 행위자가 정당한 권리가 있다고 오인한 경우에는 사실의 착오로서 고의를 조각하게 된다.

5. 위 법 성

권리의 행사가 정당행위 또는 자구행위의 요건을 충족할 경우에는 위법성을 조각한다. 이는 정당한 권리행사도 구성요건에 해당한다는 것을 전제로 하는 견해이다.

예컨대 채권자가 채무자를 협박하여 채권의 급부를 이행하게 한 경우에 관하여, ① **무죄설**과 ② **공갈죄설**의 대립이 있다. 전자는 협박이라는 수단은 위법하지만 그 위법 때문에 권리의 행사까지 위법하게 되는 것은 아니라는 입장이다. 더구나 공갈죄는 사법상의 권리를 보호하는데 있으므로 재물의 교부받을 권리를 가지고 있고 또한 점유자의 의사에 의해 교부받는 한 공갈죄의 행위정형성이 결여되어 있다는 것을 근거로 들기도 한다.

대법원은 공갈의 수단에 의하더라도 그 방법이 사회통념상 인용된 범위를 일탈하지

---

474) 김일수/서보학, 377면; 박상기, 361면; 배종대, 71/18; 이재상/장영민/강동범, 384면; 임웅, 466면.

아니한 때에는 본죄는 성립하지 않는다는 입장이다. 즉 ① 손해배상을 청구하면서 고소하겠다는 경우, ② 보증금을 환불하지 않으면 구속시키겠다고 한 경우, ③ 공사금을 지불하지 않으면 진정하겠다고 한 경우, ④ 다소 시위를 할 듯한 태도를 보인 경우, ⑤ 일조권 침해에 대한 손해배상합의금을 받은 경우 등이 여기에 해당한다.

결국 공갈죄의 성립 여부의 판단은 경제적 이익을 얻기 위한 "목적과 수단의 관계"를 고려하여, 정당한 권리행사나 하녀라도 사회적 통념을 벗어난 위법수단은 허용되지 않는다고 보아야 한다.

6. 관련문제

(1) 죄　　수

① 1개의 공갈행위로 동일 피해자로부터 수회에 걸쳐 재물을 교부받은 경우에는 포괄일죄에 해당한다.

② 1개의 공갈행위로 수인에게 공포심을 일으켜 각자로부터 재물을 교부받은 경우에는 상상적 경합이 된다.

③ 1인에 대해 수개의 공갈행위를 한 경우에는 경합범이 된다. 공갈죄는 상태범이므로 갈취한 재물을 처분하는 행위는 불가벌적 사후행위가 된다.

④ 특수공갈죄나 갈취한 이득액이 5억 이상인 경우에는 특별형법이 적용된다. 즉 「폭력행위 등 처벌에 관한 법률」과 「특정경제범죄 가중처벌 등에 관한 법률」이 적용되어 가중처벌된다.

(2) 다른 범죄와의 관계

1) 사기죄와의 관계

사람을 기망하고 공갈을 하여 재물을 교부받은 경우에는 사실관계의 확정에 따라 다를 수 있지만 사기죄와 공갈죄의 상상적 경합범이 된다.

2) 수뢰죄와의 관계

공무원이 직무행위와 관련하여 상대방을 공갈하여 재물을 교부받은 경우에는 수뢰죄와 공갈죄의 상상적 경합이 되고, 직무집행의 의사와 관계없을 경우에는 공갈죄만 성립한다.

이 경우에 피공갈자에게 증뢰죄가 성립하느냐의 문제는 공무원에게 수뢰죄가 성립하느냐와 관련된다. 따라서 공무원에게 공갈죄만 성립하게 되면 증뢰죄는 불성립하지만, 공무원에게 공갈죄와 수뢰죄의 상상적 경합이 되는 경우에는 증뢰죄의 성립을 부정하는 견해[475]도 있으나, 피공갈자의 의사에 반한 증뢰라고 할 수 없으므로 증뢰죄의 성립을 인정해야 하는 것이 타당하다.[476]

3) 소요죄, 체포감금죄 및 장물죄와의 관계

① 재물 또는 재산상의 이익을 취득하기 위하여 다중이 집합하여 폭행·협박한 경우에는 공갈죄와 소요죄는 상상적 경합이 된다.

② 사람을 체포·감금하여 재물을 갈취하는 경우에는 체포·감금죄와 공갈죄는 경합범이 된다. 그러나 체포·감금이 갈취의 수단인 경우에는 양죄는 상상적 경합된다.

③ 장물을 갈취한 경우에는 장물취득죄와 공갈죄의 상상적 경합된다는 견해도 있으나, 공갈죄만 성립한다고 보는 견해가 타당하다.[477]

Ⅲ. 특수공갈죄

> **제350조의2(특수공갈)** 단체 또는 다중의 위력을 보이거나 위험한 물건을 휴대하여 제350조의 죄를 범한 자는 1년 이상 15년 이하의 징역에 처한다.

단체 또는 다중의 위력을 보이거나 위험한 물건을 휴대하여 공갈죄를 범함으로써 성립하는 범죄이다. 이 규정은 행위 수행방법의 위험성 때문에 불법이 가중된 구성요건으로 「폭력행위 등 처벌에 관한 법률」의 관련규정이 폐지되고, 2016. 1. 6.부터 공포되어 시행되었다. 공갈의 의미는 공갈죄에서와 동일하며, 단체 또는 다중의 위력을 보이는 것과 위험한 물건을 휴대한다는 것은 특수폭행죄에서와 그 의미가 동일하다.

---

475) 김일수/서보학, 479면; 임웅, 400면; 정성근/박광민, 410면.
476) 이재상/장영민/강동범, 387면.
477) 이재상/장영민/강동범, 387면.

IV. 상습공갈죄

> 제351조(상습범) 상습으로 제347조 내지 전조의 죄를 범한 자는 그 죄에 정한 형의 2분의 1까지 가중한다.

본죄는 상습으로 공갈죄를 범함으로써 성립하는 범죄이다. 상습적으로 공갈죄를 범한 경우에는 그 형을 가중한다. 「폭력행위 등 처벌에 관한 법률」에는 상습공갈범에 대하여 3년 이상의 유기징역에 처하도록 하고 있다. 또한 갈취한 이득액이 5억 이상인 경우에는 「특정경제범죄 가중처벌 등에 관한 법률」에 의하여 가중처벌된다.

제6절 횡령의 죄

I. 서   론

1. 횡령죄의 의의와 본질

(1) 의   의

횡령죄(橫領罪)란 타인의 재물을 보관하는 자가 그 재물을 횡령하거나 반환을 거부하는 것을 내용으로 하는 범죄이다. 자기가 점유하는 타인소유의 재물을 영득한다는 점에서 타인이 점유하는 타인의 재물을 영득하는 절도죄·강도죄·사기죄·공갈죄와 구별된다. 또한 횡령죄는 보관자의 영득행위로써 범죄가 성립하고 소유자의 처분행위가 불필요함에 비하여, 사기죄·공갈죄와 같은 편취죄는 상대방의 의사에 기한 처분행위가 있어야 한다는 점에서 구별되어진다.

한편 횡령죄는 재산죄 중에서 재물죄인 점에서는 절도죄와 같은 성질을 가지나, 타인의 점유를 침해하지 않는다는 점에서는 절도죄와 구별된다. 또한 횡령죄를 절도죄보다 가볍게 벌하는 것은 자기가 보관하는 타인의 재물을 영득하기 때문에 재물영득방법이 평화적이고 동기가 유혹적이라는 데에 있다.[478]

---

478) 이재상/장영민/강동범, 388면; 임웅, 403면.

그 밖에도 횡령죄와 배임죄는 양자 모두 **신임관계를** 배반한다는 점에서는 유사성이 있지만, 횡령죄의 행위객체는 재물이고 배임죄의 행위객체는 재산상의 이익이라는 점에서, 또한 횡령죄의 주체는 '타인의 재물을 보관하는 자'에 한정되지만, 배임죄의 주체는 '타인의 사무를 처리하는 자'라는 점에서도 차이가 있다. 따라서 횡령죄와 배임죄의 관계는 **특별법과 일반법 관계에** 있다고 할 수 있으며, 판례479)도 동일한 입장이다.

횡령죄의 보호법익은 소유권이며, 보호의 정도에 대하여는 **침해범설**480)과 **위험범설**481)이 대립한다. 위험범설은 횡령행위로 인하여 소유자가 소유권을 상실하지 않고 민법상 소유권에 대한 위험만 발생하기 때문에 위험범으로 보아야 한다는 견해이며, 판례482)도 위험범설의 입장을 취하고 있다. 그러나 횡령행위로 인하여 소유자의 소유권행사가 침해되며, 횡령죄의 미수범처벌규정이 있는 점을 고려해볼 때 **침해범설이** 타당하다고 생각된다.

2. 횡령죄의 본질

횡령죄의 본질에 대하여는 횡령행위의 의미를 어떻게 이해할 것인가에 대하여는 월권행위설과 영득행위설이 대립하고 있다.

(1) 월권행위설

수탁자가 위탁된 물건에 대한 권한을 초월하는 행위를 함으로써, 위탁에 따른 위탁자와의 신임관계를 깨뜨리는 데에 횡령죄의 본질이 있다고 보는 견해로서, 이를 **불법처분설** 또는 배신행위설이라고도 한다. 이 견해에 따르면 수탁자의 신임관계를 침해하는 월권행위만 있으면 본죄가 성립하고, 수탁자의 횡령물에 대한 불법영득의사를 요하지 않게 된다. 따라서 일시 사용목적으로 보관하는 점유물을 처분하거나 손괴·은닉할 의사로 점유물을 처분하는 경우에도 횡령죄의 성립을 긍정하게 된다.

(2) 영득행위설

횡령죄의 본질을 다른 영득죄와 마찬가지로 위탁된 타인의 보관물을 불법하

---

479) 대법원 1961. 12. 24. 선고 4294형상371 판결.
480) 김일수/서보학, 283면; 이정원, 403면; 이형국, 485면; 정성근/박광민, 416면.
481) 김성천/김형준, 485-486면; 박상기, 366면; 이재상/장영민/강동범, 389면.
482) 대법원 2002. 11. 13. 선고 2002도2219 판결; 대법원 1975. 4. 22. 선고 75도123 판결.

게 영득하는 데 있다고 보는 견해이다. 따라서 이 견해에 따르면 횡령죄가 성립하기 위해서는 수탁자에게 불법영득의사가 필요하므로, 수탁자가 일시사용이나 손괴나 은닉을 위하여 점유하는 타인의 재물을 처분하거나 위탁자를 위하여 권한을 넘는 행위를 한 때에는 횡령죄가 성립하지 않는다.

(3) 절충설(결합설)

위의 두 견해를 결합하고 절충하여 횡령죄의 본질을 위탁자의 신임관계를 저버리는 수탁자의 배신행위로서 타인의 재물을 불법하게 영득하는데 있다고 보는 견해[483]이다. 즉 불법영득의사가 수반된 수탁자의 배신행위라는 점에 횡령죄의 특징이 있다고 보는 견해이다.

생각건대 ① 횡령죄가 배임죄와 마찬가지로 신임관계를 침해하는 배신성에 있다는 점을 부정할 수는 없지만 배신성만으로는 횡령죄의 본질을 충분히 제시한다고 할 수 없으며, 횡령죄의 배신성은 '불법영득의사'에 있다고 할 수 있고, ② 또한 횡령죄의 보호법익이 소유권이므로 소유권을 침해하는 의사로서 불법영득의사가 필요한 것은 당연하다고 할 수 있다. ③ 월권행위설에 의하면 자기가 보관하는 타인의 재물을 손괴하면 5년 이하의 징역에 처해지고, 타인이 보관하는 타인의 재물을 손괴할 때에는 3년 이하의 징역에 처해지게 되어 두 범죄 간의 불법과 법정형을 비교해볼 때 월권행위설은 부당하다. 따라서 영득행위설이 타당하며, 이는 통설[484]과 판례[485]의 입장이기도 하다.

3. 구성요건의 체계

형법은 횡령의 죄에 관하여 단순횡령죄(제355조 제1항)·업무상 횡령죄(제355조 제2항) 및 점유이탈물횡령죄(제360조)의 세 가지를 규정하고 있다. 여기서 단순횡령죄는 위탁관계에 기초하여 타인의 재물을 보관하는 자만이 행위주체가 되는 진정신분범(구성적 신분범)으로서 횡령죄의 기본적 구성요건이고, 업무상 횡령죄는 업무상 보관자라는 신분관계로 인해 책임이 가중되는 가중적 구성요건이라는 점에 대하여는 큰 다툼이 없다.

---

483) 김성천/김형준, 485면; 박상기, 367면; 진계호, 350면.
484) 김성돈, 408면; 김일수/서보학, 283면; 박상기, 366면; 백형구, 201면; 손동권/김재윤, 422면; 유기천, 268면; 이영란, 368면; 이정원, 348면; 이형국, 411면; 임웅, 472면; 정영일, 205면.
485) 대법원 1972. 5. 23. 선고 71도2334 판결; 대법원 1972. 12. 12. 선고 71도2253 판결.

그러나 점유이탈물횡령죄의 성격에 대하여는 견해가 대립한다. 이에 관하여는 ① 단순횡령죄에 비하여 점유이탈물횡령죄는 보관자라는 신분이 없기 때문에 책임이 감경되는 구성요건이라는 견해[486]와, ② 횡령죄와는 그 성질을 달리하는 별개의 범죄라는 다수설의 견해가 대립한다.

생각건대 ① 위탁물횡령죄와는 달리 점유이탈물횡령죄는 신임관계를 침해하는 것을 내용으로 하지 않으며, ② 또한 횡령죄에서 타인의 재물을 보관하는 위탁물보관자라는 신분을 구성적 신분으로 이해하면서 이러한 신분이 없는 경우인 점유이탈물횡령죄를 감경적 신분이라고는 하는 것은 타당하지 않고, ③ 그 밖에도 독일 형법이 점유이탈물횡령죄를 기본적 구성요건으로 하면서 횡령죄를 가중적 구성요건으로 규정하고 있다고 해석할 수 있는 것은 독일 형법상 점유이탈물횡령죄도 자기가 점유하는 재물에 대하여만 성립할 수 있기 때문에 가능한 해석하지만, 우리 형법상 점유이탈물횡령죄는 자기가 점유하는 재물에 대해서만 성립하는 것도 아니기 때문에 동일한 해석을 하는 것은 타당하지 않다고 하겠다.

II. 횡령죄

> 제355조(횡령) ① 타인의 재물을 보관하는 자가 그 재물을 횡령하거나 그 반환을 거부한 때에는 5년 이하의 징역 또는 1천500만원 이하의 벌금에 처한다.
> 제358조(자격정지의 병과) 전3조의 죄에는 10년 이하의 자격정지를 병과할 수 있다.
> 제359조(미수범) 제355조 내지 제357조의 미수범은 처벌한다.
> 제361조(친족간의 범행, 동력) 제328조와 제346조의 규정은 본장의 죄에 준용한다.

1. 객관적 구성요건

(1) 행위의 주체

본죄의 행위주체는 위탁관계에 의하여 타인의 재물을 보관하는 자이다. 여기서 '보관'이란 점유 또는 소지와 같은 사실상의 재물지배를 말하지만, 민법상의 점유와는 구별되어진다. 민법상 점유보조자는 점유를 가지지 못하지만, 점유보조자도 사실

---

486) 유기천, 269면.

상 재물을 보관하고 있으면 횡령죄의 주체가 될 수 있다.[487]

또한 횡령죄에 있어서 보관이란 사실상의 재물지배를 의미하므로 절도죄에 있어서 점유와 같은 의미를 지니지만, 절도죄에 있어서 점유는 행위의 객체이고, 횡령죄에 있어서 보관은 행위주체로서 신분범의 요소라는 점에서 차이가 있다. 즉 횡령죄는 타인의 재물을 보관하는 자만이 횡령죄의 주체가 되는 **진정신분범**이 다. 그 밖에도 권리행사방해죄에서의 점유가 보호의 객체인 점에서도 구별된다.

1) 보관(점유)의 의의

가. 횡령죄에 있어서 '보관'이란 위탁관계에 기초하여 타인의 재물을 사실상 또는 법률상 지배하고 있는 경우, 즉 지배력이 있는 상태를 말한다.[488] 따라서 사실상 타인의 재물을 지배하고 있는 점유보조자도 위탁관계가 인정되면 횡령죄의 보관자가 된다.[489] 또한 소유권의 취득에 등록이 필요한 타인 소유의 차량을 인도받아 보관하고 있는 사람이 이를 사실상 처분한 경우에 보관위임자나 보관자가 차량의 등록명의자가 아니더라도 횡령죄가 성립한다.[490] 따라서 지입회사에 소유권이 있는 차량에 대하여 지입회사로부터 운행관리권을 위임받은 지입차주가 지입회사의 승낙 없이 그 보관 중인 차량을 사실상 처분하거나 지입차주로부터 차량보관을 위임받은 사람이 지입차주의 승낙 없이 그 보관 중인 차량을 사실상 처분한 경우에도 횡령죄가 성립하게 된다.

나. 법률상의 재물지배가 문제되는 경우   법률상의 재물지배가 횡령죄의 보관에 해당하는지가 문제되는 경우로 다음의 몇 가지를 들 수 있다.

(가) 부동산의 보관   횡령죄의 객체인 재물의 범위에 부동산을 제외하여야 한다는 견해[491]도 있으나, 부동산의 보관자를 포함하는 것이 통설과 판례의

---

487) 대법원 1982. 11. 23. 선고 82도2394 판결.

488) 박상기, 369면; 배종대, 74/3; 손동권/김재윤, 424면; 이재상/장영민/강동범, 392면; 이형국, 413면; 임웅, 476면; 정성근/박광민, 418면; 정영일, 206면.

489) 대법원 1982. 3. 9. 선고 81도3396 판결.

490) 대법원 2015. 6. 25. 선고 2015도1944 전원합의체 판결(판례변경 전에는 소유권 취득에 등록이 필요한 차량에 대한 횡령죄에서 타인의 재물을 보관하는 사람의 지위는 일반 동산의 경우와 달리 차량에 대한 점유가 아니라 등록에 의하여 차량을 제3자에게 유효하게 처분할 수 있는 권능 유무에 따라 결정해야 한다는 입장이었다); 대법원 2006. 12. 22. 선고 2004도3276 판결; 대법원 1978. 10. 10. 선고 78도1714 판결.

491) 독일 형법은 명시적으로 동산을 횡령죄의 객체로 규정하고 있고, 오스트리아에서 학설과

입장이다. 여기서 부동산의 보관자란 부동산을 외견상 제3자에게 유효하게 처분할 수 있는 지위에 있는 자를 의미한다.

따라서 일반적으로 부동산등기명의인[492]이나 미보존등기건축물의 건축허가명의를 수탁받은 자는 재물에 대한 사실상의 지배와 관계없이 보관자에 해당한다.[493] 판례는 어업면허권을 양도하고서도 그 어업면허권이 자기 앞으로 되어 있는 틈을 타서 어업권손실보상금을 수령한 경우에도 횡령죄가 구성한다고 판시하였다.[494] 그러나 부동산에 관한 등기서류를 단순히 보관하는 자는 본죄의 해당하는 보관자라 할 수 없고 타인의 사무를 처리하는 자라고 보아야 한다.

한편 부동산을 명의신탁받은 자가 그 부동산의 보관자가 되기 위해서는 그 부동산을 유효하게 처분할 수 있는 권능이 있는지 여부를 기준으로 판단해야 한다는 것이 판례의 입장이다. 따라서 판례는 ① 명의신탁에 의하여 소유권이전등기를 경료받은 사람은 그 부동산을 제3자에게 유효하게 처분할 수 있는 권능을 갖게 되어 보관자가 되어 횡령죄가 성립하지만,[495] ② 공동상속인 중 1인이 상속 부동산을 혼자 점유하던 중 다른 공동상속인의 지분을 임의로 처분한 때에는 처분권능이 없으므로 횡령죄가 성립하지 않으며,[496] ③ 물품제조회사가 농지를 매수하여 피고인 명의로 소유권 이전등기를 마침으로써 소유명의를 신탁하여 두었는데 피고인이 그 후 이를 타인에게 처분한 경우에도, 물품제조회사는 농지의 소유권을 취득할 수 없으므로 피고인은 원인무효인 소유권이전등기의 명의자에 불과하다는 이유로 횡령죄가 성립하지 않는다고 판시하였다.[497]

판례에서 부동산을 제외하고 있다(김신, "부동산이 횡령죄의 행위객체에 포함되는가?", 법률신문 2020. 6. 15).

492) 대법원 2005. 6. 24. 선고 2005도2413 판결(…피고인이 종중의 회장으로부터 담보 대출을 받아달라는 부탁과 함께 종중 소유의 임야를 이전받은 다음 임야를 담보로 대출받아 임의로 사용하고 자신의 개인적인 대출금 채무를 담보하기 위하여 임야에 근저당권을 설정한 행위는 종중에 대한 관계에서 횡령죄를 구성한다).

493) 대법원 1990. 3. 23. 선고 89도1911 판결.

494) 대법원 1993. 8. 24. 선고 93도1578 판결.

495) 대법원 1989. 12. 8. 선고 89도1220 판결.

496) 대법원 2000. 4. 11. 선고 2000도565 판결; 대법원 2004. 5. 27. 선고 2003도6988 판결; 농업종사자와 비농업인이 공동으로 농지를 매수한 후, 농업종사자가 단독명의로 등기된 농지를 임의로 처분했다고 하더라도 횡령죄는 성립되지 않는다(대법원 1982. 2. 9. 선고 81도2936 판결).

그 밖에도 부동산을 사실상 지배하고 있는 자는 등기명의를 불문하고 처분권능이 있는 경우에는 그 부동산의 보관자가 된다. 그러나 부동산의 임차권자나 전세권자는 처분권을 가지고 있지 않기 때문에 보관자라 할 수 없다.

(나) 법률상의 권한에 의한 점유   부동산은 그 부동산을 용이하게 처분할 수 있는 지위에 있는 자는 등기명의인이 아니라고 하더라도 보관자가 될 수 있다. 즉 법률상의 권한에 의하여 타인의 부동산을 관리하는 자인 미성년자의 법정대리인이나 후견인, 법인의 대표이사, 부동산의 명의수탁자이 지위를 포괄적으로 승계한 상속인 등은 등기명의인은 아니지만 부동산에 대한 보관자가 될 수 있다.498)

(다) 은행예금 또는 유가증권의 소지에 의한 보관   은행예금 또는 유가증권을 소지하는 자는 재물에 대한 사실상의 지배가 없더라도 재물에 대하여 법률적 지배를 하고 있으므로 재물에 대한 보관자가 된다. 즉 타인의 돈을 위탁받아 수탁자가 은행에 예금한 경우이므로 수탁자가 그 금전에 대하여 법률상의 지배를 하고 있으므로 보관자가 되고, 창고증권·화물상환증·선하증권 등의 물권적 유가증권의 소지인은 임치물을 자유롭게 처분할 수 있는 지위에 있으므로 재물에 대한 법률상의 지배로 인하여 재물의 보관자에 해당한다는 것이 통설499)과 판례500)의 입장이다. 다만 금전위탁의 경우에는 원칙적으로 금전에 대한 소유권이 수치인에게 이전되므로 수치인은 타인의 재물을 보관하는 자가 아니고 타인의 사무를 처리하는 자라고 생각된다.

2) 위탁관계에 의한 보관

횡령죄의 본질은 신뢰관계에 위반하여 타인의 재물을 영득하는 배신성에 있으므로, 횡령죄가 성립하려면 위탁관계에 의한 재물의 보관이 있어야 한다.501) 따라서 횡령죄의 주체는 위탁관계에 기초하여 타인의 재물을 보관하는 자라는

---

497) 대법원 2010. 6. 24. 선고 2009도9242 판결.
498) 대법원 1996. 1. 23. 선고 95도784 판결.
499) 김성돈, 411면; 김일수/서보학, 289면; 손동권/김재윤, 425면; 이재상/장영민/강동범, 394면; 정성근/박광민, 419면.
500) 대법원 2000. 8. 18. 선고 2000도1856 판결; 대법원 1984. 2. 14. 선고 83도3207 판결; 대법원 1983. 9. 13. 선고 82도75 판결.
501) 대법원 2018. 7. 19. 선고 2017도17494 전원합의체 판결.

신분이 요구되어진다.

가. 위탁관계의 발생근거　　재물의 보관은 위탁관계에 의할 것을 요한다. 위탁관계가 없을 경우에는 점유이탈물횡령죄 또는 사기죄가 문제된다. 위탁관계의 발생근거로는, ① 사용대차·임대차·위임, 임치·고용 등의 **계약**에 의해 발생하는 것이 대부분이나, **법률의 규정**(사무관리, 후견 또는 법인의 이사)에 의해서도 발생한다. ② 그 밖에도 **관습, 조리** 기타 거래상의 신의성실의 원칙에 비추어 재물보관에 대한 신임관계가 발생하기도 한다.

따라서 ① 팔아달라는 부탁을 받고 교부받은 다이아몬드를 판매한 대금을 임의소비한 경우,[502] ② 달력의 제작납품 주문을 받아오기로 한 자가 대금으로 수령한 약속어음을 임의로 소비한 때,[503] ③ 자동차를 처분하여 그 대금으로 다른 차량을 피해자에게 넘겨주기로 한 피고인이 매각대금을 위탁의 취지에 반하여 임의로 소비한 경우,[504] ④ 할인을 위하여 교부받은 약속어음을 자신의 채무변제에 충당한 경우[505]에는 **횡령죄**가 성립한다.

그 밖에 위탁관계는 재물의 소유자가 아닌 제3자에 의해서도 소유자의 의사에 반하지 않으면 가능하다고 하겠다.

나. 위탁관계의 성질　　위탁관계는 **사실상의 위탁관계**가 있으면 충분하고, 위탁자가 수탁자에게 재물의 보관을 위탁할 법률상의 권한이 있는가는 불문한다. 그러므로 절도·강도 등에 의한 불법점유자도 위탁자가 될 수 있고, 위탁관계가 법률상 무효 또는 취소되어도 사실상의 위탁관계는 인정될 수 있다. 따라서 절도·강도 등의 재산범죄로 영득한 재물인 장물인 정을 모르고 위탁받아 보관하다가 이를 영득한 경우에는 횡령죄가 성립하나, 장물인 줄 알고 보관한 경우에는 장물보관죄가 성립하고 영득한 경우에는 장물취득죄가 성립한다.

그러나 절도·강도·사기·공갈 등에 의해 불법으로 점유하게 된 재물에 대하여는 이들 범죄자와 피해자 사이에 위탁관계가 성립하지 않으므로,[506] 이들 범죄자가 불법영득한 재물을 처분하더라도 별도로 횡령죄가 성립하는 것은 아니다.

---

502) 대법원 1990. 8. 28. 선고 90도1019 판결.
503) 대법원 1990. 5. 25. 선고 90도578 판결.
504) 대법원 2003. 6. 24. 선고 2003도1741 판결.
505) 대법원 1983. 4. 26. 선고 82도3079 판결.
506) 대법원 1971. 5. 24. 선고 71도694 판결; 대법원 1986. 2. 11. 선고 85도2513 판결.

3) 불법원인급여와 횡령죄의 성부

위탁관계가 선량한 풍속 기타 사회질서에 위반하는 등 불법한 원인에 의하여 이루어져, 위탁자가 보관자에게 재물의 반환청구를 할 수 없는 경우에 해당하는 때(민법 제746조의 불법원인급여)에 수탁자가 이를 영득한 경우에 횡령죄의 성립여부가 문제된다. 예컨대 뇌물제공이나 마약류구입 등 범죄목적을 위해 맡긴 재물을 보관자가 영득한 경우로서, 이에 대하여는 소극설과 적극설 및 절충설이 대립한다.

가. 소 극 설   불법원인급여의 경우에는 횡령죄가 성립하지 않는다는 견해로서, 오늘날 다수설[507]과 판례[508]의 입장이다. 소극설의 논거로는, ① 위탁자는 위탁물에 대한 반환청구권이 없고 수탁자에게 소유권이 귀속되어 위탁자에게 재물을 반환해야 할 법률상의 의무가 없으므로, 불법원인급여물은 더 이상 타인의 재물이 아니므로 횡령죄가 성립할 여지가 없고, ② 민법상 반환의무 없는 자에 대하여 형법상 제재를 가하는 것은 법질서 전체의 통일성을 해치며, ③ 불법원인급여의 기초가 되는 신임관계는 형법이 보호할 가치있는 신임관계로 볼 수 없다는 점 등을 이유로 한다.

나. 적 극 설   불법원인급여의 경우에도 횡령죄의 성립을 인정하는 견해[509]이다. 그 논거로는, ① 민법상의 소유권의 귀속문제와 형법상의 범죄의 성립문제는 별개의 문제로 보면서, 범죄의 성립여부는 형법의 독자적인 목적에 비

---

507) 김성돈, 420면; 김종원, 229면; 배종대, 74/13; 손동권/김재윤, 429면; 이재상/장영민/강동범, 396면; 이정원, 448면; 이형국, 414면; 정성근/박광민, 436면; 황산덕, 313면.

508) 대법원 2017. 10. 26. 선고 2017도9254 판결; 대법원 2017. 4. 26. 선고 2017도1270 판결(피고인 갑이 피고인 을, 병으로부터 정 등의 금융다단계 상습사기 범죄수익 등인 400만 위안을 교부받아 자신의 은행계좌에 입금하여 보관하다가 임의로 출금·사용하였다고 하여 특정경제범죄 가중처벌 등에 관한 법률 위반(횡령)으로 기소된 사안에서, 피고인 갑이 범죄수익 등의 은닉범행 등을 위해 교부받은 400만 위안은 불법의 원인으로 급여한 물건에 해당하여 소유권이 피고인 갑에게 귀속되므로 횡령죄가 성립하지 않는다); 대법원 1999. 6. 11. 선고 99도275 판결(뇌물공여 또는 배임증재의 목적으로 제3자에게 전달하여 달라고 교부받은 금전을 임의로 소비하였다 하더라도 횡령죄는 성립하지 않는다); 대법원 1988. 9. 20. 선고 86도628 판결(… 조합장이 조합으로부터 공무원에게 뇌물로 전달하여 달라고 금원을 교부받은 것은 불법원인으로 인하여 지급받은 것으로서 이를 뇌물로 전달하지 않고 타에 소비하였다고 해서 타인의 재물을 보관중 횡령하였다고 볼 수는 없다).

509) 강구진, 354면; 백형구, 204면; 유기천, 271; 임웅, 498면; 정영일, 210면; 진계호, 400면.

추어 판단해야 하고, ② 불법원인급여가 민법상 보호받지 못하더라도 위탁자가 소유권을 상실하지 않음으로 점유자의 입장에서는 여전히 타인의 재물로 보아야 하며, ③ 불법원인급여의 경우에도 위탁관계는 신임관계에 기초하기 때문에 이 경우에도 이러한 신임관계는 인정해야 한다는 점 등을 논거로 들고 있다.

다. 절 충 설 절충설로는 ① 불법원인급여의 경우에 행위반가치는 인정되나 결과반가치의 측면에서는 법익평온상태의 교란 정도의 결과반가치만 인정되므로 횡령죄의 불능미수가 될 뿐이라는 견해[510]와 ② 불법원인급여를 소유권이전의사가 있는 **불법원인급여**와 소유권이전의사가 없는 점유이전인 **불법원인위탁**을 구별하여, 전자의 경우에는 소유권이 수급자에게 이전하므로 횡령죄가 성립하지 않고, 후자의 경우에는 성립한다는 견해[511]가 있다.

라. 사 견 절충설 중 불법원인급여와 불법원인위탁을 구별하는 견해는 민법 제746조의 급여가 반드시 소유권이전을 전제로 하는 것이 아니라는 점을 무시했고, 또한 양자의 구별은 실제로 행위자의 주관에 의하여 구별되므로 주관을 기초로 법률효과를 달리하는 것은 타당하지 않고, 또한 불능미수의 결과반가치를 법익평온상태의 교란으로 해결하려는 점도 부당하다는 비판을 면하기 어렵다.

생각건대 횡령죄가 성립하기 위해서는 재물이 타인의 소유에 속해야 한다. 그런데 민법 제746조의 취지에 비추어보면 급여자가 불법원인급여로 인하여 반환을 청구할 수 없게 된 재물의 소유권은 수급자에게 속하므로, 타인의 재물을 보관하는 것을 전제로 하는 횡령죄는 성립될 여지가 없다. 따라서 행위자의 가벌성과 법질서의 통일성과 형법의 보충성을 고려하면 **소극설**이 **타당**하다고 생각된다.

다만 민법 제746조의 단서에 비추어볼 때 불법원인급여라 하더라도 급여자의 불법성보다 수익자의 불법성이 현저히 크기 때문에 급여자에게 반환청구가 허용되는 때에는 예외적으로 수급자는 반환의무있는 수탁자가 되므로 횡령죄가 성립할 수 있다고 보아야 한다.[512] 판례도 포주의 윤락녀 화대횡령사건에서 윤락녀가 받은 화대를 보관하고 있던 포주가 이를 임의로 소비한 때에는 포주의 불법성이 윤락녀의 불법성보다 현저히 크므로 화대의 소유권이 여전히 윤락녀에게

---

510) 김일수/서보학, 288면.
511) 김성천/김형준, 573면; 강동범, 「소위 불법원인급여와 횡령죄의 성부」(형사판례연구 1), 190면 이하 참조.
512) 이재상/장영민/강동범, 397면.

속한다는 것을 근거로 하여 **횡령죄의 성립**을 인정하였다.513)

(2) 행위의 객체

본죄의 행위객체는 자기가 보관하고 있는 타인의 재물이다.

1) 재　　물

횡령죄의 객체는 재물에 한정되며, 재산상의 이익은 배임죄의 객체가 될 수 있다. 또한 본죄에서의 재물에는 동산·부동산의 유체물에 한정되지 않고, 물리적으로 관리가능한 농력노 포힘된다. 그러ㅏ 사무적으로만 관리가능한 채권이나 광업권 등의 권리514)는 본죄의 객체가 될 수 없지만, 권리가 화체되어 있는 문서는 재물에 해당한다.

2) 타인의 재물

타인의 재물이란 재물의 소유권이 타인에게 속하는 경우를 말한다. 여기서 타인이란 자연인·법인·법인격 없는 단체 또는 조합515)을 포함한다. 또한 행위자와 타인 사이에 공동소유에 속하는 경우에는 공유·합유·총유의 어느 형태를 불문하고 타인의 재물이 된다.516) 그러나 행위자의 사적 소유물은 타인에 관한 내용이라 하더라도 횡령죄의 객체가 될 수 없다.517)

---

513) 대법원 1999. 9. 17. 선고 98도2036 판결(… 포주의 불법성이 윤락녀의 불법성보다 현저히 크므로 화대의 소유권이 여전히 윤락녀에게 속하는 것이어서, 포주가 이를 임의로 소비한 행위는 횡령죄를 구성한다고 보지 않을 수 없다); 이 판례에 대하여는, 불법성의 비교평가는 자의적 적용위험이 있어 형법의 법적 안정성을 해치고 범죄성부에 과실상계를 허용하는 것은 형법의 기본원리에 비추어 부당하다는 비판적인 견해와 불법원인급여와 사기죄의 성부문제와 마찬가지로 불법성을 비교평가하여 횡령죄의 성립을 인정한 판례의 태도를 지지하는 견해로 나누어진다.

514) 대법원 1994. 3. 8. 선고 93도2272 판결; 광업권(대법원 1994. 3. 8. 선고 93도227 판결); 해사채취권(대법원 1992. 10. 27. 선고 91도2346 판결); 온천개발자의 지위인 광업권(대법원 2000. 11. 24. 선고 99도822 판결; 배임죄 성립); 주주권을 의미하는 주식(대법원 2005. 2. 18. 선고 2002도2822 판결; 그러나 주권은 재물에 해당한다) 등의 권리는 재물이 아니므로 횡령죄의 객체가 될 수 없다.

515) 대법원 1993. 2. 23. 선고 92도387 판결.

516) 대법원 2000. 11. 10. 선고 2000도4335 판결(**복권당첨금사례:** 복권에 당첨되어 당첨금을 수령한 후 복권 당첨금을 공유하기로 한묵시적 합의가 있는 공동소유자에게 그 지분의 반환을 거부한 경우에는 **횡령죄가 성립**한다).

517) 회사의 업무상의 중요한 사항이 기재되어 있고 업무내용과 관련이 있으나, 직무수행의 일환으로 기재된 것이 아닌 개인의 노트를 회사에 반환하지 않았다 하더라도 이는 개인의 소유에 속한다고 볼 수 있으므로 횡령죄를 구성하는 것은 아니다(대법원 1994. 5. 24. 선고

가. 소유권 귀속여부   본죄에서의 타인의 재물 여부는 형법이 아니라 민법에 의해 결정된다. 따라서 ① 계주가 계원들로부터 수령한 계불입금을 소비한 경우,[518] ② 회사에 맡긴 입사보증금을 회사가 소비한 경우,[519] ③ 지입차주들이 회사에 납부한 돈을 회사가 지출한 경우,[520] ④ 익명조합의 조합원이 영업을 위해 출자한 금전을 영입자가 처분한 경우,[521] ⑤ 프랜차이즈계약에 있어서 가맹점주가 물품판매대금을 임의소비한 경우,[522] ⑥ 채권자가 채권의 지급담보를 위해 채무자의 수표를 발행·교부받아 이를 처분한 경우,[523] ⑦ 액면을 보충·할인하여 달라는 의뢰를 받고 액면 백지인 약속어음을 교부받은 자가 보충권의 한도를 넘어 보충하여 임의로 사용한 경우[524]에는 수탁자가 새로운 별개의 약속어음을 발행한 경우에는 타인의 재물이 아니므로 **횡령죄는** 성립하지 않는다.

그러나 이와 달리 ① 피해자의 요청을 받고 그의 토지를 담보로 제공하고 수령한 대출금은 수령자가 아니라 피해자의 소유에 속하고,[525] ② 금전수수에 수반되는 사무를 위임받은 자가 제3자로부터 수령한 금전은 수령과 동시에 위임자의 소유에 속하며,[526] ③ 위탁판매의 경우에도 판매대금은 수령과 동시에 위탁자에게 귀속되므로 이를 사용·처분한 때에는 횡령죄가 성립한다.[527] 다만 위탁판매의 경우에 판매대금의 처분에 관한 특별한 약정이 있는 때에는 횡령죄가 성립하지 않을 수 있다.[528]

나. 문제되는 구체적인 경우

　(가) 이중매매와 횡령죄 성립여부   부동산소유자가 부동산을 이중매매한 경우에, 물권변동에 관하여 의사주의를 취하였던 구민법에 의하면 계약체결에 의

　94도763 판결).
518) 대법원 1976. 5. 11. 선고 76도730 판결.
519) 대법원 1979. 6. 12. 선고 79도656 판결.
520) 대법원 1997. 9. 5. 선고 97도1592 판결.
521) 대법원 2011. 11. 24. 선고 2010도5014 판결.
522) 대법원 1998. 4. 14. 선고 98도292 판결.
523) 대법원 2000. 2. 11. 선고 99도4979 판결.
524) 대법원 1995. 1. 20. 선고 94도2760 판결.
525) 대법원 1996. 6. 14. 선고 96도106 판결.
526) 대법원 1995. 11. 24. 선고 95도1923 판결.
527) 대법원 1982. 2. 23. 선고 81도2619 판결.
528) 대법원 1990. 3. 27. 선고 89도813 판결.

해 소유권이 매수인에게 이전되므로 매수인의 부동산을 보관하고 있는 매도인이 부동산을 이중매매하여 이를 처분한 경우에는 제1매수인에 대하여 당연히 횡령죄가 성립되었다.[529]

그러나 물권변동에 관하여 형식주의를 취하고 있는 현행 민법에 의하면 소유권 이전등기를 경료(經了)할 때까지는 소유권변동이 발생하지 않게 된다. 따라서 부동산을 이중매매한 경우에도 소유권 이전등기 전까지는 매수인의 재물이 아니라 매도인의 재물이므로, 매도인은 제1매수인에 대하여 배임죄의 성립은 가능하나 횡령죄는 성립할 여지가 없다.

그러나 이와 달리 부동산 매도인이 처음부터 매수인에게 진정하게 매도할 의사없이 매매계약서를 작성하여 재물이나 재산상의 이익을 취득하였다면 을에 대한 사기죄가 성립하게 된다.

(나) 담보부 또는 유보부 소유권과 횡령죄 성립여부   이른바 담보부 또는 유보부 소유권에 대하여는 완전한 소유권과 동일하게 취급하여야 한다. 할부판매, 양도담보와 매도담보 및 환매특약부 매매의 경우가 문제된다.

① 할부판매의 경우   할부판매의 경우에 목적물을 매수인이 먼저 인도받았다 하더라도 대금완납 전에 매수인이 이를 처분하면 소유권이 매도인에게 있으므로 횡령죄가 성립한다. 또한 동산 담보권자가 담보권의 범위를 벗어나 담보목적물의 반환을 거부하거나 처분한 경우에도 횡령죄가 성립한다.[530] 그러나 자동차, 중기 등은 할부금을 완납하기 전이라도 소유권이 등록명의인에게 있으므로 횡령죄는 성립하지 않는다.

② 양도담보의 경우   협의의 양도담보(讓渡擔保)란 변제기까지는 담보목적물의 소유권을 채무자가 가지고, 변제기 이후에는 소유권이 채권자에게 이전되는 형태의 양도담보를 말한다. 협의의 양도담보의 경우에는 양도담보권이라는 독특한 제한물권을 채권자가 가지지만 소유권은 여전히 채무자가 가지므로, 변제기 전에 채무자가 처분한 경우에는 채무자에 대하여는 타인의 재물이 아니므로 횡령죄가 성립할 수는 없지만,[531] 배임죄 여부가 문제된다.

---

529) 대법원 1961. 11. 23. 선고 4294형상586 판결.
530) 대법원 2007. 6. 14. 선고 2005도7880 판결.
531) 대법원 1983. 8. 23. 선고 80도1545 판결.

③ 매도담보의 경우   매도담보(賣渡擔保)란 담보설정시에 이미 부동산의 소유권을 채권자에게 넘기고, 내부적으로는 변제기에 채무를 변제하면 다시 채무자에게 소유권을 되돌리는 형태의 약정을 하는 경우를 말한다. 종래에는 매도담보물의 소유권은 채권자에게 이전되므로 채무자가 이를 처분한 때에는 횡령죄가 성립한다고 해석하였다.[532] 그러나 「가등기담보 등에 관한 법률」에 의해 매도담보를 비롯하여 부동산에 관한 모든 양도담보의 경우에는 청산절차를 거치도록 함으로써 현재는 **청산형 양도담보**(淸算型 讓渡擔保)만 남게 되었다. 그러므로 매도담보물을 채무자가 목적물을 처분한 경우에는 타인의 재물이 아니므로 횡령죄가 성립할 수 없지만, 채권자가 처분하면 **횡령죄가 성립**한다.

④ 환매특약부매매   환매특약(還買特約)부 매매에 있어서 매수인이 환매특약에 위반하여 제3자에게 매각한 경우에도 횡령죄는 성립하지 아니한다.

(다) 위탁받은 대체물과 횡령죄   금전 기타 대체물(代替物)을 위탁받은 경우에 이를 타인의 재물이라 할 수 있느냐가 문제된다. 타인의 재물여부는 위탁받은 대체물인 재물에 대한 소유권이 수탁자에게 이전되었는가 여부에 따라 달라진다고 할 수 있다.

① 금전 기타 대체물이 봉함금(封緘金) 기타 특정물로 위탁된 경우   금전 기타 대체물이라 하더라도 봉함금 또는 공탁금(供託金) 등과 같이 특정물로 위탁된 경우에는 위탁물은 위탁자의 소유에 속하므로 수탁자가 이를 소비하면 **횡령죄가 성립**한다.

② 특정한 용도를 정하지 않은 경우   수치인(受置人)이 임치인(任置人)과의 계약에 의하여 특정한 용도를 정하지 않고 임치물을 소비할 수 있는 소비임치(消費任置)의 경우에는 금전 기타 대체물의 소유권은 수령과 동시에 수탁자(수치인)에게 이전된다. 따라서 수치인이 이를 처분하더라도 배임죄 성립은 별론으로 하고 **횡령죄는 성립하지 않는다**.

③ 일정한 용도나 목적에 사용하기 위해 임치받은 금전 기타 대체물인 경우   일정한 용도에 사용하기 위해 위탁한 금전 기타 대체물을 수탁자가 임의로 사용한 경우에 이를 타인의 재물을 횡령했다고 할 수 있는지가 문제된다. 이에 대하여는, (i) 금전, 유가증권 기타 대체물이 특정물로서 위탁된 경우가 아닐 때에는

---

532) 대법원 1962. 2. 8. 선고 4294형상470 판결.

금전 기타 대체물의 유통성과 대체성을 고려하면 물건이 아니라 가치로서 파악되어야 하므로 점유이전과 동시에 소유권도 이전한다고 보는 입장에서는 전체재산에 대한 죄인 **배임죄가 성립**될 뿐이라는 견해[533]와 (ⅱ) 소유권이 임치인에게 유보되어 수치인에게 이전되지 않은 이상 이를 타인의 재물이라 할 수 없으므로, 수치인이 다른 목적 또는 용도에 사용한 때에는 **횡령죄의 성립**을 인정해야 한다는 견해[534]가 대립한다.

　　판례는 일관되게 특정용도로 위탁받은 금원을 수탁자가 임의로 소비한 경우에는 **횡령죄가 성립**한다는 입장을 취하고 있다.[535] 그 밖에도 판례는 ① 주상복합상가의 매수인들로부터 우수상인 유치비 명목으로 금원을 납부받아 보관하던 중 그 용도와 무관하게 일반경비로 사용한 경우,[536] ② 집합건물의 관리회사가 입주자들로부터 특별수선충당금 명목으로 금원을 납부받아 보관하던 중 이를 일반경비로 사용한 경우,[537] ③ 금전의 수수를 수반하는 사무처리를 위임받은 자가 그 행위에 기하여 위임자를 위하여 제3자로부터 수령한 금전은, 목적이나 용도를 한정하여 위탁된 금전과 마찬가지로 그 수령과 동시에 위임자의 소유에 속한다고 판시하여,[538] 횡령죄의 성립을 인정하고 있다. 또한 위탁판매대금의 경우에도 위탁자의 소유에 속하므로(상법 제103조) 횡령죄가 성립한다.

　　이와 달리 다만, ① 수탁자가 위탁의 취지에 반하지 않고 필요한 시기에 다른 금전으로 대체시킬 수 있는 상태에 있는 경우,[539] ② 골프회원권 매매중개업체를 운영하는 자가 매수의뢰와 함께 입금받아 보관하던 금원을 일시적으로 다른 회원권의 매입대금 등으로 임의로 소비한 경우에도, 그 매입대금이 다른 회사 자금과 함께 보관되어 특정할 수 없는 때에는 **횡령죄를 구성하지 아니한다**고 판시

---

533) 김종원, 228면; 배종대, 74/23; 유기천, 276면; 이영란, 377면; 이재상/장영민/강동범, 405
　　면; 이형국, 415면; 임웅, 499면.
534) 김성돈, 417면; 김성천/김형준, 569면; 김일수/서보학, 293면; 박상기, 379면; 백형구, 203
　　면; 이정원, 451면; 정성근/박광민, 429면; 정영석, 372면; 정영일, 207면; 황산덕, 313면.
535) 대법원 2005. 11. 10. 선고 2005도3627 판결; 대법원 2002. 10. 1. 선고 2002도2939 판결; 대
　　법원 2002. 11. 22. 선고 2002도4291 판결.
536) 대법원 2002. 8. 23. 선고 2002도366 판결.
537) 대법원 2004. 5. 27. 선고 2003도6988 판결.
538) 대법원 2003. 9. 26. 선고 2003도3394 판결.
539) 대법원 1995. 10. 12. 선고 94도2076 판결.

하였다.540)

④ 지명채권의 양도인이 양도통지 전 추심한 금전을 소비한 경우　　이에 대하여는 **횡령죄설과 배임죄설**541)의 대립이 있고, 판례는 지명채권 양도인이 양도통지 전 채권을 추심하여 금전을 수령하고 자기를 위해 소비한 경우에 그 금전은 양수인의 소유에 속하고 양도인은 이를 양수인을 위하여 보관하는 관계에 있다고 보아 횡령죄가 성립한다고 판시하여 **횡령죄설**을 취하고 있다.542)

생각건대 지명채권양도의 경우에 채권양도계약이 체결되면 계약은 성립되고 효력은 발생하므로 그 채권은 양수인에게 귀속된다. 양도인의 채무자에 대한 양도통지나 채무자의 승낙은 대항요건일 뿐이다. 따라서 양도인은 양수인을 위하여 양수채권의 보전에 관한 재산상의 사무처리자이므로, 사무처리과정에 임무에 위배하여 재산상의 이익을 취득하고 본인에게 재산상의 손해를 가한 것이므로 **배임죄가 성립**한다고 해석하는 것이 타당하다고 생각된다.543)

(라) 명의신탁부동산의 처분과 횡령죄의 성립여부　　부동산 명의신탁(名義信託)이란 부동산등기부상 소유자의 명의는 수탁자 앞으로 등재해두면서 위탁자와 수탁자의 대내적 관계에서는 신탁자가 부동산의 소유권을 보유하는 것을 말한다. 말하자면 부동산이 대내적 관계에서는 신탁자의 소유이지만 대외적으로는 수탁자가 소유권자로 등재된 경우이다. 이때에 부동산 명의자인 수탁자를 그 부동산에 대하여 타인의 재물이라 할 수 있는지 여부가 문제된다.

종래 대법원은 명의신탁 부동산에 대하여 소유권이 대외관계에서는 수탁자의 소유로서 타인의 재물이 아니므로 횡령죄의 성립을 부정하였다.544) 그 후 대법원은 전원합의체 판결을 통해 판례를 변경하여 타인의 재물을 보관하는 경우에 해당하여 횡령죄가 성립된다고 판시하였다.

그러나 1995년 7월 1일부터 부동산에 관한 명의이전약정과 이에 따른 부동산물권변동은 무효라고 규정하고 있는, 「부동산 실권리자명의 등기에 관한 법률」이

---

540) 대법원 2008. 3. 14. 선고 2007도7568 판결.
541) 이재상/장영민/강동범, 404면.
542) 대법원 2007. 5. 11. 선고 2006도4935 판결; 대법원 1999. 4. 15. 선고 97도666 전원합의체 판결; 대법원 1993. 8. 24. 선고 93도1578 판결.
543) 배종대, 74/28.
544) 대법원 1970. 8. 31. 선고 70도1434 판결.

시행되게 됨으로써 명의신탁 부동산을 수탁자가 처분했을 경우에 횡령죄가 성립하는지 여부를 부동산실명법상 명의신탁이 유효한 경우와 무효인 경우, 그리고 후자는 다시 명의신탁의 유형에 따라 2자간 명의신탁과 3자간 명의신탁 및 계약명의신탁의 유형으로 나누어서 살펴볼 필요가 있다.

① 유효한 명의신탁의 경우   이른바 부동산실명법상 종중재산에 대하여 종중명의나 부부 사이에 배우자명의로 명의신탁한 경우에는 유효하다. 따라서 수탁자가 이를 처분한 경우에는 횡령죄가 성립한다.

② 무효인 명의신탁의 경우

(ㄱ) 2자간 명의신탁(이전형 명의신탁)의 경우   2자간 명의신탁이란 부동산 소유자가 그 등기명의를 타인에게 신탁하기로 하는 명의신탁약정을 하고 수탁자에게 등기를 이전하는 형식의 명의신탁을 말한다. 이러한 명의신탁은 부동산실명법 제4조 제2항에 의하여 무효가 되어 부동산 소유권은 여전히 신탁자에게 있으므로 타인의 부동산을 보관하는 자인 수탁자가 신탁부동산을 처분하면 횡령죄가 성립한다는 것이 판례[545]와 다수설[546]의 입장이다. 이에 반하여 명의신탁자는 수탁자에게 부동산실명법에 의하여 금지되어 있는 불법원인급여를 한 경우에 해당하므로 명의수탁자가 이를 처분하더라도 횡령죄가 성립되지 않는다는 반대 견해[547]도 있다.

그러나 부동산실명법이 명의신탁에 의한 물권변동을 무효라고 한다고 하여 신탁자에게 신탁부동산의 반환을 금지하는 취지라고는 볼 수 없으며, 부동산실명법에 위반 명의신탁자에게 이행강제금을 규정하고 있는 취지를 고려해보면 강행법규에 위반한 모든 경우가 불법원인급여에 해당한다고 할 수 없으므로 명의수탁자가 신탁자의 부동산을 처분하는 것은 횡령죄에 해당한다고 해석하는 다수설과 판례의 입장이 타당하다고 생각된다.

(ㄴ) 3자간 명의신탁(중간생략등기형 명의신탁)의 경우   중간생략등기형 명의신탁이란 신탁자가 수탁자와 명의신탁약정을 맺고 신탁자가 매매계약 당사자가

545) 대법원 2000. 2. 22. 선고 99도5227 판결; 대법원 1999. 10. 12. 선고 99도3170 판결.
546) 김성돈, 430면; 김성천/김형준, 595면; 김일수/서보학, 297면; 배종대, 74/27; 손동권/김재윤, 438면; 이재상/장영민/강동범, 402면; 이형국, 417면; 임웅, 480면; 정성근/박광민, 440면; 정영일, 214면.
547) 박상기, 381면.

되어 매도인과 매매계약을 체결하되, 등기는 매도인으로부터 수탁자 명의로 직접 소유권을 이전하는 형식의 명의신탁을 말한다. 예컨대 부동산 매도인 甲이 매수인 乙과 부동산에 대한 매매계약을 체결하되 소유권이전등기는 매도인 甲으로부터 매수인 乙에게로 이전하지 않고 매수인 乙의 명의수탁자인 丙을 매수인으로 하여 소유권이전등기를 하는 경우를 말한다. 이 경우에는 수탁자명의로의 소유권이전등기는 무효가 되지만, 명의신탁자인 乙과 매도인 甲 사이의 부동산매매계약 자체는 여전히 유효하게 된다.

따라서 이 경우에 명의신탁된 부동산을 수탁자가 처분한 경우에 횡령죄가 성립한다는 것이 종래의 다수설[548]과 판례[549]의 입장이었고, 이 경우 누구에 대하여 횡령죄가 성립하는가에 관해서는, ⅰ) 매도인에 대하여 횡령죄가 성립한다는 견해[550]와 ⅱ) 신탁자에 대하여 횡령죄가 성립한다는 견해[551]가 대립하였다.

그런데 대법원 2016년 판례를 변경하여, 중간생략등기형 명의신탁의 경우에 명의신탁자는 신탁부동산의 소유권을 가지지 아니하고, 명의신탁자와 명의수탁자 사이에 위탁신임관계를 인정할 수도 없어 명의수탁자가 명의신탁자의 재물을 보관하는 자라고 할 수 없으므로, 명의수탁자가 신탁받은 부동산을 임의로 처분하여도 명의신탁자에 대한 관계에서 횡령죄가 성립하지 아니한다고 판시하였다.[552]

생각건대 횡령죄는 형식적인 소유권을 보호하기 위한 범죄이므로 신탁자는 소유권을 취득하지 못하고 소유권이전등기가 무효가 되어, 매도인이 신탁목적물에 대한 소유권을 가지게 되므로 **매도인에 대한 횡령죄**가 된다고 보는 입장이 타당하다고 생각된다.

③ **계약명의신탁**   계약명의신탁이란 신탁자와 수탁자 사이에 부동산 매수위임과 더불어 부동산명의신탁약정을 한 후, 수탁자가 매매계약의 당사자가 되어 매도인과 매매계약을 체결하고 수탁자 명의로 소유권을 이전하는 형식의 명의신탁을 말한다. 이 경우에는 매도인이 이러한 명의신탁사실을 알고 있는 경우

---

548) 이재상/장영민/강동범, 403면.
549) 대법원 2008. 4. 10. 선고 2008도1033 판결; 대법원 2002. 8. 27. 선고 2002도2926 판결.
550) 박상기, 382면; 이재상/장영민/강동범, 403면; 정성근/박광민, 441면.
551) 배종대, 74/28; 정영일, 214면.
552) 대법원 2016. 5. 19. 선고 2014도6992 전원합의체 판결.

와 모르는 경우를 구별하여 살펴볼 필요가 있다.

(ㄱ) 매도인이 그 사실을 안 경우(악의의 매도인)　이 경우에는 수탁자 앞으로의 소유권이전등기가 무효가 되므로 소유권이 원소유자인 매도인에게 복귀하게 된다. 이 경우에 매수인인 수탁자가 자기명의의 신탁부동산을 처분한 때에는 **횡령죄가 성립**한다는 견해553)와 신탁자에 대한 **배임죄가 성립**한다고 해석하는 견해554)의 대립이 있다.

생각건대 매도인이 명의신탁사실을 미리 알고 있으면서 매도하였고, 또한 매도인에 대하여는 매매대금이 지급되고 등기이전이 되었으므로 매도인에 대하여 신임관계를 위반했다고 할 수 없으므로, 결국 신탁자에 대한 사실상의 신임관계를 위반했으므로 **배임죄의 성립**을 인정하는 견해가 타당하다.

(ㄴ) 매도인이 그 사실을 모르는 경우(선의의 매도인)　매도인으로부터 수탁자에게 이전된 소유권이전등기는 부동산실명법 제4조 제2항 단서에 의하여 유효하므로 부동산에 대한 소유권은 수탁자에게 귀속하게 된다. 따라서 수탁자가 이를 처분한 경우에도 수탁자는 자기의 재물을 처분하는 자이므로 횡령죄는 성립할 수 없으며,555) 판례도 같은 입장이다.556)

이 경우에 수탁자에게 배임죄가 성립하는가에 관해서는 **부정설**557)과 **긍정설**558)이 대립하며, 부정설은 배임죄를 인정하게 되면 부동산실명법상 인정되지 않는 명의신탁약정을 사실상 허용하는 결과가 된다는 점을 논거로 들고 있다. 판례559)도 수탁자를 신탁자의 재산상의 사무를 처리하는 자로 볼 수는 없지만 신탁자를 위해 부동산매입사무를 처리하는 자이므로, 수탁자가 신탁자와의 사실상의

---

553) 김성천/김형준, 566면; 박상기, 382면; 임웅, 482면.

554) 김일수/서보학, 371면; 배종대, 74/31; 이재상/장영민/강동범, 403면; 정성근/박광민, 442면, 정영일, 373면.

555) 이재상/장영민/강동범, 403면.

556) 대법원 2000. 3. 24. 선고 98도4347 판결; 대법원 2000. 9. 8. 선고 2000도2584 판결.

557) 박상기, 383면.

558) 배종대, 74/31; 이재상/장영민/강동범, 403면; 임웅, 482면; 정성근/박광민, 443면.

559) 대법원 2008. 3. 27. 선고 2008도455 판결; 대법원 2004. 4. 27. 선고 2003도6994 판결(…계약명의신탁의 약정에 따라 체결한 분양권 매수계약에 기하여 취득한 이 사건 아파트에 관한 수분양자로서의 지위 및 그 분양권 관련서류에 대한 수분양자로서의 권리는 피고인 자신의 사무 또는 권리라고 할 것이므로 신탁자인 피해회사의 반환요구를 거절하고 피고인 명의로 그 소유권 이전등기를 경료하였다 하여 업무상 배임죄가 성립하는 것은 아니다).

신임관계를 위배하여 임의로 재산을 처분하는 것은 **배임행위에 해당**한다고 판시하고 있다.

생각건대 명의신탁약정은 무효라 하더라도 신탁자와 수탁자 사이의 사실상의 신임관계는 존재하므로 수탁자가 유효한 소유권 명의이전을 기화로 이를 처분한 때에는 신탁자에 대한 배임죄가 성립한다고 해석하는 판례와 긍정설의 입장이 타당하다.

(마) 차명계좌와 횡령죄여부   차명계좌의 경우에는 금전명의신탁으로서 계좌명의인이 차명계좌의 소유권자이므로 차명금은 자기의 재물이므로 계좌명의인이 이를 소비하였다고 하여도 횡령죄는 성립되지 않는다. 다만, 차명계좌에 의한 금전명의신탁의 경우에 계좌명의인은 타인의 사무를 처리하는 자에 해당되므로 금전신탁자에 대하여 배임죄가 성립할 수 있다.

(3) 실행행위

본죄의 실행행위는 '**횡령행위**'이다.

1) 횡령행위의 의의

'**횡령행위**'란 횡령하거나 반환을 거부하는 것으로 '**불법영득의 의사**'를 외부에 **표현하여 실현하는 일체의 행위**를 말한다.[560] 횡령죄의 경우에는 횡령행위자가 이미 재물을 점유하고 있으므로 횡령행위는 횡령의 의사, 즉 '**불법영득의 의사를 외부에서 객관적으로 인식할 수 있는 방법으로 표현하는 행위**'가 필요하며, 단순히 행위자의 내심적 의사만으로는 부족하다고 하겠다.

2) 횡령행위의 태양

① 횡령행위는 사실행위이든 법률행위이든 불문한다. 전자의 예로는 소비·착복·은닉·점유의 부인·타용도 사용 등이 있고, 후자의 예로는 매각·대여·질권설정·저당권설정·가등기담보제공·증여 등이 있다. 행위수행의 방법으로는 작위적 방법이나 부작위적 방법(사법경찰관리가 영치물을 검사에게 송부하지 않는 경우)이 있으며, 계약의 유효·무효, 취소가능성 등은 횡령행위의 성립에 영향을 미치지 않는다.

종래 판례[561] 중에는 처분행위가 당연무효인 때에는 횡령죄를 구성하지 않

---

560) 대법원 2004. 12. 9. 선고 2004도5904 판결.
561) 대법원 1981. 7. 14. 선고 81도1302 판결.

는다고 판시한 바 있으나, 이때에는 **불법영득의사가 객관적으로 표현되었으므로** 횡령죄가 성립한다고 보아야 한다. 그 후 판례는 타인의 재물을 보관하는 자가 본인의 동의없이 담보로 제공하는 행위는 불법영득의사를 표현하는 행위로서 담보제공행위가 무효가 되더라도 횡령죄를 구성한다고 판시한 바 있다.[562]

② 횡령행위는 작위 이외에 부작위로도 가능하다. 예컨대 사법경찰관리가 영득의사로 증거물을 검사에게 송부하지 않은 경우를 들 수 있다.

③ **'반환거부'**란 보관하고 있는 재물에 대한 소유자의 권리를 배제하는 의사표시를 하는 것을 말한다. 횡령의 한 태양이므로 단순한 거부의사만으로는 부족하고, 객관적으로 횡령행위와 동일시할 수 있을 정도여야 한다. 반환할 수 없는 사정이나 반환을 거부할 정당한 이유가 있는 때에는 횡령죄가 성립하지 않는다.

3) 횡령죄의 기수시기 및 미수의 성립범위

절도죄에 있어서 실행행위는 타인이 점유하는 재물을 대상으로 함으로써 절취행위가 요구되어진다. 그러나 횡령죄는 횡령행위자는 자기가 점유하는 타인의 재물이므로 점유이전이 필요없게 된다. 따라서 횡령죄에 있어서 횡령행위는 **불법영득의 의사표시행위로 기수가** 된다. 본죄의 기수시기에 대하여는 표현설과 실현설이 대립한다.

① **표 현 설**　　불법영득의사가 외부적, 객관적으로 인식할 수 있을 정도로 표현된 때에 기수가 된다는 견해이다.[563] 이 견해에 따르면 매매계약의 체결 또는 청약의사표시만으로 횡령죄는 기수가 되므로 횡령죄의 미수는 불능미수를 제외하고는 사실상 성립할 여지가 없게 된다.

② **실 현 설**　　불법영득의사가 행위에 의해 **객관적으로 실현된 때에 기수**가 된다는 견해이다.[564] 이 견해에 따르면 영득의사가 실현되지 못한 경우에는 횡령죄의 미수가 된다. 부동산의 경우에는 소유권이전등기가 종료하기 전까지는 미수이고, 동산의 경우에도 인도받기 전까지는 미수가 된다.

생각건대 횡령죄는 보관자가 보관한 재물을 처분하는 것이기 때문에 처분행위로 인하여 불법영득의사가 외부에서 인식할 수 있도록 표현되었을 때에는 이

---

562) 대법원 2002. 11. 13. 선고 2002도2219 판결.
563) 김성천/김형준, 582면; 배종대, 74/37; 이재상/장영민/강동범, 409면; 이영란, 381면; 임웅, 508면.
564) 김일수/서보학, 305면; 김종원, 255면; 박상기, 390면; 오영근, 367면; 이형국, 420면.

미 본죄의 기수가 된다는 표현설이 타당하다고 생각된다. 따라서 우편배달부가 우편물을 뜯었다가 봉하거나(중지미수), 자기 소유물이나 무주물을 타인의 재물로 오신하고 영득한 경우(불능범 또는 불능미수)와 같이 극히 예외적인 경우 이외에는 미수범이 성립할 여지가 없다.

판례는 **표현설**의 입장을 취하고 있는 것이 주류이지만, 처분행위가 당연무효인 경우에는 보호법익이 침해될 위험조차 없으므로 횡령죄가 성립하지 않는다고 판시하였으나,[565] 이후에는 사법상의 담보제공행위가 무효이거나 그 재물에 대한 소유권이 침해되는 결과가 발생하는지 여부에 관계없이 **횡령죄를 구성**한다고 판시하였다.[566]

2. 주관적 구성요건

객관적 구성요건요소에 대한 인식과 의사인 고의가 필요하다. 즉 타인의 재물을 보관하고 있는 자가 이를 횡령한다는 데에 대한 인식과 의사가 필요하다. 월권행위설에 의하면 이러한 고의만 있으면 횡령죄는 성립하나, 영득행위설에 의하면 이러한 고의 이외에 불법영득의 의사가 필요하다. 이 때 불법영득의사란 자기 또는 제3자의 이익을 위하여 타인의 재물을 보관하는 자가 위탁의 취지에 반하여 그 재물을 자기의 소유인 것처럼 처분하려는 의사이다. 그러므로 고의와 불법영득의사가 필요하다. 불법영득의사란 소유자의 지위를 배제하고 자기가 소유자인 것처럼 처분하려는 의사가 필요하다.

따라서 단순한 항목유용의 의사는 횡령죄에 해당하지 않지만, 사용이 금지되거나 불필요한 용도에 소비한 경우에는 불법영득의사가 인정되어 횡령죄에 해당한다. 일시유용의 경우에도 소유자로서 처분할 의사가 있는 이상 사후에 이를 반환하거나 변상, 전보하려는 의사가 있었는가는 문제되지 않는다.

질권자로부터 질물의 보관을 위탁받은 자가 질물의 소유자에게 반환한 경우에는 소유권을 침해한 것은 아니므로 배임죄 성립은 별론하고 횡령죄는 성립하지 않는다.

피해자의 승낙이 있거나 정당한 권리행사인 경우 위법성조각이 조각된다는

---

565) 대법원 1978. 11. 28. 선고 75도2713 판결.
566) 대법원 2002. 11. 13. 선고 2002도2219 판결.

견해도 있으나, 이때에는 불법영득의사가 없으므로 횡령죄가 성립되지 않는다는 견해가 타당하다.

주식회사의 1인 주주가 회사재산을 임의로 처분한 경우에는 불법영득의사가 인정되어 횡령죄가 성립한다. 타인으로부터 금원을 차용하여 주금을 가장납입한 후 이를 인출하여 차용금변제에 사용한 경우, **납입가장죄 및 공정증서원본부실기재죄와 부실기재공정증서원본행사죄가 성립하고, 상법상 납입가장죄가 성립하는 이상 업무상 횡령죄는 성립하지 않는다.**[567]

3. 공 범

횡령죄는 진정신분범이므로 신분없는 자는 직접정범·간접정범이 될 수 없고, 공동정범·교사범·종범이 될 수 있을 뿐이다.

(1) 신분자와 비신분자가 공동하여 죄를 범한 경우

비신분자도 신분자와 공동하여 횡령죄의 공동정범이 된다. 점유이탈물횡령죄를 책임감경적 구성요건으로 이해하는 입장에서는 비신분자에게는 점유이탈물횡령죄의 공동정범이 된다(제33조 단서 적용).

(2) 업무상 보관자와의 공범관계

1) 보관자와 업무상 보관자의 관계는 제33조 단서가 적용된다. 업무상 보관자는 업무상 횡령죄가 성립하고, 보관자는 횡령죄의 공동정범·교사범·방조범으로 처벌된다.

2) 비보관자가 업무상 보관자에 가담한 경우에는, 비보관자는 횡령죄의 공동정범·교사범·방조범이 되고, 업무상 보관자는 단서에 의해 업무상 횡령죄가 성립한다.

4. 죄수 및 다른 범죄와의 관계

(1) 죄 수

횡령죄의 죄수는 위탁관계의 수를 기준으로 판단해야 한다.

① 1개의 행위로 수인으로부터 위탁받은 재산을 횡령한 경우에는 수죄의 상상적 경합이 된다. 그러나 1인으로 위탁받은 수인 소유의 재물을 횡령한 경우에

---

567) 대법원 2004. 6. 17. 선고 2003도7645 판결.

는 일죄가 된다. 1개의 위탁관계에 의하여 보관하는 재물을 수개의 행위에 의하여 횡령한 때에는 경합범이 된다.

② 수개의 횡령행위가 하나의 범의에 의한 연속된 경우에는 포괄일죄이다.

③ 횡령죄는 상태범이므로 영득한 재물을 처분하더라도 새로운 법익을 침해하지 않는 한 불가벌적 사후행위이다.

(2) 다른 범죄와의 관계

1) 사기죄와의 관계

자기가 점유하는 재물에 대하여 기망행위를 하여 영득한 때에는 횡령죄만 성립하고 사기죄는 성립하지 않는다.

2) 장물죄와의 관계

첫째, 장물보관자가 장물을 영득한 경우 **장물보관죄**만 성립한다. 횡령행위는 **불가벌적 사후행위**가 되어 처벌되지 않는다.[568] 둘째, 횡령에 의하여 영득된 장물을 취득한 자는 장물취득죄가 성립하는가, 아니면 횡령죄의 공범이 되는가가 문제된다. 이에 대해서는, ① 장물취득죄가 된다는 견해[569]와, ② 횡령죄의 공범이 성립한다는 견해[570]가 대립한다. 생각건대 횡령에 의한 재물영득과 시간적으로 중복되어 장물죄는 성립할 수 없으므로, 횡령죄의 공범이 된다는 견해가 타당하다.

III. 업무상 횡령죄

> 제356조(업무상의 횡령과 배임) 업무상의 임무에 위배하여 제355조의 죄를 범한 자는 10년 이하의 징역 또는 3천만원 이하의 벌금에 처한다.
> 제358조(자격정지의 병과) 전3조의 죄에는 10년 이하의 자격정지를 병과할 수 있다.
> 제359조(미수범) 제355조 내지 제357조의 미수범은 처벌한다.
> 제361조(친족간의 범행, 동력) 제328조와 제346조의 규정은 본장의 죄에 준용한다.

업무상 횡령죄는 업무상의 임무에 위배하여 자기가 보관하는 타인의 재물을

---

568) 대법원 2004. 4. 9. 선고 2003도8219 판결.

569) 김일수/서보학, 309면; 배종대, 75/44; 이영란, 384면; 정성근/박광민, 407면.

570) 김종원, 250면; 이재상/장영민/강동범, 415면; 이형국, 422면.

횡령하거나 반환을 거부함으로써 성립하는 범죄이다.

본죄는 위탁관계가 업무로 되어 있기 때문에 횡령죄에 대하여 책임이 가중되는 가중적 구성요건이다. 보관자라는 구성적 신분 이외에 업무자라는 가감적 신분을 요한다. 따라서 이중의 신분범이다.

본죄의 업무는 위탁관계에 의한 타인의 재물보관을 내용으로 한다. 주된 업무·부수적 업무를 불문한다. 사람의 생명·신체에 대한 위험을 수반하는 사무에 제한되지 않는다는 점에서 업무상 과실치사상죄의 업무와 다르다.

Ⅳ. 점유이탈물횡령죄

> 제360조(점유이탈물횡령) ① 유실물, 표류물 또는 타인의 점유를 이탈한 재물을 횡령한 자는 1년 이하의 징역이나 300만원 이하의 벌금 또는 과료에 처한다.
> ② 매장물을 횡령한 자도 전항의 형과 같다.

1. 의의 및 성격

점유이탈물횡령죄는 유실물, 표류물, 매장물 또는 타인의 점유를 이탈한 재물을 횡령함으로써 성립하는 범죄이다.

본죄는 점유침해가 없다는 점에서 절도죄와 구별되고, 위탁관계가 없다는 점에서 횡령죄와는 본질을 달리하는 독립된 범죄이다.

2. 객관적 구성요건

(1) 행위객체

점유이탈물횡령죄의 객체는 유실물·표류물·매장물 기타 점유이탈물이다.

1) 점유이탈물

점유자의 의사에 의하지 않고 그 점유를 떠난 타인소유의 재물을 말한다. 예컨대 유류품, 잃어버린 가축, 잘못 배달된 우편물, 바람에 날아온 이웃집의 세탁물 등이 여기에 해당한다. 타인의 점유를 이탈한 것이면 행위자 자신의 점유는 불문한다. 무주물은 타인소유물이 아니므로 본죄의 객체가 아니다. 타인의 실력적 지배가 미치는 장소 내에 있는 물건은 그 장소의 관리자의 점유에 속하므로 점유이탈물이 아니다.

2) 유실물·표류물·매장물

'유실물'이란 잃어버린 물건 또는 분실물을 말한다. 착오로 점유한 물건, 타인이 놓고 간 물건, 일실한 가축을 준유실물이라고 한다(유실물법 제12조). 표류물이란 점유를 이탈하여 바다·하천에 떠서 흐르고 있는 물건을 말한다. 침몰품도 포함된다. 매장물이란 토지·해저 또는 건조물 등에 포장된 물건으로서 점유이탈물에 준하는 것을 말한다.

(2) 실행행위

점유이탈물횡령죄의 실행행위는 횡령이다. 횡령이란 불법영득의사를 가지고 점유이탈물을 자기의 사실상의 지배하에 두는 것을 말한다. 본죄는 불법으로 점유를 취득하면 기수가 되며, 본죄의 미수는 처벌하지 않는다. 예컨대 유실물을 당국에 신고하지 않고 자기 친구 집에 둔 경우, 자전거를 수일간 습득 후 보관한 경우만으로는 불법영득의사가 표현되었다고 볼 수 없으므로 본죄가 성립하지 않는다.[571]

또한 본죄는 상태범이므로 습득한 자기앞수표를 현금과 교환하여도 불가벌적 사후행위로서 별죄를 구성하지 않는다.[572]

3. 주관적 구성요건

유실물, 표류물, 매장물 또는 타인의 점유를 이탈한 재물이라는 점에 대한 고의와 불법영득의사가 필요하다.

---

571) 대법원 1969. 8. 19. 선고 69도1078 판결.
572) 대법원 1975. 12. 23. 선고 74도2215 판결.

제7절 배임의 죄

I. 개   설

1. 의   의

배임죄란 타인의 사무를 처리하는 자가 그 임무에 위배하는 행위로 재산상의 이익을 취득하거나 제3자로 하여금 취득케 하여 본인에게 손해를 가하는 것을 내용으로 하는 범죄이다.

본죄는 재산죄 중에서 재물 외에 재산상의 이익만을 객체로 하는 순수한 이득죄이다.

배임죄가 타인의 사무를 처리하는 자가 본인과의 신임관계에 위배하여 타인의 재산권을 침해하는 범죄라는 점에서는 사기죄와 유사한 성질을 지니고 있다. 독일 형법이나 일본 형법에서는 배임죄를 사기죄와 같은 장에 규정하고 있다.

그러나 사기죄에 있어서 신임관계의 침해는 일상 거래법칙상의 신뢰관계를 토대로 행위자의 기망행위라는 특수한 행위방법이 요구되는데 반하여, 배임죄는 타인의 사무를 처리하는 자가 기존의 신임관계를 전제로 그 임무에 위반하여 본인에게 손해를 가하였다는 점에 있다. 따라서 우리 형법상 배임죄는 **특별한 신뢰관계를 전제로 한다**는 점에서 횡령죄와 그 성질을 같이하기 때문에 횡령죄와 함께 규정하면서 동일하게 처벌하고 있다.

따라서 우리 형법상 배임죄와 횡령죄는 본인에 대한 신임관계 위반을 본질로 하는 재산취득죄라는 점에서는 같다. 그러나 횡령죄는 자기가 보관하는 타인의 재물을 영득하는 경우에 성립하는 **영득죄**이며, 배임죄는 타인의 사무를 처리하는 자가 재물이 아닌 재산상의 이득을 취득하는 경우에 성립하는 **이득죄**라는 점에서 차이가 있다.

2. 배임죄의 본질

배임죄의 본질을 어떻게 이해할 것인가에 관해서는 권한남용설과 배신설이 대립하고 있다.

(1) 권한남용설

이 학설은 **법적 대리권의 남용**이 배임죄의 본질이라고 이해는 견해이다. 즉 배임죄는 대외관계에서 타인의 재산을 처분할 권한을 가진 자가 그 대외적 권한을 행사함에 있어서 내적 의무를 위배한 경우에 성립한다는 것이다. 즉 배임죄가 성립하기 위해서는 먼저 대리권이 있어야 하고, 다음으로 대리권 행사를 남용함으로써 본인에게 재산상의 손해를 가해야 한다는 것이다. 따라서 배임행위가 되기 위해서는 대리권자에 의한 법률행위에 한정되고, 대리권 없는 자의 법률행위나 대리권 있는 자의 순수한 사실행위도 배임행위에 해당하지 않게 된다. 예컨대 금전의 임의소비, 재산을 멸실케 하는 경우는 사실행위이므로 배임죄가 성립하지 않게 된다. 말하자면 횡령죄와 배임죄의 구별은 침해방법의 차이에 따라 횡령죄는 사실행위에 의해, 배임죄는 법률행위에 의해 성립하게 된다.

생각건대 권한남용설에 따르면 횡령과 배임의 한계를 명백히 구별하게 되어, 배임죄의 성립범위가 확대될 위험은 사라지게 된다는 이점은 있다. 그러나 법률행위에 대해서만 배임죄의 성립을 인정하고 사실행위에 대하여는 이를 부정함으로써 배임죄의 성립범위가 지나치게 협소하게 되어 신임관계에 위배한 사실행위를 처벌하지 못하게 되는 형사정책적인 결함이 크므로 타당하다고 할 수 없다.

(2) 배 신 설

이 학설은 배임죄의 본질을 신의성실의 의무에 대한 위배 내지 **신임관계의 침해**에 있다고 보는 견해이다. 즉 배임죄의 본질은 외부관계에 있어서의 권한남용이 아니라, 의무위반에 의하여 재산상의 손해를 초래하는 내부관계의 보호에 있으며, 배임죄는 바로 이러한 신임관계에서 발생하는 타인의 재산상의 이익을 보호해야 할 의무를 침해하는 점에 있다는 것이다. 이 견해에 따르면 배임죄가 성립하기 위해 대외관계에서 대리권의 존재가 반드시 필요한 것도 아니며, 또한 배임행위는 법률행위뿐만 아니라 사실행위도 포함하여 가능하게 된다.

따라서 횡령죄와 배임죄는 신임관계의 침해라는 배신성에서는 그 본질이 동일하지만, 그 행위객체가 횡령죄는 재물인 반면에 배임죄는 재산상의 이익이라는 점에서 차이가 나므로, 양자는 **특별법과 일반법의 관계**에 있다고 할 수 있으며, 이는 통설[573]과 판례[574]의 입장이기도 하다.

---

573) 김성돈, 443면; 김성천/김형준, 591면; 김일수/서보학, 381면; 김종원, 226면; 박상기, 398

우리 형법도 배임죄를 횡령죄와 같이 규정하면서 배임죄에 대하여 '타인의 사무를 처리하는 자가 그 임무에 위배되는 행위로써 재산상의 이익을 취득하거나'라고 규정함으로써 배신설의 입장을 취하고 있음을 알 수 있다. 그러나 문제는 배신설의 입장을 확대하여 적용할 경우에 배임죄의 성립범위가 지나치게 확대될 위험이 있다는 점이다. 가령 채무불이행자의 경우에도 신의성실의 의무에 위반하여 채무를 이행하지 않는 경우이므로 배임죄가 성립한다고 할 수 있기 때문이다. 따라서 배임죄의 구성요건 중 '타인의 사무를 처리하는 자'의 범위를 죄형법정주의의 원칙에 어긋나지 않도록 엄격하고도 명확한 해석이 필요하다고 하겠다.

II. 배 임 죄

제355조(배임) ② 타인의 사무를 처리하는 자가 그 임무에 위배하는 행위로써 재산상의 이익을 취득하거나 제삼자로 하여금 이를 취득하게 하여 본인에게 손해를 가한 때에도 전항의 형과 같다.
제358조(자격정지의 병과) 전3조의 죄에는 10년 이하의 자격정지를 병과할 수 있다.
제359조(미수범) 제355조 내지 제357조의 미수범은 처벌한다.

1. 객관적 구성요건

배임죄의 객관적 구성요건은 '타인의 사무를 처리하는 자가 배임행위를 하여 재산상의 이익을 취득하고 본인에게 손해를 가할 것'이 요구되어진다.

(1) 행위의 주체

배임죄의 행위주체가 '타인의 사무를 처리하는 자'이므로, 본죄는 진정신분범이다. 여기서 타인의 사무를 처리하는 자란 타인과의 대내적인 관계에서 신의성실의 원칙에 비추어 그 사무를 처리할 신임관계가 있는 자를 말한다. 제3자에 대한 대외관계에서의 대리권의 존재나 포괄적인 사무위임이 있을 것을 요하지는 않는다.

면; 배종대, 76/7; 손동권/김재윤, 461면; 유기천, 290면; 이영란, 394면; 이재상/장영민/강동범, 421면; 이정원, 461면; 이형국, 430면; 임웅, 519면; 정성근/박광민, 456면.
574) 대법원 1976. 5. 11. 선고 75도2245 판결.

그러나 타인의 사무를 처리하는 자의 범위가 지나치게 확대되지 않도록, 신임관계를 기초하는 사무처리의 근거 및 내용, 타인의 사무의 독립성과 정형성 등의 문제를 구체적으로 검토해보기로 한다.

1) 사무처리의 근거

타인의 사무를 처리하는 근거는 법령(친권자, 후견인, 파산관재인, 집행관, 회사의 대표자 등), 계약 또는 법률행위(위임, 고용, 임치 등), 사무관리, 관습에 의해서도 발생할 수 있으며, 신의성실의 원칙에 근거한 신임관계가 인정되면 충분하다. 따라서 사실상의 신임관계도 포함되고,[575] 대리권이 소멸된 후에 그 사무를 처리하거나, 사무처리자가 해임된 후에 사무인계 전에 사무를 처리한 경우에도 타인의 사무를 처리하는 자에 해당한다.

한편 사무처리의 근거가 된 **법률행위가 무효인 때**에도 본죄의 성립을 인정할 수 있는지 여부가 문제된다. 가령 부동산을 이중매매한 경우에 선매수인과의 매매계약이 무효인 때에는 매도인이 소유권이전등기에 협력해야 할 의무가 발생하지 않으므로 후매수인에게 등기이전을 하더라도 배임죄가 성립하지 않게 된다.

그러나 일반적으로 법률행위가 무효인 경우에 타인의 사무를 처리하는 자라고 볼 수 있는가 여부는 무효의 원인에 따라 구별하여 판단해야 한다. 즉, ① 선량한 풍속 기타 사회질서에 반하여 무효인 경우에는 타인의 사무를 처리하는 자라고 할 수 없다. 예컨대 마약을 팔아주겠다고 한 후 팔지 않은 경우나 장물을 알선한 대금을 착복한 경우에는 본죄가 성립하지 않는다. ② 그러나 행위능력이나 법적 형식의 미비로 인하여 법률행위가 무효인 경우에는 사실상의 사무처리관계를 인정해야 한다. 결국 사실상의 신임관계를 어느 범위까지 인정할 것인가에 관해서는 부진정부작위범에 있어서 보증인적 지위와 동일하게 판단할 수 있다. 즉 배임죄에 있어서 '타인의 사무를 처리하는 자'란 **타인의 재산상의 이익을 보호해야 할 보증인지위에 있는 보증인**이라 할 수 있다.[576]

---

575) 대법원 2000. 3. 14. 선고 99도457 판결(사실상 학교법인의 경영을 주도하고 학교자금을 보관·관리하는 학교법인의 이사가 학교재산에 대한 임대차계약을 체결한 경우).

576) 부진정부작위범에 있어서 보증인적 지위와 관련하여, 선행행위로 인해 부진정부작위범의 보증인적 지위는 인정되지만 배임죄의 행위주체인 신임관계에 기초한 타인의 사무를 처리하는 자의 지위는 인정될 수 없다고 하겠다. 예컨대 과실로 타인에게 손해를 가한 경우에 이로 인해 부진정부작위범에서 의미하는 작위의무는 발생할지라도 배임죄에서 의미하

2) 사무처리의 내용

타인의 사무를 처리하는 자의 사무의 내용은 사적인 사무, 공적인 사무, 일시적·계속적 사무, 법률행위 및 사실행위 등을 포함한다. 그러나 여기의 사무가 재산상의 사무임을 필요로 하는가가 문제된다.

① 형법에 사무의 내용에 관하여 아무런 규정이 없고, 배임죄의 재산죄로서의 성질은 본인에게 재산상의 손해가 발생함으로써 충분하므로 본죄의 사무는 재산상의 사무에 국한되지 않는다는 견해[577]와, ② 반드시 재산상의 사무일 필요는 없으나, 형법이 재산상의 이익을 취득하거나 취득하게 하는 것으로 규정하고 있으므로 적어도 재산적인 이해관계를 가진 사무임을 요한다는 견해[578]가 있으나, ③ 배임죄는 재산죄일 뿐만 아니라 이를 배임죄의 부당한 확대적용을 적절히 제어하기 위해서도 재산상의 사무에 국한한다고 보는 견해[579]가 타당하다. 판례[580]도 배임죄에 있어서 타인의 사무를 처리하는 자란 "타인의 재산관리에 관한 사무의 전부 또는 일부를 대행하는 경우와 타인의 재산보전에 협력하는 경우를 말한다."고 판시하여 재산적 사무설의 입장을 취하고 있다. 따라서 변호사가 형사사건의 변호를 의뢰받거나 의사가 환자의 치료를 의뢰받은 경우, 또한 골프시설의 운영자는 일반회원들의 골프회원권이라는 재산관리를 대행하거나 재산보전에 협력하는 지위에 있다고 할 수 없으므로 본죄의 타인의 사무를 처리하는 자에 해당하지 않는다.[581]

는 신임관계에 기초한 '타인의 사무를 처리하는 자'라고는 할 수 없기 때문이다.

577) 오영근, 381면; 이영란, 399면; 임웅, 523면.

578) 정영석, 383면; 정영일, 228면; 황산덕, 322면.

579) 강구진, 375면; 김성천/김형준, 594면; 김일수/서보학, 383면; 김종원, 238면; 박상기, 401면; 배종대, 77/5; 백형구, 216면; 유기천, 294면; 이재상/장영민/강동범, 424면; 이정원, 466면; 이형국, 434면; 정성근/박광민, 462면.

580) 대법원 1987. 4. 28. 선고 86도2490 판결; 대법원 1984. 12. 26. 선고 84도2127 판결; 대법원 1983. 2. 8. 선고 81도3137 판결; 대법원 1982. 9. 28. 선고 81도2777 판결.

581) 대법원 2003. 9. 26. 선고 2003도763 판결(골프시설의 운영자가 일반회원들을 위한 회원의 날을 없애고, 일반회원들 중에서 주말예약에 대하여 우선권이 있는 특별회원을 모집함으로써 일반회원들의 주말예약권을 사실상 제한하거나 박탈하는 결과가 되었다고 하더라도, 이는 일반회원들에 대한 회원가입계약에 따른 민사상의 채무를 불이행한 것에 불과하고, 골프시설의 운영자가 일반회원들의 골프회원권이라는 재산관리에 관한 사무를 대행하거나 그 재산의 보전행위에 협력하는 지위에 있다고 할 수는 없으므로 배임죄의 주체인 타

그러나 이와 달리 ① 계주가 지정된 계원에게 징수된 계금을 지급해야 할 임무를 이행하지 아니하고 이를 자의로 소비한 경우,[582] ② 채권담보를 위해 물건을 양도담보로 제공한 채무자가 이를 처분한 경우,[583] ③ 채권담보를 위해 부동산에 가등기를 해둔 가등기담보권자[584]나 양도담보권자,[585] 소유권이전등기 소요서류를 임치하고 있는 자도 변제기까지는 타인의 사무를 처리하는 자이고,[586] ④ 공장저당권설정자로부터 그의 금융기관에 대한 피담보채무를 이행인수하면서 공장저당법에 의하여 공장저당권이 설정된 공장기계를 양수한 자는 채무변제시까지 목적물을 보관하여야 할 의무가 있으며, ⑤ 예금통장에서 의뢰받은 돈보다 더 많이 인출할 경우[587]에 있어서는 배임죄에서 의미하는 타인의 사무를 처리하는 자에 해당하여 배임죄가 성립하게 된다.

3) 타인의 사무처리

본죄의 주체는 타인의 사무를 처리하는 자이다. 여기서 말하는 '타인의 사무'란 본인을 위한 재산보호가 신임관계의 전형적·본질적 내용이 되는 주된 의무가 되어야 하고 부수적인 의무가 되어서는 안 된다. 따라서 계약에 따른 신의칙상의 일반적인 의무는 본죄의 타인의 사무에 속하지 않는다.

그러므로 ① 매매대금 중 일부를 타인에게 지급하겠다고 약정하고 이행하지 않은 경우[588]나 월부상환중인 자동차를 매도하면서 연체된 중도금을 지급기일까지 완납하겠다고 약정한 후 이를 이행하지 않은 경우,[589] ② 임대차계약에서 임차인이 임대료를 지급하지 않은 경우,[590] ③ 양도담보권자가 담보권의 실행으로 담보목적물을 환가처분하는 경우에 이를 정산하여야 한다는 의미에서 자신의 사

인의 사무를 처리하는 자에 해당하지 아니한다는 이유로 일반회원들에 대한 배임죄를 구성하지 아니한다고 한 사례).

582) 대법원 1995. 9. 29. 선고 95도1176 판결; 대법원 1994. 3. 8. 선고 93도2221 판결.
583) 대법원 1997. 6. 24. 선고 96도1218 판결; 대법원 1989. 7. 25. 선고 89도350 판결.
584) 대법원 1990. 8. 10. 선고 90도414 판결.
585) 대법원 1995. 5. 12. 선고 95도283 판결.
586) 대법원 1973. 3. 13. 선고 73도181 판결.
587) 대법원 1972. 3. 28. 선고 72도297 판결.
588) 대법원 1976. 5. 11. 선고 75도2245 판결.
589) 대법원 1983. 11. 8. 선고 83도2493 판결.
590) 대법원 1971. 7. 20. 선고 71도1116 판결.

무를 처리하는 것으로 타인의 사무를 처리하는 자라고 할 수 없으며,591) 나아가 양도담보권자가 담보목적물을 부당하게 염가로 처분하는 경우,592) ④ 청산회사의 대표청산인의 청산업무는 채권자에 대한 관계에서 타인의 사무라 할 수 없고,593) ⑤ 아파트시행사가 시공사와의 공사대금의 지급방법에 관한 특약과는 달리 분양수입금을 지급하지 않은 경우에는 민사상의 채무불이행에 불과할 뿐 배임죄를 구성한다고 볼 수 없으며,594) ⑥ 주식회사의 신주발행에 있어서 대표이사는 일반주주들에 대하여 타인의 사무를 처리하는 자의 지위에 있다고 할 수 없다.595)

그리고 여기서의 타인의 사무는 타인의 재산을 보호할 사무에 한정되는 것이 아니라 타인의 재산보호와 더불어 자기사무의 성질을 함께 지닌 경우에도 타인을 위한 사무가 본질적인 내용을 형성할 때에는 타인의 사무를 처리하는 자에 해당한다고 보아야 한다.596)

따라서 **부동산 이중매매와 이중저당**의 경우에는 매도인 또는 저당권설정자가 타인의 사무를 처리하는 자가 되어 **배임죄의 죄책**을 지게 된다.

4) 사무처리의 독립성

배임죄에 있어서 타인의 사무를 처리하는 자란 사무처리에 관한 권한이 있을 것을 요하지는 않는다. 그러나 사무처리자의 범위가 무한정 확대되는 것을 방지하기 위하여 일정한 범위에서 사무처리자에게도 활동의 자유와 독립성과 책임이 있을 때에만 그 신임관계의 위반에 대한 죄책을 묻는 것이 정당화될 수 있기 때문이다. 따라서 구체적인 사무의 종류와 내용 및 시간적 계속성 등을 종합하여 단순히 본인의 지시에 따라 사무를 처리하는 자는 여기에 해당하지 않지만, 보조기관으로서 사실상 그 사무를 담당하고 있는 자의 경우에는 본죄의 타인의 사무를 처리하는 자에 해당한다.597)

---

591) 대법원 1985. 11. 26. 선고 85도1493 전원합의체 판결.
592) 대법원 1997. 12. 23. 선고 97도2430 판결.
593) 대법원 1990. 5. 25. 선고 90도6 판결.
594) 대법원 2008. 3. 13. 선고 2008도373 판결.
595) 대법원 2010. 10. 14. 선고 2010도387 판결.
596) 대법원 1982. 5. 25. 선고 81도2618 판결.
597) 대법원 1982. 7. 27. 선고 81도203 판결.

(2) 실행행위

본죄의 실행행위는 '배임행위로서 본인 또는 제3자에게 재산상 이익을 취득하거나 취득하게 하여 본인에게 재산상의 손해를 가하는 행위를 하는 것'을 말한다.

1) 배임행위

가. 의   의   '배임행위'란 타인의 사무를 처리하는 자가 임무에 위배되는 행위를 하는 것을 말한다. 임무에 위배되는 행위가 있는가 여부에 대한 판단은 처리하는 사무의 성질과 내용 및 행위시의 상황 등을 구체적으로 검토하여 신의성실의 원칙에 따라 판단하여야 한다.

따라서 ① 부동산을 경락한 자가 경락허가결정이 확정된 후에 소유자에게 경락을 포기하겠다고 약속하고도 대금을 완납하고 소유권을 취득한 경우,[598] ② 타인명의로 등기되어 있는 자기소유의 부동산을 자기 앞으로 이전등기한 경우,[599] ③ 양도담보권자가 변제기 도과 후에 채권추심을 위하여 담보부동산을 처분한 경우,[600] ④ 환매조건부로 대물변제한 부동산을 채권자가 환매기일이 지난 후에 처분한 경우[601]에는 배임행위가 있다고 할 수 없다.

나. 배임행위의 방법   배임행위의 방법으로는 권한남용이든, 법률상의 의무위반이든 불문한다. 또한 배임행위는 법률행위뿐만 아니라 사실행위도 포함한다. 또한 작위는 물론 부작위에 의한 배임행위도 가능하다. 예컨대 채권추심을 위탁받은 자가 이를 해태하여 채권의 소멸시효가 완성된 경우에는 부작위에 의한 배임죄가 성립하게 된다.

그 밖에도 ① 금융기관의 임직원이 대출규정에 위반하여 보증인의 일부를 자격미달인 보증인을 세우면서 충분한 담보를 제공받는 등 상당하고 합리적인 채권회수조치를 취하지 아니하고 대출한 경우,[602] ② 불교방송의 이사장 직무대리인이 후원회 기부금을 자신과 친분관계가 있는 신도에게 확실한 담보를 제공받지 않고 대여한 경우,[603] ③ 회사경영자가 안정주주를 확보하여 경영권을 계속

---

598) 대법원 1969. 2. 25. 선고 69도46 판결.
599) 대법원 1974. 2. 12. 선고 73도2926 판결.
600) 대법원 1982. 9. 28. 선고 82도1621 판결.
601) 대법원 1983. 2. 23. 선고 82도2945 판결.
602) 대법원 2004. 3. 26. 선고 2003도7878 판결; 대법원 2002. 7. 22. 선고 2002도1696 판결.
603) 대법원 2000. 12. 8. 선고 99도3338 판결.

유지하는 것을 주된 목적으로 종업원 자사주 매입에 회사자금을 지원한 경우,[604] ④ 회사대표가 회사에서 지급의무 없는 돈을 지급하거나,[605] 지급능력 없는 타인 발행의 약속어음에 회사명의로 배서한 경우,[606] 변제능력이 없는 자에게 회사자금을 대여한 경우,[607] ⑤ 특정목적을 위해 조성된 기금을 부적격업체에 부당지출한 경우,[608] ⑥ 대학교 총장으로 학교법인의 이사를 겸하고 있는 자가 명예총장을 추대하고 활동비 및 전용운전사의 급여를 지급한 경우,[609] ⑦ 회사직원이 영업비밀 또는 영업상 중요한 자산인 자료를 성생업체에 유출하는 경우,[610] ⑧ 회사의 대표이사 등이 임무에 위배하여 회사로 하여금 다른 사업자와 용역계약을 체결하게 하면서 적정한 용역비의 수준을 벗어나 부당하게 과다한 용역비를 정하여 지급하게 한 경우[611]에는 배임죄가 성립한다.

  다. **모험거래와 피해자의 동의**   타인의 사무를 처리하는 자가 투기적 성질을 지닌 모험거래를 하는 경우에 이것이 배임행위에 해당하는지가 문제된다. **모험거래**란 그 사무의 처리가 본인에게 이익 또는 손해가 될지 그 전망이 매우 불투명한 경우를 말한다. 모험거래를 할 수 있는 **권한의 유무**와 그 범위에 관하여는 내부관계에 의하여 결정될 수밖에 없다. 따라서 모험거래가 전면적으로 금지되어 있거나 권한의 범위를 벗어난 경우에는 배임죄가 성립한다.

  그러나 그 거래가 통상의 거래범위 내지 관행을 벗어나지 않았고, 본인의 추정적 승낙이 있다고 인정될 경우에는 배임행위가 될 수 없다. 예컨대 주식회사나 유한회사의 대표이사가 투기적 사업을 한 경우에는 배임죄가 성립하지 않는다. 이 경우에는 기업의 경영판단에 따른 장래에 예상되는 손해발생 가능성 내지 위험과 기대되는 이익을 종합적으로 고려하여 기대되는 이익이 더 크다는 경영판단에 따른 고도의 위험성을 지닌 사업투자이기 때문이다.

  그러나 대기업이나 대기업의 회장 등이 개인이 정치적으로 난처한 상황에서

---

604) 대법원 1999. 6. 25. 선고 99도1141 판결.
605) 대법원 1984. 2. 28. 선고 83도2928 판결.
606) 대법원 2000. 5. 26. 선고 99도2781 판결.
607) 대법원 2000. 3. 14. 선고 99도4923 판결.
608) 대법원 1997. 10. 24. 선고 97도2042 판결.
609) 대법원 2003. 1. 10. 선고 2002도758 판결.
610) 대법원 2008. 4. 24. 선고 2006도9089 판결; 대법원 2003. 10. 30. 선고 2003도4382 판결.
611) 대법원 2018. 2. 13. 선고 2017도17627 판결.

벗어나기 위하여 자회사 및 협력회사 등으로 하여금 특정회사의 주식을 매입수량, 가격 및 매입시기를 미리 정하여 매입하게 한 행위는 배임행위에 해당한다.

그리고 금융기관의 경영자가 금융거래와 관련한 경영상의 판단에 따른 행위일 경우에도 기업의 경영판단에 따른 모험거래와 마찬가지로 배임행위라고 할 수 없다.[612] 또한 사무처리에 관하여 본인의 동의가 있는 경우에는 배임행위라고 할 수 없으며,[613] 이 경우에는 배임죄의 위법성이 조각되는 것이 아니라 배임죄의 구성요건해당성이 조각되는 양해에 해당한다고 보아야 한다.

2) 재산상의 손해와 이익의 취득

가. 재산상의 손해발생　　배임죄는 배임행위로 이하여 본인에게 **총체적으로** 재산상의 손해가 발생해야 한다. 배임행위와 재산상의 손해발생 사이에는 인과관계가 있어야 한다.

총체적인 재산상태의 손실이란 기존재산의 감소인 적극적 손해와 장래 취득할 이익의 상실인 소극적 손해를 모두 포함한다. 재산적 가치의 감소여부는 법률적 관점이 아니라 경제적 관점에서 판단해야 한다. 따라서 회사의 대표이사가 행한 재산의 처분행위가 법률상 당연히 무효라고 하더라도 경제적인 측면에서 재산상의 손해에 해당할 수 있지만,[614] 이로 인해 재산상의 손해발생의 위험도 초래되지 않은 때에는 그러하지 아니하다.[615]

---

612) 대법원 2010. 10. 14. 선고 2010도387 판결(…경영자에게 배임의 고의가 있었는지 여부를 판단할 때에는 문제된 경영상의 판단에 이르게 된 경위와 동기, 판단대상인 업무의 내용, 금융기관이 처한 경제적 상황, 손실발생의 개연성 등 제반 사정에 비추어 자기 또는 제3자가 재산상의 이득을 취득한다는 인식과 본인에게 손해를 가한다는 인식하의 의도적인 행위임이 인정되는 경우에 한하여 배임죄의 고의를 인정하는 엄격한 해석기준이 유지되어야 한다).

613) 대법원 1983. 11. 8. 선고 83도2309 판결.

614) 대법원 1992. 5. 26. 선고 91도2963 판결.

615) 대법원 2010. 9. 30. 선고 2010도6490 판결; 대법원 2004. 4. 9. 선고 3004도771 판결(대표이사가 개인의 차용금 채무에 관하여 개인명의로 작성하여준 차용증에 추가로 회사의 법인 인감을 날인하였다고 하더라도 대표이사로서 행한 적법한 대표행위라고 할 수 없으므로 회사가 위 차용증에 기한 차용금 채무를 부담하게 되는 것이 아님은 물론이고, … 회사가 대여자에 대하여 사용자책임이나 법인의 불법행위 등에 따른 손해배상의무도 부담할 여지가 없으므로, 결국 회사에 재산상 손해가 발생하였다거나 재산상 실해발생의 위험이 초래되었다고 볼 수 없다).

재산상의 손해가 동시에 이익을 준 경우에는 손해가 발생했다고 할 수 없으며, 여기서의 '이익'이란 손해를 가한 행위 자체로 취득한 이익에 제한된다. 따라서 배임행위로 인해 손해배상청구권이나 원상회복청구권을 취득하였다 하더라도 이것은 여기에서 말하는 이익에 해당하지 않으며, 피해가 사후에 회복되었다고 하더라도 손해가 없어지는 것은 아니다.

또한 재산상의 손해발생에 **현실적인 손해뿐만** 아니라 재산상의 위험발생의 경우도 포함하는가가 문제된다. 부정설은 본죄의 미수범을 처벌하므로 현실적인 재산상의 손해발생이 필요하다는 입장이지만, 사기죄에서와 같이 **손해발생의 위험도 포함하는** 견해가 타당하며, 판례[616]도 이 입장을 취하고 있다. 따라서 배임죄의 성립에는 재산상의 손해액이 구체적으로 확정될 것을 요하지 않는다.[617] 예컨대 부실대출에 의한 업무상 배임죄가 성립하는 경우에는 담보물의 가치를 초과하여 대출한 금액이나 실제로 회수불가능한 금액만 손해액으로 볼 것이 아니라, 재산상의 권리실행이 불가능할 염려가 있거나 **손해발생의 위험이 있는** 대출금 전액을 손해액으로 보아야 한다.[618]

그러므로 ① 위조된 문서를 근거로 부정대출한 경우,[619] ② 저축은행 대표이사가 허위로 예금이 입금된 것처럼 거래원장을 작성하고 예금통장을 작성하여 교부한 경우,[620] ③ 공사주의 피용인(被傭人)이 기성고를 초과하여 공사금을 수급인에게 지급한 경우,[621] ④ 제1순위의 저당권설정등기를 위탁받은 자가 제2번의 근저당권설정등기를 경료한 경우,[622] ⑤ 부동산의 매도인이 차용금 담보조로 그 부동산에 대하여 가등기나 근저당권설정등기를 경료한 경우[623]에는 재산상의 손

---

616) 대법원 2017. 10. 12. 선고 2017도6151 판결(재산상의 손해에는 현실적인 손해가 발생한 경우뿐만 아니라 재산상 실해 발생의 위험을 초래한 경우도 포함되고, 재산상 손해의 유무에 대한 판단은 법률적 판단에 의하지 않고 경제적 관점에서 파악하여야 한다); 대법원 1983. 2. 8. 선고 81도3190 판결; 대법원 1980. 9. 9. 선고 79도2637 판결.
617) 대법원 1983. 12. 27. 선고 83도2602 판결.
618) 대법원 2000. 3. 24. 선고 2000도28 판결.
619) 대법원 1983. 2. 8. 선고 81도3190 판결.
620) 대법원 1996. 9. 6. 선고 96도1606 판결.
621) 대법원 1969. 7. 22. 선고 65도1166 판결.
622) 대법원 1982. 11. 9. 선고 81도2501 판결.
623) 대법원 1998. 2. 10. 선고 97도2919 판결.

해가 발생했다고 해야 한다.

그러나 금융기관의 임직원이 동일인 대출한도 제한규정에 위반하여 초과대출한 경우에 초과대출 사실만으로 재산상의 손해가 발생했다고는 할 수 없으며, 채무상환능력이 부족하거나 제공된 담보의 경제적 가치가 부실해서 대출채권의 회수에 문제가 있는 것으로 판단되는 경우에 재산상 손해가 발생하였다고 보아야 한다.[624]

나. 이익의 취득　　배임죄는 배임행위로 인해 본인에게 손해가 발생하고, 이로 인해 자기 또는 제3자에게 재산상의 이익을 취득하게 할 것을 요건으로 한다. 따라서 본인에게 재산상의 손해가 발생하더라도 이익을 취득한 사실이 없으면 배임죄는 성립하지 않게 된다.

여기서 재산상의 이익이란 모든 재산적 가치의 증가를 의미하며, 적극적 이익이든 소극적 이익이든 불문한다. 그러나 재산적 이익에 국한되므로 사회적 지위나 신분상의 이익은 본죄의 이익취득이라 할 수 없다.

이익취득은 배임행위자가 취득하거나, 또는 본인이나 행위자 이외의 모든 사람인 제3자로 하여금 이를 취득하게 해도 무방하다.

2. 주관적 구성요건

(1) 고　　의

배임죄도 고의범이므로 배임죄의 객관적 구성요건요소에 대한 인식과 의사인 고의가 필요하다. 따라서 행위자는 타인의 사무를 자로서 임무에 위배되는 행위를 하여 자기 또는 제3자가 재산상의 이익을 취득하고 본인에게는 손해를 가한다는 인식과 의사가 필요하며, 본죄의 고의는 미필적 고의로도 가능하다.[625]

---

624) 대법원 1983. 12. 13. 선고 83도2330 전원합의체 판결.

625) 판례는 원천적으로 위험이 내재하여 있는 기업경영상의 판단과 관련해서도 "문제된 경영상의 판단에 이르게 된 경위와 동기, 판단대상인 사업의 내용, 기업이 처한 경제적 상황, 손실발생의 개연성과 이익획득의 개연성 등 제반 사정에 비추어 자기 또는 제3자가 재산상 이익을 취득한다는 인식과 본인에게 손해를 가한다는 인식(미필적 인식을 포함)하의 의도적 행위임이 인정되는 경우에 한하여 배임죄의 고의를 인정하는 엄격한 해석기준은 유지되어야 할 것이고, 그러한 인식이 없는데 단순히 본인에게 손해가 발생하였다는 결과만으로 책임을 묻거나 주의의무를 소홀히 한 과실이 있다는 이유로 책임을 물을 수는 없다."고 하였다(대법원 2019. 6. 13. 선고 2018도20655 판결).

(2) 초과주관적 구성요건요소로서의 불법이득의 의사

배임죄의 주관적 구성요건요소로서의 고의 이외에 불법이득의 의사와 손해의 의사를 필요로 하는가가 문제된다. 이득의 의사에 관해서는 이익을 취득한다는 미필적 인식만 있으면 족하고 이득의 의사를 요하는 것은 아니라는 견해626)도 있으나, 통설627)은 배임죄가 성립하기 위해서는 불법이득의 의사가 필요하다고 해석하고 있으며, 판례628)도 같은 입장이다.

생각건대 형법이 배임죄를 횡령죄와 같이 규정하고 있고 그 객체에 있어서만 배임죄와 구별되는 점을 고려해볼 때 배임죄에 있어서는 불법이득의 의사가 필요하다고 해석하는 통설의 입장이 타당하다.

따라서 타인의 사무를 처리하는 자가 본인의 이익을 해서 사무를 처리한 때에는 불법이득의 의사가 없으므로 본죄는 성립하지 않게 된다. 그리고 본인의 이익과 자기 또는 제3자의 재산상의 이익을 취득할 의사가 결합되어 있는 경우에는 그중에 어느 것이 주된 의사인가에 따라 달리 판단해야 한다. 그 밖에도 구법에서는 '본인에게 손해를 가할 목적'이라는 목적적 요소가 구성요건요소로서 요구되었지만, 오늘날에 와서는 배임죄의 주관적 구성요건으로 본인에게 손해를 가할 목적이라는 목적적 요소가 불필요하다는 점에 대해서는 다툼이 없다.

3. 이중저당 및 이중매매자의 형사책임

(1) 이중저당과 이중매매의 의의

이중매매와 이중저당의 경우에 배임죄가 성립할 수 있는가의 문제에 있어서 핵심은 배임죄에 있어서 '타인의 사무를 처리하는 자'에 지위에 저당권설정자 내지 매도인이 해당하는가가 문제된다.

여기서 이중저당(二重抵當)이란 채무자 甲이 채권자 乙에게 1번 저당권설정등기를 하기로 약정하였으나 1번 저당권설정등기가 경료되기 전에 다른 채권자인 丙에게 저당권설정등기를 경료해준 경우를 말하며, 이중매매(二重賣買)란 매도인

---

626) 김종원, 243면; 정성근/박광민, 468면.

627) 김성천/김형준, 616면; 김일수/서보학, 391면; 박상기, 409면; 손동권/김재윤, 473면; 유기천, 300면; 이영란, 407면; 이재상/장영민/강동범, 433면; 이형국, 437면; 임웅, 533면; 정영일, 238면.

628) 대법원 1983. 7. 26. 선고 83도819 판결.

甲이 제1매수인 乙에게 부동산을 매도하였으나 이전등기를 해주지 않은 상태에서 제2매수인 丙에게 다시 매도한 후 소유권이전등기를 경료해준 경우를 말한다. 위의 경우와는 달리 채무자가 매도인이 1번 저당권자나 제1매수인에게 등기를 경료해준 경우에는 2번 저당권자나 제2매수인에 대한 사기죄는 성립할 수 있지만, 배임죄문제는 발생하지 않는다.

(2) 이중저당의 형사책임

이중저당의 경우에 저당권설정자의 형사책임과 관련하여, ① 사기죄가 성립한다는 견해와 ② 배임죄가 성립한다는 견해가 대립한다. 사기죄의 성립을 인정하는 견해는 피기망자와 재산상의 피해자는 반드시 일치할 필요가 없으므로 甲이 乙에게 저당권설정계약을 한 사실을 丙에게 고지하지 아니함으로써 丙을 착오에 빠뜨린 기망행위가 있고, 그 결과 乙에게 손해를 가하여 재산상의 이익을 취득하였으므로 사기죄가 성립한다는 것이다.

그러나 사기죄에 있어서 기망행위가 되기 위해서는 거래상의 신의칙에 반할 정도일 것을 요할 뿐만 아니라 丙이 유효하게 저당권을 취득한 이상 丙을 기망했다고도 할 수 없으며, 또한 사기죄에 있어서는 피기망자와 피해자가 일치할 것을 요하지 않는다고 하더라도, 사기죄의 성립을 위해서는 피기망자가 丙의 재산을 처분할 수 있는 법적 권한 또는 사실상의 지위에 있을 것을 요하는데도 불구하고 丙은 乙의 재산을 처분할 지위에 있다고 할 수 없다. 따라서 사기죄는 성립할 수 없다고 하겠다.

그러면 이중저당이 배임죄를 구성하는가를 살펴보면, 저당권설정자인 甲은 1번 저당권자 乙의 저당권설정등기에 협력해야 할 의무가 있으므로, 이 점에서 타인의 사무를 처리하는 자로 볼 수 있고, 이러한 의무를 위배하여 2번 저당권자에게 저당권설정등기를 해줌으로써 乙에게 재산상의 손해를 발생시켰다고 할 수 있다. 따라서 이중저당권설정자는 배임죄에 해당한다고 보는 것이 긍정설이 지배적인 학설이다. 그런데 종전까지 대법원 판례[629]도 긍정설의 입장을 취해 왔으나, 최근에 대법원은 저당권설정의무자를 타인의 사무를 처리하는 자라고 볼 수 없

---

629) 대법원 2008. 3. 27. 선고 2007도9328 판결(채무의 담보로 근저당권설정등기를 하여 줄 임무가 있음에도 불구하고 이를 이행하지 않고 임의로 제3자 명의로 근저당권설정등기를 마치는 행위는 배임죄를 구성한다).

으므로 배임죄는 성립하지 않는다고 판시하여, 부정설로 입장을 변경하였다.[630]

(3) 부동산의 이중매매와 형사책임

부동산 이중매매의 경우에는 부동산 물권변동에 관하여 구민법이 의사주의를 취하고 있었기 때문에 횡령죄의 성립이 문제되었지만, 현행 민법은 물권변동에 관하여 형식주의를 취하고 있기 때문에 횡령죄는 성립할 여지가 없다. 따라서 제1매수인에 대한 배임죄 성립여부가 문제되는데, 논의의 핵심은 매도인이 언제 매수인에 대하여 타인의 사무를 처리하는 자의 지위에 있게 되는가이다.

1) 계약금만 받은 경우

매도인이 제1매수인과 매매계약을 체결하고 계약금만 받은 단계에서 이중으로 제2매수인에게 매도한 경우에는, 매도인이 제1매수인에게 계약금의 배액(倍額)을 지급하고 언제든지 매매계약을 해제할 수 있으므로 배임죄는 성립하지 않는다. 매도인이 매매계약금만 받은 경우에는 타인의 사무를 처리하는 자가 아니라 자기의 사무를 처리하는 자이므로 배임죄의 주체가 될 수 없기 때문이다.[631]

2) 중도금 또는 잔금을 수령한 경우

매도인이 중도금 또는 잔금을 수령한 후에 이중매매를 한 경우에 어느 때에 배임죄가 성립하는지 문제된다.

이에 대하여는 대금이 완결되고 등기서류가 매수인에게 교부되어 **사회통념상 소유권을 매수인에게 이전하는 의사가 표명되었을 때**, 즉 물권적 합의가 있거나 매수인이 물권적 기대권을 취득했을 때에 비로소 매도인이 등기에 협력할 의무를 지게 되어 타인의 사무를 처리하는 자가 된다는 견해[632]도 있다.

그러나 배임죄에 있어서 신뢰관계의 존재는 물권적 합의가 있을 때에 비로소 발생한다고 해야 할 아무런 근거가 없으며, 또한 제3자에 대하여는 주장할 수 없는 등기청구권에 대하여 물권적 기대권이라는 개념을 도입하는 것도 타당하지 않다. 따라서 매도인이 매매계약의 중도금을 수령한 후에는 매도인이 계약을 일방

630) 대법원 2020. 6. 18. 선고 2019도14340 전원합의체 판결(부동산이중저당사건).
631) 대법원 2018. 5. 17. 선고 2017도4027 전원합의체 판결(부동산 매매계약에서 계약금만 지급된 단계에서는 어느 당사자나 계약금을 포기하거나 그 배액을 상환함으로써 자유롭게 계약의 구속력에서 벗어날 수 있다); 대법원 1984. 5. 15. 선고 84도315 판결; 대법원 1980. 5. 27. 선고 80도290 판결.
632) 김종원, 238면.

적으로 해제할 수 없으므로 그때부터는 매도인에게 매수인의 소유권취득에 협력해야 할 의무가 발생하고 신의칙상의 신임관계가 존재한다고 보아야 한다. 따라서 이러한 협력의무에 위배하여 후매수인에게 이중으로 부동산을 매매하는 행위는 선매수인에 대한 등기협력의무라는 타인이 사무를 처리해야 하는 임무에 위배하였으므로 배임죄가 성립한다고 보아야 한다. 판례[633]도 같은 입장을 취하고 있다.

이 때에 배임죄의 실행의 착수시기에 관하여는, ① 매도인이 계약금과 중도금을 수령한 때라는 견해와 ② 후매수인에게로의 등기에 착수할 때라는 견해[634]가 있다. 판례[635]는 전자의 입장이나, 중도금을 수령한 것만으로는 객관적으로 등기협력의무에 위반되는 배임행위가 있었다고 할 수 없을 뿐만 아니라 중도금수령행위는 계약이행행위의 일부를 구성하므로 후자의 견해가 타당하다고 생각된다.

그리고 본죄의 기수시기는 제3자인 후매수자에게 소유권이전등기를 종료한 때이다.

그러나 선매수인과의 매매계약이 무효가 되거나,[636] 토지허가거래구역 내의 토기거래 허가 전의 이중양도의 경우,[637] 이중으로 양도담보를 제공하였지만 후담보권자가 선담보권자에 대하여 배타적인 담보권을 주장할 수 없는 경우[638]에는 배임죄는 성립하지 않는다.

반면에 매매계약을 해제한 경우에도 그 해제가 무효가 되거나 선매수인의 잔금지급을 고의로 못하도록 유도하여 계약을 해제한 후 후매수인에게 이존등기를 경료한 때에는 선계약이 유효하므로 배임죄가 성립한다.[639] 그 밖에도 가등기나 근저당설정등기 또는 전세권설정등기를 경료한 때에도 배임죄는 성립한다.[640]

---

633) 대법원 2018. 5. 17. 선고 2017도4027 전원합의체 판결; 대법원 1989. 10. 24. 선고 89도641 판결.
634) 이재상/장영민/강동범, 436면.
635) 대법원 2003. 3. 25. 선고 2002도7134 판결; 대법원 1983. 10. 11. 선고 83도2057 판결.
636) 대법원 1983. 7. 12. 선고 82도2941 판결.
637) 대법원 1996. 8. 23. 선고 96도1514 판결; 대법원 1996. 2. 9. 선고 95도2891 판결; 대법원 1995. 1. 20. 선고 94도697 판결; 대법원 1992. 10. 3. 선고 92도1070 판결.
638) 대법원 2007. 2. 22. 선고 2006도6686 판결; 대법원 1990. 2. 13. 선고 89도1931 판결.
639) 대법원 1990. 11. 13. 선고 90도153 판결; 대법원 1977. 12. 13. 선고 77도2862 판결.
640) 대법원 1990. 10. 16. 선고 90도1702 판결; 대법원 1969. 9. 30. 선고 69도1001 판결.

3) 악의의 후매수인의 형사책임

이중매매에 있어서 악의(惡意)의 후매수인의 형사책임에 관하여는, 매도인이 부동산을 이중매매한다는 사실을 알고 있는 악의의 후매수인(後買受人)은 배임죄의 공범이 되고, 별도로 장물취득죄는 성립하지 않게 된다. 왜냐하면 장물이란 재산범죄로 영득한 재물을 의미하고, 재산범죄에 제공된 재물을 의미하지 않기 때문이다.

그런데 배임죄의 공범의 성립범위에 내하여는 견해기 대립한다. ① 후매수인이 매도인과 공모하여 선매도한 사실을 알면서 이를 매수한 때에만 배임죄의 공범이 성립한다는 견해[641]와 ② 후매수인이 선매수인을 해할 목적으로 양도인을 교사하거나 기타 방법으로 양도행위에 적극적으로 가담한 경우에 한하여 배임죄의 공범이 성립하지만, 그렇지 않은 경우에는 배임죄의 공범이 성립되지 않는다는 견해[642]가 대립한다. 판례[643]는 후매수인이 단순히 매도인의 배임행위를 알고 매수하는 경우에는 배임죄의 공범이 되지 않는다고 하여 후자의 입장을 취하고 있다.

생각건대 배임죄의 공범에 대해서만 예외적으로 적극적으로 배임행위에 가담한 경우만을 처벌해야 할 이유가 없다. 따라서 공범성립의 일반이론에 따라 매도인이 선매도한 사실을 알면서도 매도인과 공모하여 이를 매수한 악의의 후매수인은 배임죄의 공범이 성립된다는 전자의 견해가 타당하다고 생각된다.

(4) 동산의 이중매매와 형사책임

1) 현실인도 또는 간이인도의 경우

동산의 매도인이 제1매수인으로부터 중도금 또는 잔금을 수령한 후 현실인도 또는 간이인도를 하기 전에 제2매수인에게 이중으로 매각하고 인도한 경우에 제2매수인은 완전한 소유권을 취득하게 된다. 따라서 매도인은 제1매수인에게 동산을 인도해야 할 임무에 반하였기 때문에 배임죄가 성립한다는 것이 다수설의 입장이다.[644] 그러나 판례는 동산을 이중매매한 경우에 매도인의 동산인도의무는 자기사무에 불과하기 때문에 배임죄가 성립하지 않으며,[645] 동산에 대하여 이중

---

641) 이재상/장영민/강동범, 439면.
642) 김일수/서보학, 391면.
643) 대법원 1975. 6. 10. 선고 74도2455 판결; 대법원 1966. 1. 31. 선고 65도1095 판결.
644) 김일수/서보학, 391면.
645) 대법원 2011. 1. 20. 선고 2008도10479 전원합의체 판결.

으로 양도담보를 설정한 경우,[646] 임차권 양도계약을 한 양도인이 임대인에게 그 사실을 통지하지 않아 양수인이 임차권을 인수하지 못한 경우에 임차권 양도인의 임대인에 대한 통지의무는 임차권 양도인으로서 부담하는 채무로서 자기의 사무에 불과하고,[647] 주식을 양도한 사람이 주권 발행 전 또 다른 사람에게 주식을 이중양도했더라도 배임죄가 성립하지 않는다[648]는 입장을 취하고 있다.

2) 점유개정의 경우

甲이 동산을 乙에게 매각하고 점유개정에 의한 인도 후 丙에게 다시 이를 매각하여 인도한 경우에는 甲은 乙의 동산을 보관하는 자, 즉 자기가 점유하고 있는 타인소유의 동산을 처분한 경우에 해당하여 **횡령죄가 성립**하게 된다.[649] 그러나 점유개정방식으로 동산을 양도담보로 제공한 채무자가 그 동산을 채권자가 아닌 제3자에게 처분한 행위는 양도담보로 제공한 채무자가 그 목적물을 채권자에게 인도해야 할 신의칙상의 의무자라는 점에서 타인의 사무를 처리하는 자로 볼 수 있으므로 배임죄가 성립한다는 견해가 종래의 판례와 다수설의 입장이었다. 그러나 최근 대법원은 판례를 변경하여 동산을 점유개정방식으로 양도담보로 제공한 채무자가 그 담보물을 제3자에게 처분한 행위는 그 채무자를 채권자에 대한 관계에서 '타인의 사무를 처리하는 자'로 볼 수 없으므로 배임죄는 성립하지 않는다고 판시하여 그 입장을 변경하였다.[650]

3) 반환청구권의 양도에 의한 인도의 경우

甲이 乙에게 반환청구권의 양도에 의한 인도를 하고 점유매개자 丙에게 통지를 하기 전에 다시 丁에게 반환청구권을 양도한 경우에는 자기점유·타인소유물을 처분한 것이므로 **횡령죄가 성립**한다.

(5) 채권담보 목적의 부동산에 관한 대물변제예약

담보목적으로 부동산에 관한 대물변제계약을 체결한 채무자가 신임관계를 위배하여 해당 부동산을 제3자에게 처분함으로써 채권자로 하여금 부동산 소유

---

646) 대법원 1989. 4. 11. 선고 88도1586 판결.
647) 대법원 1991. 12. 10. 선고 91도2184 판결; 대법원 1990. 9. 25. 선고 90도1216 판결.
648) 대법원 2018. 5. 17, 선고 2017도4027 전원합의체 판결; 대법원 2019도16228 판결.
649) 김일수/서보학, 392면.
650) 대법원 2020. 2. 20. 선고 2019도9756 전원합의체 판결(대법원의 소수견해로는, ① 횡령죄가 성립한다는 견해와 ② 배임죄가 성립한다는 견해가 있다).

권 취득을 불가능하게 하거나 현저히 곤란하게 하였다면 이는 대물변제예약에서 형성된 전형적인 신임관계를 위반 것이므로 배임죄가 성립한다는 견해651)가 타당하다고 생각된다. 그러나 판례는 채무자가 약정위 내용에 따르는 이행을 하여야 할 채무는 자기의 사무에 해당하여 배임죄가 성립하지 않는다고 하여 소극설의 입장을 취하고 있다.652)

4. 다른 범죄와의 관계

(1) 횡령죄와의 관계

독일 형법에서는 배임죄를 사기죄와 같이 규정하면서 가해범죄의 일종으로 파악하고 있지만, 우리 형법은 배임죄를 횡령죄와 같이 규정하면서 양자 모두 신임관계를 위배한다는 점에서는 그 본질을 같이 하고 있으며, 다만 그 객체의 성질에 따라 양자를 구별할 수 있다. 즉 횡령죄는 불법영득의 의사로 타인의 재물을 보관하는 자가 이를 취득함으로써 신임관계를 침해하는 재물죄이며, 배임죄는 타인의 사무를 처리하는 자가 임무에 위배하여 불법이득의 의사로 이익을 취득함으로써 신임관계를 침해하는 범죄이다. 따라서 배임죄는 횡령죄를 포함하므로, 횡령죄가 성립하면 법조경합의 특별관계로서 배임죄는 성립하지 않게 된다.

(2) 사기죄와의 관계

사기죄는 타인의 사무를 처리하는 자가 그 임무에 위배하여 본인을 기망함으로써 본인에게 손해를 가한 경우에 성립한다. 예컨대 보험회사 외부사원이 피보험자에 대한 사실관계에 대하여 회사를 기망하고 보험계약을 체결함으로써 피보험자에게 이득을 취득하게 한 경우에 사기죄만 성립한다는 견해와 배임죄가 성립한다는 견해 및 양 죄가 모두 성립하고 양 죄는 상상적 경합이 된다는 견해가 대립하지만, 이때에는 양 죄의 구성요건을 실현하고 양 죄는 그 성질을 달리하므로 양 죄의 상상적 경합이 된다는 견해가 타당하다.

이와 달리 타인의 사무를 처리하는 자가 본인을 기망하여 본인으로부터 별도의 재물을 교부받은 때에는 배임죄는 성립될 여지가 없고, 사기죄만 성립한다.

---

651) 김일수/서보학, 392면.
652) 대법원 2014. 8. 21. 선고 2014도3363 전원합의체 판결.

(3) 장물죄와의 관계

장물이란 재산범죄에 의하여 영득한 재물을 말하므로, 재산범죄에 제공된 재물은 장물이 될 수 없다. 그리고 배임죄는 불법이득의 의사로 재산상의 이익을 취득하는 이득죄이므로, 배임행위에 제공된 재물을 배임행위를 통해 이를 취득하였다 하더라도 이는 재산상의 이익을 취득한 것이다. 따라서 배임죄가 성립하면 장물죄는 성립할 여지가 없다고 하겠다.

또한 이중으로 매매된 부동산을 취득한 악의의 후매수인은 배임죄의 공범이 성립될 수 있고, 마찬가지로 양도담보로 제공된 물건을 처분하는 것을 취득한 자는 배임죄의 공범이 성립될 수는 있지만, 장물취득죄는 성립하지 않게 된다.

(4) 손괴죄와의 관계

재물손괴를 통해 배임죄를 범한 경우에는 재물손괴죄와 배임죄가 모두 성립되고, 양 죄는 상상적 경합관계가 된다.

(5) 업무방해죄와의 관계

타인의 사무를 처리하는 자가 임무에 위배하여 배임행위를 함으로써 본인에게 손해를 가하는 점이 업무방해에도 해당하는 경우에는 배임죄와 업무방해죄가 성립하며, 양 죄는 상상적 경합관계이다.

(6) 친족상도례 규정의 준용

배임죄는 재산범죄로서 친족상도례에 관한 규정이 준용된다.

III. 업무상 배임죄

제356조(업무상의 횡령과 배임) 업무상의 임무에 위배하여 제355조의 죄를 범한 자는 10년 이하의 징역 또는 3천만원 이하의 벌금에 처한다.

제358조(자격정지의 병과) 전3조의 죄에는 10년 이하의 자격정지를 병과할 수 있다.

제359조(미수범) 제355조 내지 제357조의 미수범은 처벌한다.

[특정경제범죄 가중처벌 등에 관한 법률]

제3조(특정재산범죄의 가중처벌) ① 「형법」 제347조(사기), 제347조의2(컴퓨터등 사용사기), 제350조(공갈), 제350조의2(특수공갈), 제351조(제347조, 제347조의2, 제350조 및 제350조의2의 상습범만 해당한다), 제355조(횡령·배임) 또는 제356조(업무상의 횡령과 배임)의 죄를 범한 사람은 그 범죄행위로 인하여 취득하거나 제3자로 하여금 취득하게 한 재물 또는 재산상 이익의 가액(이하 이 조에서 "이득액"이라 한다)이 5억원

> 이상일 때에는 다음 각 호의 구분에 따라 가중처벌한다.
> 1. 이득액이 50억원 이상일 때: 무기 또는 5년 이상의 징역
> 2. 이득액이 5억원 이상 50억원 미만일 때: 3년 이상의 유기징역
> ② 제1항의 경우 이득액 이하에 상당하는 벌금을 병과(倂科)할 수 있다.

본죄는 업무상의 임무에 위배하여 재산상의 이익을 취득하거나 제3자에게 이익을 취득하게 함으로써 본인에게 재산상의 손해를 가함으로써 성립하는 범죄이다. 업무상 배임죄는 배임죄에 비하여 업무상 타인의 사무를 처리하는 자의 지위에 있기 때문에 책임이 가중되는 가중적 구성요건이다. 배임죄에 있어서 타인의 사무를 처리하는 자라는 신분은 **구성적 신분**(진정신분범)이라 할 수 있고, 업무상 배임죄에 있어서 업무자라는 신분은 **가중적 신분**(부진정신분범)이라 할 수 있다.

그런데 업무상 배임죄는 타인의 사무를 처리하는 자라는 신분과 일정한 업무자라는 신분이 요구되기 때문에 이중의 신분을 요하는 신분범이다.

따라서 업무상의 사무처리자라는 신분이 있는 자와 이러한 신분이 없는 자가 같이 본죄를 범한 경우에는 신분이 있는 자는 업무상 배임죄에 해당하지만, 신분이 없는 자는 제33조 본문에 의하여 배임죄의 공범은 될 수 있어도, 동조 단서에 의하여 업무상 배임죄의 공범은 될 수 없다.

Ⅳ. 배임수증죄

> 제357조(배임수증재) ① 타인의 사무를 처리하는 자가 그 임무에 관하여 부정한 청탁을 받고 재물 또는 재산상의 이익을 취득하거나 제3자로 하여금 이를 취득하게 한 자는 5년 이하의 징역 또는 1천만원 이하의 벌금에 처한다.(개정 2016. 5. 29.)
> ② 제1항의 재물 또는 이익을 공여한 자는 2년 이하의 징역 또는 500만원 이하의 벌금에 처한다.
> ③ 범인 또는 정(情)을 아는 제3자가 취득한 제1항의 재물은 몰수한다. 그 재물을 몰수하기 불가능하거나 재산상의 이익을 취득한 때에는 그 가액을 추징한다.
> 제358조(자격정지의 병과) 본죄에는 10년 이하의 자격정지를 병과할 수 있다.
> 제359조(미수범) 본죄의 미수범은 처벌한다.

1. 서   론

본죄의 입법취지는 타인의 사무를 처리함에 있어서 **공정성과 성실의무**를 지키고자 하는 데 있다. 즉 본죄의 보호법익은 **거래이 청렴성**이다. 본죄를 배임죄와 함께 규정하고 있지만, 본죄는 공무원의 뇌물죄에 상응한 규정이라 할 수 있다. 즉 타인의 사무를 처리하는 자가 임무에 관하여 부정한 청탁을 받고 재물 또는 재산상의 이익을 취득하는 경우에 성립하므로, 뇌물죄의 주체인 공무원 또는 중재인 등이 아니면서 **타인의 사무를 처리하는 자**에 대한 **뇌물죄**라 할 수 있다.

배임수증죄는 배임행위로 재물 또는 재산상의 이익을 취득하는 배임수재죄와 이를 공여하는 배임증재죄로 나누어지며, 이는 뇌물죄에 있어서 수뢰죄와 증뢰죄에 상응한 규정이라 할 수 있다.

2. 배임수재죄

본죄는 타인의 사무를 처리하는 자가 그 임무에 관하여 부정한 청탁을 받고 재물 또는 재산상의 이익을 취득함으로써 성립하는 범죄이다.

(1) 행위주체

본죄의 행위주체는 '타인의 사무를 처리하는 자'이다. 따라서 본죄는 진정신분범이다. 이때에 타인의 사무를 처리하는 것이 본래의 업무이든 일시적인 사무이든 불문한다. 예컨대 방송국 소속 가요담당 프로듀서[653]나 점포 등의 임대와 관리를 담당하는 자[654] 등도 본죄의 주체가 된다.

(2) 임무에 관하여 부정한 청탁을 받을 것

임무에 관하여 부정한 청탁을 받을 것을 요건으로 한다. 여기서 '임무에 관하여'란 타인의 사무를 처리할 것을 위탁받은 자가 본래 위탁받은 사무뿐만 아니라 그와 밀접한 관계가 있는 사무도 포함된다.

또한 '부정한 청탁'이란 임무에 위배되는 내용의 부정한 청탁만이 아니라 **사회상규 또는 신의성실의 원칙에 반하는 내용**의 청탁이면 족하고, 청탁은 명시적이 않더라도 무관하며, 부정한 청탁인가 여부를 판단할 때에는 공여된 재물의 액수, 형

---

653) 대법원 1991. 6. 11. 선고 91도688 판결.
654) 대법원 1984. 8. 21. 선고 83도2447 판결.

식, 거래의 청렴성 등을 종합하여 판단해야 한다.[655]

예컨대, ① 취재기자를 겸하고 있는 신문사 지국장이 무허가 벌채사건의 기사송고를 하지 않을 것을 청탁받은 경우,[656] ② 보험회사의 식원이 피보험지의 사인에 관하여 보험회사가 의심을 가지고 내사중인데도 불구하고 보험금의 신속한 지급에 관해 청탁을 받은 경우,[657] ③ 특정인을 어떤 직위에 우선적으로 추천해달라는 부탁을 받은 경우,[658] 은행장이 회수불가능이 예상되는 회사로부터 거액의 불량대출을 청탁받은 경우,[659] ④ 긴년회사 대표가 자기 회사에서 발주하는 공사에 입찰경쟁업체로 지명해주는 대가로 파산직전의 회사로부터 돈을 받은 경우,[660] ⑤ 종합병원의 의사들이 의료품 수입업자로부터 특정약을 본래의 적응증인 순환기질환뿐만 아니라 모든 병에 잘 듣는 약이라고 원외처방하여 달라는 부탁을 받은 경우,[661] ⑥ 대학교 부총장이 의대부속병원 부대시설의 운영권을 인수하는데 있어서 우선적으로 추천해달라는 청탁을 받고 사례비를 받은 경우,[662] ⑦ 대학교수가 특정출판사의 교재를 채택하여 달라는 청탁을 받고 교재 판매대금의 일부를 받은 경우,[663] ⑧ 골프장의 예약업무 담당자가 부킹 대행업자의 청탁에 따라 회원에게 제공해야 할 주말부킹권을 부킹 대행업자에게 판매하고 대금명목의 금품을 받은 경우[664] 등에 있어서는 부정한 청탁에 해당한다.

그러나 청탁이 있다고 하더라도 직무권한의 범위 내에서의 선처나 편의를 부탁하는 내용만으로는 부정한 청탁이 있다고 할 수 없다.[665] 그 밖에 현실적으로 임무를 담당하고 있지 않더라도 가능하며, 또한 부정한 청탁만으로도 가능하

---

655) 대법원 2006. 5. 12. 선고 2004도491 판결; 대법원 1998. 6. 9. 선고 96도837 판결; 대법원 1996. 3. 8. 선고 95도2930 판결.
656) 대법원 1970. 9. 17. 선고 70도1355 판결.
657) 대법원 1978. 11. 1. 선고 78도2081 판결.
658) 대법원 1989. 12. 12. 선고 89도495 판결.
659) 대법원 1983. 3. 8. 선고 82도2873 판결.
660) 대법원 1983. 12. 13. 선고 82도735 판결.
661) 대법원 1991. 6. 11. 선고 91도413 판결.
662) 대법원 1991. 12. 10. 선고 91도2543 판결.
663) 대법원 1996. 10. 11. 선고 95도2090 판결.
664) 대법원 2008. 12. 11. 선고 2008도6987 판결.
665) 대법원 1985. 10. 22. 선고 85도465 판결; 대법원 1980. 4. 8. 선고 79도3108 판결.

다.[666]

(3) 실행행위

본죄의 실행행위는 재물 또는 재산상의 이익을 취득하는 행위이다.

1) 재물 또는 재산상의 이익 취득

행위자의 재물 또는 재산상의 이익취득은 **부정한 청탁과 관련되어야 한다.** 예컨대 청탁의 대가, 묵인, 사례로 받은 경우가 여기에 해당한다. 부정한 청탁을 했다고 하더라도 그 청탁과 관계없이 재물이나 재산상의 이득을 취득한 때에는 본죄가 성립하지 않는다. 그러나 부정한 청탁을 받고 그 직무를 사직한 후에 재물을 수수한 경우에도 본죄는 성립한다.[667]

또한 본죄는 뇌물죄와 달리 재물 또는 재산상의 이익을 **취득해야만** 성립하고, 이를 요구 또는 약속하는 것만으로는 본죄는 성립하지 않는다. 그 밖에도 본죄는 재물 또는 재산상의 이익을 취득하기만 하면 성립하며, 부정한 청탁을 받고 배임행위로 행해야 성립하는 것은 아니다.[668] 본인에게 손해가 발생할 것을 요하지도 않지만, 그러나 행위자에게는 주관적 구성요건으로 **재물 또는 재산상의 이익을 취득할 의사가 필요하다.** 판례도 본죄의 성립에는 불법영득의 의사가 필요하다는 입장을 취하고 있다.[669]

2) 미수범의 처벌

본죄의 미수범은 처벌된다. 그러나 본죄의 미수가 어느 때에 성립되는가에 대하여는 견해가 대립한다. 이에 대하여 부정설은 본죄의 기수는 **재물 또는 재산상의 이익을 취득했을 때만** 처벌하며, 요구 또는 약속을 하는 행위만으로는 죄가 되지 않기 때문에 본죄의 미수범은 있을 수 없고, 또한 수뢰죄에서는 미수범을 처벌하지 않는데 본죄의 미수를 처벌하는 것은 입법론상 부당하다는 비판적인 견해[670]이다.

그러나 뇌물죄에 있어서는 '수수'와 '공여' 외에도, 그 준비단계인 '요구·약속 및 공여의 의사표시'를 처벌하고 있다. 그런데 본죄가 '취득'과 '공여'만을 기수범

---

666) 대법원 1987. 4. 28. 선고 87도414 판결.

667) 대법원 1997. 10. 24. 선고 97도2042 판결.

668) 대법원 1982. 7. 13. 선고 82도925 판결.

669) 대법원 1984. 3. 13. 선고 83도1986 판결.

670) 황산덕, 325면.

으로 처벌하면서 본죄의 미수범 규정을 둔 것은, 바로 뇌물죄에 있어서 미수에 해당하는 '요구·약속 및 공여의 의사표시'가 바로 본죄의 미수에 해당하기 때문이다.[671]

(4) 몰수·추징

범인이 범죄행위로 취득한 재물은 몰수하며, 그 재물을 몰수할 수 없거나 재산상의 이익을 취득한 때에는 그 가액을 추징한다. 이 경우에 몰수 또는 추징은 필요적이다. 따라서 배임수재죄에 있어서 배임수재자가 증뢰자에게 해당금액을 반환하였다 하더라도 그 가액을 추징하여야 한다.[672] 수인이 공범으로서 각자가 금품을 수수한 경우에는 수수한 금품은 몰수의 대상이고, 이를 몰수할 수 없을 때에는 그 가액을 추징해야 하며, 개별적으로 몰수·추징하는 것이 불가능할 때에는 평등하게 몰수·추징하여야 한다.[673]

(5) 금융기관의 임직원의 배임수재

「특정경제범죄 가중처벌 등에 관한 법률」 제5조(수재 등의 죄)에는 금융회사 등의 임직원의 배임수재에 대하여는 특별규정을 두어 가중처벌하고 있다. 그 내용을 살펴보면 다음과 같다. ① 동조 제1항에서는 금융회사 등의 임직원이 그 직무에 관하여 금품이나 그 밖의 이익을 수수(收受), 요구 또는 약속하였을 때에는 5년 이하의 징역 또는 10년 이하의 자격정지에 처하고, ② 금융회사 등의 임직원이 그 직무에 관하여 부정한 청탁을 받고 제3자에게 금품이나 그 밖의 이익을 공여(供與)하게 하거나 공여하게 할 것을 요구 또는 약속하였을 때에는 제1항과 같은 형에 처하며, ③ 금융회사 등의 임직원이 그 지위를 이용하여 소속 금융회사등 또는 다른 금융회사등의 임직원의 직무에 속하는 사항의 알선에 관하여 금품이나 그 밖의 이익을 수수, 요구 또는 약속하였을 때에는 제1항과 같은 형에 처한다. ④ 제1항부터 제3항까지의 경우에 수수, 요구 또는 약속한 금품이나 그 밖의 이익의 가액, 즉 "수수액"이 1억원 이상일 때에는 무기 또는 10년 이상의 징역형을, 5천만원

671) 김성돈, 474면; 김성천/김형준, 627면; 김일수/서보학, 397면; 김종원, 246면; 박상기, 419면; 배종대, 78/11; 백형구, 227면; 손동권/김재윤, 491면; 오영근, 404면; 유기천, 301면; 이재상/장영민/강동범, 444면; 이영란, 423면; 이형국, 442면; 임웅, 550면; 정성근/박광민, 478면.
672) 대법원 1983. 8. 23. 선고 83도406 판결.
673) 대법원 1978. 2. 14. 선고 77도3949 판결.

이상 1억원 미만일 때에는 7년 이상의 유기징역을, 3천만원 이상 5천만원 미만일 때에는 5년 이상의 유기징역으로 가중처벌한다. ⑤ 수수액의 2배 이상 5배 이하의 벌금을 병과한다.

3. 배임증재죄

본죄는 '타인의 사무를 처리하는 자에게 그 임무에 관하여 부정한 청탁을 하고 재물 또는 재산상의 이익을 공여함으로써 성립하는 범죄'이다. 본죄는 타인의 사무를 처리하는 자에게 부정한 청탁을 하고 재물 또는 재산상의 이익을 공여하여야만 성립하므로, 타인의 사무를 처리하는 자가 아닌 경우 또는 부정한 청탁을 하지 않은 경우에는 재물 또는 재산상의 이익을 공여하더라도 본죄에 해당하지 않는다.

본죄는 배임수재죄의 관계에 대하여 필요적 공범관계가 아니라는 견해도 있으나, 양 죄는 필요적 공범관계라는 것이 통설의 입장이다. 양 죄가 필요적 공범관계라고 하여 가벌성이 반드시 동일하다고 할 수 없으므로 배임수재자와 배임증재자가 동일하게 처벌받아야 하는 것은 아니다. 따라서 수재자에게는 '부정한 청탁'에 해당하여 배임수재죄가 성립하는 경우에도 증재자에게는 '부정한 청탁'이 아닐 경우, 예컨대 예금유치를 위하여 조합장이 청탁을 한 경우에는 배임증재죄가 성립하지 않는다.[674]

본죄는 재물 또는 재산상의 이익을 현실적으로 '공여'한 경우에 본죄의 기수가 성립하며, '공여의 의사표시' 또는 '약속'을 한 경우에는 본죄의 미수가 된다.

배임수재죄와 마찬가지로 금융기관 등의 임직원에 대한 증재에 대하여는 「특정경제범죄 가중처벌 등에 관한 법률」제6조(증재 등의 죄)의 제1항에서, 제5조에 따른 금품이나 그 밖의 이익을 약속, 공여 또는 공여의 의사를 표시한 사람은 5년 이하의 징역 또는 3천만원 이하의 벌금에 처하며, 제2항에서는 제1항의 행위에 제공할 목적으로 제3자에게 금품을 교부하거나 그 정황을 알면서 교부받은 사람은 제1항과 같은 형에 처하도록 규정하고 있다.

이와 같이 특경법에서는 형법상의 배임증재죄보다 형을 가중하고 있고, 부정한 청탁을 반드시 요건으로 규정하고 있으며, '공여의 의사표시'나 '약속'을 '공여'

---

674) 대법원 1980. 8. 26. 선고 80도19 판결; 대법원 1979. 6. 12. 선고 79도708 판결.

와 동일하게 처벌하는데 그 특색이 있다.

그 밖에도 「특정경제범죄 가중처벌 등에 관한 법률」 제7조(알선수재의 죄)에 금융회사등의 임직원의 직무에 속하는 사항의 알선에 관하여 금품이나 그 밖의 이익을 수수, 요구 또는 약속한 사람 또는 제3자에게 이를 공여하게 하거나 공여하게 할 것을 요구 또는 약속한 사람은 5년 이하의 징역 또는 5천만원 이하의 벌금에 처하며, 제8조(사금융 알선 등의 죄)에서는 금융회사등의 임직원이 그 지위를 이용하여 자기의 이익 또는 소속 금융회사등 외의 제3자의 이익을 위하여 자기의 계산으로 또는 소속 금융회사등 외의 제3자의 계산으로 금전의 대부, 채무의 보증 또는 인수를 하거나 이를 알선하였을 때에는 7년 이하의 징역 또는 7천만원 이하의 벌금에 처한다고 규정하여, 금융기관등의 임직원의 배임수증재 등에 관해서는 뇌물죄에 준하여 처벌을 강화하고 있다.

제 8 절 장물의 죄

I. 개   설

1. 의   의

장물죄란 장물(臟物)을 취득·양도·운반·보관하거나 이를 알선(斡旋)하는 것을 내용으로 하는 범죄이다. 장물이란 재산범죄에 의하여 불법하게 영득한 재물을 말하며, 장물의 원인이 된 범죄 또는 범인을 본범(本犯)이라 한다. 장물죄는 재물죄인 동시에 영득죄이며, 연혁적으로는 범인은닉죄 또는 사후종범의 한 형태로 발전되어온 범죄이다. 오늘날 영미법 또는 독일형법에서는 장물죄를 범인은닉죄와 같은 장에 규정하고 있다.

장물죄는 장물의 발생원인이 되는 재산범죄인 본범에 의하여 행해진 위법한 재산상태를 유지하도록 한다는 점에서는 범인은닉죄와 같은 성질을 지니고 있다. 그러나 장물죄는 개인의 재산적 법익을 보호법익으로 하는 재산죄인 반면에, 범인은닉죄는 국가의 사법작용을 보호법익으로 한다는 점에서 양 죄는 그 성질을 달리한다고 보아야 한다.

우리 형법이 장물죄를 횡령죄·절도죄보다도 무겁게 처벌하고 있는 것은 본범인 재산범죄자가 영득한 장물은 장물범에 의하여 처분되어짐으로써, 결국 장물범이 본범인 재산범죄를 유발할 위험성이 커지기 때문이다.[675]

따라서 장물범은 본범과는 독립된 범죄이므로 본범의 공범이 될 수는 없다. 이런 점에서 보면 형법상 장물죄는 범인은닉죄 또는 증거인멸죄와는 별개의 독립된 재산범죄라고 보아야 한다.[676]

그러나 장물죄가 비록 독립적인 재산범죄라 하더라도 범인비호적인 성격을 완전히 배제했다고는 할 수 없다. 즉 장물죄에서의 친족간의 특칙을 살펴보면, 친족상도례에 관한 규정을 본범의 **피해자와 장물범** 사이에 적용하도록 규정하고 있는데, 이는 장물죄의 **재산죄적 성격**을 고려한 규정이고, 이와 달리 **장물범과 본범** 사이에 친족관계가 있을 때에는 형을 감경 또는 면제하도록 한 것은 **범인비호적인** 성격이 더 크다는 점을 나타낸다고 해석할 수 있다.

2. 보호법익

장물죄의 보호법익은 **재산권**이다.[677] 이에 반해서 장물죄의 본질을 추구권설의 입장에서 이해하는 견해 중에는 본죄의 보호법익을 본범의 목적물인 **재물에 대한 피해자의 추구권**[678] 또는 **재산권의 안전**[679]이라고 해석하는 입장도 있다.

그러나 장물죄는 재산범죄의 피해자가 장물에 대하여 소유권 기타 물권을 가지지 않은 경우에도 장물죄는 성립하기 때문에 추구권(소유권 기타 물권에 의한 반환청구권)이 보호법익이라 할 수 없다. 예컨대 본범이 권리행사방해죄를 범한 경우에도 본범의 피해자에게 추구권은 없지만 장물죄는 성립하기 때문이다. 또한 추구권도 재산권의 일부분을 형성하므로 재산권설이 타당하다.

---

675) 법정형의 상한이 횡령죄는 5년 이하의 징역이고, 절도죄는 6년 이하의 징역인데 비하여 장물죄는 7년 이하의 징역으로 규정되어 있어서, 장물죄의 가벌성이 가장 높게 규정되어 있다.

676) 이재상/장영민/강동범, 446면.

677) 김일수/서보학, 400면; 박상기, 422면; 배종대. 79/4; 이영란, 426면; 이재상/장영민/강동범, 447면; 이정원, 481면; 이형국, 448면; 임웅, 552면; 정영일, 245면.

678) 강구진, 389면; 김종원, 248면; 진계호, 436면.

679) 정성근/박광민, 485면.

본죄의 보호의 정도에 대하여는 ① 침해범설과 ② 위험범설 및 ③ 장물알선 죄는 추상적 위험범이지만, 그 밖의 장물죄는 침해범이라는 이분설이 대립한다.

생각건대 장물범은 이미 본범에 의하여 침해된 피해자의 재산권에 대한 위험유지·증가시키는 데에 불과하고, 장물죄의 미수범 처벌규정이 없는 점을 고려할 때 위험범설이 타당하다.

3. 장물죄의 본질

장물죄의 본질에 관해서는 추구권설·유지설·공범설 및 결합설이 대립하고 있다.

(1) 추구권설

본범의 피해자가 점유를 상실한 재물에 대하여 추구·회복을 곤란하게 하는 데에 장물죄의 본질이 있다는 견해이다. 우리나라 종래의 통설[680]이며, 일부 대법원 판례[681]의 입장이다. 여기서 추구(追求)란 소유권 기타 물권에 의한 반환청구권의 행사하는 것을 말한다.

이 견해는 장물죄는 본범에 의하여 행해진 불법한 점유의 회복을 장물범이 방해함으로써 피해자의 추구·회복을 곤란하게 하는데 있다는 것이다. 형법과 사법의 통일적 해석을 도모하려는 견해이다. 따라서 이 견해에 의하면 본범의 피해자에게 사법상의 추구권이 없으면 장물성을 상실하게 된다.

따라서 ① 불법원인급여의 경우(민법 제746조), ② 고지의무위반으로 인해 피해자가 보험계약을 취소 또는 해지할 수 없는 경우(상법 제651조 단서: 보험자가 계약당시에 그 사실을 알았거나 중대한 과실로 알지 못한 경우), ③ 시효에 해당하는 물건인 경우에는 피해자에게 사법상의 반환청구권, 즉 추구권이 없으므로 장물성을 상실하게 된다. 대체장물도 사법상의 추구권의 대상이 아니므로 장물이 될 수 없다.

그러나 이 학설에 의하면 ① 사법상의 반환청구권이 없으면 장물성이 부정

---

680) 김종원, 248면; 정영석, 394면; 황산덕, 327면.

681) 대법원 1972. 2. 22. 선고 71도2296 판결; 대법원 1975. 12. 9. 선고 74도2804 판결; 대법원 2004. 4. 9. 선고 2003도8319 판결(절도 범인으로부터 장물보관 의뢰를 받은 자가 그 정을 알면서 이를 인도받아 보관하고 있다가 임의 처분하였다 하여도 장물보관죄가 성립하는 때에는 이미 그 소유자의 소유물 추구권을 침해하였으므로 그 후의 횡령행위는 불가벌적 사후행위에 불과하여 별도로 횡령죄가 성립하지 않는다).

되므로 장물죄의 성립범위가 지나치게 협소해진다는 비판과 ② 사법상의 반환청
구권을 전제로 하므로 형법의 독자성과 장물죄의 이욕범적 성격을 등한시했다는
비판을 면하기 어렵게 된다.

(2) 위법상태유지설

본범인 재산범죄에 의하여 이루어진 **위법한 재산상태를 본범 또는 그 점유자와의
합의하에 유지·존속시키는** 데에 장물죄의 본질이 있다고 이해하는 견해이다. 말하
자면 장물죄의 성립여부를 피해자의 반환청구권이 존재한다는 사법적 관점이 아
니라, 위법한 재산상태를 유지한다는 **형법의 독자적인 입장**하에서 판단하는 견해이
다.[682] 독일의 통설[683]과 판례[684]의 입장이기도 하다.

위법상태를 유지한다는 것은 사법상의 추구권을 곤란하므로 양자는 표리의
관계에 있다고 할 수 있다. 따라서 본범이 소유권을 취득하는 경우에는 피해자에
게 사법상의 추구권이 없게 되고 재산상태의 위법성도 없어지게 되므로 장물죄
는 성립하지 않게 된다.

또한 위법상태유지설에 의하면 본범인 재산범죄에 의하여 영득한 재물인 장
물에 관해서만 위법한 재산상태가 유지되기 때문에 **대체장물**(代替臟物)은 장물성을
상실하게 되고, 이 점에 있어서는 **추구권설**과 동일한 입장이다.

이 학설의 특징은 ① 장물죄의 본질은 사법상의 추구권 유무와는 관계없이
위법한 재산상태의 유지한다는 **형법의 독자적 입장**에서 판단해야 하며, ② 위법한
재산상태의 유지에 장물죄의 본질이 있다고 봄으로써 본범의 점유의 위법성만을
강조하는 추구권설에 비해 **재산죄적 성격**을 강조하고 있고, ③ 장물범의 성립에는
본범 또는 점유자와의 합의를 필요로 하며, ④ 추구권설과는 달리 **불법원인급여**의 경
우에도 장물죄의 성립을 인정한다는 점에 있다

(3) 공 범 설

공범설은 장물죄의 본질을 이익을 추구하는 이욕적인 점에 있다고 보는 견
해로서, 장물죄를 본범에 의한 범죄적 이익에 관여하는 간접영득죄라고 보는 입장이
다. 이를 이익설이라고도 한다.

---

682) 이정원, 483면; 임웅, 552면.
683) Lackner/Kühl, §259 Rn.1; Schönke/Schröder/Lenckner‒Cramer‒Eser‒Stree, §259 Rn.1; Tröndle/Fischer, §259 Rn.1; Wessels/Hillenkamp, Rn. 824.
684) BGHSt. 7, 137; BGHSt. 27, 45.

이 학설의 특징은 ① 장물죄의 성립에 주관적 구성요건요소로서 이득의 의사가 필요하고, ② 피해자와 견련성이 인정되는 재물인 경우, 예컨대 장물매각대금이나 본범이 소유권을 취득한 재물에 대하여도 장물성을 인정하게 된다.

(4) 결 합 설

장물죄의 본질을 피해자의 추구권행사의 행사의 곤란과 동시에 위법한 재산상태를 유지하는 데에 있다고 보는 견해로서, 다수설[685]과 판례[686]의 입장이다. 위법상태유지설을 기본으로 하면서 추구권설을 가미한 형태의 결합설을 취하고 있다.

(5) 결   어

형법의 해석에 있어서 오늘날 공범설을 취하는 학자는 없다. 독일 형법[687]과 달리 우리 형법은 주관적 구성요건으로 '이득의 의사'를 요건으로 하지 않고, 구형법과 달리 장물죄에 대하여 벌금형을 병과하고 있지도 않으므로 공범설은 근거가 없다고 하겠다.

또한 추구권설의 논거로, ① 독일 형법은 '범죄행위로 취득한 물건'을 장물로 규정하고 있으므로 위법상태유지설이 타당할 수 있으나, 우리 형법은 재산범죄로 영득한 재물만을 장물로 보고 있기 때문에, 이를 재산죄의 일종으로 보는 한 추구설이 타당하며, ② 형법이 '장물양도죄'를 규정한 취지를 고려해보면 피해자의 반환청구권 행사를 곤란하게 한다는 점을 고려했다고 할 수밖에 없다는 것이다.

그러나 ① 장물죄가 재산죄이기 때문에 추구권설이 타당하다는 논거는 옳지 않다. 위법상태유지설에 의하면 위법한 재산상태를 유지하는 데에 장물죄의 본질이 있으므로 본범이 재산범죄임을 요하지만, 추구권설은 타인의 불법한 점유에 대한 반환청구권의 행사를 곤란하게 한다는 점에서 장물죄의 본질이 있다고 봄으로써 본범이 반드시 재산범죄일 것을 요하지 않으며, 공무상 보관물무효죄(제142조), 공무상 비밀표시무효죄(제140조) 등 기타 공공의 이익에 대한 죄에 의하여 불법하게 재물의 점유를 취득한 경우에도 장물성을 인정하게 된다.

② 이와 달리 '장물양도죄'를 형법이 신설한 것은 추구권설을 취한 것이라는

---

685) 김일수/서보학, 402면; 박상기, 425면; 배종대, 79/8; 백형구, 232면; 유기천, 310면; 이영란, 429면; 이재상/장영민/강동범, 449면; 이형국, 450면; 정영일, 247면.

686) 대법원 1987. 10. 13. 선고 87도1633 판결.

687) 독일 형법 제259조에서는 자기 또는 제3자의 이익을 위하여 장물을 취득·매수·판매 또는 알선한 때에 장물죄가 성립한다고 하여 '이득의 의사'를 주관적 구성요건으로 요구하고 있다.

논거는 '장물양도'가 피해자의 반환청구권행사를 곤란하게 한다는 점에서 타당하다고 생각된다. 따라서 형법상 장물죄의 본질은 위법상태유지설과 추구권설의 결합설이 타당하다. 즉 기본적으로는 형법독자적인 입장에서 재산죄로서의 성질을 강조한 위법상태유지설에 토대를 두면서, 피해자의 반환청구권 행사를 곤란하게 한다는 추구권설의 조화에 따른 해석인 **결합설이 타당**하다고 생각된다.[688] 일부 판례[689]도 결합설의 입장을 취하고 있다.

II. 장물취득·양도·운반·보관·알선죄

> **제362조(장물의 취득, 알선 등)** ① 장물을 취득, 양도, 운반 또는 보관한 자는 7년 이하의 징역 또는 1천500만원 이하의 벌금에 처한다.
> ② 전항의 행위를 알선한 자도 전항의 형과 같다.
> **제365조(친족간의 범행)** ① 전3조의 죄를 범한 자와 피해자간에 제328조 제1항, 제2항의 신분관계가 있는 때에는 동조의 규정을 준용한다.
> ② 전3조의 죄를 범한 자와 본범간에 제328조 제1항의 신분관계가 있는 때에는 그 형을 감경 또는 면제한다. 단, 신분관계가 없는 공범에 대하여는 예외로 한다.

1. 객관적 구성요건

본죄는 장물을 취득·양도·운반·보관 또는 알선함으로써 성립하는 범죄이다.

---

688) 이재상/장영민/강동범, 449면.
689) 대법원 1987. 10. 13. 선고 87도1633 판결(장물인 정을 모르고 보관하던 중 장물인 정을 알게 되었고, 위 장물을 반환하는 것이 불가능하지 않음에도 불구하고 계속 보관함으로써 피해자의 정당한 반환청구권 행사를 어렵게 하여 위법한 재산상태를 유지시킨 경우에는 장물보관죄에 해당한다고 하여 장물죄의 본질에 관하여 위법상태유지설과 추구권설을 결합하여 판시하고 있다); 대법원 2006. 10. 13. 선고 2004도6084 판결(장물취득죄는 취득 당시 장물인 정을 알면서 재물을 취득하여야 성립하는 것이므로 피고인이 재물을 인도받은 후에 비로소 장물이 아닌가 하는 의구심을 가졌다고 하여 그 재물수수행위가 장물취득죄를 구성한다고 할 수 없다(대법원 1971. 4. 20. 선고 71도468 판결 참조)); 대법원 1986. 1. 21. 선고 85도2472 판결(장물인 정을 모르고 장물을 보관하였다가 그 후에 장물인 정을 알게 된 경우 그 정을 알고서도 이를 계속하여 보관하는 행위는 장물죄를 구성하는 것이나 이 경우에도 점유할 권한이 있는 때에는 이를 계속하여 보관하더라도 장물보관죄가 성립한다고 할 수 없다).

(1) 행위주체

본죄의 행위주체는 본범의 정범을 제외한 모든 자가 해당될 수 있다. 본죄의 정범의 형태로는 공동정범, 간접정범이나 합동범이 가능하다. 장물죄는 본범이 불법하게 영득한 재물의 처분에 관여하는 범죄이기 때문에 본범의 정범은 장물범이 될 수 없다. 그러나 본범의 협의의 공범인 교사범이나 종범은 장물죄의 주체가 될 수 있으며, 이때에는 본범에 대한 공범과 장물죄의 경합범이 성립하게 된다.

(2) 행위객체

본죄의 행위객체는 장물이다. 여기서 **장물**이란 **재산범죄에 의하여 영득한 재물**을 말한다. 그러나 추구권설에 의하면 장물은 재산범죄에 의하여 영득한 재물로서 피해자가 법률상 그 반환청구권을 행사할 수 있는 재물만을 의미하게 되어, 예컨대 반환청구권이 없는 불법원인급여의 경우에는 본죄의 장물에 해당하지 않게 된다. 판례는 종래에는 추구권설의 입장[690]을 취했으나, 최근에는 "장물이라 함은 재산죄인 범죄행위에 의하여 영득한 물건을 말하는 것"이라고 하여 결합설의 입장[691]을 취하고 있다.

1) 재　　물

① 장물은 재물이어야 하고 재산상의 이익은 장물이 아니다. 재물인 이상 동산·부동산을 불문하며, 경제적 교환가치의 유무도 불문한다. 그러나 예컨대 전화가입권은 채권적 권리이므로 재산상의 이익에 불과하여 장물이 될 수 없다.[692] 판례도 권한없이 인터넷뱅킹으로 타인의 예금계좌에서 자신의 예금계좌로 돈을 이체한 후 그중 일부를 인출하여 그 정을 아는 사람에게 교부한 경우에는 컴퓨터 등 사용사기죄에 의해 취득한 예금채권은 재물이 아니라 재산상의 이익이므로, 자신의 예금계좌에서 돈을 인출하였다 하더라도 장물을 금융기관에 예치하였다가 인출한 것으로 볼 수 없으므로 **장물취득죄는 성립하지 않는다**고 판시한 바 있다.[693] 또한 ② 관리할 수 있는 동력이 장물이 될 수 있는가에 관해서는 장물죄는 형법 제346조의 규정을 준용하고 있지 않으므로 장물이 될 수 없다는 부정

---

690) 대법원 1975. 12. 9, 74도2804 판결.
691) 대법원 2004. 12. 9. 선고 2004도5904 판결.
692) 대법원 1971. 2. 23. 선고 70도2589 판결.
693) 대법원 2004. 4. 16. 선고 2004도353 판결.

설[694])도 있지만, 제346조는 주의규정에 불과하므로 당연히 장물이 될 수 있다고
보는 긍정설이 타당하며, 판례도 긍정설의 입장을 취하고 있다.[695]

2) 재물의 동일성유지

장물은 재산범죄에 의해 영득한 재물 그 자체이기니 직어도 그것과 물실석 동
일성이 인정되어야 한다. 따라서 귀금속을 녹여서 금괴로 만든 경우, 도벌한 원목
을 제재한 경우에는 물질적 동일성이 유지되므로 장물성이 인정된다. 그러나 예
컨대 입시문제를 몰래 찍은 필름, 필름내용을 전사(轉寫)한 문서의 기재내용, 녹
음테이프를 복사한 복사물은 물질적 동일성이 유지되지 않으므로 장물이 아니다.
또한 장물을 매각하여 취득한 금전, 장물과 교환한 다른 재물, 장물인 돈으로 매
입한 재물, 장물을 전당잡힌 전당표 등은 장물이 아니다.[696]

재물의 동일성과 관련하여, 특히 대체장물과 환전통화 및 수표와 교환된 현금의
장물성 여부가 문제된다.

가. 대체장물의 장물성 여부

장물의 매각대금이나 장물인 금전으로 구입한
물건 등, 이른바 대체장물이 장물인가 대하여는 견해가 대립한다. ① 추구권설에
의하면 본범인 재산범죄에 의하여 영득한 재물에 대해서만 추구권이 인정되므로
대체장물은 장물이 될 수 없으며, ② 위법상태유지설의 입장에서도 위법한 재산
상태의 유지·존속은 본범에 의하여 영득한 재물에 한정되므로 대체장물은 장물
이 될 수 없다. ③ 그러나 공범설에 의하면, 장물죄는 본범의 범죄적 이익에 관여
하는 범위 내에서 장물이 된다. 판례도 대체장물의 장물성을 부정하고 있다.[697]

생각건대 대체장물은 재산범죄에 의하여 영득한 재물 그 자체가 아니므로
장물성을 부정하는 부정설이 타당하다. 그러나 별개의 재산범죄로 영득한 재물인
경우에는 장물이 될 수 있다. 예컨대 절도범이 절취한 보석을 자기소유인 것처럼
속여서 판매하여 현금을 받은 경우에는 절취한 보석도 장물이고, 나중에 이것을
자기소유인 것처럼 기망하여 판매하여 받은 현금은 사기죄로 영득한 재물이므로

---

694) 박상기, 387면; 손동권/김재윤, 499면.
695) 대법원, 1972. 6. 13. 선고 72도971 판결.
696) 대법원 1973. 3. 13. 선고 73도58 판결.
697) 대법원 1972. 6. 13. 선고 72도971 판결(장물을 팔아서 얻은 돈에는 이미 장물성을 찾아볼
    수 없다); 대법원 1973. 3. 13. 선고 73도58 판결(장물을 전당 잡힌 전당표는 그것이 장물
    그 자체라고 볼 수 없음은 물론 동일성 있는 변형된 물건이라고 볼 수도 없는 것이다).

장물이 된다. 또한 절취한 예금통장을 이용하여 은행에서 예금을 인출한 경우에는 절취한 예금통장인 장물의 물질적 동질성은 유지되는 않지만, 은행을 기망하여 새로이 예금을 인출한 행위는 사기죄를 구성하고 그로 인해 영득한 현금은 장물이 된다.

　　나. 환전통화의 장물성 여부　　　장물인 통화를 다른 종류의 통화로 환전한 경우에 그 환전통화가 장물인가에 대하여는, ① 금전의 영득은 물체보다는 물체가 지닌 가치를 취득하는 성질이 상하므로 징물성을 인정해야 한다는 금정설[698]과, ② 이와 달리 가치의 동일성과 물질적 동일성을 동일하게 취급하는 것은 유추해석금지원칙에 반하므로 장물성을 인정할 수 없다는 부정설[699]이 대립하고 있다.

　　판례는 "환전통화는 금전적 가치에는 아무런 변동이 없으므로 장물로서의 성질은 그대로 유지된다."고 판시하여 긍정설의 입장을 취하고 있다.[700]

　　다. 수표와 교환된 현금의 장물성 여부　　　이에 대하여는 ① 수표는 거래상 현금과 동일하고, 또한 통화와 마찬가지로 고도의 대체성이 있으므로 수표와 교환된 현금도 장물이 된다는 긍정설[701]과, ② 수표와 교환된 현금은 물질적 동일성이 없고, 권리자의 추구권도 미치지 않으므로 교환된 현금은 장물이 아니라는 부정설,[702] 그리고 ③ 수표와 교환된 현금은 물질적 동일성은 없지만, 수표와 교환된 현금은 새로운 사기행위로 인하여 영득한 재물로서 장물이 된다는 절충설[703]이 대립된다.

　　판례는 장물인 현금과 수표를 예금하였다가 현금으로 인출한 경우에도 물질적 동일성은 없지만 금전적 가치에는 아무런 변동이 없으므로 장물로서의 성질을 그대로 유지된다고 보아야 한다고 판시하여 긍정설의 입장을 취하였다.[704]

---

698) 강구진, 396면; 김성돈, 481면; 김성천/김형준, 640면; 손동권/김재윤, 501면; 유기천, 314면; 이재상/장영민/강동범, 455면; 정성근/박광민, 493면; 정영일, 249면.

699) 김일수/서보학, 408면; 박상기, 427면; 백형구, 235면; 오영근, 626면; 이영란, 435면; 이정원, 490면; 이형국, 454면; 임웅, 561면.

700) 대법원 2000. 3. 10. 선고 98도2579 판결.

701) 강구진, 396면; 김성돈, 481면; 김성천/김형준, 640면; 손동권/김재윤, 501면; 유기천, 314면; 이재상/장영민/강동범, 455면; 정성근/박광민, 493면; 정영일, 249면.

702) 박상기, 427면.

703) 김일수/서보학, 408면; 임웅, 561면.

704) 대법원 2004. 4. 16. 선고 2004도353 판결; 대법원 2004. 3. 12. 선고 2004도134 판결; 대법

2) 본범에 관한 요건

가. **본범의 성질**　　장물은 본범인 재산범죄에 의하여 영득한 재물이므로, 본범은 재산범죄임과 동시에 **영득죄**여야 한다.

　　(가) 재산범죄　　장물죄의 본범은 재산범죄이어야 한다. 그런데 우리 형법은 장물의 개념을 규정하고 있지 않지만, 영미법에서는 도품을, 독일 형법에서는 "절취하거나 타인의 재산에 대한 위법한 행위로 인하여 취득한 물건"을 장물이라고 규정하고 있다. 그러나 우리 형법상 장물죄는 재산죄의 일종이므로 본범은 재산죄임을 요한다고 해야 한다.

　　따라서 형법상의 재산죄인 절도·강도·사기·공갈·횡령·장물죄·권리행사방해죄·점유강취죄·강제집행면탈죄·배임증재죄는 장물죄의 본범이 될 수 있고, 배임죄는 재물죄가 아닌 이득죄이고 손괴죄는 재물의 영득이 없으므로 장물죄의 본범이 될 수 없다. 장물죄의 본범은 재산죄이고 영득죄이므로 형법 이외에 특별법상의 재산범죄, 예컨대 산림자원의 조성 및 관리에 관한 법률위반(산림절도)의 경우도 장물죄의 본범이 될 수 있다.

　　그러나 수뢰죄의 뇌물, 통화위조죄로 만든 위조통화, 도박죄로 취득한 재물, 사체영득죄에 의해 영득한 사체, 수산업법에 위반하여 획득한 어획물, 임산물단속에 관한 법률에 위반하여 벌채한 임산물,[705] 수렵법에 위반하여 포획한 조수 등은 재산범죄로 영득한 재물이 아니므로 장물이 될 수 없다.

　　(나) 재산범죄로 영득한 재물　　장물은 재산범죄에 의하여 영득한 재물이어야 하고, 비재산범죄로 취득한 재물은 장물이 아니다. 또한 재산범죄에 의하여 작성된 물건 또는 재산범죄의 수단으로 제공된 재물은 장물이 될 수 없다. 따라서 배임죄는 재산상의 이익을 취득하고, 이때의 재물은 배임행위에 제공된 것에 불과하므로, 예컨대 이중매매 된 부동산,[706] 양도담보로 제공된 부동산[707]은 배임행

　　　　원 2000. 3. 10. 선고 98도2579 판결.

705) 대법원 1975. 9. 23. 선고 74도1804 판결(장물이라 함은 절도, 강도, 사기, 공갈, 횡령등 재산죄인 범죄행위에 의하여 영득된 물건을 말하는 것이므로 산림법 93조 소정의 절취한 임산물이 아니고 임산물단속에 관한 법률위반죄에 의하여 생긴 임산물은 재산범죄적 행위에 의한 것이 아니기 때문에 장물이 될 수 없다).

706) 대법원 1975. 12. 9. 선고 74도2804 판결.

707) 대법원 1983. 11. 8. 선고 82도2119 판결; 대법원 1981. 7. 28. 선고 81도618 판결(채무자가 채권자에게 양도담보로 제공한 물건을 임의로 타인에게 양도하는 행위는 배임죄에 해당

위에 제공된 물건으로서 장물이 될 수 없다. 그러나 리프트탑승권 발매기를 전산조작하여 위조한 탑승권을 발매기에서 뜯어간 행위는 탑승권위조행위와 위조탑승권 절취행위가 결합된 행위이므로, 절취한 위조탑승권은 장물에 해당한다.[708]

또한 장물은 반드시 타인소유의 재물일 필요는 없다. 타인이 점유하는 자기의 재물을 절취한 본범으로부터 그 정을 알면서 증여받은 경우에도 장물취득죄는 성립한다.

(다) 장물성의 유지 재산범죄로 영득한 재물이라고 하여 항시 장물성이 유지되는 것은 아니다. 유지설에 의하면 장물죄의 본질은 본범에 의하여 행해진 위법한 재산상태를 유지하는데 있는데, 이러한 위법상태가 없어진 때에는 더 이상 장물이라 할 수 없고, 추구권설에 의하면 피해자의 추구권이 소멸된 때에는 더 이상 장물이라 할 수 없게 된다.[709] 따라서 본범이나 제3자가 그 장물에 대하여 소유권을 취득한 때에는 장물성을 상실하게 되어 장물죄는 성립할 여지가 없게 된다.

그러므로 재산범죄로 영득한 재물이 장물성을 상실하는 경우로는, ① 본범에 대하여 피해자의 승낙이 있거나 본범이 장물을 상속받은 경우, ② 본범이 대외관계에서 소유자로서 처분권한을 가지고 처분한 재물의 경우, 예컨대 명의신탁 받은 부동산을 수탁자가 처분한 경우에는 장물이라 할 수 없다. ③ 민법 제249조에 의해 제3자가 선의취득한 재물도 장물이라 할 수 없다. 다만 목적물이 도품이나 유실물의 경우에는 도난 또는 유실한 날로부터 2년간은 장물성이 소멸되지 않는다. ④ 가공에 의해 소유권이 가공자에게 귀속된 경우(민법 제259조)에는 장물성이 소멸된다. 그러나 다소 가공된 사실이 있다고 하더라도 재물의 동일성이 유지되어 가공자의 소유로 귀속되지 아니한 때에는 장물성이 소멸되지 않는다. ⑤ 사기 또는 공갈에 의해 취득한 장물은 피해자가 취소할 수 있는데(민법 제110조), 이와 같이 취소할 수 있는 재물의 점유도 위법한 점유상태이므로 장물이 된다. 그러나 피해자가 소유권을 포기하거나 또는 취소기간의 도과로 취소할 수 없는 상태가 되면 장물

하나 동 물건은 배임행위에 제공한 물건이지 배임행위로 인하여 영득한 물건 자체는 아니므로 위 타인이 그러한 사정을 알면서 그 물건을 취득하였다고 하여도 장물취득죄로 처벌할 수 없다).

708) 대법원 1998. 11. 24. 선고 98도2967 판결.
709) 강구진, 395면; 김종원, 250면; 정영석, 397면; 황산덕, 329면.

이 아니다. ⑥ 그러나 **불법한 원인에 의해 급여한 재물**을 장물이라 할 수 있는가에 대하여는 추구권설과 유지설에 따라 달라지게 된다. 추구권설에 의하면 피해자에게 반환청구권이 없으므로 장물이 될 수 없지만,[710] 유지설에 의하면 위법한 재산상태를 유지하면 족하므로 이 경우에도 장물성을 인정하게 된다.

생각건대 불법원인급여의 경우에도 사기죄나 공갈죄가 성립한다는 점을 고려해본다면 장물성을 인정하는 유지설의 입장이 타당하다.[711] 그러나 불법원인급여물을 횡령한 경우에는 일반적으로 횡령죄가 성립하지 않으므로 장물성을 상실하게 된다.

나. 본범의 실현정도

(가) 범죄의 성립정도   장물은 **본범의 행위가 구성요건에 해당하고 위법한 행위**에 의하여 영득한 재물이어야 하고, 또한 고의행위이든 과실행위이든 불문하지만 구성요건에 해당하고 위법한 행위이면 족하고 유책할 것을 요하지는 않는다. 따라서 본범이 책임무능력자이거나 회피할 수 없는 금지착오, 즉 정당한 이유 있는 금지착오가 있는 경우에도 장물죄는 성립한다. 또한 본범이 소추되거나 처벌받을 것도 요하지 않으므로 소추조건이나 처벌조건이 결여된 경우에도 장물죄는 성립된다.

따라서 ① 본범이 친고죄인 경우에 고소가 없거나 공소시효가 완성되어 소추할 수 없는 경우, ② 본범이 친족상도례에 의해 형이 면제되는 경우, ③ 본범이 재산권이 미치지 않는 외교관이나 외국에서 외국인에 의해 범해진 경우여서 면책특권이 있는 경우에도 장물성은 인정된다.

판례[712]가 "권한 없이 타인의 아이디와 패스워드를 입력하여 인터넷 뱅킹에 접속한 다음 타인의 계좌로부터 자신의 예금계좌로 이체하여 자신의 예금액을 증액시킨 다음 자신의 신용카드를 사용하여 현금자동지급기에서 현금을 인출한 행위는 컴퓨터등 사용사기죄에는 해당하지만 인출된 현금은 장물이 아니므로 장물취득죄는 성립하지 아니한다."고 판시한 것은 본범의 행위가 구성요건해당성이 결여되었다고 판시한 경우이다.

---

710) 강구진, 395면; 김종원, 251면; 황산덕, 330면.
711) 이재상/장영민/강동범, 453면.
712) 대법원 2004. 4. 16. 선고 2004도353 판결.

이와 달리 판례[713]가 "대한민국 국민 또는 외국인이 미국 캘리포니아주에서 미국 리스회사와 미국 캘리포니아주의 법에 따라 차량 이용에 관한 리스계약을 체결하면서 준거법에 관하여는 별도로 약정하지 아니하였는데, 이후 자동차수입업자인 피고인이 리스기간 중 위 리스이용자들이 임의로 처분한 리스계약의 목적물인 차량들을 수입한 사안에서, 국제사법에 따라 위 리스계약에 적용될 준거법인 미국 캘리포니아주의 법에 의하면, 위 차량들의 소유권은 리스회사에 속하고, 리스이용자는 일정 기간 차량의 점유·사용의 권한을 이전받을 뿐이어서(미국 캘리포니아주 상법 제10103조 제a항 제10호도 참조) 리스이용자들은 리스회사에 대한 관계에서 위 차량들에 관한 보관자로서의 지위에 있으므로, 위 차량들을 임의로 처분한 행위는 형법상 횡령죄의 구성요건에 해당하는 위법한 행위로 평가되고 이에 의하여 영득된 위 차량들은 장물에 해당하므로, 장물취득죄가 성립한다."고 판시한 것은 본범의 행위가 구성요건에 해당하고 위법성이 있다고 판시한 경우이다.

(나) 본범의 기수여부   본범과 장물죄 사이의 시간적 관계에 관하여 장물죄가 범해지기 전에 본범이 종결되어야 한다는 데에는 이론이 없다. 그러나 본범이 기수에 이르러야 하는가에 대해서는, ① 불법하게 영득한 재물이 선재해야 장물죄가 성립하므로 본범이 기수에 이르러야 한다는 통설인 긍정설[714]과, ② 본범의 종결여부는 본범에 의한 재물의 영득이 시간적으로 끝났는가를 기준으로 판단해야지, 본범이 기수인가를 기준으로 판단할 성질의 것이 아니라는 부정설[715]이 대립한다.

생각건대 본범이 미수상태일 경우에는 여기에 참가하는 자는 본범의 공범이 될 뿐이므로 본범이 기수에 이르러야 한다는 긍정설이 타당하다. 그러나 강도살인죄와 같은 결합범의 경우에는 재물죄 부분인 강도죄가 기수에 달하면 충분하다고 할 수 있다.

(다) 본범의 횡령행위를 알고서 그 재물을 영득한 경우의 형사책임   예컨대 타인의 재물을 보관하던 甲이 권한없이 처분하는 것을 알면서 이를 乙이 취득한

---

713) 대법원 2011. 4. 28. 선고 2010도15350 판결.
714) 김일수/서보학, 405면; 배종대, 80/12; 손동권/김재윤, 499면; 정성근/박광민, 490면; 정영일, 248면.
715) 오영근, 654면; 이재상/장영민/강동범, 453면.

경우에 乙은 횡령죄의 공범인가 아니면 장물취득죄가 성립하는가가 문제된다.

이에 대하여는, ① 횡령에 의한 재물의 영득과 장물의 취득이 시간적으로 중복되는 경우이므로 **횡령죄의 공범**만 성립될 뿐이라는 견해[716]와, ② 횡령죄는 현실적인 매도에 의해서만 기수가 될 수 있으므로 **횡령죄의 종범과 장물취득죄의 경합범**이 성립한다는 견해,[717] 그리고 ③ 횡령죄는 매도하는 행위가 있으면 매수자의 의사표시를 기다리지 않고 기수가 되므로 **장물취득죄**만 성립한다는 견해[718]가 대립한다.

생각건대 횡령죄는 영득의사가 객관적으로 표시된 때에 기수가 되므로 장물취득죄가 성립한다는 견해가 타당하다. 판례도 장물취득죄만 성립한다는 입장을 취하고 있다.[719]

(2) 실행행위

장물죄의 실행행위는 '장물을 취득·양도·운반·보관 또는 알선하는 것'을 말한다.

1) 취   득

장물의 '**취득**'이란 장물에 대한 점유를 이전받음으로써 **재물에 대한 사실상의 처분권을 획득**하는 것을 말한다. 장물취득의 방법은 유상·무상을 불문한다. 매수·교환·채무변제·매도담보·소비대차에 의해 취득하는 것은 유상이며, 증여 또는 무이자소비대차는 무상취득에 해당한다. 취득의 목적은 자기를 위해서뿐만 아니라 제3자를 위한 취득도 무방하다.

재물의 취득이라 하기 위해서는 **재물에 대한 점유의 이전과 사실상의 처분권의 획득**이라는 요소가 필요하다. 점유의 이전은 현실의 인도뿐만 아니라 간접적인 점

---

716) 김성돈, 436면; 손동권/김재윤, 486면; 오영근, 654면; 이재상/장영민/강동범, 453면; 이형국, 453면.

717) 김종원, 250면; 진계호, 441면.

718) 김일수/서보학, 513면; 박상기, 431면; 정성근/ 박광민, 490면; 황산덕, 329면.

719) 2004. 12. 9. 선고 2004도5904 판결(甲이 회사 자금으로 을에게 주식매각 대금조로 금원을 지급한 경우, 그 금원은 단순히 횡령행위에 제공된 물건이 아니라 횡령행위에 의하여 영득된 장물에 해당한다고 할 것이고, 나아가 설령 갑이 을에게 금원을 교부한 행위 자체가 횡령행위라고 하더라도 이러한 경우 갑의 업무상 횡령죄가 기수에 달하는 것과 동시에 그 금원은 장물이 되고, 이를 미필적으로 인식하고 취득하였으므로 장물취득죄가 성립한다는 사례).

유의 취득도 가능하다. 예컨대, 시정물(施錠物)의 열쇠취득, 위탁된 장물을 인출할 수 있는 증서를 인도받은 경우에도 취득에 해당한다.

장물취득이란 장물에 대한 사실상의 처분권이 취득자에게 이전하는 것을 말하므로, 운반 또는 보관과는 구별된다. 따라서 매도담보·소비대차로 인해 취득한 때에는 취득에 해당하나. 보관·손괴·임대차·사용대차로 인도받은 때에는 취득이라 할 수 없다. 또한 장물인 음식물을 같이 먹는 것만으로는 독자적인 처분권을 취득했다고 볼 수 없으므로 취득이 될 수 없다. 장물취득죄에서 '취득'이라고 함은 점유를 이전받음으로써 그 장물에 대하여 사실상의 처분권을 획득하는 것을 의미하는 것이므로, 단순히 보수를 받고 본범을 위하여 장물을 일시 사용하거나 그와 같이 사용할 목적으로 장물을 건네받은 것만으로는 장물을 취득한 것으로 볼 수 없다.[720)

장물취득죄는 즉시범으로서, 장물취득시에 장물에 대한 고의가 있어야 한다. 장물취득시에 장물인 정을 몰랐을 때에는 본죄가 성립하지 않는다.[721)

2) 양 도

장물의 '양도'란 장물을 제3자에게 수여하는 행위를 말한다. 양도행위는 유상·무상을 불문한다. 양수인이 장물인 정을 알았는지 여부는 문제되지 않는다. 양도에는 점유의 이전이 필요하다. 장물임을 알고 취득한 후에 양도한 때에는 장물양도행위는 불가벌적 사후행위로서 장물취득죄만 성립한다. 그러나 장물인 정을 모르고 취득한 후에 그 내용을 알고서 제3자에게 양도하는 경우에는 장물양도죄가 성립한다.

3) 운 반

장물의 '운반'이란 장물을 장소적으로 이전하는 것을 말한다. 운반은 본범 또는 장물범의 범죄를 방조하는 행위와 같은 성질을 지닌다. 형법이 이를 독립된 범죄유형으로 규정하고 있는 것은 운반행위가 장물의 위법한 재산상태를 유지하는데 중요한 역할을 하기 때문이다. 따라서 장물을 피해자에게 회수해주기 위하여 운반하는 때에는 본죄를 구성하지 않는다. 운반은 유상·무상을 불문하며, 운반의 방법은 장물인 줄 모르는 자를 이용하여 운반하는 경우인 간접정범의 형태도 가

---

720) 대법원 2003. 5. 13. 선고 2003도1366 판결.
721) 대법원 1971. 4. 20. 선고 71도468 판결.

능하다. 그러나 타인이 절도하여 운전하는 승용차에 편승하는 것만으로는 장물운반이라 할 수 없다.[722] 또한 본범이 스스로 장물을 운반하는 것은 본죄를 구성하지 않지만, 본범과 제3자가 공동하여 장물을 운반한 때에는 제3자에 대하여는 본죄가 성립한다. 따라서 본범이 절취한 차량이라는 정을 알면서 이를 운전해준 경우에는 본죄가 성립한다.[723] 장물을 취득한 후에 이를 운반하는 것은 불가벌적 사후행위에 해당하지만, 장물인 정을 모르고 취득하거나 보관하였다가 그 정을 알면서 운반한 때에는 본죄가 성립한다.

4) 보 관

장물의 '보관'이란 위탁을 받아 장물을 자기의 점유 하에 두는 것을 말한다. 보관은 유상·무상을 불문하며, 보관의 방법도 불문한다. 직무상 보관하거나 임대차계약, 질물로서 보관하거나 이를 묻지 않는다. 보관은 장물에 대한 처분권한이 없는 점에서 장물취득죄와 구별되지만 현실적인 점유의 이전이 있어야 점은 취득과 마찬가지이다.

타인의 죄증을 인멸하기 위해 장물을 은닉한 경우에는 **장물보관죄와 증거인멸죄의 상상적 경합**이 된다. 장물임을 모르고 취득한 자가 알면서 보관한 경우에는 **장물보관죄**만 성립한다.[724] 그러나 반환이 불가능하거나 곤란하여 보관한 경우에는 범죄가 성립하지 않는다.

장물을 보관하던 자가 이를 횡령한 경우에 장물죄에 의하여 피해자의 소유권이 침해되었으므로 횡령죄는 불가벌적 사후행위로서 장물보관죄만 성립한다는 것이 통설[725]과 판례[726]의 입장이다.

---

722) 대법원 1983. 9. 13. 선고 83도1146 판결.
723) 대법원 1999. 3. 26. 선고 98도3030 판결.
724) 대법원 1987. 10. 13. 선고 87도1633 판결.
725) 강구진, 403면; 김성돈, 489면; 김일수/서보학, 411면; 김종원, 254면; 박상기, 431면; 배종대, 80/25; 유기천, 318면; 이재상/장영민/강동범, 458면; 이형국, 456면; 정성근/박광민, 497면.
726) 대법원 2004. 4. 9. 선고 2003도8219 판결(절도 범인으로부터 장물보관 의뢰를 받은 자가 그 정을 알면서 이를 인도받아 보관하고 있다가 임의 처분하였다 하여도 장물보관죄가 성립하는 때에는 이미 그 소유자의 소유물 추구권을 침해하였으므로 그 후의 횡령행위는 불가벌적 사후행위에 불과하여 별도로 횡령죄가 성립하지 않는다. 또한 피고인이 업무상 과실로 장물을 보관하고 있다가 처분한 행위는 업무상 과실장물보관죄의 가벌적 평가에 포함되고 별도로 횡령죄를 구성하지 않는다).

5) 알   선

장물의 '알선'이란 장물의 취득·양도·운반 또는 보관을 매개하거나 주선하는 것을 말한다. 알선행위는 유상·무상을 불문하고, 그 명의를 자신의 이름이나 본범·대리인으로 하거나 불문한다. 알선행위도 본인이 직접 행하거나 타인에게 위촉하여 제3자에게 수행하게 할 수도 있다. 장물죄는 미수범을 처벌하지 않으므로 어느 때에 기수가 성립하는가가 문제된다.

특히 장물알선죄의 기수시기에 내하여는, ① 사실상의 알선행위만 있으면 기수가 되며, 알선에 의한 매매계약 등이 성립할 것을 필요로 하지 않는다는 견해와[727] ② 장물알선행위만으로는 장물죄의 기수는 성립하지 않고, 적어도 장물을 주선·매개하여 계약을 성립시키는 것이 필요하다는 견해,[728] 그리고 ③ 장물의 알선행위와 이에 따른 제3자로의 점유의 이전이 필요하다는 절충설[729]이 대립하고 있다.

①의 학설은 그 근거로, (ㄱ) '알선'을 처벌하는 이상 알선행위가 있으면 기수가 된다고 보아야 하며, (ㄴ) 장물의 알선행위는 본범을 유발할 위험성이 크고, (ㄷ) 알선행위로 인해 피해자의 반환청구권 대한 위험이 발생했으며, (ㄹ) 알선죄의 기수 성립의 조건으로 계약의 성립을 요한다면 장물알선죄는 조건부범죄가 된다는 점을 들고 있다. 판례도 알선행위가 있는 이상 장물알선죄의 기수가 된다는 입장을 취하고 있다.[730]

---

727) 김성천/김형준, 646면; 김일수/서보학, 412면; 김종원, 254면; 박상기, 430면; 정영일, 251면.

728) 유기천, 319면; 이형국, 457면; 임웅, 568면; 정성근/박광민, 498면; 정영석, 401면.

729) 김성돈, 490면; 배종대, 80/27; 오영근, 420면; 이재상/장영민/강동범, 459면; 이영란, 438면.

730) 대법원 2009. 4. 23. 선고 2009도1203 판결(장물알선죄에서 '알선'이란 장물을 취득·양도·운반·보관하려는 당사자 사이에 서서 이를 중개하거나 편의를 도모하는 것을 의미한다. 따라서 장물인 정을 알면서, 장물을 취득·양도·운반·보관하려는 당사자 사이에 서서 서로를 연결하여 장물의 취득·양도·운반·보관행위를 중개하거나 편의를 도모하였다면, 그 알선에 의하여 당사자 사이에 실제로 장물의 취득·양도·운반·보관에 관한 계약이 성립하지 아니하였거나 장물의 점유가 현실적으로 이전되지 아니한 경우라도 장물알선죄가 성립한다. 장물인 귀금속의 매도를 부탁받은 피고인이 그 귀금속이 장물임을 알면서도 매매를 중개하고 매수인에게 이를 전달하려다가 매수인을 만나기도 전에 체포되었다 하더라도, 위 귀금속의 매매를 중개함으로써 장물알선죄가 성립한다).

이에 반하여 ②의 학설은 그 근거로, (ㄱ) 알선의 경우가 다른 장물죄보다 특별히 본범유발의 위험성이 더 크다고 할 수 없고, (ㄴ) 알선행위만으로 피해자의 반환청구권에 대한 위험이 발생했다고 할 수 없으며, (ㄷ) 장물의 취득·양도·운반·보관에는 현실적인 점유의 이전을 필요로 하면서, 알신에 내해서만 알선행위만으로 기수가 된다는 것은 불균형적이므로 적어도 **계약의 성립은 필요**하다는 점을 들고 있다.

생각건대 ① 장물알선행위를 다른 장물죄보다 특별히 본범에 대한 위험성이 더 크다고 할 수 없고, ② 장물에 대한 추구권에 대한 위험발생 또는 위법상태의 유지를 위해서는 적어도 제3자에게 점유의 이전이 필요하며, ③ 장물알선행위와 장물취득·양도·운반·보관행위와의 균형을 고려하면 알선에 있어서도 제3자에게 점유를 이전해야 장물알선죄가 성립한다는 **절충설**이 타당하다고 생각된다.

2. 주관적 구성요건

장물죄는 고의범이므로 객관적 구성요건요소에 대한 인식과 의사가 필요하다. 특히 행위자가 **장물인 정에 대한 인식**이 필요하며, 미필적 인식으로도 족하다. 장물에 대한 인식이란 재산범죄로 영득한 재물이라는 사실에 대한 인식을 말한다. 이 경우에 재산범죄의 구체적인 내용에 대한 인식을 요하는 것은 아니고, 단순히 어떤 재산범죄에 의하여 영득한 재물이라는 인식으로 족하다고 하겠다.

예컨대, 전매청의 창고수로부터 그가 운반한 연초를 매수하였다면 창고수가 불법처분한다는 것임을 알았다고 보아야 하므로 장물인 정을 알았다고 보아야 하지만,731) 시중에 거래되는 군용물을 매수하였다고 하여 반드시 장물임을 알았다고는 단정할 수 없는 것은 군용물에 대해서는 합법적인 유통도 가능하기 때문이다.732) 그 밖에도 주민등록증 이외의 방법으로라도 매도자의 인적 사항을 확인하고 적정한 가격에 귀금속을 매수한 경우에는 장물인 정을 알았다고 볼 수 없다.733)

장물죄의 주관적 구성요건으로는 고의 이외에 불법이득의 의사가 필요한가

---

731) 대법원 1970. 9. 29. 선고 70도1678 판결.
732) 대법원 1982. 2. 23. 선고 81도2876 판결.
733) 대법원 1984. 2. 14. 선고 83도3014 판결.

에 대하여는 불필요설,[734] 필요설[735] 및 이분설[736)]의 대립이 있다. 생각건대 장물죄의 본질은 위법상태유지 내지 추구권행사를 곤란하게 하는데 있고, 아무 대가 없이 무상으로 장물죄를 범할 수도 있으므로 불필요설이 타당하다. 그 밖에도 독일 형법은 명문으로 불법이득의 의사를 요구하고 있기 때문에 장물죄에 있어서 불법이득의 의사가 필요하지만, 형법은 재산범죄로 영득한 재물인 장물임을 행위자가 인식하고서 이를 취득·양도·운반·보관·알선하는 행위만으로 처벌하기 때문에 불법이득의 의사는 요구되지 않는다고 보아야 한다.

3. 죄수 및 다른 범죄와의 관계

(1) 죄   수

1) 장물을 보관하다가 취득한 경우에 보관은 취득에 대하여 보충관계에 있으므로 **장물취득죄**만 성립한다.

2) 장물알선을 위해 운반·보관하다가 알선한 경우에 운반·보관은 알선의 목적달성을 위한 불가벌적인 사전행위이므로 **장물알선죄**만 성립한다.

3) 장물을 운반한 후 보관한 경우에는 보관은 불가벌적인 사후행위이므로, **장물운반죄**만 성립한다.

4) 장물을 취득한 후 양도·운반·보관을 한 경우에는 양도·운반·보관은 불가벌적 사후행위이므로 **장물취득죄**만 성립한다.

(2) 본범과 장물죄와의 관계

장물죄는 타인이 불법하게 영득한 재물에 대해서만 성립하므로 본범은 장물죄의 주체가 될 수 없다. 따라서 본범의 정범이나 공동정범은 장물죄의 주체가 될 수 없다. 예컨대 본범의 다른 공동정범이 장물을 운반·보관·알선을 하더라도 별도의 장물죄는 성립하지 않는다. 그러나 본범의 교사범이나 종범은 장물죄를 범할 수 있다. 예컨대 절도를 교사한 자가 그 장물을 취득한 때에는 절도죄의 교사범과 장물취득죄의 경합범이 성립한다.[737]

---

734) 이재상/장영민/강동범, 459면.

735) 배종대, 80/27.

736) 임웅, 569면(장물죄 중에서도 장물취득죄의 경우에는 불법영득의사가 필요하다는 입장이다).

737) 대법원 1986. 9. 9. 선고 86도1273 판결.

(3) 장물에 대한 재산범죄와 장물죄와의 관계

재물인 장물에 대하여 장물죄 이외의 재산범죄가 행하여진 경우에 그 재산 범죄와 더불어 장물죄가 성립하는가가 문제된다. 예컨대 장물에 대하여 절도죄·강도죄·사기죄·공갈죄·횡령죄를 범한 경우에 이러한 재산범죄 이외에 장물죄도 성립할 수 있는가가 문제된다.

① 장물을 횡령한 경우에는 장물보관자가 이를 영득한 경우이므로 장물취득죄 만 성립하고 횡령죄는 불가벌적인 사후행위가 되어 횡령죄는 성립하지 않는다는 것이 통설[738]과 판례[739]의 입장이다.

② 그러나 장물을 절취·강취·편취·갈취한 경우에 장물죄가 성립하는가에 대하여는 견해가 대립한다. 즉 장물죄의 본질을 본범과의 합의에 의한 위법한 재산상태의 유지에 있다고 보는 위법상태유지설에 의하면, 상대방과의 합의가 없는 때에는 장물죄 성립을 부정하게 되어 절도죄·강도죄·사기죄·공갈죄만 성립한다는 입장을 취하게 된다.

이와 달리 장물죄의 본질을 재물에 대한 사법상의 회복·추구를 곤란하게 하는데 있다고 보는 추구권설에 의하면, 피해자의 추구권행사를 곤란하게 했으면 족하며 반드시 상대방과의 합의가 필요한 것은 아니므로 장물죄의 성립을 인정하게 되고,[740] 다른 재산범죄인 절도죄·강도죄·사기죄·공갈죄와는 상상적 경합관계가 된다는 입장을 취하게 된다.

생각건대, 장물죄에 있어서 본범과 장물범 간의 의사의 합치는 장물범과 본범 간의 위법한 재산상태를 유지하거나 피해자의 추구권행사를 곤란하게 한다는 내적 연관을 형성한다는 점이 다른 재산범죄와는 다른 특징이라고 할 수 있다.

---

738) 이재상/장영민/강동범, 461면.

739) 대법원 2005. 4. 9. 선고 2003도8219 판결(피고인이 업무상 과실로 장물을 보관하고 있다가 처분한 행위는 업무상 과실장물보관죄의 가벌적 평가에 포함되고 별도로 횡령죄를 구성하지 않는다고 한 원심의 판단을 수긍한 사례); 대법원 1976. 11. 23. 선고 76도3067 판결(절도범인으로부터 장물보관의뢰를 받은 자가 그 정을 알면서 이를 인도받아 보관하고 있다가 임의처분하였다 하여도 장물보관죄가 성립되는 때에는 이미 그 소유자의 소유물 추구권을 침해하였으므로 그 후의 횡령행위는 불가벌적 사후행위에 불과하여 별도로 횡령죄가 성립하지 않는다).

740) 추구권설을 취하면서도 장물죄는 본범의 행위에 가담하여 장물에 대한 추구를 곤란하게 한다는 측면이 있으므로 본범과의 합의가 필요하다는 견해도 있다(강구진, 403면).

따라서 장물을 절취·강취·편취·갈취한 경우에는 장물죄는 성립하지 않고 절도죄·강도죄·사기죄·공갈죄만 성립한다.

(4) 기타 범죄와의 관계

① 장물을 알선하여 그 정을 모르는 매수인으로부터 대금을 수취한 경우에는 장물알선죄와 사기죄가 성립하고 양죄는 실체적 경합관계이다.

② 타인의 죄증을 인멸하기 위하여 장물을 은닉한 경우에는 증거인멸죄와 장물보관죄의 상상적 경합이 된다.

③ 장물인 정을 알면서 뇌물로 이를 수수한 경우에는 수뢰죄와 장물취득죄의 상상적 경합이 된다.

4. 친족상도례의 적용

장물죄에도 친족상도례가 적용된다. 그런데 장물죄에 있어서 친족상도례에 관한 친족관계가 장물범과 재물의 피해자 간에 존재해야 하는지, 그렇지 않으면 장물범과 본범 간에 존재해야 하는지가 문제된다.

이에 관하여, 형법은 제365조 제1항에 장물범과 피해자 사이에 제328조의 친족관계가 있을 때에 이를 적용하도록 함으로써, 장물죄에 있어서 친족관계는 장물범과 재물의 피해자 사이에 존재해야 한다는 점을 입법적으로 명백히 밝히고 있다. 아울러 제365조 제2항에는 장물범과 본범 간에 제328조 제1항에 해당하는 근친일 경우에는 예외적으로 그 형을 감경 또는 면제한다는 특별규정을 두고 있는데, 이는 장물죄의 범인비호적인 성격을 고려하여 범인은닉죄나 증거인멸죄에서와 같이 본범의 근친이 본범으로부터 장물을 취득하거나 운반·보관·알선을 하는 것은 친족 간의 정의에 비추어 동정할 점이 있다는 것을 근거로 한 감면규정이다. 장물죄의 친족상도례 규정의 구체적인 내용은 다음과 같다.

(1) 장물범과 피해자 간에 일정한 친족관계인 경우

장물죄, 상습장물죄, 업무상 과실·중과실장물죄를 범한 자와 피해자 간에 제328조 제1항의 신분관계가 있을 때에는 형을 면제하고, 동조 제2항의 신분관계가 있을 때에는 고소가 있어야 소추할 수 있는 친고죄이다.

(2) 장물범과 본범 간에 근친의 신분관계가 있는 경우

장물범과 본범 간에 제328조 제1항의 신분관계가 존재하는 경우에는 그 형을 감경 또는 면제한다. 그러나 제328조 제2항의 신분관계일 경우에는 이 특별감 면규정은 적용되지 않는다.

Ⅲ. 상습장물취득·양도·운반·보관·알선죄

> 제363조(상습범) ① 상습으로 전조의 죄를 범한 자는 1년 이상 10년 이하의 징역에 처한다.
> ② 제1항의 경우에는 10년 이하의 자격정지 또는 1천500만원 이하의 벌금을 병과할 수 있다.

본죄는 상습적으로 장물을 취득·양도·운반·보관·알선함으로써 성립하는 범죄이다. 장물죄의 본범비호적인 성격을 고려하여 상습적으로 장물죄를 범한 자에 대하여 책임을 가중하는 가중적 구성요건이다.

상습의 의미에 관해서는 상습절도죄에서 살펴본 바와 같은 의미를 지닌다. 판례는 장물알선의 전과도 없는 자가 단지 2회에 걸쳐 장물을 알선한 사실만으로는 장물알선의 상습범이 될 수 없으며,[741] 상습장물취득죄에 있어서 상습성이라 함은 반복하여 장물취득행위를 하는 습벽으로서 행위자의 속성을 말하고, 이러한 습벽의 유무를 판단함에 있어서는 장물취득의 전과가 중요한 자료가 되나 장물취득의 전과가 없다고 하더라도 범행의 횟수, 수단과 방법, 동기 등 제반사정을 참작하여 장물취득의 습벽이 인정되는 경우를 의미한다고 판시하고 있다.[742] 또한 판례는 상습장물취득죄를 포괄일죄로 보기 때문에 장물취득죄는 상습장물알선죄와도 포괄일죄의 관계로 보고 있다.[743]

Ⅳ. 업무상 과실·중과실 장물취득·양도·운반·보관·알선죄

> 제364조(업무상 과실, 중과실) 업무상 과실 또는 중대한 과실로 인하여 제362조의 죄를 범한 자는 1년 이하의 금고 또는 500만원 이하의 벌금에 처한다.

---

741) 대법원 1972. 8. 31. 선고 72도1472 판결.
742) 대법원 2007. 2. 8. 선고 2006도6955 판결.
743) 대법원 1975. 1. 14. 선고 73도1848 판결.

본죄는 업무상 과실 또는 중과실에 의하여 장물을 취득·양도·운반·보관·알선함으로써 성립하는 범죄이다.

본죄는 장물을 취급하기 쉬운 업무에 종사하는 자에게 업무처리상 보다 높은 주의의무를 요구하고 이에 위반하는 경우에는 일반인의 중과실, 즉 현저한 주의의무위반과 동등하게 평가하여 이를 취급하고 있는 구성요건이다.[744] 또한 본죄는 재산죄 중 유일하게 과실범을 처벌하고 있는 규정이다.

본죄의 범죄행위유형 중에 장물의 양도에 관해서는, 양도란 장물인 점은 모르고 취득한 자가 그 정을 알면서 처분한 것을 말하므로 업무상 과실에 의한 장물양도죄는 생각할 여지가 없다는 견해[745]도 있다. 그러나 고물상이나 전당포 또는 보석상과 같은 전문업종에 종사하는 자는 취득시나 보관시에는 장물인 정을 몰랐다 하더라도 나중에 이를 타인에게 양도할 때에는 업무자로서 고도의 주의의무만 했더라면 장물인 것을 알 수 있었던 경우, 즉 업무상 과실이 있는 때에는 본죄에 해당하기 때문이다. 또한 업무상 과실에 의한 장물양도의 경우를 법문과 달리 본죄에 해당할 여지가 없다고 축소해석하는 견해에 따르면 현실적으로도 업무상 과실장물죄를 규제하는 효과는 반감하게 될 것이다.

본죄의 입법취지는 장물고의범에 있어서 고의의 입증이 곤란 경우에 과실범으로 처벌하는 길을 열어 둠으로써 장물범 단속의 효과를 거두려는 형사정책적인 고려에 있다는 점도 부정하기 어렵다.[746] 따라서 업무상 과실장물양도죄가 가능하다고 보아야 한다.

본죄에 있어서의 업무는 본래의 업무뿐만 아니라 부수적인 업무일 경우도 포함한다.

본죄에 있어서 주의의무의 내용에 관한 판례의 내용을 살펴보면 다음과 같다.

① 고물상 영업의 경우에는 물건의 출처와 매도인의 신분을 확인하기 위해 주민등록증을 제시받고 고물대장과 매매장부에 매입·매도경위를 자세히 기재하고 가격도 부당하지 않은 경우,[747] ② 우표수집상이 주민등록증의 제시를 요구하

---

744) 김성돈, 494면; 박상기, 432면; 이재상/장영민/강동범, 463면; 정성근/박광민, 502면.
745) 이재상/장영민/강동범, 463면.
746) 강구진, 404면; 김종원, 256면; 이영란, 442면.
747) 대법원 1991. 11. 26. 선고 91도2332 판결; 대법원 1984. 2. 14. 선고 83도2982 판결.

여 인적 사항을 확인한 후 평소 일반인들로부터 매입하던 가격으로 매입한 경우[748]에는 업무상 주의의무위반이라고 할 수 없으며, 또한 ③ 영업용 택시운전자에게 승객의 소지품을 확인하여 장물여부를 따져보아야 할 업무상의 주의의무는 없다.[749]

제 9 절 손괴의 죄

Ⅰ. 개   설

1. 의   의

손괴죄(損壞罪)란 타인의 재물, 문서 또는 전자기록 등 특수매체기록을 손괴 또는 은닉 기타의 방법으로 그 효용을 해하는 것을 내용으로 하는 범죄이다. 본 죄는 재물을 행위객체로 하는 **재물죄**이며, 재물에 대한 소유자의 지위를 획득하려는 의사, 즉 영득의사를 요하지 않기 때문에 영득죄가 아닌 재물의 가치를 손괴하려는 의사를 필요로 하는 손괴죄이다.

2. 보호법익 및 보호의 정도

손괴의 죄의 장에는 재물손괴죄와 공익건조물파괴죄 및 경계침범죄라는 성격이 다른 3가지의 독립된 구성요건이 포함되어 있어, 통일된 보호법익을 찾을 수가 없으며 개별 구성요건마다 그 보호법익이 다르다고 할 수 있다. 그 내용을 살펴보면 다음과 같다.

(1) 재물(문서)손괴죄의 보호법익

재물(문서)손괴죄는 재물의 소유권 자체를 취득하고자 하는 범죄가 아니라 **재물의 이용가치**, 즉 '소유권의 이용가치' 내지 '기능으로서의 소유권'을 침해하는 것을 내용으로 하는 범죄이다. 따라서 재물(문서)손괴죄는 소유권의 이용가치를

---

748) 대법원 1986. 6. 24. 선고 86도396 판결.
749) 대법원 1983. 6. 28. 선고 83도1144 판결.

보호법익으로 하는 점에서 다른 재산범죄와 구별된다. 즉 순수한 용익물권 기타 점유권의 침해는 본죄를 구성하지 않는다. 법익보호의 정도는 **침해범**이다.

(2) 공익건조물파괴죄의 보호법익

공익건조물파괴죄는 소유권범죄가 아니라 재물의 기능 자체를 보호하는 죄이다. 즉 공익에 공하는 건조물의 이용·유지에 대한 일반의 이익, 즉 '공공의 이익'을 보호법익으로 한다.

(3) 경계침범죄의 보호법익

경계침범죄의 보호법익에 대하여는 ① 본죄는 부동산 자체를 보호하기 위하여 소유권의 이용가치를 보호법익으로 한다는 소수설[750]도 있으나, ② 토지에 대한 권리와 중요한 관계를 가진 '토지경계의 명확성을 보호'하는데 있다는 통설[751]의 견해가 타당하다. 토지에 대한 권리관계의 확정은 사회질서유지와 밀접한 관계를 가지지만, 사권의 보호와 밀접한 관계를 가지기 때문에 우리 형법은 재산죄의 하나로 규정하고 있다.

3. 구성요건의 체계

형법은 제42장 손괴의 죄의 장에 재물(문서)손괴죄(제366조)와 공익건조물파괴죄(제367조)를 기본적 구성요건으로 하면서, 중손괴죄(제368조)와 특수손괴죄(제369조)를 양죄의 가중적 구성요건으로 규정하고 있다. 그 밖에 특별한 독립적 구성요건으로 경계침범죄를 규정하고 있으며, 중손괴죄 이외에는 미수범처벌규정을 두고 있다.

한편 상습손괴죄나 특수손괴죄에 대하여 가중처벌하는 특별형법으로는 「폭력행위 등 처벌에 관한 법률」이 있고, 자동차의 운전자의 업무상 과실 또는 중과실로 인한 손괴를 처벌하는 규정은 「도로교통법」[752]에 규정되어 있다.

그 밖에 손괴의 죄는 친족상도례에 관한 규정이 준용되지 않고 있는데, 이 점은 다른 재산죄와의 균형을 고려하면 입법론적으로 재검토가 필요하다.[753]

---

750) 유기천, 332면.
751) 김일수/서보학, 395면; 박상기, 434면; 배종대, 85/4; 오영근, 672면; 이재상/장영민/강동범, 466면; 이형국, 463면; 임웅, 583면; 정성근/박광민, 463면; 정영일, 260면.
752) 도로교통법 제151조 참조.
753) 이재상/장영민/강동범, 466면.

II. 재물(문서)손괴죄

제366조(재물손괴등) 타인의 재물, 문서 또는 전자기록등 특수매체기록을 손괴 또는 은닉 기타 방법으로 그 효용을 해한 자는 3년 이하의 징역 또는 700만원 이하의 벌금에 처한다.

제371조(미수범) 본죄의 미수범은 처벌한다.

[폭력행위 등 처벌에 관한 법률]

제2조(폭행 등) ② 2명 이상이 공동하여 제1항 각 호에 규정된 죄를 범하였을 때에는 「형법」 각 해당 조항에서 정한 형의 2분의 1까지 가중한다.
1. 「형법」 제260조 제1항(폭행), 제283조 제1항(협박), 제319조(주거침입, 퇴거불응) 또는 제366조(재물손괴 등)의 죄

1. 의　　의

재물손괴죄는 타인의 재물, 문서 또는 전자기록 등 특수매체기록을 손괴 또는 은닉 기타 방법으로 그 효용을 해함으로써 성립하는 범죄이다. 정보화사회에 따른 처벌의 결함을 보완하기 위하여 형법을 개정하여 컴퓨터에 수록된 전자기록 등 특수매체기록 등에 대한 손괴 등에 대하여도 이를 처벌하도록 하였다. 특별형법인 「폭력행위 등 처벌에 관한 법률」에는 2인 이상이 공동하여 본죄를 범한 때에는 그 형을 가중하고 있다(동법 제2조).

2. 객관적 구성요건

본죄는 타인의 재물, 문서 또는 전자기록 등 특수매체기록을 손괴 또는 은닉 기타 방법으로 그 효용을 해하는 것이다.

(1) 행위객체

본죄의 행위객체는 '타인의 재물, 문서 또는 전자기록 등 특수매체기록'이다.

1) 재　　물

① 여기에서 재물이란 유체물뿐만 아니라 관리할 수 있는 동력(動力)을 포함한다. 동산·부동산을 불문하므로 동물도 포함된다. 또한 본죄에서의 재물은 반드시 경제적 교환가치를 필요로 하지 않기 때문에 빛바랜 오래된 가족사진이나 아무

도 살지 않은 철거 예정인 오래된 아파트도 재물에 포함된다.[754] 그러나 재물이 소유자에게 아무런 이용가치나 주관적 가치도 없는 경우에는 본죄의 재물에 해당한다고 볼 수 없지만, 재물이 본래의 가치를 상실하였다 하더라도 다른 용도로 사용할 수 있으면 본죄의 재물이 된다.[755]

② 사람의 사체는 특수한 물건으로 취급되어 재물손괴죄의 재물에 해당하지 않으며, 사회적 법익에 대한 죄 중 신앙에 관한 죄의 한 유형으로서 사체손괴죄(제161조)에 해당한다.

③ 공익에 공하는 건조물인 공익건조물(公益建造物)을 파괴한 경우에는 공익건조물파괴죄(제367조)에 해당하고 파괴의 정도에 이르지 않은 경우에는 재물손괴죄에 해당하며, 공무소에서 사용하는 건조물인 공용건조물을 파괴하면 공용물파괴죄(제141조 제2항)에 해당하고, 손괴에 그친 경우에는 공용서류(물건) 무효죄(제141조 제1항)가 성립한다.[756]

2) 문 서

여기서 '문서'란 제141조 제1항의 공용서류에 해당하지 않는 모든 서류를 말한다. 따라서 사문서·공문서를 불문하며, 사문서의 경우에는 권리·의무에 관한 것이든 사실증명에 관한 것이든 불문한다. 문서에는 특정인이 특정인에게 의사를 전달하는 편지뿐만 아니라 도화·유가증권도 여기에 포함된다.

3) 전자기록 등 특수매체기록

전자기록 등 특수매체기록이란 사람의 지각에 의하여 인식할 수 없는 방식으로 작성되어 컴퓨터 등 정보처리장치에 의한 정보처리를 위해 제공된 기록으로서, 전자기록, 전기기록, 광학기록 등을 포함한다.

여기서 '기록'이란 매체물이 담고 있는 데이터의 기록 자체(Software)를 말한다. 따라서 그 기록을 담고 있는 매체물이나 하드웨어(Hardware)는 재물에 해당한다. 마이크로필름은 문자를 축소한 것이므로 문서에 해당하고, 영상기록은 재물에 해당한다.

---

754) 대법원 2007. 9. 20. 선고 2007도5207 판결.
755) 대법원 1979. 7. 24. 선고 78도138 판결.
756) 이재상/장영민/강동범, 467면; 이형국, 465면; 임웅, 575면; 정성근/박광민, 508면; 정영일, 256면.

4) 재물·문서·전자기록 등의 타인소유

본죄의 행위객체인 재물, 문서 또는 전자기록 등 특수매체기록은 행위자 자신이 아닌 타인의 소유에 속해야 한다. 재물 등이 자기의 소유에 속할 때에는 권리행사방해죄(제323조)나 공무상보관물무효죄(제142조)의 객체가 될 수 있을 뿐이다.

여기서 말하는 타인에는 국가·법인·법인격 없는 단체도 포함되며, 타인과 공동으로 소유하는 경우도 포함된다.

타인의 소유에 속하는 재물이면 족하고 점유여부는 따지지 않는다. 따라서 자기소유의 부동산에 권한 없이 농작물을 경작한 경우에 농작물은 경작자의 소유에 속하므로 이를 뽑아버린 경우에는 이 죄에 해당하지만,[757] 수확되지 않은 농작물인 쪽파를 매수인이 명인방법을 갖추지 않은 경우에는 이 농작물의 소유권이 매도인에게 있으므로 매도인과의 약정에 의하여 제3자가 쪽파를 뽑아버린 경우에는 이 죄에 해당하지 않는다.[758]

문서의 경우에도 문서의 소유권이 타인에게 있으면 족하고 그 작성명의인이 누구인가는 문제되지 않는다. 따라서 타인 명의의 문서라 하더라도 자기 소유에 속하는 경우라면 이 죄의 객체가 되지만, 자기명의의 문서라 하더라도 타인의 소유에 속하면 본죄의 객체가 된다. 예컨대 타인에게 교부한 자기명의의 영수증 또는 약속어음을 찢어버리거나, 타인소유의 문서를 작성명의인의 부탁을 받고 내용을 고친 경우에도 이 죄에 해당한다.[759] 또한 문서의 진위여부도 문제가 되지 않으며, 어음이나 수표는 정당한 소지인의 소유에 속하고,[760] 타인소유의 문서를 자기가 점유한 때에도 본죄의 객체가 된다.

(2) 실행행위

본죄의 실행행위는 '손괴(損壞) 또는 은닉(隱匿) 기타의 방법으로 그 효용을 해하는 것'을 말한다.

1) 손 괴

여기서 '손괴'란 재물·문서 또는 전자기록 등 특수매체기록에 **직접 유형력**을

---

757) 대법원 1970. 3. 10. 선고 70도82 판결.
758) 대법원 1996. 2. 23. 선고 95도2754 판결.
759) 대법원 1982. 7. 27. 선고 82도223 판결.
760) 대법원 1985. 2. 26. 선고 84도2802 판결.

행사하여 그 이용가능성을 침해하는 것을 말한다. 따라서 물체에 영향을 미치지 않고 그 기능만을 훼손하는 것은 손괴가 아니다. 재물 등에 유형력을 행사하여 재물 등이 지닌 본래의 용도에 사용할 수 없도록 변경시켜 소유자의 이익에 반하는 상태를 초래하는 경우가 손괴에 해당하며, 재물을 영구적이 아니라 일시적으로도 본래의 목적에 사용할 수 없게 하는 경우도 포함된다.[761] 그러나 물체 자체의 변화를 초래하지 않거나 물체의 상태를 보다 좋게 만드는 것은 손괴가 아니다. 예컨대 ① 기계나 시계를 분해하여 쉽게 설합할 수 없도록 한 경우, ② 기동차 타이어의 바람을 빼버리는 경우, ③ 벽에 광고를 붙이는 경우, ④ 금가락지를 금니로 만들기 위해 녹인 경우, ⑤ 문서에 첨부된 인지를 떼어낸 경우, ⑥ 얼음을 먹기 위해 녹인 경우 등이 해당한다.

문서를 손괴하는 경우로는 문서를 파손·소각하거나 장부의 일부를 찢어버리는 경우 등이 해당한다. 또한 전자기록 등 특수매체기록의 손괴하는 경우란 기억매체를 파손하거나 정보를 소거하는 것을 말하며, 전자기록 등 특수매체기록을 소거·변경하는 경우뿐만 아니라 기록매체를 파손하는 경우도 포함한다. 손괴는 파괴와는 달리 중요한 부분의 훼손을 요하지 않는 점에서 차이가 있다. 우물의 고무호스를 빼낸 경우, 토지경계의 철조망과 경고판을 치워버린 경우에도 손괴에 해당한다.

그러나 ① 부두에 정박한 배의 닻을 풀어 떠내려가게 한 경우, ② 오토바이를 지붕 위에 올려놓은 경우, ③ 텔레비전을 보지 못하게 전파방해를 하는 경우 등은 손괴에는 해당하지 않는다.

2) 은 닉

'은닉'이란 재물, 문서 또는 전자기록 등 특수매체기록의 소재를 불분명하게 하여 그 발견을 곤란 또는 불가능하게 함으로써 그 효용을 해하는 것을 말한다.

재물 등의 소재를 불명하게 하여 그 발견을 곤란·불가능하게 함으로써 그 효용을 해하는 것을 말한다. 물체 자체의 상태변화를 가져오는 것은 아니라는 점에서 손괴와 구별된다. 재물 등의 점유가 행위자에게 이전될 것은 요하지 않는다. 행위자가 점유하고 있다는 것을 피해자가 알고 있다고 하더라도 발견이 곤란하면 은닉에 해당한다.[762]

---

761) 대법원 2006. 12. 22. 선고 2006도7219 판결.
762) 대법원 1971. 11. 23. 선고 71도1576 판결.

재물이나 문서 등을 은닉한 경우에 행위자의 고의와 불법영득의사 유무에 따라 손괴죄와 절도죄 또는 횡령죄가 성립할 수 있다.

3) 기타의 방법

'기타의 방법'이란 손괴·은닉 이외의 방법으로 재물 등의 이용가치나 효용을 해하는 일체의 행위를 말한다. 물질적 훼손을 비롯하여 사실상·감정상 그 물건을 본래의 용법에 따라 사용할 수 없게 해버리는 일체의 행위를 포함한다. 일시적으로 사용할 수 없게 하는 경우도 해당한다. 예컨대 식기에 방뇨하는 경우, 그림에 낙서를 하여 감정상 걸어둘 수 없게 한 경우, 새장의 문을 열어 새가 날아가도록 한 경우, 양어장의 고기를 밖으로 나가게 하는 경우, 앵무새에게 욕설을 가르쳐 욕하는 앵무새를 만드는 경우, 보석을 강물에 던져버린 경우, 컴퓨터에 바이러스를 감염시켜 작동을 방해한 경우, 문의 열쇠 구멍에 성냥개비를 꽂아 넣어 문을 열 수 없게 한 경우, 건조물 벽면에 낙서하는 행위, 불법게시물을 부착하는 행위 등이 여기에 해당한다.

특히 건조물의 벽면에 낙서를 하거나 불법게시물부착행위, 오물을 투척하는 행위가 건조물의 효용을 해하는가는 행위당시의 제반사정을 종합하여 사회통념에 따라 판단할 수밖에 없다. 판례는 건물 외벽에 낙서한 행위는 건물의 효용을 해한다고 보았으나, 계란 30개를 건물에 투척한 행위는 효용을 해하지 않는다고 판시한 바 있다.[763]

그 밖에 기타의 방법으로 특수매체기록의 효용을 해하는 행위로는 정보를 사용할 수 없게 하거나 기록의 내용을 변경하는 것을 말한다. 전자는 새로운 프로그램을 입력하여 기록에 접근할 수 없게 하는 경우이고, 후자는 기록을 삭제, 추가하거나 다른 내용으로 변경시키는 것을 말한다. 이 경우에는 문서변조죄와 문서손괴죄와의 관계가 문제되는데, 이에 관해서는 아래에서 다시 검토하기로 한다.

(3) 실행의 착수 및 기수시기

본죄의 실행의 착수시기는 손괴의 고의로 문서 등에 대한 효용침해행위를 직접적으로 개시한 때이다. 그리고 본죄의 기수시기는 재물 등의 이용가치의 감소상태가 발생했을 때, 즉 효용을 해하는 정도에 이르렀을 때이다.

---

763) 대법원 2007. 6. 28. 선고 2007도2590 판결.

3. 주관적 구성요건

본죄는 고의범이므로, 행위자에게 타인의 재물, 문서 또는 전자기록 등 특수매체기록의 이용가치를 침해한다는 점에 대한 고의가 필요하다. 미필적 고의로도 족하지만, 영득죄가 아니므로 불법영득의사는 불필요하다. 형법상 과실재물손괴에 대하여는 처벌하는 규정이 없지만, 「도로교통법」 제151조에는 업무상 과실 또는 중대한 과실로 재물을 손괴한 경우에 2년 금고 또는 500만원 이하의 벌금에 처하도록 규정하고 있다.[764]

4. 위 법 성

손괴죄의 위법성은 일반적 위법성조각사유에 의하여 조각될 수 있다. 예컨대 농경지의 침수 피해를 막기 위하여 부득이 제방을 뚫은 경우에는 긴급피난에 해당하여 위법성이 조각될 수 있고, 채무자가 승용차를 타고 도주하자 타이어를 펑크 내어 도주하지 못하게 하는 경우에는 자구행위에 의하여 위법성이 조각될 수 있다. 뽕밭을 유린하는 소의 고삐가 나무에 얽혀 풀 수 없는 상황하에서 고삐를 낫으로 끊고 소를 밭에서 끌어내는 행위는 사회상규에 해당하는 정당행위로서 위법성이 조각된다.[765] 그 밖에도 피해자의 동의는 본죄에 있어서 구성요건해당성을 조각하는 양해가 된다.

5. 죄수 및 다른 범죄와의 관계

(1) 죄   수

하나의 고의로 동일한 피해자의 수개의 재물을 손괴하거나 하나의 고의로 같은 장소에서 수인의 재물을 손괴한 경우에 재물 등은 비전속적인 재산적 법익이므로 재물손괴죄의 단순일죄가 된다. 그러나 일시·장소를 달리하는 수개의 손괴행위가 있을 경우에는 수개의 재물손괴죄의 실체적 경합이 된다.

(2) 다른 범죄와의 관계

1) 타인명의의 문서내용을 변경한 경우에 그 문서가 자기소유인 경우에는 문서

---

764) 도로교통법 제151조 참조.
765) 대법원 1975. 5. 27. 선고 74도3559 판결.

변조죄가 성립된다. 그러나 타인소유의 문서의 내용을 변경한 경우에는 문서변조는 문서손괴에 대하여 법조경합의 특별관계에 있으므로 문서변조죄가 성립한다.

이와 달리 **자기명의의 문서내용을 변경한 경우**에는 그 문서가 타인소유인 경우에 한하여 문서손괴죄가 된다. 예컨대 채무자가 자신이 작성하여 채권자에게 준 차용증서의 내용을 변경한 경우가 여기에 해당한다. 문서변조는 문서의 효용과 그 내용을 부분적으로 변경하는 것이고, 문서손괴는 그 효용의 전부 또는 일부를 없애는 것을 말한다. 따라서 연명으로 작성된 사문서의 일부를 말소하더라도 문서손괴죄가 성립되지만, 사문서에 새로운 사실을 기입할 경우에는 문서변조죄가 성립한다.

사문서의 작성권자가 그 내용을 변경하는 것은 문서변조죄에 해당하지 않으므로 문서작성권자가 타인소유의 문서의 내용을 정정하거나, 작성권자의 동의를 받아 같은 문서에 새로운 사실을 기입하는 경우에는 문서손괴죄만 성립한다.766) 따라서 약속어음발행인이 소지인으로부터 어음을 교부받아 수취인란에 타인의 이름을 기재한 경우,767) 은행지점장이 발행인의 부탁으로 채무담보조로 보관하는 약속어음지급기일을 지운 경우768)에는 문서손괴죄가 성립한다.

2) 타인의 사무처리자가 위탁받은 재물을 손괴한 경우에는 배임죄와 손괴죄의 상상적 경합이 되지만, 불법이득의사가 없는 경우에는 손괴죄만 성립한다.

3) 증거인멸이 동시에 재물손괴가 되는 경우에는 증거인멸죄와 손괴죄의 상상적 경합이 된다는 견해와 손괴죄는 증거인멸죄의 불가벌적 수반행위라는 견해가 대립되지만, 양죄는 보호법익이 다르므로 양죄의 상상적 경합이라는 견해가 타당하다.

4) 편지를 개봉한 후에 은닉·손괴한 경우에는 별개의 행위로 이루어지기 때문에 비밀침해죄와 손괴죄의 실체적 경합이 된다.

5) 특수매체기록의 손괴 등을 통하여 업무를 방해한 경우에는 법조경합으로서 컴퓨터업무방해죄만 성립한다.

6) 살인행위에 수반하여 의복 등 재물 등에 대한 손괴행위가 있는 경우에,

---

766) 대법원 1987. 4. 14. 선고 87도177 판결.
767) 대법원 1985. 2. 26. 선고 84도2802 판결.
768) 대법원 1982. 7. 27. 선고 82도223 판결.

이는 살인행위에 부수되는 불가벌적인 수반행위로서 살인죄에 흡수되어 살인죄만 성립한다.

III. 공익건조물파괴죄

제367조(공익건조물파괴) 공익에 공하는 건조물을 파괴한 자는 10년 이하의 징역 또는 2천만원 이하의 벌금에 처한다.
제371조(미수범) 본죄의 미수범은 처벌한다.

1. 의의·성격

공익건조물파괴죄는 공익에 공하는 건조물을 파괴함으로써 성립하는 범죄이다.

본죄는 손괴죄와는 그 보호법익을 달리하는 독립적인 구성요건이다. 이 범죄는 재물의 기능 자체를 보호하는 범죄이며 소유권범죄는 아니다. 따라서 자기의 소유물에 대하여도 본죄가 성립할 수 있다. 본죄의 보호법익은 '공익건조물의 이용에 대한 일반인의 이익' 즉 '공중의 이익'이다.

2. 객관적 구성요건

(1) 행위객체

공익건조물파괴죄의 행위객체는 "공익에 공하는 건조물"이다.

1) 건 조 물

여기서 '건조물'이란 가옥 기타 이와 유사한 건축물을 말한다. 토지에 정착되어 있고 기둥과 벽 및 지붕 또는 천정으로 구성된 구조물로서 사람이 기거하거나 출입할 수 있는 곳이어야 한다. 따라서 축항·제방·교량·전주·기념비·분묘 등은 건조물이 아니다. 반드시 완성된 건조물임을 요하지 않고, 사람의 현존 여부도 불문한다.

2) 공 익 성

'공익에 공하는 건조물'이란 공공의 이익을 위하여 사용되는 건조물을 말한다.

공익건조물은 공공의 이익을 위한다는 사용목적과 일반인의 접근의 용이성이 인정되어야 한다. 예컨대 공설운동장, 전철역, 마을회관, 교회건물, 박물관 등이 여기에 해당한다. 공익건조물은 일반인의 접근이 용이하고 다수가 이용하는 건조물로서 공공의 이익을 해칠 위험성이 크기 때문에 무겁게 처벌하고 있다. 이와 달리 공용건조물은 일정한 범위의 사람에게만 이용이 제한되어 있으므로 본죄의 객체가 아니고 공용건조물파괴죄(제141조)의 객체가 된다. 예컨대 법원도서관, 국회도서관 등이 여기에 해당한다. 원칙적으로 일반인 누구라도 자유롭게 이용할 수 있는 건조물은 출입에 허가가 필요하더라도 공익건조물이다. 공익건조물의 소유는 국가 또는 공공단체가 아닌 사유라도 무방하며, 자기소유라도 공익을 위해 사용되면 본죄의 객체가 된다.

(2) 실행행위

공익건조물파괴죄의 실행행위는 공익건조물을 '파괴하는 것'이다. 여기서 '파괴'란 건조물의 중요부분을 손괴하여 전부 또는 일부를 그 용도에 따라 사용할 수 없게 하는 것을 말한다. 파괴는 물질적 훼손이라는 점에서는 손괴와 같지만, 손괴보다 물질적 훼손의 정도가 더 크다는 점에서 양자는 구별된다.

파괴의 정도에 이르지 않았을 경우에는 타인의 건조물일 때에는 손괴죄가 된다는 견해가 있지만, 본죄의 미수범을 처벌하므로 본죄의 미수범이 성립한다는 견해가 타당하다.

파괴의 방법에는 특별한 제한이 없다. 그러나 방화·일수에 의한 경우에는 공익건조물방화죄(제165조)·공익건조물일수죄(제178조)만 성립한다.

3. 주관적 구성요건

본죄는 고의범이므로, 행위자에게는 공익에 공하는 건조물을 파괴한다는 사실에 대한 고의가 있어야 한다.

Ⅳ. 중손괴죄·손괴치사상죄

> **제368조(중손괴)** ① 전2조의 죄를 범하여 사람의 생명 또는 신체에 대하여 위험을 발생하게 한 때에는 1년 이상 10년 이하의 징역에 처한다.

> ② 제366조 또는 제367조의 죄를 범하여 사람을 상해에 이르게 한 때에는 1년 이상의 유기징역에 처한다. 사망에 이르게 한 때에는 3년 이상의 유기징역에 처한다.

중손괴죄는 재물손괴죄와 공익건조물파괴죄를 범하여 사람의 생명 또는 신체에 대하여 위험을 발생하게 함으로써 성립하는 범죄이다(제368조 제1항). 본죄는 재물손괴죄·공익건조물파괴죄의 **부진정결과적 가중범**이며, **구체적 위험범**이다.

손괴치사상죄는 재물손괴죄와 공익건조물파괴죄를 범하여 사람을 상해 또는 사망에 이르게 함으로써 성립하는 범죄이다(제368조 제2항). 본죄는 재물손괴죄·공익건조물파괴죄의 **진정결과적 가중범**이다.

재물손괴죄와 공익건조물파괴죄는 미수범을 처벌하므로, 손괴 또는 파괴의 기수·미수는 불문한다. 결과적가중범의 경우에는 손괴행위와 발생한 결과 사이에 인과관계가 있어야 하고, 그 결과는 예견할 수 있는 것이어야 한다.

V. 특수손괴죄

> **제369조(특수손괴)** ① 단체 또는 다중의 위력을 보이거나 위험한 물건을 휴대하여 제366조의 죄를 범한 때에는 5년 이하의 징역 또는 1천만원 이하의 벌금에 처한다.
> ② 제1항의 방법으로 제367조의 죄를 범한 때에는 1년 이상의 유기징역 또는 2천만원 이하의 벌금에 처한다.
> **제371조(미수범)** 본죄의 미수범은 처벌한다.

특수손괴죄는 단체 또는 다중의 위력을 보이거나 위험한 물건을 휴대하여 재물손괴죄 또는 공익건조물파괴죄를 범함으로써 성립하는 범죄이다.

본죄는 행위방법의 위험성으로 인하여 **불법이 가중되는** 가중적 구성요건이다. 「폭력행위 등 처벌에 관한 법률」 제3조에서는 특수손괴행위에 대하여 가중처벌하는 규정을 두고 있다.[769]

---

769) 대법원 2003. 1. 24. 선고 2002도5783 판결(자동차를 이용하여 다른 사람의 자동차 2대를 손괴한 경우, 그 자동차의 소유자 등이 실제로 해를 입거나 해를 입을 만한 위치에 있지 아니하였다고 하더라도 폭력행위 등 처벌에 관한 법률 제3조 제1항 위반죄가 성립한다고 한 사례); 대법원 2009. 3. 26. 선고 2007도3520 판결(자동차를 이용하여 다른 자동차를 충

VI. 경계침범죄

> 제370조(경계침범) 경계표를 손괴, 이동 또는 제거하거나 기타 방법으로 토지의 경계를 인식불능하게 한 자는 3년 이하의 징역 또는 500만원 이하의 벌금에 처한다.

1. 의의 및 성격

경계침범죄는 경계표를 손괴, 이동 또는 제거하거나 기타 방법으로 토지의 경계를 인식불능하게 함으로써 성립하는 범죄이다.

본죄는 **토지경계의 명확성**을 보호하는 범죄로서 독립적인 구성요건이다. 법익 보호의 정도는 침해범이고 결과범이지만, 본죄의 미수는 처벌하지 않는다.

2. 객관적 구성요건

(1) 행위객체

경계침범죄의 행위객체는 '**토지의 경계**'이다. '경계'란 소유권 등의 권리의 장소적 한계를 나타내는 지표를 말한다.

경계는 소유권, 임차권 등에 의한 사법상의 경계, 도·시·군 등의 경계와 같은 공법상의 경계, 자연적 경계·인위적 경계를 불문한다. 또한 본조에서의 경계는 법률상 정당한 경계가 아니라 사실상 현존하는 경계를 의미하며, 실체법상의 권리관계와 일치할 것을 요하지도 않는다.

그러나 경계는 이해관계인들의 명시적·묵시적 합의에 의하여 정하여진 것이어야 하므로, 주관적·일방적으로 설정한 경계는 본죄의 경계는 아니다. 또한 경계는 권한 있는 기관에 의해 확정된 것이건, 계약·관습에 의한 것이건 불문한다.

(2) 실행행위

경계침범죄의 실행행위는 '경계표를 손괴·이동 또는 제거하거나 기타 방법으로 경계를 인식불능케 하는 것'이다.

격한 사안에서, 충격 당시 차량의 크기, 속도, 손괴 정도 등 제반 사정에 비추어 위 자동차가 폭력행위 등 처벌에 관한 법률 제3조 제1항에 정한 '위험한 물건'에 해당하지 않는다고 한 사례).

1) 경 계 표

'경계표'란 토지의 경계를 표시하기 위해서 토지에 설치된 표지를 말한다. 즉 토지에 만들어진 표지·공작물·입목 기타의 물건을 말한다. 타인소유·자기소유·무주물을 불문하고, 인위적으로 설치한 것이거나, 자연적으로 존재하는 것을 불문한다. 또한 영구적·일시적인 것을 불문한다. 경계표가 반드시 표시하는 경계선상에 있어야 할 필요도 없다.

2) 손괴·이동·제거·기타 방법

여기서 '손괴'란 경계표를 물질적으로 훼손하는 것을 말하며, '이동'이란 경계표를 원래의 위치로부터 다른 장소로 옮기는 것을 말한다. 또한 '제거'란 경계표를 원래 설치된 장소에서 취거하는 것을 말한다. '기타 방법'은 경계표와 손괴·이동·제거에 준하는 방법으로 경계를 인식불능하게 만드는 일체의 행위를 말한다. 예컨대 경계표를 매몰하거나, 경계에 흐르는 유수의 방향을 변경하거나, 경계로 되어 있는 구거(溝渠)를 매립하거나, 타인의 토지 위에 집을 짓는 행위 등이 여기에 해당한다.

그러나 토지의 경계를 표시하는 지적도를 파손·변경하는 행위는 공용서류무효죄 또는 공문서변조죄가 성립한다.

3) 토지경계의 인식불능

본죄는 경계표를 손괴·이동·제거하거나 기타 방법으로 토지경계의 전부 또는 일부를 인식불능하게 되었을 때에 기수가 된다. 본죄의 미수는 처벌하지 않으므로 경계표를 손괴·이동·제거했더라도 토지경계를 인식불능케 하는 결과가 발생하지 않으면 본죄는 성립하지 않는다.[770] 토지경계의 인식불능의 정도는 절대적으로 인식불능할 것은 요하지 않으며 사실상 인식이 곤란할 정도이면 족하다. 지적도의 열람·측량 등에 의하여 정확한 경계를 확인하는 것이 가능하다고 하더라도 본죄의 성립에는 영향이 없다.

3. 주관적 구성요건

본죄는 고의범이므로 행위자에게는 경계표를 손괴·이동 또는 제거하거나 기타 방법으로 토지의 경계를 인식불능하게 한다는 사실에 대한 고의가 있어야 한

---

770) 대법원 1992. 12. 8. 선고 92도1682 판결.

다. 따라서 경계침범의 고의 없이 경계표를 훼손하는 것이 목적인 경우에는, 재물손괴의 고의가 있으므로 재물손괴죄가 성립한다. 본죄는 영득죄가 아니므로 불법영득의사는 불필요하다.

4. 죄수 및 다른 범죄와의 관계

(1) 죄   수

본죄는 토지의 경계의 수를 기준으로 죄수를 결정한다. 따라서 토지의 경계가 하나이면 수개의 경계표를 손괴하였다고 하더라도 일죄가 되며, 토지의 경계가 수개이면 1개의 경계표를 이동하더라도 수죄가 된다. 이 경우에는 수죄의 상상적 경합이 된다. 토지의 경계가 수개이고 별개의 토지의 경계표를 손괴한 경우에는 수개의 경계침범죄가 성립하고 실체적 경합범이 된다.

(2) 다른 범죄와의 관계

1) 손괴의 방법으로 경계를 인식불능케 한 경우에는, 법조경합관계로서 **경계침범죄만 성립**한다는 견해와 양죄의 **상상적 경합**이 된다는 견해가 대립하고 있다. 생각건대 양죄는 보호법익이 다르고, 재물손괴죄의 법정형이 경계침범죄보다 중하므로 **상상적 경합**으로 보는 견해가 타당하다.

2) 타인의 토지를 영득할 의사로서 토지의 경계를 침범한 경우에 부동산에 대한 절도죄는 성립하지 않으므로 경계침범죄만 성립한다.

제10절   권리행사를 방해하는 죄

I. 개   설

1. 의의 및 보호법익

(1) 의   의

권리행사를 방해하는 죄란 타인의 점유 또는 권리의 목적이 된 자기의 물건에 대하여 타인의 권리행사를 방해하거나, 강제집행을 면할 목적으로 채권자를 해하는 것을 내용으로 하는 범죄를 말한다. 구형법에서는 타인이 점유하는 자기의 재물을 절취하거나 강취할 때에는 절도죄 또는 강도죄가 성립하고, 강제집행면탈죄의 경우에는 공무집행을 방해하는 죄로 규정하고 있었다.

그러나 「형법」은 공무소로부터 보관명령을 받아 타인이 보관하고 있는 자기의 물건을 손상·은닉 기타의 방법으로 그 효용을 해한 때에는 공무상보관물무효죄(제142조)로 처벌하는 규정을 두고 있고, 소유권 이외의 재산권을 보호하기 위해 제37장에 권리행사를 방해하는 죄의 장에 별도로 규성하고 있다.

(2) 보호법익

권리행사를 방해하는 죄는 자기 재물에 대한 다른 사람의 소유권 이외의 재산권인 용익물권·담보물권 등의 제한물권 및 채권과 의사결정 및 자유를 침해하는 것을 내용으로 하는 범죄이므로, 본장의 죄의 보호법익은 소유권 이외의 재산권이 제1차적 보호법익이고, 의사결정과 활동의 자유는 제2차적 보호법익이다.

개별 구성요건에 따라 보호법익을 구체적으로 살펴보면, ① 권리행사방해죄(제323조)의 보호법익은 용익물권·담보물권 및 채권이며, 보호의 정도는 추상적 위험범으로서의 보호이다. ② 점유강취죄의 보호법익은 제한물권과 자유권이며, 보호의 정도는 침해범으로서의 보호이다. ③ 강제집행면탈죄의 보호법익은 강제집행권이 발동될 단계에 있는 채권자의 채권이다. 강제집행권 자체가 보호법익이 되는 것은 아니다. 법익보호의 정도는 추상적 위험범으로서의 보호이다.

2. 구성요건의 체계

제37장의 권리행사를 방해하는 죄에는 권리행사방해죄(제323조), 점유강취죄·준점유강취죄(제325조) 및 강제집행면탈죄(제327조)라는 3가지 유형의 기본적 구성요건이 있다.

또한 점유강취죄·준점유강취죄에 대한 결과적가중범으로서 중권리행사방해죄(제326조)가 있으며, 권리행사방해죄에 대하여는 친족상도례가 적용되며, 점유강취죄·준점유강취죄의 미수범은 처벌한다.

형법은 권리행사방해죄를 재산죄의 하나로 규정하고 있으나 다음과 같이 몇 가지 문제점이 있다. ① 형법이 규정하고 있는 권리행사방해죄는 타인의 점유 또는 권리의 목적이 된 자기의 물건을 취거·은닉·손괴하는 행위에 대하여 3년 이하의 징역으로 처벌하도록 하여, 타인의 물건을 절취한 경우인 절도죄의 6년 이하의 징역보다 가볍게 처벌하고 있다. 그런데 자기의 물건을 손괴한 경우인 권리행사방해죄의 경우에는 5년 이하의 징역인데 비해 타인의 물건을 손괴한 경우인 재물손괴죄는 3년 이하의 징역에 치하도록 규정하고 있음으로써 양형의 불균형을 초래하고 있다. 따라서 입법론적으로는 자기의 물건을 손괴하는 경우를 권리행사방해죄에서 제외해야 할 필요가 있고, ② 권리행사방해죄는 타인의 점유 또는 권리의 목적이 된 자기의 물건을 취거한 경우에만 성립하고, 제3자가 소유자를 위하여 권리행사를 방해한 경우는 제외되는데, 이 경우를 포함해야 할 필요성도 있으며, ③ 형법은 점유강취죄에 대한 결과적 가중범으로 중권리행사방해죄를 규정하고 있는데, 치사상의 결과가 발생하는 경우도 예상하여 별도의 규정을 신설해야 할 필요성도 있다.[771]

II. 권리행사방해죄

> **제323조(권리행사방해)** 타인의 점유 또는 권리의 목적이 된 자기의 물건 또는 전자기록 등 특수매체기록을 취거, 은닉 또는 손괴하여 타인의 권리행사를 방해한 자는 5년 이하의 징역 또는 700만원 이하의 벌금에 처한다.
>
> **제328조(친족간의 범행과 고소)** ① 직계혈족, 배우자, 동거친족, 동거가족 또는 그 배우자간의 제323조의 죄는 그 형을 면제한다.
>
> ② 제1항 이외의 친족간에 제323조의 죄를 범한 때에는 고소가 있어야 공소를 제기할 수 있다.
>
> ③ 전 2항의 신분관계가 없는 공범에 대하여는 전 이항을 적용하지 아니한다.

1. 의의 및 성격

권리행사방해죄는 타인의 점유 또는 권리의 목적이 된 자기의 물건 또는 전자기록 등 특수매체기록을 취거, 은닉 또는 손괴하여 타인의 권리행사를 방해함으로써 성립하는 범죄이다.

본죄는 제한물권·채권을 보호법익으로 하는 독립적 구성요건이다.

---

771) 이재상/장영민/강동범, 478면.

2. 객관적 구성요건

본죄는 타인의 점유 또는 권리의 목적이 된 자기의 물건을 취거·은닉 또는 손괴함으로써 성립하는 범죄이다.

(1) 행위주체

권리행사방해죄의 행위주체는 자기의 물건을 타인의 점유 또는 권리의 목적으로 제공한 '소유자'이다.

(2) 행위객체

권리행사방해죄의 행위객체는 '타인의 점유 또는 권리의 목적이 된 자기의 물건 또는 전자기록 등 특수매체기록'이다.

1) 자기의 물건 또는 전자기록 등 특수매체기록

가. 자기소유　　본죄의 객체는 자기의 물건 또는 전자기록 등 특수매체기록을 말한다. 자기소유의 물건을 말한다. 따라서 자기와 타인의 공유물은 타인의 물건이므로 본죄의 객체가 아니다. 또한 자기의 소유물일지라도 공무소로부터 보관명령을 받거나 공무소의 명령으로 타인이 관리하는 물건은 공무상보관물무효죄(제142조)의 객체가 된다. 따라서 판례는 ① 회사에 지입한 자동차[772]나 자동차등록원부에 타인명의로 등록되어 있는 차량을 담보로 제공한 경우,[773] ② 배우자에게 명의신탁된 부동산,[774] ③ 회사명의로 등기된 부동산의 경우[775]에는 타인의 물건이므로 본죄가 성립하지 않지만, ④ 차량대여회사가 대여차량을 강제적으로 회수한 경우,[776] ⑤ 회사대표이사가 타인이 점유하는 회사물건을 취거한 경우[777]에는 본죄에 해당한다고 판시하였다.

나. 물　건　　재산죄에 있어서의 재물과 같은 의미이며, 동산·부동산을 불문한다. 관리할 수 있는 동력에 대하여는 본죄의 물건이 아니므로 제외된다는 견해[778]도 있으나, 여기에서 제외해야 할 특별한 이유가 없다.[779]

---

772) 대법원 2003. 5. 30. 선고 2000도5767 판결.
773) 대법원 2005. 11. 10. 선고 2005도6004 판결.
774) 대법원 2005. 9. 9. 선고 2005도626 판결.
775) 대법원 1984. 6. 26. 선고 83도2413 판결.
776) 대법원 1989. 7. 25. 선고 88도410 판결.
777) 대법원 1992. 1. 21. 선고 91도1170 판결.
778) 김일수/서보학, 421면; 손동권/김재윤, 528면; 정영일, 266면.

다. 전자기록 등 특수매체기록　　　사람의 지각으로 인식할 수 없는 방식에 의하여 만들어진 기록을 말한다. 전자기록과 광학기록이 포함된다. 문서손괴죄 등에서 살펴본 바와 같은 의미이다.

2) 타인의 점유 또는 권리의 목적

가. 타　　인　　　여기에서 '타인'이란 자기 이외의 모든 사람으로서 자연인·법인·법인격 없는 단체를 불문한다. 자기와 타인의 공동점유하는 자기소유물도 타인이 점유하는 재물이다.

나. 점유의 목적　　　점유란 자기의 소유물에 대해서 타인이 사실상의 지배를 하고 있는 것을 의미하며, 민법상의 점유가 아닌 형법상의 점유를 말한다. 따라서 간접점유는 제외된다. 그러나 점유의 원인은 법률·계약·유언에 의한 경우이거나, 질권·저당권·유치권·용익권에 의한 점유, 임차권 등에 의한 점유인가를 따지지 않는다.

본죄의 점유는 보호법익으로서의 기능을 가지므로 적법한 권원에 기초한 점유에 제한된다. 따라서 절도범인의 점유는 여기에서의 점유에 해당하지 않는다.[780]

그러나 최근의 판례는 권리행사방해죄에서의 보호대상이 타인의 점유는 반드시 점유할 권원에 기한 점유만을 의미하는 것은 아니고, ① 일단 적법한 권원에 기하여 점유를 개시하였으나 사후에 점유 권원을 상실한 경우의 점유, ② 점유 권한의 존부가 외관상 명백하지 아니하여 법정절차를 통하여 권원의 존부가 밝혀질 때까지의 점유, ③ 권원에 기하여 점유를 개시한 것은 아니나 동시이행항변권 등으로 대항할 수 있는 점유 등과 같이 법정절차를 통한 분쟁 해결시까지 잠정적으로 보호할 가치 있는 점유는 모두 포함된다는 입장을 취하고 있다.[781]

다. 타인의 권리의 목적　　　자기의 소유물이 타인의 제한물권이나 채권의 목적이 되어 있는 것을 의미한다. 따라서 공장저당권 설정된 기계를 이중담보로 제공하기 위하여 다른 장소로 옮긴 경우에도 본죄가 성립한다.[782] 채권은 반드시 점유

---

779) 오영근, 440면; 이영란, 463면; 이재상/장영민/강동범, 480면; 이정원, 512면; 이형국, 478면; 임웅, 590면; 정성근/박광민, 525면.

780) 대법원 1994. 11. 11. 선고 94도343 판결.

781) 대법원 2003. 11. 28. 선고 2003도4257 판결.

782) 대법원 1994. 9. 27. 선고 94도1439 판결.

를 수반하는 것임을 요하지 않는다. 예컨대 가압류된 물건, 정지조건부 대물변제의 예약권이 있는 물건, 특적물인 원목에 대한 인도청구권 등이 여기에 해당한다.

그러나 단순한 채권채무관계는 여기의 권리에 포함되지 않는다. 예컨대 매매계약을 체결한 물건, 특정되지 않은 종류채권의 목적물 등이 있다.

(3) 실행행위

권리행사방해죄의 실행행위는 타인의 점유 또는 권리의 목적이 된 타인의 물건 등을 '취거·은닉 또는 손괴하여 타인의 권리행사를 방해하는 것'이다.

1) 취거·은닉·손괴

'취거'란 점유자의 의사에 반하여 재물에 대한 점유자의 사실상의 지배를 배제하고 자기 또는 제3자의 사실상의 지배하에 옮기는 것을 말한다. 절도죄의 절취에 상응하는 개념이므로 점유자의 의사나 그의 하자있는 의사에 기하여 점유가 이전된 경우에는 취거로 볼 수 없다.

'은닉'이란 물건의 소재 발견을 불가능하거나 또는 현저히 곤란한 상태에 두는 것을 말하며, '손괴'란 물건의 전부 또는 일부를 물질적으로 훼손하거나 기타 방법으로 그 용익적·가치적 효용을 해하는 것을 말한다. 따라서 타인의 권리의 목적이 된 자기소유의 토지를 이전등기하는 경우에는 본죄에 해당하지 않는다.[783]

2) 권리행사방해

여기에서 '타인의 권리행사를 방해한다'는 것은 타인의 권리행사가 방해될 우려가 있는 상태에 이른 것을 말한다. 권리행사가 현실적으로 방해받았을 것을 요하는 것은 아니다. 본죄는 추상적 위험범이므로 취거·은닉·손괴행위를 통하여 권리행사를 방해할 우려가 있는 상태에 이르면 기수가 된다. 본죄의 미수범은 벌하지 않는다.

3. 주관적 구성요건요소

본죄는 고의범이므로 행위자에게는 타인의 점유 또는 권리의 목적이 된 자기의 물건이라는 인식과 이 물건을 취거·은닉·손괴하여 타인의 권리행사를 방해한다는 인식이 필요하다. 미필적 인식이 있으면 충분하다. 본죄는 영득죄가 아

---

783) 대법원 1972. 6. 27. 선고 71도1072 판결.

니므로 불법영득의사는 불필요하다.

4. 친족간의 범행과 특례규정

친족간에 권리행사방해죄의 범행이 이루어진 경우에는, 친족간의 정의관계를 고려하여 국가가 개입하는 것을 억제하고자 친족상도례에 관한 규정을 적용하고 있다.

절도죄의 친족상도례에서 이미 살펴본 바와 같이, 제328조 제1항의 친족일 경우에는 형이 면제되고, 제328조 제2항의 친족일 경우에는 고소가 있어야 공소를 제기할 수 있는 친고죄이다. 그리고 본죄의 공범에 대해서도 신분관계가 있을 때에는 동조 제1항과 제2항을 적용하도록 규정하고 있다. 본죄에 있어서 형이 면제되는 경우에 관해서는 인적처벌조각사유라고 해석하는 것이 통설의 입장이다.

Ⅲ. 점유강취죄

> **제325조(점유강취)** ① 폭행 또는 협박으로 타인의 점유에 속하는 자기의 물건을 강취한 자는 7년 이하의 징역 또는 10년 이하의 자격정지에 처한다.
> ③ 미수범은 처벌한다.

1. 의의 및 성격

점유강취죄란 폭행 또는 협박으로 타인의 점유에 속하는 자기의 물건을 강취함으로써 성립하는 범죄이다. 본죄는 타인의 점유에 속하는 자기의 물건에 대한 강도죄에 해당한다. 그러나 자기소유물을 객체로 하고, 불법영득의사를 요하지 않는다는 점에서 강도죄와 다르다고 할 수 있다.

2. 객관적 구성요건

(1) 행위객체

점유강취죄의 행위객체는 '타인이 점유하는 자기의 물건'이다. 공무소의 명에 의하여 타인이 간수하는 자기의 물건도 본죄의 객체가 된다. 제142조는 폭행·협박을 수단으로 한 경우를 포함하고 있지 않기 때문이다.

(2) 실행행위

점유강취죄의 실행행위는 타인이 점유하는 자기의 물건을 '폭행·협박으로 강취'하는 것이다. 폭행·협박의 정도는 최협의의 폭행·협박으로서 강도죄에서 마찬가지로 상대방의 의사를 억압할 정도에 이를 것을 요한다. 폭행·협박과 강취 사이에는 인과관계가 필요하다. 따라서 폭행·협박을 하였으나 강취하지 못한 경우이거나, 폭행·협박을 하고서 재물을 취득하였지만 상대방의 의사가 억압되지 않은 경우에는 본죄의 미수범에 불과하다.

3. 주관적 구성요건

점유강취죄는 고의범이므로, 행위자에게는 폭행·협박으로 타인이 점유하고 있는 자기소유물을 강취한다는 사실에 대한 고의가 있어야 한다. 본죄는 자기의 소유물에 대한 강취이므로 불법영득의사가 불필요하다.

4. 죄   수

점유강취죄를 범하여 치사상의 결과를 발생시킨 경우에는 점유강취죄 이외에 폭행치사상죄가 성립한다. 본죄에는 강도치사상죄에 해당하는 규정이 없기 때문이다.

Ⅳ. 준점유강취죄

> 제325조(준점유강취) ② 타인의 점유에 속하는 자기의 물건을 취거함에 당하여 그 탈환을 항거하거나 체포를 면탈하거나 죄적을 인멸할 목적으로 폭행 또는 협박을 가한 때에도 전항의 형과 같다.
> ③ 미수범은 처벌한다.

1. 의의 및 성격

준점유강취죄는 타인의 점유에 속하는 자기의 물건을 취거함에 당하여 그 탈환을 항거하거나 체포를 면탈하거나 죄적을 인멸할 목적으로 폭행 또는 협박

을 가함으로써 성립하는 범죄이다. 준강도죄에 대응하는 범죄이며, 자기의 물건
에 대한 준강도죄이다. 본죄는 목적범이다.

2. 객관적 구성요건

준점유강취죄의 행위주체는 '취거에 착수하여 실행 중이거나 실행 직후에 있
는 자'이고, 준점유강취죄의 행위객체는 '타인이 점유하는 자기의 물건'이다.

본죄의 실행행위는 '폭행·협박'이며, 이는 준강도죄에서와 같은 의미를 가
진다.

본죄의 기수·미수의 판단기준도 준강도죄의 경우와 동일하다.

3. 주관적 구성요건

본죄는 고의범이고 목적범이다. 따라서 행위자에게는 타인의 점유에 속하는
자기의 물건을 취거한다는 사실에 고의가 필요하고, 이러한 고의 이외에 취거하
는 물건에 대하여 탈환을 항거하거나, 체포를 면탈하거나, 또는 죄적을 인멸하려
는 목적을 가지고 있어야 한다. 본죄에 있어서 이러한 행위자의 목적의 달성여부
는 범죄성립에 영향을 미치지 않는다.

4. 미수범 처벌

본죄의 미수범은 처벌한다. 본죄의 기수·미수를 정하는 기준에 대해서는, ①
취거의 기수·미숙에 따라 결정된다는 견해와 ② 폭행·협박의 기수·미수에 따라
결정된다는 견해로 나누어진다. 준강도죄에서와 마찬가지로 취거의 기수·미수에
따라 본죄의 기수·미수가 결정된다는 견해가 타당하다고 생각된다. 특히 후설에
의하면 폭행의 경우에는 본죄의 미수는 생각할 여지가 없게 된다.

V. 중권리행사방해죄

제326조(중권리행사방해) 제325조의 죄(점유강취죄, 준점유강취죄)를 범하여 사람의 생명
에 대한 위험을 발생하게 한 자는 10년 이하의 징역에 처한다.

중권리행사방해죄는 점유강취죄·준점유강취죄를 범하여 **사람의 생명에 대한 위험**을 발생하게 함으로써 성립하는 범죄이다.

본죄는 사람의 생명에 대한 구체적 위험발생으로 인하여 불법이 가중되는 부진정결과적 가중범이고, **구체적 위험범**이다. 그러나 점유강취죄나 준점유강취죄를 범하여 그로 인해 치사상의 결과가 발생하는 경우에 대해서는 본조에서 규정하고 있지 않다. 따라서 이 경우에는 점유강취죄와 준점유강취죄, 그리고 폭행치상 또는 폭행치사죄가 성립한다고 볼 수밖에 없다.

VI. 강제집행면탈죄

제327조(강제집행면탈) 강제집행을 면할 목적으로 재산을 은닉, 손괴, 허위양도 또는 허위의 채무를 부담하여 채권자를 해한 자는 3년 이하의 징역 또는 1천만원 이하의 벌금에 처한다.

1. 의의 및 성격

강제집행면탈죄는 강제집행을 면할 목적으로 재산을 은닉, 손괴, 허위양도 또는 허위의 채무를 부담하여 채권자를 해함으로써 성립하는 범죄이다.

본죄는 국가의 강제집행권이 발동될 단계에 있는 **채권자의 채권**을 보호법익으로 하는 독립적 구성요건이다. **추상적 위험범**에 해당한다.

본죄가 성립되기 위해서는 주관적으로 행위자는 강제집행을 면할 목적이 있어야 하고, 객관적으로는 강제집행을 받을 객관적인 상태에 있을 것을 요한다.

2. 객관적 구성요건

(1) 행위주체

본죄의 행위주체는 강제집행을 당할 위기에 처한 채무자이다. 그런데 본죄의 행위주체에 '채무자 이외에 제3자'도 강제집행면탈죄의 주체가 될 수 있는가가 문제된다. 이에 대해서는, ① 본죄의 주체를 채무자로 제한하고 있지 아니한 형법의 해석상 제3자도 본죄의 주체가 될 수 있다는 긍정설과, ② 본죄는 강제집행면탈목적을 요하는 목적범으로서 강제집행의 위기에 처한 채무자를 행위주체로 상정하고 있기 때문에 제3자는 본죄의 주체가 될 수 없고 공범이 될 뿐이라고 해석하는 부정설784)이 대립하고 있다.

생각건대 독일 형법은 법문에 자기의 재산이라고 규정하고 있지만 형법은 법문에 특별히 행위주체를 제한하고 있지 않을 뿐만 아니라 강제집행면탈죄는 채권자의 정당한 권리행사를 보호하기 위한 범죄이므로 실제로 채권자의 강제집행을 해할 목적을 가지고 강제집행을 면탈하기 위해 재산을 은닉·손괴·허위양도·허위채무부담을 하는 행위자는 본죄의 주체가 될 수 있다고 해석하는 것이 타당하다. 따라서 본죄의 행위주체는 채권자의 강제집행을 받아야 할 위기에 처한 채무자 이외의 채무자의 대리인, 재산관리인, 법인의 기관을 비롯한 다른 제3자도 얼마든지 본죄의 주체가 될 수 있다는 긍정설785)이 타당하다고 생각된다.

(2) 행위객체

강제집행면탈죄의 행위객체는 '재산'이다. 여기서 재산이란 재물 이외에 권리도 포함되며, 재물은 동산·부동산을 불문하고, 또한 권리에는 임차권·채권·기대권·산업재산권을 불문한다. 본죄의 객체인 재산은 민사소송법상 강제집행 또는 보전처분이 가능한 경우인 특허·실용신안 등을 받을 수 있는 권리도 포함된다.786)

본죄의 재산에 대하여는 제3자도 본죄의 주체가 될 수 있으므로 행위객체도 행위자 자신의 재산에 한정할 필요가 없다는 견해도 있지만,787) 본죄의 강제집행의 대상이 될 수 있는 재산이어야 한다. 따라서 본죄의 재산은 **채무자의 재산에 한정**된다는 견해788)가 타당하다. 판례도 이러한 입장을 취하고 있다.789)

---

784) 김일수/서보학, 426면; 박상기, 447면; 임웅, 596면.
785) 김성돈, 516면; 김종원, 273면; 배종대, 88/7; 백형구, 275면; 이영란, 469면; 이재상/장영민/강동범, 486면; 이형국, 483면; 정성근/박광민, 532면; 정영일, 268면.
786) 대법원 2001. 11. 17. 선고 2001도4759 판결.
787) 배종대, 88/7.
788) 김일수/서보학, 426면.
789) 대법원 2009. 5. 14. 선고 2007도2168 판결([1] 형법 제327조는 "강제집행을 면할 목적으로 재산을 은닉, 손괴, 허위양도 또는 허위의 채무를 부담하여 채권자를 해한 자"를 처벌함으로써 강제집행이 임박한 채권자의 권리를 보호하기 위한 것이므로, 강제집행면탈죄의 객체는 채무자의 재산 중에서 채권자가 민사집행법상 강제집행 또는 보전처분의 대상으로

(3) 실행행위

강제집행면탈죄의 실행행위는 '재산을 은닉, 손괴, 허위양도 또는 허위의 채무를 부담하여 채권자를 해하는 것'이다.

1) 은닉·손괴·허위양도·허위의 채무부담

① '은닉'이란 강제집행권자에 대해서 재산의 발견을 불가능 또는 곤란하게 만드는 것을 말한다. 재산의 소유관계를 불명하게 하는 경우도 포함된다.[790] 은닉은 반드시 은밀하게 이루어져야 하는 것도 아니다. ② '손괴'는 재물을 물질적으로 훼손하거나 그 가치를 감소시키는 일체의 행위를 말한다. ③ '허위양도'는 실제로 재산의 양도가 없음에도 불구하고 양도한 것으로 가장하여 재산의 명의를 변경하는 것을 말한다. 유상·무상을 불문한다. 예컨대 가옥대장의 소유명의를 변경하는 경우, 임차권 명의를 제3자에게 이전하는 경우[791] 등이다. 그러나 진정으로 양도한 경우에는 강제집행을 면탈할 목적이 있고 채권자에게 불이익을 초래하는 결과가 되었더라도 본죄는 성립하지 않는다.[792] ④ '허위의 채무부담'이란 채무자가 진정으로 채무가 없음에도 불구하고 제3자에게 채무를 부담한 것처럼 가장하는 것을 말한다. 진실한 채무부담인 경우에는 본죄가 성립하지 않는다.

판례는 장래에 발생할 특정의 조건부채권을 담보하기 위한 방편으로 타인에게 가등기 내지 근저당권설정등기를 해준 것만으로는 허위채무를 부담한 것으로 볼 수 없다고 판시한 바 있다.[793]

삼을 수 있는 것이어야 한다. [2] 명의신탁자와 명의수탁자가 이른바 계약명의신탁 약정을 맺고 명의수탁자가 당사자가 되어 명의신탁 약정이 있다는 사실을 알지 못하는 소유자와 부동산에 관한 매매계약을 체결한 후 그 매매계약에 따라 당해 부동산의 소유권이전등기를 명의수탁자 명의로 마친 경우에는, 명의신탁자와 명의수탁자 사이의 명의신탁 약정의 무효에도 불구하고 부동산 실권리자명의 등기에 관한 법률 제4조 제2항 단서에 의하여 그 명의수탁자는 당해 부동산의 완전한 소유권을 취득한다. 이와 달리 소유자가 계약명의신탁 약정이 있다는 사실을 안 경우에는 수탁자 명의의 소유권이전등기는 무효이고 당해 부동산의 소유권은 매도인이 그대로 보유하게 된다. 어느 경우든지 명의신탁자는 그 매매계약에 의해서는 당해 부동산의 소유권을 취득하지 못하게 되어, 결국 그 부동산은 명의신탁자에 대한 강제집행이나 보전처분의 대상이 될 수 없다).

790) 대법원 2005. 10. 13. 선고 2005도4522 판결; 대법원 2000. 7. 29. 선고 98도4558 판결.
791) 대법원 1971. 4. 20. 선고 71도319 판결.
792) 대법원 2003. 10. 9. 선고 2003도3387 판결; 대법원 2001. 11. 27. 선고 2001도4759 판결.
793) 대법원 1996. 10. 25. 선고 96도1531 판결; 대법원 1987. 8. 18. 선고 87도1260 판결.

2) 채권자를 해할 위험성의 정도

채권자를 해할 위험성이 있으면 충분하고, 현실적으로 채권자를 해할 것은 요하지 않는다고 해석하는 견해가 다수설이다. 이는 본죄를 **추상적 위험범**으로 이해하기 때문이다. 이에 반해 본지를 구체적 위험범으로 이해하는 입장에서는 법문에도 '해한 자'라고 표현하고 있는 것을 미루어 보아도 침해결과 내지 최소한 구체적 침해위험성을 요구하는 것으로 보는 것이 타당하다는 입장이다.[794] 채무자의 행위로 인해 채권자에 대한 현실적인 침해가 있어야 한다는 입장을 취한다. 채권자를 해할 위험성은 행위시를 기준으로 구체적 상황을 고려하여 판단해야 한다.

(4) 강제집행을 받을 행위상황

강제집행면탈죄가 성립하기 위해서는 '강제집행을 받을 위험이 있는 객관적 상태'가 존재해야 한다.

1) 의 의

여기서 '강제집행을 받을 위험이 있는 객관적인 상태'라는 것은 민사소송에 의한 강제집행·가압류·가처분 등의 집행을 받을 구체적 염려가 있는 상태를 말한다. 이러한 상태가 존재하지 않는 경우에는 비록 강제집행을 면할 목적으로 허위양도 등을 하더라도 본죄가 성립하지 않는다. 채권자가 이행청구의 소 또는 그 보전을 위한 가압류·가처분신청을 제기하거나, 지급명령을 신청하거나, 기타 채권확보를 위하여 소송을 제기할 기세를 보이는 경우에도 이러한 상태를 인정할 수 있다. 판례도 이러한 태도를 취하고 있다.[795]

2) 강제집행의 범위

본죄는 채권자의 채권보호에 근본취지가 있으므로 강제집행은 민사집행법상의 강제집행이나 가압류·가처분만을 의미한다. 따라서 벌금·과료·몰수 등의 형사재판의 집행, 행정재판에 의한 강제집행, 예컨대 국세징수법에 의한 체납처분이나 경매법에 의한 경매[796] 등은 본죄의 강제집행에는 포함되지 않는다. 강제집행에는 금전채권의 강제집행 이외에 소유권이전등기의 강제집행도 포함된다.[797]

---

794) 배종대, 88/8.

795) 대법원 1999. 2. 9. 선고 96도3141 판결; 대법원 1986. 12. 8. 선고 86도1553 판결.

796) 국세징수법에 의한 체납처분에 대해서는 조세범처벌법 제12조가 적용되고, 경매법에 의한 경매의 경우에는 공무집행방해죄가 성립될 수 있다.

3) 채권의 존재

본죄는 채권자의 채권을 보호하는데 그 근본 취지가 있으므로 강제집행의 전제가 되는 채권은 반드시 존재해야 한다. 따라서 채권의 존재가 인정되지 않을 때에는 강제집행면탈죄가 성립은 불가능하게 된다.[798]

3. 주관적 구성요건

본죄가 성립하기 위해서는 고의 이외에 강제집행을 면할 목적이 있어야 한다.

즉 본죄는 강제집행을 받을 우려가 있는 상태에 있는 자가 재산을 은닉·손괴·허위양도 또는 허위의 채무를 부담함으로써 채권자를 해한다는 사실에 대한 고의를 가져야 하며, 이때의 고의는 미필적 고의로도 충분하다.

또한 강제집행면탈죄는 목적범이기 때문에 행위자는 고의 이외에 초과주관적 불법요소로서 강제집행을 면탈할 목적을 가지고 있어야 한다. 행위자가 지닌 목적의 달성여부는 본죄의 성립에 영향을 미치지 않는다.

4. 공범관계

강제집행면탈죄의 주체로부터 그 정을 알면서 재산의 허위양도를 받거나 허위의 채권자가 된 제3자는 본죄의 공범 또는 공동정범이 될 수 있다.

5. 죄수 및 다른 범죄와의 관계

(1) 죄   수

채권자들에 의하여 복수의 강제집행이 예상되는 경우에 재산을 은닉 또는 허위양도함으로써 채권자들을 해하였다면 채권자별로 각각 강제집행면탈죄가 성립하고, 수죄는 상상적 경합 관계에 놓이게 된다.[799] 예컨대 채무자가 자신의 부동산 허위의 금전채권에 기한 담보가등를 설정하고 이를 타인에게 양도하여 본등기를 경료한 경우에는 담보가등기 설정행위로 강제집행면탈죄가 성립하고, 그 후 가등기 양도 및 본등기를 경료하여 소유권을 상실케 하는 행위는 면탈의 방법

---

797) 대법원 1983. 10. 25. 선고 82도808 판결.
798) 대법원 2008. 5. 8. 선고 2008도198 판결.
799) 대법원 2011. 12. 8. 선고 2010도4129 판결.

과 법익침해의 정도가 훨씬 중하다는 점을 고려할 때 이를 불가벌적 사후행위로 볼 수 없다.[800]

(2) 다른 범죄와의 관계

1) 타인의 재물을 보관하는 자가 보관하고 있는 재물을 영득할 의사로 은닉하였다면 이는 횡령죄를 구성하며, 채권자들의 강제집행을 면탈하는 결과를 가져온다고 하여도 별도로 강제집행면탈죄를 구성하는 것은 아니다.

2) 그러나 강제집행이 진행 중인 상태에서 본죄를 범하게 되면 공무상보관물무효죄(제140조)가 성립되어 본죄와 상상적 경합관계가 된다.

3) 채무자 이외의 자가 강제집행을 면탈하기 위하여 채무자 소유의 재물을 손괴·은닉한 경우에는 강제집행면탈죄만 성립하고 별도로 손괴죄는 성립하지 않는다.

---

800) 대법원 2008. 5. 8. 선고 2008도198 판결.

제2편

사회적 법익에 관한 죄

제 1 장 공공의 안전과 평온에 관한 죄
제 2 장 공공의 신용에 관한 죄
제 3 장 공중의 건강에 관한 죄
제 4 장 사회도덕에 관한 죄

제1장 공공의 안전과 평온에 관한 죄

제1절 공안을 해하는 죄

I. 개   설

1. 의의와 보호법익

공안(公安)을 해(害)하는 죄란 공공의 안전과 평온을 해하는 것을 내용으로 하는 범죄를 말한다. 범죄단체조직죄(제114조), 소요죄(제115조), 다중불해산죄(제116조), 전시공수계약불이행죄(제117조) 및 공무원자격사칭죄(제118조)가 여기에 해당한다.

형법은 본장의 죄를 국가적 법익에 관한 죄에 배열하고 있지만, 여기에서 범죄단체조직죄, 소요죄, 다중불해산죄는 공공의 안전 또는 공공의 평온을 보호법익으로 하므로 사회적 법익에 대한 범죄에 해당한다고 보는 다수설[1]의 태도가 타당하다.

그러나 전시공수계약불이행죄와 공무원자격사칭죄는 공공의 안전 또는 공공의 평온과는 직접 관계없는 국가의 기능을 보호하기 위한 국가적 법익에 관한 죄임이 명백하므로 공안을 해하는 죄의 장에 규정하는 것은 입법론적으로 타당하다고 할 수 없으며, 특히 전시공수계약불이행죄는 채무불이행을 범죄로 규정한 국수주의적인 형법의 잔재이므로 삭제되어야 할 것이다. 따라서 공안을 해하는 죄는 범죄단체조직죄와 소요죄 및 다중불해산죄를 중심으로 다시 검토되어야 할 것이다.

그 밖에 범죄단체조직죄의 경우에도 범죄단체의 조직 내지 가입행위는 범죄의 예비·음모단계에 불과한 행위인데, 이러한 행위를 그 목적한 죄의 기수와 동

---

1) 김일수/서보학, 433면; 박상기, 453면; 배종대, 90/5; 이재상/장영민/강동범, 492면; 임웅, 607면; 정성근/박광민, 540면.

일한 형으로 처벌하는 것은 형법의 보충성의 원칙에 반하므로 별도로 형을 정하는 것이 입법론적으로 바람직하다고 할 것이다.

이 장의 죄의 보호법익에 대한 보호의 정도는 추상적 위험범에 해당한다. 즉 공공의 안전과 평온에 대한 추상적 위험만 발생하여도 기수범이 성립하게 된다.

2. 구성요건의 체계

공안을 해하는 죄는 범죄단체조직죄와 소요죄를 기본적 구성요건으로 하고, 소요죄의 예비단계의 범죄인 다중불해산죄를 독립구성요건으로 하고 있으며, 국가적 법익에 대한 죄인 전시공수계약불이행죄와 공무원자격사칭죄를 함께 규정하고 있다. 그 밖에 이 죄에 관한 특별형법으로「특정범죄가중처벌 등에 관한 법률」, 「폭력행위 등 처벌에 관한 법률」, 「국가보안법」에서는 형법상의 범죄단체조직죄보다 가중처벌하는 규정을 두고 있다.

II. 범죄단체조직죄

> 제114조(범죄단체 등의 조직) 사형, 무기 또는 장기 4년 이상의 징역에 해당하는 범죄를 목적으로 하는 단체 또는 집단을 조직하거나 이에 가입 또는 그 구성원으로 활동한 사람은 그 목적한 죄에 정한 형으로 처벌한다. 다만, 형을 감경할 수 있다.

1. 의의 및 성격

(1) 의   의

범죄단체조직죄는 사형, 무기 또는 장기 4년 이상의 징역에 해당하는 범죄를 목적으로 하는 단체 또는 집단을 조직하거나, 이에 가입하거나 그 구성원으로 활동함으로써 성립하는 범죄이다. 본죄는 범죄단체의 조직에 따른 위험성을 제거하고 조직범죄를 사전에 예방하기 위한 형사정책적 고려에 의하여 범죄의 예비·음모행위에 불과한 행위에 대하여도 특별히 독립된 처벌규정을 두고 있는 **필요적 공범**이며 **집합범**이고 **조직범죄**이다.

이 범죄에 대한 특별법상의 규정으로는「폭력행위 등 처벌에 관한 법률」제4조, 「국가보안법」제3조 등이 있다. 형법의 범죄단체조직죄에 대하여 특별법상의 범죄단체조직 관련규정은 법조경합의 특별관계에 있다.

(2) 법적 성격

본죄는 추상적 위험범이고 거동범이고, 필요적 공범이다. 판례는 본죄를 즉시범으로 보고 있다.[2] 그러나 이를 즉시범으로 보게 되면, 범죄단체조직원으로 계속 활동하고 있는 자에 대하여 공소시효가 완성되었다는 이유로 처벌할 수 없게 되며, 범죄단체의 배후비호세력에 대하여 본죄의 방조범으로 처벌할 수 없게 되고, 한 번 본죄에 의해 처벌받은 자가 계속 조직원으로 활동하고 있는 경우에는 이를 처벌하기 어려운 점을 고려할 때, 본죄는 범죄단체 조직·가입시에 기수가 되고 조직을 해산하거나 탈퇴할 비로소 범죄가 실질적으로 종료된다고 할 수 있다. 따라서 본죄는 계속범으로서의 성격을 지니고 있다고 보는 다수설[3]의 입장이 타당하다.

2. 객관적 구성요건

본죄의 실행행위는 사형, 무기 또는 장기 4년 이상의 징역에 해당하는 범죄를 목적으로 하는 단체 또는 집단을 조직하거나, 이에 가입하거나 그 구성원으로 활동하는 것이다.

(1) 범   죄

여기서 말하는 '범죄'란 사형, 무기 또는 장기 4년 이상의 징역에 해당하는 범죄이어야 한다. 이러한 중대한 범죄는 공공의 안전에 대한 위험을 현저하게 초래할 우려가 있기 때문이다. 반드시 형법에 규정된 범죄만을 의미하지는 않으며, 특별법에서 규정하고 있는 범죄도 포함된다. 다만「국가보안법」상의 반국가단체구성 또는 가입죄나「경범죄처벌법」이 적용되는 경범죄인 경우는 여기서 제외된다.

(2) 범죄단체·집단

'범죄단체'란 다수인이 일정한 범죄를 수행한다는 공통의 목적하에 이루어진 계속적인 결합체로서 단체를 주도하는 최소한도의 지휘통솔체계를 갖추어야 한

---

2) 대법원 1992. 2. 25. 선고 91도3192 판결; 대법원 1995. 1. 20. 선고 94도2752 판결; 판례는 범죄단체를 조직함과 동시에 공소시효가 진행된다는 입장을 보이고 있다.
3) 김일수/서보학, 434면; 박상기, 454면; 배종대, 90/6; 임웅, 608면.

다.[4] 일반적으로 여기에서 말하는 다수인이라고 하기 위해서는 최소한 3인 이상
이어야 한다고 해석하는 것이 타당하다.[5] 여기서 말하는 범죄단체란 수괴·간부
및 가입자 등을 구분할 수 있을 정도의 최소한의 지휘통솔체계를 갖추고 있으면
족하며, 단체의 명칭유무는 불문한다.[6]

'**범죄집단**'이란 범죄단체를 이루지 못한 다수인의 결합체를 말한다. 집단도
범죄목적으로 조직된 결합체이므로 공통의 목적을 가져야 한다는 점에서는 범죄
단체와 동일하지만, 조직적인 지휘통솔체계를 갖추시 못했나는 점에서 범죄단체
와 구별된다.

(3) 조직·가입 및 활동

본죄의 실행행위로서 '범죄조직이나 단체를 조직하거나, 가입하거나 그 구성
원으로 활동하는 것'이란 기존의 범죄조직 또는 범죄단체에 가입하거나 새로이
범죄단체나 범죄조직을 만들거나, 그 구성원으로 참가하여 활동하는 것을 말한
다. 여기에서 단체나 집단을 조직하거나 가입하는 방법에는 특별한 제한이 없
다.[7] 범죄단체나 범죄집단의 조직이나 가입의 방법은 능동적·수동적이든, 자진·
권유, 문서·구두 등의 방법을 불문하지만, 행위자는 범죄단체 또는 범죄조직을
새로이 만들거나, 기존 단체나 조직에 가입하거나 그 구성원으로 활동한다는 사
실을 인식하고 있어야 한다.

(4) 기수시기 및 죄수

본죄는 범죄조직 또는 범죄단체에 가입·조직·활동함으로써 기수가 되고, 범
죄단체의 목적의 실행여부는 본죄의 성립과 무관하다.[8] 범죄단체를 조직하거나
가입한 후에 범죄단체의 목적을 실행한 경우에는 법조경합의 흡수관계로 목적한
범죄만 성립한다는 견해도 있으나, 양죄는 실체적 경합범이 된다는 견해가 타당
하다.

그리고 본죄의 구성요건은 수개의 계속·반복되는 행위를 구성요건상 예정하
고 있으므로 1개의 범죄단체를 조직한 후에, 그 조직을 수차례 변경하였다 하더

---

4) 대법원 2017. 10. 26. 선고 2017도8600 판결; 대법원 1985. 10. 8. 선고 85도1515 판결.

5) 독일 형법에서도 다수인은 3인 이상임을 요한다고 해석한다.

6) 대법원 1987. 10. 13. 선고 97도1240 판결; 대법원 2000. 12. 27. 선고 2000도4370 판결.

7) 대법원 2014. 2. 13. 선고 2013도12804 판결.

8) 대법원 1975. 9. 23. 선고 75도2321 판결.

라도 1개의 범죄단체조직죄만 성립할 뿐이다.[9]

3. 주관적 구성요건

본죄가 성립하기 위해서는 행위자에게 사형, 무기 또는 장기 4년 이상의 징역에 해당하는 범죄를 목적으로 하는 단체 또는 집단을 조직하거나, 이에 가입하거나 그 구성원으로 활동한다는 사실에 대한 고의가 필요하다. 단체 또는 조직에 가입할 때는 이러한 목적을 가진 단체나 집단이라는 점에 대한 인식이 필요하다.

III. 소요죄 및 다중불해산죄

1. 소 요 죄

> 제115조(소요) 다중이 집합하여 폭행, 협박 또는 손괴의 행위를 한 자는 1년 이상 10년 이하의 징역이나 금고 또는 1천500만원 이하의 벌금에 처한다.

(1) 의의 및 성격

소요죄란 다중(多衆)이 집합하여 폭행·협박 또는 손괴의 행위를 함으로써 성립하는 범죄이다. 본죄는 다중의 집합을 요건으로 하므로 필요적 공범이고 집합범이며 계속범이다. 군집범죄라는 점에서 내란죄와 그 성질을 같이 한다. 소요죄는 공공의 안전을 보호법익으로 하는 위험범이라는 점에 대하여는 의견이 일치한다. 그러나 법익보호의 정도에 대하여는 추상적 위험범설과 구체적 위험범설이 대립한다. 구체적 위험범설은 다중의 폭행·협박·손괴는 그 성질상 당연히 한 지방의 평온을 해하는 위험성이 있는 행위라고는 할 수 없으므로 본죄가 성립하기 위해서는 공공의 질서에 대한 구체적인 위험이 필요하다는 입장이다.[10]

그러나 한 지방의 평온을 해할 정도의 폭행·협박·손괴가 있음을 요한다고 하여, 이를 구체적인 위험을 요한다고는 할 수 없다는 점을 고려해볼 때 추상적 위험범설이 타당하다.

(2) 객관적 구성요건

본죄는 다중이 집합하여 폭행·협박 또는 손괴의 행위를 함으로써 성립한다.

---

9) 대법원 2000. 3. 24. 선고 2000도102 판결.

10) 배종대, 91/1.

1) 행위주체

행위주체와 관련하여 집합한 다중이라는 견해[11]와 다중을 구성하는 개개인이라는 견해[12]가 대립한다. 생각건대 다중이라는 다수인의 일시적인 집합을 범죄의 주체로 볼 수는 없으며, 단체의 범죄주체성을 인정하는 것은 개인책임의 원리에도 반한다. 따라서 본죄의 주체는 다중을 구성하는 개개인이며, 다중의 집합은 행위의 태양에 불과하다고 보아야 한다.

2) 실행행위

본죄의 실행행위는 다중이 집합하여 **폭행·협박** 또는 손괴행위를 하는 것을 말한다.

① 여기서 **다중**(多衆)이란 다수인의 집합을 말한다. 다중이 되는 수에 관해서는 인원수를 중심으로 그 수를 계산할 수 없을 정도의 다수인을 의미한다는 견해, 군중심리로 인해 통제되지 않고 통제될 수 없는 반응이 나타날 수 있는 것을 말한다는 견해도 있지만, 본죄의 본질과 보호법익을 고려할 때 구성원의 수·성질, 집단의 목적·시기·장소·흉기휴대 여부 등을 종합적으로 고려하여 규범적으로 판단해야 한다. 따라서 여기서 말하는 다중이란 폭행·협박 또는 손괴행위가 **한 지방의 안전과 평온을 해할 수 있을 정도의 다수인**임을 요한다는 통설[13]이 타당하다.

② 그리고 **집합**이란 다수인이 일정한 장소에 모여 집단을 이루는 것으로서 장소적 결합을 본질로 한다. 다수인의 장소적 결합으로 충분하고 조직성이나 주동자, 공동목적 등은 문제되지 않는다. 공동의 목적이 있을 것을 요하지 않는다. 본죄는 목적범이 아니다.

③ 여기서 **폭행·협박**이란 **최광의의 폭행·협박**을 말한다. 따라서 폭행이란 사람 또는 물건에 대한 일체의 유형력 행사를 의미하고, 협박이란 공포심을 일으키기 위하여 일정한 해악을 고지하는 일체의 행위를 말한다. 그리고 손괴란 타인의 재물의 효용가치를 해하는 일체의 행위를 말한다.

폭행·협박 또는 손괴의 정도는 공공의 안전과 평온을 위태롭게 할 정도의

---

11) 박상기, 458면; 이형국, 499면.
12) 배종대, 91/3; 손동권/김재윤, 548면; 이재상/장영민/강동범, 497면; 임웅, 615면; 정성근/박광민, 545면; 정영일, 280면.
13) 김일수/서보학, 438면; 배종대, 91/4; 손동권/김재윤, 549면; 이재상/장영민/강동범, 497면.

위험성이 있어야 하고, 사람이나 물건에 대하여 적극적이고 공격적인 행위가 있어야 하며, 나아가 폭행·협박 등은 다중의 합동력에 의한 것이어야 한다. 즉 다중의 지배의사에 따르고, 다중이 공동하여 다중 이외의 사람이나 물건에 대하여 폭행·협박 또는 손괴행위가 있어야 한다. 따라서 폭행 등은 다중의 의사에 의해 지배되는 의사를 표현한 것이라고 할 수 없는 구성원 개인의 행위는 본죄에 해당하지 않는다. 따라서 소극적인 저항이나 연좌농성 등은 여기에서 말하는 폭행에 해당하지 않는다.

3) 기수시기

본죄는 한 지방의 평온을 해할 정도의 폭행·협박 또는 손괴행위가 있으면 기수가 성립되는 추상적 위험범이므로, 한 지방의 평온이 현실적으로 침해되는 결과의 발생은 불필요하다.

(3) 주관적 구성요건

본죄는 고의범이므로 소요에 대한 고의가 필요하며, 여기서 소요의 고의란 다중이 집합하여 합동력으로 폭행·협박 또는 손괴한다는 인식 및 의사, 즉 **공동의사**가 있을 것을 요구된다.[14] 따라서 다중이 집합한 기회에 공동의사 없이 폭행·협박하는 것은 다수인의 행위라 하더라도 특수폭행·협박죄만 성립할 뿐이지 소요죄가 성립하는 것은 아니다. 여기서 공동의사란 다중의 합동력을 믿고 폭행 등을 할 의사와 다중으로 하여금 폭행 등을 하게 할 의사 및 이러한 폭행 등에 가담할 의사 등을 포함한다. 그러나 본죄는 조직범죄나 집단범죄가 아니기 때문에 행위자 사이에 사전모의나 의사연락은 요하지 않으며 군중심리로서 충분하므로 평온하게 집합한 다중이 집합 후에 소요에 대한 공동의사를 가질 수도 있다.

(4) 공범규정의 적용

본죄는 필요적 공범 중 **집합범**으로서, ① 집합한 다중의 구성원은 구성원 상호간의 가담정도를 묻지 않고 모두 정범으로 규정하고 있으므로 형법총칙상의 공범규정이 적용될 여지가 없다. ② 그러나 집합하여 소요에 참가한 다중 이외에 자금이나 정보제공 등의 방법으로 소요행위에 가담한 자는 총칙상의 공범규정이 적용될 수 있다. 다만 본죄가 현장성이 요구되는 필요적 공범이라는 점을 고려해

---

14) 김성돈, 530면; 배종대, 91/7; 손동권/김재윤, 549면; 이재상/장영민/강동범, 498면; 이정원, 525면; 이형국, 500면; 임웅, 616면.

볼 때 공동정범은 성립될 여지가 없으며, 교사범과 방조범은 성립될 수 있다고 보는 것이 지배적인 학설의 입장이다.

(5) 다른 범죄와의 관계

1) 특수폭행·협박·손괴의 죄는 본죄에 흡수된다.

2) 소요죄보다 법정형이 중한 죄인 살인죄나 방화죄 등과는 상상적 경합이 되지만, 본죄보다 법정형이 경한 죄인 공무집행방해죄나 주거침입죄 등은 본죄에 전형적으로 수반되는 행위이므로 본죄에 흡수된다.[15] 다만 본죄와 해임포고령위 반죄와는 상상적 경합관계라는 것이 판례의 입장이다.[16]

3) 내란죄가 성립하면 소요죄는 내란죄에 흡수된다.

2. 다중불해산죄

> 제116조(다중불해산) 폭행, 협박 또는 손괴의 행위를 할 목적으로 다중이 집합하여 그를 단속할 권한이 있는 공무원으로부터 3회 이상의 해산명령을 받고 해산하지 아니한 자는 2년 이하의 징역이나 금고 또는 300만원 이하의 벌금에 처한다.

(1) 의의 및 성격

다중불해산죄는 폭행·협박 또는 손괴의 행위를 할 목적으로 다중이 집합하여 그를 단속할 권한이 있는 공무원으로부터 3회 이상의 해산명령을 받고 해산하지 아니함으로써 성립하는 범죄이다. 본죄는 소요죄의 예비단계를 독립된 구성요건으로 규정한 것으로, 목적범이고 진정부작위범이고 계속범이다. 따라서 집합한 다중이 폭행·협박 또는 손괴행위로 나아간 때에는 법조경합의 흡수관계로 소요죄만 성립한다.

(2) 객관적 구성요건

1) 행위주체

다중불해산죄의 행위주체는 폭행·협박 또는 손괴의 행위를 할 목적으로 집합한 다중을 구성하는 구성원 개개인이다.

---

15) 공무집행방해죄나 주거침입죄는 본죄와 보호법익을 달리 하고 있고, 소요죄가 이러한 행위를 당연히 예상한다고 할 수 없으므로 상상적 경합이 된다는 견해도 있다(이재상/장영민/강동범, 499면).

16) 대법원 1983. 6. 14. 선고 83도424 판결.

2) 실행행위

다중불해산죄에 있어서 행위는 '단속할 권한있는 공무원으로부터 3회 이상의 해산명령을 받고 해산하지 아니한 행위'을 말한다. 이를 분설하여 살펴보면, 여기서 '단속할 권한이 있는 공무원'이란 법령상 해산명령권을 가진 공무원, 예컨대 관할경찰공무원을 말하고, '해산명령'은 법령에 근거하여 다중이 인식할 수 있도록 행해진 적법한 명령이어야 하며, 해산명령시에는 각 회마다 최소한 해산에 필요한 시간을 주어야 한다. 그리고 여기서 '해산하지 아니한 행위', 즉 불해산이란 최소한 3회 이상에 해당하는 해산명령 중 최후통첩에 해당하는 해산명령을 받고도 이에 불응하여 해산하지 아니 한 경우로서, 이때에는 이미 본죄의 기수가 성립하므로 본죄는 진정부작위범이다. 따라서 최후통첩이 아닌 3회 이상, 예컨대 4회 내지 5회의 해산명령을 받고 해산한 경우에 본죄는 성립하지 않는다고 보는 다수설의 입장이 타당하다.

나아가 '해산'이란 집합된 다중이 임의적으로 분산하는 것을 말하므로, 다중이 집합체로 이동하거나 체포를 면탈하기 위하여 집합된 다중이 분산 내지 각기 도주하는 것은 해산에 해당하지 않는다. 또한 다중의 구성원 대부분이 해산한 때에는 비록 소수가 남아 있다고 하더라도 해산한 것으로 보아야 하며, 이와 달리 다중의 일부가 해산한 경우에도 해산하지 않은 자에 대해서는 본죄가 성립한다고 해야 한다.

(3) 주관적 구성요건

행위주체는 단속권한 있는 공무원으로부터 3회 이상의 해산명령을 받고 이에 불응한다는 사실에 대한 고의가 있어야 하며, 나아가 본죄는 목적범이므로 폭행·협박 또는 손괴행위를 할 목적이 있어야 한다. 이러한 폭행 등의 목적은 다중이 집합할 당시에 있을 필요는 없지만, 적어도 해산명령을 받기 전에는 존재해야 한다.

Ⅳ. 전시공수계약불이행죄

제117조(전시공수계약불이행) ① 전쟁, 천재 기타 사변에 있어서 국가 또는 공공단체와 체결한 식량 기타 생활필수품의 공급계약을 정당한 이유없이 이행하지 아니한 자는 3

> 년 이하의 징역 또는 500만원 이하의 벌금에 처한다.
> ② 전항의 계약이행을 방해한 자도 전항의 형과 같다.
> ③ 전2항의 경우에는 그 소정의 벌금을 병과할 수 있다.

1. 의의 및 성격

전시공수계약불이행죄(戰時公需契約不履行罪)란 전쟁·천재(天災) 기타 사변(事變)이라는 국가비상사태하에서 국가 또는 공공단체와 체결한 식량 기타 생활필수품의 공급계약을 정당한 이유 없이 이행하지 않음으로써 성립하는 범죄이다.

본죄의 입법취지는 전쟁, 천재 기타 사변이라는 국가비상사태하에서의 모리(謀利)행위의 방지와 생활필수품의 원활한 공급을 확보함으로써 국민생활의 안정을 도모하려는 데 있다.

그러므로 본죄의 보호법익은 국가의 기능이라는 국가적 법익이다.

2. 객관적 구성요건

전시공수계약불이행죄의 행위주체는 국가 또는 공공단체와 식량 기타 생활필수품의 공급계약을 체결한 자 또는 그 계약이행을 고의로 방해한 자이다. 전자는 국가 또는 공공단체와 전쟁, 천재 기타 사변시 공수계약을 맺은 자만이 행위주체가 되므로 진정신분범이고 또한 진정부작위범이다. 그리고 후자는 전시공수계약이행을 방해하는 방법이나 주체에 특별한 제한이 없으므로 일반범이다.

한편 전시군수계약불이행죄는 전시 또는 사변이라는 행위상황이고, 계약의 상대방이 정부에 한정되며, 나아가 계약의 내용도 군수품 또는 군용공작물에 관한 계약이고, 동맹국에 대한 행위에도 적용된다는 점에서 전시공수계약불이행죄와는 구별된다.

3. 주관적 구성요건

전시공수계약의 불이행 또는 계약이행 방해에 대한 고의가 있어야 한다.

V. 공무원자격사칭죄

제118조(공무원자격의 사칭) 공무원의 자격을 사칭하여 그 직권을 행사한 자는 3년 이하의
징역 또는 700만원 이하의 벌금에 처한다.

1. 의의 및 성격

공무원자격사칭죄(公務員資格詐稱罪)는 공무원자격을 사칭(詐稱)하여 그 직권을
행사함으로써 성립하는 범죄이다. 본죄의 보호법익은 **공직수행의 진정성**이고, 보호
의 정도는 추상적 위험범이다.

2. 객관적 구성요건

(1) 행위주체

행위주체에는 특별한 제한이 없다. 따라서 공무원도 다른 공무원의 자격을
사칭하면 본죄에 해당하게 된다.

(2) 공무원의 자격사칭

공무원이란 국가공무원, 지방공무원, 특별법상의 공무원은 물론 임시직원도
포함된다. '공무원자격을 사칭'한다는 것은 권한 있는 공무원으로서의 자격없는
자가 일정한 공무원으로서의 자격을 가진 것처럼 오신(誤信)하게 하는 일체의 행
위를 말한다. 자격사칭의 방법에는 제한이 없으므로 적극적인 작위에 의한 사칭
뿐만 아니라 소극적인 부작위에 의해서도 가능하다.

(3) 직권의 행사

공무원의 자격을 사칭한 자가 사칭한 공무원의 고유한 직무에 관한 권한을
행사하는 것을 말한다. 따라서 사칭된 공무원의 직무상의 권한에 속하지 않는 사
항이나 단순한 자격사칭에 불과한 경우에는 본죄에 해당하지 않는다.[17]

---

17) 대법원 1972. 12. 26. 선고 72도2552 판결(청와대민원비서관임을 사칭하고 전화선로고장을
수리하라고 한 경우); 대법원 1977. 12. 13. 선고 77도2750 판결(중앙정보부직원임을 사칭
하고 대통령사진이 든 액자파손에 대하여 자인서를 쓰라고 한 경우; 대법원 1981. 9. 8. 선
고 81도1955 판결(합동수사반원임을 사칭하고 채권을 추심하는 행위) 등은 공무원자격사
칭죄에 해당하지 않는다.

3. 주관적 구성요건

본죄는 고의범으로서 공무원 자격사칭과 그 직권행사에 대한 고의가 있어야 한다.

4. 다른 범죄와의 관계

(1) 공무원자격사칭죄와 사기죄, 절도죄, 상살죄, 싱요죄와는 싱싱긱 경합이 된다. 그러므로 가령 경찰관의 자격을 사칭하면서 범칙금을 받은 경우나 세무공무원을 사칭하여 세금을 징수한 경우에는 **공무원자격사칭죄**와 **사기죄의 상상적 경합**이 된다.

(2) 타인의 공무원신분증을 제시하여 본죄를 범한 경우에는 **공무원자격사칭죄**와 **공문서부정행사죄의 상상적 경합**이 된다.

(3) 공무원증이나 압수영장 등을 위조하여 이를 제시하고 본죄를 범한 경우에는 **공무원자격사칭죄와 공문서위조죄는 실체적 경합**이 되고, **공무원자격사칭죄와 위조공문서행사죄와는 상상적 경합**이 된다.

제2절 폭발물에 관한 죄

I. 개   설

1. 의의 및 보호법익

폭발물에 관한 죄는 폭발물을 사용하여 사람의 생명·신체 또는 재산을 해하거나 기타 공안을 문란케 하는 것을 내용으로 하는 범죄이다. 형법은 본죄를 국가적 법익에 관한 죄에서 규정하고 있지만, 전형적인 **공공위험죄**의 하나로서 사회적 법익에 관한 죄로 이해하는 것이 지배적인 견해이다.

본죄는 공공위험죄로서 공공의 안전과 평온을 주된 보호법익으로 하고, 불특정 또는 다수인의 생명·신체·재산의 안전도 부차적인 보호법익으로 하고 있다. 보호법익에 대한 보호의 정도는 다른 공공위험죄와는 달리 사람의 생명·신체·재산을 해하거나 공안을 문란케 할 것을 구성요건에서 명시하고 있기 때문에 **구체적 위험범**으로 보아야 한다.

2. 구성요건의 체계

폭발물 사용죄(제119조 제1항)를 기본적 구성요건으로 하여, 가중적 구성요건으로 전시폭발물사용죄(제119조 제2항)가 있고, 독립된 구성요건으로서 전시폭발물제조·수입·수출·수수·소지죄가 있다. 폭발물사용죄와 전시폭발물사용죄의 미수범은 처벌하며, 예비·음모·선동죄를 처벌하는 규정을 두고 있다.

II. 폭발물사용죄

> **제119조(폭발물사용)** ① 폭발물을 사용하여 사람의 생명, 신체 또는 재산을 해하거나 기타 공안을 문란한 자는 사형, 무기 또는 7년 이상의 징역에 처한다.
> ③ 본죄의 미수범은 처벌한다.

1. 의의 및 성격

폭발물사용죄는 폭발물을 사용하여 사람의 생명·신체 또는 재산을 해하거나 기타 공안을 문란케 함으로써 성립하는 범죄이다. 이 죄는 폭발물의 위험성을 이용하여 공공의 안전과 평온을 해하는 **공공위험죄**이다. 위험의 내용은 생명·신체·재상에 대한 위험 이외에 공안을 문란하게 하는 것도 포함된다.

2. 객관적 구성요건

폭발물을 사용하여 사람의 생명·신체 또는 재산을 해하거나 기타 공안을 문란케 하는 것을 말한다.

(1) 폭발물의 사용

'폭발물'이란 점화나 일정한 자극을 가하면 급격한 팽창에 의하여 **폭발작용**을 하는 물체를 말한다. 다이너마이트·니트로글리세린·아세틸렌가스 등 폭발물로 사용되는 화약, 지뢰, 수류탄, 폭탄 등이 이에 해당한다. 여기서 폭발물이란 자연과

학적 개념이 아니라 법률적·규범적 개념이기 때문에 그 파괴력이 사람의 생명·
신체·재산을 대량으로 해하거나 공안을 문란하게 할 정도의 것이어야 한다. 따
라서 소총의 실탄이나 화염병[18]은 여기에서 말하는 폭발물에는 해당한다고 할
수 없다. 또한 원자핵은 핵분열과 핵융합에 의한 핵에너지폭발의 특수성 때문에
본죄의 폭발물에 해당하지 않는다고 보는 것이 타당하며, 이는 다수설[19]의 입장
이기도 하다.

또한 폭발물은 폭발을 목적으로 제작된 물건이라는 점에서 폭발을 목적으로
제작되지는 않았지만 물건의 성질상 폭발할 수 있는 물건인 폭발성 물건과는 구별
된다. 따라서 보일러, 고압가스, 석유가스탱크 기타 인화성 내지 폭발성이 있는
화학물질류 등 폭발성물질은 그 용도가 폭발작용에 있지 않으므로 폭발물은 아
니다.

'폭발물의 사용'이란 폭발물을 그 용법에 따라 폭발시키거나 폭발할 수 있는
상태에 두는 것을 의미한다.

(2) 공안의 문란

'공안(公安)의 문란'(紊亂)이란 폭발물을 사용하여 한 지방의 법질서를 교란하
게 할 정도에 이른 것을 말한다. 사람의 생명·신체·재산을 해한다는 것은 공안
문란의 예시적인 내용에 해당하며, 여기서의 재산이란 재물을 의미한다.

폭발물을 사용하여 사람의 생명·신체·재산을 해하거나 공안을 문란케 하였
을 때에 기수가 된다. 따라서 폭발물을 사용하였으나 폭발하지 않았거나 또는 폭
발되었어도 공안을 문란케 하지 못한 경우에는 미수가 된다.

3. 주관적 구성요건

본죄의 고의는 폭발물을 사용한다는 점과 생명·신체·재산을 해한다는 점 및
공안을 문란하게 한다는 점에 대한 인식과 의사를 내용으로 한다.[20]

---

18) 대법원 1968. 3. 5. 선고 66도1056 판결.
19) 김성돈, 537면; 박상기, 466면; 배종대, 95/2; 손동권/김재윤, 554면; 이재상/장영민/강동범,
506면; 정성근/박광민, 557면.
20) 대법원 1969. 7. 8. 선고 69도832 판결.

4. 위 법 성

폭발물을 공장, 작업장, 연구소 등에서 안전규칙을 준수하여 사용한 경우에는 위법성이 조각된다. 그러나 본죄는 사회적 법익에 관한 죄이기 때문에 피해자의 승낙이 있더라도 성립한다.

5. 다른 범죄와의 관계

이 죄는 과실범을 처벌하지 않으므로 과실로 폭발물사용죄를 범한 때에는 과실폭발성물건파열죄(제173조의2)로 처벌된다.[21]

또한 폭발물의 폭발로 인해 화재가 발생하거나 사상의 결과가 발생한 경우에는 폭발물사용죄와 방화죄, 살인죄 내지 상해죄의 상상적 경합이 된다.

Ⅲ. 전시폭발물사용죄

> 제119조(폭발물사용) ② 전쟁, 천재 기타 사변에 있어서 전항의 죄를 범한 자는 사형 또는 무기징역에 처한다.
> ③ 본죄의 미수범은 처벌한다.

전시폭발물사용죄(戰時爆發物使用罪)는 전쟁, 천재 기타 사변에 있어서 폭발물을 사용함으로써 성립하는 범죄이다.

본죄는 전쟁 등의 특수한 행위상황 하에서 폭발물을 사용하여 사람의 생명, 신체 또는 재산을 해하거나 공안을 문란하게 한 경우이므로 폭발물사용죄보다 불법이 가중되는 **가중적 구성요건이다.**[22] 판례는 휴전 중에도 전시에 해당한다고 판시하였으나,[23] 이는 타당하지 않다고 생각된다.

---

21) 김일수/서보학, 445면.

22) 대법원 2002. 3. 26. 선고 2001도6641 판결(피고인이 방화의 의사로 뿌린 휘발유가 인화성이 강한 상태로 주택주변과 피해자의 몸에 적지 않게 살포되어 있는 사정을 알면서도 라이터를 켜 불꽃을 일으킴으로써 피해자의 몸에 불이 붙은 경우, 비록 외부사정에 의하여 불이 방화 목적물인 주택 자체에 옮겨 붙지는 아니하였다 하더라도 현존건조물방화죄의 실행의 착수가 있다).

23) 대법원 1956. 11. 30. 선고 4289형상217 판결.

Ⅳ. 폭발물사용 예비·음모·선동죄

제120조(예비, 음모, 선동) ① 전조 제1항, 제2항의 죄를 범할 목적으로 예비 또는 음모한
자는 2년 이상의 유기징역에 처한다. 단, 그 목적한 죄의 실행에 이르기 전에 자수한
때에는 그 형을 감경 또는 면제한다.
② 전조 제1항, 제2항의 죄를 범할 것을 선동한 자도 전항의 형과 같다.

1. 의의 및 성격

폭발물사용 예비·음모·선동(煽動)죄는 폭발사용죄 또는 전시폭발물사용죄를
범할 목적으로 예비·음모·선동함으로써 성립하는 범죄이다.

본죄는 폭발물사용죄와 전시폭발물사용죄의 수정적 구성요건이다.

2. 객관적 구성요건

(1) 여기서 예비란 폭발물을 사용하기 위한 준비행위이고, 음모란 이러한 죄
를 실행하기 위하여 2인 이상의 모의하는 것을 말한다.

(2) 그리고 선동(煽動)이란 타인의 정당한 판단력을 잃게 하여 범죄실행을 유
도하거나 이미 범행을 결의한 자의 결의를 조장·자극하는 것을 말한다. 선동은
이미 범행을 결의한 자의 범행결의를 유도, 조장, 자극하기만 하면 되고, 상대방
으로 하여금 범행을 결의하도록 할 것을 요하지 않기 때문에 교사와 구별된다.
또한 범행을 용이하게 할 만큼 영향을 미칠 것을 요하지 않기 때문에 방조와도
구별된다.

따라서 선동이 교사 또는 방조로 발전하게 되면 폭발물사용죄의 교사범 또
는 방조범이 성립한다.

3. 주관적 구성요건

예비·음모·선동행위에 대한 고의와 예비·음모죄의 경우에는 폭발물사용죄·
전시폭발물사용죄를 범할 목적이 있어야 하는 목적범이다. 그리고 목적한 죄의
실행에 이르기 전에 자수한 때에는 필요적 감면사유이다.

V. 전시폭발물 제조·수입·수출·수수·소지죄

> **제121조(전시폭발물제조등)** 전쟁 또는 사변에 있어서 정당한 이유없이 폭발물을 제조, 수입, 수출, 수수 또는 소지한 자는 10년 이하의 징역에 처한다.

1. 의의 및 성격

본죄는 전쟁 또는 사변에 있어서 정당한 이유 없이 폭발물을 제조, 수입, 수출, 수수 또는 소지함으로써 성립하는 범죄이다.

폭발물사용죄의 예비에 해당하는 행위를 독립된 범죄로 규정한 것이다. 전시가 아닌 평시인 때에는 이러한 행위에 대하여 「총포·도검·화약류 등 단속법」 제70조와 제71조가 적용된다.

2. 객관적 구성요건

본죄의 객관적 구성요건이 성립하기 위해서는, ① 전쟁 또는 사변이라는 특수한 행위상황 속에서 행해져야 하며, ② 폭발물의 제조 등의 행위가 정당한 이유가 없어야 하고, 이 때 정당한 이유가 없다는 것은 법률에 의하지 아니하거나 국가기관의 허가가 없는 경우를 의미한다. 다음으로 ③ 폭발물을 제조, 수입, 수출, 수수 또는 소지행위가 있다. 여기서 제조란 폭발물을 만드는 행위이고, 수입이란 국외로부터 국내로 반입하는 행위이며, 수출이란 국내에서 국외로 반출하는 것을 말한다. 또한 수수란 폭발물을 주고받는 것으로서 유상, 무상을 불문한다. 소지란 폭발물을 자기의 사실상의 지배하에 두는 것으로서 소지의 원인은 묻지 않는다.

3. 주관적 구성요건

전시폭발물제조 등의 죄는 폭발물을 사용할 목적이 불필요하고, 폭발물을 제조, 수입, 수출, 수수, 소지한다는 인식과 의사가 있으면 족하다.

4. 죄   수

전시에 폭발물사용죄를 범할 목적으로 폭발물의 제조 등의 행위를 한 경우에는 전시폭발물사용예비죄가 성립하고, 전시폭발물제조 등의 죄는 법조경합의 특별관계로서 여기에 흡수된다.

제3절 방화와 실화의 죄

I. 개   설

1. 방화죄와 실화죄의 의의 및 성질

(1) 방화죄와 실화죄의 의의

방화죄(放火罪)와 실화죄(失火罪)는 고의 또는 과실로 불을 놓아 현주건조물·공용건조물·일반건조물·일반물건 등을 소훼하거나 소훼로 인하여 공공의 위험을 발생케 하는 것을 내용으로 하는 **공공위험죄**이다. 이러한 좁은 의미의 방화죄 이외에 형법은 진화를 방해하거나 폭발성물건을 파열하거나 가스·전기 등을 방류하거나 이들 공작물에 대해 손괴 등을 하여 그 사용을 방해하는 것도 방화죄에 준하여 처벌하고 있으므로 이들을 '준방화죄'라고 할 수 있다. 따라서 광의의 방화죄라 할 경우에는 **협의의 방화죄**와 준방화죄가 포함된다.

(2) 공공위험죄의 본질

1) 공공의 위험의 의의와 기준

공공의 위험이란 공중(公衆)의 생명·신체·재산을 침해할 가능성, 즉 불특정 또는 다수인의 생명·신체·재산에 대한 위험을 의미한다. 위험이란 법익침해의 가능성을 의미하고 이를 판단함에 있어서는 행위자의 주관을 기준으로 하는 것이 아니라 구체적 사정하에서 경험칙상 결과발생의 가능성이 있는가를 **객관적·사후적으로 판단**하는 것이며, 여기서 객관적이라는 것은 물리적인 위험성이 아닌 일반인의 심리적인 위험을 의미한다.

2) 방화죄와 피해자의 승낙

방화죄의 본질을 공공위험죄로 이해할 때에는 피해자의 승낙이 범죄성립에 영향을 주지 않는다. 그러나 공공위험죄인 동시에 재산죄로서의 성질을 지녔다고 이해할 때에는 현주건조물방화죄의 경우에 거주자의 동의가 있으면 더 이상 사람이 현존한다고 볼 수 없으므로 일반건조물방화죄가 되고, 타인의 물건에 대한 방화는 피해자의 동의로 인해 이미 타인의 물건이라 볼 수 없으므로 자기물건방화죄로 처벌되어야 한다는 것이 다수설[24]의 태도이다.

그러나 거주자가 동의하였다고 하여 사람이 주거로 사용하거나 현존하는 것이 아니라고 할 수 없을 뿐만 아니라 공중의 생명과 신체에 대한 위험은 처분할 수 있는 법익이 아니므로 피해자의 승낙에 의해 영향을 미친다고 할 수는 없다. 다만 일반건조물방화죄(제166조 제1항)와 일반물건방화죄(제167조 제1항)의 경우에는 피해자의 승낙에 의하여 자기소유일반건조물방화죄(제166조 제2항)와 자기소유일반물건방화죄(제167조 제2항)로 처벌되어진다고 해석해야 한다.[25]

2. 보호법익 및 보호정도

이 절의 죄의 보호법익을 공공의 안전과 평온이라는 사회적 법익으로 이해하는 견해[26]도 있지만, 형법상의 방화죄는 방화의 객체가 자기소유인가 타인소유인가에 따라 법정형에 차이를 두고 있으며, 다른 일반적인 위험범과는 달리 공공의 위험 이외에 재산의 소훼라는 재산침해의 결과를 요구하고 있다. 따라서 방화죄의 주된 보호법익은 **공공의 안전**이라는 사회적 법익이지만, 부차적으로는 **개인의 재산권**도 보호법익이 된다고 보는 다수설과 판례[27]의 태도는 타당하다.

보호의 정도는 현주건조물방화죄, 공용건조물방화죄, 타인소유일반건조물방화죄 및 이들에 대한 실화죄는 **추상적 위험범**으로서의 보호이고, 자기소유일반건조물방화죄, 일반물건방화죄 및 이들에 대한 실화죄는 **구체적 위험범**으로서의 보호이다.

---

24) 김일수/서보학, 460면; 손동권/김재윤, 566면; 정성근/박광민, 572면; 진계호, 631면.
25) 백형구, 417면; 이재상/장영민/강동범, 514면.
26) 이재상/장영민/강동범, 512면.
27) 대법원 1983. 1. 18. 선고 82도2341 판결.

3. 구성요건의 체계

　　방화와 실화의 죄는 방화죄와 준방화죄 및 실화의 죄로 나눌 수 있으며, 준방화죄는 방화죄나 실화죄가 아님에도 불구하고 공공의 위험을 고려하여 방화죄에 준하여 처벌하고 있다.

(1) 협의의 방화죄

　　타인소유일반물건방화죄(제167조 제1항)가 기본적 구성요건이고, 현주건조물방화죄(제164조 제1항), 공용건조물등방화죄(제165조), 타인소유일반건조물등방화죄(제166조 제1항)는 불법가중적 구성요건이며, 자기소유일반물건방화죄(제167조 제2항), 자기소유일반건조물방화죄(제166조 제2항)는 불법감경적 구성요건이다. 그리고 현주건조물방화치사상죄(제164조 제2항)는 현주건조물방화죄의 결과적 가중범이며, 연소죄(제168조)는 자기소유일반건조물방화죄와 일반물건방화죄의 결과적 가중범이다.

(2) 준방화죄

　　방화죄에 준하여 처벌하도록 형법이 규정하고 있는 준방화죄에는 진화방해죄(제169조), 폭발성물건파열죄(제172조 제1항), 가스·전기 등 방류죄(제172조의2 제1항), 가스·전기 등 공급방해죄(제173조 제1항, 제2항)가 있고, 이에 대한 결과적 가중범으로 폭발성물건파열치사상죄(제172조 제2항), 가스·전기 등 방류치사상죄(제172조의2 제2항) 및 가스·전기 등 공급방해치사상죄(제173조 제3항)를 두고 있다.

(3) 실화의 죄

　　과실범으로서 실화죄(제170조)가 기본적 구성요건이고, 이에 대한 가중적 구성요건으로 업무상 실화·중실화죄(제171조)가 있다. 준실화죄로는 과실폭발성물건파열죄, 과실가스·전기 등 방류죄 및 과실가스·전기 등 공급방해죄를 처벌(제173조의2 제1항)하고 있으며, 이에 대한 업무상 과실 또는 중과실을 가중처벌하고 있다(제173조의2 제2항).

(4) 미수 및 예비·음모

　　현주건조물등에의 방화죄(제164조 제1항), 공용건조물등에의 방화죄(제165조), 일반건조물등에의 방화죄(제166조 제1항), 폭발성물건파열죄(제172조 제1항), 가스·전기 등 방류죄(제172조의2 제1항) 및 가스·전기 등 공급방해죄(제173조 제1항, 제2

항)에 대하여는 미수범(제174조)과 예비·음모죄를 처벌하고 있다(제175조).

그리고 예비·음모죄의 경우에는 그 목적한 죄의 실행에 이르기 전에 자수(自首)한 때에는 그 형을 감경 또는 면제한다(제175조).

(5) 간주규정

자기의 소유에 속하는 물건이라 하더라도 압류 기타 강제처분을 받거나 타인의 권리 또는 보험의 목적물이 된 때에는 이 장의 죄에서는 타인의 물건으로 간주한다(제176조).

II. 현주건조물등 방화죄

제164조(현주건조물등에의 방화) ① 불을 놓아 사람이 주거로 사용하거나 사람이 현존하는 건조물, 기차, 전차, 자동차, 선박, 항공기 또는 광갱을 소훼한 자는 무기 또는 3년 이상의 징역에 처한다.
② 제1항의 죄를 범하여 사람을 상해에 이르게 한 때에는 무기 또는 5년 이상의 징역에 처한다. 사망에 이르게 한 때에는 사형, 무기 또는 7년 이상의 징역에 처한다.
제174조(미수범) 제164조 제1항의 미수범은 처벌한다.

---

1. 의의 및 성격

현주건조물등에의 방화죄는 불을 놓아 사람의 주거로 사용하거나 사람이 현존하는 건조물·기차·전차·자동차·선박·항공기 또는 광갱을 소훼함으로써 성립하는 범죄이다.

본죄는 사람의 생명·신체·재산에 대한 침해의 위험이 크다는 점을 고려하여 일반물건방화죄보다도 불법이 가중된 가중적 구성요건이며, 법익보호의 정도는 추상적 위험범이다.

2. 객관적 구성요건

(1) 객   체

현주건조물방화죄(現住建造物放火罪)의 객체는 "사람이 주거로 사용하거나 사람이 현존하는 건조물, 기차, 전차, 자동차, 선박, 항공기, 광갱"이다.

1) '사람이 주거로 사용하거나 사람이 현존하는'의 의미

① 여기서 사람이란 범인 이외의 모든 자연인을 말한다. 따라서 범인이 자기 혼자 사는 자기집을 방화한 경우에는 일반건조물방화죄(제166조)가 성립한다. 그러나 범인의 가족이나 동거인은 공범이 아닌 이상 이 죄에서 말하는 사람에 포함되므로, 예컨대 가족이나 동거인의 집에 방화한 경우에는 현주건조물방화죄가 성립한다.

② 그리고 주거란 사람이 일상생활을 영위하기 위하여 사실상 점거하는 장소이면 족하고, 사람이 반드시 기와침식(起臥寢息)에 사용될 장소일 필요는 없다. 또한 사실상 주거로 사용하고 있으면 족하고 주거용으로 만들어진 건조물일 필요도 없으므로 토굴이나 차량이라 하더라도 사실상 일상생활을 하는 장소로 사용되면 주거에 해당한다. 방화시에 거주자가 주거에 현존할 필요는 없고, 일부분이 주거로 사용되는 경우에도 그 전체가 현주건조물이 된다.[28] 주거사용의 적법성이나 계속성 여부 및 주거에 사용되는 건조물의 소유관계 등은 불문하므로 별장, 콘도미니엄, 숙직실 등도 현주건조물에 해당한다.

③ 사람이 현존(現存)한다는 것은 방화 당시에 건조물 등에 범인 이외의 자가 존재하는 것을 말한다. 사람이 현존하는 건조물의 경우에는 주거로 사용되는 것이 필요치 않고, 현존하는 이유도 불문한다. 건조물의 일부에 사람이 현존하더라도 전체가 현주건조물이 되고, 사람의 현존은 일시적이든 계속적이든 불문한다.

그런데 거주자를 모두 살해한 후 방화한 경우에 대해서는 일반건조물방화죄가 성립한다는 견해[29]와 현주건조물방화죄가 성립한다는 견해[30]가 대립한다. 생각건대 살해행위와 방화행위는 시간적·내용적으로 연관성을 가지는 경우에는 살해행위에 착수할 때 사람이 주거로 사용하거나 사람이 현존하는 것으로 족하다고 보아야 한다. 따라서 처음부터 살해 후 방화의 고의가 있는 경우에는 현주건조물방화죄가 성립하지만, 살해 후에 비로소 방화의 고의를 일으킨 경우에는 일반건조물방화죄가 성립된다고 보는 입장이 타당하다.

---

28) 대법원 1967. 8. 29. 선고 67도925 판결; 영업뿐만 아니라 주거목적으로 사용되는 건물에 단지 영업장 부분만이 방화되었을 경우에도 독일 형법 제306조 Nr. 2의 구성요건(주거에 사용하는 건조물에 대한 방화죄)에 해당한다(BGHSt. 34, 115).

29) 이재상/장영민/강동범, 518면.

30) 배종대, 98/4; 정성근/박광민, 566면.

판례는 재물을 강취한 후 피해자를 살해할 목적으로 현주건조물에 방화하여 사망에 이르게 한 경우에는 **강도살인죄와 현주건조물방화치사죄**에 해당하고 양죄는 **상상적 경합관계**에 있다고 판시하고 있다.[31]

2) 건조물·기차·전차·자동차·선박·항공기·광갱

① **건조물**(建造物)이란 토지에 정착하고 벽·기둥으로 지지되어 그 내부에 사람이 출입할 수 있는 구조를 가진 가옥 기타 이에 준하는 공작물을 말한다. 반드시 주거용일 필요는 없고 사람이 현존할 수 있는 것이라면 구조, 재료, 규모 등은 문제가 되지 않으므로 토굴, 방갈로, 천막집, 가건물, 초소가 해당하며, 부속건물도 건조물과 불가분의 일체를 이룰 경우에는 모두 건조물에 포함된다. 그러나 가옥과 떨어진 축사, 야영용 간이텐트, 천막은 이 죄의 객체인 건조물에 해당하지 않는다.

② **기차**(汽車)란 증기를 동력으로 하여 궤도 위를 달리는 차량을 말한다. 디젤기관차·가솔린카에 의하여 견인되는 열차도 포함된다.

③ **전차**(電車)란 전기를 동력으로 하여 궤도 위를 진행하는 모든 차량을 말한다. 모노레일·케이블카·전동차·자기부상열차도 포함된다.

④ **자동차**란 원동기를 이용하여 궤도나 가선이 아닌 육상에서 운행하는 차량을 말한다. 그 동력은 가솔린·디젤·알코올·축전지 등을 불문한다.

⑤ **선박**이란 수면(水面)을 운행하는 교통수단을 말하며, 그 용도나 규모·선적·형상 등을 불문한다. 잠수함도 포함된다.

⑥ **항공기**란 공중을 운행하는 기기로서 그 규모·용도 등은 불문한다.

⑦ **광갱**(鑛坑)이란 광물을 채취하기 위한 지하설비를 말하며, 그 종류나 크기 및 적법여부는 불문한다. 여기서 건조물·기차·전차·자동차·선박·항공기·광갱 등에 대한 소유관계는 불문한다.

(2) 실행행위

본죄의 실행행위는 '**불을 놓아 목적물을 소훼**(燒燬)**하는 것**'이다.

1) 방   화

목적물을 소훼하기 위하여 불을 놓는 일체의 행위, 즉 불을 지르는 행위를 방화(放火)행위라고 한다. 방화의 수단이나 방법에는 특별한 제한이 없으므로 직접적·

---

31) 대법원 1998. 12. 8. 선고 98도3416 판결.

간접적·작위·부작위에 의하든 불문한다. 여기서 부작위에 의한 방화의 경우에는 특별히 소화해야 할 작위의무가 있는 자, 즉 보증인적 지위에 있는 자의 부작위행위가 작위에 의한 방화행위와 동가치성이 인정되어야 한다. 따라서 예컨대 과실로 불을 낸 자가 이를 알면서 방치한 경우에는 선행행위로 인한 작위의무불이행, 즉 부작위에 의한 방화죄가 성립할 수 있다. 그러나 화재현장에서 소방관의 협조요청에 불응한 자의 부작위행위에 대하여는 경범죄처벌법위반죄, 소방법위반죄, 진화방해죄 등의 책임은 별론하고, 부작위행위는 방화행위와 동가치성이 없으므로 부작위에 의한 방화죄가 성립하지는 않는다.

방화행위의 실행의 착수시기는 불을 놓는 행위가 개시된 때, 즉 **목적물에 직접적으로 점화**(點火)하거나,[32) 매개물의 경우에는 목적물에 아직 옮겨 붙지 않아도 매개물에 발화(發火)한 때이다.[33)

2) 소   훼

소훼란 **화력에 의한 목적물의 손괴**를 말한다. 소훼의 결과발생으로 방화죄는 기수가 된다. 그런데 어느 정도 목적물에 대한 손괴가 발생했을 때 소훼로 볼 것인가, 즉 소훼의 시기에 관하여는 독립연소설, 효용상실설, 절충설 등의 견해가 대립한다.

(가) **독립연소설**   불이 방화의 매개물을 떠나 목적물 자체에 옮겨 붙어 독립하여 스스로 연소(燃燒)를 계속할 수 있는 상태에 이르면 공공의 위험이 발생한 것이므로 이때 소훼가 있고 방화죄의 기수가 된다는 견해이다.[34) 판례도 '화력(火力)이 매개물을 떠나 목적물인 건조물 스스로 연소할 수 있는 상태에 이름으

---

32) 대법원 2002. 3. 26. 선고 2001도6641 판결(피고인이 방화의 의사로 뿌린 휘발유가 인화성이 강한 상태로 주택주변과 피해자의 몸에 적지 않게 살포되어 있는 사정을 알면서도 라이터를 켜 불꽃을 일으킴으로써 피해자의 몸에 불이 붙은 경우, 비록 외부사정에 의하여 불이 방화 목적물인 주택 자체에 옮겨 붙지는 아니하였다 하더라도 현존건조물방화죄의 실행의 착수가 있다).

33) 대법원 1960. 7. 22. 선고 4293형상213 판결(피고인이 선박에 침입하여 준비하였던 휘발유 1통을 동선박간판부에 살포하고 소지중이던 라이터를 꺼내어 점화하려 한 사실은 인정되나, 피고인이 아직 방문목적물 내지 도화물체에 점화하지 않는 이상 방화죄의 착수가 아니다); 대법원 2007. 3. 15. 선고 2006도9164 판결(피해자의 사체 위에 옷가지 등을 올려 놓고 불을 붙인 천조각을 던져서 그 불길이 방안을 태우면서 천정에 까지 옮겨 붙었다면 도중에 진화되었다고 하더라도 현주건조물방화죄의 기수에 이른 것이다).

34) 김성천/김형준, 717면; 이재상/장영민/강동범, 520면; 임웅, 636면; 정성근/박광민, 567면.

로써 기수가 된다'고 하여 일관되게 이 입장을 취하고 있다.[35]

(나) **효용상실설**　　목적물의 독립연소로는 부족하고 목적물의 중요부분이 소실되어 그 본래의 효용을 상실한 때 소훼가 된다는 견해이다.

(다) **절 충 설**　　목적물의 중요부분에 연소가 개신된 때에 소훼가 있고 방화죄의 기수가 된다는 **중요부분연소개시설**[36]과, 손괴죄에 있어서 손괴의 정도, 즉 목적물의 일부손괴가 있을 때 기수가 된다는 **일부손괴설**이 있다.

(라) **이 분 설**　　이 견해는 방화죄의 보호법익에 대한 보호의 정도에 따라 추상적 위험범의 경우에는 독립연소설에 의하고, 구체적 위험범인 경우에는 중요부분연소개시설에 의해 기수시기를 판단해야 한다고 하여 이원적으로 소훼시기를 판단하는 견해이다.[37]

생각건대 방화죄의 기수시기, 즉 목적물의 소훼시기와 관련하여 방화죄의 본질에 관하여 공공위험죄로서의 성격을 강조하면 독립연소설을, 그리고 재산죄로서의 성격을 강조하면 효용상실설을 취하기가 쉽다.

먼저 ① 효용상실설은 방화죄의 공공위험죄로서의 성격을 경시하고 재산죄로서의 성격만을 강조한 나머지 손괴죄에서도 요구하지 않은 효용상실을 소훼로 봄으로써 방화죄의 기수시기가 너무 늦어진다는 난점이 있으며, ② 절충설 중 일부손괴설은 공공위험죄인 방화죄를 재산죄로서의 손괴죄와 같이 취급한다는 비판을 면할 수 없다. 또한 ③ 이분설은 구체적 공공위험죄(예: 일반물건방화죄 등)의 경우에는 목적물이 전소(全燒)하더라도 '공공의 위험발생'이 없으면 기수가 될 수 없다는 점을 간과하고 있다. ④ 독립연소설은 방화죄의 재산죄적 성격을 경시할 뿐만 아니라 방화죄의 미수를 인정할 여지가 없으며, 나아가 형법규정이 요구하는 소훼라는 문언의 의미에도 부합되지 않는다는 비판을 피하기 어렵다.

결국 방화죄가 공공위험죄로서의 성격과 재산죄로서의 성격을 동시에 지녔다는 점을 고려하면 절충설 중 **중요부분연소개시설**이 가장 적절하다고 생각된다. 물론 중요부분연소개시설에 대하여는 '중요부분'이라는 개념이 명확하지 않으며, 사실상 독립연소설에 불과하다는 비판도 있다. 그러나 독립연소개시와 목적물의 중요부분연소개시는 목적물의 성격에 따라 개시 시점이 명백히 다르며, 또한 목

---

35) 대법원 2007. 3. 16. 선고 2006도9164 판결; 대법원 1970. 3. 24. 선고 70도330 판결.
36) 이형국, 462면.
37) 김일수/서보학, 461면.

적물의 성질과 형상에 따라 '중요부분'과 그렇지 않은 부분은 충분히 분별할 수 있으므로 이러한 비판은 온당치 못하다. 나아가 목적물에 독립연소가 개시되었으나 아직 목적물의 중요부분연소가 개시되기 전에 행위자가 중지한 경우에 중지미수의 성립가능성을 열어두고 있다는 점을 고려해볼 때 중요부분연소개시설이 타당하다.

3. 주관적 구성요건

불을 놓아 주거에 사용하거나 사람이 현존하는 건조물 등을 소훼한다는 구성요건적 사실에 대한 고의[38]가 있어야 한다. 이 죄는 **추상적 위험범**이므로 공공의 위험에 대한 인식은 불필요하다. 구성요건적 사실에 대한 착오가 있는 경우, 예컨대 방화행위자가 목적물이 주거로 사용되지 않거나 사람이 현존하지 않는 건조물로 오인하고 방화한 경우에는 구성요건적 착오로서 형법 제15조 제1항에 의하여 일반건조물방화죄(제166조)의 책임을 진다.

이와 달리 방화의 목적물이 형법에서 규정하고 있는 목적물에 해당하지 않는다고 오신한 포섭의 착오의 경우에는 법률의 착오의 예에 따라 처리하면 된다.

4. 현주건조물등 방화치사상죄

(1) 의의 및 성격

현주건조물방화치사상죄(現住建造物放火致死傷罪)는 현주건조물방화죄를 범하여 사람을 사상(死傷)에 이르게 함으로써 성립하는 범죄이다.

본죄는 현주건조물에 방화하여 사상의 결과를 과실로 야기한 경우뿐만 아니라 이에 대한 고의가 있는 경우에도 성립하므로 **부진정결과적 가중범**이다.

판례는 중한 결과에 대한 고의범의 형이 현주건조물방화치사죄의 형보다 중한 존속살해의 경우에는 존속살인죄와 현주건조물방화치사죄의 상상적 경합을

---

38) 대법원 1984. 7. 24. 선고 84도1245 판결(가정불화의 악화로 헤어지기로 작정하고 홧김에 죽은 동생의 유품으로 보관하던 서적 등을 뒷마당에 내어 놓고 불태워버리려다가 불이 번져 가옥을 태워버린 경우에는 현주건조물방화죄의 고의를 인정할 수 없다). 그러나 인화물인 석유를 사용하여 건물에 연소되기 용이한 방법으로 점화한 결과 건물을 연소케 한 경우에는 비록 증거인멸의 목적이었다 하더라도 현주건조물방화죄의 고의를 인정할 수 있다(대법원 1954. 1. 16. 선고 54도47 판결).

인정하여 중한 죄인 존속살인죄로 처벌해야 하고, 그렇지 않은 보통살인의 경우에는 살인죄가 별도로 성립하지 않고 현주건조물방화치사죄만 성립한다고 판시한 바 있다.[39] 그러나 형의 경중에 따라 죄수가 달라진다는 판례의 입장은 합리성과 일관성이 결여되어 있다. 죄수는 형의 경중에 따라 달라지는 것이 아니다. 위의 사례는 1개의 행위가 수죄에 해당하는 경우로서 존속살해죄와 현주건조물방화죄 또는 살인죄와 현주건조물방화죄는 상상적 경합관계에 있다는 다수설의 입장이 타당하다.

(2) 객관적 구성요건

1) 본죄의 기본범죄는 현주건조물등방화죄이고, 기수·미수를 불문하며, 본죄의 중한 결과는 사람을 사망 또는 상해에 이르게 해야 한다. 여기서 사람이란 범인과 공범 이외의 자연인을 의미한다.[40] 공범에게 사상의 결과가 발생하더라도 본죄는 성립하지 않는다.

2) 본죄는 결과적 가중범이므로 결과적 가중범의 일반원리에 따라 기본범죄와 중한 결과 사이에 인과관계와 객관적 귀속이 인정되어야 한다. 즉 방화행위가 원인이 되어 사상의 결과가 발생한 경우로 연기에 의한 질식사, 화재로 넘어지는 건조물에 의한 경우, 화재로 인한 쇼크사, 화재를 피하는 과정에 발생한 경우에는 인과관계와 객관적 귀속이 인정된다.

3) 또한 중한 결과발생에 대한 예견가능성, 즉 과실이 있어야 한다. 따라서 예컨대 피해자가 화재를 진압하다가 화상을 입은 경우에는 방화행위자에게 화상이라는 결과에 대한 예견가능성이 없어 과실책임을 물을 수 없게 되므로 현주건조물방화죄만 성립하게 된다.[41]

---

39) 대법원 1996. 4. 26. 선고 96도485 판결(형법 제164조 후단이 규정하는 현주건조물방화치사상죄는 그 전단이 규정하는 죄에 대한 일종의 가중처벌 규정으로서 과실이 있는 경우뿐만 아니라, 고의가 있는 경우에도 포함된다고 볼 것이므로 사람을 살해할 목적으로 현주건조물에 방화하여 사망에 이르게 한 경우에는 현주건조물방화치사죄로 의율하여야 하고 이와 더불어 살인죄와의 상상적 경합범으로 의율할 것은 아니며, 다만 존속살인죄와 현주건조물방화치사죄는 상상적 경합범 관계에 있으므로, 법정형이 중한 존속살인죄로 의율함이 타당하다).

40) 방화로 인하여 공동정범에게 사상의 결과가 발생한 경우에는 현주건조물방화죄와 과실치사상죄의 상상적 경합이 된다.

41) 대법원 1966. 6. 28. 선고 66도1 판결.

(3) 주관적 구성요건

현주건조물방화치사상죄는 부진정결과적 가중범이므로 기본범죄인 현주건조물방화에 대한 고의와 중한 사상(死傷)의 결과에 대한 과실 또는 고의가 있어야 한다. 따라서 사상의 결과에 대한 고의가 있는 경우에는 현주건조물방화치사상죄와 상해죄 또는 살인죄의 상상적 경합이 된다.

판례는 재물을 강취한 후 피해자를 살해할 목적으로 현주건조물에 방화하여 사망에 이르게 한 경우에는 강도살인죄와 현주건조물방화치사죄이 상상적 경합이 성립하나,[42] 현주건조물에 방화하여 기수에 이른 후에 동 건조물로부터 탈출하려는 피해자를 가로막아 소사케 한 경우에는 현주건조물방화죄와 살인죄의 경합범으로 처단되어야 한다.

(4) 죄수 및 다른 범죄와의 관계

1) 죄   수

① 방화죄는 공공의 안전이라는 사회적 법익을 보호법익으로 하기 때문에 죄수는 행위객체의 수에 따라 결정되는 것이 아니다. 따라서 1개의 방화행위로 수개의 건조물을 소훼한 경우나 동일지역에서 순차적으로 수개의 건조물에 방화한 경우에는 1개의 방화죄만 성립한다.

② 1개의 방화행위로 적용법조가 다른 수개의 건조물을 소훼한 경우, 예컨대 현주건조물과 공용건조물을 소훼한 경우에는 가장 중한 죄인 현주건조물방화죄만 성립한다.

③ 현주건조물을 소훼할 목적으로 인접한 비현주건조물에 방화했으나 비현주건조물만 전소하고 현주건조물에는 연소되지 않은 경우에는 현주건조물방화죄의 미수와 비현주건조물방화죄는 법조경합의 보충관계가 되어, 현주건조물방화죄의 미수만 성립한다.

2) 다른 범죄와의 관계

① 현주건조물 등에 방화하여 목적물을 손괴한 경우에는 손괴행위는 방화죄의 불가벌적 수반행위로서 법조경합의 흡수관계가 되어 현주건조물방화죄만 성립한다.

② 살인 후 죄적인멸의 목적으로 목적물을 방화하여 사체를 소훼한 경우에

---

42) 대법원 1998. 12. 8. 선고 98도3416 판결.

는 현주건조물방화죄와 사체손괴죄의 상상적 경합이 되고, 살인죄와는 경합범이
된다.[43]

③ 소요죄의 실행 중에 방화행위를 한 경우에는 소요죄의 법정형이 방화죄
보다 가벼우므로 소요죄와 방화죄는 상상적 경합이 되지만, 내란죄의 실행 중에
방화행위를 한 경우에는 방화죄는 내란죄에 흡수된다.

④ 보험금을 편취할 목적으로 현주건조물에 방화한 후 보험금을 편취한 경
우에는 현주건조물방화죄와 사기죄의 실체적 경합이 된다.

Ⅲ. 공용건조물등 방화죄

> 제165조(공용건조물등에의 방화) 불을 놓아 공용 또는 공익에 공하는 건조물, 기차, 전차,
> 자동차, 선박, 항공기 또는 광갱을 소훼한 자는 무기 또는 3년 이상의 징역에 처한다.

1. 의의 및 성격

공용건조물 등 방화죄는 불을 놓아 공용(公用) 또는 공익(公益)에 공(供)하는
건조물·기차·전차·자동차·선박·항공기 또는 광갱(鑛坑)을 소훼함으로써 성립하
는 범죄이다.

본죄는 행위객체가 공익성을 띤 건조물 등으로 인하여 일반물건방화죄보다
도 불법이 가중된 **불법가중적 구성요건**이다.

2. 객관적 구성요건

(1) 행위객체

본죄의 행위객체는 '공용 또는 공익에 공하는 건조물·기차·전차·자동차·선박·항
공기 또는 광갱'이다.

---

43) 정성근/박광민, 575면; 이와 달리 살인죄와 사체손괴죄 및 일반건조물방화죄의 실체적 경
합이 된다는 견해도 있다(김일수/서보학, 461면). 그러나 먼저 살인의 의사로 살해했으므
로 살인죄가 성립하고, 이후에 죄적인멸의 목적으로 건조물에 방화하여 사체를 손괴했으
므로 1개의 방화행위로 사체손괴죄와 현주건조물방화죄를 실현했으므로 양죄는 상상적
경합관계가 된다고 보아야 한다.

① 여기서 '공용에 공하는'이란 국가 또는 지방자치단체에서 사용하는 것을 말하고, '공익에 공하는'이란 일반공중의 이익을 위하여 사용되는 것을 의미한다.

② 건조물·기차·전차·자동차·선박·항공기 또는 광갱의 의미는 현주건물방화죄에서 설명한 것과 동일한 의미이다.

③ 객체의 소유는 자기소유·타인소유를 불문한다.

④ 공용 또는 공익건조물이라 하더라도 사람이 주거로 사용하거나 사람이 현존하는 건조물 등일 때에는 본죄의 객체가 되지 않고 현주건조물 등 방화죄의 객체가 된다.

(2) 실행행위

'불을 놓아 소훼하는 행위', 즉 공용 또는 공익 건조물 등에 불을 질러서 이를 소훼(燒燬)하는 행위가 요구되어진다.

3. 주관적 구성요건

불을 놓아 공용 또는 공익에 공하는 건조물 등을 소훼한다는 사실에 대한 고의가 있으면 족하다. 본죄는 추상적 위험범이므로 행위자에게 공공의 위험에 대한 인식은 불필요하다. 공공의 위험은 입법동기에 불과하기 때문이다.

Ⅳ. 일반건조물등 방화죄

> 제166조(일반건조물등에의 방화) ① 불을 놓아 전2조에 기재한 이외의 건조물, 기차, 전차, 자동차, 선박, 항공기 또는 광갱을 소훼한 자는 2년 이상의 유기징역에 처한다.
> ② 자기 소유에 속하는 제1항의 물건을 소훼하여 공공의 위험을 발생하게 한 자는 7년 이하의 징역 또는 1천만원 이하의 벌금에 처한다.
> 제174조(미수범) 제166조 제1항의 미수범은 처벌한다.
> 제176조(타인의 권리대상이 된 자기의 물건) 자기의 소유에 속하는 물건이라도 압류 기타 강제처분을 받거나 타인의 권리 또는 보험의 목적물이 된 때에는 본장의 규정의 적용에 있어서 타인의 물건으로 간주한다.

1. 의의 및 성격

일반건조물방화죄(一般建造物放火罪)란 불을 놓아 현주건조물과 공용·공익건조물에 해당하지 않는 일반건조물 등을 소훼함으로써 성립하는 범죄이다.

이 죄는 일반건조물이라는 객체로 인해 일반물건방화죄보다는 불법이 가중된 가중적 구성요건이다. 일반건조물 중 **타인소유의 일반건조물방화죄**(제166조 제1항)는 목적물을 소훼함으로써 기수기 되는 추싱직 **위험범**으로서 미수범 처벌규정이 있지만, **자기소유의 일반건조물방화죄**(동조 제2항)는 소훼만으로는 처벌되지 않고 더불어 공공의 위험을 발생케 한 경우에 기수가 되는 **구체적 위험범**으로서 미수범 처벌규정이 없다.

2. 객관적 구성요건

(1) 행위객체

본죄의 객체인 일반건조물 등 이란 "사람이 주거로 사용하지 않거나 사람이 현존하지 않으며, 동시에 공익 또는 공용에 공하지 않는 건조물·기차·전차·자동차·선박·항공기 및 광갱"을 말한다.

① 이러한 일반건조물 등이 **타인소유**일 때에는 제166조 제1항에 해당한다. 여기서 자기소유에 속하는 물건이라도 압류 기타 강제처분을 받거나 타인의 권리 또는 보험의 목적물이 된 때에는 본장의 규정의 적용에 있어서 타인의 물건으로 간주된다(제176조). 또한 강제처분에는 제한이 없으므로 국세징수법에 의한 체납처분, 강제경매절차상의 압류, 형사소송에 의한 몰수물건의 압류 등도 포함된다. 그리고 타인의 권리에는 전세권, 저당권, 질권, 임차권 등이 포함된다.

② 일반건조물 등이 **자기소유**일 때에는 제166조 제2항에 해당한다. 행위자 이외에 공범의 소유에 속해도 자기소유에 해당하며, 설령 타인의 소유에 속하더라도 소유자의 동의가 있거나 무주물인 경우에는 자기소유에 준해서 취급한다.

(2) 실행행위

일반건조물방화죄의 실행행위는 '불을 놓아 소훼'하는 행위를 말한다.

3. 주관적 구성요건

일반건조물 등에 대하여는 불을 놓아 소훼한다는 사실에 대한 고의가 있어야 하고, 나아가 타인소유의 일반건조물일 때에는 **추상적 위험범**이므로 공공의 위험에 대한 인식이 불필요하나, 자기소유일 경우에는 **구체적 위험범**이므로 '공공의 위험발생에 대한 인식'을 요한다.

V. 일반물건방화죄

> 제167조(일반물건에의 방화) ① 불을 놓아 전3조에 기재한 이외의 물건을 소훼하여 공공의
> 위험을 발생하게 한 자는 1년 이상 10년 이하의 징역에 처한다.
> ② 제1항의 물건이 자기의 소유에 속한 때에는 3년 이하의 징역 또는 700만원 이하의 벌
> 금에 처한다.
> 제176조(타인의 권리대상이 된 자기의 물건) 자기의 소유에 속하는 물건이라도 압류 기타 강
> 제처분을 받거나 타인의 권리 또는 보험의 목적물이 된 때에는 본장의 규정의 적용
> 에 있어서 타인의 물건으로 간주한다.

1. 의의 및 성격

일반물건방화죄(一般物件放火罪)는 불을 놓아 현주건조물·공익건조물·일반건
조물 등 이외의 물건, 즉 일반물건을 소훼하여 **공공의 위험**을 발생케 함으로써 성
립하는 범죄이다. 이 죄는 목적물의 자기소유·타인소유, 소유자의 동의여부는 불
문하며, **구체적 위험범**으로서 미수범은 처벌되지 않는다.

2. 객관적 구성요건

(1) 행위객체

일반물건방화죄의 행위객체는 "현주건조물·공익건조물·일반건조물 등 이외
의 물건"이다. 행위객체가 타인소유의 일반물건일 경우에는 제167조 제1항이 적
용되어 법정형이 무겁고, 자기소유의 물건일 때에는 제167조 제2항이 적용된다.
판례는 무주물을 소훼하여 공공의 위험을 발생케 한 경우에는 제167조 제2항의
'자기소유의 물건'을 소훼한 것으로 보아야 한다고 판시하고 있다.[44]

---

44) 대법원 2009. 10. 15. 선고 2009도7421 판결(불을 놓아 '무주물'을 소훼하여 공공의 위험을
발생하게 한 경우, 형법 제167조 제2항을 적용하여 처벌할 수 있다. 즉 노상에서 전봇대
주변에 놓인 재활용품과 쓰레기 등에 불을 놓아 소훼한 사안에서, 그 재활용품과 쓰레기
등은 '무주물'로서 형법 제167조 제2항에 정한 '자기 소유의 물건'에 준하는 것으로 보아야
하므로, 여기에 불을 붙인 후 불상의 가연물을 집어넣어 그 화염을 키움으로써 전선을 비

(2) 실행행위

불을 놓아 일반물건을 소훼함으로써 공공의 위험을 발생하게 하는 행위가 있어야 한다. 따라서 이 죄는 공공(公共)의 위험이 발생해야 기수가 되므로, 불을 놓아 목적물을 소훼했지만 공공의 위험이 발생하지 않은 경우에는 이 죄는 성립하지 않는다. 다만 이 경우에 목적물이 타인소유일 때에는 손괴죄가 성립할 수 있다.

3. 주관적 구성요건

불을 놓아 일반물건을 소훼하여 공공의 위험을 발생하게 한다는 사실에 대한 고의가 필요하다. 본죄는 구체적 위험범으로서 공공의 위험이라는 구체적 위험이 발생해야 하므로 공공의 위험에 대한 인식도 당연히 고의의 내용이 된다.

VI. 연 소 죄

제168조(연소) ① 제166조 제2항 또는 전조 제2항의 죄를 범하여 제164조, 제165조 또는 제166조 제1항에 기재한 물건에 연소한 때에는 1년 이상 10년 이하의 징역에 처한다.
② 전조 제2항의 죄를 범하여 전조 제1항에 기재한 물건에 연소한 때에는 5년 이하의 징역에 처한다.

1. 의의 및 성격

연소죄(延燒罪)란 자기소유일반건조물 또는 자기소유일반물건에 대한 방화가 확산되어 현주건조물, 공익·공용건조물 또는 타인소유의 일반건조물·일반물건에 과실로 옮겨 붙어 소훼하는 경우, 즉 연소(延燒)하는 경우에 성립하는 범죄이다.

본죄는 자기소유일반건조물방화죄와 자기소유일반물건방화죄를 기본범죄로 하는 진정결과적 가중범이다.

2. 객관적 구성요건

본죄는 자기소유일반건조물 등 방화죄(제166조 제2항) 또는 자기소유일반물건

롯한 주변의 가연물에 손상을 입히거나 바람에 의하여 다른 곳으로 불이 옮아붙을 수 있는 공공의 위험을 발생하게 하였다면, 일반물건방화죄가 성립한다고 한 사례이다).

방화죄(제167조 제2항)를 범하여 현주건조물 등 방화죄(제164조), 공용건조물 등 방화죄(제165조), 타인소유일반건조물 등 방화죄(제166조 제1항)의 객체를 '연소'하거나, 자기소유일반물건방화죄(제167조 제2항)를 범하여 타인소유일반물건방화죄(제167조 제1항)의 객체를 연소하는 것을 말한다.

(1) 제168조 제1항의 의미

자기소유일반건조물 등 방화죄(제166조 제2항) 또는 자기소유일반물건방화죄(제167조 제2항)를 범하여 현주건조물 등 방화죄(제164조), 공용건조물 등 방화죄(제165조), 타인소유일반건조물 등 방화죄(제166조 제1항)의 객체를 '연소'하게 하여야 한다. 연소(延燒)란 행위자가 예상하지 못한 물건에 불이 옮겨 붙어 이를 소훼하는 것을 말한다.

(2) 제168조 제2항의 의미

자기소유일반물건방화죄(제167조 제2항)를 범하여 타인소유일반물건방화죄(제167조 제1항)의 객체를 연소하는 것을 말한다.

(3) 기본범죄의 기수

본죄의 기본범죄인 자기소유일반건조물방화죄[45]와 자기소유일반물건방화죄는 미수를 처벌하지 않으므로 자기소유건조물등 방화죄와 자기소유일반건조물방화죄는 기수에 이르러야 한다. 따라서 본죄를 적용하기 위해서는 자기물건이 소훼되어야 하고, 이로 인해 공공의 위험이 발생해야 한다. 본죄는 구체적 위험범이다.

또한 본죄는 진정결과적 가중범이므로 중한 결과에 대한 과실과 있어야 한다. 처음부터 중한 결과에 대한 고의가 있는 경우에는 제164조 내지 165조의 죄와 제166조 제1항 또는 제167조 제1항의 죄가 성립한다.

3. 주관적 구성요건

본죄는 기본범죄에 대한 고의와 중한 결과에 대한 과실이 있어야 한다. 즉 자기소유일반건조물 또는 자기소유일반물건에 대한 방화의 고의와 현주건조물, 공익건조물, 타인소유일반건조물·일반물건의 연소라는 중한 결과발생에 대한 과실

---

45) 가령 甲이 고향에 있는 자기 소유의 빈집을 철거하기 위하여 방화를 하였는데, 갑자기 불어온 강풍에 의해 이웃집에 불이 옮겨 붙어 이웃집이 전소한 경우에, 甲은 자기소유일반건조물에 방화하여 현주건조물을 연소케 한 경우이므로 제168조 제1항의 연소죄가 성립한다.

이 있어야 한다.

Ⅶ. 방화예비·음모죄

> 제175조(예비, 음모) 제164조 제1항, 제165조, 제166조 제1항, 제172조 제1항, 제172조의2 제1항, 제173조 제1항과 제2항의 죄를 범할 목적으로 예비 또는 음모한 자는 5년 이하의 징역에 처한다. 단 그 목적한 죄의 실행에 이르기 전에 자수한 때에는 형을 감경 또는 면제한다.

본죄는 현주건조물·공용건조물 등 방화죄, 타인소유 일반건조물 등 방화죄, 타인소유의 일반건조물등 방화죄와 폭발성물건파열죄, 가스·전기 등 방류죄, 가스·전기 등 공급방해죄를 범할 목적으로 예비·음모함으로써 성립하는 범죄이다.

예비란 실행의 착수 이전의 준비행위를 말하며, 음모란 2인 이상이 범죄실행을 모의하는 것을 말한다. 예컨대 불을 붙이기 위해 휘발유를 뿌린 경우 등이 여기에 해당한다. 예비·음모행위를 한 후에 실행에 착수하여 미수·기수가 된 경우에는 미수·기수만 성립한다.

본죄는 공공의 생명·신체·재산에 대한 죄로서 공공의 안전에 대한 위험성이 크기 때문에 범죄실행의 착수 이전에 자수한 때에는 형을 감경 또는 면제하도록 규정하고 있다.

Ⅷ. 준방화죄

형법에서 방화에 준해서 취급하고 있는 준방화죄(準放火罪)로는, ① 진화방해죄, ② 폭발성물건파열죄, ③ 가스·전기등 방류죄, ④ 가스·전기등 공급방해죄 등이 여기에 해당한다.

1. 진화방해죄

> 제169조(진화방해) 화재에 있어서 진화용의 시설 또는 물건을 은닉 또는 손괴하거나 기타 방법으로 진화를 방해한 자는 10년 이하의 징역에 처한다.

(1) 의의 및 성격

진화방해죄(鎭火妨害罪)는 화재(火災)가 발생한 경우에 진화용의 시설 또는 물건을 은닉(隱匿) 또는 손괴(損壞)하거나 기타의 방법으로 진화를 방해함으로써 성립하는 범죄이다.

이 죄는 방화행위는 없으나 화재시의 진화방해로 이미 발생한 화재에 대한 공공의 위험성을 증대시키기 때문에 진회방해행위를 방화에 준하는 범죄, 즉 준방화죄로 취급하고 있다.

이 죄는 진화방해라는 결과발생이 불필요하며, 진화방해행위가 있으면 기수가 되는 **추상적 위험범**이고 미수범은 처벌되지 않는다.

(2) 객관적 구성요건

1) 행위상황

진화방해죄는 "화재에 있어서"라는 행위상황을 요한다. '화재에 있어서'란 공공의 위험이 발생할 정도의 연소상태에 있는 것을 의미하고, 이미 화재가 발생한 경우는 물론이고 화재가 발생하고 있는 경우도 포함된다. 화재의 원인으로는 방화(放火)·실화(失火)·천재(天災) 등을 불문한다.

2) 행위객체

진화방해죄의 객체는 '**진화용의 시설 또는 물건**'이다. 이것은 원래 소화활동을 위해 만들어진 시설·기구를 말하며, 소유관계는 불문한다. 예컨대 화재경보장치, 소화용저수시설, 소방용통신시설, 소화전, 소화기, 소방자동차, 소방용호스 등이 여기에 속한다. 따라서 일반통신시설이나 상하수도시설은 여기에 해당하지는 않지만, 일시적으로 화재시에 이러한 시설이나 기구를 일시적으로 사용하지 못하도록 방해한 경우에는 '기타 방법'에 의한 진화방해에 해당한다.

3) 실행행위

가. 은닉·손괴 기타 방법   '은닉'이란 진화용 시설·물건의 소재를 불명하게 하여 그 발견을 불가능하게 하거나 곤란하게 하는 행위를 말한다. '손괴'란 진화용 시설·물건에 직접적으로 유형력을 행사하여 전부 또는 일부를 **물리적으로** 훼손하여 그 효용을 해하는 일체의 행위를 말한다. '**기타 방법**'이란 은닉·손괴 이외에 화재진압을 방해하는 일체의 행위를 말한다. 예컨대 소방관을 폭행·협박하거나 소방차의 진로를 방해한 경우 등이다.

나. 진화방해 　진화방해란 현실적인 진화방해의 결과를 의미하는 것이 아니라, 진화를 방해할 만한 손괴·은닉 기타 방법의 행위가 있으면 충분하다. 미수범처벌규정이 없는 추상적 위험범이다.

진화방해행위는 통상적으로는 작위에 의해 행해지시만, 발생한 화재를 진화해야 할 법률상의 의무있는 자(화기관리자)의 경우에는 부작위에 의해서도 가능하다.[46] 그러나 진화해야 할 보증의무자가 아닌 경우, 예컨대 화재현장을 우연히 발견한 자가 소방서에 알리지 않거나 단순히 진화협력요구에 불응하는 경우에는 부작위에 의한 진화방해죄가 아니라 경범죄처벌법 제1조 제1항 제36호의 공무원원조불응에 해당하여 처벌된다.[47]

(3) 주관적 구성요건

화재시라는 행위상황 대한 인식과 손괴·은닉 기타 방법으로 진화를 방해한다는 사실에 대한 고의가 필요하다.

2. 폭발성물건파열죄

제172조(폭발성물건파열) ① 보일러, 고압가스 기타 폭발성있는 물건을 파열시켜 사람의 생명, 신체 또는 재산에 대하여 위험을 발생시킨 자는 1년 이상의 유기징역에 처한다.
② 제1항의 죄를 범하여 사람을 상해에 이르게 한 때에는 무기 또는 3년 이상의 징역에 처한다. 사망에 이르게 한 때에는 무기 또는 5년 이상의 징역에 처한다.
제174조(미수범) 미수범은 처벌한다.
제175조(예비, 음모) 제172조 제1항의 죄를 범할 목적으로 예비 또는 음모한 자는 5년 이하의 징역에 처한다. 단 그 목적한 죄의 실행에 이르기 전에 자수한 때에는 형을 감경 또는 면제한다.

---

46) 부작위에 의한 진화방해죄는 소화활동에 종사해야 할 보증인적 지위에 있는 자의 부작위로서 화재시에만 작위의무가 발생하지만, 이와 달리 부작위에 의한 방화죄는 화재 전후를 불문하고 화기관리자로서의 소화의무 있는 자의 부작위라는 점에서 양자는 구별된다.
47) 경범죄처벌법 제1조 제1항 36호. (공무원 원조불응) 눈·비·바람·해일·지진 등으로 인한 재해 또는 화재·교통사고·범죄 그 밖의 급작스러운 사고가 발생한 때에 그곳에 있으면서도 정당한 이유 없이 관계공무원 또는 이를 돕는 사람의 현장출입에 관한 지시에 따르지 아니하거나 공무원이 도움을 청하여도 이에 응하지 아니한 사람은 10만원 이하의 벌금, 구류 또는 과료의 형으로 처벌한다.

(1) 의의 및 성격

폭발성물건파열죄(爆發性物件破裂罪)는 보일러·고압가스 기타 폭발성 있는 물건을 파열시켜 사람의 생명·신체 또는 재산에 대하여 위험을 발생시킴으로써 성립하는 범죄이다. 폭발성 있는 물건의 파괴력이 화력에 의한 파괴력에 준하는 것으로 보아 방화죄와 함께 규정하고 있다. 이 죄는 **공공위험죄**로서 **구체적 위험범**이며, 미수범 처벌규정이 있다.

(2) 객관적 구성요건

1) 행위객체

폭발성물건파열죄의 객체는 "보일러·고압가스 기타 폭발성 있는 물건"이다. '보일러'란 밀폐된 용기 안에서 물을 끓여 고온·고압의 증기를 발생시키는 장치를 말한다. '고압가스'란 고압에 의하여 압축 또는 액화된 가스를 말한다. '기타 폭발성 있는 물건'이란 급격하게 파열하여 사람의 생명·신체·재산 등을 파괴하는 성질을 가진 물건으로서 석유탱크, 가스탱크, 기타 인화성있는 화학물질 등이 여기에 속하며 보일러와 고압가스는 그 예시에 불과하다. 총포는 그 자체의 폭발에 의하여 파괴력을 갖지 않으므로 여기에 해당하지 않는다.

2) 실행행위

폭발성물건파열죄의 실행행위는 '파열'이다. 파열(破裂)이란 물체의 급격한 팽창력을 이용하여 폭발에 이르게 하는 것을 말한다. 이 죄는 폭발성물건파열로 인해 사람의 생명·신체·재산에 구체적인 위험이 발생한 때에 기수가 되지만, 공공의 위험발생은 필요치 않다. 파열행위는 개시했지만 파열이 되지 않거나 파열은 되었지만 사람의 생명·신체·재산에 대한 구체적인 위험이 발생하지 않은 경우에는 이 죄의 미수범으로 처벌된다.

(3) 주관적 구성요건

보일러·고압가스·기타 폭발성있는 물건을 파열시켜 사람의 생명·신체·재산에 대하여 위험을 발생시킨다는 사실에 대한 고의가 있어야 한다.

(4) 폭발성물건파열치사상죄

폭발성물건파열치사상죄는 보일러·고압가스 기타 폭발성물건을 파열하여 폭발성물건파열죄를 범하여 사람을 사상에 이르게 한 경우에 성립하는 범죄이다. 폭발성물건파열죄의 결과적 가중범으로서, **부진정결과적 가중범**이다.

3. 가스 · 전기등 방류죄

> **제172조의2(가스 · 전기등 방류)** ① 가스, 전기, 증기 또는 방사선이나 방사성 물질을 방출,
> 유출 또는 살포시켜 사람의 생명, 신체 또는 재산에 대하여 위험을 발생시킨 자는 1
> 년 이상 10년 이하의 징역에 처한다.
> ② 제1항의 죄를 범하여 사람을 상해에 이르게 한 때에는 무기 또는 3년 이상의 징역에
> 처한다. 사망에 이르게 한 때에는 무기 또는 5년 이상의 징역에 처한다.
> 제172조의2 제1항의 죄의 미수범은 처벌한다(제174조).
> 제172조의2 제1항의 죄를 범할 목적으로 예비 또는 음모한 자는 5년 이하의 징역에 처한
> 다. 단, 그 목적한 죄의 실행에 이르기 전에 자수한 때에는 그 형을 감경 또는 면제한
> 다(제175조).

(1) 의의 및 성격

가스 · 전기등 방류죄(放流罪)는 가스 · 전기 · 증기 또는 방사선이나 방사성 물
질을 방출(放出) · 유출(流出) 또는 살포(撒布)시켜 사람의 생명 · 신체 또는 재산에
대하여 위험을 발생시킴으로써 성립하는 범죄이다.

이 죄는 가스 · 전기를 비롯하여 방사성 물질의 확산에 따르는 위험에 대처하
기 위해 1995년 형법개정에 의해 신설된 규정이다. 사람의 생명 · 신체 또는 재산
에 대한 위험발생을 구성요건의 내용으로 하기 때문에 **구체적 위험범**이다. 공공의
위험을 구성요건으로 하지는 않지만 이 죄에서 열거하고 있는 행위는 공공의 위
험을 발생시킨다는 점에서 방화죄에 준하여 처벌할 필요성이 있기 때문에 신설
된 규정이다.

(2) 객관적 구성요건

1) 행위객체

가스 · 전기 등 방류죄의 객체는 '가스 · 전기 · 증기 또는 방사선이나 방사성물
질'이다. '가스'란 물질의 연소 · 합성 · 분해시에 발생하거나 물리적 성질에 의하여
발생하는 무체상물질(無體狀物質)을 말하고(수질환경보전법 제2조 제2호), **'방사선(放
射線)'**이란 전자파(電磁波) 또는 입자선(粒子線) 중 직접 또는 간접으로 공기를 전
리(電離)하는 능력을 가진 것으로서 대통령령이 정하는 것을 말하며(원자력법 제2
조 제7호), **'방사성물질'**(放射性物質)이란 핵연료물질, 사용 후 핵연료, 방사성동위원
소 및 원자핵분열 생성물을 말한다(동법 제2조 제5호).

2) 실행행위

실행행위는 '방출·유출 또는 살포'하는 행위이다.

'방출(放出)'이란 전기·방사선 등 이온물질을 외부로 노출시키는 것을 말한다. '유출(流出)'이란 가스·증기 등의 기체를 밀폐된 용기 밖으로 새어나가게 하는 것을 말한다. '살포(撒布)'란 분말이나 미립자상태의 방사성물질을 흩어 뿌리거나, 방사성물질을 방치하여 분말·미립자가 당연히 흩어지도록 방치하는 것을 말한다.

3) 기수시기

사람의 생명·신체·재산에 대한 **구체적 위험이 발생한 때**에 기수가 되는 **구체적 위험범**이지만, 현실적으로 공공의 위험이 발생해야 기수가 되는 것은 아니다.

(3) 주관적 구성요건

가스·전기 등을 방류한다는 점에 대한 고의와 사람의 생명·신체·재산에 대한 위험을 발생시킨다는 점에 대하여 적어도 미필적으로 인식할 것이 요구되어진다.

(4) 가스·전기 등 방류치사상죄

본죄는 가스·증기·전기 또는 방사선이나 방사성물질을 유출·방출 또는 살포시켜 사람을 사망 또는 상해에 이르게 함으로써 성립하는 가스·전기등 방류죄의 **결과적 가중범**이다. 가스·전기 등 방류치상죄는 상해의 결과에 대하여 과실이 있는 경우뿐만 아니라 고의가 있는 경우에도 성립하므로 **부진정결과적 가중범**이다. 그러나 가스·전기 등 방류치사죄는 과실에 의한 사망의 경우에만 성립하므로 **진정결과적 가중범**이다.

4. 가스·전기등 공급방해죄

제173조(가스·전기등 공급방해) ① 가스, 전기 또는 증기의 공작물을 손괴 또는 제거하거나 기타 방법으로 가스, 전기 또는 증기의 공급이나 사용을 방해하여 공공의 위험을 발생하게 한 자는 1년 이상 10년 이하의 징역에 처한다.
② 공공용의 가스, 전기 또는 증기의 공작물을 손괴 또는 제거하거나 기타 방법으로 가스, 전기 또는 증기의 공급이나 사용을 방해한 자도 전항의 형과 같다.
③ 제1항 또는 제2항의 죄를 범하여 사람을 상해에 이르게 한 때에는 2년 이상의 유기징역에 처한다. 사망에 이르게 한 때에는 무기 또는 3년 이상의 징역에 처한다.
제1항과 제2항의 미수범은 처벌한다(제174조).

(1) 의의 및 성격

가스·전기 또는 증기의 공작물을 손괴 또는 제거하거나 기타 방법으로 가스·전기 또는 증기의 공급이나 사용을 방해함으로써 성립하는 범죄이다.

제1항의 죄는 공공의 위험발생을 구성요건의 내용으로 하고 있으므로 **구체적 위험범**이고, 제2항의 죄는 추상적 위험범이다.

(2) 객관적 구성요건

1) 행위객체

제1항의 죄의 객체는 공공용이 아닌 가스·전기 또는 증기의 공작물이다. 이에 반해 제2항의 죄의 객체는 공공용의 가스·전기 또는 증기의 공작물에 제한된다.

2) 실행행위

본죄의 실행행위는 가스·전기 또는 증기의 공급이나 사용을 방해하여 공공의 위험을 발생하게 하는 것을 말한다.

손괴는 물질적인 훼손을 말하며, 제거는 목적물 등을 없애는 것을 말한다.

제1항의 죄는 **구체적 위험범**으로서 이러한 행위로 인해 공공의 위험이라는 구체적 위험이 발생해야 기수가 성립된다.

그러나 제2항의 죄는 공공용의 공작물에 대한 행위이므로 **추상적 위험범**으로서 공공의 위험발생을 요건으로 하지 않는다.

(3) 주관적 구성요건

가스·전기 또는 증기의 공작물을 손괴·제거 기타 방법으로 가스·전기 또는 증기의 공급이나 사용을 방해한다는 고의를 가지고 있어야 하며, 제1항의 죄의 경우에는 공공의 위험발생에 대한 인식이 있어야 하지만, 제2항의 죄의 경우에는 이러한 인식이 불필요하다.

(4) 가스·전기등 공급방해치사상죄

본죄는 가스·전기등의 공급을 방해하여 사상(死傷)의 결과가 발생한 때에 성립하는 결과적 가중범이다. 본죄의 성격에 대하여는 상해나 사망의 결과에 대하여 과실뿐만 아니라 고의로 발생한 경우에도 모두 포함되는 **부진정결과적 가중범**으로 해석하는 견해[48]와 고의로 발생한 사상의 결과는 모두 포함되지 않으므로

---

48) 이형국, 469면; 진계호, 640면.

진정결과적 가중범으로 해석하는 견해[49]도 있다.

　그러나 상해의 결과발생의 경우에는 고의 또는 과실이 모두 포함되는 부진정결과적 가중범이지만, 사망의 결과발생의 경우에는 과실로 발생한 경우에만 해당하여 진정결과적 가중범으로 해석하는 다수설의 태도가 타당하다.[50]

IX. 실 화 죄

> 제170조(실화) ① 과실로 인하여 제164조 또는 제165조에 기재한 물건 또는 타인의 소유에 속하는 제166조에 기재한 물건을 소훼한 자는 1천500만원 이하의 벌금에 처한다.
> ② 과실로 인하여 자기의 소유에 속하는 제166조 또는 제167조에 기재한 물건을 소훼하여 공공의 위험을 발생하게 한 자도 전항의 형과 같다.
> 제171조(업무상 실화, 중실화) 업무 상과실 또는 중대한 과실로 인하여 제170조의 죄를 범한 자는 3년 이하의 금고 또는 2천만원 이하의 벌금에 처한다.

1. 단순실화죄의 의의 및 성격

　실화죄(失火罪)는 과실(過失)로 인하여 제164조, 제165조 또는 타인의 소유에 속하는 제166조의 물건을 소훼하거나, 자기소유에 속하는 제166조 또는 제167조에 기재한 물건을 소훼하여 공공의 위험을 발생하게 된 때에 성립하는 범죄이다.

　실화죄는 화력이 지닌 특수한 위험성을 고려하여 과실범을 처벌하고 있으며, 실화죄는 작위뿐만 아니라 부작위에 의해서도 범할 수 있다. 이때에는 부작위범 성립의 일반이론이 적용된다.[51] 과실부작위범은 주의의무위반으로 인한 부작위로 인해 과실범을 실현하는 경우, 즉 망각범을 예로 들 수 있다. 제170조 제1항의 실화죄는 추상적 위험범이나, 동조 제2항의 실화죄는 구체적 위험범이다.

　대법원은 제170조 제2항의 '자기소유에 속하는 제166조 또는 제167조에 기재

---

49) 백형구, 432면; 정성근/박광민, 536면.
50) 김일수/서보학, 452면; 박상기, 479면; 배종대, 99/13; 이재상/장영민/강동범, 530면.
51) 판례는 상자위에 촛불을 붙여 놓고 약 30분 후에 돌아올 예정으로 창고문을 닫고 나온 후에 화재가 발생한 경우와 초등학교 교사가 15세 학생에게 난로의 소화를 명하고 퇴거했으나 학생이 소화를 잘 하지 않고 귀가했기 때문에 학교건물이 불타버린 경우에 창고주와 교사에게 부작위에 의한 실화죄를 인정하였다.

한 물건'의 의미에 관하여, '자기의 소유에 속하는 제166조에 기재한 물건' 또는
'자기의 소유에 속하든 타인의 소유에 속하든 불문하고 제167조에 기재한 물건'
을 의미한다고 판시하고 있다.[52]

2. 업무상 실화·중실화죄

업무상 과실(業務上 過失) 또는 중과실(重過失)로 인하여 실화죄를 범한 경우에
는 형을 가중하고 있다. 업무상 실화는 업무에 종사하는 자는 예견의무로 인하여
책임이 가중되는 경우이고, 중실화의 경우에는 현저하게 주의의무를 결여했으므
로 불법이 가중되는 경우이다.

여기에서 말하는 업무(業務)에는 주유소처럼 화재위험이 수반되는 업무와 화
기·전기 등을 다루는 업무로서 화재가 발생하지 않도록 특별히 주의해야 할 업
무 및 화재방지를 위한 업무 등이 포함된다. 그리고 중과실이란 행위자가 조금만
주의를 기울이더라도 결과발생을 예견할 수 있었음에도 불구하고 부주의로 이를
예견하지 못한 경우를 말한다.[53]

판례는 성냥불이 꺼진 것을 확인하지 않은 채 플라스틱 휴지통에 던진 경
우[54], 연탄 아궁이로부터 80센티미터 떨어진 곳에 스펀지와 솜을 쓰러지기 쉽게
쌓아두어 방치한 경우에는 중대한 과실에 해당하지만,[55] 호텔오락실의 경영자가
오락실 천정에 형광등 등을 설치하는 공사를 무자격 전기기술자에게 전기공사를
하게 하였다는 것만으로는 화재발생에 대한 중대한 과실을 인정할 수 없다고 판
시한 바 있다.[56]

3. 과실폭발성물건파열등의 죄

제173조의2(과실폭발성물건파열등) ① 과실로 제172조 제1항, 제172조의2 제1항, 제173조
제1항과 제2항의 죄를 범한 자는 5년 이하의 금고 또는 1천500만원 이하의 벌금에
처한다.

---

52) 대법원 1994. 12. 20. 선고 94모32 전원합의체 결정.
53) 대법원 1980. 10. 14. 선고 79도305 판결; 대법원 1988. 8. 23. 선고 88도855 판결.
54) 대법원 1993. 7. 27. 선고 93도135 판결.
55) 대법원 1989. 1. 17. 선고 88도643 판결.
56) 대법원 1989. 10. 13. 선고 89도204 판결.

> ② 업무상 과실 또는 중대한 과실로 제1항의 죄를 범한 자는 7년 이하의 금고 또는 2천
> 만원 이하의 벌금에 처한다.

(1) 과실폭발성물건 등 파열죄

과실폭발성물건파열죄는 과실로 보일러·고압가스 기타 폭발성물건을 파열시
킨 경우이고, 과실가스·전기 등 방류죄는 과실로 가스·전기·증기 또는 방사선
이나 방사성물질을 방출, 유출 또는 살포시켜 사람의 생명·신체 또는 재산에 위
험을 발생케 한 경우이며, 과실가스·전기 등 공급방해죄는 과실로 가스·전기 등
의 공급을 방해하여 공공의 위험을 발생케 하거나 공공용 가스·전기 등의 공급
이나 사용을 방해함으로써 성립하는 범죄이다.[57]

(2) 업무상 과실·중과실 폭발성물건파열 등의 죄

이 죄는 업무상 과실·중대한 과실로 인하여 폭발성물건파열죄, 가스·전기
등 방류죄, 가스·전기 등의 공급방해죄를 범한 경우에 불법 또는 책임이 가중되
는 가중적 구성요건이다.

제4절 일수(溢水)와 수리(水利)에 관한 죄

I. 개   설

1. 의의 및 보호법익

일수죄(溢水罪)는 수해(水害)를 일으켜 공공의 안전을 해(害)하는 것을 내용으
로 하는 범죄이다. 공공의 평온을 보호법익으로 하는 '공공위험죄'라는 성격에서는
방화죄와 그 본질이 동일하다.[58] 방화죄가 화력의 파괴력을 이용한데 반해서 일

---

57) 대법원 2001. 6. 1. 선고 99도5086 판결(임차인이 자신의 비용으로 설치·사용하던 가스설
   비의 휴즈콕크를 아무런 조치없이 제거하고 이사를 간 후, 가스공급을 개별적으로 차단할
   수 있는 주밸브가 열려져 가스가 유입되어 폭발사고가 발생한 경우에 임차인의 과실과 가
   스폭발사고 사이에 상당인과관계가 인정된다).
58) 김일수/서보학, 470면; 박상기, 485면; 배종대, 100/1; 유기천, 44면; 이재상/장영민/강동범,

수죄는 수력의 파괴력을 이용한다는 점에서 그 수단이나 방법에 차이가 있다.

일수죄의 주된 보호법익은 **공공의 안전**이지만, 부차적으로는 **재산권**도 보호법익으로 하므로 일수죄는 공공위험죄인 동시에 재산죄적 성격을 지녔다고 할 수 있다.[59]

보호법익에 대한 보호의 정도는 자기소유일반건조물 등 일수죄(제179조 제2항)와 과실일수죄(제181조)는 **구체적 위험범**이지만, 그 밖의 일수죄는 **추상적 위험범**이다.

한편 수리방해죄는 수리권을 보호법익으로 한다는 점에서 공공위험죄라고 할 수 없지만, 수리권(水利權)은 일반적으로 다수인이 공유하고 있다는 점과 일수의 위험성을 지니고 있다는 점 및 물을 수단으로 한다는 점에서 수단의 유사성을 고려하여 다른 일수죄와 함께 규정하고 있으며, 보호의 정도는 **추상적 위험범**이다.

2. 구성요건의 체계

일수와 수리에 관한 죄의 기본적 구성요건은 **일반건조물등 일수죄**(제179조)와 **수리방해죄**(제184조)이다. 일수죄에 대하여 불법이 가중되는 **가중적 구성요건**으로 현주건조물 등 일수죄(제177조 제1항)와 공용건조물 등 일수죄(제178조)가 있으며, 불법이 감경되는 **감경적 구성요건**으로는 자기소유일반건조물일수죄(제179조 제2항)가 있고, 그 밖에 방수방해죄(제180조)와 과실일수죄(제181조)를 처벌하며, 미수범(제182조)과 예비·음모(제183조)를 처벌하고 있다.

Ⅱ. 일 수 죄

1. 현주건조물 등 일수죄

> **제177조(현주건조물등에의 일수)** ① 물을 넘겨 사람이 주거에 사용하거나 사람이 현존하는 건조물, 기차, 전차, 자동차, 선박, 항공기 또는 광갱을 침해한 자는 무기 또는 3년 이상의 징역에 처한다.
> ② 제1항의 죄를 범하여 사람을 상해에 이르게 한 때에는 무기 또는 5년 이상의 징역에 처한다. 사망에 이르게 한 때에는 무기 또는 7년 이상의 징역에 처한다.
> **제182조(미수범)** 본죄의 미수범은 처벌한다.

532면; 이정원, 551면.
59) 백형구, 434면; 임웅, 660면; 정성근/박광민, 539면; 정영석, 644면.

(1) 의의 및 성격

일수죄(溢水罪)는 물을 넘겨 사람의 주거에 사용하거나 사람이 현존하는 건조물·기차·전차·자동차·선박·항공기 또는 광갱을 침해(浸害)함으로써 성립하는 범죄이다. 본죄는 공공의 평온을 보호법익으로 하는 공공위험죄이고, 현주건조물 등의 경우에는 공공의 위험성이 더 크고 넓을 수 있기 때문에 일반적인 위험만으로도 처벌되는 추상적 위험범이다.

(2) 객관적 구성요건

행위는 물을 넘겨(溢水) 현주건조물 등을 침해하는 것이다. 여기서 '물을 넘겨'란 제한되어 있는 물의 자연력을 해방시켜 계역 밖으로 범람하게 하는 것을 말한다. 물은 유수(流水)이든 저수(貯水)이든 불문한다. 물을 넘기는 수단이나 방법에도 제한이 없다. 따라서 제방을 결궤(決潰)하거나 수문을 파괴하는 경우도 여기에 해당한다.

'침해(浸害)한다'는 것은 목적물의 중요부분의 효용이 상실될 정도에 이를 것을 요한다는 견해[60]와 목적물의 전부 또는 일부에 대한 효용의 상실 또는 감소를 의미한다는 견해[61]가 대립한다.

(3) 주관적 구성요건

물을 넘겨 사람의 주거에 사용하거나 사람의 현존하는 건조물 등을 침해한다는 고의가 있어야 한다.

(4) 현주건조물 일수치사상죄

이 죄는 현주건조물 등 일수죄를 범하여 사람을 상해 또는 사망에 이르게 함으로써 성립하는 범죄이다. 사상(死傷)의 결과에 대하여는 과실의 경우뿐만 아니라 고의가 있는 경우에도 적용되므로 부진정결과적 가중범이라는 견해[62]도 있지만, 치상죄는 부진정결과적 가중범이지만, 치사죄는 진정결과적 가중범으로 보는 견해[63]가 타당하다.

---

60) 백형구, 435면; 유기천, 45면; 정영석, 135면.
61) 배종대, 102/3; 오영근, 498면; 이재상/장영민/강동범, 533면; 임웅, 662면; 정성근/박광민, 541면; 정영일, 301면.
62) 이재상/장영민/강동범, 533면.
63) 김성돈, 563면; 김일수/서보학, 471면; 박상기 486조; 임웅, 663면.

2. 공용건조물 등 일수죄

> 제178조(공용건조물등에의 일수) 물을 넘겨 공용 또는 공익에 공하는 건조물, 기차, 전차, 자동차, 신빅, 항공기 또는 광갱을 침해한 자는 무기 또는 2년 이상의 징역에 처한다.
> 제182조(미수범) 본죄의 미수범은 처벌한다.

본죄는 물을 넘겨 공용 또는 공익에 공하는 건조물·기차·전차·자동차·선박·항공기 또는 광갱을 침해(浸害)함으로써 성립하는 범죄이다.

본죄의 객체는 공용 또는 공익에 공하는 건조물이다. 본죄는 행위수단이 물이라는 점에 불을 이용하는 공용건조물등 방화죄에 상응하는 범죄이다. 본죄는 추상적 위험범이다.

3. 일반건조물 등 일수죄

> 제179조(일반건조물등에의 일수) ① 물을 넘겨 전2조에 기재한 이외의 건조물, 기차, 전차, 자동차, 선박, 항공기 또는 광갱 기타 타인의 재산을 침해한 자는 1년 이상 10년 이하의 징역에 처한다.
> ② 자기의 소유에 속하는 전항의 물건을 침해하여 공공의 위험을 발생하게 한 때에는 3년 이하의 징역 또는 700만원 이하의 벌금에 처한다.
> ③ 제176조의 규정은 본조의 경우에 준용한다.
> 제182조(미수범) 제179조 제1항의 미수범은 처벌한다.

본죄는 물을 넘겨 현주건조물 또는 공용건조물 이외의 건조물·기차·전차·자동차·선박·항공기 또는 광갱 기타 타인의 재산을 침해함으로써 성립하는 범죄이다. 일수죄의 기본적 구성요건이다.

본조 제1항에 해당할 경우에는 **추상적 위험범**이지만, 행위객체가 자기소유의 물건일 때에는 본조 제2항에 해당하여 공공의 위험이 구체적으로 발생할 것을 구성요건의 내용으로 하고 있으므로 **구체적 위험범**이다. 따라서 동조 제2항의 경우에는 공공의 위험발생에 대한 인식도 고의의 내용이 된다.

여기서 '자기소유'란 범인의 소유에 속하는 것을 말한다. 다만 자기소유에 속하는 물건이라고 하더라도 압류 기타 강제처분을 받거나 타인의 권리 또는 보험의 목적물이 된 때에는 타인의 물건으로 간주한다(제176조). 그러나 소유자가 없는 무주물이나 물건의 소유자가 침해에 동의한 때에는 자기의 물건과 같이 취급해야 한다.

4. 방수방해죄

> **제180조(방수방해)** 수재에 있어서 방수용의 시설 또는 물건을 손괴 또는 은닉하거나 기타 방법으로 방수를 방해한 자는 10년 이하의 징역에 처한다.

(1) 의의 및 성격

본죄는 수재(水災)에 있어서 방수용 시설 또는 물건을 손괴 또는 은닉하거나 방수를 방해함으로써 성립하는 범죄이다. 방화제에 있어서 진화방해죄와 그 본질을 같이 하며, 추상적 위험범이다.

(2) 구성요건

여기서 '수재에 있어서'란 물로 인한 재해(水災)가 발생한 경우뿐만 아니라 수재발생의 위험이 있는 경우도 포함되며, 수재의 원인은 자연재해·인재·고의·과실을 불문한다.

본죄의 실행행위는 방수용(防水用) 시설 또는 물건을 손괴 또는 은닉하거나 기타 방법으로 방수를 방해하는 것을 말한다. 여기서 '방수용 시설 또는 물건'이란 방수를 하기 위해 만든 일체의 시설이나 물건을 말하며, 재료나 구조 및 소유여부는 따지지 않는다. 그리고 방수활동에는 수재를 예방하는 활동이나 이미 발생한 수재를 감퇴시키는 활동 및 수재로 인하여 발생할 손해를 저지하기 위한 활동도 포함된다.

그러나 수재시에 이러한 수재를 방지하기 위한 활동인 방수활동에 대하여 공무원의 원조요구나 지시에 불응하는 경우, 즉 방수에 대한 협력의무에 위반한 경우에는 방수방해죄에 해당하는 것이 아니라 경범죄처벌법 제1조 제1항 제36호에 의하여 처벌된다.

5. 과실일수죄

> 제181조(과실일수) 과실로 인하여 제177조 또는 제178조에 기재한 물건을 침해한 자 또는 제179조에 기재한 물건을 침해하여 공공의 위험을 발생하게 한 자는 1천만원 이하의 벌금에 처한다.

본죄는 과실로 인하여 현주건조물등 일수죄(제177조) 또는 공용건조물등 일수죄(제178조)에 기재된 물건을 침해(浸害)하거나, 일반건조물 등 일수죄(제179조)에 기재한 물건을 침해하여 공공의 위험을 발생케 함으로써 성립하는 범죄이다.

본죄는 실화죄에 상응하는 구성요건으로서, 동조 전단은 **추상적 위험범**이나 후단은 공공의 위험발생을 구성요건의 내용으로 하고 있으므로 **구체적 위험범**이다.

6. 일수예비·음모죄

> 제183조(예비, 음모) 제177조 내지 제179조 제1항의 죄를 범할 목적으로 예비 또는 음모한 자는 3년 이하의 징역에 처한다.

본죄는 현주건조물등 일수죄, 공용건조물등 일수죄, 타인소유의 일반건조물등 일수죄를 범할 목적으로 예비·음모함으로써 성립하는 범죄이다. 수력의 위험성을 고려하여 각종 일수죄의 실행의 착수이전 단계에서부터 범죄를 예방하기 위해 만들어진 처벌규정이다. 방화예비·음모죄에는 자수에 대한 필요적 감면규정이 있는데, 일수죄에는 자수자에 대한 필요적 감면규정이 없는 것은 입법의 미비이다.

Ⅲ. 수리방해죄

> 제184조(수리방해) 제방을 결궤하거나 수문을 파괴하거나 기타 방법으로 수리를 방해한 자는 5년 이하의 징역 또는 700만원 이하의 벌금에 처한다.

1. 의의 및 보호법익

수리방해죄(水利妨害罪)는 제방(堤防)을 결궤(決潰)하거나 수문을 파괴하거나

기타 방법으로 수리(水利)를 방해함으로써 성립하는 범죄이다. 이 죄의 보호법익
은 **수리권(水利權)**이며, 보호의 정도는 **추상적 위험범**이다. 이 죄는 공공위험죄가 아
니므로 현존하는 수리(水利)의 이익이 있어야 한다.[64]

2. 구성요건

여기서 '수리'(水利)란 관개용·목축용·발전이나 수차 등의 동력용·상수도의 원천용
등 널리 물이라는 천연자원을 사람의 생활에 유익하게 사용하는 일세의 물의 이용을 말
하며,[65] 자연수이든 인공수이든 불문한다. 다만 수도(水道)에 의한 음용수의 이용
은 수도불통죄(제195조)에 의하여 보호받고, 교통상 이용되는 수로(水路)는 교통방
해죄(제185조)에 의하여 보호받으므로 이 죄에는 해당하지 않는다. 수도 이외의
음용수의 이용은 이 죄의 수리에 포함된다.

수리권의 근거에 관하여는 **법령·계약뿐만 아니라 관습**[66]에 의한 경우도 포함
된다.

이 죄의 실행행위는 제방을 결궤하거나 수문을 파괴하거나 기타 방법으로
수리를 방해하는 것을 말한다. 여기서 '제방'이란 물이 넘치는 것을 막기 위한 건
조물을 말하며, '결궤'란 물의 힘에 의해 둑을 무너뜨리는 것을 의미한다. 그러므
로 제방을 결궤하거나 수문을 파괴하는 것은 수리방해행위의 예시에 불과하다.
따라서 '기타 방법'으로 수리를 방해하는 행위에는 수로를 폐쇄하거나 변경하는
등 일체의 수리이용에 관한 방해행위가 포함된다.

그러나 수리방해죄가 성립하기 위해서는 수리방해행위가 필요한데 삽으로
흙을 떠올려 물줄기를 막는 행위만으로는 수리방해행위라 할 수 없다.[67] 또한 하
수나 폐수 등 이용이 끝난 물을 배수로를 통하여 내려보내는 것을 방해하는 경
우, 농촌주택에서 배출되는 생활하수의 배수관(소형 PVC관)을 토사로 막아 하수

---

64) 대법원 1960. 9. 21. 선고 4293형상522 판결.
65) 대법원 2001. 6. 26. 선고 2001도404 판결.
66) 대법원 1968. 2. 20. 선고 67도1677 판결(몽리민<蒙利民>들이 계속하여 20년 이상 평
    온·공연하게 본건 유지<溜池>의 물을 사용하여 소유농지를 경작하여 왔다면 그 유지
    의 물을 사용할 권리가 있다고 할 것이므로 그 권리를 침해하는 행위는 수리방해죄를
    구성한다 할 것이다).
67) 대법원 1975. 6. 24. 선고 73도2594 판결.

가 내려가지 못하게 한 경우에는 수리방해죄에 해당하지 않는다.[68]

제 5 절 교통방해의 죄

I. 개 설

1. 의의 및 본질

교통방해죄란 교통로 또는 교통기관 등 교통설비를 손괴 또는 불통하게 하여 원활한 교통을 방해하는 것을 내용으로 하는 범죄이다. 교통의 안전과 원활한 소통은 사회생활의 유지, 발전에 불가결한 조건이다. 특히 교통기관의 고속화에 따라 공중교통의 안전에 대한 침해는 다수인의 생명·신채·재산에 중대한 피해를 초래할 위험이 있으므로 교통방해죄도 방화죄나 일수죄와 마찬가지로 **공공위험죄**로서의 성격을 지니고 있다.

그런데 이 죄의 보호법익에 대하여는 **공공 또는 공중의 교통안전**이라고 해석하는 견해[69]와 **공공의 교통안전**뿐만 아니라 **공중의 생명·신체·재산에 대한 안전**도 포함된다는 견해[70]가 대립하고 있다. 판례는 일반교통방해죄의 보호법익을 일반공중의 교통안전이라고 해석하고 있다.[71] 생각건대 교통방해의 죄의 보호법익을 공공의 교통안전으로만 해석할 경우에는 이 죄는 도로교통법과 같은 성질을 지니는데 불과하게 된다. 따라서 교통방해의 죄는 공공위험죄로서 **공공의 교통안전**을 주된 보호법익으로 하면서도, 부차적으로는 **공중의 생명·신체·재산의 안전**도 보호법익으로 한다고 이해하는 입장이 타당하며, 법익보호의 정도는 **추상적 위험범**이다.

---

68) 대법원 2001. 6. 26. 선고 2001도404 판결.

69) 김성천/김형준, 740면; 정영석, 138면; 정영일, 303면.

70) 김일수/서보학, 475면; 박상기, 489면; 배종대, 103/2; 이재상/장영민/강동범, 537면; 임웅, 669면; 정성근/박광민, 597면.

71) 대법원 1995. 9. 15. 선고 95도1475 판결; 대법원 2005. 10. 28. 선고 2004도7545 판결.

2. 구성요건의 체계 및 입법론적 검토

(1) 구성요건의 체계

교통방해의 죄의 기본적 구성요건은 일반교통방해죄(제185조)이다. 이에 대하여 불법이 가중되는 가중적 구성요건으로 객체의 특수성으로 인해 불법이 가중되는 기차·선박등 교통방해죄(제186조), 행위태양의 위험성으로 인해 불법이 가중되는 기차등 전복죄(제187조)가 있으며, 결과적 가중범으로 교통방해치사상죄(제188조)가 있다.

이 밖에도 형법은 교통방해죄의 미수범(제190조)과 과실범(제189조)을 처벌하며, 불법이 가중되는 기차·선박등 교통방해죄와 기차등 전복죄에 대하여는 예비·음모(제191조)를 처벌하고 있다.

(2) 입법론적 검토

1) 죄형법정주의원칙에 대한 위반문제

일반교통방해죄와 기차·선박 등 교통방해죄의 행위태양으로 '기타 방법'으로 교통을 방해한다는 일반규정을 둔 것이 죄형법정주의의 명확성의 원칙에 반하는 것은 아닌지, 또한 교통방해죄의 행위객체가 적절하게 규정되어 있는가에는 의문이 있다.

2) 교통방해치사상죄의 폐지문제

결과적 가중범으로 규정되어 있는 교통방해치사상죄는 단순한 교통방해로 인하여 사상의 결과가 발생한다고 보기 어렵기 때문에 이를 폐지하는 것이 바람직하다. 이것은 결과적 가중범에 있어서 중한 결과는 고의의 기본범죄가 지닌 전형적 불법이 과실로 인해 실현된 경우에 제한되어야 하기 때문이다.

3) 항공기·선박 납치죄의 신설필요성

항공교통과 해상교통의 발전으로 인하여 항공기나 선박에 대한 납치사건이 빈발하게 발생할 우려가 있을 뿐만 아니라 이로 인해 다수인의 생명·신체·재산에 대한 위험이 증가하고 있다. 이에 대한 대책으로 특별법으로서「항공안전 및 보안에 관한 법률」이 있어서 항공기손괴죄, 항공기납치죄, 항공시설손괴죄, 항공기위험물건탑재죄 및 항공기안전운항저해폭행죄 등을 규정하고 있다. 그러나 항공기뿐만 아니라 선박을 포함하여 이를 형법의 교통방해의 죄에 함께 규정할 필

요가 있다.[72]

II. 교통방해죄

1. 일반교통방해죄

> 제185조(일반교통방해) 육로, 수로 또는 교량을 손괴 또는 불통하게 하거나 기타 방법으로
> 교통을 방해한 자는 10년 이하의 징역 또는 1천500만원 이하의 벌금에 처한다.
> 제190조(미수범) 본죄의 미수범은 처벌한다.

(1) 의   의

일반교통방해죄는 육로·수로 또는 교량을 손괴 또는 불통하거나 기타 방법으로 교통을 방해함으로써 성립하는 범죄이다. 이 죄는 교통방해죄의 기본적 구성요건이다. 공공의 교통안전과 공중의 생명·신체 및 재산의 안전을 보호하기 위해, 보호법익에 대한 추상적 위험발생만으로 기수가 되는 추상적 위험범이다.

(2) 구성요건

1) 행위객체

본죄의 행위의 객체는 육로·수로 또는 교량이다.

가. '육로'(陸路)란 일반공중의 왕래에 사용되는 육상의 도로를 말한다. 공중왕래의 도로인 이상 도로의 소유자나 관리자가 누구인가는 물론 도로의 광협이나 통행인의 다과는 불문한다. 육로에는 터널도 포함되지만, 제186조와의 관계상 철로는 제외된다. 그러나 주민들에 의해 통행로로 오랫동안 이용되어온 폭 2m의 골목길[73]이나 영농을 위한 경운기나 리어카 등의 통행을 위한 농로로 개설된 도로도 일반공중의 왕래에 공용되는 도로인 이상 여기에 해당한다.[74]

---

72) 독일 형법 제316조의c는 항공기교통침해죄, 오스트리아 형법 제185조와 제186조에는 항공기약탈죄를 교통방해죄와 함께 규정하고 있으며, 일본개정형법초안에도 선박·항공기의 강탈 및 운항지배의 죄를 제14장에 독립하여 규정하고 있다.
73) 대법원 1994. 11. 4. 선고 94도2112 판결(주민들에 의하여 공로로 통하는 유일한 통행로로 오랫동안 이용되어온 폭 2m의 골목길을 자신의 소유라는 이유로 폭 50 내지 75cm가량만 남겨두고 담장을 설치하여 주민들의 통행을 현저히 곤란하게 하였다면 일반교통방해죄를 구성한다).
74) 대법원 1995. 9. 15. 선고 95도1475 판결.

따라서 육로는 도로법의 적용을 받는 도로에 한정되는 것이 아니라 공중의 왕래에 사용되는 장소, 즉 불특정다수인이나 거마(車馬)가 자유롭게 통행할 수 있는 공공성을 지닌 육상의 장소는 여기에 해당된다고 할 수 있다.[75] 그러나 일시적으로 지역주민들이 공터를 지름길로 사용한 경우[76]나 공로에 출입할 수 있는 다른 도로가 있는 상태에서 토지 소유자로부터 일시적인 사용승낙을 받아 통행하거나 토지 소유자가 개인적으로 사용하면서 부수적으로 타인의 통행을 묵인한 장소에 불과한 도로[77]는 이를 육로라고는 할 수 없다.

나. '수로'(水路)란 선박의 항해에 사용되는 하천(河川)·운하(運河)·해협(海峽)·호소(湖沼)·항구(港口) 등을 말한다. 공해상의 해로(海路)도 여기에 포함된다.

다. '교량'(橋梁)이란 하천·호소·계곡 등에 가설한 시설물로서 공중의 왕래에 사용되는 다리를 말한다. 육교나 잔교도 포함되나 철교는 궤도의 일부이므로 제외된다. 교량의 소유·관리관계, 교량의 대소나 재질 등은 불문한다.

2) 실행행위

본죄의 실행행위는 '손괴 또는 불통하게 하거나 기타 방법으로 교통을 방해하는 행위'를 말한다.

'손괴'란 교통시설물에 직접 유형력을 행사하여 물리적으로 훼손하거나 그 본래의 효용을 감소시키는 일체의 행위를 말하며, '불통'이란 장애물을 사용하여 통행을 방해하는 일체의 행위를 말한다.[78] 따라서 도로를 차단하는 경우는 물론이고 그 밖에 교통을 불가능하게 하는 경우에는 그 방법을 불문한다. 그리고 '기타 방법'이란 손괴 또는 불통은 교통방해의 예시에 불과하므로 이에 준하는 교통

---

75) 대법원 2002. 4. 26. 선고 2001도6903 판결(한국수자원공사가 모래적치장으로 사용하던 토지를 여관, 식당, 버섯농장의 차량과 손님, 등산객, 인근 주민들은 통행로로 이용하여 왔는데, 한국수자원공사로부터 이 토지를 사들인 사람이 약 80m되는 통행로 중 20m 정도를 소유하게 된 후에, 이 도로의 중간에 바위를 놓거나 이를 파헤쳐서 차량의 통행을 방해하였다면 교통방해죄 및 업무방해죄에 해당한다).

76) 대법원 1984. 11. 13. 선고 84도2192 판결.

77) 대법원 2017. 4. 7. 선고 2016도12563 판결.

78) 대법원 2005. 10. 28. 선고 2004도7545 판결(도로를 통행하기 않기로 민사소송에서 조정이 성립되었다 하더라도 그 조정내용을 강제로 실현하기 위해서는 간접강제신청 등 법이 정한 절차를 밟아야 함에도 불구하고 이 사건 도로부분에 쇠파이프구조물을 설치하거나 화물차로 도로를 가로 막아 차량의 통행을 제한한 경우에는 일반교통방해죄가 성립한다).

방해행위는 물론 그 밖에 교통방해를 초래할 수 있는 일체의 방법이 포함된다고 해석된다.

그런데 권한 없는 자가 허위로 교통표지를 세우거나 폭력으로 통행을 하지 못하게 방해하는 것이 '기타 방법'에 해당하는가에 관하여는 긍정하는 견해[79]와 '기타 방법은 손괴 또는 불통에 준하는 행위일 것을 요하므로 여기에서 제외된다고 부정하는 견해[80]가 대립한다.

생각건대 '기타 방법'은 손괴나 불통의 방법 이외의 일체의 교통방해행위를 의미하므로 긍정설이 타당하다. 나아가 **교통방해행위**는 교통을 방해하거나 현저히 곤란하게 하는 행위를 말하고, 이러한 상태가 발생하면 기수가 되는 **추상적 위험범**이므로 현실적인 방해결과를 요하지는 않는다.[81]

2. 기차·선박등 교통방해죄

> **제186조(기차, 선박등의 교통방해)** 궤도, 등대 또는 표지를 손괴하거나 기타 방법으로 기차, 전차, 자동차, 선박 또는 항공기의 교통을 방해한 자는 1년 이상의 유기징역에 처한다.
> **제190조(미수범)** 제185조 내지 제187조의 미수범은 처벌한다.
> **제191조(예비, 음모)** 제186조의 죄를 범할 목적으로 예비 또는 음모한 자는 3년 이하의 징역에 처한다.

(1) 의의 및 성격

본죄는 궤도·등대 또는 표지를 손괴하거나 기타 방법으로 기차·전차·자동차·선박 또는 항공기의의 교통을 방해함으로써 성립하는 범죄이다. 행위객체가 기차·전차·자동차·선박 또는 항공기라는 중요한 대중적 교통수단이라는 점에서 불법이 가중된다고 볼 수 있다. 이러한 대중적 교통수단은 많은 사람이나 물건을 수송하기 때문에 이를 침해할 경우에는 사회적으로 중대한 공공의 위험을 초래할 수 있기 때문에, 이를 고려한 입법이다.[82]

---

79) 김일수/서보학, 476면; 박상기, 491면; 이재상/장영민/강동범, 540면; 정성근/박광민, 600면.
80) 백형구, 461면; 유기천, 57면; 진계호, 653면.
81) 대법원 2018. 5. 11. 선고 2017도9146 판결; 대법원 2019. 4. 23. 선고 2017도1056 판결.
82) 이 죄의 불법가중의 근거에 대하여는 행위객체뿐만 아니라 손괴 등의 방법이라는 특정한

(2) 객관적 구성요건

1) 행위객체

행위의 객체는 궤도·등대 또는 표지이다. 여기서 '궤도'(軌道)란 일반교통에 제공하기 위하여 지상에 설치된 궤조(軌條)를 말한다. '등대'(燈臺)란 선박항해의 안전을 도모하고 그 목표를 제시하기 위하여 시설한 등화를 말하며, '표지'(標識) 는 교통의 신호관계를 명백히 하기 위한 각종 표지를 말한다.

2) 행위의 태양

손괴하거나 기타 방법으로 기차·전차·자동차·선박 또는 항공기의 교통을 방해하는 것이다. 교통방해의 수단으로는 '손괴와 기타 방법'이 해당한다. 여기서 '손괴'(損壞)란 물건에 대한 물질적 훼손을 말하며, '기타 방법'이란 손괴 이외의 방법으로 교통을 방해할 수 있는 일체의 행위를 말한다. 예컨대 궤도상에 장애물을 놓아두는 행위, 등대의 등화를 소등하는 행위, 신호등의 전원을 끄는 행위, 교통신호를 가리게 하는 행위 등을 들 수 있다.[83]

교통방해의 내용으로는 기차·전차·자동차·선박 또는 항공기의 교통을 방해하는 것이다. 기차와 전차는 궤도차의 일종이나 여기서는 동력을 기준으로 한 개념이다. 그 밖에 디젤이나 가솔린 차, 모터 카, 모노레일 등도 당연히 여기에 포함된다고 해석되며,[84] 소규모의 선박도 여기에 속한다고 해석된다.[85]

(3) 주관적 구성요건

궤도·등대·표지를 손괴하거나 기타 방법으로 기차·전차 등의 교통을 방해한다는 사실에 대한 인식을 요하며, 인식정도는 미필적 인식으로도 족하다. 그러나 교통방해의 결과발생이나 공공의 위험에 대한 인식은 요하지 않는다.

3. 기차등 전복죄

> 제187조(기차등의 전복등) 사람의 현존하는 기차, 전차, 자동차, 선박 또는 항공기를 전복, 매몰, 추락 또는 파괴한 자는 무기 또는 3년 이상의 징역에 처한다.

행위방법 때문에 불법이 가중된다는 견해도 있다(유기천, 57면).

83) 김일수/서보학, 477면; 손동권/김재윤, 588면; 이영란, 550면; 이재상/장영민/강동범, 543면; 정성근/박광민, 602면.
84) 유기천, 57면.
85) 이형국, 553면; 정성근/박광민, 603면.

제190조(미수범) 본죄의 미수범은 처벌한다.

제191조(예비·음모) 본죄를 범할 목적으로 예비 또는 음모한 자는 3년 이하의 징역에 처한다.

(1) 의의 및 성격

이 죄는 사람이 현존하는 기차·전차·자동차·선박 또는 항공기를 전복·매몰·추락 또는 파괴함으로써 성립하는 범죄이다. 사람이 현존하는 기차 등을 전복·매몰·추락 또는 파괴하는 경우에는 교통안전과 공공의 생명·신체·재산에 대한 침해의 위험이 현저히 높아진다는 점에서 기차·선박 등 교통방해죄(제186조)에 비하여 불법이 가중되어 형을 무겁게 하고 있다. 이 죄는 법익보호의 정도는 추상적 위험범이다.

(2) 객관적 구성요건

1) 행위객체

본죄의 행위객체는 사람이 현존하는 기차·전차·자동차·선박 또는 항공기이다. '사람이 현존한다'는 것은 당해 피고인 이외의 사람이 현존한다는 의미이다.[86] 사람이 현존하는 이유나 수의 다소는 문제되지 않으며, 열차의 경우에는 수량의 객차 중 1량에라도 사람이 현존하는 경우에는 여기에 해당한다. 사람이 현존하는 시기는 결과발생시가 아니라 실행행위를 개시할 때 사람이 현존해야 한다.[87] 또한 기차·전차·자동차·선박 또는 항공기가 현재에 운행중일 것을 요하지 않으며, 교통기관으로서 그 기능을 유지하고 있는 이상 일시 정차나 정박 중이거나 차고에 들어가 있더라도 여기에 해당한다.[88]

2) 행위의 태양

본죄의 실행행위는 전복(顚覆)·매몰(埋沒)·추락(墜落) 또는 파괴(破壞)하는 것이다. '전복'이란 교통기관을 탈선시키는 등의 방법으로 넘어가게 하는 것을 말한다. 단순히 선로나 도로를 이탈하게 하는 것만으로는 전복이라 할 수 없다. '매몰'이란 선박을 수중에 침몰시키는 것을 말한다. 선박을 좌초시킨 경우에는 이 죄의 미수

---

86) 대법원 1970. 9. 17. 선고 70도1665 판결.

87) 김일수/서보학, 478면; 배종대, 105/6; 손동권/김재윤, 589면; 이재상/장영민/강동범, 544면; 임웅, 674면; 정영일, 306면.

88) 박상기, 492면; 배종대, 105/6; 손동권/김재윤, 589면; 이재상/장영민/강동범, 544면; 임웅, 674면; 정성근/박광민, 604면.

에 불과하며, 좌초로 인해 선박이 파괴된 때에는 파괴에 해당한다.

'추락'이란 자동차나 항공기가 높은 곳에서 낮은 것으로 떨어지는 것을 말한다. 이로 인해 자동차나 항공기가 파괴되는 정도를 요하지는 않는다.

파괴의 의미에 대하여는 불특정다수인의 생명·신체에 대한 위험이 생길 정도의 손괴를 요한다는 견해도 있으나, 생명·신체에 대한 위험은 파괴의 경우에만 발생하는 것이 아니므로 '파괴'란 교통기관으로서의 기능의 전부 또는 일부를 사용할 수 없을 정도로 중요부분을 훼손하는 경우를 말한다고 보는 통설[89]과 판례[90]의 입장이 타당하다고 생각된다.

따라서 이러한 교통기관의 유리창을 깨뜨리거나 외관에 손상을 가한 정도로는 파괴에 해당하지 않는다.

(3) 주관적 구성요건

사람이 현존하는 기차·전차·자동차·선박 또는 항공기를 전복·매몰·추락 또는 파괴한다는 사실에 대한 고의가 필요하다. 그러나 공공의 위험에 대한 인식은 불필요하다.

4. 교통방해치사상죄

> 제188조(교통방해치사상) 제185조 내지 제187조의 죄를 범하여 사람을 상해에 이르게 한 때에는 무기 또는 3년 이상의 징역에 처한다. 사망에 이르게 한 때에는 무기 또는 5년 이상의 징역에 처한다.

본죄는 일반교통방해죄(제185조), 기차·선박등 교통방해죄(제186조) 또는 기차등 전복죄(제187조)를 범하여 사람을 상해 또는 사망에 이르게 함으로써 성립하는 범죄이다.

본죄는 결과적 가중범으로서 기본범죄가 기수뿐만 아니라 미수인 경우에도 포함되며, 여기에서 말하는 치사상의 대상이 되는 사람은 교통기관 안에 현존하는 사람뿐만 아니라 보행자와 교통기관 부근의 다른 사람들도 포함된다.[91]

---

89) 김일수/서보학, 478면; 박상기, 492면; 배종대, 105/7; 손동권/김재윤, 589면; 오영근, 512면; 이재상/장영민/강동범, 544면.

90) 대법원 1970. 10. 23. 선고 70도1611 판결.

91) 이재상/장영민/강동범, 545면.

본죄를 모두 부진정결과적 가중범이라고 해석하는 견해[92]도 있으나, 교통방해치사죄는 **진정결과적 가중범**이고, 치상죄는 **부진정결과적 가중범**이라고 해석하는 다수설[93]의 태도가 타당하다. 왜냐하면 살인의 고의를 가지고 교통방해를 하여 사람을 살해한 경우에는 이를 인정해야 할 필요가 없기 때문이다. 따라서 살인의 고의를 가지고 교통방해를 하여 사람을 살해한 경우에는 교통방해치사죄가 성립하는 것이 아니라 살인죄와 교통방해죄의 상상적 경합이 되며, 상해의 경우에는 교통방해치상죄와 상해죄의 상상적 경합이 된다.

Ⅲ. 과실에 의한 교통방해죄

> **제189조(과실, 업무상 과실, 중과실)** ① 과실로 인하여 제185조 내지 제187조의 죄를 범한 자는 1천만원 이하의 벌금에 처한다.
> ② 업무상 과실 또는 중대한 과실로 인하여 제185조 내지 제187조의 죄를 범한 자는 3년 이하의 금고 또는 2천만원 이하의 벌금에 처한다.

1. 과실교통방해죄

본죄는 과실로 일반교통방해죄(제185조), 기차·선박등 교통방해죄(제186조) 및 기차등 전복죄(제187조)를 범한 경우에 성립하는 범죄이다. 교통방해죄는 다수인의 생명과 신체에 대한 위험을 초래한다는 점에서 과실범을 처벌하고 있다. 그리고 여기서의 과실은 피해자에게나 제3자에게 과실이 있다고 하여 행위자의 과실이 부정되지는 않는다.

2. 업무상 과실·중과실교통방해죄

업무상 과실 또는 중과실로 인하여 교통을 방해한 경우에 성립하는 범죄이다. 여기서 '업무'란 사회생활상의 지위에서 계속하여 행하는 사무를 말하며, 본무든 겸무든 불문한다. 주로 직접, 간접으로 기차·전차 등의 교통수단의 운영에

---

92) 진계호, 659면; 황산덕, 116면.
93) 김성돈, 574면; 김일수/서보학, 479면; 박상기, 493면; 배종대, 105/9; 손동권/김재윤, 590면; 오영근, 513면; 이영란, 554면; 이재상/장영민/강동범, 546면; 이형국, 555면; 임웅, 675면.

종사하는 자의 업무를 말한다.[94)]

---

94) 이른바 성수대교 붕괴사건 사례(성수대교 건설당시의 부실제작 및 부실시공행위 등에 의하여 교량의 트러스트가 붕괴되는 것도 업무상과실일반교통방해의 행위태양으로 규정한 '손괴'의 개념에 해당하고, 업무상과실일반교통방해죄의 업무는 일반의 교통왕래에 관여하는 사무에 직·간접적으로 종사하는 자를 말하는바, 성수대교는 차량 등의 통행을 주된 목적으로 하여 건설된 교량으로서 그 건설 당시 제작, 시공을 담당한 자도 '교통에 관여하는 사무'에 간접적으로 관련이 있는 자에 해당하며, 업무상 과실로 인하여 교량을 손괴하여 자동차의 교통을 방해하고 그 결과 자동차를 추락시킨 경우 업무상과실일반교통방해죄와 업무상과실자동차추락죄가 성립하고 양죄는 상상적 경합관계에 있다; 대법원 1997. 11. 28. 선고 97도1740 판결); 업무상 과실 항공기추락죄 사례(항공기 추락이란 공중에 떠있는 항공기를 정해진 항법에 따르지 않고 지표 또는 수면에 낙하시키는 것을 말하는바, … 긴급시 항법으로 정해진 절차에 따라 운항하지 못한 과실로 말미암아 사람이 현존하는 항공기를 안전하게 비상착륙시키지 못하고 해상에 추락시켰다면 업무상과실항공기추락죄에 해당한다; 대법원 1990. 9. 11. 선고 90도1486 판결); 형법 제189조 제2항, 제187조 소정의 업무상과실자동차파괴등죄와 도로교통법 제74조(운전자의 업무상 과실·중과실손괴)는 … 일반법과 특별법관계가 아닌 별개의 독립된 구성요건으로 해석함이 상당하다; 대법원 1983. 9. 27. 선고 82도671 판결.

제 2 장 공공의 신용에 대한 죄

제 1 절 통화에 관한 죄

I. 개   설

1. 통화에 관한 죄의 의의 및 성격

(1) 의   의

통화에 관한 죄란 행사할 목적으로 통화를 위조·변조하거나, 위조·변조된 통화를 행사·수입·수출 또는 취득하거나, 통화유사물을 제조·수입·수출·판매하는 것을 내용으로 하는 범죄이다.

통화는 국민경제생활의 중심으로서 유통거래의 기초를 이루기 때문에, 통화에 대한 공공의 신용을 유지한다는 것은 경제활동의 불가결의 전제가 된다.

(2) 보호법익

통화에 관한 죄는 마찬가지로 공공의 신용을 보호법익으로 하는 문서에 관한 죄의 특수한 경우라고 할 수 있다. 따라서 예컨대 통화위조죄가 성립되면 문서위조죄는 성립되지 않는다.[1]

본죄의 보호법익에 대하여는, ① 통화에 관한 거래의 안전과 신용이라는 다수설의 입장[2]과 ② 국가의 화폐주권(통화고권)이라는 국가적 법익과 통화에 대한

---

1) 역사적으로 살펴보더라도 통화에 관한 죄는 1871년에 이르기까지는 위조범죄의 일종으로 발전되어 왔으나, 독일형법(제146조 이하 참조)과 오스트리아형법(제232조 이하 참조)은 이를 유가증권위조죄와 함께 규정하고 있다. 그러나 유가증권위조죄와 통화위조죄는 전자가 지불의 증명수단에 불과하지만, 후자는 지불수단이라는 점에서 그 기능이 다르기 때문에 이를 별도로 규정해야 필요가 있다.

2) 김성돈, 591면; 김성천/김형준, 750면; 김일수/서보학, 532면; 박상기, 495면; 배종대, 106/3; 오영근, 533면; 이영란, 577면; 이재상/장영민/강동범, 548면; 이정원, 562면; 이형국, 560면; 임웅, 677면; 정성근/박광민, 673면; 조준현, 409면.

거래의 안전과 신용이라는 사회적 법익을 포함한다는 견해,[3] 그리고 ③ 통화에 대한 거래의 안전과 신용, 국가의 화폐주권 및 불특정인의 재산상태의 위험이라는 견해[4]가 대립한다.

생각건대 물론 형법이 외국통화에 비해 내국통화를 무겁게 처벌하도록 규정하고 있는 점을 고려할 때는 화폐주권을 보호법익이라고 해석할 여지가 있다. 그러나 「특정범죄 가중처벌 등에 관한 법률」에는 외국통화의 위조도 내국통화와 마찬가지로 같은 형으로 처벌하고 있으므로 보호법익을 국가의 화폐주권이라고 해석하여 국가적 법익을 포함하여 해석할 이유가 없으며, 또한 통화에 관한 죄는 개인의 재산권을 보호법익으로 하는 죄가 아니라 통화위조·변조 등을 처벌함으로써 얻게 되는 부수적 효과에 불과하다. 따라서 통화에 관한 죄의 보호법익은 **통화에 관한 공공의 신용과 거래의 안전**이라는 사회적 법익이라고 해석하는 다수설의 태도가 타당하며, 법익보호의 정도는 **추상적 위험범**이다.[5]

2. 구성요건의 체계

형법은 유가증권과 구별하여 통화에 관한 죄를 별도로 규정하여, 내국통화위조·변조죄(제207조 제1항), 내국유통외국통화위조·변조죄(제207조 제2항), 외국통용외국통화위조·변조죄(제207조 제3항) 및 위조·변조통화행사등죄(제207조 제4항)을 **기본적 구성요건**으로 하고 있다.

이에 대한 **수정적 구성요건**으로 위조·변조통화취득죄(제208조), 위조통화 취득 후 지정행사죄(제210조), 통화유사물의 제조등죄(제211조)를 두고 있으며, 그 밖에 미수범(제207조, 제208조, 제211조의 죄)과 예비죄(제207조 제1항 내지 제3항의 죄)를 처벌하고 있다.

또한, 통화에 관한 죄는 외국인의 국외범에 대하여도 처벌하도록 규정하여 (제5조 제4호), 형법의 장소적 적용범위에 있어서 **세계주의**를 취하고 있다. 따라서 통화에 관한 죄는 범죄행위자의 국적이나 주소에 관계없이 처벌된다.

그 밖에 통화에 관한 죄는 유가증권과는 달리 발행권이 국가에 독점되어 있

---

3) 서일교, 231면; 손동권/김재윤, 607면; 정영일, 316면.

4) 황산덕, 120면.

5) 입법론적으로 국제화시대에 부합되게 외국통화의 위조도 형법상 외국통화의 위조와 같은 형으로 처벌하도록 개정해야 할 필요가 있다.

기 때문에 오로지 통화 성립의 진정에 대한 위조·변조만이 가능하며(이른바 유형위조), 그 내용의 허위여부는 문제되지 않는다.

Ⅱ. 통화위조·변조죄와 위조·변조통화행사죄

1. 내국통화위조·변조죄

> 제207조(통화의 위조등) ① 행사할 목적으로 통용하는 대한민국의 화폐, 지폐 또는 은행권을 위조 또는 변조한 자는 무기 또는 2년 이상의 징역에 처한다.
> 제209조(자격정지 또는 벌금형의 병과) 유기징역에 처할 경우에는 10년 이하의 자격정지 또는 2천만원 이하의 벌금을 병과할 수 있다.
> 제212조(미수범) 본죄의 미수범은 처벌한다.

(1) 의   의

본죄는 행사할 목적으로 통용하는 대한민국의 화폐, 지폐 또는 은행권을 위조 또는 변조함으로써 성립하는 범죄이다.

(2) 객관적 구성요건

본죄는 통용(通用)되는 대한민국의 통화를 위조 또는 변조함으로써 성립한다.

1) 행위객체

본죄의 행위객체는 '통용되는 대한민국의 통화'이다.

가. 통화의 개념   여기서 '통화'란 국가 또는 국가에 의하여 발행권한이 부여된 기관에 의하여 금액이 표시된 지불수단으로서 강제통용력이 인정된 것을 말한다. 따라서 금액이 표시되지 않거나 발행권자에 의하여 강제통용력이 인정되지 아니하는 것은 통화가 아니다. 형법은 통화를 화폐·지폐·은행권으로 구별하고 있다. 여기서 ① '화폐'(貨幣: money)란 금속화폐인 경화를 말한다. 금속의 재료에 따라 금화·은화·백동화·은동화·니켈화 등도 있으나, 현재 우리나라에서 통용되고 있는 화폐는 주화(鑄貨)뿐이다. 화폐는 명목가치에 가까운 실가가 인정되는 것이 보통이지만 반드시 이를 요건으로 하지는 않는다. ② '지폐'(紙幣: paper money)란 정부 기타 발행권자에 의하여 발행된 화폐대용의 증권을 말한다. ③ '은행권'(銀行券: banknote)이란 정부의 인허를 받은 특정한 은행이 발행하여 교환의 매개물이 된 증권을 말한다.

우리나라는 화폐의 발행권을 한국은행만이 가지고 있으므로 한국은행권이 주화와 함께 통용되고 있다.

나. '통용하는'의 의미　　여기서 '통용하는'이란 법률에 의하여 강제통용력이 인정되는 것을 말한다. 따라서 실제로 거래의 대상이 되어 유통되고 있는 고화(古貨)나 폐화(廢貨)는 통용하는 통화라 할 수 없다. 그러나 기념주화로서 수집의 대상이 되는 발행권을 가진 기관이 발행한 기념주화는 통화에 해당한다. 예컨대 88올림픽 기념주화 등을 들 수 있다.

통용기간은 경과되었으나 교환중인 구통화(舊通貨)를 통화라 할 수 있는가에 대하여는 견해가 대립한다. 긍정설은 사실상 통용되고 있거나,[6] 은행에서 교환의 무가 있는 이상은 통화라고 해야 한다는 견해이다. 그러나 법률에 의하여 현재 강제통용력이 인정되지 않는 것은 통화라고 할 수 없다는 부정설의 태도가 타당하며, 다수설[7]의 입장이기도 하다.

2) 실행행위

본죄의 실행행위는 '위조 또는 변조하는 것'이다.

가. 위　조　　'위조'(僞造)란 통화의 발행권자가 아닌 자가 통화의 외관을 가진 물건을 만드는 것을 말한다. 일반적으로 한 나라의 통화의 발행권은 정부 기타 정부가 인허한 특정한 발행권자에 제한되므로 이러한 발행권자에 의하여 제작된 통화와 유사한 물건을 발행권자가 아닌 자가 제작하는 것을 위조라고 할 수 있다. 따라서 통화에 관한 죄에 있어서 위조는 이른바 **유형위조**를 의미한다.

위조의 방법에는 특별한 제한이 없으므로 고화나 폐화를 이용하여 새로운 통화를 제작하거나 사진·복사 등의 방법에 의하건 불문한다. 위조라고 하기 위해서는 진화(眞貨)의 존재가 미리 전제되어야 한다고 해석하는 견해[8]도 있으나, 통화의 발행이 예정되어 있는 경우에는 진화가 존재하지 않는 경우에도 위화(僞貨)를 진화로 오인할 우려가 있기 때문에 이를 요하지 않는다고 해석하는 견해가 다수설[9]의 입장이며 타당하다. 통화위조를 처벌하는 것은 발행권자 아닌 자가 통화를

---

6) 정영석, 145면.
7) 김성천/김형준, 751면; 김일수/서보학, 533면; 배종대, 107/3; 이재상/장영민/강동범, 550면; 임웅, 679면.
8) 정영일, 318면.
9) 김일수/서보학, 534면; 배종대, 107/5; 손동권/김재윤, 610면; 이재상/장영민/강동범, 550면; 임웅, 680면; 정성근/박광민, 677면.

위조하여 거래의 안전과 신용에 대한 위험을 야기시켰다는 점에 있으므로, 설령 위화의 실질적 가치가 진화보다 더 가치있는 경우라 하더라도 위조가 될 수 있다.[10]

위조의 정도에 관하여는 일반인이 진화로 오인할 우려가 있는 정도의 외관을 갖추면 충분하다.[11] 진화로 오인될 우려가 있는 정도면 족하므로, 위화의 지질, 대소, 문자, 지문의 모양, 색체, 인장 또는 기호가 실제로 유통되는 것과 동일하거나 유사할 것을 요하지는 않는다고 하겠다.[12]

그러나 일반인이 진화로 오신(誤信)할 정도의 외관을 갖추지 못한 경우, 예컨대 주화의 색체를 변경한 경우,[13] 전자복사기를 이용하여 흑백으로 복사한 경우[14] 등은 위조에 해당한다고 할 수 없다.

나. 변　조　'변조'란 진정한 통화에 가공을 하여 그 가치를 변경하는 것을 말한다. 변조는 진정한 통화를 전제로 그것에 가공을 가하지만 진화와 외관이나 동일성을 상실하지 않는다는 점에서 위조와는 구별된다. 만약 진정한 통화를 사용하여 새로운 위화가 만들어진 경우에는 진정한 통화와의 동일성이 상실되었기 때문에 통화변조가 아니라 통화위조가 된다.

변조의 방법으로는 두 가지를 생각할 수 있다. 첫째는 진화(眞貨)의 모양과 문자를 고쳐서 그 명목상의 가치를 변경하는 방법이다. 예컨대 1,000원권을 가공하여 10,000원권으로 고치는 경우가 여기에 해당한다. 둘째는 진화를 손괴하여 그 실가를 감소하게 하는 방법이다. 예컨대 금화나 은화를 감량하여 실질적 가치를 줄이는 행위를 들 수 있다. 우리나라에서는 금화나 은화가 통용되지 않으므로 후자의 방법은 특별히 문제되지 않는다.

변조의 정도는 위조와 마찬가지로 일반인이 진정한 통화로 오인할 정도일 것이 요구되어진다.[15]

---

10) 김성돈, 594면; 배종대, 107/5; 손동권/김재윤, 610면; 이재상/장영민/강동범, 550면; 정성근/박광민, 677면; 정영일, 318면.
11) 대법원 1986. 3. 25. 선고 86도255 판결.
12) 대법원 1946. 8. 20. 선고 4297형상64 판결.
13) 대법원 1979. 8. 28. 선고 79도639 판결.
14) 대법원 1986. 3. 25. 선고 86도255 판결.
15) 일본국의 자동판매기에 사용하기 위하여 한국은행 발행 500원짜리 주화의 표면 일부를 깎아 손상을 가한 경우(대법원 2002. 1. 11. 선고 2000도3950 판결), 미화 1달러 및 2달러 지폐의 발행연도, 발행번호, 미국 재무부를 상징하는 문양, 재무부장관의 사인, 일부 색상을 고친 것만으로는 일반인으로 하여금 진화로 오신케 할 정도에는 이르지 못했으므로 통화

(3) 주관적 구성요건

본죄가 성립하기 위해서는 통용하는 대한민국의 화폐·지폐 또는 은행권을 위조 또는 변조한다는 고의가 있어야 한다. 따라서 통용되는 화폐인가 여부에 관한 착오는 구성요건적 착오에 해당한다.

본죄는 초과주관적 구성요건요소로서 행위자에게 행사할 목적이 있을 것을 요하는 목적범이다. 따라서 행위자는 통화를 위조·변조할 때에 위조·변조된 통화를 가지고 진정한 통화로서 통용시키겠다는 목적을 가지고 있어야 한다.[16]

(4) 죄   수

동일한 기회에 인쇄기로 수개의 통화를 위조한 경우에는 접속법으로서 한 개의 통화위조죄만 성립한다. 그러나 동일인이 통화를 위조한 후, 그 위조된 통화를 행사한 때에는 **통화위조죄**와 **위조통화행사죄**가 성립되는데, 양죄의 관계를 상상적 경합으로 해석하는 견해와 실체적 경합으로 해석하는 견해의 대립이 있다. 전자의 입장은 목적범에 있어서는 목적을 달성할 때까지는 하나의 행위가 된다고 볼 수 있으므로 양죄는 **상상적 경합**이 된다고 해석하는 입장[17]이다. 그러나 양죄는 별개의 구성요건이고, 시간적으로도 순차적으로 이루어지는 별개의 범죄행위이므로 양죄는 **실체적 경합**이 된다고 해석하는 견해가 타당하며, 다수설[18]의 입장이기도 하다.

2. 내국유통 외국통화위조·변조죄

> **제207조(통화의 위조등)** ② 행사할 목적으로 내국에서 유통하는 외국의 화폐, 지폐 또는 은행권을 위조 또는 변조한 자는 1년 이상의 유기징역에 처한다.
> **제209조(자격정지 또는 벌금형의 병과)** 유기징역에 처할 경우에는 10년 이하의 자격정지 또는 2천만원 이하의 벌금을 병과할 수 있다.
> **제212조(미수범의 처벌)** 본죄의 미수범은 처벌한다.

변조죄가 성립하지 않는다(대법원 2004. 3. 26. 선고 2003도5640 판결).

16) 형법 제207조에서 정한 '행사할 목적'이란 유가증권위조의 경우와 달리 위조·변조한 통화를 진정한 통화로서 유통에 놓겠다는 목적을 말하므로, 자신의 신용력을 증명하기 위하여 타인에게 보일 목적으로 통화를 위조한 경우에는 행사할 목적이 있다고 할 수 없다(대법원 2012. 3. 29. 선고 2011도7704 판결).

17) 이재상/장영민/강동범, 552면.

18) 김성돈, 596면; 김성천/김형준, 760면; 김일수/서보학, 540면; 박상기, 497면; 백형구, 490면; 손동권/김재윤, 612면; 이형국, 567면; 정성근/박광민, 679면; 조준현, 412면.

(1) 의   의

내국유통 외국통화 위조·변조죄는 행사할 목적으로 내국에서 유통되는 외국의 화폐·지폐 또는 은행권을 위조 또는 변조함으로써 성립하는 범죄이다.

(2) 객관적 구성요건

1) 행위객체

본죄의 행위객체는 내국에서 유통되는 외국의 통화이다.

여기서 내국이란 대한민국의 영역 내를 의미한다. 따라서 북한도 당연히 우리나라 영역에 포함된다. 그리고 '내국에서 유통된다'고 함은 내국에서 사실상 유통되고 있으면 족하며, 국내에서 그 사용이 금지되고 있는가, 또는 본국에서 강제통용력이 있는가 여부는 따지지 않는다.[19] 여기서 '외국'이란 국제법상 승인된 국가임을 요하지 않는다.

2) 실행행위

본죄의 실행행위는 '행사할 목적으로 위조 또는 변조하는 것'이며, 그 의미는 내국통화 위조·변조죄에서 살펴본 바와 같다.

(3) 주관적 구성요건

본죄는 고의 이외에 초과주관적 구성요건요소로서 행사할 목적이 있어야 한다. 따라서 본죄는 목적범이다.

3. 외국통용 외국통화위조·변조죄

> 제207조(통화의 위조등) ③ 행사할 목적으로 외국에서 통용하는 외국의 화폐, 지폐 또는 은행권을 위조 또는 변조한 자는 10년 이하의 징역에 처한다.
> 제209조(자격정지 또는 벌금형의 병과) 유기징역에 처할 경우에는 10년 이하의 자격정지 또는 2천만원 이하의 벌금을 병과할 수 있다.
> 제212조(미수범의 처벌) 본죄의 미수범은 처벌한다.
> [특가법]
> 제10조(통화의 위조등) 형법 제207조에 규정된 죄를 범한 자는 사형·무기 또는 5년 이상의 징역에 처한다.

---

19) 스위스 화폐로서 1998년까지 통용되었으나 현재는 통용되지 않고 다만 스위스 은행에서 신권과의 교환이 가능한 진폐(眞幣)는 내국유통 외국통화위조·변조죄에서 말하는 내국에서 '유통하는' 외국의 화폐에 해당하지 않는다(대법원 2003. 1. 10. 선고 2002도3340 판결).

(1) 의   의

외국통용 외국통화 위조·변조죄는 행사할 목적으로 외국에서 통용하는 외국의 화폐·지폐또는 은행권을 위조 또는 변조함으로써 성립하는 범죄이다.

(2) 객관적 구성요건

이 죄의 행위의 객체는 외국에서 통용하는 외국의 통화이다. '외국에서 통용하는'이라 함은 외국에서 강제통용력이 있는 화폐를 말한다.[20]

이 죄의 행위는 위조 또는 변조하는 것이다.

(3) 주관적 구성요건

고의 이외에 행사할 목적이 있어야 한다.

4. 위조·변조통화 행사등 죄

> 제207조(통화의 위조등) ④ 위조 또는 변조한 전3항 기재의 통화를 행사하거나 행사할 목적으로 수입 또는 수출한 자는 그 위조 또는 변조의 각죄에 정한 형에 처한다.
> 제209조(자격정지 또는 벌금형의 병과) 유기징역에 처할 경우에는 10년 이하의 자격정지 또는 2천만원 이하의 벌금을 병과할 수 있다.
> 제212조(미수범의 처벌)   본죄의 미수범은 처벌한다.
> [특가법]
> 제10조(통화의 위조등) 형법 제207조에 규정된 죄를 범한 자는 사형·무기 또는 5년 이상의 징역에 처한다.

(1) 의   의

위조·변조통화행가등 죄는 위조 또는 변조된 통화를 행사하거나 행사할 목적으로 수입 또는 수출함으로써 성립하는 범죄이다.

(2) 객관적 구성요건

1) 행위객체

본죄의 행위객체는 '위조 또는 변조한 내국통화, 내국유통 및 외국유통의 외

---

20) 대법원 2004. 5. 14. 선고 2003도3487 판결(행사할 목적으로 미합중국 100만 달러 지폐 6장과 10만 달러 지폐 6장 등 합계 660만 달러가 위조지폐라는 정을 알면서도 이를 교부받아 이를 취득한 위조통화취득죄 사례에서, 형법 제207조 제3항의 '외국에서 통용하는' 지폐에 일반인의 관점에서 통용할 것이라고 오인할 지폐까지 포함시키면 이는 위 처벌조항을 문언상의 가능한 의미의 범위를 넘어서까지 유추해석 내지 확장해석하여 적용하는 것이 되어 죄형법정주의의 원칙에 어긋나는 것으로 허용되지 않는다고 판시하였다).

국통화'이다.

2) 실행행위

본죄의 실행행위는 위조·변조된 통화를 행사·수입 또는 수출하는 것이다.

가. '행사한다'는 의미　　여기서 '행사한다'는 것은 위조·변조한 통화를 진정한 통화처럼 거래나 유통에 제공하는 것을 말한다. 단순히 신용력을 보여주기 위해 제시하는 것만으로는 통화를 행사한다고 할 수 없다. 또한 위조통화를 명목상의 가액 이하의 상품으로 매매하는 것도 진정한 화폐로서 유통시킨 것이 아니므로 행사라고 할 수 없다.

그러나 화폐수집상에게 진화로서 판매하는 것은 행사에 해당한다. 진화인 것처럼 유통시킨 이상 유상·무상은 불문하므로 증여도 여기의 행사에 해당한다. 또한 위화(僞貨)의 사용이 위법한 경우에도 유통시킨 이상 사용에 해당한다. 예컨대 도박자금으로 위화를 사용한 경우이다. 그 밖에 위화의 사용을 사람과의 거래가 아닌 공중전화기, 자동판매기 등에 하더라도 사용에 해당한다.

나. 수　입　　외국에서 국내로 반입(搬入)하는 것을 말하며, 양륙(揚陸)시에 기수가 된다.

다. 수　출　　수출이란 국내에서 국외로 반출(搬出)하는 것을 말하며, 이륙(離陸)시에 기수가 된다.[21]

(3) 주관적 구성요건

위조 또는 변조된 통화를 행사한다는 데에 대한 고의가 필요하다. 위조·변조된 통화를 수출 또는 수입하는 경우에는 이러한 점에 대한 고의 이외에 행사할 목적이 있어야 한다.

(4) 죄수 및 다른 범죄와의 관계

1) 죄　수

수개의 위화를 일괄하여 행사·수입·수출한 경우에는 1개의 위조통화행사·수입·수출죄가 성립한다.

2) 다른 범죄와의 관계

위조 또는 변조된 통화를 수입·수출한 후 행사한 경우에는 **위조·변조통화수**

---

21) 김일수/서보학, 539면; 배종대, 107/14; 손동권/김재윤, 615면; 이재상/장영민/강동범, 555면; 이형국, 570면.

입·수출죄와 위조·변조통화행사죄의 실체적 경합이 된다.

위조·변조된 통화를 행사하여 재물을 취득한 때에는 위조·변조통화행사죄와 사기죄의 구성요건을 모두 충족하게 되므로, 이 양죄의 관계를 어떻게 해석할 것인가에 대하여는 견해가 대립되어 왔다. 종래의 다수설은 양죄가 모두 기망적 요소를 포함하고 있으므로 위조·변조통화행사죄에 사기죄가 흡수되어 위조·변조통화행사죄만 성립한다고 보았다. 그러나 오늘날에 와서는 통화에 관한 죄와 사기죄는 보호법익을 달리하므로 양죄를 별개의 범죄로 보는데는 다툼이 없으나, 양자의 관계를 실체적 경합으로 보는 견해와 상상적 경합으로 보는 견해의 대립이 있다.

판례는 위조통화를 행사하여 재물을 불법영득한 때에는 **위조통화행사죄와 사기죄의 양죄**가 성립한다고 판시하여 양죄를 **실체적 경합관계**로 보고 있으며, 소수설[22]의 입장이다.

생각건대 위조·변조통화행사죄의 보호법익은 통화에 대한 공공의 신용과 거래의 안전이라는 사회적 법익임에 반하여, 사기죄의 보호법익은 개인의 재산권이라는 개인적 법익으로서 양죄는 보호법익을 달리하므로 별개의 범죄이지만, 위조·변조통화의 행사와 기망행위는 1개의 행위로 인한 것이므로 양죄는 **상상적 경합**이 된다고 해석하는 **다수설**[23]의 입장이 타당하다.

Ⅲ. 통화위조·변조죄의 수정적 구성요건

1. 위조·변조통화 취득죄

> **제208조(위조통화의 취득)** 행사할 목적으로 위조 또는 변조한 제207조 기재의 통화를 취득한 자는 5년 이하의 징역 또는 1천500만원 이하의 벌금에 처한다.
> **제209조(자격정지 또는 벌금의 병과)** 이 죄를 범하여 유기징역에 처할 경우에는 10년 이하의 자격정지 또는 2천만원 이하의 벌금을 병과할 수 있다.
> **제212조(미수범)** 본죄의 미수범은 처벌한다.

---

22) 진계호, 539면.
23) 손동권/김재윤, 615면; 이영란, 584면; 이재상/장영민/강동범, 555면; 이형국, 570면; 임웅, 686면; 정성근/박광민, 683면.

(1) 의   의

이 죄는 행사할 목적으로 위조 또는 변조된 제207조 기재의 통화, 대한민국 통화나 외국통화를 취득함으로써 성립하는 범죄이다. 이 죄는 통화위조·변조·행사죄의 수정저 구성요건이다.

(2) 객관적 구성요건

이 죄의 객체는 위조·변조된 내국통화, 내국유통 및 외국유통의 외국통화이다.

그리고 이 죄의 실행행위는 취득이다. 여기서 '취득'이란 자기의 점유로 옮기는 일체의 행위를 말하며, 유상·무상여부를 불문한다. 취득의 방법도 합법적이든 불법적이든 불문한다. 따라서 절취, 편취는 물론 점유이탈물인 위·변조된 통화를 취득한 경우에도 여기에 해당한다.

그러나 이미 위·변조된 통화를 보관하고 있는 자가 이를 횡령하는 횡령죄의 경우에 있어서는 견해가 대립한다. 행사할 목적이 있는 횡령의 경우에는 점유의 이전이 없더라도 취득에 해당하여 위조·변조통화 취득죄가 성립한다는 견해[24]도 있다.

그러나 횡령의 경우에는 취득의 본질적 요소인 점유의 이전이 없으므로 취득이 불가능하여 이 죄가 성립하지 않는다는 다수설의 입장이 타당하다.

한편 공범자 사이에서는 위조통화를 수수하여도 취득에 해당하지 않는다.[25]

(3) 주관적 구성요건

이 죄가 성립하기 위해서는 주관적 구성요건요소로 고의가 있어야 하므로, 위화(僞貨)인 정(情)을 알면서 취득한 경우에만 이 죄가 성립한다. 나아가 이 죄는 초과주관적 구성요건요소로 행사할 목적이 필요하다.

(4) 죄수 및 다른 범죄와의 관계

위조통화를 취득한 후 행사한 때에는 위조통화취득죄와 위조통화행사죄의 실체적 경합이 되지만, 위조통화임을 알면서 이를 절취한 경우에는 위조통화는 절대적 금제품으로서 재물이 아니므로 위조통화취득죄만 성립한다.

---

24) 김성천/김형준, 761면; 김일수/서보학, 541면; 유기천, 227면; 이정원, 574면.

25) 유기천, 227면; 이영란, 585면; 이재상/장영민/강동범, 556면; 이형국, 571면; 정성근/박광민, 684면.

2. 위조통화취득후의 지정행사죄

> 제210조(위조통화취득후의 지정행사) 제207조 기재의 통화를 취득한 후 그 정을 알고 행사
> 한 자는 2년 이하의 징역 또는 500만원 이하의 벌금에 처한다.

(1) 의   의

위조통화취득후 지정행사죄(僞造通貨取得後 知情行使罪)는 위조 또는 변조한 통
화임을 모르고 취득한 후에 그 정을 알고 행사함으로써 성립하는 범죄이다. 이
죄는 그 범죄동기가 유혹적이고 적법행위에 대한 기대가능성이 적기 때문에 위
조·변조통화취득죄보다 가볍게 처벌되는 책임감경적 구성요건이다.

(2) 객관적 구성요건

이 죄의 객체는 '위조·변조한 내국통화, 내국유통 및 외국통용의 외국통화'이다.

그리고 이 죄의 행위는 '그 정을 모르고 취득한 후에 알고 행사하는 것'이다. 따
라서 그 정을 알고 취득한 후에 행사한 경우에는 위조통화취득죄(제208조)와 위
조통화행사죄(제207조 제4항)의 경합범이 된다.

객체의 취득방법은 적법한 취득이어야 한다는 견해[26]도 있으나, 위조·변조
된 통화인 줄 모르고 취득한 경우에는 취득의 적법·위법은 문제되지 않는다고 하는
다수설[27]의 태도가 타당하다. 그리고 여기서 '행사한다'는 것은 진정한 통화로서 유
통하게 하는 것을 말한다. 또한 유상·무상을 불문한다.

(3) 주관적 구성요건

취득한 후에 위조·변조된 통화인 줄 알면서 진화로 오인시켜 유통시킨다는
점에 대한 고의가 있어야 한다.

(4) 사기죄와의 관계

이 죄를 범하여 재물을 편취한 경우에 대하여는, ① 본죄를 가볍게 처벌하고
있는 점을 고려하여 위조통화취득후지정행사죄만 성립하고 사기죄는 별도로 성
립하지 않는다고 해석하는 견해[28]도 있으나, ② 본죄는 사기행위를 가볍게 처벌
하려는 취지는 아니므로 위조통화지득후지정행사죄와 사기죄의 실체적 경합이 된다

---

26) 김일수/서보학, 544면; 정영석, 144면.
27) 배종대, 108/3; 백형구, 492면; 유기천, 228면; 이재상/장영민/강동범, 557면; 이정원, 574면.
28) 서일교, 237면; 진계호, 542면.

고 보는 다수설의 태도가 타당하다.

3. 통화유사물 제조등의 죄

> **제211조(통화유사물의 제조등)** ① 판매할 목적으로 내국 또는 외국에서 통용하거나 유통하는 화폐, 지폐 또는 은행권에 유사한 물건을 제조, 수입 또는 수출한 자는 3년 이하의 징역 또는 700만원 이하의 벌금에 처한다.
> ② 전항의 물건을 판매한 자도 전항의 형과 같다.
> **제212조(미수범)** 본죄의 미수범은 처벌한다.

(1) 의   의

판매할 목적으로 내국 또는 외국에서 통용하거나 유통하는 화폐·지폐 또는 은행권에 유사한 물건을 제조·수입 또는 수출하거나, 이러한 통화유사물을 판매함으로써 성립하는 범죄이다. 이 죄는 통화에 대한 거래의 안전과 신용을 침해할 위험이 상대적으로 적다는 점을 고려하여 통화위조나 변조보다 가볍게 처벌하고 있는 감경적 구성요건이다.

(2) 객관적 구성요건

이 죄의 객체는 '통화유사물'이다. 이는 **통화와 유사한 외관을 갖추었으나 일반인이 진화로 오인할 정도에 이르지는 못한 모조품**을 말한다.

이 죄의 실행행위는 '제조·수입·수출 또는 판매'하는 것이다. 여기서 '제조'란 통화발행권이 없는 자가 통화유사물을 만드는 것을 말한다. '수입'이란 국외에서 국내로 반입하는 것을 말하고, '수출'이란 국내에서 국외로 반출하는 것을 말한다. 그리고 '판매'란 불특정 또는 다수인에게 유상으로 양도하는 것을 말한다.

(3) 주관적 구성요건

이 죄는 고의 이외에 제조·수입·수출의 경우에는 초과주관적 구성요건요소로 판매할 목적이 있어야 한다.

4. 통화위조·변조 예비·음모죄

> **제213조(예비, 음모)** 제207조 제1항 내지 제3항의 죄를 범할 목적으로 예비 또는 음모한 자는 5년 이하의 징역에 처한다. 단, 그 목적한 죄의 실행에 이르기 전에 자수한 때에는 그 형을 감경 또는 면제한다.

(1) 의의 및 성격

이 죄는 내국통화위조·변조죄(제207조 제1항), 내국유통 외국통화위조·변조죄(동조 제2항) 또는 외국통용 외국통화위조·변조죄(동조 제3항)을 범할 목적으로 예비·음모한 행위를 처벌하는 규정이다. 이 죄의 성격에 대하여는, ① 기본범죄에 대하여 독립한 구성요건이라는 견해[29]와 ② 기본범죄에 대한 수정적 구성요건이라는 견해[30]의 대립이 있다.

전자의 입장에서는 이 죄에 대한 방조범의 성립도 가능하다고 보게 된다.

그러나 우리 형법은 독일형법과는 달리 이 죄에서 특별히 예비·음모에 해당하는 구체적인 행위를 적시하지 않고 일반적인 예비·음모행위를 처벌하고 있으므로 이 죄는 기본적 구성요건에 대한 수정적 구성요건에 불과하다고 해석하는 다수설의 태도가 타당하다.

따라서 이 죄에 대한 방조범은 성립할 수 없다고 보아야 하며, 판례[31]도 같은 입장이다.

(2) 객관적 구성요건

여기서 '예비'란 통화위조·변조를 위한 일체의 준비행위로서 실행의 착수에 이르지 못한 경우를 말한다. 예컨대 위조할 통화를 사진 찍어 원판과 인화지를 만든 경우가 여기에 해당한다.[32]

그리고 '모의'(謀議)란 범죄를 실현하기 위하여 2인 이상이 모의하는 것을 말한다.

(3) 주관적 구성요건

준비행위 및 모의행위에 대한 고의와 기본범죄를 범할 목적이 있어야 한다.

(4) 형의 감면

이 죄를 예비·음모한 후 실행의 착수에 이르기 전에 자수한 때에는 형을 감

---

29) 김일수/서보학, 545면; 백형구, 498면; 유기천, 230면; 진계호, 544면.

30) 박상기, 505면; 배종대, 108/7; 이영란, 598면; 이재상/장영민/강동범, 558면; 이형국, 576면; 정성근/박광민, 688면.

31) 대법원 1966. 12. 6. 선고 66도1317 판결.

32) 대법원 1966. 12. 6. 선고 66도1317 판결(피고인이 행사할 목적으로 미리 준비한 물건들과 옵셋 인쇄기를 사용하여 한국은행권 100원권을 사진찍어 그 필름 원판 7매와 이를 확대하여 현상한 인화지 7매를 만들었음에 그쳤다면 아직 통화위조죄의 착수에는 이르지 아니하였고 그 예비단계에 불과하다).

면하도록 규정하고 있다. 이와 같이 필요적 감면사유로 규정한 것은 위조·변조된 통화의 유통을 사전에 방지하기 위한 형사정책적인 측면을 고려했기 때문이다.

제 2 절 유가증권·우표와 인지에 관한 죄

I. 개 설

1. 의의 및 보호법익

유가증권(有價證券)에 관한 죄란 행사할 목적으로 유가증권을 위조·변조 또는 허위작성하거나 위조·변조·허위작성한 유가증권을 행사·수입 또는 수출함으로써 성립하는 범죄이다. 형법은 우표(郵票)와 인지(印紙)도 유가증권의 일종으로 보아 함께 규정하고 있다.

이 죄의 보호법익은 유가증권에 관한 거래의 안전과 신용이며, 법익보호의 정도는 추상적 위험범이다.

경제거래에 있어서 유가증권은 통화와 유사한 광범위한 국제적인 유통성이 있기 때문에 유가증권의 위조·변조행위에 대하여는 국제적인 단속을 필요로 한다. 이러한 점을 고려하여 형법은 외국의 유가증권에 대하여도 우리나라의 유가증권과 마찬가지로 보호하고 있으며(제214조 제1항), 나아가 외국인의 국외범에 대하여도 처벌하고 있다(제5조 제5호).

2. 유가증권의 의의

이 장에서의 범죄의 객체는 유가증권·우표 또는 인지이다. 그런데 우표와 인지도 유가증권의 일종에 불과하기 때문에 유가증권의 개념을 살펴보기로 한다.

(1) 유가증권의 개념

유가증권이란 증권상에 표시된 재산상의 권리의 행사와 처분에 그 증권의 점유를 필요로 하는 것을 말한다. 따라서 유가증권이라고 하기 위해서는 ① 재산권이 증권에 화체(化體)되어 있고, ② 권리행사와 처분을 위해서는 증권의 점유를 필요로 한다는 두 가지 요건을 구비해야 한다. 따라서 재산권이 증권에 화체된 어음, 수표,

주권, 회사채, 선하증권, 창고증권, 화물상환증, 상품권, 복권, 영화관람권, **일반공중전화카드,**[33] 스키장의 **리프트탑승권, 할부구매전표,**[34] 일본국 대장대신이 발행한 장소확인증[35] 등은 유가증권에 해당한다.

그러나 이와 달리 재산권이 화체되어 있다고 할 수 없는 인보험증권·물품구입증[36]·영수증·차용증서·운송장·매매계약서 등의 **증거증권**[37]은 유가증권이 아니다. 또한 유가증권이라고 하기 위해서는 재산권의 처분·행사에 증서의 점유가 필요한데, 예금통장[38]·정기예탁금증서[39]·휴대품보관증·설노수하물상환증·물품

---

33) 공중전화카드는 문자로 기재된 부분과 자기기록부분이 일체로서 공중전화서비스를 받을 수 있는 재산상의 권리를 화체하고 있고, 이를 카드식 공중전화기의 카드투입구에 투입함으로써 그 권리를 행사하는 것으로 볼 수 있으므로, 형법 제214조의 유가증권에 해당하는 바,…폐공중전화카드의 자기기록부분에 전자정보를 기록하여 사용가능한 공중전화카드를 만든 행위는 유가증권위조죄를 구성한다고 판시하고 있다(대법원 1998. 2. 27. 선고 97도2580 판결); 그런데 이 사안에서 유가증권의 위조에 해당하는가에 대하여는 긍정설과 부정설이 대립한다. 긍정설은 위조란 유가증권으로 오신할 정도이면 그 수단이나 방법에는 특별한 제한이 없으므로 자기기록부분을 변경한 경우에도 위조가 될 수 있다거나 문자 기재부분과 자기 기록부분을 일체로서 파악해야 하고 사용하기 위해 전화카드를 투입하는 일은 행사의 개념에 포섭시킬 수 있다는 점을 논거로 든다. 그러나 유가증권은 문서의 특수형태로서 문서로서의 요건을 구비해야 하는데, 공중전화카드의 전자기록부분은 문자나 가독적 부호로 표시되어 있지 않고, 또한 전자기록부분의 변경은 위조에 해당하지도 않으며, 더 나아가 형법은 전자기록 등 특수매체기록만의 권한없는 조작에 대하여는 '위작'이라는 별개의 개념을 사용하고 있으므로, 이를 위조로 해석하는 것은 유추해석에 해당한다고 이해하는 부정설의 입장이 타당하다. 그러나 후불식 공중전화카드인 KT카드를 공중전화기에 넣어 사용한 것은 권리의무에 관한 타인의 사문서를 부정행사한 것에 해당한다(대법원 2002. 6. 25. 선고 2002도461 판결); 또한 국제전화카드의 경우에도 재산권이 증권에 화체되어 있다고 할 수 없을 뿐만 아니라 그 권리의 행사와 처분에 증권의 점유를 필요로 한다고도 할 수 없기 때문에 유가증권이라 할 수 없다(대법원 2011. 11. 10. 선고 2011도9620 판결).

34) 대법원 1995. 3. 14. 선고 95도20 판결(구두회사의 할부구매전표사례: 할부구매전표가 그 소지인이 판매회사의 영업소에서 그 취급상품을 그 금액의 한도 내에서 구매할 수 있는 권리가 화체된 증권으로서 그 권리의 행사와 처분에 증권의 점유를 필요로 하는 것임이 인정된다면 이를 유가증권으로 봄이 정당하다).

35) 대법원 2007. 7. 13. 선고 2007도3394 판결.

36) 대법원 1972. 12. 27. 선고 72도1688 판결(물품구입증은 유가증권으로 볼 수 없다).

37) 법률관계의 존부(存否)나 내용을 증명하는 증거자료의 하나이다.

38) 대법원 2010. 5. 27. 선고 2009도9008 판결.

39) 대법원 1984. 11. 27. 선고 84도2147 판결(정기예탁금증서는 예탁금반환채권의 유통이나

보관증[40)·공중접객업소의 신발표 등과 같이 권리행사에 증서의 점유를 요하지 않는 **면책증권**[41)은 유가증권이 아니다.

그 밖에도 노인우대증·여권·영업허가장·공용물의 특별이용권을 표창(表彰) 하는 증권 등은 공법상의 지위나 권한을 표창하는 증권이고, 사법상의 재산권이 화체되어 이를 표창하는 증권이 아니므로 유가증권에 해당하지 않는다. 그러나 유가 증권에 화체된 재산권의 종류는 물권·채권·사원권 기타 권리 등을 불문하며, 유가 증권의 형식도 기명식·무기명식 또는 지시식인가를 불문한다.

한편 **신용카드**의 법적 성질이 유가증권인가에 관하여는 **긍정설**[42)과 **부정설**[43)의 대립이 있다. 종래 판례는 신용카드를 신용구매의 권리가 화체되어 있는 유가증 권이라고 해석하였으나,[44) 그 후에 판례를 변경하여 신용구매가 가능하고 금융편 의를 받을 수 있다는 점에서 경제적 가치는 있으나 그 자체에 재산권이 화체되어 있다고 볼 수 없으므로 유가증권이라 할 수 없다고 판시하였다.[45)

생각건대 신용구매를 할 수 있다고 하여 신용카드에 경제적 가치가 화체되 어 있다거나 특정의 재산권을 표창하는 유가증권으로 볼 수 없으므로 신용카드 는 유가증권이 아니라고 보는 **부정설과 변경된 판례**의 입장이 타당하다. 현금카드도 신용카드와 마찬가지로 유가증권이 아니다.[46)

(2) 유가증권의 종류

유가증권의 종류에는 법률상의 유가증권과 사실상의 유가증권이 있다. **법률**

행사를 목적으로 작성된 것이 아니고 채무자가 그 증서소지인에게 변제하여 책임을 면할 목적으로 작성된 면책증권에 불과하여 위 증서의 점유가 예탁금반환채권을 행사함에 있 어 그 조건이 된다고 할 수 없는 것이라면 위 증권상에 표시된 권리가 그 증권에 화체되 었다고 볼 수 없을 것이므로 위 증서는 유가증권에 해당하지 아니한다).

40) 대법원 1972. 12. 26. 선고 72도1688 판결.
41) 면책증권이란 채무자가 증권소지인에게 채무이행을 하면 악의·중과실이 없는 한 면책되 는 증권을 말한다.
42) 박상기, 506면.
43) 김성돈, 606면; 김성천/김형준, 767면; 김일수/서보학, 550면; 배종대, 110/6; 이재상/장영 민/강동범, 560면; 이정원, 580면; 이형국, 581면; 임웅, 695면; 정성근/박광민, 691면; 정영 일, 325면.
44) 대법원 1984. 11. 27. 선고 84도1862 판결.
45) 대법원 1999. 7. 9. 선고 99도857 판결.
46) 현금카드는 유가증권이 아니라 문서에 해당한다(대법원 1986. 3. 25. 선고 85도1572 판결).

상의 유가증권이란 어음·수표·주권·화물상환증·선하증권·창고증권·공채권 등과 같이 법률상 일정한 형식을 필요로 하는 유가증권을 말하며, 사실상의 유가증권이란 승차권·상품권·복권·경마투표권·입장권·관람권 등과 같이 법률상 특별한 형식이 요구되지 않는 유가증권을 말한다.[47]

유가증권에 관한 죄는 거래의 안전과 신용을 보호법익으로 하기 때문에 사법상 유효한 유가증권임을 요하지 않는다.[48] 따라서 요건이 흠결되어 무효일지라도 일반인이 유효한 유가증권이라고 오신(誤信)할 만한 외관을 구비하면 이 죄의 객체가 된다. 그러므로 발행일자의 기재가 없는 수표,[49] 대표이사의 날인이 없어 상법상 무효인 주권(株券),[50] 문방구 약속어음용지를 이용하여 작성된 어음,[51] 위조된 유가증권[52]도 본죄의 유가증권에 포함된다. 그러나 피고인이 약속어음용지를 사용하였으나 약속어음을 작성한 것이라기보다는 소비대차의 증표로서 발행한 것으로 보이고, 발행인의 날인이 없고, 발행인 아닌 피고인이 임의로 날인한 무인만이 있을 경우에는 외관을 갖춘 약속어음이라 볼 수 없다.[53]

(3) 유가증권의 발행자

유가증권의 발행자는 사인·국가·공공단체를 불문한다. 국내에서 발행·유통되는 것뿐만 아니라 외국의 공채증서 기타 유가증권도 당연히 포함된다(제214조 제1항). 또한 유가증권의 명의인이 실재할 것을 요하는가가 문제되는데, 외형상 일반인으로 하여금 진정한 유가증권으로 오신하게 할 정도로 작성된 경우라면 허무인(虛無人)이라 하더라도 무방하다는 것이 통설[54]과 판례[55]의 입장이다. 이것은 유가증권의 거래에 대한 일반인의 신용은 명의인(名義人)의 실재와는 무관하기 때문이다.

---

47) 이재상/장영민/강동범, 561면.
48) 대법원 1979. 9. 25. 선고 78도1980 판결.
49) 대법원 1959. 7. 10. 선고 4290형상355 판결; 대법원 1973. 6. 12. 선고 72도1796 판결.
50) 대법원 1974. 12. 24. 선고 74도294 판결.
51) 대법원 2001. 8. 24. 선고 2001도2832 판결.
52) 대법원 1982. 6. 22. 선고 82도677 판결(위조된 약속어음을 구입하여 그 약속어음을 완성하는 경우에도 유가증권위조죄가 성립한다).
53) 대법원 1992. 6. 23. 선고 92도976 판결.
54) 김일수/서보학, 551면; 배종대, 110/7; 이영란, 596면; 이정원, 580면; 임웅, 696면; 정성근/박광민, 693면;
55) 대법원 1979. 9. 25. 선고 78도1980 판결.

(4) 유가증권의 유통성

형법은 제18장에 통화에 관한 죄를 제19장에 유가증권에 관한 죄를 규정하여, 제20장의 문서에 관한 죄와는 별도로 취급하고 있다. 유가증권을 통화에 관한 죄와 별도로 규정하고 있는 것은 통화와 같이 유동성 때문이 아니라 재산권이 화체되어 있는 증권이기 때문이다. 따라서 유통성은 유가증권의 유효요건이 될 수 없으므로,[56] 재산권이 화체되어 있으나 유통성은 없는 승차권, 경마투표권, 복권도 유가증권에 해당하게 된다.

3. 구성요건의 체계

형법은 유가증권에 관한 죄를 유가증권위조·변조죄(제214조 제1항)와 허위유가증권의 작성등죄(제216조), 위조유가증권등의 행사죄(제217조) 및 인지와 우표등에 관한 죄(제218조, 제219조, 제221조, 제222조)의 4가지 유형으로 나누어 규정하고 있다.

유가증권위조·변조죄에는 유가증권위조·변조죄(제214조 제1항)와 유가증권 기재의 위조·변조죄(동조 제2항) 및 자격모용에 의한 유가증권작성죄(제215조)의 3가지 유형이 있고, 인지와 우표 등에 관한 죄에는 인지·우표의 위조·변조죄(제218조 제1항), 위조·변조된 인지·우표의 행사등죄(동조 제2항), 위조·변조된 인지·우표 취득등죄(제219조), 인지·우표 등 소인말소죄(제221조) 및 인지·우표 유사물의 제조등죄(제222조)가 있다.

형법은 그 밖에도 제214조 내지 제219조의 죄를 범하여 징역에 처하는 경우에는 10년 이하의 자격정지 또는 2천만원 이하의 벌금을 병과할 수 있도록 규정하고 있으며(제220조), 미수범(제214조 내지 제219조 및 제222조의 죄)과 예비·음모죄(제214조, 제215조, 제218조 제1항의 죄)를 처벌하는 규정을 두고 있다.

유가증권 중에서도 특별히 수표의 기능을 보장하기 위하여 부정수표의 발행을 단속하고 처벌하기 위한 형법의 특별법인 「부정수표단속법」이 있다. 이 법에서 '부정수표'란 가공인물의 명의로 발행한 수표, 금융기관과의 수표계약 없이 발행하거나 금융기관으로부터 거래정지처분을 받은 후에 발행한 수표 및 금융기관에

---

56) 김성돈, 607면; 배종대, 110/5; 이영란, 594면; 이재상/장영민/강동범, 562면; 정성근/박광민, 693면.

등록된 것과 다른 서명 또는 기명날인으로 발행한 수표를 말하고, 이러한 부정수표를 발행하거나, 수표를 발행하거나 작성한 자가 수표를 발행한 후에 예금부족·거래정지처분이나 수표계약의 해제 또는 해지로 인하여 제시기일에 지급되지 아니하게 한 때에는 5년 이하의 징역 또는 수표금액의 10배 이하의 벌금에 처하도록 규정하고 있다(동법 제2조 제1항, 제2항).

과실범에 대한 처벌규정도 두어, 과실로 동조 제1, 2항의 죄를 범한 자는 3년 이하의 금고 또는 수표금액의 5배 이하의 벌금에 처하노록 규정하고 있으며(동고 제3항), 수표를 위조·변조한 자에 대하여는 1년 이상의 유기징역과 수표금액이 10배 이하의 벌금에 처하도록 하고 있다(동법 제5조). 따라서 수표를 위조·변조하거나 부정수표를 발행한 때에는 형법이 적용되는 것이 아니라 특별형법인 「부정수표단속법」이 적용된다.

II. 유가증권 위조·변조죄

1. 유가증권 위조·변조죄

> 제214조(유가증권의 위조등) ① 행사할 목적으로 대한민국 또는 외국의 공채증서 기타 유가증권을 위조 또는 변조한 자는 10년 이하의 징역에 처한다.
> 제220조(자격정지 또는 벌금의 병과) 본죄를 범하여 징역에 처하는 경우에는 10년 이하의 자격정지 또는 2천만원 이하의 벌금을 병과할 수 있다.
> 제223조(미수범) 본죄의 미수범은 처벌한다.

(1) 의의 및 성격

유가증권 위조·변조죄는 행사할 목적으로 대한민국 또는 외국의 공채증서(公債證書) 기타 유가증권을 위조 또는 변조함으로써 성립하는 범죄이다.

본죄는 유가증권에 관한 죄의 기본적 구성요건이다. 유가증권은 위조된 유가증권의 원본을 말하는 것이므로 전자복사기 등을 사용하여 기계적으로 복사한 사본은 유가증권이 아니다.[57)]

---

57) 대법원 1998. 2. 13. 선고 97도2922 판결; 이것과 유사판례로 선하증권의 팩스사본은 허위작성유가증권행사죄에서 말하는 유가증권에 해당하지 않는다(대법원 2007. 2. 8. 선고 2006도8480 판결).

(2) 객관적 구성요건

1) 행위객체

본죄의 행위객체는 대한민국 또는 외국의 공채증서 기타 유가증권이다. 여기서 '공채증서'란 국가 또는 지방자치단체에서 발행하는 국채(재정증권, 산업금융채 등) 또는 지방채(지하철공채)의 증권을 말하는데, 형법은 공채증서를 유가증권의 예시로 적시하고 있으므로 공채증서의 성질과 내용은 유가증권에 준하여 판단하면 된다.[58]

2) 실행행위

본죄의 실행행위는 유가증권을 위조 또는 변조하는 것이다. 유가증권의 위조·변조는 기재의 위조·변조와 구별하여야 한다.

가. 위 조　　여기서 '위조'란 유가증권을 작성할 권한 없는 자가 본인명의를 사칭하여 그 본인명의의 유가증권을 작성하는 것을 말한다. 따라서 대리권의 범위 안에서 유가증권을 작성하거나 또는 대리인·대표자가 아니면서 대리인·대표권을 모용(冒用)하여 유가증권을 작성하는 경우에는 여기의 위조에는 해당하지 않는다.[59] 대리인·대표자의 자격을 사칭한 경우에는 **자격모용에 의한 유가증권작성죄**(제215조)에 해당한다. 따라서 포괄적으로 사무처리를 위임받은 자가 위임자명의의 약속어음을 발행하거나, 회사의 대표자가 대표권을 남용하여 주권의 기재사항에 변경을 가한 경우에는 위조에 해당하지 않는다.[60] 또한 회사를 대표하여 문서를 작성할 권한 있는 대표이사가 당좌거래 약정으로 인해 전 대표이사 명의를 사용하여 회사발행 명의의 수표를 발행하였다 하여도 수표를 발행할 권한이 있으므

---

58) 위조한 유가증권 사본을 사문서로 본 판례(대법원 2010. 5. 13. 선고 2008도10678 판결: 피고인이 위조한 선하증권은 "copy non negotiable"이라고 찍힌 선하증권의 사본임을 알 수 있어, 유가증권위조죄에서의 유가증권에 해당하는 것으로 볼 수 없다. 그러나 피고인이 위조한 선하증권은 타인 명의의 진정한 사문서로 보기에 충분한 형식과 외관을 갖추고 있고, 실제로도 피고인이 이를 은행에 증빙자료로 제출하여 수입대금이 지급되도록 한 사실도 인정되므로, 비록 위 선하증권에 작성명의자의 서명·날인이 되어 있지 않다고 하더라도, 이를 위조사문서행사죄의 대상인 문서에 해당하는 것으로 보기에 충분하다).

59) 회사를 대표하여 문서를 작성할 권한이 있는 대표이사가 은행과의 당좌거래 약정이 전대표이사 명의로 되어 있어 당좌거래명의를 변경함이 없이 그대로 전대표이사 명의를 사용하여 회사발행 명의의 수표를 발행하였다 하여도 그 대표이사는 회사 명의의 수표를 발행할 권한이 있으므로 유가증권위조죄가 성립되지 아니한다(대법원 1975. 9. 23. 선고 74도1684 판결).

60) 대법원 1980. 4. 22. 선고 79도3034 판결.

로 유가증권위조죄가 성립하지 않는다.[61]

위조의 정도는 **외형상 일반인**으로 하여금 진정하게 작성된 유가증권으로 오신하게 정도로 작성되어야 한다. 따라서 발행인의 날인이 없고 발행인이 아닌 피고인이 임의로 날인한 무인만 있는 가계수표를 발행하는 것은 일반인을 오신케 할 정도의 형식과 외관을 갖춘 작성이라 할 수 없으므로 위조라고 할 수 없다.[62] 그러나 유가증권의 위조정도는 사법상 유효하거나 명의인이 실재함을 요하지 않는다.

위조는 본인의 명의를 사칭할 것을 요하므로 발행권자의 본명을 표시하지 않고 상호, 별명, 그 밖에 거래상 본인을 가리키는 것으로 인식되는 칭호를 사용할 경우에는 명의사칭에 해당하지 않는다.[63]

유가증권 등에 대한 위조의 방법에는 특별한 제한이 없다. 판례는 ① 약속어음이나 수표의 액면란에 보충권의 범위를 초월한 금액을 기입한 경우,[64] ② 찢어버린 타인발행 명의의 어음파지편을 이용하여 이를 조합하여 어음의 외관을 갖춘 경우,[65] ③ 타인이 위조한 백지의 약속어음을 액면란에 금액을 기입하여 그 위조어음을 완성하는 경우,[66] ④ 리프트탑승권 발매기를 전산조작하여 위조한 탑승권을 발매기에서 뜯어간 행위[67] 등도 위조에 해당한다고 판시하고 있다.

---

61) 대법원 1975. 9. 23. 선고 74도1684 판결.
62) 대법원 1992. 6. 23. 선고 92도976 판결.
63) 대법원 1996. 5. 10. 선고 96도527 판결; 【유사사례】 피고인이 그 망부의 사망 후 그의 명의를 거래상 자기를 표시하는 명칭으로 사용하여 온 경우에는 피고인에 의한 망부 명의의 어음발행은 피고인 자신의 어음행위라고 볼 것이고 이를 가리켜 타인의 명의를 모용하여 어음을 위조한 것이라고 할 수 없다(대법원 1982. 9. 28. 선고 82도296 판결).
64) 대법원 1989. 12. 12. 선고 89도1264 판결; 그러나 백지어음의 경우에는 "백지어음에 대하여 취득자가 발행자와의 합의에 의하여 정하여진 보충권의 한도를 넘어 보충을 한 경우에는 발행인의 서명날인 있는 기존의 약속어음용지를 이용하여 새로운 약속어음을 발행하는 것에 해당하므로 위와 같은 보충권의 남용행위는 유가증권위조죄를 구성하는 것이나, 그 보충권의 한도 자체가 일정한 금액으로 특정되어 있지 아니하고 그 행사방법에 대하여도 특정한 정함이 없어서 다툼이 있는 경우에는 결과적으로 보충권의 행사가 그 범위를 일탈하게 되었다 하더라도 그 점만 가지고 바로 백지보충권의 남용 또는 그에 대한 범의가 있다고 단정할 수는 없다 할 것이고 그 보충권의 일탈의 정도, 보충권행사의 원인 및 경위 등에 관한 심리를 통하여 신중히 이를 인정하여야 한다."고 판시하고 있다(대법원 1999. 6. 11. 선고 99도1201 판결).
65) 대법원 1976. 1. 27. 선고 74도3442 판결.
66) 대법원 1982. 6. 22. 선고 82도677 판결.

그 밖에 위조는 간접정범의 형태로도 가능하다. 예컨대 타인을 기망하여 타인으로 하여금 약속어음용지에 발행인으로 서명·날인하게 한 후에 자기 임의로 어음요건을 기재하여 어음을 발행한 경우에는 **유가증권위조죄의 간접정범에 해당한다.**[68] 이와 달리 발행권자를 기망하여 이미 기재되어 있는 수표용지에 날인하게 하는 경우는 유가증권위조죄가 아니라 **사기죄**가 성립한다.

나. 변   조 '변조'란 진정하게 성립한 유가증권을 권한 없는 자가 그 유가증권의 동일성을 해하지 않는 범위 내에서 내용에 변경을 가하는 것을 말한다. 유가증권변조죄의 주체는 진정하게 성립한 유가증권의 내용을 변경할 권한이 없는 자가 변경을 가하는 경우이다. 변경내용의 진실여부는 불문한다. 예컨대 어음의 발행일자·액면 또는 지급인의 주소변경 등이 유가증권의 변조에 해당한다.

따라서 회사의 대표이사로서 주권작성에 관한 일반적인 권한을 가지고 있는 자가 **대표권을 남용**하여 자기 또는 제3자의 이익을 도모할 목적으로 그들 명의의 주권의 기재사항에 변경을 가한 행위는 유가증권을 작성할 권한이 있는 자에 의한 행위이므로 **유가증권변조죄를 구성하지는** 않는다.[69] 또한 약속어음의 발행인으로부터 어음금액이 백지인 약속어음의 할인을 위임받은 자가 위임범위 내에서 어음금액을 기재한 후 어음할인을 받으려고 하다가 그 목적을 이루지 못하자 유통되지 아니한 당해 약속어음을 원상태대로 발행인에게 반환하기 위하여 어음금액의 기재를 삭제하는 것은 그 권한범위 내에 속한다고 할 것이므로, 이를 유가증권변조라고 볼 수 없다.[70]

그러나 유가증권을 작성할 권한이 있는 자가 유가증권에 허위사항을 기재하였으므로 **허위유가증권작성죄**가 성립할 수 있고, 보관 중인 타인소유의 문서의 내용을 임의로 변경하였으므로 **문서손괴죄**가 성립할 수 있다.

---

67) 이 사례에서는 리프트탑승권을 발매기를 전산조작하여 위조한 탑승권을 발매기에서 뜯어 간 후 타인에게 매도한 경우로서 유가증권위조와 동행사죄, 절도죄가 성립하고, 그 정을 알고 매수한 자는 장물취득죄가 성립한다(대법원 1998. 11. 24. 선고 98도2967 판결 참조).

68) 이영란, 598면; 이재상/장영민/강동범, 565면; 이형국, 582면; 정성근/박광민, 695면.

69) 대법원 1980. 4. 22. 선고 79도3034 판결(타인에게 속한 자기명의의 유가증권에 무단히 변경을 가하였다 하더라도 그것이 문서손괴죄나 허위유가증권작성죄에 해당하는 경우가 있음은 별론으로 하고 유가증권변조죄를 구성하는 것은 아니다); 대법원 1978. 11. 14. 선고 78도1904 판결.

70) 대법원 2006. 1. 13. 선고 2005도6267 판결.

또한 변조는 진정하게 성립한 유가증권을 전제로 하므로 이미 타인에 의하여 위조된 약속어음의 기재사항을 권한없이 변경한 경우에는 유가증권 위조나 변조에는 해당하지 않는다.[71] 그 밖에도 유가증권의 용지에 필요한 사항을 기재하여 새로운 유가증권을 만든 경우, 실효된 유가증권을 가공하여 새로운 유가증권을 작성한 경우는 변조가 아니라 위조에 해당한다.

변조는 유가증권의 동일성 유지를 전제로 하기 때문에 내용변경으로 인하여 유가증권의 동일성이 상실된 때에는 위조가 된다. 따라서 유가증권 발행인의 성명변경은 위조에 해당한다.

유가증권의 변조는 간접정범에 의해서도 가능하다. 예컨대 유가증권에 해당하는 신용카드를 제시받은 상점점원이 거래된 물품의 금액대로 카드의 금액란을 정정기재하였다 하더라도 그것이 카드소지인이 그 점원에게 자신이 위금액을 정정기재할 수 있는 권리가 있는 것처럼 기망하여 이루어진 경우에는 간접정범에 의한 유가증권변조죄가 성립한다.[72]

(3) 주관적 구성요건

유가증권을 위조 또는 변조한다는 점에 대한 고의가 필요하며, 고의 이외에 초과주관적 구성요건요소로서 **행사할 목적**이 있어야 한다. 여기서 행사할 목적이란 타인으로 하여금 진정한 유가증권으로 오신하게 하여 사용할 목적을 말한다.[73]

---

71) 대법원 2008. 4. 24. 선고 2008도9494 판결(갑이 백지 약속어음의 액면란 등을 부당 보충하여 위조한 후 을이 갑과 공모하여 금액란을 임의로 변경한 사안에서, 을의 행위는 유가증권위조나 변조에 해당하지 않는다고 한 사례); 대법원 2006. 1. 26. 선고 2005도4764 판결.

72) 대법원 1984. 11. 27. 선고 84도1862 판결 참조(한국외환은행 소비조합이 그 소속조합원에게 발행한 신용카드는 그 카드에 의해서만 신용구매의 권리를 행사할 수 있는 점에서 재산권이 증권에 화체되었다고 볼 수 있으므로 유가증권이라 할 것이다. 또한 유가증권변조죄에 있어서 변조라 함은 진정으로 성립된 유가증권의 내용에 권한 없는 자가 그 유가증권의 동일성을 해하지 않는 한도에서 변경을 가하는 것을 말하고, 설사, 진실에 합치하도록 변경한 것이라 하더라도 권한 없이 변경한 경우에는 변조로 되는 것이고 정을 모르는 제3자를 통하여 간접정범의 형태로도 범할 수 있는 것인바, 신용카드를 제시받은 상점점원이 그 카드의 금액란을 정정기재하였다 하더라도 그것이 카드소지인이 위 점원에게 자신이 위 금액을 정정기재 할 수 있는 권리가 있는 양 기망하여 이루어졌다면 이는 간접정범에 의한 유가증권변조로 봄이 상당하다).

73) 대법원 2008. 2. 14. 선고 2007도10100 판결(부정수표단속법 제5조의 문언상 본조는 수표의 강한 유통성과 거래수단으로서의 중요성을 감안하여 유가증권 중 수표의 위·변조행위에 관하여는 범죄성립요건을 완화하여 초과주관적 구성요건인 '행사할 목적'을 요구하지

(4) 죄수 및 다른 범죄와의 관계

1) 죄　수

본죄의 죄수는 위조된 유가증권의 수를 기준으로 결정된다. 따라서 약속어음 수통의 위조행위는 포괄일죄가 아니라 **경합범**이 된다.[74] 그러나 1통의 유가증권에 수개의 위조 또는 변조가 있는 경우에는 **포괄일죄**가 성립한다.

이에 반하여 동일한 일시·장소에서 수통의 유가증권을 위조한 경우에는 수죄가 성립하며 수죄는 **상상적 경합**이 된다. 또한 1통의 유가증권에 관하여 기본적 증권행위와 부수적 증권행위에 대한 위조·변조가 있는 경우에는, 기재의 위조·변조죄(제214조 제2항)는 유가증권 위조·변조죄(제214조 제1항)에 법조경합의 보충관계로 흡수되어 유가증권위조·변조죄만 성립하게 된다.

2) 다른 범죄와의 관계

① 인장을 위조하여 유가증권을 위조한 때에는 인장위조죄는 유가증권위조죄에 흡수되어(법조경합 중 흡수관계) 유가증권위조죄만 성립한다.

② 인장이나 유가증권을 절취 또는 횡령한 후 이를 위조·변조한 때에는 절도 또는 횡령죄와 유가증권위조·변조죄의 실체적 경합범이 된다.

③ 유가증권을 위조하여 행사한 경우에는 유가증권위조죄와 위조유가증권행사죄가 성립되고 양죄는 상상적 경합이 된다는 견해[75]도 있으나, 별개의 독립적 행위이므로 실체적 경합이 된다고 이해하는 다수설의 입장이 타당하다.

2. 유가증권 기재의 위조·변조죄

> **제214조(유가증권의 위조등)** ② 행사할 목적으로 유가증권의 권리의무에 관한 기재를 위조 또는 변조한 자도 전항의 형과 같다.
>
> **제220조(자격정지 또는 벌금의 병과)** 본죄를 범하여 징역에 처하는 경우에는 10년 이하의 자격정지 또는 2천만원 이하의 벌금을 병과할 수 있다.
>
> **제223조(미수범)** 본죄의 미수범은 처벌한다.

아니하는 한편, 형법 제214조 제1항 위반에 해당하는 다른 유가증권위조·변조보행위보다 그 형을 가중하여 처벌하려는 취지의 규정이라고 해석하여야 한다).

74) 대법원 1983. 4. 12. 선고 82도2938 판결.

75) 이재상/장영민/강동범, 566면.

(1) 의의 및 성격

유가증권 기재(記載)의 위조·변조죄는 행사할 목적으로 유가증권의 권리·의무에 관한 기재를 위조 또는 변조함으로써 성립하는 범죄이다.

본죄는 기본적인 증권행위가 진정하게 성립한 후에 부수적인 증권행위에 대한 위조·변조를 처벌하는 구성요건이다.

(2) 객관적 구성요건

1) 행위객체

유가증권 기재의 위조·변조죄의 객체는 '유가증권의 권리의무에 관한 기재', 즉 배서(背書)·인수(引受)·보증(保證)과 같은 부수적 증권행위의 기재사항이다.

2) 실행행위

본죄의 실행행위는 유가증권의 기재사항을 '위조 또는 변조'하는 것이다.

가. 위   조   기본적인 증권행위가 진정하게 성립한 후에 그 부수적인 증권행위에 대하여 작성명의를 모용(冒用)하는 것을 말한다. 예컨대 진정하게 작성된 어음에 타인명의를 모용하여 배서하는 경우,[76] 자기가 발행한 수표에 대하여 배서를 위조하는 경우이다.

나. 변   조   진정하게 성립한 유가증권에 대하여 그 부수적인 증권행위에 속하는 기재사항의 내용을 변경하는 것을 말한다. 예컨대 타인의 진정한 배서부분에 변경을 가하는 경우, 배서일자 혹은 수취일자를 변경하는 경우이다.[77]

---

76) 대법원 1984. 2. 28. 선고 83도3284 판결(타점포체인의 명의를 사용하여 영업하고 그 체인 대표자의 명의를 사용할 수 있는 내용의 명의임대차계약이 체결된 경우에 있어서 명의대 여자의 승낙없이 제1의 명의임차인으로부터 지점의 영업권을 사실상 매수한 제2의 명의 임차인이 명의대여자의 승낙 없이 본래의 명의대여자의 명의로 어음을 배서하고 이를 행 사하였다면 제2의 명의임차인은 유가증권위조의 책임을 면할 수는 없고, 위 체인대표자가 명의대여자로 책임을 지는 여부는 유가증권위조죄의 성립에 소장이 없다).

77) 대법원 2003. 1. 10. 선고 2001도6553 판결(형법 제214조 제2항에 규정된 '유가증권의 권리 의무에 관한 기재를 변조한다'는 것은 진정하게 성립된 타인명의의 부수적 증권행위에 관 한 유가증권의 기재내용에 작성권한이 없는 자가 변경을 가하는 것을 말하고, 어음발행인 이라 하더라도 어음상에 권리의무를 가진 자가 있는 경우에는 이러한 자의 동의를 받지 아니하고 어음의 기재내용에 변경을 가하였다면 이는 유가증권의 권리의무에 관한 기재 를 변조한 것에 해당한다). 즉 유가증권의 발행인도 유가증권에 관한 기본적인 증권행위 가 성립한 후에 부수적 증권행위인 인수, 보증, 배서부분을 임의로 기재하면 유가증권기재 위조죄에, 기존의 배서부분을 임의로 변경하면 유가증권기재 변조죄에 해당한다; 그러나

(3) 주관적 구성요건

유가증권의 권리의무에 관한 기재를 위조·변조한다는 점에 대한 고의와 이를 행사할 목적이 있어야 한다.

(4) 미수범 처벌

본죄는 유죄증권위조·변조죄와 법정형이 동일하게 10년 이하의 징역에 처하도록 규정되어 있다. 자격정지와 벌금형을 병과할 수 있으며, 본죄의 미수범은 처벌한다.

3. 자격모용에 의한 유가증권작성죄

> **제215조(자격모용에 의한 유가증권의 작성)** 행사할 목적으로 타인의 자격을 모용하여 유가증권을 작성하거나 유가증권의 권리 또는 의무에 관한 사항을 기재한 자는 10년 이하의 징역에 처한다.
> **제220조(자격정지 또는 벌금의 병과)** 본죄를 범하여 징역에 처하는 경우에는 10년 이하의 자격정지 또는 2천만원 이하의 벌금을 병과할 수 있다.
> **제223조(미수범)** 본죄의 미수범은 처벌한다.

(1) 의의 및 성격

자격모용(資格冒用)에 의한 유가증권작성죄는 행사할 목적으로 타인의 자격을 모용하여 유가증권을 작성하거나 유가증권의 권리 또는 의무에 관한 사항을 기재함으로써 성립하는 범죄이다. 본죄는 유가증권위조의 한 형태로서 독립된 변형구성요건이다.

(2) 객관적 구성요건

1) 행위객체

자격모용에 의한 유가증권작성죄의 행위객체는 '유가증권'이다.

약속어음을 제3배서인으로부터 백지식배서의 방식에 의하여 교부 양도받아 백지를 보충하지 아니한 채 제3자에게 교부 양도하였다가 만기에 어음금의 지급이 거절됨에 따라 양수인에게 소구의무(遡求義務)를 이행하고 약속어음을 환수하여 약속어음의 정당한 소지인이 된 자가 약속어음의 제3배서란과 제4배서란 사이에 보전지를 결합시키고 그 보전지의 배서란에 자신의 성명과 배서일자를 기재하고 날인한 경우에는 유가증권기재 위조·변조죄가 성립하지 않는다(대법원 1989. 12. 8. 선고 88도753 판결).

2) 실행행위

본죄의 실행행위는 '타인의 자격을 모용하여 유가증권을 작성'하거나 '유가증권의 권리·의무에 관한 사항을 기재하는 것'을 말한다.

가. 타인의 자격모용　　여기서 '타인의 자격을 모용한다'는 것은 대리권·대표권이 없는 자가 타인의 대리인 또는 대표자로서 유가증권을 작성하는 것을 말한다.[78] 본죄는 대리권·대표권이 없는 경우에 성립한다. 또한 비록 대리권 또는 대표권이 있는 자라고 할지라도 그 권한범위 밖의 사항 또는 명백히 권한을 초월한 사항에 관하여 본인 또는 회사명의의 유가증권을 발행한 때에는 **자격모용에 의한 유가증권작성죄**가 성립한다.[79]

이와 달리 대리권이나 대표권이 있는 자가 **권한을 남용**하여 본인 또는 회사명의의 유가증권을 발행한 때에는 **배임죄** 또는 **허위유가증권 작성죄**가 성립할 수 있다.

그러나 회사의 대표이사직에 있는 자가 은행과 당좌거래약정이 되어 있는 종전 대표이사 명의를 변경함이 없이 그의 명의를 사용하여 회사의 수표를 발행한 경우,[80] 망부의 사망 후 그 명의를 거래상 자기를 표시하는 명칭으로 사용하

---

78) 대법원 1991. 2. 26. 선고 90도577 판결(주식회사의 대표이사로 재직하던 피고인이 대표이사가 타인으로 변경되었음에도 불구하고 이전부터 사용하여오던 피고인명의로 된 위 회사 대표이사의 명판을 이용하여 여전히 피고인을 위 회사의 대표이사로 표시하여 약속어음을 발행, 행사하였다면, 설사 약속어음을 작성, 행사함에 있어 후임 대표이사의 승낙을 얻었다거나 위 회사의 실질적인 대표이사로서의 권한을 행사하는 피고인이 은행과의 당좌계약을 변경하는 데에 시일이 걸려 잠정적으로 전임 대표이사인 그의 명판을 사용한 것이라 하더라도 이는 합법적인 대표이사로서의 권한행사라고 할 수 없어 자격모용 유가증권작성죄 및 동행사죄에 해당한다); 대법원 1987. 8. 18. 선고 87도145 판결(대표이사 직무집행정지가처분결정은 대표이사의 직무집행만을 정지시킬 뿐 대표이사의 자격까지 박탈하는 것은 아니나, 가처분결정이 송달되어 일체의 직무집행이 정지됨으로써 직무집행의 권한이 없게 된 대표이사가 그 권한 밖의 일인 대표이사 명의의 유가증권을 작성, 행사하는 행위가 회사업무의 중단을 막기 위한 긴급한 인수인계행위라 하더라도 합법적인 권한행사라 할 수 없으므로 이는 자격모용 유가증권작성죄 및 동행사죄에 해당한다).

79) 김성돈, 612면; 김성천/김형준, 773면; 박상기, 512면; 배종대, 110/18; 백형구, 505면; 유기천, 216면; 이영란, 601면; 이재상/장영민/강동범, 567면; 이형국, 585면; 임웅, 700면. 진계호, 548면.

80) 대법원 1975. 9. 23. 선고 74도1684 판결(타인의 대리 또는 대표자격으로 문서를 작성하는 경우 그 대표자 또는 대리인은 자기를 위하여 작성하는 것이 아니고 본인을 위하여 작성하는 것으로서 그 문서는 본인의 문서이고 본인에 대하여서만 효력이 생기는 것이므로 회사의 대표이사직에 있는 자가 은행과의 당좌거래 약정이 되어 있는 종전 당좌거래명의를

여 온 자가 망부 명의로 어음을 발행한 경우[81])에는 **자격모용에 의한 유가증권작성죄**에 해당하지 않는다.

대리인·대표자의 자격의 표시없이 본인명의로 유가증권을 작성하면 유가증권위조죄가 성립한다.

나. 유가증권작성   유가증권의 발행과 같은 **기본적 증권행위**를 하는 것을 말한다.

다. 권리·의무에 관한 사항의 기재   유가증권의 배서·인수·보증과 같은 부수적 증권행위를 하는 것을 의미한다.

(3) 주관적 구성요건

타인의 자격을 모용하여 유가증권을 작성하거나 유가증권의 권리·의무에 관한 사항을 기재한다는 점에 대한 고의와 이를 **행사할 목적**이 있어야 한다.

Ⅲ. 허위유가증권 작성죄

제216조(허위유가증권의 작성등) 행사할 목적으로 허위의 유가증권을 작성하거나 유가증권에 허위사항을 기재한 자는 7년 이하의 징역 또는 3천만원 이하의 벌금에 처한다.
제220조(자격정지 또는 벌금의 병과) 본죄를 범하여 징역에 처하는 경우에는 10년 이하의 자격정지 또는 2천만원 이하의 벌금을 병과할 수 있다.
제223조(미수범) 본죄의 미수범은 처벌한다.

변경함이 없이 그대로 전 대표이사 명의를 사용하여 회사의 수표를 발행하였다 하여도 유가증권위조죄가 성립되지 아니한다).

81) 대법원 1982. 9. 28. 선고 82도296 판결(어음에 기재되어야 할 어음행위자의 명칭은 반드시 어음행위자의 본명에 한하는 것은 아니고 상호, 별명 그 밖의 거래상 본인을 가리키는 것으로 인식되는 칭호라면 어느 것이나 다 가능하다고 볼 것이므로 비록 그 칭호가 타인의 명칭이라도 통상 그 명칭은 자기를 표시하는 것으로 거래상 사용하여 그것이 그 행위자를 지칭하는 것으로 인식되어 온 경우에는 그것을 어음상으로도 자기를 표시하는 칭호로 사용할 수 있다 할 것이므로 피고인이 그 망부의 사망 후 그의 명의를 거래상 자기를 표시하는 명칭으로 사용하여 온 경우에는 피고인에 의한 망부 명의의 어음발행은 피고인 자신의 어음행위라고 볼 것이고 이를 가리켜 타인의 명의를 모용하여 어음을 위조한 것이라고 할 수 없다).

1. 의의 및 성격

허위유가증권작성죄(虛僞有價證券作成罪)는 유가증권을 작성할 권한 있는 사람이 행사할 목적으로 허위의 유가증권을 작성하거나 유가증권에 허위의 사항을 기재함으로써 성립하는 범죄이다. 본죄의 구성요건은 문서에 관한 죄에 있어서 무형위조에 해당한다.

2. 객관적 구성요건

(1) 행위객체

본죄의 행위객체는 '유가증권'이다.

(2) 실행행위

본죄의 실행행위는 '유가증권을 작성·기재할 권한이 있는 자'가 '허위의 유가증권을 작성'하거나 '유가증권에 허위사항을 기재'하는 것이다. 따라서 작성권한이 없는 자가 허위의 유가증권을 작성한 경우에는 유가증권위조죄 또는 자격모용에 의한 유가증권작성죄가 성립한다.

여기서 '허위의 유가증권을 작성한다'는 것은 작성권한 있는 자가 작성명의를 모용하지 않고 유가증권에 허위의 내용을 기재하는 것을 말하며, '허위의 사항을 기재한다'는 것은 기재권한 있는 자가 기존의 유가증권에 진실에 반하는 허위사항을 기재하는 것을 말한다.

그러나 이와 달리 작성권한 없는 자가 타인명의를 모용하여 허위의 유가증권을 작성한 때에는 유가증권위조죄가 성립한다.

여기서 기재하는 허위사항은 기본적 증권행위이든 부수적 증권행위이든 불문하며, 기존의 유가증권에 허위의 기재를 하거나 자기명의로 새로 유가증권을 작성하면서 허위의 기재를 하는 경우도 포함된다. 그러나 권리관계에 아무런 영향을 미치지 않는 사항을 허위기재하는 경우에는 허위유가증권작성죄에 해당하지 않는다.[82]

판례는 유가증권의 허위작성행위 자체에는 직접 관여한 바 없다고 하더라도 타인에게 그 작성을 부탁하여 의사연락이 되고 그 타인으로 하여금 범행을 하게

---

82) 대법원 1986. 6. 24. 선고 84도547 판결.

하였다면 공모공동정범에 의한 **허위유가증권작성죄**가 성립하며, 허위의 선하증권을 발행하여 타인에게 교부하여 줌으로써 그 타인으로 하여금 이를 행사하여 그 선하증권상의 물품대금을 지급받게 한 소위는 **허위유가증권행사죄와 사기죄의 공동정범**을 인정하기에 충분하다고 판시하고 있다.[83]

판례가 허위유가증권작성죄의 성립을 인정하고 있는 경우와 부정하고 있는 대표적인 경우를 살펴보면 다음과 같다.

【허위유가증권작성죄가 성립하는 경우】

① 수표발행자가 수표에 기재된 지급은행과 전연 당좌거래를 한 일이 없거나 과거의 거래가 정지되었음에도 불구하고 이러한 사유가 없는 것같이 가장하여 수표를 발행한 경우,[84] ② 피고인이 실재하지 아니한 유령회사의 대표라 기재하고 자기명의의 인장을 찍어서 회사명의 약속어음을 발행한 경우,[85] ③ 주권발행의 권한을 위임받았다 하더라도 발행일자를 소급하여 주권을 발행한 경우,[86] ④ 약속어음 발행인의 승낙 내지 위임을 받아 약속어음을 작성함에 있어서 발행인의 이름아래 진실에 반하는 내용인 피고인의 인장을 날인하여 약속어음을 발행 교부한 경우,[87] ⑤ 선적한 사실이 없는 화물을 선적하였다는 내용의 선하증권을 발행한 경우[88]에는 허위유가증권작성죄가 성립한다.

【허위유가증권작성죄가 성립하지 않는 경우】

① 자기앞수표의 발행인이 수표의뢰인으로부터 수표자금을 입금받지 아니한 채 자기

---

83) 대법원 1985. 8. 20. 선고 83도2575 판결.

84) 대법원 1956. 6. 26. 선고 4289형상128 판결.

85) 대법원 1970. 12. 29. 선고 70도2389 판결.

86) 대법원 1974. 1. 15. 선고 73도2041 판결.

87) 이 경우에는 허위유가증권작성 및 동행사죄가 성립한다(대법원 1975. 6. 10. 선고 74도2594 판결).

88) 대법원 1995. 9. 29. 선고 95도803 판결(선하증권 기재의 화물을 인수하거나 확인하지도 아니하고 또한 선적할 선편조차 예약하거나 확보하지 않은 상태에서 수출면장만을 확인한 채 실제로 선적한 일이 없는 화물을 선적하였다는 내용의 선하증권을 발행, 교부하였다면… 화물이 선적되기도 전에 이른바 선선하증권을 발행하는 것이 해운업계의 관례라고 하더라도… 사회적 상당성이 있다고 할 수 없으므로… 위 행위가 죄가 되지 아니한다고 그릇 인식하였다고 하더라도 거기에 정당한 이유가 있는 경우라고 할 수 없으므로 허위유가증권작성죄의 죄책을 면할 수 없다).

앞수표를 발행한 경우,[89] ② 은행을 통하여 지급이 이루어지는 약속어음의 발행인이 그 발행을 위하여 은행에 신고된 것이 아닌 발행인의 다른 인장으로 날인한 경우,[90] ③ 발행된 약속어음은 원인채무의 존부와 관계없이 그 어음상의 문언에 따라 어음상의 권리의무관계가 생기는 것이 약속어음의 무인증권성과 설권증권성의 원리에 비추어 명백하다 할 것이므로 원인채무관계가 존재하지 않는 경우에 약속어음을 발행한 경우,[91] ④ 주권발행 전에 주식을 양도받은 자에게 주권을 발행한 경우,[92] ⑤ 어음배서인의 주소를 허위로 기재한 경우,[93] ⑥ 수표 발행인이 당좌거래은행에 그 자금이 고갈되었거나 또는 부족함을 알면서 공수표나 과액수표를 발행한 경우[94]에는 허위유가증권작성죄가 성립하지 않는다.

3. 주관적 구성요건

행위자에게 허위의 유가증권을 작성하거나 유가증권에 허위의 기재를 할 고의[95] 이외에 이를 **행사할 목적**이 있어야 한다.

---

89) 대법원 2005. 10. 27. 선고 2005도4528 판결(형법 제216조 전단의 허위유가증권작성죄는 작성권한 있는 자가 자기 명의로 기본적 증권행위를 함에 있어서 유가증권의 효력에 영향을 미칠 기재사항에 관하여 진실에 반하는 내용을 기재하는 경우에 성립하는바, 자기앞수표의 발행인이 수표의뢰인으로부터 수표자금을 입금받지 아니한 채 자기앞수표를 발행하더라도 그 수표의 효력에는 아무런 영향이 없으므로 허위유가증권작성죄가 성립하지 아니한다).
90) 대법원 2000. 5. 30. 선고 2000도883 판결.
91) 대법원 1977. 5. 24. 선고 76도4132 판결.
92) 대법원 1982. 6. 22. 선고 81도1935 판결(피고인이 주권발행 전에 주식을 양도받은 자에 대하여 주권을 발행한 경우에 가사 그 주식양도가 주권발행 전에 이루어진 것이어서 상법 제335조에 의하여 무효라 할지라도 권리의 실체관계에 부합되어 허위의 주권발행의 범의가 있다고 할 수 없다).
93) 대법원 1986. 6. 24. 선고 84도547 판결(배서인의 주소기재는 배서의 요건이 아니므로 약속어음 배서인의 주소를 허위로 기재하였다고 하더라도 그것이 배서인의 인적 동일성을 해하여 배서인이 누구인지를 알 수 없는 경우가 아닌 한 어음계약상의 권리관계에 아무런 영향을 미치지 않는다 할 것이고, 이러한 약속어음상의 권리에 아무런 영향을 미치지 않는 사항은 그것을 허위로 기재하더라도 형법 제216조 소정의 허위유가증권작성죄에 해당되지 아니한다).
94) 대법원 1960. 11. 30. 선고 4293형상787 판결.
95) 대법원 1982. 6. 22. 선고 81도1935 판결(피고인이 주권발행 전에 주식을 양도받은 자에 대하여 주권을 발행한 경우에 가사 주식양도가 주권발행 전에 이루어진 것이어서 상법 제

4. 다른 범죄와의 관계

약속어음을 위조한 후 바로 부수적인 증권행위를 하면서 허위사항을 기재한 경우에는 유가증권위조죄의 포괄일죄가 된다.

그러나 약속어음을 위조한 후 며칠이 지나 그 어음에 부수적인 증권행위를 하면서 허위사항을 기재한 경우에는 유가증권위조죄와 허위유가증권작성죄의 실체적 경합범이 성립된다.

Ⅳ. 위조등 유가증권행사·수입·수출죄

> 제217조(위조유가증권등의 행사등) 위조, 변조, 작성 또는 허위기재한 전3조 기재의 유가증권을 행사하거나 행사할 목적으로 수입 또는 수출한 자는 10년 이하의 징역에 처한다.
> 제220조(자격정지 또는 벌금의 병과) 본죄를 범하여 징역에 처하는 경우에는 10년 이하의 자격정지 또는 2천만원 이하의 벌금을 병과할 수 있다.
> 제223조(미수범) 본죄의 미수범은 처벌한다.

1. 의의 및 성격

위조 등 유가증권행사·수입·수출죄는 위조·변조·작성 또는 허위기재한 유가증권을 행사하거나 행사할 목적으로 수입 또는 수출함으로써 성립하는 범죄이다.

본죄는 위조등 유가증권행사죄의 기본적 구성요건이다.

2. 객관적 구성요건

(1) 행위객체

본죄의 행위객체는 "위조·변조·작성 또는 허위기재한 유가증권"이다. 본죄의 유가증권은 위조·변조된 유가증권의 원본을 의미하며, 위조된 유가증권의 복사본은 본죄의 객체에 해당하지 않는다.[96]

335에 의하여 무효라고 할지라도 권리의 실체관계에 부합되어 허위의 주권발행의 범의가 있다고 할 수 없다).

96) 대법원 2010. 5. 13. 선고 2008도10678 판결; 대법원 2007. 2. 8. 선고 2006도8480 판결; 대

(2) 실행행위

본죄의 실행행위는 "행사·수입·수출"하는 것을 말한다.

여기서 '행사'란 위조·변조·작성 또는 허위기재한 유가증권을 진정하게 작성된 진실한 내용의 유가증권으로 사용하는 것을 말한다. 위조통화행사죄와는 달리 유가증권을 유통시킬 것을 요하지 않는다. 따라서 유가증권을 비치·열람·제출·제시·교부[97]하는 것도 행사에 해당한다.

그러나 유가증권위조죄의 공범 사이에서의 위조유가증권의 교부행위는 범죄실현을 위한 전단계에 불과하므로 '행사'라고 볼 수 없다. '수입'은 외국에서 국내로 반입하는 것 말하며, '수출'이란 국내에서 국외로 반출하는 것을 의미한다.

3. 주관적 구성요건

위조·변조·작성 또는 허위기재한 유가증권행사죄의 경우에는 객관적 구성요건요소에 대한 고의가 있으면 충분하지만, 수입·수출의 경우에는 이러한 고의 이외에 **행사할 목적**이 있어야 한다.

4. 죄수 및 다른 범죄와의 관계

(1) 죄   수

유가증권의 수를 기준으로 죄수를 결정한다. 수매의 위조유가증권을 일괄하여 행사한 경우에는 수개의 위조유가증권행사죄의 **상상적 경합**이 되고, 한 매의 위조유가증권을 할인하기 위하여 여러 사람에게 열람케 한 경우에는 **포괄일죄**가 된다.

(2) 다른 범죄와의 관계

유가증권을 위조·변조·작성·허위기재한 유가증권을 행사한 때에는 유가증권위조 등의 죄와 동행사죄의 상상적 경합이 된다는 견해[98]도 있으나, 양죄는 실체적 경합이 된다는 다수설의 입장이 타당하다. 또한 위조유가증권을 사용하여 재물을 편취한 때에는 위조유가증권행사죄와 사기죄의 실체적 경합범이라는 견

법원 1998. 2. 13. 선고 97도2922 판결.

97) 대법원 2007. 1.11. 선고 2006도7120 판결; 대법원 1995. 9. 29. 선고 95도803 판결; 대법원 1966. 9. 27. 선고 66도1011 판결.

98) 이재상/장영민/강동범, 569면.

해99)도 있으나, 양죄는 1개의 행위로 이루어지므로 상상적 경합이 된다는 견
해100)가 타당하다.

V. 인지·우표에 관한 죄

1. 인지·우표등의 위조·변조죄

> 제218조(인지·우표의 위조등) ① 행사할 목적으로 대한민국 또는 외국의 인지, 우표 기타
> 우편요금을 표시하는 증표를 위조 또는 변조한 자는 10년 이하의 징역에 처한다.
> 제220조(자격정지 또는 벌금의 병과) 본죄를 범하여 징역에 처하는 경우에는 10년 이하의
> 자격정지 또는 2천만원 이하의 벌금을 병과할 수 있다.
> 제223조(미수범) 본죄의 미수범은 처벌한다.

(1) 의의 및 성격

인지·우표 등의 위조·변조죄는 행사할 목적으로 대한민국 또는 외국의 인
지·우표 기타 우편요금을 표시하는 증표를 위조 또는 변조함으로써 성립하는
범죄이다.

인지·우표는 일정한 재산권을 표창하는 것이 아니라는 점에서 일반적인 유
가증권과는 구별되지만, 증권 자체가 일정한 금액의 가치를 가진다는 점에서는
통화에 유사한 성질을 지니고 있다. 이런 점에서 본죄는 변형된 독립구성요건
이다.

(2) 객관적 구성요건

1) 행위객체

본죄의 행위객체는 "대한민국 또는 외국의 인지·우표 기타 우편요금을 표시하는
증표"이다. 여기서 '인지'(印紙)란 수입인지에 관한 법률이나 인지세법이 정하는
바에 따라 조세나 국가에 납부할 수수료, 기타 일정한 세입금을 납부하는 방법으
로 첨부·사용하기 위하여 정부 기타 발행권자가 일정한 금액을 권면에 표시하
여 발행한 증표(證票)를 말하며, '우표'(郵票)란 정부 기타 발행권자가 우편을 이용
하는 사람들에게 우편요금의 납부용으로 첨부·사용하게 하기 위하여 일정한 금

---

99) 박상기, 515면; 이형국, 588면; 정성근/박광민, 703면; 진계호, 556면.
100) 이재상/장영민/강동범, 569면.

액을 권면에 표시하여 발행한 증표를 말한다. 그리고 '기타 우편요금을 표시하는 증표'란 우편법 제20조의 규정에 의해 우편요금의 납부방법으로 시용한 증표를 말하는데, 봉투 등의 우편물에 우표를 대체하는 '요금별납'이라는 표지와 함께 우편요금이 표시되는 소인(消印) 등이 여기에 해당한다.

2) 실행행위

본죄의 실행행위는 '위조 또는 변조'이다.

(3) 주관적 구성요건

행위자의 객관적 구성요건요소에 대한 고의와 초과주관적 구성요건요소로서 행사할 목적이 있어야 한다.

2. 위조·변조인지·우표등의 행사·수입·수출죄

> 제218조(인지·우표의 위조등) ② 위조 또는 변조된 대한민국 또는 외국의 인지, 우표 기타 우편요금을 표시하는 증표를 행사하거나 행사할 목적으로 수입 또는 수출한 자도 제1항의 형과 같다.
> 제220조(자격정지 또는 벌금의 병과) 본죄를 범하여 징역에 처하는 경우에는 10년 이하의 자격정지 또는 2천만원 이하의 벌금을 병과할 수 있다.
> 제223조(미수범) 본죄의 미수범은 처벌한다.

본죄는 위조 또는 변조된 대한민국 또는 외국의 인지. 우표 기타 우편요금을 표시하는 증표를 행사하거나 행사할 목적으로 수입 또는 수출하는 것을 내용으로 하는 범죄를 말한다.

여기서 '행사'한다는 것은 위조 또는 변조된 인지·우표 등을 진정한 우표·인지 등으로 사용하는 것을 말하고, 이때의 사용에는 우편요금의 납부용이 아닌 우표수집의 대상으로서 이를 매매하는 경우도 포함된다고 보아야 한다.[101]

3. 위조인지·우표등의 취득죄

> 제219조(위조인지·우표등의 취득) 행사할 목적으로 위조 또는 변조한 대한민국 또는 외국의 인지, 우표 기타 우편요금을 표시하는 증표를 취득한 자는 3년 이하의 징역 또는 1천만원 이하의 벌금에 처한다.

---

101) 대법원 1989. 4. 11. 선고 88도1105 판결.

제220조(자격정지 또는 벌금의 병과) 본죄를 범하여 징역에 처하는 경우에는 10년 이하의
자격정지 또는 2천만원 이하의 벌금을 병과할 수 있다.
제223조(미수범) 본죄의 미수범은 처벌한다.

본죄는 행사할 목적으로 위조 또는 변조된 대한민국 또는 외국의 인지 또는
우표 기타 우편요금을 표시하는 증표를 취득하는 것을 내용으로 하는 범죄이다.
본죄가 성립하기 위해서는 행위자가 위조 또는 변조한 인지 또는 우표라는 정을
알면서 이를 취득해야 한다.

4. 인지·우표등의 소인말소죄

제221조(소인말소) 행사할 목적으로 대한민국 또는 외국의 인지, 우표 기타 우편요금을 표
시하는 증표의 소인 기타 사용의 표지를 말소한 자는 1년 이하의 징역 또는 300만원
이하의 벌금에 처한다.

본죄는 행사할 목적으로 대한민국 또는 외국의 인지, 우표 기타 우편요금을
표시하는 증표의 소인 기타 사용의 표지를 말소함으로써 성립하는 범죄이다.
본죄의 실행행위는 인지, 우표 기타 우편요금을 표시하는 증표의 소인 기타
사용의 표지를 말소하는 것이다. 여기서 '소인을 말소한다'는 것은 소인의 흔적을
지우는 것을 말하고, '사용의 표지를 말소한다'는 것은 인지 또는 우표를 다시 사용
할 수 있게 하는 일체의 행위를 말하며, 그 방법은 따지지 않는다.
본죄는 주관적 구성요건으로 고의 이외에 **행사의 목적**이 있어야 한다.

5. 인지·우표 유사물 제조·수입·수출죄

제222조(인지·우표유사물의 제조등) ① 판매할 목적으로 대한민국 또는 외국의 공채증서,
인지, 우표 기타 우편요금을 표시하는 증표와 유사한 물건을 제조, 수입 또는 수출한
자는 2년 이하의 징역 또는 500만원 이하의 벌금에 처한다.
② 전항의 물건을 판매한 자도 전항의 형과 같다.
제223조(미수범) 본죄의 미수범은 처벌한다.

본죄는 판매할 목적으로 대한민국 또는 외국의 공채증서·인지·우표 기타 우

편요금을 표시하는 증표와 유사한 물건을 제조·수입·수출하거나 이를 판매함으로써 성립하는 범죄이다.

본죄의 행위객체는 공채증서·인지·우표 기타 우편요금을 표시하는 증표와 유사한 물건이다. 여기서 '**유사물**'이란 진정한 공채증서·인지·우표라고 일반인이 오신할 정도의 외관을 갖추지 못한 모조품을 말한다.

VI. 예비·음모죄

> 제224조(예비, 음모) 제214조, 제215조와 제218조 제1항의 죄를 범할 목적으로 예비 또는 음모한 자는 2년 이하의 징역에 처한다.

본죄는 유가증권위조·변조죄(제214조 제1항), 기재의 위조·변조죄(동조 제2항), 자격모용에 의한 유가증권작성죄(제215조), 인지·우표등의 위조·변조죄(제218조 제1항)를 범할 목적으로 예비·음모함으로써 성립하는 범죄이다.

유가증권에 관한 죄 중에서 **유형위조**에 대해서만 예비·음모죄로서 처벌하고 있다. 통화에 관한 죄에는 자수에 대하여 필요적 감면규정을 두고 있으나, 유가증권에 관한 죄에는 자수에 대한 감면규정을 두지 있지 않다. 이 점은 입법론적으로 재검토되어야 한다.102)

---

102) 박상기, 517면; 배종대, 111/10; 손동권/김재윤, 634면; 이재상/장영민/강동범, 572면; 임웅, 704면; 정성근/박광민, 706면.

제 3 절 문서에 관한 죄

I. 개   설

1. 의의 및 본질

(1) 문서에 관한 죄의 의의와 보호법익

1) 의의와 특색

문서에 관한 죄란 행사할 목적으로 문서를 위조 또는 변조하거나, 허위의 문서를 작성하거나, 위조·변조·허위작성된 문서를 행사하거나 문서를 부정행사함으로써 성립하는 범죄이다.

문서는 사람의 사상 내지 관념을 표시하는 수단으로서 현대사회에 있어서 법률적·경제적인 측면을 비롯하여 일상생활에 있어서도 중요한 거래수단의 하나이므로, 문서의 진정성에 대한 공공의 신용은 이를 보호해야 할 필요성이 매우 크다.

외국의 입법례를 살펴보면, 문서에 관한 죄는 재산죄 중, 특히 사기죄의 수단이 되기 때문에 독일에서는 이를 재산죄와 함께 규정하고 있고, 영미에서는 재산죄에 포함하여 규정하고 있다.

그러나 우리 형법은 제20장에 문서에 관한 죄를 규정하여, 재산적 법익을 보호하기 위한 범죄가 아니라 거래의 안전과 공공의 신용이라는 사회적 법익을 보호하기 위한 범죄로 보고 있다. 또한 독일이나 영미법에서는 문서에 관한 죄에 있어서 사문서와 공문서를 원칙적으로 구별하지 않음에 반하여, 우리 형법은 이 양자를 엄격히 구별하고 있다.

우리 형법이 규정하고 있는 문서에 관한 죄의 특색은, ① 인장과 서명의 유무에 따라 형기에 차이를 두고 있지 않으며, ② 자격모용에 의한 공문서작성죄·사문서작성죄를 신설하였고(제226, 제232조), ③ 적법하게 작성된 공문서·사문서를 부정행사하는 것을 처벌하는 규정을 두고 있다는 점이다.

2) 보호법익

문서에 관한 죄의 보호법익은 문서의 진정성에 대한 거래의 안전과 공공의 신용

이다.[103] 판례도 문서에 대한 공공의 신용을 보호법익이라고 판시하고 있다.[104]

보호법익에 대한 보호의 정도는 추상적 위험범이다. 따라서 문서에 대한 거래의 안전과 공공의 신용에 대한 추상적 위험이 발생하면 본죄는 기수가 된다.

(2) 문서에 관한 죄의 본질론

1) 형식주의와 실질주의

문서에 관한 죄가 무엇을 보호하는 것인가에 대하여는 형식주의와 실질주의의 대립이 있다. 전자는 문서에 관한 죄의 보호대상을 문서성립의 신성이라고 해석하는 데 반하여, 후자는 그 보호대상을 문서에 표시된 내용의 진실을 보호하는데 있다고 해석한다. 따라서 형식주의에 의하면 문서내용의 진실성보다 문서작성명의의 진정이 인정되어야 문서위조죄가 성립하지 않게 되며, 이와 달리 실질주의에 의하면 문서에 표시된 내용이 진실하면 비록 문서작성 명의에 허위가 있어도 문서위조죄는 성립하지 않는다고 하게 된다. 독일 형법은 원칙적으로 형식주의를 취하면서 예외적으로 실질주의를 인정하고 있으며, 프랑스 형법도 실질주의를 취하면서도 형식주의를 인정하여 무형위조와 유형위조를 모두 처벌하고 있다.

2) 형법의 입장

형법은 작성명의에 허위가 있는 경우에 공문서·사문서를 불문하고 모두 문서위조죄로 처벌하고 있으나, 내용이 허위인 경우에는 일정한 공문서와 사문서의 경우에는 허위진단서등의 작성죄(제233조)에만 예외적으로 처벌하는 규정을 두고 있다. 이런 점을 고려해보면 형법은 형식주의를 원칙으로 하면서 예외적으로 실질주의를 인정하는 입장을 취하고 있다고 할 수 있다.[105]

(3) 유형위조와 무형위조

'유형위조'란 문서를 작성할 권한이 없는 자가 타인명의를 사칭하여 타인명의의 문서를 작성하는 것을 말하며, '무형위조'란 문서를 작성할 권한이 있는 자가 진실에

---

103) 박상기, 518면; 배종대, 112/2; 백형구, 515면; 손동권/김재윤, 634면; 오영근, 562면; 이재상/장영민/강동범, 572면.

104) 대법원 2011. 9. 29. 선고 2011도6223 판결; 대법원 2008. 2. 14. 선고 2007도9606 판결; 대법원 2005. 2. 24. 선고 2002도18 전원합의체 판결.

105) 김성돈, 620면; 김일수/서보학, 565면; 박상기, 518면; 배종대, 112/7; 백형구, 515면; 손동권/김재윤, 637면; 오영근, 563면; 유기천, 137면; 이영란, 611면; 이재상/장영민/강동범, 574면; 이형국, 595면; 임웅, 709면; 정성근/박광민, 612면; 조준현, 425면; 진계호, 563면.

반하는 내용의 문서를 작성하는 것을 말한다. 형법은 유형위조를 '위조', 무형위조를 '작성'이라고 하여 이를 구별하고 있고, 유형위조는 공문서·사문서를 불문하고 처벌하지만, 무형위조는 허위공문서자성죄는 처벌하지만 사문서의 경우에는 허위진단서등의 작성죄(제233조)의 경우만 예외적으로 처벌하고 있다.[106]

(4) 구성요건의 체계

문서에 관한 죄는 5가지 유형으로 구별할 수 있다. 즉 ① 문서위조·변조죄, ② 허위문서작성죄, ③ 위조등 문서행사죄, ④ 문서 부정행사죄 및 ⑤ 전자기록 등 위작·변작죄가 그것이다.

문서위조·변조죄는 타인명의를 모용하여 문서를 작성하거나 변경하는 것인데 반하여, 허위문서 작성죄는 문서의 내용의 진실을 보호하기 위한 범죄이다.

1) 문서위조죄의 **기본적 구성요건**은 **사문서위조·변조죄**이고, 공문서위조·변조죄는 불법이 가중되는 불법가중적 구성요건이다. 문서위조죄의 특수한 경우로서 **자격모용에 의한 사문서작성죄가 기본적 구성요건**이고, 자격모용에 의한 공문서작성죄는 불법가중적 구성요건이다.

2) 허위문서작성죄는 **허위진단서등 작성죄**를 기본적 구성요건으로 하고, 허위공문서작성죄는 이에 대한 가중적 구성요건이다. 한편 공정증서부실기재죄는 간접정범에 의한 허위공문서작성죄를 범한 자를 특별히 처벌하기 위한 규정이다.

3) 위조등 문서행사죄는 **위조사문서 등 행사죄**를 기본적 구성요건으로 하고, 위조공문서 등 행사죄는 이에 대한 불법가중적 구성요건이다.

4) 문서 부정행사죄는 **사문서 부정행사죄**를 기본적 구성요건으로 하고, 공문서 부정행사죄는 이에 대한 불법가중적 구성요건이다.

5) 전자기록등 위작·변작·행사죄는 **사전자기록위작·변작·행사죄**를 기본적 구성요건으로 하고, 공전자기록위작·변작·행사죄는 이에 대한 불법가중적 구성요

---

106) 대법원 1984. 4. 24. 선고 83도2645 판결(피고인들이 작성한 회의록에다 참석한 바 없는 소외인이 참석하여 사회까지 한 것으로 기재한 부분은 사문서의 무형위조에 해당할 뿐이어서 사문서의 유형위조만을 처벌하는 현행 형법하에서는 죄가 되지 아니한다); 대법원 1985. 10. 22. 선고 85도1732 판결(이사회를 개최함에 있어 공소외 이사들이 그 참석 및 의결권의 행사에 관한 권한을 피고인에게 위임하였다면 그 이사들이 실제로 이사회에 참석하지도 않았는데 마치 참석하여 의결권을 행사한 것처럼 피고인이 이사회 회의록에 기재하였다 하더라도 이는 이른바 사문서의 무형위조에 해당할 따름이어서 처벌대상이 되지 아니한다).

건이다.

2. 문서의 개념

(1) 의   의

문서란 문자 또는 이를 대신하는 부호에 의하여 사람의 사상 또는 관념이 화체되어 표시된 어느 정도 계속성을 가지는 물체로서, 법률관계 또는 사회생활상 중요한 사실을 증명할 수 있는 것을 말한다.[107]

(2) 개념요소

문서의 개념요소로는 계속적 기능과 증명적 기능 및 보장적 기능을 필요로 한다. 그 의미를 분설하면 다음과 같다.

1) 계속적 기능

문서는 사람의 관념·의사가 물체에 화체되어 외부에 표시되는 것이기 때문에 사람의 의사가 표시가 있어야 하고, 그 의사표시는 물체에 고정되어 어느 정도 계속성을 지녀야 한다.

(가) 사람의 관념·의사의 표시   문서는 사람의 관념·의사를 외부적으로 표시하는 것이기 때문에 문서의 본질은 물체 그 자체가 아니라 그 속에 표현된 사람의 관념·의사이므로 관념·의사의 표시라고 볼 수 없는 것은 문서라고 볼 수 없다. 예컨대 검증의 목적물, 번호표, 명찰, 문패, 물품예치표, 제조물품의 일련번호, 자동차의 주행기록, 전기요금, 환경오염전광판 등은 사람의 관념·의사를 표시한 것이 아니기 때문에 문서가 아니다.

사람의 관념·의사의 표시 그 자체가 아니라 이를 기계적으로 재현한 복사문서의 경우에는 종래 견해의 대립이 있었다. 판례는 처음에는 복사문서는 문서가 아니라는 부정설을 취했다가,[108] 이후 전원합의체 판결을 통해 복사문서라 하더

---

107) 형법상 문서에 관한 죄에 있어서 문서라 함은, 문자 또는 이에 대신할 수 있는 가독적 부호로 계속적으로 물체상에 기재된 의사 또는 관념의 표시인 원본 또는 이와 사회적 기능, 신용성 등을 동일시할 수 있는 기계적 방법에 의한 복사본으로서 그 내용이 법률상, 사회생활상 주요 사항에 관한 증거로 될 수 있는 것을 말한다(대법원 2018. 5. 15. 선고 2017도19499 판결 등 참조).

108) 대법원 1986. 2. 25. 선고 85도2835 판결; 대법원 1982. 5. 25. 선고 82도715 판결; 대법원 1978. 4. 11. 선고 77도4068 전원합의체 판결.

라도 원본과 같은 사회적 기능을 가지므로 문서의 사본도 문서에 해당한다고 판시하였다.[109] 그리고 형법은 이 문제에 대하여 형법 제237조의2에 "전자복사기, 모사전송기 기타 이와 유사한 기기를 사용하여 복사한 문서 또는 도화의 사본도 문서 또는 도화로 본다."는 규정을 신설함으로써 입법석으로 해결하였다.

(나) 표시의 방법   관념·의사의 표시방법은 문자 또는 부호를 불문한다. 문자의 경우에는 어느 나라의 언어라도 상관없고, 부호의 경우에는 전신부호, 맹인의 점자, 속기용부호 등을 들 수 있다. 부호는 문자를 대신할 수 있는 **가독적 부호**이면 족하고,[110] 발음적 부호일 필요는 없다.[111] 따라서 접수일부인의 날인도 문서에 해당한다.[112]

(다) 표시의 정도   표시의 정도는 객관적·일반적으로 이해할 수 있는 정도로 구체적으로 표시되어야 한다. 따라서 설사 가독적인 부호라 하더라도 특정한 당사자만이 해독할 수 있는 암호를 사용한 물체는 문서라고 할 수 없으며, 추상적인 사상을 표시한 시·소설 등의 예술작품은 문서가 아니다. 또한 문서는 법적 형식이 완비될 것을 요하지 않으며, 의사표시를 유효하게 취소할 수 있는가 여부도 문제되지 않는다.

예술가가 예술작품에 한 **서명**(署名)**과 낙관**(落款)도 그 자체가 예술가의 관념을 표시하는 것이고 법률관계상 중요한 사실을 증명하는 것이 아닌 한 문서가 아니라 인장에 관한 죄가 성립할 뿐이라고 해석하는 것이 통설의 입장이다.[113] 또한 **생략문서**는 문장형식을 갖추지 않았더라도 그 자체로부터 일정한 관념·의사를 알

---

109) 대법원 1996. 5. 14. 선고 96도785 판결; 대법원 1995. 12. 26. 선고 95도2389 판결; 대법원 1992. 11. 27. 선고 92도2226 판결; 대법원 1989. 9. 12. 선고 87도506 전원합의체 판결.

110) 김일수/서보학, 566면; 배종대, 112/11; 유기천, 138면; 이영란, 614면; 이재상/장영민/강동범, 576면; 이정원, 596면.

111) 이에 반해 상형적 부호에 의한 의사표시는 도화에 속하므로, 발음적 부호의 경우에만 문서에 해당한다는 견해도 있다(손해목, 382면; 정영석, 162면; 진계호, 564면).

112) 대법원 1979. 10. 30. 선고 77도1879 판결.

113) 김일수/서보학, 567면; 박상기, 521면; 손동권/김재윤, 638면; 유기천, 147면; 이재상/장영민/강동범, 577면; 이형국, 600면; 정성근/박광민, 616면; 진계호, 567면. 이에 반해 소수설은 예술가의 서명이나 낙관은 생략문서로서 예술가가 자기의 작품이라는 의사를 표현한 것이므로 문서에 속한다고 해석한다(이재상/장영민/강동범, 577면; Schönke/Schröder/Cramer/Heine, StGB, 28.Aufl., §267 Rn. 27; Tröndle/Fischer, Strafgesetzbuch, 53. Aufl, §267 Rn. 10; Wessels/Hettinger, Strafrecht, BT1, 25.Aufl., Rn. 805).

수 있으면 문서가 된다. 예컨대 백지위임장, 입장권, 우체국일부인, 신용장에 날 인된 접수일부인, 은행의 지급전표, 전세계약서의 확정일자, 세무서의 소인[114] 등 이 여기에 해당한다.

　　(라) 물체에 고정된 의사표시　　문서는 물체에 기재된 의사표시로서 영구적 이지는 않더라도 어느 정도 **계속성**을 지녀야 한다. 따라서 구두로 행한 의사표시, 모래나 눈 위에 쓴 글씨, 흑판에 백묵으로 쓴 글씨, 컴퓨터 스캔작업을 통해 형성 한 이미지 파일은 계속성이 없기 때문에 문서에 해당하지 않는다.[115] 계속성이

---

114) 대법원 1995. 9. 5. 선고 95도1269 판결(1. 형법상 문서에 관한 죄에 있어서 문서라 함은 문자 또는 이에 대신할 수 있는 가독적 부호로 계속적으로 물체 상에 기재된 의사 또는 관념의 표시인 원본 또는 이와 사회적 기능, 신용성 등을 동시할 수 있는 기계적 방법에 의한 복사본으로서 그 내용이 법률상, 사회 생활상 주요 사항에 관한 증거로 될 수 있는 것을 말하는 것으로, 사람의 동일성을 표시하기 위하여 사용되는 일정한 상형인 인장이나, 사람의 인격상의 동일성 이외의 사항에 대해서 그 동일성을 증명하기 위한 부호인 기호와 는 구분되며, 이른바 생략문서도 그것이 사람 등의 동일성을 나타내는 데에 그치지 않고 그 이외의 사항도 증명, 표시하는 한 인장이나 기호가 아니라 문서로서 취급하여야 한다. 2. 구청 세무계장 명의의 소인을 세금 영수필 통지서에 날인하는 의미는 은행 등 수납기 관으로부터 그 수납기관에 세금이 정상적으로 입금되었다는 취지의 영수필 통지서가 송 부되어 와서 이에 기하여 수납부 정리까지 마쳤으므로 이제 그 영수필 통지서는 보관하면 된다는 점을 확인함에 있는데, 소인이 가지는 의미가 위와 같은 것이라면 이는 하나의 문 서로 보아야 한다고 한 사례); <유사판례>로는 대법원 1979. 10. 30. 선고 77도1879 판결 (신용장에 날인된 은행의 접수일부인은 사실증명에 관한 사문서에 해당되므로 신용장에 허위의 접수인을 날인한 것은 사문서위조에 해당된다).

115) 대법원 2018. 5. 15. 선고 2017도19499 판결; 대법원 2010. 7. 15. 선고 2010도6068 판결(국 립대학교 교무처장 명의의 '졸업증명서 파일'을 위조하였다는 공소사실에 대하여, 위 파일 이 형법상의 문서에 해당하지 않는다는 이유로 무죄를 선고한 원심판단을 수긍한 사례); 대법원 2008. 4. 10. 선고 2008도1013 판결(컴퓨터 모니터 화면에 나타나는 이미지는 이미 지 파일을 보기 위한 프로그램을 실행할 경우에 그때마다 전자적 반응을 일으켜 화면에 나타나는 것에 지나지 않아서 계속적으로 화면에 고정된 것으로는 볼 수 없으므로, 형법 상 문서에 관한 죄에 있어서의 '문서'에는 해당되지 않는다고 할 것이다. 따라서 컴퓨터 스 캔 작업을 통하여 만들어낸 공인중개사 자격증의 이미지 파일이 형법상 문서에 관한 죄의 '문서'에 해당하지 않는다고 한 사례); 대법원 2007. 11. 29. 선고 2007도7480 판결(자신의 이름과 나이를 속이는 용도로 사용할 목적으로 주민등록증의 이름·주민등록번호란에 글 자를 오려붙인 후 이를 컴퓨터 스캔 장치를 이용하여 이미지 파일로 만들어 컴퓨터 모니 터로 출력하는 한편 타인에게 이메일로 전송한 사안에서, 컴퓨터 모니터 화면에 나타나는 이미지는 형법상 문서에 관한 죄의 문서에 해당하지 않으므로 공문서위조 및 위조공문서 행사죄를 구성하지 않는다고 한 사례).

인정되는 경우에는 연필로 기재한 때에도 문서가 될 수 있으며, 의사가 표시되는 물체는 종이가 아닌 나무·도자기·피혁·석재 등에 기재된 경우에도 계속성이 가질 수 있는 경우에는 문서가 될 수 있다. 그러나 필름이나 비디오테이프처럼 시각영상을 통하여 스크린에 상영되는 의사표시는 아직 문서라고 할 수 없지만, 이것을 프린터에 의해 인쇄물로 출력한 경우에는 문서가 될 수 있다.

(마) 시각적인 방법에 의한 표시   문서는 표시된 의사·관념을 시각적으로 이해할 수 있어야 한다. 따라서 음반이나 녹음테이프 등은 계속성은 있지만 시각이 아닌 청각에 의하여 그 내용을 파악할 수 있기 때문에 문서가 아니다.

2) 증명적 기능

물체에 기재된 의사표시는 일정한 **법률관계 또는 사회생활상의 중요사항**을 증명할 수 있거나 또는 증명하기 위한 것이어야 한다. 형법에 의해 보호되어야 하는 것은 법률상 중요한 의미를 가지는 문서에 한정해야 하기 때문이다. 문서의 증명적 기능은 **증명능력**과 **증명의사**를 내용으로 하고, 사문서뿐만 아니라 공문서의 개념과 한계에도 그대로 적용된다.[116)]

(가) 증명능력   문서의 내용은 **법적으로 중요한 사실**을 증명할 수 있는 것이어야 한다. 여기서 증명할 수 있다는 것은 사상 내지 의사의 표현이 증명을 위한 확신형성에 기여할 수 있다는 것을 말한다. 또한 법률상 또는 사회생활상 중요한 사항이란 공법관계·사법관계를 불문하고 권리 또는 의무의 발생·변경·유지·소멸과 관련되는 것을 말한다. 형법은 공문서에 관해서는 '공무원 또는 공무소의 문서'라고 규정하고 있지만, 사문서에 대해서는 '권리·의무 또는 사실증명에 관한 문서'라고 규정하고 있다. 따라서 신분증명서·이사회의 회의록·계약서·영수증·현금보관증·적금청구서·이력서·추천서·안내장 등은 문서에 해당한다.

(나) 증명의사   문서는 **법률관계를 증명**하기 위한 것이어야 한다. 문서는 증명의사에 따라 목적문서와 우연문서로 구별되고, **목적문서**는 문서작성시부터 증명의사를 가지고 작성된 문서를 말하며, **우연문서**는 사후에 증명의사가 발생한 경우를 말한다. 공문서는 항상 목적문서이지만, 사문서에는 목적문서뿐만 아니라 우연문서도 있다.

---

116) 이재상/장영민/강동범, 578면. 이와 달리 문서의 증명적 기능이 사문서의 경우에만 의미를 지니므로, 일반적인 문서의 개념요소가 될 수 없다는 소수견해도 있다(유기천, 145면).

문서는 증명의사를 필요로 하며, 이러한 의사는 **확정적 의사**이어야 한다. 따라서 일반적으로 초안의 경우에는 확정적인 증명의사가 없으므로 문서가 아니다. 그러나 가계약서·가영수증은 비록 시한부로 작성되었지만 확정적인 증명의사를 가지고 있으므로 문서에 해당한다.

(다) 진정문서와 부진정문서　　문서변조죄의 객체는 진정문서이고 문서위조죄의 객체는 부진정문서라는 견해[117]와 문서에 관한 죄는 실제로 작성된 문서가 공공의 거래의 안전과 신용을 해할 위험성이 있는가가 문제되는 것이며, 그 문서의 대상이나 재료는 불문하므로 진정문서와 부진정문서 모두가 문서위조·변조죄의 객체가 될 수 있다는 견해[118]도 있다.

그러나 문서의 증명적 기능은 진정문서에만 인정되므로 부진정문서의 작성은 문서에 관한 죄를 구성하지만, 부진정문서 그 자체는 문서위조·변조죄의 객체가 될 수 없다고 해석하는 다수설[119]과 판례[120]의 입장이 타당하다.

3) 보장적 기능

문서에는 관념·의사를 표시한 주체인 문서의 작성자 또는 보증인을 의미하는 **명의인**이 표시되어야 한다. 따라서 의사표시의 내용을 보증할 수 있는 명의인이 없는 익명(匿名)의 문서는 문서가 아니다. 이를 문서의 보장적 기능이라 한다. 여기서 명의인(名義人)이란 실제로 문서를 작성한 자를 말하는 것이 아니라 문서의 표시내용이 귀속되는 주체, 즉 의사표시의 주체를 말한다. 문서의 주체인 명의인은 자연인·법인·법인격 없는 단체를 불문한다. 문서는 명의인이 작성한 것으로 볼 수 있는 형식과 외관을 갖춘 이상 명의인의 날인이 있을 것을 반드시 요하지 않는다.[121] 또한 명의인의 서명도 반드시 필요한 것은 아니며, 명의인이 명

---

117) 임웅, 632면: 손동권/김재윤, 624면.
118) 오영근, 861면.
119) 박상기, 521면; 배종대, 112/21; 이재상/장영민/강동범, 578면.
120) 대법원 1986. 11. 11. 선고 86도1984 판결(공문서변조라 함은 권한없이 이미 진정하게 성립된 공무원 또는 공무소명의의 문서내용에 대하여 그 동일성을 해하지 아니할 정도로 변경을 가하는 것을 말한다 할 것이므로 이미 허위로 작성된 공문서는 형법 제225조 소정의 공문서변조죄의 객체가 되지 아니한다).
121) 대법원 2010. 7. 29. 선고 2010도2705 판결(형법상 문서에 관한 죄로써 보호하고자 하는 것은 구체적인 문서 그 자체가 아니라, 문서에 화체된 사람의 의사표현에 관한 안전성과 신용이다. 그리고 그 객체인 '문서 또는 도화'라고 함은 문자나 이에 준하는 가독적 부호

시되지 아니한 경우에도 문서의 형식과 내용에 의하여 누가 작성하였는가를 알 수 있으면 족하다고 해야 한다.[122]

    (가) 사자와 허무인 명의의 문서   문서의 명의인이 실재하여야 하는가에 대하여, 통설[123]은 명의인이 실재함을 요하지 않으며, 일반인으로 하여금 진정한 문서라고 오신케 할 정도에 이르면 사자(死者)와 명의인이 실재하지 않는 허무인 (虛無人) 명의 문서도 문서에 해당한다고 해석하고 있다. 한편 판례도 처음에는 공문서와 사문서를 구별하여, 공문서와 달리 사문서의 경우에는 사자명의와 허무인 명의에 대하여 사문서위조죄가 성립하지 않는다는 입장을 취하였으나, 그 후 전원합의체판결을 통해 태도를 변경하여 공문서뿐만 아니라 사문서에 대하여도 사자·허무인 명의의 문서에 대하여도 문서위조죄가 성립한다고 판시하였다.[124]

    또는 상형적 부호로써 어느 정도 계속적으로 물체 위에 고착된 어떤 사람의 의사 또는 관념의 표현으로서, 그 내용이 법률상 또는 사회생활상 의미 있는 사항에 관한 증거가 될 수 있는 것을 말한다. 또한 그 문서 등에 작성명의인의 날인 등이 없다고 하여도 그 명의자의 문서 등이라고 믿을 만한 형식과 외관을 갖춘 경우에는 그 죄의 객체가 될 수 있다); 대법원 2007. 5. 10. 선고 2007도1674 판결(차용증에 연대보증인의 이름과 주민등록번호 및 주소가 함께 적혀 있다면 비록 날인이 없다고 하더라도 일반인이 위 연대보증인 명의의 진정한 사문서로 오신하기에 충분하다고 본 사례); 대법원 1989. 8. 8. 선고 88도2209 판결(사문서의 작성명의자의 인장이 압날되지 아니하고 주민등록번호가 기재되지 않았더라도, 일반인으로 하여금 그 작성명의자가 진정하게 작성한 사문서로 믿기에 충분할 정도의 형식과 외관을 갖추었으면 사문서위조죄 및 동행사죄의 객체가 되는 사문서라고 보아야 한다).

122) 대법원 1995. 11. 10. 선고 95도2088 판결(허위공문서작성죄에 있어서의 객체가 되는 문서는 문서상 작성명의인이 명시된 경우뿐 아니라 작성명의인이 명시되어 있지 아니하더라도 문서의 형식, 내용 등 그 문서 자체에 의하여 누가 작성하였는지를 추지할 수 있을 정도의 것이면 된다); 대법원 1992. 5. 26. 선고 92도353 판결; 대법원 1973. 9. 29. 선고 73도1765 판결.

123) 김성돈, 625면; 김성천/김형준, 792면; 김일수/서보학, 571면; 박상기, 523면; 배종대, 112/23; 손동권/김재윤, 641면; 오영근, 568면; 이영란, 617면; 이재상/장영민/강동범, 579면; 이정원, 600면, 이형국, 604면; 임웅, 718면; 정성근/박광민, 620면; 정영일, 339면; 조준현, 429면; 진계호, 566면.

124) 대법원 2005. 2. 24. 선고 2002도18 전원합의체 판결(문서위조죄는 문서의 진정에 대한 공공의 신용을 그 보호법익으로 하는 것이므로 행사할 목적으로 작성된 문서가 일반인으로 하여금 당해 명의인의 권한 내에서 작성된 문서라고 믿게 할 수 있는 정도의 형식과 외관을 갖추고 있으면 문서위조죄가 성립하는 것이고, 위와 같은 요건을 구비한 이상 그 명의인이 실재하지 않는 허무인이거나 또는 문서의 작성일자 전에 이미 사망하였다고 하더라

생각건대 문서위조죄의 보호법익은 문서의 진정에 대한 공공의 안전과 신용이고, 보호의 정도는 추상적 위험범이므로 일반인이 진정한 문서라고 오신할 염려가 있으면 본죄가 성립한다고 보아야 하며, 또한 공문서와 달리 사문서를 구별하여 할 이유가 없는 점을 고려해볼 때 사자·허무인 명의의 문서에 대하여도 문서위조죄가 성립한다는 판례와 통설의 태도가 타당하다고 생각된다.

(나) 복복·등본·사본   문서란 명의인의 의사를 표현되어 있는 물체 그자체인 원본일 것을 요한다. 그런데 이러한 문시의 복본·등본·사본을 문시리 할수 있는가가 문제된다.

복본이란 명의인이 증명을 위하여 처음부터 동일한 내용의 문서를 수통 작성한 경우이므로 복본은 당연히 문서가 된다. 그러나 등본 또는 사본은 명의인의 의사를 표시한 것이 아니라 다른 문서에 화체된 의사를 복사한 것에 불과하므로 인증이 없는 한 문서라고 할 수 없다.[125] 다만 형법은 제247조2를 신설하여 명문으로 복사문서의 문서성을 인정하였다.

도 그러한 문서 역시 공공의 신용을 해할 위험성이 있으므로 문서위조죄가 성립한다고 봄이 상당하며, 이는 공문서뿐만 아니라 사문서의 경우에도 마찬가지라고 보아야 한다); 대법원 2011. 9. 29. 선고 2011도6223 판결(문서위조죄는 문서의 진정에 대한 공공의 신용을 보호법익으로 하는 것이므로 행사할 목적으로 작성된 사문서가 일반인으로 하여금 당해 명의인의 권한 내에서 작성된 문서라고 믿게 할 수 있는 정도의 형식과 외관을 갖추고 있으면 사문서위조죄가 성립하고, 위와 같은 요건을 구비한 이상 명의인이 문서의 작성일자 전에 이미 사망하였더라도 그러한 문서 역시 공공의 신용을 해할 위험성이 있으므로 사문서위조죄가 성립한다. 위와 같이 사망한 사람 명의의 사문서에 대하여도 문서에 대한 공공의 신용을 보호할 필요가 있다는 점을 고려하면, 문서명의인이 이미 사망하였는데도 문서명의인이 생존하고 있다는 점이 문서의 중요한 내용을 이루거나 그 점을 전제로 문서가 작성되었다면 이미 문서에 관한 공공의 신용을 해할 위험이 발생하였다 할 것이므로, 그러한 내용의 문서에 관하여 사망한 명의자의 승낙이 추정된다는 이유로 사문서위조죄의 성립을 부정할 수는 없다).

125) 대법원 1984. 4. 24. 선고 83도3355 판결(위조문서의 행사라 함은 위조된 문서를 진정한 것처럼 타인에게 제시한다거나 타인이 열람할 수 있도록 비치한다는 등 하여 사용하는 행위를 말하는 것이니 위조문서의 사본을 민사소송에 관한 증거로서 법원에 제출하였다 하더라도 이는 위조문서 자체를 행사한 경우가 아니므로 위조문서의 행사죄를 구성한다고 할수 없다); 대법원 1983. 9. 13. 선고 83도1829 판결(공문서 또는 사문서의 위조죄나 동행사죄에 있어서의 문서라 함은 작성명의인의 의사가 표시된 원본자체를 말하고 사본은 그것이 기계적 방법에 의하여 복사된 것이라 하더라도 사본 또는 등본의 인증이 없는 한 위각 죄의 행위객체인 문서에 해당하지 않는다).

3. 도   화

(1) 의   의

도화(圖畵)란 문자 이외의 **상형적 부호**에 의하여 사람의 관념·의사가 물체에 화체되어 표현된 것을 말한다. 예컨대 지적도, 상해부위를 명백히 하기 위한 인체도 등이 여기에 해당한다.

(2) 요   건

도화도 사람의 관념·의사를 표시한다는 점에서는 문서와 동일하므로, 문서와 마찬가지로 **계속적 기능**과 **증명적 기능** 및 **보장적 기능**을 구비해야 한다. 따라서 담뱃갑에 표시된 도안도 그 담배제조회사와 담배의 종류를 구별하고 확인할 수 있는 특유의 도안이 표시되어 있는 경우에는 도화에 해당한다.[126] 그러나 표시자의 사상 내지 관념이 화체되어 있을 것이므로 미술작품으로서의 그림은 여기의 도화에 해당되지 않는다.

4. 문서의 종류

(1) 공문서와 사문서

문서는 작성주체에 따라 공문서와 사문서로 구분된다.

1) 공 문 서

공문서란 공무원 또는 공무소에서 직무에 관하여 작성한 문서를 말한다. 즉 우리나라의 공무원 또는 공무소가 작성명의인인 문서를 말한다. 따라서 외국의 공무원·공무소에서 작성한 문서는 공문서가 아니며, 작성명의인이 공무원 또는 공무소일 경우에도 직무에 관하여 작성된 문서가 아니면 공문서가 아니다.[127] 따라서 공무원 개인명의의 매매계약서나 채무부담서 등은 공문서가 아니다.

---

126) 대법원 2010. 7. 29. 선고 2010도2705 판결(담뱃갑의 표면에 그 담배의 제조회사와 담배의 종류를 구별·확인할 수 있는 특유의 도안이 표시되어 있는 경우에는 일반적으로 그 담뱃갑의 도안을 기초로 특정 제조회사가 제조한 특정한 종류의 담배인지 여부를 판단하게 된다는 점에 비추어서도 그 담뱃갑은 적어도 그 담뱃갑 안에 들어 있는 담배가 특정 제조회사가 제조한 특정한 종류의 담배라는 사실을 증명하는 기능을 하고 있으므로, 그러한 담뱃갑은 문서 등 위조의 대상인 도화에 해당한다.

127) 대법원 1984. 3. 27. 선고 83도2892 판결.

또한 특별법 등에 의하여 공무원으로 의제되는 경우를 제외하고는 공무와 관련되는 업무를 일부 대행하는 경우에도 작성명의인이 공무원 또는 공무소가 아니면 공문서가 아니다.[128] 그리고 여기서 직무에 관해서 작성한 문서란 공무원 또는 공무소가 법령·내규·관례에 따른 직무집행의 권한 내에서 작성한 문서를 말한다.[129] 따라서 공무소의 내부보관용 문서도 공문서에 해당한다.

판례가 공문서에 해당한다고 판시한 경우로는, ① 합동법률사무소명의의 공증에 관한 문서[130]·사서증서에 관한 인증서,[131] ② 수사기관이 작성한 지문대조표,[132] ③ 도립대학교수가 작성한 물품검수조서,[133] ④ 외국환은행인 주식회사

---

128) 대법원 1996. 3. 26. 선고 95도3073 판결([1] 형법 제225조의 공문서변조나 위조죄의 객체인 공문서는 공무원 또는 공무소가 그 직무에 관하여 작성하는 문서이고, 그 행위주체가 공무원과 공무소가 아닌 경우에는 형법 또는 기타 특별법에 의하여 공무원 등으로 의제되는 경우(예컨대 정부투자기관관리기본법 제18조, 지방공기업법 제83조, 한국은행법 제112조의2, 특정범죄가중처벌등에관한법률 제4조)를 제외하고는 계약 등에 의하여 공무와 관련되는 업무를 일부 대행하는 경우가 있다 하더라도 공무원 또는 공무소가 될 수는 없고, 특히 형벌법규의 구성요건을 법률의 규정도 없이 유추 확대해석하는 것은 죄형법정주의원칙에 반한다. [2] 지방세의 수납업무를 일부 관장하는 시중은행의 직원이나 은행이 형법 제225조 소정의 공무원 또는 공무소가 되는 것은 아니고 세금수납영수증도 공문서에 해당하지 않는다는 이유로 공문서변조죄 및 동 행사죄를 유죄로 인정한 원심판결을 파기한 사례).

129) 대법원 1995. 4. 14. 선고 94도3401 판결(허위공문서작성죄에 있어서 직무에 관한 문서라 함은 공무원이 직무권한 내에서 작성하는 문서를 말하고 그 문서는 대외적인 것이거나 내부적인 것을 구별하지 아니하며, 그 직무권한이 반드시 법률상 근거가 있음을 필요로 하는 것이 아니고 명령, 내규 또는 관례에 의한 직무집행의 권한으로 작성하는 경우라도 포함되므로, 해운항만청의 고시로 작성의무가 부과되고 내부적으로 보관하는 문서도 허위공문서 작성의 객체가 되는 공문서이다).

130) 대법원 1977. 8. 23. 선고 74도2715 전원합의체 판결(간이절차에 의한 민사분쟁사건처리특례법에 의하여 합동법률사무소 명의로 작성된 공증에 관한 문서는 형법상의 공문서에 해당되고 동 합동법률사무소의 구성원인 변호사에게 허위신고를 하여서 동 합동법률사무소 명의의 공정증서에 불실의 사실을 기재하게 한 행위는 형법 제228조 제1항에 해당된다).

131) 대법원 1992. 10. 13. 선고 92도1064 판결(간이절차에의한민사분쟁사건처리특례법에 의하여 설립된 공증인가 합동법률사무소 작성의 사서증서에 관한 인증서는 공문서이다)

132) 대법원 2000. 8. 22. 선고 2000도2393 판결(십지지문 지문대조표는 수사기관이 피의자의 신원을 특정하고 지문대조조회를 하기 위하여 직무상 작성하는 서류로서 비록 자서란에 피의자로 하여금 스스로 성명 등의 인적사항을 기재하도록 하고 있다 하더라도 이를 사문서로 볼 수는 없다).

133) 대법원 2009. 9. 24. 선고 2007도4785 판결(도립대학 교수가 특성화사업단장의 지위에서

서울신탁은행장 명의의 무역거래법에 의한 수출용 원자재 구매승인서[134] 등이다.

이에 반해 판례는 시중은행의 세금수납영수증[135]이나 공무원이 공무원으로 의제되는 자가 아닌 자의 명의를 위조하여 작성한 검수결과보고서[136] 등은 공무원 또는 공무원으로 의세뇌는 자가 작성한 문서가 아니므로 공문서에 해당하지 않는다고 판시하였다.

2) 사 문 서

사문서란 사인명의로 작성된 문서를 말한다. 사문서의 경우에는 사인명의의 모든 문서가 사문서인 것이 아니라 권리·의무에 관한 문서와 사실증명에 관한 문서만이 사문서가 될 수 있다. 여기서 권리·의무에 관한 문서란 권리·의무의 발생·변경·소멸에 관한 사항을 기재한 문서를 말하며, 사실증명에 관한 문서란 사인의 권리·의무에 관한 문서 이외의 문서로서 거래상 중요한 사실관계를 증명하는 문서를 말한다.

(2) 개별문서·전체문서·결합문서·복합문서

문서의 형태에 따라 개별문서·전체문서·결합문서·복합문서가 있다. 개별문서란 개별적으로 의사표시를 내용으로 하는 독립된 문서를 말한다. 전체문서란 개개의 독립된 의사표시를 내용으로 하는 문서의 다수가 계속적인 형태로 결합하여 그 전체가 독자적인 의사표시를 내용으로 하는 독자적인 문서가 되는 경우를 말한다. 예컨대 예금통장, 상업장부, 수사기록, 재판기록 등이 여기에 해당한다. 전체문서는 문서전체가 문서죄의 객체가 되어 문서의 여러 부분에 걸쳐 위조·변조 있더라도 하나의 문서위조·변조죄가 성립하게 된다.

결합문서란 의사표시를 내용으로 하는 문서가 검증의 목적물과 결합되어 통

납품검사와 관련하여 작성한 납품검수조서 및 물품검수내역서 등은 공무원이 직무권한 내에서 작성한 문서로서 '공문서'에 해당한다고 한 사례).

134) 대법원 1980. 9. 9. 선고 80도1924 판결(외국환은행인 주식회사 서울신탁은행장 명의의 무역거래법에 의한 수출용 원자재 구매승인서는 동법 제31조의 취지에 비추어 공문서로 보아야 한다).

135) 대법원 1996. 3. 26. 선고 95도3073 판결(지방세의 수납업무를 일부 관장하는 시중은행의 세금수납영수증은 공문서에 해당하지 않는다고 본 사례).

136) 대법원 2008. 1. 17. 선고 2007도6987 판결(식당의 주·부식 구입 업무를 담당하는 공무원이 계약 등에 의하여 공무소의 주·부식 구입·검수 업무 등을 담당하는 조리장·영양사 등의 명의를 위조하여 검수결과보고서를 작성한 경우, 공문서위조죄의 성립을 부인한 사례).

일된 증명내용을 지니게 된 것을 말한다. 이러한 결합문서도 결합된 범위에서 하나의 문서로 취급되며, 예컨대 사진이 첨부된 각종 증명서가 여기에 해당한다.

복합문서란 1통 또는 수통의 용지에 2개 이상의 다른 종류의 문서가 복합적으로 병존해 있는 경우를 말한다. 예컨대 확정일자가 있는 임대차계약서, 내용증명우편에 의한 통지서 등이 여기에 해당한다.[137]

(3) 생략문서와 완전문서

1) 생략문서

문서에 표시된 의사표시의 내용 중 부분적으로 생략되어 있지만 하나의 문서로서의 의미를 갖는 것을 말한다. 이를 약식문서라고도 한다.

2) 완전문서

의사표시의 내용이 생략됨이 없이 모두 표시되어 있는 문서를 말한다.

II. 문서위조·변조죄

1. 사문서위조·변조죄

> 제231조(사문서등의 위조·변조) 행사할 목적으로 권리·의무 또는 사실증명에 관한 타인의 문서 또는 도화를 위조 또는 변조한 자는 5년 이하의 징역 또는 1천만원 이하의 벌금에 처한다.
> 제235조(미수범) 본죄의 미수범은 처벌한다.

(1) 의의 및 성격

본죄는 행사할 목적으로 권리·의무 또는 사실증명에 관한 타인의 문서를 위조 또는 변조함으로써 성립하는 범죄이다. 본죄는 문서에 관한 죄 중에서 가장 기본이 되는 기본적 구성요건이라 할 수 있다.

---

137) 대법원 2005. 3. 24. 선고 2003도2144 판결(공증인이 공증인법 제57조 제1항의 규정에 의하여 사서증서에 대하여 하는 인증은 당해 사서증서에 나타난 서명 또는 날인이 작성명의인에 의하여 정당하게 성립하였음을 인증하는 것일 뿐 그 사서증서의 기재 내용을 인증하는 것은 아닌바, 사서증서 인증서 중 인증기재 부분은 공문서에 해당한다고 하겠으나, 위와 같은 내용의 인증이 있었다고 하여 사서증서의 기재 내용이 공문서인 인증기재 부분의 내용을 구성하는 것은 아니라고 할 것이므로, 사서증서의 기재 내용을 일부 변조한 행위는 공문서변조죄가 아니라 사문서변조죄에 해당한다).

(2) 객관적 구성요건

1) 행위객체

본죄의 행위객체는 권리·의무 또는 사실증명에 관한 타인의 문서 또는 도화이다. 사문서 중에서 권리·의무 또는 사실증명에 관한 문서만 본죄의 객체가 된다. 여기서 '권리·의무에 관한 문서'란 공법상·사법상의 권리·의무의 발생·변경·소멸에 관한 사항을 기재한 문서를 말한다.[138] 예컨대 매매계약서·영수증·임대차계약서·예금청구서·위임장·차용금증서·신탁증서·주민등록증발급신청서·인감증명교부신청서 등이 여기에 해당한다. '사실증명에 관한 문서'란 권리·의무에 관한 문서 이외의 문서로서 거래상 중요한 사실을 증명하는 문서를 말한다. 예컨대 안내장·추천장·이력서·단체의 신분증·성적증명서·건의문 등이 여기에 속한다.[139]

그러나 사상 또는 관념이 표시되지 않고 사물의 동일성을 표시하는데 불과한 명함·신표 등은 본죄의 객체가 될 수 없다.

2) 실행행위

본죄의 실행행위는 사문서를 위조·변조하는 것을 말한다.

가. 위   조   위조란 문서를 작성할 권한이 없는 자가 타인명의를 모용하여 문서를 작성하는 것을 말한다. 즉 부진정문서를 작성하는 유형위조를 말한다.

위조의 개념에는 최광의·광의·협의·최협의의 4가지가 있으며, '최광의의 위조'란 문서에 관한 죄의 모든 범죄행태, 즉 위조·변조·행사·부정행사를 포함하는 개념을 말하며, '광의의 위조'란 행사·부정행사를 제외한 유형위조와 무형위조를 의미하고, '협의의 위조'란 위조와 변조를 포괄하는 유형위조를 말하며, '최

---

138) 대법원 2002. 12. 10. 선고 2002도5533 판결(사문서위조, 동 행사죄의 객체인 사문서는 권리·의무 또는 사실증명에 관한 타인의 문서 또는 도화를 가리키고, 권리·의무에 관한 문서라 함은 권리의무의 발생·변경·소멸에 관한 사항이 기재된 것을 말하며, 사실증명에 관한 문서는 권리·의무에 관한 문서 이외의 문서로서 거래상 중요한 사실을 증명하는 문서를 의미한다).

139) 대법원 2009. 4. 23. 선고 2008도8527 판결(타인의 명의를 도용하여 작성한 건의문과 호소문이 중요한 사실을 증명하는 사실증명에 관한 문서에 해당한다. 따라서 ○○작가협회 회원이 타인의 명의를 도용하여 협회 교육원장을 비방하는 내용의 호소문을 작성한 후 이를 협회 회원들에게 우편으로 송달한 경우, 사문서위조죄와 명예훼손죄가 각 성립하고, 이는 실체적 경합관계라고 한 사례).

협의의 위조'란 변조를 제외한 유형위조를 말한다. 여기서 무형위조란 작성권한 있는 자가 진실에 반하는 내용의 문서를 작성하는 것을 말한다. 우리 형법은 무형위조를 작성이라고 하여 유형위조와 구별하고 있다.

본죄에 있어서 위조란 최협의의 위조를 의미하며, 위조는 다음과 같이 세 가지 요소를 내용으로 한다. 즉 ㈎ 작성권한 없는 자가 ㈏ 타인명의를 모용하여 ㈐ 문서를 작성하는 것을 말한다.

　　　(가) 작성권한 없는 자　　　위조란 작성권한 없는 자가 타인명의의 문서를 작성하는 것을 말한다. 따라서 작성권한 있는 자의 승낙이나 위임에 의하여 타인명의의 문서를 작성하는 경우에는 양해로서 본죄의 구성요건해당성이 조각된다. 따라서 작성명의인의 날인이 정당하게 성립한 사문서라 하더라도 문서의 내용을 기재할 정당한 권한이 없는 자가 그 내용을 기재하거나 또는 위임받은 권한의 범위를 초월하여 문서의 내용을 기재한 경우에는 사문서위조죄가 성립한다.[140] 명

---

140) 대법원 2008. 11. 27. 선고 2006도9194 판결(주식회사의 대표이사가 실질적 운영자인 1인 주주의 구체적인 위임이나 승낙을 받지 않고 이미 퇴임한 전 대표이사를 대표이사로 표시하여 회사 명의의 문서를 작성한 사안에서, 문서위조죄의 성립을 부정한 사례); 대법원 2008. 11. 27. 선고 2006도2016 판결(A회사의 대표이사 갑이 B회사의 대표이사 을로부터 포괄적 위임을 받아 두 회사의 대표이사 업무를 처리하면서 두 회사 명의로 허위 내용의 영수증과 세금계산서를 작성한 사안에서, B회사 명의 부분은 을의 개별적·구체적 위임 또는 승낙 없는 행위로서 사문서위조 및 위조사문서행사죄가 성립하지만, A회사 명의 부분은 이미 퇴직한 종전의 대표이사를 승낙 없이 대표이사로 표시하였더라도 이에 해당하지 않는다고 한 사례); 대법원 2006. 9. 28. 선고 2006도1545 판결(회사의 실질적 경영자가 처음부터 상법상 특별배임죄의 범행에 사용할 목적으로 위 회사에 형식적으로 취임한 대표이사 명의의 문서를 작성한 행위가 사문서위조죄를 구성한다고 한 사례); 대법원 2005. 10. 28. 선고 2005도6088 판결(피고인이 회사를 인수하면서 회사 대표이사의 명의를 계속 사용하기로 승낙을 받았다고 하더라도, 사기범행을 목적으로 실제로는 위 회사에 근무한 바 없는 제3자의 재직증명서 및 근로소득원천징수영수증 등 허위의 문서를 작성한 행위는 위임된 권한의 범위를 벗어나는 것으로서 사문서위조죄를 구성한다고 한 사례); 대법원 1997. 3. 28. 선고 96도3191 판결(신축상가건물의 명목상 건축주의 포괄적 승낙하에 분양에 관한 모든 업무를 처리하던 실제 건축주가 실제 분양되지도 않은 상가의 분양계약서 및 입금표를 작성·행사한 사안에서, 사문서위조 및 동행사의 점에 대하여 무죄를 선고한 원심판결을 파기한 사례); 대법원 1997. 2. 14. 선고 96도2234 판결(문서를 작성할 권한을 위임받지 아니한 문서기안자가 문서 작성권한을 가진 사람의 결재를 받은 바 없이 권한을 초과하여 문서를 작성하였다면 이는 사문서위조죄가 된다); 대법원 1992. 12. 22. 선고 92도2047 판결(작성명의자의 날인이 정당하게 성립된 사문서라고 하더라도 내용을 기재할

의인을 기망하여 문서를 작성케 하는 경우에는 서명·날인이 정당히 성립된 경우에도 위조에 해당한다.[141)]

그러나 명의인의 승낙 또는 위임이 있는 경우에는 위조라고 할 수 없으며,[142)] 이때의 승낙 또는 위임은 사전에 있을 것을 요하며, 명시적·묵시적이든 불문한다.[143)] 묵시적 승낙의 경우에는 단순히 문서명의자가 문서작성 사실을 알았더라면 승낙하였을 것이라고 기대하거나 예측하는 것만으로는 추정적 승낙이 있다고 할 수 없다.[144)] 포괄적 위임을 받아 문서를 작성하는 경우에도 위조라고 할 수 없지만, 위임의 취지에 반하여 백지를 보충한 백지위조는 위조에 해당한다.[145)]

정당한 권한이 없는 자가 내용을 기재하거나 또는 권한을 위임받은 자가 권한을 초과하여 내용을 기재함으로써 날인자의 의사에 반하는 사문서를 작성한 경우에는 사문서위조죄가 성립한다).

141) 대법원 2000. 6. 13. 선고 2000도778 판결(명의인을 기망하여 문서를 작성케 하는 경우는 서명, 날인이 정당히 성립된 경우에도 기망자는 명의인을 이용하여 서명 날인자의 의사에 반하는 문서를 작성케 하는 것이므로 사문서위조죄가 성립한다).

142) 대법원 2012. 6. 28. 선고 2010도690 판결; 대법원 2005. 10. 28. 선고 2005도6088 판결(피고인이 회사를 인수하면서 회사 대표이사의 명의를 계속 사용하기로 승낙을 받았다고 하더라도, 사기범행을 목적으로 실제로는 위 회사에 근무한 바 없는 제3자의 재직증명서 및 근로소득원천징수영수증 등 허위의 문서를 작성한 행위는 위임된 권한의 범위를 벗어나는 것으로서 사문서위조죄를 구성한다고 한 사례); 대법원 1998. 2. 24. 선고 97도183 판결(문서의 위조라고 하는 것은 작성권한 없는 자가 타인 명의를 모용하여 문서를 작성하는 것을 말하는 것이므로 사문서를 작성함에 있어 그 명의자의 명시적이거나 묵시적인 승낙(위임)이 있었다면 이는 사문서위조에 해당한다고 할 수 없다).

143) 대법원 2006. 9. 28. 선고 2006도1545 판결(회사의 실질적 경영자가 처음부터 상법상 특별배임죄의 범행에 사용할 목적으로 위 회사에 형식적으로 취임한 대표이사 명의의 문서를 작성한 행위가 사문서위조죄를 구성한다고 한 사례); 대법원 1993. 3. 9. 선고 92도3101 판결(종친회 결의서의 피위조명의자 중 피고인의 형제 2명이 승낙한 사안에서 피고인의 아들이나 위 형제들의 아들들에 대하여 추정적 승낙을 인정할 여지가 있다고 한 사례).

144) 대법원 2011. 9. 29. 선고 2010도14587 판결(사문서의 위·변조죄는 작성권한 없는 자가 타인 명의를 모용하여 문서를 작성하는 것을 말하므로 사문서를 작성·수정할 때 명의자의 명시적이거나 묵시적인 승낙이 있었다면 사문서의 위·변조죄에 해당하지 않고, 한편 행위 당시 명의자의 현실적인 승낙은 없었지만 행위 당시의 모든 객관적 사정을 종합하여 명의자가 행위 당시 그 사실을 알았다면 당연히 승낙했을 것이라고 추정되는 경우 역시 사문서의 위·변조죄가 성립하지 않는다고 할 것이나, 명의자의 명시적인 승낙이나 동의가 없다는 것을 알고 있으면서도 명의자가 문서작성 사실을 알았다면 승낙하였을 것이라고 기대하거나 예측한 것만으로는 그 승낙이 추정된다고 단정할 수 없다).

145) 대법원 1992. 3. 31. 선고 91도2815 판결; 대법원 1984. 6. 12. 선고 83도2408 판결.

판례가 문서명의인의 위임·승낙이 있어 위조에 해당하지 않는다고 판시한
예로는, ① 고소인의 제3자에 대한 채권의 변제책임을 부담하는 대신 그 채권에
관하여 설정한 가등기에 의한 담보권을 양수한 피고인이 위 가등기를 말소함에
있어서 고소인 명의의 가등기말소신청서 등을 임의로 작성한 경우,[146] ② 연대보
증인이 될 것을 허락한 자의 인감도장과 인감증명서를 교부받아 직접 차주로 하
는 차용금 증서를 작성한 경우,[147] ③ 피고인이 시장점포의 임대차에 관하여 지
주들의 허락을 받고 공소외인에게 임대하면서 이미 새겨둔 동인들의 인장을 사
용하여 임대차계약서를 작성하고 임대보증금을 수령한 경우,[148] ④ 대금수령에
관하여 포괄적 위임을 받은 자가 대금을 지급받는 방법으로 본인 명의의 차용증
서를 작성해 준 경우,[149] ⑤ 전세계약서를 작성함에 있어 그 명의자의 명시적이
거나 묵시적인 승낙(위임)이 있는 경우,[150] ⑥ 문서작성에 관한 포괄적 위임을 받
아 개개의 문서를 작성하여 법인등기를 경료한 경우,[151] ⑦ 매수인으로부터 그
권한을 위임받은 피고인이 실제 매수가격 보다 높은 가격을 매매대금으로 기재
하여 매수인 명의의 매매계약서를 작성한 경우,[152] ⑧ 학교법인 이사들이 그 인
장을 학교측에 보관시키면서 이사들의 의사에 반하지 아니하는 범위 내에서 회
의록을 작성할 때 인장을 사용할 수 있도록 사전에 포괄적으로 위임을 한 경우에
위임자의 인장을 사용하여 회의록을 작성한 행위,[153] ⑨ 이사회의 출석 및 의결
에 관한 권한을 위임하고 불참한 이사들이 이사회에 참석하여 의결권을 행사한
것처럼 이사회 회의록을 작성한 경우[154] 등이 해당한다.

---

146) 대법원 1984. 2. 14. 선고 83도2650 판결.
147) 대법원 1984. 10. 10. 선고 84도1566 판결.
148) 대법원 1984. 7. 24. 선고 84도785 판결.
149) 대법원 1984. 3. 27. 선고 84도115 판결.
150) 대법원 1988. 1. 12. 선고 87도2256 판결.
151) 대법원 1988. 9. 13. 선고 87도2012 판결.
152) 대법원 1984. 7. 10. 선고 84도1146 판결.
153) 대법원 1984. 3. 27. 선고 82도1915 판결.
154) 대법원 1985. 10. 22. 선고 85도1732 판결(이사회를 개최함에 있어 공소외 이사들이 그 참
    석 및 의결권의 행사에 관한 권한을 피고인에게 위임하였다면 그 이사들이 실제로 이사회
    에 참석하지도 않았는데 마치 참석하여 의결권을 행사한 것처럼 피고인이 이사회 회의록
    에 기재하였다 하더라도 이는 이른바 사문서의 무형위조에 해당할 따름이어서 처벌대상
    이 되지 아니한다).

이에 반하여, ① 수탁자가 신탁받은 채권을 자신이 신탁자로부터 증여받았을 뿐 명의신탁 받은 것이 아니라고 주장하는 상황에서, 신탁자의 상속인이 수탁자의 동의를 받지 아니하고 그 명의의 채권이전등록청구서를 작성·행사한 행위,155) ② 신탁자가 수탁자의 개별적 승낙 없이 수탁자 명의로 신탁재산의 처분에 필요한 서류를 작성하는 경우,156) ③ 피고인이 자신의 부(父) 甲에게서 甲 소유 부동산 매매에 관한 권한 일체를 위임받아 이를 매도하였는데, 그 후 甲이 갑자기 사망하자 소유권 이전에 사용할 목적으로 甲이 자신에게 인감증명서 발급을 위임한다는 취지의 인감증명 위임장을 작성하여 주민센터 담당직원에게 제출한 경우,157) ④ 피고인이 행사할 목적으로 권한 없이 甲 은행 발행의 피고인 명의 예

---

155) 대법원 2007. 3. 29. 선고 2006도9425 판결(수탁자가 신탁받은 채권을 자신이 신탁자로부터 증여받았을 뿐 명의신탁받은 것이 아니라고 주장하는 상황에서, 신탁자의 상속인이 수탁자의 동의를 받지 아니하고 그 명의의 채권이전등록청구서를 작성·행사한 행위가 사문서위조 및 위조사문서행사죄에 해당한다고 한 사례).

156) 대법원 2007. 11. 30. 선고 2007도4812 판결([1] 신탁자에게 아무런 부담이 없이 재산이 수탁자에게 명의신탁된 경우에는 그 재산의 처분 기타 권한행사에 있어서는 수탁자가 자신의 명의사용을 포괄적으로 신탁자에게 허용하였다고 봄이 상당하므로, 신탁자가 수탁자 명의로 신탁재산의 처분에 필요한 서류를 작성함에 있어 수탁자로부터 개별적인 승낙을 받지 아니하였다 하더라도 사문서위조·동행사죄가 성립하지 아니하지만, 수탁자가 명의신탁 받은 사실을 부인하면서 신탁재산이 수탁자 자신의 소유라고 주장하는 등으로 두 사람 사이에 신탁재산의 소유권에 관하여 다툼이 있는 경우에는 더 이상 신탁자가 그 재산의 처분 등과 관련하여 수탁자의 명의를 사용하는 것이 허용된다고 볼 수 없으며, 이는 수탁자가 명의신탁 받은 사실 자체를 부인하는 것은 아니더라도 신탁자의 신탁재산 처분권한을 다투는 등 신탁재산에 관한 처분이나 기타 권한행사에 있어서 신탁자에게 부여하였던 수탁자 명의사용에 대한 포괄적 허용을 철회한 것으로 볼 만한 사정이 있는 경우에도 마찬가지이다.
[2] 수탁자가 신탁자에게 자신에 대한 차용금 채무를 변제하지 않는 한 신탁재산을 타인에게 매도하는 데 필요한 서류 작성에 협조하지 않겠다는 취지의 말을 한 경우, 신탁자에게 부여하였던 수탁자 명의사용에 대한 포괄적 허용을 철회한 것으로 본 사례.
[3] 명의신탁자가 매도인 명의를 수탁자로 하여 제3자에게 신탁재산을 매도하는 계약을 체결하면서 수탁자가 위 신탁재산의 매도를 반대하며 매도에 따른 절차이행에 협조하기를 거절하고 있는 사정을 숨긴 경우, 매수인인 제3자에 대한 기망행위가 된다고 한 사례).

157) 대법원 2011. 9. 29. 선고 2011도6223 판결(피고인이 자신의 부(父) 갑에게서 갑 소유 부동산 매매에 관한 권한 일체를 위임받아 이를 매도하였는데, 그 후 갑이 갑자기 사망하자 소유권 이전에 사용할 목적으로 갑이 자신에게 인감증명서 발급을 위임한다는 취지의 인감증명 위임장을 작성하여 주민센터 담당직원에게 제출한 사안에서, 피고인에게 무죄를 인

금통장 기장내용 중 특정 일자 입금자 명의를 가리고 복사하여 통장 1매를 변조한 후 그 통장사본을 법원에 증거로 제출하여 행사한 경우[158]에는 권한 있는 자의 위임·승낙이 없었으므로 사문서위조죄가 성립한다고 판시하였다.

한편 대리권·대표권과 관련해서는 대리권 또는 대표권이 없는 자가 대리인 또는 대표자의 자격을 표시하여 본인 명의의 문서를 작성하는 경우에는 '자격모용에 의한 공문서·사문서 작성죄'가 성립한다. 또한 대리권·대표권 있는 자가 권한을 초월하여 문서를 작성한 경우에는 문서위조죄가 성립한다는 견해[159]도 있으나, 권한을 초월한 범위에서는 작성권한이 없으므로 자격모용에 의한 문서작성죄에 해당한다고 해석하는 다수설[160]의 입장이 타당하다고 생각된다. 그 밖에도 대리권자·대표권자가 권한의 범위 내에서 권한을 남용하여 문서를 작성한 경우에는 사문서의 무형위조이므로 문서위조죄가 성립되지 않으며,[161] 배임죄 또는 허위공문서작성죄가 성립할 수 있다고 해석하는 통설[162]과 판례[163]의 입장이 타당하다고 생각된다.

그러나 문서작성의 권한을 위임받지 않은 문서기안자가 문서작성의 권한이

정한 원심판결에 사망한 사람 명의의 사문서위조죄에서 승낙 내지 추정적 승낙에 관한 법리오해의 위법이 있다고 한 사례).

158) 대법원 2011. 9. 29. 선고 2010도14587 판결.

159) 김일수/서보학, 576면; 황산덕, 137면.

160) 배종대, 113/6; 유기천, 155면; 이재상/장영민/강동범, 585면; 임웅, 723면; 정성근/박광민, 627면; 진계호, 579면.

161) 대법원 2008. 12. 24. 선고 2008도7836 판결(대표이사가 권한을 남용하여 허위로 주식회사 명의의 문서를 작성한 경우, 자격모용사문서작성죄 또는 사문서위조죄가 성립하지 않는다); 대법원 2010. 5. 13. 선고 2010도1040 판결(주식회사의 지배인이 자신을 그 회사의 대표이사로 표시하여 연대보증채무를 부담하는 취지의 회사 명의의 차용증을 작성·교부한 경우, 그 문서에 일부 허위 내용이 포함되거나 위 연대보증행위가 회사의 이익에 반하는 것이더라도 사문서위조 및 위조사문서행사에 해당하지 않는다).

162) 김일수/서보학, 576면; 배종대, 113/5; 유기천, 155면; 이재상/장영민/강동범, 585면; 임웅, 724면; 정성근/박광민, 628면.

163) 대법원 1984. 7. 10. 선고 84도1146 판결; 대법원 1983. 4. 12. 선고 83도332 판결(타인의 대표자 또는 대리자가 그 대표명의 또는 대리명의를 써서 또는 직접 본인의 명의를 사용하여 문서를 작성할 권한을 가지는 경우에 그 지위를 남용하여 단순히 자기 또는 제3자의 이익을 도모할 목적으로 마음대로 문서를 작성한 때라고 할지라도 문서위조죄는 성립하지 아니한다).

있는 자의 결재를 받지 않고 권한을 초과하여 문서를 작성한 때에는 사문서위조죄가 성립한다.[164]

    (나) 타인명의의 모용   위조는 타인명의를 모용하는 것을 의미하는데, '타인명의를 모용한다'는 것은 타인명의를 사칭하여 타인이 의사표시를 한 것처럼 허위로 꾸미는 것을 말한다. 이 때에 문서의 기재내용이 진실한가 여부, 즉 진정문서인가 여부는 불문한다. 또한 명의인이 실재인이 아닌 허무인·사자의 명의를 모용하거나 법인격이 없는 단체를 모용하는 경우에도 위조가 된다.

    타인명의의 모용방법으로는 보통 타인의 성명을 기재함으로써 이루어지나, 생략된 경우에도 여러 사정을 종합하여 명의인을 특정할 수 있으면 위조가 된다.

    그러나 작성자가 가명이나 별명을 기재한 경우에는 그것이 타인명의를 모용한 것이 아니면 위조가 될 수 없고,[165] 자신의 이름을 기재한 경우에도 타인명의를 모용한 것으로 볼 수 있을 때에는 위조가 될 수 있다.[166] 또한 위조는 타인의 명의를 모용할 것을 요하므로 타인이 작성한 문서에 작성일자만을 기재하거나[167] 또는 단독신청이 가능한 민원서류의 발급신청을 함에 있어 신청인란에 타인의 이름을 함께 기재하여 제출한 경우에는 위조하였다고 볼 수 없다.[168]

---

164) 대법원 1997. 2. 14. 선고 96도2234 판결(문서를 작성할 권한을 위임받지 아니한 문서기안자가 문서 작성권한을 가진 사람의 결재를 받은 바 없이 권한을 초과하여 문서를 작성하였다면 이는 사문서위조죄가 된다).

165) 대법원 2010. 11. 11. 선고 2010도1835 판결(실제의 본명 대신 가명이나 위명을 사용하여 사문서를 작성한 경우에 그 문서의 작성명의인과 실제 작성자 사이에 인격의 동일성이 그대로 유지되는 때에는 위조가 되지 않으나, 명의인과 작성자의 인격이 상이할 때에는 위조죄가 성립할 수 있다); 대법원 1979. 6. 26. 선고 79도908 참조 판결(피고인이 다방 업주로부터 선불금을 받고 그 반환을 약속하는 내용의 현금보관증을 작성하면서 가명과 허위의 출생연도를 기재한 후 이를 교부한 행위가, 사문서위조죄 및 동행사죄에 해당하지 않는다고 본 원심판단에 법리오해의 위법이 있다고 한 사례).

166) 이재상/장영민/강동범, 585면; Vgl. Lackner/Kuehl, §267 Rn. 19; Sch/Sch/Cramer/Heine §267 Rn. 52.

167) 대법원 1983. 4. 26. 선고 83도520 판결(작성일자만을 공란으로 둔 채 완성된 대출금신청서와 차용금증서에 타인이 작성일자를 임의로 기입한 행위는 특단의 사유가 없는 한 문서 작성명의인의 작성권한을 침해한 것이라고 할 수 없으므로 문서위조죄에 해당하지 아니한다).

168) 대법원 1986. 9. 23. 선고 86도1300 판결(정부의 민원사무간소화규칙에 따라 매도인 또는 매수인이 단독으로 신청할 수 있는 농지개혁법 제19조 제2항의 농지매매증명을 발급받음

판례상 타인명의를 모용한 경우로는, ① 주취운전자 적발보고서 및 주취운전자 정황진술보고서의 각 운전자란에 타인의 서명을 한 다음 이를 경찰관에게 제출한 경우,[169] ② 실존하는 다른 사람으로 가장하여 이력을 속여 회사에 취직한 자가 다른 사람 명의의 사직원, 서약서, 근로계약서를 작성한 행위,[170] ③ 사실혼관계에 있던 자의 일방적인 혼인신고서 작성행위,[171] ④ 교회 목사인 피고인이 자신을 지지하는 일부 교인들과 교회를 탈퇴함으로써 대표자의 지위를 상실하였으므로, 그 후 교회 명의로 교회 소유 부동산을 자신에게 매도하는 내용의 매매계약서를 작성한 행위[172] 등이 여기에 해당한다.

그러나 세금계산서의 작성권한자(=공급자) 및 세금계산서상의 공급자가 임의로 공급받는 자란에 다른 사람을 기재한 경우에는 타인명의를 모용하였다고 볼 수 없으므로 사문서위조죄가 성립하지 않는다.[173]

에 있어 신청용지의 신청인란중에 매수인란에는 피고인의 이름을 기재하고 날인하였으나 매도인난에는 공소외인의 이름만 기재하고 날인을 하지 않았다면 위 문서는 그 형식이나 외관상 피고인 단독명의로 신청된 문서로 인정될 뿐 피고인과 공소외인이 공동으로 신청한 문서로는 볼 수 없으므로 위 사실만으로는 위 공소외인 명의의 농지매매사실증명확인원을 위조하였다고 볼 수 없다).

169) 대법원 2004. 12. 22. 선고 2004도6483 판결(주취운전자 적발보고서 및 주취운전자 정황진술보고서의 각 운전자란에 타인의 서명을 한 다음 이를 경찰관에게 제출한 것은 사문서위조 및 동행사죄에 해당한다).

170) 대법원 1979. 6. 26. 선고 79도908 판결(실존하는 갑으로 가장하여 이력을 속여 회사에 취직한 자가 갑 명의의 사직원, 서약서, 근로계약서를 작성한 행위는 본명 대신에 가명을 사용한 경우와는 달라서 각 사문서위조에 해당한다).

171) 대법원 1987. 4. 14. 선고 87도399 판결(혼인신고 당시에는 피해자가 피고인과의 동거관계를 청산하고 피고인을 만나주지 아니하는 등으로 피하여 왔다면 당초에는 피해자와 사실혼 관계에 있었고 또 피해자에게 혼인의 의사가 있었다 하더라도 위 혼인신고 당시에는 그 혼인의사가 철회되었다고 보아야 할 것이므로 피고인이 일방적으로 혼인신고서를 작성하여 혼인신고를 한 소위는 설사 혼인신고서 용지에 피해자 도장이 미리 찍혀 있었다 하더라도 사문서 위조 기타 관계법조의 범죄에 해당한다 할 것이다).

172) 대법원 2011. 1. 13. 선고 2010도9725 판결(甲 교회 목사인 피고인이 자신을 지지하는 일부 교인들과 甲 교회를 탈퇴함으로써 대표자의 지위를 상실하였으므로, 그 후 甲 교회 명의로 甲 교회 소유 부동산을 자신에게 매도하는 내용의 매매계약서를 작성하고 이를 행사한 행위는 사문서위조죄 및 위조사문서행사죄에 해당한다).

173) 2007. 3. 15. 선고 2007도169 판결(문서위조라 함은 작성권한 없는 자가 타인 명의를 모용하여 문서를 작성하는 것을 말하는 것이다. 이 사건 세금계산서는 부가가치세 과세사업자가 재화나 용역을 공급하는 때에 이를 공급받은 자에게 작성·교부하여야 하는 계산서이

(다) 문서의 작성　　문서위조는 타인명의를 모용하여 문서를 작성하는 것이므로, 문서의 작성방법과 문서의 작성 정도가 문제된다.

① 문서작성의 방법　　문서의 작성방법에는 특별한 제한이 없다. 새로운 문서를 만들거나 기존의 문서를 이용하는 경우도 가능하다. 즉 백지문서의 보충과 같이 기존의 미완성의 문서를 가공하여 완성하는 경우와 유효기간이 경과한 문서의 발행일자를 정정하여 새로운 문서를 만든 경우,[174] 증명서의 성명을 고쳐서 별개의 독립된 증명력을 가진 새로운 문서를 작성하는 경우[175]가 여기에 해당한다. 또한 기존의 진정문서의 중요부분을 변경함으로써 변경전의 문서와 다른 별개의 문서를 작성한 경우에는 변조가 아니라 위조에 해당한다.[176]

　　므로(부가가치세법 제16조 제1항), 그 작성권자는 어디까지나 재화나 용역을 공급하는 공급자라고 보아야 할 것이고, 공급받는 자의 상호, 성명, 주소는 필요적 기재사항이 아닌 임의적 기재사항에 불과하여(부가가치세법 시행령 제53조 제1항) 공급받는 자의 상호, 성명, 주소가 기재되어 있지 않은 세금계산서라도 그 효력에는 영향이 없으며, 공급자가 세금계산서를 작성함에 있어 공급받은 자의 동의나 협조가 요구되지도 않는 점 등에 비추어 세금계산서상의 공급받는 자는 그 문서 내용의 일부에 불과할 뿐 세금계산서의 작성명의인은 아니라 할 것이니, 공급받는 자 란에 임의로 다른 사람을 기재하였다 하여 그 사람에 대한 관계에서 사문서위조죄가 성립된다고 할 수 없다).

174) 대법원 1980. 11. 11. 선고 80도2126 판결(유효기간이 경과하여 무효가 된 공문서상에 '정정의 경우에는 무효로 한다'는 기재가 있다고 하더라도 이는 작성권한 없는 자의 정정을 무효로 한다는 취지로 보아야 할 것이므로 권한 없는 자가 그 유효기간과 발행일자를 정정하고 그 부분에 작성권한 자의 직인을 압날하여 공문서를 작성하였다면 이는 형식과 외관에 의하여 효력이 있는 공문서를 위조한 것이 된다); 대법원 1992. 3. 31. 선고 91도2815 판결(다른 곳의 토지에 분묘를 소유하고 있는 피해자에게 피고인이 신청한 골재채취장과는 멀리 떨어져 있어 토석채취를 한다고 하여도 피해가 없으니 동의해 달라고 말하여 백지의 동의서 양식에 인감도장을 날인하게 한 다음, 행사할 목적으로 그 동의서에 피해자의 의사에 반하여 분묘 소재지를 위 골재채취장 주변의 토지로 기재하였다면 피고인이 작성한 피해자 작성명의의 동의서는 피해자가 동의서의 양식에 인감도장을 날인하면서 그 공란을 기재하도록 승낙한 내용과 다른 것이고, 위 동의서의 공란을 기재하여 완성하도록 승낙한 취지에도 어긋나는 것이어서 피고인은 피해자가 승낙한 문서 아닌 문서를 작성한 셈이 되고, 피해자의 의사에 반한 내용의 동의서를 작성한 것이 되어 사문서를 위조한 경우에 해당한다고 보아야 할 것이고, 그 동의서에 미리 날인받은 피해자의 인영이 진정한 것이었다고 하여 이것만 가지고 사문서를 위조한 것이 아니라고 할 수 없다).

175) 대법원 1962. 12. 20. 선고 62도283 판결.

176) 서울중앙지법판결 2005. 12. 19. 선고 2005고합564 판결－1,633,929,1041,1110(공무원이 작성한 문서와 개인이 작성한 문서가 1개 문서 중에 포함되어 있는 경우에도 공무원이 작성

문서작성은 작성자의 자필일 것을 요하지 않으며, 간접정범에 의해서도 작성되어질 수 있다. 간접정범의 예로는 명의인이 내용을 오신하고 있음을 이용하여 명의인을 기망하여 그의 의사와 다른 내용의 문서를 작성하게 하는 경우가 여기에 해당한다.[177] 기존문서를 복사하는 행위도 새로운 문서를 창출하는 문서작성의 일종이다.[178]

인 증명문구에 의하여 증명되는 개인자성부분을 변조한 경우에는 공문서변조죄가 성립하고, 이와 같이 1개의 문서에 공무원이 작성한 공문서와 개인이 작성한 사문서가 병존하면서 양자가 결합하여 하나의 증명력을 가지게 되는 경우, 그중 개인이 작성한 부분이 공무원이 작성한 증명문구에 의하여 증명되는 부분일 때에는 공문서와 일체가 되어 하나의 증명력을 가지게 되므로 이를 권한 없이 변개하여 그 증명력이 미치는 부분의 본질적 내용이 변경되어 전혀 새로운 증명력을 가지게 하는 경우에는 공문서위조죄가 성립한다); 문서의 중요부분을 변경함으로써 동일성을 상실한 경우로는 대법원 1991. 9. 10. 선고 91도1610 판결(피고인이 행사할 목적으로 타인의 주민등록증에 붙어있는 사진을 떼어내고 그 자리에 피고인의 사진을 붙였다면 이는 기존 공문서의 본질적 또는 중요 부분에 변경을 가하여 새로운 증명력을 가지는 별개의 공문서를 작성한 경우에 해당하므로 공문서위조죄를 구성한다); 대법원 1975. 6. 24. 선고 73도3432 판결(영화각본작가의 인장이 찍혀있는 "신부는 방년 18세"라는 제명의 영화각본으로 영화제작할 것을 승낙한다는 취지의 영화제작승낙서 용지에 행사할 목적으로 위 작가의 승낙없이 그 용지의 작품 제명기재 부분에 흰종이를 붙이고 그 위에 "두 딸"이라고 기재한 다음 작자의 주소, 성명을 기재하고 이를 검열당국에 제출하였다면 승낙서에 붙인 백지의 사이에 개인을 압날한 사실이 없고 새로이 원작자의 인장을 사용한 사실이 없다 하더라도 사문서위조, 동 행사죄가 성립한다).

177) 이재상/장영민/강동범, 586면; 대법원 2000. 6. 13. 선고 2000도778 판결(명의인을 기망하여 문서를 작성케 하는 경우는 서명, 날인이 정당히 성립된 경우에도 기망자는 명의인을 이용하여 서명 날인자의 의사에 반하는 문서를 작성케 하는 것이므로 사문서위조죄가 성립한다); 대법원 1983. 6. 28. 선고 83도1036 판결(권리의무에 관한 사문서인 타인명의의 신탁증서 1통을 작성한 후 마치 이를 다른 내용의 문서인 것처럼 그 타인에게 제시하여 날인을 받은 후 이를 법원에 증거로 제출하여 사용하였다면 사문서위조 및 동행사죄가 성립한다); 대법원 1970. 9. 29. 선고 70도1759 판결(갑이 을을 대리하여 을의 인적사항을 기재하고 병의 사진을 붙여 작성한 운전면허증 분실재교부신청서 사본의 사진부위에 을이 다시 자신의 사진을 덧붙여 복사한 사본을 감사원 조사관에게 소명자료로서 팩스로 송부한 사안에서, 이는 별개의 증명력을 가지는 공문서의 재사본을 위작하여 행사한 경우로서 공문서위조죄 및 위조공문서행사죄가 성립하고, 또한 위 분실재교부신청시 원래부터 을의 사진이 붙어 있었던 것처럼 적극적으로 증거를 위작하여 제출한 것으로서 위계공무집행방해죄가 성립한다고 한 사례).

178) 대법원 2016. 7. 14. 선고 2016도2081 판결(다른 조작을 가함이 없이 문서의 원본을 그대로 컬러복사기로 복사한 후 복사한 문서의 사본을 원본인 것처럼 행사한 행위는 사문서위조 및 동행사죄에 해당한다.); 대법원 1996. 5. 14. 선고 96도785 판결(전자복사기로 복사한

② 문서작성의 정도   문서의 작성정도는 완전할 것을 요하지 않으며, 외관과 형식이 일반인으로 하여금 진정한 문서로 오인할 정도이면 본죄의 기수가 성립되고, 손해가 발생할 것을 요하지는 않는다.

판례에 의하면, ① 작성명의인의 기명만 있고 날인이 빠진 예금청구서를 권한 없이 작성한 경우,[179] ② 졸업증명서나 수료증에 성명기재가 없는 경우,[180] ③ 서명만 있고 날인이 누락된 타인명의의 출금청구서를 권한 없이 작성한 경우,[181] ④ 고무명판만 찍었을 뿐 서명날인이 없는 경우,[182] ⑤ 작성명의자의 인영이나 주민등록번호의 등재가 누락된 문서,[183] ⑥ 작성명의자의 인장이 찍히지 아니한

문서의 사본도 문서위조죄 및 동 행사죄의 객체인 문서에 해당하고, 위조된 문서원본을 단순히 전자복사기로 복사하여 그 사본을 만드는 행위도 공공의 신용을 해할 우려가 있는 별개의 문서사본을 창출하는 행위로서 문서위조행위에 해당한다); 대법원 2000. 9. 5. 선고 2000도2855 판결(형법 제237조의2에 따라 전자복사기, 모사전송기 기타 이와 유사한 기기를 사용하여 복사한 문서의 사본도 문서원본과 동일한 의미를 가지는 문서로서 이를 다시 복사한 문서의 재사본도 문서위조죄 및 동 행사죄의 객체인 문서에 해당한다 할 것이고, 진정한 문서의 사본을 전자복사기를 이용하여 복사하면서 일부 조작을 가하여 그 사본 내용과 전혀 다르게 만드는 행위는 공공의 신용을 해할 우려가 있는 별개의 문서사본을 창출하는 행위로서 문서위조행위에 해당한다. 타인의 주민등록증사본의 사진란에 피고인의 사진을 붙여 복사하여 행사한 행위가 공문서위조죄 및 동행사죄에 해당한다고 한 사례).

179) 대법원 1984. 10. 23. 선고 84도1729 판결(예금청구서에 작성명의자의 기명만 있고 날인이 빠져있다 하여도 일반인이 그 작성명의자에 의하여 작성된 예금청구서라고 오신할 만한 형식과 외관을 갖추고 있는 이상 권한없이 위 예금청구서를 작성한 행위는 사문서위조죄에 해당하고 날인이 없다 하여 이를 미완성문서로 볼 수는 없다).

180) 대법원 1962. 9. 27. 선고 62도113 판결.

181) 대법원 1982. 10. 12. 선고 81도3176 판결(피고인이 근무하던 증권회사에서는 위탁자의 서명이 있으면 날인이 누락된 위탁자 출금청구서라 하여도 출금이 가능하였으므로 권한없이 위탁자 본인의 의사에 의한 것처럼 가장하여 위탁자의 서명만 있고 날인이 없는 위탁자 출금청구서를 작성, 행사한 피고인의 소위를 사문서위조 동행사죄로 의율 처단하였음은 정당하다).

182) 대법원 1987. 1. 20. 선고 86도1867 판결(사문서위조죄는 그 명의자가 작성한 진정한 사문서로 볼 수 있는 정도의 형식과 외관을 갖추어 일반인이 진정한 명의자의 사문서로 오신하기 충분하면 되는 것이고 비록 본건과 같이 "부산 해운대구 반송2동 289번지 동원산업사 대표 이강수"라고 새겨진 고무명판을 찍었을 뿐 서명날인이 없는 문서라고 하더라도 외관상 그 명의자가 작성한 사문서로 볼 수 있는 정도의 형식과 외관을 갖춘 이상 사문서위조죄는 성립한다).

183) 대법원 1989. 8. 8. 선고 88도2209 판결(사문서의 작성명의자의 인장이 압날되지 아니하고 주민등록번호가 기재되지 않았더라도, 일반인으로 하여금 그 작성명의자가 진정하게 작성

경우,[184] ⑦ 외국에서 발행되어 유효기간이 경과한 국제운전면허증에 첨부된 사진을 바꾸어 붙인 행위,[185] ⑧ 차용증에 연대보증인의 이름과 주민등록번호 및 주소가 함께 적혀 있다면 비록 날인이 없다고 하더라도 일반인이 위 연대보증인 명의의 진정한 사문서로 오신하기에 충분한 경우,[186] ⑨ 피고인이 다른 서류에 찍혀 있던 갑의 직인을 칼로 오려내어 풀로 붙인 후 이를 복사하는 방법으로 갑 명의의 추천서와 경력증명서를 위조한 경우[187] 등은 위조에 해당한다.

그러나 이와 달리 ① 건설시행업자가 재개발사업 대상 토지 소유자들이 일정한 기한 내에 매매계약을 체결할 것을 동의한다는 내용의 매매계약동의서를 컴퓨터 및 필기구를 이용하여 작성하였지만, 위 매매계약동의서에는 동의 당사자들의 성명 및 주소만 기재되어 있을 뿐 날인은 없었으며, 다른 토지 소유자들의 매매동의를 얻어 날인까지 받은 매매계약동의서와 함께 제시된 경우,[188] ② 수기

한 사문서로 믿기에 충분할 정도의 형식과 외관을 갖추었으면 사문서위조죄 및 동행사죄의 객체가 되는 사문서라고 보아야 한다).

184) 대법원 2000. 2. 11. 선고 99도4819 판결(사문서의 작성명의자의 인장이 찍히지 아니하였더라도 그 사람의 상호와 성명이 기재되어 그 명의자의 문서로 믿을 만한 형식과 외관을 갖춘 경우에는 사문서위조죄에 있어서의 사문서에 해당한다고 볼 수 있다).

185) 대법원 1998. 4. 10. 선고 98도164 판결(문서위조죄는 문서의 진정에 대한 공공의 신용을 그 보호법익으로 하는 것이므로, 피고인이 위조하였다는 국제운전면허증이 그 유효기간을 경과하여 본래의 용법에 따라 사용할 수는 없게 되었다고 하더라도, 이를 행사하는 경우 그 상대방이 유효기간을 쉽게 알 수 없도록 되어 있거나 위 문서 자체가 진정하게 작성된 것으로서 피고인이 명의자로부터 국제운전면허를 받은 것으로 오신하기에 충분한 정도의 형식과 외관을 갖추고 있다면 피고인의 행위는 문서위조죄에 해당한다).

186) 대법원 2007. 5. 10. 선고 2007도1674 판결.

187) 대법원 2011. 2. 10. 선고 2010도8361 판결(피고인이 다른 서류에 찍혀 있던 갑의 직인을 칼로 오려내어 풀로 붙인 후 이를 복사하는 방법으로 갑 명의의 추천서와 경력증명서를 위조하고 이를 행사하였다고 하여 기소된 사안에서, 위 문서는 피고인이 직인을 오려붙인 흔적을 감추기 위하여 복사한 것으로서 일반적으로 문서가 갖추어야 할 형식을 다 구비하고 있고, 주의 깊게 관찰하지 아니하면 외관에 비정상적인 부분이 있음을 알아차리기가 어려울 정도이므로, 일반인이 명의자의 진정한 사문서로 오신하기에 충분한 정도의 형식과 외관을 갖추었다고 한 사례).

188) 대법원 2009. 5. 14. 선고 2009도5 판결(일반인이 명의자의 진정한 사문서로 오신하기에 충분한 정도인지 여부는 그 문서의 형식과 외관은 물론 그 문서의 작성경위, 종류, 내용 및 일반거래에 있어서 그 문서가 가지는 기능 등 여러 가지 사정을 종합적으로 고려하여 판단하여야 할 것이다.
건설시행업자가 재개발사업 대상 토지 소유자들이 일정한 기한 내에 매매계약을 체결할

로 기재된 부분이 전혀 없이 컴퓨터 활자로만 작성되어 있고, 공동 작성명의자 중 피고인 이름 다음에는 날인이 되어 있으나 공소외인의 이름 다음에는 날인이 되어 있지 않은 입금확인서의 경우,[189] ③ 작성명의자의 승낙이나 위임이 없이 ㄱ 명의를 모용하여 토지시용에 관한 책임각서 등을 작성하면서 작성명의자의 서명이나 날인은 하지 않고 다만 피고인이 자신의 이름으로 보증인란에 서명·날인한 경우,[190] ④ 적법하게 작성된 공문서 말미에 발송시에 당연히 첨부해야 할 도면을 붙인 것[191]만으로는 위조라 할 수 없다.

나. 변 조 변조란 진정하게 성립한 타인명의의 문서에 권한 없는 자가 그 내용의 동일성을 해하지 않는 범위 내에서 변경을 가하는 것을 말한다. 이를 구체적으로 살펴보면 다음과 같이 3가지를 요소로 한다.

(가) 권한 없는 자 변조의 주체는 문서 내용에 변경을 가할 권한이 없는 자이어야 한다. 또한 권한 있는 자라 하더라도 위임범위를 초월하여 문서의 내용을 임의로 변경한 경우에는 변조가 성립된다. 따라서 문서에 작성명의인이 2인 이상인 때에는 각 명의자마다 1개의 문서가 성립되는 것이므로 타명의자와 합의

것을 동의한다는 내용의 매매계약동의서를 컴퓨터 및 필기구를 이용하여 작성하였지만, 위 매매계약동의서에는 동의 당사자들의 성명 및 주소만 기재되어 있을 뿐 날인은 없었던 점, 다른 토지 소유자들의 매매동의를 얻어 날인까지 받은 매매계약동의서와 함께 제시됨으로써 위 매매계약동의서의 소유자들은 확정적으로 매매계약에 동의하지 않았다는 사실을 쉽게 구별·확인가능한 점, 매매계약동의서의 성격 등을 고려해 볼 때, 위 매매계약동의서가 진정한 문서로 오신하기에 충분한 정도의 형식과 외관을 갖춘 완성된 문서로 인정하기에 부족하다는 이유로 사문서위조죄의 성립을 부정한 사례).

189) 대법원 2006. 9. 14. 선고 2005도2518 판결(입금확인서의 경우 수기로 기재된 부분이 전혀 없이 컴퓨터 활자로만 작성된 점, 공동 작성명의자 중 피고인 이름 다음에는 날인이 되어 있으나 공소외인의 이름 다음에는 날인이 되어 있지 않은 점 등에 비추어 그 기재와 같은 정도만으로는 공소외인이 작성한 진정한 문서로 오신하기에 충분한 정도의 외관과 형식을 갖춘 완성된 문서라고 보기에 부족하다고 판단한 것은 정당하고 거기에 사문서위조죄 및 위조사문서행사죄에 있어서의 문서의 개념에 관한 법리를 오해한 위법이 없다).

190) 대법원 1997. 12. 26. 선고 95도2221 판결(사문서위조죄는 그 명의자가 진정으로 작성한 문서로 볼 수 있을 정도의 형식과 외관을 갖추어 일반인이 명의자의 진정한 사문서로 오신하기에 충분한 정도이면 성립하는 것이고, 반드시 그 작성명의자의 서명이나 날인이 있어야 하는 것은 아니나, 일반인이 명의자의 진정한 사문서로 오신하기에 충분한 정도인지 여부는 그 문서의 형식과 외관은 물론 그 문서의 작성경위, 종류, 내용 및 일반거래에 있어서 그 문서가 가지는 기능 등 여러 가지 사정을 종합적으로 고려하여 판단하여야 한다).

191) 대법원 1975. 7. 8. 선고 74도3013 판결.

없이 그 문서의 내용을 변경한 경우나[192] 최종 결재권자를 보조하여 문서의 기안 업무를 담당한 공무원이 이미 결재를 받아 완성된 공문서의 내용을 적법한 절차를 밟지 않고 변경한 경우[193]에는 사문서변조죄가 성립한다. 그러나 작성권한 있는 자가 위임받은 권한의 범위 내에서 문구를 삽입하여 문서의 내용에 변경을 가한 경우에는 사문서변조죄가 성립하지 않는다.[194]

(나) 타인명의의 진정문서   변조의 객체는 진정하게 성립한 타인명의의 진정문서이다. 따라서 위조문서나 허위로 작성된 문서는 변조의 객체가 되지 않는다.[195] 또한 자기명의의 문서에 변경을 가하는 것은 문서변조가 아니라 문서손괴죄에 해당하며,[196] 실효(失效)한 기존문서를 이용 변조하여 유효한 새로운 문서를 작출한 경우에는 위조에 해당한다.[197]

변조의 대상이 되는 문서의 내용은 반드시 적법·유효하거나 진실한 내용일 필요는 없다.

(다) 동일성을 해하지 않을 정도의 내용변경   변조는 기존문서와의 동일성을 해하지 않을 정도의 범위 내에서 문서의 내용에 변경을 가하는 것을 말한다. 따라서 예컨대 ① 첨부된 도면을 떼어내고 새로 작성한 도면을 가철한 경우,[198]

---

192) 대법원 1977. 7. 12. 선고 77도1736 판결.

193) 대법원 2017. 6. 8. 선고 2016도5218 판결.

194) 대법원 1986. 8. 19. 선고 86도544 판결(갑의 위임을 받아 그 소유부동산을 매도함에 있어서 갑을 대리하여 매수인과 매매계약을 체결한 자가 위 매매계약의 이행문제로 분쟁이 생기자 매수인의 요구에 따라 매매계약서상 매도인 갑 명의 위에 갑이 을의 대리인이라는 표시로 "을대"라는 문구를 삽입 기재하였다 하더라도 이는 부동산의 처분권한을 위임받아 매매계약서 작성권한있는 자가 한 변경행위에 불과하여 비록 그 명의인의 승낙을 받지 아니하였다고 하여 사문서변조죄가 성립되는 것은 아니다).

195) 대법원 1986. 11. 11. 선고 86도1984 판결(공문서변조라 함은 권한 없이 이미 진정하게 성립된 공무원 또는 공무소명의의 문서내용에 대하여 그 동일성을 해하지 아니할 정도로 변경을 가하는 것을 말한다 할 것이므로 이미 허위로 작성된 공문서는 형법 제225조 소정의 공문서변조죄의 객체가 되지 아니한다).

196) 대법원 1987. 4. 14. 선고 87도177 판결(비록 자기명의의 문서라 할지라도 이미 타인(타기관)에 접수되어 있는 문서에 대하여 함부로 이를 무효화시켜 그 용도에 사용하지 못하게 하였다면 일응 형법상의 문서손괴죄를 구성한다 할 것이므로 그러한 내용의 범죄될 사실을 허위로 기재하여 수사기관에 고소한 이상 무고죄의 죄책을 면할 수 없다).

197) 대법원 1952. 5. 20. 선고 4285형상80 판결(실효한 기존문서를 이용변조하여 유효한 신문서를 작출한 경우는 문서의 변조가 아니요 문서의 위조라 할 것이다).

② 결재된 원안문서에 새로운 사항을 첨가하여 기재한 경우,[199] ③ 인감증명서의 사용용도란의 기재내용을 변경한 경우,[200] ④ 변조된 문서가 명의인에게 유리하여 결과적으로 그 의사에 합치한 경우,[201] ⑤ 보관 중인 영수증에 비록 객관적 진실에 합치되는 것이리 하더라도 작성명의인의 승낙 없이 새로운 증명력을 가져오게 하는 문구를 기재한 경우,[202] ⑥ 최초의 합의서의 내용을 변경하여 수정합의서를 임의로 작성한 경우,[203] ⑦ 타인명의의 사문서인 투표지대장에 자신의

---

198) 대법원 1982. 12. 14. 선고 81도81 판결(공용서류무효죄는 공문서나 사문서를 불문하고 공무소에서 사용 또는 보관중인 서류를 정당한 권한없이 그 효용을 해함으로써 성립하므로, 피고인이 군에 보관중인 피고인 명의의 건축허가신청서에 첨부된 설계도면을 떼내고 별개의 설계도면으로 바꿔 넣은 경우 공용서류무효죄가 성립한다. 건축허가서에 첨부된 설계도면을 떼내고 건축사협회의 도면등록 일부인을 건축허가 신청당시 일자로 소급 변조하여 새로 작성한 설계도면을 그 자리에 가철한 행위는 공문서 변조죄에 해당한다).

199) 대법원 1970. 12. 29. 선고 70도116 판결.

200) 대법원 1985. 9. 24. 선고 85도1490 판결(공무원이 작성한 문서와 개인이 작성한 문서가 1개 문서중에 포함되어 있는 경우에도 공무원이 작성한 증명문구에 의하여 증명되는 개인 작성부분을 변조한 경우에는 공문서변조죄가 성립하는바, 인감증명서의 사용용도는 인감 신청인이 기재하는 것이나 그 기재한 용도에 따른 인감증명서가 발급되면 그 용도기재의 여하에 따라 인감증명서의 유효기간이 달라지는 것이므로 그 기재된 용도에 대하여도 증명의 효력이 미친다고 볼 것이어서 권한없이 그 용도기재를 고쳐 썼다면 이는 공문서변조죄에 해당한다).

201) 대법원 1985. 1. 22. 선고 84도2422 판결(사문서변조에 있어서 그 변조 당시 명의인의 명시적, 묵시적 승낙없이 한 것이면 변조된 문서가 명의인에게 유리하여 결과적으로 그 의사에 합치한다 하더라도 사문서변조죄의 구성요건을 충족한다).

202) 대법원 1995. 2. 24. 선고 94도2092 판결(공소외 망인이 피고인으로부터 어음 1장을 발행 교부 받으면서 그 증빙으로 작성하여 준 영수증에 그 망인이 "위 어음은 한국주택은행 이리지점의 융자에 따른 할부금 및 연체이자를 불입하기 위해 받은 것이다"는 사실내용을 기재하여 두었을 뿐이어서, 그 문면 자체만으로는 당초 그 어음 수수에 의한 변제목적이 된 해당 은행융자금 상환채무가 구체적으로 어떠한 채무를 가리키는지의 점이 분명치 않은 경우, 피고인이 나중에 관련 민사소송에서 그 어음을 그 계쟁 부동산을 담보물로 한 은행융자금채무의 상환을 위하여 교부받은 것이라는 주장사실을 입증하는 데 사용할 목적으로 당시 보관중이던 그 영수증 위의 "할부금"이라는 기재부분 옆에다 그 작성명의인인 망인의 승낙 없이 임의로 그 계쟁 부동산을 지칭하는 표시로서 "733 – 19번지"라고 써 넣은 것이라면, 그 변경 내용이 비록 객관적인 진실에 합치하는 것이라 하더라도, 이는 그 영수증에 새로운 증명력을 가져오게 한 것임이 분명하므로, 사문서변조죄의 구성요건을 충족한다고 보아야 한다고 한 사례).

203) 대법원 2006. 1. 26. 선고 2004도788 판결.

이름을 기재하고 서명한 경우,[204] ⑧ 이사가 이사회 회의록에 서명 대신 서명거부사유를 기재하고 그에 대한 서명을 하였는데 이사회 회의록의 작성권한자인 이사장이 임의로 이를 삭제한 경우[205] 등은 변조에 해당한다.

그러나 단순히 문서의 자구를 수정하거나 문서의 내용에 영향을 미치지 않는 사실을 기재하는 것[206]만으로는 변조에 해당하지 않는다. 또한 문서의 중요 부분 또는 본질적인 부분에 변경을 가하거나 효력이 상실된 문서에 변경을 가하여 새로운 증명력을 가진 문서를 작성한 경우에는 변조가 아니라 문서위조에 해당한다. 따라서 추천장에 기재된 피추천인의 성명을 다른 사람으로 변경한 경우, 증명서의 사진을 뜯어내고 자신의 사진을 첨부한 경우[207]에는 위조에 해당한다.

변조는 당초부터 그와 같은 내용으로 작성된 문서라고 일반인으로 하여금 믿을 수 있을 정도의 형식과 외관을 갖춤으로써 문서로서의 신용을 해할 위험이 있으면 성립하게 된다.[208]

(3) 주관적 구성요건

본죄가 성립하기 위해서는 주관적 구성요건요소로서의 고의 이외에 초과주관적 구성요건요소로서 위조·변조된 문서를 행사할 목적이 있어야 한다. 여기서 '고의'란 권리·의무 또는 사실증명에 관한 타인의 문서를 위조·변조한다는 점에

---

204) 대법원 2010. 1. 28. 선고 2009도9997 판결(일련번호 16번까지 투표지를 받은 사람들의 기명 및 서명이 기재되어 있고, 투표 후 확인업무 담당자인 갑, 을이 그 하단 공백 부분에 서명한 '건물 임시관리단집회 투표지대장'의 일련번호 17번란에 피고인이 자신의 이름을 기명하고 서명하여, 갑, 을 명의의 사문서인 위 투표지대장을 변조하고, 이를 법원에 증거자료로 제출하여 행사한 경우 … 사문서변조죄가 성립한다).

205) 대법원 2018. 9. 13. 선고 2016도20954 판결.

206) 대법원 1981. 10. 27. 선고 81도2055(피고인의 본명은 박규탁이나 일상거래상 박진우로 통용되어 온 경우에 공소외인 작성의 박진우 앞으로 된 영수증에 피고인이 "박진우"라는 기재 옆에 "규탁"이라고 기입하였다고 하여도 이는 위 영수증의 내용에 영향을 미쳤다고 보여지지 아니하고, 따라서 새로운 증명력을 가한 것이 아니므로 사문서변조죄를 구성하지 아니한다).

207) 대법원 1991. 9. 10. 선고 91도1610 판결(피고인이 행사할 목적으로 타인의 주민등록증에 붙어있는 사진을 떼어내고 그 자리에 피고인의 사진을 붙였다면 이는 기존 공문서의 본질적 또는 중요 부분에 변경을 가하여 새로운 증명력을 가지는 별개의 공문서를 작성한 경우에 해당하므로 공문서위조죄를 구성한다).

208) 대법원 1970. 7. 17. 선고 70도1096 판결.

대한 인식과 의사를 말한다. 그리고 '행사할 목적'이란 위조·변조된 문서를 진정
문서로서 사용할 목적을 말한다. 이때의 행위자의 행사할 목적에 대하여는 적어
도 직접적인 인식이 있어야 한다는 견해[209]도 있으나, 여기서의 행사의 목적은
위조문서의 행사와 같은 의미를 지닌다고 할 수 없으므로 적극적 의욕이나 확정
적 인식을 요하지 아니하고 미필적 인식만으로도 족하다고 해석하는 판례[210]의 입
장이 타당하다고 생각된다.

(4) 죄수 및 다른 범죄와의 관계

1) 죄 수

문서에 관한 죄의 죄수를 결정하는 기준에 대해서는, ① 명의인의 수를 기준
으로 하는 **주관설**,[211] ② 범죄의사를 표준으로 하는 **의사설**,[212] ③ 위조행위의 수
를 기준으로 하는 **행위설**, ④ 보호법익을 기준으로 **법익설**,[213] ⑤ 문서의 수를 기
준으로 하는 **물체설**,[214] ⑥ 위조행위의 수와 문서의 수를 기준으로 하는 **결합
설**,[215] ⑦ 보호법익을 기본으로 하면서 범죄의사와 범죄행위도 함께 고려하는 **종
합설**이 대립하고 있다.

생각건대 죄수를 판단할 때에는 보호법익을 기준으로 하면서도 행위와 행위
의사를 종합적으로 고려하여 판단하는 **종합설**이 타당하다고 생각된다. 따라서 1
개의 행위로 수인 명의의 1개의 사문서를 위조한 경우에는 단순일죄에 해당하지
만, 1개의 사문서에 위조와 변조를 함께 한 경우에는 포괄일죄이고, 1개의 문서
에 사문서위조와 공문서위조가 함께 행해진 경우에는 법조경합의 특별관계로서
공문서위조죄만 성립한다.[216] 또한 사문서위조죄와 위조사문서행사죄는 상상적

---

209) 이재상/장영민/강동범, 589면; Vgl. Tröndle §267 Rn. 198; Wessels/Hettinger Rn. 837.
210) 대법원 2006. 1. 26. 선고 2004도788 판결(문서변조죄에 있어서 행사할 목적이란 변조된
    문서를 진정한 문서인 것처럼 사용할 목적을 말하는 것으로 적극적 의욕이나 확정적 인식
    을 요하지 아니하고 미필적 인식이 있으면 족하다).
211) 판례는 2인 이상이 연명한 문서를 위조한 때에는 수죄의 상상적 경합이 된다고 해석하여
    명의설의 입장을 취하고 있다(대법원 1956. 3. 2. 선고 32형상343 판결; 대법원 1987. 7. 21.
    선고 87도564 판결).
212) 황산덕, 139면.
213) 유기천, 188면; 진계호, 574면.
214) 정영석, 181면.
215) 박상기, 529면.
216) 이재상/장영민/강동범, 589면.

경합[217]이 아니라 실체적 경합범이 성립된다.[218]

2) 다른 범죄와의 관계

① 문서를 위조한 후 이를 행사한 경우에는 문서위조죄와 위조문서행사죄의 실체적 경합이 된다는 것이 다수설과 판례[219]의 입장이다.

② 명의인이 문맹임을 이용하여 명의인이 그 문서의 내용을 모르고 작성하게 한 경우에는 문서위조가 되지만, 문서내용을 진실한 것으로 오신시켜 그 내용을 알고 문서를 작성하게 하여 이를 취득한 경우에는 사기죄가 성립한다.[220]

③ 타인명의의 위조문서를 만들어 무고한 경우에는 문서위조죄와 무고죄의 실체적 경합이 되고,[221] 위조문서행사죄와 무고죄는 상상적 경합이 된다.

④ 타인소유의 자기명의의 문서의 내용을 임의로 변경한 경우에는 문서손괴죄가 성립한다.

⑤ 타인의 신용카드를 권한 없이 사용하면서 매출전표에 서명하여 교부하는 행위는 여신전문금융업법상의 신용카드 부정사용죄에 해당하고, 사문서위조 및 동 행사죄는 이 죄에 흡수되어 별도로 성립하지 않게 된다.[222]

(5) 몰 수

위조문서는 형법 제48조 제1항에 의하여 몰수할 수 있다. 위조문서라 하더라도 선의의 제3자를 위해 그 효력을 인정할 필요가 있거나, 문서의 일부만 위조·변조된 경우에는 그 전부를 몰수할 수 없게 된다. 문서 또는 도화의 일부가 몰수

---

217) 이재상/장영민/강동범, 589면.

218) 김일수/서보학, 583면; 박상기, 530면; 이정원, 617면; 정성근/박광민, 634면; 진계호, 574면.

219) 대법원 1991. 9. 10. 선고 91도1722 판결; 대법원 1970. 11. 24. 선고 70도1978 판결(타인으로 가장행세하기 위하여 그 타인명의의 주민등록신고서와 면장명의의 주거표 및 주거표 이송부를 위조하여 행사하였다면 주민등록법 제21조 소정의 "허위의 사실을 신고"한 죄가 아니라 형법상의 사문서위조, 동행사, 공문서위조, 동행사의 죄가 성립하는 것이다).

220) 이재상/장영민/강동범, 589면.

221) 이 경우에 문서위조죄와 무고죄의 상상적 경합이 된다는 견해(이재상/장영민/강동범, 588면)도 있으나, 위조행위와 무고행위는 별개로 독자적으로 이루어지므로 실체적 경합이 된다는 다수설의 입장이 타당하다.

222) 대법원 1992. 6. 9. 선고 92도77 판결; 예금통장을 강취한 후 예금자명의의 예금청구서를 위조한 다음 이를 제출하여 예금을 인출한 경우에는 강도죄, 사문서위조죄 및 동 행사죄, 사기죄가 성립하고, 이들 범죄는 실체적 경합관계에 있다(대법원 1991. 9. 10. 선고 91도1722 판결).

에 해당하는 때에는 그 부분은 폐기해야 하며, 문서의 주된 부분이 위조되어 진정한 부분만으로 독립하여 효력을 갖지 못할 경우에는 그 전부를 몰수할 수 있다.

2. 자격모용에 의한 사문서작성죄

> 제232조(자격모용에 의한 사문서의 작성) 행사할 목적으로 타인의 자격을 모용하여 권리·의무 또는 사실증명에 관한 문서 또는 도화를 작성한 자는 5년 이하의 징역 또는 1천만원 이하의 벌금에 처한다.
> 제235조(미수범) 본죄의 미수범은 처벌한다.

(1) 의의 및 성격

본죄는 행사할 목적으로 타인의 자격을 모용하여 권리·의무 또는 사실증명에 관한 문서·도화를 작성함으로써 성립하는 범죄이다.

본죄의 성격에 대하여는 자기명의의 문서를 작성하는 것이므로 무형위조라는 견해도 있지만, 문서에 의한 법적 효과가 명의인인 본인에게 귀속되므로 **유형위조**라고 해석하는 통설의 입장이 타당하다.

(2) 구성요건

1) 객관적 구성요건

본죄의 행위객체는 타인의 '권리·의무 또는 사실증명에 관한 문서 또는 도화'이다.

2) 실행행위

본죄의 실행행위는 '타인의 자격을 모용하여 문서 또는 도화를 작성하는 것'이다. 여기서 '타인의 자격을 모용한다'는 것은 대리권 또는 대표권 없는 자가 타인의 대리인 또는 대표자격을 사칭하여 문서를 작성하는 경우이다.[223] 예컨대 대리

---

223) 대법원 1991. 10. 8, 91도1703 판결(양식계의 계장이나 그 직무를 대행하는 자가 아닌 자가 양식계의 계장 명의의 내수면사용동의신청서 하단의 계장란에 자신의 이름을 쓰게 하고 그 옆에 자신의 도장을 날인하여 사실증명에 관한 문서인 위 내수면사용동의신청서 1매를 작성하고 이를 행사하였다면 이는 자격모용에 의한 사문서작성, 동행사죄에 해당한다); 대법원 2017. 12. 22. 선고 2017도14560 판결(피고인이 갑 주식회사 소유의 오피스텔에 대한 분양대행 권한을 가지게 되었을 뿐 갑 회사의 동의 없이 오피스텔을 임대할 권한이 없는데도 임차인들과 임대차계약을 체결하면서 갑 회사가 분양사업을 위해 만든 을 회사 명의로 계약서를 작성·교부하였는데, 임대차계약서에는 임대인 성명이 '을 회사(피고인)'로 기

권이 없는 甲이 '乙의 대리인 甲'이라는 형식으로 문서를 작성하는 것을 말한다. 본죄에서의 타인에는 자연인뿐만 아니라 법인, 법인격 없는 단체를 비롯하여 거래관계에서 독립한 사회적 지위를 갖고 활동하고 있는 존재로 취급될 수 있으면 여기에 해당한다.

따라서 ① 재건축조합의 조합장이 아닌 사람이 재건축조합 조합장의 직함을 사용하여 재건축사업에 관한 계약서를 작성한 경우,[224] ② 종중의 신임 대표자 등이 선임되고 전임대표자에 대한 식무집행정지가처분결정이 있은 후 전임 대표자가 위 가처분결정을 알면서 대표자 자격으로 이사회 회의록 등을 작성한 경우,[225] ③ 부동산중개사무소를 대표하거나 대리할 권한이 없는 사람이 대표라고 기재한 경우[226]에는 자격모용에 의한 사문서위조죄가 성립한다.

이와 달리 대리권·대표권 있는 자가 그 권한 밖의 사항에 관하여 대리·대표권자 명의의 문서를 작성한 경우에는 본죄에 해당하지만, 권한을 남용하여 대리인·대표자 명의 또는 본인 명의로 문서를 작성하는 경우에는 사문서의 무형위조로서 본죄에 해당하지는 않는다.[227]

재되어 대표자 또는 대리인의 자격 표시가 없고 또 피고인의 개인 도장이 찍혀있는 사안에서, 피고인의 행위가 자격모용사문서작성과 자격모용작성사문서행사에 해당된다).

224) 대법원 2007. 7. 27. 선고 2006도2330 판결(재건축조합의 조합장이 아닌 사람이 재건축조합 조합장의 직함을 사용하여 재건축사업에 관한 계약서를 작성하였다면, 계약의 상대방이 자격모용사실을 알고 있었다거나 그 계약서에 조합장의 직인이 아닌 다른 인장을 날인하였더라도 자격모용에 의한 사문서작성죄의 범의와 행사의 목적이 인정된다고 본 사례).

225) 대법원 2007. 7. 26. 선고 2005도4072 판결(종중의 신임 대표자 등이 선임되고 전임 대표자에 대한 직무집행정지가처분결정이 있은 후 위 가처분결정이 취소된 경우, 신임 대표자 선임결의가 무효라 하더라도 전임 대표자가 위 가처분결정을 알면서 가처분결정시부터 취소시 사이에 대표자 자격으로 작성한 이사회 의사록 등은 자격을 모용하여 작성한 문서라고 한 사례).

226) 대법원 2008. 2. 14. 선고 2007도9606 판결(부동산중개사무소를 대표하거나 대리할 권한이 없는 사람이 부동산매매계약서의 공인중개사란에 '○○부동산 대표 △△△(피고인의 이름)'라고 기재한 사안에서, '○○부동산'이라는 표기는 단순히 상호를 가리키는 것이 아니라 독립한 사회적 지위를 가지고 활동하는 존재로 취급될 수 있으므로 자격모용사문서작성죄의 '명의인'에 해당한다고 본 사례).

227) 대법원 2008. 12. 24. 선고 2008도7836 판결(주식회사의 적법한 대표이사는 회사의 영업에 관하여 재판상 또는 재판외의 모든 행위를 할 권한이 있으므로, 대표이사가 직접 주식회사 명의 문서를 작성하는 행위는 자격모용사문서작성 또는 위조에 해당하지 않는 것이 원칙이다. 이는 그 문서의 내용이 진실에 반하는 허위이거나 대표권을 남용하여 자기 또는

자격모용에 의한 사문서작성죄를 구성하는지 여부는 그 문서를 작성함에 있어 타인의 자격을 모용하였는지 아닌지의 형식에 의하여 결정하여야 하고, 그 문서의 내용이 진실한지 아닌지는 이에 아무런 영향을 미칠 수 없으므로, 타인의 대표자 또는 대리자가 그 대표 또는 대리명의로 문서를 작성할 권한을 가지는 경우에 그 지위를 남용하여 단순히 자기 또는 제3자의 이익을 도모할 목적으로 문서를 작성하였다 하더라도 자격모용 사문서작성죄는 성립하지 아니한다.[228]

또한 타인의 자격을 모용하였을 뿐만 아니라 명의를 모용하였을 경우에는 사문서위조죄만 성립한다.

문서를 작성한다는 것은 본인의 의사에 반하여 문서를 현실적으로 작출(作出)하는 것을 말한다.

3) 주관적 구성요건

본죄는 주관적 구성요건으로는 고의 이외에 행사할 목적이 있어야 한다. 여기에서 '행사할 목적'이라 함은 다른 사람으로 하여금 그 문서가 정당한 권한에 기하여 작성된 것으로 오신하게 할 목적을 말한다. 따라서 본죄의 주관적 구성요건으로는 사문서를 작성하는 자가 다른 사람의 대리인 또는 대표자로서의 자격을 모용하여 문서를 작성한다는 것을 인식·용인하면서 이를 진정한 문서로서 어떤 효용에 쓸 목적으로 사문서를 작성한 경우에는 자격모용에 의한 사문서작성죄의 행사의 목적과 고의가 있게 된다.[229]

제3자의 이익을 도모할 목적으로 작성된 경우에도 마찬가지이다).

228) 대법원 2007. 10. 11. 선고 2007도5838 판결(토지매수권한을 위임받은 대리인이 매도인측 대표자와 공모하여 매매대금 일부를 착복하기로 하고 위임받은 특정 매매금액보다 낮은 금액을 허위로 기재한 매매계약서를 작성한 경우, 자격모용 사문서작성죄를 구성하지 않는다고 한 사례); 대법원 2008. 6. 26. 선고 2008도1044 판결(주주총회 의장의 선임에 관한 법령 및 정관의 규정을 준수하지 않고 대주주가 임시의장이 되어 임시주주총회 의사록을 작성한 사안에서, 해당 주주총회 결의가 유효함을 전제로 의장의 지위에 관한 자격모용사문서작성죄 및 동행사죄의 성립을 부정한 사례).

229) 대법원 1996. 7. 12. 선고 93도2628 판결(자격모용사문서작성죄가 성립하기 위하여는 행사할 목적 이외에 정당한 대표권이나 대리권이 없음을 알고도 마치 대표권이나 대리권이 있는 것처럼 가장하여 타인의 자격을 모용한다는 인식, 즉 범의가 있어야 할 것인데, 교단이 한국천부교전도관부흥협회와 한국예수교전도관부흥협회로 분열됨으로써 위 각 분열된 교단 모두 원래의 교단과의 동일성을 상실하게 되었다고 하더라도 피고인 등은 자신들이 소속한 한국예수교전도관부흥협회가 원래의 교단의 교리를 따르고 있었으므로 동 교단이

3. 공문서 위조·변조죄

> 제225조(공문서등의 위조·변조) 행사할 목적으로 공무원 또는 공무소의 문서 또는 도화를 위조 또는 변조한 자는 10년 이하의 징역에 처한다.
> 제235조(미수범) 본죄의 미수범은 처벌한다.
> 제237조(자격정지의 병과) 본죄를 범하여 징역에 처할 경우에는 10년 이하의 자격정지를 병과할 수 있다.

공문서 위조·변조죄란 행사할 목적으로 공무원 또는 공무소의 문서 또는 도화를 위조 또는 변조함으로써 성립하는 범죄이다. 사문서에 비해 공문서에 대하여는 그 신용력이 크다는 점에서 본죄는 사문서위조·변조죄보다 행위불법이 가중된 불법가중적 구성요건이다.

본죄의 행위객체는 공무원 또는 공무소가 직무상 작성한 문서를 말하며, 문서의 내용은 공법관계에서 작성된 것인가 사법관계에서 작성된 것인가를 불문한다. 또한 공무원이 작성한 문서와 개인이 작성한 문서가 1개의 문서에 포함되어 있는 경우에도 공무원이 작성한 문구에 의하여 증명되는 개인작성 부분도 공문서가 되며,230) 공증인가 합동법률사무소에서 작성한 사서증서인증서도 공문서이다.231) 그러나 허위로 작성된 공문서는 공문서변조죄의 객체에 포함되지 않는다.232)

본죄의 실행행위는 위조·변조이다. 여기서 위조·변조란 작성권한 없는 자가 타인명의의 문서를 작성 또는 변경하는 것을 말한다. 그리고 위조·변조된 공문서라고 하기 위해서는 일반인으로 하여금 공무원 또는 공무소의 권한 내에서 작성된 문서라고 믿을 수 있는 형식과 외관을 구비해야 한다.233) 또한 변조행위가 공문서 자체에 변경을 가한 것이 아니며 그 변조방법이 조잡하여 공문서에 대한

동일성을 그대로 유지한다고 믿었을 것이라고 보이고, 그렇다면 위 한국예수교전도관부흥협회의 회장으로 선출된 피고인이 이 사건 진정서 등을 작성, 제출할 당시 타인의 자격을 모용한다는 범의가 있었다고 보기 어렵다고 본 사례).

230) 대법원 1985. 9. 24. 선고 85도1490 판결.
231) 대법원 1992. 10. 13. 선고 92도1064 판결.
232) 대법원 1986. 11. 11. 선고 86도1984 판결.
233) 대법원 1987. 9. 22. 선고 87도1443 판결; 대법원 1992. 5. 26. 선고 92도699 판결.

공공의 위험을 초래할 정도에 이르지 않은 경우,[234] 도면 및 그 사본에 점선을 그은 정도로는 그 자체로서 새로운 증명력을 작출한다고 볼 수 없는 경우,[235] 내부결재를 받지 아니한 채 임의로 토지대장을 정정한 경우[236]에는 공문서변조죄는 성립하지 않는다. 작성권한 있는 자가 공문서를 작성한 후 권한이 없어진 후에 그 문서의 내용에 변경을 가한 경우에는 공문서변조죄에 해당한다.[237] 사후에 권한 있는 자의 추인이나 동의가 있더라도 본죄의 성립에는 영향이 없다.[238]

그러나 작성권한자의 지시 또는 승낙에 의해 기안문서 결재란에 서명케 한 경우에는 공문서위조죄의 구성요건해당성이 조각되며,[239] 공문서의 일부만을 복사한 행위는 공문서변조죄에도 해당하지 않는다.[240] 그러나 공문서를 작성할 권한을 가진 공무원을 보조하는 기안담당자[241] 또는 보충기재할 권한만 위임되어 있던 업무보조자인 공무원이 임의로 허위문서를 작성한 경우에는 공문서위조죄에 해당한다.[242]

본죄의 주관적 구성요건으로는 공무원 또는 공무소의 문서·도화를 위조·변조한다는 인식과 의사인 고의[243]와 위조·변조된 공문서 등을 행사할 목적이 있어야 한다.

---

234) 대법원 1997. 3. 28. 선고 97도30 판결.
235) 대법원 2000. 11. 10. 선고 2000도3033 판결.
236) 대법원 1982. 10. 12. 선고 82도1485 판결.
237) 대법원 1996. 11. 22. 선고 96도1862 판결.
238) 대법원 2012. 1. 27. 선고 2010도11884 판결.
239) 대법원 1983. 5. 24. 선고 82도1426 판결.
240) 대법원 2003. 12. 26. 선고 2002도7339 판결.
241) 대법원 1995. 3. 24. 선고 94도1112 판결.
242) 대법원 1996. 4. 23. 선고 96도424 판결; 대법원 1990. 10. 12. 선고 90도1790 판결.
243) 대법원 1970. 12. 29. 선고 70도116 판결(결재된 원안문서에 이미 기재되어 있음에도 이를 자세히 인정치 않고 단순히 결재때 빠진 것으로 생각하고 가필변경할 권한이 없는 공무원이 원안에 없는 새로운 항을 만들어 중복되게 기재해 넣었다면 그 공문서를 변조한다는 인식이 있었다고 하지 않을 수 없다); 대법원 1979. 8. 31. 선고 79도1572 판결(가옥과세대장상의 용도구분을 변개하였다 하더라도 결재권자인 면장의 사전지시와 승낙을 받아 내무부 고시에 따른 현장조사 확인을 한 후에 가옥과세대장을 사실대로 고쳐 적은데 지나지 아니하는 경우에는 공문서변조의 범의가 있다고 볼 수 없다).

4. 자격모용에 의한 공문서작성죄

제226조(자격모용에 의한 공문서 등의 작성) 행사할 목적으로 공무원 또는 공무소의 자격을 모용하여 문서 또는 도화를 작성한 자는 10년 이하의 징역에 처한다.
제235조(미수범) 본죄의 미수범은 처벌한다.
제237조(자격정지의 병과) 징역에 처하는 경우에는 10년 이하의 자격정지를 병과할 수 있다.

자격모용에 의한 공문서작성죄는 행사할 목적으로 공무원 또는 공무소의 자격을 모용하여 문서 또는 도화를 작성함으로써 성립하는 범죄이다. 본죄는 행위객체가 공문서이므로 자격모용에 의한 사문서작성죄에 대하여 불법이 가중되는 **불법가중적 구성요건**이다.

여기에서 타인의 자격을 모용한다는 것은 공문서를 작성할 수 있는 공무원 또는 공무소의 일정한 지위를 허위로 기재하는 것을 말한다. 예컨대 구청장으로 근무하다가 전보발령을 받은 후에도 구청장으로서 결재란에 서명한 경우에는 자격모용에 의한 공문서작성죄에 해당한다.[244] 그 밖에도 담당공무원이 과장 결재란에 권한 없이 자신이 서명한 경우에도 자격모용에 의한 공문서작성죄가 성립한다.[245] 타인명의를 모용하는 공문서위조죄와는 구별된다. 따라서 타인의 명의를 모용할 뿐만 아니라 타인의 자격을 모용한 경우에는 공문서위조죄만 성립한다.

III. 허위공문서작성죄

1. 허위진단서등 작성죄

제233조(허위진단서등의 작성) 의사, 한의사, 치과의사 또는 조산사가 진단서, 검안서 또는 생사에 관한 증명서를 허위로 작성한 때에는 3년 이하의 징역이나 금고, 7년 이하의

---

244) 대법원 1993. 4. 27. 선고 92도2688 판결(갑 구청장이 을 구청장으로 전보된 후 갑 구청장의 권한에 속하는 건축허가에 관한 기안용지의 결재란에 서명을 한 것은 자격모용에 의한 공문서작성죄를 구성한다).
245) 대법원 2008. 1. 17. 선고 2007도6987 판결; 대법원 1993. 7. 27. 선고 93도1435 판결(정당한 대표권이나 대리권이 없는 자가 마치 대표권이나 대리권이 있는 것처럼 가장하여 타인의 자격을 모용하여 문서를 작성하는 경우 자격모용에 의한 문서작성죄가 성립한다).

> 자격정지 또는 3천만원 이하의 벌금에 처한다.
> 제235조(미수범) 본죄의 미수범은 처벌한다.

(1) 의의 및 성격

허위진단서 작성죄는 의사·한의사·치과의사 또는 조산사가 진단서·검안서 또는 생사에 관한 증명서를 허위로 작성함으로써 성립하는 범죄이다.

본죄는 사문서의 무형위조에 대하여 예외적으로 처벌하고 있다. 즉 의사 등의 전문직에 종사하는 사람들의 전문적인 경험에 따라 작성하는 사문서이지만 일반적으로 신뢰도가 높기 때문에 이를 고려하여 작성권한 있는 자가 허위내용의 사문서를 작성하는 것을 처벌하고 있다.

본죄가 성격과 관련하여 자수범인지 여부가 문제인데, 이에 관하여는 **진정자수범설**과 **부진정자수범설**이 대립하며, 전설은 신분자가 문서를 작성할 경우에만 허위진단서작성죄가 성립하고 간접정범에 의해서는 본죄가 성립할 수 없다는 의미에서 본죄는 진정자수범이라는 입장이다.[246] 그러나 의사가 그 정을 모르는 간호사를 이용하여 허위의 진단서를 작성케 한 경우에는 본죄의 간접정범으로 보아야 하므로, 부진정자수범설이 타당하다고 생각된다.

(2) 객관적 구성요건

1) 행위주체

허위진단서작성죄의 행위주체는 '의사·한의사·치과의사·조산사'에 한정된다. 본죄는 진정신분범이다. 따라서 의사 등의 본죄의 행위주체가 아닌 자가 의사 등의 명의를 모용하여 진단서 등을 작성한 경우에는 문서위조죄가 성립한다.[247]

2) 행위객체

본죄의 행위객체는 '진단서·검안서 또는 생사에 관한 증명서'이다.

여기서 '진단서'란 의사 등이 진찰결과에 대한 판단을 표시하여 사람의 건강

---

246) 배종대, 114/7; 유기천, 163면; 이재상/장영민/강동범, 593면.

247) 대법원 1987. 9. 22. 선고 87도1443 판결(일반인으로 하여금 공무원 또는 공무소의 권한 내에서 작성된 문서라고 믿을 수 있는 형식과 외관을 구비한 문서를 작성하면 공문서위조죄가 성립되므로, 피고인이 국립경찰병원장 명의의 진단서에 직인과 계인을 날인하고 환자의 성명과 병명 및 향후치료소견을 기재하였다면 비록 진단서 발행번호나 의사의 서명날인이 없더라도 이는 공문서로서 형식과 외관을 구비하였으므로 공문서위조죄가 성립한다).

상태를 증명하기 위해 작성하는 문서를 말한다. 문서의 명칭은 진찰서, 소견서,[248] 검진서 등 불문한다. '검안서'란 의사가 사람의 신체를 검안한 바를 기재한 문서를 말하는데, 예컨대 사체를 해부하여 조사한 결과를 기재한 사체해부검안서, 신체의 상해상태를 조사하여 그 결과를 기재한 문서 등이 여기에 해당한다. '생사에 관한 증명서'란 사람의 출생 또는 사망사실이나 그 원인을 증명하는 일종의 진단서를 말한다. 예컨대 사망진단서가 여기에 해당한다.

3) 실행행위

허위로 문서를 작성하는 것을 말한다. 허위의 내용으로는 사실에 관한 것이든 판단에 관한 것이든 불문하며, 이러한 허위의 내용을 진단서 등에 기재하는 것을 말한다.[249] 예컨대 병명·사망일시·치료기간·치료여부 등을 허위로 기재하는 경우 등이 여기에 해당한다.[250]

(3) 주관적 구성요건

본죄가 성립하기 위해서는 행위자에게 자신의 신분이나 진단서 등의 내용이 허위라는 사실에 대한 인식이 있어야 한다.[251] 의사 등이 진찰을 소홀히 하거나 오진하여 진실에 반하는 진단서 등을 작성한 때에는 본죄의 고의를 인정할 수 없으므로 본죄는 성립하지 않게 된다.[252] 의사 등이 진단서 등이 허위라고 인식한 경우에도 진단서 등의 내용이 객관적 진실에 부합하는 경우에는 본죄는 성립하

---

248) 대법원 1990. 3. 27. 선고 89도2083 판결.

249) 대법원 2017. 11. 9. 선고 2014도15129 판결.

250) 대법원 2006. 3. 23. 선고 2004도3360 판결(의사인 피고인이 환자의 장애상태를 정밀하게 관찰하기 위한 MRI 검사 등을 하지 아니하는 등 일부 소홀한 점은 있으나, 장애진단서의 기재내용이 객관적 진실에 반한다거나 또는 피고인에게 그 내용이 허위라는 인식이 있었다고 보기는 어렵다는 이유로, 허위진단서작성의 공소사실에 대하여 무죄를 선고한 원심판결을 수긍한 사례).

251) 대법원 2017. 11. 9. 선고 2014도15129 판결(허위진단서작성죄는 원래 허위의 증명을 금지하려는 것이므로, 진단서의 내용이 실질상 진실에 반하는 기재여야 할 뿐 아니라 그 내용이 허위라는 의사의 주관적 인식이 필요하며, 그러한 인식은 미필적 인식으로도 충분하나, 이에 대하여는 검사가 증명책임을 진다); 대법원 2001. 6. 19. 선고 2001도1319 판결(사체검안의가 빙초산의 성상이나 이를 마시고 사망하는 경우의 소견에 대하여 알지 못함에도 불구하고 변사자가 '약물음독', '빙초산을 먹고 자살하였다.'는 취지로 사체검안서를 작성한 경우, 검안서작성에 있어 허위성에 대한 인식이 있다고 본 사례).

252) 대법원 2006. 3. 23. 선고 2004도3360 판결; 대법원 1976. 2. 10. 선고 75도1888 판결.

지 않게 된다는 것이 다수설[253]의 입장이나, 이 경우에는 본죄의 미수범 처벌규정이 있으므로 불능미수가 문제된다는 견해가 타당하다고 생각된다. 본죄는 행사의 목적이 있을 것을 요하지 않는다.

2. 허위공문서작성죄

> **제227조(허위공문서작성등)** 공무원이 행사할 목적으로 그 직무에 관하여 문서 또는 도화를 허위로 작성하거나 변개한 때에는 7년 이하의 징역 또는 2천만원 이하의 벌금에 처한다.
> **제235조(미수범)** 본죄의 미수범은 처벌한다.
> **제237조(자격정지의 병과)** 징역에 처하는 경우에는 10년 이하의 자격정지를 병과할 수 있다.

(1) 의의 및 성격

허위공문서작성죄란 공무원이 행사할 목적으로 그 직무에 관하여 문서 또는 도화를 허위로 작성하거나 변개함으로써 성립하는 범죄이다.

공문서위조죄가 문서성립의 진정을 보호하는 것과 달리 허위공문서작성죄는 문서내용의 진실을 보호하는 범죄이다. 또한 본죄는 사문서와 달리 공문서의 특수한 신용력을 고려하여 예외적으로 무형위조를 일반적으로 처벌하고 있는 구성요건이다. 입법례에 따라서는 공무원범죄로 파악하여 공무원의 직권남용죄로 규정하고 있는 경우도 있지만, 우리 형법은 문서에 관한 죄에 규정하고 있다.

본죄의 보호법익은 공문서의 내용의 진실에 대한 공공의 신용이다.

(2) 객관적 구성요건

1) 행위주체

허위공문서작성죄의 주체는 '직무에 관하여 문서 또는 도화를 작성할 권한이 있는 공무원'이다. 따라서 본죄는 진정신분범이다. 공무원이라 하더라도 공문서를 작성할 권한이 없는 자는 본죄의 주체가 될 수 없다. 예컨대 사법경찰관의 직무권한이 없는 행정서기보가 피의자신문조서를 작성하거나,[254] 동사무소 임시직원이 소재증명서를 작성하는 경우에는 허위공문서작성죄에 해당하지 않는다.[255]

---

253) 이재상/장영민/강동범, 594면.
254) 대법원 1974. 1. 29. 선고 73도1854 판결.
255) 대법원 1976. 10. 12. 선고 76도1682 판결.

그러나 작성권한 있는 공무원은 문서명의인과 반드시 일치하는 것은 아니므로 명의인이 아니라 하더라도 전권이 위임되어 있는 경우에는 본죄의 주체가 될 수 있다.[256] 공문서를 보충기재할 수 있는 권한만 위임되어 있는 자가 허위의 공문서를 작성한 경우에는 허위공문서작성죄가 성립하는 것이 아니라 공문서위조죄가 성립하게 된다.[257]

2) 행위객체

허위공문서작성죄의 객체는 '공문서 또는 공도화'이다. 공문서 또는 공도화란 공무원 또는 공무소에서 직무에 관하여 작성한 문서 또는 도화를 말한다. 직무에 관한 문서란 직무권한의 범위 내에서 작성한 문서를 말하며, 반드시 법률적 근거가 있을 것을 요하지 않으며, 명령·내규 또는 관례에 따라 작성되는 문서도 여기에 포함된다.[258] 따라서 합동법률사무소명의로 작성된 공정증서, 사법경찰관리가 작성한 피의자신문조서, 건축사무기술검사원으로 위촉된 건축사가 작성한 준공검사조서, 외부기관이 작성하여 지방자치단체장이 결재한 검사조서도 공문서에 속한다. 대외적인 문서와 대내적인 문서[259]를 불문하며, 작성명의인이 반드시 표시되어야 하는 것도 아니다.[260]

3) 실행행위

본죄의 실행행위는 공문서·공도화를 허위로 작성하거나 변개하는 것이다.

가. 공문서 등의 허위작성 공문서를 작성할 권한 있는 자가 공문서에 진실에 반하는 허위내용을 기재하는 것을 말한다. 그 내용은 사실이나 가치판단 또는

---

256) 대법원 1977. 1. 11. 선고 76도3884 판결.
257) 대법원 1996. 4. 23. 선고 96도424 판결; 대법원 1984. 9. 11. 선고 84도368 판결.
258) 대법원 1981. 12. 8. 선고 81도943 판결.
259) 대법원 1995. 4. 14. 선고 94도3401 판결(허위공문서작성죄에 있어서 직무에 관한 문서라 함은 공무원이 직무권한 내에서 작성하는 문서를 말하고 그 문서는 대외적인 것이거나 내부적인 것을 구별하지 아니하며, 그 직무권한이 반드시 법률상 근거가 있음을 필요로 하는 것이 아니고 명령, 내규 또는 관례에 의한 직무집행의 권한으로 작성하는 경우라도 포함되므로, 해운항만청의 고시로 작성의무가 부과되고 내부적으로 보관하는 문서도 허위공문서 작성의 객체가 되는 공문서이다).
260) 대법원 1995. 11. 10. 선고 95도2088 판결(허위공문서작성죄에 있어서의 객체가 되는 문서는 문서상 작성명의인이 명시된 경우뿐 아니라 작성명의인이 명시되어 있지 아니하더라도 문서의 형식, 내용 등 그 문서 자체에 의하여 누가 작성하였는지를 추지할 수 있을 정도의 것이면 된다).

의견을 불문한다. 허위기재의 방법에는 특별한 제한이 없으며, 작위·부작위를 불문한다. 예컨대 출납부에 고의로 수입사실을 기재하지 않은 경우는 부작위에 의한 경우이다.[261]

판례가 공문서의 허위작성을 인정하고 있는 경우로는, ① 실제로 원본과 대조함이 없이 원본대조필이라고 기재한 경우,[262] ② 준공검사를 하지 않고서 준공검사를 하였다고 기재한 경우,[263] ③ 공사가 완성되지 않았다는 것을 알면서도 준공검사조서를 작성한 경우,[264] ④ 본인이 직접 인감증명서를 신청하지 않았음에도 불구하고 직접 신청하여 발급한 것으로 기재한 경우,[265] ⑤ 소유권이전등기와 근저당권설정등기의 신청이 동시에 이루어지고 그와 함께 등본의 교부신청이 있는 경우에 등기공무원이 소유권이전등기만 기입하고 근저당권설정등기는 기입하지 아니한 채 등기부등본을 발급한 경우,[266] ⑥ 경찰서 보안과장이 운전자의 음주운전을 눈감아 주기 위하여 일련번호가 동일한 음주운전 적발보고서에 다른 사람의 음주운전사실을 기재하게 한 경우,[267] ⑦ 경찰관이 피의자를 현행범으로 체포할 때 체포사유 및 변호인선임권 등을 고지하지 아니하였음에도 불구하고 이러한 조치를 취하였다는 내용의 확인서를 작성한 경우,[268] ⑧ 공증담당 변호사가 법무사가 공증사무실에 출석하여 사서증서의 날인이 당사자 본인의 것임을 확인한 바 없음에도 마치 그러한 확인을 한 것처럼 인증서에 기재한 경우,[269] ⑨ 군직원이 농지전용허가를 주어서는 안 됨을 알면서도 허가가 타당하다는 취지의 현장출장복명서 및 심사의견서를 제출한 경우,[270] ⑩ 신청인에게 농업경영능력이나 영농의사가 없음을 알거나 이를 제대로 알지 못하면서도 농지취득자격에 문

261) 대법원 1960. 5. 18. 선고 4293형상125 판결.
262) 대법원 1981. 9. 22. 선고 80도3180 판결.
263) 대법원 1983. 12. 27. 선고 82도3063 판결.
264) 대법원 1995. 6. 13. 선고 95도491 판결.
265) 대법원 1997. 7. 11. 선고 97도1082 판결; 대법원 1992. 10. 13. 선고 92도2060 판결; 대법원 1985. 6. 25. 선고 85도758 판결.
266) 대법원 1996. 10. 15. 선고 96도1669 판결.
267) 대법원 1996. 10. 11. 선고 95도1706 판결.
268) 대법원 2010. 6. 24. 선고 2008도11226 판결.
269) 대법원 2007. 1. 25. 선고 2006도3844 판결.
270) 대법원 1993. 12. 24. 선고 92도3334 판결.

제가 없다는 내용의 농지취득자격증명통보서를 작성한 경우[271] 등이 해당한다.

그러나 허위공문서 작성죄는 허위의 내용을 공문서에 기재하는 것이므로, 진실한 사실을 기재하고 법령적용을 고의로 잘못 적용한 경우에도 본죄는 성립되지 않는다. 따라서 건축담당공무원이 건축허가신청서를 접수·처리함에 있어 건축법상의 요건을 갖추지 못하고 설계된 사실을 알면서도 건축허가통보서를 기안하여 군수결재를 받아 건축허가서를 작성한 경우,[272] 당사자로부터 뇌물을 받고 고의로 적용하여서는 안 될 조항을 적용하여 과세표준을 결정하고 그 과세표준에 기하여 세액을 산출하였다고 하더라도 그 세액계산서에 허위내용의 기재가 없는 경우[273]에는 허위공문서작성죄는 성립하지 않는다.

이와 달리 공무원이 신고에 대하여 실질적인 심사권을 가진 경우, 예컨대 가옥대장이나 건축대장에 작성권자가 허위임을 알면서 기재한 때에는 본죄가 성립한다는 점에 대하여는 다툼이 없다.

그러나 공무원이 형식적인 심사권을 가지는데 불과한 경우, 예컨대 등기부·가족관계등록부와 같은 경우에 허위공문서작성죄가 성립하는가에 관해서는 견해가 대립한다. **부정설**은 위와 같은 경우에 일정한 형식을 구비한 신고사실이 있으면 공무원은 문서를 작성할 의무가 있다는 것을 근거로 한다. 또한 **중간설**은 우연히 신고사실이 허위임을 알고 기재한 때에는 본죄가 성립하지 않지만 신고자와 공모하여 허위사실을 기재한 때에는 본죄가 성립한다는 입장이다.

생각건대 신고사실이 허위임을 알면서 문서를 작성한 경우에는 공문서에 대한 공공의 신용을 침해한 것으로 보아야 하고, 또한 공무원은 허위의 기재를 거부할 수 있으므로 허위공문서작성죄가 성립한다고 해석하는 **긍정설**[274]이 타당하다고 생각된다. 판례도 가족관계등록부에 공무원이 허위신고사항을 기재한 경우에 허위공문서작성죄를 인정하여 긍정설의 입장을 취하고 있다.[275]

그 밖에 수사기록이나 공판기록의 경우에는 진술자의 진술내용이 허위임을

---

271) 대법원 2007. 1. 25. 선고 2006도3996 판결.
272) 대법원 2000. 6. 27. 선고 2000도1858 판결.
273) 대법원 1996. 5. 14. 선고 96도554 판결.
274) 김일수/서보학, 601면; 배종대, 114/16; 이재상/장영민/강동범, 598면; 임웅, 745면; 정성근/박광민, 652면; 정영일, 601면.
275) 대법원 1977. 12. 27. 선고 77도2155 판결.

알면서도 그대로 기재하는 것은 적법한 조서작성에 해당하므로 본죄가 성립하지 않는다.

나. 변 개 '변개'(變改)란 작성권한 있는 공무원이 진정으로 성립된 기존문서를 허위로 고치는 것을 말한다. 처음부터 허위내용의 공문서를 만드는 공문서 작성과도 구별된다.

변조는 작성권한 없는 자가 기존문서의 내용에 그 동일성을 해하지 않는 범위 내에서 변경을 가하는 것이지만, 변개는 작성권한 있는 자가 만든 진정문서를 대상으로 그 내용을 허위로 변경한다는 점에서 다르다. 따라서 이미 부진정문서나 허위문서는 변개의 대상이 될 수 없다.

다. 기수시기 본죄는 공문서 등에 허위사실을 기재함으로써 기수가 된다. 문서로서의 형식과 외관을 구비한 경우에는 반드시 명의인의 날인을 명시할 것을 요하지 않으며,[276] 1개의 공문서에 작성자가 2인 이상인 때에는 1인의 작성행위가 완료되더라도 본죄의 기수가 성립한다.[277]

(3) 주관적 구성요건

본죄가 성립하기 위해서는 고의 이외에 **행사의 목적**이 있어야 한다. 본죄의 고의는 작성권한 있는 공무원이 직무에 관하여 허위의 문서를 작성하거나 변개한다는 인식과 의사를 말한다. 행위자가 허위인 사실을 인식한 이상 상사나 상급관청의 양해나 지시가 있었다고 하여 고의가 부정되지 않는다.[278] 그러나 단순한 오기나 부주의로 인한 기재누락의 경우,[279] 선례나 관행에 따라 기재한 경우,[280] 통상 오기가 있을 수 있는 사소한 차이에 불과한 경우[281]에는 공문서 허위작성의 고의가 있다고 할 수 없다.

(4) 간접정범의 성립여부

본죄의 간접정범의 성립여부가 문제되는 경우로는, ① 공문서 작성권자가 타인을 이용하는 경우와 ② 비공무원이 작성권자인 공무원을 이용하는 경우 및 ③

---

276) 대법원 1995. 11. 10. 선고 95도2088 판결.
277) 대법원 1973. 6. 26. 선고 73도733 판결.
278) 대법원 1971. 11. 9. 선고 71도1775 판결.
279) 대법원 1982. 12. 28. 선고 82도1617 판결.
280) 대법원 1982. 7. 27. 선고 82도1026 판결.
281) 대법원 1985. 5. 28. 선고 85도327 판결.

공문서작성의 보조자가 작성권자를 이용하는 경우이다.

1) 공문서 작성 권한 있는 공무원이 타인을 이용하는 경우

공문서를 작성할 권한이 있는 공무원이 권한 없는 자를 이용하거나 작성 권한 있는 다른 공무원을 이용하여 허위공문서를 작성하게 한 때에는 본죄의 간접정범이 성립한다는 점에 대하여는 이견이 없다.

2) 비공무원이 작성권자인 공무원을 이용하는 경우

문제는 문서작성 권한이 없는 자가 작성 권한이 있는 공무원을 이용하여 본죄를 범할 수 있는가, 즉 간접정범의 성립이 가능한가 여부이다. 이에 관하여 종래 판례는 공무원에게 허위의 사실을 기재한 증명서를 제출하여 그 정을 모르는 공무원으로부터 증명을 받은 경우에 허위공문서작성죄의 간접정범이 성립한다고 판시한 바 있다.[282] 그 후 대법원은 판례를 변경하여 공무원이 아닌 자는 본죄의 간접정범이 될 수 없다는 입장을 일관되게 취해오고 있으며,[283] 학설도 간접정범의 성립을 부정하는 점에 대하여는 이견이 없다.

따라서 공무원이 아닌 자가 공무원과 공동하여 허위공문서작성죄를 범한 때에는 허위공문서작성죄의 공동정범이 성립하며,[284] 비공무원이 공무원을 교사하여 허위공문서를 작성하게 한 경우에는 허위공문서작성죄의 교사범이 성립하고,[285] 비공무원이 공무원을 기망하여 허위내용의 증명서를 작성케 한 후 경우에는 허위공문서작성죄가 성립하지 않는다.[286]

---

282) 대법원 1955. 2. 25. 선고 4286형상39 판결.
283) 대법원 1961. 12. 14. 선고 4292형상645 판결(형법은 소위 무형위조에 관하여서는 공문서에 관하여서만 이를 처벌하고 일반 사문서의 무형위조를 인정하지 아니할 뿐 아니라(다만 형법 제233조의 경우는 예외) 공문서의 무형위조에 관하여서도 동법 제227조 이외에 특히 공무원에 대하여 허위의 신고를 하고 공정증서원본·면허장·감찰 또는 여권에 사실 아닌 기재를 하게 한 때에 한하여 동법 제228조의 경우의 처벌규정을 만들고 더구나 위 227조의 경우의 형벌보다 현저히 가볍게 벌하고 있음에 지나지 아니하는 점으로 보면 공무원이 아닌 자가 허위의 공문서 위조의 간접정범이 되는 때에는 동법 제228조의 경우 이외에는 이를 처벌하지 아니하는 취지로 해석함을 상당하다고 할 것이다); 같은 취지 대법원 1962. 1. 31. 선고 4294형상595 판결; 대법원 2001. 3. 9. 선고 2000도938 판결; 대법원 2006. 5. 11. 선고 2006도1663 판결.
284) 대법원 2006. 5. 10. 선고 2006도1663 판결.
285) 대법원 1983. 12. 13. 선고 83도1458 판결.
286) 대법원 1976. 8. 24. 선고 76도151 판결.

다만, 그 근거에 대하여는 ① 공무원에게 허위신고를 하여 공정증서 등에 부실의 사실을 기재하게 하는 경우에 성립하는 공정증서원본 부실기재죄와의 관계를 고려해보면 본죄의 간접정범은 있을 수 없다고 설명하는 견해[287])와 ② 실행행위가 허위공문서작성죄의 구성요건의 정형성을 구비하지 못했기 때문이란 견해[288])가 있다.

생각건대 허위공문서작성죄의 주체는 공무원만이 정범이 될 수 있고 공무원이 아닌 자는 본죄의 교사범이나 종범은 될 수 있어도 간접정범은 될 수 없으며, 또한 형법이 공정증서원본등 부실기재죄에 대해서만 본죄의 간접정범의 형태를 처벌하면서도 허위공문서작성죄보다도 가볍게 처벌하고 있는 점을 고려해보면 본죄의 간접정범을 인정할 수 없다고 해석하는 견해가 타당하다고 생각된다.[289])

3) 공문서작성의 보조자가 작성권자를 이용하는 경우

공문서 작성의 보조자가 허위인 정을 모르는 작성권자의 결재를 이용하여 허위의 공문서를 작성한 경우에 허위공문서작성죄의 간접정범이 성립할 수 있는지가 문제된다.

이것에 관하여 판례는 공문서의 작성권한 있는 공무원을 보좌하여 공문서의 기안을 담당하는 공무원이 그 직위를 이용하여 행사할 목적으로 허위공문서를 기안하여 그 정을 모르는 상사의 서명날인을 받은 경우에는 허위공문서작성죄의 간접정범이 성립되고,[290]) 또한 공무원이 아닌 자가 공문서작성을 보좌하는 공무원과 공모하여 허위의 문서초안을 상사에게 제출하여 결재하게 함으로써 허위공문서를 작성하게 한 경우에는 허위공문서작성죄의 간접정범의 공범으로서 죄책

---

287) 백형구, 524면; 유기천, 168면; 임웅, 747면; 정성근/박광민, 653면.

288) 진계호, 581면.

289) 이재상/장영민/강동범, 599면.

290) 대법원 1990. 10. 30. 선고 90도1912 판결(허위공문서작성죄의 주체는 직무상 그 문서를 작성할 권한이 있는 공무원에 한하고 작성권자를 보조하는 직무에 종사하는 공무원은 허위공문서작성죄의 주체가 되지 못하나 이러한 보조직무에 종사하는 공무원이 허위공문서를 기안하여 허위인 정을 모르는 작성권자에게 제출하고 그로 하여금 그 내용이 진실한 것으로 오신케 하여 서명 또는 기명날인케 함으로써 공문서를 완성한 때에는 허위공문서작성죄의 간접정범이 성립된다 할 것인바, 면의 호적계장이 정을 모른 면장의 결재를 받아 허위내용의 호적부를 작성한 경우 허위공문서작성, 동행사죄의 간접정범이 성립된다); 같은 취지 대법원 1990. 2. 27. 선고 89도1816 판결; 대법원 1990. 10. 16. 선고 90도1170 판결; 대법원 2010. 1. 14. 선고 2009도9963 판결; 대법원 2011. 5. 13. 선고 2011도1415 판결.

을 진다고 판시하여,[291] 긍정설의 입장을 취하고 있다.

학설은 긍정설과 부정설이 대립한다. 긍정설[292]은 그 논거로, ① 허위공문서 작성죄의 본질은 공무원과 같은 일정한 신분자의 권한남용을 방지하는데 있으므로 본죄의 신분은 공무원이라는 신분이 아니라 공무원이 직무에 관하여 문서를 작성하는 것을 말하므로 반드시 권한을 가진 공무원에 국한할 필요가 없고, 그런 의미에서 본죄는 자수범이면서도 간접정범이 성립한다거나,[293] ② 신분범에는 간접정범이 인정되는 경우와 인정될 수 없는 경우가 있다는 선세하에서 이 경우는 신분범이지만 간접정범이 인정된다거나, 또는 ③ 문서를 기안하는 보조공무원은 문서의 작성명의인은 아니지만 사실상 또는 실질적으로 문서를 작성할 권한을 가진 자이므로 그 정을 모르는 상사를 이용하는 간접정범의 성립이 가능하다는 것을 들고 있다.

이에 반해 부정설에는 ① 허위공문서작성죄의 주체는 작성권한 있는 공무원에 엄격히 제한되는 **진정신분범**이므로 비신분자가 신분있는 자를 이용한 간접정범은 성립할 수 없으므로, 이 경우에는 입법적으로 해결하거나 위계에 의한 공무집행방해죄를 인정해야 한다는 견해[294]와 ② 허위공문서작성죄는 의무범 및 행위자관련신분범의 성격을 지니고 있기 때문에 작성권한 있는 자 이외의 모든 사람은 정범적격이 결여되어 있으므로 간접정범이 성립할 수 없으므로 위계에 의한 공무집행방해죄나 직무유기죄 또는 허위공문서작성죄의 공범으로 처벌해야 한다는 견해[295]가 있다.

생각건대 ① 본죄의 본질은 공무원의 직권남용을 처벌하려는 것이 아니라 공문서의 신용력에 대한 공공의 신용을 보호하기 위한 범죄이며, ② 본죄의 행위주체는 작성권한 있는 공무원에 엄격히 제한되는 **진정신분범**이고, ③ 진정신분범의 경우에는 비신분자가 신분있는 자를 이용하는 간접정법은 성립할 수 없다는

---

291) 대법원 1992. 1. 17. 선고 91도2837 판결.

292) 배종대, 114/21; 백형구, 523면; 손동권/김재윤, 655면; 유기천, 171면; 정성근/박광민, 655면; 진계호, 581면.

293) 유기천, 171면.

294) 오영근, 896면; 이재상/장영민/강동범, 599면; 임웅, 658면.

295) 김일수/서보학, 604면. 이 견해에 대하여는 정범없는 공범의 성립을 인정함으로써 정범과 공범의 본질적인 구조를 무너뜨린다는 비판을 받는다(이정원, 631면).

점을 고려해보면 부정설의 입장이 타당하며,[296] ④ 부정설에 따르는 처벌의 흠결 문제는 입법적으로 보완되어야 할 것이다.

(5) 다른 범죄와의 관계

1) 공무원인 의사가 공무소의 명의로 허위신단서를 발행한 경우에 허위공문 서작성죄와 허위진단서작성죄의 상상적 경합이라는 견해가 다수설이지만, 판 례[297]는 허위공문서작성죄만 성립한다는 입장을 취하고 있다.

2) 공무원이 위법사실을 적극적으로 은폐할 목적으로 허위공문서를 작성하 는 경우에는 허위공문서작성죄만 성립한다.[298] 그러나 이러한 위법사실에 대한 은폐목적이 없이 공무원이 허위공문서를 작성한 경우에는 허위공문서작성죄와 위법사실에 대한 공무원의 직무유기죄는 실체적 경합이 된다.[299]

---

296) 김성돈, 650면; 김일수/서보학, 604면; 오영근, 592면; 이재상/장영민/강동범, 601면; 이형 국, 621면; 임웅, 751면.

297) 대법원 2004. 4. 9. 선고 2003도7762 판결(형법이 제225조 내지 제230조에서 공문서에 관 한 범죄를 규정하고, 이어 제231조 내지 제236조에서 사문서에 관한 범죄를 규정하고 있 는 점 등에 비추어 볼 때 형법 제233조 소정의 허위진단서작성죄의 대상은 공무원이 아닌 의사가 사문서로서 진단서를 작성한 경우에 한정되고, 공무원인 의사가 공무소의 명의로 허위진단서를 작성한 경우에는 허위공문서작성죄만이 성립하고 허위진단서작성죄는 별도 로 성립하지 않는다). 법체계상의 위치만으로 허위진단서작성죄는 사문서에 제한된다고 해석하는 판례의 입장은 타당하지 않다. 공무원인 의사가 허위진단서를 작성한 경우에는 허위진단서작성죄와 허위공문서작성죄의 상상적 경합이 된다고 보아야 한다.

298) 대법원 1982. 12. 28. 선고 82도2210 판결(예비군 중대장이 그 소속 예비군대원의 훈련불 참사실을 알았다면 이를 소속 대대장에게 보고하는 등의 조치를 취할 직무상의 의무가 있 음은 물론이나, 그 소속 예비군대원의 훈련불참사실을 고의로 은폐할 목적으로 당해 예비 군대원이 훈련에 참석한 양 허위내용의 학급편성명부를 작성, 행사하였다면, 직무위배의 위법상태는 허위공문서작성 당시부터 그 속에 포함되어 있는 것이고 그 후 소속대대장에 게 보고하지 아니하였다 하더라도 당초에 있었던 직무위배의 위법상태가 그대로 계속된 것에 불과하다고 보아야 하고, 별도의 직무유기죄가 성립하여 양죄가 실체적 경합범이 된 다고 할 수 없다); 대법원 2004. 3. 26. 선고 2002도5004 판결(공무원이 어떠한 위법사실을 발견하고도 직무상 의무에 따른 적절한 조치를 취하지 아니하고 위법사실을 적극적으로 은폐할 목적으로 허위공문서를 작성, 행사한 경우에는 직무위배의 위법상태는 허위공문서 작성 당시부터 그 속에 포함되는 것으로 작위범인 허위공문서작성 및 그 행사죄만이 성립 하고 부작위범인 직무유기죄는 따로 성립하지 아니한다).

299) 대법원 1993. 12. 24. 선고 92도3334 판결(공무원이 어떠한 위법사실을 발견하고도 직무상 의무에 따른 적절한 조치를 취하지 아니하고 위법사실을 적극적으로 은폐할 목적으로 허 위공문서를 작성·행사한 경우에는 직무위배의 위법상태는 허위공문서작성 당시부터 그

3. 공정증서원본 등의 부실기재죄

> **제228조(공정증서원본 등의 부실기재)** ① 공무원에 대하여 허위신고를 하여 공정증서원본 또는 이와 동일한 전자기록등 특수매체기록에 부실의 사실을 기재 또는 기록하게 한 자는 5년 이하의 징역 또는 1천만원 이하의 벌금에 처한다.
> ② 공무원에 대하여 허위신고를 하여 면허증, 허가증, 등록증 또는 여권에 부실의 사실을 기재하게 한 자는 3년 이하의 징역 또는 700만원 이하의 벌금에 처한다.
> **제235조(미수범)** 본죄의 미수범은 처벌한다.

(1) 의의 및 성격

공정증서원본 등 부실기재죄(公正證書原本不實記載罪)는 공무원에 대하여 허위신고를 하여 공정증서원본 또는 이와 동일한 전자기록 등 특수매체기록이나 면허증·허가증·등록증·여권에 부실의 사실을 기재하게 함으로써 성립하는 범죄이다.

허위공문서작성죄는 작성 권한 있는 공무원이 행위주체인 **진정신분범**이므로, 선의의 공무원에게 허위신고를 하여 허위공문서를 작성하게 한 자에 대하여는 허위공문서작성죄의 간접정범이 성립하지 않으므로 처벌할 수 없게 된다. 이러한 점을 고려하여 본죄는 간접정범의 형태에 의한 허위공문서작성죄를 특별히 규정함으로써 허위공문서작성죄에 의한 처벌의 결함을 보충하기 위한 범죄라고 할 수 있다. 본죄는 공무원을 이용한 간접적인 허위공문서작성죄이다.

본죄의 형이 허위공문서작성죄에 비해 가벼운 것은 공무원의 직무상의 의무위반이 없기 때문이다. 작성권한 있는 공무원이 부실의 사실을 알면서 공문서에 허위사실을 기재한 때에는 허위공문서작성죄가 성립하고, 이를 기재하게 한 자는 허위공문서작성죄의 교사범이 된다.

속에 포함되는 것으로 작위범인 허위공문서작성, 동행사죄만이 성립하고 부작위범인 직무유기죄는 따로 성립하지 아니하나, 위 복명서 및 심사의견서를 허위작성한 것이 농지일시전용허가를 신청하자 이를 허가하여 주기 위하여 한 것이라면 직접적으로 농지불법전용 사실을 은폐하기 위하여 한 것은 아니므로 위 허위공문서작성, 동행사죄와 직무유기죄는 실체적 경합범의 관계에 있다).

(2) 객관적 구성요건

1) 행위주체

본죄의 행위주체에는 특별히 제한이 없다. 공무원도 본죄의 주체가 될 수 있다.

2) 행위객체

본죄의 행위객체는 '공정증서원본 또는 이와 동일시되는 전자기록 등 특수매체기록, 면허증, 허가증, 등록증, 여권'이다.

가. 공정증서원본　　공정증서의 개념에 대하여는, ① 공무원이 직무상 작성하는 공문서로서 권리·의무에 관한 사실을 증명하는 효력을 가진 것을 의미한다는 견해와, ② 반드시 권리·의무에 관한 사실일 필요는 없고 어떤 사실을 증명하는 공문서이면 족하다는 견해[300)]가 대립한다.

생각건대 본죄는 허위공문서작성죄의 간접정범의 형태를 예외적으로 처벌하는 규정이고, 또한 본죄의 객체가 특히 중요한 증명력을 가진 공문서에 한정되는 취지에 비추어보면 공증증서는 ①설과 같이 권리·의무에 관한 사실을 증명하는 효력을 가진 공문서로 제한하여 해석하는 견해가 타당하며, 이는 통설[301)]과 판례[302)]의 입장이기도 하다. 권리·의무는 공법상·사법상·재산상·신분상의 것을 불문한다.

따라서 가족관계등록부, 부동산등기부, 상업등기부, 화해조서,[303)] 간이절차에 의한 민사분쟁사건처리특례법에 의하여 합동법률사무소 명의로 작성된 공정증서[304)]는 공정증서원본에 해당한다.

그러나 주민등록부,[305)] 인감대장,[306)] 토지대장,[307)] 가옥대장,[308)] 임야대장, 주

---

300) 유기천, 177면; 진계호, 583면.
301) 김성돈, 659면; 김일수/서보학, 606면; 이재상/장영민/강동범, 603면; 이형국, 623면; 임웅, 752면; 정성근/박광민, 658면.
302) 대법원 1988. 5. 24. 선고 87도2696 판결(공정증서란 권리의무에 관한 공정증서만을 가리키는 것이고 사실증명에 관한 것은 이에 포함되지 아니하므로 권리의무에 변동을 주는 효력이 없는 토지대장은 위에서 말하는 공정증서에 해당하지 아니한다).
303) 화해조서는 처분문서이지만 증명문서로서의 성격이 강하므로 공정증서원본에 포함된다.
304) 대법원 1977. 8. 23. 선고 74도2715 판결.
305) 대법원 1969. 11. 19. 선고 68도1231 판결.
306) 대법원 1969. 3. 25. 선고 69도163 판결.
307) 대법원 1970. 12. 29. 선고 69도2059 판결; 대법원 1971. 1. 29. 선고 69도2238 판결; 대법원 1988. 5. 24. 선고 87도2696 판결.

민등록증,[309] 자동차운전면허대장,[310] 공증인이 인증한 사서증서[311]는 사실관계를 증명하는 문서이고 권리·의무관계를 증명하는 공문서가 아니므로 공정증서원본이 아니다. 또한 수사기관의 진술조서, 소송절차상의 각종조서도 권리·의무관계를 증명하는 것이 아니므로 공정증서가 아니다.

공정증서도 공문서의 일종이므로 문자 또는 발음적 부호에 의하여 표시된 것만이 공정증서가 될 수 있고, 공정증서는 원본임을 요하므로 등본, 초본, 사본, 공정증서의 정본 등은 본죄의 객체가 아니다.[312]

공정증서원본은 허위신고에 의해 부실한 사실이 그대로 기재될 수 있는 성질의 것이어야 한다. 따라서 법원의 조정조서도 공정증서원본이 아니며,[313] 작성자의 견문·판단·조사결과를 기재한 감정인의 감정서도 공정증서원본이 아니다. 법원의 판결원본이나 지급명령원본도 일종의 공정증서이지만 처분문서의 성격을 지니기 때문에 공정증서원본이 아니다.

나. 공정증서원본과 동일한 전자기록 등 특수매체기록 공정증서원본과 마찬가지로 권리·의무에 관한 일정한 사실을 공적으로 증명하는 효력을 가진 전자기록 등 특수매체기록을 말한다. 예컨대 전산화된 부동산등기파일, 가족관계등록파일, 국세청의 세무자료파일, 자동차등록파일, 특허원부파일 등이 여기에 해당한다.

다. 면 허 증 '면허증'이란 특정한 기능을 가진 자에게 그 기능에 따른 행위를 할 수 있는 권능을 부여하기 위하여 공무소 또는 공무원이 작성하여 교부하는 증명서를 말한다. 예컨대 의사면허증, 운전면허증, 수렵면허증, 침구사자격증[314]이 여기에 해당한다. 그러나 단순히 일정한 자격을 표시하는 것에 불과

---

308) 대법원 1971. 4. 20. 선고 71도359 판결.
309) 대법원 1962. 1. 11. 선고 4294형상193 판결.
310) 대법원 2010. 6. 10. 선고 2010도1125 판결(자동차운전면허대장은 사실증명에 관한 것에 불과하므로 형법 제228조 제1항에서 말하는 공정증서원본이라고 볼 수 없다).
311) 대법원 1975. 9. 9. 선고 75도331 판결; 대법원 1984. 12. 3. 선고 84도1217 판결.
312) 대법원 2002. 3. 26. 선고 2001도6503 판결('공정증서원본'에는 공정증서의 정본이 포함된다고 볼 수 없으므로 불실의 사실이 기재된 공정증서의 정본을 그 정을 모르는 법원 직원에게 교부한 행위는 형법 제229조의 부실기재공정증서원본행사죄에 해당하지 아니한다).
313) 대법원 2010. 6. 10. 선고 2010도3232 판결(조정절차에서 작성되는 조정조서는 그 성질상 허위신고에 의해 불실한 사실이 그대로 기재될 수 있는 공문서로 볼 수 없어 공정증서원본에 해당하는 것으로 볼 수 없다).
314) 대법원 1976. 7. 27. 선고 76도1709 판결.

한 교사자격증, 시험합격증서, 외국인등록증명서, 자동차검사증은 면허증이 아니다.

라. 허 가 증　'허가증'이란 공무소가 일정한 영업 또는 업무를 허가하였다는 사실을 증명하는 공문서를 말한다. 자동차 영업허가증, 주류판매 영업허가증, 고물상 영업허가증 등이 여기에 해당한다.

마. 등 록 증　'등록증'이란 일정한 자격이나 요건을 갖춘 자에게 그 자격이나 요건에 상응하는 활동을 할 수 있는 권능을 인정하기 위하여 공무원 또는 공무소가 작성한 증서를 말한다. 예컨대 변호사·공인회계사·법무사·세무사·전문의·변리사등록증이 여기에 해당한다. 그러나 사업자등록증[315]은 단순한 사업사실을 증명하는 증서에 불과하므로 본죄의 등록증에 해당하지 않는다.

바. 여 권　'여권'이란 공무소가 여행자에게 발행하는 허가증을 말한다. 예컨대 외국여행자에게 발행하는 여권, 가석방자에 대한 여행허가증이 여기에 해당한다. 허위사실을 기재한 여권신청서를 제출하여 여권을 발급받은 때에는 공정증서원본부실기재죄와 여권법위반죄의 상상적 경합이 된다.[316]

3) 실행행위

본죄의 실행행위는 '공무원에 대하여 허위신고를 하여 부실의 사실을 공정증서원본 등에 기재하게 하는 것'이다. 허위신고행위와 부실기재 사이에는 인과관계가 있어야 하며, 다른 원인에 의하여 부실기재가 이루어진 때에는 본죄는 성립하지 않는다.[317] 권한을 가진 공무원에게 허위사실을 신고해야 하는데 만약 공무원이 그 정을 알면서 부실기재를 한 경우에는 허위공문서작성죄가 성립하고, 허위신고자는 가담형태에 따라 허위공문서작성죄의 공동정범·교사범·종범이 된다. 허위신고의 주체가 피고인이 아닌 경우에는 본죄를 구성하지 아니한다.[318]

가. 허위신고　'허위신고'란 일정한 사실에 대하여 진실에 반하는 허위사실

---

315) 대법원 2005. 7. 15. 선고 2003도6934 판결(사업자등록증은 단순한 사업사실의 등록을 증명하는 증서에 불과하고 그에 의하여 사업을 할 수 있는 자격이나 요건을 갖추었음을 인정하는 것은 아니라고 할 것이어서 형법 제228조 제1항에 정한 '등록증'에 해당하지 않는다고 한 원심의 판단을 수긍한 사례).

316) 대법원 1970. 7. 28. 선고 70도837 판결; 대법원 1974. 4. 9. 선고 73도2334 판결.

317) 대법원 1983. 12. 27. 선고 83도2442 판결.

318) 대법원 1983. 12. 27. 선고 83도2442 판결.

을 신고를 하는 것을 말한다. 신고내용이 허위인 경우뿐만 아니라 신고인의 자격을 사칭하는 경우도 포함된다.

따라서 ① 등기명의인이 아니 자가 명의인의 자격을 모용하여 소유권이전등기를 신청한 경우,[319] ② 사자명의로 소유권보존등기를 신청한 경우,[320] ③ 주금을 가장납입하여 증자등기를 신청한 경우,[321] ④ 확정판결에 의하여 등기신청을 하거나,[322] ⑤ 화해조서에 의하여 등기신청을 하는 경우[323]에도 그 내용이 진실에 반하는 것을 알면서 신청한 경우에는 허위신고에 해당한다.

허위신고의 방법은 서면·구두·직접·간접·자기명의·타인명의를 불문하며, 신고나 기재사항이 반드시 불법한 것일 필요도 없다.

나. 부실의 사실의 기재   '부실의 사실을 기재한다'는 것은 중요한 점에 있어서 객관적 진실에 반하는 사실을 기재하는 것을 말한다. 따라서 ① 허위의 회사설립등기를 한 경우, ② 매매인 등기원인을 증여로 허위기재하여 소유권이전등기를 한 경우,[324] ③ 위장결혼을 하고 혼인신고를 경우,[325] ④ 허위의 소유권이전등기를 경료한 자가 자신의 채권자와 합의하여 그 부동산에 근저당권설정등기를 경료한 경우,[326] ⑤ 종중대표자의 지위를 허위로 기재한 경우,[327] ⑥ 교회의 대표자가 총회의 결의 없이 교인들의 총유에 속하는 교회부지 및 건물을 위 재단법인 앞으로 소유권이전등기를 한 경우,[328] ⑦ 공정증서원본에 기재된 사항이 부존재하거나 외관상 존재한다고 하더라도 무효에 해당되는 하자가 있는 경우[329]에는 공정증서원본부실기재죄가 성립한다.

---

319) 대법원 1960. 9. 14. 선고 4294형상348 판결.
320) 대법원 1969. 1. 28. 선고 68도1596 판결.
321) 대법원 2004. 6. 17. 선고 2003도7645 판결(전원합의체 판결, 타인으로부터 금원을 차용하여 주금을 납입하고 설립등기나 증자등기 후 바로 인출하여 차용금 변제에 사용하는 경우, 상법상 납입가장죄의 성립 외에 공정증서원본불실기재·동행사죄의 성립한다).
322) 대법원 1996. 5. 31. 선고 95도1967 판결.
323) 대법원 1981. 2. 24. 선고 80도1584 판결.
324) 대법원 2007. 11. 30. 선고 2005도9922 판결.
325) 대법원 1996. 11. 22. 선고 96도2049 판결; 대법원 1985. 9. 10. 선고 85도1481 판결.
326) 대법원 1887. 7. 25. 선고 97도605 판결.
327) 대법원 2006. 1. 13. 선고 2005도4790 판결.
328) 대법원 2008. 9. 25. 선고 2008도3198 판결.
329) 대법원 2018. 6. 19. 선고 2017도21783 판결.

그러나 ① 권리·의무와 관계 없는 예고등기를 말소한 경우,[330] ② 등기원인을 명의신탁 대신에 매매라고 기재한 경우,[331] ③ 가장한 매매계약을 원인으로 가등기를 한 경우,[332] ④ 당사자의 합의에 의하여 진정한 채무자가 아닌 제3자를 채무자로 기재하여 근저당설정등기를 한 경우,[333] ⑤ 원인관계가 달라도 실체관계가 일치하는 경우,[334] ⑥ 공동상속인 중의 1인이 다른 공동상속인들과 합의 없이 법정상속분에 따른 공동상속등기를 마친 경우,[335] ⑦ 사망자를 상대로 승소판결을 받아 소유권이전등기를 한 절차상의 흠은 있어도 기재내용이 실체법률관계와 일치하는 경우,[336] ⑧ 1인 주주회사에서 상법 소정의 절차를 거치지 않고 이사 해임등기를 한 경우[337]와 같이 기재절차에 흠이 있더라도 기재내용이 당사자의 의사나 실체권리관계와 일치하는 경우에는 부실기재가 아니라고 판시하고 있다.

중간생략등기가 본죄에 해당하는가에 관해서는 부정설[338]과 긍정설[339]이 대립하고 있다. 생각건대 중간생략등기는 당사자의 의사 및 실체법률관계와 일치할 뿐만 아니라 우리 사회에 실제로 널리 행해지고 있는 점을 고려해보면 본죄에 해당하지 않는다고 해석하는 것이 타당하다. 판례도 긍정설의 입장을 취하고 있다.[340]

다. 실행의 착수시기와 기수시기　　　본죄의 실행의 착수시기는 허위신고시를 기준으로 판단하며, 기수시기는 공정증서원본 등에 부실기재가 이루어진 때 완성된다. 허위신고만 있고 부실기재가 아직 이루어지지 않은 경우에는 본죄의 미수에 해당한다. 부실의 기재를 한 후에 기재내용이 객관적 권리관계와 일치하게 되

---

330) 대법원 1972. 10. 31. 선고 72도1966 판결.
331) 대법원 2011. 7. 14. 선고 2010도1025 판결; 대법원 1967. 7. 11. 선고 65도592 판결.
332) 대법원 1991. 9. 24. 선고 91도1164 판결.
333) 대법원 1985. 10. 8. 선고 84도2461 판결.
334) 대법원 2000. 3. 24. 선고 98도105 판결.
335) 대법원 1995. 11. 7. 선고 95도898 판결.
336) 대법원 1982. 1. 12. 선고 81도1702 판결.
337) 대법원 1996. 6. 11. 선고 95도2817 판결.
338) 김성돈, 662면; 김일수/서보학, 610면; 배종대, 114/34; 이정원, 638면; 이형국, 626면; 정성근/박광민, 663면.
339) 박상기, 545면; 이재상/장영민/강동범, 606면; 임웅, 757면.
340) 대법원 1967. 11. 28. 선고 67도1682 판결.

었더라도 본죄의 성립에는 영향이 없다.[341]

(3) 주관적 구성요건

본죄는 고의범이므로 행위자에게는 행위시에 공무원에 대하여 허위신고를 하여 공정증서원본 등에 부실의 기재를 한다는 사실에 대한 인식과 의사인 고의가 필요하다. 본죄에는 목적이 요구되지 않는다.

(4) 다른 범죄와의 관계

1) 등기부에 부실사실을 기재한 후에 그 등기부를 등기소에 비치하게 하면 본죄와 동행사죄의 실체적 경합이 된다.

2) 법원을 기망하여 승소판결을 받고 그 확정판결에 의하여 소유권이전등기를 경료한 때에는 사기죄, 공정증서원본부실기재죄 및 동행사죄의 실체적 경합이 된다.[342]

IV. 위조등 문서행사죄

1. 위조·변조·작성 사문서행사죄

> 제234조(위조사문서등의 행사) 제231조 내지 제233조의 죄에 의하여 만들어진 문서, 도화 또는 전자기록등 특수매체기록을 행사한 자는 그 각 죄에 정한 형에 처한다.
> 제235조(미수범) 본죄의 미수범은 처벌한다.

(1) 의   의

본죄는 사문서위조·변조죄에 의하여 위조·변조되거나, 자격모용에 의한 사문서작성죄에 의하여 작성되거나 또는 의사 등에 의하여 작성된 허위진단서 등의 문서·도화 또는 전자기록을 행사함으로써 성립하는 범죄이다.

본죄는 위조등 문서행사죄의 기본적 구성요건으로서, 거동범이다.

(2) 객관적 구성요건

1) 행위주체

본죄의 행위주체에는 제한이 없다. 위조·변조·작성한 자가 반드시 행사해야

---

341) 대법원 2001. 11. 9. 선고 2001도3959 판결; 대법원 2007. 6. 28. 선고 2007도2714 판결.
342) 대법원 1983. 4. 26. 선고 83도188 판결.

하는 것도 아니다.

2) 행위객체

본죄의 행위객체는 '위조·변조 또는 자격모용에 의하여 작성된 사문서·사도화, 허위로 작성된 진단서·검안서·생사에 관한 증명서, 위작·변작된 전자기록 등 특수매체기록'이다. 본죄의 객체에는 행사할 목적이 없이 위조·변조·작성·위작·변작된 것도 포함된다.

3) 실행행위

본죄의 실행행위는 위조 등의 사문서 등을 '행사'하는 것이다.

① 행사의 의미   여기서 '**행사**'란 위조·변조·작성·위작·변작된 문서 등을 진정문서 또는 내용이 진실한 것처럼 사용하는 것을 말한다.[343] 문서 등을 사용한다는 것은 상대방이 문서의 등의 내용을 인식할 수 있는 상태에 두는 것을 말하며, 문서를 현실적으로 상대방이 보았을 것을 요하는 것은 아니다.

② 행사의 방법   문서 등을 행사하는 방법에는 특별한 제한이 없다. 예컨대 제출, 교부, 비치, 열람, 우송 등의 방법이 행사에 해당한다.[344] 전자기록 등 특수매체기록의 행사는 위작·변작된 전자기록 등을 정보처리할 수 있는 상태에 두는 것을 말한다. 또한 자신이 문서 등을 소지하고 있음을 고지하는 것만으로는 행사가 아니지만, 상대방이 소지한 문서를 원용하는 것은 행사가 될 수 있다.

③ 행사의 상대방   위조등 사문서행사죄의 상대방에 대하여도 특별한 제한은 없지만, 다만 상대방은 문서가 위조 또는 변조된 사문서라는 사실을 모르는 자이어야 한다. 그러나 이미 위조·변조·허위작성되었다는 사실을 알고 있는 공범자에게 위조·변조·허위작성된 문서를 제시·교부하는 것은 이를 행사라고 할 수 없지만,[345] 위조된 문서의 작성명의인이라 하더라도 상대방이 될 수 있다.[346]

④ 원본 및 전자복사본의 사용   행사가 되기 위해서는 위조·변조된 문서 자체인 원본을 사용해야 하므로, 필사본은 행사가 되지 않는다. 그러나 전자복사

---

343) 대법원 1986. 2. 25. 선고 85도2798 판결.
344) 대법원 1989. 12. 12. 선고 89도1253 판결.
345) 대법원 1986. 2. 25. 선고 85도2798 판결.
346) 대법원 2005. 1. 28. 선고 2004도4663 판결(위조문서행사죄에 있어서의 행사는 위조된 문서를 진정한 것으로 사용함으로써 문서에 대한 공공의 신용을 해칠 우려가 있는 행위를 말하므로, 행사의 상대방에는 아무런 제한이 없고 위조된 문서의 작성 명의인이라고 하여 행사의 상대방이 될 수 없는 것은 아니다).

등 기계적인 방법에 의한 복사본에 대하여, 종래 판례는 원본과 같이 볼 수 없다는 이유로 이를 행사로 볼 수 없다는 부정설을 취했다가, 그 후 판례를 변경하여 긍정설의 입장을 취한 바 있다. 형법은 제237조의2에 "전자복사기, 모사전송기 기타 이와 유사한 기기를 사용하여 복사한 문서 또는 도화의 사본도 문서 또는 도화로 본다"고 규정함으로써 이 문제를 입법적으로 해결하였다.

따라서 복사본을 제시하거나, 이미지 파일을 전송에 의하여 컴퓨터 화면에서 보게 하는 경우에도 본죄의 행사에 해당하게 된다.[347)]

⑤ 기수시기   본죄의 기수시기는 문서 등을 상대방이 인식할 수 있는 상태에 두면 족하고, 문서 등에 대한 공공의 신용이 침해되었을 것을 요하지 않는다. 따라서 위조된 문서를 우송한 경우에는 상대방에게 우편이 도달했을 때에 기수가 되며, 상대방이 이를 개봉해 보아야 하는 것은 아니다. 상대방이 문서내용을 현실적으로 인식할 필요는 없다. 위조된 운전면허증의 경우에는 이를 소지한 것만으로는 행사가 아니며 제시하여야 한다.[348)]

(3) 주관적 구성요건

본죄가 성립하기 위해서는 행위자에게 위조·변조·자격모용에 의해 작성된 사문서·허위작성된 진단서 등에 대한 인식과 이를 행사한다는 사실에 대한 고의가 있으면 족하다. 본죄는 사문서위조·변조죄와는 달리 목적범이 아니므로 행사할 목적을 요하지 않으며, 그 동기도 묻지 아니한다.

2. 위조·변조·작성 공문서행사죄

> 제229조(위조등 공문서의 행사) 제225조 내지 제228조의 죄에 의하여 만들어진 문서, 도화, 전자기록등 특수매체기록, 공정증서원본, 면허증, 허가증, 등록증 또는 여권을 행사한 자는 그 각 죄에 정한 형에 처한다.
> 제235조(미수범) 본죄의 미수범은 처벌한다.
> 제237조(자격정지의 병과) 본죄를 범하여 징역에 처할 경우에는 10년 이하의 자격정지를 병과할 수 있다.

본죄는 위조·변조되거나, 자격모용에 의하여 작성되거나 또는 허위작성된

---

347) 대법원 2008. 10. 23. 선고 2008도5200 판결.
348) 대법원 1956. 11. 2. 선고 4289형상240 판결.

공문서·공도화·공전자기록 등 특수매체기록, 부실기재된 공정증서원본·면허증·허가증·등록증·여권을 행사함으로써 성립하는 범죄이다.

본죄는 공문서라는 점에서 위조 등 사문서행사죄보다도 공공에 대한 신용이 크다는 점에서 불법이 가중된 **불법가중적 구성요건**이다.

본죄의 객체인 위조·변조된 공문서 등은 반드시 위법·유책하게 만들어질 필요가 없으며, 구성요건에 해당하는 행위에 의해 만들어진 것이면 충분하다. 또한 미수에 의한 것도 가능하고, 과실에 의해 만들어진 것도 가능하다.

V. 문서 부정행사죄

1. 사문서 부정행사죄

> **제236조(사문서의 부정행사)** 권리·의무 또는 사실증명에 관한 타인의 문서 또는 도화를 부정행사한 자는 1년 이하의 징역이나 금고 또는 300만원 이하의 벌금에 처한다.

(1) 의의 및 성격

본죄는 권리·의무 또는 사실증명에 관한 타인의 문서 또는 도화를 부정행사함으로써 성립하는 범죄이다. 본죄는 문서등 부정행사죄의 기본적 구성요건이다.

(2) 객관적 구성요건

1) 행위객체

본죄의 객체는 권리·의무 또는 사실증명에 관한 **타인의 진정한 사문서·도화**이다. 진정문서 등을 객체로 한다는 점에서 위조·변조된 사문서를 행사하는 위조사문서행사죄와는 구별된다. 그러나 본죄의 객체는 사용권한자와 용도가 특정된 사문서여야 한다.

2) 실행행위

본죄의 실행행위는 사문서등을 '부정행사'하는 것을 말한다. 여기서 부정행사란 문서 등을 사용할 권한 없는 자가 문서명의자를 가장하여 이를 사용하거나 또는 사용할 권한이 있는 자라 하더라도 그 문서를 본래의 목적 이외의 다른 사실을 직접 증명하는 용도로 사용하는 것[349]을 말한다. 예컨대 타인명의의 도서관출

---

349) 대법원 1978. 2. 14. 선고 77도2645 판결.

입증을 사용하는 경우, 절취한 후불식 전화카드를 공중전화기에 넣어 사용한 경우[350]가 부정행사에 해당한다.

그러나 현금보관증이 자기 수중에 있다는 사실을 증명하기 위해 법원에 증거로 제출한 경우,[351] 실효된 문서를 증거로 법원에 제출한 경우,[352] 실질적인 채권채무관계 없이 당사자의 합의로 작성된 차용증 및 이행각서를 이용하여 대여금청구소송을 제기하면서 이를 법원에 제출한 경우[353]에는 사문서 부정행사죄에 해당하지 않는다.

(3) 주관적 구성요건

본죄는 고의범이므로 행위자에게 권리·의무 또는 사실증명에 관한 타인의 진정한 사문서·도화를 권한 없이 정당하지 않게 부정사용한다는 사실에 대한 인식과 의사인 고의가 있어야 하며, 행사할 목적은 불필요하다.

2. 공문서등 부정행사죄

> 제230조(공문서 등의 부정행사) 공무원 또는 공무소의 문서 또는 도화를 부정행사한 자는 2년 이하의 징역이나 금고 또는 500만원 이하의 벌금에 처한다.
> 제235조(미수범) 본죄의 미수범은 처벌한다.

(1) 의의 및 성격

공문서등 부정행사죄는 공무원 또는 공무소의 문서 또는 도화를 부정행사함으로써 성립하는 범죄이다. 본죄의 객체가 공문서이므로 사문서부정행사죄에 비하여 공공의 신용이 크므로 불법이 가중되는 **불법가중적 구성요건**이다.

(2) 객관적 구성요건

1) 행위주체

본죄의 행위주체에는 제한이 없으므로, 공무원이 아닌 사인도 가능하다.

2) 행위객체

본죄의 객체는 '진정하게 성립한 공문서·공도화'이고, 이러한 공문서는 사용

---

350) 대법원 2002. 6. 25. 선고 2002도461 판결.
351) 대법원 1985. 5. 28. 선고 84도2999 판결.
352) 대법원 1978. 2. 14. 선고 77도2645 판결.
353) 대법원 2007. 3. 30. 선고 2007도629 판결.

권한자와 용도가 특정된 공문서여야 한다.[354]

3) 실행행위

본죄의 실행행위는 진정하게 성립한 공문서 등을 '부정행사'하는 것이다. 이에 대하여는 사용권한 있는 자가 사용하는 경우와 사용권한 없는 자가 사용하는 경우로 나누어서 살펴보기로 한다.

가. 사용권한 있는 자의 사용　　진정하게 성립한 공문서를 사용할 권한 있는 자가 그 문서의 본래의 용도 내에서 사용할 경우에는 당연히 본죄가 성립하지 않는다. 판례는 ① 인감증명서 또는 등기필증과 같이 사용권한자가 특정되어 있지 않고 용도도 다양한 공문서를 문서 본래의 취지에 따라 행사한 경우,[355] ② 신원증명서를 피증명인의 의사에 의하지 아니하고 사용한 경우,[356] ③ 타인의 주민등록표 등본을 자기의 것처럼 행사한 경우,[357] ④ 화해조서경정결정신청 기각결정문을 화해조서정본인 것처럼 등기서류로 제출한 경우에는 본죄의 행사에 해당하지 않는다고 판시하였다.

그러나 사용권한 있는 자가 공문서를 본래의 용도 이외에 다른 목적으로 사용하는 경우가 문제된다.

이에 대하여는 ① 사용권한 없는 자가 해당 문서의 본래의 용도 이외의 다른 용도로 사용할 때에는 공문서의 증명적 기능에 대한 공공의 신용을 훼손할 위험성이 있으므로 이 경우에는 부정행사에 포함된다고 해석하는 **긍정설**[358]과, ② 사용권한 없는 자의 용도 외의 사용이 부정행사에 해당하지 않는데 사용권한 있는 자의 용도 외의 사용을 부정행사라고 해석하는 것은 균형이 맞지 않으며, 또한 공문서의 사용용도가 반드시 명확하다고 할 수 없으며 이를 개별적·구체적인 용도에 따라 판단할 경우에는 판단자의 자의가 개입할 여지가 있으므로 본죄의 부정행사는 아니라는 **부정설**[359]이 대립한다. 판례는 '권한 있는 자라도 정당한 용법

---

354) 대법원 1998. 8. 21. 선고 98도1701 판결.
355) 대법원 1983. 6. 28. 선고 82도1985 판결.
356) 대법원 1993. 5. 11. 선고 93도127 판결.
357) 대법원 1999. 5. 14. 선고 99도206 판결.
358) 배종대, 114/43; 백형구, 528면; 정성근/박광민, 671면.
359) 김성돈, 671면; 김성천/김형준, 827면; 이재상/장영민/강동범, 611면; 이형국, 631면; 임웅, 767면.

에 반하여 부정하게 행사하는 경우에는 본죄가 성립하는 것'이라고 하여 일관되게 긍정설의 입장을 취하고 있다.[360]

생각건대 긍정설이 불법이 더 중한 사용권한 없는 자의 본래의 용도 이외의 사용에 대하여 본죄의 성립을 부정하면서, 상대적으로 불법이 가벼운 사용권한 있는 자의 본래의 용도 이외의 사용에 대해서는 본죄의 성립을 긍정하는 것은 불합리하므로 부정설이 타당하다고 생각된다.

나. 사용권한 없는 자의 사용　　진정하게 성립한 공문서를 사용할 권한이 없는 자가 그 공문서의 본래의 용도대로 사용한 경우에는 당연히 공문서부정행사죄가 성립한다. 따라서 예컨대 타인의 운전면허증을 운전자격 확인용으로 제출한 경우가 여기에 해당한다.[361] 그 밖에도 제3자로부터 신분확인을 위하여 신분증명서의 제시를 요구받고 다른 사람의 운전면허증을 제시한 행위,[362] 허위사실이 기재된 주민등록증을 발급받아 이를 신분확인용으로 제시한 경우[363]에는 본죄가 성립한다.

그런데 문제는 공문서를 사용할 권한이 없는 자가 그 문서 본래의 용도 이외의 다른 용도로 사용한 경우에 이를 본죄의 부정행사라 할 수 있는가라는 점이다.

이에 대하여, 긍정설은 ① 공문서에 대한 공공의 신용에 대한 훼손의 우려, ② 공문서를 사용할 권한 없는 자의 사용을 본래의 용도대로 사용하는 경우만으로 제한해야 할 특별한 근거가 없으며, ③ 권한 있는 자의 용도 외 사용은 처벌하면서 사용권한 없는 자에 대하여는 용도 외의 사용을 배제하는 것은 형평에 어긋난다는 점을 논거로 들고 있다. 긍정설이 타당하다.

그러나 부정설은 공문서 부정행사죄에 있어서 사용은 공문서의 본래의 사용용도에 따른 공문서의 사용만을 의미하는 것으로 축소해석하는 것이 입법취지에 부합하고 죄형법정주의의 유추적용금지의 정신에도 부합하다는 입장이다. 이는

---

360) 대법원 1998. 8. 21. 선고 98도1701 판결; 대법원 1984. 2. 28. 선고 82도2851 판결; 대법원 1974. 7. 9. 선고 74도1695 판결.
361) 대법원 1998. 8. 21. 선고 98도1701 판결(자동차를 임차하면서 타인의 운전면허증을 자신의 것인 양 자동차 대여업체 직원에게 제시한 것은…운전면허증을 사용권한이 없는 자가 사용권한이 있는 것처럼 가장하여 부정한 목적으로 사용한 것이기는 하나 운전면허증의 본래의 용도에 따른 사용행위라고 할 것이므로 공문서부정행사죄에 해당한다).
362) 대법원 2001. 4. 19. 선고 2000도1985 전원합의체 판결.
363) 대법원 1982. 9. 28. 선고 82도1297 판결.

판례의 입장기도 하다.[364] 따라서 자동차 등의 운전자가 경찰공무원에게 다른 사
람의 운전면허증 자체가 아니라 이를 촬영한 이미지파일을 휴대전화 화면 등을
통하여 보여주는 경우나,[365] 습득한 타인의 주민등록증을 제시하면서 그 주민등
록상의 명의 또는 가명으로 이동전화가입을 신청한 경우에는 공문서의 본래 용
도에 따른 사용이 아니므로 공문서 부정행사죄가 성립하지 않게 된다.[366]

VI. 전자기록 위작·변작등죄

1. 의 의

전자기록 위작·변작등의 죄는 사무처리를 그르치게 할 목적으로 전자기록등
특수매체기록을 위작 또는 변작하거나 또는 위작·변작된 전자기록등 특수매체기
록을 행사함으로써 성립하는 범죄이다. 본죄는 1995년 형법개정에 의하여 전자기
록 등에 대하여 문서와 같이 형법적인 보호를 위해 현대 정보화시대에 부응하여
신설한 규정이다. 전자기록은 출력되거나 화상으로 나타내기 전까지는 일반문서
와 같이 가시성, 가독성이 없을 뿐만 아니라 전자기록의 작성명의인도 불분명한
익명성, 나아가 전파성이나 자료의 집접성으로 인한 대량정보유출 및 침해가능성
등의 특징이 있다.

이러한 정보화사회에 부응하여 본죄는 전통적인 문서범죄의 흠결을 보완하
고 전자기록 등과 관련된 컴퓨터범죄에 효율적으로 대처하기 위해 만들어진 규
정이라 할 수 있다.

문서죄를 공문서와 사문서로 구별하여 규정하듯이, 형법은 전자기록 등 특수
매체기록에 대하여도 공전자기록 위작·변작죄와 사전자기록 위작·변작죄로 구
별하여 규정하고 있다.

본죄의 보호법익은 전자기록 등 특수매체기록에 대한 **거래의 안전과 신용**이다.

---

364) 대법원 2001. 4. 19. 선고 2000도1985 판결(제3자로부터 신분확인을 위하여 신분증명서의
    제시를 요구받고 다른 사람의 운전면허증을 제시한 경우, 공문서부정행사죄에 해당한다).
365) 대법원 2019. 12. 12. 선고 2018도2560 판결.
366) 대법원 2003. 2. 26. 선고 2002도4935 판결.

2. 사전자기록 위작·변작·행사죄

> **제232조의2(사전자기록위작·변작)** 사무처리를 그르치게 할 목적으로 권리·의무 또는 사실
> 증명에 관한 타인의 전자기록등 특수매체기록을 위작 또는 변작한 자는 5년 이하의
> 징역 또는 1천만원 이하의 벌금에 처한다.
> **제234조(위조사문서등의 행사)** 제231조의2의 죄에 의하여 만들어진 전자기록등 특수매체기
> 록을 행사하 자는 그 각 죄에 정한 형에 처한다.
> **제235조(미수범)** 본죄의 미수범은 처벌한다.

(1) 의의 및 성격

본죄는 사무처리를 그르치게 할 목적으로 권리·의무 또는 사실증명에 관한
타인의 전자기록 등 특수매체기록을 위작 또는 변작하거나 또는 위작·변작된 전
자기록 등 특수매체기록을 행사함으로써 성립하는 범죄이다. 본죄는 행위자에게
본죄의 고의 이외에 타인의 사무처리를 그르치게 할 목적이 있어야 하는 **목적범**
이다.

(2) 객관적 구성요건

1) 행위객체

본죄의 행위객체는 권리·의무 또는 사실증명에 관한 타인의 전자기록등 특
수매체기록이다. 본죄에 있어서 타인의 범위와 관련하여, 기록의 작성명의인을
의미한다고 협의로 해석하는 견해도 있으나, 전자기록 등 특수매체기록은 명의인
이 없거나 작성명의인이 불분명한 경우가 많으므로 작성명의인을 비롯한 소유자,
소지인도 포함된다고 광의로 해석하는 입장이 타당하다.

여기서 '**전자기록**'이란 일정한 매체에 전기적·자기적 방식으로 저장된 기록
을 말하며, '**저장매체**'로는 집적회로·자기디스크·자기테이프 등이 해당하고, '**특
수매체기록**'이란 사람의 지각으로는 인식할 수 없는 방식으로 만들어진 기록으로
서, 전자기록과 광학기록이 여기에 해당한다. '**광학기록**'에는 광기술이나 레이저
기술을 이용한 기록을 말한다. 컴퓨터 기억장치인 램(RAM)에 올려진 전자기록은
여기에서 말하는 전자기록에 해당한다.

전자기록등 특수매체기록은 전자적 방식에 의해 표현된 의사내용이므로 기
록물 자체를 파손하면 재물손괴죄가 성립할 뿐이다. 컴퓨터의 작업명령을 내용으

로 하는 프로그램은 여기에서 말하는 전자기록이 아니며, 기록은 계속성을 지녀야 하므로 모니터상에 화상으로만 존재하는 데이터는 기록이 아니다. 또한 문자의 축소나 기계적 확대에 불과한 마이크로 필름, LP음반, CD 등에 기록된 음성신호는 전자기록이 아니므로 본죄의 객체가 아니다.

그리고 여기에서 말하는 전자기록 등 특수매체기록은 타인의 권리·의무의 발생·변경·소멸·존속에 관한 사실의 증명에 관한 전자기록이거나, 법률상 또는 사회생활상 중요한 사실의 증명에 관계있는 전자기록이어야 한다.

2) 실행행위

본죄의 실행행위는 위작·변작 또는 행사하는 것이다. 위작·변작이란 권한 없이 또는 권한의 범위를 일탈하여 전자기록 등을 작성·변경하는 것을 말한다. 따라서 작성권자가 허구의 내용을 전자기록을 작성하는 경우에는 본죄에 해당하지 않지만, 타인이 램에 저장된 전자기록을 권한 없이 수정·변경한 경우에는 본죄의 변작에 해당한다.[367]

전자기록등의 위작·변작의 개념과 관련해서는, 전자기록 등의 위작·변작에는 고도의 전문성을 요하고, 그 특수성 때문에 무형위조도 처벌해야 할 필요성이 있으므로 이를 포함한다는 견해와 전자기록을 작성할 권한 있는 종업원이 운영주체의 의사에 반하여 위작·변작한 경우에는 본죄에 해당한다는 견해도 있다.

그러나 전자기록은 일반 문서와 달리 가독성이 없고, 그 작성과정도 다르기 때문에 이를 위작·변작이라는 표현을 하였지만, 기본적으로는 문서의 위조·변조 개념과 다르지 않다. 따라서 본죄의 위작·변작이란 유형위조만을 의미하고 무형위조는 포함되지 않는다고 보아야 한다.

따라서 본죄에 있어서 '위작'이란 권한 없이 전자기록 등을 만드는 것을 말하며, '변작'이란 권한 없이 이미 만들어진 전자기록 등의 내용을 변경하는 것을 말한다. 예컨대 타인의 전산망에 침입하여 저장된 기록을 조작하는 컴퓨터 해킹행위가 여기에 해당한다.

(3) 주관적 구성요건

본죄가 성립하기 위해서는 행위자에게 권리·의무 또는 사실증명에 관한 타인의 전자기록등 특수매체기록을 위작 또는 변작한다는 사실에 대한 인식과 의

---

367) 대법원 2003. 10. 9. 선고 2000도4993 판결.

사인 고의 이외에 사무를 그르치게 할 목적이 있어야 한다. 여기서 '사무를 그르치게 할 목적'이란 위작·변작된 전자기록등 특수매체기록이 사용됨으로써 사무처리를 그르치게 하는 것, 즉 정상적인 업무처리가 되지 않도록 하는 일체의 경우를 말한다.

판례는 새마을금고 직원이 전이사장에 대한 채권확보를 위해 전이사장 명의의 예금계좌 비밀번호를 동의 없이 금고의 예금관련 컴퓨터 프로그램에 입력하여 이 예금계좌에 입금된 상조금을 금고의 가수금계정으로 이체한 경우,[368] 인터넷 포털사이트의 카페에 글쓰기 권한을 부여받은 사람이 자신의 명의로 허위내용의 글을 게시한 경우[369]에는 사무처리를 그르치게 할 목적을 인정할 수 없다고 판시한 바 있다.

위작·변작된 전자기록 등 행사죄의 경우에는 목적이 불필요하다.

(4) 죄　　수

1) 전자기록등을 위작·변작한 후 이를 출력한 경우에, 양죄는 목적과 수단의 관계이므로 문서위조죄만 성립한다는 견해도 있으나, 양죄는 범죄행태가 다르므로 실체적 경합이 된다는 견해가 타당하다.

2) 타인의 전자기록등을 위작·변작한 경우에는, ① 특수매체기록손괴죄는 전자기록위작·변작죄에 흡수된다는 견해와 ② 양죄의 상상적 경합이 된다는 견해가 있다.

3. 공전자기록 위작·변작·행사죄

> 제227조의2(공전자기록위작·변작) 사무처리를 그르치게 할 목적으로 공무원 또는 공무소의 전자기록등 특수매체기록을 위작 또는 변작한 자는 10년 이하의 징역에 처한다.
> 제229조(위조등 공문서의 행사) 제227조의2의 죄에 의하여 만들어진 전자기록등 특수매체기록을 행사한 자는 그 각 죄에 정한 형에 처한다.
> 제235조(미수범) 본죄의 미수범은 처벌한다.
> 제237조(자격정지의 병과) 본죄를 범하여 징역에 처할 경우에는 10년 이하의 자격정지를 병과할 수 있다.

---

368) 대법원 2008. 6. 12. 선고 2008도938 판결.
369) 대법원 2008. 4. 24. 선고 2008도294 판결.

(1) 의의 및 성격

본죄는 사무처리를 그르치게 할 목적으로 공무원 또는 공무소의 전자기록 등 특수매체기록을 위작·변작하거나, 위작·변작된 공전자기록등 특수매체기록을 행사함으로써 성립하는 범죄이다.

(2) 객관적 구성요건

1) 행위객체

본죄의 행위객체는 '공무원 또는 공무소의 전자기록등 특수매체기록'이다. 여기서 '공무원 또는 공무소의 전자기록'이란 공무원 또는 공무소에서 공무수행상 만들어지거나 만들어진 전자기록등 특수매체기록을 말한다. 예컨대 주민등록이나 가족관계등록 파일, 자동차등록파일, 특허등록파일 등이 여기에 해당한다. 사전자기록 위작·변작·행사죄에서는 권리·의무 또는 사실증명에 관한 전자기록 등 특수매체기록에 제한되지만, 본죄에서는 이러한 제한이 없다.

2) 실행행위

본죄의 실행행위는 '위작·변작 또는 행사하는 것'이다. 여기서 '위작'이란 처음부터 허위의 전자기록등을 만들어 이를 저장·기억케 하는 행위를 말하며, '변작'이란 기존의 전자기록 등을 고치거나 말소하여 그 내용에 변경을 가하는 것을 말한다.

본죄에 있어서 위작·변작의 개념 속에 유형위조 이외에 무형위조가 포함되는지가 문제된다. 이에 관하여 긍정설은 공문서의 경우에는 유형위조와 무형위조를 모두 처벌하므로 공전자기록 등의 경우에도 양자를 모두 포함하는 것으로 해석해야 한다는 견해이고, 부정설은 문서의 위조·변조개념과의 관계에 비추어서 본죄의 위작·변작의 개념은 유형위조만을 의미한다는 견해이다. 공문서와의 균형을 고려하면 긍정설이 타당하다고 생각된다.

판례[370]도 긍정설의 입장에서, '정보의 입력 권한을 부여받은 사람이 그 권한을 남용하여 허위의 정보를 입력함으로써 시스템 설치·운영의 주체의 의사에 반하는 전자기록을 생성하는 경우도 공전자기록위작에 포함된다'고 판시한 바

---

370) 대법원 2005. 6. 9. 선고 2004도6132 판결(경찰관이 고소사건을 처리하지 아니하였음에도 경찰범죄정보시스템에 그 사건을 검찰에 송치한 것으로 허위사실을 입력한 행위가 공전자기록위작죄에서 말하는 위작에 해당한다고 한 사례).

있다.

이에 반하여 자동차등록 담당공무원인 피고인이 여객자동차 운수사업법상 차량충당연한 규정에 위배되어 영업용으로 변경 및 이전등록을 할 수 없는 차량인 것을 알면서 자동차등록정보 처리시스템의 자동차등록원부 용도란에 '영업용'이라고 입력하였으나, 변경 및 이전등록에 관한 구체적 등록내용인 최초등록일 등은 사실대로 입력한 경우에는 공전자기록등위작죄의 '위작'에 해당한다고 할 수 없다.[371]

(3) 주관적 구성요건

본죄는 고의범이므로 행위자에게 공무원 또는 공무소의 전자기록 등 특수매체기록을 위반·변작하거나, 위작·변작된 전자기록 등을 행사한다는 사실에 대한 인식과 의사인 고의가 필요하다. 공전자기록 등 위작·변작죄는 고의 이외에 사무를 그르치게 할 목적이 필요하다.[372] 그러나 위작·변작된 공전자기록등 행사죄의 경우에는 고의만으로 족하다.

제4절   인장에 관한 죄

I. 개   설

1. 의의 및 보호법익

인장에 관한 죄란 행사할 목적으로 인장·서명·기명·기호를 위조 또는 부정사용하거나, 위조 또는 부정사용한 인장·서명·기명·기호를 행사함으로써 성립하는 범죄이다.

---

371) 대법원 2011. 5. 13. 선고 2011도1415 판결.

372) 대법원 2010. 7. 8. 선고 2010도3545 판결(공군 복지근무지원단 예하 지구대의 부대매점 및 창고관리 부사관이 창고 관리병으로 하여금 위 지원단의 업무관리시스템인 복지전산시스템에 자신이 그 전에 이미 횡령한 바 있는 면세주류를 마치 정상적으로 판매한 것처럼 허위로 입력하게 한 사안에서, 공전자기록위작·변작죄의 '사무처리를 그르치게 할 목적'이 있었다는 취지의 원심판단을 수긍한 사례).

인장에 관한 죄의 보호법익은 인장 등의 진정에 대한 공공의 신용이다. 보호의
정도는 추상적 위험범이다.

2. 구성요건의 체계 및 성격

인장에 관한 죄는 인장위조와 행사죄로 구성되어 있고, 기본적 구성요건은
사인등 위조·부정사용죄와 위조 등 사인행사죄이며, 공인등 위조·부정사용죄와
위조등 공인행사죄는 이에 대하여 불법이 가중되는 불법가중적 구성요건이다.

인장에 관한 죄에 대하여 형법은 인장등의 위조와 부정사용, 즉 성립의 진정
만을 보호하고 내용의 진실은 문제 삼지 않는다. 이러한 점에서는 문서위조죄나
유가증권위조죄와 구별되며, 통화에 관한 죄와 동일하다고 할 수 있다.

3. 인장·서명·기명·기호의 개념

본죄의 객체는 인장·서명·기명 또는 기호이다.

(1) 인장 등의 의의

1) 의   의

'인장'(印章)이란 특정인의 인격과 그 동일성을 증명하기 위하여 사용하는 일정
한 상형을 말한다. 상형은 일반적으로 성명을 사용하지만, 성명이 아닌 별칭이라
도 상관없다. 또한 문자가 아닌 인격의 동일성을 나타내는 지장(指章)이나 무인
(拇印), 도형도 인장에 해당한다.

2) 인영과 인과의 포함여부

'인영'(印影)이란 일정한 사항을 증명하기 위하여 물체상에 현출시킨 문자 기
타 부호의 영적을 말하며, '인과'(印顆)란 인영을 현출하도록 하는데 필요한 문자
기타 부호를 조각한 물체를 말하는데, 그러면 형법에서 의미하는 인장이란 인영
인지 인과인지 또는 양자를 모두 포함하는 개념인지에 대하여 견해가 대립한다.

이에 대하여는, ① 형법이 인장위조와 서명위조를 동일하게 처벌하고 있고
위조의 미수도 처벌할 뿐만 아니라, 인장의 부정사용도 인영을 현출하는 것을 의
미하므로 인장은 인영에 한정된다고 해석하는 견해[373]와 ② 인과의 위조도 그 자
체로서 진정한 인과에 대한 공공의 신용을 해할 위험이 있으므로 인영·인과 양

---

373) 유기천, 235면.

자를 포함한다는 견해가 대립한다.

생각건대 형법이 본죄의 객체를 인장이라고만 규정하고 있고, 또한 인장의 부정사용과 인장의 행사를 구별하고 있는 점을 고려하면 양자를 포함하는 통설[374]이 타당하며, 판례[375]도 인장에 인영과 인과를 포함하는 입장을 취하고 있다.

3) 인장의 증명대상

인장의 증명대상으로서 권리·의무 또는 사실증명에 관한 것임을 요하는지가 문제된다. 인장은 반드시 권리·의무의 증명에 관한 것임을 요하지는 않으나, 적어도 법적 거래에 있어서 중요한 사실증명에 관한 것임을 요한다고 해야 한다. 예컨대 서화에 사용되는 작가의 낙관은 인장에 해당하지만, 명승지 등에서의 기념스탬프는 인장이라고 할 수 없다.

4) 인장과 생략문서의 구별

우체국에서 일부인을 찍은 경우나 서화에 낙관을 찍은 경우에 이것이 인장인지 아니면 문서 중에서도 생략문서인지가 문제된다. 인장과 생략문서를 구별하는 기준으로는, ① 인장은 인격의 동일성을 증명하는 것이므로 그 이외의 다른 사항을 증명할 수 있으면 문서가 된다는 견해[376]와, ② 문서로서의 증명성이 없기 때문에 인장이라고 해야 한다는 견해,[377] ③ 인장 또는 서명만으로 일정한 관념을 표현하는 경우에는 극도로 생략된 형태의 문서이기 때문에 그 중요성에 비추어 인장으로 보아야 한다는 견해[378]가 있다.

생각건대 인장의 본질은 인격의 동일성을 증명하는데 있고, 문서의 본질은 의사·관념을 표현하는데 있으므로 ①설이 타당하다고 생각된다. 판례[379]도 같은

---

374) 박상기, 555면; 배종대, 116/2; 이재상/장영민/강동범, 6168; 이형국, 639면; 임웅, 772면; 정성근/박광민, 710면.
375) 대법원 2010. 1. 14. 선고 2009도5929 판결; 대법원 1992. 10. 27. 선고 92도1578 판결.
376) 진계호, 598면.
377) 유기천, 236면.
378) 김일수/서보학, 619면.
379) 대법원 1995. 9. 5. 선고 95도1269 판결(형법상 문서에 관한 죄에 있어서 문서라 함은 문자 또는 이에 대신할 수 있는 가독적 부호로 계속적으로 물체 상에 기재된 의사 또는 관념의 표시인 원본 또는 이와 사회적 기능, 신용성 등을 동시할 수 있는 기계적 방법에 의한 복사본으로서 그 내용이 법률상, 사회 생활상 주요 사항에 관한 증거로 될 수 있는 것을 말

입장이다.

(2) 서명·기명

서명(署名)이란 특정인이 자기를 표시하는 문자로서 자서한 것을 말한다. 서명은 보통 성명을 표시하나 성 또는 명을 표시하거나 약호, 상호, 아호를 표시하는 경우도 포함된다. 그러나 서명은 적어도 거래상 또는 법률상 중요사항에 관련된 것이어야 한다.[380] 따라서 연예인의 싸인은 서명이 아니다.

형법이 기명을 별도로 규정하고 있는 점을 고려하면 서명은 자서에 한정되며, 기명이란 특정인이 자기를 표시하는 문자로서 자서가 아닌 것을 말한다. 대필이나 인쇄 등에 의하여 특정인을 표시한 것을 말한다.

(3) 기   호

기호(記號)란 물건에 압날(押捺)하여 그 물건의 동일성을 증명하는 문자 또는 부호로서 인장의 일종이다. 물체상에 현출된 영적(影迹) 이외에 그 영적을 현출시킨 물체도 포함한다.

인장과 기호의 구별기준에 대하여는, ① 사용되는 물체를 표준으로 하여 문서에 압날하여 증명에 사용되면 인장이고, 문서 이외의 상품·집기·서적·산물 등에 압날하는 것은 기호라고 해석하는 **물체기준설**과, ② 증명하는 목적을 표준으로 하여 인격의 동일성을 증명하기 위한 목적일 때에는 인장이고, 인격 이외의 사항을 증명하기 위한 목적으로 사용되는 부호일 때에는 기호라고 해석하는 **목적표준설**[381]이 대립한다.

생각건대 물체표준설에 따르면 위조된 인과는 물체에 압날될 때까지 기호인지 인장인지 결정할 수 없게 된다. 따라서 통설인 목적표준설에 따라 증명하는 목적에 따라 인장과 기호를 구별하는 견해가 타당하다.

하는 것으로, 사람의 동일성을 표시하기 위하여 사용되는 일정한 상형인 인장이나, 사람의 인격상의 동일성 이외의 사항에 대해서 그 동일성을 증명하기 위한 부호인 기호와는 구분되며, 이른바 생략문서도 그것이 사람 등의 동일성을 나타내는 데에 그치지 않고 그 이외의 사항도 증명, 표시하는 한 인장이나 기호가 아니라 문서로서 취급하여야 한다).

380) 유기천, 236면; 이재상/장영민/강동범, 618면; 정성근/박광민, 711면; 진계호, 596면.
381) 김일수/서보학, 619면; 이재상/장영민/강동범, 619면; 이형국, 640면; 임웅, 773면; 정성근/박광민, 712면; 정영일, 371면.

II. 사인등 위조·행사죄

> 제239조(사인등의 위조, 부정사용) ① 행사할 목적으로 타인의 인장, 서명, 기명 또는 기호를 위조 또는 부정사용한 자는 3년 이하의 징역에 처한다.
> ② 위조 또는 부정사용한 타인의 인장, 서명, 기명 또는 기호를 행사한 때에도 전항의 형과 같다.
> 제240조(미수범) 본죄의 미수범은 처벌한다.

1. 사인위조·부정사용죄

(1) 의의 및 성격

사인 등 위조·부정사용죄는 행사할 목적으로 타인의 인장·서명·기명 또는 기호를 위조 또는 부정사용함으로써 성립하는 범죄이다. 본죄는 인장위조·부정사용죄의 기본적 구성요건이다. 목적범이다.

(2) 객관적 구성요건

1) 행위객체

본죄의 행위객체는 '타인의 인장·서명·기명 또는 기호'이다.

2) 실행행위

본죄의 실행행위는 '위조 또는 부정사용'하는 것이다.

가. 위 조 '위조'란 권한 없이 타인의 인장·서명·기명 또는 기호를 작출하거나 물체상에 기재·현출함으로써 일반인으로 하여금 명의인의 진정한 인장·서명·기명 또는 기호로 오신케 하는 것을 말한다.

위조의 방법에는 제한이 없으며 인과제조, 인영묘사, 기존의 인영변형을 불문한다. 명의인이 실재함을 반드시 요하지 아니한다는 입장이 타당하다. 그러나 판례는 사자명의의 인장위조는 성립하지 않는다고 판시한 바 있다.[382] 본죄의 위조는 유형위조만을 의미하고, 무형위조나 변조는 포함되지 않는다.

또한 본죄는 권한 없이 위조하는 경우뿐만 아니라 대리 또는 대표권을 가진 자가 그 권한의 범위를 초월하여 서명·날인하는 경우도 여기에 포함된다.

나. 부정사용 '부정사용'이란 진정하게 만들어진 인장 등을 권한 없이 사용

---

382) 대법원 1984. 2. 28. 선고 82도2064 판결.

하거나, 권한 있는 자가 권한을 남용하여 권한의 범위를 일탈하여 부당하게 사용하는 것을 말한다.

(3) 주관적 구성요건

본죄가 성립하기 위해서는 행위자에게 타인의 인장·서명·기명 또는 기호를 위조 또는 부정사용한다는 사실에 대한 인식과 의사인 고의가 있어야 하고, 고의 이외에도 행사의 목적이 있어야 한다. 행사의 목적이란 위조인장을 진정한 인장으로 사용할 의사를 말한다. 따라서 명의인의 승낙을 얻은 후에 사용할 목적으로 인장을 조각하였으나 명의인의 승낙을 얻지 못해 인장을 명의인에게 돌려준 경우에는 행사의 목적이 있다고 할 수 없다.[383]

(4) 다른 범죄와의 관계

1) 인장 등의 위조·부정사용이 유가증권이나 문서위조의 수단으로 행해진 경우에는 유가증권위조죄나 문서위조죄에 흡수된다.

2) 인장을 위조한 후 이를 행사한 때에는 인장위조죄와 위조사인등 행사죄가 성립되고, 양죄는 실체적 경합범이 된다.

2. 위조사인등 행사죄

본죄는 위조 또는 부정사용한 타인의 인장·서명·기명 또는 기호를 행사함으로써 성립하는 범죄이다.

여기서 '행사'라 함은 위조된 인장 등을 진정한 것처럼 그 용법에 따라 사용하는 것을 말한다. 따라서 위조된 인영을 타인이 열람할 수 있는 상태에 두든지, 인과의 경우에는 날인하여 일반인이 열람할 수 있는 상태에 두어야 행사가 된다. 그러나 위조된 인과를 타인에게 교부하는 것만으로는 행사라고 할 수 없다.[384]

III. 공인위조·행사죄

제238조(공인 등의 위조, 부정사용) ① 행사할 목적으로 공무원 또는 공무소의 인장, 서명, 기명 또는 기호를 위조 또는 부정사용한 자는 5년 이하의 징역에 처한다.

---

383) 대법원 1992. 10. 27. 선고 92도1578 판결.
384) 대법원 1984. 2. 28. 선고 84도90 판결.

② 위조 또는 부정사용한 공무원 또는 공무소의 인장, 서명, 기명 또는 기호를 행사한 자
도 전항의 형과 같다.
③ 전 2항의 경우에는 7년 이하의 자격정지를 병과할 수 있다.
제240조(미수범) 본죄의 미수범은 처벌한다.

1. 공인등 위조·부정사용죄

본죄는 행사할 목적으로 공무원 또는 공무소의 인장·서명·기명 또는 기호를
위조 또는 부정사용함으로써 성립하는 범죄이다.

본죄는 행위객체가 공무원 또는 공무소의 인장·서명 등 공인(公印)이기 때문
에 사인 등 위조·부정사용죄보다 불법이 가중되는 가중적 구성요건이다.

여기서 공무원의 인장이란 공무원이 공무상 사용하는 모든 인장을 말하며, 공
무소의 인장이란 공무소가 그 사무에 관하여 사용하는 문서에 사용하는 인장을
말한다. 관청의 직인이나 부속기관의 직인 등이 바로 공무소의 인장에 해당한다.

그러나 자동차의 번호표[385]나 전매청의 기호[386] 및 택시미터기의 검정납봉
의 봉인[387]은 공기호에 해당하므로, 타인의 자동차번호표를 떼어서 자기자동차에
붙인 행위는 공기호부정사용에 해당한다.[388]

2. 위조공인등 행사죄

본죄는 위조 또는 부정사용한 공무원 또는 공무소의 인장·서명·기명 또는
기호를 행사함으로써 성립하는 범죄이다.

본죄는 행위객체가 위조 또는 부정사용된 공무원 또는 공무소의 인장·서
명·기명 또는 기호이기 때문에 위조사인(私印) 등 행사죄보다 불법이 가중되는
가중적 구성요건이다.

본죄의 실행행위는 위조공인 등을 진정한 공인 등인 것처럼 사용하는 것을
말한다. 행사라고 하기 위해서는 타인에 대한 외부적인 행위가 있어야 한다. 따

---

385) 대법원 1983. 10. 25. 선고 83도2078 판결.
386) 대법원 1957. 11. 1. 선고 4290형상294 판결.
387) 대법원 1982. 6. 8. 선고 82도138 판결.
388) 대법원 2006. 9. 28. 선고 2006도5233 판결.

라서 부정사용된 공기호를 공범자에게 보여주는 것도 행사에 해당하고, 타인의 자동차등록번호판을 불법으로 떼다 붙인 자동차를 운행하는 것은 부정사용된 공기호를 행사한 것이 된다. 형법 제238조 제2항의 부정사용된 공기호의 행사죄는 부정사용 된 공기호를 이를 진정한 것으로 임의로 공범자 이외의 자에게 보이는 등 사용하는 행위를 말하므로 이는 타인에 대한 외부적 행위이다. 따라서 허가량을 초과하여 벌채한 나무에 임산물 생산확인용 철제극인이 타기되었다고 하여도 동 나무를 산판에 적치하거나 반출하였다 하여 곧 공기호부정사용행사죄가 되지 아니한다.[389)]

---

389) 대법원 1981. 12. 22. 선고 80도1472 판결.

제3장 공중의 건강에 대한 죄

제1절 음용수에 관한 죄

I. 개 설

1. 의의 및 보호법익

음용수에 관한 죄란 사람의 음용에 사용하는 정수 또는 그 수원에 오물·독물 기타 건강을 해치는 물건을 혼입하거나, 수도 기타 시설을 손괴하거나 불통시켜 공중의 음용수이용과 안전을 위태롭게 하는 것을 내용으로 하는 범죄이다.

음용수에 관한 죄의 보호법익은 **공중의 건강** 또는 **공중의 보건**이며, 본죄는 공공위험죄이다. 보호법익에 대한 보호의 정도는 **추상적 위험범**이다.

2. 구성요건의 체계

음용수에 관한 죄의 기본적 구성요건은 음용수사용방해죄이고, 음용수유해물혼입죄는 행위방법으로 인한 불법이 가중되는 구성요건이며, 수도음용수사용방해죄는 행위객체로 인해 불법이 가중되는 가중적 구성요건이다. 또한 수도음용수유해물혼입죄와 수도불통죄는 행위방법과 행위객체로 인해 불법이 가중되는 가중적 구성요건이다. 음용수혼독치사상죄는 결과적 가중범이며, 예비·음모죄를 처벌하는 규정을 두고 있으며, 특별형법인 「환경범죄의 단속에 관한 특별조치법」에는 음용수에 관한 죄에 대하여 가중처벌하고 있다.[1]

---

1) 환경범죄 등의 단속 및 가중처벌에 관한 법률(환경범죄단속법) 제3조(오염물질 불법배출의 가중처벌) ① 오염물질을 불법 배출함으로써 사람의 생명이나 신체에 위해를 끼치거나 상수원을 오염시킴으로써 먹는 물의 사용에 위험을 끼친 자는 3년 이상의 유기징역에 처한다. ② 제1항의 죄를 범하여 사람을 죽거나 다치게 한 자는 무기 또는 5년 이상의 유기징역에 처한다.

3. 식품범죄·환경범죄에 대한 입법론적 검토

형법은 공공의 건강과 안전을 보호하기 위하여 음용수에 관한 죄를 규정하고 있다. 그런데 사람의 건강을 위해서는 음용수를 비롯하여 안전한 음식물이 전제되어야 한다. 안전한 식품이나 식재료의 공급을 통한 공공의 건강을 보호하기 위하여 유해식품 등 식품공해에 대한 형사법적인 대응이 필요하다.

나아가 사회공동체의 건강하고 쾌적인 삶을 위해 수질오염뿐만 아니라 대기·토질·공기·해양오염이나 소음 등의 환경문제에 대하여도 이를 규제할 필요가 있다. 독일이나 오스트리아 등의 국가에서는 형법에 환경범죄를 신설하여 규정하고 있다.

환경권은 헌법이 보장하고 있는 기본권의 하나이므로 비록 환경형법의 특수성으로 인해 행정종속적인 측면을 완전히 배제할 수는 없지만, 우리 형법에도 이러한 범죄에 대한 기본적인 형사책임문제를 조속히 입법화함이 타당하다고 생각된다.

II. 음용수 사용방해죄

> 제192조(음용수의 사용방해) ① 일상음용에 공하는 정수에 오물을 혼입하여 음용하지 못하게 한 자는 1년 이하의 징역 또는 500만원 이하의 벌금에 처한다.

1. 의 의

음용수사용방해죄는 사람의 일상적인 음용에 제공하는 정수에 오물을 혼입

---

③ 오염물질을 불법배출한 자로서 다음 각 호의 어느 하나에 해당하거나 「수질 및 수생태계 보전에 관한 법률」 제15조 제1항 제4호를 위반한 자로서 제3호에 해당하는 자는 1년 이상 7년 이하의 징역에 처한다.
1. 농업, 축산업, 임업 또는 원예업에 이용되는 300제곱미터 이상의 토지를 해당 용도로 이용할 수 없게 한 자
2. 바다, 하천, 호소(湖沼) 또는 지하수를 별표 1에서 정하는 규모 및 기준 이상으로 오염시킨 자
3. 어패류를 별표 2에서 정하는 규모 이상으로 집단폐사(集團斃死)에 이르게 한 자

하여 음용하지 못하도록 함으로써 성립하는 범죄이다.

본죄는 음용수에 관한 죄의 기본적 구성요건이다.

2. 객관적 구성요건

(1) 행위객체

본죄의 객체는 '일상음용(日常飲用)에 공(供)하는 정수(淨水)'이다. 여기서 '일상음용에 공하는'이란 불특정 또는 다수인이 일상생활에서 반복·계속하여 음용하는데 제공되는 것을 말한다. 따라서 일가족이 사용하기 위해 담아둔 물은 여기에 해당하지만,[2] 특정인이 마시기 위한 담아둔 정수는 본죄의 객체에서 제외된다. 계속·반복하여 사용할 것을 요하므로 일시적으로 사용한 계곡의 물은 제외되며, 음용에 사용되지 않고 공업용수로 사용되는 것은 제외된다.

'정수'(淨水)란 사람이 음용하기에 적합할 정도의 청결한 물을 말한다. 이러한 정수는 음용(飲用)에만 사용되는 것을 요하지 않으므로 경우에 따라서는 공업용 또는 기타의 용도로 사용되어도 상관이 없다. 또한 자연수·인공수·유수(流水)·저수(貯水)를 불문하며, 정수의 소유자나 관리자가 누구인가도 불문한다.[3]

(2) 실행행위

본죄의 실행행위는 '오물을 혼입하여 사용하지 못하게 하는 것'이다.

오물이란 이를 정수에 혼입하면 음용에 지장을 초래할 수 있는 일체의 물질로서 '독물 기타 건강을 해할 물건(유해물)' 이외의 것을 말한다. 대변이나 소변 등을 예로 들 수 있다.

혼입(混入)한다는 것은 이물질을 정수에 섞어 넣는 것을 말한다. 우물물의 바닥을 혼탁하게 하는 경우도 해당한다. 이로 인해 음용하지 못하게 하는 것이란 일반 보통인의 감정을 기준으로 하여 음용수로서 사용할 수 없게 하는 것을 말한다. 예컨대 우물물에 색소를 풀어놓아 붉게 만들어 놓거나 소변을 본 경우가 여기에 해당한다.

본죄에 해당하지 않을 정도의 음용수사용방해행위에 대하여는 경범죄처벌법

---

2) 김일수/서보학, 482면; 박상기, 562면; 배종대, 119/2; 이형국, 649면; 임웅, 784면; 정성근/박광민, 718면.

3) 김일수/서보학, 482면; 배종대, 119/2; 손동권/김재윤, 595면; 이재상·장영민·강동범, 624면; 정성근/박광민, 718면.

에 해당하여 처벌될 수 있다.[4]

3. 주관적 구성요건

본죄는 고의범이므로 행위자에게 정수에 오물을 혼입하여 음용하지 못하게 하는 점에 대한 인식과 의사가 필요하다. 본죄의 경우에 음용하게 하지 못하게 하는 점에 대한 인식은 불필요하다는 견해[5]도 있으나, 오물의 혼입뿐만 아니라 음용하지 못하게 한 상태에 대한 인식도 고의의 내용이 된다는 견해[6]가 타당하다.

Ⅲ. 가중적 구성요건

1. 음용수 유해물혼입죄

> 제192조(음용수의 사용방해) ② 전항의 음용수에 독물 기타 건강을 해할 물건을 혼입한 자는 10년 이하의 징역에 처한다.
> 제196조(미수범) 본죄의 미수범은 처벌한다.
> 제197조(예비, 음모) 본죄를 범할 목적으로 예비 또는 음모한 자는 2년 이하의 징역에 처한다.

(1) 의의 및 성격

본죄는 일상음용에 공하는 정수(淨水)에 독물 기타 건강을 해하는 물건을 혼입(混入)함으로써 성립하는 범죄이다. 본죄는 행위방법이 독물 기타 건강을 해할 물건을 혼입하여 음용수 사용을 방해하기 때문에, 오물을 혼입하는 음용수사용방해죄보다는 불법이 크므로 불법이 가중되는 가중적 구성요건이다.

(2) 실행행위

본죄의 실행행위는 독물 기타 건강을 해하는 물건을 음용수에 혼입하는 것이다.

---

4) 경범죄처벌법 제3조 제10호.
5) 김일수/서보학, 482면; 박상기, 561면.
6) 손동권/김재윤, 596면; 오영근, 520면; 이영란, 561면; 이재상/장영민/강동범, 625면; 정성근/박광민, 719면; 정영일, 527면.

여기서 독물(毒物)이란 인체에 소량이 흡수되어도 건강에 중대한 장애를 가져올 수 있는 물질을 말한다. 청산가리, 황린, 유산니코틴, 비소 등이 여기에 해당한다. 그리고 기타 건강을 해하는 물건이란 음용할 경우 사람의 건강에 장애를 초래할 수 있는 유해물질을 말한다. 예컨대 전염병균과 같은 미생물체, 메틸알코올 등을 들 수 있다.

(3) 처 벌

본죄에 대해서는 미수범과 예비·음모죄를 처벌한다.

2. 수도음용수 사용방해죄

제193조(수도음용수의 사용방해) ① 수도에 의하여 공중의 음용에 공하는 정수 또는 그 수원에 오물을 혼입하여 음용하지 못하게 한 자는 1년 이상 10년 이하의 징역에 처한다.

(1) 의 의

본죄는 수도에 의하여 공중에 음용에 공하는 정수(淨水) 또는 그 수원(水源)에 오물을 혼입하여 음용하지 못하게 함으로써 성립하는 범죄이다. 본죄는 행위의 객체가 수도에 의하여 공중의 음용에 공하는 정수 또는 그 수원으로서 일반 음용수에 비해 공급의 범위가 광범위하고 음용수에 대한 공중의 신뢰도가 높으므로, 이에 대한 사용방해는 공중의 보건에 대한 위험이 더 크다는 점에서 불법이 가중되는 불법가중적 구성요건이다.

(2) 객관적 구성요건

1) 행위객체

본죄의 객체는 '수도에 의하여 공중의 음용에 공하는 정수 또는 그 수원'이다. 여기서 '수도'란 정수를 공급하기 위한 인공적 설비를 말한다. 사설이든 공설이든 불문한다. 설비구조의 대소나 형식도 불문한다. 일시적이든 영구적이든 불문하며, 합법·불법도 불문한다. 수도란 물의 유통로를 의미하므로, 정수지 또는 저수지에 이르는 수로는 수도가 아니라 수원에 해당한다.[7] 즉 '수원'(水源)이란 함은 수도에 물이 들어오기 전의 물의 총체를 말하므로, 저수지 또는 정수지의 물뿐만

---

7) 김일수/서보학, 485면; 박상기, 564면; 배종대, 120/4; 이재상/장영민/강동범, 626면; 임웅, 786면; 정성근/박광민, 721면.

아니라 수로도 여기에 포함된다.

본죄는 객체는 공중의 음용에 공하는 정수이므로, 여기서 '공중의 음용수를 공급한다'는 것은 불특정 또는 상당한 다수인에게 제공하는 음용수라는 의미이다. 따라서 한 가족이 이용하는 전용수도는 본죄의 객체에 해당하지 않는다.

'기타 시설'은 공중의 음용수를 공급하는 수도 이외의 시설을 말한다. 예컨대 공중우물 시설을 들 수 있다.

2) 실행행위

본죄의 실행행위는 '오물을 혼입하여 음용하지 못하게 하는 것'이다. 음용수 사용방해죄의 행위와 동일하다. 실제로 건강에 장애를 야기했는지는 불문한다.

(3) 주관적 구성요건

본죄는 고의범이므로 행위자의 고의가 필요하다.

3. 수도음용수 유해물혼입죄

> 제193조(수도음용수의 사용방해) ② 전항의 음용수 또는 수원에 독물 기타 건강을 해할 물건을 혼입한 자는 2년 이상의 유기징역에 처한다.
> 제196조(미수범) 본죄의 미수범은 처벌한다.
> 제197조(예비, 음모) 본죄를 범할 목적으로 예비 또는 음모한 자는 2년 이하의 징역에 처한다.

본죄는 수도에 의하여 공중의 음용에 공하는 정수 또는 그 수원에 독물 기타 건강을 해할 물건을 혼입함으로써 성립하는 범죄이다. 수도음용수사용방해죄에 대하여 본죄는 행위방법이 독물 기타 건강을 해할 물건을 혼입하는 방법이므로 불법이 가중되는 불법가중적 구성요건이다.

실행행위로서 독물 기타 건강을 해할 물건을 혼입한다는 것은 음용수유해물 혼입죄와 동일하다. 또한 본죄에 대하여는 미수범과 예비·음모죄를 처벌한다.

4. 음용수 혼독치사상죄

> 제194조(음용수혼독치사상) 제192조 제2항 또는 제193조 제2항의 죄를 범하여 사람을 상해에 이르게 한 때에는 무기 또는 3년 이상의 징역에 처한다. 사망에 이르게 한 때에는 무기 또는 5년 이상의 징역에 처한다.

음용수혼독치사상죄는 음용수유해물혼입죄(제192조 제2항)와 수도음용수유해물혼입죄(제193조 제2항)를 범하여 사람을 상해 또는 사망에 이르게 함으로써 성립하는 범죄이다. 본죄는 음용수유해물혼입죄와 수도음용수유해물혼입죄의 결과적 가중범이다.

특히 본죄는 사망의 결과가 발생한 때에는 **진정결과적 가중범**이고, 상해의 결과가 발생한 때에는 **부진정결과적 가중범**이다.[8] 따라서 상해의 결과에 대한 고의가 있는 경우에는 상해죄와 음용수혼독치상죄는 상상적 경합이 된다.

또한 본죄는 음용수유해물혼입죄와 수도음용수유해물혼입죄가 미수에 그치더라도 사상의 결과가 발생한 때에도 본죄는 성립한다.

5. 수도불통죄

> 제195조(수도불통) 공중의 음용수를 공급하는 수도 기타 시설을 손괴 기타 방법으로 불통하게 한 자는 1년 이상 10년 이하의 징역에 처한다.
> 제196조(미수범) 본죄의 미수범은 처벌한다.
> 제197조(예비, 음모) 본죄를 범할 목적으로 예비 또는 음모한 자는 2년 이하의 징역에 처한다.

(1) 의의 및 성격

수도불통죄는 공중의 음용수를 공급하는 수도 기타 시설을 손괴 기타 방법으로 불통하게 함으로써 성립하는 범죄이다. 본죄는 음용수사용방해죄에 비하여 행위객체가 수도 기타 시설이고, 행위방법은 손괴 기타 방법으로 불통하게 한다는 점에서 불법이 가중되는 가중적 구성요건이다.

(2) 객관적 구성요건

1) 행위객체

본죄의 행위객체는 '공중의 음용수를 공급하는 수도 기타 시설'이다. 여기서 '공중의 음용수를 공급하는 수도'란 음용수를 공급하는 인공적 시설물을 말한다. 수도음용수방해죄에 있어서의 수도와 동일한 의미이다.

'기타 시설'의 의미도 공중의 음용수를 공급하는 수도 이외의 시설을 말한다.

---

8) 김일수/서보학, 486면; 박상기, 565면; 배종대, 120/7; 이재상/장영민/강동범, 627면; 이형국, 654면.

2) 실행행위

본죄의 실행행위는 '손괴 기타 방법으로 불통하게 하는 것'이다.

여기서 '손괴'한 행위의 객체를 물리적으로 훼손하여 그 효용을 해하는 것을 말하고, '불통한다'는 것은 손괴 이외의 방법으로 수도의 물의 흐름을 저지하여 음용수의 공급을 불가능하게 것을 말한다. 예컨대 전원을 차단하거나, 급수를 단절하거나 수도관을 폐쇄하는 경우가 여기에 해당한다. 그러나 불법이용자에 대한 단수조치로서 급수관을 절단한 경우에는 본죄에 해당하지 않는다.[9] 정수의 유통을 불가능하게 할 정도에 이르지 않았을 때에는 경범죄처벌법 또는 수도법에 의한 제재가 가능하다.

(3) 주관적 구성요건

본죄는 고의범이므로 행위자에게 공중의 음용수를 공급하는 수도 기타 시설을 손괴 기타 방법으로 불통하게 한다는 점에 대한 고의가 필요하다.

(4) 처　벌

본죄에 대하여는 미수범과 예비·음모죄를 처벌한다.

제 2 절　아편에 관한 죄

I. 개　설

1. 의의 및 보호법익

아편에 관한 죄는 아편을 흡식하거나, 아편 또는 아편흡식기구를 제조·수입·판매 또는 소지함으로써 성립하는 범죄이다. 아편은 의학적으로 매우 중요한 불가결한 재료이지만 습관성과 중독성이 있어 오·남용될 경우에는 사람의 정신건강은 물론 육체건강을 크게 해치고, 나아가 각종 다른 2차적인 범죄를 유

---

9) 대법원 1971. 1. 26. 선고 70도2654 판결; 관련판례 대법원 1977. 11. 22. 선고 77도103 판결 (사설수도를 설치한 시장 번영회가 수도요금을 체납한 회원에 대하여 사전 경고까지 하고 한 단수행위에는 위법성이 있다고 볼 수 없다).

발시킴으로써 공동체의 질서를 훼손할 우려가 매우 높다. 따라서 아편에 대하여는 약제로써 엄격한 국가적인 관리와 법적인 규제가 필요하다고 하지 않을 수 없다.

본죄의 보호법익은 아편으로부터 공중의 건강을 보호하는데 있고, 보호의 정도는 추상적 위험범이다. 공중의 건강을 보호법익으로 한다는 점에서는 음용수에 관한 죄와 그 성질을 같이 한다.

2. 구성요건의 체계

아편에 관한 죄의 기본적 구성요건은 아편흡식죄이고, 아편흡식을 위한 장소제공행위는 방조행위이지만 형법은 이를 독자적인 구성요건으로 규정하고 있다. 이에 대하여 아편등 제조·수입·판매 또는 판매목적 소지죄와 아편흡식기 제조·수입·판매 또는 판매목적 소지죄는 불법이 가중되는 구성요건이고, 세관공무원의 아편등 수입·수입허용죄와 상습범은 책임이 가중되는 구성요건이다.

감경적 구성요건으로는 아편 등 소지죄가 있는데, 이는 예비단계를 독자적으로 처벌하는 규정이고, 아편에 대한 죄는 미수범처벌규정도 있다.

아편에 관한 죄에 대하여는 특별형법인 「마약류관리에 관한 법률」이 먼저 적용된다. 또한 「특정범죄 가중처벌 등에 관한 법률」에는 마약과 관련된 범죄에 대하여는 그 형을 가중하는 규정을 두고 있다.

3. 입법론적인 문제

우리나라와 일본·중국은 형법전에 아편에 관한 죄를 규정하고 있다. 이에 비하여 독일·프랑스·오스트리아의 형법이나 미국의 모범형법전에는 아편에 관한 죄는 규정되어 있지 않고, 특별법에 의하여 규율하고 있다. 마약범죄에 대하여는 마약의 해독이 매우 크고, 국제적인 조직범죄와 연계되어 불법적인 밀거래가 이루어지기도 하므로 이를 단속하기 위해서는 국제적인 협업체계가 긴요하며, 또한 마약범죄에 대한 단속은 행정단속적인 성격이 강할 뿐만 아니라 마약의 종류도 격증하고 있는 점을 고려해보면, 현실적으로 형법에서 규정하고 있는 아편에 관한 규정은 사실상 사문화되었기 때문에 입법론적으로 이를 삭제하고, 마약에 관한 특별법을 통해 각종 마약범죄에 효율적으로 대처할 수 있도록 해야 한다는 견해도 일면 타당하다. 그러나 마약관련범죄도 환경범죄와 마찬가지로 오늘날 형사제재의 필요성이 증대되었다는 점을 고려하면, 오히려 형사제재의 기본법인 형법에 아편에 관한 죄를 보충, 강화하는 입장이 타당하다고 생각된다.

II. 아편흡식등죄·아편흡식 등 장소제공죄

> 제201조(아편흡식 등, 동장소제공) ① 아편을 흡식하거나 몰핀을 주사한 자는 5년 이하의 징역에 처한다.
> ② 아편흡식 또는 몰핀 주사의 장소를 제공하여 이익을 취한 자도 전항의 형과 같다.
> 제202조(미수범) 본죄의 미수범은 처벌한다.
> 제204조(자격정지 또는 벌금의 병과) 본죄의 경우에는 10년 이하의 자격정지 또는 2천만원 이하의 벌금을 병과할 수 있다.
> 제206조(몰수, 추징) 본죄에 제공한 아편, 몰핀이나 그 화합물 또는 아편흡식기구는 몰수한다.

1. 아편흡식등죄

(1) 의 의

아편(阿片)을 흡식(吸食)하거나 몰핀을 주사함으로써 성립하는 범죄이다. 본장의 죄의 기본적 구성요건이다. 본죄는 아편을 흡식하거나 몰핀을 주사한 사람 자신의 건강을 해칠 뿐만 아니라 다른 범죄를 유발할 위험이 크기 때문에 이를 처벌하고 있다.

본죄는 아편에 관한 죄의 기본적 구성요건이다.

(2) 객관적 구성요건

1) 행위객체

본죄의 객체는 '아편·몰핀'이다. 아편에는 정제되어 즉시 흡식할 수 있는 조제아편인 아편연과 그 원료인 생아편도 포함된다.

2) 실행행위

본죄의 행위는 아편·몰핀을 '흡식 또는 주사'하는 것이다. 여기서 '흡식'이란 아편을 호흡기 또는 소화기에 의하여 소비하는 것을 말하며, '주사'란 주사기에 의하여 신체에 주입하는 것을 말한다.

(3) 주관적 구성요건

행위자에게 개관적 구성요건적 사실에 대한 고의만 있으면 족하고, 다른 목적이나 동기는 불문한다. 약용으로 복용하거나 주사하더라도 의사 등에 의한 적법한 처방에 의한 것이 아닌 때에는 본죄가 성립한다.

(4) 아편 등 소지죄와의 관계

아편을 흡식하거나 몰핀을 주사하기 위하여 이를 소지한 경우에는 일시적으로 이를 소지한 경우에는 아편소지죄는 별도로 성립하시 않고 본죄에 흡수된다. 그러나 이를 소지하고 있던 자가 나중에 흡입·주사한 때에는 양죄는 실체적 경합이 된다.

(5) 미수범 처벌 및 몰수, 추징

본죄의 미수범을 처벌하며, 본죄에 제공한 몰핀이나 그 화합물 또는 아편흡식기는 몰수하고, 몰수가 불가능한 때에는 그 가액을 추징한다.

2. 아편흡식 등 장소제공죄

아편흡식등 장소제공죄는 아편흡식 또는 몰핀주사의 장소를 제공하여 이익을 취득함으로써 성립하는 범죄이다. 아편흡식등을 위한 장소제공은 아편흡식·주사를 위한 예비적인 방조행위에 불과하지만 그 가벌성이 크기 때문에 이를 별개의 독립범죄로 규정한 것이다.

본죄는 '이익을 취득하는 것'이 구성요건요소이기 때문에 본죄가 성립하기 위해서는 이익을 취득한 결과가 발생해야 한다. 장소제공의 대가인 이익에는 적극적·소극적 이익을 포함하며, 재산상의 이익에 제한되지 않는다.[10]

III. 가중적 구성요건

1. 아편등 제조·수입·판매·판매목적소지죄

> 제198조(아편 등의 제조 등) 아편, 몰핀 또는 그 화합물을 제조, 수입 또는 판매하거나 판매할 목적으로 소지한 자는 10년 이하의 징역에 처한다.
> 제202조(미수범) 본죄의 미수범은 처벌한다.

---

10) 대법원 1960. 4. 6. 선고 4292형상844 판결.

> **제204조(자격정지 또는 벌금의 병과)** 본죄의 경우에는 10년 이하의 자격정지 또는 2천만원
> 이하의 벌금을 병과할 수 있다.
> **제206조(몰수, 추징)** 본죄에 제공한 아편, 몰핀이나 그 화합물 또는 아편흡식기구는 몰수
> 한다.

(1) 의   의

본죄는 아편·몰핀 또는 그 화합물을 제조·수입 또는 판매하거나 판매할 목
적으로 소지함으로써 성립하는 범죄이다. 본죄는 아편 등을 유통시킬 목적이 있
기 때문에 아편의 흡식이나 몰핀주사를 사회적으로 유발·촉진하는 근원적인 행
위이므로 개인의 아편흡식·몰핀주사행위보다도 공공의 건강에 대한 위험성이 더
크므로 불법이 가중된 가중적 구성요건이다.

(2) 객관적 구성요건

1) 행위객체

본죄의 객체는 '아편·몰핀 또는 그 화합물'이다. 아편에는 아편연을 비롯하여
생아편도 포함된다. 그 밖에도 그 화합물의 종류는 다양하다. 헤로인, 코카인 등
종류가 다양하다. 「마약류 관리에 관한 법률」제2조에는 "마약류란 마약·향정신
성의약품 및 대마를 말한다."고 규정하고 있고, 동법 시행령에는 다양한 마약류
에 대하여 구체적으로 기술하여 이를 규제하고 있다.

2) 실행행위

본죄의 실행행위는 아편·몰핀 또는 그 화합물을 '제조·수입 또는 판매하거
나 판매할 목적으로 소지하는 것'이다. 여기서 '제조'란 아편·몰핀 또는 그 화합
물을 만드는 것을 말하며, '수입'이란 국외부터 국내로 반입하는 것을 말한다. 이
때 육로의 경우에는 국경선을 넘어 영토 내에 들어왔을 때 기수가 되며, 해로의
경우에는 영해 안에 배가 들어왔을 때 기수가 되는 것이 아니라 물체가 육지에
양륙되었을 때이며,[11] 항로의 경우에는 항공기 안에 반입되었을 때가 아니라 항
공기에서 지상으로 운반된 때라고 해야 한다는 것이 통설의 입장이다.

'판매'란 계속·반복의 의사로서 유상으로 양도하는 것을 말한다. 제1회의 유
상양도라 하더라도 판매에 해당할 수 있으며, 이익의 유무는 불문한다. 또한 '소

---

11) 박상기, 568면; 배종대, 123/2; 세관을 통과했을 때 기수가 된다는 견해도 있다(유기천, 83면).

지'란 목적물을 몸에 지니는 것만을 의미하는 것이 아니라 사실상 자기 지배하에 두는 것으로 해석해야 하며, 점유의 개념보다는 넓은 개념이다. 따라서 목적물을 저장하거나 은닉하거나 진열하더라도 사실상 자기의 지배하에 있으면 족하다고 하겠다. 소지의 원인도 타인을 위해서거나, 불법으로 소지하더라도 불문한다. 다만 소지의 경우에는 '판매할 목적으로' 소지해야 본죄에 해당한다. 이러한 목적이 없는 경우에는 아편등 단순소지죄(제205조)로 처벌될 뿐이다.

입법론적으로는 '소지하는 자'를, '소지하거나 이를 관리하는 자'로 개정하여 현실에 부합되게 법문을 개정하고 문언에 충실하게 해석해야 지나친 확장해석 또는 유추해석이라는 비판을 면할 수 있다고 생각된다.

(3) 주관적 구성요건

본죄는 고의범이므로 행위자에게는 행위시에 행위객체인 아편·몰핀 또는 그 화합물임을 인식하고서, 이를 제조·수입·판매 또는 소지한다는 점에 대한 고의가 필요하다.

판매목적 아편 등의 소지죄의 경우에는 행위자에게 아편 등의 소지에 대한 고의 이외에 초과주관적 구성요건요소로서 이를 '판매할 목적'이 있어야 한다.

(4) 미수범처벌 및 필요적 몰수

본죄의 미수범은 처벌하며, 본죄에 제공한 아편·몰핀이나 그 화합물 또는 아편흡식기구는 몰수한다.

2. 아편흡식기 제조·수입·판매·판매목적 소지죄

제199조(아편흡식기의 제조 등) 아편을 흡식하는 기구를 제조, 수입 또는 판매하거나 판매할 목적으로 소지한 자는 5년 이하의 징역에 처한다.
제202조(미수범) 본죄의 미수범은 처벌한다.
제204조(자격정지 또는 벌금의 병과) 본죄의 경우에는 10년 이하의 자격정지 또는 2천만원 이하의 벌금을 병과할 수 있다.
제206조(몰수, 추징) 본죄에 제공한 아편, 몰핀이나 그 화합물 또는 아편흡식기구는 몰수한다.

(1) 의   의

아편흡식기 제조·수입·판매·판매목적소지죄는 아편을 흡식하는 기구를 제조·수입·판매하거나 판매할 목적으로 이를 소지한 때에 성립하는 범죄이다.

본죄는 아편 자체는 아니지만 아편을 흡식하는 기구를 통해 아편흡식 등을 조장하는 범죄이기 때문에 아편흡식등의 죄와 같은 정도의 사회적 위험성이 있다고 보아 같은 형으로 처벌하고 있다.

(2) 구성요건

본죄의 행위객체는 아편을 흡식하는 기구이다. 여기서 '아편을 흡식하는 기구'란 특별히 아편흡식에 사용하기 위해 제작된 기구를 말한다. 따라서 일반주사기로 아편을 주입하는데 사용했다 하더라도 여기에서 말하는 일반주사기는 아편흡식기구는 아니다.

본죄의 실행행위는 제조·수입·판매 또는 판매할 목적으로 소지하는 것이다.

(3) 죄수 및 미수범 처벌 및 필요적 몰수

1) 본죄에 해당하는 실행행위인 제조, 수입, 판매 등이 순차로 이루어진 경우에는 이러한 일련의 행위는 포괄일죄에 해당한다.[12]

2) 본죄의 미수범은 처벌하며, 본죄에 제공한 아편·몰핀이나 그 화합물 또는 아편흡식기구는 몰수한다.

3. 세관공무원의 아편 등 수입·수입허용죄

제200조(세관 공무원의 아편 등의 수입) 세관의 공무원이 아편, 몰핀이나 그 화합물 또는 아편흡식기구를 수입하거나 그 수입을 허용한 때에는 1년 이상의 유기징역에 처한다.
제202조(미수범) 본죄의 미수범은 처벌한다.
제204조(자격정지 또는 벌금의 병과) 본죄의 경우에는 10년 이하의 자격정지 또는 2천만원 이하의 벌금을 병과할 수 있다.
제206조(몰수, 추징) 본죄에 제공한 아편, 몰핀이나 그 화합물 또는 아편흡식기구는 몰수한다.

(1) 의의 및 성격

세관공무원의 아편 등의 수입·수입허용죄는 세관공무원이 아편·몰핀이나 그 화합물 또는 아편흡식기구를 수입하거나 수입을 허용함으로써 성립하는 범죄이다.

---

12) 진계호, 527면.

본죄는 일반인의 아편등의 수입죄에 비하여 세관공무원이라는 신분으로 인해 책임이 가중되는 책임가중적 구성요건이다. 본죄의 세무공무원이라는 신분이 행위주체이므로 신분범이다. 신분범으로서의 본죄의 성격에 대하여는, 본죄 전단의 아편등 수입죄는 부진정신분범이고, 후단의 아편등 수입허용죄는 진정신분범이라고 해석하는 견해[13]도 있지만, 세관공무원의 수입허용행위도 비신분자의 수입행위의 공범이라 할 수 있으므로 본죄는 세관공무원이라는 신분으로 인해 책임이 가중되는 부진정신분범이라고 해석하는 견해가 타당하다.[14]

(2) 구성요건

1) 행위주체

본죄의 행위주체는 세관공무원이다. 세관공무원의 범위와 관련해서는, 세관에 종사하는 모든 공무원을 말하는 것이 아니라 세관에서도 수입사무에 종사하는 세무공무원에 한정되는 것으로 제한해석을 해야 한다는 견해가 있지만, 이러한 해석은 입법목적을 지나치게 축소해석한 입장으로서 타당하다고 할 수 없다. 그러나 이를 문언에 따라 모든 세관공무원이라고 해석하는 것은 지나친 확대해석의 측면이 있으므로, 이러한 점을 고려하여 세관에서 수입과 관련되는 업무에 종사하는 자로 제한적으로 해석하는 것이 타당하다고 생각된다. 따라서 수입이 아니라 수출에 관련되는 업무담당자인 세관종사자라 하더라도 실제로 수출과 수입은 관련업무인 경우가 있으므로 본죄의 주체가 될 수 있다. 세관공무원의 의무와 입법취지를 고려하면서, 법문에 충실하고 또한 현실에 부합된 해석이라고 생각된다.

2) 실행행위

본죄의 실행행위는 '아편·몰핀이나 그 화합물 또는 아편흡식기구를 수입하거나 수입을 허용하는 것'을 말한다. 수입은 국외에서 국내로 목적물을 반입하는 것을 의미한다. 여기서 '수입을 허용한다'는 것은 작위·부작위에 의해도 이루어지며, 명시적·묵시적인 방법이 가능하다. 수입허용의 기수시기는 수입이 된 때이다.

---

13) 오영근, 492면; 이정원, 661면; 진계호, 527면.

14) 김일수/서보학, 491면; 이재상/장영민/강동범, 635면; 이형국, 665면; 임웅, 795면; 정영일, 537면; 조준현, 457면.

(3) 공범규정의 적용여부

본죄의 수입죄의 경우에는 총칙상의 공범과 신분에 관한 규정이 적용된다. 따라서 신분자인 세관공무원이 비신분자와 공동으로 수입한 경우에는 신분자인 세관공무원은 본죄에 해당하지만, 비신분자에게는 형법총칙 제33조 단서가 적용되어 일반인의 수입죄(제198조, 제199조)를 적용하게 된다.

이와 달리 수입허용죄의 경우에는 일반인 수입죄의 공범을 독립범죄로 규율한 규정이므로, 총칙상의 공범규정이 적용되지 않는다. 따라서 세관공무원은 수입허용죄로, 일반인은 수입죄로 처벌될 뿐이다.[15]

4. 상습아편흡식, 아편등 제조·수입·판매등죄

> 제203조(상습범) 상습으로 전5조의 죄를 범한 때에는 각조에 정한 형의 2분의 1까지 가중한다.
>
> 제204조(자격정지 또는 벌금의 병과) 본죄의 경우에는 10년 이하의 자격정지 또는 2천만원 이하의 벌금을 병과할 수 있다.

본죄는 상습으로 아편등 제조·수입·판매·판매목적소지죄, 아편흡식기 제조·수입·판매·판매목적소지죄, 세관공무원의 아편등 수입·수출허용죄, 아편흡식죄·동 장소제공죄 및 동 미수범을 범함으로써 성립하는 범죄이다.

본죄는 행위자의 상습성으로 인해 책임이 가중되는 가중적 구성요건이다.

Ⅳ. 아편등 소지죄

> 제205조(아편 등의 소지) 아편, 몰핀이나 그 화합물 또는 아편흡식기구를 소지한 자는 1년 이하의 징역 또는 500만원 이하의 벌금에 처한다.
>
> 제206조(몰수, 추징) 본장의 죄에 제공한 아편, 몰핀이나 그 화합물 또는 아편흡식기구는 몰수한다.

본죄는 아편·몰핀이나 그 화합물 또는 아편흡식기구를 소지함으로써 성립하

---

15) 김일수/서보학, 492면; 박상기, 569면; 배종대, 123/5; 이재상/장영민/강동범, 635면; 이형국, 665면; 임웅, 796면.

는 범죄이다.

아편에 관한 죄의 기본적 구성요건인 아편흡식이나 몰핀주사를 위한 준비단계인 예비행위에 대하여 이를 독자적으로 처벌하는 구성요건이다.

본죄의 행위객체는 아편·몰핀 또는 그 화합물 또는 아편흡식기구이고, 실행행위는 '소지'하는 것이다. 본죄는 아편 등의 단순소지를 처벌하는 규정이며 소지의 목적은 불문한다. 소지자에게 판매목적이 있는 경우에는 본죄가 아니라 형법 제198조와 제199조가 적용된다.

제4장 사회도덕에 대한 죄

제1절 성풍속에 관한 죄

I. 개 설

1. 의의와 본질 및 보호법익

(1) 의의 및 본질

성풍속에 관한 죄는 일반사회의 건전한 성풍속 또는 성도덕을 보호하기 위해 이를 해하는 행위를 처벌하는 것을 내용으로 하는 범죄이다.

형법은 성과 관련하여, 개인의 성적 자기결정의 자유의 보호와 관련해서는 개인의 자유에 대한 죄의 영역에서 강간과 추행의 죄를 규정하고, 일반인의 건전한 성도덕의 보호와 관련해서는 성풍속에 관한 죄의 장에 별도로 규정하여 보호하고 있다. 그리고 성풍속에 관한 죄장에서는 간통죄, 음행매개죄, 음란물죄 및 공연음란죄를 규정하여 사회의 건전한 보편적인 성질서를 보호하고 있다.

이러한 우리나라의 입법형태는 독일·스위스 형법이 성에 관한 범죄를 성적 완전성이나 자기결정권에 대한 범죄로 취급하고 있거나, 일본형법이 성에 관한 범죄를 하나의 장에 모두 규정하고 있는 것과는 구별된다. 그 밖에도 입법례에 따라서는 근친상간이나 계간, 수간 등을 처벌하는 규정을 두고 있지만, 우리 형법에는 이러한 규정이 없다. 다만 특별형법인 「성폭력범죄의 처벌 등에 관한 특례법」에는 친족강간에 대하여 처벌하는 규정을 두고 있다.

형법이 규정하고 성풍속에 관한 범죄 중에서, 간통죄는 혼인과 가정을 보호하기 위한 범죄이고, 음행매개죄는 성도덕과 개인의 성적 자유를 보호하기 위한 범죄이며, 음란물죄와 공연음란죄는 일반인의 건전한 성도덕을 보호하기 위한 범죄이다.

(2) 보호법익

음행매개죄는 주된 보호법익이 **선량한** 성풍속이고, 부차적인 보호법익은 개인의 성적 자유라고 해석하는 견해[1]가 타당하다. 보호의 정도는 침해범이다.

음란물죄와 공연음란죄의 보호법익은 사회의 건전한 성풍속이다. 보호의 정도는 추상적 위험범이다.

다른 한편으로 간통죄를 형사처벌하던 개정전 형법에서는 간통죄의 보호법익이 무엇인가에 대하여, ① 건전한 성적 풍속으로서의 성도덕이라는 견해,[2] ② 성풍속 또는 성도덕을 보호법익이라 할 경우에는 죄형법정주의에 위반할 위험이 있기 때문에 부부간의 성적 성실의무라는 견해,[3] ③ 성도덕이 보호법익이고 여기에는 부부간의 성적 성실의무와 제도로서의 가정을 포함하는 개념이라고 이해하는 견해,[4] 그리고 ④ 가정의 기초가 되는 제도로서의 혼인이라고 해석하는 견해[5]가 대립되고 있었다.

생각건대 간통죄를 처벌함으로써 성도덕이 보호되는 점은 부정할 수 없지만, 그렇다고 하여 부부간의 성적 성실의무라는 성도덕만이 형법의 보호법익이라고는 할 수 없다. 또한 간통죄를 처벌함으로써 가정의 기초가 되는 혼인제도가 보호하는 측면이 있지만 혼인제도만을 보호하기 위해 간통죄를 처벌한다는 것은 성적 자기결정권과 사생활의 과잉입법의 문제가 발생한다. 2015. 2. 26. 헌법재판소는 종래의 4차례의 합헌결정을 변경하여, 5번째 위헌심판재결에서 간통죄에 대한 위헌결정을 함으로써 간통죄는 역사 속으로 사라져 폐지되었다.

2. 입법론인 문제

오늘날 성과 관련하여 형법의 탈윤리화 내지 비범죄화가 문제된다. 그중에서도 특히 간통죄를 폐지하는 우리 사회의 논쟁점이 되고 있다. 간통죄를 처벌할 것인가에 대하여는 4가지의 입법주의가 있다.

---

1) 김일수/서보학, 496면; 유기천, 97면; 이재상/장영민/강동범, 638면; 임웅, 797면; 정성근/박광민, 739면; 정영일, 643면.
2) 김성천/김형준, 857면; 오영근, 936면; 유기천, 92면; 정영일, 375면; 진계호, 479면.
3) 백형구, 549면; 조준현, 460면.
4) 김일수/서보학, 501면; 진계호, 473면.
5) 김성돈, 681면; 이재상/장영민/강동범, 638면; 이정원, 665면; 정성근/박광민, 670면.

① 처만을 간통으로 처벌하는 불평등주의(우리나라 구형법의 입장), ② 부부 쌍방을 처벌하되, 남편에 대해서는 축첩에 대해서만 처벌하는 차별주의(이탈리아 형법), ③ 부부 쌍방을 동등하게 처벌하는 쌍벌주의, ④ 간통을 범죄로 인정하지 않는 불벌주의의 4가지 입장이 있다. 불벌주의는 영미법국가와 독일, 프랑스, 스위스 형법이 취하고 있는 입법태도이다.

오늘날 간통죄의 존폐문제가 헌법상의 과잉처벌금지의 원칙에 위배되지는 않는지 논란이 되고 있다. 결국 사회의 건전한 성도덕과 혼인제도의 보호라는 가치와 개인의 성적 자기결정의 자유라는 가치 중에서 어느 쪽의 가치를 더 중시할 것인가의 문제로 귀착된다. 개인의 자유를 중시하는 자유민주사회에서는 결국 특정한 가치나 관념을 형벌로서 강제할 수는 없다는 점을 고려할 때 간통행위를 형사규제의 대상으로 삼는 것은 과잉입법이라 할 것이다.

II. 간 통 죄

형법 제241조 간통죄에 대하여는 그동안 개인의 성적 자기결정권과 관련하여 과잉입법논란이 있었는데, 헌법재판소는 2015년 2월 26일 간통죄는 과잉금지원칙에 위배하여 국민의 성적 자기결정권과 사생활의 비밀의 자유를 침해하므로 헌법재판관 7명의 찬성과 2명의 반대로 위헌결정[6]을 함으로써 간통죄는 폐지되어 형사규제의 대상에서 제외되었고, 간통행위의 비윤리성에 대하여는 당사자간의 민사상의 손해배상책임문제로 귀결되게 되었다.

III. 음행매개죄

> 제242조(음행매개) 영리의 목적으로 사람을 매개하여 간음하게 한 자는 3년 이하의 징역 또는 1천500만원 이하의 벌금에 처한다.

(1) 의의·성격

음행매개죄는 영리의 목적으로 사람을 매개하여 간음하게 함으로써 성립하

---

6) 헌재 2015. 2. 26. 2009헌바17.

는 범죄이다.

본죄는 사회일반의 선량한 성풍속 내지 성도덕을 주된 보호법익으로 하고, 개인의 성적 자유를 부차적 보호법익으로 하는 범죄로서, **침해범**이다.

본죄에 해당할 경우에는 본죄 이외에 18세 미만의 아동의 경우에는 아동복지법에 해당하고, 성매매를 강요하거나 알선한 경우에는 성매매알선 등 행위의 처벌에 관한 법률에 의해 처벌되며, 만 19세 미만의 아동에 대해서는 「아동·청소년의 성보호에 관한 법률」이 직용되어 처벌된다.

(2) 객관적 구성요건

1) 행위주체

음행매개죄의 주체에는 제한이 없다. 따라서 피매개자의 부모·남편·보호감독자도 주체가 될 수 있다. 다만 매개되어 간음행위를 행한 사람과 그 상대방은 본죄의 주체가 될 수 없다.[7] 이들은 필요적 공범이지만, 본죄는 음행매개자만을 처벌하므로 공범규정은 적용되지 않는다.

2) 행위객체

음행매개죄의 객체는 '사람'이다. 남녀를 불문하고 미성년자도 해당한다. 다만, 13세 미만의 부녀에 대해서는 미성년자 의제강간죄(제350조)가 성립하기 때문에 여기에서 제외된다. 음행의 상습이 있거나 음행에 동의한 경우에도 본죄의 성립에는 영향을 미치지 않는다.

3) 실행행위

음행매개죄의 실행행위는 '사람을 매개하여 간음하게 하는 것'이다.

가. 매 개 매개란 사람을 간음에 이르도록 알선하는 일체의 행위를 말한다. 간음자의 자의적인 행동을 전제로 하므로 폭행·협박은 매개행위가 아니다. 간음이라는 결과가 발생해야 하며, 간음을 매개하였으나 응하지 않거나, 간음을 결의하였으나 실행하지 않은 경우에는 본죄에 해당하지 않는다.

나. 간 음 배우자 이외의 자와의 성교행위를 말한다. 따라서 추행은 제외된다. 매춘행위일 것을 요하지 않으므로 타인의 정부가 되도록 하는 것도 포함된다.

---

7) 김일수/서보학, 501면; 박상기, 577면; 배종대, 125/3; 이재상/장영민/강동범, 639면; 임웅, 748면.

본죄는 간음함으로써 기수가 된다. 따라서 간음을 매개하였으나 간음에 이르지 못한 경우에는 본죄가 성립하지 않는다.

(3) 주관적 구성요건

행위자에게는 사람을 매개하여 간음을 히게 한다는 섬에 대한 고의 이외에 영리의 목적이 있어야 한다. 영리의 목적이란 재산적 이익을 취득할 목적을 말한다. 영리목적의 달성여부는 불문한다. 영구적 이익이든 일시적 이익이든 불문한다.

(4) 죄수 및 다른 범죄와의 관계

1) 죄   수

1회의 음행매개행위와 이로 인한 간음행위가 있으면 1죄가 된다. 따라서 시간과 장소를 달리하는 수개의 매개행위와 간음이 있으면 경합범이 된다. 그러나 일련의 음행매개행위가 연속범·접속범에 해당하는 경우에는 포괄일죄가 된다.

2) 다른 범죄와의 관계

① 폭행·협박이 수반된 매개행위로 인하여 간음하게 한 경우에는 강간죄 또는 미성년자간음죄의 공범이 성립한다.

② 음행을 매개하여 성매매를 하게 한 경우에는 「성매매알선 등 행위의 처벌에 관한 법률」에 의하여 처벌된다.

Ⅳ. 음화 등 반포·판매·임대·공연전시죄

> **제243조(음화반포 등)** 음란한 문서, 도화, 필름 기타 물건을 반포, 판매 또는 임대하거나 공연히 전시 또는 상영한 자는 1년 이하의 징역 또는 500만원 이하의 벌금에 처한다.

1. 의의 및 성격

음화 등 반포·판매·임대·공연전시죄는 음란한 문서, 도화, 필름 기타 물건을 반포, 판매 또는 임대하거나 공연히 전시 또는 상영함으로써 성립하는 범죄이다.

본죄는 음화 등 제조·소지·수입·수출죄(제244조)와 함께 음란물죄를 이루고 있으며, 본죄의 보호법익은 선량한 성풍속 내지 성도덕이고, 법익보호의 정도는 추상적 위험범이다.

헌법이 보장하는 표현의 자유와 학문의 자유 및 사상의 자유를 존중하고 보호해야 한다는 측면에서 본죄에 있어서 음란성에 대한 판단은 신중성이 요구된다. 그러나 성도덕 내지 성윤리문제는 그 시대의 사회적 성윤리기준을 도외시할 수도 없는 실정이다. 따라서 오늘날 성표현의 자유화 및 비범죄화 경향과 관련하여 그 처벌범위 내지 한계를 명확히 해야 하는 시대적 과제를 안고 있다.

2. 객관적 구성요건

(1) 행위객체

본죄의 행위객체는 '음란한 문서, 도화, 필름 기타 물건'이다. 따라서 이러한 객체에 음란성이 인정되어야 한다.

1) 음란성의 개념

음란성에 대하여 통설8)은 '그 내용이 성욕을 자극 또는 흥분시키고 보통인의 정상적인 성적 수치심을 해하고 선량한 성적 도의관념에 반하는 것'을 말한다고 설명하고 있다. 그러나 음란성은 성욕을 흥분 또는 자극하게 한다는 행위자의 주관적인 목적은 불필요하며, 행위자의 객관적인 행위의 표현경향이 문제된다고 보아야 한다. 따라서 '음란성이란 보통사람에게 성적 수치심 내지 성적 혐오감을 현저하게 일으키게 할 수 있는 행위로서 건전한 성도덕관념에 반하는 행위'라고 보아야 한다.9) 판례도 근자에 와서는 제조자나 판매자의 주관적인 의도와는 관계없이 객관적으로 판단해야 한다는 입장을 취하고 있다.10)

가. 판단기준   음란성은 규범적 개념으로서 그 시대의 보편적이고 건전한 가치관에 따라 판단할 수밖에 없다. 따라서 음란성을 판단하기 위한 기준으로 제시할 수 있는 내용은 다음과 같다.

① 음란성 여부는 **사회통념**에 따라 **객관적**으로 판단해야 하고, 행위자의 주관적인 의도·목적은 고려하지 않는다.

② 정상적인 성관념을 가진 **보통인**을 기준으로 판단해야 하며, 성적 수치심이

---

8) 김일수/서보학, 503면; 박상기, 581면; 배종대, 126/2; 백형구, 557면; 손동권/김재윤, 710면.
9) 같은 취지로 음란성이란 보통인의 성적 수치심과 도의감을 현저히 침해하는 데 객관적으로 적합한 것이라고 정의하고 있다(이재상/장영민/강동범, 641면).
10) 대법원 2003. 5. 16. 선고 2003도988 판결; 대법원 1991. 9. 10. 선고 91도1550 판결.

없거나 수치심이 지나치게 예민한 자를 기준으로 판단해서는 안 된다.

③ 작품 전체를 평가하는 **전체적 고찰방법**에 따라서 판단해야 하며, 작품의 일부만을 분리하여 판단하지 말고 전체적인 관련성 속에서 판단해야 한다.

나. 학술과학서·예술작품과 음란성   학술과학서나 예술작품의 학술과학성과 예술성이 음란성과 양립할 수 있는가가 문제된다. 이에 관해서는, ① 학술과학성·예술성과 음란성은 차원을 달리하는 개념이고, 학술과학서·예술작품이라고 해서 공중에게 음란성을 제공할 수 있는 특권을 가질 수 없으므로 학술과학서·예술작품의 음란성이 당연히 부정되는 것은 아니라는 적극설[11])과, ② 학문과 예술을 음란문서라고 할 수 없고, 학문과 예술은 기존관념을 깨뜨리고 발전해 나아가는 데에 본질이 있기 때문에 성풍속이라는 기존관념으로 법관이 이를 평가할 성질이 아니므로 학술과학서·예술작품의 음란성을 부정해야 한다는 소극설이 대립하고 있다. 물론 성에 대한 정확한 이해를 위한 학술과학서와 교육서 또는 고도의 예술성을 지닌 예술작품은 음란물이라 할 수 없다.

그러나 학문과 예술의 자유가 무제한적인 자유일 수는 없으며, 음란물에 의하여 사회의 선량한 성도덕질서를 해치는 것은 학문과 예술의 자유의 보장하는 한계를 벗어난다고 할 수 있다. 따라서 적극설이 타당하다.

다. 상대적 음란성개념   음란성은 문서의 내용, 작자나 출판자의 의도, 광고·선전·판매방법, 독자·관람자의 제한성 등 부수적 사정을 고려하여 상대적으로 판단해야 한다는 이론이다. 따라서 이 이론에 의하면 음랑성이 인정되지 않은 과학적 논문이나 예술작품도 전시나 공개하는 방법이나 장소에 따라서는 음란문서가 될 수 있다는 것이다.[12) 음란성의 그러나 작품의 전체적인 내용을 도외시하고 학자·예술가에 한정되어 공개되었는가, 아니면 일반인에게 공개되었는가라는 사정에 따라 음란성이 달라진다는 그 자체가 불합리하고, 음란물의 개념이 명백하지 않아 금지된 행위를 명시할 수 없다는 문제가 있다. 우리나라에서는 다수설이 이를 부정하고 있다.[13)

---

11) 김성천/김형준, 872면; 김일수/서보학, 505면; 백형구, 559면; 손동권/김재윤, 710면; 이재상/장영민/강동범, 642면.
12) 손동권/김재윤, 711면; 유기천, 96면; 이재상/장영민/강동범, 642면; 이정원, 624면.
13) 김일수/서보학, 506면; 박상기, 586면; 배종대, 126/4; 이재상/장영민/강동범, 643면; 이형국, 684면.

2) 문서·도화·필름 기타 물건

'문서·도화'의 의미는 비밀침해죄·문서위조죄에서와 동일하다. '필름'은 1995년의 개정형법이 예시적인 객체로 추가한 것이다. 사진이나 영화 등으로 재생될 수 있도록 제작된 물체를 말한다. '기타 물건'에는 조각품, 음반, 녹음테이프 등이 포함된다. 예컨대 남성용 자위기구인 모조여성성기가 여기에 해당한다.[14] 그러나 음란행위를 하는 것은 여기에 해당하지 않는다. 컴퓨터프로그램파일도 물건이 아니므로 여기에 포함되지 않는다.[15]

(2) 실행행위

본죄의 실행행위는 '반포·판매·임대하거나 공연히 전시 또는 상영하는 것'이다.

1) 반포·판매·임대

① 반포란 불특정 또는 다수인에게 무상으로 교부하는 것을 말한다. 현실적으로 교부, 인도되어야 한다. ② 판매란 불특정 또는 다수인에게 유상으로 양도하는 것을 말한다. 매매·교환에 제한되지 않고 대가관계가 인정되면 판매에 해당한다. 계속·반복의 의사를 요한다는 견해가 있으나, 1회적인 판매도 본죄의 보호법익에 대한 위험성이 인정되므로 계속·반복의 의사는 필요 없다는 견해가 타당하다. ③ 임대란 유상으로 대여하는 것을 말한다. 영업성은 불문한다. 그러나 반포, 판매, 임대의 상대방은 본죄의 공범으로 처벌받지 않는다.[16]

2) 공연전시·상영

① 공연전시는 불특정 또는 다수인이 관람할 수 있는 상태에 두는 것을 말한다. 유상·무상을 불문하며, 순차적인 관람도 무방하다. 예컨대 녹음테이프의 재생, 전람회에서의 전시 등이 여기에 해당한다. 음란한 부호 등이 전시된 웹페이지에 대한 링크행위도 이에 따라 불특정 또는 다수인이 별다른 제한 없이 접속할수 있는 상태가 조성된 경우에는 공연히 전시한 경우에 해당한다.[17] ② 공연상영은 불특정 또는 다수인에게 필름 등 영상자료를 화면에 비추어 보여주는 것을 말한다.

---

14) 대법원 2003. 5. 16. 선고 2003도988 판결.
15) 대법원 1999. 2. 24. 선고 98도3140 판결.
16) 박상기, 586면; 이재상/장영민/강동범, 644면.
17) 대법원 2003. 7. 8. 선고 2001도1335 판결; 대법원 2009. 5. 14. 선고 2008도10914 판결.

3. 주관적 구성요건

행위자에게는 음란한 문서, 도화, 필름 기타 물건을 반포, 판매 또는 임대하거나 공연히 전시 또는 상영한다는 사실에 대한 고의가 있어야 한다. 따라서 음란성에 대한 인식도 필요하다. 음란성은 규범적 구성요건요소이므로 문외한으로서의 소박한 평가라는 의미에서의 의미의 인식이 필요하다.

V. 음화 등 제조·소지·수입·수출죄

> 제244조(음화제조 등) 제243조의 행위에 공할 목적으로 음란한 물건을 제조, 소지, 수입 또는 수출한 자는 1년 이하의 징역 또는 500만원 이하의 벌금에 처한다.

1. 의의·성격

음화 등 제조·소지·수입·수출죄는 반포·판매·임대하거나 공연히 전시 또는 상영할 목적으로 음란한 물건을 제조·소지·수입 또는 수출함으로써 성립하는 범죄이다.

본죄는 음화 등 반포죄의 예비에 해당하는 행위를 독립적으로 규정한 독립적 구성요건이다. 본죄는 음화판매등의 죄를 범할 목적이 있어야 하는 목적범이다.

2. 객관적 구성요건

(1) 행위객체

본죄의 행위객체는 '음란한 물건'이다. 제243조의 물건보다 넓은 개념으로서 문서·도화까지 포함한 개념이다.

(2) 실행행위

본죄의 실행행위는 '제조·소지·수입·수출'이다.

3. 주관적 구성요건

본죄는 고의범이고 목적범이므로, 행위자에게 음화 등 제조·소지·수입·수출죄는 반포·판매·임대하거나 공연히 전시 또는 상영할 목적으로 음란한 물건을 제조·소지·수입 또는 수출하는 점에 대한 고의와 반포·임대하거나 공연히 전시 또는 상영할 목적이 있어야 한다.

VI. 공연음란죄

> 제245조(공연음란) 공연히 음란한 행위를 한 자는 1년 이하의 징역, 500만원 이하의 벌금, 구류 또는 과료에 처한다.

1. 의의 및 성격

공연음란죄는 공연히 음란한 행위를 함으로써 성립하는 범죄이다.

본죄는 음란한 행위 자체를 처벌하는 거동범이다. 법익보호의 정도는 추상적 위험범이다.

2. 객관적 구성요건

(1) 행위상황

공연음란죄는 행위상황으로서 '공연성'을 요한다. 공연성이란 불특정 또는 다수인이 인식할 수 있는 상태를 말한다. 장소의 공연성만으로는 부족하므로 거리에서 음란행위를 했을지라도 숨어서 한 경우에는 본죄에 해당하지 않는다. 그러나 불특정 또는 다수인이 음란행위가 행해지는 장소에 있을 필요는 없다. 불특정 또는 다수인이 인식할 수 있는 가능성이 있으면 족하므로 불특정 또는 다수인이 현실적으로 인식할 필요는 없다.

(2) 실행행위

공연음란죄의 행위는 '음란한 행위'를 하는 것이다. 음란행위란 사람의 성욕을 자극·흥분시키는 것으로서 보통인의 성적 수치심을 해하고 선량한 성적 도의 관념에 반하는 행위를 말한다.

음란행위는 남녀간을 불문하고 성행위일 것을 요한다. 따라서 단순히 나체를 보이는 목욕을 하거나 소변을 보는 행위, 키스를 하거나 유방을 노출하는 행위 등은 음란행위가 아니다. 본죄의 음란행위에 이르지 않을 정도의 과다한 노출행위로 수치심이나 불쾌감을 준 경우에는 「경범죄처벌법」 제1조 제41호에 해당한다. '스트립쇼'가 음란행위에 해당하는가에 대해서는 긍정설이 다수설이다. 언어와 행위는 구별해야 하므로 음담패설은 음란행위에 속하지 않는다.

3. 주관적 구성요건

공연히 음란한 행위를 한다는 점에 대한 고의가 있어야 한다. 음란성 이외에 공연성에 대한 인식도 있어야 한다. 따라서 공연성에 대한 인식이 없는 경우에는 음란행위에 대한 고의가 있더라도 본죄는 성립하지 않는다.

4. 죄수 및 다른 범죄와의 관계

(1) 죄　수

본죄의 죄수는 음란행위의 수를 기준으로 판단한다. 그러나 1회의 출연 중에 수회의 음란행위를 한 접속범의 경우, 또는 연속범의 요건을 충족하는 경우에는 포괄일죄가 된다.

(2) 다른 범죄와의 관계

강제추행죄·강간죄를 공연히 범한 경우에는 강제추행죄·강간죄와 본죄는 상상적 경합관계가 된다.

제 2 절　도박과 복표에 관한 죄

I. 개　설

1. 의의 및 보호법익

도박과 복표에 관한 죄란 도박하거나 도박을 개장하거나 복표를 발매·중개 또는 취득하는 것을 내용으로 하는 범죄이다.

도박과 복표에 관한 죄의 보호법익은 국민일반의 건전한 근로관념과 공공의 미풍

양속 내지 사회의 경제도덕이다.[18) 보호의 정도는 추상적 위험범으로서의 보호이다.

2. 구성요건의 체계

도박과 복표에 관한 죄는 도박에 관한 죄와 복표에 관한 죄로 나눌 수 있다.

전자는 단순도박죄를 기본적 구성요건으로, 상습도박죄는 상습성으로 인해 책임이 가중되는 가중적 구성요건이고, 도박장소 등 개설죄는 영리목적으로 인해 불법이 가중하는 구성요건이다. 복표에 관한 죄는 복표의 발매 중개 및 취득죄가 있다.

복표발매죄를 기본적 구성요건으로 하고, 복표발매중개죄와 복표취득죄를 불법이 감경되는 감경적 구성요건으로 하고 있다.

우리나라는 2000. 12. 13. 'UN 국제조직범죄방지협약'에 서명하였고, 이에 따른 국내 이행입법으로서 범죄단체의 불법수익원을 차단하기 위해, 형법의 도박과 복표에 관한 죄의 형벌의 상한을 높이고, 인터넷을 이용한 도박사이트 개설에 대하여도 처벌하는 규정을 마련하여, 2013년 4월 5일부터 시행되었다.

II. 도 박 죄

> 제246조(도박) ① 도박을 한 사람은 1천만원 이하의 벌금에 처한다. 다만, 일시오락 정도
> 에 불과한 경우에는 예외로 한다.

1. 의의 및 성격

본죄는 재물로써 도박함으로써 성립하는 범죄이다.

본죄는 도박의 죄의 기본적 구성요건이다.

2. 객관적 구성요건

(1) 행위주체

도박죄의 주체는 제한이 없다. 다만 도박은 2인 이상의 자 사이에 이루어지

---

18) 김일수/서보학, 513면; 박상기, 589면; 배종대, 127/2; 이재상/장영민/강동범, 647면; 임웅, 823면; 정성근/박광민, 752면.

므로, 도박은 당사자가 필요한 필요적 공범이며 대향범이 된다.

(2) 실행행위

도박죄의 실행행위는 재물 또는 재산상의 이익을 걸고서 '도박하는 것'이다.

1) 도박의 대상

도박의 대상은 재물 또는 재산상의 이익이다. 도박죄는 재물 또는 재산상의 이익을 걸고서 도박을 할 때 성립한다. 여기서 '재물 또는 재산상의 이익을 건다는 것'은 일정한 재물이나 재산상의 이익을 승자에게 제공할 것을 약속하는 것을 말한다. 금액의 다과, 교환가치의 유무도 불문한다. 도박현장에 재물이 있을 것을 요하지 않으며, 재물의 액수가 미리 확정되어 있을 필요도 없다.

2) 도   박

당사자가 서로 재물을 걸고 우연한 승부에 의하여 그 재물이나 재산상의 이익의 득실을 결정하는 것을 말한다.

가. 우 연 성　　재물의 득실은 우연성에 의해 결정되어야 한다. 우연이란 당사자가 확실히 예견하거나 영향을 미칠 수 없는 사정을 말한다. 우연은 당사자에게 주관적으로 불확실하면 족하고 객관적으로 불확실할 필요는 없다. 주관적으로 불확실한 이상 장래·현재·과거사실에 대해서도 우연성을 가지고 도박을 할 수 있다. 우연에 의해 결정되는 재물의 득실은 경제적으로 정당한 이익이 아니어야 한다. 따라서 보험계약은 도박이 될 수 없다.

나. 경기의 도박성　　경기란 우연성이 아니라 당사자의 육체적·정신적 능력이나 기능·기량의 숙련정도에 따라 그 승패가 결정되는 것을 말한다.

경기에 대한 도박성의 인정여부에 대해서는, ① 당사자의 경기력이 승패에 영향을 미치더라도 우연의 지배에서 완전히 벗어난 것이 아니라면 도박이 된다는 긍정설과, ② 승패가 결정되는 경우는 도박이 아니라는 **부정설**이 대립한다.

당사자의 기능·기량이 승패의 결정에 영향을 미치는 경우를 모두 도박에서 제외한다면 도박은 거의 있을 수 없으므로 통설인 긍정설이 타당하다.

다. 편면적 도박　　우연성이 당사자의 일방에게만 있는 경우를 말한다. 이 경우에 도박죄가 성립하는가에 대해서는, ① 도박죄는 필요적 공범이지만 관여자 모두에게 도박죄가 성립하여야 하는 것은 아니므로 사기도박자에게는 사기죄가,

그 상대방에게는 도박죄가 성립한다는 긍정설[19]과, ② 도박은 민법상 계약 또는 합동행위이고, 사기도박은 우연성이 결여되어 있으므로 사기도박자에게만 사기죄가 성립하고, 그 상대방에게는 범죄가 성립하지 않는다는 부정설이 있다. 도박은 우연성을 그 본질로 하므로 통설[20]인 부정설이 타당하며, 판례[21]도 부정설의 입장이다.

3) 기수시기

본죄는 추상적 위험범이므로 도박행위의 착수가 있으면 즉시 기수가 된다. 예컨대 화투장을 배부할 시에 기수가 된다. 승패의 결정·재물의 득실은 요하지 않는다.

3. 주관적 구성요건

행위자에게 도박에 대한 고의가 있어야 한다.

4. 위법성

(1) 제246조 단서

도박행위가 일시 오락의 정도에 불과한 때에는 본죄는 성립하지 않는다. 일시 오락의 정도는 도박죄의 위법성조각사유가 된다.

(2) 일시오락정도의 의미

일시오락정도의 의미에 대해서는, ① 재물의 경제적 가치가 근소하여 이를 방임해도 사회에 큰 영향을 미치지 않을 정도를 의미한다는 견해[22]와, ② 도박의 시간과 장소, 도박에 건 재물의 가액, 도박에 가담한 자들의 사회적 지위나 재산 정도 및 도박으로 인한 이득의 용도 등 여러 가지 사정을 참작해서 판단해야 한다는 견해가 대립한다. 일시적인 오락의 정도에 불과한가 여부는 도박죄의 위법성을 재물의 경제적 가치의 근소에 의해서만 판단하는 것은 법문에 부합되지도 않아 타당하지 않으며, 여러 가지 사정을 종합하여 판단하는 통설[23]의 견해가 타

---

19) 김일수/서보학, 515면; 이정원, 688면.
20) 박상기, 590면; 배종대, 128/6; 백형구, 565면; 손동권/김재윤, 718면; 이재상/장영민/강동범, 651면; 정성근/박광민, 755면.
21) 대법원 2015. 10. 29. 선고 2015도10948 판결; 대법원 2011. 1. 13. 선고 2010도9330 판결.
22) 박상기, 592면; 유기천, 113면.

당하다. 판례[24]도 이 입장이다. 재물이 금전인 경우에도 여기에 해당한다.

Ⅲ. 상습도박죄

> **제246조(상습도박)** ② 상습으로 제1항의 죄를 범한 사람은 3년 이하의 징역 또는 2천만원 이하의 벌금에 처한다.
> **제249조(벌금의 병과)** 제246조 제2항, 제247조와 제248조 제1항의 죄에 대하여는 1천만원 이하의 벌금을 병과할 수 있다.

1. 의   의

상습도박죄는 상습으로 도박죄를 범함으로써 성립하는 범죄이다. 본죄는 상습성으로 인하여 책임이 가중되는 가중적 구성요건이다. 본죄가 성립하는 경우에는 누범가중이 적용되는가가 문제된다. 본죄와 누범가중은 그 근거가 다르므로 본죄에 대해서도 당연히 적용된다.

2. 상습성의 판단기준 및 죄수

(1) 상습성의 판단

상습이란 반복하여 도박행위를 하는 습벽을 말한다. 상습성은 일반적으로 전과를 요하지만, 전과가 없는 경우에도 상습성을 인정할 수 있다.

(2) 죄   수

상습도박죄는 집합범이므로 수회에 걸쳐 도박을 한 경우에는 포괄일죄가 된다. 따라서 도박의 습벽이 있는 자가 도박방조와 도박을 한 경우에는 상습도박죄만 성립한다.[25]

3. 공   범

상습범은 행위자의 속성이므로 부진정신분범이다. 따라서 상습자와 비상습

---

23) 이재상/장영민/강동범, 652면.
24) 대법원 1984. 7. 10. 선고 84도1043 판결.
25) 대법원 1984. 4. 24. 선고 84도195 판결.

자가 같이 도박을 한 경우에는 형법 제33조 단서가 적용되어 상습자에게는 본죄가, 비상습자에게는 단순도박죄가 성립한다. 또한 비상습자가 상습자의 도박을 교사·방조한 때에는 단순도박자의 교사·방조가 성립한다.

IV. 도박개장죄

> **제247조(도박장소 등 개설)** 영리의 목적으로 도박을 하는 장소나 공간을 개설한 사람은 5년 이하의 징역 또는 3천만원 이하의 벌금에 처한다.
> **제249조(벌금의 병과)** 본죄에 대하여는 1천만원 이하의 벌금을 병과할 수 있다.

1. 의의 및 성격

도박장소등 개설죄는 영리의 목적으로 도박을 하는 장소나 공간을 개설함으로써 성립하는 범죄이다.

본죄는 도박행위를 교사·방조·예비하는 행위에 불과하지만, 형법은 이를 독립범죄로 규정하여 도박죄와는 별개로 규정한 독립적 구성요건이다. 본죄를 도박행위자보다 가중처벌하는 근거는 인간의 사행(射倖)본능을 이용하여 도박을 유인하거나 촉진시킴으로써 영리를 취하는 것이므로 도박행위보다 더 반사회적인 요소가 있다고 보았기 때문이다. 도박죄를 처벌하지 않는 입법례에서도 대부분 본죄에 해당하는 행위에 대해서는 처벌하고 있다.

2. 객관적 구성요건

영리를 목적으로 도박하는 장소나 공간을 개설하는 것이다.

(1) 도박장소·공간의 개설

도박하는 장소를 개설한다는 것은 스스로 도박의 주재자가 되어 그 지배하에 도박의 장소를 개설하는 것을 말한다. 설비의 정도는 불문하고, 상설일 것도 요하지 않는다. 도박하는 공간을 개설한다는 것은 인터넷 사이트 운영자가 사이버 공간에서 각종 도박사이트를 개설하여 도박행위를 할 수 있도록 제공하는 것을 말한다.

본죄의 주체는 도박의 주재자가 될 것을 요하므로, 도박의 주재자가 되지 않고 단순히 도박장소를 제공함에 그친 경우에는 도박죄의 종범이 될 뿐이다.

본죄는 도박하는 장소나 공간을 개설하면 족하고, 도박하는 자를 유인하거나 도박죄 자체가 성립되었을 것을 요하지 않는다.

(2) 기수시기

본죄는 영리의 목적으로 도박을 하는 장소나 공간을 개설하면 기수가 된다. 도박을 유인하거나 현실로 도박이 행해짐을 요하지 않는다.

3. 주관적 구성요건

본죄는 도박의 고의 이외에 **영리의 목적**이 있어야 한다. 영리의 목적이란 입장료, 수수료 등과 같이 도박하는 장소나 공간을 제공하는 대가로 얻는 재산상의 이익을 말하며, 도박을 통해서 이익을 얻는다는 의미는 아니다. 현실적으로 이익을 얻었는가는 본죄 성립과 무관하다.

4. 죄수 및 타죄와의 관계

(1) 죄　　수

도박장소등을 개설한 자가 수회 연속으로 손님으로부터 수수료를 징수한 경우에는 계속범으로서 일죄가 된다. 그러나 별개의 의사로 일시·장소를 달리하여 개설한 경우에는 경합범이 된다.

(2) 다른 범죄와의 관계

① 도박장소등을 개설한 자가 함께 도박을 한 경우에는 도박장소등 개설죄와 도박죄의 실체적 경합이 된다.[26]

② 도박장소등의 개설을 방조한 경우에는 도박장소등 개설죄의 방조가 되며, 별도로 도박방조죄는 성립하지 않는다.

V. 복표발매·중개·취득죄

> **제248조(복표의 발매 등)** ① 법령에 의하지 아니한 복표를 발매한 사람은 5년 이하의 징역 또는 3천만원 이하의 벌금에 처한다.

---

26) 박상기, 594면; 배종대, 128/14; 백형구, 567면; 이재상/장영민/강동범, 655면; 이형국, 699면.

> ② 제1항의 복표발매를 중개한 사람은 3년 이하의 징역 또는 2천만원 이하의 벌금에 처
> 한다.
> ③ 제1항의 복표를 취득한 사람은 1천만원 이하의 벌금에 처한다.
> **제249조(벌금의 병과)** 본죄에 대하여는 1천만원 이하의 벌금을 병과할 수 있다.

1. 의의 및 성격

복표발매·중개·취득죄는 법령에 의하지 않은 복표를 발매하거나 발매중개
또는 취득함으로써 성립하는 범죄이다.

복표도 우연성에 의하여 승패가 결정된다는 의미에서 광의의 도박죄에 해당
하나, 형법은 이를 독립된 범죄로 규정한 것이다. 복표의 발매와 취득은 필요적
공범 중 대향범에 속한다.

그러나 복표의 발행에 관해서는 '사행행위 등 규제 및 처벌 특례법'의 적용을
받게 된다.

2. 객관적 구성요건

(1) 행위객체

본죄의 행위객체는 '법령에 의하지 아니한 복표'이다.

1) 복 표

'복표'란 발매자가 미리 특정한 표찰을 발매하여 다수인으로부터 금품을 모
은 다음 추첨 등의 방법으로 당첨자에게 재산상 이익을 제공하고 다른 참가자에
게는 손실을 주는 것을 말한다. 형법이 제328조가 규정하고 있는 복표의 개념요
소에는, ① 특정한 표찰일 것, ② 그 표찰을 발매하여 다수인으로부터 금품을 모
을 것, ③ 추첨 등 우연한 방법에 의하여 그 다수인 중 일부 당첨자에게 재산상
의 이익을 주고 다른 참가자에게는 손실을 줄 것이라는 3요소로 이루어져 있다.

도박과 복표의 구별에 관해서는 일반적으로, ① 도박은 추첨 이외에 우연한
방법에 의하여 재물의 득실을 결정하는데 반해, 복표는 추첨에 의하여 손익을 결
정하고, ② 도박은 재물에 대한 소유권이 우연에 의한 승패가 결정되기 전까지는
승자에게 이전하지 않지만, 복표에서는 재물의 제공에 의해 소유권이 발행자에게
로 이전되며, ③ 도박은 당사자 전원이 재물상실의 위험을 부담하는데 반해서,

복표는 구매자만 위험을 부담하고 발매자는 이를 부담하지 않는 점 등을 들 수 있다. 도박과 복표는 재물의 득실이 우연에 의해 결정된다는 점에서는 같은 성질을 지니고 있다고 할 수 있다.

2) 법령에 의하지 않을 것

본죄는 법령에 의하지 않은 복표를 객체로 한다. 법령에 의한 복표는 제20조의 정당행위에 해당하여 위법성이 조각된다는 견해가 있으나, 본죄는 법령에 의하지 않은 복표를 객체로 하므로 법령에 의한 복표는 애당초 구성요건해당성이 배제된다는 견해가 타당하다.

(2) 실행행위

본죄의 실행행위는 '발매·발매중개·취득'이다.

1) '발매'란 구매자에게 복표를 유상양도하는 것을 말한다.

2) '발매중개'란 발매자와 구매자의 사이에서 매매를 알선하는 것을 말한다. 직접적·간접적, 보수의 유무도 불문한다.

3) '취득'이란 발매된 복표에 대해서 점유 또는 소유권을 얻는 것을 말한다. 유상·무상을 불문한다.

3. 주관적 구성요건

법령에 의하지 않은 복표를 발매하거나 발매중개 또는 취득한다는 점에 대한 고의가 있어야 한다.

제 3 절 신앙에 관한 죄

I. 개 설

1. 의의 및 보호법익

신앙에 관한 죄란 공중의 종교생활의 평온과 종교감정을 침해하는 것을 내용으로 하는 범죄이다.

신앙에 관한 죄의 보호법익에 대하여는 사회풍속으로서의 종교적 감정이라는 견해도 있으나, 사회풍속으로서의 **종교적 감정과 종교생활의 평온**을 보호법익으로 한다는 견혜가 타당하다. 그러나 신앙에 관한 죄 모두가 종교생활의 평온과 종교적 감정이라고는 할 수 없다.

사체등 오욕죄 이하의 범죄는 사자에 대한 존경의 감정이지 종교적 평온에 관한 죄라고 할 수 없기 때문이다. 여기서 종교적 감정이란 개인의 종교적 감정이 아니라 다수인 또는 일반인의 종교적 감정을 의미힌다. 국교를 인정하고 있지 않기 때문에 종교 자체를 보호법익으로 하고 있다고는 할 수 없다.

또한 검시방해죄의 보호법익은 종교적 평온과 종교적 감정과는 아무런 관계가 없으며, 오히려 범죄수사와 관련하여 공무방해죄의 성질을 지닌다. 따라서 입법론적으로 검시방해죄는 공무방해의 죄에 규정하는 것이 바람직하다.

본죄의 보호법익에 대한 보호의 정도는 **추상적 위험범**으로서의 보호이다.

2. 구성요건의 체계

형법은 신앙에 관한 죄로 장례식등 방해죄, 사체등 오욕죄, 분묘발굴죄, 사체등 영득죄 및 변사제검시방해죄를 독립적 구성요건으로 규정하고 있으며, 분묘발굴죄와 사체등 영득죄에 대해서는 미수범을 처벌한다.

II. 장례식 등 방해죄

> **제158조(장례식 등의 방해)** 장례식, 제사, 예배 또는 설교를 방해한 자는 3년 이하의 징역 또는 500만원 이하의 벌금에 처한다.

1. 의의 및 성격

장례식 등 방해죄는 장례식, 제사, 예배 또는 설교를 방해함으로써 성립하는 범죄이다. 장례식 등 종교적 행사를 방해하는 행위를 처벌하여 종교적 평온을 보호하기 위해서이다.

따라서 본죄는 보호법익은 종교생활의 평온이고, 보호의 정도는 추상적 위험범이다.

2. 객관적 구성요건

(1) 행위객체

장례식 등 방해죄의 행위객체는 '장례식·제사·예배·설교'이다. 따라서 이러한 행사의 일환이 아닐 경우, 예컨대 교회에서의 회합, 학술강연을 위한 모임, 결혼식 등일 경우에는 본조에 해당하지 않는다.[27]

1) 장 례 식

'장례식'이란 사자를 장사지내는 의식을 말한다. 반드시 종교적 의식일 것을 요하지 않고 비종교적 장례식도 포함된다. 사체의 존재도 요하지 않는다.

2) 제   사

'제사'란 제사를 지내는 의식을 말한다. 종교적 의식·전통적 의식을 불문한다.

3) 예   배

'예배'란 종교단체의 규례와 형식에 따라 신에게 기도하고 숭배하고 경모하는 종교적 의식을 말한다. 그 장소는 불문하나, 다수인이 참여할 것을 요한다. 야외예배도 포함된다. 설교가 거부된 목사가 행하는 예배도 여기에 해당한다.

4) 설   교

'설교'란 종교상의 교의를 해설·설명하는 것을 말한다. 그러나 종교행정·종교정치·종교학술에 관한 연설·강연은 설교가 아니다.

(2) 실행행위

장례식 등 방해죄의 행위는 '방해'하는 것이다.

1) 의   의

장례식 등의 정상적인 진행을 곤란하게 하는 일체의 행위를 말한다. 그 방법에는 제한이 없다. 예컨대 묘혈을 파는 것을 방해하거나, 목회자를 감금하거나, 소음을 내거나 협박을 하는 것도 방해에 해당한다. 그러나 문서를 반포하여 비방하는 것은 여기에서 말하는 방해에는 해당하지 않는다.

---

27) 김일수/서보학, 522면; 백형구, 572면; 이재상/장영민/강동범, 659면; 임웅, 839면; 정성근/박광민, 765면.

2) 방해시기

장례식 등이 진행 중이거나 그 집행과 시간적으로 밀접 불가분한 관계에 있는 준비단계에서 방해행위가 있어야 한다.

3) 기수시기

방해행위가 있음으로써 기수가 되고, 본죄는 추상적 위험범이므로 현실적인 방해결과는 요하지 않는다.

3. 주관적 구성요건

장례식, 제사, 예배 또는 설교를 방해한다는 사실에 대한 고의가 있어야 한다. 본죄는 목적범이 아니므로 방해의 목적은 요하지 않는다.

Ⅲ. 사체 등 오욕죄

제159조(사체 등의 오욕) 사체, 유골 또는 유발을 오욕한 자는 2년 이하의 징역 또는 500만원 이하의 벌금에 처한다.

1. 의의 및 성격

사체 등 오욕죄는 사체·유골 또는 유발을 오욕함으로써 성립하는 범죄이다. 본죄는 사자에 대한 **사회일반의 종교적 감정**, 즉 경외와 존경의 감정을 보호법익으로 하는 추상적 위험범이다.

2. 객관적 구성요건

(1) 행위객체

사체 등 오욕죄의 행위객체는 '사체·유골·유발'이다.

① 사   체   '사체'란 사자의 시신을 말한다. 즉 사람 모양의 통일체로 결합되어 있는 사람의 시체를 말한다. 인체의 형태를 갖춘 사태도 포함된다는 것이 통설[28]의 입장이다. 시체의 일부인 머리, 팔·다리, 장기, 내장 등과 인공가공

---

28) 김성천/김형준, 894면; 이재상/장영민/강동범, 661면; 이형국, 707면; 임웅, 840면; 정성근/박광민, 767면.

물인 금니, 금속뼈 등의 가공물도 사체에 포함된다. 그러나 사체에서 뽑아낸 혈액은 사체라고 보기 어렵다.

　　② 유골·유발　　'유골'이란 화장 기타의 방법으로 백골이 된 사체의 일부분을 말하고, '유발'이란 시자를 제사·기념하기 위하여 보존하는 모발을 말한다. 사자를 제사·기념하기 위하여 보존대상이 된 것에 한하므로 화장 후 버려진 재, 학술표본용의 유골·유발은 종교적 감정과 관계없기 때문에 본죄의 객체에 해당하지 않는다.

(2) 실행행위

사체등 오욕죄의 실행행위는 '오욕하는 것'이다. 여기서 오욕이란 폭행 기타 유형력의 행사에 의하여 모욕적인 의사를 표현하는 것을 말한다. 따라서 욕설을 하는 것과 같이 언어에 의한 경우에는 오욕이라 할 수 없다. 예컨대 시체에 침을 뱉거나 방뇨하는 경우, 시체를 간음하는 경우에는 여기에 해당한다.[29]

3. 주관적 구성요건

사체·유골 또는 유발을 오욕한다는 점에 대한 고의가 있어야 한다.

Ⅳ. 분묘발굴죄

> 제160조(분묘의 발굴) 분묘를 발굴한 자는 5년 이하의 징역에 처한다.
> 제162조(미수범) 본죄의 미수범은 처벌한다.

1. 의의 및 성격

분묘발굴죄는 분묘를 발굴함으로써 성립하는 범죄이다.

본죄는 분묘의 평온을 유지하여 **사자에 대한 종교적 감정**을 보호법익으로 하는 추상적위험범이다. 판례는 본죄의 보호법익을 종교감정의 공서양속이라고 해석하고 있다.[30]

---

29) 김일수/서보학, 524면; 백형구, 574면; 이재상/장영민/강동범, 661면; 이형국, 707면; 정성근/박광민, 768면.

30) 대법원 1971. 10. 25. 선고 71도1727 판결.

2. 객관적 구성요건

(1) 행위객체

분묘발굴죄의 행위객체는 '분묘'이다. 분묘는 사람의 사체·유골·유발을 매장하여 사자를 제사·기념하는 장소를 말한다. 인체의 형태를 갖춘 사태를 매장한 장소도 포함된다. 태아가 인체의 형태를 갖춘 경우에는 여기에 포함된다. [31]

소유자·관리자가 현존함을 요하지 않으며, 사자가 누구인지 불분명하더라도 현재 제사·존경의 대상이 되어 있으면 본죄의 객체가 된다. 반드시 적법하게 매장된 분묘임을 요하지 않는다. 사체나 유골이 분해된 이후라도 후손의 제사와 존경의 대상이 된 경우에는 여기의 분묘에 해당한다. 그러나 제사나 예배의 대상이 아닌 고분의 경우에는 본죄의 객체가 아니다.

(2) 실행행위

분묘발굴죄의 실행행위는 '발굴'이다. 발굴이란 복토의 전부 또는 일부를 제거하거나 묘석 등을 파괴·해체하여 분묘를 훼손하는 것을 말한다.

본죄의 기수시기에 대해서는, 관이나 유공 또는 사체가 외부에 표출될 것을 요하는가에 관하여, ① 분묘 내의 관이나 사체·유골 등을 외부에서 인식할 수 있는 상태로 되었을 때 기수가 된다는 **외부인지설**과, ② 반드시 관·사체 등이 현출될 필요는 없고 복토를 제거한 상태에 이르렀을 때 기수가 된다는 **복토제거설**이 대립되고 있다. 판례는 복토제거설의 입장을 취하고 있다. [32] 그러나 본죄의 미수범을 처벌하는 형법의 입법태도로 보아 **외부인지설**이 타당하다.

3. 위 법 성

분묘발굴이 법에 근거한 경우에는 위법성이 조각된다. 예컨대 검증, 감정을 위한 발굴의 경우이다. 또한 분묘를 개장·이장·수선하기 위하여 관리자의 동의를 얻어 종교적·관습적인 양식에 따라 존중의 예를 갖추어 행한 발굴의 경우에도 본죄에 해당하지 않는다. [33]

---

31) 김일수/서보학, 525면; 백형구, 575면; 이재상/장영민/강동범, 662면; 임웅, 841면.
32) 대법원 1962. 3. 29. 선고 4294형상539 판결.
33) 대법원 2007. 12. 13. 선고 2007도8131 판결.

그러나 토지구획사업시행자로부터 분묘의 개장명령을 받았다고 하더라도 분묘주의 허락 없이 분묘발굴을 하는 것은 정당화되지 않는다.[34]

V. 사체 등 손괴·유기·은닉·영득죄

제161조(사체 등의 영득) ① 사체, 유골, 유발 또는 관내에 장치한 물건을 손괴, 유기, 은닉 또는 영득한 자는 7년 이하의 징역에 처한다.
② 분묘를 발굴하여 전항의 죄를 범한 자는 10년 이하의 징역에 처한다.
제162조(미수범) 본죄의 미수범은 처벌한다.

1. 의의 및 성격

사체 등 손괴·유기·은닉·영득죄는 사체·유골·유발 또는 관내에 장치한 물건을 손괴·유기·은닉 또는 영득하거나, 분묘를 발굴하여 사체·유골·유발 또는 관내에 장치한 물건을 손괴·유기·은닉 또는 영득함으로써 성립하는 범죄이다.

본죄는 재산죄와는 달리 사회의 종교적 감정을 보호법익으로 하고, 보호의 정도는 추상적 위험범이다.

2. 객관적 구성요건

(1) 행위주체

본죄의 행위주체에는 특별한 제한이 없다. 사자의 후손 또는 사체 등에 대한 처분권을 가진 사람도 주체가 될 수 있다.

(2) 행위객체

본죄의 행위객체는 '사체·유골·유발 또는 관내에 장치한 물건'이다.

1) 의   의

사체·유골·유발은 사체의 개념은 사체등 오욕죄(제159조)와 그 의미가 동일하고, '관내에 장치한 물건'이라 함은 기념을 위하여 사체와 함께 관내에 넣어 둔 일체의 부장물을 말한다. 예컨대 사체의 착의나 사자의 유애물(遺愛物)이 여기에 해당하며, 관 자체는 여기에 포함되지 않는다.

---

34) 대법원 1978. 5. 9. 선고 77도3588 판결.

2) 재 물 성

사체·유골·유발의 재물성 여부가 문제되는데, 이 경우에 학술연구용으로 기증된 사체 등은 재물성을 가지지만, 제사·공경의 대상이 되는 사체·유골·유발은 재물이라고 할 수 없으므로 재산죄는 성립하지 않는다. 그러나 관내에 장치한 물건은 그 자체가 제사와 공경의 대상이라고 할 수 없으므로 재물성을 가진다고 보아야 한다.[35] 따라서 관내의 부장물을 취득한 경우에는 본죄와 절도죄의 상상적 경합이 된다.

(3) 실행행위

본죄의 실행행위는 '손괴·유기·은닉·영득'하거나, '분묘를 발굴하여 손괴·유기·은닉·영득하는 것'이다.

1) 손   괴

'손괴'란 본죄의 객체에 대하여 종교적 감정을 해할 정도로 물리적으로 훼손·파괴하는 것을 말한다. 예컨대 사체의 수족을 절단하거나, 유골의 일부를 분리하는 것 등이 여기에 해당한다.

2) 유   기

'유기'란 종교적·사회적으로 매장이라고 인정될 수 없는 방법으로 사체 등을 방기하는 것을 말한다. 장소적 이전을 요하지 않으므로 작위·부작위에 의해서도 성립할 수 있다. 부작위에 의한 유기는 작위의무가 존재해야 한다. 따라서 사람을 살해한 후 범죄를 은폐하기 위하여 시체를 다른 곳으로 옮겨 유기하거나 사체를 매몰한 경우에는 유기에 해당하지만, 사체를 현장에 방치한 경우에는 유기에 해당하지 않는다.[36] 다만 사체를 매장하는 경우에는 은닉에 해당하는 수가 있다.

이와 달리 산모가 영아를 질식사하게 한 후 사체를 그대로 방치한 경우에는 사체유기죄가 성립한다. 산모에게 작위의무가 발생하기 때문이다. 판례도 조리에 의해 작위의무가 발생할 수 있다고 판시한 바 있다.[37] 따라서 사람을 살해한 후 사체를 유기한 때에는 살인죄와 사체유기죄는 실체적 경합범이 된다.[38]

---

35) 김일수/서보학, 526면; 배종대, 132/7; 백형구, 578면; 이재상/장영민/강동범, 663면; 임웅, 843면; 정성근/박광민, 772면.
36) 대법원 1986. 6. 24. 선고 86도891 판결.
37) 대법원 1961. 1. 18. 선고 4293형상859 판결.
38) 대법원 1997. 7. 25. 선고 97도1142 판결.

3) 은　닉

'은닉'이란 사체 등의 발견을 불가능하게 하거나 매우 곤란하게 하는 일체의 행위를 말한다. 예컨대 사체를 매몰하거나 벽장에 숨기거나 물속에 가라앉게 하는 경우가 여기에 해당한다.

4) 영　득

'영득'이란 사체 등에 대한 점유를 불법하게 취득하는 것을 말한다. 점유취득의 방법에는 제한이 없다. 따라서 직접적·간접적, 유상·무상을 불문한다.

한편, 사체의 점유는 재물의 점유가 재물에 대한 지배인 반면에, 사체의 점유는 사체등에 대한 감시와 보관관계라는 의미에서의 보호를 의미하는 점에서 차이가 있다.

(4) 분묘발굴 사체등 손괴·유기·은닉·영득죄

본죄는 분묘를 발굴하여 사체·유골·유발 또는 관내에 장치한 물건을 손괴·유기·은닉 또는 영득함으로써 성립하는 범죄이다.

여기서 '분묘발굴'의 의미는 분묘발굴죄(제160조)와 동일하다. 즉 분묘의 복토의 전부 또는 일부를 제거하거나 묘석 등을 파괴·해체하여 분묘를 훼손하는 것을 말한다.

본죄는 분묘발굴죄와 사체 등 손괴·유기·은닉·영득죄와의 결합범이므로 가중처벌된다.

3. 주관적 구성요건

본죄는 객관적 구성요건적 사실에 대한 고의가 필요하다. 사체영득죄의 경우에는 불법영득의사가 필요하다.

Ⅵ. 변사체검시방해죄

제163조(변사체검시방해) 변사자의 사체 또는 변사의 의심 있는 사체를 은닉 또는 변경하거나 기타 방법으로 검시를 방해한 자는 700만원 이하의 벌금에 처한다.

1. 의의 및 성격

변사체검시방해죄는 변사자의 사체 또는 변사의 의심 있는 사체를 은닉 또는 변경하거나 기타 방법으로 검시를 방해함으로써 성립하는 범죄이다.

본죄는 종교적 평온과 종교적 감정을 보호하기 위한 범죄가 아니라 공무방해의 죄로서의 성질을 가진 범죄이다.

정당한 이유 없이 변사체(變死體) 또는 사태(死胎)가 있는 현장을 변경한 때에는 경범죄처벌법에 의하여 처벌된다.[39]

2. 객관적 구성요건

(1) 행위객체

변사체검시방해죄의 행위객체는 '변사자의 사체 또는 변사의 의심 있는 사체'이다. 여기서 '변사자'(變死者)란 자연사 또는 통상의 병사(病死)가 아닌 사체로서 범죄로 인한 사망이라는 의심이 가는 사체를 말한다.[40] 따라서 범죄로 인하여 사망한 것이 명백한 사체의 경우에는 변사체가 아니다.[41] 본조에서 변사자 외에 변사의 의심이 있는 사체를 행위객체에 포함한 것은 형사소송법 제222조에서 이를 검시의 대상으로 규정하고 있기 때문이다. 따라서 수사기관의 검시가 끝난 사체는 본죄의 객체가 아니다.

(2) 실행행위

변사체검시방해죄의 실행행위는 '사체를 은닉 또는 변경하거나 기타 방법으로 검시를 방해하는 것'이다.

1) 검시방해

'검시를 방해한다는 것'은 검시를 불가능하게 하거나 현저히 곤란하게 하는 것을 말한다. 여기서 검시란 사망이 범죄로 인한 것인가를 판단하기 위하여 수사기관이 변사자의 사체상황을 조사하는 것을 말한다. 변사체의 검시는 수사의 단서에 불과하므로 수사처분인 검증과는 구별된다.

---

39) 경범죄처벌법 제1조 제6호 참조.
40) 김일수/서보학, 528면; 백형구, 577면; 이재상/장영민/강동범, 665면; 임웅, 845면; 정성근/박광민, 703면. 이에 반해 사인이 명백한 사망의 경우도 변사자에 포함된다는 반대 견해도 있다(박상기, 600면).
41) 대법원 2003. 6. 27. 선고 2003도1331 판결.

2) 사체의 은닉·변경·기타방법

사체의 '은닉'이란 변사체의 소재를 불명하게 하여 그 발견을 곤란하게 하는 일체의 행위를 말하며, 사체의 '변경'이란 사체의 원상을 변경시키는 일체의 행위를 말한다. 사체의 내부를 변경하건 외부를 변경하건 불문한다. 변사체 자체를 변경하지 않고 변사체가 있는 현장을 변경시킨 경우에는 경범죄 처벌법 제1조 제6호에 해당한다. '기타방법'으로 검시를 방해하는 경우로는 사체를 화장하거나 손괴하는 경우를 들 수 있다.

3. 주관적 구성요건

본죄는 고의범이므로 행위자에게는 변사자의 사체 또는 변사의 의심 있는 사체를 은닉 또는 변경하거나 기타 방법으로 검시를 방해한다는 사실에 대한 고의가 있어야 한다.

4. 다른 범죄와의 관계

(1) 공무집행방해죄와의 관계

변사체를 검시하는 공무원을 폭행·협박하여 검시를 방해한 경우에는 본죄와 공무집행방해죄의 상상적 경합이 된다는 견해[42]와, 공무집행방해죄만 성립한다는 견해[43]가 대립되고 있다. 그러나 본죄는 공무방해죄로서의 성질을 가진 범죄이므로 공무집행방해죄만 성립한다고 보는 견해가 타당하다.

(2) 사체유기·은닉죄와의 관계

사체를 유기·은닉한 경우에 검시방해의 의사가 없었던 경우에는 사체유기·은닉죄만 성립하고, 검시방해의 의사까지 있었던 경우에는 양죄의 상상적 경합이 된다.

---

42) 김일수/서보학, 529면; 박상기, 600면.
43) 이재상/장영민/강동범, 666면.

제 3 편

국가적 법익에 관한 죄

제 1 장 국가의 존립 및 권위에 관한 죄
제 2 장 국가의 기능에 관한 죄

제1장 국가의 존립과 권위에 관한 죄

제1절 내란의 죄

I. 개 설

1. 의의 및 보호법익

(1) 의 의

내란의 죄란 다수인이 폭행·협박에 의하여 대한민국 헌법의 기본질서를 침해함으로써 국가존립을 위태롭게 하는 것을 내용으로 하는 범죄이다. 즉 국토를 참절(僭竊)하거나 국헌(國憲)을 문란(紊亂)하게 할 목적으로 다수인이 폭동(暴動)함으로써 성립하는 범죄이다. 이 죄는 다수인이 폭행·협박에 참여하는 폭동행위를 필요로 하므로 이른바 **필요적 공범**이며 **집합범**이다. 다수인이 범죄에 참가할 것이 요구되는 집합범이라는 점에서는 소요죄와 유사하다. 그러나 소요죄가 다중이 집합하여 폭행·협박 또는 손괴하는 것을 내용으로 하는 범죄이지만, 내란죄는 국토참절이나 국헌문란의 목적을 가진 **목적범**이라는 점과 집합한 다중이 목적달성을 위하여 어느 정도 **조직화된 다중**이어야 한다는 점에서 **소요죄와 구별**된다.

(2) 보호법익

내란죄의 보호법익에 대하여는, **국가의 존립**이라는 견해[1]와 **국가의 내적 안전**이라는 견해[2]가 대립한다. 형법은 국토를 참절하거나 국헌을 문란하게 하는 행위를 모두 처벌하기 때문에 본죄의 보호법익은 국가의 존립과 안전이라고 할 수 있으며, 이는 넓은 의미에서 보면 국가의 내적 안전이라고 할 수 있으므로 후설이

---

[1] 배종대, 138/5; 정영일, 397면.

[2] 김성돈, 710면; 김일수/서보학, 742면; 손동권/김재윤, 727면; 이정원, 700면; 이형국, 716면; 임웅, 851면.

타당하다.

법익보호의 정도에 대하여는 추상적 위험범이라는 견해[3]도 있으나, 구체적 위험범으로 이해하는 다수설의 태도가 타당하다.

한편 내란목적살인죄의 보호법익은 국가의 존립과 안전 및 사람의 생명이고, 사람의 생명에 대하여는 침해범으로서의 보호이다.

2. 구성요건의 체계

제1장 내란의 죄는 내란죄(제87조)와 내란목적살인죄(제88조)를 규정하고 있을 뿐이다. 양죄를 기본적 구성요건으로 하고, 그 미수를 처벌하며, 내란예비·음모죄(제90조 제1항)와 내란선동·선전죄(제90조 제2항)를 처벌하는 규정을 두고 있다. 그리고 내란예비·음모에 대한 특별법으로서「국가보안법」제3조가 있고, 군인의 내란행위에 대하여는 가중처벌하는「군형법」상의 반란죄(제5조)가 있다.

3. 내란죄의 본질

(1) 총칙상의 공범규정의 적용여부

내란죄는 필요적 공범 중 집합범이다. 따라서 내부참가자 사이에는 총칙상의 공범규정이 적용되지 않고 자신의 가담형태에 따라 제87조 각호가 적용된다. 그리고 외부에서 가담한 자에 대한 공범규정의 적용여부에 관해서, ① 형법총칙의 공범규정은 단독범을 전제로 한 규정이고 필요적 공범에 대하여는 적용되지 않으므로 집단범죄인 내란죄에 이를 적용하는 것은 그 본질에 반한다고 해석하는 소극설[4]도 있으나, ② 내란죄에 공동정범에 관한 규정은 적용될 여지가 없지만 내란을 교사하거나 집단 외에서 자금을 제공하는 실행을 용이하게 하는 방조는 가능하므로 협의의 공범에 관한 규정은 적용될 여지가 있다. 따라서 형법이 내란죄를 수괴·중요임무종사자·부화수행자 또는 단순가담자로 구분하여 처벌하고 있는 점에 비추어볼 때 공동정범의 규정은 적용될 여지가 없지만, 협의의 공범에 관한 규정은 적용된다고 해석하는 다수설[5]의 태도가 타당하다고 생각된다. 또한,

---

3) 임웅, 851면.
4) 김일수/서보학, 745면; 이정원, 701면; 진계호, 779면.
5) 김성천/김형준, 768면; 박상기, 605면; 배종대, 138/5; 백형구, 693면; 손동권/김재윤, 731면; 오영근, 666면; 이재상/장영민/강동범, 671면; 임웅, 856면; 정성근/박광민, 937면; 정영일,

그 근거로는 현행형법이 구형법에 존재하였던 방조에 관한 규정을 삭제하였고, 또한 제87조의 내용을 살펴보면 교사·방조행위를 예상한 규정이라고는 볼 수 없기 때문이다.

(2) 국가보안법과의 관계

국가보안법은 국가의 안전을 위태롭게 하는 반국가활동을 규제하여 구가의 안전과 국민의 생존 및 자유를 확보하기 위해 만들어진 특별법이다. 따라서 국가보안법상 내란의 죄 중 관계되는 규정, 특히 내란 예비·음모죄에 대해서는 국가보안법이 형법에 우선하여 적용된다. 즉 내란을 목적으로 반국가단체를 구성하거나 가입한 경우에는 형법상 내란예비·음모죄에 대한 특별법인「국가보안법」제3조가 적용된다. 그러나 국가보안법이 내란죄에 대한 처벌규정을 두고 있지 않으므로 내란행위로 나아간 경우에는 형법의 내란죄를 적용하게 된다.

Ⅱ. 내 란 죄

제87조(내란) 국토를 참절하거나 국헌을 문란할 목적으로 폭동한 자는 다음의 구별에 의하여 처단한다.
  1. 수괴는 사형, 무기징역 또는 무기금고에 처한다.
  2. 모의에 참여하거나 지휘하거나 기타 중요한 임무에 종사한 자는 사형, 무기 또는 5년 이상의 징역이나 금고에 처한다. 살상, 파괴 또는 약탈의 행위를 실행한 자도 같다.
  3. 부화수행하거나 단순히 폭동에만 관여한 자는 5년 이하의 징역 또는 금고에 처한다.
제89조(미수범) 본죄의 미수범은 처벌한다.
제91조(국헌문란의 정의) 본장에서 국헌을 문란할 목적이라 함은 다음 각 호의 1에 해당함을 말한다.
  1. 헌법 또는 법률에 정한 절차에 의하지 아니하고 헌법 또는 법률의 기능을 소멸시키는 것
  2. 헌법에 의하여 설치된 국가기관을 강합에 의하여 전복 또는 그 권능행사를 불가능하게 하는 것

400면.

1. 의의 및 성격

내란죄는 국토를 참절하거나 국헌을 문란할 목적으로 폭동함으로써 성립하는 범죄이다. 본죄는 행위주체로서 다수인의 조직적 결합이 필요하기 때문에 필요적 공범이고 집합범이다. 또한 본죄는 국토를 참절하거나 국헌을 문란하게 할 목적을 요하는 범죄이므로 **목적범**이다.

2. 객관적 구성요건

(1) 행위주체

내란죄의 행위주체에는 제한이 없다. 내국인·외국인을 불문하며, 내국에서 범하는 경우뿐만 아니라 외국에서 범한 경우를 포함한다. 다만 다중의 집합을 필요로 하기 때문에 어느 정도 조직화된 다수인의 조직적 결합이 필요하다.

본죄의 주체에는 제한이 없으나, 형법은 본죄에 관여하는 자의 지위와 역할에 따라, ① 수괴, ② 모의참여자·지휘자·중요임무종사자, ③ 부화수행자와 단순관여자로 구별하여 처벌을 달리하고 있다.

1) 수　　괴

'수괴'란 폭동을 조직·통솔하는 최고 지휘자의 지위에 있는 자를 말한다. 1인임을 요하지 않고 반드시 현장에 있을 것을 요하는 것도 아니다.

2) 모의참여자·지휘자·중요임무종사자

'**모의참여자**'는 수괴를 보좌하여 폭동계획에 참여한 자를 말하며, '**지휘자**'란 폭동에 가담한 다수인의 전부 또는 일부를 지휘하는 자를 말한다. 폭동개시 전에 지휘하든 폭동현장에서 지휘하든 불문하며 집단 밖에서 지휘하더라고 상관없다.[6] 또한 '**중요임무종사자**'란 모의참여자·지휘자 이외의 자로서 폭동에 관하여 중요한 책임을 맡고 있는 사람을 말한다. 예컨대 탄약·식량을 보급하거나 경리를 담당하거나, 폭동시에 살상·파괴·약탈행위를 실행한 자도 여기에 해당한다.

3) 부화수행자·단순폭동관여자

'**부화수행자·단순폭동관여자**'는 확고한 주관 없이 막연히 폭동에 가담하여 폭동의 세력을 증대시킨 자를 말한다. 예컨대 단순히 기계적인 노무에 종사하거

---

6) 배종대, 138/4; 이형국, 722면; 이재상/장영민/강동범, 673면; 임웅, 853면.

나, 투석이나 고성방가 등의 행위를 한 자가 여기에 해당하는데, 이는 군중심리에 의해 경솔하게 내란행위에 가담했다는 정상을 참작하여 형을 가볍게 하고 있다.

(2) 실행행위

내란죄의 실행행위는 '폭동'하는 것이다. 또한 폭동시에 살상, 파괴, 약탈의 행위를 하는 것이다. 여기서 '폭동'이란 다수인이 결합하여 폭행·협박하는 것을 말한다. 본조의 폭행·협박은 **최광의의 폭행·협박**으로서 사람에 대한 폭행이든 물건에 대한 폭행이든 불문하지만, 한 지방의 평온을 해할 정도일 것을 요한다. 이에 이르지 못한 경우에는 본죄의 미수가 된다.[7] 내란목적의 동맹파업·시위·태업도 여기의 폭행에 포함된다.

3. 주관적 구성요건

본죄는 고의범이고 **목적범**이므로 행위자에게는 다수인이 집합하여 폭동한다는 인식·의사인 고의가 있어야 하며, 고의 이외에도 국토를 참절하거나 국헌을 문란하게 할 목적이 있어야 한다. 목적의 달성의 여부는 본죄의 성립에 영향이 없다.

국헌문란의 목적에 대한 인식에 관하여, 판례와 소수설은 미필적 인식으로 족하다는 입장을 취하고 있으나, 폭동은 직접 국헌문란의 목적을 달성하기 위한 수단으로 행해져야 하기 때문에 확정적 인식이 필요하다는 다수설[8]의 견해가 타당하다.

여기서 ① '국토참절의 목적'이란 대한민국의 영토의 전부 또는 일부에 대한 불법지배를 통해서 영토고권을 배제하려는 목적을 말한다. 즉 영토내란의 목적을 말한다. 대한민국의 영토를 외국에 양도하거나 대한민국의 국가적 통일성을 배제하거나 영토의 일부를 분리하는 하는 것을 포함한다. ② '국헌문란의 목적'이란 헌법상의 기본질서, 즉 자유민주적 기본질서를 침해할 목적을 말한다. 즉 헌법내란의 목적을 말한다. 형법 제91조는 국헌문란의 목적의 의미에 대하여 다음과 같이 규정하고 있다.

---

7) 김일수/서보학, 745면; 이재상/장영민/강동범, 676면.
8) 김성천/김형준, 910면; 김일수/서보학, 747면; 박상기, 609면; 이재상/장영민/강동범, 676면.

(가) 헌법 또는 법률에 정한 절차에 의하지 아니하고 헌법 또는 법률의 기능을 소멸시키는 것(제1호)   이는 민주적 기본질서에 기초한 국가의 기본조직·통치작용을 파괴·변혁하는 것을 말한다.

(나) 헌법에 의하여 설치된 국가기관을 강압에 의하여 전복 또는 그 권능행사를 불가능하게 하는 것(제2호)   이는 제도로서의 헌법기관을 전복시킴으로써 그 기능을 정지시키는 것을 말한다. 따라서 특정 정권의 타도, 대통령 등 정부요인 살해 등은 제도 자체의 변혁을 목적으로 하는 것이 아니므로 국헌문란이 아니나. 권능행사를 불가능하게 한다는 것은 그 기관을 제도적으로 영구히 폐지하거나 사실상 상당기간 기능을 제대로 할 수 없도록 하는 경우를 포함한다.[9]

그러나 헌법상의 제도인 의회제도, 권력분립제도, 복수정당제, 사법권의 독립 등 국가의 기본조직에 속하는 것을 파괴하는 것은 국헌문란에 해당한다.

4. 공범규정의 적용여부

(1) 내부참가자

내란죄는 필요적 공범이므로 다중의 구성원 사이에는 임의적 공범을 전제한 총칙상의 공범규정이 적용되지 않는다. 그러므로 내부참가자는 제87조 내란죄의 가담형태에 따라서 법정형이 다른 내란죄의 정범으로 처벌된다.

(2) 외부관여자

집합범의 성격상 외부에서의 공동실행은 있을 수 없으므로 공동정범은 성립할 수 없으나, 집단의 외부에서 내란행위를 교사·방조하는 것은 가능하므로 교사·방조의 규정은 적용될 수 있다.

5. 죄수 및 다른 범죄와의 관계

(1) 죄   수

내란죄에 해당하는 폭동중에 살인·상해·방화·손괴 등의 행위를 한 경우에는, ① 내란죄와 살인죄 등은 보호법익을 달리하므로 상상적 경합이 된다는 견해[10]도 있다. 그러나 ② 이러한 행위는 내란목적을 달성하기 위한 수단에 불과하

---

9) 대법원 1997. 4. 17. 선고 96도3376 전원합의체 판결.
10) 이재상/장영민/강동범, 676면.

고, 「형법」 제87조 후단은 살상·파괴·약탈을 내란죄의 구성요소로 규정하고 있기 때문에 내란죄에 흡수된다는 견해[11]가 타당하다. 판례도 같은 취지로 판시한 바 있다.[12]

(2) 국가보안법과의 관계

반국가단체를 구성하거나 여기에 가입한 경우에는 내란예비·음모행위에 해당하지만, 특별법인 「국가보안법」이 우선 적용된다. 그러나 반국가단체 가입 후에 내란행위로 나아간 경우에는 「국가보안법」은 내란죄 자체를 규정하고 있지 않으므로 형법상의 내란죄가 적용된다.

Ⅲ. 내란목적살인죄

제88조(내란목적의 살인) 국토를 참절하거나 국헌을 문란할 목적으로 사람을 살해한 자는 사형, 무기징역 또는 무기금고에 처한다.
제89조(미수범) 본죄의 미수범은 처벌한다.

1. 의의 및 성격

내란목적살인죄는 국토를 참절하거나 국헌을 문란할 목적으로 사람을 살해함으로써 성립하는 범죄이다.

본죄의 성격에 대해서는, ① 국토를 참절하거나 국헌을 문란할 목적으로 사람을 살해한 때에 제87조 제2호에 해당하지만 이를 특별히 무겁게 처벌하기 위하여 규정한 특별관계적 규정이라고 해석하는 견해[13]와 ② 요인암살을 내용을 하는 내란죄의 독립된 범죄유형이라고 해석하는 견해,[14] ③ 내란의 목적은 살인의 목적을 이루는데 불과하므로 살인죄의 가중적 구성요건이라는 견해,[15] 그리고 ④ 폭동에 수반한 살인은 내란죄에 해당하지만, 폭동과 별개로 행해진 살인만이

---

11) 김일수/서보학, 745면; 배종대, 138/5; 이재상/장영민/강동범, 672면; 이형국, 722면; 임웅, 856면; 정성근/박광민, 938면.
12) 대법원 1997. 4. 17. 선고 96도33179 전원합의체 판결.
13) 유기천, 252면; 진계호, 783면.
14) 김성천/김형준, 910면; 김일수/서보학, 747면; 박상기, 609면; 이정원, 706면.
15) 배종대, 139/1; 이재상/장영민/강동범, 677면;정성근/박광민, 940면.

내란목적살인죄에 해당한다고 해석하는 견해[16]가 대립한다.

생각건대 ① 내란죄에서의 폭동시에 사람을 살해하는 것과 내란목적 살인죄는 모두 내란목적을 공통요소로 하기 때문에 양죄를 구별하는 것은 실제로 불가능하며, ② 내란목적으로 폭동시에 대상을 불문하고 사람을 살해하면 제87조 제2호의 내란죄에 해당하게 되므로, 본죄는 내란의 목적달성을 저지하거나 방해가 될 만한 특정한 사람을 살해하는 경우로 제한적으로 해석하는 것이 법문과 입법취지를 고려한 합리적인 해석이라 할 것이다. 요인암살을 내용으로 한다는 견해는 법문을 자의적으로 지나치게 축소해석한다는 비판을 면하기 어렵다.

2. 객관적 구성요건

본죄는 국토참절과 국헌문란, 즉 내란을 목적으로 사람을 살해하는 것을 말한다.

(1) 행위객체

내란목적살인죄의 행위객체는 '사람'이다. 본죄의 행위객체에 대하여는, ① 일반인이 아닌 헌법기관을 구성하는 삼부요인과 정당지도자, 주요당직자를 의미한다는 견해[17]와 ② 국가원수 또는 군수뇌부에 제한된다고 해석하는 견해[18]도 있다. 그러나 본죄의 객체에는 제한이 없으며, 이를 제한하여야 할 이유도 없다. 내란목적달성을 위해 방해가 되거나 이를 저지하는 사람을 살해하면 족하다고 하겠다. 예컨대 공관을 경비 중인 경찰관을 살해한 경우에도 본죄에 해당한다.[19]

(2) 실행행위

본죄의 실행행위는 내란의 목적을 위해 사람을 '살해하는 것'이다. 이에 대하여 본죄는 폭동으로 나아감을 요하지 않으므로 폭동의 고의가 없거나 폭동의 실행행위로 나아가지 않은 때에만 성립한다고 제한적으로 해석하는 견해[20]도 있다. 그러나 본조의 의미는 내란의 목적으로 사람을 살해하면 본죄가 성립하며, 폭동

---

16) 오영근, 668면; 이형국, 724면; 임웅, 858면.
17) 김일수/서보학, 747면; 이정원, 707면.
18) 박상기, 609면.
19) 오영근, 668면; 이재상/장영민/강동범, 677면; 이정원, 706면; 임웅, 767면; 정성근/박광민, 940면.
20) 황산덕, 20면.

의 전후를 불문한다. 이에 반해 내란죄에서의 살인은 폭동시에 사람을 살해한다는 점에서 차이가 있다.

3. 주관적 구성요건

본죄가 성립하기 위해서는 살인의 고의 이외에 국토를 참절하거나 국헌을 문란하게 하는 내란의 목적이 있어야 한다. 내란의 목적달성 여부는 본죄의 성립에 영향을 주지 않는다.

4. 죄수 및 다른 범죄와의 관계

1) 폭동행위 중 내란목적으로 살해한 경우에는 ① 내란목적달성을 위한 폭동에 수반되어 이루어진 살인행위이므로 살인죄는 흡수되어 내란죄만 성립한다는 견해[21]와 ② 내란죄와 내란목적살인죄의 그 구성요건이 동일하지 않으므로 상상적 경합이 된다는 견해[22]가 대립하며, 판례는 전설을 취하고 있다. 내란죄와 내란목적살인죄는 그 적용대상이 반드시 동일하지 않기 때문에 후자의 견해가 타당하다.

2) 폭동의 준비단계에서 일반인을 살해한 경우에는 내란예비죄와 살인죄의 상상적 경합이 된다는 견해[23]도 있으나, 내란예비죄와 내란목적살인죄의 상상적 경합이 된다는 견해[24]가 타당하다.

Ⅳ. 내란예비·음모·선동·선전죄

> 제90조(예비, 음모, 선동, 선전) ① 제87조 또는 제88조의 죄를 범할 목적으로 예비 또는 음모한 자는 3년 이상의 유기징역이나 유기금고에 처한다. 단 그 목적한 죄의 실행에 이르지 전에 자수한 때에는 그 형을 감경 또는 면제한다.
> ② 제87조 또는 제88조의 죄를 범할 것을 선동 또는 선전한 자도 전항의 형과 같다.

---

21) 대법원 1997. 4. 17. 선고 96도3376 전원합의체 판결.
22) 이재상/장영민/강동범, 678면; 진계호, 784면.
23) 김일수/서보학, 748면; 박상기, 610면.
24) 이재상/장영민/강동범, 678면; 임응, 767면.

내란예비·음모·선동·선전죄는 내란죄 또는 내란목적 살인죄를 범할 목적으로 예비·음모·선동·선전함으로써 성립하는 범죄이다.

본죄는 내란죄·내란목적살인죄의 수정적 구성요건이다.

① '예비'란 내란죄·내란목적살인죄의 실행을 위한 준비행위를 말한다. ② '음모'란 내란죄·내란목적살인죄의 실행을 위하여 2인 이상이 통모·합의하는 것을 말한다. ③ '선동'이란 일반대중을 자극하여 내란죄·내란목적살인죄의 실행을 결의하게 하거나 이미 존재하는 결의를 촉구하는 것을 말한다. ④ '선전'이란 일반대중의 지지를 얻기 위하여 내란의 당위성·필요성을 주지시키는 일체의 의사전달행위를 말한다.[25]

본죄를 예비·음모에 대한 독자적 구성요건으로 이해하여 이에 대한 교사·방조가 가능하다는 견해[26]가 있지만, 본죄는 예비·음모를 독립된 구성요건으로 처벌하는 것이 아니므로 이에 대한 방조는 허용되지 않는다고 해야 한다.

내란을 예비·음모한 자가 실행에 이르기 전에 자수한 때에는 그 형을 감경 또는 면제하도록 규정하고 있는데, 이는 국가존립과 관계되는 내란이라는 중대한 범죄를 미연에 방지하기 위한 정책적인 규정이라 하겠다.

제 2 절 외환의 죄

Ⅰ. 개 설

1. 의의 및 보호법익

외환의 죄란 외환을 유치하거나 대한민국에 항적하거나 적국에 이익을 제공하여 국가의 안전을 위태롭게 하는 것을 내용으로 하는 범죄이다.

내란의 죄가 국가의 내적 안전임에 반해, 외환의 죄는 국가의 외적 안전을 보호법익으로 한다. 여기서 국가의 외적 안전이란 대한민국에 대한 외부로부터의

---

25) 대법원 2015. 1. 22. 선고 2014도10978 전원합의체 판결.
26) 김일수/서보학, 750면; 유기천, 253면; 이정원, 707면.

공격이나 강제조치 또는 방해를 방위할 수 있는 국가의 능력을 말한다. 외환의 죄는 외국의 존재를 전제로 하기 때문에 개념상 다수국가가 존재함을 전제로 하며, 본죄의 적용대상은 내국인·외국인을 불문한다. 법익보호의 정도는 구체적 위험범으로서의 보호이다.

2. 구성요건의 체계

외환의 죄는 독립적 구성요건으로 외환유치죄, 여적죄, 일반이적죄, 간첩죄 및 전시군수계약불이행죄로 구성되어 있다.

가중적 구성요건으로는 모병이적죄, 시설제공이적죄, 시설파괴이적죄 및 물건제공이적죄가 있으며, 이는 일반이적죄보다 행위방법으로 인해 불법이 가중되는 구성요건이다.

또한 외환의 죄 중 제92조부터 제99조의 죄의 미수범은 처벌하며, 동조의 예비·음모·선전·선전에 대하여도 처벌하고 있다.

입법론적으로 외환의 죄와 관련하여, 국가의 외적 안전을 형법에 의해 확보하고자 하는 것은 거의 불가능하고, 외국의 입법도 외환의 죄에 관하여 국가의 기밀을 보호하는데 그치고 있으며, 형벌도 지나치게 무거우므로 이를 개정해야 할 필요가 있다. 특히 전시 군수계약불이행죄의 경우에는 사법상의 계약위반을 형법으로 규제하는 것이므로 국수주의적 사고에 기초한 과잉입법이라 하지 않을 수 없다. 전시나 사변시의 계약위반은 대통령의 비상조치권이나 국가동원법에 의해 규제하는 충분하므로, 이는 폐지되는 방향으로 개정되어야 할 것이다.

II. 외환유치죄

제92조(외환유치) 외국과 통모하여 대한민국에 대하여 전단을 열게 하거나 외국인과 통모하여 대한민국에 항적한 자는 사형 또는 무기징역에 처한다.
제100조(미수범) 미수범은 처벌한다.
제104조(동맹국) 본장의 규정은 동맹국에 대한 행위에 적용한다.

1. 의의 및 성격

외환유치죄는 외국과 통모하여 대한민국에 대하여 전단을 열게 하거나 외국인과 통모하여 대한민국에 항적함으로써 성립하는 범죄이다.

본죄는 외환의 죄의 독립적 구성요건이다.

2. 객관적 구성요건

(1) 행위주체

외환유치죄의 행위주체에는 제한이 없다. 외국인도 본죄의 주체가 될 수 있으나, 적국인은 여적죄의 주체가 되므로 제외된다.

(2) 실행행위

외환유치죄의 실행행위는 '외국과 통모하여 대한민국에 대하여 전단을 열게 하거나, 외국인과 통모하여 대한민국에 항적'하는 것이다.

1) 외국 또는 외국인과의 통모

① 여기서 '외국'이란 여적죄와의 관계에 비추어보면 적국을 제외한 대한민국 이외의 국가로서, 그 국가를 대표하는 정부기관, 예컨대 외교사절이나 외국정부 등을 의미한다. 반드시 국제법상 승인된 국가임을 요하지 않는다. ② '외국인'이란 외국을 대표하는 정부기관 이외의 외국인 개인과 사적 단체를 말한다. ③ '통모'란 의사의 연락에 의한 합의를 말한다. 따라서 일방적인 의사표시만으로는 부족하다. 외국인이 자국과 통모한 경우도 포함된다. 본죄의 주체에 외국인이 포함되기 때문이다.[27]

2) 전단을 열게 하는 행위

여기서 '전단을 열게 한다는 것'은 사실상의 전투행위를 개시하는 것을 말한다. 사실상의 전쟁행위를 포함한다.[28] 이미 전투의사가 있는 외국에 대하여 전단(戰端)을 열게 한 경우도 포함된다. 외국군대에 의한 영토침입, 영토에 대한 폭격 등이 여기에 해당한다.

---

27) 김일수/서보학, 752면; 오영근, 672면; 이재상/장영민/강동범, 681면; 정성근/박광민, 943면.

28) 김일수/서보학, 752면; 배종대, 141/2; 이재상/장영민/강동범, 682면; 임웅, 865면.

3) 항적하는 행위

'항적(抗敵)'이란 대한민국에 대하여 적대행위를 하는 것을 말한다. 즉 적국을 위하여 적국의 군무에 종사하면서 대한민국에 대적하는 일체의 행위를 말한다. 적국의 군무에 종사하는 이상 전투원·비진투원인가는 불문한다.

4) 기수시기

본죄는 위험범이므로 국가의 외적 안전이 침해되었을 때 기수가 되는 것이 아니라, 외국 또는 외국인과 통모하여 현실적으로 전투행위가 발생한 때 기수가 된다.

3. 주관적 구성요건

외국과 통모하여 대한민국에 대하여 전단을 열게 하거나 외국인과 통모하여 대한민국에 항적한다는 점에 대한 고의가 있어야 한다.

Ⅲ. 여 적 죄

> 제92조(여적) 적국과 합세하여 대한민국에 항적한 자는 사형에 처한다.
> 제100조(미수범) 미수범은 처벌한다.
> 제102조(준적국) 대한민국에 적대하는 외국 또는 외국인의 단체는 적국으로 간주한다.
> 제104조(동맹국) 본장의 규정은 동맹국에 대한 행위에 적용한다.

여적죄는 적국과 합세하여 대한민국에 항적함으로써 성립하는 범죄이다. 본죄는 외환의 죄의 독립적 구성요건으로서, 형법이 유일하게 **절대적 법정형**으로 사형을 규정해 놓은 범죄이다.

여기서 **'적국'**(敵國)이란 국제법상 선전포고를 하고 전쟁을 수행하고 국가에 국한되어야 한다는 견해도 있으나, 대한민국과 사실상 전쟁을 수행하고 있는 외국 또는 외국인의 단체를 말한다.[29] 대한민국에 적대하는 외국 또는 외국인의 단체도 적국으로 간주된다(준적국, 제102조).

여적죄는 '적국과 합세하여 대한민국에 항적한 자'이므로, 대한민국이 외국과

---

29) 김성천/김형준, 915면; 박상기, 613면; 배종대, 142/1; 이재상/장영민/강동범, 682면; 임웅, 866면.

의 교전상태임 전제로 하여 성립하는 범죄이다. 따라서 여기서 '**합세**'란 대한민국과 교전 중인 적국에 가담하거나 협력하는 것을 말한다. 항적이란 적국을 위하여 대한민국에 대해서 적대행위를 하는 것을 말한다. 여기서 대한민국과 교전 중인 적국에 가담하거나 협력하는 업무의 내용은 전체적으로 군사적인 업무라면 전투원·비전투원인가는 불문한다. 그러나 항거할 수 없는 압력에 의해 부득이하게 대한민국에 대해 적대행위를 한 경우에는 본조에 해당한다고 할 수 없다.

Ⅳ. 모병이적죄

> 제94조(모병이적) ① 적국을 위하여 모병한 자는 사형 또는 무기징역에 처한다.
> ② 전항의 모병에 응한 자는 무기 또는 5년 이상의 징역에 처한다.
> 제92조(여적) 적국과 합세하여 대한민국에 항적한 자는 사형에 처한다.
> 제100조(미수범) 미수범은 처벌한다.
> 제102조(준적국) 대한민국에 적대하는 외국 또는 외국인의 단체는 적국으로 간주한다.
> 제104조(동맹국) 본장의 규정은 동맹국에 대한 행위에 적용한다.

모병이적죄(募兵利敵罪)는 적국을 위하여 모병하거나 모병에 응함으로써 성립하는 범죄이다. '모병'이란 전투에 종사할 인원을 모집하는 것을 말한다. 모병에 응한다는 것은 자발적으로 모병에 지원하는 것을 말한다. 내국인이 외국에서 강제모병에 응한 경우에는 기대가능성이 문제될 수 있다.[30]

본죄는 주관적 구성요건으로서 고의 이외에 적국의 이익을 위한다는 이적의 사가 있을 것을 요한다는 점에서 **목적범**의 일종이다.

V. 시설제공이적죄

> 제92조(시설제공이적) ① 군대, 요새, 진영 또는 군용에 공하는 선박이나 항공기 기타 장소, 설비 또는 건조물을 적국에 제공한 자는 사형 또는 무기징역에 처한다.
> ② 병기 또는 탄약 기타 군용에 공하는 물건을 적국에 제공한 자도 전항의 형과 같다.
> 제100조(미수범) 미수범은 처벌한다.

---

30) 배종대, 143/1; 이재상/장영민/강동범, 683면.

> 제102조(준적국) 대한민국에 적대하는 외국 또는 외국인의 단체는 적국으로 간주한다.
> 제104조(동맹국) 본장의 규정은 동맹국에 대한 행위에 적용한다.

시설제공이적죄는 군대·요새·진영 또는 군용에 공하는 선박이나 항공기 기타 장비·설비 또는 건조물을 적국에 제공하거나, 병기 또는 탄약 기타 군용에 공하는 물건을 적국에 제공함으로써 성립하는 범죄이다.

여기서 '군용에 공하는 설비 또는 물건'이란 우리나라의 군사목적에 직접 사용하기 위해 설비한 시설 또는 물건을 말한다.

본죄는 일반이적죄(제99조)에 대한 가중적 구성요건이다.

VI. 시설파괴이적죄

> 제96조(시설파괴이적) 적국을 위하여 전조에 기재한 군용시설 기타 물건을 파괴하거나 사용할 수 없게 한 자는 사형 또는 무기징역에 처한다.
> 제100조(미수범) 미수범은 처벌한다.
> 제102조(준적국) 대한민국에 적대하는 외국 또는 외국인의 단체는 적국으로 간주한다.
> 제104조(동맹국) 본장의 규정은 동맹국에 대한 행위에 적용한다.

시설파괴이적죄는 적국을 위하여 제95조에 기재한 군용시설 기타 물건을 파괴하거나 사용할 수 없게 함으로써 성립하는 범죄이다.

본죄는 고의 이외에 적국을 위한다는 **이적의사**를 요한다는 점에서 **목적범의** 일종이다.

VII. 물건제공이적죄

> 제97조(물건제공이적) 군용에 공하지 아니하는 병기, 탄약 또는 전투용에 공할 수 있는 물건을 적국에 제공한 자는 무기 또는 5년 이상의 징역에 처한다.
> 제100조(미수범) 미수범은 처벌한다.
> 제102조(준적국) 대한민국에 적대하는 외국 또는 외국인의 단체는 적국으로 간주한다.
> 제104조(동맹국) 본장의 규정은 동맹국에 대한 행위에 적용한다.

물건제공이적죄는 군용에 공하지 아니하는 병기·탄약 또는 전투용에 공할 수 있는 물건을 적국에 제공함으로써 성립하는 범죄이다.

본죄는 일반이적죄에 대한 가중적 구성요건이다.

Ⅷ. 일반이적죄

제99조(일반이적) 전7조에 기재한 이외에 대한민국의 군사상 이익을 해하거나 적국에 군사상 이익을 공여한 자는 무기 또는 3년 이상의 징역에 처한다.
제100조(미수범) 본죄의 미수범은 처벌한다.
제102조(준적국) 대한민국에 적대하는 외국 또는 외국인의 단체는 적국으로 간주한다.
제104조(동맹국) 본장의 규정은 동맹국에 대한 행위에 적용한다.

일반이적죄는 일반적으로 적국에 군사상의 이익을 제공하거나 대한민국의 군사상의 이익을 해함으로써 성립하는 범죄이다. 본죄는 외환유치죄·여적죄·모병이적죄·시설제공이적죄·물건제공이적죄·간첩죄에 대한 보충적 구성요건으로서 위의 범죄에 해당할 경우에는 본죄에 해당하지 않게 된다. 예컨대 적국의 상황을 허위보고하여 대한민국의 작전계획을 잘못되게 하거나 적국을 위해 자금을 제공하거나, 대한민국의 군사상의 이익을 해하거나 적국에게 군사상 유리한 각종의 대한민국의 정보를 적국에 제공한 경우가 여기에 해당한다.

본죄는 이적죄의 기본적 구성요건으로 다른 외환의 죄에 대한 보충적 구성요건이다.

Ⅸ. 간 첩 죄

제98조(간첩) ① 적국을 위하여 간첩하거나 적국의 간첩을 방조한 자는 사형, 무기 또는 7년 이상의 징역에 처한다.
② 군사상의 기밀을 적국에 누설한 자도 전항의 형과 같다.
제100조(미수범) 미수범은 처벌한다.
제102조(준적국) 대한민국에 적대하는 외국 또는 외국인의 단체는 적국으로 간주한다.
제104조(동맹국) 본장의 규정은 동맹국에 대한 행위에 적용한다.

1. 의의 및 성격

간첩죄는 적국을 위하여 국가기밀을 탐지·수집하는 간첩을 하거나 적국의 간첩을 방조하거나 또는 군사상의 기밀을 적국에 누설함으로써 성립하는 범죄이다.

본죄는 외환의 죄의 독립적 구성요건이다.

2. 객관적 구성요건

본죄는 적국을 위하여 '간첩하거나 간첩을 방조하거나' 또는 '군사상의 기밀을 적국에 누설하는 것'이다.

(1) 행위주체 및 행위객체

본죄의 행위주체에는 제한이 없다. 외국인도 본죄의 주체가 될 수 있다. 본죄의 행위객체는 '국가기밀 또는 군사상의 비밀'이다.

(2) 실행행위

본죄의 실행행위는 적국을 위하여 '간첩하거나 간첩을 방조하거나' 또는 '군사상의 기밀을 적국에 누설하는 것'을 말한다.

1) 간   첩

가. 의   의   여기서 '간첩'이란 적국을 위하거나 적국에 알리기 위하여 국가기밀을 탐지·수집하는 것을 말한다. 적국을 위하거나 적국에 기밀을 누설하기 위해서는 적국과 의사연락을 해야 하므로, 편면적 간첩이란 있을 수 없으며,[31] 이 경우에는 간첩예비에 해당한다. 간첩죄에는, ① 적국을 위한 간첩행위, ② 적국의 간첩을 방조하는 행위, ③ 군사상의 기밀을 적국에 누설하는 행위의 세 가지의 행위유형이 있다.

여기서 **적국**이란 이미 살펴본 바와 같이 대한민국에 적대하는 외국이나 외국인의 단체를 말하므로, 국가 또는 사실상 국가에 준하는 단체인 북한도 본죄의 적국에 해당한다.

본죄는 적국을 위해 국가기밀을 탐지·수집하는 간첩행위나 간첩방조행위,

---

31) 김일수/서보학, 755면; 배종대, 144/1; 이재상/장영민/강동범, 686면; 이형국, 733면; 임웅, 870면; 정성근/박광민, 948면.

그리고 군사상의 비밀을 누설하는 행위를 간첩죄로 규정하고 있다. 따라서 여기서 국가기밀과 군사상의 비밀이 무엇인가가 문제된다.

나. 국가기밀의 개념 여기서 '국가기밀'이란 본조의 행위객체로서 대한민국의 외적 안전에 중대한 불이익을 초래할 위험을 방지하기 위하여 제한된 사람에게만 알려져 있고 적국에 대하여는 비밀로 해야 할 사실·대상·지식을 말한다. 국가기밀인가의 여부는 실질적 비밀개념이 기준이 된다. 즉 국가기밀이란 국가기관의 비밀이라는 표지나 비밀유지의사가 중요한 것이 아니라, 객관적으로 보아 대한민국의 안전을 위해 적국에 대하여 비밀로 해야 할 실질적인 이익이 있는가 여부에 따라 판단하여야 한다.

① **군사기밀의 포함** 국가기밀에는 군사기밀뿐만 아니라 **정치·경제·사회·문화** 등 각 방면에 걸쳐 국가정책상 적국에 알려지지 아니함이 대한민국에 이익이 되는 모든 기밀을 포함한다. 예컨대 민심의 동향, 수배자명단, 시위상황 등을 파악하는 것도 국가기밀에 해당된다.[32] 판례도 군사기밀의 개념에 관하여 사회·정치·경제 등 모든 분야가 군사력과 연관이 된 현대전의 양상 아래서는 사회·정치·경제 등에 대한 기밀도 군사기밀이 된다고 하여 국가기밀과 군사기밀을 거의 같은 의미로 보고 있다.[33]

② **위법한 국가기밀의 문제** 위법한 국가기밀도 국가기밀에 포함될 수 있는가가 문제된다. 이에 관하여, 예컨대 침략전쟁을 준비하거나 자유민주적 기본질서에 반하는 내용의 위법한 기밀은 국가의 외적 안전과 관련하여 보호해야 할 국가기밀이 될 수 없다는 견해도 있을 수 있다. 그러나 위법한 국가기밀도 적국에 알려질 경우 국가의 외적 안전을 위태롭게 할 수 있기 때문에 국가기밀에 포함될 수 있다고 보아야 한다.[34]

③ **공지의 사실** 공지의 사실이 국가기밀인가가 문제된다. 이에 대하여 상대적 기밀개념에 기초하여 예컨대 적국인 북한에서 공지에 속하지 않은 사실은 국가기밀에 포함된다고 해석하는 견해[35]도 있다. 종래 판례[36]도 이러한 입장

32) 대법원 1988. 11. 8. 선고 88도1630 판결.
33) 대법원 1983. 3. 22. 선고 82도3036 판결; 대법원 1980. 9. 9. 선고 80도1430 판결.
34) 이재상/장영민/강동범, 686면.
35) 유기천, 259면; 진계호, 792면.
36) 대법원 1991. 3. 12. 선고 91도3 판결; 대법원 1987. 9. 8. 선고 87도1446 판결; 대법원 1984.

을 취한 바 있으나, 그 후 전원합의체 판결을 통해 그 태도를 변경하여, "국내에서의 적법한 절차 등을 거쳐 이미 일반인에게 널리 알려진 공지의 사실은 국가기밀이 될 수 없다."고 판시하였다.[37] 그러나 공지의 사실은 이미 기밀이 아니며, 적국에 대하여 기밀로 해야 할 이익도 없으므로 국가기밀이 아니다.[38]

그러나 개별적으로 알려진 사실도 그것이 결합하여 비밀을 유지해야 할 새로운 전체형상이 된 경우에는 국가기밀이 될 수 있다는 모자이크이론(Mosaik theory)에 의하면 이 경우에도 국가기밀이 될 수 있다는 반론이 제기되어진다.

생각건대 간첩죄의 보호법익은 국가의 외적 안전이므로 이것과 관련된 국가기밀이 아닐 경우에는 본죄에서 말하는 국가기밀이라고 할 수 없다. 다만 개별적으로는 공지의 사실이 결합하여 비밀로 유지해야 할 새로운 전체형상으로서의 새로운 국가의 정보가 된 경우에는 예외적으로 국가정보보호 차원에서 국가의 비밀이 될 수 있다고 보아야 한다. 입법론적으로는 국가의 각종 정보를 분류하여, 국가기밀이 되는 정보와 일반정보로 나누고, 전자는 형법상 간첩죄에 해당하는 국가기밀과 그 밖의 국가기밀로 세분하여 정보의 유형에 따라 적절히 규제하는 국가정보보호법의 제정이 필요하다고 생각한다. 이 경우에는 개인정보와 국가정보의 보호라는 측면과 국민의 알권리를 조화하기 위해, 「개인정보보호법」, 「국가정보원법」 등 관련 법률이 상충되지 않도록 입법적인 검토가 필요하다.

다. 간첩의 실행의 착수 및 기수시기　　간첩죄의 실행의 착수시기는 국가기밀을 **탐지·수집**하는 행위를 개시했을 때이다. 그런데 판례는 간첩을 위하여 국내에 잠입·입국한 때에 실행의 착수가 인정된다는 입장을 취하고 있다.[39] 그러나 국내에 잠입 또는 상륙하는 것으로는 「국가보안법」상 잠입죄(제6조)를 구성하는 것은 별론하고 간첩죄의 착수가 있다고 볼 수는 없다.

간첩죄의 기수시기는 국가기밀을 **탐지·수집**한 때이다. 단순히 동지를 접선하

---

11. 27. 선고 84도2252 판결; 대법원 1983. 4. 26. 선고 83도416 판결.

37) 대법원 2011. 10. 13. 선고 2009도320 판결; 대법원 2003. 6. 24. 선고 2000도5442 판결; 대법원 1997. 7. 16. 선고 97도985 전원합의체 판결.

38) 김성천/김형준, 921면; 김일수/서보학, 755면; 배종대, 144/3; 손동권/김재윤, 741면; 이재상/장영민/강동범, 687면; 이정원, 713면; 이형국, 734면; 임웅, 872면; 정성근/박광민, 950면; 정영일, 408면.

39) 대법원 1984. 9. 11. 선고 84도1381 판결; 대법원 1964. 9. 22. 선고 64도290 판결.

거나 포섭하는 것만으로는 기수가 되지 않는다. 국가기밀을 탐지·수집하는 것으로 이미 기수가 되며, 이후에 탐지·수집한 국가기밀을 지령자에게 전달하거나 적국에 누설하거나 전달할 것은 간첩의 사후행위로서 별죄를 구성하지 않는다.[40]

2) 간첩방조

① 간첩방조란 간첩임을 알면서 그의 간첩행위를 원조하여 용이하게 하는 일체의 행위를 말한다. 간첩의 국가기밀을 탐지·수집하는 실행행위, 그 자체를 방조해야 한다. 예컨대 국가기밀 수집을 위해 섭선방법을 협의하거나, 대남공작원을 상륙시키는 경우가 간첩방조에 해당한다.[41]

그러나 간첩에게 숙식을 제공하거나, 안부편지를 전달하거나, 무전기를 매몰하는 것을 망을 봐준 행위 등은 간첩의 실행행위를 방조한 것이 아니기 때문에 간첩방조가 아니다.[42]

② 간첩방조도 간첩과 대등한 독립범죄이므로 형법총칙상의 종범규정은 적용되지 않는다. 따라서 간첩의 기수·미수와 관계없이 방조행위 자체가 미수에 그친 때에는 본죄의 미수가 되며, 간첩방조에는 종범감경규정이 적용되지 않는다.

3) 군사상의 비밀누설

군사상의 비밀을 누설한다는 것은 군사기밀임을 알면서 이를 적국에 알리는 것을 말한다. 군사상의 비밀을 누설하는 수단이나 방법에는 제한이 없다.

특히 본죄는 제1항에 해당하는 범죄와 체계해석상으로 보면, 본죄의 행위주체는 간첩활동 없이 직무상 알게 된 군사상의 기밀을 누설함으로써 성립하는 신분범이다. 따라서 직무와 관계없이 알게 된 군사상의 비밀을 누설한 때에는 본죄가 아니라 일반이적죄를 적용하게 된다.[43]

3. 주관적 구성요건

본죄는 고의범이므로 적국을 위하여 국가기밀을 탐지·수집하는 간첩을 하거나 적국의 간첩을 방조하거나 또는 군사상의 기밀을 적국에 누설한다는 점에 대한 고의가 필요하다. 고의이외에 적국을 위한다는 이적이사(利敵意思)가 있어야

---

40) 대법원 2011. 1. 20. 선고 2008재도11 전원합의체 판결.
41) 대법원 1971. 2. 25. 선고 70도2417 판결.
42) 대법원 1983. 4. 26. 선고 83도416 판결.
43) 대법원 1982. 11. 9. 선고 82도2239 판결.

한다.

X. 전시군수계약불이행죄

> **제103조(전시군수계약불이행)** ① 전쟁 또는 사변에 있어서 정당한 이유없이 정부에 대한 군수품 또는 군용공작물에 관한 계약을 이행하지 아니한 자는 10년 이하의 징역에 처한다.
> ② 전항의 계약이행을 방해한 자도 전항의 형과 같다.

전시군수계약불이행죄는 전쟁 또는 사변에 있어서 정당한 이유 없이 정부에 군수품 또는 군용공작물에 관한 계약을 이행하지 않거나 계약이행을 방해함으로써 성립하는 범죄이다.

전쟁이나 사변과 같은 국가의 비상사태하에서 군작전에 필요한 물자나 시설에 대한 공급계약을 이행하지 않는 것은 군의 작전수행에 막대한 지장을 초래하고 국가의 존립을 위태롭게 할 우려가 있기 때문에 계약불이행이나 계약이행을 방해하는 것을 처벌하고 있다.

여기서 '정부'란 행정부를 말하며, 중앙행정기관은 물론 정부를 대표하여 군수계약을 체결하는 지방행정기관도 포함된다. '군수품 또는 군용공작물'이란 군사작전에 필요한 일체의 물자와 시설물을 말한다.

XI. 외환예비·음모·선동·선전죄

> **제101조(예비, 음모, 선동, 선전)** ① 제92조 내지 제99조의 죄를 범할 목적으로 예비 또는 음모한 자는 2년 이상의 유기징역에 처한다. 단 그 목적한 죄의 실행에 이르기 전에 자수한 때에는 그 형을 감경 또는 면제한다.
> ② 제92조 내지 제99조의 죄를 선동 또는 선전한 자도 전항의 형과 같다.

외환예비·음모·선동·선전죄는 외환유치죄, 여적죄, 일반이적죄, 모병이적죄, 시설제공이적죄, 시설파괴이적죄, 물건제공이적죄 및 간첩죄를 범할 목적으로 예비·음모·선동·선전함으로써 성립하는 범죄이다.

본죄에 있어서 예비·음모·선동·선전의 의미는 내란예비·음모·선동·선전죄에서와 그 의미가 동일하다.

제3절 국기에 관한 죄

Ⅰ. 개 설

1. 의의 및 보호법익

국기에 관한 죄란 대한민국을 모욕할 목적으로 대한민국의 국기 또는 국장을 손상·제거·오욕 또는 비방하는 것을 내용으로 하는 범죄이다. 국기와 국장은 한 국가의 권위를 상징하는 표지이다. 형법은 우리나라의 국기와 국장을 모독하는 행위에 대하여는 국기에 관한 죄에서 처벌하고, 외국의 국기와 국장에 대한 모독에 대하여는 공용에 공하는 것에 한하여 국교에 관한 죄에서 우리나라의 국기나 국장에 대한 죄보다 가볍게 처벌하고 있다.

국기에 관한 죄는 국가의 권위[44]와 대외적 체면을 보호법익으로 하며,[45] 보호의 정도는 구체적 위험범으로서의 보호이다.

2. 구성요건의 체계

「형법」은 국기에 관한 죄로, 국기·국장모독죄(제105조)와 국기·국장비방죄(제106조)를 규정하고 있고, 외국인이 대한민국영역 밖에서 본죄를 범한 때에도 처벌한다(제5조).

Ⅱ. 국기·국장모독죄

제105조(국기, 국장의 모독) 대한민국을 모욕할 목적으로 국기 또는 국장을 손상, 제거 또

---

44) 김일수/서보학, 759면; 박상기, 621면; 오영근, 684면; 이형국, 738면; 임웅, 878면.
45) 배종대, 146/1; 이재상/장영민/강동범, 690면.

는 오욕한 자는 5년 이하의 징역이나 금고, 10년 이하의 자격정지 또는 700만원 이하의 벌금에 처한다.

1. 의의 및 성격

국기·국장모독죄는 대한민국을 모욕할 목적으로 국기 또는 국장을 손상·제거 또는 오욕함으로써 성립하는 범죄이다.

본죄는 모욕죄와 손괴죄의 결합범이며, 모욕의 목적이 있어야 성립하는 목적범이다.

2. 객관적 구성요건

(1) 행위객체

국기·국장모독죄의 행위객체는 '국기·국장'이다. 여기서 '국기'란 국가의 권위를 상징하기 위하여 일정한 형식에 따라 제작된 기, 즉 태극기를 말한다. 치수·규격이 정확할 것은 요하지는 않는다. '국장'이란 국가를 상징하는 국기 이외의 일체의 휘장을 말한다. 나라문장규정에 따른 나라문장, 대사관의 휘장, 군기를 말한다. 국기·국장의 소유관계는 불문하고, 공용·사용도 불문한다는 데에 견해가 일치한다. 이 점에서 공용에 공할 것을 요하는 외국국기·국장모독죄(제109조)와는 차이가 난다.

(2) 실행행위

국기·국장모독죄의 실행행위는 국기 또는 국장을 '손상·제거·오욕'하는 것이다. ① 여기서 '손상'이란 국기·국장의 전부 또는 일부를 훼손하여 그 효용을 해하는 것을 말한다. 손괴죄의 손괴와 동일하다. 따라서 손괴죄는 본죄에 흡수된다. ② '제거'란 국기·국장 자체를 손상함이 없이 이를 철거 또는 차폐(遮蔽)하는 것을 말한다. 철거는 장소적 이동을 요하지만, 차폐의 경우에는 시각적으로 볼 수 없도록 국기·국장을 가리는 것이므로 장소적인 이전을 요하지 않는다. ③ '오욕'(汚辱)이란 국기·국장을 불결하게 하는 일체의 행위를 말한다. 따라서 오물을 투척하거나, 침을 뱉거나, 방뇨하거나, 색깔을 칠하거나 하는 등의 행위가 여기에 해당한다.

본죄는 이러한 행위로 인하여 대한민국의 권위와 체면이 손상될 정도에 이르렀을 때에 기수가 된다. 따라서 본죄는 구체적 위험범이다.

3. 주관적 구성요건

본죄는 고의범이고 목적범이므로, 국기·국장을 손상·제거 또는 오욕한다는 고의와 고의 이외에 대한민국을 모욕할 목적[46]이 있어야 한다. 여기서 모욕이란 대한민국에 대한 경멸의 의사를 하는 것을 말한다. 모욕죄에서와 달리 본죄에서는 모욕에 공연성을 요하지 않는다. 목적의 달성여부는 본죄의 성립에 영향이 없다.

Ⅲ. 국기·국장비방죄

제106조(국기, 국장의 비방) 전조의 목적으로 국기 또는 국장을 비방한 자는 1년 이하의 징역이나 금고, 5년 이하의 자격정지 또는 200만원 이하의 벌금에 처한다.

국기·국장비방죄는 대한민국을 모욕할 목적으로 국기 또는 국장을 비방함으로써 성립하는 범죄이다.

본죄는 물질적·물리적으로 모독하는 국기·국장모독죄와 객체·목적은 동일하나 행위태양이 다르다는 점에서 불법이 감경되는 감경적 구성요건이다.

비방이란 언어·거동·문장·회화에 의하여 모욕의 의사를 표현하는 것을 말한다. 비방이라고 하기 위해서는 단순 국기·국장모독죄와 달리 공연성이 인정되어야 한다.[47]

---

46) 형법 제105조에 대하여 헌법재판소는 "'대한민국을 모욕'한다는 것은 '국가공동체인 대한민국의 사회적 평가를 저해할 만한 추상적 또는 구체적 판단이나 경멸적 감정을 표현하는 것'을 의미한다. 건전한 상식과 통상적인 법감정을 가진 일반인이라면 심판대상조항이 금지·처벌하는 행위가 무엇인지 예견할 수 있고 그에 따라 자신의 행위를 결정할 수 있으며, 심판대상조항이 지닌 약간의 불명확성은 법관의 통상적·보충적 해석으로 보완될 수 있다. 따라서 심판대상조항은 명확성원칙에 위반되지 않는다."고 하였다(헌법재판소 2019. 12. 27. 선고 2016헌바96 합헌결정).

47) 배종대, 147/4; 손동권/김재윤, 746면; 이재상/장영민/강동범, 691면; 임웅, 880면; 정성근/박광민, 957면.

제 4 절 국교에 관한 죄

Ⅰ. 개   설

1. 의의 및 보호법익

(1) 의   의

국교에 관한 죄는 국제법상 보호되는 외국의 이익을 침해함으로써 외국과의 국교관계를 해하고 우리나라의 대외적 지위를 위태롭게 하는 것을 내용으로 하는 범죄이다.

(2) 보호법익

국교에 관한 죄의 보호법익에 대하여는, ① 외국과의 원만한 국교관계를 통해 자국의 대외적 이익 내지 지위를 보호한다는 **국가주의** 입장과, ② 국제법상 요구되는 외국의 이익보호의무에 위반하는 범죄로서 외국의 이익을 보호한다는 **국제주의** 입장, 그리고 ③ 국제법에 의한 외국의 이익이 주된 보호법익이지만, 동시에 국가의 대외적 지위도 보호한다고 이해하는 **이중법익설**이 대립하고 있다.

생각건대 형법이 본죄를 국교에 관한 죄로 규정하고 있는 것은 외국의 이익을 보호하기 위한 범죄라는 점을 알 수 있고, 특히 외교상의 기밀누설죄는 국가의 대외적 지위를 보호하기 위한 범죄라는 점을 알 수 있다. 따라서 국교에 관한 죄는 외국의 이익을 주된 보호법익으로 하면서도 국가의 대외적 지위 내지 국가의 권위와 체면을 대외적인 면에서 보호한다는 이중적인 보호의무를 가진 범죄라고 할 수 있다.[48]

보호의 정도는 **추상적 위험범**으로서의 보호이다. 국교에 관한 죄를 규정하는 입법주의에는 상호주의와 단독주의가 있는데, 우리 형법은 상대국의 형법에 동일한 규정이 있는가에 관계없이 우리 형법을 적용하는 **단독주의**를 취하고 있다.

---

[48] 김일수/서보학, 762면; 박상기, 623면; 백형구, 673면; 이재상/장영민/강동범, 692면; 이형국, 741면; 정성근/박광민, 958면.

2. 구성요건의 체계

형법의 국교에 관한 죄는 세 가지 유형으로 규정되어 있다. 첫째, 외국원수·사절·국기에 대한 죄에는 외국원수에 대한 폭행 등 죄, 외교사절에 대한 폭행 등 죄 및 외국국기·국장모독죄가 여기에 해당한다. 외국원수나 외교사절에 대한 폭행·협박·모욕·명예훼손에 대하여는 특별히 가중처벌하고, 외국국기 등에 대하여 특별 취급하고 있는 규정이다. 둘째, 외국에 대한 국제적 의무위반 내지 평화를 침해하는 것을 처벌하는 범죄유형으로 외국에 대한 사전죄(私戰罪)와 중립명령위반죄가 있다. 셋째, 외교상 기밀누설죄는 외환죄적인 성격을 지니고 있다.

II. 외국원수에 대한 폭행 등 죄

제107조(외국원수에 대한 폭행 등) ① 대한민국에 체재하는 외국의 원수에 대하여 폭행 또는 협박을 가한 자는 7년 이하의 징역이나 금고에 처한다.
② 전항의 외국원수에 대하여 모욕을 가하거나 명예를 훼손한 자는 5년 이하의 징역이나 금고에 처한다.
제110조(피해자의 의사) 본죄는 그 외국정부의 명시한 의사에 반하여 공소를 제기할 수 없다.

1. 의의 및 성격

외국원수에 대한 폭행 등 죄는 대한민국에 체재하는 외국원수에 대하여 폭행·협박·모욕을 가하거나 명예를 훼손함으로써 성립하는 범죄이다.

본죄는 행위객체로 인하여 폭행죄·협박죄·모욕죄·명예훼손죄보다 불법이 가중되는 가중적 구성요건이다. 반의사불벌죄이다.

2. 객관적 구성요건

(1) 행위객체

본죄의 행위객체는 '대한민국에 체재하는 외국의 원수'이다.

외국은 대한민국 이외의 국가를 말한다. 우리나라에 의한 승인, 외교관계의 수립 여부는 불문한다. '원수'는 외국의 헌법에 의하여 그 국가를 대표할 권한이 있는 자를 말한다. 예컨대 외국의 대통령·국왕·여왕이 여기에 해당한다. 그러나 내각책임제하의 수상은 여기에서 제외된다.[49]

(2) 실행행위

본죄의 실행행위는 '폭행·협박·모욕·명예훼손'이다.

여기서 폭행·협박은 폭행죄·협박죄의 그것과 동일하다. 모욕·명예훼손은 모욕죄·명예훼손죄의 그것과 동일하다. 다만 공연성을 요하지 않는다. 또한 명예훼손의 경우에도 제310조가 적용되지 않고, 모욕의 경우는 일반모욕죄와 달리 친고죄가 아니라 반의사불벌죄이다.

(3) 주관적 구성요건

대한민국에 체재하는 외국원수를 폭행·협박 또는 모욕 및 명예를 훼손한다는 고의가 있어야 한다.

(4) 본죄는 반의사불벌죄로서 그 외국정부의 명시한 의사에 반하여 공소를 제기할 수 없다.

III. 외국사절에 대한 폭행 등 죄

제108조(외국사절에 대한 폭행 등) ① 대한민국에 파견된 외국사절에 대하여 폭행 또는 협박을 가한 자는 5년 이하의 징역이나 금고에 처한다.
② 전항의 외국사절에 대하여 모욕을 가하거나 명예를 훼손한 자는 3년 이하의 징역이나 금고에 처한다.
제110조(피해자의 의사) 본죄는 그 외국정부의 명시한 의사에 반하여 공소를 제기할 수 없다.

외국사절에 대한 폭행 등 죄는 대한민국에 파견된 외국사절에 대하여 폭행·협박·모욕을 가하거나 명예를 훼손함으로써 성립하는 범죄이다.

본죄는 반의사불벌죄이다.

본죄의 행위객체는 '대한민국에 파견된 외국사절'이다. 여기서 '외국사절'이란 외국을 대표하는 외교사절을 말한다. 상설이든 임시사절이든 불문하며, 정치적인

---

49) 박상기, 824면; 배종대, 149/1; 이재상/장영민/강동범, 694면.

사절과 의례적 사절도 포함된다. 그 계급 여하도 불문한다. 대사, 공사 등을 말한다. 그러나 영사는 여기에 포함되지 않는다. 또한 외국사절의 가족·수행원도 본죄의 객체가 아니다.

본죄는 대한민국에 파견된 외교사절에 한하므로, 제3국에 파견되어 부임·귀국 중에 대한민국에 일시 체재하는 자나 사적인 이유로 체재하는 자는 여기에서 제외된다.

Ⅳ. 외국국기·국장모독죄

> 제109조(외국의 국기, 국장의 모독) 외국을 모욕할 목적으로 그 나라의 공용에 공하는 국기 또는 국장을 손상, 제거 또는 오욕한 자는 2년 이하의 징역이나 금고 또는 300만원 이하의 벌금에 처한다.
> 제110조(피해자의 의사) 본죄는 그 외국정부의 명시한 의사에 반하여 공소를 제기할 수 없다.

외국국기·국장모독죄는 외국을 모욕할 목적으로 그 나라의 공용에 공하는 국기 또는 국장을 손상·제거 또는 오욕함으로써 성립하는 범죄이다.

본죄는 목적범, 반의사불벌죄이다.

본죄의 행위객체는 '공용에 공하는 외국의 국기·국장'이다. 여기서 '공용에 공하는'이란 국가의 권위를 상징하기 위하여 외국의 공적 기관·공무소에서 사용되는 것을 말한다. 따라서 장식용 만국기는 본죄의 객체가 아니다. 또한 초국가적인 국제연합은 본죄의 외국에 포함되지 않으므로 UN기나 그 휘장은 본죄의 객체가 될 수 없다.[50]

Ⅴ. 외국에 대한 사전죄

> 제111조(외국에 대한 사전) ① 외국에 대하여 사전한 자는 1년 이상의 유기징역에 처한다.
> ② 전항의 미수범은 처벌한다.
> ③ 제1항의 죄를 범할 목적으로 예비 또는 음모한 자는 3년 이하의 금고 또는 500만원

---

50) 박상기, 625면; 백형구, 676면; 이재상/장영민/강동범, 695면; 이형국, 746면; 임웅, 884면.

> 이하의 벌금에 처한다. 단 그 목적한 죄의 실행에 이르기 전에 자수한 때에는 감경
> 또는 면제한다.

(1) 의   의

외국에 대한 사전죄(私戰罪)는 외국에 대하여 사전함으로써 성립하는 범죄이
다. 본죄는 개인의 사적인 전투행위는 외교관계를 악화시키고, 나아가 국가의 존
립을 위태롭게 할 위험이 있기 때문에 처벌하는 구성요건이다.

(2) 구성요건

본죄에서 외국이란 외국의 국가권력을 말하므로 외국인이나 외국의 일부 집
단을 상대로 하는 전투는 본죄를 구성하지 않는다. '사전'이란 국가의 전투명령을
받지 않고 개인 또는 사적 조직이 외국에 대하여 전투행위를 하는 것을 말한다.
단순한 폭력 정도로는 부족하고 무력에 의한 조직적인 공격이 있어야 한다.[51]

한편 사인이 외국에 대하여 조직적인 공격행위를 하는 것은 불가능하므로
본죄의 입법론적인 근거에 대해 의문을 제기하는 견해도 있다.[52]

VI. 중립명령위반죄

> **제112조(중립명령위반죄)** 외국간의 교전에 있어서 중립에 관한 명령에 위반한 자는 3년 이
> 하의 금고 또는 500만원 이하의 벌금에 처한다.

(1) 의   의

중립명령위반죄는 외국간의 교전에 있어서 중립에 관한 명령에 위반함으로
써 성립되는 범죄이다. 본죄는 **백지형법**의 대표적인 예이다.

(2) 구성요건

본죄의 구성요건은 '외국간의 교전에 있어서 중립명령을 위반하는 것'이다.

---

51) 김일수/서보학, 764면; 박상기, 625면; 배종대, 150/2; 손동권/김재윤, 750면; 이재상/장영
　　민/강동범, 696면; 임웅, 791면.
52) 김일수/서보학, 765면.

1) 외국간의 교전

본죄가 성립하기 위해서는 '외국간의 교전'이 있어야 한다. 외국간의 교전이 란 대한민국이 전쟁당사국이 아닌 2개 이상의 외국간의 전쟁을 말한다. 어느 정 도의 전쟁인가는 불문한다. 따라서 국제법상의 전쟁일 것을 요하지 않는다는 것 이 지배적인 견해이다.[53)]

2) 중립명령위반

본죄의 실행행위는 '중립명령에 위반'하는 것이나, 여기서 중립명령이란 교전 국의 어느 편에도 가담하지 않고 국외중립선언에 따르는 명령을 말한다. 명령은 반드시 협의의 명령임을 요하지 않는다.

본죄에 있어서 중립명령은 폐지될 때까지 효력을 가지므로, 본죄는 일시적인 사정에 대처하기 위한 한시법에 속한다고 할 수 있다.[54)]

Ⅶ. 외교상기밀누설죄

제113조(외교상 기밀의 누설) ① 외교상의 기밀을 누설한 자는 5년 이하의 징역 또는 1천 만원 이하의 벌금에 처한다.
② 누설할 목적으로 외교상의 기밀을 탐지 또는 수집한 자도 전항의 형과 같다.

1. 의의 및 성격

외교상기밀누설죄는 외교상의 기밀을 누설하거나, 누설할 목적으로 외교상 의 기밀을 탐지·수집함으로써 성립하는 범죄이다.

본죄는 외환죄의 성격을 포함하고 있는 구성요건으로서, 국가의 대외적 지위를 보호법익으로 하는 범죄이다.

2. 객관적 구성요건

(1) 행위주체

외교상기밀누설죄의 행위주체에는 제한이 없다. 이 점에서 일정한 신분을 가

---

53) 박상기, 626면; 배종대, 150/3; 이재상/장영민/강동범, 697면.
54) 김일수/서보학, 765면; 박상기, 626면; 배종대, 150/3; 이재상/장영민/강동범, 697면.

진 자만이 행위주체가 될 수 있는 신분범인 공무상 비밀누설죄(제127조)와는 구별된다.

(2) 행위객체

외교상기밀누설죄의 행위객체는 '외교상의 기밀'이다. 이는 외국과의 관계에서 국가가 보지해야 할 비밀을 말한다. 예컨대 외국과 비밀조약을 체결한 사실이나 체결하려고 하는 사실 등이 여기에 해당한다.

여기에서 국내에는 공지의 사실이라 하더라도 외국에는 알려지지 않은 사실이 비밀이 될 수 있는가가 문제된다. 그러나 공지의 사실은 비밀로 해야 할 이익이 없으므로 기밀이라고 할 수 없다고 보아야 한다. 판례도 외국언론에 보도되어 외국에 공지된 사실에 대해서는 외교상 기밀이 될 수 없다고 판시하였다.[55]

(3) 실행행위

외교상기밀누설죄의 실행행위는 외교상의 기밀을 '누설·탐지·수집'하는 것이다. 여기서 ① '누설'이란 외교상 기밀을 외국에 알리는 것을 말한다. 그 수단과 방법에는 제한이 없다. 외교상 기밀도 간첩죄에 대한 관계에서는 군사기밀에 포함되므로 이를 적국에 누설한 때에는 간첩죄에 해당한다. 따라서 본죄는 외교상의 기밀을 적국이 아닌 외국에 누설하는 때에만 성립한다고 해야 한다.[56] ② 외교상의 기밀을 누설할 목적으로 '탐지·수집'한 자도 동일하게 처벌하는데, 이 규정은 기밀누설에 대한 예비행위를 독립범죄로 규정한 것이다.

3. 주관적 구성요건

본조 제1항의 죄의 경우에는 외교상의 기밀을 누설한다는 점에 대한 고의만 있으면 족하지만, 동조 제2항에 해당하는 죄의 경우에는 외교상의 기밀에 대한 탐지·수집의 고의 이외에 이를 누설할 목적이 있어야 한다.

---

55) 대법원 1995. 12. 5. 선고 94도2379 판결.

56) 박상기, 626면; 배종대, 151/2; 이재상/장영민/강동범, 698면; 임웅, 887면; 정성근/박광민, 963면.

제2장 국가의 기능에 대한 죄

제1절 공무원의 직무에 관한 죄

I. 개 설

1. 의의 및 보호법익

공무원의 직무에 관한 죄란 공무원이 직무를 위배하거나 직권을 남용하는 행위와 뇌물을 수수하는 행위를 내용으로 하는 범죄이다. 즉 공무원의 직무범죄를 말한다.

공무원의 직무에 관한 죄의 보호법익은 넓은 의미에서의 **국가의 기능**이다. 그러나 공무원의 직무범죄를 하나의 법익을 보호하기 위한 범죄라고 볼 수 없을 정도로 이질적인 구성요건으로 구성되어 있다. 즉 공무원의 직무범죄는 공무수행의 적법성과 공정성에 따른 국가의 이익을 보호할 뿐만 아니라 국가기능의 순결성에 대한 일반인의 신뢰와 이에 따른 개인의 이익을 보호한다는 측면도 있다. 개별 구성요건의 성격에 따라 어느 법익의 보호에 중점을 두고 있는지 다르다고 할 수 있다.

형법이 규정하고 있는 공무원의 직무범죄는 크게, ① 직권남용죄와 ② 직무위배죄 및 ③ 뇌물죄의 세 가지로 분류할 수 있다. 직권남용죄는 공무원에 의한 국민에 대한 범죄이고, 직무위배죄와 뇌물죄는 공무원이 국가에 대하여 행하는 범죄이다. 그리고 직무위배죄는 공무원의 직무상의 의무를 위반하는 것을 내용을 하는 범죄이고, 뇌물죄는 공무원이 직무와 관련하여 그 지위를 이용하여 개인적으로 불법한 이익을 취득한 것을 내용으로 하는 범죄이다.

법익보호의 정도는 직무유기죄의 경우에는 **구체적 위험범**이고, 불법체포·감금죄는 **침해범**이며, 나머지의 죄는 추상적 위험범으로서의 보호이다.

2. 공무원의 의의

공무원의 직무범죄는 공무원이라는 신분을 요하는 신분범이다. 그런데 형법에는 공무원의 개념에 대한 규정이 없다. 따라서 공무원의 개념은 원칙적으로 공법상의 공무원 개념이 적용되어진다. 공무원의 범위는 원칙적으로 국가공무원법과 지방공무원법에 의하여 정해진다.

(1) 공무원의 개념

일반적으로 '공무원'이란 법령의 근거에 의하여 국가 또는 지방자치단체 및 이에 준하는 공법인의 사무에 종사하는 자로서 그 노무의 내용이 단순한 기계적·육체적인 것에 한정되어 있지 않은 자를 말한다. 따라서 군대의 사병이나 세무수습행정원도 공무원에 속한다. 법령으로는 국가공무원법과 지방공무원법 외에도 특별법에 의하여 공무원의 지위가 인정되는 경우가 있다. 예컨대 한국은행의 임원과 직원[1]을 비롯하여 한국산업은행, 한국수출입은행, 중소기업은행의 임원 등이 여기에 해당한다.

(2) 공무원의 범위에 관한 문제점

① 먼저 단순한 기계적·육체적 노무에 불과한 청소부, 인부, 공원, 사환의 경우에는 여기에서 말하는 공무원의 범위에서 제외된다. 기계적 노무는 직무범죄로서 보호해야 할 가치가 없기 때문이다. 그러나 우편집배원의 업무는 공정성이 요구되고 정신적·기능적인 판단이 요구되므로 단순한 기계적인 노무라 할 수 없으므로 이는 공무원에 속한다고 해야 한다.[2]

② 공법인의 직원을 공무원이라 할 수 있는가가 문제된다. 이에 대하여, 공법인과 사법인은 구별이 명백하지 않고 사무에 있어서 차이가 많지 않으며, 공법인의 직원 중에서 공무원으로 해야 할 자의 범위는 법률로 규정되어 있으므로 공법인의 직원이라 하더라도 공무원의 지위가 인정되는 경우가 아니면 공무원이라 할 수 없다는 견해가 있다. 그러나 공법인은 엄연히 사법인과 구별되고 업무의 성격도 다르므로, 공법인의 성격을 개별적으로 검토하여 행정기관에 준하는 공법인의 직원은 공무원에 속한다는 것이 통설의 입장이 타당하다. 판례도 같은 입장

---

1) 「한국은행법」 제106조 참조.
2) 배종대, 152/4; 이재상/장영민/강동범, 702면; 임웅, 891면.

이다.[3]

3. 직무범죄의 종류

공무원의 직무에 관한 범죄는 행위자가 행위시에 공무원일 것을 요하는 신분범이다. 다만 공무상 비밀누설죄(제127조)와 사전수뢰죄(제129조 제2항)의 경우에는 공무원이었던 자와 공무원이 될 자가 행위주체가 된다. 공무원의 직무범죄를 모두 진정신분범이라는 견해도 있으나, 진정직무범죄와 부진정 직무범죄, 그리고 일반직무범죄와 특수직무범죄로 구분하는 것이 통설의 입장이다.

(1) 진정직무범죄와 부진정직무범죄

① 진정직무범죄란 공무원만이 정범이 될 수 있는 범죄를 말한다. 여기서 공무원의 신분은 구성적 신분이 되므로 진정직무범죄에 가담한 비공무원은 진정직무범죄의 공범이 된다. ② 부진정직무범죄란 공무원이 아닌 자도 범할 수 있지만, 공무원이 행한 경우에 형이 가중되는 범죄를 말한다. 여기서 공무원의 신분은 가중적 신분이 되므로 부진정직무범죄에 가담한 비공무원에게는 일반범죄가 성립한다.

(2) 일반직무범죄와 특수직무범죄

① 일반직무범죄란 모든 공무원이 주체가 될 수 있는 직무범죄를 말한다. 예컨대 수뢰죄, 공무상 비밀누설죄가 여기에 해당한다. 이에 대하여 ② 특수직무범죄란 구성요건이 전제하고 있는 특수한 지위에 있는 공무원만이 주체가 될 수 있는 직무범죄를 말한다. 예컨대 불법체포·감금죄, 폭행·가혹행위죄, 피의사실공표죄, 선거방해죄가 여기에 해당한다.

(3) 직무범죄의 가중처벌

공무원이 직권을 이용하여 본장 이외의 죄를 범한 때에는 그 죄에 정한 형의 2분의 1까지 가중한다. 단 공무원의 신분에 의하여 특별히 형이 규정된 때에는 예외로 한다(제135조).

4. 구성요건의 체계

공무원의 직무에 관한 죄는, ① 직무위배죄의 기본적 구성요건으로 직무유기

---

3) 대법원 1961. 12. 24. 선고 4294형상99 판결.

죄가 있고, 독립적 구성요건으로 피의사실공표죄와 공무상 비밀누설죄가 있다.
② 직권남용죄의 기본적 구성요건으로 직권남용죄가 있고, 독립적 구성요건으로
불법체포·감금죄와 폭행·가혹행위죄, 선거방해죄가 있다. ③ 뇌물죄는 수뢰죄를
기본적 구성요건으로 하며, 감경적 구성요건으로 사선수뢰죄, 가중적 구성요건으
로 수뢰후부정처사죄, 부정처사후수뢰죄가 있고, 독립적 구성요건으로 제3자 뇌
물공여죄, 사전수뢰죄, 알선수뢰죄, 증뢰죄, 증뢰물전달죄가 있다.

　　한편 이에 관련된 특별형법으로, 「폭력행위 등 처벌에 관한 법률」에는 사법
경찰관리의 직무유기를 가중처벌하고 있고, 「특정범죄 가중처벌 등에 관한 법률」
에는 범죄수사에 종사하는 공무원의 특수직무유기를 가중처벌하고, 불법체포·
감금죄와 폭행·가혹행위죄를 범하여 사람을 사상케 한 경우에는 가중처벌하고
있다.

II. 직무유기죄

> 제122조(직무유기) 공무원이 정당한 이유 없이 그 직무수행을 거부하거나 그 직무를 유기
> 한 때에는 1년 이하의 징역이나 금고 또는 3년 이하의 자격정지에 처한다.

1. 의의 및 성격

　　직무유기죄는 공무원이 정당한 이유 없이 그 직무수행을 거부하거나 그 직
무를 유기함으로써 성립하는 범죄이다.

　　본죄는 국가기능을 보호법익으로 하며, 그 보호의 정도는 구체적 위험범으로
서의 보호이다. 진정직무범죄이며, 계속범이다.

2. 객관적 구성요건

(1) 행위주체

　　직무유기죄의 행위주체는 '공무원'이다. 따라서 본죄는 진정신분범·의무범의
성격을 가진다. 그러나 공무원 중 구체적인 직무수행의 의무가 있는 자만이 본죄
의 주체가 된다.

공무원은 국민 전체에 대한 봉사자로서 국가공무원법에 의하면 성실의무, 복종의무, 직장이탈금지의무 등을 부담하며, 이러한 직무상의 의무를 태만히 했을 때는 특별권력관계에 의하여 징계사유에 해당한다. 본죄는 공무원의 징계사유에 해당하는 모든 직무상의 의무위반에 대하여 처벌하는 것이 아니라 형벌에 의해 처벌해야 할 정도의 가벌성이 있을 때에 처벌된다고 보아야 한다.[4]

(2) 실행행위

직무유기죄의 실행행위는 '직무수행을 거부하거나 직무를 유기'하는 것이다.

1) 직무의 범위

본죄의 직무는 공무원이 공무원법에 따라 수행해야 할 본래의 직무 또는 고유한 직무여야 한다. 따라서 공무원의 신분으로 인한 부수적·파생적 직무는 본죄의 직무가 해당하지 않는다. 따라서 형사소송법상의 고발의무는 여기의 직무라고 할 수 없다.[5] 그렇지 않으면 본죄의 적용범위가 무한히 확대될 우려가 있기 때문이다.

본죄의 직무는 공무원이 맡은 바 직무를 제때에 수행하지 않으면 실효를 거둘 수 없는 구체적 직무여야 한다.[6] 따라서 직무는 법령에 근거가 있거나 특별한 지시·명령에 의한 것이어야 한다.

2) 직무수행거부와 직무유기

'직무수행거부'란 직무를 능동적으로 수행해야 할 의무 있는 자가 이를 수행하지 않는 것을 말하고, '직무유기'란 정당한 이유 없이 직무를 의식적으로 방임·포기하는 것을 말한다.[7] 즉 '직무를 유기한 때'란 공무원이 법령, 내규 등에 의한 추상적 성실의무를 태만히 하는 일체의 경우에 성립하는 것이 아니라 직장의 무단이탈, 직무의 의식적인 포기 등과 같이 국가의 기능을 저해하고 국민에게 피해를 야기시킬 가능성이 있는 경우를 가리킨다.[8] 적극적 또는 소극적인가를 불문한다.

---

4) 배종대, 153/2; 이재상/장영민/강동범, 703면; 임웅, 894면.
5) 대법원 1962. 5. 2. 선고 4294형상127 판결.
6) 배종대, 153/2; 이재상/장영민/강동범, 703면; 임웅, 894면.
7) 직무유기죄에서 '직무를 유기한 때'란 공무원이 법령, 내규 등에 의한 추상적 성실의무를 태만히 하는 일체의 경우에 성립하는 것이 아니라 **직장의 무단이탈**, 직무의 의식적인 포기 등과 같이 국가의 기능을 저해하고 국민에게 피해를 야기시킬 가능성이 있는 경우를 가리킨다(대법원 2013. 4. 26. 선고 2012도15257 판결).
8) 대법원 2014. 4. 10. 선고 2013도229판결(일단 직무집행의 의사로 자신의 직무를 수행한

직무수행의 거부에 대하여는, 이를 ① 진정부작위범에 해당한다고 보는 견해[9]와 ② 직무유기는 부진정부작위범에 해당한다고 해석하는 견해[10]가 있으나, 판례는 이를 부진정부작위범으로 보고 있다.[11] 그러나 직무유기죄는 부작위뿐만 아니라 작위로서도 가능하기 때문에 이를 구별해야 할 실익이 없다. 직무유기라고 하기 위해서는 직무에 대한 **의식적 방임·포기·거부**가 있어야 한다. 따라서 직무집행이 있는 이상 법정절차를 준수하지 않았거나 내용이 부실하더라도 본죄는 성립하지 않는다. 그리고 수사기관이 허위 내용의 진술조서를 작성하거나 기타 공무원이 허위의 공문서를 작성하던 경우,[12] 사법경찰관리가 경미한 범죄혐의사실을 조사한 후 훈방조치한 경우,[13] 시청직원이 보관하고 있던 정부양곡을 형식적으로 소홀히 조사한 경우,[14] 지방자치단체장이 공무원노조의 파업을 주도한 참가자에 대한 관할 징계위원회에 징계의결을 요구하지 않거나 자체 인사위원회에 징계의결을 요구하거나 훈계처분을 하도록 한 경우,[15] 지방자치단체의 교육기관 등의 장이 수사기관 등으로부터 교육공무원의 징계사유를 통보받고도 징계요구를 하지 아니하여 주무부장관으로부터 징계요구를 하라는 직무이행명령을 받았으나 그에 대한 이의의 소를 제기한 경우에 징계사유를 통보받은 날로부터 1개월 내에 징계요구를 하지 않았다는 사정만으로 직무유기에 해당하지 않는다.[16]

경우에는 직무집행의 내용이 위법한 것으로 평가된다는 점만으로 직무유기죄의 성립을 인정할 것은 아니고, 공무원이 태만·분망 또는 착각 등으로 인하여 직무를 성실히 수행하지 아니한 경우나 형식적으로 또는 소홀히 직무를 수행한 탓으로 적절한 직무수행에 이르지 못한 것에 불과한 경우에도 직무유기죄는 성립하지 아니한다.

따라서 교육기관·교육행정기관·지방자치단체 또는 교육연구기관의 장이 징계의결을 집행하지 못할 법률상·사실상의 장애가 없는데도 징계의결서를 통보받은 날로부터 법정 시한이 지나도록 집행을 유보하는 모든 경우에 직무유기죄가 성립하는 것은 아니고, 그러한 유보가 **직무에 관한 의식적인 방임이나 포기**에 해당한다고 볼 수 있는 경우에 한하여 직무유기죄가 성립한다고 보아야 한다).

9) 진계호, 669면.
10) 유기천, 323면.
11) 대법원 1975. 11. 25. 선고 75도306면 판결.
12) 대법원 1982. 9. 14. 선고 81도2538 판결; 대법원 1982. 12. 28. 선고 82도2210 판결.
13) 대법원 1982. 6. 8. 선고 82도117 판결.
14) 대법원 1969. 8. 19. 선고 69도932 판결.
15) 대법원 2007. 7. 12. 선고 2006도1390 판결.
16) 대법원 2013. 6. 27. 선고 2011도797 판결.

직무를 소홀히 한 직무태만과 달리 직무유기라고 하기 위해서는 의식적인 직무포기를 요한다고 하겠다.

3. 주관적 구성요건

직무를 유기한다는 고의가 있어야 한다. 따라서 직무수행을 거부하거나 직무를 의식적으로 포기·방임한다는 인식·의사가 있어야 한다. 판례는 무단히 직장을 직장을 떠난 경우에는 직무유기의 범의를 인정할 수 있으나,[17] 야간특파근무 공무원이 근무상 관례에 따라 밤 10시경 귀가한 경우에는 직무유기의 범의가 있다고 할 수 없다고 판시하였다.[18]

4. 죄수 및 다른 범죄와의 관계

(1) 죄　수

직무유기죄의 구성요건에 해당하는 사실이 있었고, 그 후에도 계속하여 그 작위의무를 수행하지 아니한 경우에는 계속범이므로 전체적으로 1죄가 성립한다.

(2) 다른 범죄와의 관계

① 공무원이 위법사실을 은폐할 목적으로 허위공문서를 작성한 경우에는 허위공문서작성죄만 성립한다. 그러나 범인을 검거해야 할 경찰관이 적극적으로 범인을 도피하게 한 경우에는 범인도피죄가 성립하고, 예비군 훈련에 불참한 자를 보고해야 할 직무상의 의무있는 사람이 이를 은폐하기 위해 허위의 공문서를 작성한 때에는 허위공문서작성죄만 성립하고 직무유기죄는 별도로 성립하지 않는다.

② 직무를 유기한 후 다른 목적으로 허위공문서를 작성한 경우에는 직무유기죄와 허위공문서작성죄는 실체적 경합이 된다.

③ 직무유기행위가 위계에 의한 공무집행방해죄에 해당하는 경우에는 위계에 의한 공무집행방해죄만 성립한다.

(3) 특별형법의 우선적 적용

「폭력행위 등 처벌에 관한 법률」 제9조 제1항에는 사법경찰관리가 동법에

---

17) 대법원 1968. 12. 17. 선고 67도191 판결.
18) 대법원 1971. 2. 9. 선고 70도2590 판결.

규정된 죄를 범한 자를 수사하지 아니하거나 범인을 알면서 이를 체포하지 아니하거나 수사상 정보를 누설하여 범인의 도주를 용이하게 한 자는 1년 이상의 유기징역에 처하고, 뇌물을 수수 요구 또는 약속을 하고 제1항의 죄를 범한 자는 2년 이상의 유기징역에 처한다(동조 제2항).

「특정범죄 가중처벌 등에 관한 법률」은 범죄수사의 직무에 종사하는 공무원이 동법에 규정된 죄를 범한 사람을 인지하고 그 직무를 유기한 경우에는 1년 이상의 유기징역에 처한다(제15조).

Ⅲ. 피의사실공표죄

> **제126조(피의사실공표)** 검찰, 경찰 기타 범죄수사에 관한 직무를 행하는 자 또는 이를 감독하거나 보조하는 자가 그 직무를 행함에 당하여 지득한 피의사실을 공판청구 전에 공표한 때에는 3년 이하의 징역 또는 5년 이하의 자격정지에 처한다.

1. 의의 및 성격

피의사실공표죄는 검찰·경찰 기타 범죄수사에 관한 직무를 행하는 자 또는 이를 감독하거나 보조하는 자가 그 직무를 행함에 당하여 지득한 피의사실을 공판청구전에 공표함으로써 성립하는 범죄이다.

본죄는 국가의 범죄수사권과 피의자의 인권 내지 명예를 보호법익으로 하고 있으며, 보호의 정도는 추상적 위험범으로서의 보호이다.

2. 객관적 구성요건

(1) 행위주체

피의사실공표죄의 행위주체는 '검찰·경찰 기타 범죄수사에 관한 직무를 행하는 자 또는 이를 감독하거나 보조하는 자'이다. 본죄는 특수공무원만이 행위주체가 될 수 있으므로 진정신분범이다. 법관도 범죄수사에 관한 직무를 감독하는 지위에 있게 될 경우에는 본죄의 주체가 된다. 예컨대 피의자에 대하여 영장을 발부하는 법관이 여기에 해당하다.

(2) 행위객체

피의사실공표죄의 행위객체는 '직무를 행함에 당하여 지득한 피의사실'이다. 진실성 여부는 불문한다. 그러나 직무와 관계없이 지득한 사실은 본죄의 객체가 아니다.

(3) 실행행위

피의사실공표죄의 실행행위는 '공판청구 전에 피의사실을 공표'하는 것이다.

① '공표'란 불특정 또는 다수인에게 그 내용을 알리는 것을 말한다. 공연성을 요하지 않으며, 작위·부작위를 불문한다. 본죄는 추상적 위험이므로 불특정·다수인이 현실적으로 인식하였음을 요하지 않는다.

② 여기서 '공판청구 전'이란 수사기관이 공소를 제기하기 전을 의미한다. 공소제기 후에는 피의자에서 피고인으로 그 명칭과 지위가 변경되기 때문이다. 따라서 공소제기 후에 공표하는 것은 본죄에 해당하지 않는다.

3. 주관적 구성요건

본죄의 행위주체가 직무수행 중 지득한 피의사실을 공판청구전에 공표한다는 고의가 있어야 한다.

4. 위 법 성

본죄는 국가적 법익도 보호법익에 포함되므로 피해자의 승낙의 법리에 의해서는 위법성을 조각할 수 없다. 이와 달리 수사활동상 상관·동료에게 보고·고지하거나, 공개수사를 위해서 일반에게 고지하는 것은 **정당행위**로서 위법성이 조각된다.

Ⅳ. 공무상 비밀누설죄

> **제127조(공무상 비밀의 누설)** 공무원 또는 공무원이었던 자가 법령에 의한 직무상 비밀을 누설한 때에는 2년 이하의 징역이나 금고 또는 5년 이하의 자격정지에 처한다.

1. 의의 및 성격

공무상 비밀누설죄는 공무원 또는 공무원이었던 자가 법령에 의한 직무상 비밀을 누설함으로써 성립하는 범죄이다.

본죄는 기밀 그 자체를 보호법익으로 하는 것이 아니라 비밀누설로 위협받는 국가의 기능을 보호법익으로 한다. 즉 공무원이 비밀엄수의무를 위반하여 공무상의 비밀을 누설함으로써 위협받게 되는 국가의 기능을 보호하기 위해서이다. 판례[19]와 다수설[20]의 입장이다.

보호의 정도는 추상적 위험범으로서의 보호이다. 「국가공무원법」 제60조에 공무원은 재직 중 또는 퇴직 후에도 직무상 알게 된 비밀을 엄수할 의무가 있다. 이와 같이 형법은 공무상 비밀누설죄에 의해 공무원의 비밀엄수의무를 보호하고 있다.

2. 객관적 구성요건

(1) 행위주체

공무상 비밀누설죄의 행위주체는 '공무원 또는 공무원이었던 자'이다.

(2) 행위객체

공무상 비밀누설의 행위객체는 '법령에 의한 직무상의 비밀'이다.

1) 직무상의 비밀

여기서 말하는 '비밀'이란 일반적으로 알려져 있지 않은 사실로서 그것을 알리지 않은 것이 국가에게 이익이 되는 것을 말하며, '직무상의 비밀'이란 본죄의 주체가 직무수행 중 알게 된 비밀을 말한다.[21] 따라서 직무상 알게 된 비밀이 아

---

19) 대법원 2003. 12. 26. 선고 2002도7339 판결.

20) 김성천/김형준, 953면; 박상기, 634면; 배종대, 153/10; 손동권/김재윤, 768면; 오영근, 702면; 이재상/장영민/강동범, 708면; 이형국, 761면; 임웅, 903면; 정성근/박광민, 788면; 정영일, 426면.

21) 제18대 대통령 당선인 甲의 비서실 소속 공무원인 피고인이 당시 甲을 위하여 중국에 파견할 특사단 추천 의원을 정리한 문건을 乙에게 이메일 또는 인편 등으로 전달함으로써 사전에 외부로 누설될 경우 대통령 당선인의 인사 기능에 장애를 초래할 위험이 있으므로, 종국적인 의사결정이 있기 전까지는 외부에 누설되어서는 아니 되는 비밀로서 보호할 가치가 있는 직무상 비밀에 해당한다고 한 사례(대법원 2018. 4. 26. 선고 2018도2624 판결).

닌 단순한 비밀은 여기에 해당하지 않는다. 직무수행 중 알게 된 비밀인 이상, 그것이 자기의 직무와 관련된 비밀인가 타인의 직무와 관련된 비밀인가를 불문한다.

2) 법령에 의한 비밀

법령에 의한 비밀의 의미에 대하여는, ① 비밀은 법령에 의하여 특히 비밀로 분류한 것에 국한한다는 통설[22]과, ② 법령에 의하여 특히 비밀로 할 것이 요구되는 사항 이외에도, 객관적·일반적 입장에서 외부에 알리기 않는 것이 국가에게 상당한 이익이 되는 사항도 비밀에 포함한다는 소수설[23] 및 판례[24]의 입장이 대립하고 있다.

현대국가의 복잡화에 따른 보호해야 할 비밀의 범위가 확대되고 있는 것은 사실이다. 그러나 이러한 국가적 필요성이 있다고 하여 법문의 범위를 벗어나서 법령에 의한 직무상의 비밀여부에 관한 판단을 공무소의 자의적인 판단에 의해 좌우하게 하는 것은 문제가 있다. 따라서 본죄의 본질과 법문에 충실하며 죄형법정주의의 이념에 부합되게 해석하는 통설이 타당하다고 생각된다. 다만 입법론적으로 법령에 의해 구체적으로 보호해야 할 직무상의 비밀에 대하여는 이를 명백히 법령에 세분화하여 규정하도록 하는 것이 국민의 알 권리와 공무상의 비밀유지이익을 적절히 조화하는 방법이다.

판례는 옷값 대납사건의 내사결과보고서의 내용은 비공지의 사실이기는 하지만 실질적으로 비밀로서 보호할 가치가 있다고 인정할 만한 공무상 비밀에 속하지 않지만,[25] 검찰 고위간부가 특정 사건에 대한 수사가 진행 중인 상태에서 해당 사안에 관한 수사책임자의 잠정적인 판단 등 수사팀의 내부 상황을 확인한 뒤 그 내용을 수사대상자 측에 전달한 행위는 공무상 비밀누설죄에 해당하지 않는다.[26]

---

22) 김성천/김형준, 954면; 김일수/서보학, 635면; 박상기, 634면; 백형구, 661면; 이정원, 745면; 임웅, 904면; 정성근/박광민, 789면.
23) 이재상/장영민/강동범, 708면.
24) 대법원 1996. 5. 10. 선고 95도780 판결; 대법원 1982. 6. 22. 선고 80도2822 판결.
25) 대법원 2003. 12. 26. 선고 2002도7339 판결.
26) 대법원 2007. 6. 14. 선고 2004도5561 판결.

(3) 실행행위

공무상 비밀누설죄의 실행행위는 법령에 의한 직무상의 비밀을 '누설'하는 것이다. '누설(漏泄)'이란 비밀사항에 관하여 이를 모르는 제3자에게 알리는 것을 말한다. 누설하는 방법에는 제한이 없다. 작위 또는 부작위에 의해서도 가능하다. 그러나 이미 일정한 사실을 알고 있는 사람에게 알리는 것은 누설이 아니다.

본죄는 공무원 또는 공무원이었던 자가 법령에 의한 직무상의 비밀을 누설하는 행위만을 처벌하기 때문에 직무상의 비밀을 누설받는 상대방에 대하여는 처벌하는 규정이 없다. 따라서 직무상의 비밀을 누설받는 자에 대하여는 형법총칙의 공범규정이 적용될 수 없다.[27]

본죄는 추상적 위험범이므로 공무상 비밀의 누설행위가 종료함으로써 기수가 된다.

3. 주관적 구성요건

법령에 의한 직무상 비밀을 누설한다는 점에 대한 고의가 필요하다.

4. 다른 범죄와의 관계

① 공무원이 직무상 알게 된 군사상 기밀을 적국에 누설한 경우에는 간첩죄가 성립하고, 공무원이 외교상 기밀을 누설한 경우에는 외교상기밀누설죄가 성립한다.

② 공무원이 뇌물을 받고 직무상의 비밀을 누설한 경우에는 본죄와 수뢰후부정처사죄의 상상적 경합이 된다.

V. 직권남용죄

> 제123조(직권남용) 공무원이 직권을 남용하여 사람으로 하여금 의무 없는 일을 하게 하거나 사람의 권리행사를 방해한 때에는 5년 이하의 징역, 10년 이하의 자격정지 또는 1천만원 이하의 벌금에 처한다.

---

27) 대법원 2011. 4. 28. 선고 2009도3642 판결.

1. 의의 및 성격

직권남용죄는 공무원이 직권을 남용하여 사람으로 하여금 의무 없는 일을 하게 하거나 사람의 권리행사를 방해함으로써 성립하는 범죄이다.

본죄의 성질에 관해서는, ① 강요죄(제324조)에 대하여 공무원이라는 신분으로 인해 책임이 가중되는 **책임가중적 구성요건**이라는 견해[28]도 있지만, ② 강요죄와 달리 직권남용죄의 보호법익은 국가기능의 공정한 행사에 있으니, 또한 직권남용죄는 반드시 폭행·협박을 수단으로 하지 않는 점이 강요죄와는 다르므로, 직권남용죄는 강요죄와는 그 성질을 달리하는 **독립범죄**라고 해석하는 견해가 타당하다. 따라서 공무원이 폭행·협박으로 권리행사를 방해하거나 의무 없는 일을 하게 한 경우에는 직권남용죄와 강요죄의 상상적 경합이 된다.[29]

본죄의 법익보호의 정도는 **추상적 위험범**이다.

2. 객관적 구성요건

(1) 행위주체

직권남용죄의 행위주체는 '공무원'이다. 본죄의 성질상 본죄의 공무원은 일정한 행위를 명하고 필요하면 이를 강제할 수 있는 직무를 행하는 공무원에 제한된다고 보는 것이 통설[30]의 입장이다. 이때의 강제는 직접강제이든 간접강제이든 불문한다.

이와 달리 판례는 공무원의 일반적 직무권한은 반드시 법률상의 강제력을 수반하는 것임을 요하지 않는다는 입장을 취하여, ① 대통령 비서실의 민정수석 비서관이 농산물도매시장의 대표에게 요구하여 일부시설을 수의계약으로 대통령 근친에게 임대케 한 경우,[31] ② 검찰의 고위간부가 내사담당검사로 하여금 내사를 중도에 중지하고 내사종결처리하도록 한 경우,[32] ③ 상급 경찰관이 부하 경찰

---

28) 배종대, 154/1; 유기천, 297면.

29) 김일수/서보학, 639면; 백형구, 654면; 이재상/장영민/강동범, 710면; 임웅, 906면; 정성근/박광민, 723면.

30) 김일수/서보학, 637면; 배종대, 154/2; 백형구, 655면; 이재상/장영민/강동범, 710면; 이형국, 765면; 임웅, 907면.

31) 대법원 1992. 3. 10. 선고 92도116 판결.

관의 수사를 중단시키거나 다른 경찰관서로 이첩하게 한 경우,[33] ④ 시장이 공무원에 대한 서열명부에 따른 공무원 평정순위가 정해졌는데도 불구하고 평정권자나 실무담당자 등에게 특정 공무원에 대한 평정순위변경을 지시하여 공무원평정서열명부를 다시 작성하도록 한 경우[34]에는 본죄를 구성한다고 판시하였다.

그러나 판례는 치안본부장이 국립과학수사연구소 법의학과장에게 고문치사로 인한 사망자의 사인에 관하여 기자간담회에 참고할 메모를 작성하도록 요구하여 그의 의사에 반하는 메모를 작성토록 하여 교부받은 경우에는 직권남용죄에 해당하지 않는다고 판시하였다.[35]

(2) 실행행위

직권남용죄의 실행행위는 공무원이 ① '직권을 남용하여' ② 사람으로 하여금 의무 없는 일을 하게 하는 경우, 또는 ③ 사람의 권리행사를 방해하는 행위가 필요하다. 즉 '사람으로 하여금 의무 없는 일을 하게 한 것'과 '사람의 권리행사를 방해한 것'은 형법 제123조가 규정하고 있는 객관적 구성요건요소인 '결과'로서 둘 중 어느 하나가 충족되면 직권남용권리행사방해죄가 성립한다. 이는 '공무원이 직권을 남용하여'와 구별되는 별개의 범죄성립요건이다.

1) 직권남용

'직권을 남용하여' 형식적으로 일반적 직무권한에 속하는 사항에 대하여 목적·방법 등에 있어서 실질적으로 부당한 조치를 취하는 것을 말한다.[36] 즉 공무원이 일반적 직무권한에 속하는 사항에 관하여 직권을 행사하는 모습으로 실질적, 구체적으로 위법·부당한 행위를 한 경우에 성립한다. '직권남용'이란 공무원이 일반적 직무권한에 속하는 사항에 관하여 그 **권한을 위법·부당하게 행사하는 것**을 뜻한다.

남용에 해당하는가를 판단하는 기준은 구체적인 공무원의 직무행위가 본래 법령에서 그 직권을 부여한 목적에 따라 이루어졌는지, 직무행위가 행해진 상황에서 볼 때 필요성·상당성이 있는 행위인지, 직권행사가 허용되는 법령상의 요

---

32) 대법원 2007. 6. 14. 선고 2004도5561 판결.
33) 대법원 2010. 1. 28. 선고 2008도7312 판결.
34) 대법원 2012. 1. 27. 선고 2010도11884 판결.
35) 대법원 1991. 12. 27. 선고 90도2800 판결.
36) 대법원 2011. 7. 28. 선고 2011도1739 판결.

건을 충족했는지 등을 종합하여 판단하여야 한다.

직권남용권리행사방해죄는 단순히 공무원이 직권을 남용하는 행위를 하였다는 것만으로 곧바로 성립하는 것이 아니다. 직권을 남용하여 현실적으로 다른 사람이 법령상 의무 없는 일을 하게 하였거나 다른 사람의 구체적인 권리행사를 방해하는 결과가 발생하여야 하고, 그 결과의 발생은 직권남용행위로 인한 것이어야 한다. 따라서 공무원의 일반적 직무권한에 속하지 않는 사항이나 일반적 직무권한과 아무 관련 없는 행위인 ① 법원의 집행관이 채무자를 체포하거나, ⑪ 세무공무원이 세금미납자를 감금하는 것은 불법체포감금죄라는 별죄를 구성하며 본죄에는 해당하지 않는다.

2) 의무 없는 일을 하게 하는 경우

'의무 없는 일을 하게 한다는 것'은 법령상 의무 없는 자에게 의무 없는 일을 강요하는 것을 말한다. 의무가 있는 경우에도 그 의무내용을 변경하여 행하도록 하는 경우도 포함된다. 따라서 과중한 납세의무를 부과하거나, 불필요한 각종 조건을 부가하는 경우, 의무의 이행시기를 조기에 앞당기도록 하는 경우, 교육감이 인사담당 장학관 등에게 지시하여 승진 또는 자격연수 대상이 될 수 없는 특정교원을 승진임용하거나 그 대상자가 되도록 한 경우[37]에도 의무 없는 일을 하게 한 경우이다.

또한 직권남용 행위의 상대방이 일반 사인인 경우 특별한 사정이 없는 한 직권에 대응하여 따라야 할 의무가 없으므로 그에게 어떠한 행위를 하게 하였다면 '의무 없는 일을 하게 한 때'에 해당할 수 있다. 그러나 이와 달리 상대방이 공무원이거나 법령에 따라 일정한 공적 임무를 부여받고 있는 공공기관 등의 임직원인 경우에는 법령에 따라 임무를 수행하는 지위에 있으므로 그가 직권에 대응하여 어떠한 일을 한 것이 의무 없는 일인지 여부는 관계 법령 등의 내용에 따라 개별적으로 판단하여야 한다.

결국 공무원이 직권을 남용하여 사람으로 하여금 어떠한 일을 하게 한 때에 상대방이 공무원 또는 유관기관의 임직원인 경우에는 그가 한 일이 형식과 내용 등에 있어 직무범위 내에 속하는 사항으로서 법령 그 밖의 관련 규정에 따라 직무수행 과정에서 준수하여야 할 원칙이나 기준, 절차 등을 위반하지 않는다면 특

---

37) 대법원 2011. 2. 10. 선고 2010도13766 판결.

별한 사정이 없는 한 법령상 의무 없는 일을 하게 한 때에 해당한다고 보기 어렵
다.[38]

3) 권리행사를 방해한 경우

'권리행사를 방해한다는 것'은 법령상 인정된 권리를 행사하지 못하게 방해
하는 것을 말한다. 여기에서는 구체적인 권리행사가 현실적으로 방해받을 것을
요한다. 따라서 도청장치를 하게 하여 권리행사를 방해한 경우, 부당하게 영업을
정지시킨 경우, 인·허가권자의 부당한 인·허가 거부행위 등이 여기에 해당한다.

그러나 검사가 고소사건을 불기소처분하거나, 교도소 접견 담당교도관이 접
견신청이 필요한 용무에 해당하지 않는다고 판단하여 거부하는 것만으로는 권리
행사를 방해했다고 볼 수 없다.[39]

대법원은 최근에 직권남용권리행사방해죄의 관련하여, "대통령비서실장 등
이 문화체육관광부 공무원을 통하여 문화예술진흥기금 등 정부의 지원을 신청한
개인·단체의 이념적 성향이나 정치적 견해 등을 이유로 한국문화예술위원회·영
화진흥위원회·한국출판문화산업진흥원이 수행한 각종 사업에서 이른바 좌파 등
에 대한 지원배제를 지시하는 것은 '직권남용'에 해당하고, 위 지원배제 지시로써
문화체육관광부 공무원이 한국문화예술위원회·영화진흥위원회·한국출판문화산
업진흥원 직원들로 하여금 지원배제 방침이 관철될 때까지 사업진행 절차를 중
단하는 행위, 지원배제 대상자에게 불리한 사정을 부각시켜 심의위원에게 전달하
는 행위 등을 하게 한 것은 '의무 없는 일을 하게 한 때'에 해당한다."[40] 또한 "직
권남용권리행사방해죄는 공무원에게 직권이 존재하는 것을 전제로 하는 범죄이
고, 직권은 국가의 권력 작용에 의해 부여되거나 박탈되는 것이므로, 공무원이
공직에서 퇴임하면 해당 직무에서 벗어나고 그 퇴임이 대외적으로도 공표된다.
공무원인 피고인이 퇴임한 이후에는 위와 같은 직권이 존재하지 않으므로, 퇴임
후에도 실질적 영향력을 행사하는 등으로 퇴임 전 공모한 범행에 관한 기능적 행
위지배가 계속되었다고 인정할 만한 특별한 사정이 없는 한, 퇴임 후의 범행에
관하여는 공범으로서 책임을 지지 않는다."고 판시하였다.[41]

---

38) 대법원 2020. 1. 30. 선고 2018도2236 전원합의체 판결.
39) 대법원 1993. 7. 26. 선고 92모29 판결.
40) 대법원 2020. 1. 30. 선고 2018도2236 전원합의체 판결.
41) 대법원 2020. 2. 13. 선고 2019도5186 판결.

4) 기수시기

본죄의 기수시기는 피해자가 의무 없는 일을 현실적으로 행하거나 권리행사가 현실적으로 방해되는 결과가 발생했을 때이다. 그러나 본죄는 추상적 위험범이므로 이로 인해 국가의 기능이 현실적으로 침해되었을 것을 요하지는 않는다.[42]

3. 주관적 구성요건

본죄는 고의범이므로 행위자가 공무원이라는 점과 직권을 남용하여 타인으로 하여금 의무 없는 일을 하게 하거나 사람의 권리행사를 방해한다는 점과 그로 인해 현실적인 권리행사방해의 결과가 발생할 수 있을 것이라 점에 대한 인식과 의사인 고의가 필요하다. 미필적 고의로 충분하다.

4. 다른 범죄와의 관계

직권남용죄와 강요죄는 양죄를 독립적인 별개의 범죄로 보는 경우에는 공무원이 폭행·협박적인 방법만을 사용하여 타인의 권리행사를 방해한 경우에는 강요죄만 성립하고, 제135조(공무원의 직무상의 범죄에 대한 형의 가중)가 추가적용된다고 할 수밖에 없다.

그러나 공무원이 직권을 남용하면서 동시에 폭행·협박으로 타인의 권리행사를 방해한 때에는 직권남용죄와 강요죄의 상상적 경합이 된다. 따라서 경찰공무

---

42) 대법원 2005. 4. 15. 선고 2002도3453 판결; 대법원 1978. 10. 10. 선고 75도2665 판결(형법 제123조의 죄가 기수에 이르려면 의무 없는 일을 시키는 행위 또는 권리를 방해하는 행위가 있었다는 것만으로는 부족하고, 지금 당장에 피해자의 의무 없는 행위가 이룩된 것 또는 권리방해의 결과가 발생한 것을 필요로 한다고 해석하여야 법문에 충실한 해석이라 하겠다. … 따라서 공무원의 직권남용이 있다 하여도 현실적으로 권리행사의 저해가 없다면 본죄의 기수를 인정할 수 없다. 피고인이 도청기를 설치함으로써, 자유롭게 정당활동을 하고 동 회의의 의사를 진행하며, 회의진행을 도청당하지 아니하고 기타 비밀을 침해당하지 아니하는 권리를 침해당한 것이라는 공소사실에 비추어 회의가 10분 늦어진 사실은 공소범위를 벗어난 것으로 인정될 수 있고, 원심이 확정사실과 같이 도청장치를 하였다가 뜯겨서 도청을 못하였다면 회의진행을 도청당하지 아니할 권리(기타 권리)가 침해된 현실적인 사실은 없다 하리니 직권남용죄의기수로 논할 수 없음이 뚜렷하고, 미수의 처벌을 정한 바 없으니 도청을 걸었으나 뜻을 못 이룬 피고인의 행위는 다른 죄로는 몰라도 형법 제123조를 적용하여 죄책을 지울 수는 없다고 하겠다).

원이 직권을 남용하여 범죄수사를 빙자하여 허위명령서를 발부하여 의무 없는 서류제출을 하게 한 경우에는 허위공문서작성죄와 직권남용죄에 해당하고, 양죄는 실체적 경합범이 된다.[43]

Ⅵ. 불법체포·감금죄

> 제124조(불법체포, 불법감금) ① 재판, 검찰, 경찰 기타 인신구속에 관한 직무를 행하는 자 또는 이를 보조하는 자가 그 직권을 남용하여 사람을 체포 또는 감금한 때에는 7년 이하의 징역과 10년 이하의 자격정지에 처한다.
> ② 전항의 미수범은 처벌한다.

1. 의의 및 성격

불법체포·감금죄는 재판, 검찰, 경찰 기타 인신구속에 관한 직무를 행하는 자 또는 이를 보조하는 자가 그 직권을 남용하여 사람을 체포 또는 감금함으로써 성립하는 범죄이다.

본죄의 성격에 대해서는, ① 구속에 관한 국가기능의 공정을 보호하는 데 중점을 둔 특수직무범죄로서 체포·감금죄와는 그 성질을 달리한다고 이해하는 견해[44]도 있지만, ② 인신구속에 관한 직무를 수행하는 특수공무원이라는 신분으로 인하여 일반체포·감금죄보다 책임이 가중되는 부진정신분범이라고 해석하는 다수설이 타당하다.[45]

본죄의 보호법익은 국가의 인신구속에 관한 국가기능의 공정성과 사람의 신체적 자유이고, 보호의 정도는 침해범으로서의 보호이다.

2. 객관적 구성요건

(1) 행위주체

불법체포·감금죄의 행위주체는 '재판·검찰·경찰 기타 인신구속에 관한 직무

---

43) 대법원 1955. 10. 18. 선고 4288형상266 판결.
44) 이재상/장영민/강동범, 712면.
45) 김성돈, 749면; 김일수/서보학, 640면; 박상기, 637면; 배종대, 154/7; 오영근, 707면; 임웅, 910면.

를 행하는 자와 이를 보조하는 자'이다.

여기서 '기타 인신구속에 관한 직무를 행하는 자'란 '사법경찰관리의 직무를 수행할 자와 그 직무범위에 관한 법률'에 규정된 자를 말한다. 따라서 교도소장이나 선장도 여기에 포함된다.

'**보조하는 자**'란 법원 또는 검찰서기, 사법경찰리와 같이 그 직무상 보조자의 지위에 있는 자를 말한다. 그러나 사실상 보조하는 사인은 여기에 포함되지 않는다. 판례는 집행관도 본죄의 주체에 해당할 수 있다고 해석하였으니,[46] 집행관을 인신구속에 관한 직무를 행하는 자에 속하는 특별공무원이라고 해석하는 것은 타당하지 않다.[47]

특히 본죄는 간접정범의 형태로도 범해질 수 있는데, 예컨대 인신구속에 관한 직무를 행하는 자가 피해자를 구속하기 위하여 허위로 피의자진술조서를 작성한 후 검사와 영장전담판사를 기망하여 구속영장을 발부받아 피해자를 구금하는 경우가 여기에 해당한다.[48]

(2) 실행행위

불법체포·감금죄의 실행행위는 '직권을 남용하여 사람을 체포·감금하는 것'이다. 행위주체가 본죄의 공무원이라 하더라도 직권과 관계없이 체포·감금한 때에는 일반체포·감금죄(제276조)에 해당한다.

체포란 신체에 대한 현실적인 속박을 가하여 신체의 자유를 박탈하는 것이고, 감금이란 사람으로 하여금 일정한 장소를 벗어나지 못하도록 하여 행동의 자유를 빼앗는 일체의 행위를 말한다. '직권을 남용한다는 것'은 사람을 체포·감금할 때에 적법절차에 따르지 않고 체포·감금하는 일체의 경우를 말한다.

따라서 경찰관이 현행범이 아닌 자를 현행범으로 체포하는 경우, 법정절차 없이 피의자를 경찰서 보호실에 구금하는 경우, 임의동행한 피의자를 그 의사에 반하여 경찰서 조사실이나 보호실에 유치하여 조사하는 경우,[49] 즉결심판 피의자를 강제로 보호실에 유치하는 경우[50] 등이 여기에 해당한다.

---

46) 대법원 1969. 6. 24. 선고 68도1218 판결.
47) 같은 취지로 이재상/장영민/강동범, 712면.
48) 대법원 2006. 5. 25. 선고 2003도3945 판결.
49) 대법원 1985. 7. 29. 선고 85모16 판결.
50) 대법원 1997. 6. 13. 선고 97모877 판결.

3. 주관적 구성요건

재판, 검찰, 경찰 기타 인신구속에 관한 직무를 행하는 자 또는 이를 보조하는 자가 그 직권을 남용하여 사람을 체포 또는 감금한다는 점에 대한 고의가 있어야 한다.

4. 위 법 성

본죄는 피해자의 승낙이 있어도 위법성이 조각되지 않는다. 본죄는 피해자의 자유뿐만 아니라 국가의 인신구속의 공정성을 주된 보호법익으로 하기 때문에 피해자의 승낙의 법리가 적용되지 않는다.

Ⅶ. 폭행 및 가혹행위죄

> **제125조(폭행, 가혹행위)** 재판, 검찰, 경찰 기타 인신구속에 관한 직무를 행하는 자 또는 이를 보조하는 자가 그 직무를 행함에 당하여 형사피의자 또는 기타 사람에 대하여 폭행 또는 가혹한 행위를 가한 때에는 5년 이하의 징역과 10년 이하의 자격정지에 처한다.

1. 의의 및 성격

폭행·가혹행위죄는 재판, 검찰, 경찰 기타 인신구속에 관한 직무를 행하는 자 또는 이를 보조하는 자가 그 직무를 행함에 당하여 형사피의자 또는 기타 사람에 대하여 폭행 또는 가혹한 행위를 가함으로써 성립하는 범죄이다.

본죄는 고문금지에 관한 헌법규정(제12조 제2항)을 실현하기 위한 구성요건으로서, 보호법익은 국가기능의 공정성과 국민의 인권이다. 보호의 정도는 추상적 위험범이다.

2. 객관적 구성요건

(1) 행위주체 및 객체

폭행·가혹행위죄의 행위주체는 '재판·검찰·경찰 기타 인신구속에 관한 직무를 행하는 자와 이를 보조하는 자'이며, 행위객체는 '형사피의자 또는 기타의 사람'이다. 여기서 '기타의 사람'이란 형사피고인·참고인·증인 등 수사·재판과정에서 조사의 대상이 된 사람을 말한다.

(2) 실행행위

폭행·가혹행위죄의 실행행위는 '직무를 행함에 당하여 폭행 또는 가혹행위를 하는 것'이다. 직권남용죄에서 '직권을 남용하여'라고 규정하고 있는 것과 달리 본죄에서의 '직무를 행함에 당하여'의 의미는 직권남용죄에서의 일반적인 직무권한의 범위 내의 직무보다는 그 범위가 넓은 의미인 '직무를 행하는 기회에 있어서'라는 의미로 해석된다. 따라서 여기서 '직무를 행하는 기회에 있어서'란 행위자의 직무행위와 사항적·내용적인 관련성이 있을 것을 요한다는 의미라고 해석해야 한다.[51] 그러나 직무행위의 시간 중에 발생하였다고 하여 모두 직무의 기회에 행해진 행위라고 보아서는 안 된다. 예컨대 직무집행시에 찾아온 친구를 폭행한 경우에는 단순폭행죄에 불과하다고 보아야 하며, 직무를 집행하는 기회에 단순히 개인적인 감정에 따라 폭행·가혹행위를 한 경우에는 본죄에는 해당하지 않는다고 보아야 한다.

여기서 '**폭행**'이란 사람의 신체에 대한 유형력의 행사, 즉 협의의 폭행을 의미한다. 또한 '**가혹행위**'란 폭행 이외의 방법으로 정신적·육체적으로 고통을 주는 일체의 행위를 말한다. 예컨대 잠을 재우지 않거나 음식을 주지 않거나 추행이나 간음행위를 하는 경우가 여기의 가혹행위에 해당한다.

피해자의 승낙은 본죄의 성립에 있어서 영향을 미치지 않는다. 이는 본죄의 보호법익이 단순한 개인의 자유권을 보호하는데 그치는 것이 아니라, 국가기능의 공정성과 국민의 인권을 보호하는데 있기 때문이다.

3. 주관적 구성요건

재판, 검찰, 경찰 기타 인신구속에 관한 직무를 행하는 자 또는 이를 보조하는 자가 그 직무를 행함에 당하여 형사피의자 또는 기타 사람에 대하여 폭행 또는 가혹한 행위를 가한다는 점에 대한 고의가 있어야 한다.

---

51) 이재상/장영민/강동범, 714면.

4. 다른 범죄와의 관계

폭행·가혹행위죄와 강간죄·강제추행죄·피구금부녀간음죄는 죄질과 행위태양을 달리하므로 양죄의 상상적 경합이 성립한다.

Ⅷ. 선거방해죄

> 제128조(선거방해) 검찰, 경찰 또는 군의 직에 있는 공무원이 법령에 의한 선거에 관하여 선거인·입후보자 또는 입후보자 되려는 자에게 협박을 가하거나 기타 방법으로 선거의 자유를 방해한 때에는 10년 이하의 징역과 5년 이상의 자격정지에 처한다.

선거방해죄는 검찰·경찰 또는 군의 직에 있는 공무원이 법령에 의한 선거에 관하여 선거인·입후보자 또는 입후보자 되려는 자에게 협박을 가하거나 기타 방법으로 선거의 자유를 방해함으로써 성립하는 범죄이다.

본죄의 본질에 대해서는, ① 직무위배죄의 일종이라는 견해[52]와 ② 직권남용죄의 특별규정이라는 견해,[53] 그리고 ③ 공직선거법에 대한 일반규정이라고 해석하는 견해[54]의 대립이 있다. 그러나 본죄는 행위주체가 특별공무원에 제한되어 있지 않을 뿐만 아니라, 선거 자체의 적정을 보호하기 위한 범죄라기보다는 선거권·피선거권의 자유로운 행사를 보호법익으로 하므로, 직권남용죄에 대한 특별규정이라고 해석하는 후설이 타당하다.

법익보호의 정도는 추상적 위험범으로서의 보호이다.

(1) 행위주체 및 행위객체

본죄의 행위주체는 검찰·경찰 또는 군의 직에 있는 공무원이다. '군의 직에 있는 공무원'에는 군인 이외에 군무원도 포함하며, 행위객체는 '법령에 의한 선거에 관하여 선거인 또는 입후보자·입후보자가 되려는 자'이다.

여기서 '법령에 의한 선거'란 선거의 근거가 법령에 규정되어 있는 경우를 말

---

52) 백형구, 662면; 유기천, 324면.
53) 김일수/서보학, 645면; 박상기, 641면; 배종대, 154/12; 손동권/김재윤, 770면; 오영근, 711면; 이영란, 769면; 이재상/장영민/강동범, 714면; 이형국, 770면; 임웅, 915면; 정성근/박광민, 798면; 정영일, 433면.
54) 유기천, 324면; 진계호, 680면.

하며, '입후보자가 되려는 자'는 정당의 공천을 받으려는 자 또는 입후보 등록절차를 밟고 있는 자를 말한다.

(2) 실행행위

선거방해죄의 실행행위는 법령에 의한 선거에 관하여 선거인 또는 입후보자·입후보자가 되려는 자에게 '협박을 가하거나 기타 방법으로 선거의 자유를 방해하는 것'이다.

본죄의 실행행위로서 '협박을 가하거나 기타 방법으로 선거의 자유를 방해하는 것'이란 협박을 비롯하여 일체의 선거권 및 피선거권의 행사의 자유를 위태롭게 하는 일체의 행위를 말한다. 본조에서 협박은 선거방해행위의 예시에 불과하므로 선거방해의 방법에는 특별한 제한이 없고, 작위·부작위를 불문한다.

본죄는 추상적 위험범이므로, 본죄의 기수시기는 선거의 자유를 방해하는 행위만 있으면 충분하고, 그로 인해 현실적으로 선거방해의 결과가 발생하였을 것을 요하지는 않는다.

특별법인 「공직선거법」에는 제237조(선거의 자유방해죄), 제238조(군인에 의한 선거자유방해죄), 제239조(직권남용에 의한 선거자유방해죄), 제239조의2(선장등에 의한 선거자유방해죄등)에는 검사, 경찰공무원, 선거관리위원회 공무원, 군인, 선장 등의 선거방해행위에 대하여 가중처벌하는 규정을 두고 있다.

IX. 뇌물죄의 일반이론

1. 서 설

(1) 의의 및 보호법익

뇌물죄란 공무원 또는 중재인이 직무행위에 대한 대가로서 부당한 이익을 취득하는 것을 금지하는 것을 내용으로 하는 범죄이다. 형법상 뇌물죄는 뇌물을 받는 수뢰죄와 뇌물을 주는 증뢰죄로 구성되어 있다. 수뢰죄는 뇌물을 수수·요구·약속함으로써 성립하는 범죄이고, 증뢰죄는 뇌물을 공여하는 것을 내용으로 하는 범죄이다.

뇌물죄의 보호법익에 관해서는, ① 뇌물죄는 공무원의 직무상의 의무위반을 요건으로 하지 않으므로 공무원의 직무행위의 불가매수성으로 보는 견해[55]와, ②

공무원의 직무행위의 불가매수성과 이에 대한 사회적 신뢰로 이해하는 견해,[56] 그리고 ③ 공무원의 직무행위의 불가매수성(不可買收性)과 직무행위의 공정성 및 이에 대한 사회일반의 신뢰를 보호법익으로 이해하는 종합설이 대립한다. 판례는 종래에는 직무행위이 불가매수성에 있다고 보았으나, 그 후 판례를 변경하여, '뇌물죄는 직무집행의 공정과 이에 대한 사회적 신뢰 및 직무행위의 불가매수성을 그 보호법익으로 한다'고 판시함으로써 종합설의 입장을 취하고 있다.[57]

생각건대 뇌물죄는 뇌물죄의 보호법익도 공무원의 일반적인 직무범죄와 마찬가지로 국가의 기능, 즉 공무원의 직무행위의 공정성과 직무행위의 불가매수성 및 이에 대한 사회적 신뢰를 보호법익으로 본다고 해석하는 종합설의 입장이 타당하다고 생각된다.[58]

법익보호의 정도는 추상적 위험범으로서의 보호이다.

(2) 법적 성격

형법은 뇌물을 요구·약속·수수하면 직무의무위반을 불문하고 수뢰죄를 인정하고, 부정행위가 있는 경우에는 형을 가중하고 있다.

뇌물죄의 법적 성격에 대하여는 로마법과 게르만법에 따른 두 가지의 역사적인 사상적 배경이 있다. 로마법의 전통은 공무원의 순수성을 강조하여 일정한 직무행위의 대가로 뇌물을 받기만 하면 뇌물죄의 성립을 인정하고 공무원의 직무의무위반에 대해서는 이를 문제 삼지 않았다. 이에 반하여 게르만법 전통은 공무원의 직무의무위반을 강조함으로써 부정한 직무행위의 대가로 뇌물을 주고받는 경우에만 뇌물죄가 성립하는 것으로 보았다.

우리 형법은 로마법의 전통에 따라 뇌물을 수수·요구·약속을 하면 직무의무위반 여부에 관계없이 처벌하고, 이에 따르는 부정한 직무행위를 하면 가중처벌하고 있다. 따라서 우리 형법의 법적 성격은 공무원의 순수성을 강조하는 로마법사상을 기본으로 하면서, 공무원의 직무의무위반을 강조하는 게르만법사상을 가

---

55) 배종대, 155/4; 백형구, 639면; 유기천, 301면; 진계호, 681면.

56) 김일수/서보학, 648면; 임웅, 917면; 정성근/박광민, 880면.

57) 대법원 2018. 5. 15. 선고 2017도19499 판결; 대법원 2010. 12. 23. 선고 2010도13584 판결; 대법원 2001. 10. 12. 선고 2001도3579 판결; 대법원 2000. 1. 28. 선고 99도4022 판결; 대법원 1998. 3. 10. 선고 97도3113 판결.

58) 김신규, "뇌물죄에 관한 연구", 「형사정책」 제10호, 1988, 295면; 배종대, 814면.

미하고 있다고 할 수 있다.

(3) 수뢰죄와 증뢰죄의 관계

수뢰죄는 공무원에 의한 직무범죄이고, 증뢰죄는 공무원에 대한 범죄이므로, 양자는 그 성질을 달리한다. 수뢰죄와 증뢰죄의 관계에 대하여는 양죄가 필요적 공범인가 여부 및 공범규정의 적용범위가 문제된다.

1) 필요적 공범여부

양죄가 필요적 공범인가 여부에 관해서는 견해가 대립한다.

① **필요적 공범설**은 뇌물죄는 수뢰자와 증뢰자의 협동이 필요하므로 양죄는 1개의 범죄의 양면에 지나지 않으며, 행위자의 신분 유무에 따라 형의 경중만을 구별하여 규정하고 있는 필요적 공범이라는 견해이다. 이 견해는 수뢰자나 증뢰자 일방의 의사표시만으로도 뇌물죄가 성립하는 범죄양태를 설명할 수 없다는 비판을 면하기 어렵다.

② **독립범죄설**은 양죄는 필요적 공범이 아니라 각각 독립된 별개의 범죄라는 견해이다. 그 논거로, (a) 수뢰죄는 공무원의 직무범죄로서 신분범인데 반해서, 증뢰죄는 공무원에 대한 범죄로서 비신분범이며, (b) 연혁적으로 수뢰죄는 일찍부터 처벌해왔으나, 증뢰죄는 최근에 와서야 처벌하고 있고 형벌도 수뢰죄보다 가볍게 처벌하는 점 등을 들고 있다. ③ **이원설**은 뇌물죄의 행위양태를 사물논리적으로 분석하여, 양자의 관계를 필요적 공범관계와 별개의 독립범죄인 경우로 나누어 보아야 한다는 견해이다. 이원설은 이를 **구별설** 내지 **병합설**이라고도 한다.

생각건대 수뢰죄와 증뢰죄는 원칙적으로 필요적 공범관계 있다는 점을 부정할 수 없다. 또한 수뢰죄가 증뢰와 그 성질을 달리한다고 하더라도 증뢰죄는 수뢰죄에 대한 공범의 형태로 별도로 규정한 것이라는 점에서 관련되는 범죄라고 할 수 있다. 또한 수뢰죄와 증뢰죄의 처벌의 형을 달리하는 것은 처벌에 있어서의 가벌성이나 형사정책적인 고려를 한 특칙이라 할 수 있다. 한편 필요적 공범설은 뇌물죄 중에서 뇌물의 요구와 공여의 의사표시는 독립된 범죄에 불과하다. 따라서 형법의 뇌물죄는 원칙적으로 수뢰죄와 증뢰죄는 필요적 공범이지만, 뇌물의 요구와 뇌물공여의 의사표시는 별개의 독립된 범죄라고 이해하는 이원설이 타당하다고 생각된다.[59] 판례도 뇌물수수죄와 뇌물공여죄는 필요적 공범관계라

---

59) 김일수/서보학, 649면; 박상기, 646면; 배종대, 155/8; 이재상/장영민/강동범, 718면; 이형

고 판시하였다.[60]

2) 공범규정의 적용범위

수뢰자와 증뢰자가 필요적 공범관계에 있게 되면, 양자 사이에 제33조의 공범규정을 적용할 여지가 없게 된다. 즉 공무원신분이 있는 수뢰자는 수뢰죄로, 비공무원인 증뢰자는 증뢰죄로 처벌하면 족하다. 그러나 뇌물죄에 있어서도 수뢰자와 증뢰자의 관계 이외의 경우, 즉 수뢰자 상호간이나 증뢰자 상호간에는 공범규정이 당연히 적용된다.

그런데 수뢰자와 증뢰자의 어느 한쪽에 타인이 공범으로 가담한 경우에 이를 어떻게 취급할 것인지 문제된다.

증뢰죄의 경우에는 증뢰자 상호간의 관여 형태에 따라 공동정범·교사범·방조범이 성립하게 된다는 점에 대해서는 의견이 일치한다. 문제는 진정신분범인 수뢰죄에 신분 없는 제3자가 가담한 경우이다. 이에 관해서 소수설은, 뇌물죄 중 수뢰죄와 뇌물요구죄는 행위자 관련 진정신분범 내지 의무범이므로 각 행위자에게 특유한 신분상의 의무위반이 있어야 정범성을 획득할 수 있고, 비신분자가 신분자의 의무위반을 차용하여 의무범의 공동정범이 될 수는 없으므로, 수뢰죄에 있어서 비신분자는 교사범·방조범은 가능해도 신분이 없으므로 공동정범은 될 수 없다는 견해이다. 그러나 수뢰죄는 진정신분범으로서, 공범과 신분에 관한 규정인 형법 제33조 본문이 적용되어 비신분자도 수뢰죄의 교사범·방조범은 물론 공동정범도 성립할 수 있다고 이해하는 다수설과 판례[61]의 입장이 타당하다고 생각된다.

따라서 필요적 공범인 수뢰죄와 증뢰자는 각각 수뢰죄와 증뢰죄로 처벌될 뿐이고, 외부관여자는 형법총칙 제33조의 공범규정이 적용되어 범죄가담 형태에

국, 784면; 임웅, 919면; 정성근/박광민, 801면.

60) 대법원 2008. 3. 23. 선고 2007도10804 판결(뇌물공여죄와 뇌물수수죄는 필요적 공범관계에 있다고 할 것이나, 필요적 공범이라는 것은 법률상 범죄의 실행이 다수인의 협력을 필요로 하는 것을 가리키는 것으로서 이러한 범죄의 성립에는 행위의 공동을 필요로 하는 것에 불과하고 반드시 협력자 전부가 책임이 있음을 필요로 하는 것은 아니므로, 오로지 공무원을 함정에 빠뜨릴 의사로 직무와 관련되었다는 형식을 빌려 그 공무원에게 금품을 공여한 경우에도 공무원이 그 금품을 직무와 관련하여 수수한다는 의사를 가지고 받아들이면 뇌물수수죄가 성립한다).

61) 대법원 1992. 8. 14. 선고 91도3191 판결; 대법원 1970. 1. 27. 선고 69도2225 판결.

따라 수뢰죄 또는 증뢰죄의 공동정범·교사범·종범이 성립한다. 또한 뇌물죄에 있어서 그 성격이 독립범죄이고 진정신분범인 뇌물요구죄에 비신분자가 가담한 경우에는 마찬가지로 제33조의 공범규정에 의해 범죄가담형태에 따라 뇌물요구죄의 공동정범·교사범·종범이 성립한다. 그러나 뇌물공여의 의사표시에 제3자가 가담한 경우에는 뇌물공여죄(의사표시)는 비신분범이므로 제33조는 적용되지 않으며, 범죄가담형태에 따라 뇌물공여죄의 공동정범·교사범·종범이 성립된다.

2. 뇌   물

(1) 뇌물의 개념

뇌물이란 '공무원 등의 직무에 관한 부정·부당한 모든 이익'을 말한다. 즉 금전, 물품, 기타 재산적 이익 등 사람의 수요·욕망을 충족시키기에 족한 유형적·무형적 이익으로서 직무행위에 대한 대가로서의 불법한 보수, 또는 부정·부당한 이익을 말한다.[62] 따라서 뇌물죄에 있어서 뇌물이 되기 위해서는, ① 공무원의 직무에 관한, 즉 직무관련성과 ② 부정한 이익이라는 요소가 필요하다.

(2) 뇌물의 요건

1) 직무관련성

가. 직   무   본죄에서 말하는 '직무'란 공무원·중재인이 그 지위에 따라 공무로 담당하는 일체의 사무를 말한다.[63] 따라서 직무유기죄나 직권남용죄에서의 직무범위보다 넓은 개념이다. 법령, 지령, 훈령 또는 행정처분에 의한 경우는 물론, 상사의 지위를 보조할 지위에 있는 부하공무원으로서 관례상 또는 상사의 명령에 의해 소관 이외의 사무를 일시 대리할 경우의 직무를 포함한

---

62) 김일수/서보학, 652면; 박상기, 643면; 배종대, 155/10; 백형국, 640면; 이재상/장영민/강동범, 718면; 이정원, 753면; 이형국, 776면; 임웅, 929면; 정성근/박광민, 802면.

63) 헌법재판소 2012. 12. 27. 선고 2011헌바117 한정위헌결정(공무원의 범위는 국가공무원과 지방공무원법 및 기타 법령에 의해 정해진 공무원이다. 국가공무원법과 지방공무원법상의 공무원에는 경력직 공무원과 특수경력직 공무원이 있다. 특별법에 의해 공무원의 지위가 인정된 자의 예로는 한국은행법에 의한 한국은행의 임직원이 여기에 해당한다. 헌법재판소는 형법(1953. 9. 18. 법률 제293호로 제정된 것) 제129조 제1항의 '공무원'에 구 '제주특별자치도 설치 및 국제자유도시 조성을 위한 특별법'(2007. 7. 27. 법률 제8566호로 개정되기 전의 것) 제299조 제2항의 제주특별자치도 통합영향평가심의위원회 심의위원 중 위촉위원이 포함되는 것으로 해석하는 한 헌법에 위반된다는 한정위헌 결정을 하였다).

다.[64] 공무원의 일반적 직무권한에 속하는 것이면 현실적으로 담당하고 있는 직무일 것을 요하지 않으며,[65] 과거에 담당하였거나 장래에 담당할 직무를 불문한다.[66] 직무에 관해 공무원이 독립적인 결정권을 가질 것을 요하지 않고, 결정권자를 보좌하여 영향을 줄 수 있는 직무라도 무방하나. 공부원의 직무행위는 작위인가 부작위인가를 불문하며, 정당한가 부당한가 또한 적법한가 위법한가를 불문한다.

나. 직무관련행위   뇌물은 '직무에 관한' 부정한 이익이므로 여기서 '직무에 관하여'란 직무행위 자체는 물론 엄밀한 의미에서 직무행위는 아니지만 직무행위와 밀접한 관계가 있는 행위거나, 직무행위와 관련하여 사실상 처리하고 있는 행위도 포함된다.[67] 따라서 직무와 관계없는 단순한 사적인 행위와 관련된 이익은 직무시간 중 또는 직무장소에서 행해진 경우라도 뇌물이 아니다. 여기서 직무행위와 밀접한 관련있는 행위란 직무상의 지위를 이용하거나 그 직무에 기초한 세력을 기초로 공무의 공정에 영향을 미치는 행위를 말한다.[68]

결국 공무원이 수수한 금품 및 기타 이익이 뇌물이 되기 위해서는 직무관련성이 있는 부정한 이익이 되어야 한다. 이것을 판단하기 위해서는 공무원의 직무내용, 직무와 이익제공자와의 관계, 쌍방간의 사적인 친분관계여부,[69] 이익의 다과, 이익을 수수한 경위와 시기 등 제반사정을 참작하여 결정하여야 한다. 이 경우에 본죄의 보호법익을 고려하여 공무원의 이익수수로 인하여 사회일반으로부터 직무집행의 공정성과 사회적 신뢰를 의심받게 되는지 여부가 중요한 판단기준이 된다고 하겠다.[70]

---

64) 대법원 1998. 2. 27. 선고 96도582 판결; 대법원 1997. 12. 26. 선고 97도2609 판결.

65) 대법원 2003. 6. 13. 선고 2003도1060 판결.

66) 대법원 1996. 1. 23. 선고 94도3002 판결; 대법원 1995. 9. 5. 선고 95도1269 판결; 대법원 1994. 3. 22. 선고 93도2962 판결.

67) 대법원 2017. 12. 22. 선고 2017도12346 판결; 대법원 1999. 1. 29. 선고 98도3584 판결; 대법원 1998. 2. 27. 선고 96도582 판결; 대법원 1985. 2. 8. 선고 84도2625 판결.

68) 유기천, 305면.

69) 개인적인 친분관계가 있어서 교분상의 필요에 의한 것이라고 명백하게 인정할 수 있는 경우 등 특별한 사정이 없는 한 직무와 관련성이 있다고 볼 수 있다. 그리고 공무원의 직무와 관련하여 금품을 주고받았다면 비록 사교적 의례의 형식을 빌어 금품을 주고받았다고 하더라도 수수한 금품은 뇌물이 된다(대법원 2017. 1. 12. 선고 2016도15470 판결).

70) 대법원 2011. 3. 24. 선고 2010도17797 판결; 대법원 2008. 2. 1. 선고 2007도5190 판결; 대법원 2007. 4. 27. 선고 2005도4204 판결.

판례는 ① 구청 위생계장이 유흥업소 경영자로부터 건물용도변경과 관련하여 금품을 수수한 경우,[71] ② 대통령이 국책사업 선정과 관련하여 금품을 수수한 경우,[72] ③ 인사평정업무담당자가 진급대상자로 하여금 자신의 은행대출금채무에 연대보증을 하게 한 경우,[73] ④ 국회의원이 의정활동과 전제적·포괄적으로 대가관계에 있는 금원을 교부받은 경우,[74] ⑤ 경찰공무원이 재건축사업의 진정사건을 수사하면서 건축사무소대표로부터 금원을 수수한 경우[75]에는 직무관련성을 인정하여 뇌물죄가 성립한다고 판시하였다.

그러나 ① 교육부 편수국 교육연구관이 검정교과서의 내용검토와 개편 등을 의뢰받은 경우,[76] ② 형사피고사건의 공판참여주사가 양형을 감경시켜 달라는 청탁을 받은 경우,[77] ③ 국립대학교 교수가 부설연구소의 책임연구원의 지위에서 연구소가 수주한 어업피해조사용역업무를 수행하는 경우[78]에는 공무원의 직무에 관한 것이 아니라고 판시하였다.

다. 전직(轉職) 전의 직무　　공무원이 추상적 직무권한을 달리하는 다른 공무원의 직무로 전직한 후에 전직 전의 직무와 관련해서는 직무관련성을 부정하는 부정설도 있다. 그러나 공무원이 전직 전의 직무에 관하여 뇌물을 수수한 경우에도 공무원의 직무행위의 공정성과 이에 대한 사회일반의 신뢰를 침해할 위험성이 있기 때문에 직무관련성을 인정하는 긍정설[79]이 타당하다.

2) 부정·부당한 이익

가. 대가관계　　뇌물은 직무에 관한 불법·부당한 이익임을 요하므로, 뇌물과 직무행위 사이에는 급부와 반대급부라는 대가관계가 있어야 한다. 대가관계는 그 공무원의 직무에 관한 것이면 특정적인 사안에 대가관계이든 포괄적인 대가

71) 대법원 1989. 9. 12. 선고 89도597 판결.
72) 대법원 1997. 4. 17. 선고 96도3377 전원합의체 판결.
73) 대법원 2001. 1. 5. 선고 2000도4714 판결.
74) 대법원 1997. 12. 26. 선고 97도2609 판결.
75) 대법원 2007. 4. 27. 선고 2005도4204 판결.
76) 대법원 1979. 5. 22. 선고 78도296 판결.
77) 대법원 1980. 10. 14. 선고 80도1373 판결.
78) 대법원 2002. 5. 31. 선고 2001도670 판결.
79) 김일수/서보학, 651면; 박상기, 644면; 배종대, 155/13; 손동권/김재윤, 778면; 이재상/장영민/강동범, 721면; 이형국, 777면; 임웅, 935면; 정성근/박광민, 805면; 정영일, 437면.

관계이든 불문한다.

알선수뢰죄의 경우에는 수뢰공무원의 직무행위가 아니라 알선행위와의 사이에 대가관계가 존재해야 한다.

나. 이익의 불법·부정성　　뇌물은 직무에 관한 부정한 보수임을 요하므로, 법령이나 사회윤리적 관점에서 인정될 수 있는 정당한 대가는 뇌물이 될 수 없다. 따라서 법령에 의한 봉급, 수당, 여비, 일당, 수수료 등은 정당한 보수이고, 법령에 근거하지 않은 수익은 원칙적으로 부정한 이익이라 할 수 있다.

다. 선물과 뇌물의 구별　　문제는 사교적인 의례로서의 선물과 뇌물을 어떤 기준에 의하여 구별할 것인가이다. 명절이나 연말에 사교적인 의례로 하는 선물은 원칙적으로 직무행위와 대가관계가 인정되지 않고 불법·부당한 이익이라 할 수 없기 때문에 뇌물이 아니다.

단순한 사교적인 의례로서의 선물과 뇌물의 구별기준에 관해서는, ① 사교적인 의례의 선물이라 하더라도 직무와 대가관계가 인정되면 뇌물이 된다는 견해,[80] ② 직무와 대가관계가 인정되면 사교적인 의례의 선물도 뇌물이 되지만, 다만 금액이 사회관습상 용인되는 정도의 범위 내인 경우에는 사회상규에 위배되지 않는 행위로서 위법성이 조각된다는 견해,[81] ③ 직무행위와 대가관계가 인정되는 경우라 하더라도 관습적으로 승인되고 있는 경조사의 축부의금·전별금·환송연이나 계절적인 문안인사 등을 위한 선물 정도를 초과하지 않는 것은 뇌물이 아니라는 견해[82]가 있다.

생각건대 뇌물죄에 있어서 뇌물개념의 중점은 직무행위와의 대가관계에 있는 것이 아니라 부정한 이익이라는 점이다. 따라서 직무행위와 대가관계가 인정되는 이익이라 하더라도 사회윤리적 공동체질서 내의 관습적으로 승인되고 있는 한도 내의 추석·연말의 선물이나 경조사 축부의금 등 사교적인 의례로서의 각종 선물은 관습적으로 승인된 범위를 벗어나지 않는 경우에는 뇌물죄의 뇌물에 해당하지 않으므로 뇌물죄의 구성요건해당성이 조각된다는 견해가 타당하다. 다만 입법론적으로는 뇌물죄와 관련하여 수뢰죄의 주체를 공무원 또는 중재인에 한정

---

80) 배종대, 155/18; 백형구, 640면; 손동권/김재윤, 779면; 진계호, 686면.
81) 김성천/김형준, 964면; 오영근, 716면; 임웅, 930면.
82) 김일수/서보학, 653면; 유기천, 309면; 이형국, 780면; 이재상/장영민/강동범, 721면; 이정원, 759면; 정성근/박광민, 807면.

하고 있는데 이를 확대하는 문제와 부정한 수익에 대한 몰수규정과 공직자에 대한 각종 선물에 대한 보다 세밀한 입법적 규제가 필요하다. 즉 공무원범죄에 대한 몰수특례법, 정치자금법 및 공직자윤리법 등 관련법의 내실화가 요구된다고 하겠다.[83]

3) 이   익

뇌물죄에 있어서 뇌물의 내용인 '이익'이란 사람의 수요·욕망을 충족시킬 수 있는 일체의 유형·무형의 이익을 말한다. 사람의 경제적·법적·인격적 지위를 유리하게 해주는 일체의 것이라 할 수 있다. 따라서 이익에는 **재산적 이익·비재산적 이익**을 불문한다. 예컨대, 금전소비대차계약에 의한 금융이익, 차용금명목의 금원제공, 양복·자동차의 제공, 향응의 제공, 취직 알선, 해외여행, 승진, 복직, 이성 간의 정교, 예기의 연예, 시가앙등이 예상되는 투기사업에 참여할 기회제공[84] 등이 여기에 해당한다.

그런데 명예욕이나 호기심 또는 허영심을 만족시켜주는 것이 뇌물인가에 대하여는, 독일제국재판소 판례에서는 이를 인정한 예가 있지만 우리나라에서는 이를 긍정하는 견해[85]도 있으나, 비재산적인 이익의 경우에는 이를 객관적으로 측정할 수 있어야 하는데, 이것이 불가능하므로 뇌물이라 할 수 없다고 보아야 한다.[86]

또한 이익은 제공 당시 현존하거나 확정적일 필요는 없다. 따라서 장차 기대할 수 있는 **기대이익**이거나 **조건부 이익**이라도 무방하다. 예컨대 시가앙등이 예상되는 주식을 액면가로 매수하게 해 준 경우에도 장래에 기대되는 이익이므로 뇌물에 해당한다.

(3) 뇌물의 몰수·추징

1) 형법 제134조의 의의

형법 제134조는 "범인 또는 그 정을 아는 제3자가 받은 뇌물 또는 뇌물에 공할 금품은 몰수한다. 몰수하기 불능한 때에는 그 가액을 징수한다."고 규정하고 있다. 따라서 뇌물죄에 있어서 뇌물의 몰수와 추징은 필요적이므로, 본조항은 형

---

83) 김신규, "뇌물죄에 관한 연구", 「형사정책」(한국형사정책학회), 1998, 304면 이하 참조.
84) 대법원 2011. 7. 28. 선고 2009도9122 판결; 대법원 2002. 5. 10. 선고 2000도2251 판결.
85) 오영근, 716면; 진계호, 736면.
86) 이재상/장영민/강동범, 722면.

법 제48조의 특칙에 해당한다고 할 수 있다. 이 특칙은 공무원 등 본죄의 주체로 하여금 직무행위와 관련하여 일체의 부정한 이익을 보유하지 못하도록 함으로써 공직자들의 부정부패행위를 차단하려는 데에 있다.

공무원범죄에 대한 몰수특례법은 특징공무원범죄를 범한 자가 그 범죄행위를 통하여 얻은 불법수익뿐만 아니라 불법수익에서 유래한 재산, 즉 불법수익의 과실로서 얻은 재산, 불법수익의 대가로 얻은 재산, 이들 재산의 대가로서 얻은 재산 등 불법수익이 변형되거나 증식되어 형성된 재산도 몰수하고, 몰수하기 위하여 필요하다고 인정할 때에는 몰수보전명령을 발하여 그 재산에 대한 처분을 금지할 수 있게 하였다.[87]

몰수·추징의 대상은 수뢰자가 수수한 뇌물에 한정되지 않고, 제공하였으나 수수하지 않은 뇌물과 제공을 약속한 뇌물도 포함한다.

그런데 뇌물의 요구만 있는 경우가 문제인데, 이에 대하여는 ① 몰수할 수 있다는 견해[88]와 ② 공직자가 직무와 관련하여 일정 액수 내지 적어도 특정할 수 있을 정도의 금품을 요구했을 때에 한해서만 추징이 가능하다고 해석하는 견해가 대립하며,[89] 후설이 다수설의 입장이다. 생각건대 본조의 입법취지를 고려하면 뇌물요구죄의 경우에는 뇌물요구의 내용에 따라 이를 몰수하거나 몰수가 불가능한 때에는 그 가액을 추징하는 것이 바람직하다. 그러나 본조의 법문에 따르면 요구한 뇌물은 본조의 '범인이 받은 뇌물'이나 '뇌물에 공할 금품'에도 해당한다고 할 수 없다. 따라서 법문의 내용을 '받은 뇌물'을 '수수·요구·약속한 뇌물'로 개정해야 할 필요가 있다고 생각하며, 현행법의 해석으로는 입법취지나 현실적인 몰수·추징의 집행가능성이나 합리성을 고려하면 후설이 타당하다고 생각한다. 그러나 이러한 해석은 죄형법정주의의 유추적용금지원칙에 위배될 우려가 있다.

---

87) 「공무원범죄에 대한 몰수특례법」 제23조 이하 참조.

88) 이재상/장영민/강동범, 726면.

89) 대법원 1996. 5. 8. 선고 96도221(형법 제134조는 뇌물에 공할 금품을 필요적으로 몰수하고 이를 몰수하기 불가능한 때에는 그 가액을 추징하도록 규정하고 있는바, 몰수는 특정된 물건에 대한 것이고 추징은 본래 몰수할 수 있었음을 전제로 하는 것임에 비추어 뇌물에 공할 금품이 특정되지 않았던 것은 몰수할 수 없고 그 가액을 추징할 수도 없다).

2) 몰수·추징의 상대방

형법은 누구로부터 뇌물을 몰수·추징을 해야 하는가, 즉 뇌물의 몰수·추징의 상대방에 관하여 명시적으로 규정하고 있지는 아니다. 그러나 뇌물에 관하여 필요적 몰수를 규정한 형법의 취지를 고려해보면 현재 뇌물을 보유하고 있는 자로부터 몰수·추징해야 한다. 따라서 뇌물이 수뢰자가 수중에 있으면 수뢰자로부터, 증뢰자의 수중에 있으면 증뢰자로부터 몰수하여야 하므로, 수뢰자가 받은 뇌물을 그대로 증뢰자에게 반환한 경우에는 증뢰자로부터 몰수·추징하여야 한다.90) 이것은 수뢰자에게 다시 뇌물가액을 추징하는 것은 가혹하고, 반환받은 증뢰자로부터 몰수·추징하는 것이 제134조의 입법취지와도 부합하기 때문이다.

이와 달리 수뢰자가 뇌물을 소비하거나,91) 은행에 예치한 후 같은 액수의 금원을 증뢰자에게 반환한 경우에는 수뢰자로부터 추징하여야 한다.92)

한편 수뢰자가 받은 뇌물을 다시 다른 공무원에게 뇌물로 공여한 경우에는 견해가 대립한다. 즉 ① 제1수뢰자로부터 전액을 추징해야 한다는 견해93)와 ② 제2수뢰자에게서 몰수하고 제1수뢰자에게는 잔액을 추징해야 한다는 견해, 그리고 ③ 제1수뢰죄와 제2수뢰죄는 별개의 뇌물범죄이므로 제1수뢰자로부터는 애당초 받은 뇌물의 전액을 몰수·추징해야 하고, 제2수뢰자에게서도 받은 뇌물의 전액을 몰수·추징해야 한다는 견해94)가 있다.

생각건대 뇌물을 받은 자가 그 뇌물을 다시 다른 공무원에게 제공하는 것은 돈의 소비방법에 불과하더라도, 이 행위가 별도로 범죄를 구성할 때에는 새로운 범죄행위로 보는 것이 타당하다. 따라서 새로운 뇌물죄가 성립하므로 제③설이 타당하다고 생각된다.

판례는 "뇌물 중의 일부를 받은 취지에 따라 청탁과 관련하여 관계 공무원에게 뇌물로 공여한 경우에는 그 부분의 이익은 실질적으로 범인에게 귀속된 것이

---

90) 대법원 1984. 2. 28. 선고 83도2783 판결; 대법원 1978. 2. 28. 선고 77도4037 판결.

91) 대법원 1986. 10. 14. 선고 86도1189 판결.

92) 대법원 1996. 10. 25. 선고 96도2022 판결.

93) 대법원 1986. 11. 25. 선고 86도1951 판결(피고인들이 뇌물로 받은 돈을 그 후 다른 사람에게 다시 뇌물로 공여하였다 하더라도 그 수뢰의 주체는 어디까지나 피고인들이고 그 수뢰한 돈을 다른 사람에게 공여한 것은 수뢰한 돈을 소비하는 방법에 지나지 아니하므로 피고인들로부터 그 수뢰액 전부를 각 추징하여야 한다).

94) 김일수/서보학, 838면.

아니어서 이를 제외한 나머지 금품만을 몰수하거나 추징하여야 한다."고 판시한 바 있다.[95]

3) 몰수·추징의 방법

① 수인이 공동하여 뇌물을 수수한 경우에는 각자가 실제로 분배받은 뇌물을 개별적으로 몰수하거나 그 가액을 추징하여야 하며, 수수한 뇌물을 공동으로 소비하였거나 분배액이 분명하지 않은 경우에는 평등하게 몰수 또는 추징하여야 한다.[96]

② 향응이나 연예공연과 같이 비재산적인 무형이익을 제공받은 경우나, 그 성질상 몰수가 불가능한 경우인 소비, 멸실, 혼동, 제3자의 선의취득 등의 경우에는 그 가액을 추징하여야 한다. 이성간의 정교의 경우에는 그에 따르는 비용을 화대 등으로 부담한 경우에는 실제로 소비한 가액을 추징하여야 하지만, 비용지불이 없는 이성간의 정교는 가액산정이 처음부터 몰수가 불가능한 경우이므로 추징할 수 없다.[97]

③ 공무원이 뇌물을 받음에 있어서 그 취득을 위하여 상대방에게 뇌물의 가액에 상당하는 금원의 일부를 비용의 명목으로 출연하거나 그 밖에 경제적 이익을 제공한 경우에는 이는 뇌물을 받는데 지출한 부수적 비용에 불과하다고 보아야 할 것이므로, 그 공무원으로부터 뇌물죄로 얻은 이익을 몰수·추징함에 있어서는 그 받은 뇌물 자체를 몰수·추징하여야 한다.[98]

---

95) 대법원 2002. 6. 14. 선고 2002도1283 판결(형법 제134조의 규정에 의한 필요적 몰수 또는 추징은, 범인이 취득한 당해 재산을 범인으로부터 박탈하여 범인으로 하여금 부정한 이익을 보유하지 못하게 함에 그 목적이 있는 것으로서, 공무원의 직무에 속한 사항의 알선에 관하여 금품을 받고 그 금품 중의 일부를 받은 취지에 따라 청탁과 관련하여 관계 공무원에게 뇌물로 공여하거나 다른 알선행위자에게 청탁의 명목으로 교부한 경우에는 그 부분의 이익은 실질적으로 범인에게 귀속된 것이 아니어서 이를 제외한 나머지 금품만을 몰수하거나 그 가액을 추징하여야 한다).

96) 대법원 2011. 11. 24. 선고 2011도9585 판결; 대법원 1993. 10. 12. 선고 93도2056 판결; 대법원 1975. 4. 22. 선고 73도1963 판결.

97) 형법 제134조는 뇌물에 공할 금품을 필요적으로 몰수하고 이를 몰수하기 불가능한 때에는 그 가액을 추징하도록 규정하고 있는바, 몰수는 특정된 물건에 대한 것이고 추징은 본래 몰수할 수 있었음을 전제로 하는 것임에 비추어 뇌물에 공할 금품이 특정되지 않았던 것은 몰수할 수 없고 그 가액을 추징할 수도 없다(대법원 2015. 10. 29. 선고 2015도12838 판결).

4) 추징가액산정의 기준시기

몰수가 불가능하여 그 가액을 추징할 때의 추징가액의 산정은 뇌물의 가액인데, 이때 추징가액산정의 기준시기에 대해서는, ① 수뢰시의 가액을 기준으로 해야 한다는 견해[99]와, ② 판결선고시를 기준으로 해야 한다는 견해,[100] 그리고 ③ 몰수할 수 없게 된 사유가 발생한 때를 기준으로 해야 한다는 견해[101]가 대립하고 있다.

생각건대 수뢰행위시설에 의하면 몰수제도가 징벌적 성석을 띠는 부가형이면서 부정한 이익의 철저한 환수라는 측면을 고려해보면 수뢰행위시와 몰수할 수 없는 사유가 발생한 때와의 사이에 추징가액의 변동이 클 경우에는 부정한 이익이 제대로 환수되지 않는다는 비판을 면하기 어렵다. 또한 다수설인 추징사유발생시설의 논거는 몰수는 범인에게 부정한 이익을 보유하게 못하게 하기 위한 것이고, 추징은 몰수에 대신하는 것이기 때문에 몰수할 수 없는 사유가 발생한 때를 기준으로 그 가액을 추징해야 한다는 입장이다. 그러나 추징사유발생시설에 의하면 실제로 법관이 '몰수할 수 없게 된 사유가 발생한 때'를 기준으로 가액을 산정하는 경우에는, 그 시기에 대한 판단이 불명확하게 될 우려가 있고, 그 시기가 명확하더라도 뇌물의 추징가액산정기준은 판결선고시에 과거의 몰수불가능한 사유가 발생한 때의 가액을 산정해야 하므로 그 시차에 따른 추징가액의 변동이 클 경우에는 피고인에게 지나치게 유·불리하게 된다. 따라서 추징가액산정의 기준시기는 시기의 명확성과 추징가액의 명확성 및 부정한 이익의 철저한 환수라는 측면을 종합적으로 고려해보면 판결선고시설이 타당하고 생각된다.

3. 뇌물죄에 대한 특별형법

뇌물범죄와 관련된 특별형법으로는 다음의 경우를 들 수 있다.

---

98) 대법원 1999. 10. 8. 선고 99도1638 판결.

99) 황산덕, 53면.

100) 김신규, 앞의 논문, 311면; 김일수/서보학, 839면; 이정원, 772면.

101) 김성천/김형준, 973면; 박상기, 647면; 배종대, 155/54; 백형구, 641면; 손동권/김재윤, 786면; 오영근. 725면; 유기천, 320면; 이재상/장영민/강동범, 728면; 이형국, 786면; 임웅, 941면; 정성근/박광민, 811면; 진계호, 690면.

(1) 특정범죄 가중처벌 등에 관한 법률

1) 본법은 「형법」 제129조, 제130조 또는 제132조에 규정된 죄를 범한 사람이 ㄱ 수수·요구 또는 약속한 뇌물의 가액이 3천만원 이상인 경우를 가중처벌하고 있고(제2조 제1항), 형법 제129조, 제130조 또는 제132조에 규정된 죄를 범한 사람이 그 죄에 대하여 정한 형(제1항의 경우를 포함)에 수뢰액의 2배 이상 5배 이하의 벌금을 병과한다(제2항).

2) 행위자가 비공무원일지라도 공무원의 직무에 속한 사항의 알선에 관하여 금품이나 이익을 수수·요구 또는 약속하는 행위를 처벌하고 있다(제3조).

3) 대통령령으로 정하는 기관 또는 단체의 간부직원을 형법 제129조부터 제132조까지의 규정을 적용할 때에는 공무원으로 간주하고 있다(제4조).[102]

(2) 특정경제범죄 가중처벌 등에 관한 법률

금융기관 임직원의 수재(제5조)와 그에 대한 증재(제6조) 및 알선수재(제7조)를 처벌하고 있다.

(3) 공무원범죄에 관한 몰수특례법

뇌물죄로 인한 불법수익 등의 철저한 추적·환수를 도모하여 몰수의 대상이 되는 불법재산을 수뢰행위로 인하여 얻는 '불법수익'에 한하지 않고 '불법수익에서 유래한 재산'에까지 확대하고 있다(제2조).

---

102) 「특정범죄 가중처벌 등에 관한 법률」 제4조(뇌물죄 적용대상의 확대) ① 다음 각 호의 어느 하나에 해당하는 기관 또는 단체로서 대통령령으로 정하는 기관 또는 단체의 간부직원은 「형법」 제129조부터 제132조까지의 규정을 적용할 때에는 공무원으로 본다.
   1. 국가 또는 지방자치단체가 직접 또는 간접으로 자본금의 2분의 1 이상을 출자하였거나 출연금·보조금 등 그 재정지원의 규모가 그 기관 또는 단체 기본재산의 2분의 1 이상인 기관 또는 단체
   2. 국민경제 및 산업에 중대한 영향을 미치고 있고 업무의 공공성(公共性)이 현저하여 국가 또는 지방자치단체가 법령에서 정하는 바에 따라 지도·감독하거나 주주권의 행사 등을 통하여 중요 사업의 결정 및 임원의 임면(任免) 등 운영 전반에 관하여 실질적인 지배력을 행사하고 있는 기관 또는 단체
   ② 제1항의 간부직원의 범위는 제1항의 기관 또는 단체의 설립목적, 자산, 직원의 규모 및 해당 직원의 구체업무 등을 고려하여 대통령령으로 정한다.

X. 수 뢰 죄

제129조(수뢰) ① 공무원 또는 중재인이 그 직무에 관하여 뇌물수수, 요구 또는 약속한 때에는 5년 이하의 징역 또는 10년 이하의 자격정지에 처한다.

제134조(몰수, 추징) 범인 또는 정을 아는 제삼자가 받은 뇌물 또는 뇌물에 공할 금품은 몰수한다. 그를 몰수하기 불능한 때에는 그 가액을 추징한다.

제2조(뇌물죄의 가중처벌) ① 「형법」 제129조·제130조 또는 제132조에 규정된 죄를 범한 사람은 그 수수(收受)·요구 또는 약속한 뇌물의 가액(價額)(이하 이 조에서 "수뢰액" 이라 한다)에 따라 다음 각 호와 같이 가중처벌한다.
  1. 수뢰액이 1억원 이상인 경우에는 무기 또는 10년 이상의 징역에 처한다.
  2. 수뢰액이 5천만원 이상 1억원 미만인 경우에는 7년 이상의 유기징역에 처한다.
  3. 수뢰액이 3천만원 이상 5천만원 미만인 경우에는 5년 이상의 유기징역에 처한다.
② 「형법」 제129조·제130조 또는 제132조에 규정된 죄를 범한 사람은 그 죄에 대하여 정한 형(제1항의 경우를 포함한다)에 수뢰액의 2배 이상 5배 이하의 벌금을 병과(倂科)한다.

1. 의의 및 성격

수뢰죄는 공무원 또는 중재인이 그 직무에 관하여 뇌물수수·요구 또는 약속함으로써 성립하는 범죄이다. 본죄는 뇌물죄의 기본적 구성요건으로서 **진정신분범**이다. 「특정범죄 가중처벌 등에 관한 법률」에 의하면 수뢰액 3천만원 이상인 경우에는 그 가액에 따라 가중처벌한다(제2조).

2. 객관적 구성요건

(1) 행위주체

수뢰죄의 행위주체는 '공무원 또는 중재인'이다.

1) 공 무 원

여기서 '공무원'이란 법령에 근거하여 국가·지방자치단체 및 이에 준하는 공법인의 사무에 종사하는 자로서 그 사무의 내용이 단순한 기계적·육체적인 것에 한정되어 있지 않은 자를 말한다. 「특정범죄 가중처벌 등에 관한 법률」이 적용될 경우에는 대통령령으로 정하는 기관 또는 단체의 간부직원도 공무원으로 간주된다(동법 제4조). 따라서 시·구도시계획위원회 위원[103]이나, 지방의회의원, 기한부로 채용된 공무원, 법원의 집행관은 본조의 공무원에 해당한다. 그러나 이러한 자의 업무를 보조하기 공무원으로부터 채용된 자, 예컨대 법원집행관의 보조인은 그를 대신하거나 그와 독립하여 업무를 수행하는 사의 지위에 있지 않으므로 공무원에 해당하지 않는다.[104] 「특정범죄 가중처벌 등에 관한 법률」에 의하면 대통령령이 정하는 정부관리기업체의 간부직원도 공무원으로 보게 되어 뇌물죄의 적용범위가 확대되었다.

2) 중 재 인

'중재인'이란 법령에 의하여 중재의 직무를 담당하는 자를 말하며, 사실상 중재하는 것만으로는 여기에 해당하지 않는다. 따라서 「노동조합 및 노동관계조정법」에 의한 중재위원(제64조), 「중재법」에 의한 중재인(제3조) 등이 여기에 해당한다. 본조의 행위주체는 현재 공무원이나 중재인의 지위에 있어야 한다.

(2) 행위객체

수뢰죄의 행위객체는 '뇌물'이다. 뇌물의 개념에 대하여는 앞에서 살펴본 바와 같이 '직무에 관한 부정·부당한 일체의 이익'이다.

(3) 실행행위

수뢰죄의 실행행위는 '직무에 관하여 뇌물을 수수·요구 또는 약속하는 것'이다.

1) 수   수

뇌물의 '수수'란 뇌물을 취득하는 것을 말한다.[105] 유형의 재물은 점유취득, 무형의 이익은 현실적 향수(享受)가 수수가 된다. 수수는 직무집행의 전후를 불문한다. 수수시에 상사의 승낙이 있었더라도 본죄의 성립에는 영향이 없다. 뇌물수수의 동기, 수수한 뇌물의 용도는 불문하며,[106] 뇌물수수의 장소나 방법에도 제한이 없다.

---

103) 대법원 1997. 6. 13. 선고 96도1703 판결.
104) 대법원 2011. 3. 10. 선고 2010도14394 판결.
105) 뇌물수수에서 말하는 '수수'란 받는 것, 즉 뇌물을 취득하는 것이고, 뇌물공여에서 말하는 '공여'란 뇌물을 취득하게 하는 것이다. 여기에서 취득이란 뇌물에 대한 사실상의 처분권을 획득하는 것을 의미하고, 뇌물인 물건의 법률상 소유권까지 취득하여야 하는 것은 아니다(대법원 2019. 8. 29. 선고 2018도2738 전원합의체 판결).
106) 대법원 1984. 2. 14. 선고 83도3218 판결.

그러나 뇌물수수죄가 성립하기 위해서는 수뢰자에게 영득의사가 있어야 한다. 따라서 반환할 의사로 일시 받아둔 것은 수수가 아니나,[107] 영득의사로 일단 수수한 경우에는 나중에 이를 반환하여도 본죄의 수수에 해당한다. 따라서 뇌물의 수령액수가 예상보다 많아 후에 이를 반환하였다고 하더라도 뇌물죄의 성립에는 영향이 없다.[108]

그러나 공무원이 공사의 시행이나 물품의 구입을 위하여 수의계약을 체결하면서 해당 공사업자 등으로부터 계약금액을 부풀려서 계약하고 부풀린 금액을 자신이 되돌려 받기로 사전에 약정한 다음 그에 따라 돈을 수수한 경우에는 뇌물이 아니고 횡령죄에 해당한다.[109]

2) 요 구

뇌물의 '요구'란 취득의 의사로 상대방에게 뇌물의 공여를 청구하는 것을 말한다. 즉 상대방에게 뇌물의 제공을 청구하는 일방적 행위로서 충분하며, 상대방이 이 요구에 응하였는가 여부는 불문한다.

3) 약 속

뇌물의 '약속'이란 양당사자 사이에 뇌물의 수수를 합의하는 것을 말한다. 약속 당시 뇌물이 현존할 필요는 없고, 기대할 수 있으면 족하다. 뇌물가액이나 이행시기를 확정할 것이 요구되지도 않는다.[110] 일단 약속이 이루어진 이상 나중에 이를 해제하더라도 본죄의 성립에는 영향이 없다.

3. 주관적 구성요건

공무원 또는 중재인이 직무에 관하여 뇌물을 수수·요구 또는 약속한다는 사실에 대한 고의가 있어야 한다. 행위주체가 직무관련성이 있는 뇌물을 받는다는 인식과 의사가 있으면 족하다. 미필적 고의로 족하며, 그에 따른 직무집행의 의

---

107) 대법원 1989. 7. 25. 선고 89도126 판결; 대법원 1985. 3. 12. 선고 83도150 판결; 대법원 1985. 1. 22. 선고 84도2082 판결.

108) 대법원 2007. 3. 29. 선고 2006도9182 판결.

109) 대법원 2007. 10. 12. 선고 2005도7112 판결.

110) 뇌물약속죄에서 뇌물의 약속은 직무와 관련하여 장래에 뇌물을 주고받겠다는 양 당사자의 의사표시가 확정적으로 합치하면 성립하고, 뇌물의 가액이 얼마인지는 문제되지 아니한다. 또한 뇌물의 목적물이 이익인 경우에 그 가액이 확정되어 있지 않아도 뇌물약속죄가 성립하는 데에는 영향이 없다(대법원 2016. 6. 23. 선고 2016도3753 판결).

사는 필요하지 않다.

뇌물수수죄에 있어서는 뇌물죄에 대한 주관적 구성요건요소로서의 고의 이외에 뇌물에 대한 영득의사가 필요한가에 대하여는 **불필요설**과 **필요설**이 대립한다. 전자는 뇌물죄는 재산영득죄와는 본질이 다르고, 또한 본죄는 공무원의 직무범죄로서 직무행위자의 내심적 의사방향에 따른 행위경향을 나타내는 경향범의 일종이라고 이해하는 견해이다. 이와 달리 다수설과 판례는 뇌물요구·약속과는 달리 뇌물수수죄는 뇌물을 수수했다고 하더라도 이를 반환할 의사가 있는 경우에는 뇌물수수의 범위를 인정하기 어렵다는 입장에서 뇌물죄는 공무원의 직무범죄이지만 뇌물수수죄의 경우에는 반환의사가 있는 경우와 구별하기 위해 영득의사가 있을 때에 비로소 뇌물수수죄가 성립한다는 입장이다. 불필요설은 부정한 이익과 관련한 객관적인 직무관련성보다는 행위자의 주관적인 직무관련성을 판단, 즉 행위자의 내심적 의사경향에 따라 뇌물수수여부를 판단한다고 하지만, 행위자의 내심적 의사경향의 표출에 대한 판단도 결국은 반환의사 내지 영득의사의 유무에 따라 판단되어질 수밖에 없다. 따라서 법문과 입법취지에 비추어보면 필요설의 입장이 타당하다고 생각된다. 판례도 이러한 취지로, 택시를 타고 떠나려는데 돈뭉치를 던져 놓고 가버린 경우에는 수뢰죄의 고의가 없으나,[111] 사례금조로 교부받은 자기앞수표를 은행에 예치해 두었다가 2주일 후에 반환 경우에는 수뢰죄의 범의가 있다[112]고 판시한 바 있다.

4. 죄수 및 다른 범죄와의 관계

(1) 죄 수

① 뇌물을 동일인에게 요구·약속한 후에 이를 수수한 경우에는 포괄하여 1개의 뇌물수수죄만 성립한다.

② 동일인으로부터 같은 이유로 수회에 걸쳐서 수뢰한 경우에는 수뢰죄의 포괄일죄가 성립한다.

③ 수개의 수뢰행위가 각각 다른 직무행위의 대가인 경우에는 수개의 수뢰죄의 실체적 경합범이 된다.[113]

---

111) 대법원 1979. 7. 10. 선고 79도1124 판결.
112) 대법원 1984. 4. 10. 선고 83도1499 판결.
113) 대법원 1998. 2. 10. 선고 97도2836 판결.

(2) 다른 범죄와의 관계

1) 공갈죄와의 관계

공무원이 직무집행과 관련하여 상대방을 공갈하여 재물을 취득한 경우에, ① 직무관련성에 따라 수뢰죄와 공갈죄의 상상적 경합이 된다는 견해[114]도 있지만, ② 공무원의 직무집행의 의사에 따라 공갈하여 뇌물을 수수한 경우에는 수뢰죄와 공갈죄는 상상적 경합이 된다는 다수설[115]과 판례의 입장이 타당하다. 그러나 공무원이 직무집행의 의사 없이 또는 직무처리에 대한 대가적 관계없이 공갈하여 재물을 취득한 경우에는 공갈죄만 성립한다.[116]

2) 사기죄와의 관계

공무원이 직무에 관하여 타인을 기망하여 재물을 교부받은 경우에는 수뢰죄와 사기죄의 상상적 경합이 된다.[117]

XI. 사전수뢰죄

제129조(수뢰, 사전수뢰) ② 공무원 또는 중재인이 될 자가 그 담당할 직무에 관하여 청탁을 받고 뇌물을 수수, 요구 또는 약속한 후 공무원 또는 중재인이 된 때에는 3년 이하의 징역 또는 7년 이하의 자격정지에 처한다.

제134조(몰수, 추징) 범인 또는 정을 아는 제삼자가 받은 뇌물 또는 뇌물에 공할 금품은 몰수한다. 그를 몰수하기 불능한 때에는 그 가액을 추징한다.

제2조(뇌물죄의 가중처벌) ① 「형법」 제129조·제130조 또는 제132조에 규정된 죄를 범한 사람은 그 수수(收受)·요구 또는 약속한 뇌물의 가액(價額)(이하 이 조에서 "수뢰액"이라 한다)에 따라 다음 각 호와 같이 가중처벌한다.

　1. 수뢰액이 1억원 이상인 경우에는 무기 또는 10년 이상의 징역에 처한다.

　2. 수뢰액이 5천만원 이상 1억원 미만인 경우에는 7년 이상의 유기징역에 처한다.

　3. 수뢰액이 3천만원 이상 5천만원 미만인 경우에는 5년 이상의 유기징역에 처한다.

② 「형법」 제129조·제130조 또는 제132조에 규정된 죄를 범한 사람은 그 죄에 대하여 정한 형(제1항의 경우를 포함한다)에 수뢰액의 2배 이상 5배 이하의 벌금을 병과(併科)한다.

---

114) 이정원, 759면; 임웅, 467면.

115) 박상기, 651면; 이재상/장영민/강동범, 726면; 정성근/박광민, 817면.

116) 대법원 1994. 12. 22. 선고 94도2528 판결.

117) 대법원 1977. 6. 7. 선고 77도1069 판결.

1. 의의 및 성격

사전수뢰죄는 공무원 또는 중재인이 될 자가 그 담당할 직무에 관하여 청탁을 받고 뇌물을 수수·요구 또는 약속함으로써 성립하는 범죄이다.

본죄는 취직 전의 비공무원의 수뢰행위라는 점에서 수뢰죄보다 **불법이 감경**되는 감경적 구성요건이다.

2. 객관적 구성요건

(1) 행위주체

사전수뢰죄의 행위주체는 '**공무원 또는 중재인이 될 자**'이다. 공무원·중재인이 될 것이 확실할 것은 요하지 않으나, 그것이 예정되어 있거나 기대될 수 있으면 된다. 공무원 또는 중재인이 될 것이 확실시될 것을 요하지는 않는다. 예컨대 채용시험 합격 후의 발령대기자, 공직선거법상의 입후보자·당선확정자 등이 여기에 해당한다.

(2) 행위객체

사전수뢰죄의 행위객체는 직무행위와 대가관계에 있는 '**뇌물**'이다. 여기서 말하는 직무관련성은 부정한 이익 내지 불법한 보수와 관련된 객관적인 직무관련성을 말하며, 행위자의 의사방향과 관련된 주관적인 직무관련성을 의미하는 것은 아니라고 보아야 한다.

(3) 실행행위

사전수뢰죄의 실행행위는 '담당할 직무에 관하여 청탁을 받고 뇌물을 수수·요구 또는 약속하는 것'이다.

1) 담당할 직무에 관하여

여기서 '**담당할 직무**'란 장차 공무원·중재인이 되었을 때 담당할 것으로 예정되어 있는 직무를 말하며, '**직무에 관하여**'란 직무행위와 뇌물과의 사이에 대가관계가 인정되는 것을 말한다.

2) 청탁을 받고

여기에서 '**청탁**'이란 장래 직무와 관련된 일정한 행위를 해줄 것을 의뢰하는 것을 말한다. 청탁과 승낙은 명시적·묵시적이든 불문한다. 따라서 여기서 '**청탁을**

받고'란 청탁에 받고 이러한 청탁에 응할 것을 수락하는 것을 말한다. 이 경우에 청탁행위나 청탁을 받은 직무행위가 부정할 것은 요하는 것은 아니다. 청탁을 받은 직무행위는 반드시 특정되거나 명시적일 필요는 없지만, 어느 정도는 구체적이어야 한다.

청탁자에 대하여 청탁수락자가 청탁을 받는 행위의 개시, 즉 상대방의 청탁에 대하여 명시적·묵시적 수락의 의사표시를 한 때에 실행의 착수가 있게 되며, 뇌물을 수수·요구·약속행위로서 본죄의 기수가 된다. 따라서 본죄는 공무원 또는 중재인이 될 자가 뇌물을 수수·요구·약속함으로써 성립하고, 공무원 또는 중재인이 되었을 때 처벌된다.

3) 수수·요구·약속

뇌물의 수수·요구·약속은 수뢰죄에서의 의미와 동일하다.

3. 주관적 구성요건

본죄는 고의범이므로 행위자 자신이 공무원 또는 중재인이라는 점과 담당할 직무에 관하여 청탁을 받고 이에 응낙한다는 점, 그리고 뇌물을 수수·요구·약속한다는 점에 대한 인식과 의사인 고의가 필요하다. 뇌물수수죄의 경우에는 영득의 의사가 필요하다.

4. 객관적 처벌조건

본죄는 공무원·중재인이 될 자가 뇌물을 수수·요구·약속하면 성립하지만, 나아가 현실적으로 **공무원·중재인이 되었을 때** 처벌할 수 있다. 따라서 '공무원 또는 중재인이 된 때'를 구성요건요소라고 해석하는 견해[118]도 있지만, 본죄의 주관적 구성요건으로는 공무원 또는 중재인이 될 자가 뇌물을 수수·요구 또는 약속함으로써 성립하며, 공무원 또는 중재인이 되었다는 인식을 요하는 것은 아니다.

따라서 공무원 또는 중재인이라는 지위는 객관적 처벌조건이라고 해석하는 통설[119]이 타당하다.

---

118) 유기천, 312면.
119) 김일수/서보학, 663면; 박상기, 651면; 이재상/장영민/강동범, 729면; 임웅, 942면.

XII. 제3자 뇌물공여죄

제130조(제3자 뇌물제공) 공무원 또는 중재인이 그 직무에 관하여 부정한 청탁을 받고 제3자에게 뇌물을 공여하게 하거나 공여를 요구 또는 약속한 때에는 5년 이하의 징역 또는 10년 이하의 자격정지에 처한다.

제134조(몰수, 추징) 범인 또는 정을 아는 제삼자가 받은 뇌물 또는 뇌물에 공할 금품은 몰수한다. 그를 몰수하기 불능한 때에는 그 가액을 추징한다.

제2조(뇌물죄의 가중처벌) ① 「형법」 제129조·제130조 또는 제132조에 규정된 죄를 범한 사람은 그 수수(收受)·요구 또는 약속한 뇌물의 가액(價額)(이하 이 조에서 "수뢰액"이라 한다)에 따라 다음 각 호와 같이 가중처벌한다.

1. 수뢰액이 1억원 이상인 경우에는 무기 또는 10년 이상의 징역에 처한다.
2. 수뢰액이 5천만원 이상 1억원 미만인 경우에는 7년 이상의 유기징역에 처한다.
3. 수뢰액이 3천만원 이상 5천만원 미만인 경우에는 5년 이상의 유기징역에 처한다.

② 「형법」 제129조·제130조 또는 제132조에 규정된 죄를 범한 사람은 그 죄에 대하여 정한 형(제1항의 경우를 포함한다)에 수뢰액의 2배 이상 5배 이하의 벌금을 병과(倂科)한다.

1. 의의 및 성격

제3자 뇌물공여죄는 공무원 또는 중재인이 그 직무에 관하여 부정한 청탁을 받고 제3자에게 뇌물을 공여하게 하거나 공여를 요구 또는 약속함으로써 성립하는 범죄이다.

본죄는 뇌물을 받는 자가 공무원·중재인이 아니라 제3자로 하여금 뇌물을 받게 하는 행위를 처벌하기 위한 규정이다.

본죄의 성질에 대해서는, ① 본죄와 간접수뢰는 엄격히 구별해야 한다는 견해[120]와, ② 뇌물을 받는 자가 제3자라는 점에서 실질적인 간접수뢰를 규정한 것이라고 보는 견해[121]가 대립한다. 생각건대 간접수뢰란 제3자에 대한 뇌물공여가 간접적으로 행위자에 대한 뇌물제공이 되는 경우를 말한다. 그러기 위해서는 행위자와 제3자 사이에 간접적인 이해관계가 있어야 한다. 그러나 본죄에서는 행위

120) 김성천/김형준, 976면; 배종대, 155/31; 손동권/김재윤, 787면; 이재상/장영민/강동범, 730면; 이정원, 761면; 정영일, 444면.
121) 김일수/서보학, 664면; 이형국, 788면; 임웅, 943면; 정성근/박광민, 819면.

자와 제3자 사이에 특별한 이해관계를 요하지 않으므로, 제3자 뇌물공여죄와 간접수뢰죄는 구별되어진다는 견해가 타당하다.

2. 구성요건

본죄의 구성요건적 행위는 '부정한 청탁을 받고 제3자에게 뇌물을 공여하게 하거나 공여를 요구 또는 약속하는 것'을 말한다.

(1) 부정한 청탁

본죄는 공무원 또는 중재인에게 부정한 청탁을 할 것을 요한다. 여기서 '부정한 청탁'이란 위법하거나 또는 부당한 청탁을 말한다.[122] 이 점에서는 부정한 청탁을 요건으로 하지 않는 사전수뢰죄와 구별된다. 또한 '청탁'이란 일정한 행위를 해줄 것을 의뢰하는 것을 말한다.

(2) 제3자

여기서 '제3자'란 행위자와 공동정범 이외의 사람을 말한다.[123] 따라서 교사자·방조자도 제3자에 포함되며, 자연인 이외에 법인·법인격 없는 단체도 여기에 포함된다. 그러나 배우자나 자녀 기타 생활관계를 같이 하는 가족은 본죄의 제3자가 아니다. 따라서 제3자가 수수하였을지라도 공무원 본인이 직접 수수한 것과 동일시할 수 있는 경우에는 단순수뢰죄가 성립할 뿐이다.

제3자의 경우에는 뇌물이라는 그 정을 알았는가도 문제되지 않으며,[124] 제3자가 뇌물을 현실적으로 수수할 것을 요하지도 않는다.

(3) 실행의 착수 및 기수시기

본죄의 실행행위는 '공무원 또는 중재인이 그 직무에 관하여 부정한 청탁을 받고 제3자에게 뇌물을 공여하게 하거나 공여를 요구·약속하는 것'을 말한다. 즉

---

122) 대법원 2019. 8. 29. 선고 2018도2738 전원합의체 판결; 대법원 2006. 6. 15. 선고 2004도3424 판결.

123) 공무원이 뇌물공여자로 하여금 공무원과 뇌물수수죄의 공동정범 관계에 있는 비공무원에게 뇌물을 공여하게 한 경우에는 공동정범의 성질상 공무원 자신에게 뇌물을 공여하게 한 것으로 볼 수 있다. 공무원과 공동정범 관계에 있는 비공무원은 제3자뇌물수수죄에서 말하는 제3자가 될 수 없고, 공무원과 공동정범 관계에 있는 비공무원이 뇌물을 받은 경우에는 공무원과 함께 뇌물수수죄의 공동정범이 성립하고 제3자뇌물수수죄는 성립하지 않는다(대법원 2019. 8. 29. 선고 2018도13792 전원합의체 판결).

124) 2019. 8. 29. 선고 2018도13792 전원합의체 판결.

'뇌물을 공여하게 하거나 공여를 요구·약속하는 것'이다.

따라서 본죄의 실행의 착수시기는, 부정한 청탁에 대하여 명시적 또는 묵시적으로 응낙을 한 때에 실행의 착수가 있게 되며, 제3자에게 뇌물을 공여하게 하는 의사표시를 하거나 공여를 요구·약속하는 의사표시를 한 때에는 본죄의 기수가 성립된다. 그러나 제3자가 수락의 의사표시를 하거나 뇌물수수행위는 본죄의 성립에 영향을 미치지 않는다.

XIII. 수뢰후부정처사죄

> 제131조(수뢰후부정처사) ① 공무원 또는 중재인이 전2조의 죄를 범하여 부정한 행위를 한 때에는 1년 이상의 유기징역에 처한다.
> ④ 10년 이하의 자격정지를 병과할 수 있다.
> 제134조(몰수, 추징) 범인 또는 정을 아는 제삼자가 받은 뇌물 또는 뇌물에 공할 금품은 몰수한다. 그를 몰수하기 불능한 때에는 그 가액을 추징한다.

수뢰후부정처사죄는 공무원 또는 중재인이 전2조의 죄를 범하여 부정한 행위를 함으로써 성립하는 범죄이다(제131조 제1항). 예컨대 공무원이 될 자가 담당할 직무에 관하여 청탁을 받고 뇌물을 수수한 다음 공무원이 된 후에 부정행위를 한 경우에 본죄가 성립한다.

본죄는 수뢰 후 다시 부정한 행위를 함으로써 국가기능의 공정성을 구체적으로 침해하였기 때문에 불법이 가중되는 가중적 구성요건이다. 제131조 제2항의 부정처사후수뢰죄와 본죄를 합하여 **가중수뢰죄**라고도 한다. 「특정범죄 가중처벌 등에 관한 법률」 제2조가 적용되어 가중처벌된다.

부정행위란 공무원 또는 중재인이 직무에 위배하는 일체의 행위를 하는 것을 말한다. 직무행위 외에도 직무행위와 관련 있는 행위도 포함한다. 위법·부당한 행위 이외에 직권남용행위도 포함된다. 부정행위에는 적극적으로 부정한 행위를 하는 작위행위이든 당연히 해야 할 일을 하지 않는 부작위행위든 불문한다. 예컨대 수사기록의 일부를 파기·소각하거나, 세금 을 감면하거나, 낙찰가격을 응찰자에게 알려주거나, 증거물의 압수를 포기하거나, 의원이 회의에 불참하거나, 경찰관이 범죄를 묵과하는 경우 등이 여기에 해당한다.

본죄는 직무위반행위를 할 것을 요하므로, 직무 이외의 사적인 행위에 부정한 행위가 있더라도 본죄에는 해당하지 않는다. 또한 직무위반의 부정한 행위가 공문서위조죄나 횡령죄·배임죄를 구성하는 경우에는 본죄와 상상적 경합이 된다.[125]

XIV 부정처사후수뢰죄

> 제131조(사후수뢰) ② 공무원 또는 중재인이 그 직무상 부정한 행위를 한 후 뇌물을 수수, 요구 또는 약속하거나 제3자에게 이를 공여하게 하거나 공여를 요구 또는 약속한 때에도 전항의 형과 같다.
> ④ 10년 이하의 자격정지를 병과할 수 있다.
> 제134조(몰수, 추징) 범인 또는 정을 아는 제삼자가 받은 뇌물 또는 뇌물에 공할 금품은 몰수한다. 그를 몰수하기 불능한 때에는 그 가액을 추징한다.

부정처사후수뢰죄는 공무원 또는 중재인이 그 직무상 부정한 행위를 한 후 뇌물을 수수, 요구 또는 약속하거나 제3자에게 이를 공여하게 하거나 공여를 요구 또는 약속함으로써 성립하는 범죄이다. 본죄의 형은 수뢰후부정처사죄와 동일하며, 자격정지의 임의적인 병과, 몰수·추징도 동일하다.

본죄는 현재 공무원 또는 중재인의 지위에 있는 자가 먼저 부정한 행위를 한 후에 뇌물을 수수하는 등 수뢰행위를 한다는 점에서 수뢰후부정처사죄에 대응하는 규정으로서 불법이 가중되는 가중적 구성요건이다(가중수뢰죄). 일반적으로 제131조 제3항의 죄와 합하여 **사후수뢰죄**라고 한다.

XV. 사후수뢰죄

> 제131조(사후수뢰) ③ 공무원 또는 중재인이었던 자가 그 재직중에 청탁을 받고 직무상 부정한 행위를 한 후 뇌물을 수수, 요구 또는 약속한 때에는 5년 이하의 징역 또는 10년 이하의 자격정지에 처한다.
> ④ 10년 이하의 자격정지를 병과할 수 있다.

---

125) 대법원 1983. 4. 26. 선고 82도2095 판결.

> 제134조(몰수, 추징) 범인 또는 정을 아는 제삼자가 받은 뇌물 또는 뇌물에 공할 금품은 몰수한다. 그를 몰수하기 불능한 때에는 그 가액을 추징한다.

사후수뢰죄는 공무원 또는 중재인이었던 사가 그 재직 중에 청탁을 받고 직무상 부정한 행위를 한 후 뇌물을 수수, 요구 또는 약속함으로써 성립하는 범죄이다(제131조 제3항).

본죄는 재직 중 청탁을 받고 부정행위를 한 후 퇴직한 다음의 수뢰행위를 처벌하는 파생적 구성요건이다. 공무원 또는 중재인이 전직 후 공무원 또는 중재인의 신분으로 직무상 부정한 행위를 한 후 수뢰한 경우에는 부정처사후수뢰죄(제131조 제2항)에 해당한다.

본죄는 재직 중에 직무상 부정행위를 한 후, 퇴직 후에 뇌물을 수수·요구·약속할 것을 요하는 범죄이므로, 재직 중에 정당한 행위를 한 다음 퇴직 후에 수뢰한 경우에는 본죄가 성립하지 않는다.

XVI. 알선수뢰죄

> 제132조(알선수뢰) 공무원이 그 지위를 이용하여 다른 공무원의 직무에 속한 사항의 알선에 관하여 뇌물을 수수·요구 또는 약속한 때에는 3년 이하의 징역 또는 7년 이하의 자격정지에 처한다.
> 제134조(몰수, 추징) 범인 또는 정을 아는 제삼자가 받은 뇌물 또는 뇌물에 공할 금품은 몰수한다. 그를 몰수하기 불능한 때에는 그 가액을 추징한다.
> [특정범죄 가중처벌 등에 관한 법률]
> 제3조(알선수재) 공무원의 직무에 속한 사항의 알선에 관하여 금품이나 이익을 수수·요구 또는 약속한 사람은 5년 이하의 징역 또는 1천만원 이하의 벌금에 처한다.

1. 의의 및 성격

알선수뢰죄는 공무원이 그 지위를 이용하여 다른 공무원의 직무에 속한 사항의 알선에 관하여 뇌물을 수수·요구 또는 약속함으로써 성립하는 범죄이다.

본죄는 다른 공무원의 직무에 속한 사항의 알선에 관하여 수뢰하는 행위를 처벌함으로써 간접적으로 **직무행위의 공정성**을 보호하고자 하는 구성요건이다.

2. 객관적 구성요건

공무원이 그 지위를 이용하여 다른 공무원의 직무에 속하는 사항의 알선에 관하여 뇌물을 수수·요구 또는 약속하는 것이다.

(1) 행위주체

알선수뢰죄의 행위주체는 '공무원'이다. 단순히 공무원이라는 신분만으로는 충분하지 않고, 직무를 처리하는 공무원과 직무상 직접적 또는 간접적 연관관계를 가지고 법률상 또는 사실상 영향을 미칠 수 있는 공무원일 것을 요한다.[126] 알선수뢰죄의 행위주체에 중재인이나 사인은 본죄의 행위주체가 아니다.

(2) 행위객체

알선수뢰죄의 행위객체는 '뇌물'이다. 다만 여기서의 뇌물은 공무원의 직무에 대한 대가가 아니라 다른 공무원의 직무에 속한 사항의 알선에 대한 대가의 의미를 갖는다.

(3) 실행행위

알선수뢰죄의 실행행위는 공무원이 '그 지위를 이용하여 다른 공무원의 직무에 속한 사항의 알선에 관하여 뇌물을 수수·요구·약속하는 것'이다.

1) 지위이용

본죄에서 '공무원의 그 지위를 이용한다'는 것은 다른 공무원의 직무에 직무상 일반적·구체적으로 영향력을 미칠 수 있는 신분·지위를 이용하는 것을 말한다. 따라서 단순히 사적 관계를 이용하거나, 지위를 이용하지 않는 개인자격의 부탁, 직무와 무관한 사항을 교섭하고 금품을 수수한 경우에는 본죄에 해당하지는 않는다.

2) 알선에 관하여 뇌물을 수수·요구·약속

① 여기서 '알선'이란 일정한 사항을 중개하여 당사자 사이에 교섭이 성립하도록 하기 위해 제공하는 일체의 서비스를 말한다. 알선행위는 과거나 현재의 것이거나, 또는 장래의 것에 대하여도 가능하다. 청탁의 유무도 불문한다. 부정한 행위거나 정당한 직무행위를 알선한 경우에도 본죄가 성립한다는 것이 다수설의 입장이고 타당하다.[127]

---

126) 대법원 1982. 6. 8. 선고 82도403 판결.

127) 김일수/서보학, 670면; 배종대, 155/40; 오영근, 733면; 이재상/장영민/강동범, 734면; 임웅,

② 다른 공무원의 직무에 속하는 사항의 알선에 관하여, 뇌물의 수수·요구·약속하는 경우인데, 이때 뇌물의 개념이나 뇌물의 수수·요구·약속의 의미는 단순수뢰죄(제129조 제1항)에서와 동일하다.

3. 주관적 구성요건

행위자는 자신이 공무원이고, 다른 공무원의 직무에 관한 속하는 사항을 알선한다는 사실과 그에 대한 대가로서 뇌물을 수수·요구·약속한다는 점에 대한 고의가 있어야 한다.

4. 특정범죄 가중처벌 등에 관한 법률상의 알선수재죄

「특정범죄 가중처벌 등에 관한 법률」제3조에는 공무원의 직무에 속한 사항의 알선에 관하여 금품이나 이익을 수수·요구·약속한 사람은 5년 이하의 징역 또는 1천만원 이하의 벌금으로 처벌하고 있다. 「특정범죄 가중처벌 등에 관한 법률」상의 알선수재죄는, ① 행위주체가 공무원 또는 중재인에 한정되지 않으며, ② 공무원의 지위를 이용할 것을 요하지 않는다는 점에서 형법상의 알선수뢰죄와 구별된다. 따라서 공무원의 지위를 이용하지 않고 다른 공무원의 직무에 속한 사항의 알선에 관하여 금품이나 이익을 수수한 때에는 「특정범죄 가중처벌 등에 관한 법률」상의 알선수재죄가 성립하게 된다.

XVII. 증뢰죄(뇌물공여죄)·증뇌물전달죄

제133조(뇌물공여등) ① 제129조 내지 제132조에 기재한 뇌물을 약속, 공여 또는 공여의 의사를 표시한 자는 5년 이하의 징역 또는 2천만 원 이하의 벌금에 처한다.
② 전항의 행위에 공할 목적으로 제3자에게 금품을 교부하거나 그 정을 면서 교부를 받은 자도 전항의 형과 같다.

949면; 정성근/박광민, 756면.

1. 의의 및 성격

증뢰죄는 뇌물을 약속, 공여 또는 공여의 의사를 표시하거나, 이러한 행위에 공할 목적으로 제3자에게 금품을 교부하거나 그 정을 면서 교부를 받음으로써 성립하는 범죄이다.

본죄는 원칙적으로 비공무원이 공무원·중재인의 수뢰를 교사·방조하는 공범적 성격의 행위를 독립범죄로 규정한 것이지만, 공무원이라 하더라도 그 직무와 관계없는 경우에는 본죄의 주체가 될 수 있다.

2. 객관적 구성요건

(1) 행위주체

증뢰죄의 행위주체에는 제한이 없다. 공무원도 본죄의 주체가 될 수 있다.

(2) 실행행위

증뢰죄의 실행행위는 '뇌물을 약속·공여·공여의 의사표시를 하거나, 이에 공할 목적으로 제3자에게 금품을 교부하거나 그 정을 알면서 교부를 받는 것'이다.

1) 약속·공여·공여의 의사표시

여기서 뇌물의 '약속'이란 뇌물의 제공과 수령에 관하여 증뢰자와 수뢰자 사이에 의사가 합치는 것을 말한다. 약속한 뇌물의 종류·수량·액수 등을 공무원·중재인이 구체적으로 알 필요는 없다. 약속의 시기는 직무행위의 전후를 불문한다. 뇌물의 '공여'란 뇌물을 수수할 수 있도록 제공하는 것을 말한다. 상대방이 뇌물을 수수할 수 있는 상태에 두면 족하고, 반드시 현실적으로 취득할 것을 요하지 않는다.[128] 뇌물의 '공여의 의사표시'란 상대방에게 뇌물을 공여하겠다는 일방적 의사표시이다. 의사표시의 방법은 명시적·묵시적이든 불문한다. 금액·수량

---

128) 배임수재자가 배임증재자에게서 그가 무상으로 빌려준 물건을 인도받아 사용하고 있던 중에 공무원이 된 경우, 그 사실을 알게 된 배임증재자가 배임수재자에게 앞으로 물건은 공무원의 직무에 관하여 빌려주는 것이라고 하면서 뇌물공여의 뜻을 밝히고 물건을 계속하여 배임수재자가 사용할 수 있는 상태로 두더라도, 처음에 배임증재로 무상 대여할 당시에 정한 사용기간을 추가로 연장해 주는 등 새로운 이익을 제공한 것으로 평가할 만한 사정이 없다면, 이는 종전에 이미 제공한 이익을 나중에 와서 뇌물로 하겠다는 것에 불과할 뿐 새롭게 뇌물로 제공되는 이익이 없어 뇌물공여죄가 성립하지 않는다(대법원 2015. 10. 15. 선고 2015도6232 판결).

을 표시할 필요도 없다. 의사표시의 상대방은 공무원 또는 중재인 자신일 것을 요하지 않으며, 그 배우자나 가족이라도 무방하다.

증뢰죄에 있어서도 뇌물이 직무에 관한 것임을 요하는가에 관하여 부정적인 견해도 있으나, 증뢰죄에 있어서 뇌물도 형법에 명문의 규정은 없지만 공무원·중재인의 **직무행위와 관련성**이 있는 대가관계가 있어야 함은 물론이다.[129) 판례도 같은 입장을 취하고 있다.[130)

2) 증뢰물전달

증뢰물 전달행위는 증뢰에 공할 목적으로 제3자에게 금품을 교부하거나 그 정을 알면서 교부를 받는 것을 말한다. 본죄는 제3자가 수뢰할 자에게 금품을 전달하였는지 여부는 불문하며,[131) 본죄의 주체는 비공무원을 예정한 것이지만 공무원이라 할지라도 그 직무와 관계없는 경우에는 본죄의 주체에 해당할 수 있어 증뢰물전달죄가 성립할 수 있다.

판례도 "제3자의 증뢰물전달죄는 제3자가 증뢰자로부터 교부받은 금품을 수뢰할 사람에게 전달하였는지의 여부에 관계없이 제3자가 그 정을 알면서 금품을 교부받음으로써 성립하는 것이고, 본죄의 주체는 비공무원을 예정한 것이나 공무원일지라도 직무와 관계되지 않는 범위 내에서는 본죄의 주체에 해당될 수 있다 할 것이므로, 피고인이 자신의 공무원으로서의 직무와는 무관하게 군의관 등의 직무에 관하여 뇌물에 공할 목적의 금품이라는 정을 알고 이를 전달해준다는 명목으로 취득한 경우라면 제3자뇌물취득죄가 성립된다."[132)고 판시하였다. 본죄는 공무원 또 중재인이 제3자로부터 전달받은 금품을 곧바로 증뢰자에게 반환한 경

---

129) 김일수/서보학, 674면; 배종대, 155/48; 이영란, 796면; 이재상/장영민/강동범, 736면.

130) 대법원 1987. 11. 24. 선고 87도1463 판결.

131) 대법원 1997. 9. 5. 선고 97도1572 판결; 대법원 1985. 1. 22. 선고 84도1033 판결.

132) 대법원 2002. 6. 14. 선고 2002도1283 판결(형법 제133조 제2항은 증뢰자가 뇌물에 공할 목적으로 금품을 제3자에게 교부하거나 또는 그 정을 알면서 교부받는 증뢰물전달행위를 독립한 구성요건으로 하여 이를 같은 조 제1항의 뇌물공여죄와 같은 형으로 처벌하는 규정으로서, 제3자의 증뢰물전달죄는 제3자가 증뢰자로부터 교부받은 금품을 수뢰할 사람에게 전달하였는지의 여부에 관계없이 제3자가 그 정을 알면서 금품을 교부받음으로써 성립하는 것이고, 본죄의 주체는 비공무원을 예정한 것이나 공무원일지라도 직무와 관계되지 않는 범위 내에서는 본죄의 주체에 해당될 수 있다 할 것이므로, 피고인이 자신의 공무원으로서의 직무와는 무관하게 군의관 등의 직무에 관하여 뇌물에 공할 목적의 금품이라는 정을 알고 이를 전달해준다는 명목으로 취득한 경우라면 제3자 뇌물취득죄가 성립된다).

우에도 성립한다.[133)

3. 주관적 구성요건

증뢰죄의 경우에는 공무원·중재인에게 뇌물을 약속·공여·공여의 의사표시를 한다는 점에 대한 인식과 의사인 고의가 있어야 한다. 미필적 고의로도 족하다.

증뢰물전달죄의 경우에는 제3자에게 금품을 교부한다는 점이나 또는 그 정을 알면서 그 교부를 받는다는 점에 대한 인식과 의사가 필요하다

4. 죄   수

① 수뢰죄가 성립하지 않는 경우에도 증뢰죄는 별도로 성립할 수 있다. 수뢰죄와 증뢰죄는 필요적 공범관계에 있지만 행위를 그 의미는 범죄성립에 행위의 공동을 필요로 한다는 의미에 불구하다. 따라서 수뢰죄는 성립하지 않더라도 증뢰죄는 성립할 수 있다.

② 1개의 행위로 수인의 공무원에게 증뢰한 경우에는 공무원의 수에 따라 수 개의 증뢰죄가 성립하고 이들은 상상적 경합이 된다.[134)

③ 약속·공여의 의사표시를 한 후 뇌물을 공여한 경우에는 뇌물 약속·공여의 의사표시는 뇌물공여죄에 흡수되어 뇌물공여죄만 성립한다.

④ 공무원이 사기적인 방법으로 뇌물을 공여하게 한 경우에 사기죄와 수뢰죄의 상상적 경합이 되고, 경우에 따라서 증뢰자에게는 증뢰죄가 성립할 수 있다. 그러나 공무원이 직무에 관하여 공갈로 뇌물을 공여하게 한 경우에는 수뢰죄와 공갈죄의 상상적 경합이 된다. 이 경우에는 피공갈자에게는 폭행·협박으로 의사의 자유가 침해받는 상태였기 때문에 자의에 의한 뇌물공여로 볼 수 없으므로 증뢰죄가 성립하기 어렵다.[135)

---

133) 대법원 1983. 6. 28. 선고 82도3129 판결.
134) 김일수/서보학, 671면; 배종대, 155/48; 이재상/장영민/강동범, 736면; 정성근/박광민, 831면.
135) 대법원 1994. 12. 22. 선고 94도2528 판결.

제 2 절 공무방해에 관한 죄

I. 개   설

1. 의의 및 보호법익

공무방해에 관한 죄란 국가 또는 공공기관의 공권력행사를 방해하는 것을 내용으로 하는 범죄이다.

공무방해에 관한 죄는 공무원을 보호하기 위한 범죄가 아니라 국가 또는 공공기관의 기능적 작용으로서의 공무 그 자체를 보호법익으로 한다. 공무방해의 죄에 의하여 간접적으로 공무원의 지위가 보호받는 것은 반사적 효과에 불과하다. 따라서 공무원은 본죄의 행위객체에 불과하다. 공무방해에 관한 죄에 대한 입법태도는 역사와 나라에 따라 다르지만, 우리나라의 입법방식은 국가 또는 공공단체의 권력적, 비권력적 작용에만 한정하지 않고 모든 적법한 공무집행을 보호하는 스위스형법이나 일본형법과 같은 입법태도를 취하고 있다.

법익보호의 정도는 추상적 위험범으로서의 보호이다.

2. 구성요건의 체계

형법은 공무방해에 관한 죄로 공무집행방해죄(제136조 제1항), 직무강요죄(동조 제2항), 위계에 의한 공무집행방해죄(제137조), 법정 또는 국회회의장모욕죄(제138조), 인권옹호 직무방해죄(제139조), 공무상 비밀표시무효죄(제140조), 공무상 비밀침해죄(동조 제3항), 부동산강제집행효용침해죄(제140조의2), 공용서류등 무효죄(제141조 제1항), 공용물파괴죄(동조 제2항), 공법상 보관물무효죄(제142조) 및 특수공무방해죄(제144조)를 규정하고 있다.

기본적 구성요건은 공무집행방해죄이며, 직무강요죄와 위계에 의한 공무집행방해죄는 행위방법이 다른 수정적 구성요건이다. 법정·국회회의장모욕죄, 인권옹호 직무방해죄, 공무상 비밀표시무효죄 등은 보호의 객체가 특수한 경우이며, 특수공무집행방해죄는 행위방법의 특수성으로 인해 불법이 가중되는 가중적 구성요건이다.

형법의 입법태도는, ① 공무를 방해하는 모든 행위를 처벌하는 것이 아니라 폭행·협박에 의한 공무집행방해와 위계에 의한 공무집행방해행위를 처벌하며, ② 손상·은닉 기타의 방법에 의한 공무방해에 대하여는 그 객체를 봉인·압류 기타 강제처분의 표시 등으로 제한하고 있고, ③ 폭행·협박에 의한 공무집행방해의 경우에는 공무를 집행 중일 때는 공무집행방해죄로, 집행될 공무에 대하여는 직무강요죄로 개별적으로 구체화하여 규정한 특색을 지닌다.[136] 또한 입법론적으로는 인권옹호 직무방해죄와 법정모욕죄의 경우에 있어서, 전자는 행정법상의 징계처분으로 충분하며, 후자는 법원조직법의 법정경찰권과 중복되는 내용이므로 사법권독립이라는 측면에서 보면 형법에 그대로 존치할 범죄인가 여부에 대해서도 재검토할 필요가 있다.

II. 공무집행방해죄

> 제136조(공무집행방해) ① 직무를 집행하는 공무원에 대하여 폭행 또는 협박한 자는 5년 이하의 징역 또는 1천만원 이하의 벌금에 처한다.

1. 의의 및 성격

공무집행방해죄는 직무를 집행하는 공무원에 대하여 폭행 또는 협박함으로써 성립하는 범죄이다. 본죄는 공무방해에 관한 죄의 기본적 구성요건이다.

2. 객관적 구성요건

(1) 행위주체

공무집행방해죄의 행위주체에는 제한이 없다. 따라서 반드시 공무원의 직무집행을 받는 대상자만이 아니라 제3자도 본죄의 주체가 되며, 공무원도 본죄를 범할 수 있다.

(2) 행위객체

공무집행방해죄의 객체는 '직무를 집행하는 공무원'이다. 이를 분설해 보면 다음과 같다.

---

136) 이재상/장영민/강동범, 738면.

1) 공 무 원

여기서 '공무원'이란 법령에 의하여 국가·공공단체의 사무에 종사하는 자를 말한다. 청원경찰, 방범대원도 여기의 공무원에 포함된다.[137] 그러나 외국의 공무원은 제외된다.

2) 직무집행

공무원의 직무집행과 관련해서는 직무집행의 범위와 적법성이 문제된다. 여기서 '직무의 집행'이란 공무원이 자신의 지위·권한에 따라 처리하도록 위임된 일체의 사무를 행하는 것을 말한다.

가. 직무의 범위 공무원의 권한 사항인 한 그 종류·성질에는 제한이 없다. 따라서 직무집행이 강제적 성질을 가질 권력적 작용에 한정되지 않는다. 따라서 국가가 사기업과 동일한 위치에서 사업을 하는 경우인, 예컨대 국공립대학이나 국공립병원의 업무집행도 본죄의 직무집행에 포함된다.

나. 시간적 범위 본죄에서의 '직무를 집행하는 공무원'이란 공무원이 현재 구체적인 직무를 집행하고 있어야 한다. 따라서 원칙적으로 직무집행을 개시하여 종료되기 이전일 것을 요하지만, 직무집행과 밀접불가분의 관계가 있는 행위의 경우에는 여기에 포함된다. 예컨대 직무집행에 착수하기 전의 준비행위, 대기행위, 일시적인 휴식행위 등은 여기에 해당한다. 그러나 단순히 직무집행이 예상되는 것만으로는 직무집행에 해당된다고 할 수 없다. 예컨대 공무원의 출근행위는 직무집행인 행위에 포함되지 않는다.[138] 퇴근한 이후의 공무원에게 협박한 경우도 마찬가지이다.

3) 직무집행의 적법성

가. 적법성의 여부 본죄가 성립하기 위해서는 독일이나 오스트리아 형법처럼 명문의 규정은 없지만 적법한 공무집행 중이어야 한다. 따라서 위법한 직무집행에 대해서는 국민에게 복종의무가 없고, 형법은 적법한 직무집행만을 보호하므로 공무원의 직무집행이 적법한 경우에만 공무집행방해죄가 성립할 수 있다는 것이 판례[139]와 통설[140]의 입장이다. 공무원의 위법한 직무집행에 대하여는 정당

---

137) 대법원 1991. 3. 27. 선고 90도2930 판결.
138) 대법원 1979. 7. 24. 선고 79도1201 판결.
139) 대법원 1994. 10. 25. 선고 94도2283 판결.
140) 김성돈, 781면; 김성천/김형준, 987면; 김일수/서보학, 677면; 박상기, 860면; 배종대,

방위를 하거나 저항권도 인정된다는 점과, 위법한 직무집행에 대하여는 형법이 보호해야 할 필요성도 없으므로 통설이 타당하다.

　　나. 적법성의 의미　　　직무집행의 적법성을 판단하기 위해서는 형법적인 적법개념이 기준이 되어야 하고, 또한 직무행위의 적법성은 실질적 정당성이 아니라 형식적 적법성을 기준으로 판단해야 한다. 즉 ① 공무원의 직무행위가 본죄의 보호대상이 될 수 있는 실체를 갖추고 있는 한 비록 행정법적·소송법적으로 부적법하더라도 적법한 직무집행으로 평가된다. 또한 ② 직무집행의 실질적 내용의 정당성 여부와 관계없이 당해 공무집행행위의 주체·형식·절차에 관한 법정요건을 갖추고 있으면 적법한 직무집행으로 평가된다.

　　다. 적법성의 요건　　　직무집행의 적법을 인정하기 위해서는 다음의 요건이 필요하다.

　　　　(가) 직무집행행위가 당해 공무원의 추상적 직무권한에 속해야 한다　　　공무원의 직무권한의 범위는 사항적·장소적으로 일반적·추상적으로 정해져 있다. 따라서 이러한 일반적 범위를 넘는 행위는 적법성이 인정되지 않는다. 예컨대 경찰관의 조세징수나 법관의 수사상 강제처분은 위법하다. 그러나 직무집행상의 편의를 위한 내부적 사무분담은 직무권한의 범위에 영향을 미치지 않는다. 따라서 예컨대 교통경찰관의 불심검문은 적법한 직무집해에 해당한다.

　　　　(나) 직무집행행위가 당해 공무원의 구체적 직무권한에 속해야 한다　　　직무집행행위가 법률에 규정된 구체적 직무행위의 요건을 구비해야 한다.[141] 예컨대 경찰관은 경찰관직무집행법에 의한 임의동행을 요구할 수 있고, 임의동행을 요구하는 경찰관을 폭행하는 경우에는 본죄가 성립하게 된다. 그러나 임의동행의 요구에 불응하자 경찰관이 강제로 인치하려고 한 때에는 현행범체포의 요건을 구비하지 않은 이상 강제연행은 적법한 공무집행이라 할 수 없다.[142] 즉결심판피의자를 경

　　　157/6; 백형구, 588면; 손동권/김재윤, 800면; 오영근, 740면; 이재상/장영민/강동범, 740면; 이정원, 773면; 이형국, 801면; 임웅, 958면; 정성근/박광민, 837면.

141) 공무집행방해죄에서 '직무를 집행하는'이란 공무원이 직무수행에 직접 필요한 행위를 현실적으로 행하고 있는 때만을 가리키는 것이 아니라 공무원이 직무수행을 위하여 근무 중인 상태에 있는 때를 포괄하고, 직무의 성질에 따라서는 직무수행의 과정을 개별적으로 분리하여 부분적으로 각각의 개시와 종료를 논하는 것이 부적절하고 여러 종류의 행위를 포괄하여 일련의 직무수행으로 파악함이 상당한 경우가 있다(대법원 2018. 3. 29. 선고 2017도 21537 판결).

찰서 보호실에 강제유치하거나,[143] 임의동행된 사람이 조사를 거부하고 파출소를 나가려 하자 이를 제지한 것은 적법한 공무집행이 아니다.[144] 또한 구체적으로 직무를 담당·실행할 수 있는 법적 전제를 구비해야 한다. 예컨대 집행관은 자기에게 위임된 사건에 대해서만 강제집행을 할 수 있다.

그 밖에도 판례에 따르면, ① 교통경찰관이 면허증 제시요구에 응하지 않는 사람이나 음주측정을 거절하는 운전자를 파출소로 연행하려고 한 경우,[145] ② 긴급체포사유에 해당하지 않는 기소중지자를 경찰관이 연행하려고 한 경우,[146] ③ 수사기관에 자진출석한 사람을 긴급체포의 요건을 갖추지 못하였음에도 실력으로 체포하려는 검사나 사법경찰관에게 폭행을 가한 경우,[147] ④ 현행범인이라 하더라도 영장 없이 체포할 수 없는 경우에 동행을 거절하는 사람을 연행한 때에는 적법한 직무집행이라 할 수 없으므로, 이를 제지하기 위하여 폭행·협박을 하더라도 공무집행방해죄가 성립하지 않는다.[148] 공무원의 재량행위의 경우에는 재량의 범위에서 행한 직무행위는 적법한 직무행위이다.

(다) 직무집행행위는 법령이 정한 절차·방식에 따른 것이어야 한다   직무행위의 형식적 적법요건으로서 법령상 요구되는 일정한 절차·방식을 준수해야 한다.[149] 예컨대 피의자를 구속하기 위해서는 구속영장이 필요하고, 압수·수색 등 강제처분을 하기 위해서도 영장이 필요하다. 그러나 법령이 정한 절차와 방식 중 관련자의 권리보호에 불가결한 본질적 형식을 위배했는가 여부에 따라 적법성이 결정되며, 사소한 절차적 하자는 위법이라고 할 수 없다.

라. 적법성의 판단기준   직무집행이 적법한가를 판단하는 기준에 관해서는,

---

142) 대법원 1977. 8. 23. 선고 77도2111 판결.
143) 대법원 1997. 6. 13. 선고 97도877 판결.
144) 대법원 1997. 8. 22. 선고 97도1240 판결.
145) 대법원 1992. 2. 11. 선고 91도2797 판결; 대법원 1994. 10. 25. 선고 94도2283 판결.
146) 대법원 1991. 5. 10. 선고 91도453 판결.
147) 대법원 2006. 9. 8. 선고 2006도148 판결.
148) 대법원 1992. 5. 22. 선고 92도506 판결.
149) 피고인이 경찰관들과 마주하자마자 도망가려는 태도를 보이거나 먼저 폭력을 행사하며 대항한 바 없는 등 경찰관들이 체포를 위한 실력행사에 나아가기 전에 체포영장을 제시하고 미란다 원칙을 고지할 여유가 있었음에도 애초부터 미란다 원칙을 체포 후에 고지할 생각으로 먼저 체포행위에 나선 행위는 적법한 공무집행이라고 보기 어렵다(대법원 2017. 9. 21. 선고 2017도10866 판결).

① 법원이 법령을 해석하여 객관적으로 판단해야 한다는 **객관설**[150]과, ② 당해 공무원이 적법한 것으로 믿었는가 또는 과실 없이 적법한 것으로 믿었는가에 의해 결정해야 한다는 주관설, ③ 주관적인 면과 객관적인 면을 모두 고려하여 판단해야 한다는 **절충설**,[151] ④ 일반인의 입장에서 공무원의 직무행위로 인정할 수 있을 때 적법하다는 **일반인표준설**[152] 등이 대립한다.

생각건대 공무원의 직무집행의 적법성은 공무원의 주관이나 일반인을 표준으로 할 수 없으며, 적법·부적법의 판단은 법원이 법령에 넘을 통하여 객관적으로 판단해야 한다는 객관설이 타당하다.[153] 이 경우에 직무집행의 적법성은 공무원의 직무집행행위시를 기준으로 구체적 상황을 고려하여 판단해야 한다.

그런데 상관의 위법한 명령을 부하 공무원이 집행한 경우에 직무집행이 적법할 수 있는가에 관해서는, 상관의 명령이 현저히 사회상규에 위배되지 않을 때에는 적법한 직무집행이라고 해석하는 견해도 있으나, 상관의 명령이 위법한 이상 그 직무집행도 당연히 위법하다고 해석하는 견해가 **통설**[154]이고 타당하다.

마. 적법성의 체계적 지위　　공무집행방해죄가 성립하기 위해서는 직무집행의 적법성을 요건으로 하는데, 이때 적법성의 체계적 지위를 어떻게 이해할 것인가가 문제된다.

이에 관해서는 처벌조건설과 위법성조각사유설 및 구성요건요소설이 대립한다. 즉, ① **객관적 처벌조건설**은 직무집행의 적법성을 객관적 처벌조건으로 보아 고의의 인식대상이 아니므로 이에 대한 착오는 범죄성립에 영향을 주지 않는다는 견해이다. 독일에서는 다수설의 입장이다. 그러나 이 견해는 형사정책적 필요성을 근거로 범죄론의 체계를 무시하는 것이므로 합리적이라 할 수 없으며, 또한 위법한 직무집행에 대하여 정당방위가 허용된다는 점을 고려해보면 직무집행의 적법성은 가벌성의 요건에 그치는 것이 아니라 범죄성립요건으로 파악해야 한다는 점에서 타당하지 않다고 할 수 있다. ② **구성요건요소설**은 직무집행의 적법성

---

150) 김성천/김형준, 988면; 김일수/서보학, 679면; 박상기, 862면; 배종대, 157/11; 손동권/김재윤, 803면; 이재상/장영민/강동범, 744면.

151) 유기천, 33면; 진계호, 709면.

152) 대법원 1961. 8. 26. 선고 60도852 판결.

153) 대법원 1991. 5. 10. 선고 91도453 판결.

154) 손동권/김재윤, 803면; 이재상/장영민/강동범, 744면; 이형국, 806면; 임웅, 960면.

은 구성요건요소이므로 고의의 인식대상이 되므로, 이에 대한 착오는 구성요건적 착오로서 고의를 조각한다는 견해이다.[155] 그리고 ③ **위법요소설**은 직무집행이 위법할 때에는 이에 대한 저항행위의 위법성을 조각시키는 위법성조각사유라는 견해이다.[156] 즉 위법한 직무집행에 대해서는 정당방위가 가능하다는 것을 근거로한다. 따라서 직무집행의 적법성에 대한 착오는 위법성의 착오로서 형법 제16조에 의해 해결해야 한다는 견해이다. 그러나 위법성조각사유설에 의하여 위법한 직무집행에 대한 저항이 구성요건에 해당한다고 하는 것은 범죄론체계와 일치한다고 할 수 없다.

생각건대 객관적 처벌조건설은 위법한 직무집행에 대하여 저항한 경우에도 본죄의 성립을 인정하고, 일체의 정당방위를 부정한다는 점에서 부당하고, 위법성요소설은 위법한 직무집행에 대하여 저항한 경우에도 본죄의 구성요건해당성을 인정한다는 점에서 부당하다. 따라서 범죄론체계를 고려하면 **구성요건요소설**이 타당하다고 하지 않을 수 없다.

(3) 실행행위

공무집행방해죄의 실행행위는 '폭행·협박하는 것'이다.

1) 의　의

여기서의 '**폭행**'이란 공무원에 대한 직접·간접의 유형력의 행사를 말한다. 즉광의의 폭행을 의미한다. 따라서 사람의 신체에 대한 직접적인 폭행 이외에 물건에 대한 유형력 행사도 간접적으로 사람에 대한 것이면 여기에 포함된다. 따라서 파출소 바닥에 인분을 뿌리거나 재떨이에 인분을 담아 바닥에 뿌리는 것도 공무원에 대한 폭행이 된다.[157] 반드시 공무원에 대한 폭행임을 요하지 않는다. 법원의 집행관에 대한 직접적인 폭행이 아닌 그 인부에 대한 폭행도 간접적으로 공무원에 대한 폭행이 인정될 수 있다. 그러나 교통단속 경찰관의 면허증 제시요구에 불응하고 차량을 진행한 것만으로는 본죄의 폭행에 해당한다고 할 수 없다.[158]

---

155) 김일수/서보학, 677면; 배종대, 157/14; 백형구, 590면; 손동권/김재윤, 804면; 이재상/장영민/강동범, 746면;　이형국, 803면.
156) 유기천, 333면; 이영란, 803면; 정성근/박광민, 842면.
157) 대법원 1981. 3. 24. 선고 81도326 판결.
158) 대법원 1996. 4. 26. 선고 96도281 판결.

그리고 '**협박**'이란 공무원에게 공포심을 일으키게 할 수 있는 일체의 해악의 고지를 말하며, 광의의 협박에 해당한다. 현실적으로 공포심이 발생했는가 여부는 불문한다.

2) 정　도

폭행·협박의 정도는 공무원의 직무집행을 방해할 수 있을 정도에 이를 것을 요한다. 따라서 공무원이 전혀 개의치 않을 정도의 경미한 폭행·협박은 여기에서 제외된다. 또한 여기서의 폭행·협박은 적극적인 행위에 의할 것을 요하며, 소극적 거동·불복종은 여기에 해당하지 않는다. 예컨대 강제연행하려고 잡아당기는 경찰관의 손을 뿌리친 경우, 공무원의 출입을 막기 위하여 닫힌 문을 열어주지 않은 경우, 풀려진 맹견을 묶지 않거나 체포를 방해하기 위하여 방바닥에 드러누운 경우에는 본죄의 폭행에는 해당하지 않는다. 그러나 반대로 공무원이 출입을 적극적으로 저지하거나 맹견을 풀어 놓아 접근하지 못하도록 하는 경우에는 본죄를 구성할 수 있다.

3) 기수시기

본죄는 공무원에 대한 폭행·협박행위가 있으면 즉시 기수가 된다. 본죄는 추상적 위험범이므로 공무집행에 대한 현실적인 방해결과가 발생할 것을 요하지 않는다.

3. 주관적 구성요건

본죄는 고의범이므로 행위자는 적법한 직무를 집행중인 공무원에 대하여 폭행·협박한다는 사실에 대한 고의가 있어야 한다. 미필적 고의로도 충분하다. 본죄는 공무집행을 방해하는 것이기 때문에 고의 이외에 방해의사가 필요하다는 견해도 있으나, 공무집행을 방해한다는 사실에 대한 인식이 있으면 족하고 방해의사를 필요로 하는 것은 아니라는 견해가 타당하다.[159] 본죄는 목적범이 아니므로 공무원의 직무집행을 방해한다는 **방해의사**는 불필요하다.

직무집행의 적법은 구성요건요소이기 때문에 이에 대한 인식도 고의의 내용이 된다. 따라서 직무집행의 적법성에 대한 착오는 본죄의 고의를 조각하게 된

---

159) 김성천/김형준, 992면; 김일수/서보학, 680면; 박상기, 663면; 배종대, 157/19; 백형구, 590면; 이재상/장영민/강동범, 747면; 이정원, 775면; 임웅, 963면; 정성근/박광민, 844면.

다. 이와 달리 적법성을 위법성의 요소로 이해하는 견해에 의하면 적법성의 착오를 법률의 착오로 이해하게 된다.

4. 죄수 및 다른 범죄와의 관계

(1) 죄   수

본죄의 죄수결정에 관해 학설[160]과 판례가 대립하고 있다. 공무집행방해죄의 본질에 비추어볼 때 주된 보호법익이 공무이기 때문에 본죄의 죄수는 공무원의 수가 아니라 **공무의 수**를 기준으로 죄수를 판단하는 것이 타당하다고 생각된다. 따라서 동일한 공무를 집행하는 수인의 공무원을 동시에 폭행한 경우에도 일죄가 된다.

그러나 판례는 학설과 달리 공무원의 수를 기준으로 죄수를 판단하는 입장을 취하고 있다. 즉 동일한 공무를 집행하는 수인의 공무원을 동시에 폭행한 경우에는 수죄의 상상적 경합이 된다는 입장을 취하고 있다.[161]

(2) 다른 범죄와의 관계

1) 폭행죄·협박죄와의 관계

본죄와 폭행죄·협박죄는 법조경합의 흡수관계에 있으므로 폭행죄·협박죄는 별도로 성립하지 않고 공무집행방해죄만 성립하게 된다.

2) 상해죄·살인죄·강도죄·준강도죄·소요죄와의 관계

공무집행을 방해하는 폭행·협박이 그 정도를 넘어 상해죄·살인죄·강도죄·준강도죄·소요죄를 구성하는 경우에는 이러한 죄와 공무집행방해죄는 상상적 경합관계가 된다.

3) 업무방해죄와의 관계

본죄와 업무방해죄와 관계에 관해서는, ① 업무방해죄의 업무에 공무는 포함되지 않는다는 견해,[162] ② 공무도 업무의 일종이지만 본죄가 성립하는 경우에는 업무방해죄의 적용이 배제된다는 견해,[163] ③ 공무원이 행하는 공무는 업무방해

---

160) 김성천/김형준, 993면; 김일수/서보학, 681면; 박상기, 663면; 배종대, 157/20; 이재상/장영민/강동범, 748면; 이정원, 777면; 임웅, 964면; 정성근/박광민, 845면.

161) 대법원 2009. 6. 25. 선고 2008도3505 판결.

162) 김일수/서보학, 681면; 박상기, 663면; 손동권/김재윤, 808면; 유기천, 176면.

163) 배종대, 157/21; 정성근/박광민, 846면.

죄에 해당하지 않지만 비공무원이 행하는 공무는 업무에 포함된다는 견해, ④ 공무에 대해서도 업무방해죄가 적용되므로 업무방해죄와 공무집행방해죄가 상상적 경합이 된다는 견해[164] 등이 대립하고 있다.

생각건대 형법은 업무방해죄 이외에 공무집행방해죄를 규정하면서 그 행위태양을 제한하고 있는 것은 사적 업무와 달리 공무에 대하여는 공무원에 대한 폭행·협박 또는 위계에 의한 공무집행방해만을 처벌하겠다는 취지이므로, 공무집행방해죄에 있어서 '공무'는 업무방해죄에 있어서 업무에 포함되지 않는다고 보아야 한다.[165] 따라서 공무집행방해죄가 성립하는 경우에는 업무방해죄는 성립하지 않는다고 해석하는 것이 타당하다.

III. 직무·사직강요죄

> **제136조(공무집행방해)** ② 공무원에 대하여 그 직무상의 행위를 강요 또는 저지하거나 그 직을 사퇴하게 할 목적으로 폭행 또는 협박한 자도 전항의 형과 같다.

1. 의의 및 성격

직무·사직강요죄는 공무원에 대하여 그 직무상의 행위를 강요 또는 저지하거나 그 직을 사퇴하게 할 목적으로 폭행 또는 협박함으로써 성립하는 범죄이다. 본죄는 행위태양에 따른 공무집행방해죄의 수정적 구성요건이다.

본죄의 보호법익에 대하여는 ① 공무원의 지위의 안전은 공무보호에 따른 반사적 효과에 불과하므로 공무 그 자체가 보호법익이라는 견해[166]와, ② 공무 그 자체뿐만 아니라 공무원의 지위의 안전도 보호법익이라는 견해[167]가 대립하고 있다.

생각건대 직무·사직강요죄는 직무상의 행위를 강요하는 경우뿐만 아니라 사

---

164) 진계호, 713면.
165) 대법원 2009. 11. 19. 선고 2009도4166 전원합의체 판결.
166) 김성천/김형준, 994면; 김일수/서보학, 682면; 오영근, 746면; 이정원, 778면.
167) 박상기, 664면; 배종대, 158/2; 손동권/김재윤, 808면; 임웅, 965면; 정성근/박광민, 847면; 정영일, 460면.

직하게 할 목적으로 폭행·협박하는 경우까지 처벌하고 있는 점에 비추어 보면, 현재 공무집행 중인 공무에 대한 방해죄인 공무집행방해죄와 달리 본죄는 공무원의 장래의 직무집행 이외에 그 직무상의 지위의 안전도 보호법익으로 한다는 견해가 타당하다. 공무원의 공무에 대한 강요죄의 특별규정이라고 할 수 있으며, 강요죄가 침해범인데 반해 본죄는 추상적 위험범이라는 점에서 구별된다.

본죄의 법익보호의 정도는 추상적 위험범이고, 본죄는 고의 이외에 초과주관적 요소로서 행위자의 목적이 필요한 목적범이다.

2. 객관적 구성요건

(1) 행위주체

직무·사직강요죄의 주체에는 제한이 없다.

(2) 행위객체

직무·사직강요죄의 객체는 '공무원'이다. 직무를 집행하는 공무원일 것을 요하지 않는다는 점에서 공무집행방해죄와 구별된다.

(3) 실행행위

직무·사직강요죄의 실행행위는 '폭행·협박'이다. 그 의미는 공무집행방해죄와 동일하다. 직무상의 행위를 강요나 사퇴시킬 목적으로 폭행·협박을 가하면 기수가 되며, 목적의 달성 여부는 본죄의 성립에 영향이 없다.

3. 주관적 구성요건

본죄가 성립하기 위해서는 행위자에게는 공무원에 대하여 폭행·협박을 가한다는 고의와 초과주관적 구성요건요소로서 공무원의 직무상의 행위를 강요·저지하거나 그 직을 사퇴하게 할 목적이 있어야 한다.

(1) 직무상 행위의 강요·저지

1) 직무상 행위

여기서 '직무상의 행위'란 당해 공무원이 직무에 관하여 할 수 있는 모든 행위를 말한다. 직무권한 내의 행위인가에 대하여는, ① 직무권한에 속할 것을 요한다는 견해,[168] ② 당해 공무원의 추상적 권한에 속하여야 하지만 구체적인 권

---

168) 황산덕, 68면.

한에 속할 것을 요하지는 않는다는 견해,[169] ③ 당해 공무원의 직무와 관계가 있
는 행위이면 족하고, 권한 내의 행위이건 아니건 불문한다는 견해[170]가 대립하고
있다. 생각건대 본죄의 주된 보호법익은 공무이고 공무원의 지위는 공무와 관련
되는 범위 내에서 보호하는 것이라고 보는 것이 합리적이다. 따라서 직무상의 행
위는 당해 공무원의 추상적 권한 내에 속해야 하지만 구체적 권한에 속할 것은
요하지는 않는다는 통설의 견해가 타당하다.

2) 직무행위의 적법성

본죄가 성립하기 위해서는 직무행위의 적법성이 필요한가라는 점이다. 이에
대하여는 ① 직무행위가 적법한가 여부를 불문한다는 견해[171]와 ② 적법할 것을
요한다고 해석하는 견해[172]도 있다. 그러나 본죄의 행위유형에 따라 달리 판단해
야 한다고 생각된다. 즉 공무원의 직무행위를 저지하는 경우에는 공무원의 직무
집행이 적법할 것을 요하지만, 공무원의 직무집행을 강요하는 경우에는 적법성을
요하지 않는다고 해석하는 다수설의 입장이 타당하다고 생각된다.[173]

3) 강요·저지

여기서 공무원의 직무상의 행위를 '강요'한다는 것은 공무원에게 작위처분을
적극적으로 하게 하는 것을 말하며, '저지'한다는 것은 공무원에게 부작위처분을
하게 하는 것을 말한다. 예컨대 현장조사를 나오는 공무원을 위협하여 아예 조사
활동을 단념하게 하는 경우를 들 수 있다.

(2) 그 직을 사퇴하게 할 목적

'그 직을 사퇴하게 할 목적'이란 공무원의 장래의 직무집행을 방해하기 위하
여 공무원의 직무권한의 근거인 정해진 직무를 사직하게 하려는 목적이 있는 경
우이다. 장래의 공무집행을 방해하기 위하여 사직하게 하는 경우뿐만 아니라 공
무집행과 관계없이 개인적 사정에 의하여 사직하게 하는 경우도 포함한다.[174] 공

---

169) 배종대, 158/5; 오영근, 747면; 이영란, 807면; 임웅, 966면; 정성근/박광민, 848면; 정영일, 460면.
170) 유기천, 334면.
171) 유기천, 334면.
172) 이영란, 809면.
173) 김성돈, 781면; 김일수/서보학, 683면; 배종대, 158/6; 이재상/장영민/강동범, 751면; 이형국, 809면; 정성근/박광민, 848면.
174) 공무집행과 관계없이 단순한 개인적 사정에 의해 사직시키는 경우에는 사직케 할 목적에

무원의 직무는 본직이든 겸직이든 불문한다.

예컨대 법관으로서 지방선거관리위원회 위원장직을 겸직하고 있는 경우에 이러한 겸직이나 기타 임시직만을 사퇴하게 할 목적으로 협박하는 경우가 여기에 해당하며, 본죄의 성립에 영향이 없다.

Ⅳ. 위계에 의한 공무집행방해죄

> **제137조(위계에 의한 공무집행방해)** 위계로써 공무원의 직무집행을 방해한 자는 5년 이하의 징역 또는 1천만원 이하의 벌금에 처한다.

1. 의의 및 성격

위계에 의한 공무집행방해죄는 위계로써 공무원의 직무집행을 방해함으로써 성립하는 범죄이다. 본죄는 행위수단이 폭행·협박인 공무집행방해죄와는 달리 위계에 의한 경우이고, 현재 공무를 집행하고 있는 공무원일 것을 요하지 않고 장래의 직무집행을 예상한 경우도 포함되며, 위계의 상대방은 공무원이 아닌 제3자도 가능하다는 점에서 구별된다. 공무집행방해죄의 수정적 구성요건이다.

보호법익은 국가 또는 공공기관의 공무이고, 보호의 정도는 추상적 위험범이다.

2. 객관적 구성요건

위계로써 공무집행을 방해하는 것이다.

(1) 행위주체

본죄의 행위주체에는 제한이 없다.

(2) 행위객체

본죄의 행위객체는 '직무집행중인 공무원' 이외에 '장래 직무집행이 예상되는 공무원'과 직무집행과 관련이 있는 비공무원인 '제3자'도 포함된다.[175] 또한 공무

포함되지 않는다는 반대 견해가 있다(김일수/서보학, 874면).

175) 이재상/장영민/강동범, 752면.

원의 직무집행이라고 규정하고 있지만, 공무원이 아닌 공무소도 포함된다고 해석하여야 한다.

(3) 실행행위

본죄의 실행행위는 '위계로써 공무집행을 방해하는 것'이다.

1) 위 계

여기서 '위계'란 행위자의 목적을 이루기 위하여 상대방에게 부지나 오인·착오를 일으켜 이를 이용하는 것을 말한다. 위계의 수단이나 방법에는 특별한 제한이 없으며, 기망이나 유혹의 경우를 포함하며, 비밀을 요하는 것도 아니다. 위계의 상대방은 반드시 직무담당 공무원일 필요는 없고, 제3자를 기망하여 공무원의 직무를 방해하는 경우도 여기에 포함된다.

판례상 위계에 의한 공무집행방해죄를 인정된 예로는, ① 시험문제를 사전에 입수한 경우,[176] ② 운전면허시험에 대리응시하는 경우,[177] ③ 수료증명서를 허위로 작성하여 제출하는 경우,[178] ④ 입학원서 추천서란을 허위로 기재한 경우,[179] ⑤ 근무성적 평정표를 조작하여 근무성적 평점위원회에 제출함으로써 그에 따라 공무원들의 순위가 심사, 결정되도록 한 경우,[180] ⑥ 수사기관에 조작된 증거를 제출하여 수사활동을 방해한 경우,[181] ⑦ 음주운전후 교통사고를 내고서 타인의 혈액을 자신의 혈액인 것처럼 경찰관에게 제출하여 감정토록 한 경우,[182] ⑧ 타인의 소변을 자신의 소변인 것처럼 수사기관에 제출하여 필로폰 음성반응이 나오도록 한 경우,[183] ⑨ 지방자치단체의 공사입찰에 허위서류를 제출하여 낙찰자로 결정되어 계약을 체결한 경우,[184] ⑩ 담당자가 아닌 공무원이 출원인의 청탁을 들어줄 목적으로 소관업무가 아닌 업무의 일부를 대신하면서 담당공무원의 오인·

---

176) 대법원 1966. 4. 26. 선고 66도30 판결.
177) 대법원 1986. 9. 9. 선고 86도1245 판결.
178) 대법원 1982. 7. 27. 선고 82도1301 판결.
179) 대법원 1983. 9. 27. 선고 83도1864 판결.
180) 대법원 2012. 1. 27. 선고 2010도11884 판결.
181) 대법원 2011. 4. 28. 선고 2010도14696 판결; 대법원 2011. 5. 26. 선고 2011도1484 판결.
182) 대법원 2003. 7. 25. 선고 2003도1609 판결.
183) 대법원 2007. 10. 11. 선고 2007도6101 판결.
184) 대법원 2003. 10. 9. 선고 2000도4993 판결.

착각·부지를 이용하여 인·허가 처분을 하게 한 경우,[185] ⑪ 한국영사관에 허위의 호구부 및 외국인등록신청서 등을 제출하여 신청사유 및 소명자료가 허위임을 업무담당자가 발견하지 못하여 사증 및 외국인등록증을 발급한 경우,[186] ⑫ 변호사 접견을 핑계로 수용자를 위하여 휴대전화와 증권거래용단말기를 구치소 내로 몰래 반입하여 이용하게 한 행위,[187] ⑬ 출원 또는 신청에 의한 인·허가 또는 승인처분이 관할관청의 불충분한 심사 때문이 아니라 출원인의 신청사유 또는 소명자료가 허위임을 발견하지 못하여 이루어진 경우,[188] ⑭ 피의자 등이 수사기관에 조작된 허위의 증거를 제출함으로써 수사기관의 수사활동을 적극적으로 방해한 경우[189] 등을 들 수 있다.

한편 위계에 의한 공무집행방해죄의 성립을 인정하고 있지 않는 경우로는, ① 공무원이 사실을 수사 또는 심리해야 할 사항에 대하여 허위의 진술을 하거나,[190] 허위신고를 한 경우,[191] ② 행정관청에 허위의 출원사유나 소명자료를 제출하여 인·허가처분을 받은 경우,[192] ③ 전화가입청약순위를 속여서 전화가입청약을 한 경우,[193] ④ 개인택시 운송면허신청서에 허위의 소명자료를 첨부하여 허위신고를 한 경우,[194] ⑤ 민사소송을 제기함에 있어서 피고인의 주소를 허위로 기재하여 법원공무원으로 하여금 변론기일소환장 등을 허위주소로 송달케 한 경우,[195] ⑥ 재소자가 교도관으로부터 담배를 교부받아 이를 흡연하고 휴대폰으로 외부와 통화한 경우[196] 등을 들 수 있다.

---

185) 대법원 2008. 3. 13. 선고 2007도7724 판결.
186) 대법원 2009. 2. 26. 선고 2008도11862 판결.
187) 대법원 2005. 8. 25. 선고 2005도1731 판결.
188) 대법원 2011. 5. 26. 선고 2011도1484 판결; 대법원 2011. 4. 28. 선고 2010도14696 판결.
189) 대법원 2019. 3. 14. 선고 2018도18646 판결.
190) 대법원 1977. 2. 22. 선고 76도368 판결; 대법원 1972. 10. 10. 선고 72도1974 판결.
191) 대법원 1974. 12. 10. 선고 74도2841 판결.
192) 대법원 1989. 3. 28. 선고 88도898 판결; 대법원 1989. 1. 17. 선고 88도709 판결; 대법원 1988. 5. 10. 선고 87도2079 판결.
193) 대법원 1977. 12. 27. 선고 77도3199 판결.
194) 대법원 1988. 9. 27. 선고 87도2174 판결.
195) 대법원 1996. 10. 11. 선고 96도312 판결.
196) 대법원 2003. 11. 13. 선고 2001도7045 판결.

2) 공무집행방해

위계에 의하여 공무집행을 방해해야 본죄가 성립한다. 여기서 본죄가 성립하기 위해서는 공무집행방해죄와 달리 직무집행이 방해된 결과가 발생해야 본죄가 성립한다는 견해[197]가 있으며, 판례도 "행위자의 행위가 구체적인 직무집행을 저지하거나 현실적으로 곤란하게 하는데 이르지 않은 경우에는 위계에 의한 공무집행방해죄가 성립할 여지가 없다."고 판시하여, 같은 태도를 취하고 있다.[198]

그러나 본죄를 공무집행방해죄와 그 성질을 달리한다고 볼 수 없고, 본죄는 추상적 위험범이므로 방해의 결과가 현실적으로 발생할 필요는 없고 공무를 방해할 위험성만 있으면 기수가 성립된다고 해석하는 다수설[199]의 태도가 타당하다.

3. 주관적 구성요건

본죄는 고의범이므로, 위계를 수단으로 공무원의 직무집행을 방해한다는 점에 대한 인식과 의사인 고의가 필요하다. 이러한 고의 이외에 방해의사가 필요한가에 대하여는, 본죄의 성립에는 공무집행이 방해될 수 있다는 인식만 있으면 족하고 방해의사는 불필요하다는 견해[200]도 있으나, 위계에 의한 공무집행방해죄는 '방해'를 객관적 구성요건요소로 규정하고 있으므로, 본죄의 고의는 공무집행방해죄와는 달리 위계로써 공무집행을 방해한다는 인식 이외에 방해의사를 포함한다고 해석하는 견해[201]가 타당하다. 판례도 방해의사가 필요하다는 입장이다.

4. 다른 범죄와의 관계

(1) 직무유기죄와의 관계

직무위배의 위법상태가 위계에 의한 공무집행방해행위 속에 포함되어 있는 경우에는 작위범인 위계에 의한 공무집행방해죄만 성립하고, 부작위범인 직무유

---

197) 김성천/김형준, 999면; 백형구, 594면; 정영일, 799면.
198) 대법원 2017. 4. 27. 선고 2017도2583 판결; 대법원 2009. 4. 23. 선고 2007도1554 판결.
199) 김성돈, 792면; 김일수/서보학, 685면; 박상기, 665면; 이영란, 810면; 이재상/장영민/강동범, 754면; 이정원, 780면; 이형국, 811면; 임웅, 969면; 정성근/박광민, 851면.
200) 이재상/장영민/강동범, 754면; 정영일, 799면.
201) 김성천/김형준, 1000면; 정성근/박광민, 851면.

기죄는 따로 성립하지 않는다.[202]

(2) 범인은닉죄와의 관계

예컨대 피의자나 참고인이 아닌 자가 자발적이고 계획적으로 피의자를 가장하여 수사기관에 대하여 허위사실을 진술하였다 하여 바로 이를 위계에 의한 공무집행방해죄가 성립된다고는 할 수 없고, 범인은닉죄만 성립한다.[203]

(3) 사문서의 무형위조는 그 자체가 처벌되지는 않지만 허위작성한 사문서를 진정한 문서처럼 행사하여 공무의 적정집행이라는 법익을 침해하면 위계에 의한 공무집행방해죄가 성립한다.[204]

V. 법정·국회회의장모욕죄

> 제138조(법정 또는 국회회의장모욕) 법원의 재판 또는 국회의 심의를 방해 또는 위협할 목적으로 법정이나 국회회의장 또는 그 부근에서 모욕 또는 소동한 자는 3년 이하의 징역 또는 700만원 이하의 벌금에 처한다.
>
> [법원조직법]
>
> 제61조(감치 등) ① 법원은 직권으로 법정 내외에서 법정의 존엄과 질서를 해할 우려가 있는 자의 입정금지 또는 퇴정을 명하거나 기타 법정의 질서유지에 필요한 명령에 위배되는 행위를 하거나 법정 안에서 재판장의 허가 없이 녹화·촬영·중계방송 등의 행위를 하거나 폭언, 소란 등의 행위로 법원의 심리를 방해하거나 재판의 위신을 현저하게 훼손한 사람에 대하여 결정으로 20일 이내의 감치(監置)에 처하거나 100만원 이하의 과태료를 부과할 수 있다. 이 경우 감치와 과태료는 병과(倂科)할 수 있다.

1. 의의 및 성격

법정·국회회의장모욕죄는 법원의 재판 또는 국회의 심의를 방해 또는 위협할 목적으로 법정이나 국회회의장 또는 그 부근에서 모욕 또는 소동함으로써 성립하는 범죄이다.

본죄의 보호법익은 **법정과 국회의 기능을 보호**하는 데 있다.

---

202) 대법원 1997. 2. 28. 선고 96도2825 판결.
203) 대법원 1977. 2. 8. 선고 76도3685 판결.
204) 대법원 1982. 7. 27. 선고 82도1301 판결.

2. 객관적 구성요건

(1) 행위주체

본죄의 주체에는 제한이 없다. 피고인·증인·방청인 이외에 검사·변호인·국회의원도 본죄의 주체가 될 수 있다.

(2) 실행행위

본죄의 실행행위는 '법정·국회회의장 또는 그 부근에서 모욕 소동하는 것' 이다.

1) 모욕·소동

① '모욕'이란 경멸의 의사를 표시하는 것을 말한다. 모욕의 상대방에는 법관이나 국회의원뿐만 아니라 검사·증인 등도 포함된다. 그러나 증인의 선서거부나 증언거부에 대하여는 제재는 받을 수 있으나 본죄의 모욕에는 해당하지 않는다. ② '소동'이란 법원의 재판 또는 국회의 심의를 방해할 정도로 질서를 혼란시키거나 소음을 내는 질서문란행위를 말한다. 내란죄의 폭동이나 소요죄의 폭행·협박의 정도에는 이르지 않아야 한다.

2) 시기·장소

모욕·소동은 원칙적으로 법원의 재판이나 국회의 심의중에 있을 것을 요하지만, 재판 또는 심의의 개시 직전과 직후는 물론 휴식 중의 기간도 포함한다. 또한 모욕·소동의 장소는 법정이나 국회회의장 또는 그 부근에서 행해져야 한다. 여기서 '부근'이란 법원의 재판 또는 국회의 심리나 심의에 영향을 미칠 수 있는 장소를 의미한다.

3) 기수시기

본죄는 추상적 위험범이므로 모욕·소동함으로써 기수가 되며, 현실적인 방해결과를 요하지는 않는다.

3. 주관적 구성요건

본죄는 고의범이고 목적범이므로, 행위자에게는 법정 또는 국회회의장이나 그 부근에서 모욕·소동한다는 고의와 법원의 재판 또는 국회의 심의를 방해할 목적이 있어야 한다. 즉 법원의 사법작용이나 국회의 입법작용을 방해하여 적정한 국가기능을 해하겠다는 목적을 지니고 있어야 한다. 목적의 달성여부는 본죄의 기수성립에 영향이 없다.

4. 다른 범죄와의 관계

1) 법원조직법상의 법정경찰권과의 관계

법정모욕죄는 목적범이고 그 행위가 모욕 또는 소동에 제한되어 있다는 점에서 법원조직법상의 제재와 구별된다. 그러나 법정모욕죄에 해당하는 경우에는 대부분 법원조직법의 법정경찰권에 의한 제재의 요건을 충족한다는 점에서 양자의 관계가 문제된다. 이 경우에 ① 양죄의 상상적 경합을 인정하는 견해,[205] ② 택일관계로서 법조경합의 관계라는 견해,[206] ③ 법조경합으로서 보충관계라는 견해가 있지만, 법원조직법상의 심리방해죄(제61조)[207]는 행정벌이지만, 형법의 법정·국회회의장모욕죄는 형사벌이므로 양자는 독립된 별개의 제재라고 보는 견해[208]가 타당하다. 입법론적으로는 이 범죄를 삭제하고 국회법이나 법원조직법에서 규율하는 것이 바람직하다고 하겠다.[209]

2) 모욕죄와의 관계

본죄의 모욕행위가 동시에 법관 등 개인에 대한 모욕행위가 되는 경우에 모욕죄는 법조경합의 흡수관계로 법정·국회회의장모욕죄에 흡수된다.

3) 공무집행방해죄와의 관계

하나의 폭행·협박행위가 법정·국회회의장모욕죄와 공무집행방해죄의 조건을 충족하는 경우에는 본죄의 모욕·소동은 공무집행방해죄의 폭행·협박에 흡수

---

205) 진계호, 718면.

206) 유기천, 336면.

207) 「법원조직법」 제61조(감치 등) ① 법원은 직권으로 법정 내외에서 제58조 제2항의 명령 또는 제59조를 위반하는 행위를 하거나 폭언, 소란 등의 행위로 법원의 심리를 방해하거나 재판의 위신을 현저하게 훼손한 사람에 대하여 결정으로 20일 이내의 감치(監置)에 처하거나 100만원 이하의 과태료를 부과할 수 있다. 이 경우 감치와 과태료는 병과(倂科)할 수 있다. ② 법원은 제1항의 감치를 위하여 법원직원, 교도관 또는 국가경찰공무원으로 하여금 즉시 행위자를 구속하게 할 수 있으며, 구속한 때부터 24시간 이내에 감치에 처하는 재판을 하여야 하고, 이를 하지 아니하면 즉시 석방을 명하여야 한다.

208) 김일수/서보학, 688면; 박상기, 667면; 배종대, 158/15; 손동권/김재윤, 815면; 이재상/장영민/강동범, 755면; 임웅, 971면; 정성근/박광민, 855면.

209) 같은 취지, 이재상/장영민/강동범, 756면.

되므로 법조경합의 흡수관계로 공무집행방해죄만 성립한다.

VI. 인권옹호직무방해죄

> 제139조(인권옹호직무방해) 경찰의 직무를 행하는 자 또는 이를 보조하는 자가 인권옹호에 관한 검사의 직무집행을 방해하거나 그 명령을 준수하지 아니한 때에는 5년 이하의 징역 또는 10년 이하의 자격정지에 처한다.

1. 의의 및 성격

인권옹호직무방해죄는 경찰의 직무를 행하는 자 또는 이를 보조하는 자가 인권옹호에 관한 검사의 직무집행을 방해하거나 그 명령을 준수하지 아니함으로써 성립하는 범죄이다.

본죄는 국가의 일반권력기능 중 검사의 인권옹호에 관한 직무집행기능을 보호하기 위한 구성요건이다.

본죄에 대해서는 검사의 직무를 방해하는 것은 공무집행방해죄에 해당하므로, 수사에 관하여 검사의 지휘감독을 받는 사법경찰관이 검사의 명령을 준수하지 않았다고 하여 형사처벌할 정도의 불법성이 있는지는 의문이다. 입법론적으로는 본죄를 폐지하는 것이 바람직하다.

2. 객관적 구성요건

(1) 행위주체

본죄의 행위주체는 '경찰의 직무를 행하는 자 또는 이를 보조하는 자'이다.

여기서 '경찰의 직무를 행하는 자'란 사법경찰관을 말하며, '이를 보조하는 자'란 사법경찰리를 말한다. 사실상 이를 보조하는 사인은 제외된다. 일반사법경찰관리뿐만 아니라 특별사법경찰관리도 포함한다. 그러나 검사의 지휘를 받지 않는 군사법경찰은 여기에서 제외된다.

(2) 실행행위

본죄의 실행행위는 '인권옹호에 관한 검사의 직무집행을 방해'하거나 '그 명령을 준수하지 않는 것'이다.

1) 검사의 직무집행을 방해

여기서 '인권옹호에 관한 검사의 직무'란 인권을 침해할 소지가 있는 수사절차와 공판절차 및 형집행에 관한 검사의 일체의 사무와 이에 관한 명령을 말한다. 예컨대 체포·구속·압수·수색 등의 강제처분에 대한 검사의 집행지휘, 수사지휘, 구속장소감찰 등을 말한다. 이때의 검사의 직무집행이나 명령이 적법함을 요하는가에 관해서 검사의 명령이 위법하다고 판단할 현저한 사유가 없는 한 명령의 적법 여부는 불문한다는 견해[210]가 종래에는 다수설이었다. 그러나 검사의 직무집행이나 명령이 적법하지 않을 경우에 이에 복종하지 않은 사법경찰관의 행위를 직무방해행위나 명령불복종이라고 할 수는 없다. 따라서 검사의 직무와 명령은 적법해야 한다.[211]

또한 검사의 '직무집행을 방해한다'는 것은 검사의 직무집행에 지장을 주거나 곤란하게 만드는 일체의 행위를 말하며, 검사에 대한 폭행·협박·위계·기타 방법을 불문한다.

2) 검사의 명령에 대한 불준수

여기서 '그 명령을 준수하지 않는다'는 것은 인권옹호에 관한 검사의 명령·지시에 복종하지 않는 것을 말한다. 경미한 불복종에 대하여는 행정법이나 검찰청법상의 징계처분으로도 충분하기 때문이다.

(3) 기수시기

본죄의 기수시기는 검사의 직무집행을 방해하는 행위를 하거나 검사의 명령을 준수하지 않을 때 기수가 되고, 본죄는 추상적 위험범이므로 현실적 방해결과는 요하지 않는다고 해야 한다.

3. 주관적 구성요건

본죄는 고의범이므로, 경찰의 직무를 행하는 자 또는 이를 보조하는 자가 인권옹호에 관한 검사의 직무집행을 방해한다는 점이나, 또는 그 명령을 준수하지

---

210) 김일수/서보학, 882면; 유기천, 336면.
211) 김성천/김형준, 1003면; 박상기, 668면; 배종대, 158/18; 백형구, 597면; 손동권/김재윤, 816면; 오영근, 755면; 이재상/장영민/강동범, 757면; 임웅, 973면; 정성근/박광민, 856면.

않는다는 점에 대한 고의가 있어야 한다.

Ⅶ. 공무상 봉인 등 표시무효죄

> **제140조(공무상 비밀표시무효)** ① 공무원이 그 직무에 관하여 실시한 봉인 또는 압류 기타
> 강제처분의 표시를 손상 또는 은닉하거나 기타 방법으로 그 효용을 해한 자는 5년 이
> 하의 징역 또는 700만원 이하의 벌금에 처한다.
> **제143조(미수범)** 미수범은 처벌한다.

1. 의의 및 성격

공무상 봉인 등 표시무효죄는 공무원이 그 직무에 관하여 실시한 봉인 또는
압류 기타 강제처분의 표시를 손상 또는 은닉하거나 기타 방법으로 그 효용을 해
함으로써 성립하는 범죄이다.

본죄의 보호법익은 국가기능으로서의 공무이다. 특히 본죄는 강제처분의 표시
기능을 보호하는 구성요건이다.

2. 객관적 구성요건

(1) 행위주체

본죄의 행위주체에는 제한이 없다. 반드시 강제처분을 받은 자에 한하지 않
는다.

(2) 행위객체

본죄의 행위객체는 '공무원이 그 직무에 관하여 실시한 봉인·압류 기타 강제
처분의 표시'이다.

1) 봉인·압류 기타 강제처분의 표시

여기서 '봉인'이란 물건에 대한 임의처분을 금지하기 위하여 그 물건의 외장
에 시행한 봉함 기타 이와 유사한 장치를 말한다. 흔히 봉인이라는 인영을 사용
하지만 반드시 인장을 사용할 필요는 없다. 그러나 그 물건에 부착된 자물통을
잠그는 것만으로는 봉인이 아니다. 우편행낭이나 공문서의 봉투를 봉인하는 경우
가 전형적인 예이다.

'압류'란 공무원이 그 직무상 보전해야 할 물건을 자기의 점유로 옮기는 강제 처분을 말한다. 민사소송법에 의한 유체동산의 압류, 가압류, 가처분, 국세징수법 에 의한 압류 등이 여기에 해당한다.

'기타 강제처분'이란 압류에 속하지 않는 것으로서 타인에 대하여 일정한 작 위·부작위를 명하는 처분을 말한다. 민사소송법에 의한 부동산의 압류 또는 금 전채권의 압류 등이 여기에 해당한다.

봉인 또는 압류 등 강제처분의 '표시'란 압류·강제처분이 있다는 것을 명시하 기 위하여 시행한 표시로서 봉인 이외의 것을 말한다. 예컨대 입간판, 고시문, 금 지표찰 등이 여기에 해당한다. 강제처분의 표시는 강제처분상태에 있음을 명시하 는 표시이면 족하고, 그 형식은 크게 문제되지 않는다. 다만 강제처분은 사실상 실시된 것에 한하며, 가압류·가처분 명령을 송달받은 상태만으로는 아직 강제처 분의 표시가 있다고 할 수 없다.[212]

2) 강제처분의 유효성 여부

공무원의 봉인·압류 기타 강제처분의 표시는 강제처분이 유효할 것을 전제 로 한다. 강제처분 자체가 중대하고 명백한 하자로 인하여 무효인 때에는 봉인· 압류 등 강제처분의 표시도 보호할 가치가 없어진다. 강제처분 자체가 유효하는 한 그 처분결정의 정당성 여부는 묻지 않는다. 따라서 가처분결정이 부당한 경우 에도 그 표시의 효력에는 영향이 없지만, 강제처분이 완결된 후에는 본죄가 성립 할 여지가 없다.[213] 그러나 압류가 해제되지 않은 이상 채무를 변제하였다는 사 실만으로 압류의 효력이 부정되는 것은 아니다.[214]

3) 강제처분의 적법성

부적법한 공무집행은 보호받을 수 없으므로, 봉인·압류 기타 강제처분의 표 시는 적법해야 한다. 부적법한 봉인·압류 또는 강제처분의 표시는 보호받을 수 없다.[215] 다만, 공무원 등이 실시한 봉인 등의 표시에 절차상 또는 실체상의 하자 가 있다고 하더라도 하자가 중대하고 명백하여 당연무효인 경우에 해당하지 않

---

212) 대법원 1975. 5. 13. 선고 73도2555 판결.
213) 대법원 1985. 7. 23. 선고 85도1092 판결.
214) 대법원 1981. 10. 13. 선고 80도1441 판결.
215) 김성돈, 798면; 김일수/서보학, 690면; 박상기, 669면; 배종대, 158/21; 오영근, 758면; 이재 상/장영민/강동범, 758면; 이형국, 817면; 임웅, 974면; 정성근/박광민, 859면.

고, 객관적 일반적 공무원이 그 직무에 관하여 실시한 봉인 등으로 인정할 수 있는 상태에 있다면 적법한 절차에 의하여 취소되지 아니하는 한 공무상표시무효죄의 객체가 된다.[216] 그러나 공무집행절차상의 하자는 본죄의 성립에 영향을 미치지 않는다.

(3) 실행행위

본죄의 실행행위는 봉인·압류 기타 강제처분의 표시를 '손상·은닉 기타 방법으로 그 효용을 해하는 것'이다.

1) 손상·은닉

여기서 '손상'이란 물질적으로 훼손하는 일체의 행위를 말한다. 따라서 봉인의 외표를 훼손하는 경우 이외에 봉인 전부를 박리하거나 옮기는 것도 여기에 포함된다. 이러한 손상으로 인한 효용감소나 소멸은 일시적이든 영구적이든 불문한다. '은닉'이란 표시물의 소재를 불분명하게 하여 발견을 불가능하게 하거나 곤란하게 하는 일체의 행위를 말한다. 물건을 타처에 옮겨 놓는 경우 등과 같이 표시 자체에 물질적으로 변화를 가하는 것은 아니므로 이 점에서 손상과 구별된다. 손상·은닉은 표시무효의 한 방법이므로, 손상·은닉은 표시무효화의 효과를 야기할 수 있을 정도여야 한다.

2) 기타 방법

손상·은닉 이외의 방법으로 표시의 효용을 해하는 일체의 행위를 말한다. 표시 자체가 지니고 있는 효력과 기능을 사실상 감소시키거나 소멸시키는 모든 무효화조치가 여기에 해당한다. 재물손괴죄에 있어서의 '기타의 방법으로 효용을 해하는 것'과 같은 법문이지만, 그 의미는 더 신축성 있는 개념이라 할 수 있다. 사실상 표시의 무효화를 초래하는 모든 경우를 포괄하는 개념이다. 예컨대 압류물건을 매각하거나 절취하는 경우, 봉인한 통에서 탁주를 누출시키는 행위, 영업금지가처분에 위반되는 판매업무를 계속하는 행위,[217] 점유이전금지가처분에 위반하여 점유를 이전한 경우,[218] 압류물을 원래의 보관장소로부터 상당한 거리에 있는 다른 장소로 이전한 경우,[219] 집행관이 유체동산을 가압류하면서 이를 채무

---

216) 대법원 2001. 1. 16. 선고 2000도1757 판결; 대법원 2007. 3. 15. 선고 2007도312 판결.
217) 대법원 1971. 3. 23. 선고 70도2688 판결.
218) 대법원 2004. 10. 28. 선고 2003도8238 판결.
219) 대법원 2004. 7. 9. 선고 2004도3029 판결.

자에게 보관하도록 하였는데 채무자가 가압류된 유체동산을 제3자에게 양도하고 그 점유를 이전한 경우[220]가 여기에 해당한다.

그러나 강제처분의 내용에 저촉되는 행위를 하여 기타의 방법으로 효용을 해하는 경우에 해당하는 것은 강제처분의 대상이 된 채무자에 대해서만 가능하다. 따라서 甲회사에 대한 공사중지가처분에 대하여 乙회사가 건축을 한 경우,[221] 온천수 사용금지 가처분결정이 있기 전부터 온천이용허가권자인 가처분 채무자로부터 이를 양수하고 임대차계약의 형식을 빌어 온천수를 이용하여 온 제3자가 온천수를 계속 사용한 경우,[222] 남편을 채무자로 한 출입금지가처분을 무시하고 처가 출입한 경우[223]에는 본죄가 성립하지 않는다.

또한 압류의 효용을 손상시키지 않는 범위에서 압류 그대로의 상태에서 압류표시된 물건을 사용하는 것도 본죄에 해당하지 않는다.[224]

3. 주관적 구성요건

행위자에게는 봉인·압류 기타 강제처분의 표시를 손상·은닉 기타 방법으로 그 효용을 해한다는 고의가 필요하다. 강제처분의 유효성·적법성에 대한 인식도 필요하다. 따라서 이에 대한 착오는 구성요건적 착오로서 본죄의 고의를 조각하게 된다. 그러나 강제처분의 적법성과 유효성에 대한 착오를 위법성의 착오라고 해석하는 견해[225]도 있다. 판례[226]도 같은 입장이다.

4. 다른 범죄와의 관계

(1) 절도죄·횡령죄와의 관계

봉인·압류 기타 강제처분의 표시를 한 물건을 절취 또는 횡령한 때에는 본죄와 절도죄 또는 횡령죄의 상상적 경합이 된다. 이에 반하여 봉인 또는 강제처

---

220) 대법원 2018. 7. 11. 선고 2015도5403 판결.
221) 대법원 1976. 7. 27. 선고 74도1896 판결.
222) 대법원 2007. 11. 16. 선고 2007도5539 판결.
223) 대법원 1979. 2. 13. 선고 77도1455 판결.
224) 대법원 1984. 3. 13. 선고 83도3291 판결.
225) 배종대, 158/23; 정성근/박광민, 861면.
226) 대법원 2000. 4. 21. 선고 99도5563 판결.

분의 표시를 파괴하고 물건을 절취한 때에는 양죄의 실체적 경합이 된다.

(2) 재물·문서손괴죄와의 관계

봉인·압류 기타 강제처분의 표시가 되어 있는 물건을 손상한 경우에는 타인의 재물·문서손괴죄와 본죄의 상상적 경합이 된다.

Ⅷ. 공무상 비밀침해죄

> 제140조(공무상 비밀표시무효) ② 공무원이 그 직무에 관하여 봉함 기타 비밀장치한 문서 또는 도화를 개봉한 자도 제1항의 형과 같다.
> ③ 공무원이 그 직무에 관하여 봉함 기타 비밀장치한 문서, 도화 또는 전자기록 등 특수매체기록을 기술적 수단을 이용하여 그 내용을 알아낸 자도 제1항의 형과 같다.
> 제143조(미수범) 본죄의 미수범은 처벌한다.

공무상 비밀침해죄는 공무원이 그 직무에 관하여 봉함 기타 비밀장치한 문서 또는 도화를 개봉하거나, 공무원이 그 직무에 관하여 봉함 기타 비밀장치한 문서, 도화 또는 전자기록 등 특수매체기록을 기술적 수단을 이용하여 그 내용을 알아냄으로써 성립하는 범죄이다.

본죄의 보호법익은 직무상의 비밀과 관련 공무원의 평온이다.

따라서 본죄는 행위객체로 인하여 비밀침해죄(제316조 제1항, 제2항)보다 불법이 가중되는 가중적 구성요건이다. 개인의 비밀과 관련된 사생활의 평온을 보호법익으로 하는 비밀침해죄는 친고죄인데 반해서, 본죄는 공무상의 비밀이므로 비친고죄이고 미수범까지 처벌하고 있다. 본조 제2항의 죄는 추상적 위험범이고, 제3항의 죄는 침해범이다.

Ⅸ. 부동산강제집행효용침해죄

> 제140조의2(부동산강제집행효용침해) 강제집행으로 명도 또는 인도된 부동산에 침입하거나 기타 방법으로 강제집행의 효용을 해한 자는 5년 이하의 징역 또는 700만원 이하의 벌금에 처한다.
> 제143조(미수범) 미수범은 처벌한다.

1. 의의 및 성격

부동산강제집행효용침해죄는 강제집행으로 명도 또는 인도된 부동산에 침입하거나 기타 방법으로 강제집행의 효용을 해함으로써 성립하는 범죄이다. 강제집행된 부동산에 침입하여 강제집행의 효용을 무력화하고 이로 인해 소유권 행사에 지장을 초래하는 행위를 처벌하기 위해 1995년 신설된 규정이다.

본죄의 보호법익은 국가의 강제집행권이고, 특히 부동산에 대한 강제집행권이다.

2. 객관적 구성요건

강제집행으로 명도 또는 인도된 부동산에 침입하거나 기타 방법으로 강제집행의 효용을 해하는 것이다.

(1) 행위주체

본죄의 행위주체에는 제한이 없다. 채무자 이외에 그 친족 등 제3자도 본죄의 주체가 될 수 있다.

(2) 행위객체

본죄의 행위객체는 '강제집행으로 명도 또는 인도된 부동산'이다.

1) 강제집행

여기서의 '강제집행'이란 민사집행법에 의한 강제집행을 말한다. 강제집행에는 부동산의 인도·명도를 목적으로 하는 채권의 집행, 부동산에 관한 인도청구권의 압류, 부동산의 강제경매, 담보권 실행을 위한 부동산의 경매가 있다.

2) 명도·인도된 부동산

여기서 '명도'란 거주자·동산을 부동산으로부터 배제하고 완전한 지배를 채권자에게 넘겨주는 것을 말한다. '인도'란 부동산의 점유만 이전하는 것을 말한다. '부동산'은 토지·건물 또는 지상물을 말한다. 동산은 본죄의 객체가 아니다.

(3) 실행행위

본죄의 실행행위는 '침입하거나 기타 방법으로 강제집행의 효용을 해하는 것'이다.

1) 침　　입

권리자의 의사에 반하여 부동산의 경계 안으로 들어가는 것을 말한다. 계속성을 요하므로 일순간의 침입은 본죄의 침입이 아니다.

2) 기타 방법

강제집행으로 명도·인도받은 부동산에 대해서 그 권리자가 사용·수익 등 권리행사를 하는데 지장을 주는 일체의 행위를 말한다. 예건대 부동산을 훼손하거나 출입구에 장애물을 설치하는 경우가 여기에 해낭한나.

3) 기수시기

침입·기타 방법에 의하여 강제집행의 효력이 상실되거나 권리자의 권리실현에 지장을 초래한 때 기수가 된다.

3. 주관적 구성요건

본죄는 고의범으로서 행위자에게는 강제집행으로 명도 또는 인도된 부동산에 침입하거나 기타 방법으로 강제집행의 효용을 해한다는 점에 대한 인식과 의사인 고의가 필요하다. 미필적 고의로도 충분하다.

4. 다른 범죄와의 관계

주거침입죄·손괴죄는 본죄의 불가벌적 사전행위로서 법조경합의 보충관계에 있다. 따라서 본죄가 성립하는 경우에는 주거침입죄·손괴죄는 별도로 성립하지 않는다.

X. 공용서류등 무효죄

> 제141조(공용서류 등의 무효) ① 공무소에서 사용하는 서류 기타 물건 또는 전자기록 등 특수매체기록을 손상 또는 은닉하거나 기타 방법으로 그 효용을 해한 자는 7년 이하의 징역 또는 1천만원 이하의 벌금에 처한다.
> 제143조(미수범) 본죄의 미수범은 처벌한다.

1. 의의 및 성격

공용서류등 무효죄는 공무소에서 사용하는 서류 기타 물건 또는 전자기록

등 특수매체기록을 손상 또는 은닉하거나 기타 방법으로 그 효용을 해함으로써
성립하는 범죄이다.

본죄는 손괴죄의 일종이나, 행위객체의 특수성으로 인하여 소유권과 관계없
이 공무를 보호하기 위한 공무방해죄의 일종으로 규정된 구성요건이라는 점에
그 특색이 있다.

2. 객관적 구성요건

(1) 행위주체

공용서류등 무효죄의 주체에는 제한이 없다. 공무원도 본죄의 주체가 될 수
있다.

(2) 행위객체

공용서류등 무효죄의 행위객체는 '공무소에서 사용하는 서류 기타 물건 또는
전자기록 등 특수매체기록'이다.

1) '공무소에서 사용하는'의 의미

여기서 '공무소'란 공무원이 직무를 집행하는 곳으로서, 유형적 장소·건조물
이 아니라 제도로서의 관공서 기타 조직체를 말한다. 공공조합·영조물법인·공법
인도 공무소에 포함된다. 따라서 한국은행도 국고금 예수관계에서는 공무소에 해
당하지만,[227] 사립대학은 공무소가 아니다.[228] 공무소에서 '사용하는'이란 것은
공무소에서 공무수행상 비치·보관·점유·이용하는 것을 말한다. 공무소에서 사
용하는 서류·물건 등의 소유관계는 불문한다.

2) 서류 기타 물건 또는 전자기록 등 특수매체기록

① 서류는 공문서·사문서를 불문한다. 따라서 검찰청에 증거로 제출된 사문
서도 포함된다. 정식절차를 밟아 접수·작성되었는지도 불문한다. 따라서 색인부
에 기재하지 않아 아직 공문서로서의 효력이 없는 피의사건기록이나, 무권한자가
작성한 문서, 위조·허위문서, 보존기간이 경과된 문서도 포함된다. 또한 문서가
완성되어 효력이 발생할 것도 요하지 않는다. 따라서 미완성의 피의자신문조서,
수사기록에 편철되지 않은 진술조서도 여기에 해당한다.[229] 그러나 경찰관이 스

---

227) 대법원 1969. 7. 29. 선고 69도1012 판결.
228) 대법원 1966. 4. 26. 선고 66도30 판결.
229) 대법원 2006. 5. 25. 선고 2003도3945 판결.

스로 판단하여 보관하던 진술서를 피고인에게 넘겨 준 경우에는 보관책임자인 경찰관이 폐기할 의도로 처분한 것이므로 본죄를 구성하지 않는다.[230]   ② 기타 물건이란 서류를 제외한 일체의 물건을 말한다. 동력도 포함된다. ③ 전자기록 등 특수매체기록이란 손괴죄의 그것과 동일하다.

(3) 실행행위

공용서류 등 무효죄의 행위는 '손상·은닉 기타 방법'으로 그 효용을 해하는 것이다.

① '손상'이란 서류·물건 등을 물질적으로 훼손하여 그 효용은 감소·소멸시키는 것을 말한다. 예컨대 문서에 첨부된 인지를 떼는 것, 공문서의 작성권자가 그 내용을 변경할 수 없는 단계에서 이를 변경한 경우가 여기에 해당한다. ② '은닉'이란 서류·물건 등의 소재를 불명하게 하여 그 발견을 곤란·불가능하게 하는 것을 말한다. ③ '기타 방법'이란 손상·은닉 이외의 방법으로 서류·물건 등의 효용을 해하는 일체의 행위를 말한다.

3. 주관적 구성요건

본죄의 고의로는 공무소에서 사용하는 서류 기타 물건 또는 전자기록 등 특수매체기록을 손상 또는 은닉하거나 기타 방법으로 그 효용을 해한다는 사실을 인식할 것을 요한다.[231]

4. 다른 범죄와의 관계

1) 등기서류에 첨부되어 있는 인지를 떼내어 절취한 경우에는 절도죄와 공용서류무효죄의 상상적 경합이 된다.

2) 공무소에서 사용하는 공문서의 서명날인을 말소한 후 공문서를 위조한 경우에는 공용서류무효죄와 공문서위조죄의 실체적 경합이 된다.

XI. 공용물파괴죄

제141조(공용물의 파괴) ② 공무소에서 사용하는 건조물, 선박, 기차 또는 항공기를 파괴

---

230) 대법원 1999. 2. 24. 선고 98도4350 판결.
231) 대법원 1987. 4. 14. 선고 86도2799 판결.

> 한 자는 1년 이상 10년 이하의 징역에 처한다.
> **제143조(미수범)** 본죄의 미수범은 처벌한다.

1. 의의 및 성격

공용물파괴죄는 공무소에서 사용하는 건조물, 선박, 기차 또는 항공기를 파괴함으로써 성립하는 범죄이다. 본죄는 손괴죄의 일종이나, 행위객체의 특수성으로 인하여 소유권과 관계없이 공무를 보호하기 위한 공무방해죄의 일종으로 규정된 가중적 구성요건이다.

2. 객관적 구성요건

(1) 행위객체

공용물파괴죄의 해위객체는 '공무소에서 사용하는 건조물, 선박, 기차 또는 항공기'이다. 공용자동차도 본조에 포함된다는 견해도 있으나, 허용될 수 없는 확장해석이다. 자동차는 공용서류무효죄(제141조 제1항)의 객체이다.

(2) 실행행위

공용물파괴죄의 실행행위는 '파괴'이다. 여기서의 파괴란 건조물·선박·기차 또는 항공기의 실질을 해하여 본래의 용법에 사용할 수 없게 하는 것을 말한다. 즉 손괴보다 물질적 훼손의 정도가 큰 경우를 의미한다. 따라서 파괴의 정도에 이르지 아니하면 제141조 제1항이 적용된다.

3. 주관적 구성요건

행위자에게는 공무소에서 사용하는 건조물, 선박, 기차 또는 항공기를 파괴한다는 사실에 대한 고의가 있어야 한다.

XII. 공무상보관물무효죄

> **제142조(공무상보관물의 무효)** 공무소로부터 보관명령을 받거나 공무소의 명령으로 타인이 관리하는 자기의 물건을 손상 또는 은닉하거나 기타 방법으로 그 효용을 해한 자는

5년 이하의 징역 또는 700만원 이하의 벌금에 처한다.
제143조(미수범) 본죄의 미수범은 처벌한다.

1. 의의 및 성격

공무상보관물무효죄는 공무소로부터 보관명령을 받거나 공무소의 명령으로 타인이 관리하는 자기의 물건을 손상 또는 은닉하거나 기타 방법으로 그 효용을 해함으로써 성립하는 범죄이다.

본죄는 권리행사방해죄(제323조)에 대한 특별규정이지만, 개인의 재산권을 보호하기 위한 범죄가 아니라 공무를 보호하기 위한 구성요건이다.

2. 객관적 구성요건

(1) 행위주체

공무상보관물무효죄의 행위주체는 공무소로부터 보관명령을 받거나 공무소의 명령으로 타인이 관리하는 물건의 '소유권자'이다. 진정신분범이다.

(2) 행위객체

공무상보관물무효죄의 행위객체는 '공무소로부터 보관명령을 받거나 공무소의 명령으로 타인이 관리하는 자기의 물건'이다.

1) 공무소로부터 보관명령을 받은 자기 물건

공무소의 위탁에 의하여 사실상·법률상 지배할 수 있는 명령을 받은 경우를 말한다. 예컨대 압류한 집달관이 채무자에게 보관을 명한 경우가 여기에 해당한다. 보관명령을 받은 바 없이 단순히 채권압류결정의 정본을 송달받은 것만으로는 여기에 해당하지 않는다.[232]

2) 공무소의 명령으로 타인이 관리하는 자기물건

공무소의 지배하에 옮겨진 물건을 공무소의 명에 의하여 제3자가 지배하게 된 경우를 말한다.

(3) 실행행위

공무상보관물무효죄의 실행행위는 '손상·은닉 기타 방법'으로 그 효용을 해

---

232) 대법원 1983. 7. 12. 선고 83도1405 판결.

하는 것이다. 본죄는 침해범이고 결과범이므로 손상·은닉 기타 방법에 의한 효
용침해행위로 적어도 효용가치감소라는 현실적인 침해결과가 발생해야 한다.

3. 주관적 구성요건

행위자에게는 공무소로부터 보관명령을 받거나 공무소의 명령으로 타인이
관리하는 자기의 물건을 손상 또는 은닉하거나 기타 방법으로 그 효용을 해한다
는 사실에 대한 고의가 있어야 한다.

XIII. 특수공무방해죄·특수공무방해치사상죄

> 제144조(특수공무방해) ① 단체 또는 다중의 위력을 보이거나 위험한 물건을 휴대하여 제
> 136조, 제138조와 제140조 내지 전조의 죄를 범한 때에는 각조에 정한 형의 2분의 1
> 까지 가중한다.
> ② 제1항의 죄를 범하여 공무원을 상해에 이르게 한 때에는 3년 이상의 유기징역에 처한
> 다. 사망에 이르게 한 때에는 무기 또는 5년 이상의 징역에 처한다.

1. 특수공무방해죄

특수공무방해죄는 단체 또는 다중의 위력을 보이거나 위험한 물건을 휴대하
여 공무집행방해죄, 직무·사직강요죄(제136조), 법정·국회회의장모욕죄(제138조),
공무상 비밀표시무효죄(제140조), 공용서류등무효죄·고용물파괴죄(제141조), 공무
상 보관물무효죄(제142조) 및 그 미수죄(제143조)를 범함으로써 성립하는 범죄이다.

본죄는 **행위방법의 위험성**으로 인하여 불법이 가중되는 가중적 구성요건이다.

2. 특수공무방해치사상죄

특수공무방해치사상죄는 특수공무방해죄(제144조 제1항)를 범하여 공무원을
상해 또는 사망에 이르게 함으로써 성립하는 범죄이다.

본죄는 특수공무방해죄에 대한 결과적 가중범이다. 치상죄는 **부진정결과적 가
중범**이나, 치사죄는 **진정결과적 가중범**이다.

판례는 위험한 물건을 휴대하고 고의로 상해를 가한 경우에는 특수공무집행

방해치상죄만 성립하고 별도로「폭력행위 등 처벌에 관한 법률」위반죄(집단, 흉기 등 상해)를 구성할 수 없다고 판시하였다.[233]

제3절 도주와 범인은닉의 죄

Ⅰ. 개 설

1. 의의 및 보호법익

(1) 의 의

도주와 범인은닉의 죄는 형사사법에 있어서 인적 도피를 내용으로 하는 범죄이다.

도주의 죄는 법률에 의하여 체포·구금된 자가 스스로 도주하거나, 타인이 범인의 도주에 관여하는 것을 내용으로 하는 범죄이다. 한편 범인은닉의 죄는 벌금 이상의 형에 해당하는 죄를 범한 자를 은닉·도피하게 하는 것을 내용으로 하는 범죄이다.

(2) 보호법익

도주의 죄의 보호법익에 관해서는, 형사사법에 대한 국가의 기능이라고 해석하는 견해[234]도 있으나, 본죄는 국가의 형사사법을 보호하는 범죄가 아니라 엄격히 말해 **국가의 구금권**[235] 또는 **구금기능**[236]을 보호법익으로 한다고 해석하는 다수설이 타당하다.

법익보호의 정도는 **침해범**으로서의 보호이다.

한편 범인은닉의 죄의 보호법익은 **국가의 형사사법기능**, 즉 국가의 수사권·재판권·형집행권의 행사이다. 보호의 정도는 **추상적 위험범**으로서의 보호이다.

---

233) 대법원 2008. 11. 27. 선고 2008도7311 판결.
234) 김일수/서보학, 702면; 박상기, 675면.
235) 배종대, 159/4; 이재상/장영민/강동범, 765면; 이정원, 787면; 이형국, 826면; 임웅, 984면; 정성근/박광민, 873면.
236) 오영근, 770면; 유기천, 343면; 정영일, 475면.

2. 구성요건의 체계 및 입법론

도주와 범인은닉의 죄는 도주죄와 도주원조죄 및 범인은닉죄의 세 가지 유형으로 나눌 수 있다. 도주죄의 기본적 구성요건은 단순도주죄(제145조)이고, 특수도주죄(제146조)는 행위수행방법의 위험성으로 인해 불법이 가중되는 가중적 구성요건이다. 도주원조죄(제147조)는 법률에 의하여 구금된 자를 제3자가 도주하게 함으로써 성립하는 범죄이며, 간수자원조죄(제148조)는 단순도주죄에 대하여 책임이 가중되는 가중적 구성요건이다.

독일과 오스트리아 형법을 비롯하여 대부분의 국가에서는 자기도주 또는 단순도주죄는 처벌하지 않고, 특수도주죄와 도주원조죄만을 처벌하고 있다. 단순도주죄를 처벌하는 것이 타당한가에 대하여는, ① 부정설[237]은 증거인멸죄에 있어서 자기증거인멸을 처벌하지 않는 것과 비교하여 입법론적으로 의문이 든다는 입장이다. 이와 달리 ② 긍정설[238]은 증거인멸죄와는 보호법익을 달리 하므로 도주죄를 처벌하는 것은 타당하다는 입장이다.

생각건대 증거인멸죄는 국가의 형사사법을 보호하기 위한 범죄이지만, 도주죄는 국가의 구금권을 보호하기 위한 범죄이므로 보호법익이 서로 다르다. 따라서 법률에 의해 구금된 자가 도주하는 것은 국가의 구금권 보호를 위하여 처벌할 필요성이 있으므로 후설의 입장이 타당하다. 다만 우리 형법이 도주죄와 집합명령위반죄를 도주죄와 같이 평가하여 처벌하는 것은 의문이 든다.[239]

Ⅱ. 도 주 죄

> 제145조(도주) ① 법률에 의하여 체포 또는 구금된 자가 도주한 때에는 1년 이하의 징역에 처한다.
> 제149조(미수범) 본죄의 미수범은 처벌한다.

---

237) 오영근, 769면; 이정원, 789면.
238) 이재상/장영민/강동범, 767면; 정성근/박광민, 874면; 진계호, 731면.
239) 이재상/장영민/강동범, 767면.

1. 의의 및 성격

도주죄는 법률에 의하여 체포 또는 구금된 자가 도주함으로써 성립하는 범죄이다.

본죄는 도주의 죄의 기본적 구성요건이다. 본죄는 즉시범·상태범이다.

2. 객관적 구성요건

(1) 행위주체

도주죄의 행위주체는 '법률에 의하여 체포·구금된 자'이다. 이는 법률에 근거한 권한에 의하여 적법절차에 따라 신체의 자유를 구속받고 있는 자를 말한다. 체포·구금의 적법성은 형식적 적법성을 의미하며, 실질적 적법성까지 요하는 것은 아니다. 따라서 도주한 미결구금자가 나중에 무죄판결이 확정되어도 도주죄의 성립에는 영향이 없다.

1) 본죄의 행위주체에 해당하는 자로는, ① 자유형을 집행 받고 있는 자, 사형집행 대기자, 환형처분으로 노역장에 유치된 자, 법원의 감치명령으로 수감된 자, 전쟁포로가 포함된다. ② 구속영장에 의해 구속된 피고인·피의자, 긴급체포된 자, 감정유치된 자도 포함된다. 국가기관에 의해 현행범으로 체포된 자는 미결구금자는 아니지만 본죄의 주체가 된다. 또한 ③ 구인된 피고인·피의자도 본죄의 주체가 되며, ④ 소년원에 수용된 경우에도 실질적으로 구금과 차이가 없으므로 보호처분으로 소년원에 수용중인 자도 본죄의 주체가 된다.

2) 본죄의 행위주체가 아닌 자로는, ① 가석방·보석중에 있는 자, ② 형집행정지·구속집행정지중에 있는 자, ③「아동복지법」에 의하여 아동복지시설에 수용중인 자, ④「경찰관직무집행법」에 의하여 보호 중에 있는 자, ⑤「감염병의 예방 및 관리에 관한 법률」에 의하여 격리 수용된 자는 구금된 자가 아니므로 본죄의 주체가 아니다. 또한 ⑥ 사인에 의해 현행범으로 체포된 자는 도주하더라도 국가기관에 인도되기 전까지는 국가의 구금권을 침해했다고는 볼 수 없으므로 본죄의 주체가 아니다. 그 밖에 ⑦ 치료감호처분으로 수용된 자에게는「치료감호법」제52조 제1항에 의한 별개의 범죄가 성립하므로 본죄의 주체가 아니며, ⑧ 증인은 국가형벌권실현의 직접적 대상이 아니므로 구인된 증인은 본죄의 주

체가 아니다.

(2) 실행행위

본죄의 실행행위는 법률에 의하여 체포·구금된 자가 '도주하는 것'이다.

법률에 의하여 체포·구금된 자가 '도주한다는 것'은 피체포·감금자가 체포·구금상태로부터 이탈하는 것을 말한다. 작위·부작위를 불문하고, 일시적인 이탈로도 충분하다.

본죄의 실행의 착수시기는 체포·구금작용에 대한 침해가 개시된 때 실행의 착수가 인정된다. 예컨대 도주의 의사로 감방문을 열기 시작한 때는 실행의 착수가 있게 된다.

본죄의 기수시기는 도주자가 체포자·간수자의 실질적 지배로부터 완전히 벗어났을 때 기수가 된다.[240] 따라서 수용시설의 외벽을 넘지 못했거나, 넘었을지라도 계속 추적을 받고 있는 경우에는 미수가 된다.

3. 주관적 구성요건

행위자에게는 자신이 법률에 의하여 체포 또는 구금된 자로서 도주한다는 사실에 대한 고의가 필요하다.

III. 집합명령위반죄

제145조(집합명령위반) ② 전항의 구금된 자가 천재, 사변 기타 법령에 의하여 잠시 해금된 경우에 정당한 이유 없이 그 집합명령에 위반한 때에도 전항의 형과 같다.
제149조(미수범) 본죄의 미수범은 처벌한다.

1. 의의 및 성격

집합명령위반죄는 법률에 의하여 구금된 자가 천재, 사변 기타 법령에 의하여 잠시 해금된 경우에 정당한 이유 없이 그 집합명령에 위반함으로써 성립하는 범죄이다.

---

240) 대법원 1991. 10. 11. 선고 91도1656 판결.

본죄는 진정부작위범이다. 따라서 형법상으로는 미수범 처벌규정이 존재하지 만 본죄의 미수범은 성립할 수 없다고 보아야 한다.

2. 객관적 구성요건

(1) 행위주체

집합명령위반죄의 행위주체는 '법률에 의하여 구금된 자'이다. 체포된 자는 본죄의 주체가 아니다.

(2) 행위상황

집합명령위반죄의 행위주체의 행위상황은 '천재, 사변 기타 법령[241]에 의하 여 잠시 해금된 경우'여야 한다. 즉 이 법문의 의미에 대해서는 문언대로 좁게 해 석하는 견해[242]도 있지만, 본죄의 입법취지를 고려하여 '천재·사변 또는 이에 준 하는 상태에서 법령에 의하여' 해금된 경우를 의미한다고 해석하는 견해[243]가 타 당하다. 따라서 귀휴허가를 받고 출소한 자, 천재지변의 상태에서도 불법 출소한 자에게는 본죄가 아니라 도주죄가 적용된다.

---

241) 「형의 집행 및 수용자 처우에 관한 법률」 참조.
  제102조(재난 시의 조치) ① 천재지변이나 그 밖의 재해가 발생하여 시설의 안전과 질서 유지를 위하여 긴급한 조치가 필요하면 소장은 수용자로 하여금 피해의 복구나 그 밖의 응급용무를 보조하게 할 수 있다.
  ② 소장은 교정시설의 안에서 천재지변이나 그 밖의 사변에 대한 피난의 방법이 없는 경 우에는 수용자를 다른 장소로 이송할 수 있다.
  ③ 소장은 제2항에 따른 이송이 불가능하면 수용자를 일시 석방할 수 있다.
  ④ 제3항에 따라 석방된 자는 석방 후 24시간 이내에 교정시설 또는 경찰관서에 출석하여 야 한다.
  제133조(출석의무 위반 등) 다음 각 호의 어느 하나에 해당하는 행위를 한 수용자는 1년 이하의 징역에 처한다.
  1. 정당한 사유 없이 제102조 제4항을 위반하여 일시석방 후 24시간 이내에 교정시설 또 는 경찰관서에 출석하지 아니하는 행위
  2. 귀휴·외부통근, 그 밖의 사유로 소장의 허가를 받아 교도관의 계호 없이 교정시설 밖 으로 나간 후에 정당한 사유 없이 기한 내에 돌아오지 아니하는 행위
242) 김일수/서보학, 706면; 오영근, 773면; 진계호, 734면.
243) 김성천/김형준, 1018면; 배종대, 160/7; 손동권/김재윤, 832면; 이재상/장영민/강동범, 769 면; 임웅, 988면; 정성근/박광민, 879면.

(3) 실행행위

집합명령위반죄의 실행행위는 '정당한 이유 없이 집합명령에 위반'하는 것이다.

여기서 '**집합명령에 위반**'하는 것이란 일정한 장소에 집결하라는 작위명령을 위반하는 부작위를 말한다.

'**정당한 이유가 없다**'는 것은 집합명령에 응하는 것에 대한 기대가능성이 있거나, 불응을 정당화할 수 있는 사정이 존재하지 않는 것을 말한다.

본죄는 집합명령에 응하지 않음으로써 성립하는 **진정부작위범**이다. 따라서 형법이 본죄에 대하여 미수범처벌규정을 두고 있지만 본죄의 미수범은 성립할 여지가 없다.

3. 주관적 구성요건

법령에 의하여 해금된 자로서 정당한 이유 없이 그 집합명령에 위반한다는 점에 대한 고의가 있어야 한다.

IV. 특수도주죄

> 제146조(특수도주) 수용설비 또는 기구를 손괴하거나 사람에게 폭행 또는 협박을 가하거나 2인 이상이 합동하여 전조 제1항의 죄를 범한 자는 7년 이하의 징역에 처한다.
> 제149조(미수범) 본죄의 미수범은 처벌한다.

1. 의의 및 성격

특수도주죄는 수용설비 또는 기구를 손괴하거나 사람에게 폭행 또는 협박을 가하거나 2인 이상이 합동하여 도주함으로써 성립하는 범죄이다.

본죄는 행위방법의 위험성으로 인하여 도주죄보다 불법이 가중되는 가중적 구성요건이다.

2. 객관적 구성요건

(1) 행위주체

특수도주죄의 행위주체는 '법률에 의하여 체포·구금된 자'이다. 도주죄와 동일하다. 구인된 증인은 여기에서 말하는 행위주체가 아니다.

(2) 실행행위

특수도주죄의 실행행위는 '수용설비 또는 기구를 손괴하거나 사람에게 폭행 또는 협박을 가하거나 2인 이상이 합동하여 도주'하는 것이다.

1) 수용설비·기구를 손괴하는 경우

여기서 '수용설비'란 사람의 신체의 자유를 계속적으로 구속하기 위한 장소·시설을 말한다. 교도소, 구치소, 유치장, 자물통, 비상벨, 감시초소 등이 여기에 해당한다. '기구'란 사람의 신체의 자유를 직접 구속하는 데 사용되는 장비·기구를 말한다. 예컨대 포승, 수갑, 방성구 등의 계구가 여기에 해당한다.

'손괴'란 도주의 수단으로서 수용설비·기구를 물리적으로 훼손하는 것을 말한다. 따라서 자물쇠를 열거나 수갑을 풀고 달아나는 것은 수용설비나 기구를 손괴한 것이 아니므로 단순도주죄가 될 뿐이다.

2) 사람에게 폭행·협박하는 경우

여기에서의 폭행·협박의 상대방은 도주의 수단으로서 간수자에게 행하여지는 것뿐만 아니라 도주방지에 협력하는 지위에 있는 제3자도 포함한다. 본죄에 있어서 폭행·협박의 개념은 광의의 폭행·협박을 의미하므로, 폭행이 간수자 등의 신체에 직접적으로 가해짐을 요하지 않는다. 또한 폭행·협박의 시기는 도주의 착수 전후를 불문한다.

3) 2인 이상이 합동하는 경우

여기서 '합동'이란 2인 이상의 법률에 의하여 구금된 자가 상호 의사연락 하에 시간적·장소적으로 협동하는 것을 말한다.

3. 주관적 구성요건

법률에 의하여 체포·구금된 자로서 수용설비 또는 기구를 손괴하거나 사람에게 폭행 또는 협박을 가하거나 2인 이상이 합동하여 도주한다는 사실에 대한 고의가 필요하다.

V. 도주원조죄

> 제147조(도주원조) 법률에 의하여 구금된 자를 탈취하거나 도주하게 한 자는 10년 이하의
> 징역에 치한다.
> 제149조(미수범) 본죄의 미수범은 처벌한다.
> 제150조(예비, 음모) 본죄를 범할 목적으로 예비 또는 음모한 자는 3년 이하의 징역에 처
> 한다.

1. 의의 및 성격

도주원조죄는 법률에 의하여 구금된 자를 탈취하거나 도주하게 함으로써 성립하는 범죄이다. 본죄는 도주죄에 대한 교사·방조행위를 독립범죄로 규정한 것이다. 도주죄의 필요적 공범에 해당하므로 총칙상의 공범규정이 적용되지 않는다. 본죄는 국가형벌권에 대한 도전으로 보아 인간의 내적 충동에 따른 자기도주죄보다도 더 중하게 처벌하고 있다.

2. 구성요건

(1) 행위주체

도주원조죄의 행위주체에는 제한이 없다. 본죄의 객체 이외의 자는 모두 본죄의 주체가 될 수 있다.

(2) 행위객체

도주원조죄의 행위객체는 '법률에 의하여 구금된 자'이다. 따라서 체포되어 연행중인 자는 본죄의 객체가 아니다. 또한 구인 된 피의자나 피고인은 여기에 포함시킬 수 없다.[244] 이 경우에 구금은 적법한 것이어야 한다.

(3) 실행행위

도주원조죄의 실행행위는 '탈취하거나 도주하게 하는 것'이다.

1) 탈취하는 것

여기서 '탈취하는 것'이란 피구금자를 간수자의 실력적 지배로부터 이탈시켜

---

244) 김일수/서보학, 711면; 배종대, 160/12; 이재상/장영민/강동범, 771면; 이형국, 837면; 임웅,
992면; 정성근/박광민, 883면; 정영일, 479면.

자기 또는 제3자의 실력적 지배하에 옮기는 것을 말한다. 탈취의 방법에는 제한이 없다. 폭행·협박이나 기망·유혹에 의하건 불문한다. 피구금자의 동의 여부도 불문한다.

피구금자를 자기 또는 제3자의 실력적 지배하에 두었을 때 기수가 된다.

2) 도주하게 하는 것

'도주하게 하는 것'이란 도주의사가 없는 피구금자에게 도주의사를 일으키거나, 이미 도주의사를 가진 자에게 도주의 실행을 용이하게 하는 일체의 행위를 하는 것을 말한다. 그 방법에는 제한이 없다. 교사·방조를 불문한다. 도주방법을 알려주거나, 감방문을 개방하거나, 기구를 해제하거나, 간수자에 대하여 폭행·협박을 하는 일체의 방법이 여기에 해당한다.

본죄는 탈취의 경우에는 탈취의 결과가 발생함으로써 기수가 되고, 도주하게 하는 때에는 피구금자가 간수자의 실력적 지배로부터 이탈하였을 때에 본죄의 기수가 된다.

3. 예비·음모죄와 미수의 처벌

본죄의 예비·음모죄와 미수범은 처벌한다.

VI. 간수자도주원조죄

> 제148조(간수자의 도주원조) 법률에 의하여 구금된 자를 간수 또는 호송하는 자가 이를 도주하게 한 때에는 1년 이상 10년 이하의 징역에 처한다.
> 제149조(미수범) 본죄의 미수범은 처벌한다.
> 제150조(예비, 음모) 본죄를 범할 목적으로 예비 또는 음모한 자는 3년 이하의 징역에 처한다.한 때에는 1년 이상 10년 이하의 징역에 처한다.

1. 의의 및 성격

간수자도주원조죄는 법률에 의하여 구금된 자를 간수 또는 호송하는 자가 이를 도주하게 함으로써 성립하는 범죄이다.

본죄는 간수자·호송자라는 신분으로 인하여 도주원조죄보다 책임이 가중되는 부진정신분범이다.

2. 객관적 구성요건

(1) 행위주체

간수자도주원조죄의 행위주체는 법령에 의하여 구금된 자를 '간수 또는 호송하는 자'이다. 간수·호송의 임무는 법령에 근거를 가질 것을 요하지 않고, 현실적으로 그 임무에 종사하고 있으면 족하다. 반드시 공무원일 것도 요하지도 않는다. 간수자·호송자라는 신분은 행위시에 있으면 족하다. 임무를 가지는 동안 도주하게 한 때에는 임무해제 후에 도주의 결과가 발생하더라도 본죄가 성립한다.

(2) 행위객체

간수자도주원조죄의 행위객체는 '법률에 의하여 구금된 자'이다. 따라서 사인이 체포한 현행범을 경찰관에게 인도하지 않고 방면해 준 경우에는 본죄는 성립하지 않는다.

(3) 실행행위

간수자도주원조죄의 실행행위는 '피구금자를 도주하게 하는 것'이다. 도주원조죄와 동일하다. 교사·방조, 작위·부작위를 불문한다. 피구금자가 도주에 성공했을 때 기수가 된다.

3. 주관적 구성요건

법률에 의하여 구금된 자를 간수 또는 호송하는 자가 이를 도주하게 한다는 사실에 대한 고의가 있어야 한다.

4. 예비·음모죄와 미수의 처벌

본죄의 예비·음모죄와 미수범은 처벌한다.
도주하게 하려고 하였으나 도주하지 못하였을 때 본죄의 미수가 된다.

VII. 범인은닉죄

> 제151조(범인은닉과 친족간의 특례) ① 벌금 이상의 형에 해당하는 죄를 범한 자를 은닉 또는 도피하게 한 자는 3년 이하의 징역 또는 500만원 이하의 벌금에 처한다.

1. 의의 및 성격

범인은닉죄는 벌금 이상의 형에 해당하는 죄를 범한 자를 은닉 또는 도피하게 함으로써 성립하는 범죄이다.

본죄의 성격은 범인 자신을 은닉·도피시킨다는 점에서 **범인비호적 성격**을 갖는 독립적 구성요건이며, 계속범이다.

2. 객관적 구성요건

(1) 행위주체

범인은닉죄의 행위주체에는 범인 자신을 제외하고는 특별한 제한이 없다. 즉 본죄의 주체는 '범인 이외의 자'이어야 한다.

1) 자기은닉·도피의 경우

범인이 스스로 은닉·도피행위를 하는 경우에는 본죄를 구성하지 않는다. 그 근거에 대하여는 적법행위에 대한 기대가능성이 없기 때문이라는 견해[245]도 있으나, 본죄의 주체는 범인 이외의 자이기 때문에 본죄의 구성요건해당성이 없다고 보는 견해[246]가 타당하다. 즉 본죄의 범인은 타인을 의미하기 때문이다. 범인 자신의 자기도피가 아니라면 누구라도 본죄의 주체가 될 수 있다. 따라서 공동정범 중 1인이 다른 공동정범을 도피하게 한 경우에도 본죄가 성립한다.[247]

2) 자기은닉·도피를 교사한 경우

범인이 제3자를 교사하여 자기를 은닉·도피하게 한 경우에 범인은닉죄의 교사범이 될 수 있는가가 문제된다. 이 경우에는 타인을 교사하여 범인은닉죄를 범하게 하는 것은 범인 자신이 이를 행하는 경우와는 그 정상이 다르므로 자기비호

---

245) 김일수/서보학, 713면.
246) 이재상/장영민/강동범, 773면.
247) 대법원 2018. 8. 1. 선고 2015도20396 판결.

권의 한계를 일탈한 것으로서 적법행위에 대한 기대가능성이 인정되기 때문에 교사범의 성립을 인정해야 한다는 **긍정설**[248]과 타인을 교사하여 자기의 범죄를 은닉하게 하는 것은 자기비호의 연장에 불과하므로 교사범도 성립할 수 없다는 **부정설**[249]이 대립한다. 판례[250]는 긍정설을 취하고 있다.

생각건대 범인 자신이 자신을 은닉·도피하는 경우와 타인을 교사하여 이를 행한 경우는 범인의 자기비호의 연장에 불과하다. 또한 본죄의 주체가 될 수 없는 자가 본죄의 교사범으로 처벌받는 것은 타당하다고 할 수 없고, 또한 공범이 정범에 비하여 가벌성이 크다고 할 수 없다. 따라서 범인은닉죄의 교사범이 될 수 없다는 부정설이 타당하다.

(2) 행위객체

범인은닉죄의 행위객체는 '벌금 이상의 형에 해당하는 죄를 범한 자'이다.

1) 벌금 이상의 형에 해당하는 죄

법정형이 벌금 또는 그 이상의 형인 사형, 징역, 금고, 자격상실, 자격정지를 포함하고 있는 모든 범죄를 말한다. 형법각칙상의 모든 범죄가 여기에 해당한다. 선택형으로 구류·과료를 포함하고 있어도 무방하다. 그러나 단지 구류·과료의 형으로만 처벌되는 범죄는 여기에서 제외된다.

2) 죄를 범한 자

죄를 범한 자에는 정범·공범, 기수범·미수범, 예비·음모한 자를 포함한다. 유죄판결이 확정되었거나 공소가 제기되었음을 요하지 않으며,[251] 수사중인 자나 아직 수사의 대상이 아닌 자도 포함되며,[252] 수사 개시의 전후도 불문한다.[253]

---

248) 백형구, 613면; 유기천, 353면; 정영일, 482면; 진계호, 744면.

249) 김일수/서보학, 713면; 박상기, 680면; 배종대, 161/2; 오영근, 785면; 이영란, 835면; 이정원, 796면; 이형국, 838면; 임웅, 996면; 정성근/박광민, 885면.

250) 대법원 2006. 12. 7. 선고 2005도3707 판결(범인이 자신을 위하여 타인으로 하여금 허위의 자백을 하게 하여 범인도피죄를 범하게 하는 행위는 방어권의 남용으로 범인도피교사죄에 해당하는바, 이 경우 그 타인이 형법 제151조 제2항에 의하여 처벌을 받지 아니하는 친족, 호주 또는 동거 가족에 해당한다 하여 달리 볼 것은 아니다. 무면허 운전으로 사고를 낸 사람이 동생을 경찰서에 대신 출두시켜 피의자로 조사받도록 한 행위는 범인도피교사죄를 구성한다).

251) 대법원 1978. 6. 27. 선고 76도2196 판결.

252) 대법원 2003. 12. 12. 선고 2003도4533 판결.

253) 대법원 1983. 8. 23. 선고 83도1486 판결.

그러나 죄를 범한 자라고 하기 위해서는 구성요건에 해당하고 위법·유책할 뿐만 아니라 처벌조건·소추조건을 구비해야 한다. 따라서 무죄·면소판결이 확정된 자, 공소시효가 완성되었거나, 형이 폐지되었거나, 사면에 의하여 소추 또는 처벌의 가능성이 없는 자는 본죄의 객체가 될 수 없다.

친고죄에 있어서 단순히 고소가 없는 경우는 고소의 가능성이 있으므로 본죄의 객체가 되지만, 고소기간의 경과, 고소의 취소 등으로 인하여 고소권이 소멸한 경우에는 본죄의 객체가 되지 않는다.[254]

한편 검사에 의하여 불기소처분을 받은 자가 본죄의 객체인가에 대하여, 부정설[255]은 형사절차가 사실상 종결되었다는 점에 비추어 본죄의 객체가 될 수 없다고 해석하고 있으나, 검사의 불기소처분은 확정력이 없어 소추·처벌의 가능성이 남아있으므로 긍정설[256]이 타당하다.

'죄를 범한 자'에는 진범인임을 요하는가에 대해서는, ① 진범인이 아닌 자로서 범죄혐의를 받고 있음에 불과한 자를 은닉하였다고 하여 국가의 정당한 형벌권이 방해된다고 볼 수 없을 뿐만 아니라, 진범인이 아닌 자를 죄를 범한 자에 포함한다고는 할 수 없으므로 진범인에 제한된다는 견해[257]도 있다. 그러나 ② 진범인이 아닐지라도 범죄의 혐의를 받고 수사 또는 소추중인 자를 은닉하는 행위는 국가의 형사사법작용을 해한다는 점에서는 진범인을 은닉하는 경우와 다르지 않고, 진범 여부는 확정판결이 있기 전까지는 알 수 없으므로 본죄의 범인에는 진범인 이외에 범죄혐의로 수사·소추중인 자도 포함된다고 해석하는 견해[258]가 타당하다고 생각된다.

---

254) 백형구, 611면; 손동권/김재윤, 837면; 이재상/장영민/강동범, 774면; 이형국, 839면; 임웅, 997면; 정성근/박광민, 886면.

255) 배종대, 161/6; 손동권/김재윤, 837면; 이재상/장영민/강동범, 775면; 이형국, 839면; 임웅, 997면.

256) 김일수/서보학, 913면; 유기천, 349면; 이정원, 798면; 정성근/박광민, 887면; 진계호, 742면.

257) 오영근, 781면; 유기천, 348면; 이영란, 836면; 이재상/장영민/강동범, 776면; 정성근/박광민, 888면.

258) 김성돈, 818면; 김성천/김형준, 866면; 박상기, 681면; 배종대, 161/4; 백형구, 611면; 손동권/김재윤, 838면; 이정원, 799면; 이형국, 839면; 임웅, 998면.

(3) 실행행위

범인은닉죄의 실행행위는 벌금 이상의 형에 해당하는 죄를 범한 자를 '은닉 또는 도피하게 하는 것'이다.

1) 은 닉

'은닉'이란 장소를 제공하여 범인을 감추어 주는 행위를 말한다. 은닉은 일시적·계속적이든 불문한다.

2) 도피하게 하는 것

'도피하게 한다는 것'은 은닉 이외의 방법으로 관헌의 발견·체포를 곤란하게 하는 일체의 행위를 말한다. 예컨대 도피비용 또는 변장용 의류·가발을 제공한 경우, 범인에게 가족의 안부와 수사상황을 알려준 경우, 진범인의 자수를 저지시키고 소송절차를 진행·결심시킨 경우, 범인을 추격하는 경찰차의 진행을 물리적으로 방해한 경우, 피의자 아닌 자가 피의자임을 자처하여 허위사실을 진술한 경우,[259] 범인이 아닌 다른 사람을 범인으로 가장케 하여 수사를 받도록 하는 경우,[260] 범인에게 다른 공범에 관하여 실토하지 못하게 하는 경우,[261] 범인의 체포와 발견에 지장을 초래하게 하는 행위, 범인이 기소중지자임을 알고도 다른 사람 명의로 대신 임대차계약을 체결해준 행위,[262] 종업원인 피의자가 게임장 등의 실제 업주라고 허위 진술하거나 허위의 자료를 제시하여 수사기관이 실제 업주를 발견 또는 체포하는 것이 곤란 또는 불가능하게 한 행위[263] 등이 여기에 해당한다.

그러나 범인의 도피를 목적으로 하는 행위를 하였다고 보기 어려운 행위의 결과로 간접적으로 범인이 안심하고 도피할 수 있게 한 경우에는 여기에 해당하지 않는다.[264] 또한 수사기관에서의 피의자 또는 참고인으로서의 진술의 경우에는 적극적으로 수사기관을 기만하여 착오에 빠지게 함으로써 범인의 발견 또는 체포를 곤란 또는 불가능하게 할 정도의 것이 아니라면 범인도피죄를 구성하지

---

259) 대법원 2000. 11. 24. 선고 2000도4078 판결; 대법원 1996. 6. 14. 선고 96도1016 판결.
260) 대법원 1968. 5. 23. 선고 67도366 판결.
261) 대법원 1995. 12. 26. 선고 93도904 판결.
262) 대법원 2004. 3. 26. 선고 2003도8226 판결.
263) 대법원 2010. 1. 28. 선고 2009도10709 판결.
264) 대법원 2011. 4. 28. 선고 2009도3642 판결.

않는다.[265]

그 밖에도 ① 범인에게 '몸조심하고 주의하여 다녀라, 열심히 살면서 건강에 조심해라'고 말한 것같이 단순히 안부를 묻거나 통상의 안부인사를 한 경우,[266] ② 도로교통법 위반으로 체포된 범인이 타인의 성명을 모용한다는 정을 알면서 신원보증인으로서 신원보증서에 자신의 인적 사항을 허위로 기재하여 제출한 경우,[267] ③ 피의자가 수사기관의 조사를 받으면서 오락실을 단독으로 운영하였다고 허위진술하여 공동운영자인 공범의 존재를 숨긴 경우에는 범인도피죄에 해당하지 않는다.[268]

그러나 변호사가 묵비권을 남용하게 하는 경우에는, 묵비권은 소송법상의 권리이므로 비록 남용이 있더라도 본죄의 구성요건에는 해당하지 않는다. 증언거부권자에게 증언을 거부하도록 권유한 경우나 피고인·피의자에게 진술거부권을 행사하도록 권유한 경우, 피고인이 공범의 이름을 묵비하거나, 참고인이 범인의 이름 대신에 허무인을 대면서 범인의 인적 사항에 관하여 묵비하더라도 범인도피죄는 성립하지 않는다.[269]

3) 부작위에 의한 은닉·도피

본죄는 작위뿐만 아니라 부작위에 의해서도 가능하다. 부작위에 의함 범인도피죄가 성립하기 위해서는 범인을 체포해야 할 보증인적 지위에 있어야 한다. 따라서 범인을 체포해야 할 보증인지위에 있는 자가 범인임을 알고 방임한 경우에는 부작위에 의한 범인도피죄가 성립한다.[270] 그러나 일반인에게는 신고의무가 없으므로 범인을 신고하지 않거나 체포한 범인을 수사기관에 인도하지 않은 것만으로 범인도피죄가 성립하지는 않는다.[271]

---

265) 대법원 1997. 9. 9. 선고 97도1596 판결; 대법원 2003. 2. 14. 선고 2002도5374 판결; 대법원 2008. 6. 26. 선고 2008도1059 판결.

266) 대법원 1992. 6. 12. 선고 92도736 판결.

267) 대법원 2003. 2. 14. 선고 2002도5374 판결.

268) 대법원 2010. 2. 11. 선고 2009도12164 판결; 대법원 2008. 12. 24. 선고 2007도11137 판결.

269) 대법원 2008. 6. 26. 선고 2008도1059 판결.

270) 김일수/서보학, 717면; 배종대, 161/8; 이재상/장영민/강동범, 777면; 이형국, 840면; 임웅, 999면; 정성근/박광민, 890면.

271) 대법원 1984. 2. 14. 선고 83도2209 판결.

3. 주관적 구성요건

행위자에게는 벌금 이상의 형에 해당하는 죄를 범한 자를 은닉 또는 도피하게 한다는 고의가 있어야 한다. 미필적 고의로도 족하다. 이 경우에 벌금 이상에 해당하는 죄를 범하였다는 사실을 인식하면 족하고, 범인의 성명·범죄의 구체적인 내용까지 인식할 필요는 없다.[272) 이러한 구성요건적 사실에 대한 착오가 있는 경우에는 본죄의 고의가 조각된다.

4. 죄   수

1) 동일한 범인을 은닉하고 도피하게 한 경우에는 본죄의 포괄일죄가 된다.

2) 하나의 행위로 동일사건에 관한 수인의 범인을 은닉·도피시킨 경우에는 수죄의 상상적 경합이 된다. 이 경우에는 국가형벌권은 개개인에게 별도로 발동되기 때문이다.

3) 범인을 도피하게 하여 직무를 유기한 때에는 범인도피죄 이외에 직무유기죄는 별도로 성립하지 않는다.[273)

5. 친족간의 특례

> 제151조(범인은닉과 친족간의 특례) ② 친족 또는 동거의 가족이 본인을 위하여 전항의 죄(범죄은닉·도피죄)를 범한 때에는 처벌하지 아니한다.

(1) 법적 성질

친족 또는 동거의 가족이 본인을 위하여 범인은닉·도피죄를 범한 때에는 처벌하지 아니한다(제151조 제2항).

범인은닉죄에 관하여 친족간의 특례를 인정한 규정의 법적 성질에 관해서는, ① 책임조각사유설과 ② 인적 처벌조각사유설이 대립한다. 전설은 이 특례는 친족간의 정의관계를 고려하여 형을 면제하는 인적 처벌조각가사유에 불과하다고 해석한다. 그러나 본 특례규정은 친족간의 정의관계에 비추어 볼 때 친족간에는 범인은닉행위를 하지 않을 것을 기대할 수 없기 때문에, 즉 적법행위에 대한 기

---

272) 대법원 1995. 12. 26. 선고 93도904 판결.
273) 대법원 1996. 5. 10. 선고 96도51 판결.

대가능성이 없기 때문에 **책임이 조각된다**고 해석하는 책임조각설이 타당하다고 생각된다. 따라서 본 특례에 해당할 경우에는 형면제판결이 아니라 무죄판결을 해야 한다.

(2) 특례의 적용범위

본 특례규정이 적용되기 위해서는 친족 또는 동거의 가족이 범인 본인을 위하여 범인은닉죄를 범해야 한다.

1) 행위주체

범인은닉·도피행위의 행위주체는 범인의 **친족** 또는 **동거의 가족**이다. 친족 또는 동거가족의 범위는 민법에 의해 결정한다. 본 특례의 정신에 비추어 볼 때 내연관계에 있는 자와 그 출생자도 포함된다고 해석하는 것이 타당하다.[274] 그러나 판례는 사실혼관계에 있는 자는 본죄의 친족에서 제외된다는 입장이다.

2) 범인은닉행위의 목적

친족 또는 동거의 가족이 **본인을 위하여** 본죄를 범해야 한다. 여기서 본인이란 벌금 이상에 해당하는 죄를 범한 자를 말하며, '본인을 위한다는 것'은 범인 본인의 **형사책임상의 이익**을 위한다는 의미이며, 재산상의 이익은 여기에 포함되지 않는다.

또한 본 특례규정은 친족 또는 동거의 가족이 범인 본인의 이익을 위한 범인은닉·도피행위를 한 경우에만 적용되며, 이와 달리 본인의 불이익을 위하여 범해지거나 공범자의 이익을 위해서거나 또는 본인의 형사책임상의 이익이 아니라 재산상의 이익을 위한 경우에는 본 특례가 적용되지 않는다.

또한 **본인과 함께 공범자의 이익을 위한** 경우에는 본 특례규정이 적용되지 않는다는 견해[275]가 있으나, 본인 및 공범자의 이익을 위한 경우에도 적법행위에 대한 기대가능성이 없다고 할 수 있으므로 이 경우에도 본 특례를 적용해야 한다는 견해[276]가 타당하다.

---

274) 김성천/김형준, 1027면; 김일수/서보학, 718면; 박상기, 684면; 배종대, 161/12; 백형구, 613면; 손동권/김재윤, 842면; 이영란, 837면; 이재상/장영민/강동범, 779면; 임웅, 1001면; 정성근/박광민, 892면.

275) 박상기, 684면; 배종대, 161/13; 이재상/장영민/강동범, 779면; 임웅, 1002면; 정성근/박광민, 892면; 정영일, 486면.

276) 김성천/김형준, 1027면; 김일수/서보학, 917면; 손동권/김재윤, 843면; 오영근, 786면; 이정원, 802면.

본인의 형사책임상의 이익·불이익의 판단은 객관적 기준에 따라 평가해야
한다.

(3) 특례규정과 공범관계

1) 친족이 비친족과 공동정범으로 본죄를 범한 경우에는 친족에 대해서만 특
례규정이 적용되고, 비친족에게는 적용되지 않는다.

2) 비친족이 친족을 교사하여 범인을 은닉하게 한 경우에는 정범인 친족은
처벌할 수 없으나, 비친족은 본죄의 교사범이 된다.

3) 친족이 비친족을 교사하여 범인을 은닉하게 한 경우가 문제된다. 이에 대
해서는 ① 친족이 타인에게 범죄를 유발시킨 경우에는 범인비호권의 남용이 되
므로 본죄의 교사범이 성립한다는 적극설[277]이 있지만, 특례규정은 친족에게 범
인비호권을 인정한 것이 아니라 기대가능성이 없기 때문에 책임이 조각된다는
의미이며, 또한 공범을 정범보다 무겁게 처벌할 수는 없다는 점에 비추어 볼 때,
친족 자신이 범인을 은닉하는 경우와 비친족을 교사하여 은닉하게 하는 경우를
구별해야 할 이유가 없으므로 교사범이 성립하지 않는다는 소극설이 타당하다.[278]

4) 범인이 친족을 교사하여 자기를 은닉시킨 경우에는 범인·친족 모두 죄가
되지 않는다. 그러나 판례는 이 경우에도 방어권의 남용으로서 범인에게는 범인
도피교사죄가 성립한다고 판시하였다.[279]

제 4 절   위증과 증거인멸의 죄

I. 개   설

1. 의의 및 보호법익

(1) 의   의

위증의 죄는 법률에 의하면 서서한 증인이 허위의 진술을 하거나, 법률에 의

---

277) 백형구, 614면; 유기천, 353면; 정영일, 487면; 진계호, 746면.
278) 이재상/장영민/강동범, 780면.
279) 대법원 2006. 12. 7. 선고 2005도3707 판결.

하여 선서한 감정인·통역인·번역인이 허위의 감정·통역·번역을 하는 것을 내용으로 하는 범죄이다.

증거인멸의 죄는 타인의 형사사건 또는 징계사건에 관한 증거를 인멸·은닉·위조·변조하거나 위조·변조한 증거를 사용하거나, 타인의 형사사건 또는 징계사건에 관한 증인을 은닉·도피하게 하여 국가의 심판기능을 방해하는 것을 내용으로 하는 범죄이다.

(2) 보호법익

양죄는 모두 **국가의 사법기능**을 보호법익으로 한다는 점에서 동일하다. 이에는 징계처분과 같은 사법유사기능도 포함된다. 보호의 정도는 **추상적 위험범**으로서의 보호이다.

다만 위증죄가 허위의 진술 등 **무형적인 방법**으로 증거의 증명력을 해하는 범죄인 것과는 달리, 증거인멸죄는 **유형적인 방법**에 의하여 물적 증거 또는 인적 증거를 인멸 또는 은닉하여 증거를 증명력을 해하는 범죄라는 점에서 양자는 차이가 있다. 이런 의미에서 보면 위증죄는 증거인멸죄에 대하여 특별관계에 있다.

증거인멸죄는 범인은닉죄나 도주죄와 더불어 범인비호적인 성격을 지니며, 물적인 비호죄인 장물죄와 이 점에서는 동일하다고 할 수 있다. 그러나 장물죄는 재산죄이고, 증거인멸죄는 국가의 사법적 기능을 보호하는 범죄라는 점에서 양죄는 그 본질을 달리한다.

2. 구성요건의 체계

위증의 죄는 위증죄를 기본적 구성으로 하고, 행위자가 모해할 목적을 가지고 위증을 한 경우에는 불법이 가중되는 가중적 구성요건으로 모해위증죄가 있다. 독립된 구성요건으로는 허위감정·감정·통역·번역죄가 있다.

증거인멸의 죄는 증거인멸죄와 증인은닉·도피죄를 기본적 구성요건으로 하고, 불법이 가중되는 가중적 구성요건으로 모해증거인멸죄, 모해증인은닉·도피죄가 있다.

특별형법으로는 「국회에서의 증언·감정 등에 관한 법률」과 「국가보안법」이 있다.

3. 입법론적인 문제

형법은 위증죄의 성립을 위하여 선서를 요건으로 하고 있다. 위증죄를 종교 범죄로 이해할 때에는 선서를 요건으로 하는 것도 가능하겠지만, 종교범죄로서의 성격이 배제되었기 때문에 이 점이 의문이다. 선서라는 의식적인 맹서가 있는 증언에 대하여 특별히 더 높은 증거가치를 제도적으로 인정하고 있지도 않으며, 또한 이것을 인정한다는 것은 자유심증주의에 위배된다. 위증죄는 본질은 증인에게 부여된 진실의무를 위반하였다는 점에 있지, 선서에 의한 서약 때문에 처벌되는 되는 것은 아니기 때문이다.

II. 위 증 죄

> 제152조(위증) ① 법률에 의하여 선서한 증인이 허위의 진술을 한 때에는 5년 이하의 징역 또는 1천만원 이하의 벌금에 처한다.

1. 의의 및 성격

위증죄는 법률에 의하여 선서한 증인이 허위의 진술을 함으로써 성립하는 범죄이다.

본죄는 위증의 죄의 기본적 구성요건이다. 유형적 방법을 사용하는 증거인멸죄와 달리 **무형적 방법**으로 증거의 증명력을 해하는 범죄이다. 법률에 의하여 선서한 증인만이 본죄의 정범이 될 수 있으므로 본죄는 **자수범**에 해당한다.

2. 객관적 구성요건

(1) 행위주체

위증죄의 행위주체는 '법률에 의하여 선서한 증인'이다 본죄는 진정신분범이다. 따라서 선서를 하지 않고 증언한 자는 본죄의 주체가 아니다.

1) 법률에 의한 선서

① 여기서 '법률에 의한 선서'란 선서가 법률에 근거하여 그 절차·방식에 따

라 유효하게 행해진 것을 말한다. 법률이란 원래의 법률뿐만 아니라 그 위임에 의한 명령 기타의 하위입법도 포함한다. 예컨대 「형사소송법」, 「민사소송법」, 「비송사건절차법」, 「법관징계법」, 「검사징계법」, 「특허법」의 경우, 「형사소송법」에 있어서의 피의사건 또는 피고사건을 불문한다. 법률상 근거가 없는 선서는 무효이므로 위증죄는 성립하지 않는다.[280]

② '선서'는 유효한 것이어야 한다. 따라서 유효한 선서가 되기 위해서는, 원칙적으로 선서서를 증인 스스로 낭독하고 서명날인하여야 한다(형소법 제157조). 선서 전에 재판장은 위증의 벌을 경고한다(제158조).

③ 또한 선서는 선서를 하게 할 권한이 있는 기관에 대하여 한 것이어야 한다. 따라서 참고인이 검사나 사법경찰관에 대하여 선서하였다 하여도 이는 무효이다. ④ 선서의 취지를 이해하지 못한 선서무능력자의 선서는 무효이다. 따라서 선서한 경우에도 본죄의 주체가 될 수 없다. ⑤ 선서나 증언절차에 사소한 하자가 있는 이유만으로는 선서의 유효성에 영향을 주지 않는다. 따라서 위증의 벌의 경고하지 않고 선서하게 한 경우, 선서한 법원에 관할위반이 있는 경우, 공소제기절차가 부적법한 경우라 하더라도 이것만으로 법률에 의한 선서에 해당하지 않는다고 할 수 없다. 그러나 선서서에 의하지 않은 선서는 무효이다. ⑥ 선서는 증언 전에 하는 것이 원칙이나, 증언 후에 하는 경우도 있다(형사소송법 제156조 단서). 따라서 선서는 사전선서·사후선서를 불문한다.[281]

2) 증 인

본죄의 주체는 법률에 의하여 선서한 증인에 제한된다. 여기서 '증인'이란 법원 또는 법관에 대하여 자신의 과거의 경험사실을 진술하는 제3자를 말한다. 따라서 본죄의 주체가 될 수 있는지 여부가 문제되는 경우를 살펴보면 다음과 같다.

가. 형사피고인·민사소송의 당사자   형사피고인이 피고사건에서 허위진술하거나, 민사소송의 당사자가 민사소송에서 선서하고 진술하는 경우, 또는 당사자인 법인의 대표자도 증인에게 요구되는 제3자성을 결여하고 있으므로 본죄의 주체가 될 수 없다.

---

280) 대법원 1995. 4. 11. 선고 95도186 판결; 대법원 2003. 7. 25. 선고 2003도180 판결.
281) 김일수/서보학, 727면; 박상기, 687면; 배종대, 162/7; 이재상/장영민/강동범, 784면.

나. 공동피고인　　　공범자 또는 공동피고인이 증인이 될 수 있는가에 대해서는, ① 증인의 자격에서 선서하고 증언한 때에는 본죄의 주체가 될 수 있다고 해석하는 견해도 있지만, ② 공범자가 아닌 공동피고인은 증인적격이 있지만, 공범자인 공동피고인은 소송절차가 분리되지 않는 한 증인적격이 없기 때문에 본죄의 주체가 될 수 없다는 다수설[282]이 타당하다. 공범자인 공동피고인에게 증인적격을 인정하여 증언의무를 부담시키는 것은 피고인에게 진술거부권을 인정한 취지에 반하기 때문이다.

다. 증언거부권자　　　증언거부권자가 증언거부권을 행사하지 않고 선서하고 증언한 경우에 본죄의 주체가 될 수 있는가가 문제된다. 이에 대해서는 증언거부권은 증인의 권리이지 의무는 아니므로 증인이 증언거부권을 행사하지 않고 위증한 때에는 본죄가 성립한다고 해야 한다. 다만 증언으로 인하여 형사소추를 받을 염려가 있는 자가 위증을 한 경우에는 기대가능성이 없다는 이유로 본죄의 성립을 부정해야 한다는 견해도 있지만, 이 경우에도 형사소송법이 증언거부권을 보장하고 있음에도 불구하고 선서를 하고 위증을 하는 것은 기대가능성이 없다고 할 수 없으므로 본죄가 성립한다고 해석하는 통설[283]이 타당하며, 판례[284]도 이러한 태도를 명백히 하고 있다.

그러나 **최근** 판례는 증언거부권자가 증언거부권을 고지받지 못함으로써 증언거부권 행사에 사실상 장애가 초래된 경우에는 위증죄가 성립하지 않는다고 하여, 증언거부권 고지여부를 고려하지 아니한 채 위증죄가 바로 성립한다는 종래의 판례를 변경하였다.[285]

---

282) 김성천/김형준, 1032면; 김일수/서보학, 727면; 박상기, 686면; 배종대, 162/8; 손동권/김재윤, 848면; 이재상/장영민/강동범, 785면; 이형국, 850면.

283) 김성천/김형준, 1032면; 김일수/서보학, 727면; 박상기, 686면; 배종대, 162/8; 손동권/김재윤, 848면; 이재상/장영민/강동범, 785면; 이형국, 850면; 임웅, 1009면.

284) 대법원 1987. 7. 7. 선고 86도1724 전원합의체 판결.

285) 대법원 2010. 1. 21. 선고 2008도942 전원합의체 판결(증언거부권 제도는 증인에게 증언의무의 이행을 거절할 수 있는 권리를 부여한 것이고, 형사소송법상 증언거부권의 고지 제도는 증인에게 그러한 권리의 존재를 확인시켜 침묵할 것인지 아니면 진술할 것인지에 관하여 심사숙고할 기회를 충분히 부여함으로써 침묵할 수 있는 권리를 보장하기 위한 것임을 감안할 때, 재판장이 신문 전에 증인에게 증언거부권을 고지하지 않은 경우에도 당해 사건에서 증언 당시 증인이 처한 구체적인 상황, 증언거부사유의 내용, 증인이 증언거부사유 또는 증언거부권의 존재를 이미 알고 있었는지 여부, 증언거부권을 고지 받았더라도

(2) 실행행위

위증죄의 실행행위는 '허위의 진술을 하는 것'이다.

1) 허위의 의미

본죄에서 허위가 무엇을 의미하는가에 관해서는, 객관설과 주관설이 대립하고 있다. ① 객관설[286]은 객관적 진실에 합치되는 증인의 진술은 국가의 사법기능을 해할 위험성이 없으므로 허위란 증인의 진술내용이 객관적 진실에 반하는 것을 의미하며, 그 진술이 증인의 기억과 일치하는가를 불문한다는 견해이다. 따라서 증인이 기억에 반하는 진술을 하더라도 진실에 일치할 경우에는 허위라고 할 수 없게 된다. 독일의 통설이 취하는 견해이다. 위증죄의 본질은 증인의 불성실을 처벌하는 것이 아니라 국가의 사법기능에 대한 위험이라는 점에 불법의 본질이 있으므로 객관적 진실에 일치하는 증언의 경우에는 이러한 위험이 초래되지 않기 때문이라는 것이다. 반면에 ② 주관설은 증인의 기억에 반하는 진술만으로도 이미 국가의 사법기능을 해할 추상적 위험이 있고, 허위란 증인이 자기의 기억에 반하는 진술을 하는 것을 의미하며, 그 진술내용이 객관적 진실과 일치되는가는 불문한다는 견해이다. 우리나라의 통설[287]과 판례[288]의 입장이다.

증언의 내용이 내적 사실을 대상으로 하는 경우에는 주관설과 객관설은 차이가 거의 없다. 판례는 기억이 확실하지 못한 사실을 확실히 기억하고 있다고 진술하는 경우, 모르는 사실을 안다고 하는 경우, 전해서 들은 사실을 목격하였다고 진술한 경우, 전해들은 금품 전달사실을 전달한 것으로 자신이 전달한 것으로 진술한 경우, 마당에서 구경한 것을 가지고 회의에 참석하였다고 증언한 경우

허위진술을 하였을 것이라고 볼 만한 정황이 있는지 등을 전체적·종합적으로 고려하여 증인이 침묵하지 아니하고 진술한 것이 자신의 진정한 의사에 의한 것인지 여부를 기준으로 위증죄의 성립 여부를 판단하여야 한다. 그러므로 헌법 제12조 제2항에 정한 불이익 진술의 강요금지 원칙을 구체화한 자기부죄거부특권에 관한 것이거나 기타 증언거부사유가 있음에도 증인이 증언거부권을 고지받지 못함으로 인하여 그 증언거부권을 행사하는 데 사실상 장애가 초래되었다고 볼 수 있는 경우에는 위증죄의 성립을 부정하여야 할 것이다).

286) 김성천/김형준, 1033면; 김일수/서보학, 729면; 백형구, 618면; 손동권/김재윤, 850면; 이재상/장영민/강동범, 786면; 이정원, 809면.

287) 김성돈, 776면; 배종대, 162/12; 오영근, 792면; 유기천, 360면; 이영란, 842면; 정성근/박광민, 901면; 정영일, 492면; 진계호, 750면.

288) 대법원 1989. 1. 17. 선고 88도580 판결; 대법원 1996. 8. 23. 선고 95도192 판결; 대법원 1988. 12. 13. 선고 88도80 판결; 대법원 1985. 11. 26. 선고 85도711 판결.

등에 있어서는 위증죄에 해당한다고 판시하였는데, 이 경우에는 객관설에 의하더라도 같은 결론이 된다.

외적 사실에 대한 증언에 있어서는 증인이 진실한 사실이라고 오인하여 허위 사실을 진술한 때에는 본죄의 고의를 인정할 수 없으므로 처벌할 수 없으며, 객관적 진실에 부합되는 진술은 일반적으로 허위라고 할 수 없고, 이와 달리 진실에 반하는 내용의 진술은 기억에 반한다고 보아야 한다.

따라서 주관설과 객관설의 실질적인 차이는, 기억에 반하는 진술을 하였으나 진술이 객관적 진실과 일치하는 경우, 기억에 반하는 사실을 진실이라고 믿고 진술하였으나 허위인 경우에 위증죄로 처벌할 수 있는가라는 점이다. 이 경우에 과실위증죄를 처벌하지 않은 형법의 해석에 있어서는 이러한 경우를 처벌하기 위해서도 주관설을 취해야 한다는 입장이다.

생각건대 증인에게 자신의 기억 이상의 진술을 기대할 수 없으며, 증인의 사명은 자기의 기억을 진술하여 법원의 진실발견에 도움을 주는데 있다. 따라서 기억에 반하는 진술이 객관적 진실과 일치하는가는 우연에 불과한 것인데 객관설은 행위의 가벌성을 우연에 맡긴다는 문제가 있다. 따라서 진술의 허위 여부는 주관설에 따라 증인의 기억에 반하는 진술을 하는가에 달려 있다. 증인의 진술이 허위인가 여부는 증언의 단편적인 구절에 구애받지 말고 당해 신문절차에서의 증언 전체를 일체로 파악하여 판단해야 한다.[289]

2) 진 술

진술이란 증인이 경험한 사실을 그대로 서술하는 것을 말한다.

가. 진술의 대상　　진술은 사실에 한정되며, 이에 대한 가치판단은 포함되지 않는다. 따라서 경험한 사실에 대한 주관적인 평가나 법적 효력에 대한 설명은 잘못이 있다고 하더라도 위증죄가 성립하지 않는다. 이 점에서 허위감정의 대상에 가치판단이 포함되는 것과는 구별된다. 사실인 이상 외적 사실뿐만 아니라 내적 사실인 이상 감정, 동기, 목적, 관념·기억 등도 포함한다.

나. 진술의 상대방　　증인이 진술하는 상대방은 법원·법관이다. 그러나 직접 신문하는 주체가 누구인가는 불문한다.

---

289) 대법원 2006. 2. 10. 선고 2003도7487 판결; 대법원 2003. 12. 12. 선고 2003도3885 판결; 대법원 1996. 3. 12. 선고 95도2864 판결.

다. 진술의 방법　　진술의 방법에는 제한이 없다. 따라서 구두·거동·표정, 작위·부작위를 불문한다. 단순한 진술거부는 증언거부에 대한 책임은 별론하고 본죄의 진술에는 해당하지 않지만, 다만 진술거부에 의하여 전체로서의 진술내용이 허위로 되는 때에는 부작위에 의한 위증이 될 수 있다.

라. 진술의 내용　　증인신문의 대상이 되는 사항은 모두 진술의 내용이 될 수 있다. 반드시 요증사실이거나 재판에 영향을 미치는 진술임을 요하지 않는다.[290] 반드시 직접신문에 대한 진술임을 요하지 않고, 반대신문에 대한 진술도 포함된다. 사실에 대한 진술이나 인정신문에 대한 진술, 지엽적인 사실에 대한 진술,[291] 동기나 내력에 대한 진술 등도 포함된다. 그러나 증인의 자발적인 진술은 그것이 증명의 대상이 되지 않은 때에는 진술의 내용에 포함되지 않는다고 해석해야 한다.

증언의 증거능력, 공판절차의 적법성 여부, 진술내용의 적법·부적법, 유효·무효도 불문한다.

3) 기수시기

본죄의 미수범은 처벌하지 않는다. 따라서 위증죄의 기수시기가 문제되는데, 위증죄는 증인신문절차가 종료하여 그 **진술을 철회할 수 없는** 단계에 이르렀을 때 기수가 된다는 통설[292]이 타당하며 판례도 같은 입장이다.[293] 따라서 허위의 진술을 증인이 신문이 끝날 때까지 이를 시정한 때에는 본죄는 성립하지 않으며,[294] 선서한 증인이 같은 기일에 여러 가지 사실에 관하여 허위의 진술을 한 때에는 포괄하여 1개의 위증죄가 성립한다.[295] 당사자의 신문에 대하여 한 증언을 반대당사자 또는 재판장의 신문시에 취소·시정한 때에는 위증죄가 성립하지 않는다.[296] 다만 증인이 진술한 후 선서한 경우에는 선서를 종료한 때에 기수가

---

290) 대법원 1990. 2. 23. 선고 89도1212 판결; 1996. 2. 9. 선고 95도1797 판결.
291) 대법원 2018. 5. 15. 선고 2017도19499 판결.
292) 김성돈, 830면; 김성천/김형준, 874면; 김일수/서보학, 730면; 박상기, 692면; 배종대, 162/14; 손동권/김재윤, 834면; 오영근, 794면; 이재상/장영민/강동범, 789면; 이형국, 854면; 임웅, 1012면; 정성근/박광민, 903면.
293) 대법원 2010. 9. 30. 선고 2010도7525 판결; 대법원 1993. 12. 7. 선고 93도2510 판결.
294) 대법원 2008. 4. 24. 선고 2008도1053 판결; 대법원 1993. 12. 7. 선고 93도2510 판결.
295) 대법원 2007. 3. 15. 선고 2006도9463 판결.
296) 대법원 1984. 3. 27. 선고 83도2853 판결.

된다.

3. 주관적 구성요건

본죄는 고의범이므로, 행위자는 법률에 의하여 선서한 증인이라는 점과 그 진술이 자신의 기억에 반한 허위의 진술이라는 점에 대한 고의가 필요하다. 미필적 고의로도 족하다.

따라서 오해나 착오로 인한 진술이나 불분명한 기억을 잘못 진술한 경우에는 본죄가 성립하지 않는다. 허위의 사실을 진실한 사실이라고 믿고 증언한 때에는 구성요건적 착오로서 고의가 조각된다. 이와 달리 진실을 증언할 의무가 없다고 오신한 때에는 법률의 착오에 해당한다.

4. 공범관계

본죄는 자수범이므로 비신분자가 위증죄에 가담한 경우와 자기의 형사사건에 대한 위증교사가 문제된다.

(1) 비신분자가 위증죄에 가담한 경우

위증죄는 자수범이므로 법률에 의하여 선서한 증인 이외의 자는 본죄의 간접정범·공동정범이 될 수 없다. 그러나 비신분자가 선서한 증인의 위증을 교사·방조하면 본죄의 교사범·종범이 성립될 수 있다.

(2) 자기의 형사사건에 대한 위증교사

형사피고인이 자기의 형사사건에 관하여 타인을 교사하여 위증하게 한 경우에 본죄의 교사범이 성립될 수 있는가에 관해서는 적극설과 소극설이 대립한다.

① 적극설은 형사피고인에 대하여 본죄가 성립하지 않은 것은 기대가능성이 없기 때문인데, 타인에게 위증을 교사하는 경우까지 기대가능성이 없어 책임이 조각된다고는 할 수 없으며, 정범에게 위증죄가 성립하면 교사범의 성립도 인정해야 하고, 교사는 범죄를 유발하는 특수한 반사회성이 있으며 변호인의 변호권의 범위를 넘어선 남용이므로 위증죄의 교사범의 성립을 인정해야 한다는 견해이다. 판례는 이러한 입장을 취하고 있다.[297]

② 소극설은 형사피고인은 본죄의 정범은 물론 교사범도 될 수 없다는 견해

---

297) 대법원 2004. 1. 27. 선고 2003도5114 판결.

이다. 즉 정범으로 처벌할 수 없는 피고인을 교사범으로 처벌하는 것은 부당하고, 피고인이 타인을 교사하여 위증하게 하는 것은 피고인 자신이 허위진술을 하는 것과 차이가 없으므로 위증죄의 교사범은 성립할 수 없다는 견해이다.[298]

생각건대 피고인에 대하여 본죄가 성립하지 않는 것은 피고인에게 증인적격이 없기 때문이며, 또한 본죄의 정범이 될 수 없는 자에게 교사범이 성립할 수 있다는 타당하지 않으므로 소극설이 타당하다.

5. 죄수 및 다른 범죄와의 관계

(1) 죄 수

1) 동일사건의 피고인에 대하여 동일법정에서 수개의 위증을 한 경우, 한 번의 선서로 하나의 사건에서 수차 허위진술을 한 경우는 1개의 위증죄의 포괄일죄가 성립한다.[299]

2) 동일사건에서 수인을 교사하여 위증하게 한 경우에는 증인의 수에 따라 수개의 위증교사죄의 실체적 경합범이 된다.

(2) 다른 범죄와의 관계

1) 타인을 무고하고 그로 인한 재판에서 위증을 한 경우에는 무고죄와 위증죄의 실체적 경합이 된다.

2) 재물편취의 의사로 사기소송을 제기한 후 그 사건의 증인으로 나서 위증을 한 경우에는 사기죄와 위증죄의 실체적 경합이 된다.

3) 위증죄는 증거인멸죄의 관계에 대하여는 양자는 서로 양립할 수 없는 2개의 구성요건으로서 택일관계라는 견해[300]도 있으나, 법조경합의 특별관계라는 다수설[301]의 입장이 타당하다.

---

298) 김성천/김형준, 1037면; 배종대, 876면; 오영근, 1183면; 이재상/장영민/강동범, 792면; 임웅, 904면; 정성근/박광민, 905면.

299) 대법원 1998. 4. 14. 선고 97도3340 판결.

300) 김일수/서보학, 934면.

301) 김성천/김형준, 1037면; 박상기, 694면; 이재상/장영민/강동범, 792면; 이형국, 856면; 임웅, 904면; 정성근/박광민, 905면.

6. 자백·자수의 특례

> **제153조(자백, 자수)** 본죄를 범한 자가 그 진술한 사건의 재판 또는 징계처분이 확정되기 전에 자백 또는 자수한 때에는 그 형을 감경 또는 면제한다.

(1) 의   의

위증죄를 범한 자가 그 진술한 사건의 재판 또는 징계처분이 확정되기 전에 자백 또는 자수한 때에는 그 형을 감경 또는 면제한다. 본 특례는 위증으로 인한 오판을 방지하기 위한 정책적인 규정이다.

(2) 자백·자수의 개념

'자백'이란 허위의 진술을 한 사실을 법원·수사기관·징계기관에 대하여 고백하는 것을 말한다. 스스로 진술이 하위였음을 자백하든 또는 법원 또는 수사기관의 신문에 응하여 자백한 경우이든 불문한다. 이 점에서 범인 스스로의 자발성을 전제로 하는 자수와 구별된다. 진술이 허위였음을 고백하면 족하고, 적극적으로 진실을 말해야 하는 것은 아니다. 자백의 절차에는 제한이 없다. '자수'란 범인이 자발적으로 자기의 범죄사실을 수사기관에 신고하여 그 소추를 구하는 의사표시를 말한다. 법원에 대한 자수는 불가능하다.

(3) 자백·자수의 시기 및 주체

자백·자수는 증언한 사건의 재판 또는 징계처분이 확정되기 전에 하여야 한다. 확정 전이면 이미 허위진술이라는 사실이 간파되었다고 하더라도 상관없다. 자백·자수는 정범뿐만 아니라 공범에게도 인정된다. 따라서 교사범이 자수·자백한 때에도 형을 감경 또는 면제하여야 한다.

(4) 자백·자수의 효과

위증죄에 있어서 자백·자수한 자는 그 형을 반드시 감경 또는 면제하여야 한다. 필요적 감면규정이다. 본 특례는 일신전속적 감면사유이므로 형의 감면은 자백·자수한 자에게만 적용된다.

Ⅲ. 모해위증죄

제152조(모해위증) ② 형사사건 또는 징계사건에 관하여 피고인, 피의자 또는 징계혐의자를 모해할 목적으로 전항의 죄를 범한 때에는 10년 이하의 징역에 처한다.

제153조(자백, 자수) 본죄를 범한 자가 그 진술한 사건의 재판 또는 징계처분이 확정되기 전에 자백 또는 자수한 때에는 그 형을 감경 또는 면제한다.

모해위증죄는 형사사건 또는 징계사건에 관하여 피고인, 피의자 또는 징계혐의자를 모해할 목적으로 전항의 죄를 범함으로써 성립하는 범죄이다.

본죄는 행위자의 목적으로 인하여 불법이 가중되는 **가중적 구성요건**이다.

본죄에서 '모해할 목적'이란 피고인·피의자·징계혐의자에게 형사처분 또는 징계처분을 받게 할 목적을 말한다.

여기서의 '모해할 목적'이란 피고인, 피의자 또는 징계혐의자들을 불이익하게 할 일체의 목적을 말한다.[302] 피고사건 외에도 피의사건의 경우를 포함한 것은 「형사소송법」상 증거보전절차(제184조)와 증인신문의 청구(동법 제221조의2)에 의하여 피의사건에 대한 증인신문이 가능하기 때문이다.

타인으로 하여금 형사처분을 할 목적으로 「국가보안법」에 규정된 죄에 대하여 위증한 때에는 동법 제12조에 의하여 처벌된다.

판례는 본죄를 **부진정신분범**으로 이해하여, 모해할 목적으로 위증을 교사한 자는 정범에게 모해할 목적이 없었던 때에도 형법 제33조 단서의 규정에 의하여 모해위증교사죄가 성립한다고 판시하였다.[303] 그러나 모해의 목적은 행위자 요소가 아니라 행위요소이므로 신분에 해당한다고 보는 것은 타당하지 않다.[304]

모해위증죄를 범한 자에 대하여도 그 공술한 사건의 재판 또는 징계처분이 확정되기 전에 자백 또는 자수한 때에는 그 형을 필요적으로 감면하도록 규정하고 있다.

---

302) 대법원 2007. 12. 27. 선고 2006도3575 판결.
303) 대법원 1994. 12. 24. 선고 93도1002 판결.
304) 김일수/서보학, 733면; 박상기, 696면; 배종대, 162/37; 이재상/장영민/강동범, 794면; 이형국, 858면.

IV. 허위감정·통역·번역죄

> **제154조(허위의 감정, 통역, 번역)** 법률에 의하여 선서한 감정인, 통역인 또는 번역인이 허위의 감정, 통역 또는 번역을 한 때에는 전2조의 예(위증죄, 모해위증죄, 자백·자수의 필요적 감면)에 의한다.

1. 의의 및 성격

허위감정·통역·번역죄는 법률에 의하여 선서한 감정인, 통역인 또는 번역인이 허위의 감정, 통역 또는 번역을 함으로써 성립하는 범죄이다.

2. 구성요건

(1) 행위주체

본죄의 행위주체는 '법률에 의하여 선서한 감정인·통역인·번역인'이다. 수사기관으로부터 감정위촉을 받은 감정수탁자(형사소송법 제221조)·감정증인, 감정서의 설명자(민사소송법 제314조)는 본죄의 주체가 아니다.

(2) 실행행위

본죄의 실행행위는 '허위의 감정·통역·번역'을 하는 것이다. 허위의 의미는 위증죄의 그것과 동일하다. 여기서 '허위'란 주관설에 의하면 자기의 의견 또는 판단에 반하는 것을 의미하며, 객관설에 의하면 진실에 반하는 것을 말한다.

허위의 감정·통역·번역으로 인하여 판결에 영향을 미칠 것을 요하지 않는다.

3. 처   벌

본죄에 해당할 경우에는 위증죄와 모해위증죄에 정한 형으로 처벌되며, 재판 또는 징계처분이 확정되기 전에 자백 또는 자수한 때에는 감경 또는 면제한다.

V. 증거인멸죄

> **제155조(증거인멸 등)** ① 타인의 형사사건 또는 징계사건에 관한 증거를 인멸, 은닉, 위조 또는 변조하거나 위조 또는 변조한 증거를 사용한 자는 5년 이하의 징역 또는 700만

원 이하의 벌금에 처한다.
제155조(친족간의 특례) ④ 친족 또는 동거의 가족이 본인을 위하여 본조의 죄를 범한 때
에는 처벌하지 아니한다.

1. 의의 및 성격

증거인멸죄는 타인의 형사사건 또는 징계사건에 관한 증거를 인멸, 은닉, 위
조 또는 변조하거나 위조 또는 변조한 증거를 사용함으로써 성립하는 범죄이다.

본죄는 무형적 방법으로 증거의 증명력을 해하는 위증죄와 달리 **유형적 방법**
으로 증거의 증명력을 해하여 **국가의 심판기능**을 방해하는 범죄이다. 증거의 완전
한 이용을 방해하는 행위를 처벌하여 국가의 형사사법기능을 보호하기 위한 범
죄로서 **추상적 위험범**이다.

2. 객관적 구성요건

(1) 행위주체
증거인멸죄의 행위주체에는 제한이 없다.

(2) 행위객체
증거인멸죄의 행위객체는 '타인의 형사사건·징계사건에 관한 증거'이다. 이
를 분설하여 살펴보면 다음과 같다.

1) 타인의 증거여야 한다.
여기에서 '타인'이란 행위자 이외의 자를 말한다. 따라서 자기의 형사사건에
관한 증거는 본죄의 객체가 아니다. 따라서 살인범이 살인에 사용한 흉기를 은닉
한 경우, 자기의 형사사건에 관한 증거를 자신이 은닉을 한 경우에는 본죄는 성
립하지 않는다. 행위주체와 관련하여 문제되는 경우는 다음과 같다.

가. 공범자의 형사사건에 관한 증거   공범자의 형사사건에 대한 증거를 타인
의 형사사건에 대한 증거라 할 수 있는가에 관해서는 견해가 대립한다. 즉 ① 공
범자와 자기에게 공통된 증거인 경우에는 타인의 형사사건에 증거이므로 공범자
의 형사사건에 대한 증거도 타인의 증거에 포함된다고 해석하는 **긍정설**, ② 공범
자의 사건은 타인의 사건이라고 할 수 없으므로 본죄가 성립하지 않는다는 **부정**

설,[305] ③ 다른 공범자를 의사로 한 때에는 본죄가 성립하여도 자기 또는 공범자와 자기를 위한 때에는 본죄가 성립하지 않는다는 **절충설**[306]이 그것이다.

생각건대 공범에 있어서 누구에게 이익인가를 구별하는 것은 어려우므로 본죄의 성립을 부정하는 부정설이 타당하다고 생각된다.

나. 타인을 교사하여 자기의 형사사건에 관한 증거를 인멸하게 한 경우　　이 경우에도 적극설[307]과 소극설[308]이 대립하고 있으며, 판례[309]는 본죄의 성립을 인정하고 있다. 이 경우도 자기증거인멸과 마찬가지로 자기비호로 보아야 하며, 정범이 될 수 없는 자가 교사에 의하여 본죄를 범한다는 것도 인정할 수 없으므로 본죄의 성립을 부정하는 소극설이 타당하다.

2) 형사사건·징계사건

증거는 형사사건·징계사건에 관한 증거여야 한다. 따라서 민사·행정·선거·비송사건에 관한 증거는 본죄의 객체가 아니다.

형사사건인 경우에 형의 경중은 불문한다. 또한 종국판결의 선고·확정여부도 불문한다. 따라서 비상상고·재심사건도 포함된다. 형사피고사건 이외에 형사피의사건도 본죄의 객체로 된다. 또한 형사사건이면 수사개시 이전의 사건도 포함된다. 법적 안정성을 위해 피고사건에 제한하자는 견해[310]도 있으나, 범인은닉죄에 있어서도 범인에 대하여 공소제기되었음을 요하지 않으므로 증거인멸죄에 있어서도 형사사건을 피고사건으로 제한하는 것은 타당하지 않다.[311]

관세범사건·교통범칙사건에서 통고처분 이전의 조사 중인 사건도 포함된다.

3) 증　　거

여기서 '증거'란 범죄의 성부·태양, 형의 가중·감면, 정상 등을 인정하는 데

---

305) 김성천/김형준, 877면; 배종대, 163/6; 손동권/김재윤, 860면; 이재상/장영민/강동범, 796면; 오영근, 251면.
306) 김일수/서보학, 920면; 박상기, 697면; 백형구, 626면; 임웅, 908면; 정성근/박광민, 912면; 정영일, 854면.
307) 백형구, 625면; 유기천, 362면; 정영일, 854면.
308) 김성천/김형준, 1041면; 박상기, 698면; 배종대, 163/5; 손동권/김재윤, 859면; 이재상/장영민/강동범, 796면; 임웅, 1018면.
309) 대법원 2011. 2. 10. 선고 2010도15986 판결; 대법원 2000. 3. 24. 선고 99도5275 판결.
310) 유기천, 363면; 이영란, 847면.
311) 이재상/장영민/강동범, 797면.

사용되는 일체의 자료를 말한다. 원칙적으로 증거방법을 의미하나, 이미 증거조사가 끝난 경우에는 증거자료도 본죄의 객체가 될 수 있다. 증거가치의 여하, 유리·불리를 불문한다. 그러나 증인은 증인은닉·도피죄의 객체이므로 증거의 범위에서 제외된다.

(3) 실행행위

증거인멸죄의 실행행위는 '인멸·은닉·위조·변조'하거나 '위조·변조한 증거를 사용'하는 것이다.

'인멸'이란 증거의 가치·효용을 멸실·감소시키는 일체의 행위를 말한다. 물질적 훼손 이외에 현출방해도 포함된다. '은닉'이란 증거를 숨기거나 그 발견을 곤란하게 하는 일체의 행위를 말한다.

'위조'란 부진정한 새로운 증거를 작출하는 것을 말한다. '변조'란 진정한 증거에 가공하여 증거가치를 변경시키는 것을 말한다. '사용'이란 위조·변조된 증거를 진정한 증거인 양 법원·수사기관·징계기관에 제공하는 것을 말한다.

3. 주관적 구성요건

본죄는 고의범이므로, 행위자에게 타인의 형사사건 또는 징계사건에 관한 증거를 인멸, 은닉, 위조 또는 변조하거나 위조 또는 변조한 증거를 사용한다는 점에 대한 고의가 있어야 한다.

4. 죄수 및 다른 범죄와의 관계

(1) 죄　수

1) 증거인멸죄의 행위태양인 인멸·은닉·위조·변조 상호간에는 포괄일죄가 된다.

2) 증거의 위조·변조와 위조·변조된 증거의 사용이 같은 행위자에 의하여 연속적으로 이루어진 경우에는 법조경합의 보충관계가 되어 사용죄만 성립한다.

(2) 다른 범죄와의 관계

1) 타인의 형사사건에 관한 증거를 은닉하기 위하여 장물을 은닉한 경우에는 증거인멸죄와 장물보관죄의 상상적 경합이 된다.

2) 증인을 살해·감금한 경우에는 증인은닉죄와 살인죄·감금죄의 상상적 경

합이 된다.

3) 타인의 형사사건에 관한 증거로서 문서를 위조한 경우에는 증거인멸죄와 문서위조죄의 상상적 경합이 된다.

4) 위증죄는 증거인멸죄에 대하여 특별관계에 있다. 따라서 위증죄가 성립하는 경우에는 증거인멸죄는 성립하지 않는다.

5. 친족간의 특례

친족 또는 동거의 가족이 본인을 위하여 본죄를 범한 때에는 처벌하지 아니한다. 친족간의 정의관계를 고려한 책임조각사유이다. 특례규정의 적용범위는 범인은닉죄와 동일하다. 따라서 친족이 제3자를 교사하여 본죄를 범한 때에도 친족은 처벌할 수 없다고 해야 한다.[312]

VI. 증인은닉·도피죄

> **제155조(증거인멸 등과 친족간의 특례)** ② 타인의 형사사건 또는 징계사건에 관한 증인을 은닉 또는 도피하게 한 자도 제1항의 형과 같다.
> ④ 친족 또는 동거의 가족이 본인을 위하여 본조의 죄를 범한 때에는 처벌하지 아니한다.

1. 의의 및 성격

증인은닉·도피죄는 타인의 형사사건 또는 징계사건에 관한 증인을 은닉 또는 도피하게 함으로써 성립하는 범죄이다.

본죄는 증인을 객체로 한다는 점을 제외하고는 증거인멸죄와 성격이 같다.

2. 객관적 구성요건

(1) 행위객체

증인은닉·도피죄의 행위객체는 '타인의 형사사건·징계사건에 관한 증인'이

---

312) 이재상/장영민/강동범, 898면.

다. 형사소송법상의 증인 이외에 수사상의 **참고인**도 포함된다.

(2) 실행행위

증인은닉·도피죄의 실행행위는 '증인을 은닉·도피'하게 하는 것이다.

여기서 '은닉'이란 증인의 출석을 방해 또는 곤란하게 하는 일체의 행위를 말한다. 증인을 살해·감금하는 경우가 여기에 해당한다. 그러나 단순히 타인의 피의사건에 관하여 수사기관에 허위의 진술을 하거나 이를 교사하는 것으로는 증인을 은닉·도피하게 하였다고 할 수 없다. 증인을 '도피하게 하는 것'이란 증인의 도피를 야기·방조하는 일체의 행위를 말한다.

판례는 피고인 자신이 직접 형사처분이나 징계처분을 받을 것이 두려워 자기의 이익을 위하여 증인이 될 사람을 도피하게 하였다면, 그 행위가 동시에 공범자의 형사사건이나 징계사건에 관한 증인을 도피하게 한 결과가 된다고 하더라도 이를 증인도피죄로 처벌할 수는 없다고 판시하였다.[313]

3. 주관적 구성요건

행위자에게는 타인의 형사사건 또는 징계사건에 관한 증인을 은닉 또는 도피하게 한다는 사실에 대한 고의가 있어야 한다.

4. 친족간의 특례

친족 또는 동거의 가족이 본인을 위하여 본죄를 범한 때에는 처벌하지 아니한다.

Ⅶ. 모해증거인멸죄

> 제155조(증거인멸 등과 친족간의 특례) ③ 피고인, 피의자 또는 징계혐의자를 모해할 목적으로 전2항의 죄를 범한 자는 10년 이하의 징역에 처한다.
> ④ 친족 또는 동거의 가족이 본인을 위하여 본조의 죄를 범한 때에는 처벌하지 아니한다.

모해증거인멸죄는 피고인·피의자 또는 징계혐의자를 모해할 목적으로 증거

---

313) 대법원 2003. 3. 14. 선고 2002도6134 판결.

인멸죄와 증인은닉·도피죄를 범함으로써 성립하는 범죄이다.

본죄는 목적으로 인하여 불법이 가중되는 **가중적 구성요건**이다.

여기서 '**모해할 목적**'이란 피고인·피의자 또는 징계혐의자에게 형사처분 또는 징계처분을 받게 할 목적을 말한다.

「국가보안법」에서는 타인으로 하여금 형사처분을 받게 할 목적으로 동법의 죄에 대하여 무고 또는 위증을 하거나 증거를 날조·인멸·은닉한 자를 그 각조에 정한 형으로 처벌하도록 하고 있다(제12조 제1항).

제 5 절   무고의 죄

I. 개   설

1. 의   의

무고의 죄란 타인으로 하여금 형사처분 또는 징계처분을 받게 할 목적으로 공무소 또는 공무원에 대하여 허위의 사실을 신고함으로써 성립하는 범죄이다.

무고죄의 주된 보호법익은 **국가의 심판기능의 적정한 행사**이고, 부차적으로는 피무고자의 법적 안정성도 보호법익이 된다.

무고죄의 본질에 관해서는, ① 피무고자의 부당한 형사처분이나 징계처분을 받을 고통과 위험으로부터 구제하기 위한 개인적인 이익을 보호하기 위한 범죄라는 측면에서 **개인적인 법익보호설**과, ② 국가형벌권 또는 징계권의 적정한 행사를 저해하는 **국가적 법익침해설**, 그리고 ③ 국가의 형벌권 또는 징계권의 적정한 행사뿐만 아니라 피무고자 개인의 이익을 보호하는 범죄라는 **절충설**의 입장이 대립하고 있다.

2. 보호법익

생각건대 국가적 법익침해설의 입장에 다르면 개인의 이익보호는 국가사법의 기능보호의 반사적 효과에 불과하다고 주장하지만, 무고죄가 피무고자의 개인적 이익을 보호하는 면을 가지고 있음을 부정할 수도 없으며, 또한 이 견해 따르면 피무고자를 피해자라고 할 수 없는 부당한 결과를 초래한다. 따라서 무고죄는 국가의 심판기능을 보호하는 국가적 법익에 대한 범죄이지만, 부수적으로는 부당하게 처벌받지 않을 개인의 이익도 보호하는 이중적 성격을 지닌 범죄로 이해하는 견해인 통설[314]이 타당하다.

무고죄의 주된 보호법익이 무엇인가에 대해서도, ① 국가의 심판기능 또는 형사·징계권의 적정한 행사를 의미한다는 견해,[315] ② 국가의 심판기능 자체의 적정이 아니라 형사 또는 징계처분에 대한 절차개시의 적정, 즉 수사권과 또는 징계를 위한 조사권의 적정을 의미한다는 견해[316]로 나누어진다.

생각건대 본죄를 단순히 수사 또는 조사개시의 적정만을 보호하기 위한 범죄라고 이해할 수는 없으며, 본죄의 보호법익이 추상적 위험범인 점을 고려하면 전설이 타당하다. 즉 본죄는 국가의 심판기능을 주된 보호법익으로 하고, 보호의 정도는 추상적 위험범이다.

II. 무 고 죄

> 제156조(무고) 타인으로 하여금 형사처분 또는 징계처분을 받게 할 목적으로 공무소 또는 공무원에 대하여 허위의 사실을 신고한 자는 10년 이하의 징역 또는 1천만원 이하의 벌금에 처한다.
> 제153조(자백, 자수) 본죄를 범한 자가 그 진술한 사건의 재판 또는 징계처분이 확정되기 전에 자백 또는 자수한 때에는 그 형을 감경 또는 면제한다.

1. 의의 및 성격

무고죄는 타인으로 하여금 형사처분 또는 징계처분을 받게 할 목적으로 공무소 또는 공무원에 대하여 허위의 사실을 신고함으로써 성립하는 범죄이다.

---

314) 김일수/서보학, 735면; 박상기, 702면; 손동권/김재윤, 864면; 이재상/장영민/강동범, 801면; 임웅, 1024면; 정성근/박광민, 919면.
315) 박상기, 702면; 배종대, 164/3; 손동권/김재윤, 846면; 이형국, 868면; 임웅, 1024면; 정성근/박광민, 919면.
316) 진계호, 764면.

익명화되어 가는 현대사회에서 범죄와 비리에 대한 감시와 고발은 건강한 사회를 유지하기 위한 사회연대행위이다. 그러나 타인을 음해할 목적으로 허위사실을 신고하여 국가의 사법기능의 적정한 행사를 저해하는 행위를 용인할 수는 없다.

이와 같이 무고죄는 국가의 심판기능 또는 수사징계권의 적정한 행사를 보호하는 측면과 개인의 법적 안정과 이익을 보호한다는 측면이 있다는 점에서, 이중적 성격의 구성요건이라 할 수 있다. 즉 무고죄는 부수적으로 개인이 부당하게 처벌받거나 징계를 받지 않을 이익도 보호하나, 국가의 형사사법권 또는 징계권의 적정한 행사를 주된 보호법익으로 한다.

따라서 본죄의 주된 보호법익은 국가의 형사사법권 또는 징계권의 적정한 행사에 있지만, 부차적으로는 개인으로 하여금 부당하게 처벌되지 않게 함으로써 개인의 명예, 자유, 재산 등 개인적 법익을 보호하는 데 있다. 보호의 정도는 추상적 위험범으로서의 보호이다.

2. 객관적 구성요건

(1) 행위주체

무고죄의 행위주체에는 제한이 없다. 공무원도 본죄의 주체가 될 수 있다. 따라서 직무상의 고발의 경우에도 본죄가 성립할 수 있다.

(2) 허위신고의 상대방

무고죄에 허위신고의 상대방은 '공무소·공무원'이다. 그러나 모든 공무원·공무소가 아니라, 형사처분·징계처분에 대하여 직권행사를 할 수 있는 해당 관서 또는 그 소속 공무원을 말한다. 따라서 형사처분의 경우에는 수사기관인 검사·사법경찰관 및 그 보조자를 포함한다. 징계처분의 경우에는 징계권자 또는 징계권의 발동을 촉구하는 직권을 가진 자와 그 감독기관 또는 그 소속 구성원을 말한다. 그 밖에도 수사기관을 통할하는 대통령, 관내 경찰서장을 지휘·감독하는 도지사,317) 감사원장에게 처벌을 요구하는 진정서를 제출하는 것도 여기에 포함된다.

그러나 농업협동조합중앙회나 농업협동조합중앙회장은 무고죄에 있어서의 공무소나 공무원에 해당되지 않는다.

---

317) 대법원 1982. 11. 23. 선고 81도2380 판결.

(3) 행위태양

무고죄의 실행행위는 '허위사실을 신고'하는 것이다.

1) 허위사실

가. 의   의　　'허위사실'이란 객관적 진실에 반하는 사실을 의미한다. 따라서 허위사실을 신고한다는 것은 공무원 또는 공무소에 신고된 사실이 객관적 진실에 반하는 것을 말한다. 따라서 신고자가 신고내용을 허위라고 오신한 경우에도 그것이 객관적 진실에 부합할 경우에는 무고가 되는 것은 아니므로, 고소장의 내용이 진실에 부합할 때에는 본죄가 성립할 여지가 없다.[318] 위증죄에서의 허위가 통설과 판례에 의하면 주관설에 따라 주관적인 기억을 기준으로 허위여부가 결정되는 것과는 구별되어진다.

나. 허위사실여부의 판단　　신고사실의 허위 여부는 그 범죄의 구성요건과 관련하여 신고사실의 핵심 또는 중요내용이 허위인가에 따라 판단하여야 한다. 따라서 신고된 사실에 의하여 형사상 처벌을 면할 수 없는 이상 허위인 일부사실의 존부가 범죄사실 또는 징계사유에 영향을 줄 정도에 이르지 않거나, 다소 사실을 과장한 것에 지나지 않는 경우에는 허위의 사실이라 할 수 없다.[319] 또한 신고한 사실이 객관적 진실에 반하는 허위사실이라는 요건은 적극적 증명이 있어야 하고, 신고사실의 진실성을 인정할 수 없다는 소극적 증명만으로 곧 그 신고사실이 객관적 진실에 반하는 허위의 사실이라 단정하여 무고죄의 성립을 인정할 수는 없으며, 신고내용에 일부 객관적 진실에 반하는 내용이 포함되어 있더라도 그것이 범죄의 성부에 영향을 미치는 중요한 부분이 아니고 단지 신고사실의 정황을 과장하는 데 불과하다면 무고죄는 성립하지 않는다.[320]

상대방의 범행에 공범으로 가담한 사람이 이를 숨긴 채 상대방을 고소한 경우에도 무고죄는 성립하지 않는다.[321] 또한 객관적 사실관계에 일치할 경우에는 법률평가를 잘못하거나 죄명을 잘못 적은 경우에도 허위라고 할 수 없다.[322] 신

---

318) 대법원 1991. 10. 11. 선고 91도1950 판결.
319) 대법원 2011. 1. 13. 선고 2010도14028 판결; 대법원 2010. 11. 11. 선고 2008도7451 판결;
　　 대법원 1998. 9. 8. 선고 98도1949 판결.
320) 대법원 2019. 7. 11 선고 2018도2614 판결.
321) 대법원 2008. 8. 21. 선고 2008도3754 판결; 대법원 2010. 2. 25. 선고 2009도1302 판결.
322) 대법원 1987. 6. 9. 선고 87도1029 판결.

고사실이 객관적으로 진실인 이상 범죄주체를 잘못 지목하였다 하여 허위신고가
되는 것은 아니다.[323]

그러나 범죄성립을 조각하는 사유를 숨기고 구성요건적 사실만을 신고하는
것은 허위신고에 해당한다.[324]

다. 허위사실의 정도 신고되는 허위사실은 형사처분·징계처분의 원인이
될 수 있는 것이라야 한다. 즉 범죄혐의를 야기·촉진할 수 있어야 한다. 단순히
추상적 사실을 적시한 것만으로는 부족하고, 적어도 수사권·징계권의 발동을 촉
구할 정도로는 적시하여야 한다.

판례는 당해 관청의 직권을 발동할 수 있을 정도이면 추상적 사실로도 족하
다고 판시하고 있다. 그러나 형사처분 또는 징계처분의 원인이 되기 위해서는 신
고된 사실이 구체성을 지녀야 하며 추상적 사실의 신고로는 불충분하다고 해야
한다.[325]

또한 피무고자는 특정되어야 한다. 반드시 성명을 표시할 필요는 없으나 누
구를 무고하였는지 인식할 수 있어야 한다.

그러나 신고사실이 허위일지라도 형벌권 행사를 위한 조사가 전혀 필요 없
음이 명백한 경우에는 본죄의 구성요건해당성이 없다. 따라서 신고된 사실에 대
한 벌칙이 없는 경우,[326] 사면[327] 또는 공소시효완성으로 공소권이 소멸되었음이
명백한 사실을 신고하는 경우,[328] 친고죄에 있어서 고소기간이 경과하여 공소를
제기할 수 없음에도 신고한 경우에는 본죄에 해당하지 않는다. 그러나 객관적으
로는 공소시효가 완성되었더라도 공소시효가 완성되지 않은 것처럼 고소한 경우
에는 본죄가 성립한다.[329]

2) 신 고

여기서 '신고'란 자진하여 사실을 고지하는 것을 말한다. 즉 신고는 **자발성**을

---

323) 대법원 1982. 4. 27. 선고 81도2341 판결.
324) 대법원 1998. 3. 24. 선고 97도2956 판결.
325) 유기천, 372면; 이재상/장영민/강동범, 804면; 이형국, 871면; 정영일, 501면.
326) 대법원 1976. 10. 26. 선고 75도1657 판결.
327) 대법원 1970. 3. 24. 선고 69도2330 판결.
328) 대법원 1994. 2. 8. 선고 93도3445 판결.
329) 대법원 1995. 12. 5. 선고 95도1908 판결.

요건으로 한다. 따라서 조사관의 요청, 수사기관의 신문에 의하여 지득한 정보를 제공하거나, 검사 또는 사법경찰관의 신문에 대하여 허위진술을 하는 것은 신고가 아니다.[330]

그러나 고소장에 기재하지 않은 사실을 고소보충조서를 받으면서 자진하여 허위진술을 한 경우에는 그 진술부분까지 자진하여 신고한 것이 된다.[331]

신고의 방법에는 제한이 없다. 서면·구두를 불문하며, 명칭은 고소장·진정서·탄원서이건 묻지 않는다. 또한 자기명의·타인명의를 불문한다. 익명으로 한 경우도 포함된다. 객관적으로 누구인가를 알 수 있는 이상 피무고자의 성명을 표시해야 하는 것도 아니다.

부작위에 의한 신고가 가능한가에 대하여는 견해가 대립한다. 이에 대해 허위인 정을 모르고 신고한 자가 이를 방치한 때에는 선행행위로 인한 작위의무로 부작위범이 성립할 수 있다는 견해도 있으나, 본죄의 불법은 허위사실을 자진하여 적극적으로 신고한다는 점에 그 본질이 있기 때문에 부작위에 의한 무고는 인정되지 않는다고 해석하는 통설이 타당하다.

3) 기수시기

무고죄의 기수시기는 허위사실의 신고가 당해 공무소·공무원에게 **도달한 때**에 기수가 된다. 구두에 의하여 신고하는 때에는 진술과 동시에 기수가 되지만, 문서는 도달하여야 기수가 된다. 따라서 문서를 발송하였으나 도달하지 않은 경우에는 본죄는 성립하지 않는다. 그러나 현실적인 문서의 접수·열람이나 수사개시·공소제기는 필요하지 않으며, 문서가 도달한 이상 그 후에 무고한 문서를 되돌려 받았다 하더라도 본죄의 성립에는 영향이 없다.[332]

3. 주관적 구성요건

본죄는 고의범이고 **목적범**이므로, 행위자에게는 고의와 목적이 필요하다.

(1) 고   의

행위자에게는 공무소·공무원에게 허위사실을 신고한다는 점에 대한 고의가 있어

---

330) 대법원 1990. 8. 14. 선고 90도595 판결.
331) 대법원 2005. 12. 22. 선고 2005도3203 판결.
332) 대법원 1985. 2. 8. 선고 84도2215 판결.

야 한다. 따라서 객관적으로는 허위라도 신고자가 진실이라고 확신하고 신고한
경우에는 무고죄가 성립하지 않는다.[333]

허위사실에 대한 행위자의 고의는 미필적 고의로 족한가, 아니면 확정적인
고의를 요하느냐에 대해서는 견해가 대립한다. 판례[334]와 통설[335]은 허위사실에
대한 인식은 미필적 고의로 족하다는 전제하에서 진실이라는 확신 없는 사실을
신고하면 족하며 허위임을 확신할 필요는 없다는 입장이다.

이와 달리 확정적 인식이 필요하다는 견해[336]에 의하면, 허위사실에 대한 인
식이 미필적 인식만으로 충분하다면 대부분의 고소·고발이 본죄에 해당하게 되
어 고소권·고발권의 행사가 부당하게 제한되고, 대부분의 진실이라는 확신이 없
는 고소인 또는 고발인들은 무고죄로 처벌할 수 있게 됨으로써 무고죄의 성립을
부당하게 확대하게 되는 결과를 가져오기 때문에 허위사실의 인식은 확정적 고
의임을 요한다는 것이다.

생각건대 허위사실에 대한 행위자의 고의는 미필적 고의로도 충분하다고 보
아야 한다. 오히려 허위사실에 대한 확정적 고의를 요한다고 해석할 경우에는 미
필적 고의로 족하다고 해석함으로써 고소·고발인들이 무고죄로 처벌되는 불합리
보다도 무분별한 남고소로 인한 국가의 심판기능의 적정성을 해치는 폐해가 더
크다고 할 것이다.

(2) 행위자의 목적

행위자에게는 타인으로 하여금 형사처분·징계처분을 받게 할 목적이 있어야 한다.

1) 타   인

① 여기서 '타인'이란 특정되고 인식할 수 있는 범인 이외의 자를 말한다. 타
인은 자연인·법인을 불문한다. 법인격 없는 단체의 경우에는 구성원 개개인에
대한 무고가 된다. 타인은 형사처분·징계처분을 받을 수 있는 자격도 요하지 않

---

333) 대법원 2008. 5. 29. 선고 2006도6347 판결; 대법원 2000. 7. 4. 선고 2000도1908 판결; 대법
원 1995. 12. 5. 선고 95도231 판결.

334) 대법원 2007. 3. 29. 선고 2006도8638 판결; 대법원 1997. 3. 28. 선고 96도2417 판결.

335) 김성돈, 846면; 김성천/김형준, 1055면; 박상기, 704면; 백형구, 635면; 손동권/김재윤, 870
면; 오영근, 810면; 유기천, 370면; 이정원, 820면; 정영일, 503면; 진계호, 770면.

336) 김일수/서보학, 739면; 배종대, 165/12; 이재상/장영민/강동범, 806면; 이형국, 873면; 임웅,
1031면; 정성근/박광민, 925면.

는다. 따라서 책임무능력자도 타인에 포함된다.

② 그러나 자기 자신을 무고하는 **자기무고**의 경우에는, 형법이 '타인으로 하여금'이라고 하여 피무고자를 타인으로 한정하고 있으므로 무고죄의 구성요건해당성이 없다고 하겠다.

③ 자기와 타인이 공범관계에 있다고 허위신고를 하는 공동무고의 경우이다. 이 경우에는 타인의 범행부분에 대해서만 무고죄가 성립한다.

④ 그러나 타인에게 자기를 무고하도록 교사한 경우인데, 이 경우에는 자기무고가 구성요건해당성이 없는 이상 교사범도 성립할 수 없다. 그러나 판례[337]는 무고죄의 교사범이 성립한다는 입장을 취한다.

⑤ 피무고자의 동의를 받아 무고하는 승낙무고의 경우이다. 본죄의 주된 보호법익은 국가의 심판기능의 적정이기 때문에 무고죄가 성립한다.

⑥ 사자·허무인무고의 경우에는 처음부터 국가의 심판기능이 침해될 위험이 없기 때문에 무고죄가 성립하지 않는다. 즉 형사처분·징계처분을 받게 할 가능성이 전혀 없으므로 무고죄의 주관적 요소인 목적성이 결여되어 구성요건해당성이 없다.

2) 형사처분·징계처분

형사처분이란 형법에 의한 형벌 이외에 치료감호법에 의한 보안처분 또는 소년법에 의한 보호처분도 포함된다. 여기서의 징계처분은 모든 종류의 징계·징벌을 의미하는 것이 아니라 공법상의 특별권력관계에 의한 제재를 의미한다.[338] 따라서 징계처분은 공법상의 복종의무를 전제로 하므로 공인회계사·공증인·사립학교 교원에 징계처분등의 제재는 여기에 포함되지 않는다.[339] 판례[340]는 변호사에 대한 징계처분[341]도 법무부 징계위원회에 의해 이루어지므로 여기에 말하는 징계처분에 포함된다는 입장을 취하고 있다.

또한 타인에게 형사처분을 받게 할 목적으로 '허위의 사실'을 신고한 행위가

---

337) 대법원 2008. 10. 23. 선고 2008도4852 판결.
338) 배종대, 165/7; 이재상/장영민/강동범, 807면; 이형국, 874면; 임웅, 1032면.
339) 대법원 2014. 7. 24. 선고 2014도6377 판결.
340) 대법원 2010. 11. 25. 선고 2010도10202 판결.
341) 변호사법 제90조에 따른 변호사에 대한 징계의 종류에는, ① 영구제명, ② 제명, ③ 3년 이하의 정직, ④ 3천만원 이하의 과태료, ⑤ 견책의 5종이 있다.

무고죄를 구성하기 위해서는 신고된 사실 자체가 형사처분의 대상이 될 수 있어야 하므로, 가령 허위의 사실을 신고하였더라도 신고 당시 그 사실 자체가 형사범죄를 구성하지 않으면 무고죄는 성립하지 않는다. 그러나 허위로 신고한 사실이 무고행위 당시 형사처분의 대상이 될 수 있었던 경우에는 국가의 형사사법권의 적정한 행사를 그르치게 할 위험과 부당하게 처벌받지 않을 개인의 법적 안정성이 침해될 위험이 이미 발생하였으므로 무고죄는 기수에 이르고, 이후 그러한 사실이 형사범죄가 되지 않는 것으로 판례가 변경되었더라도 특별한 사정이 없는 한 이미 성립한 무고죄에는 영향을 미치지 않는다.[342]

3) 목적의 내용

형사처분 또는 징계처분을 받게 할 목적을 인정하기 위해서는, ① 그 결과발생에 대한 미필적 인식으로 족하다는 미필적 인식설과, ② 본죄에서의 목적은 강한 의도와 밀접한 관계있는 의사형태이므로 결과발생을 희망·의욕할 것을 요한다는 확정적 인식설이 대립한다. 생각건대 무고죄의 처벌의 실효성과 미필적 인식으로 족하다고 보아야 한다. 판례도 미필적 인식설의 입장을 취하고 있다.

4. 죄수 및 다른 범죄와의 관계

(1) 죄 수

① 무고죄는 피무고자의 수를 기준으로 죄수를 결정한다. 무고죄는 개인적 법익에 관한 죄의 성격도 가지고 있고, 국가의 심판기능은 사람에 따라 별도로 발생하기 때문이다.

② 1개의 행위로 수인을 무고한 경우에는 수개의 무고죄의 상상적 경합이 된다.[343]

③ 수개의 행위로 1인을 무고한 경우에, 동일사실을 기재한 수개의 서면을 시기·작성명의를 달리하여 별개의 수사기관에 제출한 경우에는 수개의 무고죄의 경합범이 되나, 하나의 수사기관에 반복하여 제출한 경우에는 접속범·연속범으로서 1개의 무고죄가 성립한다.

---

342) 대법원 2017. 5. 30. 선고 2015도15398 판결.
343) 김일수/서보학, 740면; 배종대, 165/16; 백형구, 635면; 손동권/김재윤, 873면; 이재상/장영
     민/강동범, 809면; 이형국, 875면; 임웅, 1034면; 정성근/박광민, 928면.

(2) 다른 범죄와의 관계

① 무고를 한 후 위증을 하면 무고죄와 위증죄의 실체적 경합이 된다.

② 문서를 위조한 후 이를 제출하여 무고한 경우에는 무고죄와 문서위조죄는 실체적 경합이 되고, 위조문서행사죄와 무고죄는 상상적 경합이 된다.

5. 자수·자백에 대한 특칙

무고죄를 범한 자가 그 신고한 사건의 재판 또는 징계처분이 확정되기 전에 자백 또는 자수한 때에는 그 형을 감경 또는 면제한다. 여기서 '자백'이란 자신의 범죄사실, 즉 타인으로 하여금 형사처분 또는 징계처분을 받게 할 목적으로 공무소 또는 공무원에 대하여 허위의 사실을 신고하였음을 자인하는 것을 말한다.[344) 자백의 절차에 관해서는 아무런 법령상의 제한이 없으므로 그가 신고한 사건을 다루는 기관에 대한 고백이나 그 사건을 다루는 재판부에 증인으로 다시 출석하여 전에 그가 한 신고가 허위의 사실이었음을 고백하는 것은 물론 무고 사건의 피고인 또는 피의자로서 법원이나 수사기관에서의 신문에 의한 고백 또한 자백의 개념에 포함된다.[345) 형법 제153조에서 정한 '재판이 확정되기 전'에는 피고인의 고소사건 수사 결과 피고인의 무고 혐의가 밝혀져 피고인에 대한 공소가 제기되고 피고소인에 대해서는 불기소결정이 내려져 재판절차가 개시되지 않은 경우도 포함된다.[346)

이 규정은 국가 심판기능의 적정성에 대한 침해를 사전에 방지하기 위한 정책적인 규정이다. 다만 「국가보안법」상의 무고죄에 대하여는 자수·자백의 감면 규정이 적용되지 않는다.

---

344) 대법원 1995. 9. 5. 선고 94도755 판결.
345) 대법원 2018. 8. 1. 선고 2018도7293 판결.
346) 대법원 2018. 8. 1. 선고 2018도7293 판결.

찾아보기

(ㄱ)

가스	603
가스·전기등 방류죄	603
가중수뢰죄	863
가중적 공동정범설(특별죄설)	351
가치설	331
간수자도주원조죄	912
간음	758
간접적 안락사(indirekte Euthanasie)	17
간첩	803
간첩방조	806
간첩죄	802
간통죄	757
감경적 구성요건	5
감금	158
감금죄	158
강간등 살인·치사죄	219
강간죄	192
강도살인·치사죄	388
강도상해·치상죄	385
강도죄	363, 364
강요죄	141
강제집행면탈죄	556
개별문서	675
개별화설	283

개인적인 법익보호설	939
객관설	876
객관적 처벌조건설	876
거증책임전환설	66, 241
건조물	287, 587
검시방해	782
검안서	702
결궤	614
결합문서	675
결합설	514, 693
경계침범죄	545
경고(警告)	133
경매	263
경매·입찰방해죄	263
경제적 용법설	328
경제적 재산설	365
계속범	159, 174
계속적 기능	666
고살	4
고압가스	602
곤궁범	336
공갈죄	451
공공위험죄	576, 577
공도화	704
공동점유	324
공모공동정범설	351

공무방해에 관한 죄	871	공판청구 전	826
공무상 봉인 등 표시무효죄	892	공표	826
공무상보관물무효죄	901	과실교통방해죄	623
공무상비밀누설죄	826	과실범의 공범	89
공무상비밀침해죄	896	과실에 의한 교통방해죄	623
공무원	819	과실일수죄	613
공무원의 직무에 관한 죄	818	과실치상죄	87
공무원자격사칭죄	575	과실폭발성물건 등 파열죄	608
공무집행방해죄	872	과실폭발성물건파열등의 죄	607
공문서 위조·변조죄	698	과장광고	416
공문서	673, 704	관리가능성설	307
공문서등 부정행사죄	722	광갱	587
공범설	513	광의의 폭행	72
공안의 문란	578	광의의 협박	132
공여의 의사표시	868	광학기록	726
공연상영	762	교량	618
공연성	234	교통방해의 죄	615
공연음란죄	764	교통방해죄	617
공연전시	762	교통방해치사상죄	622
공용건조물 등 일수죄	611	구별설	842
공용건조물등 방화죄	593	구성요건요소설	876
공용물파괴죄	900	구성요건적 착오	14
공용서류등 무효죄	898	구체적 위험범설	101
공용에 공하는	594	국가기밀	804
공익건조물파괴죄	542	국가의 기능에 대한 죄	818
공인등 위조·부정사용죄	736	국가적 법익침해설	939
공인위조·행사죄	735	국가주의	811
공전자기록 위작·변작·행사죄	728	국교에 관한 죄	811
공정증서원본	713	국기	809
공정증서원본등의 부실기재죄	712	국기·국장모독죄	808
공채증서	645	국기·국장비방죄	810

국기에 관한 죄 808
국외이송목적 약취·유인죄 180
국장 809
국제주의 811
권리행사방해죄 549
권한남용설 485
궤도 620
기망행위 405, 407
기명 733
기차 587
기차·선박등 교통방해죄 619
기타 폭발성 있는 물건 602
기호(記號) 733

(ㄴ)
낙태의 자유화 105
낙태치사상죄 112
내국유통 외국통화위조·변조죄 630
내국통화위조·변조죄 627
내란목적살인죄 793
내란예비·음모·선동·선전죄 795
내란죄 789
내적 명예 230
뇌물의 개념 844
뇌물죄의 일반이론 840
뇌사설 10
뇌사자 4
누설 279

(ㄷ)
다중(多衆) 77, 570

다중불해산죄 572
단독점유 324
단독주의 811
단순폭동관여자 790
단순폭행죄 71
단체 77
대체장물 517
대화·통신비밀누설죄 276
대화비밀침해죄 276
도박 767
도박개장죄 770
도박과 복표에 관한 죄 765
도박죄 766
도주와 범인은닉의 죄 904
도주원조죄 911
도주죄 905
도화 271, 673
독립범죄설 842
독립연소설 588
독립행위의 경합 67
동산의 이중매매 500
동의낙태죄 109
동의살인죄 33
등대 620
등록증 715

(ㅁ)
매개 758
매몰 621
맥박종지설(심장사설) 9
면책증권 641

면허증	714	(ㅂ)	
명예감정	230	반의사불벌죄	75, 241
명예훼손죄	234	반포	762
명의신탁	474	발매	773
명의신탁부동산	473	발매중개	773
묘병이적죄	800	방사선	603
모살	4	방사성물질	603
모욕	888	방수방해죄	612
모욕죄	247	방수용 시설 또는 물건	612
모의참여자	790	방출	604
모해위증죄	932	방화	587
모해증거인멸죄	938	방화예비·음모죄	599
모해할 목적	932	방화와 실화의 죄	582
모험거래	492	배신설	485
목적문서	669	배임수재죄	505
목적표준설	733	배임수증죄	504
무고의 죄	939	배임죄	486
무고죄	940	배임증재죄	509
무형위조	664	배임행위	491
묵시적 기망행위	408	범인은닉죄	914
묵시적 협박	134	범죄단체	567
문서 부정행사죄	721	범죄단체조직죄	566
문서	271, 663, 666	범죄집단	568
문서위조·변조죄	676	법률상의 유가증권	642
물건제공이적죄	801	법률상 책임추정설	66
물리적 관리	308	법률적·경제적 재산설	366
물을 넘겨	610	법률적 재산설	365
물체기준설	733	법익설	693
물체설	331, 693	법적 권한설	426
미성년자의 약취·유인죄	170, 171	법정·국회회의장모욕죄	887
미성년자의 자유권	168	변개	707

변사체검시방해죄	781
변작	727
변조	629, 647
병합설	842
보관	525
보일러	602
보조하는 자	836
보통살인죄	21
보호자의 감독권	168
복복	672
복사문서	666
복토제거설	778
복표발매·중개·취득죄	771
복합문서	675
본범	530
봉인	892
봉함(封緘)	271
부당이득죄	441
부동산강제집행효용침해죄	896
부동의낙태죄	111
부실의 사실의 기재	716
부작위에 의한 기망행위	410
부작위에 의한 살인죄	11
부정처사후수뢰죄	864
부정행위	863
부진정신분범	32
부진정안락사	16
부진정자수범설	701
부진정직무범죄	820
부화수행자	790
분만개시설	7

분묘발굴죄	777
불법영득의 의사	342
불법영득의사	326
불법원인급여	432, 466
불법이득의 의사	496
불법체포·감금죄	835
불통	618
비밀	279
비밀침해죄	270

(ㅅ)

사기죄	397, 402
사람이 현존	586
사문서	675
사무적 관리	308
사문서 부정행사죄	721
사문서위조·변조죄	676
사실상의 유가증권	642
사실상의 지위설	426
사실상의 평온설	283
사용절도	343
사이버 명예훼손죄	246
사인등 위조·행사죄	734
사인위조·부정사용죄	734
사자의 명예	242
사자의 명예훼손죄	242
사전	815
사전수뢰죄	858
사전자기록 위작·변작·행사죄	726
사체	776
사체 등 손괴·유기·은닉·영득죄	779

사체 등 오욕죄 776
사후강도 377
사후수뢰죄 864
사후승낙 35
살인예비·음모죄 44
살인예비죄의 공동정범 20
살인죄 3
삽입설 197
상대적 음란성개념 761
상대적 친고죄 363
상습(常習) 228
상습강도죄 396
상습공갈죄 458
상습도박죄 769
상습사기죄 443
상습상해 84
상습상해죄 70
상습아편흡식, 아편등 제조·수입·
　판매등죄 753
상습장물취득·양도·운반·보관·
　알선죄 531
상습절도죄 353
상습체포·감금죄 155, 165
상습폭행죄 75, 84
상습협박죄 138
상태범 174
상해 51
생략문서 667
생략문서와 완전문서 676
생리적 기능훼손설 51
생사에 관한 증명서 702

생활현상(능력)종지설 9
서명 733
선거방해죄 839
선동 580
선물과 뇌물의 구별 847
선박 587
성매매 180
성적 자기결정권 202
세계주의 626
세관공무원의 아편 등 수입·수입
　허용죄 751
소극적 안락사 16
소동 888
소송사기 420
소요죄 569
소유자의사설 328
소지 581
소훼 588
손괴 537, 600, 618
손괴죄 306
손괴치사상죄 543
수도 742
수도불통죄 744
수도음용수 사용방해죄 742
수도음용수 유해물혼입죄 743
수로 618
수뢰죄 854
수뢰후부정처사죄 863
수리 614
수리방해죄 613
수수 581, 855

수용설비	910
수원	742
수입	581, 637, 658
수출	581, 637, 658
승낙(承諾)	34
시설제공이적죄	800
시설파괴이적죄	801
신뢰의 원칙	94
신앙에 관한 죄	773
신용카드범죄	443
신용카드의 부정사용	422
신체·주거수색죄	303
신체적 완전성설	51
실화죄	606
심리적 폭력	142
심리학적 해석설	346

(ㅇ)

아동혹사죄	126
아편등 소지죄	753
아편등 제조·수입·판매·판매목적 소지죄	748
아편에 관한 죄	745
아편흡식기 제조·수입·판매·판매 목적 소지죄	750
아편흡식 등 장소제공죄	748
아편흡식등죄	747
아편흡식등죄·아편흡식 등 장소 제공죄	747
안락사(安樂死)	16
알선	526

알선수뢰죄	865
압류	893
야간주거침입강도	376
야간주거침입절도죄	345
약속	856
약취(略取)	172
양도	524
업무	254
업무방해죄	253
업무상 과실	91
업무상 과실·중과실 폭발성물건파열 등의 죄	608
업무상 과실·중과실 장물취득·양도· 운반·보관·알선죄	531
업무상 과실·중과실교통방해죄	623
업무상 과실치사상죄	90
업무상 과실치상죄	99
업무상 배임죄	503
업무상 비밀누설죄	267
업무상 비밀누설죄	277
업무상 실화	607
업무상 횡령죄	481
여권	715
여적죄	799
연소죄	597
영득의 불법설	334
영득죄	306
영득행위설	459
영아	122
영아살해죄	28
영아유기죄	122

예비 580
외교상기밀누설죄 816
외국 631, 798
외국국기·국장모독죄 814
외국사절에 대한 폭행 등 죄 813
외국에 대한 사전죄 814
외국원수에 대한 폭행 등 죄 812
외국통용 외국통화위조·변조죄 631
외부인지설 778
외적 명예 230
외환예비·음모·선동·선전죄 807
외환유치죄 797
외환의 죄 796
요구 856
우생학적 적응 104
우연문서 669
우표 659
운반 524
월권행위설 459
위계(僞計) 43, 221, 252
위계·위력에 의한 간음·추행죄 220
위계·위력에 의한 살인죄 43
위계에 의한 공무집행방해죄 883
위력(威力) 44, 78, 222, 257
위법상태유지설 513
위법요소설 877
위작 727
위조·변조·작성 공문서행사죄 720
위조·변조·작성 사문서행사죄 718
위조·변조통화 취득죄 634
위조·변조통화 행사등 죄 632

위조 628, 645
위조공인등 행사죄 736
위조등 문서행사죄 718
위조등 유가증권행사·수입·수출죄 657
위조사인등 행사죄 735
위조인지·우표등의 취득죄 660
위조통화취득후의 지정행사죄 636
위증과 증거인멸의 죄 921
위증죄 923
위험범설 101
위험한 물건 78
유가증권 기재의 위조·변조죄 649
유가증권 위조·변조죄 644
유가증권 639
유골·유발 777
유기 780
유기죄(遺棄罪) 114, 116
유기죄의 보호의무 117
유기치사상죄 128
유사성교행위 203
유인(誘引) 172
유체성설 307
유출 604
유포 252
유형위조 664, 677
육로 617
윤리적 적응 104
은닉 538, 600
은닉설 341
은행권 627

음란성 760
음모 580
음용수 사용방해죄 739
음용수 유해물혼입죄 741
음용수 혼독치사상죄 743
음행매개죄 757
음화 등 반포·판매·임대·공연전시죄 759
음화 등 제조·소지·수입·수출죄 763
의사설 693
의술의 일반원칙 95
의제강간·강제추행죄 222
의학적 적응 103
이득죄 306
이분설 589
이욕범 336
이원설 66, 842
이적이사 806
이전설 341
이중매 469
이중매매 496
이중법익설 811
이중저당 496
인과 731
인권옹호직무방해죄 890
인신매매죄 169, 182
인영 731
인장 731
인장에 관한 죄 730
인지·우표등의 소인말소죄 661
인지·우표등의 위조·변조죄 659

인지·우표 유사물 제조·수입·수출죄 661
인지 659
인질(人質) 석방감경규정 152
인질강도죄 383
인질강요죄 148
인질살해죄 153
인질치사죄 153
인취(引取)행위 172
일 죄 609
일반건조물 등 일수죄 611
일반건조물등 방화죄 594
일반교통방해죄 617
일반물건방화죄 596
일반이적죄 802
일반인표준설 876
일반직무범죄 820
일부노출설 7
일부손괴설 589
일상음용에 공하는 740
일수(溢水)와 수리(水利)에 관한 죄 608
일수예비·음모죄 613
임대 762
입찰 263

(ㅈ)
자격모용에 의한 공문서작성죄 700
자격모용에 의한 사문서작성죄 695
자격모용에 의한 유가증권작성죄 651
자궁절개시설 8

자기낙태죄	102, 106
자낙태	106
자동차	587
자동차등 불법사용죄	354
자백	931
자비사	17
자살관여죄	37
자살의 교사	39
자살의 방조	39
자상행위	50
자수	931
장례식 등 방해죄	774
장물	516
장물범	530
장물죄	512
장물취득·양도·운반·보관·알선죄	
515	
재물	365, 403
재물(문서)손괴죄	535
재물의 개념	307
재물죄	306
재산범죄	305
재산상의 손해	454, 493
재산상의 이익	365, 403
쟁의행위	259
저장매체	726
적국	799
적극적 안락사	16
전뇌사설	10
전복	621
전부노출설	7
전시공수계약불이행죄	573
전시군수계약불이행죄	807
전시폭발물 제조·수입·수출·수수·	
소지죄	581
전시폭발물사용죄	579
전자기록 위작·변작능죄	725
전자기록	726
전직(轉職) 전의 직무	846
전차	587
전체문서	675
절대적 법정형	799
절대적 생명보호의 원칙	3
절대적 폭력	142
절도죄	336
절충설	876
절취	340
절취의 불법설	335
점유	318
점유강취죄	553
점유사실	319
점유의사	319
점유이탈물횡령죄	482
점유하는 방실	287
접촉설	341
정수(淨水)	740
제3자 뇌물공여죄	861
제방	614
제조	581, 637
존속살해죄	19
존속상해죄	57
존속유기죄	121

존속중상해죄	61
존속중유기죄	121
존속중체포·감금죄	163
존속체포·감금죄	163
존속체포·감금치사상죄	166
존속폭행죄	76
존속학대죄	123, 126
존속협박죄	138
존엄사	16, 17
종합설	693
종합판단설(三徵候說)	9
주거	586
주거권설	282
주거의 사실상의 평온	300
주거침입죄의 방조범	296
주관설	693, 876
준강간죄	209
준강도죄	377
준강제추행죄	209
준방화죄	582, 584, 599
준사기죄	437
준점유강취죄	554
중강요죄(重强要罪)	148
중과실치상죄	99
중립명령위반죄	815
중상해죄	58
중손괴죄	543
중실화	607
중요부분연소개시설	589
중요임무종사자	790
중유기죄	121
중재인	855
중체포·감금죄	154, 163, 164
중체포	154
증거	935
증거인멸죄	933
증거증권	640
증뇌물전달죄	867
증뢰죄(뇌물공여죄)	867
증명능력	669
증명의사	669
증언거부권자	925
증인	924
증인은닉·도피죄	937
지위이용	866
지폐	627
지휘자	790
직권남용죄	829
직무	844
직무관련행위	845
직무·사직강요죄	880
직무수행거부	822
직무유기	822
직무유기죄	821
진단서	701
진술	927
진정문서와 부진정문서	670
진정안락사	16
진정자수범설	701
진정직무범죄	820
진통설	7
진화방해	601

진화방해죄 599

집합 570

집합명령위반죄 907

징계처분 946

(ㅊ)

책략절도 427

처분행 423

천문학적 해석설 346

청산형 양도담보 471

청탁 859

체포(Festnahme, arrest) 157

체포·감금죄 156

체포·감금치사상죄 166

촉탁(囑託) 33, 34

촉탁·승낙에 의한 살인죄 15, 42

최광의의 폭행 72

최협의의 폭행 73

최협의의 협박 132

추구권설 512

추락 622

추상적위험범 120

추상적 위험범설 101

추행(醜行) 207

출판물에 의한 명예훼손죄 243

취득 523, 635, 773

취득설 341

치료유사행위 55

치료행위(Heileingriff) 55

친족상도례 358, 530

침해(浸害) 610

침해범 3

침해범설 101

(ㅋ)

컴퓨터사용사기죄 434

컴퓨터업무방해죄 260

(ㅌ)

타낙태 106

탈취죄 307, 398

태아에 대한 상해 50

통모 798

통신비밀침해죄 276

통용하는 628

통화 627

통화고권 625

통화위조·변조 예비·음모죄 637

통화위조·변조죄 627

통화유사물 637

통화유사물 제조등의 죄 637

퇴거불응죄 302

특수강도죄 375

특수공갈죄 457

특수공무방해죄 903

특수공무방해치사상죄 903

특수도주죄 909

특수매체기록 726

특수손괴죄 544

특수절도죄 348

특수주거침입 302

특수직무범죄 820

특수체포·감금죄 154, 164
특수폭행죄 75
특수협박죄 138

(ㅍ)
파괴 622
파열(破裂) 602
판매 637, 762
편면적 도박 767
편의시설부정이용죄 438
편지 271
편취죄 307, 398
폭동 791
폭발물 577
폭발물사용 예비·음모·선동죄 580
폭발물사용죄 577
폭발물에 관한 죄 576
폭발물의 사용 578
폭발성 물건 578
폭발성물건파열죄 601
폭발성물건파열치사상죄 602
폭행 및 가혹행위죄 837
폭행죄(Gewalt, assault) 71
폭행치사상죄 84
표지 620
피구금자 간음죄 226
피기망자의 착오 418
피보호·감독자 간음죄 224
피의사실공표죄 825
피해자의 승낙 54
필요설 857

필요적 공범설 842

(ㅎ)
학대 124
학대죄 123
합동의 의의 351
합동절도 351
합의동사(合意同死) 42
항공기 587
항적(抗敵) 799
해산 573
해산명령 573
해상강도살인죄 396
해제조건부 범죄 242
행위설 693
향익설 329
허가증 715
허무인(虛無人) 명의의 문서 671
허위감정·통역·번역죄 933
허위공문서작성죄 700, 703
허위사실 942
허위신고 715
허위유가증권 작성죄 653
허위진단서등 작성죄 700
현장설 351
현장적 공동정범설 352
현주건조물 등 일수죄 609
현주건조물등 방화죄 585
현주건조물등 방화치사상죄 590
협박 131
협박죄 129, 130

협의의 방화죄	584	횡령죄	461
협의의 폭행	73, 82	횡령행위	477
협의의 협박	132	효용상실설	589
형법상의 점유	317	휴대	80, 350
형사처분	946	흉기(凶器)	80, 350
형식주의와 빈길주의	664		
호흡종지설	9	Contergan사건	50
화폐	627		

⟨저자약력⟩

김신규
현 국립목포대학교 법학과 교수, 교무처장
부산대학교 대학원 졸업(법학박사)
독일 하이델베르크(Heidelberg) 대학교 연구교수(1992~1994)
일본 나고야대학 객원교수(1996)
한국비교형사법학회장, 한국법무보호복지학회장 역임(현 고문)
대한법학교수회 부회장, 한국형사소송법학회 고문
변호사시험 · 사법시험 · 행정고시, 경찰간부시험 등 출제 및 채점위원
목포대학교 경영행정대학원장, 도서관장, 법학연구소장, 목포경실련 공동대표
전라남도 행정심판위원 · 소청심사위원 · 지방세심의위원, 전남교육청 행정심판위원 · 소청심사위원
목포지청 수사심의위원, 전남경찰청 경찰개혁자문위원장/수사심의위원, 목포지방해양심판원 비상임심판
   관, 목포교도소 징계위원 등 역임

⟨주요저서 및 논문⟩
형법총론강의(박영사, 2018), 형사소송법강의(박영사, 2019), 여성과 법률(박영사, 2019)
인권법강의(청목출판사, 2016), 생활법률(공저), 법학개론(공저)
뇌물죄에 관한 연구(형사정책, 한국형사정책학회), 공소사실의 특정(무등춘추, 광주지방변호사회지)
상해죄의 동시범 특례(형사법연구, 한국형사법학회), 형법 제16조의 '정당한 이유'의 의미검토(형사법연
   구, 한국형사법학회), 플리바기닝제도에 대한 비판적 검토(미국헌법연구, 미국헌법학회), 수사절차상
   압수 · 수색제도에 대한 비판적 검토(비교형사법연구, 한국비교형사법학회), 명예훼손 · 모욕행위에 대한
   형사규제의 개선방안(비교형사법연구, 한국비교형사법학회) 등

형법각론 강의

초판발행	2020년 8월 30일
지은이	김신규
펴낸이	안종만·안상준
편 집	심성보
기획/마케팅	이후근
표지디자인	조아라
제 작	우인도·고철민·조영환
펴낸곳	(주) **박영사**
	서울특별시 종로구 새문안로3길 36, 1601
	등록 1959. 3. 11. 제300-1959-1호(倫)
전 화	02)733-6771
f a x	02)736-4818
e-mail	pys@pybook.co.kr
homepage	www.pybook.co.kr
ISBN	979-11-303-3675-6 93360

copyright©김신규, 2020, Printed in Korea

정 가   52,000원